XINGZHENG ZHIFA HEGUI
YIBENTONG

行政执法合规
一本通

中国法制出版社
CHINA LEGAL PUBLISHING HOUSE

出版说明

规范执法行为、行政执法依法依规已经成为各级行政机关或相关单位依法行政的重要组成部分。行政相对人为依法维护自身合法权益，也日益关注行政执法合规的问题。我们发现，有关行政执法合规的相关法律规定较为分散，既有原则性规定、制度性规定，又有各个国家部委、地方政府有关部门颁发的具体规定。为便于行政执法人员和行政相对人方便、快捷地查找到有关行政执法合规的依据，有必要对相关规定进行一定的梳理和整理。

本书编写按照如下思路进行：

第一，将有关依法治国、依法行政的重要文件放在第一部分，收录时以时间为序，使大家对我国依法治国、依法行政的进程和宏观要求有一个清晰的认识。

第二，将行政执法领域的行政强制法、行政处罚法、行政许可法等基本法律法规汇总在一个专章，便于查找使用。

第三，考虑到有关行政执法领域，我国逐步进行执法体制改革、创新行政执法制度、改进行政执法方法。因此，有必要对有关行政执法的制度性规定作出相应的介绍。因此将有关相对集中行政处罚权、行政执法责任制、行政执法三项制度、随机抽查规范、事中事后监管等规定集中放在一起，便于大家了解。

第四，有关行政执法程序、行政处罚自由裁量权、行政执法三项制度、行政检查、行政执法案卷管理、行政执法监督、行政执法案卷、行政执法资格、证照等行政执法的具体领域，无论是国务院各部门还是地方各级政府、相关部门都先后出台了相关规定，因此有必要对某一领域的相关规定进行汇总，以便参照使用。但考虑到篇幅有限，也没有将该领域的全国各地所有规定都罗列其中，而是选取了部分国务院部门、地方政府的相关规定，以供大家参考使用。

第五，行政复议、行政诉讼、民事诉讼相关规定，也是在行政执法领域进行复议或诉讼时经常用到的法律规定，因此将这部分内容也汇总在一起。

第六，目前，一些政府部门陆续制定了行政执法事项指导目录，这成为该类行政执法合规的直接依据。因此，汇总了几个行政执法事项指导目录作为代表，便于大家了解。

本书梳理的过程中，邀请于园园律师担任专业顾问，在此特别致谢！我们也非常期待读者能够与我们交流和反馈，如有任何意见和建议欢迎与我们联系。

编者
2022 年 4 月

目 录

一、依法治国、依法行政相关重要文件

国务院关于全面推进依法行政
　的决定 …………………………（1）
　　（1999 年 11 月 8 日）
国务院关于印发全面推进依法
　行政实施纲要的通知 …………（4）
　　（2004 年 3 月 22 日）
国务院办公厅关于贯彻落实全
　面推进依法行政实施纲要的
　实施意见 ………………………（11）
　　（2004 年 3 月 22 日）
国务院关于加强市县政府依法
　行政的决定 ……………………（14）
　　（2008 年 5 月 12 日）

中共中央关于全面推进依法治
　国若干重大问题的决定 ………（19）
　　（2014 年 10 月 23 日）
法治社会建设实施纲要（2020—
　2025 年） ………………………（32）
　　（2020 年 12 月 7 日）
法治中国建设规划（2020—2025
　年）（节录） ……………………（39）
　　（2021 年 1 月 10 日）
法治政府建设实施纲要（2021—
　2025 年） ………………………（50）
　　（2021 年 8 月 11 日）

二、行政执法合规基本法律法规

中华人民共和国立法法 …………（59）
　　（2015 年 3 月 15 日）
中华人民共和国行政强制法 ……（71）
　　（2011 年 6 月 30 日）
中华人民共和国行政处罚法 ……（79）
　　（2021 年 1 月 22 日）
中华人民共和国行政许可法 ……（88）
　　（2019 年 4 月 23 日）
中华人民共和国公务员法 ………（97）
　　（2018 年 12 月 29 日）

中华人民共和国监察法 …………（108）
　　（2018 年 3 月 20 日）
中华人民共和国地方各级人民
　代表大会和地方各级人民政
　府组织法 ………………………（116）
　　（2022 年 3 月 11 日）
中华人民共和国国务院组织法 …（130）
　　（1982 年 12 月 10 日）
中华人民共和国公职人员政务
　处分法 …………………………（131）
　　（2020 年 6 月 20 日）

行政机关公务员处分条例 ………（139）
　（2007年4月22日）
中华人民共和国监察法实施条
　例 …………………………（145）
　（2021年9月20日）
信访工作条例 ………………（184）
　（2022年2月25日）

中华人民共和国国家赔偿法 …（192）
　（2012年10月26日）
中华人民共和国政府信息公开
　条例 ………………………（198）
　（2019年4月3日）

三、行政执法合规的相关制度

国务院办公厅关于继续做好相
　对集中行政处罚权试点工作
　的通知 ……………………（205）
　（2000年9月8日）
国务院关于进一步推进相对集
　中行政处罚权工作的决定 …（207）
　（2002年8月22日）
国务院办公厅关于推行行政执
　法责任制的若干意见 ………（211）
　（2005年7月9日）
国务院办公厅关于印发推行行政
　执法公示制度执法全过程记
　录制度重大执法决定法制审
　核制度试点工作方案的通知 …（215）
　（2017年1月19日）
国务院办公厅关于全面推行行
　政执法公示制度执法全过程
　记录制度重大执法决定法制
　审核制度的指导意见 ………（218）
　（2018年12月5日）

国务院关于印发2015年推进简
　政放权放管结合转变政府职
　能工作方案的通知 …………（223）
　（2015年5月12日）
国务院办公厅关于推广随机抽查
　规范事中事后监管的通知 …（234）
　（2015年7月29日）
国务院关于加强和规范事中事
　后监管的指导意见 …………（235）
　（2019年9月6日）
法治政府建设与责任落实督察
　工作规定 ……………………（239）
　（2019年4月15日）

四、行政执法程序

（一）部门规章

互联网信息内容管理行政执法
　程序规定 ················· （246）
　（2017年5月2日）
交通运输行政执法程序规定 ······ （271）
　（2021年6月30日）
市场监督管理行政处罚听证办
　法 ······················· （308）
　（2021年7月2日）
市场监督管理行政处罚程序规
　定 ······················· （311）
　（2021年7月2日）

医疗保障行政处罚程序暂行规
　定 ······················· （322）
　（2021年6月11日）

（二）地方政府规章

湖南省行政程序规定 ············ （329）
　（2018年7月10日）
浙江省行政程序办法 ············ （349）
　（2016年10月1日）
江苏省行政程序规定 ············ （361）
　（2015年1月6日）
黑龙江省行政执法程序规定 ······ （372）
　（2019年1月16日）

五、行政处罚自由裁量权规定

（一）部门规范性文件

国家税务总局关于规范税务行
　政裁量权工作的指导意见 ······ （378）
　（2012年7月3日）
市场监管总局关于规范市场监
　督管理行政处罚裁量权的指
　导意见 ··················· （381）
　（2019年12月24日）
文化和旅游部关于印发《文化
　市场综合执法行政处罚裁量
　权适用办法》的通知 ·········· （383）
　（2021年2月9日）

（二）地方政府规章

广东省规范行政处罚自由裁量
　权规定 ··················· （386）
　（2011年9月9日）
四川省规范行政执法裁量权规定 ··· （389）
　（2014年5月17日）
甘肃省规范行政处罚自由裁量
　权规定 ··················· （393）
　（2012年10月30日）

六、行政执法三项制度

北京市行政执法公示办法 ……… （396）
　　（2021年11月5日）
北京市行政执法全过程记录办法 ……………………………… （398）
　　（2021年11月5日）
北京市重大行政执法决定法制审核办法 ……………… （400）
　　（2021年11月5日）
广东省行政执法公示办法 ……… （401）
　　（2021年5月21日）
广东省行政执法全过程记录办法 ……………………………… （405）
　　（2021年5月21日）

广东省重大行政执法决定法制审核办法 ……………… （408）
　　（2021年5月21日）
河北省行政执法公示办法 ……… （410）
　　（2019年10月22日）
河北省行政执法全过程记录办法 ……………………………… （414）
　　（2019年10月22日）
河北省重大行政执法决定法制审核办法 ……………… （417）
　　（2019年10月22日）
深圳市行政执法主体公告管理规定 ……………………………… （420）
　　（2003年5月31日）

七、行政检查制度

国家能源局关于印发《国家能源局行政检查工作规定》的通知 ……………………………… （423）
　　（2020年1月17日）

民用航空行政检查工作规则 …… （425）
　　（2016年4月13日）
广东省行政检查办法 …………… （430）
　　（2020年4月9日）

八、综合行政执法改革

（一）中央文件

中共中央办公厅、国务院办公厅印发《关于深化交通运输综合行政执法改革的指导意见》的通知 ……………… （435）
　　（2018年11月26日）

中共中央办公厅、国务院办公厅印发《关于深化市场监管综合行政执法改革的指导意见》的通知 ……………… （438）
　　（2018年11月26日）

中共中央办公厅、国务院办公厅印发《关于深化生态环境保护综合行政执法改革的指导意见》的通知 ………… (443)
　　(2018年12月4日)

（二）地方性法规
浙江省综合行政执法条例 ……… (448)
　　(2021年11月25日)
上海市城市管理综合行政执法条例 ………………………… (453)
　　(2021年7月29日)

九、行政执法案卷

广东省行政执法案卷评查办法 …… (460)
　　(2016年12月26日)
深圳市人民政府办公厅关于印发深圳市行政执法案卷评查办法的通知 ……………… (462)
　　(2010年12月20日)

北京市行政处罚案卷评查办法 …… (465)
　　(2007年7月27日)

十、行政执法监督

（一）部门规章
自然资源执法监督规定 ………… (468)
　　(2020年3月20日)
市场监督管理执法监督暂行规定 … (471)
　　(2019年12月31日)
邮政行政执法监督办法 ………… (474)
　　(2021年7月9日)

（二）地方性法规
广东省行政执法监督条例 ……… (479)
　　(2016年3月31日)
河北省行政执法监督条例 ……… (483)
　　(2019年5月30日)
江西省行政执法监督条例 ……… (486)
　　(2021年7月28日)

十一、行政执法责任追究相关规定

（一）部门规章
安全生产监管监察职责和行政执法责任追究的规定 ………… (490)
　　(2015年4月2日)
公安机关人民警察执法过错责任追究规定 ……………… (498)
　　(2016年1月14日)

市场监督管理行政执法责任制规定 ………………………… (501)
　　(2021年5月26日)
（二）地方政府规章及规范性文件
北京市行政执法责任追究办法 … (504)
　　(2007年7月27日)

上海市行政执法过错责任追究
　　办法 …………………………（506）
　　（2007年1月20日）
浙江省行政执法过错责任追究
　　办法 …………………………（509）
　　（2012年12月17日）

内蒙古自治区行政执法责任制
　　规定 …………………………（512）
　　（2021年9月2日）

十二、行政执法资格、证照等相关规定

（一）部门规范性文件
财政部、司法部关于印发《综
合行政执法制式服装和标志
管理办法》的通知 ……………（515）
　　（2020年12月9日）
（二）地方政府规章及规范性文件
深圳市人民政府关于印发《深
圳市行政执法证件管理办法》
实施细则的通知 ………………（518）
　　（2001年11月22日）

北京市关于行政执法协调工作
的若干规定 ……………………（521）
　　（2007年7月27日）
北京市行政处罚执法资格管理
办法 ……………………………（522）
　　（2007年7月27日）
广东省《行政执法证》管理办
法 ………………………………（523）
　　（2019年12月5日）

十三、行政复议、行政诉讼

（一）行政复议
中华人民共和国行政复议法 ……（527）
　　（2017年9月1日）
中华人民共和国行政复议法实
施条例 …………………………（532）
　　（2007年5月29日）
（二）行政诉讼
中华人民共和国行政诉讼法 ……（539）
　　（2017年6月27日）
最高人民法院关于适用《中华
人民共和国行政诉讼法》的
解释 ……………………………（549）
　　（2018年2月6日）

最高人民法院关于审理行政协
议案件若干问题的规定 ………（571）
　　（2019年11月27日）
最高人民法院关于行政诉讼证
据若干问题的规定 ……………（574）
　　（2002年7月24日）
最高人民法院关于印发《关于
审理行政案件适用法律规范
问题的座谈会纪要》的通知 …（582）
　　（2004年5月18日）
最高人民法院印发《关于行政案
件案由的暂行规定》的通知……（586）
　　（2020年12月25日）

(三) 民事诉讼
中华人民共和国民事诉讼法 …… (591)
　　(2021 年 12 月 24 日)

最高人民法院关于民事诉讼证
　　据的若干规定 ………………(619)
　　(2019 年 12 月 25 日)

十四、行政执法事项指导目录

医疗保障行政执法事项指导目
　　录 (2020 年版) ……………… (631)
　　(2020 年 8 月 27 日)
生态环境保护综合行政执法事
　　项指导目录 (2020 年版) …… (635)
　　(2020 年 3 月 11 日)

文化和旅游部关于印发《文化市
　　场综合行政执法事项指导目录
　　(2021 年版)》的通知 ………… (739)
　　(2021 年 6 月 25 日)
农业综合行政执法事项指导目
　　录 (2020 年版) ……………… (805)
　　(2020 年 5 月 27 日)

一、依法治国、依法行政相关重要文件

国务院关于全面推进依法行政的决定

（1999年11月8日 国发〔1999〕23号）

各省、自治区、直辖市人民政府，国务院各部委、各直属机构：

　　党的十五大提出：依法治国，是党领导人民治理国家的基本方略。九届全国人大二次会议通过的宪法修正案规定"中华人民共和国实行依法治国，建设社会主义法治国家"，从而使依法治国基本方略得到国家根本大法的保障。依法行政是依法治国的重要组成部分，在很大程度上对依法治国基本方略的实行具有决定性的意义。目前，改革进入攻坚阶段，发展到了关键时期，经济基础、上层建筑诸多领域中的深层次矛盾比较集中地暴露出来，许多问题迫切需要用法律手段来解决。随着依法治国基本方略的实行，人民群众的法律意识和法制观念不断增强，全社会对依法行政的要求也越来越高。新形势对各级政府和政府各部门依法行政提出了新的更高要求。为了扎扎实实地贯彻依法治国基本方略，全面推进依法行政，从严治政，建设廉洁、勤政、务实、高效政府，根据全国依法行政工作会议精神，特作如下决定：

　　一、各级政府和政府各部门要统一思想，更新观念，提高对依法行政重要性的认识。依法治国反映了新时期执政党领导方式的基本特征，是从全局上、长远上统管一切的。依法行政作为依法治国基本方略的重要组成部分，反映了行政机关运作方式的基本特征，本身就是体现党的执政地位和执政作用的重要方面，同样是从全局上、长远上统管各级政府和政府各部门的各项工作的。行政权力的运用，充分体现着国家政权的性质，密切联系着社会公共利益和公民的个人利益，事关有中国特色社会主义事业的兴衰成败。各级政府和政府各部门的工作人员特别是领导干部要从巩固我们党的执政地位、维护国家政权的高度，根据我国人民民主专政的社会主义国家性质，全面、深刻地领会依法行政的精神实质，充分认识依法行政的重大意义，增强依法行政的自觉性，不断提高依法行政的能力和水平。

　　二、各级政府和政府各部门的领导要认清自己的历史责任，带头依法行政。要把依法行政作为关系改革、发展、稳定大局的一件大事，真正落实到行政活动的各个方面、各个环节。要从根本上转变那些已经不能适应依法治国、依法行政要求的传统观念、工作习惯、工作方法。各级政府要通过举办法律讲座等形式，认真学习宪法和法律、法规，在全社会提倡学法、懂法、守法的风气。年轻干部特别是进入领导班子的年轻干部，首先要学习、熟悉宪法和法律、法规。通过学习，不断增强法律意识和法制观念，不断提高依法行政的能力和水平，善于运用法律手段管理国家事务、经济与文化事业和社会事务。各级政府和政府各部门及其领导干部,必须严格遵守宪法和法律、法规,严格执行党和国家的政策,严守纪律,带头依法办事,依法决策,依法处理问题,切实领导、督促、支持本地方、本部门严格依法办事。

县、乡两级行政机关承担着大量的具体行政执法任何,能否切实做到严格、正确地依法办事,直接关系到广大人民群众切身利益和政府与人民群众的关系。因此,各地方、各部门要对县、乡两级行政机关依法行政给予高度重视,切实加强领导和监督。

各地方、各部门要充分发挥法制工作机构在政府法制建设、依法行政中的参谋、助手作用,在机构改革中要按照国务院这次机构改革中加强政府法制工作的精神,进一步加强政府法制机构建设,努力培养一支政治强、业务精、作风正的政府法制工作队伍,使政府法制机构的设置和人员配备与本地方、本部门政府法制建设任务(包括行政复议法实施后所承担的行政复议任务)相适应。政府法制机构的工作人员要大力提高自身素质,以适应全面推进依法行政的需要。

三、加强政府法制建设,全面推进依法行政,总的指导思想和要求是:坚持以邓小平理论和党的基本路线为指导,坚持党的领导,坚持全心全意为人民服务的宗旨,把维护最大多数人民的最大利益作为出发点和落脚点,紧紧围绕经济建设这个中心,自觉服从并服务于改革、发展、稳定的大局,认真履行宪法和法律赋予的职责,严格按照法定权限和程序,管理国家事务、经济与文化事业和社会事务,做到既不失职,又不越权;既要保护公民的合法权益,又要提高行政效率,维护公共利益和社会秩序,保证政府工作在法制轨道上高效率地运行,推进各项事业的顺利发展。

四、要进一步加强政府立法工作,切实提高政府立法质量,为依法行政奠定坚实的基础。要用邓小平理论指导政府立法实践,从全局上和本质上把握有中国特色社会主义法律体系内部的规律性,研究解决政府立法工作中带普遍性、共同性的问题。要把政府立法决策与党的改革、发展和稳定的重大决策紧密结合起来,把深化改革、促进发展、维护稳定需要用法律、法规解决的突出问题作为立法重点,并兼顾其他方面的立法。要全面体现政府机构改革的精神和原则,促进政府职能切实转变到经济调节、社会管理、公共服务上来,防止把那些已经不能适应社会主义市场经济要求的传统行政管理办法用法律规范予以肯定。要统筹考虑法律规范的立、改、废,对那些不符合经济体制改革和政府机构改革精神的法律规范要及时依照法定权限和程序进行清理,该废止的废止,该修订的修订。政府立法确定的法律规范要明确、具体,备而不繁,有可操作性,对惩治违法犯罪行为的规定要有力度,能够真正解决实际问题。要以最大多数人民的最大利益为根本原则,坚持群众路线,广泛征求意见,深入调查研究,认真总结实践经验,充分体现人民意志,正确处理中央与地方的关系、集中与分散的关系、全局与局部的关系、长远与眼前的关系和国家、集体与个人的关系。要以宪法为依据,按照法定权限、遵循法定程序立法,坚持行政法规不得同宪法和法律相抵触,地方性法规和规章不得同宪法、法律、行政法规相抵触,规章之间也不能相互矛盾。要按照法规规章备案规定,进一步加强法规、规章的备案审查,从源头上、制度上解决"依法打架"的问题,切实维护社会主义法制的统一。

五、要加大行政执法力度,确保政令畅通。全面推进依法行政,必须做到有法必依、执法必严、违法必究。各级政府和政府各部门及其工作人员的一切行政行为必须符合法律、法规规范,切实做到依法办事、严格执法。从严治政,依法行政,必须铁面无私,执法如山,决不允许滥用职权、执法犯法、徇私枉法。要坚决消除执法中的腐败现象,坚持纠正不顾国家全局利益和人民根本利益的本位主义和地方保护主义。对违法者,不论涉及什么单位、什么人,都要依法严肃查处,以儆效尤。要以政府机构改革为契机,理顺行政执法体制,转变政府职能,转变工作方式,转变工作作风。行政机关行使职权要与经济利益彻底脱钩。要不折不扣地全面落实国务院关于政府机关与所办经济实体彻底脱钩、对行政事业性收费和罚没收入实行"收支两条线"管理等一系列加强廉政建设的重大举措,从源头上、制度上防止和消除腐败。任何行政执法机关都不得向下级机关和行政执法人员下达收费和罚款指标,都不得设"小金库"。要依照行政处罚法的规定,实行罚款"罚缴分离"制度,继续积极推进相对集中行政处罚权的试点工作,并在总结试点经验的基础上,扩大试点范围。

要结合地方政府机构改革,调整和优化干部队伍结构,着力提高干部素质。要进一步整顿行政执法队伍。对聘用从事行政执法的合同工、临时工,要尽快清退。录用行政执法人员要严格标准,公平竞争,择优录用,切实把住进人关。对行政执法人员尤其是直接面对群众的县、乡两级行政执法人员要严肃纪律、严格管理、强化监督,对胡作非为、欺压群众的必须坚决依法严肃处理,清理出行政执法队伍,决不能让少数"害群之马"败坏整个行政执法队伍的形象,损害党和政府的威信。要不断加强对行政执法人员的教育和培训,提高他们的政治素质和业务素质。

六、要强化行政执法监督。各级政府要自觉地接受同级人大及其常委会的监督,接受政协及民主党派的民主监督,接受司法机关依据行政诉讼法实施的监督,接受人民群众监督、舆论监督。同时,要切实加强行政系统内部的层级监督,强化上级政府对下级政府、政府对所属各部门的监督,及时发现和纠正行政机关违法的或者不当的行政行为。要把上级行政机关的监督同监察、审计等专项监督结合起来。各级监察、审计等部门要切实履行自己的职责,恪尽职守,敢于碰硬。要高度重视行政复议法的贯彻落实,在实践中不断完善行政复议制度,切实做到有错必纠。要积极推行行政执法责任制和评议考核制,不断总结实践经验,充分发挥这两项相互联系的制度在行政执法监督中的作用。要十分重视人民群众来信来访。各级领导干部一定要以对人民高度负责的态度对待群众的来信来访,亲自处理群众来信来访。对群众反映的重要情况、冤假错案,要及时、公正地处理。属于哪个地方、哪个部门的问题,那个地方、那个部门就要负责到底,不准上推下卸,互相推诿。要进一步发挥舆论监督的作用,对违法乱纪的人和事要公开曝光。

七、全面推进依法行政是一个长期的历史进程。各省、自治区、直辖市人民政府和国务院各部门要根据全国依法行政工作会议精神和本决定的要求,结合本地方、本部门的实际,全面、深入、扎实地推进依法行政进程,保证改革开放和社会主义现代化建设健康、顺利发展。各地方、各部门要将贯彻实施全国依法行政工作会议精神和本决定的情况于今年12月31日前送国务院法制办公室,由国务院法制办公室汇总后向国务院报告。

国务院关于印发全面推进依法行政实施纲要的通知

（2004年3月22日　国发〔2004〕10号）

各省、自治区、直辖市人民政府，国务院各部委、各直属机构：

现将《全面推进依法行政实施纲要》印发给你们，请结合本地区、本部门实际，认真贯彻执行。

为适应全面建设小康社会的新形势和依法治国的进程，《全面推进依法行政实施纲要》（以下简称《纲要》）确立了建设法治政府的目标，明确规定了今后十年全面推进依法行政的指导思想和具体目标、基本原则和要求、主要任务和措施，是进一步推进我国社会主义政治文明建设的重要政策文件。地方各级人民政府和各部门都要从立党为公、执政为民的高度，充分认识《纲要》的重大意义，切实抓紧做好《纲要》的贯彻执行工作。一是认真学习、大力宣传《纲要》的基本精神、主要内容。二是认真组织制订落实《纲要》的具体办法和配套措施，确定不同阶段的重点，做到五年有规划、年度有安排，确保《纲要》得到全面正确执行。三是地方各级人民政府和各部门的主要负责同志要加强领导，切实担负起贯彻执行《纲要》、全面推进依法行政第一责任人的责任，一级抓一级，逐级抓落实。四是加强对贯彻执行《纲要》的监督检查，对贯彻执行不力的，要严肃纪律，追究责任。五是地方各级人民政府和各部门的法制机构要以高度的责任感和使命感，认真做好综合协调、督促指导、政策研究和情况交流工作，为本级政府和本部门贯彻执行《纲要》、全面推进依法行政，充分发挥参谋、助手和法律顾问的作用。

地方各级人民政府和各部门要及时总结贯彻执行《纲要》、推进依法行政的经验、做法，贯彻执行中的有关情况和问题要及时向国务院报告。

全面推进依法行政实施纲要

为贯彻落实依法治国基本方略和党的十六大、十六届三中全会精神，坚持执政为民，全面推进依法行政，建设法治政府，根据宪法和有关法律、行政法规，制定本实施纲要。

一、全面推进依法行政的重要性和紧迫性

1. 全面推进依法行政的重要性和紧迫性。党的十一届三中全会以来，我国社会主义民主与法制建设取得了显著成绩。党的十五大确立依法治国、建设社会主义法治国家的基本方略，1999年九届全国人大二次会议将其载入宪法。作为依法治国的重要组成部分，依法行政也取得了明显进展。1999年11月，国务院发布了《国务院关于全面推进依法行政的决定》（国发〔1999〕23号），各级政府及其工作部门加强制度建设，严格行政执法，强化行政执法监督，依法办事的能力和水平不断提高。党的十六大把发展社会主义民主政治，建设社会主义政治文明，作为全面建设小康社会的重要目标之一，并明确提出"加强对执法活动的监督，推进依法行政"。与完善社会主义市场经济体制、建设社会主义政治文明以及依法治国的客观要求相比，依法行政还存在不少差距，主要是：行政管理体制与发展社会主义市场经济的要求还不适应，依法行政面临诸多体制性障碍；制度建设反映客观规律不够，难以全面、有效解决实际问题；行政决策程序和机制不够完善；有法不依、执法不严、违法不究现象时有发生，人民群众反映比较强烈；对行政行为的监督制约机制不够健全，一些违法或者不当的行政行为得不到及时、有效的制止或者纠正,行政管理相对人的合法权益受到损害得不到及时救济;一些行政机关工作人员依法行政的观念还比较淡薄,依法行政的能力和水平有待进一步提高。这些问题在一定程度上损害了人民群众的利益和政府的形象,妨碍了经济社会的全面发展。解决这些问题,适应全面建设小康社会的新形势和依法治国的进程,必须全面推进依法行政,建设法治政府。

二、全面推进依法行政的指导思想和目标

2. 全面推进依法行政的指导思想。全面推进依法行政,必须以邓小平理论和"三个代表"重要思想为指导,坚持党的领导,坚持执政为民,忠实履行宪法和法律赋予的职责,保护公民、法人和其他组织的合法权益,提高行政管理效能,降低管理成本,创新管理方式,增强管理透明度,推进社会主义物质文明、政治文明和精神文明协调发展,全面建设小康社会。

3. 全面推进依法行政的目标。全面推进依法行政,经过十年左右坚持不懈的努力,基本实现建设法治政府的目标:

——政企分开、政事分开,政府与市场、政府与社会的关系基本理顺,政府的经济调节、市场监管、社会管理和公共服务职能基本到位。中央政府和地方政府之间、政府各部门之间的职能和权限比较明确。行为规范、运转协调、公正透明、廉洁高效的行政管理体制基本形成。权责明确、行为规范、监督有效、保障有力的行政执法体制基本建立。

——提出法律议案、地方性法规草案,制定行政法规、规章、规范性文件等制度建设符合宪法和法律规定的权限和程序,充分反映客观规律和最广大人民的根本利益,为社会主义物质文明、政治文明和精神文明协调发展提供制度保障。

——法律、法规、规章得到全面、正确实施,法制统一,政令畅通,公民、法人和其他组织合法的权利和利益得到切实保护,违法行为得到及时纠正、制裁,经济社会秩序得到有效维护。政府应对突发事件和风险的能力明显增强。

——科学化、民主化、规范化的行政决策机制和制度基本形成,人民群众的要求、意愿得到及时反映。政府提供的信息全面、准确、及时,制定的政策、发布的决定相对稳定,行政管理做到公开、公平、公正、便民、高效、诚信。

——高效、便捷、成本低廉的防范、化解社会矛盾的机制基本形成,社会矛盾得到有效防范和化解。

——行政权力与责任紧密挂钩、与行政权力主体利益彻底脱钩。行政监督制度和机制基本完善,政府的层级监督和专门监督明显加强,行政监督效能显著提高。

——行政机关工作人员特别是各级领导干部依法行政的观念明显提高,尊重法律、崇尚法律、遵守法律的氛围基本形成;依法行政的能力明显增强,善于运用法律手段管理经济、文化和社会事务,能够依法妥善处理各种社会矛盾。

三、依法行政的基本原则和基本要求

4. 依法行政的基本原则。依法行政必须坚持党的领导、人民当家作主和依法治国三者的有机统一;必须把维护最广大人民的根本利益作为政府工作的出发点;必须维护宪法权威,确保法制统一和政令畅通;必须把发展作为执政兴国的第一要务,坚持以人为本和全面、协调、可持续的发展观,促进经济社会和人的全面发展;必须把依法治国和以德治国有机结合起来,大力推进社会主义政治文明、精神文明建设;必须把推进依法行政与深化行政管理体制改革、转变政府职能有机结合起来,坚持开拓创新与循序渐进的统一,既要体现改革和创新的精神,又要有计划、有步骤地分类推进;必须把坚持依法行政与提高行政效率统一起来,做到既严格依法办事,又积极履行职责。

5. 依法行政的基本要求。

——合法行政。行政机关实施行政管理,应当依照法律、法规、规章的规定进行;没有法律、法规、规章的规定,行政机关不得作出影响公民、法人和其他组织合法权益或者增加公民、法人和其他组织义务的决定。

——合理行政。行政机关实施行政管理,应当遵循公平、公正的原则。要平等对待行政管理相对人,不偏私、不歧视。行使自由裁量权应当符合法律目的,排除不相关因素的干扰;所采取的措施和手段应当必要、适当;行政机关实施行政管理可以采用多种方式实现行政目的的,应当避免采用损害当事人权益的方式。

——程序正当。行政机关实施行政管理,除涉及国家秘密和依法受到保护的商业秘密、个人隐私的外,应当公开,注意听取公民、法人和其他组织的意见;要严格遵循法定程序,依法保障行政管理相对人、利害关系人的知情权、参与权和救济权。行政机关工作人员履行职责,与行政管理相对人存在利害关系时,应当回避。

——高效便民。行政机关实施行政管理,应当遵守法定时限,积极履行法定职责,提高办事效率,提供优质服务,方便公民、法人和其他组织。

——诚实守信。行政机关公布的信息应当全面、准确、真实。非因法定事由并经法定程序,行政机关不得撤销、变更已经生效的行政决定;因国家利益、公共利益或者其他法定事由需要撤回或者变更行政决定

的,应当依照法定权限和程序进行,并对行政管理相对人因此而受到的财产损失依法予以补偿。

——权责统一。行政机关依法履行经济、社会和文化事务管理职责,要由法律、法规赋予其相应的执法手段。行政机关违法或者不当行使职权,应当依法承担法律责任,实现权力和责任的统一。依法做到执法有保障、有权必有责、用权受监督、违法受追究、侵权须赔偿。

四、转变政府职能,深化行政管理体制改革

6. 依法界定和规范经济调节、市场监管、社会管理和公共服务的职能。推进政企分开、政事分开,实行政府公共管理职能与政府履行出资人职能分开,充分发挥市场在资源配置中的基础性作用。凡是公民、法人和其他组织能够自主解决的,市场竞争机制能够调节的,行业组织或者中介机构通过自律能够解决的事项,除法律另有规定的外,行政机关不要通过行政管理去解决。要加强对行业组织和中介机构的引导和规范。行政机关应当根据经济发展的需要,主要运用经济和法律手段管理经济,依法履行市场监管职能,保证市场监管的公正性和有效性,打破部门保护、地区封锁和行业垄断,建设统一、开放、竞争、有序的现代市场体系。要进一步转变经济调节和市场监管的方式,切实把政府经济管理职能转到主要为市场主体服务和创造良好发展环境上来。在继续加强经济调节和市场监管职能的同时,完善政府的社会管理和公共服务职能。建立健全各种预警和应急机制,提高政府应对突发事件和风险的能力,妥善处理各种突发事件,维持正常的社会秩序,保护国家、集体和个人利益不受侵犯;完善劳动、就业和社会保障制度;强化公共服务职能和公共服务意识,简化公

共服务程序,降低公共服务成本,逐步建立统一、公开、公平、公正的现代公共服务体制。

7. 合理划分和依法规范各级行政机关的职能和权限。科学合理设置政府机构,核定人员编制,实现政府职责、机构和编制的法定化。加强政府对所属部门职能争议的协调。

8. 完善依法行政的财政保障机制。完善集中统一的公共财政体制,逐步实现规范的部门预算,统筹安排和规范使用财政资金,提高财政资金使用效益;清理和规范行政事业性收费等政府非税收入;完善和规范行政机关工作人员工资和津补贴制度,逐步解决同一地区不同行政机关相同职级工作人员收入差距较大的矛盾;行政机关不得设立任何形式的"小金库";严格执行"收支两条线"制度,行政事业性收费和罚没收入必须全部上缴财政,严禁以各种形式返还;行政经费统一由财政纳入预算予以保障,并实行国库集中支付。

9. 改革行政管理方式。要认真贯彻实施行政许可法,减少行政许可项目,规范行政许可行为,改革行政许可方式。要充分运用间接管理、动态管理和事后监督管理等手段对经济和社会事务实施管理;充分发挥行政规划、行政指导、行政合同等方式的作用;加快电子政务建设,推进政府上网工程的建设和运用,扩大政府网上办公的范围;政府部门之间应当尽快做到信息互通和资源共享,提高政府办事效率,降低管理成本,创新管理方式,方便人民群众。

10. 推进政府信息公开。除涉及国家秘密和依法受到保护的商业秘密、个人隐私的事项外,行政机关应当公开政府信息。对公开的政府信息,公众有权查阅。行政机关应当为公众查阅政府信息提供便利条件。

五、建立健全科学民主决策机制

11. 健全行政决策机制。科学、合理界定各级政府、政府各部门的行政决策权,完善政府内部决策规则。建立健全公众参与、专家论证和政府决定相结合的行政决策机制。实行依法决策、科学决策、民主决策。

12. 完善行政决策程序。除依法应当保密的外,决策事项、依据和结果要公开,公众有权查阅。涉及全国或者地区经济社会发展的重大决策事项以及专业性较强的决策事项,应当事先组织专家进行必要性和可行性论证。社会涉及面广、与人民群众利益密切相关的决策事项,应当向社会公布,或者通过举行座谈会、听证会、论证会等形式广泛听取意见。重大行政决策在决策过程中要进行合法性论证。

13. 建立健全决策跟踪反馈和责任追究制度。行政机关应当确定机构和人员,定期对决策的执行情况进行跟踪与反馈,并适时调整和完善有关决策。要加强对决策活动的监督,完善行政决策的监督制度和机制,明确监督主体、监督内容、监督对象、监督程序和监督方式。要按照"谁决策、谁负责"的原则,建立健全决策责任追究制度,实现决策权和决策责任相统一。

六、提高制度建设质量

14. 制度建设的基本要求。提出法律议案和地方性法规草案,制定行政法规、规章以及规范性文件等制度建设,重在提高质量。要遵循并反映经济和社会发展规律,紧紧围绕全面建设小康社会的奋斗目标,紧密结合改革发展稳定的重大决策,体现、推动和保障发展这个执政兴国的第一要务,发挥公民、法人和其他组织的积极性、主动性和创造性,为在经济发展的基础上实现社会全面发展,促进人的全面发展,促进经济、社会和生态环境的协调发展,提供法律保障;要根据宪法和立法法的规定,严格按照法定权限和法定程序进行。法律、法规、规章和规范性文件的内容要具体、明确,具有可操作性,能够切实解决问题;内在逻辑要严密,语言要规范、简洁、准确。

15. 按照条件成熟、突出重点、统筹兼顾的原则,科学合理制定政府立法工作计划。要进一步加强政府立法工作,统筹考虑城乡、区域、经济与社会、人与自然以及国内和对外开放等各项事业的发展,在继续加强有关经济调节、市场监管方面的立法的同时,更加重视有关社会管理、公共服务方面的立法。要把握立法规律和立法时机,正确处理好政府立法与改革的关系,做到立法决策与改革决策相统一,立法进程与改革进程相适应。

16. 改进政府立法工作方法,扩大政府立法工作的公众参与程度。实行立法工作者、实际工作者和专家学者三结合,建立健全专家咨询论证制度。起草法律、法规、规章和作为行政管理依据的规范性文件草案,要采取多种形式广泛听取意见。重大或者关系人民群众切身利益的草案,要采取听证会、论证会、座谈会或者向社会公布草案等方式向社会听取意见,尊重多数人的意愿,充分反映最广大人民的根本利益。要积极探索建立对听取和采纳意见情况的说明制度。行政法规、规章和作为行政管理依据的规范性文件通过后,应当在政府公报、普遍发行的报刊和政府网站上公布。政府公报应当便于公民、法人和其他组织获取。

17. 积极探索对政府立法项目尤其是经济立法项目的成本效益分析制度。政府立法不仅要考虑立法过程成本,还要研究其实施后的执法成本和社会成本。

18. 建立和完善行政法规、规章修改、废止的工作制度和规章、规范性文件的定期清理制度。要适应完善社会主义市场经济体制、扩大对外开放和社会全面进步的需要,适时对现行行政法规、规章进行修改或者废止,切实解决法律规范之间的矛盾和冲突。规章、规范性文件施行后,制定机关、实施机关应当定期对其实施情况进行评估。实施机关应当将评估意见报告制定机关;制定机关要定期对规章、规范性文件进行清理。

七、理顺行政执法体制,加快行政程序建设,规范行政执法行为

19. 深化行政执法体制改革。加快建立权责明确、行为规范、监督有效、保障有力的行政执法体制。继续开展相对集中行政处罚权工作,积极探索相对集中行政许可权,推进综合执法试点。要减少行政执法层次,适当下移执法重心;对与人民群众日常生活、生产直接相关的行政执法活动,主要由市、县两级行政执法机关实施。要完善行政执法机关的内部监督制约机制。

20. 严格按照法定程序行使权力、履行职责。行政机关作出对行政管理相对人、利害关系人不利的行政决定之前,应当告知行政管理相对人、利害关系人,并给予其陈述和申辩的机会;作出行政决定后,应当告知行政管理相对人依法享有申请行政复议或者提起行政诉讼的权利。对重大事项,行政管理相对人、利害关系人依法要求听证的,行政机关应当组织听证。行政机关行使自由裁量权的,应当在行政决定中说明理由。要切实解决行政机关违法行使权力侵犯人民群众切身利益的问题。

21. 健全行政执法案卷评查制度。行政机关应当建立有关行政处罚、行政许可、行政强制等行政执法的案卷。对公民、法人和其他组织的有关监督检查记录、证据材料、执法文书应当立卷归档。

22. 建立健全行政执法主体资格制度。

行政执法由行政机关在其法定职权范围内实施,非行政机关的组织未经法律、法规授权或者行政机关的合法委托,不得行使行政执法权;要清理、确认并向社会公告行政执法主体;实行行政执法人员资格制度,没有取得执法资格的不得从事行政执法工作。

23. 推行行政执法责任制。依法界定执法职责,科学设定执法岗位,规范执法程序。要建立公开、公平、公正的评议考核制和执法过错或者错案责任追究制,评议考核应当听取公众的意见。要积极探索行政执法绩效评估和奖惩办法。

八、积极探索高效、便捷和成本低廉的防范、化解社会矛盾的机制

24. 积极探索预防和解决社会矛盾的新路子。要大力开展矛盾纠纷排查调处工作,建立健全相应的制度。对矛盾纠纷要依法妥善解决。对依法应当由行政机关调处的民事纠纷,行政机关要依照法定权限和程序,遵循公开、公平、公正的原则及时予以处理。要积极探索解决民事纠纷的新机制。

25. 充分发挥调解在解决社会矛盾中的作用。对民事纠纷,经行政机关调解达成协议的,行政机关应当制作调解书;调解不能达成协议的,行政机关应当及时告知当事人救济权利和渠道。要完善人民调解制度,积极支持居民委员会和村民委员会等基层组织的人民调解工作。

26. 切实解决人民群众通过信访举报反映的问题。要完善信访制度,及时办理信访事项,切实保障信访人、举报人的权利和人身安全。任何行政机关和个人不得以任何理由或者借口压制、限制人民群众信访和举报,不得打击报复信访和举报人员,不得将信访、举报材料及有关情况透露或者转送给被举报人。对可以通过复议、诉讼等法律程序解决的信访事项,行政机关应当告知信访人、举报人申请复议、提起诉讼的权利,积极引导当事人通过法律途径解决。

九、完善行政监督制度和机制,强化对行政行为的监督

27. 自觉接受人大监督和政协的民主监督。各级人民政府应当自觉接受同级人大及其常委会的监督,向其报告工作、接受质询,依法向有关人大常委会备案行政法规、规章;自觉接受政协的民主监督,虚心听取其对政府工作的意见和建议。

28. 接受人民法院依照行政诉讼法的规定对行政机关实施的监督。对人民法院受理的行政案件,行政机关应当积极出庭应诉、答辩。对人民法院依法作出的生效的行政判决和裁定,行政机关应当自觉履行。

29. 加强对规章和规范性文件的监督。规章和规范性文件应当依法报送备案。对报送备案的规章和规范性文件,政府法制机构应当依法严格审查,做到有件必备、有备必审、有错必纠。公民、法人和其他组织对规章和规范性文件提出异议的,制定机关或者实施机关应当依法及时研究处理。

30. 认真贯彻行政复议法,加强行政复议工作。对符合法律规定的行政复议申请,必须依法受理;审理行政复议案件,要重依据、重证据、重程序,公正作出行政复议决定,坚决纠正违法、明显不当的行政行为,保护公民、法人和其他组织的合法权益。要完善行政复议工作制度,积极探索提高行政复议工作质量的新方式、新举措。对事实清楚、争议不大的行政复议案件,要探索建立简易程序解决行政争议。加强行政复议机构的队伍建设,提高行政复议工作人员的素质。完善行政复议责任追究制度,对依法应当受理而不受理行政复议申请,应当撤销、变更或者确认具体行政行为违法而不撤销、变更或者确认具体行政行为违法,不在法定期限内作出行政复议决定以及违反行政复议法的其他规定的,应当依法追究其法律责任。

31. 完善并严格执行行政赔偿和补偿制度。要按照国家赔偿法实施行政赔偿。严格执行《国家赔偿费用管理办法》关于赔偿费用核拨的规定,依法从财政支取赔偿费用,保障公民、法人和其他组织依法获得赔偿。要探索在行政赔偿程序中引入听证、协商和和解制度。建立健全行政补偿制度。

32. 创新层级监督新机制,强化上级行政机关对下级行政机关的监督。上级行政机关要建立健全经常性的监督制度,探索层级监督的新方式,加强对下级行政机关具体行政行为的监督。

33. 加强专门监督。各级行政机关要积极配合监察、审计等专门监督机关的工作,自觉接受监察、审计等专门监督机关的监督决定。拒不履行监督决定的,要依法追究有关机关和责任人员的法律责任。监察、审计等专门监督机关要切实履行职责,依法独立开展专门监督。监察、审计等专门监督机关要与检察机关密切配合,及时通报情况,形成监督合力。

34. 强化社会监督。各级人民政府及其工作部门要依法保护公民、法人和其他组织对行政行为实施监督的权利,拓宽监督渠道,完善监督机制,为公民、法人和其他组织实施监督创造条件。要完善群众举报违法行为的制度。要高度重视新闻舆论监督,对新闻媒体反映的问题要认真调查、核实,并依法及时作出处理。

十、不断提高行政机关工作人员依法行政的观念和能力

35. 提高领导干部依法行政的能力和水平。各级人民政府及其工作部门的领导干部要带头学习和掌握宪法、法律和法规的规定,不断增强法律意识,提高法律素养,提高依法行政的能力和水平,把依法行政贯穿于行政管理的各个环节,列入各级人民政府经济社会发展的考核内容。要实行领导干部的学法制度,定期或者不定期对领导干部进行依法行政知识培训。积极探索对领导干部任职前实行法律知识考试的制度。

36. 建立行政机关工作人员学法制度,增强法律意识,提高法律素质,强化依法行政知识培训。要采取自学与集中培训相结合、以自学为主的方式,组织行政机关工作人员学习通用法律知识以及与本职工作有关的专门法律知识。

37. 建立和完善行政机关工作人员依法行政情况考核制度。要把依法行政情况作为考核行政机关工作人员的重要内容,完善考核制度,制定具体的措施和办法。

38. 积极营造全社会尊法守法、依法维权的良好环境。要采取各种形式,加强普法和法制宣传,增强全社会尊重法律、遵守法律的观念和意识,积极引导公民、法人和其他组织依法维护自身权益,逐步形成与建设法治政府相适应的良好社会氛围。

十一、提高认识,明确责任,切实加强对推进依法行政工作的领导

39. 提高认识,加强领导。各级人民政府和政府各部门要从"立党为公、执政为民"的高度,充分认识全面推进依法行政的必要性和紧迫性,真正把依法行政作为政府运作的基本准则。各地方、各部门的行政首长作为本地方、本部门推进依法行政工作的第一责任人,要加强对推进依法行政工作的领导,一级抓一级,逐级抓落实。

40. 明确责任,严肃纪律。各级人民政府和政府各部门要结合本地方、本部门经济和社会发展的实际,制定落实本纲要的具体办法和配套措施,确定不同阶段的重点,有计划、分步骤地推进依法行政,做到五年有规划、年度有安排,将本纲要的规定落到实处。上级行政机关应当加强对下级行政机关贯彻本纲要情况的监督检查。对贯彻落实本纲要不力的,要严肃纪律,予以通报,并追究有关人员相应的责任。

41. 定期报告推进依法行政工作情况。地方各级人民政府应当定期向本级人大及其常委会和上一级人民政府报告推进依法行政的情况;国务院各部门、地方各级人民政府工作部门要定期向本级人民政府报告推进依法行政的情况。

42. 各级人民政府和政府各部门要充分发挥政府法制机构在依法行政方面的参谋、助手和法律顾问作用。全面推进依法行政、建设法治政府,涉及面广、难度大、要求高,需要一支政治强、作风硬、业务精的政府法制工作队伍,协助各级人民政府和政府各部门领导做好全面推进依法行政的各项工作。各级人民政府和政府各部门要切实加强政府法制机构和队伍建设,充分发挥政府法制机构在依法行政方面的参谋、助手和法律顾问的作用,并为他们开展工作创造必要的条件。

国务院办公厅关于贯彻落实全面推进依法行政实施纲要的实施意见

(2004年3月22日 国办发〔2004〕24号)

国务院各部委、各直属机构:

《全面推进依法行政实施纲要》(国发〔2004〕10号,以下简称《纲要》)已经国务院批准正式印发,现就贯彻落实《纲要》提出如下实施意见。

一、从立党为公、执政为民的高度,把贯彻落实《纲要》作为当前和今后一个时期政府工作的一项重要任务

《纲要》以邓小平理论和"三个代表"重要思想为指导,总结了近年来推进依法行政的基本经验,适应全面建设小康社会的新形势和依法治国的进程,确立了建设法治政府的目标,明确规定了今后十年全面推进依法行政的指导思想和具体目标、基本原则和要求、主要任务和措施,是进一步推进我国社会主义政治文明建设的重要政策文件。国务院各部门都要从立党为公、执政为民的高度,充分认识《纲要》的重大意义,把贯彻落实《纲要》作为当前和今后一个时期政府工作的一项重要任务切实抓紧抓好,把《纲要》提出的各项任务落到实处,为全面推进依法行政、建设法治政府提供保障。

二、突出重点,明确分工

贯彻落实《纲要》是一项全局性和长期性的系统工程。国务院有关部门和单位要根据各自的职能,明确工作任务,突出工作重点,抓好各项工作的落实。现就各部门各单位重点工作任务作如下分工:

(一)建立健全科学民主决策机制。

积极研究界定各级政府、政府各部门的行政决策权,完善政府内部决策规则、决策程序以及行政决策的监督制度和机制,按照"谁决策、谁负责"的原则,建立健全决策责任追究制度。建立健全公众参与、专家论证和政府决定相结合的行政决策机制。(国务院办公厅、中央编办、监察部、行政学院、社科院)

(二)提高制度建设质量。

1. 围绕制度建设的基本要求,按照条件成熟、突出重点、统筹兼顾的原则,制定政府立法工作计划,做到立法决策与改革决策相统一,立法进程与改革进程相适应。

（法制办组织有关部门）

2. 改进政府立法工作方法，扩大政府立法工作的公众参与程度，实行立法工作者、实际工作者和专家学者三结合。建立健全专家咨询论证制度、立法征求意见制度。研究建立有关听取和采纳意见情况的说明制度。探索建立有关政府立法项目尤其是经济立法项目的成本效益分析制度。（法制办组织有关部门）

3. 建立健全政府信息公开制度，方便公众对公开的政府信息的获取、查阅。（国务院办公厅、法制办、信息办、信息产业部、财政部）

4. 建立健全行政法规、规章修改和废止的工作制度以及规章、规范性文件的定期清理和定期评价制度。（法制办组织有关部门）

（三）转变政府职能，深化行政管理体制改革。

1. 科学划分和规范各级行政机关的职能和权限，科学、合理设置政府机构，核定人员编制，实现政府职能、机构和编制的法定化。加强对各级行政机关职能争议的协调。（中央编办）

2. 完善各类市场监管制度，确保依法履行市场监管职能，保证市场监管的公正性和有效性，打破部门保护、地区封锁和行业垄断，建设统一、开放、竞争、有序的现代市场体系。研究进一步转变经济调节和市场监管的方式，切实把政府经济管理职能转到主要为市场主体服务和创造良好发展环境上来。（发展改革委、工商总局、质检总局、商务部、建设部、国土资源部、食品药品监管局、证监会、保监会、银监会、电监会）

3. 研究推进政企分开、政事分开，实行政府公共管理职能与政府履行出资人职能分开的具体措施，加强对行业组织和中介机构的引导和规范。（中央编办、发展改革

委、人事部、民政部、国资委、商务部、工商总局、财政部、监察部、行政学院、社科院）

4. 完善劳动、就业和社会保障法律制度。（劳动保障部、卫生部、民政部、人事部、财政部、发展改革委）

5. 建立健全各种预警和应急法律制度和机制（包括起草紧急状态法），提高政府应对突发事件和风险的能力，妥善处理各种突发事件，维持正常的社会秩序。（国务院办公厅组织有关部门）

6. 建立健全有关集中统一的公共财政体制的法律制度，实现规范的部门预算。（财政部、发展改革委）

7. 完善相关法律制度，清理和规范行政机关、事业单位收费。（发展改革委、财政部）

8. 完善相关法律制度，规范行政机关工作人员工资和津补贴，解决同一地区不同行政机关相同职级工作人员收入差距较大的矛盾。（人事部、财政部）

9. 贯彻实施行政许可法，减少行政许可项目，规范行政许可行为，研究创新政府管理方式。（监察部、中央编办、法制办会同有关部门）

10. 加快电子政务体系建设，推进政府上网工程的建设和运用，扩大政府网上办公的范围，逐步实现政府部门之间的信息互通和资源共享。（国务院办公厅、国信办、信息产业部、发展改革委）

（四）理顺行政执法体制，规范行政执法行为。

1. 研究建立权责明确、行为规范、监督有效、保障有力的行政执法体制。完善相关法律制度和工作机制，继续开展相对集中行政处罚权，探索相对集中行政许可权，推进综合执法试点。完善行政执法机关的内部监督制约机制。（中央编办、法制办、财政部、监察部）

2. 建立健全有关行政处罚、行政许可、行政强制等行政执法案卷评查制度,对公民、法人和其他组织的有关监督检查记录、证据材料和执法文书进行立卷归档。(法制办组织有关部门)

3. 建立健全行政执法主体和行政执法人员资格制度。(人事部、法制办、中央编办)

4. 建立健全行政执法责任制,依法界定执法职责,科学设定执法岗位,规范执法程序。建立公开、公平、公正的评议考核制和执法过错或者错案责任追究制。探索建立行政执法绩效评估、奖惩机制和办法。(法制办、中央编办、监察部、人事部)

(五)探索高效、便捷和成本低廉的防范、化解社会矛盾的机制。

1. 建立健全相关法律制度,开展矛盾纠纷排查调处工作。积极探索解决民事纠纷的新机制。完善人民调解制度,预防和化解民事纠纷。(司法部、信访局、国土资源部、建设部、劳动保障部、法制办)

2. 完善信访法律制度,切实解决人民群众通过信访举报反映的问题,保障信访人、举报人的权利和人身安全。(信访局、监察部)

(六)完善行政监督制度和机制,强化对行政行为的监督。

1. 完善对规章和规范性文件的监督制度和机制,做到有件必备、有备必审、有错必纠。建立依法对公民、法人和其他组织对规章和规范性文件提出异议的处理机制和办法。(法制办)

2. 认真贯彻行政复议法,完善有关行政复议程序和工作制度,加强行政复议机构的队伍建设,提高行政复议工作人员的素质,做好行政复议工作。探索提高行政复议工作质量的新方式、新举措。完善行政复议责任追究制度。(法制办、监察部)

3. 完善并严格执行行政赔偿制度,保障公民、法人和其他组织依法获得赔偿。建立健全行政补偿制度。(财政部、法制办)

4. 探索建立行政赔偿程序中的听证、协商、和解制度。(法制办、财政部)

5. 建立健全上级行政机关对下级行政机关的经常性监督制度,探索层级监督的新方式,强化上级行政机关对下级行政机关的监督。(国务院办公厅、法制办、监察部)

6. 完善相关法律制度和机制,确保专门监督机关切实履行职责,依法独立开展专门监督,并与检察机关密切配合,及时通报情况,形成监督合力。(审计署、监察部)

7. 探索拓宽公民、法人和其他组织对行政行为实施监督的渠道,完善监督机制,为公民、法人和其他组织实施监督创造条件。完善群众举报违法行为的制度。研究建立对新闻媒体反映的问题进行调查、核实,并依法及时作出处理的工作机制。(监察部、国务院办公厅、信访局)

(七)提高行政机关工作人员依法行政的观念和能力。

1. 研究建立领导干部学法制度,定期或者不定期对领导干部进行依法行政知识培训。探索对领导干部任职前实行法律知识考试的制度。(人事部、法制办、司法部)

2. 研究建立行政机关工作人员学法制度,强化行政机关工作人员通用法律知识以及专门法律知识等依法行政知识的培训。(人事部、法制办、司法部)

3. 建立和完善行政机关工作人员依法行政情况考核制度,制定具体的措施和办法,把依法行政情况作为考核行政机关工作人员的重要内容。(人事部、法制办)

4. 采取各种形式,加强普法和法制宣传,增强全社会尊重法律、遵守法律的观念和意识,积极引导公民、法人和其他组织依法维护自身权益,逐步形成与建设法治政府相

适应的良好社会氛围。（司法部、法制办）

（八）完善措施，切实全面推进依法行政。

1. 研究建立上级行政机关对下级行政机关贯彻《纲要》情况的监督检查制度。对贯彻落实《纲要》不力的，要严肃纪律，追究有关人员相应的责任。（国务院办公厅、监察部、法制办）

2. 研究建立地方各级人民政府定期向本级人大及其常委会和上一级人民政府，以及国务院各部门、地方各级人民政府工作部门定期向本级人民政府报告推进依法行政情况的具体办法。（国务院办公厅、法制办）

3. 研究切实加强政府法制机构和队伍建设的具体措施和办法，确保充分发挥政府法制机构在依法行政方面的参谋、助手和法律顾问的作用，并为他们开展工作创造必要的条件。（中央编办、财政部、法制办）

三、加强领导，精心规划，加大宣传，强化检查，切实把《纲要》提出的各项任务落到实处

《纲要》的贯彻落实，关系全面推进依法行政的进程，关系法治政府的建设，是一项全局性和长期性的系统工程，要常抓不懈。国务院各部门要切实加强领导，精心组织和安排，扎实工作，采取有效措施，狠抓落实。

（一）加强领导，把《纲要》的贯彻落实摆上重要日程。要按照执政为民的要求，切实加强对依法行政的领导。国务院各部门的主要负责同志要切实担负起贯彻执行《纲要》、全面推进依法行政第一责任人的责任，一级抓一级，逐级抓落实。牵头部门和单位要切实担负起统筹协调的责任，明确工作进度，认真抓好组织协调，坚持重大问题主动协商、共同研究，充分调动有关方面的积极性；其他责任单位要主动配合，积极参与，共同完成好所承担的任务。

（二）制定规划，分步推进。要从实际出发，制定本部门本单位贯彻落实《纲要》的实施意见、具体办法和配套措施，确定不同阶段的目标要求，提出工作进度，突出重点，分步实施，整体推进，确保《纲要》得到全面正确执行。

（三）注重制度建设，以创新的精神做好工作。抓紧制定和完善《纲要》的配套政策措施，形成有利于全面推进依法行政、建设法治政府的制度环境。对依法行政面临的新情况、新问题要及时进行调查研究，分析对策，提出切实可行的政策措施。对全面推进依法行政中形成的经验要及时总结，不断推进依法行政的理论创新、制度创新、机制创新和方法创新。

（四）加大宣传力度，营造有利于贯彻落实《纲要》，全面推进依法行政，建设法治政府的舆论环境。国务院各有关部门要抓紧制定宣传工作方案，采取多种形式，大力宣传《纲要》的基本精神和主要内容，把思想统一到《纲要》的精神上来。要通过组织自学和举办培训班、研讨会、报告会等方式，不断加深对《纲要》的理解，提高认识。

（五）加强督促检查，狠抓工作落实。国务院各部门要对照工作规划、目标要求和工作进度，抓好督促检查，发现问题及时解决。法制办要以高度的责任感和使命感，认真做好协调服务、督促指导、政策研究和情况交流工作，为贯彻执行《纲要》、全面推进依法行政充分发挥参谋、助手和法律顾问的作用。

国务院关于加强市县政府依法行政的决定

（2008年5月12日　国发〔2008〕17号）

各省、自治区、直辖市人民政府，国务院各部委、各直属机构：

党的十七大把依法治国基本方略深入落实,全社会法制观念进一步增强,法治政府建设取得新成效,作为全面建设小康社会新要求的重要内容。为全面落实依法治国基本方略,加快建设法治政府,现就加强市县两级政府依法行政做出如下决定:

一、充分认识加强市县政府依法行政的重要性和紧迫性

(一)加强市县政府依法行政是建设法治政府的重要基础。市县两级政府在我国政权体系中具有十分重要的地位,处在政府工作的第一线,是国家法律法规和政策的重要执行者。实际工作中,直接涉及人民群众具体利益的行政行为大多数由市县政府做出,各种社会矛盾和纠纷大多数发生在基层并需要市县政府处理和化解。市县政府能否切实做到依法行政,很大程度上决定着政府依法行政的整体水平和法治政府建设的整体进程。加强市县政府依法行政,事关巩固党的执政基础、深入贯彻落实科学发展观、构建社会主义和谐社会和加强政府自身建设,必须把加强市县政府依法行政作为一项基础性、全局性工作,摆在更加突出的位置。

(二)提高市县政府依法行政的能力和水平是全面推进依法行政的紧迫任务。我国改革开放和社会主义现代化建设已进入新的历史时期,经济社会快速发展,一些深层次的矛盾和问题逐步显现,人民群众的民主法治意识和政治参与积极性日益提高,维护自身合法权益的要求日益强烈,这些都对政府工作提出了新的更高要求,需要进一步提高依法行政水平。经过坚持不懈的努力,近些年来我国市县政府依法行政已经取得了重大进展,但是与形势发展的要求还有不小差距,一些行政机关及其工作人员依法行政的意识有待增强,依法办事的能力和水平有待提高;一些地方有法不依、执法不严、违法不究的状况亟须改变。依法行政重点在基层,难点在基层。各地区、各部门要切实增强责任感和紧迫感,采取有效措施加快推进市县政府依法行政的进程。

二、大力提高市县行政机关工作人员依法行政的意识和能力

(三)健全领导干部学法制度。市县政府领导干部要带头学法,增强依法行政、依法办事意识,自觉运用法律手段解决各种矛盾和问题。市县政府要建立健全政府常务会议学法制度;建立健全专题法制讲座制度,制订年度法制讲座计划并组织实施;建立健全集中培训制度,做到学法的计划、内容、时间、人员、效果"五落实"。

(四)加强对领导干部任职前的法律知识考查和测试。对拟任市县政府及其部门领导职务的干部,在任职前考察时要考查其是否掌握相关法律知识以及依法行政情况,必要时还要对其进行相关法律知识测试,考查和测试结果应当作为任职的依据。

(五)加大公务员录用考试法律知识测查力度。在公务员考试时,应当增加法律知识在相关考试科目中的比重。对从事行政执法、政府法制等工作的公务员,还要进行专门的法律知识考试。

(六)强化对行政执法人员的培训。市县政府及其部门要定期组织对行政执法人员进行依法行政知识培训,培训情况、学习成绩应当作为考核内容和任职晋升的依据之一。

三、完善市县政府行政决策机制

(七)完善重大行政决策听取意见制度。市县政府及其部门要建立健全公众参与重大行政决策的规则和程序,完善行政决策信息和智力支持系统,增强行政决策透明度和公众参与度。制定与群众切身利益密切相关的公共政策,要向社会公开征求意见。有关突发事件应对的行政决策程序,适用突发事件应对法等有关法律、法规、规章的规定。

（八）推行重大行政决策听证制度。要扩大听证范围,法律、法规、规章规定应当听证以及涉及重大公共利益和群众切身利益的决策事项,都要进行听证。要规范听证程序,科学合理地遴选听证代表,确定、分配听证代表名额要充分考虑听证事项的性质、复杂程度及影响范围。听证代表确定后,应当将名单向社会公布。听证举行10日前,应当告知听证代表拟做出行政决策的内容、理由、依据和背景资料。除涉及国家秘密、商业秘密和个人隐私的外,听证应当公开举行,确保听证参加人对有关事实和法律问题进行平等、充分的质证和辩论。对听证中提出的合理意见和建议要吸收采纳,意见采纳情况及其理由要以书面形式告知听证代表,并以适当形式向社会公布。

（九）建立重大行政决策的合法性审查制度。市县政府及其部门做出重大行政决策前要交由法制机构或者组织有关专家进行合法性审查,未经合法性审查或者经审查不合法的,不得做出决策。

（十）坚持重大行政决策集体决定制度。市县政府及其部门重大行政决策应当在深入调查研究、广泛听取意见和充分论证的基础上,经政府及其部门负责人集体讨论决定,杜绝擅权专断、滥用权力。

（十一）建立重大行政决策实施情况后评价制度。市县政府及其部门做出的重大行政决策实施后,要通过抽样检查、跟踪调查、评估等方式,及时发现并纠正决策存在的问题,减少决策失误造成的损失。

（十二）建立行政决策责任追究制度。要坚决制止和纠正超越法定权限、违反法定程序的决策行为。对应当听证而未听证的、未经合法性审查或者经审查不合法的、未经集体讨论做出决策的,要依照《行政机关公务员处分条例》第十九条第（一）项的规定,对负有领导责任的公务员给予处分。对依法应当做出决策而不做出决策,玩忽职守、贻误工作的行为,要依照《行政机关公务员处分条例》第二十条的规定,对直接责任人员给予处分。

四、建立健全规范性文件监督管理制度

（十三）严格规范性文件制定权限和发布程序。市县政府及其部门制定规范性文件要严格遵守法定权限和程序,符合法律、法规、规章和国家的方针政策,不得违法创设行政许可、行政处罚、行政强制、行政收费等行政权力,不得违法增加公民、法人或者其他组织的义务。制定作为行政管理依据的规范性文件,应当采取多种形式广泛听取意见,并由制定机关负责人集体讨论决定;未经听取意见、合法性审查并经集体讨论决定的,不得发布施行。对涉及公民、法人或者其他组织合法权益的规范性文件,要通过政府公报、政府网站、新闻媒体等向社会公布;未经公布的规范性文件,不得作为行政管理的依据。

（十四）完善规范性文件备案制度。市县政府发布规范性文件后,应当自发布之日起15日内报上一级政府备案;市县政府部门发布规范性文件后,应当自发布之日起15日内报本级政府备案。备案机关对报备的规范性文件要严格审查,发现与法律、法规、规章和国家方针政策相抵触或者超越法定权限、违反制定程序的,要坚决予以纠正,切实维护法制统一和政令畅通。建立受理、处理公民、法人或者其他组织提出的审查规范性文件建议的制度,认真接受群众监督。

（十五）建立规范性文件定期清理制度。市县政府及其部门每隔两年要进行一次规范性文件清理工作,对不符合法律、法规、规章规定,或者相互抵触、依据缺失以及不适应经济社会发展要求的规范性文件,特别是对含有地方保护、行业保护内容的规范性文件,要予以修改或者废止。清理后要向社会公布继续有效、废止和失效的规范性文件目录;未列入继续有效的文件目录的规范性文件,不得作为行政管理的依据。

五、严格行政执法

(十六)改革行政执法体制。要适当下移行政执法重心,减少行政执法层次。对与人民群众日常生活、生产直接相关的行政执法活动,主要由市、县两级行政执法机关实施。继续推进相对集中行政处罚权和综合行政执法试点工作,建立健全行政执法争议协调机制,从源头上解决多头执法、重复执法、执法缺位问题。

(十七)完善行政执法经费保障机制。市县行政执法机关履行法定职责所需经费,要统一纳入财政预算予以保障。要严格执行罚缴分离和收支两条线管理制度。罚没收入必须全额缴入国库,纳入预算管理。对下达或者变相下达罚没指标、违反罚缴分离的规定以及将行政事业性收费、罚没收入与行政执法机关业务经费、工作人员福利待遇挂钩的,要依照《违反行政事业性收费和罚没收入收支两条线管理规定行政处分暂行规定》第八条、第十一条、第十七条的规定,对直接负责的主管人员和其他直接责任人员给予处分。

(十八)规范行政执法行为。市县政府及其部门要严格执行法律、法规、规章,依法行使权力、履行职责。要完善行政执法程序,根据有关法律、法规、规章的规定,对行政执法环节、步骤进行具体规范,切实做到流程清楚、要求具体、期限明确。要抓紧组织行政执法机关对法律、法规、规章规定的有裁量幅度的行政处罚、行政许可条款进行梳理,根据当地经济社会发展实际,对行政裁量权予以细化,能够量化的予以量化,并将细化、量化的行政裁量标准予以公布、执行。要建立监督检查记录制度,完善行政处罚、行政许可、行政强制、行政征收或者征用等行政执法案卷的评查制度。市县政府及其部门每年要组织一次行政执法案卷评查,促进行政执法机关规范执法。

(十九)加强行政执法队伍建设。实行行政执法主体资格合法性审查制度。健全行政执法人员资格制度,对拟上岗行政执法的人员要进行相关法律知识考试,经考试合格的才能授予其行政执法资格、上岗行政执法。进一步整顿行政执法队伍,严格禁止无行政执法资格的人员履行行政执法职责,对被聘用履行行政执法职责的合同工、临时工,要坚决调离行政执法岗位。健全纪律约束机制,加强行政执法人员思想建设、作风建设,确保严格执法、公正执法、文明执法。

(二十)强化行政执法责任追究。全面落实行政执法责任制,健全民主评议制度,加强对市县行政执法机关及其执法人员行使职权和履行法定义务情况的评议考核,加大责任追究力度。对不依法履行职责或者违反法定权限和程序实施行政行为的,依照《行政机关公务员处分条例》第二十条、第二十一条的规定,对直接责任人员给予处分。

六、强化对行政行为的监督

(二十一)充分发挥社会监督的作用。市县政府要在自觉接受人大监督、政协的民主监督和司法机关依法实施的监督的同时,更加注重接受社会舆论和人民群众的监督。要完善群众举报投诉制度,拓宽群众监督渠道,依法保障人民群众对行政行为实施监督的权利。要认真调查、核实人民群众检举、新闻媒体反映的问题,及时依法做出处理;对社会影响较大的问题,要及时将处理结果向社会公布。对打击、报复检举、曝光违法或者不当行政行为的单位和个人的,要依法追究有关人员的责任。

(二十二)加强行政复议和行政应诉工作。市县政府及其部门要认真贯彻执行行政复议法及其实施条例,充分发挥行政复议在行政监督、解决行政争议、化解人民内部矛盾和维护社会稳定方面的重要作用。要畅通行政复议渠道,坚持便民利民原则,依法应当受理的行政复议案件必须受理。要改进行政复议审理方式,综合运用书面审查、实地调查、听证、和解、调解等手段办案。要依法公正做出行政复议决定,对违法或者不当的行政行为,该撤销的坚决予以撤销,该变更的坚决予以变更。要按照行政复议法实施条例的规定,健全市县政府行政复议机构,充实行政复议工作人员,行政复议机构审理行政复议案件,应当由2名以上行政复议人员参加;推行行政复议人员资格管理制度,切实提高行政复议能力。要认真做好行政应诉工作,鼓励、倡导行政机关负责人出庭应诉。行政机关要自觉履行人民法院做出的判决和裁定。

(二十三)积极推进政府信息公开。市县政府及其部门要加强对政府信息公开条例的学习宣传,切实做好政府信息公开工作。要建立健全本机关政府信息公开工作制度,指定机构负责本机关政府信息公开的日常工作,理顺内部工作机制,明确职责权限。要抓紧清理本机关的政府信息,做好政府信息公开指南和公开目录的编制、修订工作。要健全政府信息公开的发布机制,加快政府网站信息的维护和更新,落实政府信息公开载体。要建立健全政府信息公开工作考核、社会评议、年度报告、责任追究等制度,定期对政府信息公开工作进行考核、评议。要严格按照政府信息公开条例规定的内容、程序和方式,及时、准确地向社会公开政府信息,确保公民的知情权、参与权、表达权、监督权。

七、增强社会自治功能

(二十四)建立政府行政管理与基层群众自治有效衔接和良性互动的机制。市县政府及其部门要全面正确实施村民委员会组织法和城市居民委员会组织法,扩大基层群众自治范围,充分保障基层群众自我管理、自我服务、自我教育、自我监督的各项权利。严禁干预基层群众自治组织自治范围内的事情,不得要求群众自治组织承担依法应当由政府及其部门履行的职责。

(二十五)充分发挥社会组织的作用。市县政府及其部门要加强对社会组织的培育、规范和管理,把社会可以自我调节和管理的职能交给社会组织。实施社会管理、提供公共服务,要积极与社会组织进行合作,鼓励、引导社会组织有序参与。

(二十六)营造依法行政的良好社会氛围。市县政府及其部门要深入开展法制宣传教育,弘扬法治精神,促进自觉学法守法用法社会氛围的形成。

八、加强领导,明确责任,扎扎实实地推进市县政府依法行政

(二十七)省级政府要切实担负起加强市县政府依法行政的领导责任。各省(区、市)人民政府要把加强市县政府依法行政作为当前和今后一个时期建设法治政府的重点任务来抓,加强工作指导和督促检查。要大力培育依法行政的先进典型,及时总结、交流和推广经验,充分发挥典型的示范带动作用。要建立依法行政考核制度,根据建设法治政府的目标和要求,把是否依照法定权限和程序行使权力、履行职责作为衡量市县政府及其部门各项工作好坏的重要标准,把是否依法决策、是否依法制定发布规范性文件、是否依法实施行政管理、是否依法受理和办理行政复议案件、是否依法履行行政应诉职责等作为考核内容,科学设定考核指标,一并纳入市县政府及其工作人员的实绩考核指标体系。依法行政考核结果要与奖励惩处、干部任免挂钩。加快实行以行政机关主要负责人为重点的行政问责和绩效管理制度。要合理分清部门之间的职责权限,在此基础上落实工作责任和考核要求。市县政府不履行对依法行政的领导职责,导致本行政区域一年内发生多起严重违法行政案件、造成严重社会影响的,要严肃追究该市县政府主要负责人的责任。

(二十八)市县政府要狠抓落实。市县政府要在党委的领导下对本行政区域内的依法行政负总责,统一领导、协调本行政区域内依法行政工作,建立健全领导、监督和协调机制。要把加强依法行政摆上重要位置,主要负责人要切实担负起依法行政第一责任人的责任,加强领导、狠抓落实,确保把加强依法行政的各项要求落实到政府工作的各个方面、各个环节,认真扎实地加以推进。要严格执行依法行政考核制度。对下级政府和政府部门违法行政、造成严重社会影响的,要严肃追究该政府或者政府部门主要负责人的责任。

(二十九)加强市县政府法制机构和队伍建设。健全市县政府法制机构,使机构设置、人员配备与工作任务相适应。要加大对政府法制干部的培养、教育、使用和交流力度,充分调动政府法制干部的积极性、主动性和创造性。要按照中办、国办有关文件的要求,把政治思想好、业务能力强、有较高法律素质的干部充实到基层行政机关领导岗位。政府法制机构及其工作人员要切实增强做好新形势下政府法制工作的责任感和使命感,不断提高自身的政治素质、业务素质和工作能力,努力当好市县政府及其部门领导在依法行政方面的参谋、助手和顾问,在推进本地区依法行政中充分发挥统筹规划、综合协调、督促指导、政策研究和情况交流等作用。

(三十)完善推进市县政府依法行政报告制度。市县政府每年要向本级人大常委会和上一级政府报告本地区推进依法行政的进展情况、主要成效、突出问题和下一步工作安排。省(区、市)人民政府每年要向国务院报告本地区依法行政的情况。

其他行政机关也要按照本决定的有关要求,加强领导,完善制度,强化责任,保证各项制度严格执行,加快推进本地区、本部门的依法行政进程。

上级政府及其部门要带头依法行政,督促和支持市县政府依法行政,并为市县政府依法行政创造条件、排除障碍、解决困难。

中共中央关于全面推进依法治国若干重大问题的决定

(2014年10月23日中国共产党第十八届中央委员会第四次全体会议通过)

为贯彻落实党的十八大作出的战略部署,加快建设社会主义法治国家,十八届中央委员会第四次全体会议研究了全面推进依法治国若干重大问题,作出如下决定。

一、坚持走中国特色社会主义法治道路,建设中国特色社会主义法治体系

依法治国,是坚持和发展中国特色社会主义的本质要求和重要保障,是实现国家治理体系和治理能力现代化的必然要求,事关我们党执政兴国,事关人民幸福安康,事关党和国家长治久安。

全面建成小康社会、实现中华民族伟大复兴的中国梦,全面深化改革、完善和发展中国特色社会主义制度，提高党的执政能力和执政水平，必须全面推进依法治国。

我国正处于社会主义初级阶段，全面建成小康社会进入决定性阶段，改革进入攻坚期和深水区，国际形势复杂多变，我们党面对的改革发展稳定任务之重前所未有、矛盾风险挑战之多前所未有，依法治国在党和国家工作全局中的地位更加突出、作用更加重大。面对新形势新任务，我们党要更好统筹国内国际两个大局，更好维护和运用我国发展的重要战略机遇期，更好统筹社会力量、平衡社会利益、调节社会关系、规范社会行为，使我国社会在深刻变革中既生机勃勃又井然有序，实现经济发展、政治清明、文化昌盛、社会公正、生态良好，实现我国和平发展的战略目标，必须更好发挥法治的引领和规范作用。

我们党高度重视法治建设。长期以来，特别是党的十一届三中全会以来，我们党深刻总结我国社会主义法治建设的成功经验和深刻教训，提出为了保障人民民主，必须加强法治，必须使民主制度化、法律化，把依法治国确定为党领导人民治理国家的基本方略，把依法执政确定为党治国理政的基本方式，积极建设社会主义法治，取得历史性成就。目前，中国特色社会主义法律体系已经形成，法治政府建设稳步推进，司法体制不断完善，全社会法治观念明显增强。

同时，必须清醒看到，同党和国家事业发展要求相比，同人民群众期待相比，同推进国家治理体系和治理能力现代化目标相比，法治建设还存在许多不适应、不符合的问题，主要表现为：有的法律法规未能全面反映客观规律和人民意愿，针对性、可操作性不强，立法工作中部门化倾向、争权诿责现象较为突出；有法不依、执法不严、违法不究现象比较严重，执法体制权责脱节、多头执法、选择性执法现象仍然存在，执法司法不规范、不严格、不透明、不文明现象较为突出，群众对执法司法不公和腐败问题反映强烈；部分社会成员尊法信法守法用法、依法维权意识不强，一些国家工作人员特别是领导干部依法办事观念不强、能力不足，知法犯法、以言代法、以权压法、徇私枉法现象依然存在。这些问题，违背社会主义法治原则，损害人民群众利益，妨碍党和国家事业发展，必须下大气力加以解决。

全面推进依法治国，必须贯彻落实党的十八大和十八届三中全会精神，高举中国特色社会主义伟大旗帜，以马克思列宁主义、毛泽东思想、邓小平理论、"三个代表"重要思想、科学发展观为指导，深入贯彻习近平总书记系列重要讲话精神，坚持党的领导、人民当家作主、依法治国有机统一，坚定不移走中国特色社会主义法治道路，坚决维护宪法法律权威，依法维护人民权益、维护社会公平正义、维护国家安全稳定，为实现"两个一百年"奋斗目标、实现中华民族伟大复兴的中国梦提供有力法治保障。

全面推进依法治国，总目标是建设中国特色社会主义法治体系，建设社会主义法治国家。这就是，在中国共产党领导下，坚持中国特色社会主义制度，贯彻中国特色社会主义法治理论，形成完备的法律规范体系、高效的法治实施体系、严密的法治监督体系、有力的法治保障体系，形成完善的党内法规体系，坚持依法治国、依法执政、依法行政共同推进，坚持法治国家、法治政府、法治社会一体建设，实现科学立法、严格执法、公正司法、全民守法，促进国家治理体系和治理能力现代化。

实现这个总目标，必须坚持以下原则。

——坚持中国共产党的领导。党的领导是中国特色社会主义最本质的特征，是社会主义法治最根本的保证。把党的领导贯彻到依法治国全过程和各方面,是我国社会主义法治建设的一条基本经验。我国宪法确立了中国共产党的领导地位。坚持党的领导,是社会主义法治的根本要求,是党和国家的根本所在、命脉所在,是全国各族人民的利益所系、幸福所系,是全面推进依法治国的题中应有之义。党的领导和社会主义法治是一致的,社会主义法治必须坚持党的领导,党的领导必须依靠社会主义法治。只有在党的领导下依法治国、厉行法治,人民当家作主才能充分实现,国家和社会生活法治化才能有序推进。依法执政,既要求党依据宪法法律治国理政,也要求党依据党内法规管党治党。必须坚持党领导立法、保证执法、支持司法、带头守法,把依法治国基本方略同依法执政基本方式统一起来,把党总揽全局、协调各方同人大、政府、政协、审判机关、检察机关依法依章程履行职能、开展工作统一起来,把党领导人民制定和实施宪法法律同党坚持在宪法法律范围内活动统一起来,善于使党的主张通过法定程序成为国家意志,善于使党组织推荐的人选通过法定程序成为国家政权机关的领导人员,善于通过国家政权机关实施党对国家和社会的领导,善于运用民主集中制原则维护中央权威、维护全党全国团结统一。

——坚持人民主体地位。人民是依法治国的主体和力量源泉,人民代表大会制度是保证人民当家作主的根本政治制度。必须坚持法治建设为了人民、依靠人民、造福人民、保护人民,以保障人民根本权益为出发点和落脚点,保证人民依法享有广泛的权利和自由、承担应尽的义务,维护社会公平正义,促进共同富裕。必须保证人民在党的领导下,依照法律规定,通过各种途径和形式管理国家事务,管理经济文化事业,管理社会事务。必须使人民认识到法律既是保障自身权利的有力武器,也是必须遵守的行为规范,增强全社会学法尊法守法用法意识,使法律为人民所掌握、所遵守、所运用。

——坚持法律面前人人平等。平等是社会主义法律的基本属性。任何组织和个人都必须尊重宪法法律权威,都必须在宪法法律范围内活动,都必须依照宪法法律行使权力或权利、履行职责或义务,都不得有超越宪法法律的特权。必须维护国家法制统一、尊严、权威,切实保证宪法法律有效实施,绝不允许任何人以任何借口任何形式以言代法、以权压法、徇私枉法。必须以规范和约束公权力为重点,加大监督力度,做到有权必有责、用权受监督、违法必追究,坚决纠正有法不依、执法不严、违法不究行为。

——坚持依法治国和以德治国相结合。国家和社会治理需要法律和道德共同发挥作用。必须坚持一手抓法治、一手抓德治,大力弘扬社会主义核心价值观,弘扬中华传统美德,培育社会公德、职业道德、家庭美德、个人品德,既重视发挥法律的规范作用,又重视发挥道德的教化作用,以法治体现道德理念、强化法律对道德建设的促进作用,以道德滋养法治精神、强化道德对法治文化的支撑作用,实现法律和道德相辅相成、法治和德治相得益彰。

——坚持从中国实际出发。中国特色社会主义道路、理论体系、制度是全面推进依法治国的根本遵循。必须从我国基本国情出发,同改革开放不断深化相适应,总结和运用党领导人民实行法治的成功经验,围绕社会主义法治建设重大理论和实践问题,推进法治理论创新,发展符合中国实际、具有中国特色、体现社会发展规律的社会主义法治理论,为依法治国提供理论指导和学理支撑。汲取中华法律文化精华，借鉴国外法治有益经验，但决不照搬外国法治理念和模式。

全面推进依法治国是一个系统工程，是国家治理领域一场广泛而深刻的革命，需要付出长期艰苦努力。全党同志必须更加自觉地坚持依法治国、更加扎实地推进依法治国，努力实现国家各项工作法治化，向着建设法治中国不断前进。

二、完善以宪法为核心的中国特色社会主义法律体系，加强宪法实施

法律是治国之重器，良法是善治之前提。建设中国特色社会主义法治体系，必须坚持立法先行，发挥立法的引领和推动作用，抓住提高立法质量这个关键。要恪守以民为本、立法为民理念，贯彻社会主义核心价值观，使每一项立法都符合宪法精神、反映人民意志、得到人民拥护。要把公正、公平、公开原则贯穿立法全过程，完善立法体制机制，坚持立改废释并举，增强法律法规的及时性、系统性、针对性、有效性。

（一）健全宪法实施和监督制度。宪法是党和人民意志的集中体现，是通过科学民主程序形成的根本法。坚持依法治国首先要坚持依宪治国，坚持依法执政首先要坚持依宪执政。全国各族人民、一切国家机关和武装力量、各政党和各社会团体、各企业事业组织，都必须以宪法为根本的活动准则，并且负有维护宪法尊严、保证宪法实施的职责。一切违反宪法的行为都必须予以追究和纠正。

完善全国人大及其常委会宪法监督制度，健全宪法解释程序机制。加强备案审查制度和能力建设，把所有规范性文件纳入备案审查范围，依法撤销和纠正违宪违法的规范性文件，禁止地方制发带有立法性质的文件。

将每年十二月四日定为国家宪法日。在全社会普遍开展宪法教育，弘扬宪法精神。建立宪法宣誓制度，凡经人大及其常委会选举或者决定任命的国家工作人员正式就职时公开向宪法宣誓。

（二）完善立法体制。加强党对立法工作的领导，完善党对立法工作中重大问题决策的程序。凡立法涉及重大体制和重大政策调整的，必须报党中央讨论决定。党中央向全国人大提出宪法修改建议，依照宪法规定的程序进行宪法修改。法律制定和修改的重大问题由全国人大常委会党组向党中央报告。

健全有立法权的人大主导立法工作的体制机制，发挥人大及其常委会在立法工作中的主导作用。建立由全国人大相关专门委员会、全国人大常委会法制工作委员会组织有关部门参与起草综合性、全局性、基础性等重要法律草案制度。增加有法治实践经验的专职常委比例。依法建立健全专门委员会、工作委员会立法专家顾问制度。

加强和改进政府立法制度建设，完善行政法规、规章制定程序，完善公众参与政府立法机制。重要行政管理法律法规由政府法制机构组织起草。

明确立法权力边界，从体制机制和工作程序上有效防止部门利益和地方保护主义法律化。对部门间争议较大的重要立法事项，由决策机关引入第三方评估，充分听取各方意见，协调决定，不能久拖不决。加强法律解释工作，及时明确法律规定含义和适用法律依据。明确地方立法权限和范围，依法赋予设区的市地方立法权。

（三）深入推进科学立法、民主立法。加强人大对立法工作的组织协调，健全立法起草、论证、协调、审议机制，健全向下级人大征询立法意见机制，建立基层立法联系点制度，推进立法精细化。健全法律法规规章起草征求人大代表意见制度,增加人大代表列席人大常委会会议人数,更多发挥人大代表参与起草和修改法律作用。完善立法项目征集和论证制度。健全立法机关主导、社会各方有序参与立法的途径和方式。探索委托第三方起草法律法规草案。

健全立法机关和社会公众沟通机制,开展立法协商,充分发挥政协委员、民主党派、工商联、无党派人士、人民团体、社会组织在立法协商中的作用,探索建立有关国家机关、社会团体、专家学者等对立法中涉及的重大利益调整论证咨询机制。拓宽公民有序参与立法途径,健全法律法规规章草案公开征求意见和公众意见采纳情况反馈机制,广泛凝聚社会共识。

完善法律草案表决程序,对重要条款可以单独表决。

(四)加强重点领域立法。依法保障公民权利,加快完善体现权利公平、机会公平、规则公平的法律制度,保障公民人身权、财产权、基本政治权利等各项权利不受侵犯,保障公民经济、文化、社会等各方面权利得到落实,实现公民权利保障法治化。增强全社会尊重和保障人权意识,健全公民权利救济渠道和方式。

社会主义市场经济本质上是法治经济。使市场在资源配置中起决定性作用和更好发挥政府作用,必须以保护产权、维护契约、统一市场、平等交换、公平竞争、有效监管为基本导向,完善社会主义市场经济法律制度。健全以公平为核心原则的产权保护制度,加强对各种所有制经济组织和自然人财产权的保护,清理有违公平的法律法规条款。创新适应公有制多种实现形式的产权保护制度,加强对国有、集体资产所有权、经营权和各类企业法人财产权的保护。国家保护企业以法人财产权依法自主经营、自负盈亏,企业有权拒绝任何组织和个人无法律依据的要求。加强企业社会责任立法。完善激励创新的产权制度、知识产权保护制度和促进科技成果转化的体制机制。加强市场法律制度建设,编纂民法典,制定和完善发展规划、投资管理、土地管理、能源和矿产资源、农业、财政税收、金融等方面法律法规,促进商品和要素自由流动、公平交易、平等使用。依法加强和改善宏观调控、市场监管,反对垄断,促进合理竞争,维护公平竞争的市场秩序。加强军民融合深度发展法治保障。

制度化、规范化、程序化是社会主义民主政治的根本保障。以保障人民当家作主为核心,坚持和完善人民代表大会制度,坚持和完善中国共产党领导的多党合作和政治协商制度、民族区域自治制度以及基层群众自治制度,推进社会主义民主政治法治化。加强社会主义协商民主制度建设,推进协商民主广泛多层制度化发展,构建程序合理、环节完整的协商民主体系。完善和发展基层民主制度,依法推进基层民主和行业自律,实行自我管理、自我服务、自我教育、自我监督。完善国家机构组织法,完善选举制度和工作机制。加快推进反腐败国家立法,完善惩治和预防腐败体系,形成不敢腐、不能腐、不想腐的有效机制,坚决遏制和预防腐败现象。完善惩治贪污贿赂犯罪法律制度,把贿赂犯罪对象由财物扩大为财物和其他财产性利益。

建立健全坚持社会主义先进文化前进方向、遵循文化发展规律、有利于激发文化创造活力、保障人民基本文化权益的文化法律制度。制定公共文化服务保障法,促进基本公共文化服务标准化、均等化。制定文化产业促进法,把行之有效的文化经济政策法定化,健全促进社会效益和经济效益有机统一的制度规范。制定国家勋章和国家荣誉称号法,表彰有突出贡献的杰出人士。加强互联网领域立法,完善网络信息服务、网络安全保护、网络社会管理等方面的法律法规,依法规范网络行为。

加快保障和改善民生、推进社会治理体制创新法律制度建设。依法加强和规范公共服务,完善教育、就业、收入分配、社会保障、医疗卫生、食品安全、扶贫、慈善、社会救助和妇女儿童、老年人、残疾人合法权益保护等方面的法律法规。加强社会组织立法,规范和引导各类社会组织健康发展。制定社区矫正法。

贯彻落实总体国家安全观,加快国家安全法治建设,抓紧出台反恐怖等一批急需法律,推进公共安全法治化,构建国家安全法律制度体系。

用严格的法律制度保护生态环境,加快建立有效约束开发行为和促进绿色发展、循环发展、低碳发展的生态文明法律制度,强化生产者环境保护的法律责任,大幅度提高违法成本。建立健全自然资源产权法律制度,完善国土空间开发保护方面的法律制度,制定完善生态补偿和土壤、水、大气污染防治及海洋生态环境保护等法律法规,促进生态文明建设。

实现立法和改革决策相衔接,做到重大改革于法有据、立法主动适应改革和经济社会发展需要。实践证明行之有效的,要及时上升为法律。实践条件还不成熟、需要先行先试的,要按照法定程序作出授权。对不适应改革要求的法律法规,要及时修改和废止。

三、深入推进依法行政,加快建设法治政府

法律的生命力在于实施,法律的权威也在于实施。各级政府必须坚持在党的领导下、在法治轨道上开展工作,创新执法体制,完善执法程序,推进综合执法,严格执法责任,建立权责统一、权威高效的依法行政体制,加快建设职能科学、权责法定、执法严明、公开公正、廉洁高效、守法诚信的法治政府。

(一)依法全面履行政府职能。完善行政组织和行政程序法律制度,推进机构、职能、权限、程序、责任法定化。行政机关要坚持法定职责必须为、法无授权不可为,勇于负责、敢于担当,坚决纠正不作为、乱作为,坚决克服懒政、怠政,坚决惩处失职、渎职。行政机关不得法外设定权力,没有法律法规依据不得作出减损公民、法人和其他组织合法权益或者增加其义务的决定。推行政府权力清单制度,坚决消除权力设租寻租空间。

推进各级政府事权规范化、法律化,完善不同层级政府特别是中央和地方政府事权法律制度,强化中央政府宏观管理、制度设定职责和必要的执法权,强化省级政府统筹推进区域内基本公共服务均等化职责,强化市县政府执行职责。

(二)健全依法决策机制。把公众参与、专家论证、风险评估、合法性审查、集体讨论决定确定为重大行政决策法定程序,确保决策制度科学、程序正当、过程公开、责任明确。建立行政机关内部重大决策合法性审查机制,未经合法性审查或经审查不合法的,不得提交讨论。

积极推行政府法律顾问制度,建立政府法制机构人员为主体、吸收专家和律师参加的法律顾问队伍,保证法律顾问在制定重大行政决策、推进依法行政中发挥积极作用。

建立重大决策终身责任追究制度及责任倒查机制,对决策严重失误或者依法应该及时作出决策但久拖不决造成重大损失、恶劣影响的,严格追究行政首长、负有责任的其他领导人员和相关责任人员的法律责任。

（三）深化行政执法体制改革。根据不同层级政府的事权和职能，按照减少层次、整合队伍、提高效率的原则，合理配置执法力量。

推进综合执法，大幅减少市县两级政府执法队伍种类，重点在食品药品安全、工商质检、公共卫生、安全生产、文化旅游、资源环境、农林水利、交通运输、城乡建设、海洋渔业等领域内推行综合执法，有条件的领域可以推行跨部门综合执法。

完善市县两级政府行政执法管理，加强统一领导和协调。理顺行政强制执行体制。理顺城管执法体制，加强城市管理综合执法机构建设，提高执法和服务水平。

严格实行行政执法人员持证上岗和资格管理制度，未经执法资格考试合格，不得授予执法资格，不得从事执法活动。严格执行罚缴分离和收支两条线管理制度，严禁收费罚没收入同部门利益直接或者变相挂钩。

健全行政执法和刑事司法衔接机制，完善案件移送标准和程序，建立行政执法机关、公安机关、检察机关、审判机关信息共享、案情通报、案件移送制度，坚决克服有案不移、有案难移、以罚代刑现象，实现行政处罚和刑事处罚无缝对接。

（四）坚持严格规范公正文明执法。依法惩处各类违法行为，加大关系群众切身利益的重点领域执法力度。完善执法程序，建立执法全过程记录制度。明确具体操作流程，重点规范行政许可、行政处罚、行政强制、行政征收、行政收费、行政检查等执法行为。严格执行重大执法决定法制审核制度。

建立健全行政裁量权基准制度，细化、量化行政裁量标准，规范裁量范围、种类、幅度。加强行政执法信息化建设和信息共享，提高执法效率和规范化水平。

全面落实行政执法责任制，严格确定不同部门及机构、岗位执法人员执法责任和责任追究机制，加强执法监督，坚决排除对执法活动的干预，防止和克服地方和部门保护主义，惩治执法腐败现象。

（五）强化对行政权力的制约和监督。加强党内监督、人大监督、民主监督、行政监督、司法监督、审计监督、社会监督、舆论监督制度建设，努力形成科学有效的权力运行制约和监督体系，增强监督合力和实效。

加强对政府内部权力的制约，是强化对行政权力制约的重点。对财政资金分配使用、国有资产监管、政府投资、政府采购、公共资源转让、公共工程建设等权力集中的部门和岗位实行分事行权、分岗设权、分级授权，定期轮岗，强化内部流程控制，防止权力滥用。完善政府内部层级监督和专门监督，改进上级机关对下级机关的监督，建立常态化监督制度。完善纠错问责机制，健全责令公开道歉、停职检查、引咎辞职、责令辞职、罢免等问责方式和程序。

完善审计制度，保障依法独立行使审计监督权。对公共资金、国有资产、国有资源和领导干部履行经济责任情况实行审计全覆盖。强化上级审计机关对下级审计机关的领导。探索省以下地方审计机关人财物统一管理。推进审计职业化建设。

（六）全面推进政务公开。坚持以公开为常态、不公开为例外原则，推进决策公开、执行公开、管理公开、服务公开、结果公开。各级政府及其工作部门依据权力清单，向社会全面公开政府职能、法律依据、实施主体、职责权限、管理流程、监督方式等事项。重点推进财政预算、公共资源配置、重大建设项目批准和实施、社会公益事业建设等领域的政府信息公开。

涉及公民、法人或其他组织权利和义务的规范性文件，按照政府信息公开要求和程序予以公布。推行行政执法公示制度。推进政务公开信息化，加强互联网政务信息数据服务平台和便民服务平台建设。

四、保证公正司法，提高司法公信力

公正是法治的生命线。司法公正对社会公正具有重要引领作用，司法不公对社会公正具有致命破坏作用。必须完善司法管理体制和司法权力运行机制，规范司法行为，加强对司法活动的监督，努力让人民群众在每一个司法案件中感受到公平正义。

（一）完善确保依法独立公正行使审判权和检察权的制度。各级党政机关和领导干部要支持法院、检察院依法独立公正行使职权。建立领导干部干预司法活动、插手具体案件处理的记录、通报和责任追究制度。任何党政机关和领导干部都不得让司法机关做违反法定职责、有碍司法公正的事情，任何司法机关都不得执行党政机关和领导干部违法干预司法活动的要求。对干预司法机关办案的，给予党纪政纪处分；造成冤假错案或者其他严重后果的，依法追究刑事责任。

健全行政机关依法出庭应诉、支持法院受理行政案件、尊重并执行法院生效裁判的制度。完善惩戒妨碍司法机关依法行使职权、拒不执行生效裁判和决定、藐视法庭权威等违法犯罪行为的法律规定。

建立健全司法人员履行法定职责保护机制。非因法定事由，非经法定程序，不得将法官、检察官调离、辞退或者作出免职、降级等处分。

（二）优化司法职权配置。健全公安机关、检察机关、审判机关、司法行政机关各司其职，侦查权、检察权、审判权、执行权相互配合、相互制约的体制机制。

完善司法体制，推动实行审判权和执行权相分离的体制改革试点。完善刑罚执行制度，统一刑罚执行体制。改革司法机关人财物管理体制，探索实行法院、检察院司法行政事务管理权和审判权、检察权相分离。

最高人民法院设立巡回法庭，审理跨行政区域重大行政和民商事案件。探索设立跨行政区划的人民法院和人民检察院，办理跨地区案件。完善行政诉讼体制机制，合理调整行政诉讼案件管辖制度，切实解决行政诉讼立案难、审理难、执行难等突出问题。

改革法院案件受理制度，变立案审查制为立案登记制，对人民法院依法应该受理的案件，做到有案必立、有诉必理，保障当事人诉权。加大对虚假诉讼、恶意诉讼、无理缠诉行为的惩治力度。完善刑事诉讼中认罪认罚从宽制度。

完善审级制度，一审重在解决事实认定和法律适用，二审重在解决事实法律争议、实现二审终审，再审重在解决依法纠错、维护裁判权威。完善对涉及公民人身、财产权益的行政强制措施实行司法监督制度。检察机关在履行职责中发现行政机关违法行使职权或者不行使职权的行为，应该督促其纠正。探索建立检察机关提起公益诉讼制度。

明确司法机关内部各层级权限，健全内部监督制约机制。司法机关内部人员不得违反规定干预其他人员正在办理的案件，建立司法机关内部人员过问案件的记录制度和责任追究制度。完善主审法官、合议庭、主任检察官、主办侦查员办案责任制，落实谁办案谁负责。

加强职务犯罪线索管理，健全受理、分流、查办、信息反馈制度，明确纪检监察和刑事司法办案标准和程序衔接，依法严格查办职务犯罪案件。

（三）推进严格司法。坚持以事实为根据、以法律为准绳，健全事实认定符合客观真相、办案结果符合实体公正、办案过程符合程序公正的法律制度。加强和规范司法解释和案例指导，统一法律适用标准。

推进以审判为中心的诉讼制度改革，确保侦查、审查起诉的案件事实证据经得起法律的检验。全面贯彻证据裁判规则，严格依法收集、固定、保存、审查、运用证据，完善证人、鉴定人出庭制度，保证庭审在查明事实、认定证据、保护诉权、公正裁判中发挥决定性作用。

明确各类司法人员工作职责、工作流程、工作标准，实行办案质量终身负责制和错案责任倒查问责制，确保案件处理经得起法律和历史检验。

（四）保障人民群众参与司法。坚持人民司法为人民，依靠人民推进公正司法，通过公正司法维护人民权益。在司法调解、司法听证、涉诉信访等司法活动中保障人民群众参与。完善人民陪审员制度，保障公民陪审权利，扩大参审范围，完善随机抽选方式，提高人民陪审制度公信度。逐步实行人民陪审员不再审理法律适用问题，只参与审理事实认定问题。

构建开放、动态、透明、便民的阳光司法机制，推进审判公开、检务公开、警务公开、狱务公开，依法及时公开执法司法依据、程序、流程、结果和生效法律文书，杜绝暗箱操作。加强法律文书释法说理，建立生效法律文书统一上网和公开查询制度。

（五）加强人权司法保障。强化诉讼过程中当事人和其他诉讼参与人的知情权、陈述权、辩护辩论权、申请权、申诉权的制度保障。健全落实罪刑法定、疑罪从无、非法证据排除等法律原则的法律制度。完善对限制人身自由司法措施和侦查手段的司法监督，加强对刑讯逼供和非法取证的源头预防，健全冤假错案有效防范、及时纠正机制。

切实解决执行难，制定强制执行法，规范查封、扣押、冻结、处理涉案财物的司法程序。加快建立失信被执行人信用监督、威慑和惩戒法律制度。依法保障胜诉当事人及时实现权益。

落实终审和诉讼终结制度，实行诉访分离，保障当事人依法行使申诉权利。对不服司法机关生效裁判、决定的申诉，逐步实行由律师代理制度。对聘不起律师的申诉人，纳入法律援助范围。

（六）加强对司法活动的监督。完善检察机关行使监督权的法律制度，加强对刑事诉讼、民事诉讼、行政诉讼的法律监督。完善人民监督员制度，重点监督检察机关查办职务犯罪的立案、羁押、扣押冻结财物、起诉等环节的执法活动。司法机关要及时回应社会关切。规范媒体对案件的报道，防止舆论影响司法公正。

依法规范司法人员与当事人、律师、特殊关系人、中介组织的接触、交往行为。严禁司法人员私下接触当事人及律师、泄露或者为其打探案情、接受吃请或者收受其财物、为律师介绍代理和辩护业务等违法违纪行为，坚决惩治司法掮客行为，防止利益输送。

对因违法违纪被开除公职的司法人员、吊销执业证书的律师和公证员，终身禁止从事法律职业，构成犯罪的要依法追究刑事责任。

坚决破除各种潜规则，绝不允许法外开恩，绝不允许办关系案、人情案、金钱案。坚决反对和克服特权思想、衙门作风、霸道作风，坚决反对和惩治粗暴执法、野蛮执法行为。对司法领域的腐败零容忍，坚决清除害群之马。

五、增强全民法治观念，推进法治社会建设

法律的权威源自人民的内心拥护和真

诚信仰。人民权益要靠法律保障,法律权威要靠人民维护。必须弘扬社会主义法治精神,建设社会主义法治文化,增强全社会厉行法治的积极性和主动性,形成守法光荣、违法可耻的社会氛围,使全体人民都成为社会主义法治的忠实崇尚者、自觉遵守者、坚定捍卫者。

(一)推动全社会树立法治意识。坚持把全民普法和守法作为依法治国的长期基础性工作,深入开展法治宣传教育,引导全民自觉守法、遇事找法、解决问题靠法。坚持把领导干部带头学法、模范守法作为树立法治意识的关键,完善国家工作人员学法用法制度,把宪法法律列入党委(党组)中心组学习内容,列为党校、行政学院、干部学院、社会主义学院必修课。把法治教育纳入国民教育体系,从青少年抓起,在中小学设立法治知识课程。

健全普法宣传教育机制,各级党委和政府要加强对普法工作的领导,宣传、文化、教育部门和人民团体要在普法教育中发挥职能作用。实行国家机关"谁执法谁普法"的普法责任制,建立法官、检察官、行政执法人员、律师等以案释法制度,加强普法讲师团、普法志愿者队伍建设。把法治教育纳入精神文明创建内容,开展群众性法治文化活动,健全媒体公益普法制度,加强新媒体新技术在普法中的运用,提高普法实效。

牢固树立有权力就有责任、有权利就有义务观念。加强社会诚信建设,健全公民和组织守法信用记录,完善守法诚信褒奖机制和违法失信行为惩戒机制,使尊法守法成为全体人民共同追求和自觉行动。

加强公民道德建设,弘扬中华优秀传统文化,增强法治的道德底蕴,强化规则意识,倡导契约精神,弘扬公序良俗。发挥法治在解决道德领域突出问题中的作用,引导人们自觉履行法定义务、社会责任、家庭责任。

(二)推进多层次多领域依法治理。坚持系统治理、依法治理、综合治理、源头治理,提高社会治理法治化水平。深入开展多层次多形式法治创建活动,深化基层组织和部门、行业依法治理,支持各类社会主体自我约束、自我管理。发挥市民公约、乡规民约、行业规章、团体章程等社会规范在社会治理中的积极作用。

发挥人民团体和社会组织在法治社会建设中的积极作用。建立健全社会组织参与社会事务、维护公共利益、救助困难群众、帮教特殊人群、预防违法犯罪的机制和制度化渠道。支持行业协会商会类社会组织发挥行业自律和专业服务功能。发挥社会组织对其成员的行为导引、规则约束、权益维护作用。加强在华境外非政府组织管理,引导和监督其依法开展活动。

高举民族大团结旗帜,依法妥善处置涉及民族、宗教等因素的社会问题,促进民族关系、宗教关系和谐。

(三)建设完备的法律服务体系。推进覆盖城乡居民的公共法律服务体系建设,加强民生领域法律服务。完善法律援助制度,扩大援助范围,健全司法救助体系,保证人民群众在遇到法律问题或者权利受到侵害时获得及时有效法律帮助。

发展律师、公证等法律服务业,统筹城乡、区域法律服务资源,发展涉外法律服务业。健全统一司法鉴定管理体制。

(四)健全依法维权和化解纠纷机制。强化法律在维护群众权益、化解社会矛盾中的权威地位,引导和支持人们理性表达诉求、依法维护权益,解决好群众最关心最直接最现实的利益问题。

构建对维护群众利益具有重大作用的制度体系,建立健全社会矛盾预警机制、利益表达机制、协商沟通机制、救济救助机制，畅通群众利益协调、权益保障法律渠道。把信访纳入法治化轨道，保障合理合法诉求依照法律规定和程序就能得到合理合法的结果。

健全社会矛盾纠纷预防化解机制，完善调解、仲裁、行政裁决、行政复议、诉讼等有机衔接、相互协调的多元化纠纷解决机制。加强行业性、专业性人民调解组织建设，完善人民调解、行政调解、司法调解联动工作体系。完善仲裁制度，提高仲裁公信力。健全行政裁决制度，强化行政机关解决同行政管理活动密切相关的民事纠纷功能。

深入推进社会治安综合治理，健全落实领导责任制。完善立体化社会治安防控体系，有效防范化解管控影响社会安定的问题，保障人民生命财产安全。依法严厉打击暴力恐怖、涉黑犯罪、邪教和黄赌毒等违法犯罪活动，绝不允许其形成气候。依法强化危害食品药品安全、影响安全生产、损害生态环境、破坏网络安全等重点问题治理。

六、加强法治工作队伍建设

全面推进依法治国，必须大力提高法治工作队伍思想政治素质、业务工作能力、职业道德水准，着力建设一支忠于党、忠于国家、忠于人民、忠于法律的社会主义法治工作队伍，为加快建设社会主义法治国家提供强有力的组织和人才保障。

（一）建设高素质法治专门队伍。把思想政治建设摆在首位，加强理想信念教育，深入开展社会主义核心价值观和社会主义法治理念教育，坚持党的事业、人民利益、宪法法律至上，加强立法队伍、行政执法队伍、司法队伍建设。抓住立法、执法、司法机关各级领导班子建设这个关键，突出政治标准，把善于运用法治思维和法治方式推动工作的人选拔到领导岗位上来。畅通立法、执法、司法部门干部和人才相互之间以及与其他部门具备条件的干部和人才交流渠道。

推进法治专门队伍正规化、专业化、职业化，提高职业素养和专业水平。完善法律职业准入制度，健全国家统一法律职业资格考试制度，建立法律职业人员统一职前培训制度。建立从符合条件的律师、法学专家中招录立法工作者、法官、检察官制度，畅通具备条件的军队转业干部进入法治专门队伍的通道，健全从政法专业毕业生中招录人才的规范便捷机制。加强边疆地区、民族地区法治专门队伍建设。加快建立符合职业特点的法治工作人员管理制度，完善职业保障体系，建立法官、检察官、人民警察专业职务序列及工资制度。

建立法官、检察官逐级遴选制度。初任法官、检察官由高级人民法院、省级人民检察院统一招录，一律在基层法院、检察院任职。上级人民法院、人民检察院的法官、检察官一般从下一级人民法院、人民检察院的优秀法官、检察官中遴选。

（二）加强法律服务队伍建设。加强律师队伍思想政治建设，把拥护中国共产党领导、拥护社会主义法治作为律师从业的基本要求，增强广大律师走中国特色社会主义法治道路的自觉性和坚定性。构建社会律师、公职律师、公司律师等优势互补、结构合理的律师队伍。提高律师队伍业务素质，完善执业保障机制。加强律师事务所管理，发挥律师协会自律作用，规范律师执业行为，监督律师严格遵守职业道德和职业操守，强化准入、退出管理，严格执行违法违规执业惩戒制度。加强律师行业党的建设，扩大党的工作覆盖面，切实发挥律师事务所组织的政治核心作用。

各级党政机关和人民团体普遍设立公

职律师，企业可设立公司律师，参与决策论证，提供法律意见，促进依法办事，防范法律风险。明确公职律师、公司律师法律地位及权利义务，理顺公职律师、公司律师管理体制机制。

发展公证员、基层法律服务工作者、人民调解员队伍。推动法律服务志愿者队伍建设。建立激励法律服务人才跨区域流动机制，逐步解决基层和欠发达地区法律服务资源不足和高端人才匮乏问题。

（三）创新法治人才培养机制。坚持用马克思主义法学思想和中国特色社会主义法治理论全方位占领高校、科研机构法学教育和法学研究阵地，加强法学基础理论研究，形成完善的中国特色社会主义法学理论体系、学科体系、课程体系，组织编写和全面采用国家统一的法律类专业核心教材，纳入司法考试必考范围。坚持立德树人、德育为先导向，推动中国特色社会主义法治理论进教材进课堂进头脑，培养造就熟悉和坚持中国特色社会主义法治体系的法治人才及后备力量。建设通晓国际法律规则、善于处理涉外法律事务的涉外法治人才队伍。

健全政法部门和法学院校、法学研究机构人员双向交流机制，实施高校和法治工作部门人员互聘计划，重点打造一支政治立场坚定、理论功底深厚、熟悉中国国情的高水平法学家和专家团队，建设高素质学术带头人、骨干教师、专兼职教师队伍。

七、加强和改进党对全面推进依法治国的领导

党的领导是全面推进依法治国、加快建设社会主义法治国家最根本的保证。必须加强和改进党对法治工作的领导，把党的领导贯彻到全面推进依法治国全过程。

（一）坚持依法执政。依法执政是依法治国的关键。各级党组织和领导干部要深刻认识到，维护宪法法律权威就是维护党和人民共同意志的权威，捍卫宪法法律尊严就是捍卫党和人民共同意志的尊严，保证宪法法律实施就是保证党和人民共同意志的实现。各级领导干部要对法律怀有敬畏之心，牢记法律红线不可逾越、法律底线不可触碰，带头遵守法律，带头依法办事，不得违法行使权力，更不能以言代法、以权压法、徇私枉法。

健全党领导依法治国的制度和工作机制，完善保证党确定依法治国方针政策和决策部署的工作机制和程序。加强对全面推进依法治国统一领导、统一部署、统筹协调。完善党委依法决策机制，发挥政策和法律的各自优势，促进党的政策和国家法律互联互动。党委要定期听取政法机关工作汇报，做促进公正司法、维护法律权威的表率。党政主要负责人要履行推进法治建设第一责任人职责。各级党委要领导和支持工会、共青团、妇联等人民团体和社会组织在依法治国中积极发挥作用。

人大、政府、政协、审判机关、检察机关的党组织和党员干部要坚决贯彻党的理论和路线方针政策，贯彻党委决策部署。各级人大、政府、政协、审判机关、检察机关的党组织要领导和监督本单位模范遵守宪法法律，坚决查处执法犯法、违法用权等行为。

政法委员会是党委领导政法工作的组织形式，必须长期坚持。各级党委政法委员会要把工作着力点放在把握政治方向、协调各方职能、统筹政法工作、建设政法队伍、督促依法履职、创造公正司法环境上，带头依法办事，保障宪法法律正确统一实施。政法机关党组织要建立健全重大事项向党委报告制度。加强政法机关党的建设，在法治建设中充分发挥党组织政治保障作用和党员先锋模范作用。

（二）加强党内法规制度建设。党内法

规既是管党治党的重要依据,也是建设社会主义法治国家的有力保障。党章是最根本的党内法规,全党必须一体严格遵行。完善党内法规制定体制机制,加大党内法规备案审查和解释力度,形成配套完备的党内法规制度体系。注重党内法规同国家法律的衔接和协调,提高党内法规执行力,运用党内法规把党要管党、从严治党落到实处,促进党员、干部带头遵守国家法律法规。

党的纪律是党内规矩。党规党纪严于国家法律,党的各级组织和广大党员干部不仅要模范遵守国家法律,而且要按照党规党纪以更高标准严格要求自己,坚定理想信念,践行党的宗旨,坚决同违法乱纪行为作斗争。对违反党规党纪的行为必须严肃处理,对苗头性倾向性问题必须抓早抓小,防止小错酿成大错、违纪走向违法。

依纪依法反对和克服形式主义、官僚主义、享乐主义和奢靡之风,形成严密的长效机制。完善和严格执行领导干部政治、工作、生活待遇方面各项制度规定,着力整治各种特权行为。深入开展党风廉政建设和反腐败斗争,严格落实党风廉政建设党委主体责任和纪委监督责任,对任何腐败行为和腐败分子,必须依纪依法予以坚决惩处,决不手软。

(三)提高党员干部法治思维和依法办事能力。党员干部是全面推进依法治国的重要组织者、推动者、实践者,要自觉提高运用法治思维和法治方式深化改革、推动发展、化解矛盾、维护稳定能力,高级干部尤其要以身作则、以上率下。把法治建设成效作为衡量各级领导班子和领导干部工作实绩重要内容,纳入政绩考核指标体系。把能不能遵守法律、依法办事作为考察干部重要内容,在相同条件下,优先提拔使用法治素养好、依法办事能力强的干部。对特权思想严重、法治观念淡薄的干部要批评教育,不改正的要调离领导岗位。

(四)推进基层治理法治化。全面推进依法治国,基础在基层,工作重点在基层。发挥基层党组织在全面推进依法治国中的战斗堡垒作用,增强基层干部法治观念、法治为民的意识,提高依法办事能力。加强基层法治机构建设,强化基层法治队伍,建立重心下移、力量下沉的法治工作机制,改善基层基础设施和装备条件,推进法治干部下基层活动。

(五)深入推进依法治军从严治军。党对军队绝对领导是依法治军的核心和根本要求。紧紧围绕党在新形势下的强军目标,着眼全面加强军队革命化现代化正规化建设,创新发展依法治军理论和实践,构建完善的中国特色军事法治体系,提高国防和军队建设法治化水平。

坚持在法治轨道上积极稳妥推进国防和军队改革,深化军队领导指挥体制、力量结构、政策制度等方面改革,加快完善和发展中国特色社会主义军事制度。

健全适应现代军队建设和作战要求的军事法规制度体系,严格规范军事法规制度的制定权限和程序,将所有军事规范性文件纳入审查范围,完善审查制度,增强军事法规制度科学性、针对性、适用性。

坚持从严治军铁律,加大军事法规执行力度,明确执法责任,完善执法制度,健全执法监督机制,严格责任追究,推动依法治军落到实处。

健全军事法制工作体制,建立完善领导机关法制工作机构。改革军事司法体制机制,完善统一领导的军事审判、检察制度,维护国防利益,保障军人合法权益,防范打击违法犯罪。建立军事法律顾问制度,在各级领导机关设立军事法律顾问,完善重大决策和军事行动法律咨询保障制度。改革军队纪检监察体制。

强化官兵法治理念和法治素养，把法律知识学习纳入军队院校教育体系、干部理论学习和部队教育训练体系，列为军队院校学员必修课和部队官兵必学必训内容。完善军事法律人才培养机制。加强军事法治理论研究。

（六）依法保障"一国两制"实践和推进祖国统一。坚持宪法的最高法律地位和最高法律效力，全面准确贯彻"一国两制"、"港人治港"、"澳人治澳"、高度自治的方针，严格依照宪法和基本法办事，完善与基本法实施相关的制度和机制，依法行使中央权力，依法保障高度自治，支持特别行政区行政长官和政府依法施政，保障内地与香港、澳门经贸关系发展和各领域交流合作，防范和反对外部势力干预港澳事务，保持香港、澳门长期繁荣稳定。

运用法治方式巩固和深化两岸关系和平发展，完善涉台法律法规，依法规范和保障两岸人民关系、推进两岸交流合作。运用法律手段捍卫一个中国原则、反对"台独"，增进维护一个中国框架的共同认知，推进祖国和平统一。

依法保护港澳同胞、台湾同胞权益。加强内地同香港和澳门、大陆同台湾的执法司法协作，共同打击跨境违法犯罪活动。

（七）加强涉外法律工作。适应对外开放不断深化，完善涉外法律法规体系，促进构建开放型经济新体制。积极参与国际规则制定，推动依法处理涉外经济、社会事务，增强我国在国际法律事务中的话语权和影响力，运用法律手段维护我国主权、安全、发展利益。强化涉外法律服务，维护我国公民、法人在海外及外国公民、法人在我国的正当权益，依法维护海外侨胞权益。深化司法领域国际合作，完善我国司法协助体制，扩大国际司法协助覆盖面。加强反腐败国际合作，加大海外追赃追逃、遣返引渡力度。积极参与执法安全国际合作，共同打击暴力恐怖势力、民族分裂势力、宗教极端势力和贩毒走私、跨国有组织犯罪。

各级党委要全面准确贯彻本决定精神，健全党委统一领导和各方分工负责、齐抓共管的责任落实机制，制定实施方案，确保各项部署落到实处。

全党同志和全国各族人民要紧密团结在以习近平同志为总书记的党中央周围，高举中国特色社会主义伟大旗帜，积极投身全面推进依法治国伟大实践，开拓进取，扎实工作，为建设法治中国而奋斗！

法治社会建设实施纲要
（2020—2025年）

（2020年12月7日）

法治社会是构筑法治国家的基础，法治社会建设是实现国家治理体系和治理能力现代化的重要组成部分。建设信仰法治、公平正义、保障权利、守法诚信、充满活力、和谐有序的社会主义法治社会，是增强人民群众获得感、幸福感、安全感的重要举措。党的十九大把法治社会基本建成确立为到2035年基本实现社会主义现代化的重要目标之一，意义重大，影响深远，任务艰巨。为加快推进法治社会建设，制定本纲要。

一、总体要求

（一）指导思想。高举中国特色社会主义伟大旗帜，坚持以马克思列宁主义、毛泽东思想、邓小平理论、"三个代表"重要思想、科学发展观、习近平新时代中国特色社会主义思想为指导，全面贯彻党的十九大和十九届二中、三中、四中、五中全会精神，全面贯彻习近平法治思想，增强"四个意识"、坚定"四个自信"、做到"两个维护"，坚定不移走中国特色社会主义法治道路，坚持法治国家、法治政府、法治社会一体建设，培育和践行社会主义核心价值观，弘扬社会主义法治精神，建设社会主义法治文化，增强全社会厉行法治的积极性和主动性，推动全社会尊法学法守法用法，健全社会公平正义法治保障制度，保障人民权利，提高社会治理法治化水平，为全面建设社会主义现代化国家、实现中华民族伟大复兴的中国梦筑牢坚实法治基础。

（二）主要原则。坚持党的集中统一领导；坚持以中国特色社会主义法治理论为指导；坚持以人民为中心；坚持尊重和维护宪法法律权威；坚持法律面前人人平等；坚持权利与义务相统一；坚持法治、德治、自治相结合；坚持社会治理共建共治共享。

（三）总体目标。到2025年，"八五"普法规划实施完成，法治观念深入人心，社会领域制度规范更加健全，社会主义核心价值观要求融入法治建设和社会治理成效显著，公民、法人和其他组织合法权益得到切实保障，社会治理法治化水平显著提高，形成符合国情、体现时代特征、人民群众满意的法治社会建设生动局面，为2035年基本建成法治社会奠定坚实基础。

二、推动全社会增强法治观念

全民守法是法治社会的基础工程。树立宪法法律至上、法律面前人人平等的法治理念，培育全社会法治信仰，增强法治宣传教育针对性和实效性，引导全体人民做社会主义法治的忠实崇尚者、自觉遵守者、坚定捍卫者，使法治成为社会共识和基本原则。

（四）维护宪法权威。深入宣传宪法，弘扬宪法精神，增强宪法意识，推动形成尊崇宪法、学习宪法、遵守宪法、维护宪法、运用宪法的社会氛围。切实加强对国家工作人员特别是各级领导干部的宪法教育，组织推动国家工作人员原原本本学习宪法文本。全面落实宪法宣誓制度，国家工作人员就职时应当依照法律规定进行宪法宣誓。持续开展全国学生"学宪法讲宪法"活动。推动"12·4"国家宪法日和"宪法宣传周"集中宣传活动制度化，实现宪法宣传教育常态化。

（五）增强全民法治观念。深入学习宣传习近平法治思想，深入宣传以宪法为核心的中国特色社会主义法律体系，广泛宣传与经济社会发展和人民群众利益密切相关的法律法规，使人民群众自觉尊崇、信仰和遵守法律。广泛开展民法典普法工作，让民法典走到群众身边、走进群众心里。积极组织疫病防治、野生动物保护、公共卫生安全等方面法律法规和相关知识的宣传教育活动。引导全社会尊重司法裁判，维护司法权威。充分发挥领导干部带头尊法学法守法用法对全社会的示范带动作用，进一步落实国家工作人员学法用法制度，健全日常学法制度，强化法治培训，完善考核评估机制，不断增强国家工作人员特别是各级领导干部依法办事的意识和能力。加强青少年法治教育，全面落实《青少年法治教育大纲》，把法治教育纳入国民教育体系。加强对教师的法治教育培训，配齐配强法治课教师、法治辅导员队伍，完善法治副校长制度，健全青少年参与法治实践机制。引导企业树立合规意识，切实增强企业管理者和职工的法治观念。加强对社会热点案（事）件的法治解读评论，传播法治正能量。运用新媒体新技术普法，推进"智慧普法"平台建设。研究制定法治宣传教育法。

（六）健全普法责任制。坚持法治宣传教育与法治实践相结合。认真落实"谁执法谁普法"普法责任制，2020年年底前基本实现国家机关普法责任制清单全覆盖，把案(事)件依法处理的过程变成普法公开课。完善法官、检察官、行政复议人员、行政执法人员、律师等以案释法制度,注重加强对诉讼参与人、行政相对人、利害关系人等的法律法规和政策宣讲。引导社会各方面广泛参与立法,把立法过程变为宣传法律法规的过程。创新运用多种形式,加强对新出台法律法规规章的解读。充分发挥法律服务队伍在普法宣传教育中的重要作用,为人民群众提供专业、精准、高效的法治宣传。健全媒体公益普法制度,引导报社、电台、电视台、网站、融媒体中心等媒体自觉履行普法责任。培育壮大普法志愿者队伍,形成人民群众广泛参与普法活动的实践格局。

(七)建设社会主义法治文化。弘扬社会主义法治精神,传播法治理念,恪守法治原则,注重对法治理念、法治思维的培育,充分发挥法治文化的引领、熏陶作用,形成守法光荣、违法可耻的社会氛围。丰富法治文化产品,培育法治文化精品,扩大法治文化的覆盖面和影响力。利用重大纪念日、传统节日等契机开展群众性法治文化活动,组织各地青年普法志愿者、法治文艺团体开展法治文化基层行活动,推动法治文化深入人心。大力加强法治文化阵地建设,有效促进法治文化与传统文化、红色文化、地方文化、行业文化、企业文化融合发展。2020年年底前制定加强社会主义法治文化建设的意见。

三、健全社会领域制度规范

加快建立健全社会领域法律制度,完善多层次多领域社会规范,强化道德规范建设,深入推进诚信建设制度化,以良法促进社会建设、保障社会善治。

(八)完善社会重要领域立法。完善教育、劳动就业、收入分配、社会保障、医疗卫生、食品药品、安全生产、道路交通、扶贫、慈善、社会救助等领域和退役军人、妇女、未成年人、老年人、残疾人正当权益保护等方面的法律法规,不断保障和改善民生。完善疫情防控相关立法,全面加强公共卫生领域相关法律法规建设。健全社会组织、城乡社区、社会工作等方面的法律制度,进一步加强和创新社会治理。完善弘扬社会主义核心价值观的法律政策体系,加强见义勇为、尊崇英烈、志愿服务、孝老爱亲等方面立法。

(九)促进社会规范建设。充分发挥社会规范在协调社会关系、约束社会行为、维护社会秩序等方面的积极作用。加强居民公约、村规民约、行业规章、社会组织章程等社会规范建设,推动社会成员自我约束、自我管理、自我规范。深化行风建设,规范行业行为。加强对社会规范制订和实施情况的监督,制订自律性社会规范的示范文本,使社会规范制订和实施符合法治原则和精神。

(十)加强道德规范建设。坚持依法治国和以德治国相结合,把法律规范和道德规范结合起来,以道德滋养法治精神。倡导助人为乐、见义勇为、诚实守信、敬业奉献、孝老爱亲等美德善行,完善激励机制,褒奖善行义举,形成好人好报、德者有得的正向效应。推进社会公德、职业道德建设,深入开展家庭美德和个人品德教育,增强法治的道德底蕴。强化道德规范的教育、评价、监督等功能,努力形成良好的社会风尚和社会秩序。深入开展道德领域突出问题专项教育和治理,依法惩处公德失范的违法行为。大力倡导科学健康文明的生活方式,革除滥食野生动物陋习,增强公民公共卫生安全和疫病防治意识。依法规范捐赠、受赠行为。注重把符合社会主义核心价值观要求的基本道德规范转化为法律规范,用法律的权威来增强人们培育和践行社会主义核心价值观的自觉性。

（十一）推进社会诚信建设。加快推进社会信用体系建设，提高全社会诚信意识和信用水平。完善企业社会责任法律制度，增强企业社会责任意识，促进企业诚实守信、合法经营。健全公民和组织守法信用记录，建立以公民身份证号码和组织机构代码为基础的统一社会信用代码制度。完善诚信建设长效机制，健全覆盖全社会的征信体系，建立完善失信惩戒制度。结合实际建立信用修复机制和异议制度，鼓励和引导失信主体主动纠正违法失信行为。加强行业协会商会诚信建设，完善诚信管理和诚信自律机制。完善全国信用信息共享平台和国家企业信用信息公示系统，进一步强化和规范信用信息归集共享。加强诚信理念宣传教育，组织诚信主题实践活动，为社会信用体系建设创造良好环境。推动出台信用方面的法律。

四、加强权利保护

切实保障公民基本权利，有效维护各类社会主体合法权益。坚持权利与义务相统一，社会主体要履行法定义务和承担社会责任。

（十二）健全公众参与重大公共决策机制。制定与人民生产生活和现实利益密切相关的经济社会政策和出台重大改革措施，要充分体现公平正义和社会责任，畅通公众参与重大公共决策的渠道，采取多种形式广泛听取群众意见，切实保障公民、法人和其他组织合法权益。没有法律和行政法规依据，不得设定减损公民、法人和其他组织权利或者增加其义务的规范。落实法律顾问、公职律师在重大公共决策中发挥积极作用的制度机制。健全企业、职工、行业协会商会等参与涉企法律法规及政策制定机制，依法平等保护企业、职工合法权益。

（十三）保障行政执法中当事人合法权益。规范执法行为，完善执法程序，改进执法方式，尊重和维护人民群众合法权益。建立人民群众监督评价机制，促进食品药品、公共卫生、生态环境、安全生产、劳动保障、野生动物保护等关系群众切身利益的重点领域执法力度和执法效果不断提高。建立健全产权保护统筹协调工作机制，持续加强政务诚信和营商环境建设，将产权保护列为专项治理、信用示范、城市创建、营商环境建设的重要内容。推进政府信息公开，涉及公民、法人或其他组织权利和义务的行政规范性文件、行政许可决定、行政处罚决定、行政强制决定、行政征收决定等，依法予以公开。

（十四）加强人权司法保障。加强对公民合法权益的司法保护。加大涉民生案件查办力度，通过具体案件办理，保障人民群众合法权益。探索建立消费者权益保护集体诉讼制度。完善律师制度。强化诉讼参与人诉讼权利制度保障。加强对非法取证行为的源头预防，严格执行非法证据排除规则，建立健全案件纠错机制，有效防范和纠正冤假错案。健全执行工作长效机制，依法保障胜诉当事人及时实现合法权益。加强检察机关对民事、行政、刑事诉讼活动的法律监督，维护司法公正。在司法调解、司法听证等司法活动中保障人民群众参与。落实人民陪审员制度，完善人民监督员制度。推动大数据、人工智能等科技创新成果同司法工作深度融合，完善"互联网+诉讼"模式，加强诉讼服务设施建设，全面建设集约高效、多元解纷、便民利民、智慧精准、开放互动、交融共享的现代化诉讼服务体系。

（十五）为群众提供便捷高效的公共法律服务。到2022年，基本形成覆盖城乡、便捷高效、均等普惠的现代公共法律服务体系，保证人民群众获得及时有效的法律帮助。加强对欠发达地区专业法律服务人才和社会工作者、志愿者的政策扶持，大力推广运用远程网络等法律服务模式，促进城市优质法律服务资源向农村辐射，有效缓解法律服务专业力量不足问题。健全公民权利救济渠道和方式，完善法律援助制度和国家司法救助制度，制定出台法律援助法，保障困难群体、特殊群众的基本公共法律服务权益。加快律师、公证、仲裁、司法鉴定等行业改革发展，完善公共法律服务管理体制和工作机制，推进公共法律服务标准化、规范化、精准化，有效满足人民群众日益增长的高品质、多元化法律服务需求。健全村（居）法律顾问制度，充分发挥村（居）法律顾问作用。加强公共法律服务实体、热线、网络三大平台建设，推动公共法律服务与科技创新手段深度融合，尽快建成覆盖全业务、全时空的公共法律服务网络。

（十六）引导社会主体履行法定义务承担社会责任。公民、法人和其他组织享有宪法和法律规定的权利，同时必须履行宪法和法律规定的义务。强化规则意识，倡导契约精神，维护公序良俗，引导公民理性表达诉求，自觉履行法定义务、社会责任、家庭责任。引导和推动企业和其他组织履行法定义务、承担社会责任，促进社会健康有序运行。强化政策引领作用，为企业更好履行社会责任营造良好环境，推动企业与社会建立良好的互助互信关系。支持社会组织建立社会责任标准体系，引导社会资源向积极履行社会责任的社会组织倾斜。

五、推进社会治理法治化

全面提升社会治理法治化水平，依法维护社会秩序、解决社会问题、协调利益关系、推动社会事业发展，培育全社会办事依法、遇事找法、解决问题用法、化解矛盾靠法的法治环境，促进社会充满活力又和谐有序。

（十七）完善社会治理体制机制。完善党委领导、政府负责、民主协商、社会协同、公众参与、法治保障、科技支撑的社会治理体系，打造共建共治共享的社会治理格局。健全地方党委在本地区发挥总揽全局、协调各方领导作用的机制，完善政府社会治理考核问责机制。引领和推动社会力量参与社会治理，建设人人有责、人人尽责、人人享有的社会治理共同体，确保社会治理过程人民参与、成效人民评判、成果人民共享。加强社会治理制度建设，推进社会治理制度化、规范化、程序化。

（十八）推进多层次多领域依法治理。推进市域治理创新，依法加快市级层面实名登记、社会信用管理、产权保护等配套制度建设，开展市域社会治理现代化试点，使法治成为市域经济社会发展的核心竞争力。深化城乡社区依法治理，在党组织领导下实现政府治理和社会调节、居民自治良性互动。区县职能部门、乡镇政府（街道办事处）按照减负赋能原则，制定和落实在社区治理方面的权责清单。健全村级议事协商制度，鼓励农村开展村民说事、民情恳谈等活动。实施村级事务阳光工程，完善党务、村务、财务"三公开"制度，梳理村级事务公开清单，推广村级事务"阳光公开"监管平台。开展法治乡村创建活动。加强基层群众性自治组织规范化建设，修改城市居民委员会组织法和村民委员会组织法。全面推进基层单位依法治理，企业、学校等基层单位普遍完善业务和管理活动各项规章制度，建立运用法治方式解决问题的平台和机制。广泛开展行业依法治理，推进业务标准程序完善、合法合规审查到位、防范化解风险及时和法律监督有效的法治化治理方式。依法妥善处置涉及民族、宗教等因素的社会问题，促进民族关系、宗教关系和谐。

（十九）发挥人民团体和社会组织在法治社会建设中的作用。人民团体要在党的领导下，教育和组织团体成员和所联系群众依照宪法和法律的规定，通过各种途径和形式参与管理国家事务，管理经济文化事业，管理社会事务。促进社会组织健康有序发展，推进社会组织明确权责、依法自治、发挥作用。坚持党对社会组织的领导，加强社会组织党的建设，确保社会组织发展的正确政治方向。加大培育社会组织力度，重点培育、优先发展行业协会商会类、科技类、公益慈善类、城乡社区服务类社会组织。推动和支持志愿服务组织发展，开展志愿服务标准化建设。发挥行业协会商会自律功能，探索建立行业自律组织。发挥社区社会组织在创新基层社会治理中的积极作用。完善政府购买公共服务机制，促进社会组织在提供公共服务中发挥更大作用。

（二十）增强社会安全感。加快对社会安全体系的整体设计和战略规划，贯彻落实加快推进社会治理现代化开创平安中国建设新局面的意见。完善平安中国建设协调机制、责任分担机制，健全平安建设指标体系和考核标准。2020年年底前制定"互联网+公共安全"行动计划。推动扫黑除恶常态化，依法严厉打击和惩治暴力伤害医务人员、破坏野生动物资源、暴力恐怖、黄赌毒黑拐骗、高科技犯罪、网络犯罪等违法犯罪活动，遏制和预防严重犯罪行为的发生。强化突发事件应急体系建设，提升疫情防控、防灾减灾救灾能力。依法强化危害食品药品安全、影响生产安全、破坏交通安全等重点问题治理。健全社会心理服务体系和疏导机制、危机干预机制，建立健全基层社会心理服务工作站，发展心理工作者、社会工作者等社会心理服务人才队伍，加强对贫困人口、精神障碍患者、留守儿童、妇女、老年人等的人文关怀、精神慰藉和心理健康服务。健全执法司法机关与社会心理服务机构的工作衔接，加强对执法司法所涉人群的心理疏导。推进"青少年维权岗"、"青少年零犯罪零受害社区（村）"创建，强化预防青少年犯罪工作的基层基础。

（二十一）依法有效化解社会矛盾纠纷。坚持和发展新时代"枫桥经验"，畅通和规范群众诉求表达、利益协调、权益保障通道，加强矛盾排查和风险研判，完善社会矛盾纠纷多元预防调处化解综合机制，努力将矛盾纠纷化解在基层。全面落实诉讼与信访分离制度，深入推进依法分类处理信访诉求。充分发挥人民调解的第一道防线作用，完善人民调解、行政调解、司法调解联动工作体系。充分发挥律师在调解中的作用，建立健全律师调解经费保障机制。县（市、区、旗）探索在矛盾纠纷多发领域建立"一站式"纠纷解决机制。加强农村土地承包经营纠纷调解仲裁、劳动人事争议调解仲裁工作。加强行政复议、行政调解、行政裁决工作，发挥行政机关化解纠纷的"分流阀"作用。推动仲裁委员会积极参与基层社会纠纷解决，支持仲裁融入基层社会治理。

六、依法治理网络空间

网络空间不是法外之地。推动社会治理从现实社会向网络空间覆盖，建立健全网络综合治理体系，加强依法管网、依法办网、依法上网，全面推进网络空间法治化，营造清朗的网络空间。

（二十二）完善网络法律制度。通过立改废释并举等方式，推动现有法律法规延伸适用到网络空间。完善网络信息服务方面的法律法规，修订互联网信息服务管理办法，研究制定互联网信息服务严重失信主体信用信息管理办法,制定完善对网络直播、自媒体、知识社区问答等新媒体业态和算法推荐、深度伪造等新技术应用的规范管理办法。完善网络安全法配套规定和标准体系,建立健全关键信息基础设施安全保护、数据安全管理和网络安全审查等网络安全管理制度,加强对大数据、云计算和人工智能等新技术研发应用的规范引导。研究制定个人信息保护法。健全互联网技术、商业模式、大数据等创新成果的知识产权保护方面的法律法规。修订预防未成年人犯罪法,制定未成年人网络保护条例。完善跨境电商制度,规范跨境电子商务经营者行为。积极参与数字经济、电子商务、信息技术、网络安全等领域国际规则和标准制定。

（二十三）培育良好的网络法治意识。坚持依法治网和以德润网相结合,弘扬时代主旋律和社会正能量。加强和创新互联网内容建设,实施社会主义核心价值观、中华文化新媒体传播等工程。提升网络媒介素养,推动互联网信息服务领域严重失信"黑名单"制度和惩戒机制,推动网络诚信制度化建设。坚决依法打击谣言、淫秽、暴力、迷信、邪教等有害信息在网络空间传播蔓延,建立健全互联网违法和不良信息举报一体化受理处置体系。加强全社会网络法治和网络素养教育,制定网络素养教育指南。加强青少年网络安全教育,引导青少年理性上网。深入实施中国好网民工程和网络公益工程,引导网民文明上网、理性表达,营造风清气正的网络环境。

（二十四）保障公民依法安全用网。牢固树立正确的网络安全观,依法防范网络安全风险。落实网络安全责任制,明确管理部门和网信企业的网络安全责任。建立完善统一高效的网络安全风险报告机制、研判处置机制,健全网络安全检查制度。

加强对网络空间通信秘密、商业秘密、个人隐私以及名誉权、财产权等合法权益的保护。严格规范收集使用用户身份、通信内容等个人信息行为,加大对非法获取、泄露、出售、提供公民个人信息的违法犯罪行为的惩处力度。督促网信企业落实主体责任,履行法律规定的安全管理责任。健全网络与信息突发安全事件应急机制,完善网络安全和信息化执法联动机制。加强网络违法犯罪监控和查处能力建设,依法查处网络金融犯罪、网络诽谤、网络诈骗、网络色情、攻击窃密等违法犯罪行为。建立健全信息共享机制,积极参与国际打击互联网违法犯罪活动。

七、加强组织保障

坚持党对法治社会建设的集中统一领导,凝聚全社会力量,扎实有序推进法治社会建设。

（二十五）强化组织领导。党的领导是全面推进依法治国、加快建设社会主义法治国家最根本的保证。地方各级党委要落实推进本地区法治社会建设的领导责任,推动解决法治社会建设过程中的重点难点问题。地方各级政府要在党委统一领导下,将法治社会建设摆在重要位置,纳入经济社会发展总体规划,落实好法治社会建设各项任务。充分发挥基层党组织在法治社会建设中的战斗堡垒作用。

（二十六）加强统筹协调。坚持法治社会与法治国家、法治政府建设相协调,坚持法治社会建设与新时代经济社会发展、人民日益增长的美好生活需要相适应。地方各级党委法治建设议事协调机构要加强对本地区法治社会建设统筹谋划,形成上下协调、部门联动的工作机制。充分调动全社会各方力量采取多种形式参与法治社会建设,进一步发挥公民、企事业单位、人民团体、社会组织等在推进法治社会建设中的积极作用,形成法治社会建设最大合力。

(二十七)健全责任落实和考核评价机制。建立健全对法治社会建设的督促落实机制,确保党中央关于法治社会建设各项决策部署落到实处。充分发挥考核评价对法治社会建设的重要推动作用,制定法治社会建设评价指标体系。健全群众满意度测评制度,将群众满意度作为检验法治社会建设工作成效的重要指标。

(二十八)加强理论研究和舆论引导。加强中国特色社会主义法治理论与实践研究,为法治社会建设提供学理支撑和智力支持。充分发挥高等学校、科研院所等智库作用,大力打造法治社会建设理论研究基地。加强舆论引导,充分发挥先进典型的示范带动作用,凝聚社会共识,营造全民关心、支持和参与法治社会建设的良好氛围。适时发布法治社会建设白皮书。

各地区各部门要全面贯彻本纲要精神和要求,结合实际制定落实举措。中央依法治国办要抓好督促落实,确保纲要各项任务措施落到实处。

法治中国建设规划
(2020—2025年)(节录)

(2021年1月10日)

法治是人类文明进步的重要标志,是治国理政的基本方式,是中国共产党和中国人民的不懈追求。法治兴则国兴,法治强则国强。为统筹推进法治中国建设各项工作,制定本规划。

一、坚定不移走中国特色社会主义法治道路,奋力建设良法善治的法治中国

党的十八大以来,以习近平同志为核心的党中央从坚持和发展中国特色社会主义的全局和战略高度定位法治、布局法治、厉行法治,将全面依法治国纳入"四个全面"战略布局,加强党对全面依法治国的集中统一领导,全面推进科学立法、严格执法、公正司法、全民守法,形成了习近平法治思想,开创了全面依法治国新局面,为在新的起点上建设法治中国奠定了坚实基础。

当今世界正经历百年未有之大变局,我国正处于实现中华民族伟大复兴关键时期,改革发展稳定任务艰巨繁重,全面对外开放深入推进,人民群众在民主、法治、公平、正义、安全、环境等方面的要求日益增长,需要更好发挥法治固根本、稳预期、利长远的保障作用。在统揽伟大斗争、伟大工程、伟大事业、伟大梦想,全面建设社会主义现代化国家新征程上,必须把全面依法治国摆在全局性、战略性、基础性、保障性位置,向着全面建成法治中国不断前进。

(一)指导思想

高举中国特色社会主义伟大旗帜,坚持以马克思列宁主义、毛泽东思想、邓小平理论、"三个代表"重要思想、科学发展观、习近平新时代中国特色社会主义思想为指导,全面贯彻党的十九大和十九届二中、三中、四中、五中全会精神,全面贯彻习近平法治思想,增强"四个意识"、坚定"四个自信"、做到"两个维护",坚持党的领导、人民当家作主、依法治国有机统一,坚定不移走中国特色社会主义法治道路,培育和践行社会主义核心价值观,以解决法治领域突出问题为着力点,建设中国特色社会主义法治体系,建设社会主义法治国家,在法治轨道上推进国家治理体系和治理能力现代化,提高党依法治国、依法执政能力,为全面建设社会主义现代化国家、实现中华民族伟大复兴的中国梦提供有力法治保障。

(二)主要原则

——坚持党的集中统一领导。牢牢把握党的领导是社会主义法治最根本的保证,坚持党领导立法、保证执法、支持司法、带头守法，充分发挥党总揽全局、协调各方的领导核心作用，确保法治中国建设的正确方向。

——坚持贯彻中国特色社会主义法治理论。深入贯彻习近平法治思想，系统总结运用新时代中国特色社会主义法治建设的鲜活经验，不断推进理论和实践创新发展。

——坚持以人民为中心。坚持法治建设为了人民、依靠人民，促进人的全面发展，努力让人民群众在每一项法律制度、每一个执法决定、每一宗司法案件中都感受到公平正义，加强人权法治保障，非因法定事由、非经法定程序不得限制、剥夺公民、法人和其他组织的财产和权利。

——坚持统筹推进。坚持依法治国、依法执政、依法行政共同推进，坚持法治国家、法治政府、法治社会一体建设，坚持依法治国和以德治国相结合，坚持依法治国和依规治党有机统一，全面推进科学立法、严格执法、公正司法、全民守法。

——坚持问题导向和目标导向。聚焦党中央关注、人民群众反映强烈的突出问题和法治建设薄弱环节，着眼推进国家治理体系和治理能力现代化，固根基、扬优势、补短板、强弱项，切实增强法治中国建设的时代性、针对性、实效性。

——坚持从中国实际出发。立足我国基本国情，统筹考虑经济社会发展状况、法治建设总体进程、人民群众需求变化等综合因素，汲取中华法律文化精华，借鉴国外法治有益经验，循序渐进、久久为功，确保各项制度设计行得通、真管用。

(三)总体目标

建设法治中国，应当实现法律规范科学完备统一，执法司法公正高效权威，权力运行受到有效制约监督，人民合法权益得到充分尊重保障，法治信仰普遍确立，法治国家、法治政府、法治社会全面建成。

到2025年，党领导全面依法治国体制机制更加健全，以宪法为核心的中国特色社会主义法律体系更加完备，职责明确、依法行政的政府治理体系日益健全，相互配合、相互制约的司法权运行机制更加科学有效，法治社会建设取得重大进展，党内法规体系更加完善，中国特色社会主义法治体系初步形成。

到2035年，法治国家、法治政府、法治社会基本建成，中国特色社会主义法治体系基本形成，人民平等参与、平等发展权利得到充分保障，国家治理体系和治理能力现代化基本实现。

二、全面贯彻实施宪法，坚定维护宪法尊严和权威

建设法治中国，必须高度重视宪法在治国理政中的重要地位和作用，坚持依宪治国、依宪执政，把全面贯彻实施宪法作为首要任务，健全保证宪法全面实施的体制机制，将宪法实施和监督提高到新水平。

(四)坚持把宪法作为根本活动准则。全国各族人民、一切国家机关和武装力量、各政党和各社会团体、各企业事业组织，都负有维护宪法尊严、保证宪法实施的职责，都不得有超越宪法法律的特权。坚持宪法法律至上，维护国家法制统一、尊严、权威，一切法律法规规章规范性文件都不得同宪法相抵触，一切违反宪法法律的行为都必须予以追究。党带头尊崇和执行宪法，把党领导人民制定和实施宪法法律同党坚持在宪法法律范围内活动统一起来，保障宪法法律的有效实施。

(五)加强宪法实施和监督。全国人大及其常委会要切实担负起宪法监督职责，加强宪法实施和监督，并将其作为全国人大常委会年度工作报告的重要事项。全国人大及其常委会通过的法律和作出的决定决议,应当确保符合宪法规定、宪法精神。推进合宪性审查工作,健全合宪性审查制度,明确合宪性审查的原则、内容、程序。建立健全涉及宪法问题的事先审查和咨询制度,有关方面拟出台的行政法规、军事法规、监察法规、地方性法规、经济特区法规、自治条例和单行条例、部门规章、地方政府规章、司法解释以及其他规范性文件和重要政策、重大举措,凡涉及宪法有关规定如何理解、实施、适用问题的,都应当依照有关规定向全国人大常委会书面提出合宪性审查请求。在备案审查工作中,应当注重审查是否存在不符合宪法规定和宪法精神的内容。加强宪法解释工作,落实宪法解释程序机制,回应涉及宪法有关问题的关切。

(六)推进宪法学习宣传教育。在全社会深入开展尊崇宪法、学习宪法、遵守宪法、维护宪法、运用宪法的宪法学习宣传教育活动,普及宪法知识,弘扬宪法精神。抓住领导干部这个"关键少数",把宪法法律学习列为党委(党组)理论学习中心组学习的重要内容,纳入党和国家工作人员培训教育体系。全面落实宪法宣誓制度。加强青少年宪法法律教育,增强青少年的规则意识、法治观念。在"五四宪法"历史资料陈列馆基础上建设国家宪法宣传教育馆。加强宪法理论研究和教材编写、修订、使用,凝练我国宪法的时代特色和实践特色,形成中国特色社会主义宪法理论和宪法话语体系。

三、建设完备的法律规范体系,以良法促进发展、保障善治

建设法治中国,必须加强和改进立法工作,深入推进科学立法、民主立法、依法立法,不断提高立法质量和效率,以高质量立法保障高质量发展、推动全面深化改革、维护社会大局稳定。

(七)完善立法工作格局。加强党对立法工作的领导,完善党委领导、人大主导、政府依托、各方参与的立法工作格局。党中央领导全国立法工作、研究决定国家立法工作中的重大问题,有立法权地方的党委按照党中央大政方针领导本地区立法工作。

完善人大主导立法工作的体制机制。加强人大对立法工作的组织协调,发挥人大及其常委会的审议把关作用。健全全国人大相关专门委员会、全国人大常委会工作机构牵头起草重要法律草案机制。更好发挥人大代表在起草和修改法律法规中的作用,人民代表大会会议一般都应当安排审议法律法规案。研究完善人大常委会会议制度,探索增加人大常委会审议法律法规案的会次安排。充分发挥人大常委会组成人员在立法中的作用,逐步提高人大常委会专职委员特别是有法治实践经验的专职委员比例。

注重发挥政府在立法工作中的重要作用。做好有关法律、地方性法规草案的起草工作,加强政府部门间立法协调。严格按照法定权限和程序制定行政法规、规章,保证行政法规、规章质量。

拓宽社会各方有序参与立法的途径和方式。加强立法协商,充分发挥政协委员、民主党派、工商联、无党派人士、人民团体、社会组织在立法协商中的作用。

(八)坚持立改废释并举。加强重点领域、新兴领域、涉外领域立法。推动贯彻新发展理念、构建新发展格局,加快完善深化供给侧结构性改革、促进创新驱动发展、防范化解金融风险等急需的法律法规。加强对权力运行的制约和监督,健全规范共同行政行为的法律法规,研究制定行政程序法。围绕加强社会主义文化建设,完善发展文化事业和文化产业、保护知识产权等方面的法律法规。加强保障和改善民生、创新社会治理方面的法律制度建设,为推进教育现代化、实施健康中国战略、维护社会治安等提供有力保障。加强疫情防控相关立法和配套制度建设,完善有关处罚程序,强化公共安全保障,构建系统完备、科学规范、运行有效的突发公共卫生事件应对法律体系。加强同民法典相关联、相配套的法律制度建设。加强国家安全领域立法。健全军民融合发展法律制度。加强信息技术领域立法,及时跟进研究数字经济、互联网金融、人工智能、大数据、云计算等相关法律制度,抓紧补齐短板。加强区域协调发展法律制度建设。制定和修改法律法规要着力解决违法成本过低、处罚力度不足问题。统筹解决食品药品、生态环境、安全生产等领域法律法规存在的该硬不硬、该严不严、该重不重问题。

针对法律规定之间不一致、不协调、不适应问题,及时组织清理。对某一领域有多部法律的,条件成熟时进行法典编纂。加强立法的协同配套工作,实行法律草案与配套规定同步研究、同步起草,增强法律规范整体功效。加强立法评估论证工作。加强法律法规解释工作。建设全国统一的法律、法规、规章、行政规范性文件、司法解释和党内法规信息平台。

坚持立法和改革相衔接相促进,做到重大改革于法有据,充分发挥立法的引领和推动作用。对改革急需、立法条件成熟的,抓紧出台;对立法条件还不成熟、需要先行先试的,依法及时作出授权决定或者改革决定。授权决定或者改革决定涉及的改革举措,实践证明可行的,及时按照程序制定修改相关法律法规。

完善弘扬社会主义核心价值观的法律政策体系,把社会主义核心价值观要求融入法治建设和社会治理。

加强京津冀协同发展、长江经济带发展、粤港澳大湾区建设、长三角一体化发展、黄河流域生态保护和高质量发展、推进海南全面深化改革开放等国家重大发展战略的法治保障。

(九)健全立法工作机制。健全立法立项、起草、论证、协调、审议机制,提高立法的针对性、及时性、系统性、可操作性。健全立法规划计划编制制度,充分发挥立法规划计划的统筹引领作用。健全立法征求意见机制,扩大公众参与的覆盖面和代表性,增强立法透明度。对与企业生产经营密切相关的立法项目,充分听取有关企业和行业协会商会意见。健全立法征求公众意见采纳反馈机制,对相对集中的意见未予采纳的,应当进行说明。充分利用大数据分析,为立法中的重大事项提供统计分析和决策依据。对立法涉及的重大利益调整事项加强论证咨询,推进对争议较大的重要立法事项引入第三方评估工作。建立健全重要立法争议事项协调机制,防止立法项目久拖不决。完善立法技术规范,加强立法指引。

(十)加强地方立法工作。有立法权的地方应当紧密结合本地发展需要和实际,突出地方特色和针对性、实效性,创造性做好地方立法工作。健全地方立法工作机制,提高立法质量,确保不与上位法相抵触,切实避免越权立法、重复立法、盲目立法。建立健全区域协同立法工作机制,加强全国人大常委会对跨区域地方立法的统一指导。2025年年底前,完成对全国地方立法工作人员的轮训。

四、建设高效的法治实施体系,深入推进严格执法、公正司法、全民守法

建设法治中国,必须深入推进严格执法、公正司法、全民守法,健全社会公平正义法治保障制度,织密法治之网,强化法治之力,不断增强人民群众的获得感、幸福感、安全感。

(十一)构建职责明确、依法行政的政府治理体系。各级政府必须坚持依法行政,恪守法定职责必须为、法无授权不可为,把政府活动全面纳入法治轨道。

依法全面履行政府职能,着力厘清政府和市场、政府和社会的关系,更加注重用法律和制度遏制不当干预经济活动的行为。深入推进简政放权,持续整治变相设置行政许可事项的违法违规行为。大力推行清单制度并实行动态管理,编制完成并公布中央层面设定的行政许可事项清单、备案管理事项清单,国务院部门权责清单于2022年上半年前编制完成并公布。

严格落实重大行政决策程序制度,切实防止违法决策、不当决策、拖延决策。充分发挥法律顾问、公职律师在重大行政决策中的作用。建立健全重大行政决策跟踪反馈和评估制度。全面推行行政规范性文件合法性审核机制,凡涉及公民、法人或其他组织权利和义务的行政规范性文件均应经过合法性审核。

深化行政执法体制改革,统筹配置行政执法职能和执法资源,最大限度减少不必要的行政执法事项。进一步整合行政执法队伍,继续探索实行跨领域跨部门综合执法。推动执法重心向市县两级政府下移,加大执法人员、经费、资源、装备等向基层倾斜力度。健全事前事中事后监管有效衔接、信息互联互通共享、协同配合工作机制。完善行政执法权限协调机制。健全行政执法和刑事司法衔接机制,全面推进"两法衔接"信息平台建设和应用。完善行政强制执行体制机制。建立健全军地联合执法机制。

坚持严格规范公正文明执法,全面推行行政执法公示制度、执法全过程记录制度、重大执法决定法制审核制度。加大食品药品、公共卫生、生态环境、安全生产、劳动保障、野生动物保护等关系群众切身利益的重点领域执法力度。推进统一的行政执法人员资格和证件管理、行政执法文书基本标准、行政执法综合管理监督信息系统建设。全面推行行政裁量权基准制度,规范执法自由裁量权。改进和创新执法方式,加强行政指导、行政奖励、行政和解等非强制行政手段的运用。建立行政执法案例指导制度。建立健全行政执法风险防控机制。严格执行突发事件应对有关法律法规,依法实施应急处置措施,全面提高依法应对突发事件能力和水平。

加强和创新事中事后监管,推进"双随机、一公开"跨部门联合监管,强化重点领域重点监管,探索信用监管、大数据监管、包容审慎监管等新型监管方式,努力形成全覆盖、零容忍、更透明、重实效、保安全的事中事后监管体系。持续开展"减证便民"行动,推行证明事项告知承诺制。

持续营造法治化营商环境,实施统一的市场准入负面清单制度,清理破除隐性准入壁垒,普遍落实"非禁即入"。全面清理、废止对非公有制经济的各种形式不合理规定,坚决纠正滥用行政权力排除、限制竞争行为。全面清理违法违规的涉企收费、检查、摊派事项和评比达标表彰活动。加强政务诚信建设,重点治理政府失信行为,加大惩处和曝光力度。实行知识产权侵权惩罚性赔偿制度,激励和保护科技创新。

加快推进"互联网+政务服务",政务服务重点领域和高频事项基本实现"一网、一门、一次"。2022年年底前建成全国一体化政务服务平台,除法律法规另有规定或涉及国家秘密等外,政务服务事项全部纳入平台办理,全面实现"一网通办"。

（十二）建设公正高效权威的中国特色社会主义司法制度。紧紧抓住影响司法公正、制约司法能力的深层次问题，坚持符合国情和遵循司法规律相结合，坚持和加强党对司法工作的绝对领导。健全公安机关、检察机关、审判机关、司法行政机关各司其职，侦查权、检察权、审判权、执行权相互配合、相互制约的体制机制。深化司法体制综合配套改革，全面落实司法责任制。

明确四级法院职能定位，充分发挥审级监督功能。完善民事再审程序，探索将具有普遍法律适用指导意义、关乎社会公共利益的案件交由较高层级法院审理。完善最高人民法院巡回法庭工作机制，健全综合配套措施。完善知识产权、金融、海事等专门法院建设，加强互联网法院建设。深化与行政区划适当分离的司法管辖制度改革。健全未成年人司法保护体系。

坚持"让审理者裁判、由裁判者负责"，依法赋权独任庭、合议庭。健全重大、疑难、复杂案件由院庭长直接审理机制。坚持"谁办案谁负责、谁决定谁负责"，落实检察官办案主体地位。健全担任领导职务的检察官直接办案制度。加强办案团队建设，推动司法人员专业化分工、类案专业化办理。健全专业法官会议、检察官联席会议制度，切实发挥为办案组织提供法律咨询的功能。加强和完善指导性案例制度，确保法律适用统一。

深化以审判为中心的刑事诉讼制度改革。健全侦查机关调查收集证据制度，规范补充侦查、不起诉、撤回起诉制度。完善庭前会议、非法证据排除制度，规范法庭调查和庭审量刑程序，落实证人、鉴定人、侦查人员出庭作证制度，完善技术侦查证据的法庭调查和使用规则。完善认罪认罚从宽制度，落实宽严相济刑事政策。改革刑事申诉制度，对不服司法机关生效裁判和决定的申诉，逐步实行由律师代理制度。健全落实法律援助值班律师制度，实现刑事案件律师辩护、法律帮助全覆盖。健全有关工作机制，依法从严从快惩处妨碍突发事件应对的违法犯罪行为。

完善民事诉讼制度体系。探索扩大小额诉讼程序适用范围，完善其与简易程序、普通程序的转换适用机制。探索扩大独任制适用范围。优化司法确认程序适用。改革诉讼收费制度。全面建设集约高效、多元解纷、便民利民、智慧精准、开放互动、交融共享的现代化诉讼服务体系。加快推进跨域立案诉讼服务改革，2022年年底前实现诉讼服务就近能办、同城通办、异地可办。

深化执行体制改革，加强执行难综合治理、源头治理。深入推进审执分离，优化执行权配置，落实统一管理、统一指挥、统一协调的执行工作机制。完善刑罚执行制度，统一刑罚执行体制。深化监狱体制机制改革，实行罪犯分类、监狱分级制度。完善社区矫正制度。完善监狱、看守所与社区矫正和安置帮教机构之间的工作对接机制。

（十三）深入推进全民守法。全面依法治国需要全社会共同参与，必须大力弘扬社会主义法治精神，建设社会主义法治文化，引导全体人民做社会主义法治的忠实崇尚者、自觉遵守者、坚定捍卫者。

改进创新普法工作，加大全民普法力度，增强全民法治观念。建立健全立法工作宣传报道常态化机制，对立法热点问题主动发声、解疑释惑。全面落实"谁执法谁普法"普法责任制。深入开展法官、检察官、行政复议人员、行政执法人员、律师等以案释法活动。加强突发事件应对法治宣传教育和法律服务。

广泛推动人民群众参与社会治理，打造共建共治共享的社会治理格局。完善群众参与基层社会治理的制度化渠道。加快推进市域社会治理现代化。健全社会治理规范体系。发挥工会、共青团、妇联等群团组织引领联系群众参与社会治理的作用。加快推进社会信用立法，完善失信惩戒机制。规范失信惩戒对象名单制度，依法依规明确制定依据、适用范围、惩治标准和救济机制，在加强失信惩戒的同时保护公民、企业合法权益。加强对产权的执法司法保护，健全涉产权错案甄别纠正机制。完善对暴力袭警行为的刑事责任追究制度。加大对暴力伤害医务人员犯罪行为打击力度。

紧紧围绕人民日益增长的美好生活需要加强公共法律服务，加快整合律师、公证、调解、仲裁、法律援助、司法鉴定等公共法律服务资源，到2022年基本形成覆盖城乡、便捷高效、均等普惠的现代公共法律服务体系。构建公共法律服务评价指标体系，以群众满意度来检验公共法律服务工作成效。推动建设一支高素质涉外法律服务队伍、建设一批高水平涉外法律服务机构。

积极引导人民群众依法维权和化解矛盾纠纷，坚持和发展新时代"枫桥经验"。充分发挥人民调解的第一道防线作用，完善人民调解、行政调解、司法调解联动工作体系。全面开展律师调解工作。完善调解、信访、仲裁、行政裁决、行政复议、诉讼等社会矛盾纠纷多元预防调处化解综合机制，整合基层矛盾纠纷化解资源和力量，充分发挥非诉纠纷解决机制作用。深化法律援助制度改革，扩大法律援助覆盖面。有序推进行政裁决工作，探索扩大行政裁决适用范围。

五、建设严密的法治监督体系，切实加强对立法、执法、司法工作的监督

建设法治中国，必须抓紧完善权力运行制约和监督机制，规范立法、执法、司法机关权力行使，构建党统一领导、全面覆盖、权威高效的法治监督体系。

（十四）推进对法治工作的全面监督。加强党对法治监督工作的集中统一领导，把法治监督作为党和国家监督体系的重要内容，保证行政权、监察权、审判权、检察权得到依法正确行使，保证公民、法人和其他组织合法权益得到切实保障。加强国家机关监督、民主监督、群众监督和舆论监督，形成法治监督合力，发挥整体监督效能。推进执纪执法贯通、有效衔接司法。完善人民监督员制度。坚持以公开为常态、不公开为例外，全面推进立法公开、执法公开、司法公开，逐步扩大公开范围，提升公开服务水平，主动接受新闻媒体舆论监督和社会监督。党委政法委应当指导、推动政法单位建立健全与执法司法权运行机制相适应的制约监督体系，构建权责清晰的执法司法责任体系，健全政治督察、综治督导、执法监督、纪律作风督查巡查等制度机制。

（十五）加强立法监督工作。建立健全立法监督工作机制，完善监督程序。推进法律法规规章起草征求人大代表、政协委员意见工作。依法处理国家机关和社会团体、企业事业组织、公民对法规规章等书面提出的审查要求或者审查建议。

加强备案审查制度和能力建设，实现有件必备、有备必审、有错必纠。完善备案审查程序，明确审查范围、标准和纠正措施。强化对地方各级政府和县级以上政府部门行政规范性文件、地方各级监察委员会监察规范性文件的备案审查。加强对司法解释的备案监督。将地方法院、检察院制定的规范性文件纳入本级人大常委会备案审查范围。加快建立全国统一的备案审查信息平台。建立健全党委、人大常委会、政府、军队等之间的备案审查衔接联动机制。建立健全备案审查工作年度报告制度。

（十六）加强对执法工作监督。加强省市县乡四级全覆盖的行政执法协调监督工作体系建设，强化全方位、全流程监督，提高执法质量。加大对执法不作为、乱作为、选择性执法、逐利执法等有关责任人的追责力度，落实行政执法责任制和责任追究制度。完善行政执法投诉举报和处理机制。

加强和改进行政复议工作，强化行政复议监督功能，加大对违法和不当行政行为的纠错力度。推进行政复议体制改革，整合行政复议职责，畅通行政复议渠道，2022年前基本形成公正权威、统一高效的行政复议工作体制。健全行政复议案件审理机制，加强行政复议规范化、专业化、信息化建设。规范和加强行政应诉工作。

（十七）加强对司法活动监督。健全对法官、检察官办案的制约和监督制度，促进司法公正。全面推行法官、检察官办案责任制，统一规范法官、检察官办案权限。加强审判权、检察权运行监督管理，明确法院院长、庭长和检察院检察长、业务部门负责人监督管理权力和责任，健全审判人员、检察人员权责清单。完善对担任领导职务的法官、检察官办案情况的考核监督机制，配套建立内部公示、定期通报机制。健全落实司法机关内部人员过问案件记录追责、规范司法人员与律师和当事人等接触交往行为的制度。构建科学合理的司法责任认定和追究制度。完善司法人员惩戒制度，明确惩戒情形和程序。

完善民事、行政检察监督和检察公益诉讼案件办理机制。健全对最高人民法院巡回法庭、知识产权法院、金融法院、互联网法院等的法律监督机制。拓展公益诉讼案件范围，完善公益诉讼法律制度，探索建立民事公益诉讼惩罚性赔偿制度。完善检察建议制度。

完善刑事立案监督和侦查监督工作机制。健全刑事案件统一审核、统一出口工作机制，规范证据审查判断与运用。健全侦查机关办理重大案件听取检察机关意见建议制度。完善对查封、扣押、冻结等侦查措施的监督机制。健全刑事申诉案件受理、移送、复查机制。推动在市县公安机关建设执法办案管理中心。

加强人权司法保障。建立重大案件侦查终结前对讯问合法性进行核查制度。健全讯问犯罪嫌疑人、听取辩护人意见工作机制。建立对监狱、看守所的巡回检察制度。完善看守所管理制度。完善有效防范和及时发现、纠正冤假错案工作机制。健全辩护人、诉讼代理人行使诉讼权利保障机制。

六、建设有力的法治保障体系，筑牢法治中国建设的坚实后盾

建设法治中国，必须加强政治、组织、队伍、人才、科技、信息等保障，为全面依法治国提供重要支撑。

（十八）加强政治和组织保障。各级党委（党组）和领导干部要支持立法、执法、司法机关开展工作，支持司法机关依法独立公正行使职权。党的各级组织部门等要发挥职能作用，保障推进法治中国建设。中央和省级党政部门要明确负责本部门法治工作的机构。各级立法、执法、司法机关党组（党委）要加强领导、履职尽责，机关基层党组织和党员要充分发挥战斗堡垒和先锋模范作用，保障宪法法律实施。严格执行《领导干部干预司法活动、插手具体案件处理的记录、通报和责任追究规定》。

（十九）加强队伍和人才保障。牢牢把握住忠于党、忠于国家、忠于人民、忠于法律的总要求，大力提高法治工作队伍思想政治素质、业务工作能力、职业道德水准，努力建设一支德才兼备的高素质法治工作队伍。

建设革命化、正规化、专业化、职业化的法治专门队伍。坚持把政治标准放在首位,加强科学理论武装,深入开展理想信念教育。完善法律职业准入、资格管理制度,建立法律职业人员统一职前培训制度和在职法官、检察官、警官、律师同堂培训制度。完善从符合条件的律师、法学专家中招录立法工作者、法官、检察官、行政复议人员制度。加强立法工作队伍建设。建立健全立法、执法、司法部门干部和人才常态化交流机制,加大法治专门队伍与其他部门具备条件的干部和人才交流力度。加强边疆地区、民族地区和基层法治专门队伍建设。健全法官、检察官员额管理制度,规范遴选标准、程序。加强执法司法辅助人员队伍建设。建立健全符合职业特点的法治工作人员管理制度,完善职业保障体系。健全执法司法人员依法履职免责、履行职务受侵害保障救济、不实举报澄清等制度。加强法治专门队伍教育培训。

加快发展律师、公证、司法鉴定、仲裁、调解等法律服务队伍。健全职业道德准则、执业行为规范,完善职业道德评价机制。把拥护中国共产党领导、拥护我国社会主义法治作为法律服务人员从业的基本要求。坚持和加强党对律师工作的领导,推动律师行业党的建设。完善律师执业权利保障制度机制。健全法官、检察官、律师等法律职业人员惩戒机制,建立律师不良执业信息记录披露和查询制度。发展公职律师、公司律师和党政机关、企事业单位、村(居)法律顾问队伍。

构建凸显时代特征、体现中国特色的法治人才培养体系。坚持以习近平新时代中国特色社会主义思想为指导,坚持立德树人、德法兼修,解决好为谁教、教什么、教给谁、怎样教的问题。推动以马克思主义为指导的法学学科体系、学术体系、教材体系、话语体系建设。深化高等法学教育改革,优化法学课程体系,强化法学实践教学,培养信念坚定、德法兼修、明法笃行的高素质法治人才。推进教师队伍法治教育培训。加强法学专业教师队伍建设。完善高等学校涉外法学专业学科设置。加大涉外法治人才培养力度,创新涉外法治人才培养模式。建立健全法学教育、法学研究工作者和法治实践工作者之间双向交流机制。

(二十)加强科技和信息化保障。充分运用大数据、云计算、人工智能等现代科技手段,全面建设"智慧法治",推进法治中国建设的数据化、网络化、智能化。优化整合法治领域各类信息、数据、网络平台,推进全国法治信息化工程建设。加快公共法律服务实体平台、热线平台、网络平台有机融合,建设覆盖全业务、全时空的公共法律服务网络。

七、建设完善的党内法规体系,坚定不移推进依规治党

建设法治中国,必须坚持依法治国和依规治党有机统一,加快形成覆盖党的领导和党的建设各方面的党内法规体系,增强党依法执政本领,提高管党治党水平,确保党始终成为中国特色社会主义事业的坚强领导核心。

(二十一)健全党内法规体系。坚持和加强党的全面领导,坚持党要管党、全面从严治党,以党章为根本,以民主集中制为核心,不断完善党的组织法规、党的领导法规、党的自身建设法规、党的监督保障法规,构建内容科学、程序严密、配套完备、运行有效的党内法规体系。坚持立改废释并举,与时俱进做好党内法规制定修订工作,完善清理工作机制,加大解释力度,提高党内法规质量。健全党内法规备案审查制度,坚持有件必备、有备必审、有错必纠,维护党内法规体系一性和权威性。注重党内法规同国家法律的衔接和协调,努力形成国家法律和党内法规相辅相成、相互促进、相互保障的格局。

(二十二)抓好党内法规实施。把提高党内法规执行力摆在更加突出位置,把抓"关键少数"和管"绝大多数"统一起来,以各级领导机关和党员领导干部带头尊规学规守规用规,带动全党遵规守纪。加强学习教育,把重要党内法规列为党委(党组)理论学习中心组学习的重要内容,列为党校(行政学院)、干部学院重要教学内容,列入法治宣传教育规划重要任务。加大党内法规公开力度,提高党内法规的普及度和知晓率。落实党内法规执行责任制,做到有规必执、执规必严。开展党内法规实施评估工作,推动党内法规实施。强化监督检查和追责问责,将党内法规执行情况作为各级党委督促检查、巡视巡察重要内容,严肃查处违反党内法规的各种行为。

(二十三)强化党内法规制度建设保障。加强党内法规专门工作队伍建设,突出政治标准,加强专业化建设,充实各级党内法规工作机构人员力量。加快补齐党内法规理论研究方面短板,重点建设一批党内法规研究高端智库和研究教育基地,推动形成一批高质量研究成果,引领和聚集一批党内法规研究人才。健全后备人才培养机制,继续推进在部分高校开展党内法规研究方向的研究生教育,加强学科建设,为党内法规事业持续发展提供人才支撑。

八、紧紧围绕新时代党和国家工作大局,依法维护国家主权、安全、发展利益

建设法治中国,必须高度重视依法保障"一国两制"实践、巩固和深化两岸关系和平发展,运用法治思维和法治方式处理好国际经济、政治、社会事务,深入推进依法治军从严治军,更好维护和实现我国和平发展的战略目标。

(二十四)依法保障"一国两制"实践和推进祖国统一。坚持宪法的最高法律地位和最高法律效力,坚定不移并全面准确贯彻"一国两制"、"港人治港"、"澳人治澳"、高度自治的方针,坚持依法治港治澳,维护宪法和基本法确定的特别行政区宪制秩序,把维护中央对特别行政区全面管治权和保障特别行政区高度自治权有机统一起来,完善特别行政区同宪法和基本法实施相关的制度和机制。支持特别行政区行政长官和政府依法施政、积极作为,履行维护国家主权、安全、发展利益的宪制责任。健全落实特别行政区维护国家安全的法律制度和执行机制,确保"一国两制"行稳致远。防范和反对外部势力干预香港、澳门事务,保持香港、澳门长期繁荣稳定。

探索"一国两制"台湾方案,推进祖国和平统一进程。推动两岸就和平发展达成制度性安排,完善促进两岸交流合作、深化两岸融合发展、保障台湾同胞福祉的制度安排和政策措施。支持两岸法学法律界交流交往。运用法治方式捍卫一个中国原则、坚决反对"台独",坚定维护国家主权、安全、发展利益。

依法保护港澳同胞、台湾同胞权益。全面推进内地同香港、澳门互利合作,完善便利香港、澳门居民在内地发展的政策措施。加强内地同香港和澳门、大陆同台湾的执法合作和司法协助,共同打击跨境违法犯罪活动。

(二十五)加强涉外法治工作。适应高水平对外开放工作需要,完善涉外法律和规则体系,补齐短板,提高涉外工作法治化水平。

积极参与国际规则制定,推动形成公正合理的国际规则体系。加快推进我国法

域外适用的法律体系建设。围绕促进共建"一带一路"国际合作,推进国际商事法庭建设与完善。推动我国仲裁机构与共建"一带一路"国家仲裁机构合作建立联合仲裁机制。强化涉外法律服务,维护我国公民、法人在海外及外国公民、法人在我国的正当权益。建立涉外工作法务制度。引导对外经贸合作企业加强合规管理,提高法律风险防范意识。建立健全域外法律查明机制。推进对外法治宣传,讲好中国法治故事。加强国际法研究和运用。

加强多双边法治对话,推进对外法治交流。深化国际司法交流合作。完善我国司法协助体制机制,推进引渡、遣返犯罪嫌疑人和被判刑人移管等司法协助领域国际合作。积极参与执法安全国际合作,共同打击暴力恐怖势力、民族分裂势力、宗教极端势力和贩毒走私、跨国有组织犯罪。加强反腐败国际合作,加大海外追逃追赃、遣返引渡力度。

(二十六)深入推进依法治军从严治军。深入贯彻习近平强军思想,坚持党对人民军队绝对领导,全面深入贯彻军委主席负责制,围绕实现党在新时代的强军目标,加快构建完善的中国特色军事法治体系,推动治军方式根本性转变。

加快推进改革急需、备战急用、官兵急盼重点立法项目。有力有序推进军事政策制度改革。完善军事立法计划管理制度。健全军事规范性文件审查和备案制度。完善军事法规制度定期清理机制。推动军事法制信息化建设,推进法规制度建设集成化、军事法规法典化。2020年年底前,完成国防和军队建设各系统各领域主干法规制度改革,构建起中国特色社会主义军事法规制度体系基本框架;到2022年,健全各领域配套法规制度,构建起比较完备的中国特色社会主义军事法规制度体系。

明确军事法规执行责任和程序,落实执法责任制。强化官兵法治信仰和法治思维,深化法治军营创建活动。持续实施军事法治理论研究工程,组织编写全军统一的军事法治理论教材。加强军事法治国际交流,积极参与国际军事规则创制。综合运用党内监督、层级监督、专门监督等方式,构建常态化规范化军事法治监督体系。

构建依法治军组织领导体系,成立军委依法治军组织领导机构及其办事机构。健全军事法制工作体制,建立和调整完善专门的军事法制工作机构。建立军事法律顾问制度。健全党领导军队政法工作机制,强化军委政法委功能作用。完善军事司法制度。

九、加强党对法治中国建设的集中统一领导,充分发挥党总揽全局、协调各方的领导核心作用

建设法治中国,必须始终把党的领导作为社会主义法治最根本的保证,把加强党的领导贯彻落实到全面依法治国全过程和各方面。

(二十七)深入学习宣传贯彻习近平法治思想。习近平法治思想是全面依法治国的根本遵循和行动指南。要加强部署安排,持续推动广大干部群众深入学习贯彻习近平法治思想,深刻领会蕴含其中的马克思主义立场观点方法,全面准确把握精神实质、丰富内涵和核心要义,增强学习贯彻的自觉性和坚定性。各级党委(党组)理论学习中心组要将习近平法治思想作为重点内容,党校(行政学院)和干部学院要作为重点课程。各地区各部门要组织党员、干部进行系统学习和培训。法治工作部门要开展全战线、全覆盖的培训轮训。要把习近平法治思想融入学校教育,纳入高校法治理论教学体系,做好进教材、进课堂、进头脑工作。要开展深入研究和宣传,拓展学习宣传的广度深度。运用新媒体新技术，加强网上宣讲。

（二十八）推进依法执政。健全党的全面领导制度。推进党的领导入法入规，着力实现党的领导制度化、法治化。完善党领导人大、政府、政协、监察机关、审判机关、检察机关、武装力量、人民团体、企事业单位、基层群众自治组织、社会组织等制度。将坚持党的全面领导的要求载入国家机构组织法，载入政协、民主党派、工商联、人民团体、国有企业、高等学校、有关社会组织等的章程。完善党委依法决策机制，健全议事规则和决策程序。

建立领导干部应知应会法律法规清单制度，推动领导干部做尊法学法守法用法的模范。把法治素养和依法履职情况纳入考核评价干部的重要内容。各级领导干部要全面提高运用法治思维和法治方式深化改革、推动发展、化解矛盾、维护稳定、应对风险能力，绝不允许以言代法、以权压法、逐利违法、徇私枉法。

（二十九）加强中国特色社会主义法治理论研究，加快中国特色社会主义法治体系建设。立足我国国情和实际，加强对社会主义法治建设的理论研究，尽快构建体现我国社会主义性质，具有鲜明中国特色、实践特色、时代特色的法治理论体系和话语体系。坚持和发展我国法律制度建设的显著优势，深入研究和总结我国法律制度体系建设的成功经验，推进中国特色社会主义法治体系创新发展。挖掘和传承中华优秀传统法律文化，研究、总结和提炼党领导人民推进法治建设实践和理论成果。组织和推动高等学校、科研院所以及法学专家学者加强中国特色社会主义法治理论研究，为建设法治中国提供学理支撑。

（三十）加强党对全面依法治国的统一领导、统一部署、统筹协调。健全党领导立法、保证执法、支持司法、带头守法的制度机制。党政主要负责人要切实履行推进法治建设第一责任人职责，将履行推进法治建设第一责任人职责情况列入年终述职内容。各级党委要将法治建设与经济社会发展同部署、同推进、同督促、同考核、同奖惩。研究制定法治建设指标体系和考核标准。加强对重大法治问题的法治督察。

中央全面依法治国委员会做好法治中国建设的顶层设计、总体布局、统筹协调、整体推进、督促落实，实现集中领导、高效决策、统一部署。地方各级党委法治建设议事协调机构要加强对本地区法治建设的牵头抓总、运筹谋划、督促落实等工作。

各地区各部门要全面准确贯彻落实本规划精神和要求，结合实际制定实施方案，明确分工、压实责任、狠抓落实、务求实效，力戒形式主义、官僚主义。中央依法治国办要强化统筹协调，加强督办，推进落实，确保规划各项任务措施落到实处。

法治政府建设实施纲要（2021—2025年）

（2021年8月11日）

法治政府建设是全面依法治国的重点任务和主体工程，是推进国家治理体系和治理能力现代化的重要支撑。为在新发展阶段持续深入推进依法行政，全面建设法治政府，根据当前法治政府建设实际，制定本纲要。

一、深入学习贯彻习近平法治思想，努力实现法治政府建设全面突破

党的十八大以来，特别是《法治政府建设实施纲要（2015—2020年）》贯彻落实5年来，各地区各部门多措并举、改革创新，法治政府建设取得重大进展。党对法治政府建设的领导不断加强，责任督察和示范创建活动深入实施,法治政府建设推进机制基本形成;"放管服"改革纵深推进,营商环境大幅优化;依法行政制度体系日益健全,重大行政决策程序制度初步建立,行政决策公信力持续提升;行政执法体制机制改革大力推进,严格规范公正文明执法水平普遍提高;行政权力制约和监督全面加强,违法行政行为能够被及时纠正查处;社会矛盾纠纷依法及时有效化解,行政争议预防化解机制更加完善;各级公务员法治意识显著增强,依法行政能力明显提高。当前,我国已经开启全面建设社会主义现代化国家、向第二个百年奋斗目标进军的新征程,统筹中华民族伟大复兴战略全局和世界百年未有之大变局,推进国家治理体系和治理能力现代化,适应人民日益增长的美好生活需要,都对法治政府建设提出了新的更高要求,必须立足全局、着眼长远、补齐短板、开拓进取,推动新时代法治政府建设再上新台阶。

(一)指导思想。高举中国特色社会主义伟大旗帜,坚持以马克思列宁主义、毛泽东思想、邓小平理论、"三个代表"重要思想、科学发展观、习近平新时代中国特色社会主义思想为指导,全面贯彻党的十九大和十九届二中、三中、四中、五中全会精神,全面贯彻习近平法治思想,增强"四个意识"、坚定"四个自信"、做到"两个维护",把法治政府建设放在党和国家事业发展全局中统筹谋划,加快构建职责明确、依法行政的政府治理体系,全面建设职能科学、权责法定、执法严明、公开公正、智能高效、廉洁诚信、人民满意的法治政府,为全面建设社会主义现代化国家、实现中华民族伟大复兴的中国梦提供有力法治保障。

(二)主要原则。坚持党的全面领导,确保法治政府建设正确方向;坚持以人民为中心,一切行政机关必须为人民服务、对人民负责、受人民监督;坚持问题导向,用法治给行政权力定规矩、划界限,切实解决制约法治政府建设的突出问题;坚持改革创新,积极探索具有中国特色的法治政府建设模式和路径;坚持统筹推进,强化法治政府建设的整体推动、协同发展。

(三)总体目标。到2025年,政府行为全面纳入法治轨道,职责明确、依法行政的政府治理体系日益健全,行政执法体制机制基本完善,行政执法质量和效能大幅提升,突发事件应对能力显著增强,各地区各层级法治政府建设协调并进,更多地区实现率先突破,为到2035年基本建成法治国家、法治政府、法治社会奠定坚实基础。

二、健全政府机构职能体系,推动更好发挥政府作用

坚持法定职责必须为、法无授权不可为,着力实现政府职能深刻转变,把该管的事务管好、管到位,基本形成边界清晰、分工合理、权责一致、运行高效、法治保障的政府机构职能体系。

(四)推进政府机构职能优化协同高效。坚持优化政府组织结构与促进政府职能转变、理顺部门职责关系统筹结合,使机构设置更加科学、职能更加优化、权责更加协同。完善经济调节、市场监管、社会管理、公共服务、生态环境保护等职能,厘清政府和市场、政府和社会关系,推动有效市场和有为政府更好结合。强化制定实施发展战略、规划、政策、标准等职能,更加注重运用法律和制度遏制不当干预微观经济活动的行为。构建简约高效的基层管理体制,实行扁平化和网格化管理。推进编制资源向基层倾斜,鼓励、支持从上往下跨层级调剂使用行政和事业编制。

全面实行政府权责清单制度,推动各级政府高效履职尽责。2022年上半年编制完成国务院部门权责清单,建立公开、动态

调整、考核评估、衔接规范等配套机制和办法。调整完善地方各级政府部门权责清单，加强标准化建设，实现同一事项的规范统一。严格执行市场准入负面清单，普遍落实"非禁即入"。

（五）深入推进"放管服"改革。分级分类推进行政审批制度改革。依托全国一体化政务服务平台等渠道，全面推行审批服务"马上办、网上办、就近办、一次办、自助办"。坚决防止以备案、登记、行政确认、征求意见等方式变相设置行政许可事项。推行行政审批告知承诺制。大力归并减少各类资质资格许可事项，降低准入门槛。有序推进"证照分离"改革全覆盖，将更多涉企经营许可事项纳入改革。积极推进"一业一证"改革，探索实现"一证准营"、跨地互认通用。深化投资审批制度改革，推进投资领域行政执法监督，全面改善投资环境。全面落实证明事项告知承诺制，新设证明事项必须有法律法规或者国务院决定依据。

推动政府管理依法进行，把更多行政资源从事前审批转到事中事后监管上来。健全以"双随机、一公开"监管和"互联网+监管"为基本手段、以重点监管为补充、以信用监管为基础的新型监管机制，推进线上线下一体化监管，完善与创新创造相适应的包容审慎监管方式。根据不同领域特点和风险程度确定监管内容、方式和频次，提高监管精准化水平。分领域制定全国统一、简明易行的监管规则和标准，做到标准公开、规则公平、预期合理、各负其责。

加快建设服务型政府，提高政务服务效能。全面提升政务服务水平，完善首问负责、一次告知、一窗受理、自助办理等制度。加快推进政务服务"跨省通办"，到2021年年底前基本实现高频事项"跨省通办"。大力推行"一件事一次办"，提供更多

套餐式、主题式集成服务。推进线上线下深度融合，增强全国一体化政务服务平台服务能力，优化整合提升各级政务大厅"一站式"功能，全面实现政务服务事项全城通办、就近能办、异地可办。坚持传统服务与智能创新相结合，充分保障老年人基本服务需要。

（六）持续优化法治化营商环境。紧紧围绕贯彻新发展理念、构建新发展格局，打造稳定公平透明、可预期的法治化营商环境。深入实施《优化营商环境条例》。及时总结各地优化营商环境可复制可推广的经验做法，适时上升为法律法规制度。依法平等保护各种所有制企业产权和自主经营权，切实防止滥用行政权力排除、限制竞争行为。健全外商投资准入前国民待遇加负面清单管理制度，推动规则、规制、管理、标准等制度型开放。加强政企沟通，在制定修改行政法规、规章、行政规范性文件过程中充分听取企业和行业协会商会意见。加强和改进反垄断与反不正当竞争执法。强化公平竞争审查制度刚性约束，及时清理废除妨碍统一市场和公平竞争的各种规定和做法，推动形成统一开放、竞争有序、制度完备、治理完善的高标准市场体系。

三、健全依法行政制度体系，加快推进政府治理规范化程序化法治化

坚持科学立法、民主立法、依法立法，着力实现政府立法质量和效率并重并进，增强针对性、及时性、系统性、可操作性，努力使政府治理各方面制度更加健全、更加完善。

（七）加强重要领域立法。积极推进国家安全、科技创新、公共卫生、文化教育、民族宗教、生物安全、生态文明、防范风险、反垄断、涉外法治等重要领域立法，健全国家治理急需的法律制度、满足人民日益增长的美好生活需要必备的法律制度。制定修改传染病防治法、突发公共卫生事件应对

法、国境卫生检疫法等法律制度。及时跟进研究数字经济、互联网金融、人工智能、大数据、云计算等相关法律制度，抓紧补齐短板，以良法善治保障新业态新模式健康发展。

加强规范共同行政行为立法，推进机构、职能、权限、程序、责任法定化。修改国务院组织法、地方各级人民代表大会和地方各级人民政府组织法。修改行政复议法、行政许可法，完善行政程序法律制度。研究制定行政备案条例、行政执法监督条例。

（八）完善立法工作机制。增强政府立法与人大立法的协同性，统筹安排相关联相配套的法律法规规章的立改废释工作。聚焦实践问题和立法需求，提高立法精细化精准化水平。完善立法论证评估制度，加大立法前评估力度，认真论证评估立法项目必要性、可行性。建立健全立法风险防范机制，将风险评估贯穿立法全过程。丰富立法形式，注重解决实际问题。积极运用新媒体新技术拓宽立法公众参与渠道，完善立法听证、民意调查机制。修改法规规章备案条例，推进政府规章层级监督，强化省级政府备案审查职责。推进区域协同立法，强化计划安排衔接、信息资源共享、联合调研论证、同步制定修改。

（九）加强行政规范性文件制定监督管理。依法制定行政规范性文件，严禁越权发文、严控发文数量、严格制发程序。建立健全行政规范性文件制定协调机制，防止政出多门、政策效应相互抵消。健全行政规范性文件动态清理工作机制。加强对行政规范性文件制定和管理工作的指导监督，推动管理制度化规范化。全面落实行政规范性文件合法性审核机制，明确审核范围，统一审核标准。严格落实行政规范性文件备案审查制度。

四、健全行政决策制度体系，不断提升行政决策公信力和执行力

坚持科学决策、民主决策、依法决策，着力实现行政决策程序规定严格落实、决策质量和效率显著提高，切实避免因决策失误产生矛盾纠纷、引发社会风险、造成重大损失。

（十）强化依法决策意识。各级行政机关负责人要牢固树立依法决策意识，严格遵循法定权限和程序作出决策，确保决策内容符合法律法规规定。行政机关主要负责人作出重大决策前，应当听取合法性审查机构的意见，注重听取法律顾问、公职律师或者有关专家的意见。把是否遵守决策程序制度、做到依法决策作为对政府部门党组（党委）开展巡视巡察和对行政机关主要负责人开展考核督察、经济责任审计的重要内容，防止个人专断，搞"一言堂"。

（十一）严格落实重大行政决策程序。严格执行《重大行政决策程序暂行条例》，增强公众参与实效，提高专家论证质量，充分发挥风险评估功能，确保所有重大行政决策都严格履行合法性审查和集体讨论决定程序。推行重大行政决策事项年度目录公开制度。涉及社会公众切身利益的重要规划、重大公共政策和措施、重大公共建设项目等，应当通过举办听证会等形式加大公众参与力度，深入开展风险评估，认真听取和反映利益相关群体的意见建议。建立健全决策过程记录和材料归档制度。

（十二）加强行政决策执行和评估。完善行政决策执行机制，决策机关应当在决策中明确执行主体、执行时限、执行反馈等内容。建立健全重大行政决策跟踪反馈制度。依法推进决策后评估工作，将决策后评估结果作为调整重大行政决策的重要依据。重大行政决策一经作出，未经法定程序不得随意变更或者停止执行。严格落实

重大行政决策终身责任追究制度和责任倒查机制。

五、健全行政执法工作体系,全面推进严格规范公正文明执法

着眼提高人民群众满意度,着力实现行政执法水平普遍提升,努力让人民群众在每一个执法行为中都能看到风清气正、从每一项执法决定中都能感受到公平正义。

(十三)深化行政执法体制改革。完善权责清晰、运转顺畅、保障有力、廉洁高效的行政执法体制机制,大力提高执法执行力和公信力。继续深化综合行政执法体制改革,坚持省(自治区)原则上不设行政执法队伍,设区市与市辖区原则上只设一个行政执法层级,县(市、区、旗)一般实行"局队合一"体制,乡镇(街道)逐步实现"一支队伍管执法"的改革原则和要求。加强综合执法、联合执法、协作执法的组织指挥和统筹协调。在行政许可权、行政处罚权改革中,健全审批、监管、处罚衔接机制,防止相互脱节。稳步将基层管理迫切需要且能有效承接的行政执法事项下放给基层,坚持依法下放、试点先行,坚持权随事转、编随事转、钱随事转,确保放得下、接得住、管得好、有监督。建立健全乡镇(街道)与上一级相关部门行政执法案件移送及协调协作机制。大力推进跨领域跨部门联合执法,实现违法线索互联、执法标准互通、处理结果互认。完善行政执法与刑事司法衔接机制,加强"两法衔接"信息平台建设,推进信息共享机制化、案件移送标准和程序规范化。加快制定不同层级行政执法装备配备标准。

(十四)加大重点领域执法力度。加大食品药品、公共卫生、自然资源、生态环境、安全生产、劳动保障、城市管理、交通运输、金融服务、教育培训等关系群众切身利益的重点领域执法力度。分领域梳理群众反映强烈的突出问题,开展集中专项整治。对潜在风险大、可能造成严重不良后果的,加强日常监管和执法巡查,从源头上预防和化解违法风险。建立完善严重违法惩罚性赔偿和巨额罚款制度、终身禁入机制,让严重违法者付出应有代价。畅通违法行为投诉举报渠道,对举报严重违法违规行为和重大风险隐患的有功人员依法予以奖励和严格保护。

(十五)完善行政执法程序。全面严格落实行政执法公示、执法全过程记录、重大执法决定法制审核制度。统一行政执法人员资格管理,除中央垂直管理部门外由省级政府统筹本地区行政执法人员资格考试、证件制发、在岗轮训等工作,国务院有关业务主管部门加强对本系统执法人员的专业培训,完善相关规范标准。统一行政执法案卷、文书基本标准,提高执法案卷、文书规范化水平。完善行政执法文书送达制度。全面落实行政裁量权基准制度,细化量化本地区各行政执法行为的裁量范围、种类、幅度等并对外公布。全面梳理、规范和精简执法事项,凡没有法律法规规章依据的一律取消。规范涉企行政检查,着力解决涉企现场检查事项多、频次高、随意检查等问题。按照行政执法类型,制定完善行政执法程序规范。全面严格落实告知制度,依法保障行政相对人陈述、申辩、提出听证申请等权利。除有法定依据外,严禁地方政府采取要求特定区域或者行业、领域的市场主体普遍停产停业的措施。行政机关内部会议纪要不得作为行政执法依据。

(十六)创新行政执法方式。广泛运用说服教育、劝导示范、警示告诫、指导约谈等方式,努力做到宽严相济、法理相融,让执法既有力度又有温度。全面推行轻微违法行为依法免予处罚清单。建立行政执法案例指导制度,国务院有关部门和省级政府要定期发布指导案例。全面落实"谁执法谁普法"普法责任制,加强以案释法。

六、健全突发事件应对体系,依法预防处置重大突发事件

坚持运用法治思维和法治方式应对突发事件,着力实现越是工作重要、事情紧急越要坚持依法行政,严格依法实施应急举措,在处置重大突发事件中推进法治政府建设。

(十七)完善突发事件应对制度。修改突发事件应对法,系统梳理和修改应急管理相关法律法规,提高突发事件应对法治化规范化水平。健全国家应急预案体系,完善国家突发公共事件总体和专项应急预案,以及与之衔接配套的各级各类突发事件应急预案。加强突发事件监测预警、信息报告、应急响应、恢复重建、调查评估等机制建设。健全突发事件应对征收、征用、救助、补偿制度,规范相关审批、实施程序和救济途径。完善特大城市风险治理机制,增强风险管控能力。健全规范应急处置收集、使用个人信息机制制度,切实保护公民个人信息。加快推进突发事件行政手段应用的制度化规范化,规范行政权力边界。

(十八)提高突发事件依法处置能力。增强风险防范意识,强化各地区各部门防范化解本地区本领域重大风险责任。推进应急管理综合行政执法改革,强化执法能力建设。强化突发事件依法分级分类施策,增强应急处置的针对性实效性。按照平战结合原则,完善各类突发事件应急响应处置程序和协调联动机制。定期开展应急演练,注重提升依法预防突发事件、先期处置和快速反应能力。加强突发事件信息公开和危机沟通,完善公共舆情应对机制。依法严厉打击利用突发事件哄抬物价、囤积居奇、造谣滋事、制假售假等扰乱社会秩序行为。加强突发事件应急处置法律法规教育培训,增强应急处置法治意识。

(十九)引导、规范基层组织和社会力量参与突发事件应对。完善乡镇(街道)、村(社区)应急处置组织体系,推动村(社区)依法参与预防、应对突发事件。明确社会组织、慈善组织、社会工作者、志愿者等参与突发事件应对的法律地位及其权利义务,完善激励保障措施。健全社会应急力量备案登记、调用补偿、保险保障等方面制度。

七、健全社会矛盾纠纷行政预防调处化解体系,不断促进社会公平正义

坚持将矛盾纠纷化解在萌芽状态、化解在基层,着力实现人民群众权益受到公平对待、尊严获得应有尊重,推动完善信访、调解、仲裁、行政裁决、行政复议、诉讼等社会矛盾纠纷多元预防调处化解综合机制。

(二十)加强行政调解工作。依法加强消费者权益保护、交通损害赔偿、治安管理、环境污染、社会保障、房屋土地征收、知识产权等方面的行政调解,及时妥善推进矛盾纠纷化解。各职能部门要规范行政调解范围和程序,组织做好教育培训,提升行政调解工作水平。坚持"三调"联动,推进行政调解与人民调解、司法调解有效衔接。

(二十一)有序推进行政裁决工作。发挥行政裁决化解民事纠纷的"分流阀"作用,建立体系健全、渠道畅通、公正便捷、裁诉衔接的裁决机制。推行行政裁决权利告知制度,规范行政裁决程序,推动有关行政机关切实履行行政裁决职责。全面梳理行政裁决事项,明确行政裁决适用范围,稳妥推进行政裁决改革试点。强化案例指导和业务培训,提升行政裁决能力。研究推进行政裁决法律制度建设。

(二十二)发挥行政复议化解行政争议主渠道作用。全面深化行政复议体制改革,整合地方行政复议职责,按照事编匹配、优化节约、按需调剂的原则,合理调配编制资源,2022年年底前基本形成公正权威、统一高效的行政复议体制。全面推进行政复议规范化、专业化、信息化建设,不断提高办案质量和效率。健全优化行政复议审理机制。县级以上各级政府建立行政复议委员会,为重大、疑难、复杂的案件提供咨询意见。建立行政复议决定书以及行政复议意见书、建议书执行监督机制,实现个案监督纠错与倒逼依法行政的有机结合。全面落实行政复议决定书网上公开制度。

（二十三）加强和规范行政应诉工作。认真执行行政机关负责人出庭应诉制度。健全行政争议实质性化解机制,推动诉源治理。支持法院依法受理和审理行政案件,切实履行生效裁判。支持检察院开展行政诉讼监督工作和行政公益诉讼,积极主动履行职责或者纠正违法行为。认真做好司法建议、检察建议落实和反馈工作。

八、健全行政权力制约和监督体系,促进行政权力规范透明运行

坚持有权必有责、有责要担当、失责必追究,着力实现行政决策、执行、组织、监督既相互制约又相互协调,确保对行政权力制约和监督全覆盖、无缝隙,使党和人民赋予的权力始终用来为人民谋幸福。

（二十四）形成监督合力。坚持将行政权力制约和监督体系纳入党和国家监督体系全局统筹谋划,突出党内监督主导地位。推动党内监督与人大监督、民主监督、行政监督、司法监督、群众监督、舆论监督等各类监督有机贯通、相互协调。积极发挥审计监督、财会监督、统计监督、执法监督、行政复议等监督作用。自觉接受纪检监察机关监督,对行政机关公职人员违法行为严格追究法律责任,依规依法给予处分。

坚持严管和厚爱结合、激励和约束并重,做到依规依纪依法严肃问责、规范问责、精准问责、慎重问责,既要防止问责不力,也要防止问责泛化、简单化。落实"三个区分开来"要求,建立健全担当作为的激励和保护机制,切实调动各级特别是基层政府工作人员的积极性,充分支持从实际出发担当作为、干事创业。

（二十五）加强和规范政府督查工作。县级以上政府依法组织开展政府督查工作,重点对党中央、国务院重大决策部署落实情况、上级和本级政府重要工作部署落实情况、督查对象法定职责履行情况、本级政府所属部门和下级政府的行政效能开展监督检查,保障政令畅通,督促提高行政效能、推进廉政建设、健全行政监督制度。积极发挥政府督查的激励鞭策作用,坚持奖惩并举,对成效明显的按规定加大表扬和政策激励力度,对不作为乱作为的依规依法严肃问责。进一步明确政府督查的职责、机构、程序和责任,增强政府督查工作的科学性、针对性、实效性。

（二十六）加强对行政执法制约和监督。加强行政执法监督机制和能力建设,充分发挥行政执法监督统筹协调、规范保障、督促指导作用,2024年年底前基本建成省市县乡全覆盖的比较完善的行政执法协调监督工作体系。全面落实行政执法责任,严格按照权责事项清单分解执法职权、确定执法责任。加强和完善行政执法案卷管理和评查、行政执法机关处理投诉举报、行政执法考核评议等制度建设。大力整治重点领域行政执法不作为乱作为、执法不严格不规范不文明不透明等突出问题,围绕中心工作部署开展行政执法监督专项行动。严禁下达或者变相下达罚没指标,严禁将罚没收入同作出行政处罚的行政机关及其工作人员的考核、考评直接或者变相挂钩。建立并实施行政执法监督员制度。

（二十七）全面主动落实政务公开。坚

持以公开为常态、不公开为例外,用政府更加公开透明赢得人民群众更多理解、信任和支持。大力推进决策、执行、管理、服务和结果公开,做到法定主动公开内容全部公开到位。加强公开制度化、标准化、信息化建设,提高政务公开能力和水平。全面提升政府信息公开申请办理工作质量,依法保障人民群众合理信息需求。鼓励开展政府开放日、网络问政等主题活动,增进与公众的互动交流。加快构建具有中国特色的公共企事业单位信息公开制度。

(二十八)加快推进政务诚信建设。健全政府守信践诺机制。建立政务诚信监测治理机制,建立健全政务失信记录制度,将违约毁约、拖欠账款、拒不履行司法裁判等失信信息纳入全国信用信息共享平台并向社会公开。建立健全政府失信责任追究制度,加大失信惩戒力度,重点治理债务融资、政府采购、招标投标、招商引资等领域的政府失信行为。

九、健全法治政府建设科技保障体系,全面建设数字法治政府

坚持运用互联网、大数据、人工智能等技术手段促进依法行政,着力实现政府治理信息化与法治化深度融合,优化革新政府治理流程和方式,大力提升法治政府建设数字化水平。

(二十九)加快推进信息化平台建设。各省(自治区、直辖市)统筹建成本地区各级互联、协同联动的政务服务平台,实现从省(自治区、直辖市)到村(社区)网上政务全覆盖。加快推进政务服务向移动端延伸,实现更多政务服务事项"掌上办"。分级分类推进新型智慧城市建设,促进城市治理转型升级。加强政府信息平台建设的统筹规划,优化整合各类数据、网络平台,防止重复建设。

建设法规规章行政规范性文件统一公开查询平台,2022年年底前实现现行有效的行政法规、部门规章、国务院及其部门行政规范性文件的统一公开查询;2023年年底前各省(自治区、直辖市)实现本地区现行有效地方性法规、规章、行政规范性文件统一公开查询。

(三十)加快推进政务数据有序共享。建立健全政务数据共享协调机制,进一步明确政务数据提供、使用、管理等各相关方的权利和责任,推动数据共享和业务协同,形成高效运行的工作机制,构建全国一体化政务大数据体系,加强政务信息系统优化整合。加快推进身份认证、电子印章、电子证照等统一认定使用,优化政务服务流程。加强对大数据的分析、挖掘、处理和应用,善于运用大数据辅助行政决策、行政立法、行政执法工作。建立健全运用互联网、大数据、人工智能等技术手段进行行政管理的制度规则。在依法保护国家安全、商业秘密、自然人隐私和个人信息的同时,推进政府和公共服务机构数据开放共享,优先推动民生保障、公共服务、市场监管等领域政府数据向社会有序开放。

(三十一)深入推进"互联网+"监管执法。加强国家"互联网+监管"系统建设,2022年年底前实现各方面监管平台数据的联通汇聚。积极推进智慧执法,加强信息化技术、装备的配置和应用。推行行政执法APP掌上执法。探索推行以远程监管、移动监管、预警防控为特征的非现场监管,解决人少事多的难题。加快建设全国行政执法综合管理监督信息系统,将执法基础数据、执法程序流转、执法信息公开等汇聚一体,建立全国行政执法数据库。

十、加强党的领导,完善法治政府建设推进机制

党的领导是全面依法治国、建设法治政府的根本保证,必须坚持党总揽全局、协调各方,发挥各级党委的领导作用,把法治政府建设摆到工作全局更加突出的位置。

(三十二)加强党对法治政府建设的领导。各级党委和政府要深入学习领会习近平法治思想,把习近平法治思想贯彻落实到法治政府建设全过程和各方面。各级党委要切实履行推进法治建设领导职责,安排听取有关工作汇报,及时研究解决影响法治政府建设重大问题。各级政府要在党委统一领导下,履行法治政府建设主体责任,谋划落实好法治政府建设各项任务,主动向党委报告法治政府建设中的重大问题。各级政府及其部门主要负责人要切实履行推进本地区本部门法治政府建设第一责任人职责,作为重要工作定期部署推进、抓实抓好。各地区党委法治建设议事协调机构及其办事机构要加强法治政府建设的协调督促推动。

(三十三)完善法治政府建设推进机制。深入推进法治政府建设督察工作,2025年前实现对地方各级政府督察全覆盖。扎实做好法治政府建设示范创建活动,以创建促提升、以示范带发展,不断激发法治政府建设的内生动力。严格执行法治政府建设年度报告制度,按时向社会公开。建立健全法治政府建设指标体系,强化指标引领。加大考核力度,提升考核权重,将依法行政情况作为对地方政府、政府部门及其领导干部综合绩效考核的重要内容。

(三十四)全面加强依法行政能力建设。推动行政机关负责人带头遵守执行宪法法律,建立行政机关工作人员应知应会法律法规清单。坚持把民法典作为行政决策、行政管理、行政监督的重要标尺,不得违背法律法规随意作出减损公民、法人和其他组织合法权益或增加其义务的决定。健全领导干部学法用法机制,国务院各部门根据职能开展本部门本系统法治专题培训,县级以上地方各级政府负责本地区领导干部法治专题培训,地方各级政府领导班子每年应当举办两期以上法治专题讲座。市县政府承担行政执法职能的部门负责人任期内至少接受一次法治专题脱产培训。加强各部门和市县政府法治机构建设,优化基层司法所职能定位,保障人员力量、经费等与其职责任务相适应。把法治教育纳入各级政府工作人员初任培训、任职培训的必训内容。对在法治政府建设中作出突出贡献的单位和个人,按规定给予表彰奖励。

加强政府立法能力建设,有计划组织开展专题培训,做好政府立法人才培养和储备。加强行政执法队伍专业化职业化建设,在完成政治理论教育和党性教育学时的基础上,确保每人每年接受不少于60学时的业务知识和法律法规培训。加强行政复议工作队伍专业化职业化建设,完善管理办法。加强行政复议能力建设,制定行政复议执业规范。加强法律顾问和公职律师队伍建设,提升法律顾问和公职律师参与重大决策的能力水平。加强行政裁决工作队伍建设。

(三十五)加强理论研究和舆论宣传。加强中国特色社会主义法治政府理论研究。鼓励、推动高等法学院校成立法治政府建设高端智库和研究教育基地。建立法治政府建设评估专家库,提升评估专业化水平。加大法治政府建设成就经验宣传力度,传播中国政府法治建设的时代强音。

各地区各部门要全面准确贯彻本纲要精神和要求,压实责任、狠抓落实,力戒形式主义、官僚主义。中央依法治国办要抓好督促落实,确保纲要各项任务措施落到实处。

二、行政执法合规基本法律法规

中华人民共和国立法法

（2000年3月15日第九届全国人民代表大会第三次会议通过 根据2015年3月15日第十二届全国人民代表大会第三次会议《关于修改〈中华人民共和国立法法〉的决定》修正）

第一章 总 则

第一条 为了规范立法活动，健全国家立法制度，提高立法质量，完善中国特色社会主义法律体系，发挥立法的引领和推动作用，保障和发展社会主义民主，全面推进依法治国，建设社会主义法治国家，根据宪法，制定本法。

第二条 法律、行政法规、地方性法规、自治条例和单行条例的制定、修改和废止，适用本法。

国务院部门规章和地方政府规章的制定、修改和废止，依照本法的有关规定执行。

第三条 立法应当遵循宪法的基本原则，以经济建设为中心，坚持社会主义道路、坚持人民民主专政、坚持中国共产党的领导、坚持马克思列宁主义毛泽东思想邓小平理论，坚持改革开放。

第四条 立法应当依照法定的权限和程序，从国家整体利益出发，维护社会主义法制的统一和尊严。

第五条 立法应当体现人民的意志，发扬社会主义民主，坚持立法公开，保障人民通过多种途径参与立法活动。

第六条 立法应当从实际出发，适应经济社会发展和全面深化改革的要求，科学合理地规定公民、法人和其他组织的权利与义务、国家机关的权力与责任。

法律规范应当明确、具体，具有针对性和可执行性。

第二章 法 律

第一节 立法权限

第七条 全国人民代表大会和全国人民代表大会常务委员会行使国家立法权。

全国人民代表大会制定和修改刑事、民事、国家机构的和其他的基本法律。

全国人民代表大会常务委员会制定和修改除应当由全国人民代表大会制定的法律以外的其他法律；在全国人民代表大会闭会期间，对全国人民代表大会制定的法律进行部分补充和修改，但是不得同该法律的基本原则相抵触。

第八条 下列事项只能制定法律：

（一）国家主权的事项；

（二）各级人民代表大会、人民政府、人民法院和人民检察院的产生、组织和职权；

（三）民族区域自治制度、特别行政区制度、基层群众自治制度；

（四）犯罪和刑罚；

（五）对公民政治权利的剥夺、限制人身自由的强制措施和处罚；

（六）税种的设立、税率的确定和税收

征收管理等税收基本制度；

（七）对非国有财产的征收、征用；

（八）民事基本制度；

（九）基本经济制度以及财政、海关、金融和外贸的基本制度；

（十）诉讼和仲裁制度；

（十一）必须由全国人民代表大会及其常务委员会制定法律的其他事项。

第九条 本法第八条规定的事项尚未制定法律的，全国人民代表大会及其常务委员会有权作出决定，授权国务院可以根据实际需要，对其中的部分事项先制定行政法规，但是有关犯罪和刑罚、对公民政治权利的剥夺和限制人身自由的强制措施和处罚、司法制度等事项除外。

第十条 授权决定应当明确授权的目的、事项、范围、期限以及被授权机关实施授权决定应当遵循的原则等。

授权的期限不得超过五年，但是授权决定另有规定的除外。

被授权机关应当在授权期限届满的六个月以前，向授权机关报告授权决定实施的情况，并提出是否需要制定有关法律的意见；需要继续授权的，可以提出相关意见，由全国人民代表大会及其常务委员会决定。

第十一条 授权立法事项，经过实践检验，制定法律的条件成熟时，由全国人民代表大会及其常务委员会及时制定法律。法律制定后，相应立法事项的授权终止。

第十二条 被授权机关应当严格按照授权决定行使被授予的权力。

被授权机关不得将被授予的权力转授给其他机关。

第十三条 全国人民代表大会及其常务委员会可以根据改革发展的需要，决定就行政管理等领域的特定事项授权在一定期限内在部分地方暂时调整或者暂时停止适用法律的部分规定。

第二节 全国人民代表大会立法程序

第十四条 全国人民代表大会主席团可以向全国人民代表大会提出法律案，由全国人民代表大会会议审议。

全国人民代表大会常务委员会、国务院、中央军事委员会、最高人民法院、最高人民检察院、全国人民代表大会各专门委员会，可以向全国人民代表大会提出法律案，由主席团决定列入会议议程。

第十五条 一个代表团或者三十名以上的代表联名，可以向全国人民代表大会提出法律案，由主席团决定是否列入会议议程，或者先交有关的专门委员会审议、提出是否列入会议议程的意见，再决定是否列入会议议程。

专门委员会审议的时候，可以邀请提案人列席会议，发表意见。

第十六条 向全国人民代表大会提出的法律案，在全国人民代表大会闭会期间，可以先向常务委员会提出，经常务委员会会议依照本法第二章第三节规定的有关程序审议后，决定提请全国人民代表大会审议，由常务委员会向大会全体会议作说明，或者由提案人向大会全体会议作说明。

常务委员会依照前款规定审议法律案，应当通过多种形式征求全国人民代表大会代表的意见，并将有关情况予以反馈；专门委员会和常务委员会工作机构进行立法调研，可以邀请有关的全国人民代表大会代表参加。

第十七条 常务委员会决定提请全国人民代表大会会议审议的法律案，应当在会议举行的一个月前将法律草案发给代表。

第十八条 列入全国人民代表大会会议议程的法律案，大会全体会议听取提案人的说明后，由各代表团进行审议。

各代表团审议法律案时，提案人应当

派人听取意见,回答询问。

各代表团审议法律案时,根据代表团的要求,有关机关、组织应当派人介绍情况。

第十九条 列入全国人民代表大会会议议程的法律案,由有关的专门委员会进行审议,向主席团提出审议意见,并印发会议。

第二十条 列入全国人民代表大会会议议程的法律案,由法律委员会根据各代表团和有关的专门委员会的审议意见,对法律案进行统一审议,向主席团提出审议结果报告和法律草案修改稿,对重要的不同意见应当在审议结果报告中予以说明,经主席团会议审议通过后,印发会议。

第二十一条 列入全国人民代表大会会议议程的法律案,必要时,主席团常务主席可以召开各代表团团长会议,就法律案中的重大问题听取各代表团的审议意见,进行讨论,并将讨论的情况和意见向主席团报告。

主席团常务主席也可以就法律案中的重大的专门性问题,召集代表团推选的有关代表进行讨论,并将讨论的情况和意见向主席团报告。

第二十二条 列入全国人民代表大会会议议程的法律案,在交付表决前,提案人要求撤回的,应当说明理由,经主席团同意,并向大会报告,对该法律案的审议即行终止。

第二十三条 法律案在审议中有重大问题需要进一步研究的,经主席团提出,由大会全体会议决定,可以授权常务委员会根据代表的意见进一步审议,作出决定,并将决定情况向全国人民代表大会下次会议报告;也可以授权常务委员会根据代表的意见进一步审议,提出修改方案,提请全国人民代表大会下次会议审议决定。

第二十四条 法律草案修改稿经各代表团审议,由法律委员会根据各代表团的审议意见进行修改,提出法律草案表决稿,由主席团提请大会全体会议表决,由全体代表的过半数通过。

第二十五条 全国人民代表大会通过的法律由国家主席签署主席令予以公布。

第三节 全国人民代表大会常务委员会立法程序

第二十六条 委员长会议可以向常务委员会提出法律案,由常务委员会会议审议。

国务院、中央军事委员会、最高人民法院、最高人民检察院、全国人民代表大会各专门委员会,可以向常务委员会提出法律案,由委员长会议决定列入常务委员会会议议程,或者先交有关的专门委员会审议、提出报告,再决定列入常务委员会会议议程。如果委员长会议认为法律案有重大问题需要进一步研究,可以建议提案人修改完善后再向常务委员会提出。

第二十七条 常务委员会组成人员十人以上联名,可以向常务委员会提出法律案,由委员长会议决定是否列入常务委员会会议议程,或者先交有关的专门委员会审议、提出是否列入会议议程的意见,再决定是否列入常务委员会会议议程。不列入常务委员会会议议程的,应当向常务委员会会议报告或者向提案人说明。

专门委员会审议的时候,可以邀请提案人列席会议,发表意见。

第二十八条 列入常务委员会会议议程的法律案,除特殊情况外,应当在会议举行的七日前将法律草案发给常务委员会组成人员。

常务委员会会议审议法律案时,应当邀请有关的全国人民代表大会代表列席会议。

第二十九条　列入常务委员会会议议程的法律案，一般应当经三次常务委员会会议审议后再交付表决。

常务委员会会议第一次审议法律案，在全体会议上听取提案人的说明，由分组会议进行初步审议。

常务委员会会议第二次审议法律案，在全体会议上听取法律委员会关于法律草案修改情况和主要问题的汇报，由分组会议进一步审议。

常务委员会会议第三次审议法律案，在全体会议上听取法律委员会关于法律草案审议结果的报告，由分组会议对法律案修改稿进行审议。

常务委员会审议法律案时，根据需要，可以召开联组会议或者全体会议，对法律草案中的主要问题进行讨论。

第三十条　列入常务委员会会议议程的法律案，各方面意见比较一致的，可以经两次常务委员会会议审议后交付表决；调整事项较为单一或者部分修改的法律案，各方面的意见比较一致的，也可以经一次常务委员会会议审议即交付表决。

第三十一条　常务委员会分组会议审议法律案时，提案人应当派人听取意见，回答询问。

常务委员会分组会议审议法律案时，根据小组的要求，有关机关、组织应当派人介绍情况。

第三十二条　列入常务委员会会议议程的法律案，由有关的专门委员会进行审议，提出审议意见，印发常务委员会会议。

有关的专门委员会审议法律案时，可以邀请其他专门委员会的成员列席会议，发表意见。

第三十三条　列入常务委员会会议议程的法律案，由法律委员会根据常务委员会组成人员、有关的专门委员会的审议意见和各方面提出的意见，对法律案进行统一审议，提出修改情况的汇报或者审议结果报告和法律草案修改稿，对重要的不同意见应当在汇报或者审议结果报告中予以说明。对有关的专门委员会的审议意见没有采纳的，应当向有关的专门委员会反馈。

法律委员会审议法律案时，应当邀请有关的专门委员会的成员列席会议，发表意见。

第三十四条　专门委员会审议法律案时，应当召开全体会议审议，根据需要，可以要求有关机关、组织派有关负责人说明情况。

第三十五条　专门委员会之间对法律草案的重要问题意见不一致时，应当向委员长会议报告。

第三十六条　列入常务委员会会议议程的法律案，法律委员会、有关的专门委员会和常务委员会工作机构应当听取各方面的意见。听取意见可以采取座谈会、论证会、听证会等多种形式。

法律案有关问题专业性较强，需要进行可行性评价的，应当召开论证会，听取有关专家、部门和全国人民代表大会代表等方面的意见。论证情况应当向常务委员会报告。

法律案有关问题存在重大意见分歧或者涉及利益关系重大调整，需要进行听证的，应当召开听证会，听取有关基层和群体代表、部门、人民团体、专家、全国人民代表大会代表和社会有关方面的意见。听证情况应当向常务委员会报告。

常务委员会工作机构应当将法律草案发送相关领域的全国人民代表大会代表、地方人民代表大会常务委员会以及有关部门、组织和专家征求意见。

第三十七条　列入常务委员会会议议程的法律案，应当在常务委员会会议后将法律草案及其起草、修改的说明等向社会公布,征求意见,但是经委员长会议决定不公布的除外。向社会公布征求意见的时间一般不少于三十日。征求意见的情况应当向社会通报。

第三十八条 列入常务委员会会议议程的法律案,常务委员会工作机构应当收集整理分组审议的意见和各方面提出的意见以及其他有关资料,分送法律委员会和有关的专门委员会,并根据需要,印发常务委员会会议。

第三十九条 拟提请常务委员会会议审议通过的法律案,在法律委员会提出审议结果报告前,常务委员会工作机构可以对法律草案中主要制度规范的可行性、法律出台时机、法律实施的社会效果和可能出现的问题等进行评估。评估情况由法律委员会在审议结果报告中予以说明。

第四十条 列入常务委员会会议议程的法律案,在交付表决前,提案人要求撤回的,应当说明理由,经委员长会议同意,并向常务委员会报告,对该法律案的审议即行终止。

第四十一条 法律草案修改稿经常务委员会会议审议,由法律委员会根据常务委员会组成人员的审议意见进行修改,提出法律草案表决稿,由委员长会议提请常务委员会全体会议表决,由常务委员会全体组成人员的过半数通过。

法律草案表决稿交付常务委员会表决前,委员长会议根据常务委员会会议审议的情况,可以决定将个别意见分歧较大的重要条款提请常务委员会会议单独表决。

单独表决的条款经常务委员会会议表决后,委员长会议根据单独表决的情况,可以决定将法律草案表决稿交付表决,也可以决定暂不付表决,交法律委员会和有关的专门委员会进一步审议。

第四十二条 列入常务委员会会议审议的法律案,因各方面对制定该法律的必要性、可行性等重大问题存在较大意见分歧搁置审议满两年的,或者因暂不付表决经过两年没有再次列入常务委员会会议议程审议的,由委员长会议向常务委员会报告,该法律案终止审议。

第四十三条 对多部法律中涉及同类事项的个别条款进行修改,一并提出法律案的,经委员长会议决定,可以合并表决,也可以分别表决。

第四十四条 常务委员会通过的法律由国家主席签署主席令予以公布。

第四节 法律解释

第四十五条 法律解释权属于全国人民代表大会常务委员会。

法律有以下情况之一的,由全国人民代表大会常务委员会解释:

(一)法律的规定需要进一步明确具体含义的;

(二)法律制定后出现新的情况,需要明确适用法律依据的。

第四十六条 国务院、中央军事委员会、最高人民法院、最高人民检察院和全国人民代表大会各专门委员会以及省、自治区、直辖市的人民代表大会常务委员会可以向全国人民代表大会常务委员会提出法律解释要求。

第四十七条 常务委员会工作机构研究拟订法律解释草案,由委员长会议决定列入常务委员会会议议程。

第四十八条 法律解释草案经常务委员会会议审议,由法律委员会根据常务委员会组成人员的审议意见进行审议、修改,提出法律解释草案表决稿。

第四十九条 法律解释草案表决稿由常务委员会全体组成人员的过半数通过,

由常务委员会发布公告予以公布。

第五十条 全国人民代表大会常务委员会的法律解释同法律具有同等效力。

第五节 其他规定

第五十一条 全国人民代表大会及其常务委员会加强对立法工作的组织协调，发挥在立法工作中的主导作用。

第五十二条 全国人民代表大会常务委员会通过立法规划、年度立法计划等形式，加强对立法工作的统筹安排。编制立法规划和年度立法计划，应当认真研究代表议案和建议，广泛征集意见，科学论证评估，根据经济社会发展和民主法治建设的需要，确定立法项目，提高立法的及时性、针对性和系统性。立法规划和年度立法计划由委员长会议通过并向社会公布。

全国人民代表大会常务委员会工作机构负责编制立法规划和拟订年度立法计划，并按照全国人民代表大会常务委员会的要求，督促立法规划和年度立法计划的落实。

第五十三条 全国人民代表大会有关的专门委员会、常务委员会工作机构应当提前参与有关方面的法律草案起草工作；综合性、全局性、基础性的重要法律草案，可以由有关的专门委员会或者常务委员会工作机构组织起草。

专业性较强的法律草案，可以吸收相关领域的专家参与起草工作，或者委托有关专家、教学科研单位、社会组织起草。

第五十四条 提出法律案，应当同时提出法律草案文本及其说明，并提供必要的参阅资料。修改法律的，还应当提交修改前后的对照文本。法律草案的说明应当包括制定或者修改法律的必要性、可行性和主要内容，以及起草过程中对重大分歧意见的协调处理情况。

第五十五条 向全国人民代表大会及其常务委员会提出的法律案，在列入会议议程前，提案人有权撤回。

第五十六条 交付全国人民代表大会及其常务委员会全体会议表决未获得通过的法律案，如果提案人认为必须制定该法律，可以按照法律规定的程序重新提出，由主席团、委员长会议决定是否列入会议议程；其中，未获得全国人民代表大会通过的法律案，应当提请全国人民代表大会审议决定。

第五十七条 法律应当明确规定施行日期。

第五十八条 签署公布法律的主席令载明该法律的制定机关、通过和施行日期。

法律签署公布后，及时在全国人民代表大会常务委员会公报和中国人大网以及在全国范围内发行的报纸上刊载。

在常务委员会公报上刊登的法律文本为标准文本。

第五十九条 法律的修改和废止程序，适用本章的有关规定。

法律被修改的，应当公布新的法律文本。

法律被废止的，除由其他法律规定废止该法律的以外，由国家主席签署主席令予以公布。

第六十条 法律草案与其他法律相关规定不一致的，提案人应当予以说明并提出处理意见，必要时应当同时提出修改或者废止其他法律相关规定的议案。

法律委员会和有关的专门委员会审议法律案时，认为需要修改或者废止其他法律相关规定的，应当提出处理意见。

第六十一条 法律根据内容需要，可以分编、章、节、条、款、项、目。

编、章、节、条的序号用中文数字依次表述，款不编序号，项的序号用中文数字加括号依次表述，目的序号用阿拉伯数字依次表述。

法律标题的题注应当载明制定机关、通过日期。经过修改的法律，应当依次载明修改机关、修改日期。

第六十二条　法律规定明确要求有关国家机关对专门事项作出配套的具体规定的，有关国家机关应当自法律施行之日起一年内作出规定，法律对配套的具体规定制定期限另有规定的，从其规定。有关国家机关未能在期限内作出配套的具体规定的，应当向全国人民代表大会常务委员会说明情况。

第六十三条　全国人民代表大会有关的专门委员会、常务委员会工作机构可以组织对有关法律或者法律中有关规定进行立法后评估。评估情况应当向常务委员会报告。

第六十四条　全国人民代表大会常务委员会工作机构可以对有关具体问题的法律询问进行研究予以答复，并报常务委员会备案。

第三章　行政法规

第六十五条　国务院根据宪法和法律，制定行政法规。

行政法规可以就下列事项作出规定：

（一）为执行法律的规定需要制定行政法规的事项；

（二）宪法第八十九条规定的国务院行政管理职权的事项。

应当由全国人民代表大会及其常务委员会制定法律的事项，国务院根据全国人民代表大会及其常务委员会的授权决定先制定的行政法规，经过实践检验，制定法律的条件成熟时，国务院应当及时提请全国人民代表大会及其常务委员会制定法律。

第六十六条　国务院法制机构应当根据国家总体工作部署拟订国务院年度立法计划，报国务院审批。国务院年度立法计划中的法律项目应当与全国人民代表大会常务委员会的立法规划和年度立法计划相衔接。国务院法制机构应当及时跟踪了解国务院各部门落实立法计划的情况，加强组织协调和督促指导。

国务院有关部门认为需要制定行政法规的，应当向国务院报请立项。

第六十七条　行政法规由国务院有关部门或者国务院法制机构具体负责起草，重要行政管理的法律、行政法规草案由国务院法制机构组织起草。行政法规在起草过程中，应当广泛听取有关机关、组织、人民代表大会代表和社会公众的意见。听取意见可以采取座谈会、论证会、听证会等多种形式。

行政法规草案应当向社会公布，征求意见，但是经国务院决定不公布的除外。

第六十八条　行政法规起草工作完成后，起草单位应当将草案及其说明、各方面对草案主要问题的不同意见和其他有关资料送国务院法制机构进行审查。

国务院法制机构应当向国务院提出审查报告和草案修改稿，审查报告应当对草案主要问题作出说明。

第六十九条　行政法规的决定程序依照中华人民共和国国务院组织法的有关规定办理。

第七十条　行政法规由总理签署国务院令公布。

有关国防建设的行政法规，可以由国务院总理、中央军事委员会主席共同签署国务院、中央军事委员会令公布。

第七十一条　行政法规签署公布后，及时在国务院公报和中国政府法制信息网以及在全国范围内发行的报纸上刊载。

在国务院公报上刊登的行政法规文本为标准文本。

第四章 地方性法规、自治条例和单行条例、规章

第一节 地方性法规、自治条例和单行条例

第七十二条 省、自治区、直辖市的人民代表大会及其常务委员会根据本行政区域的具体情况和实际需要，在不同宪法、法律、行政法规相抵触的前提下，可以制定地方性法规。

设区的市的人民代表大会及其常务委员会根据本市的具体情况和实际需要，在不同宪法、法律、行政法规和本省、自治区的地方性法规相抵触的前提下，可以对城乡建设与管理、环境保护、历史文化保护等方面的事项制定地方性法规，法律对设区的市制定地方性法规的事项另有规定的，从其规定。设区的市的地方性法规须报省、自治区的人民代表大会常务委员会批准后施行。省、自治区的人民代表大会常务委员会对报请批准的地方性法规，应当对其合法性进行审查，同宪法、法律、行政法规和本省、自治区的地方性法规不抵触的，应当在四个月内予以批准。

省、自治区的人民代表大会常务委员会在对报请批准的设区的市的地方性法规进行审查时，发现其同本省、自治区的人民政府的规章相抵触的，应当作出处理决定。

除省、自治区的人民政府所在地的市，经济特区所在地的市和国务院已经批准的较大的市以外，其他设区的市开始制定地方性法规的具体步骤和时间，由省、自治区的人民代表大会常务委员会综合考虑本省、自治区所辖的设区的市的人口数量、地域面积、经济社会发展情况以及立法需求、立法能力等因素确定，并报全国人民代表大会常务委员会和国务院备案。

自治州的人民代表大会及其常务委员会可以依照本条第二款规定行使设区的市制定地方性法规的职权。自治州开始制定地方性法规的具体步骤和时间，依照前款规定确定。

省、自治区的人民政府所在地的市，经济特区所在地的市和国务院已经批准的较大的市已经制定的地方性法规，涉及本条第二款规定事项范围以外的，继续有效。

第七十三条 地方性法规可以就下列事项作出规定：

（一）为执行法律、行政法规的规定，需要根据本行政区域的实际情况作具体规定的事项；

（二）属于地方性事务需要制定地方性法规的事项。

除本法第八条规定的事项外，其他事项国家尚未制定法律或者行政法规的，省、自治区、直辖市和设区的市、自治州根据本地方的具体情况和实际需要，可以先制定地方性法规。在国家制定的法律或者行政法规生效后，地方性法规同法律或者行政法规相抵触的规定无效，制定机关应当及时予以修改或者废止。

设区的市、自治州根据本条第一款、第二款制定地方性法规，限于本法第七十二条第二款规定的事项。

制定地方性法规，对上位法已经明确规定的内容，一般不作重复性规定。

第七十四条 经济特区所在地的省、市的人民代表大会及其常务委员会根据全国人民代表大会的授权决定，制定法规，在经济特区范围内实施。

第七十五条 民族自治地方的人民代表大会有权依照当地民族的政治、经济和文化的特点，制定自治条例和单行条例。自治区的自治条例和单行条例，报全国人民代表大会常务委员会批准后生效。自治州、自治县的自治条例和单行条例，报省、

自治区、直辖市的人民代表大会常务委员会批准后生效。

自治条例和单行条例可以依照当地民族的特点,对法律和行政法规的规定作出变通规定,但不得违背法律或者行政法规的基本原则,不得对宪法和民族区域自治法的规定以及其他有关法律、行政法规专门就民族自治地方所作的规定作出变通规定。

第七十六条 规定本行政区域特别重大事项的地方性法规,应当由人民代表大会通过。

第七十七条 地方性法规案、自治条例和单行条例案的提出、审议和表决程序,根据中华人民共和国地方各级人民代表大会和地方各级人民政府组织法,参照本法第二章第二节、第三节、第五节的规定,由本级人民代表大会规定。

地方性法规草案由负责统一审议的机构提出审议结果的报告和草案修改稿。

第七十八条 省、自治区、直辖市的人民代表大会制定的地方性法规由大会主席团发布公告予以公布。

省、自治区、直辖市的人民代表大会常务委员会制定的地方性法规由常务委员会发布公告予以公布。

设区的市、自治州的人民代表大会及其常务委员会制定的地方性法规报经批准后,由设区的市、自治州的人民代表大会常务委员会发布公告予以公布。

自治条例和单行条例报经批准后,分别由自治区、自治州、自治县的人民代表大会常务委员会发布公告予以公布。

第七十九条 地方性法规、自治区的自治条例和单行条例公布后,及时在本级人民代表大会常务委员会公报和中国人大网、本地方人民代表大会网站以及在本行政区域范围内发行的报纸上刊载。

在常务委员会公报上刊登的地方性法规、自治条例和单行条例文本为标准文本。

第二节 规 章

第八十条 国务院各部、委员会、中国人民银行、审计署和具有行政管理职能的直属机构,可以根据法律和国务院的行政法规、决定、命令,在本部门的权限范围内,制定规章。

部门规章规定的事项应当属于执行法律或者国务院的行政法规、决定、命令的事项。没有法律或者国务院的行政法规、决定、命令的依据,部门规章不得设定减损公民、法人和其他组织权利或者增加其义务的规范,不得增加本部门的权力或者减少本部门的法定职责。

第八十一条 涉及两个以上国务院部门职权范围的事项,应当提请国务院制定行政法规或者由国务院有关部门联合制定规章。

第八十二条 省、自治区、直辖市和设区的市、自治州的人民政府,可以根据法律、行政法规和本省、自治区、直辖市的地方性法规,制定规章。

地方政府规章可以就下列事项作出规定:

(一)为执行法律、行政法规、地方性法规的规定需要制定规章的事项;

(二)属于本行政区域的具体行政管理事项。

设区的市、自治州的人民政府根据本条第一款、第二款制定地方政府规章,限于城乡建设与管理、环境保护、历史文化保护等方面的事项。已经制定的地方政府规章,涉及上述事项范围以外的,继续有效。

除省、自治区的人民政府所在地的市,经济特区所在地的市和国务院已经批准的较大的市以外,其他设区的市、自治州的人民政府开始制定规章的时间,与本省、自治区人民代表大会常务委员会确定的本市、自治州开始制定地方性法规的时间同步。

应当制定地方性法规但条件尚不成熟的,因行政管理迫切需要,可以先制定地方政府规章。规章实施满两年需要继续实施规章所规定的行政措施的,应当提请本级人民代表大会或者其常务委员会制定地方性法规。

没有法律、行政法规、地方性法规的依据,地方政府规章不得设定减损公民、法人和其他组织权利或者增加其义务的规范。

第八十三条 国务院部门规章和地方政府规章的制定程序,参照本法第三章的规定,由国务院规定。

第八十四条 部门规章应当经部务会议或者委员会会议决定。

地方政府规章应当经政府常务会议或者全体会议决定。

第八十五条 部门规章由部门首长签署命令予以公布。

地方政府规章由省长、自治区主席、市长或者自治州长签署命令予以公布。

第八十六条 部门规章签署公布后,及时在国务院公报或者部门公报和中国政府法制信息网以及在全国范围内发行的报纸上刊载。

地方政府规章签署公布后,及时在本级人民政府公报和中国政府法制信息网以及在本行政区域范围内发行的报纸上刊载。

在国务院公报或者部门公报和地方人民政府公报上刊登的规章文本为标准文本。

第五章 适用与备案审查

第八十七条 宪法具有最高的法律效力,一切法律、行政法规、地方性法规、自治条例和单行条例、规章都不得同宪法相抵触。

第八十八条 法律的效力高于行政法规、地方性法规、规章。

行政法规的效力高于地方性法规、规章。

第八十九条 地方性法规的效力高于本级和下级地方政府规章。

省、自治区的人民政府制定的规章的效力高于本行政区域内的设区的市、自治州的人民政府制定的规章。

第九十条 自治条例和单行条例依法对法律、行政法规、地方性法规作变通规定的,在本自治地方适用自治条例和单行条例的规定。

经济特区法规根据授权对法律、行政法规、地方性法规作变通规定的,在本经济特区适用经济特区法规的规定。

第九十一条 部门规章之间、部门规章与地方政府规章之间具有同等效力,在各自的权限范围内施行。

第九十二条 同一机关制定的法律、行政法规、地方性法规、自治条例和单行条例、规章,特别规定与一般规定不一致的,适用特别规定;新的规定与旧的规定不一致的,适用新的规定。

第九十三条 法律、行政法规、地方性法规、自治条例和单行条例、规章不溯及既往,但为了更好地保护公民、法人和其他组织的权利和利益而作的特别规定除外。

第九十四条 法律之间对同一事项的新的一般规定与旧的特别规定不一致,不能确定如何适用时,由全国人民代表大会常务委员会裁决。

行政法规之间对同一事项的新的一般规定与旧的特别规定不一致,不能确定如何适用时,由国务院裁决。

第九十五条 地方性法规、规章之间不一致时,由有关机关依照下列规定的权限作出裁决:

(一)同一机关制定的新的一般规定与

旧的特别规定不一致时,由制定机关裁决;

(二)地方性法规与部门规章之间对同一事项的规定不一致,不能确定如何适用时,由国务院提出意见,国务院认为应当适用地方性法规的,应当决定在该地方适用地方性法规的规定;认为应当适用部门规章的,应当提请全国人民代表大会常务委员会裁决;

(三)部门规章之间、部门规章与地方政府规章之间对同一事项的规定不一致时,由国务院裁决。

根据授权制定的法规与法律规定不一致,不能确定如何适用时,由全国人民代表大会常务委员会裁决。

第九十六条 法律、行政法规、地方性法规、自治条例和单行条例、规章有下列情形之一的,由有关机关依照本法第九十七条规定的权限予以改变或者撤销:

(一)超越权限的;

(二)下位法违反上位法规定的;

(三)规章之间对同一事项的规定不一致,经裁决应当改变或者撤销一方的规定的;

(四)规章的规定被认为不适当,应当予以改变或者撤销的;

(五)违背法定程序的。

第九十七条 改变或者撤销法律、行政法规、地方性法规、自治条例和单行条例、规章的权限是:

(一)全国人民代表大会有权改变或者撤销它的常务委员会制定的不适当的法律,有权撤销全国人民代表大会常务委员会批准的违背宪法和本法第七十五条第二款规定的自治条例和单行条例;

(二)全国人民代表大会常务委员会有权撤销同宪法和法律相抵触的行政法规,有权撤销同宪法、法律和行政法规相抵触的地方性法规,有权撤销省、自治区、直辖市的人民代表大会常务委员会批准的违背宪法和本法第七十五条第二款规定的自治条例和单行条例;

(三)国务院有权改变或者撤销不适当的部门规章和地方政府规章;

(四)省、自治区、直辖市的人民代表大会有权改变或者撤销它的常务委员会制定的和批准的不适当的地方性法规;

(五)地方人民代表大会常务委员会有权撤销本级人民政府制定的不适当的规章;

(六)省、自治区的人民政府有权改变或者撤销下一级人民政府制定的不适当的规章;

(七)授权机关有权撤销被授权机关制定的超越授权范围或者违背授权目的的法规,必要时可以撤销授权。

第九十八条 行政法规、地方性法规、自治条例和单行条例、规章应当在公布后的三十日内依照下列规定报有关机关备案:

(一)行政法规报全国人民代表大会常务委员会备案;

(二)省、自治区、直辖市的人民代表大会及其常务委员会制定的地方性法规,报全国人民代表大会常务委员会和国务院备案;设区的市、自治州的人民代表大会及其常务委员会制定的地方性法规,由省、自治区的人民代表大会常务委员会报全国人民代表大会常务委员会和国务院备案;

(三)自治州、自治县的人民代表大会制定的自治条例和单行条例,由省、自治区、直辖市的人民代表大会常务委员会报全国人民代表大会常务委员会和国务院备案;自治条例、单行条例报送备案时,应当说明对法律、行政法规、地方性法规作出变通的情况;

(四)部门规章和地方政府规章报国务院备案;地方政府规章应当同时报本级人民代表大会常务委员会备案;设区的市、自治州的人民政府制定的规章应当同时报省、自治区的人民代表大会常务委员会和人民政府备案；

（五）根据授权制定的法规应当报授权决定规定的机关备案；经济特区法规报送备案时，应当说明对法律、行政法规、地方性法规作出变通的情况。

第九十九条　国务院、中央军事委员会、最高人民法院、最高人民检察院和各省、自治区、直辖市的人民代表大会常务委员会认为行政法规、地方性法规、自治条例和单行条例同宪法或者法律相抵触的，可以向全国人民代表大会常务委员会书面提出进行审查的要求，由常务委员会工作机构分送有关的专门委员会进行审查、提出意见。

前款规定以外的其他国家机关和社会团体、企业事业组织以及公民认为行政法规、地方性法规、自治条例和单行条例同宪法或者法律相抵触的，可以向全国人民代表大会常务委员会书面提出进行审查的建议，由常务委员会工作机构进行研究，必要时，送有关的专门委员会进行审查、提出意见。

有关的专门委员会和常务委员会工作机构可以对报送备案的规范性文件进行主动审查。

第一百条　全国人民代表大会专门委员会、常务委员会工作机构在审查、研究中认为行政法规、地方性法规、自治条例和单行条例同宪法或者法律相抵触的，可以向制定机关提出书面审查意见、研究意见；也可以由法律委员会与有关的专门委员会、常务委员会工作机构召开联合审查会议，要求制定机关到会说明情况，再向制定机关提出书面审查意见。制定机关应当在两个月内研究提出是否修改的意见，并向全国人民代表大会法律委员会和有关的专门委员会或者常务委员会工作机构反馈。

全国人民代表大会法律委员会、有关的专门委员会、常务委员会工作机构根据前款规定，向制定机关提出审查意见、研究意见，制定机关按照所提意见对行政法规、地方性法规、自治条例和单行条例进行修改或者废止的，审查终止。

全国人民代表大会法律委员会、有关的专门委员会、常务委员会工作机构经审查、研究认为行政法规、地方性法规、自治条例和单行条例同宪法或者法律相抵触而制定机关不予修改的，应当向委员长会议提出予以撤销的议案、建议，由委员长会议决定提请常务委员会会议审议决定。

第一百零一条　全国人民代表大会有关的专门委员会和常务委员会工作机构应当按照规定要求，将审查、研究情况向提出审查建议的国家机关、社会团体、企业事业组织以及公民反馈，并可以向社会公开。

第一百零二条　其他接受备案的机关对报送备案的地方性法规、自治条例和单行条例、规章的审查程序，按照维护法制统一的原则，由接受备案的机关规定。

第六章　附　　则

第一百零三条　中央军事委员会根据宪法和法律，制定军事法规。

中央军事委员会各总部、军兵种、军区、中国人民武装警察部队，可以根据法律和中央军事委员会的军事法规、决定、命令，在其权限范围内，制定军事规章。

军事法规、军事规章在武装力量内部实施。

军事法规、军事规章的制定、修改和废止办法，由中央军事委员会依照本法规定的原则规定。

第一百零四条　最高人民法院、最高人民检察院作出的属于审判、检察工作中具体应用法律的解释，应当主要针对具体的法律条文，并符合立法的目的、原则和原意。遇有本法第四十五条第二款规定情况的,应当向全国人民代表大会常务委员会提出法律解释的要求或者提出制定、修改有关法律的议案。

最高人民法院、最高人民检察院作出的属于审判、检察工作中具体应用法律的解释,应当自公布之日起三十日内报全国人民代表大会常务委员会备案。

最高人民法院、最高人民检察院以外的审判机关和检察机关,不得作出具体应用法律的解释。

第一百零五条 本法自2000年7月1日起施行。

中华人民共和国行政强制法

(2011年6月30日第十一届全国人民代表大会常务委员会第二十一次会议通过 2011年6月30日中华人民共和国主席令第49号公布 自2012年1月1日起施行)

第一章 总 则

第一条 为了规范行政强制的设定和实施,保障和监督行政机关依法履行职责,维护公共利益和社会秩序,保护公民、法人和其他组织的合法权益,根据宪法,制定本法。

第二条 本法所称行政强制,包括行政强制措施和行政强制执行。

行政强制措施,是指行政机关在行政管理过程中,为制止违法行为、防止证据损毁、避免危害发生、控制危险扩大等情形,依法对公民的人身自由实施暂时性限制,或者对公民、法人或者其他组织的财物实施暂时性控制的行为。

行政强制执行,是指行政机关或者行政机关申请人民法院,对不履行行政决定的公民、法人或者其他组织,依法强制履行义务的行为。

第三条 行政强制的设定和实施,适用本法。

发生或者即将发生自然灾害、事故灾难、公共卫生事件或者社会安全事件等突发事件,行政机关采取应急措施或者临时措施,依照有关法律、行政法规的规定执行。

行政机关采取金融业审慎监管措施、进出境货物强制性技术监控措施,依照有关法律、行政法规的规定执行。

第四条 行政强制的设定和实施,应当依照法定的权限、范围、条件和程序。

第五条 行政强制的设定和实施,应当适当。采用非强制手段可以达到行政管理目的的,不得设定和实施行政强制。

第六条 实施行政强制,应当坚持教育与强制相结合。

第七条 行政机关及其工作人员不得利用行政强制权为单位或者个人谋取利益。

第八条 公民、法人或者其他组织对行政机关实施行政强制,享有陈述权、申辩权;有权依法申请行政复议或者提起行政诉讼;因行政机关违法实施行政强制受到损害的,有权依法要求赔偿。

公民、法人或者其他组织因人民法院在强制执行中有违法行为或者扩大强制执行范围受到损害的,有权依法要求赔偿。

第二章 行政强制的种类和设定

第九条 行政强制措施的种类:
(一)限制公民人身自由;
(二)查封场所、设施或者财物;
(三)扣押财物;
(四)冻结存款、汇款;
(五)其他行政强制措施。

第十条 行政强制措施由法律设定。

尚未制定法律,且属于国务院行政管理职权事项的,行政法规可以设定除本法第九条第一项、第四项和应当由法律规定的行政强制措施以外的其他行政强制措施。

尚未制定法律、行政法规，且属于地方性事务的，地方性法规可以设定本法第九条第二项、第三项的行政强制措施。

法律、法规以外的其他规范性文件不得设定行政强制措施。

第十一条 法律对行政强制措施的对象、条件、种类作了规定的，行政法规、地方性法规不得作出扩大规定。

法律中未设定行政强制措施的，行政法规、地方性法规不得设定行政强制措施。但是，法律规定特定事项由行政法规规定具体管理措施的，行政法规可以设定除本法第九条第一项、第四项和应当由法律规定的行政强制措施以外的其他行政强制措施。

第十二条 行政强制执行的方式：

（一）加处罚款或者滞纳金；

（二）划拨存款、汇款；

（三）拍卖或者依法处理查封、扣押的场所、设施或者财物；

（四）排除妨碍、恢复原状；

（五）代履行；

（六）其他强制执行方式。

第十三条 行政强制执行由法律设定。

法律没有规定行政机关强制执行的，作出行政决定的行政机关应当申请人民法院强制执行。

第十四条 起草法律草案、法规草案，拟设定行政强制的，起草单位应当采取听证会、论证会等形式听取意见，并向制定机关说明设定该行政强制的必要性、可能产生的影响以及听取和采纳意见的情况。

第十五条 行政强制的设定机关应当定期对其设定的行政强制进行评价，并对不适当的行政强制及时予以修改或者废止。

行政强制的实施机关可以对已设定的行政强制的实施情况及存在的必要性适时进行评价，并将意见报告该行政强制的设定机关。

公民、法人或者其他组织可以向行政强制的设定机关和实施机关就行政强制的设定和实施提出意见和建议。有关机关应当认真研究论证，并以适当方式予以反馈。

第三章　行政强制措施实施程序

第一节　一般规定

第十六条 行政机关履行行政管理职责，依照法律、法规的规定，实施行政强制措施。

违法行为情节显著轻微或者没有明显社会危害的，可以不采取行政强制措施。

第十七条 行政强制措施由法律、法规规定的行政机关在法定职权范围内实施。行政强制措施权不得委托。

依据《中华人民共和国行政处罚法》的规定行使相对集中行政处罚权的行政机关，可以实施法律、法规规定的与行政处罚权有关的行政强制措施。

行政强制措施应当由行政机关具备资格的行政执法人员实施，其他人员不得实施。

第十八条 行政机关实施行政强制措施应当遵守下列规定：

（一）实施前须向行政机关负责人报告并经批准；

（二）由两名以上行政执法人员实施；

（三）出示执法身份证件；

（四）通知当事人到场；

（五）当场告知当事人采取行政强制措施的理由、依据以及当事人依法享有的权利、救济途径；

（六）听取当事人的陈述和申辩；

（七）制作现场笔录；

（八）现场笔录由当事人和行政执法人员签名或者盖章，当事人拒绝的，在笔录中予以注明；

（九）当事人不到场的，邀请见证人到场，由见证人和行政执法人员在现场笔录上签名或者盖章；

（十）法律、法规规定的其他程序。

第十九条 情况紧急，需要当场实施行政强制措施的，行政执法人员应当在二十四小时内向行政机关负责人报告，并补办批准手续。行政机关负责人认为不应当采取行政强制措施的，应当立即解除。

第二十条 依照法律规定实施限制公民人身自由的行政强制措施，除应当履行本法第十八条规定的程序外，还应当遵守下列规定：

（一）当场告知或者实施行政强制措施后立即通知当事人家属实施行政强制措施的行政机关、地点和期限；

（二）在紧急情况下当场实施行政强制措施的，在返回行政机关后，立即向行政机关负责人报告并补办批准手续；

（三）法律规定的其他程序。

实施限制人身自由的行政强制措施不得超过法定期限。实施行政强制措施的目的已经达到或者条件已经消失，应当立即解除。

第二十一条 违法行为涉嫌犯罪应当移送司法机关的，行政机关应当将查封、扣押、冻结的财物一并移送，并书面告知当事人。

第二节 查封、扣押

第二十二条 查封、扣押应当由法律、法规规定的行政机关实施，其他任何行政机关或者组织不得实施。

第二十三条 查封、扣押限于涉案的场所、设施或者财物，不得查封、扣押与违法行为无关的场所、设施或者财物；不得查封、扣押公民个人及其所扶养家属的生活必需品。

当事人的场所、设施或者财物已被其他国家机关依法查封的，不得重复查封。

第二十四条 行政机关决定实施查封、扣押的，应当履行本法第十八条规定的程序，制作并当场交付查封、扣押决定书和清单。

查封、扣押决定书应当载明下列事项：

（一）当事人的姓名或者名称、地址；

（二）查封、扣押的理由、依据和期限；

（三）查封、扣押场所、设施或者财物的名称、数量等；

（四）申请行政复议或者提起行政诉讼的途径和期限；

（五）行政机关的名称、印章和日期。

查封、扣押清单一式二份，由当事人和行政机关分别保存。

第二十五条 查封、扣押的期限不得超过三十日；情况复杂的，经行政机关负责人批准，可以延长，但是延长期限不得超过三十日。法律、行政法规另有规定的除外。

延长查封、扣押的决定应当及时书面告知当事人，并说明理由。

对物品需要进行检测、检验、检疫或者技术鉴定的，查封、扣押的期间不包括检测、检验、检疫或者技术鉴定的期间。检测、检验、检疫或者技术鉴定的期间应当明确，并书面告知当事人。检测、检验、检疫或者技术鉴定的费用由行政机关承担。

第二十六条 对查封、扣押的场所、设施或者财物，行政机关应当妥善保管，不得使用或者损毁；造成损失的，应当承担赔偿责任。

对查封的场所、设施或者财物，行政机关可以委托第三人保管，第三人不得损毁或者擅自转移、处置。因第三人的原因造成的损失，行政机关先行赔付后，有权向第三人追偿。

因查封、扣押发生的保管费用由行政

机关承担。

第二十七条 行政机关采取查封、扣押措施后,应当及时查清事实,在本法第二十五条规定的期限内作出处理决定。对违法事实清楚,依法应当没收的非法财物予以没收;法律、行政法规规定应当销毁的,依法销毁;应当解除查封、扣押的,作出解除查封、扣押的决定。

第二十八条 有下列情形之一的,行政机关应当及时作出解除查封、扣押决定:

(一)当事人没有违法行为;

(二)查封、扣押的场所、设施或者财物与违法行为无关;

(三)行政机关对违法行为已经作出处理决定,不再需要查封、扣押;

(四)查封、扣押期限已经届满;

(五)其他不再需要采取查封、扣押措施的情形。

解除查封、扣押应当立即退还财物;已将鲜活物品或者其他不易保管的财物拍卖或者变卖的,退还拍卖或者变卖所得款项。变卖价格明显低于市场价格,给当事人造成损失的,应当给予补偿。

第三节 冻 结

第二十九条 冻结存款、汇款应当由法律规定的行政机关实施,不得委托给其他行政机关或者组织;其他任何行政机关或者组织不得冻结存款、汇款。

冻结存款、汇款的数额应当与违法行为涉及的金额相当;已被其他国家机关依法冻结的,不得重复冻结。

第三十条 行政机关依照法律规定决定实施冻结存款、汇款的,应当履行本法第十八条第一项、第二项、第三项、第七项规定的程序,并向金融机构交付冻结通知书。

金融机构接到行政机关依法作出的冻结通知书后,应当立即予以冻结,不得拖延,不得在冻结前向当事人泄露信息。

法律规定以外的行政机关或者组织要求冻结当事人存款、汇款的,金融机构应当拒绝。

第三十一条 依照法律规定冻结存款、汇款的,作出决定的行政机关应当在三日内向当事人交付冻结决定书。冻结决定书应当载明下列事项:

(一)当事人的姓名或者名称、地址;

(二)冻结的理由、依据和期限;

(三)冻结的账号和数额;

(四)申请行政复议或者提起行政诉讼的途径和期限;

(五)行政机关的名称、印章和日期。

第三十二条 自冻结存款、汇款之日起三十日内,行政机关应当作出处理决定或者作出解除冻结决定;情况复杂的,经行政机关负责人批准,可以延长,但是延长期限不得超过三十日。法律另有规定的除外。

延长冻结的决定应当及时书面告知当事人,并说明理由。

第三十三条 有下列情形之一的,行政机关应当及时作出解除冻结决定:

(一)当事人没有违法行为;

(二)冻结的存款、汇款与违法行为无关;

(三)行政机关对违法行为已经作出处理决定,不再需要冻结;

(四)冻结期限已经届满;

(五)其他不再需要采取冻结措施的情形。

行政机关作出解除冻结决定的,应当及时通知金融机构和当事人。金融机构接到通知后,应当立即解除冻结。

行政机关逾期未作出处理决定或者解除冻结决定的,金融机构应当自冻结期满之日起解除冻结。

第四章　行政机关强制执行程序

第一节　一般规定

第三十四条　行政机关依法作出行政决定后,当事人在行政机关决定的期限内不履行义务的,具有行政强制执行权的行政机关依照本章规定强制执行。

第三十五条　行政机关作出强制执行决定前,应当事先催告当事人履行义务。催告应当以书面形式作出,并载明下列事项:

(一)履行义务的期限;

(二)履行义务的方式;

(三)涉及金钱给付的,应当有明确的金额和给付方式;

(四)当事人依法享有的陈述权和申辩权。

第三十六条　当事人收到催告书后有权进行陈述和申辩。行政机关应当充分听取当事人的意见,对当事人提出的事实、理由和证据,应当进行记录、复核。当事人提出的事实、理由或者证据成立的,行政机关应当采纳。

第三十七条　经催告,当事人逾期仍不履行行政决定,且无正当理由的,行政机关可以作出强制执行决定。

强制执行决定应当以书面形式作出,并载明下列事项:

(一)当事人的姓名或者名称、地址;

(二)强制执行的理由和依据;

(三)强制执行的方式和时间;

(四)申请行政复议或者提起行政诉讼的途径和期限;

(五)行政机关的名称、印章和日期。

在催告期间,对有证据证明有转移或者隐匿财物迹象的,行政机关可以作出立即强制执行决定。

第三十八条　催告书、行政强制执行决定书应当直接送达当事人。当事人拒绝接收或者无法直接送达当事人的,应当依照《中华人民共和国民事诉讼法》的有关规定送达。

第三十九条　有下列情形之一的,中止执行:

(一)当事人履行行政决定确有困难或者暂无履行能力的;

(二)第三人对执行标的主张权利,确有理由的;

(三)执行可能造成难以弥补的损失,且中止执行不损害公共利益的;

(四)行政机关认为需要中止执行的其他情形。

中止执行的情形消失后,行政机关应当恢复执行。对没有明显社会危害,当事人确无能力履行,中止执行满三年未恢复执行的,行政机关不再执行。

第四十条　有下列情形之一的,终结执行:

(一)公民死亡,无遗产可供执行,又无义务承受人的;

(二)法人或者其他组织终止,无财产可供执行,又无义务承受人的;

(三)执行标的灭失的;

(四)据以执行的行政决定被撤销的;

(五)行政机关认为需要终结执行的其他情形。

第四十一条　在执行中或者执行完毕后,据以执行的行政决定被撤销、变更,或者执行错误的,应当恢复原状或者退还财物;不能恢复原状或者退还财物的,依法给予赔偿。

第四十二条　实施行政强制执行,行政机关可以在不损害公共利益和他人合法权益的情况下,与当事人达成执行协议。执行协议可以约定分阶段履行;当事人采取补救措施的,可以减免加处的罚款或者滞纳金。

执行协议应当履行。当事人不履行执行协议的,行政机关应当恢复强制执行。

第四十三条 行政机关不得在夜间或者法定节假日实施行政强制执行。但是,情况紧急的除外。

行政机关不得对居民生活采取停止供水、供电、供热、供燃气等方式迫使当事人履行相关行政决定。

第四十四条 对违法的建筑物、构筑物、设施等需要强制拆除的,应当由行政机关予以公告,限期当事人自行拆除。当事人在法定期限内不申请行政复议或者提起行政诉讼,又不拆除的,行政机关可以依法强制拆除。

第二节 金钱给付义务的执行

第四十五条 行政机关依法作出金钱给付义务的行政决定,当事人逾期不履行的,行政机关可以依法加处罚款或者滞纳金。加处罚款或者滞纳金的标准应当告知当事人。

加处罚款或者滞纳金的数额不得超出金钱给付义务的数额。

第四十六条 行政机关依照本法第四十五条规定实施加处罚款或者滞纳金超过三十日,经催告当事人仍不履行的,具有行政强制执行权的行政机关可以强制执行。

行政机关实施强制执行前,需要采取查封、扣押、冻结措施的,依照本法第三章规定办理。

没有行政强制执行权的行政机关应当申请人民法院强制执行。但是,当事人在法定期限内不申请行政复议或者提起行政诉讼,经催告仍不履行的,在实施行政管理过程中已经采取查封、扣押措施的行政机关,可以将查封、扣押的财物依法拍卖抵缴罚款。

第四十七条 划拨存款、汇款应当由法律规定的行政机关决定,并书面通知金融机构。金融机构接到行政机关依法作出划拨存款、汇款的决定后,应当立即划拨。

法律规定以外的行政机关或者组织要求划拨当事人存款、汇款的,金融机构应当拒绝。

第四十八条 依法拍卖财物,由行政机关委托拍卖机构依照《中华人民共和国拍卖法》的规定办理。

第四十九条 划拨的存款、汇款以及拍卖和依法处理所得的款项应当上缴国库或者划入财政专户。任何行政机关或者个人不得以任何形式截留、私分或者变相私分。

第三节 代 履 行

第五十条 行政机关依法作出要求当事人履行排除妨碍、恢复原状等义务的行政决定,当事人逾期不履行,经催告仍不履行,其后果已经或者将危害交通安全、造成环境污染或者破坏自然资源的,行政机关可以代履行,或者委托没有利害关系的第三人代履行。

第五十一条 代履行应当遵守下列规定:

(一)代履行前送达决定书,代履行决定书应当载明当事人的姓名或者名称、地址,代履行的理由和依据、方式和时间、标的、费用预算以及代履行人;

(二)代履行三日前,催告当事人履行,当事人履行的,停止代履行;

(三)代履行时,作出决定的行政机关应当派员到场监督;

(四)代履行完毕,行政机关到场监督的工作人员、代履行人和当事人或者见证人应当在执行文书上签名或者盖章。

代履行的费用按照成本合理确定,由当事人承担。但是,法律另有规定的除外。

代履行不得采用暴力、胁迫以及其他非法方式。

第五十二条　需要立即清除道路、河道、航道或者公共场所的遗洒物、障碍物或者污染物,当事人不能清除的,行政机关可以决定立即实施代履行;当事人不在场的,行政机关应当在事后立即通知当事人,并依法作出处理。

第五章　申请人民法院强制执行

第五十三条　当事人在法定期限内不申请行政复议或者提起行政诉讼,又不履行行政决定的,没有行政强制执行权的行政机关可以自期限届满之日起三个月内,依照本章规定申请人民法院强制执行。

第五十四条　行政机关申请人民法院强制执行前,应当催告当事人履行义务。催告书送达十日后当事人仍未履行义务的,行政机关可以向所在地有管辖权的人民法院申请强制执行;执行对象是不动产的,向不动产所在地有管辖权的人民法院申请强制执行。

第五十五条　行政机关向人民法院申请强制执行,应当提供下列材料:

(一)强制执行申请书;

(二)行政决定书及作出决定的事实、理由和依据;

(三)当事人的意见及行政机关催告情况;

(四)申请强制执行标的情况;

(五)法律、行政法规规定的其他材料。

强制执行申请书应当由行政机关负责人签名,加盖行政机关的印章,并注明日期。

第五十六条　人民法院接到行政机关强制执行的申请,应当在五日内受理。

行政机关对人民法院不予受理的裁定有异议的,可以在十五日内向上一级人民法院申请复议,上一级人民法院应当自收到复议申请之日起十五日内作出是否受理的裁定。

第五十七条　人民法院对行政机关强制执行的申请进行书面审查,对符合本法第五十五条规定,且行政决定具备法定执行效力的,除本法第五十八条规定的情形外,人民法院应当自受理之日起七日内作出执行裁定。

第五十八条　人民法院发现有下列情形之一的,在作出裁定前可以听取被执行人和行政机关的意见:

(一)明显缺乏事实根据的;

(二)明显缺乏法律、法规依据的;

(三)其他明显违法并损害被执行人合法权益的。

人民法院应当自受理之日起三十日内作出是否执行的裁定。裁定不予执行的,应当说明理由,并在五日内将不予执行的裁定送达行政机关。

行政机关对人民法院不予执行的裁定有异议的,可以自收到裁定之日起十五日内向上一级人民法院申请复议,上一级人民法院应当自收到复议申请之日起三十日内作出是否执行的裁定。

第五十九条　因情况紧急,为保障公共安全,行政机关可以申请人民法院立即执行。经人民法院院长批准,人民法院应当自作出执行裁定之日起五日内执行。

第六十条　行政机关申请人民法院强制执行,不缴纳申请费。强制执行的费用由被执行人承担。

人民法院以划拨、拍卖方式强制执行的,可以在划拨、拍卖后将强制执行的费用扣除。

依法拍卖财物,由人民法院委托拍卖机构依照《中华人民共和国拍卖法》的规定办理。

划拨的存款、汇款以及拍卖和依法处理所得的款项应当上缴国库或者划入财政专户,不得以任何形式截留、私分或者变相私分。

第六章　法律责任

第六十一条　行政机关实施行政强制,有下列情形之一的,由上级行政机关或者有关部门责令改正,对直接负责的主管人员和其他直接责任人员依法给予处分:

(一)没有法律、法规依据的;

(二)改变行政强制对象、条件、方式的;

(三)违反法定程序实施行政强制的;

(四)违反本法规定,在夜间或者法定节假日实施行政强制执行的;

(五)对居民生活采取停止供水、供电、供热、供燃气等方式迫使当事人履行相关行政决定的;

(六)有其他违法实施行政强制情形的。

第六十二条　违反本法规定,行政机关有下列情形之一的,由上级行政机关或者有关部门责令改正,对直接负责的主管人员和其他直接责任人员依法给予处分:

(一)扩大查封、扣押、冻结范围的;

(二)使用或者损毁查封、扣押场所、设施或者财物的;

(三)在查封、扣押法定期间不作出处理决定或者未依法及时解除查封、扣押的;

(四)在冻结存款、汇款法定期间不作出处理决定或者未依法及时解除冻结的。

第六十三条　行政机关将查封、扣押的财物或者划拨的存款、汇款以及拍卖和依法处理所得的款项,截留、私分或者变相私分的,由财政部门或者有关部门予以追缴;对直接负责的主管人员和其他直接责任人员依法给予记大过、降级、撤职或者开除的处分。

行政机关工作人员利用职务上的便利,将查封、扣押的场所、设施或者财物据为己有的,由上级行政机关或者有关部门责令改正,依法给予记大过、降级、撤职或者开除的处分。

第六十四条　行政机关及其工作人员利用行政强制权为单位或者个人谋取利益的,由上级行政机关或者有关部门责令改正,对直接负责的主管人员和其他直接责任人员依法给予处分。

第六十五条　违反本法规定,金融机构有下列行为之一的,由金融业监督管理机构责令改正,对直接负责的主管人员和其他直接责任人员依法给予处分:

(一)在冻结前向当事人泄露信息的;

(二)对应当立即冻结、划拨的存款、汇款不冻结或者不划拨,致使存款、汇款转移的;

(三)将不应当冻结、划拨的存款、汇款予以冻结或者划拨的;

(四)未及时解除冻结存款、汇款的。

第六十六条　违反本法规定,金融机构将款项划入国库或者财政专户以外的其他账户的,由金融业监督管理机构责令改正,并处以违法划拨款项二倍的罚款;对直接负责的主管人员和其他直接责任人员依法给予处分。

违反本法规定,行政机关、人民法院指令金融机构将款项划入国库或者财政专户以外的其他账户的,对直接负责的主管人员和其他直接责任人员依法给予处分。

第六十七条　人民法院及其工作人员在强制执行中有违法行为或者扩大强制执行范围的,对直接负责的主管人员和其他直接责任人员依法给予处分。

第六十八条　违反本法规定,给公民、法人或者其他组织造成损失的,依法给予赔偿。

违反本法规定,构成犯罪的,依法追究刑事责任。

第七章 附 则

第六十九条 本法中十日以内期限的规定是指工作日,不含法定节假日。

第七十条 法律、行政法规授权的具有管理公共事务职能的组织在法定授权范围内,以自己的名义实施行政强制,适用本法有关行政机关的规定。

第七十一条 本法自 2012 年 1 月 1 日起施行。

中华人民共和国行政处罚法

（1996 年 3 月 17 日第八届全国人民代表大会第四次会议通过 根据 2009 年 8 月 27 日第十一届全国人民代表大会常务委员会第十次会议《关于修改部分法律的决定》第一次修正 根据 2017 年 9 月 1 日第十二届全国人民代表大会常务委员会第二十九次会议《关于修改〈中华人民共和国法官法〉等八部法律的决定》第二次修正 2021 年 1 月 22 日第十三届全国人民代表大会常务委员会第二十五次会议修订 2021 年 1 月 22 日中华人民共和国主席令第 70 号公布 自 2021 年 7 月 15 日起施行）

第一章 总 则

第一条 为了规范行政处罚的设定和实施,保障和监督行政机关有效实施行政管理,维护公共利益和社会秩序,保护公民、法人或者其他组织的合法权益,根据宪法,制定本法。

第二条 行政处罚是指行政机关依法对违反行政管理秩序的公民、法人或者其他组织,以减损权益或者增加义务的方式予以惩戒的行为。

第三条 行政处罚的设定和实施,适用本法。

第四条 公民、法人或者其他组织违反行政管理秩序的行为,应当给予行政处罚的,依照本法由法律、法规、规章规定,并由行政机关依照本法规定的程序实施。

第五条 行政处罚遵循公正、公开的原则。

设定和实施行政处罚必须以事实为依据,与违法行为的事实、性质、情节以及社会危害程度相当。

对违法行为给予行政处罚的规定必须公布;未经公布的,不得作为行政处罚的依据。

第六条 实施行政处罚,纠正违法行为,应当坚持处罚与教育相结合,教育公民、法人或者其他组织自觉守法。

第七条 公民、法人或者其他组织对行政机关所给予的行政处罚,享有陈述权、申辩权;对行政处罚不服的,有权依法申请行政复议或者提起行政诉讼。

公民、法人或者其他组织因行政机关违法给予行政处罚受到损害的,有权依法提出赔偿要求。

第八条 公民、法人或者其他组织因违法行为受到行政处罚,其违法行为对他人造成损害的,应当依法承担民事责任。

违法行为构成犯罪,应当依法追究刑事责任的,不得以行政处罚代替刑事处罚。

第二章 行政处罚的种类和设定

第九条 行政处罚的种类:

（一）警告、通报批评;

（二）罚款、没收违法所得、没收非法财物;

（三）暂扣许可证件、降低资质等级、吊销许可证件;

（四）限制开展生产经营活动、责令停产停业、责令关闭、限制从业；

（五）行政拘留；

（六）法律、行政法规规定的其他行政处罚。

第十条 法律可以设定各种行政处罚。

限制人身自由的行政处罚，只能由法律设定。

第十一条 行政法规可以设定除限制人身自由以外的行政处罚。

法律对违法行为已经作出行政处罚规定，行政法规需要作出具体规定的，必须在法律规定的给予行政处罚的行为、种类和幅度的范围内规定。

法律对违法行为未作出行政处罚规定，行政法规为实施法律，可以补充设定行政处罚。拟补充设定行政处罚的，应当通过听证会、论证会等形式广泛听取意见，并向制定机关作出书面说明。行政法规报送备案时，应当说明补充设定行政处罚的情况。

第十二条 地方性法规可以设定除限制人身自由、吊销营业执照以外的行政处罚。

法律、行政法规对违法行为已经作出行政处罚规定，地方性法规需要作出具体规定的，必须在法律、行政法规规定的给予行政处罚的行为、种类和幅度的范围内规定。

法律、行政法规对违法行为未作出行政处罚规定，地方性法规为实施法律、行政法规，可以补充设定行政处罚。拟补充设定行政处罚的，应当通过听证会、论证会等形式广泛听取意见，并向制定机关作出书面说明。地方性法规报送备案时，应当说明补充设定行政处罚的情况。

第十三条 国务院部门规章可以在法律、行政法规规定的给予行政处罚的行为、种类和幅度的范围内作出具体规定。

尚未制定法律、行政法规的，国务院部门规章对违反行政管理秩序的行为，可以设定警告、通报批评或者一定数额罚款的行政处罚。罚款的限额由国务院规定。

第十四条 地方政府规章可以在法律、法规规定的给予行政处罚的行为、种类和幅度的范围内作出具体规定。

尚未制定法律、法规的，地方政府规章对违反行政管理秩序的行为，可以设定警告、通报批评或者一定数额罚款的行政处罚。罚款的限额由省、自治区、直辖市人民代表大会常务委员会规定。

第十五条 国务院部门和省、自治区、直辖市人民政府及其有关部门应当定期组织评估行政处罚的实施情况和必要性，对不适当的行政处罚事项及种类、罚款数额等，应当提出修改或者废止的建议。

第十六条 除法律、法规、规章外，其他规范性文件不得设定行政处罚。

第三章 行政处罚的实施机关

第十七条 行政处罚由具有行政处罚权的行政机关在法定职权范围内实施。

第十八条 国家在城市管理、市场监管、生态环境、文化市场、交通运输、应急管理、农业等领域推行建立综合行政执法制度，相对集中行政处罚权。

国务院或者省、自治区、直辖市人民政府可以决定一个行政机关行使有关行政机关的行政处罚权。

限制人身自由的行政处罚权只能由公安机关和法律规定的其他机关行使。

第十九条 法律、法规授权的具有管理公共事务职能的组织可以在法定授权范围内实施行政处罚。

第二十条 行政机关依照法律、法规、规章的规定，可以在其法定权限内书面委托符合本法第二十一条规定条件的组织实施行政处罚。行政机关不得委托其他组织或者个人实施行政处罚。

委托书应当载明委托的具体事项、权限、期限等内容。委托行政机关和受委托组织应当将委托书向社会公布。

委托行政机关对受委托组织实施行政处罚的行为应当负责监督,并对该行为的后果承担法律责任。

受委托组织在委托范围内,以委托行政机关名义实施行政处罚;不得再委托其他组织或者个人实施行政处罚。

第二十一条 受委托组织必须符合以下条件:

(一)依法成立并具有管理公共事务职能;

(二)有熟悉有关法律、法规、规章和业务并取得行政执法资格的工作人员;

(三)需要进行技术检查或者技术鉴定的,应当有条件组织进行相应的技术检查或者技术鉴定。

第四章 行政处罚的管辖和适用

第二十二条 行政处罚由违法行为发生地的行政机关管辖。法律、行政法规、部门规章另有规定的,从其规定。

第二十三条 行政处罚由县级以上地方人民政府具有行政处罚权的行政机关管辖。法律、行政法规另有规定的,从其规定。

第二十四条 省、自治区、直辖市根据当地实际情况,可以决定将基层管理迫切需要的县级人民政府部门的行政处罚权交由能够有效承接的乡镇人民政府、街道办事处行使,并定期组织评估。决定应当公布。

承接行政处罚权的乡镇人民政府、街道办事处应当加强执法能力建设,按照规定范围、依照法定程序实施行政处罚。

有关地方人民政府及其部门应当加强组织协调、业务指导、执法监督,建立健全行政处罚协调配合机制,完善评议、考核制度。

第二十五条 两个以上行政机关都有管辖权的,由最先立案的行政机关管辖。

对管辖发生争议的,应当协商解决,协商不成的,报请共同的上一级行政机关指定管辖;也可以直接由共同的上一级行政机关指定管辖。

第二十六条 行政机关因实施行政处罚的需要,可以向有关机关提出协助请求。协助事项属于被请求机关职权范围内的,应当依法予以协助。

第二十七条 违法行为涉嫌犯罪的,行政机关应当及时将案件移送司法机关,依法追究刑事责任。对依法不需要追究刑事责任或者免予刑事处罚,但应当给予行政处罚的,司法机关应当及时将案件移送有关行政机关。

行政处罚实施机关与司法机关之间应当加强协调配合,建立健全案件移送制度,加强证据材料移交、接收衔接,完善案件处理信息通报机制。

第二十八条 行政机关实施行政处罚时,应当责令当事人改正或者限期改正违法行为。

当事人有违法所得,除依法应当退赔的外,应当予以没收。违法所得是指实施违法行为所取得的款项。法律、行政法规、部门规章对违法所得的计算另有规定的,从其规定。

第二十九条 对当事人的同一个违法行为,不得给予两次以上罚款的行政处罚。同一个违法行为违反多个法律规范应当给予罚款处罚的,按照罚款数额高的规定处罚。

第三十条 不满十四周岁的未成年人

有违法行为的,不予行政处罚,责令监护人加以管教;已满十四周岁不满十八周岁的未成年人有违法行为的,应当从轻或者减轻行政处罚。

第三十一条　精神病人、智力残疾人在不能辨认或者不能控制自己行为时有违法行为的,不予行政处罚,但应当责令其监护人严加看管和治疗。间歇性精神病人在精神正常时有违法行为的,应当给予行政处罚。尚未完全丧失辨认或者控制自己行为能力的精神病人、智力残疾人有违法行为的,可以从轻或者减轻行政处罚。

第三十二条　当事人有下列情形之一,应当从轻或者减轻行政处罚:

（一）主动消除或者减轻违法行为危害后果的;

（二）受他人胁迫或者诱骗实施违法行为的;

（三）主动供述行政机关尚未掌握的违法行为的;

（四）配合行政机关查处违法行为有立功表现的;

（五）法律、法规、规章规定其他应当从轻或者减轻行政处罚的。

第三十三条　违法行为轻微并及时改正,没有造成危害后果的,不予行政处罚。初次违法且危害后果轻微并及时改正的,可以不予行政处罚。

当事人有证据足以证明没有主观过错的,不予行政处罚。法律、行政法规另有规定的,从其规定。

对当事人的违法行为依法不予行政处罚的,行政机关应当对当事人进行教育。

第三十四条　行政机关可以依法制定行政处罚裁量基准,规范行使行政处罚裁量权。行政处罚裁量基准应当向社会公布。

第三十五条　违法行为构成犯罪,人民法院判处拘役或者有期徒刑时,行政机关已经给予当事人行政拘留的,应当依法折抵相应刑期。

违法行为构成犯罪,人民法院判处罚金时,行政机关已经给予当事人罚款的,应当折抵相应罚金;行政机关尚未给予当事人罚款的,不再给予罚款。

第三十六条　违法行为在二年内未被发现的,不再给予行政处罚;涉及公民生命健康安全、金融安全且有危害后果的,上述期限延长至五年。法律另有规定的除外。

前款规定的期限,从违法行为发生之日起计算;违法行为有连续或者继续状态的,从行为终了之日起计算。

第三十七条　实施行政处罚,适用违法行为发生时的法律、法规、规章的规定。但是,作出行政处罚决定时,法律、法规、规章已被修改或者废止,且新的规定处罚较轻或者不认为是违法的,适用新的规定。

第三十八条　行政处罚没有依据或者实施主体不具有行政主体资格的,行政处罚无效。

违反法定程序构成重大且明显违法的,行政处罚无效。

第五章　行政处罚的决定

第一节　一般规定

第三十九条　行政处罚的实施机关、立案依据、实施程序和救济渠道等信息应当公示。

第四十条　公民、法人或者其他组织违反行政管理秩序的行为,依法应当给予行政处罚的,行政机关必须查明事实;违法事实不清、证据不足的,不得给予行政处罚。

第四十一条　行政机关依照法律、行政法规规定利用电子技术监控设备收集、固定违法事实的,应当经过法制和技术审核,确保电子技术监控设备符合标准、设置合理、标志明显,设置地点应当向社会公布。

电子技术监控设备记录违法事实应当真实、清晰、完整、准确。行政机关应当审核记录内容是否符合要求;未经审核或者经审核不符合要求的,不得作为行政处罚的证据。

行政机关应当及时告知当事人违法事实,并采取信息化手段或者其他措施,为当事人查询、陈述和申辩提供便利。不得限制或者变相限制当事人享有的陈述权、申辩权。

第四十二条 行政处罚应当由具有行政执法资格的执法人员实施。执法人员不得少于两人,法律另有规定的除外。

执法人员应当文明执法,尊重和保护当事人合法权益。

第四十三条 执法人员与案件有直接利害关系或者有其他关系可能影响公正执法的,应当回避。

当事人认为执法人员与案件有直接利害关系或者有其他关系可能影响公正执法的,有权申请回避。

当事人提出回避申请的,行政机关应当依法审查,由行政机关负责人决定。决定作出之前,不停止调查。

第四十四条 行政机关在作出行政处罚决定之前,应当告知当事人拟作出的行政处罚内容及事实、理由、依据,并告知当事人依法享有的陈述、申辩、要求听证等权利。

第四十五条 当事人有权进行陈述和申辩。行政机关必须充分听取当事人的意见,对当事人提出的事实、理由和证据,应当进行复核;当事人提出的事实、理由或者证据成立的,行政机关应当采纳。

行政机关不得因当事人陈述、申辩而给予更重的处罚。

第四十六条 证据包括:

(一)书证;
(二)物证;
(三)视听资料;
(四)电子数据;
(五)证人证言;
(六)当事人的陈述;
(七)鉴定意见;
(八)勘验笔录、现场笔录。

证据必须经查证属实,方可作为认定案件事实的根据。

以非法手段取得的证据,不得作为认定案件事实的根据。

第四十七条 行政机关应当依法以文字、音像等形式,对行政处罚的启动、调查取证、审核、决定、送达、执行等进行全过程记录,归档保存。

第四十八条 具有一定社会影响的行政处罚决定应当依法公开。

公开的行政处罚决定被依法变更、撤销、确认违法或者确认无效的,行政机关应当在三日内撤回行政处罚决定信息并公开说明理由。

第四十九条 发生重大传染病疫情等突发事件,为了控制、减轻和消除突发事件引起的社会危害,行政机关对违反突发事件应对措施的行为,依法快速、从重处罚。

第五十条 行政机关及其工作人员对实施行政处罚过程中知悉的国家秘密、商业秘密或者个人隐私,应当依法予以保密。

第二节 简易程序

第五十一条 违法事实确凿并有法定依据,对公民处以二百元以下、对法人或者其他组织处以三千元以下罚款或者警告的行政处罚的,可以当场作出行政处罚决定。法律另有规定的,从其规定。

第五十二条 执法人员当场作出行政处罚决定的,应当向当事人出示执法证件,填写预定格式、编有号码的行政处罚决定书,并当场交付当事人。当事人拒绝签收的,应当在行政处罚决定书上注明。

前款规定的行政处罚决定书应当载明当事人的违法行为、行政处罚的种类和依据、罚款数额、时间、地点,申请行政复议、提起行政诉讼的途径和期限以及行政机关名称,并由执法人员签名或者盖章。

执法人员当场作出的行政处罚决定,应当报所属行政机关备案。

第五十三条　对当场作出的行政处罚决定,当事人应当依照本法第六十七条至第六十九条的规定履行。

第三节　普通程序

第五十四条　除本法第五十一条规定的可以当场作出的行政处罚外,行政机关发现公民、法人或者其他组织有依法应当给予行政处罚的行为的,必须全面、客观、公正地调查,收集有关证据;必要时,依照法律、法规的规定,可以进行检查。

符合立案标准的,行政机关应当及时立案。

第五十五条　执法人员在调查或者进行检查时,应当主动向当事人或者有关人员出示执法证件。当事人或者有关人员有权要求执法人员出示执法证件。执法人员不出示执法证件的,当事人或者有关人员有权拒绝接受调查或者检查。

当事人或者有关人员应当如实回答询问,并协助调查或者检查,不得拒绝或者阻挠。询问或者检查应当制作笔录。

第五十六条　行政机关在收集证据时,可以采取抽样取证的方法;在证据可能灭失或者以后难以取得的情况下,经行政机关负责人批准,可以先行登记保存,并应当在七日内及时作出处理决定,在此期间,当事人或者有关人员不得销毁或者转移证据。

第五十七条　调查终结,行政机关负责人应当对调查结果进行审查,根据不同情况,分别作出如下决定:

(一)确有应受行政处罚的违法行为的,根据情节轻重及具体情况,作出行政处罚决定;

(二)违法行为轻微,依法可以不予行政处罚的,不予行政处罚;

(三)违法事实不能成立的,不予行政处罚;

(四)违法行为涉嫌犯罪的,移送司法机关。

对情节复杂或者重大违法行为给予行政处罚,行政机关负责人应当集体讨论决定。

第五十八条　有下列情形之一,在行政机关负责人作出行政处罚的决定之前,应当由从事行政处罚决定法制审核的人员进行法制审核;未经法制审核或者审核未通过的,不得作出决定:

(一)涉及重大公共利益的;

(二)直接关系当事人或者第三人重大权益,经过听证程序的;

(三)案件情况疑难复杂、涉及多个法律关系的;

(四)法律、法规规定应当进行法制审核的其他情形。

行政机关中初次从事行政处罚决定法制审核的人员,应当通过国家统一法律职业资格考试取得法律职业资格。

第五十九条　行政机关依照本法第五十七条的规定给予行政处罚,应当制作行政处罚决定书。行政处罚决定书应当载明下列事项:

(一)当事人的姓名或者名称、地址;

(二)违反法律、法规、规章的事实和证据;

（三）行政处罚的种类和依据；

（四）行政处罚的履行方式和期限；

（五）申请行政复议、提起行政诉讼的途径和期限；

（六）作出行政处罚决定的行政机关名称和作出决定的日期。

行政处罚决定书必须盖有作出行政处罚决定的行政机关的印章。

第六十条 行政机关应当自行政处罚案件立案之日起九十日内作出行政处罚决定。法律、法规、规章另有规定的，从其规定。

第六十一条 行政处罚决定书应当在宣告后当场交付当事人；当事人不在场的，行政机关应当在七日内依照《中华人民共和国民事诉讼法》的有关规定，将行政处罚决定书送达当事人。

当事人同意并签订确认书的，行政机关可以采用传真、电子邮件等方式，将行政处罚决定书等送达当事人。

第六十二条 行政机关及其执法人员在作出行政处罚决定之前，未依照本法第四十四条、第四十五条的规定向当事人告知拟作出的行政处罚内容及事实、理由、依据，或者拒绝听取当事人的陈述、申辩，不得作出行政处罚决定；当事人明确放弃陈述或者申辩权利的除外。

第四节 听证程序

第六十三条 行政机关拟作出下列行政处罚决定，应当告知当事人有要求听证的权利，当事人要求听证的，行政机关应当组织听证：

（一）较大数额罚款；

（二）没收较大数额违法所得、没收较大价值非法财物；

（三）降低资质等级、吊销许可证件；

（四）责令停产停业、责令关闭、限制从业；

（五）其他较重的行政处罚；

（六）法律、法规、规章规定的其他情形。

当事人不承担行政机关组织听证的费用。

第六十四条 听证应当依照以下程序组织：

（一）当事人要求听证的，应当在行政机关告知后五日内提出；

（二）行政机关应当在举行听证的七日前，通知当事人及有关人员听证的时间、地点；

（三）除涉及国家秘密、商业秘密或者个人隐私依法予以保密外，听证公开举行；

（四）听证由行政机关指定的非本案调查人员主持；当事人认为主持人与本案有直接利害关系的，有权申请回避；

（五）当事人可以亲自参加听证，也可以委托一至二人代理；

（六）当事人及其代理人无正当理由拒不出席听证或者未经许可中途退出听证的，视为放弃听证权利，行政机关终止听证；

（七）举行听证时，调查人员提出当事人违法的事实、证据和行政处罚建议，当事人进行申辩和质证；

（八）听证应当制作笔录。笔录应当交当事人或者其代理人核对无误后签字或者盖章。当事人或者其代理人拒绝签字或者盖章的，由听证主持人在笔录中注明。

第六十五条 听证结束后，行政机关应当根据听证笔录，依照本法第五十七条的规定，作出决定。

第六章 行政处罚的执行

第六十六条 行政处罚决定依法作出后，当事人应当在行政处罚决定书载明的期限内，予以履行。

当事人确有经济困难，需要延期或者分期缴纳罚款的，经当事人申请和行政机关批准，可以暂缓或者分期缴纳。

第六十七条　作出罚款决定的行政机关应当与收缴罚款的机构分离。

除依照本法第六十八条、第六十九条的规定当场收缴的罚款外，作出行政处罚决定的行政机关及其执法人员不得自行收缴罚款。

当事人应当自收到行政处罚决定书之日起十五日内，到指定的银行或者通过电子支付系统缴纳罚款。银行应当收受罚款，并将罚款直接上缴国库。

第六十八条　依照本法第五十一条的规定当场作出行政处罚决定，有下列情形之一，执法人员可以当场收缴罚款：

（一）依法给予一百元以下罚款的；

（二）不当场收缴事后难以执行的。

第六十九条　在边远、水上、交通不便地区，行政机关及其执法人员依照本法第五十一条、第五十七条的规定作出罚款决定后，当事人到指定的银行或者通过电子支付系统缴纳罚款确有困难，经当事人提出，行政机关及其执法人员可以当场收缴罚款。

第七十条　行政机关及其执法人员当场收缴罚款的，必须向当事人出具国务院财政部门或者省、自治区、直辖市人民政府财政部门统一制发的专用票据；不出具财政部门统一制发的专用票据的，当事人有权拒绝缴纳罚款。

第七十一条　执法人员当场收缴的罚款，应当自收缴罚款之日起二日内，交至行政机关；在水上当场收缴的罚款，应当自抵岸之日起二日内交至行政机关；行政机关应当在二日内将罚款缴付指定的银行。

第七十二条　当事人逾期不履行行政处罚决定的，作出行政处罚决定的行政机关可以采取下列措施：

（一）到期不缴纳罚款的，每日按罚款数额的百分之三加处罚款，加处罚款的数额不得超出罚款的数额；

（二）根据法律规定，将查封、扣押的财物拍卖、依法处理或者将冻结的存款、汇款划拨抵缴罚款；

（三）根据法律规定，采取其他行政强制执行方式；

（四）依照《中华人民共和国行政强制法》的规定申请人民法院强制执行。

行政机关批准延期、分期缴纳罚款的，申请人民法院强制执行的期限，自暂缓或者分期缴纳罚款期限结束之日起计算。

第七十三条　当事人对行政处罚决定不服，申请行政复议或者提起行政诉讼的，行政处罚不停止执行，法律另有规定的除外。

当事人对限制人身自由的行政处罚决定不服，申请行政复议或者提起行政诉讼的，可以向作出决定的机关提出暂缓执行申请。符合法律规定情形的，应当暂缓执行。

当事人申请行政复议或者提起行政诉讼的，加处罚款的数额在行政复议或者行政诉讼期间不予计算。

第七十四条　除依法应当予以销毁的物品外，依法没收的非法财物必须按照国家规定公开拍卖或者按照国家有关规定处理。

罚款、没收的违法所得或者没收非法财物拍卖的款项，必须全部上缴国库，任何行政机关或者个人不得以任何形式截留、私分或者变相私分。

罚款、没收的违法所得或者没收非法财物拍卖的款项，不得同作出行政处罚决定的行政机关及其工作人员的考核、考评直接或者变相挂钩。除依法应当退还、退赔的外，财政部门不得以任何形式向作出行政处罚决定的行政机关返还罚款、没收的违法所得或者没收非法财物拍卖的款项。

第七十五条　行政机关应当建立健全

对行政处罚的监督制度。县级以上人民政府应当定期组织开展行政执法评议、考核,加强对行政处罚的监督检查,规范和保障行政处罚的实施。

行政机关实施行政处罚应当接受社会监督。公民、法人或者其他组织对行政机关实施行政处罚的行为,有权申诉或者检举;行政机关应当认真审查,发现有错误的,应当主动改正。

第七章 法律责任

第七十六条 行政机关实施行政处罚,有下列情形之一,由上级行政机关或者有关机关责令改正,对直接负责的主管人员和其他直接责任人员依法给予处分:

(一)没有法定的行政处罚依据的;

(二)擅自改变行政处罚种类、幅度的;

(三)违反法定的行政处罚程序的;

(四)违反本法第二十条关于委托处罚的规定的;

(五)执法人员未取得执法证件的。

行政机关对符合立案标准的案件不及时立案的,依照前款规定予以处理。

第七十七条 行政机关对当事人进行处罚不使用罚款、没收财物单据或者使用非法定部门制发的罚款、没收财物单据的,当事人有权拒绝,并有权予以检举,由上级行政机关或者有关机关对使用的非法单据予以收缴销毁,对直接负责的主管人员和其他直接责任人员依法给予处分。

第七十八条 行政机关违反本法第六十七条的规定自行收缴罚款的,财政部门违反本法第七十四条的规定向行政机关返还罚款、没收的违法所得或者拍卖款项的,由上级行政机关或者有关机关责令改正,对直接负责的主管人员和其他直接责任人员依法给予处分。

第七十九条 行政机关截留、私分或者变相私分罚款、没收的违法所得或者财物的,由财政部门或者有关机关予以追缴,对直接负责的主管人员和其他直接责任人员依法给予处分;情节严重构成犯罪的,依法追究刑事责任。

执法人员利用职务上的便利,索取或者收受他人财物、将收缴罚款据为己有,构成犯罪的,依法追究刑事责任;情节轻微不构成犯罪的,依法给予处分。

第八十条 行政机关使用或者损毁查封、扣押的财物,对当事人造成损失的,应当依法予以赔偿,对直接负责的主管人员和其他直接责任人员依法给予处分。

第八十一条 行政机关违法实施检查措施或者执行措施,给公民人身或者财产造成损害、给法人或者其他组织造成损失的,应当依法予以赔偿,对直接负责的主管人员和其他直接责任人员依法给予处分;情节严重构成犯罪的,依法追究刑事责任。

第八十二条 行政机关对应当依法移交司法机关追究刑事责任的案件不移交,以行政处罚代替刑事处罚,由上级行政机关或者有关机关责令改正,对直接负责的主管人员和其他直接责任人员依法给予处分;情节严重构成犯罪的,依法追究刑事责任。

第八十三条 行政机关对应当予以制止和处罚的违法行为不予制止、处罚,致使公民、法人或者其他组织的合法权益、公共利益和社会秩序遭受损害的,对直接负责的主管人员和其他直接责任人员依法给予处分;情节严重构成犯罪的,依法追究刑事责任。

第八章 附 则

第八十四条 外国人、无国籍人、外国组织在中华人民共和国领域内有违法行为,应当给予行政处罚的,适用本法,法律另有规定的除外。

第八十五条 本法中"二日""三日""五日""七日"的规定是指工作日，不含法定节假日。

第八十六条 本法自 2021 年 7 月 15 日起施行。

中华人民共和国行政许可法

（2003 年 8 月 27 日第十届全国人民代表大会常务委员会第四次会议通过　根据 2019 年 4 月 23 日第十三届全国人民代表大会常务委员会第十次会议《关于修改〈中华人民共和国建筑法〉等八部法律的决定》修正）

第一章　总　则

第一条　为了规范行政许可的设定和实施，保护公民、法人和其他组织的合法权益，维护公共利益和社会秩序，保障和监督行政机关有效实施行政管理，根据宪法，制定本法。

第二条　本法所称行政许可，是指行政机关根据公民、法人或者其他组织的申请，经依法审查，准予其从事特定活动的行为。

第三条　行政许可的设定和实施，适用本法。

有关行政机关对其他机关或者对其直接管理的事业单位的人事、财务、外事等事项的审批，不适用本法。

第四条　设定和实施行政许可，应当依照法定的权限、范围、条件和程序。

第五条　设定和实施行政许可，应当遵循公开、公平、公正、非歧视的原则。

有关行政许可的规定应当公布；未经公布的，不得作为实施行政许可的依据。行政许可的实施和结果，除涉及国家秘密、商业秘密或者个人隐私的外，应当公开。未经申请人同意，行政机关及其工作人员、参与专家评审等的人员不得披露申请人提交的商业秘密、未披露信息或者保密商务信息，法律另有规定或者涉及国家安全、重大社会公共利益的除外；行政机关依法公开申请人前述信息的，允许申请人在合理期限内提出异议。

符合法定条件、标准的，申请人有依法取得行政许可的平等权利，行政机关不得歧视任何人。

第六条　实施行政许可，应当遵循便民的原则，提高办事效率，提供优质服务。

第七条　公民、法人或者其他组织对行政机关实施行政许可，享有陈述权、申辩权；有权依法申请行政复议或者提起行政诉讼；其合法权益因行政机关违法实施行政许可受到损害的，有权依法要求赔偿。

第八条　公民、法人或者其他组织依法取得的行政许可受法律保护，行政机关不得擅自改变已经生效的行政许可。

行政许可所依据的法律、法规、规章修改或者废止，或者准予行政许可所依据的客观情况发生重大变化的，为了公共利益的需要，行政机关可以依法变更或者撤回已经生效的行政许可。由此给公民、法人或者其他组织造成财产损失的，行政机关应当依法给予补偿。

第九条　依法取得的行政许可，除法律、法规规定依照法定条件和程序可以转让的外，不得转让。

第十条　县级以上人民政府应当建立健全对行政机关实施行政许可的监督制度，加强对行政机关实施行政许可的监督检查。

行政机关应当对公民、法人或者其他组织从事行政许可事项的活动实施有效监督。

第二章　行政许可的设定

第十一条　设定行政许可，应当遵循经济和社会发展规律,有利于发挥公民、法人或者其他组织的积极性、主动性,维护公共利益和社会秩序,促进经济、社会和生态环境协调发展。

第十二条 下列事项可以设定行政许可:

(一)直接涉及国家安全、公共安全、经济宏观调控、生态环境保护以及直接关系人身健康、生命财产安全等特定活动,需要按照法定条件予以批准的事项;

(二)有限自然资源开发利用、公共资源配置以及直接关系公共利益的特定行业的市场准入等,需要赋予特定权利的事项;

(三)提供公众服务并且直接关系公共利益的职业、行业,需要确定具备特殊信誉、特殊条件或者特殊技能等资格、资质的事项;

(四)直接关系公共安全、人身健康、生命财产安全的重要设备、设施、产品、物品,需要按照技术标准、技术规范,通过检验、检测、检疫等方式进行审定的事项;

(五)企业或者其他组织的设立等,需要确定主体资格的事项;

(六)法律、行政法规规定可以设定行政许可的其他事项。

第十三条 本法第十二条所列事项,通过下列方式能够予以规范的,可以不设行政许可:

(一)公民、法人或者其他组织能够自主决定的;

(二)市场竞争机制能够有效调节的;

(三)行业组织或者中介机构能够自律管理的;

(四)行政机关采用事后监督等其他行政管理方式能够解决的。

第十四条 本法第十二条所列事项,法律可以设定行政许可。尚未制定法律的,行政法规可以设定行政许可。

必要时,国务院可以采用发布决定的方式设定行政许可。实施后,除临时性行政许可事项外,国务院应当及时提请全国人民代表大会及其常务委员会制定法律,或者自行制定行政法规。

第十五条 本法第十二条所列事项,尚未制定法律、行政法规的,地方性法规可以设定行政许可;尚未制定法律、行政法规和地方性法规的,因行政管理的需要,确需立即实施行政许可的,省、自治区、直辖市人民政府规章可以设定临时性的行政许可。临时性的行政许可实施满一年需要继续实施的,应当提请本级人民代表大会及其常务委员会制定地方性法规。

地方性法规和省、自治区、直辖市人民政府规章,不得设定应当由国家统一确定的公民、法人或者其他组织的资格、资质的行政许可;不得设定企业或者其他组织的设立登记及其前置性行政许可。其设定的行政许可,不得限制其他地区的个人或者企业到本地区从事生产经营和提供服务,不得限制其他地区的商品进入本地区市场。

第十六条 行政法规可以在法律设定的行政许可事项范围内,对实施该行政许可作出具体规定。

地方性法规可以在法律、行政法规设定的行政许可事项范围内,对实施该行政许可作出具体规定。

规章可以在上位法设定的行政许可事项范围内,对实施该行政许可作出具体规定。

法规、规章对实施上位法设定的行政许可作出的具体规定,不得增设行政许可;对行政许可条件作出的具体规定,不得增设违反上位法的其他条件。

第十七条 除本法第十四条、第十五条规定的外,其他规范性文件一律不得设定行政许可。

第十八条 设定行政许可,应当规定行政许可的实施机关、条件、程序、期限。

第十九条 起草法律草案、法规草案和省、自治区、直辖市人民政府规章草案,拟设定行政许可的,起草单位应当采取听证会、论证会等形式听取意见,并向制定机关说明设定该行政许可的必要性、对经济和社会可能产生的影响以及听取和采纳意见的情况。

第二十条 行政许可的设定机关应当定期对其设定的行政许可进行评价;对已设定的行政许可,认为通过本法第十三条所列方式能够解决的,应当对设定该行政许可的规定及时予以修改或者废止。

行政许可的实施机关可以对已设定的行政许可的实施情况及存在的必要性适时进行评价,并将意见报告该行政许可的设定机关。

公民、法人或者其他组织可以向行政许可的设定机关和实施机关就行政许可的设定和实施提出意见和建议。

第二十一条 省、自治区、直辖市人民政府对行政法规设定的有关经济事务的行政许可,根据本行政区域经济和社会发展情况,认为通过本法第十三条所列方式能够解决的,报国务院批准后,可以在本行政区域内停止实施该行政许可。

第三章 行政许可的实施机关

第二十二条 行政许可由具有行政许可权的行政机关在其法定职权范围内实施。

第二十三条 法律、法规授权的具有管理公共事务职能的组织,在法定授权范围内,以自己的名义实施行政许可。被授权的组织适用本法有关行政机关的规定。

第二十四条 行政机关在其法定职权范围内,依照法律、法规、规章的规定,可以委托其他行政机关实施行政许可。委托机关应当将受委托机关和受委托实施行政许可的内容予以公告。

委托行政机关对受委托行政机关实施行政许可的行为应当负责监督,并对该行为的后果承担法律责任。

受委托行政机关在委托范围内,以委托行政机关名义实施行政许可;不得再委托其他组织或者个人实施行政许可。

第二十五条 经国务院批准,省、自治区、直辖市人民政府根据精简、统一、效能的原则,可以决定一个行政机关行使有关行政机关的行政许可权。

第二十六条 行政许可需要行政机关内设的多个机构办理的,该行政机关应当确定一个机构统一受理行政许可申请,统一送达行政许可决定。

行政许可依法由地方人民政府两个以上部门分别实施的,本级人民政府可以确定一个部门受理行政许可申请并转告有关部门分别提出意见后统一办理,或者组织有关部门联合办理、集中办理。

第二十七条 行政机关实施行政许可,不得向申请人提出购买指定商品、接受有偿服务等不正当要求。

行政机关工作人员办理行政许可,不得索取或者收受申请人的财物,不得谋取其他利益。

第二十八条 对直接关系公共安全、人身健康、生命财产安全的设备、设施、产品、物品的检验、检测、检疫,除法律、行政法规规定由行政机关实施的外,应当逐步由符合法定条件的专业技术组织实施。专业技术组织及其有关人员对所实施的检验、检测、检疫结论承担法律责任。

第四章 行政许可的实施程序

第一节 申请与受理

第二十九条 公民、法人或者其他组织从事特定活动,依法需要取得行政许可的,应当向行政机关提出申请。申请书需要采用格式文本的,行政机关应当向申请人提供行政许可申请书格式文本。申请书格式文本中不得包含与申请行政许可事项没有直接关系的内容。

申请人可以委托代理人提出行政许可申请。但是,依法应当由申请人到行政机关办公场所提出行政许可申请的除外。

行政许可申请可以通过信函、电报、电传、传真、电子数据交换和电子邮件等方式提出。

第三十条 行政机关应当将法律、法规、规章规定的有关行政许可的事项、依据、条件、数量、程序、期限以及需要提交的全部材料的目录和申请书示范文本等在办公场所公示。

申请人要求行政机关对公示内容予以说明、解释的,行政机关应当说明、解释,提供准确、可靠的信息。

第三十一条 申请人申请行政许可,应当如实向行政机关提交有关材料和反映真实情况,并对其申请材料实质内容的真实性负责。行政机关不得要求申请人提交与其申请的行政许可事项无关的技术资料和其他材料。

行政机关及其工作人员不得以转让技术作为取得行政许可的条件;不得在实施行政许可的过程中,直接或者间接地要求转让技术。

第三十二条 行政机关对申请人提出的行政许可申请,应当根据下列情况分别作出处理:

(一)申请事项依法不需要取得行政许可的,应当即时告知申请人不受理;

(二)申请事项依法不属于本行政机关职权范围的,应当即时作出不予受理的决定,并告知申请人向有关行政机关申请;

(三)申请材料存在可以当场更正的错误的,应当允许申请人当场更正;

(四)申请材料不齐全或者不符合法定形式的,应当当场或者在五日内一次告知申请人需要补正的全部内容,逾期不告知的,自收到申请材料之日起即为受理;

(五)申请事项属于本行政机关职权范围,申请材料齐全、符合法定形式,或者申请人按照本行政机关的要求提交全部补正申请材料的,应当受理行政许可申请。

行政机关受理或者不予受理行政许可申请,应当出具加盖本行政机关专用印章和注明日期的书面凭证。

第三十三条 行政机关应当建立和完善有关制度,推行电子政务,在行政机关的网站上公布行政许可事项,方便申请人采取数据电文等方式提出行政许可申请;应当与其他行政机关共享有关行政许可信息,提高办事效率。

第二节 审查与决定

第三十四条 行政机关应当对申请人提交的申请材料进行审查。

申请人提交的申请材料齐全、符合法定形式,行政机关能够当场作出决定的,应当当场作出书面的行政许可决定。

根据法定条件和程序,需要对申请材料的实质内容进行核实的,行政机关应当指派两名以上工作人员进行核查。

第三十五条 依法应当先经下级行政机关审查后报上级行政机关决定的行政许可,下级行政机关应当在法定期限内将初步审查意见和全部申请材料直接报送上级行政机关。上级行政机关不得要求申请人重复提供申请材料。

第三十六条 行政机关对行政许可申请进行审查时,发现行政许可事项直接关系他人重大利益的,应当告知该利害关系人。申请人、利害关系人有权进行陈述和申辩。行政机关应当听取申请人、利害关系人的意见。

第三十七条　行政机关对行政许可申请进行审查后，除当场作出行政许可决定的外，应当在法定期限内按照规定程序作出行政许可决定。

第三十八条　申请人的申请符合法定条件、标准的，行政机关应当依法作出准予行政许可的书面决定。

行政机关依法作出不予行政许可的书面决定的，应当说明理由，并告知申请人享有依法申请行政复议或者提起行政诉讼的权利。

第三十九条　行政机关作出准予行政许可的决定，需要颁发行政许可证件的，应当向申请人颁发加盖本行政机关印章的下列行政许可证件：

（一）许可证、执照或者其他许可证书；

（二）资格证、资质证或者其他合格证书；

（三）行政机关的批准文件或者证明文件；

（四）法律、法规规定的其他行政许可证件。

行政机关实施检验、检测、检疫的，可以在检验、检测、检疫合格的设备、设施、产品、物品上加贴标签或者加盖检验、检测、检疫印章。

第四十条　行政机关作出的准予行政许可决定，应当予以公开，公众有权查阅。

第四十一条　法律、行政法规设定的行政许可，其适用范围没有地域限制的，申请人取得的行政许可在全国范围内有效。

第三节　期　限

第四十二条　除可以当场作出行政许可决定的外，行政机关应当自受理行政许可申请之日起二十日内作出行政许可决定。二十日内不能作出决定的，经本行政机关负责人批准，可以延长十日，并应当将延长期限的理由告知申请人。但是，法律、法规另有规定的，依照其规定。

依照本法第二十六条的规定，行政许可采取统一办理或者联合办理、集中办理的，办理的时间不得超过四十五日；四十五日内不能办结的，经本级人民政府负责人批准，可以延长十五日，并应当将延长期限的理由告知申请人。

第四十三条　依法应当先经下级行政机关审查后报上级行政机关决定的行政许可，下级行政机关应当自其受理行政许可申请之日起二十日内审查完毕。但是，法律、法规另有规定的，依照其规定。

第四十四条　行政机关作出准予行政许可的决定，应当自作出决定之日起十日内向申请人颁发、送达行政许可证件，或者加贴标签、加盖检验、检测、检疫印章。

第四十五条　行政机关作出行政许可决定，依法需要听证、招标、拍卖、检验、检测、检疫、鉴定和专家评审的，所需时间不计算在本节规定的期限内。行政机关应当将所需时间书面告知申请人。

第四节　听　证

第四十六条　法律、法规、规章规定实施行政许可应当听证的事项，或者行政机关认为需要听证的其他涉及公共利益的重大行政许可事项，行政机关应当向社会公告，并举行听证。

第四十七条　行政许可直接涉及申请人与他人之间重大利益关系的，行政机关在作出行政许可决定前，应当告知申请人、利害关系人享有要求听证的权利；申请人、利害关系人在被告知听证权利之日起五日内提出听证申请的，行政机关应当在二十日内组织听证。

申请人、利害关系人不承担行政机关

组织听证的费用。

第四十八条 听证按照下列程序进行：

（一）行政机关应当于举行听证的七日前将举行听证的时间、地点通知申请人、利害关系人，必要时予以公告；

（二）听证应当公开举行；

（三）行政机关应当指定审查该行政许可申请的工作人员以外的人员为听证主持人，申请人、利害关系人认为主持人与该行政许可事项有直接利害关系的，有权申请回避；

（四）举行听证时，审查该行政许可申请的工作人员应当提供审查意见的证据、理由，申请人、利害关系人可以提出证据，并进行申辩和质证；

（五）听证应当制作笔录，听证笔录应当交听证参加人确认无误后签字或者盖章。

行政机关应当根据听证笔录，作出行政许可决定。

第五节　变更与延续

第四十九条 被许可人要求变更行政许可事项的，应当向作出行政许可决定的行政机关提出申请；符合法定条件、标准的，行政机关应当依法办理变更手续。

第五十条 被许可人需要延续依法取得的行政许可的有效期的，应当在该行政许可有效期届满三十日前向作出行政许可决定的行政机关提出申请。但是，法律、法规、规章另有规定的，依照其规定。

行政机关应当根据被许可人的申请，在该行政许可有效期届满前作出是否准予延续的决定；逾期未作决定的，视为准予延续。

第六节　特别规定

第五十一条 实施行政许可的程序，本节有规定的，适用本节规定；本节没有规定的，适用本章其他有关规定。

第五十二条 国务院实施行政许可的程序，适用有关法律、行政法规的规定。

第五十三条 实施本法第十二条第二项所列事项的行政许可的，行政机关应当通过招标、拍卖等公平竞争的方式作出决定。但是，法律、行政法规另有规定的，依照其规定。

行政机关通过招标、拍卖等方式作出行政许可决定的具体程序，依照有关法律、行政法规的规定。

行政机关按照招标、拍卖程序确定中标人、买受人后，应当作出准予行政许可的决定，并依法向中标人、买受人颁发行政许可证件。

行政机关违反本条规定，不采用招标、拍卖方式，或者违反招标、拍卖程序，损害申请人合法权益的，申请人可以依法申请行政复议或者提起行政诉讼。

第五十四条 实施本法第十二条第三项所列事项的行政许可，赋予公民特定资格，依法应当举行国家考试的，行政机关根据考试成绩和其他法定条件作出行政许可决定；赋予法人或者其他组织特定的资格、资质的，行政机关根据申请人的专业人员构成、技术条件、经营业绩和管理水平等的考核结果作出行政许可决定。但是，法律、行政法规另有规定的，依照其规定。

公民特定资格的考试依法由行政机关或者行业组织实施，公开举行。行政机关或者行业组织应当事先公布资格考试的报名条件、报考办法、考试科目以及考试大纲。但是，不得组织强制性的资格考试的考前培训，不得指定教材或者其他助考材料。

第五十五条 实施本法第十二条第四项所列事项的行政许可的，应当按照技术标准、技术规范依法进行检验、检测、检疫，行政机关根据检验、检测、检疫的结果作出行政许可决定。

行政机关实施检验、检测、检疫，应当

自受理申请之日起五日内指派两名以上工作人员按照技术标准、技术规范进行检验、检测、检疫。不需要对检验、检测、检疫结果作进一步技术分析即可认定设备、设施、产品、物品是否符合技术标准、技术规范的,行政机关应当当场作出行政许可决定。

行政机关根据检验、检测、检疫结果,作出不予行政许可决定的,应当书面说明不予行政许可所依据的技术标准、技术规范。

第五十六条　实施本法第十二条第五项所列事项的行政许可,申请人提交的申请材料齐全、符合法定形式的,行政机关应当当场予以登记。需要对申请材料的实质内容进行核实的,行政机关依照本法第三十四条第三款的规定办理。

第五十七条　有数量限制的行政许可,两个或者两个以上申请人的申请均符合法定条件、标准的,行政机关应当根据受理行政许可申请的先后顺序作出准予行政许可的决定。但是,法律、行政法规另有规定的,依照其规定。

第五章　行政许可的费用

第五十八条　行政机关实施行政许可和对行政许可事项进行监督检查,不得收取任何费用。但是,法律、行政法规另有规定的,依照其规定。

行政机关提供行政许可申请书格式文本,不得收费。

行政机关实施行政许可所需经费应当列入本行政机关的预算,由本级财政予以保障,按照批准的预算予以核拨。

第五十九条　行政机关实施行政许可,依照法律、行政法规收取费用的,应当按照公布的法定项目和标准收费;所收取的费用必须全部上缴国库,任何机关或者个人不得以任何形式截留、挪用、私分或者变相私分。财政部门不得以任何形式向行政机关返还或者变相返还实施行政许可所收取的费用。

第六章　监督检查

第六十条　上级行政机关应当加强对下级行政机关实施行政许可的监督检查,及时纠正行政许可实施中的违法行为。

第六十一条　行政机关应当建立健全监督制度,通过核查反映被许可人从事行政许可事项活动情况的有关材料,履行监督责任。

行政机关依法对被许可人从事行政许可事项的活动进行监督检查时,应当将监督检查的情况和处理结果予以记录,由监督检查人员签字后归档。公众有权查阅行政机关监督检查记录。

行政机关应当创造条件,实现与被许可人、其他有关行政机关的计算机档案系统互联,核查被许可人从事行政许可事项活动情况。

第六十二条　行政机关可以对被许可人生产经营的产品依法进行抽样检查、检验、检测,对其生产经营场所依法进行实地检查。检查时,行政机关可以依法查阅或者要求被许可人报送有关材料;被许可人应当如实提供有关情况和材料。

行政机关根据法律、行政法规的规定,对直接关系公共安全、人身健康、生命财产安全的重要设备、设施进行定期检验。对检验合格的,行政机关应当发给相应的证明文件。

第六十三条　行政机关实施监督检查,不得妨碍被许可人正常的生产经营活动,不得索取或者收受被许可人的财物,不得谋取其他利益。

第六十四条　被许可人在作出行政许可决定的行政机关管辖区域外违法从事行政许可事项活动的,违法行为发生地的行政机关应当依法将被许可人的违法事实、处理结果抄告作出行政许可决定的行政机关。

第六十五条 个人和组织发现违法从事行政许可事项的活动,有权向行政机关举报,行政机关应当及时核实、处理。

第六十六条 被许可人未依法履行开发利用自然资源义务或者未依法履行利用公共资源义务的,行政机关应当责令限期改正;被许可人在规定期限内不改正的,行政机关应当依照有关法律、行政法规的规定予以处理。

第六十七条 取得直接关系公共利益的特定行业的市场准入行政许可的被许可人,应当按照国家规定的服务标准、资费标准和行政机关依法规定的条件,向用户提供安全、方便、稳定和价格合理的服务,并履行普遍服务的义务;未经作出行政许可决定的行政机关批准,不得擅自停业、歇业。

被许可人不履行前款规定的义务的,行政机关应当责令限期改正,或者依法采取有效措施督促其履行义务。

第六十八条 对直接关系公共安全、人身健康、生命财产安全的重要设备、设施,行政机关应当督促设计、建造、安装和使用单位建立相应的自检制度。

行政机关在监督检查时,发现直接关系公共安全、人身健康、生命财产安全的重要设备、设施存在安全隐患的,应当责令停止建造、安装和使用,并责令设计、建造、安装和使用单位立即改正。

第六十九条 有下列情形之一的,作出行政许可决定的行政机关或者其上级行政机关,根据利害关系人的请求或者依据职权,可以撤销行政许可:

(一)行政机关工作人员滥用职权、玩忽职守作出准予行政许可决定的;

(二)超越法定职权作出准予行政许可决定的;

(三)违反法定程序作出准予行政许可决定的;

(四)对不具备申请资格或者不符合法定条件的申请人准予行政许可的;

(五)依法可以撤销行政许可的其他情形。

被许可人以欺骗、贿赂等不正当手段取得行政许可的,应当予以撤销。

依照前两款的规定撤销行政许可,可能对公共利益造成重大损害的,不予撤销。

依照本条第一款的规定撤销行政许可,被许可人的合法权益受到损害的,行政机关应当依法给予赔偿。依照本条第二款的规定撤销行政许可的,被许可人基于行政许可取得的利益不受保护。

第七十条 有下列情形之一的,行政机关应当依法办理有关行政许可的注销手续:

(一)行政许可有效期届满未延续的;

(二)赋予公民特定资格的行政许可,该公民死亡或者丧失行为能力的;

(三)法人或者其他组织依法终止的;

(四)行政许可依法被撤销、撤回,或者行政许可证件依法被吊销的;

(五)因不可抗力导致行政许可事项无法实施的;

(六)法律、法规规定的应当注销行政许可的其他情形。

第七章 法律责任

第七十一条 违反本法第十七条规定设定的行政许可,有关机关应当责令设定该行政许可的机关改正,或者依法予以撤销。

第七十二条 行政机关及其工作人员违反本法的规定,有下列情形之一的,由其上级行政机关或者监察机关责令改正;情节严重的,对直接负责的主管人员和其他直接责任人员依法给予行政处分:

（一）对符合法定条件的行政许可申请不予受理的；

（二）不在办公场所公示依法应当公示的材料的；

（三）在受理、审查、决定行政许可过程中，未向申请人、利害关系人履行法定告知义务的；

（四）申请人提交的申请材料不齐全、不符合法定形式，不一次告知申请人必须补正的全部内容的；

（五）违法披露申请人提交的商业秘密、未披露信息或者保密商务信息的；

（六）以转让技术作为取得行政许可的条件，或者在实施行政许可的过程中直接或者间接地要求转让技术的；

（七）未依法说明不受理行政许可申请或者不予行政许可的理由的；

（八）依法应当举行听证而不举行听证的。

第七十三条 行政机关工作人员办理行政许可、实施监督检查，索取或者收受他人财物或者谋取其他利益，构成犯罪的，依法追究刑事责任；尚不构成犯罪的，依法给予行政处分。

第七十四条 行政机关实施行政许可，有下列情形之一的，由其上级行政机关或者监察机关责令改正，对直接负责的主管人员和其他直接责任人员依法给予行政处分；构成犯罪的，依法追究刑事责任：

（一）对不符合法定条件的申请人准予行政许可或者超越法定职权作出准予行政许可决定的；

（二）对符合法定条件的申请人不予行政许可或者不在法定期限内作出准予行政许可决定的；

（三）依法应当根据招标、拍卖结果或者考试成绩择优作出准予行政许可决定，未经招标、拍卖或者考试，或者不根据招标、拍卖结果或者考试成绩择优作出准予行政许可决定的。

第七十五条 行政机关实施行政许可，擅自收费或者不按照法定项目和标准收费的，由其上级行政机关或者监察机关责令退还非法收取的费用；对直接负责的主管人员和其他直接责任人员依法给予行政处分。

截留、挪用、私分或者变相私分实施行政许可依法收取的费用的，予以追缴；对直接负责的主管人员和其他直接责任人员依法给予行政处分；构成犯罪的，依法追究刑事责任。

第七十六条 行政机关违法实施行政许可，给当事人的合法权益造成损害的，应当依照国家赔偿法的规定给予赔偿。

第七十七条 行政机关不依法履行监督职责或者监督不力，造成严重后果的，由其上级行政机关或者监察机关责令改正，对直接负责的主管人员和其他直接责任人员依法给予行政处分；构成犯罪的，依法追究刑事责任。

第七十八条 行政许可申请人隐瞒有关情况或者提供虚假材料申请行政许可的，行政机关不予受理或者不予行政许可，并给予警告；行政许可申请属于直接关系公共安全、人身健康、生命财产安全事项的，申请人在一年内不得再次申请该行政许可。

第七十九条 被许可人以欺骗、贿赂等不正当手段取得行政许可的，行政机关应当依法给予行政处罚；取得的行政许可属于直接关系公共安全、人身健康、生命财产安全事项的，申请人在三年内不得再次申请该行政许可；构成犯罪的，依法追究刑事责任。

第八十条 被许可人有下列行为之一的，行政机关应当依法给予行政处罚；构成犯罪的，依法追究刑事责任：

（一）涂改、倒卖、出租、出借行政许可证件，或者以其他形式非法转让行政许

（二）超越行政许可范围进行活动的；

（三）向负责监督检查的行政机关隐瞒有关情况、提供虚假材料或者拒绝提供反映其活动情况的真实材料的；

（四）法律、法规、规章规定的其他违法行为。

第八十一条 公民、法人或者其他组织未经行政许可，擅自从事依法应当取得行政许可的活动的，行政机关应当依法采取措施予以制止，并依法给予行政处罚；构成犯罪的，依法追究刑事责任。

第八章 附 则

第八十二条 本法规定的行政机关实施行政许可的期限以工作日计算，不含法定节假日。

第八十三条 本法自2004年7月1日起施行。

本法施行前有关行政许可的规定，制定机关应当依照本法规定予以清理；不符合本法规定的，自本法施行之日起停止执行。

中华人民共和国公务员法

（2005年4月27日第十届全国人民代表大会常务委员会第十五次会议通过 根据2017年9月1日第十二届全国人民代表大会常务委员会第二十九次会议《关于修改〈中华人民共和国法官法〉等八部法律的决定》修正 2018年12月29日第十三届全国人民代表大会常务委员会第七次会议修订 2018年12月29日中华人民共和国主席令第20号公布 自2019年6月1日起施行）

第一章 总 则

第一条 为了规范公务员的管理，保障公务员的合法权益，加强对公务员的监督，促进公务员正确履职尽责，建设信念坚定、为民服务、勤政务实、敢于担当、清正廉洁的高素质专业化公务员队伍，根据宪法，制定本法。

第二条 本法所称公务员，是指依法履行公职、纳入国家行政编制、由国家财政负担工资福利的工作人员。

公务员是干部队伍的重要组成部分，是社会主义事业的中坚力量，是人民的公仆。

第三条 公务员的义务、权利和管理，适用本法。

法律对公务员中领导成员的产生、任免、监督以及监察官、法官、检察官等的义务、权利和管理另有规定的，从其规定。

第四条 公务员制度坚持中国共产党领导，坚持以马克思列宁主义、毛泽东思想、邓小平理论、"三个代表"重要思想、科学发展观、习近平新时代中国特色社会主义思想为指导，贯彻社会主义初级阶段的基本路线，贯彻新时代中国共产党的组织路线，坚持党管干部原则。

第五条 公务员的管理，坚持公开、平等、竞争、择优的原则，依照法定的权限、条件、标准和程序进行。

第六条 公务员的管理，坚持监督约束与激励保障并重的原则。

第七条 公务员的任用，坚持德才兼备、以德为先，坚持五湖四海、任人唯贤，坚持事业为上、公道正派，突出政治标准，注重工作实绩。

第八条 国家对公务员实行分类管理，提高管理效能和科学化水平。

第九条 公务员就职时应当依照法律规定公开进行宪法宣誓。

第十条 公务员依法履行职责的行为，受法律保护。

第十一条 公务员工资、福利、保险以及录用、奖励、培训、辞退等所需经费，列入财政预算,予以保障。

第十二条　中央公务员主管部门负责全国公务员的综合管理工作。县级以上地方各级公务员主管部门负责本辖区内公务员的综合管理工作。上级公务员主管部门指导下级公务员主管部门的公务员管理工作。各级公务员主管部门指导同级各机关的公务员管理工作。

第二章　公务员的条件、义务与权利

第十三条　公务员应当具备下列条件:
(一)具有中华人民共和国国籍;
(二)年满十八周岁;
(三)拥护中华人民共和国宪法,拥护中国共产党领导和社会主义制度;
(四)具有良好的政治素质和道德品行;
(五)具有正常履行职责的身体条件和心理素质;
(六)具有符合职位要求的文化程度和工作能力;
(七)法律规定的其他条件。

第十四条　公务员应当履行下列义务:
(一)忠于宪法,模范遵守、自觉维护宪法和法律,自觉接受中国共产党领导;
(二)忠于国家,维护国家的安全、荣誉和利益;
(三)忠于人民,全心全意为人民服务,接受人民监督;
(四)忠于职守,勤勉尽责,服从和执行上级依法作出的决定和命令,按照规定的权限和程序履行职责,努力提高工作质量和效率;
(五)保守国家秘密和工作秘密;
(六)带头践行社会主义核心价值观,坚守法治,遵守纪律,恪守职业道德,模范遵守社会公德、家庭美德;
(七)清正廉洁,公道正派;
(八)法律规定的其他义务。

第十五条　公务员享有下列权利:
(一)获得履行职责应当具有的工作条件;
(二)非因法定事由、非经法定程序,不被免职、降职、辞退或者处分;
(三)获得工资报酬,享受福利、保险待遇;
(四)参加培训;
(五)对机关工作和领导人员提出批评和建议;
(六)提出申诉和控告;
(七)申请辞职;
(八)法律规定的其他权利。

第三章　职务、职级与级别

第十六条　国家实行公务员职位分类制度。

公务员职位类别按照公务员职位的性质、特点和管理需要,划分为综合管理类、专业技术类和行政执法类等类别。根据本法,对于具有职位特殊性,需要单独管理的,可以增设其他职位类别。各职位类别的适用范围由国家另行规定。

第十七条　国家实行公务员职务与职级并行制度,根据公务员职位类别和职责设置公务员领导职务、职级序列。

第十八条　公务员领导职务根据宪法、有关法律和机构规格设置。

领导职务层次分为:国家级正职、国家级副职、省部级正职、省部级副职、厅局级正职、厅局级副职、县处级正职、县处级副职、乡科级正职、乡科级副职。

第十九条　公务员职级在厅局级以下设置。

综合管理类公务员职级序列分为:一级巡视员、二级巡视员、一级调研员、二级调研员、三级调研员、四级调研员、一级主任科员、二级主任科员、三级主任科员、四级主任科员、一级科员、二级科员。

综合管理类以外其他职位类别公务员的职级序列,根据本法由国家另行规定。

第二十条 各机关依照确定的职能、规格、编制限额、职数以及结构比例,设置本机关公务员的具体职位,并确定各职位的工作职责和任职资格条件。

第二十一条 公务员的领导职务、职级应当对应相应的级别。公务员领导职务、职级与级别的对应关系,由国家规定。

根据工作需要和领导职务与职级的对应关系,公务员担任的领导职务和职级可以互相转任、兼任;符合规定资格条件的,可以晋升领导职务或者职级。

公务员的级别根据所任领导职务、职级及其德才表现、工作实绩和资历确定。公务员在同一领导职务、职级上,可以按照国家规定晋升级别。

公务员的领导职务、职级与级别是确定公务员工资以及其他待遇的依据。

第二十二条 国家根据人民警察、消防救援人员以及海关、驻外外交机构等公务员的工作特点,设置与其领导职务、职级相对应的衔级。

第四章 录 用

第二十三条 录用担任一级主任科员以下及其他相当职级层次的公务员,采取公开考试、严格考察、平等竞争、择优录取的办法。

民族自治地方依照前款规定录用公务员时,依照法律和有关规定对少数民族报考者予以适当照顾。

第二十四条 中央机关及其直属机构公务员的录用,由中央公务员主管部门负责组织。地方各级机关公务员的录用,由省级公务员主管部门负责组织,必要时省级公务员主管部门可以授权设区的市级公务员主管部门组织。

第二十五条 报考公务员,除应当具备本法第十三条规定的条件以外,还应当具备省级以上公务员主管部门规定的拟任职位所要求的资格条件。

国家对行政机关中初次从事行政处罚决定审核、行政复议、行政裁决、法律顾问的公务员实行统一法律职业资格考试制度,由国务院司法行政部门商有关部门组织实施。

第二十六条 下列人员不得录用为公务员:

(一)因犯罪受过刑事处罚的;

(二)被开除中国共产党党籍的;

(三)被开除公职的;

(四)被依法列为失信联合惩戒对象的;

(五)有法律规定不得录用为公务员的其他情形的。

第二十七条 录用公务员,应当在规定的编制限额内,并有相应的职位空缺。

第二十八条 录用公务员,应当发布招考公告。招考公告应当载明招考的职位、名额、报考资格条件、报考需要提交的申请材料以及其他报考须知事项。

招录机关应当采取措施,便利公民报考。

第二十九条 招录机关根据报考资格条件对报考申请进行审查。报考者提交的申请材料应当真实、准确。

第三十条 公务员录用考试采取笔试和面试等方式进行,考试内容根据公务员应当具备的基本能力和不同职位类别、不同层级机关分别设置。

第三十一条 招录机关根据考试成绩确定考察人选,并进行报考资格复审、考察和体检。

体检的项目和标准根据职位要求确定。具体办法由中央公务员主管部门会同国务院卫生健康行政部门规定。

第三十二条　招录机关根据考试成绩、考察情况和体检结果，提出拟录用人员名单，并予以公示。公示期不少于五个工作日。

公示期满，中央一级招录机关应当将拟录用人员名单报中央公务员主管部门备案；地方各级招录机关应当将拟录用人员名单报省级或者设区的市级公务员主管部门审批。

第三十三条　录用特殊职位的公务员，经省级以上公务员主管部门批准，可以简化程序或者采用其他测评办法。

第三十四条　新录用的公务员试用期为一年。试用期满合格的，予以任职；不合格的，取消录用。

第五章　考　核

第三十五条　公务员的考核应当按照管理权限，全面考核公务员的德、能、勤、绩、廉，重点考核政治素质和工作实绩。考核指标根据不同职位类别、不同层级机关分别设置。

第三十六条　公务员的考核分为平时考核、专项考核和定期考核等方式。定期考核以平时考核、专项考核为基础。

第三十七条　非领导成员公务员的定期考核采取年度考核的方式。先由个人按照职位职责和有关要求进行总结，主管领导在听取群众意见后，提出考核等次建议，由本机关负责人或者授权的考核委员会确定考核等次。

领导成员的考核由主管机关按照有关规定办理。

第三十八条　定期考核的结果分为优秀、称职、基本称职和不称职四个等次。

定期考核的结果应当以书面形式通知公务员本人。

第三十九条　定期考核的结果作为调整公务员职位、职务、职级、级别、工资以及公务员奖励、培训、辞退的依据。

第六章　职务、职级任免

第四十条　公务员领导职务实行选任制、委任制和聘任制。公务员职级实行委任制和聘任制。

领导成员职务按照国家规定实行任期制。

第四十一条　选任制公务员在选举结果生效时即任当选职务；任期届满不再连任或者任期内辞职、被罢免、被撤职的，其所任职务即终止。

第四十二条　委任制公务员试用期满考核合格，职务、职级发生变化，以及其他情形需要任免职务、职级的，应当按照管理权限和规定的程序任免。

第四十三条　公务员任职应当在规定的编制限额和职数内进行，并有相应的职位空缺。

第四十四条　公务员因工作需要在机关外兼职，应当经有关机关批准，并不得领取兼职报酬。

第七章　职务、职级升降

第四十五条　公务员晋升领导职务，应当具备拟任职务所要求的政治素质、工作能力、文化程度和任职经历等方面的条件和资格。

公务员领导职务应当逐级晋升。特别优秀的或者工作特殊需要的，可以按照规定破格或者越级晋升。

第四十六条　公务员晋升领导职务，按照下列程序办理：

（一）动议；

（二）民主推荐；

（三）确定考察对象，组织考察；

（四）按照管理权限讨论决定；

（五）履行任职手续。

第四十七条 厅局级正职以下领导职务出现空缺且本机关没有合适人选的，可以通过适当方式面向社会选拔任职人选。

第四十八条 公务员晋升领导职务的，应当按照有关规定实行任职前公示制度和任职试用期制度。

第四十九条 公务员职级应当逐级晋升，根据个人德才表现、工作实绩和任职资历，参考民主推荐或者民主测评结果确定人选，经公示后，按照管理权限审批。

第五十条 公务员的职务、职级实行能上能下。对不适宜或者不胜任现任职务、职级的，应当进行调整。

公务员在年度考核中被确定为不称职的，按照规定程序降低一个职务或者职级层次任职。

第八章 奖　　励

第五十一条 对工作表现突出，有显著成绩和贡献，或者有其他突出事迹的公务员或者公务员集体，给予奖励。奖励坚持定期奖励与及时奖励相结合，精神奖励与物质奖励相结合、以精神奖励为主的原则。

公务员集体的奖励适用于按照编制序列设置的机构或者为完成专项任务组成的工作集体。

第五十二条 公务员或者公务员集体有下列情形之一的，给予奖励：

（一）忠于职守，积极工作，勇于担当，工作实绩显著的；

（二）遵纪守法，廉洁奉公，作风正派，办事公道，模范作用突出的；

（三）在工作中有发明创造或者提出合理化建议，取得显著经济效益或者社会效益的；

（四）为增进民族团结，维护社会稳定做出突出贡献的；

（五）爱护公共财产，节约国家资财有突出成绩的；

（六）防止或者消除事故有功，使国家和人民群众利益免受或者减少损失的；

（七）在抢险、救灾等特定环境中做出突出贡献的；

（八）同违纪违法行为作斗争有功绩的；

（九）在对外交往中为国家争得荣誉和利益的；

（十）有其他突出功绩的。

第五十三条 奖励分为：嘉奖、记三等功、记二等功、记一等功、授予称号。

对受奖励的公务员或者公务员集体予以表彰，并对受奖励的个人给予一次性奖金或者其他待遇。

第五十四条 给予公务员或者公务员集体奖励，按照规定的权限和程序决定或者审批。

第五十五条 按照国家规定，可以向参与特定时期、特定领域重大工作的公务员颁发纪念证书或者纪念章。

第五十六条 公务员或者公务员集体有下列情形之一的，撤销奖励：

（一）弄虚作假，骗取奖励的；

（二）申报奖励时隐瞒严重错误或者严重违反规定程序的；

（三）有严重违纪违法等行为，影响称号声誉的；

（四）有法律、法规规定应当撤销奖励的其他情形的。

第九章 监督与惩戒

第五十七条 机关应当对公务员的思想政治、履行职责、作风表现、遵纪守法等情况进行监督，开展勤政廉政教育，建立日常管理监督制度。

对公务员监督发现问题的,应当区分不同情况,予以谈话提醒、批评教育、责令检查、诫勉、组织调整、处分。

对公务员涉嫌职务违法和职务犯罪的,应当依法移送监察机关处理。

第五十八条　公务员应当自觉接受监督,按照规定请示报告工作、报告个人有关事项。

第五十九条　公务员应当遵纪守法,不得有下列行为:

(一)散布有损宪法权威、中国共产党和国家声誉的言论,组织或者参加旨在反对宪法、中国共产党领导和国家的集会、游行、示威等活动;

(二)组织或者参加非法组织,组织或者参加罢工;

(三)挑拨、破坏民族关系,参加民族分裂活动或者组织、利用宗教活动破坏民族团结和社会稳定;

(四)不担当,不作为,玩忽职守,贻误工作;

(五)拒绝执行上级依法作出的决定和命令;

(六)对批评、申诉、控告、检举进行压制或者打击报复;

(七)弄虚作假,误导、欺骗领导和公众;

(八)贪污贿赂,利用职务之便为自己或者他人谋取私利;

(九)违反财经纪律,浪费国家资财;

(十)滥用职权,侵害公民、法人或者其他组织的合法权益;

(十一)泄露国家秘密或者工作秘密;

(十二)在对外交往中损害国家荣誉和利益;

(十三)参与或者支持色情、吸毒、赌博、迷信等活动;

(十四)违反职业道德、社会公德和家庭美德;

(十五)违反有关规定参与禁止的网络传播行为或者网络活动;

(十六)违反有关规定从事或者参与营利性活动,在企业或者其他营利性组织中兼任职务;

(十七)旷工或者因公外出、请假期满无正当理由逾期不归;

(十八)违纪违法的其他行为。

第六十条　公务员执行公务时,认为上级的决定或者命令有错误的,可以向上级提出改正或者撤销该决定或者命令的意见;上级不改变该决定或者命令,或者要求立即执行的,公务员应当执行该决定或者命令,执行的后果由上级负责,公务员不承担责任;但是,公务员执行明显违法的决定或者命令的,应当依法承担相应的责任。

第六十一条　公务员因违纪违法应当承担纪律责任的,依照本法给予处分或者由监察机关依法给予政务处分;违纪违法行为情节轻微,经批评教育后改正的,可以免予处分。

对同一违纪违法行为,监察机关已经作出政务处分决定的,公务员所在机关不再给予处分。

第六十二条　处分分为:警告、记过、记大过、降级、撤职、开除。

第六十三条　对公务员的处分,应当事实清楚、证据确凿、定性准确、处理恰当、程序合法、手续完备。

公务员违纪违法的,应当由处分决定机关决定对公务员违纪违法的情况进行调查,并将调查认定的事实以及拟给予处分的依据告知公务员本人。公务员有权进行陈述和申辩;处分决定机关不得因公务员申辩而加重处分。

处分决定机关认为对公务员应当给予处分的,应当在规定的期限内,按照管理权限和规定的程序作出处分决定。处分决定应当以书面形式通知公务员本人。

第六十四条 公务员在受处分期间不得晋升职务、职级和级别,其中受记过、记大过、降级、撤职处分的,不得晋升工资档次。

受处分的期间为:警告,六个月;记过,十二个月;记大过,十八个月;降级、撤职,二十四个月。

受撤职处分的,按照规定降低级别。

第六十五条 公务员受开除以外的处分,在受处分期间有悔改表现,并且没有再发生违纪违法行为的,处分期满后自动解除。

解除处分后,晋升工资档次、级别和职务、职级不再受原处分的影响。但是,解除降级、撤职处分的,不视为恢复原级别、原职务、原职级。

第十章 培 训

第六十六条 机关根据公务员工作职责的要求和提高公务员素质的需要,对公务员进行分类分级培训。

国家建立专门的公务员培训机构。机关根据需要也可以委托其他培训机构承担公务员培训任务。

第六十七条 机关对新录用人员应当在试用期内进行初任培训;对晋升领导职务的公务员应当在任职前或者任职后一年内进行任职培训;对从事专项工作的公务员应当进行专门业务培训;对全体公务员应当进行提高政治素质和工作能力、更新知识的在职培训,其中对专业技术类公务员应当进行专业技术培训。

国家有计划地加强对优秀年轻公务员的培训。

第六十八条 公务员的培训实行登记管理。

公务员参加培训的时间由公务员主管部门按照本法第六十七条规定的培训要求予以确定。

公务员培训情况、学习成绩作为公务员考核的内容和任职、晋升的依据之一。

第十一章 交流与回避

第六十九条 国家实行公务员交流制度。

公务员可以在公务员和参照本法管理的工作人员队伍内部交流,也可以与国有企业和不参照本法管理的事业单位中从事公务的人员交流。

交流的方式包括调任、转任。

第七十条 国有企业、高等院校和科研院所以及其他不参照本法管理的事业单位中从事公务的人员,可以调入机关担任领导职务或者四级调研员以上及其他相当层次的职级。

调任人选应当具备本法第十三条规定的条件和拟任职位所要求的资格条件,并不得有本法第二十六条规定的情形。调任机关应当根据上述规定,对调任人选进行严格考察,并按照管理权限审批,必要时可以对调任人选进行考试。

第七十一条 公务员在不同职位之间转任应当具备拟任职位所要求的资格条件,在规定的编制限额和职数内进行。

对省部级正职以下的领导成员应当有计划、有重点地实行跨地区、跨部门转任。

对担任机关内设机构领导职务和其他工作性质特殊的公务员,应当有计划地在本机关内转任。

上级机关应当注重从基层机关公开遴选公务员。

第七十二条 根据工作需要,机关可以采取挂职方式选派公务员承担重大工程、重大项目、重点任务或者其他专项工作。

公务员在挂职期间，不改变与原机关的人事关系。

第七十三条 公务员应当服从机关的交流决定。

公务员本人申请交流的，按照管理权限审批。

第七十四条 公务员之间有夫妻关系、直系血亲关系、三代以内旁系血亲关系以及近姻亲关系的，不得在同一机关双方直接隶属于同一领导人员的职位或者有直接上下级领导关系的职位工作，也不得在其中一方担任领导职务的机关从事组织、人事、纪检、监察、审计和财务工作。

公务员不得在其配偶、子女及其配偶经营的企业、营利性组织的行业监管或者主管部门担任领导成员。

因地域或者工作性质特殊，需要变通执行任职回避的，由省级以上公务员主管部门规定。

第七十五条 公务员担任乡级机关、县级机关、设区的市级机关及其有关部门主要领导职务的，应当按照有关规定实行地域回避。

第七十六条 公务员执行公务时，有下列情形之一的，应当回避：

（一）涉及本人利害关系的；

（二）涉及与本人有本法第七十四条第一款所列亲属关系人员的利害关系的；

（三）其他可能影响公正执行公务的。

第七十七条 公务员有应当回避情形的，本人应当申请回避；利害关系人有权申请公务员回避。其他人员可以向机关提供公务员需要回避的情况。

机关根据公务员本人或者利害关系人的申请，经审查后作出是否回避的决定，也可以不经申请直接作出回避决定。

第七十八条 法律对公务员回避另有规定的，从其规定。

第十二章 工资、福利与保险

第七十九条 公务员实行国家统一规定的工资制度。

公务员工资制度贯彻按劳分配的原则，体现工作职责、工作能力、工作实绩、资历等因素，保持不同领导职务、职级、级别之间的合理工资差距。

国家建立公务员工资的正常增长机制。

第八十条 公务员工资包括基本工资、津贴、补贴和奖金。

公务员按照国家规定享受地区附加津贴、艰苦边远地区津贴、岗位津贴等津贴。

公务员按照国家规定享受住房、医疗等补贴、补助。

公务员在定期考核中被确定为优秀、称职的，按照国家规定享受年终奖金。

公务员工资应当按时足额发放。

第八十一条 公务员的工资水平应当与国民经济发展相协调、与社会进步相适应。

国家实行工资调查制度，定期进行公务员和企业相当人员工资水平的调查比较，并将工资调查比较结果作为调整公务员工资水平的依据。

第八十二条 公务员按照国家规定享受福利待遇。国家根据经济社会发展水平提高公务员的福利待遇。

公务员执行国家规定的工时制度，按照国家规定享受休假。公务员在法定工作日之外加班的，应当给予相应的补休，不能补休的按照国家规定给予补助。

第八十三条 公务员依法参加社会保险，按照国家规定享受保险待遇。

公务员因公牺牲或者病故的，其亲属享受国家规定的抚恤和优待。

第八十四条 任何机关不得违反国家规定自行更改公务员工资、福利、保险政策,擅自提高或者降低公务员的工资、福利、保险待遇。任何机关不得扣减或者拖欠公务员的工资。

第十三章　辞职与辞退

第八十五条　公务员辞去公职,应当向任免机关提出书面申请。任免机关应当自接到申请之日起三十日内予以审批,其中对领导成员辞去公职的申请,应当自接到申请之日起九十日内予以审批。

第八十六条　公务员有下列情形之一的,不得辞去公职:

(一)未满国家规定的最低服务年限的;

(二)在涉及国家秘密等特殊职位任职或者离开上述职位不满国家规定的脱密期限的;

(三)重要公务尚未处理完毕,且须由本人继续处理的;

(四)正在接受审计、纪律审查、监察调查,或者涉嫌犯罪,司法程序尚未终结的;

(五)法律、行政法规规定的其他不得辞去公职的情形。

第八十七条　担任领导职务的公务员,因工作变动依照法律规定需要辞去现任职务的,应当履行辞职手续。

担任领导职务的公务员,因个人或者其他原因,可以自愿提出辞去领导职务。

领导成员因工作严重失误、失职造成重大损失或者恶劣社会影响的,或者对重大事故负有领导责任的,应当引咎辞去领导职务。

领导成员因其他原因不再适合担任现任领导职务的,或者应当引咎辞职本人不提出辞职的,应当责令其辞去领导职务。

第八十八条　公务员有下列情形之一的,予以辞退:

(一)在年度考核中,连续两年被确定为不称职的;

(二)不胜任现职工作,又不接受其他安排的;

(三)因所在机关调整、撤销、合并或者缩减编制员额需要调整工作,本人拒绝合理安排的;

(四)不履行公务员义务,不遵守法律和公务员纪律,经教育仍无转变,不适合继续在机关工作,又不宜给予开除处分的;

(五)旷工或者因公外出、请假期满无正当理由逾期不归连续超过十五天,或者一年内累计超过三十天的。

第八十九条　对有下列情形之一的公务员,不得辞退:

(一)因公致残,被确认丧失或者部分丧失工作能力的;

(二)患病或者负伤,在规定的医疗期内的;

(三)女性公务员在孕期、产假、哺乳期内的;

(四)法律、行政法规规定的其他不得辞退的情形。

第九十条　辞退公务员,按照管理权限决定。辞退决定应当以书面形式通知被辞退的公务员,并应当告知辞退依据和理由。

被辞退的公务员,可以领取辞退费或者根据国家有关规定享受失业保险。

第九十一条　公务员辞职或者被辞退,离职前应当办理公务交接手续,必要时按照规定接受审计。

第十四章　退　　休

第九十二条　公务员达到国家规定的退休年龄或者完全丧失工作能力的,应当退休。

第九十三条　公务员符合下列条件之一的,本人自愿提出申请,经任免机关批

准,可以提前退休:

(一)工作年限满三十年的;

(二)距国家规定的退休年龄不足五年,且工作年限满二十年的;

(三)符合国家规定的可以提前退休的其他情形的。

第九十四条 公务员退休后,享受国家规定的养老金和其他待遇,国家为其生活和健康提供必要的服务和帮助,鼓励发挥个人专长,参与社会发展。

第十五章 申诉与控告

第九十五条 公务员对涉及本人的下列人事处理不服的,可以自知道该人事处理之日起三十日内向原处理机关申请复核;对复核结果不服的,可以自接到复核决定之日起十五日内,按照规定向同级公务员主管部门或者作出该人事处理的机关的上一级机关提出申诉;也可以不经复核,自知道该人事处理之日起三十日内直接提出申诉:

(一)处分;

(二)辞退或者取消录用;

(三)降职;

(四)定期考核定为不称职;

(五)免职;

(六)申请辞职、提前退休未予批准;

(七)不按照规定确定或者扣减工资、福利、保险待遇;

(八)法律、法规规定可以申诉的其他情形。

对省级以下机关作出的申诉处理决定不服的,可以向作出处理决定的上一级机关提出再申诉。

受理公务员申诉的机关应当组成公务员申诉公正委员会,负责受理和审理公务员的申诉案件。

公务员对监察机关作出的涉及本人的处理决定不服向监察机关申请复审、复核的,按照有关规定办理。

第九十六条 原处理机关应当自接到复核申请书后的三十日内作出复核决定,并以书面形式告知申请人。受理公务员申诉的机关应当自受理之日起六十日内作出处理决定;案情复杂的,可以适当延长,但是延长时间不得超过三十日。

复核、申诉期间不停止人事处理的执行。

公务员不因申请复核、提出申诉而被加重处理。

第九十七条 公务员申诉的受理机关审查认定人事处理有错误的,原处理机关应当及时予以纠正。

第九十八条 公务员认为机关及其领导人员侵犯其合法权益的,可以依法向上级机关或者监察机关提出控告。受理控告的机关应当按照规定及时处理。

第九十九条 公务员提出申诉、控告,应当尊重事实,不得捏造事实,诬告、陷害他人。对捏造事实,诬告、陷害他人的,依法追究法律责任。

第十六章 职位聘任

第一百条 机关根据工作需要,经省级以上公务员主管部门批准,可以对专业性较强的职位和辅助性职位实行聘任制。

前款所列职位涉及国家秘密的,不实行聘任制。

第一百零一条 机关聘任公务员可以参照公务员考试录用的程序进行公开招聘,也可以从符合条件的人员中直接选聘。

机关聘任公务员应当在规定的编制限额和工资经费限额内进行。

第一百零二条 机关聘任公务员,应当按照平等自愿、协商一致的原则,签订书面的聘任合同,确定机关与所聘公务员双方的权利、义务。聘任合同经双方协商一致可以变更或者解除。

聘任合同的签订、变更或者解除,应当报同级公务员主管部门备案。

第一百零三条 聘任合同应当具备合同期限,职位及其职责要求,工资、福利、保险待遇,违约责任等条款。

聘任合同期限为一年至五年。聘任合同可以约定试用期,试用期为一个月至十二个月。

聘任制公务员实行协议工资制,具体办法由中央公务员主管部门规定。

第一百零四条 机关依据本法和聘任合同对所聘公务员进行管理。

第一百零五条 聘任制公务员与所在机关之间因履行聘任合同发生争议的,可以自争议发生之日起六十日内申请仲裁。

省级以上公务员主管部门根据需要设立人事争议仲裁委员会,受理仲裁申请。人事争议仲裁委员会由公务员主管部门的代表、聘用机关的代表、聘任制公务员的代表以及法律专家组成。

当事人对仲裁裁决不服的,可以自接到仲裁裁决书之日起十五日内向人民法院提起诉讼。仲裁裁决生效后,一方当事人不履行的,另一方当事人可以申请人民法院执行。

第十七章 法律责任

第一百零六条 对有下列违反本法规定情形的,由县级以上领导机关或者公务员主管部门按照管理权限,区别不同情况,分别予以责令纠正或者宣布无效;对负有责任的领导人员和直接责任人员,根据情节轻重,给予批评教育、责令检查、诫勉、组织调整、处分;构成犯罪的,依法追究刑事责任:

(一)不按照编制限额、职数或者任职资格条件进行公务员录用、调任、转任、聘任和晋升的;

(二)不按照规定条件进行公务员奖惩、回避和办理退休的;

(三)不按照规定程序进行公务员录用、调任、转任、聘任、晋升以及考核、奖惩的;

(四)违反国家规定,更改公务员工资、福利、保险待遇标准的;

(五)在录用、公开遴选等工作中发生泄露试题、违反考场纪律以及其他严重影响公开、公正行为的;

(六)不按照规定受理和处理公务员申诉、控告的;

(七)违反本法规定的其他情形的。

第一百零七条 公务员辞去公职或者退休的,原系领导成员、县处级以上领导职务的公务员在离职三年内,其他公务员在离职两年内,不得到与原工作业务直接相关的企业或者其他营利性组织任职,不得从事与原工作业务直接相关的营利性活动。

公务员辞去公职或者退休后有违反前款规定行为的,由其原所在机关的同级公务员主管部门责令限期改正;逾期不改正的,由县级以上市场监管部门没收该人员从业期间的违法所得,责令接收单位将该人员予以清退,并根据情节轻重,对接收单位处以被处罚人员违法所得一倍以上五倍以下的罚款。

第一百零八条 公务员主管部门的工作人员,违反本法规定,滥用职权、玩忽职守、徇私舞弊,构成犯罪的,依法追究刑事责任;尚不构成犯罪的,给予处分或者由监察机关依法给予政务处分。

第一百零九条 在公务员录用、聘任等工作中,有隐瞒真实信息、弄虚作假、考试作弊、扰乱考试秩序等行为的,由公务员主管部门根据情节作出考试成绩无效、取消资格、限制报考等处理；情节严重的，依法追究法律责任。

第一百一十条　机关因错误的人事处理对公务员造成名誉损害的，应当赔礼道歉、恢复名誉、消除影响；造成经济损失的，应当依法给予赔偿。

第十八章　附　　则

第一百一十一条　本法所称领导成员，是指机关的领导人员，不包括机关内设机构担任领导职务的人员。

第一百一十二条　法律、法规授权的具有公共事务管理职能的事业单位中除工勤人员以外的工作人员，经批准参照本法进行管理。

第一百一十三条　本法自2019年6月1日起施行。

中华人民共和国监察法

（2018年3月20日第十三届全国人民代表大会第一次会议通过　2018年3月20日中华人民共和国主席令第3号公布　自公布之日起施行）

第一章　总　　则

第一条　为了深化国家监察体制改革，加强对所有行使公权力的公职人员的监督，实现国家监察全面覆盖，深入开展反腐败工作，推进国家治理体系和治理能力现代化，根据宪法，制定本法。

第二条　坚持中国共产党对国家监察工作的领导，以马克思列宁主义、毛泽东思想、邓小平理论、"三个代表"重要思想、科学发展观、习近平新时代中国特色社会主义思想为指导，构建集中统一、权威高效的中国特色国家监察体制。

第三条　各级监察委员会是行使国家监察职能的专责机关，依照本法对所有行使公权力的公职人员（以下称公职人员）进行监察，调查职务违法和职务犯罪，开展廉政建设和反腐败工作，维护宪法和法律的尊严。

第四条　监察委员会依照法律规定独立行使监察权，不受行政机关、社会团体和个人的干涉。

监察机关办理职务违法和职务犯罪案件，应当与审判机关、检察机关、执法部门互相配合，互相制约。

监察机关在工作中需要协助的，有关机关和单位应当根据监察机关的要求依法予以协助。

第五条　国家监察工作严格遵照宪法和法律，以事实为根据，以法律为准绳；在适用法律上一律平等，保障当事人的合法权益；权责对等，严格监督；惩戒与教育相结合，宽严相济。

第六条　国家监察工作坚持标本兼治、综合治理，强化监督问责，严厉惩治腐败；深化改革、健全法治，有效制约和监督权力；加强法治教育和道德教育，弘扬中华优秀传统文化，构建不敢腐、不能腐、不想腐的长效机制。

第二章　监察机关及其职责

第七条　中华人民共和国国家监察委员会是最高监察机关。

省、自治区、直辖市、自治州、县、自治县、市、市辖区设立监察委员会。

第八条　国家监察委员会由全国人民代表大会产生，负责全国监察工作。

国家监察委员会由主任、副主任若干人、委员若干人组成，主任由全国人民代表大会选举，副主任、委员由国家监察委员会主任提请全国人民代表大会常务委员会任免。

国家监察委员会主任每届任期同全国

人民代表大会每届任期相同,连续任职不得超过两届。

国家监察委员会对全国人民代表大会及其常务委员会负责,并接受其监督。

第九条 地方各级监察委员会由本级人民代表大会产生,负责本行政区域内的监察工作。

地方各级监察委员会由主任、副主任若干人,委员若干人组成,主任由本级人民代表大会选举,副主任、委员由监察委员会主任提请本级人民代表大会常务委员会任免。

地方各级监察委员会主任每届任期同本级人民代表大会每届任期相同。

地方各级监察委员会对本级人民代表大会及其常务委员会和上一级监察委员会负责,并接受其监督。

第十条 国家监察委员会领导地方各级监察委员会的工作,上级监察委员会领导下级监察委员会的工作。

第十一条 监察委员会依照本法和有关法律规定履行监督、调查、处置职责:

(一)对公职人员开展廉政教育,对其依法履职、秉公用权、廉洁从政从业以及道德操守情况进行监督检查;

(二)对涉嫌贪污贿赂、滥用职权、玩忽职守、权力寻租、利益输送、徇私舞弊以及浪费国家资财等职务违法和职务犯罪进行调查;

(三)对违法的公职人员依法作出政务处分决定;对履行职责不力、失职失责的领导人员进行问责;对涉嫌职务犯罪的,将调查结果移送人民检察院依法审查、提起公诉;向监察对象所在单位提出监察建议。

第十二条 各级监察委员会可以向本级中国共产党机关、国家机关、法律法规授权或者委托管理公共事务的组织和单位以及所管辖的行政区域、国有企业等派驻或者派出监察机构、监察专员。

监察机构、监察专员对派驻或者派出它的监察委员会负责。

第十三条 派驻或者派出的监察机构、监察专员根据授权,按照管理权限依法对公职人员进行监督,提出监察建议,依法对公职人员进行调查、处置。

第十四条 国家实行监察官制度,依法确定监察官的等级设置、任免、考评和晋升等制度。

第三章 监察范围和管辖

第十五条 监察机关对下列公职人员和有关人员进行监察:

(一)中国共产党机关、人民代表大会及其常务委员会机关、人民政府、监察委员会、人民法院、人民检察院、中国人民政治协商会议各级委员会机关、民主党派机关和工商业联合会机关的公务员,以及参照《中华人民共和国公务员法》管理的人员;

(二)法律、法规授权或者受国家机关依法委托管理公共事务的组织中从事公务的人员;

(三)国有企业管理人员;

(四)公办的教育、科研、文化、医疗卫生、体育等单位中从事管理的人员;

(五)基层群众性自治组织中从事管理的人员;

(六)其他依法履行公职的人员。

第十六条 各级监察机关按照管理权限管辖本辖区内本法第十五条规定的人员所涉监察事项。

上级监察机关可以办理下一级监察机关管辖范围内的监察事项,必要时也可以办理所辖各级监察机关管辖范围内的监察事项。

监察机关之间对监察事项的管辖有争议的,由其共同的上级监察机关确定。

第十七条 上级监察机关可以将其所

管辖的监察事项指定下级监察机关管辖,也可以将下级监察机关有管辖权的监察事项指定给其他监察机关管辖。

监察机关认为所管辖的监察事项重大、复杂,需要由上级监察机关管辖的,可以报请上级监察机关管辖。

第四章 监察权限

第十八条 监察机关行使监督、调查职权,有权依法向有关单位和个人了解情况,收集、调取证据。有关单位和个人应当如实提供。

监察机关及其工作人员对监督、调查过程中知悉的国家秘密、商业秘密、个人隐私,应当保密。

任何单位和个人不得伪造、隐匿或者毁灭证据。

第十九条 对可能发生职务违法的监察对象,监察机关按照管理权限,可以直接或者委托有关机关、人员进行谈话或者要求说明情况。

第二十条 在调查过程中,对涉嫌职务违法的被调查人,监察机关可以要求其就涉嫌违法行为作出陈述,必要时向被调查人出具书面通知。

对涉嫌贪污贿赂、失职渎职等职务犯罪的被调查人,监察机关可以进行讯问,要求其如实供述涉嫌犯罪的情况。

第二十一条 在调查过程中,监察机关可以询问证人等人员。

第二十二条 被调查人涉嫌贪污贿赂、失职渎职等严重职务违法或者职务犯罪,监察机关已经掌握其部分违法犯罪事实及证据,仍有重要问题需要进一步调查,并有下列情形之一的,经监察机关依法审批,可以将其留置在特定场所:

(一)涉及案情重大、复杂的;

(二)可能逃跑、自杀的;

(三)可能串供或者伪造、隐匿、毁灭证据的;

(四)可能有其他妨碍调查行为的。

对涉嫌行贿犯罪或者共同职务犯罪的涉案人员,监察机关可以依照前款规定采取留置措施。

留置场所的设置、管理和监督依照国家有关规定执行。

第二十三条 监察机关调查涉嫌贪污贿赂、失职渎职等严重职务违法或者职务犯罪,根据工作需要,可以依照规定查询、冻结涉案单位和个人的存款、汇款、债券、股票、基金份额等财产。有关单位和个人应当配合。

冻结的财产经查明与案件无关的,应当在查明后三日内解除冻结,予以退还。

第二十四条 监察机关可以对涉嫌职务犯罪的被调查人以及可能隐藏被调查人或者犯罪证据的人的身体、物品、住处和其他有关地方进行搜查。在搜查时,应当出示搜查证,并有被搜查人或者其家属等见证人在场。

搜查女性身体,应当由女性工作人员进行。

监察机关进行搜查时,可以根据工作需要提请公安机关配合。公安机关应当依法予以协助。

第二十五条 监察机关在调查过程中,可以调取、查封、扣押用以证明被调查人涉嫌违法犯罪的财物、文件和电子数据等信息。采取调取、查封、扣押措施,应当收集原物原件,会同持有人或者保管人、见证人,当面逐一拍照、登记、编号,开列清单,由在场人员当场核对、签名,并将清单副本交财物、文件的持有人或者保管人。

对调取、查封、扣押的财物、文件,监察机关应当设立专用账户、专门场所,确定专门人员妥善保管,严格履行交接、调取手续,定期对账核实,不得毁损或者用于其他目的。对价值不明物品应当及时鉴定,专门封存保管。

查封、扣押的财物、文件经查明与案件无关的,应当在查明后三日内解除查封、扣押,予以退还。

第二十六条 监察机关在调查过程中,可以直接或者指派、聘请具有专门知识、资格的人员在调查人员主持下进行勘验检查。勘验检查情况应当制作笔录,由参加勘验检查的人员和见证人签名或者盖章。

第二十七条 监察机关在调查过程中,对于案件中的专门性问题,可以指派、聘请有专门知识的人进行鉴定。鉴定人进行鉴定后,应当出具鉴定意见,并且签名。

第二十八条 监察机关调查涉嫌重大贪污贿赂等职务犯罪,根据需要,经过严格的批准手续,可以采取技术调查措施,按照规定交有关机关执行。

批准决定应当明确采取技术调查措施的种类和适用对象,自签发之日起三个月以内有效;对于复杂、疑难案件,期限届满仍有必要继续采取技术调查措施的,经过批准,有效期可以延长,每次不得超过三个月。对于不需要继续采取技术调查措施的,应当及时解除。

第二十九条 依法应当留置的被调查人如果在逃,监察机关可以决定在本行政区域内通缉,由公安机关发布通缉令,追捕归案。通缉范围超出本行政区域的,应报请有权决定的上级监察机关决定。

第三十条 监察机关为防止被调查人及相关人员逃匿境外,经省级以上监察机关批准,可以对被调查人及相关人员采取限制出境措施,由公安机关依法执行。对于不需要继续采取限制出境措施的,应当及时解除。

第三十一条 涉嫌职务犯罪的被调查人主动认罪认罚,有下列情形之一的,监察机关经领导人员集体研究,并报上一级监察机关批准,可以在移送人民检察院时提出从宽处罚的建议:

(一)自动投案,真诚悔罪悔过的;

(二)积极配合调查工作,如实供述监察机关还未掌握的违法犯罪行为的;

(三)积极退赃,减少损失的;

(四)具有重大立功表现或者案件涉及国家重大利益等情形的。

第三十二条 职务违法犯罪的涉案人员揭发有关被调查人职务违法犯罪行为,查证属实的,或者提供重要线索,有助于调查其他案件的,监察机关经领导人员集体研究,并报上一级监察机关批准,可以在移送人民检察院时提出从宽处罚的建议。

第三十三条 监察机关依照本法规定收集的物证、书证、证人证言、被调查人供述和辩解、视听资料、电子数据等证据材料,在刑事诉讼中可以作为证据使用。

监察机关在收集、固定、审查、运用证据时,应当与刑事审判关于证据的要求和标准相一致。

以非法方法收集的证据应当依法予以排除,不得作为案件处置的依据。

第三十四条 人民法院、人民检察院、公安机关、审计机关等国家机关在工作中发现公职人员涉嫌贪污贿赂、失职渎职等职务违法或者职务犯罪的问题线索,应当移送监察机关,由监察机关依法调查处置。

被调查人既涉嫌严重职务违法或者职务犯罪,又涉嫌其他违法犯罪的,一般应当由监察机关为主调查,其他机关予以协助。

第五章 监察程序

第三十五条 监察机关对于报案或者举报,应当接受并按照有关规定处理。对于不属于本机关管辖的,应当移送主管机关处理。

第三十六条 监察机关应当严格按照程序开展工作，建立问题线索处置、调查、审理各部门相互协调、相互制约的工作机制。

监察机关应当加强对调查、处置工作全过程的监督管理，设立相应的工作部门履行线索管理、监督检查、督促办理、统计分析等管理协调职能。

第三十七条 监察机关对监察对象的问题线索，应当按照有关规定提出处置意见，履行审批手续，进行分类办理。线索处置情况应当定期汇总、通报，定期检查、抽查。

第三十八条 需要采取初步核实方式处置问题线索的，监察机关应当依法履行审批程序，成立核查组。初步核实工作结束后，核查组应当撰写初步核实情况报告，提出处理建议。承办部门应当提出分类处理意见。初步核实情况报告和分类处理意见报监察机关主要负责人审批。

第三十九条 经过初步核实，对监察对象涉嫌职务违法犯罪，需要追究法律责任的，监察机关应当按照规定的权限和程序办理立案手续。

监察机关主要负责人依法批准立案后，应当主持召开专题会议，研究确定调查方案，决定需要采取的调查措施。

立案调查决定应当向被调查人宣布，并通报相关组织。涉嫌严重职务违法或者职务犯罪的，应当通知被调查人家属，并向社会公开发布。

第四十条 监察机关对职务违法和职务犯罪案件，应当进行调查，收集被调查人有无违法犯罪以及情节轻重的证据，查明违法犯罪事实，形成相互印证、完整稳定的证据链。

严禁以威胁、引诱、欺骗及其他非法方式收集证据，严禁侮辱、打骂、虐待、体罚或者变相体罚被调查人和涉案人员。

第四十一条 调查人员采取讯问、询问、留置、搜查、调取、查封、扣押、勘验检查等调查措施，均应当依照规定出示证件，出具书面通知，由二人以上进行，形成笔录、报告等书面材料，并由相关人员签名、盖章。

调查人员进行讯问以及搜查、查封、扣押等重要取证工作，应当对全过程进行录音录像，留存备查。

第四十二条 调查人员应当严格执行调查方案，不得随意扩大调查范围、变更调查对象和事项。

对调查过程中的重要事项，应当集体研究后按程序请示报告。

第四十三条 监察机关采取留置措施，应当由监察机关领导人员集体研究决定。设区的市级以下监察机关采取留置措施，应当报上一级监察机关批准。省级监察机关采取留置措施，应当报国家监察委员会备案。

留置时间不得超过三个月。在特殊情况下，可以延长一次，延长时间不得超过三个月。省级以下监察机关采取留置措施的，延长留置时间应当报上一级监察机关批准。监察机关发现采取留置措施不当的，应当及时解除。

监察机关采取留置措施，可以根据工作需要提请公安机关配合。公安机关应当依法予以协助。

第四十四条 对被调查人采取留置措施后，应当在二十四小时以内，通知被留置人员所在单位和家属，但有可能毁灭、伪造证据，干扰证人作证或者串供等有碍调查情形的除外。有碍调查的情形消失后，应当立即通知被留置人员所在单位和家属。

监察机关应当保障被留置人员的饮食、休息和安全，提供医疗服务。讯问被留置人员应当合理安排讯问时间和时长，讯问笔录由被讯问人阅看后签名。

被留置人员涉嫌犯罪移送司法机关后,被依法判处管制、拘役和有期徒刑的,留置一日折抵管制二日,折抵拘役、有期徒刑一日。

第四十五条 监察机关根据监督、调查结果,依法作出如下处置:

(一)对有职务违法行为但情节较轻的公职人员,按照管理权限,直接或者委托有关机关、人员,进行谈话提醒、批评教育、责令检查,或者予以诫勉;

(二)对违法的公职人员依照法定程序作出警告、记过、记大过、降级、撤职、开除等政务处分决定;

(三)对不履行或者不正确履行职责负有责任的领导人员,按照管理权限对其直接作出问责决定,或者向有权作出问责决定的机关提出问责建议;

(四)对涉嫌职务犯罪的,监察机关经调查认为犯罪事实清楚,证据确实、充分的,制作起诉意见书,连同案卷材料、证据一并移送人民检察院依法审查、提起公诉;

(五)对监察对象所在单位廉政建设和履行职责存在的问题等提出监察建议。

监察机关经调查,对没有证据证明被调查人存在违法犯罪行为的,应当撤销案件,并通知被调查人所在单位。

第四十六条 监察机关经调查,对违法取得的财物,依法予以没收、追缴或者责令退赔;对涉嫌犯罪取得的财物,应当随案移送人民检察院。

第四十七条 对监察机关移送的案件,人民检察院依照《中华人民共和国刑事诉讼法》对被调查人采取强制措施。

人民检察院经审查,认为犯罪事实已经查清,证据确实、充分,依法应当追究刑事责任的,应当作出起诉决定。

人民检察院经审查,认为需要补充核实的,应当退回监察机关补充调查,必要时可以自行补充侦查。对于补充调查的案件,应当在一个月内补充调查完毕。补充调查以二次为限。

人民检察院对于有《中华人民共和国刑事诉讼法》规定的不起诉的情形的,经上一级人民检察院批准,依法作出不起诉的决定。监察机关认为不起诉的决定有错误的,可以向上一级人民检察院提请复议。

第四十八条 监察机关在调查贪污贿赂、失职渎职等职务犯罪案件过程中,被调查人逃匿或者死亡,有必要继续调查的,经省级以上监察机关批准,应当继续调查并作出结论。被调查人逃匿,在通缉一年后不能到案,或者死亡的,由监察机关提请人民检察院依照法定程序,向人民法院提出没收违法所得的申请。

第四十九条 监察对象对监察机关作出的涉及本人的处理决定不服的,可以在收到处理决定之日起一个月内,向作出决定的监察机关申请复审,复审机关应当在一个月内作出复审决定;监察对象对复审决定仍不服的,可以在收到复审决定之日起一个月内,向上一级监察机关申请复核,复核机关应当在二个月内作出复核决定。复审、复核期间,不停止原处理决定的执行。复核机关经审查,认定处理决定有错误的,原处理机关应当及时予以纠正。

第六章 反腐败国际合作

第五十条 国家监察委员会统筹协调与其他国家、地区、国际组织开展的反腐败国际交流、合作,组织反腐败国际条约实施工作。

第五十一条 国家监察委员会组织协调有关方面加强与有关国家、地区、国际组织在反腐败执法、引渡、司法协助、被判刑人的移管、资产追回和信息交流等领域的合作。

第五十二条　国家监察委员会加强对反腐败国际追逃追赃和防逃工作的组织协调,督促有关单位做好相关工作:

（一）对于重大贪污贿赂、失职渎职等职务犯罪案件,被调查人逃匿到国（境）外,掌握证据比较确凿的,通过开展境外追逃合作,追捕归案;

（二）向赃款赃物所在国请求查询、冻结、扣押、没收、追缴、返还涉案资产;

（三）查询、监控涉嫌职务犯罪的公职人员及其相关人员进出国（境）和跨境资金流动情况,在调查案件过程中设置防逃程序。

第七章　对监察机关和监察人员的监督

第五十三条　各级监察委员会应当接受本级人民代表大会及其常务委员会的监督。

各级人民代表大会常务委员会听取和审议本级监察委员会的专项工作报告,组织执法检查。

县级以上各级人民代表大会及其常务委员会举行会议时,人民代表大会代表或者常务委员会组成人员可以依照法律规定的程序,就监察工作中的有关问题提出询问或者质询。

第五十四条　监察机关应当依法公开监察工作信息,接受民主监督、社会监督、舆论监督。

第五十五条　监察机关通过设立内部专门的监督机构等方式,加强对监察人员执行职务和遵守法律情况的监督,建设忠诚、干净、担当的监察队伍。

第五十六条　监察人员必须模范遵守宪法和法律,忠于职守、秉公执法,清正廉洁,保守秘密;必须具有良好的政治素质,熟悉监察业务,具备运用法律、法规、政策和调查取证等能力,自觉接受监督。

第五十七条　对于监察人员打听案情、过问案件、说情干预的,办理监察事项的监察人员应当及时报告。有关情况应当登记备案。

发现办理监察事项的监察人员未经批准接触被调查人、涉案人员及其特定关系人,或者存在交往情形的,知情人应当及时报告。有关情况应当登记备案。

第五十八条　办理监察事项的监察人员有下列情形之一的,应当自行回避,监察对象、检举人及其他有关人员也有权要求其回避:

（一）是监察对象或者检举人的近亲属的;

（二）担任过本案的证人的;

（三）本人或者其近亲属与办理的监察事项有利害关系的;

（四）有可能影响监察事项公正处理的其他情形的。

第五十九条　监察机关涉密人员离岗离职后,应当遵守脱密期管理规定,严格履行保密义务,不得泄露相关秘密。

监察人员辞职、退休三年内,不得从事与监察和司法工作相关联且可能发生利益冲突的职业。

第六十条　监察机关及其工作人员有下列行为之一的,被调查人及其近亲属有权向该机关申诉:

（一）留置法定期限届满,不予以解除的;

（二）查封、扣押、冻结与案件无关的财物的;

（三）应当解除查封、扣押、冻结措施而不解除的;

（四）贪污、挪用、私分、调换以及违反规定使用查封、扣押、冻结的财物的;

（五）其他违反法律法规、侵害被调查人合法权益的行为。

受理申诉的监察机关应当在受理申诉之日起一个月内作出处理决定。申诉人对处理决定不服的,可以在收到处理决定之日起一个月内向上一级监察机关申请复查,上一级监察机关应当在收到复查申请之日起二个月内作出处理决定,情况属实的,及时予以纠正。

第六十一条　对调查工作结束后发现立案依据不充分或者失实,案件处置出现重大失误,监察人员严重违法的,应当追究负有责任的领导人员和直接责任人员的责任。

第八章　法律责任

第六十二条　有关单位拒不执行监察机关作出的处理决定,或者无正当理由拒不采纳监察建议的,由其主管部门、上级机关责令改正,对单位给予通报批评;对负有责任的领导人员和直接责任人员依法给予处理。

第六十三条　有关人员违反本法规定,有下列行为之一的,由其所在单位、主管部门、上级机关或者监察机关责令改正,依法给予处理:

(一)不按要求提供有关材料,拒绝、阻碍调查措施实施等拒不配合监察机关调查的;

(二)提供虚假情况,掩盖事实真相的;

(三)串供或者伪造、隐匿、毁灭证据的;

(四)阻止他人揭发检举、提供证据的;

(五)其他违反本法规定的行为,情节严重的。

第六十四条　监察对象对控告人、检举人、证人或者监察人员进行报复陷害的;控告人、检举人、证人捏造事实诬告陷害监察对象的,依法给予处理。

第六十五条　监察机关及其工作人员有下列行为之一的,对负有责任的领导人员和直接责任人员依法给予处理:

(一)未经批准、授权处置问题线索,发现重大案情隐瞒不报,或者私自留存、处理涉案材料的;

(二)利用职权或者职务上的影响干预调查工作、以案谋私的;

(三)违法窃取、泄露调查工作信息,或者泄露举报事项、举报受理情况以及举报人信息的;

(四)对被调查人或者涉案人员逼供、诱供,或者侮辱、打骂、虐待、体罚或者变相体罚的;

(五)违反规定处置查封、扣押、冻结的财物的;

(六)违反规定发生办案安全事故,或者发生安全事故后隐瞒不报、报告失实、处置不当的;

(七)违反规定采取留置措施的;

(八)违反规定限制他人出境,或者不按规定解除出境限制的;

(九)其他滥用职权、玩忽职守、徇私舞弊的行为。

第六十六条　违反本法规定,构成犯罪的,依法追究刑事责任。

第六十七条　监察机关及其工作人员行使职权,侵犯公民、法人和其他组织的合法权益造成损害的,依法给予国家赔偿。

第九章　附　　则

第六十八条　中国人民解放军和中国人民武装警察部队开展监察工作,由中央军事委员会根据本法制定具体规定。

第六十九条　本法自公布之日起施行。《中华人民共和国行政监察法》同时废止。

中华人民共和国地方各级人民代表大会和地方各级人民政府组织法

（1979年7月1日第五届全国人民代表大会第二次会议通过　1979年7月4日公布　自1980年1月1日起施行　根据1982年12月10日第五届全国人民代表大会第五次会议《关于修改〈中华人民共和国地方各级人民代表大会和地方各级人民政府组织法〉的若干规定的决议》第一次修正　根据1986年12月2日第六届全国人民代表大会常务委员会第十八次会议《关于修改〈中华人民共和国地方各级人民代表大会和地方各级人民政府组织法〉的决定》第二次修正　根据1995年2月28日第八届全国人民代表大会常务委员会第十二次会议《关于修改〈中华人民共和国地方各级人民代表大会和地方各级人民政府组织法〉的决定》第三次修正　根据2004年10月27日第十届全国人民代表大会常务委员会第十二次会议《关于修改〈中华人民共和国地方各级人民代表大会和地方各级人民政府组织法〉的决定》第四次修正　根据2015年8月29日第十二届全国人民代表大会常务委员会第十六次会议《关于修改〈中华人民共和国地方各级人民代表大会和地方各级人民政府组织法〉、〈中华人民共和国全国人民代表大会和地方各级人民代表大会选举法〉、〈中华人民共和国全国人民代表大会和地方各级人民代表大会代表法〉的决定》第五次修正　根据2022年3月11日第十三届全国人民代表大会第五次会议《关于修改〈中华人民共和国地方各级人民代表大会和地方各级人民政府组织法〉的决定》第六次修正）

第一章　总　　则

第一条　为了健全地方各级人民代表大会和地方各级人民政府的组织和工作制度，保障和规范其行使职权，坚持和完善人民代表大会制度，保证人民当家作主，根据宪法，制定本法。

第二条　地方各级人民代表大会是地方国家权力机关。

县级以上的地方各级人民代表大会常务委员会是本级人民代表大会的常设机关。

地方各级人民政府是地方各级国家权力机关的执行机关，是地方各级国家行政机关。

第三条　地方各级人民代表大会、县级以上的地方各级人民代表大会常务委员会和地方各级人民政府坚持中国共产党的领导，坚持以马克思列宁主义、毛泽东思想、邓小平理论、"三个代表"重要思想、科学发展观、习近平新时代中国特色社会主义思想为指导，依照宪法和法律规定行使职权。

第四条　地方各级人民代表大会、县级以上的地方各级人民代表大会常务委员会和地方各级人民政府坚持以人民为中心，坚持和发展全过程人民民主，始终同人民保持密切联系，倾听人民的意见和建议，为人民服务，对人民负责，受人民监督。

第五条　地方各级人民代表大会、县级以上的地方各级人民代表大会常务委员会和地方各级人民政府遵循在中央的统一领导下、充分发挥地方的主动性积极性的原则，保证宪法、法律和行政法规在本行政区域的实施。

第六条　地方各级人民代表大会、县级以上的地方各级人民代表大会常务委员会和地方各级人民政府实行民主集中制原则。

地方各级人民代表大会和县级以上的地方各级人民代表大会常务委员会应当充分发扬民主,集体行使职权。

地方各级人民政府实行首长负责制。政府工作中的重大事项应当经集体讨论决定。

第二章　地方各级人民代表大会

第一节　地方各级人民代表大会的组成和任期

第七条　省、自治区、直辖市、自治州、县、自治县、市、市辖区、乡、民族乡、镇设立人民代表大会。

第八条　省、自治区、直辖市、自治州、设区的市的人民代表大会代表由下一级的人民代表大会选举;县、自治县、不设区的市、市辖区、乡、民族乡、镇的人民代表大会代表由选民直接选举。

地方各级人民代表大会代表名额和代表产生办法由选举法规定。各行政区域内的少数民族应当有适当的代表名额。

第九条　地方各级人民代表大会每届任期五年。

第二节　地方各级人民代表大会的职权

第十条　省、自治区、直辖市的人民代表大会根据本行政区域的具体情况和实际需要,在不同宪法、法律、行政法规相抵触的前提下,可以制定和颁布地方性法规,报全国人民代表大会常务委员会和国务院备案。

设区的市、自治州的人民代表大会根据本行政区域的具体情况和实际需要,在不同宪法、法律、行政法规和本省、自治区的地方性法规相抵触的前提下,可以依照法律规定的权限制定地方性法规,报省、自治区的人民代表大会常务委员会批准后施行,并由省、自治区的人民代表大会常务委员会报全国人民代表大会常务委员会和国务院备案。

省、自治区、直辖市以及设区的市、自治州的人民代表大会根据区域协调发展的需要,可以开展协同立法。

第十一条　县级以上的地方各级人民代表大会行使下列职权:

(一)在本行政区域内,保证宪法、法律、行政法规和上级人民代表大会及其常务委员会决议的遵守和执行,保证国家计划和国家预算的执行;

(二)审查和批准本行政区域内的国民经济和社会发展规划纲要、计划和预算及其执行情况的报告,审查监督政府债务,监督本级人民政府对国有资产的管理;

(三)讨论、决定本行政区域内的政治、经济、教育、科学、文化、卫生、生态环境保护、自然资源、城乡建设、民政、社会保障、民族等工作的重大事项和项目;

(四)选举本级人民代表大会常务委员会的组成人员;

(五)选举省长、副省长,自治区主席、副主席,市长、副市长,州长、副州长,县长、副县长,区长、副区长;

(六)选举本级监察委员会主任、人民法院院长和人民检察院检察长;选出的人民检察院检察长,须报经上一级人民检察院检察长提请该级人民代表大会常务委员会批准;

(七)选举上一级人民代表大会代表;

(八)听取和审议本级人民代表大会常务委员会的工作报告;

(九)听取和审议本级人民政府和人民法院、人民检察院的工作报告;

(十)改变或者撤销本级人民代表大会常务委员会的不适当的决议;

(十一)撤销本级人民政府的不适当的

决定和命令；

（十二）保护社会主义的全民所有的财产和劳动群众集体所有的财产，保护公民私人所有的合法财产，维护社会秩序，保障公民的人身权利、民主权利和其他权利；

（十三）保护各种经济组织的合法权益；

（十四）铸牢中华民族共同体意识，促进各民族广泛交往交流交融，保障少数民族的合法权利和利益；

（十五）保障宪法和法律赋予妇女的男女平等、同工同酬和婚姻自由等各项权利。

第十二条 乡、民族乡、镇的人民代表大会行使下列职权：

（一）在本行政区域内，保证宪法、法律、行政法规和上级人民代表大会及其常务委员会决议的遵守和执行；

（二）在职权范围内通过和发布决议；

（三）根据国家计划，决定本行政区域内的经济、文化事业和公共事业的建设计划和项目；

（四）审查和批准本行政区域内的预算和预算执行情况的报告，监督本级预算的执行，审查和批准本级预算的调整方案，审查和批准本级决算；

（五）决定本行政区域内的民政工作的实施计划；

（六）选举本级人民代表大会主席、副主席；

（七）选举乡长、副乡长，镇长、副镇长；

（八）听取和审议乡、民族乡、镇的人民政府的工作报告；

（九）听取和审议乡、民族乡、镇的人民代表大会主席团的工作报告；

（十）撤销乡、民族乡、镇的人民政府的不适当的决定和命令；

（十一）保护社会主义的全民所有的财产和劳动群众集体所有的财产，保护公民私人所有的合法财产，维护社会秩序，保障公民的人身权利、民主权利和其他权利；

（十二）保护各种经济组织的合法权益；

（十三）铸牢中华民族共同体意识，促进各民族广泛交往交流交融，保障少数民族的合法权利和利益；

（十四）保障宪法和法律赋予妇女的男女平等、同工同酬和婚姻自由等各项权利。

少数民族聚居的乡、民族乡、镇的人民代表大会在行使职权的时候，可以依照法律规定的权限采取适合民族特点的具体措施。

第十三条 地方各级人民代表大会有权罢免本级人民政府的组成人员。县级以上的地方各级人民代表大会有权罢免本级人民代表大会常务委员会的组成人员和由它选出的监察委员会主任、人民法院院长、人民检察院检察长。罢免人民检察院检察长，须报经上一级人民检察院检察长提请该级人民代表大会常务委员会批准。

第三节　地方各级人民代表大会会议的举行

第十四条 地方各级人民代表大会会议每年至少举行一次。乡、民族乡、镇的人民代表大会会议一般每年举行两次。会议召开的日期由本级人民代表大会常务委员会或者乡、民族乡、镇的人民代表大会主席团决定，并予以公布。

遇有特殊情况，县级以上的地方各级人民代表大会常务委员会或者乡、民族乡、镇的人民代表大会主席团可以决定适当提前或者推迟召开会议。提前或者推迟召开会议的日期未能在当次会议上决定的，常务委员会或者其授权的主任会议，乡、民族乡、镇的人民代表大会主席团可以另行决定，并予以公布。

县级以上的地方各级人民代表大会常务委员会或者乡、民族乡、镇的人民代表大会主席团认为必要，或者经过五分之一以上代表提议，可以临时召集本级人民代表大会会议。

地方各级人民代表大会会议有三分之二以上的代表出席，始得举行。

第十五条 县级以上的地方各级人民代表大会会议由本级人民代表大会常务委员会召集。

第十六条 地方各级人民代表大会举行会议，应当合理安排会期和会议日程，提高议事质量和效率。

第十七条 县级以上的地方各级人民代表大会每次会议举行预备会议，选举本次会议的主席团和秘书长，通过本次会议的议程和其他准备事项的决定。

预备会议由本级人民代表大会常务委员会主持。每届人民代表大会第一次会议的预备会议，由上届本级人民代表大会常务委员会主持。

县级以上的地方各级人民代表大会举行会议的时候，由主席团主持会议。

县级以上的地方各级人民代表大会会议设副秘书长若干人；副秘书长的人选由主席团决定。

第十八条 乡、民族乡、镇的人民代表大会设主席，并可以设副主席一人至二人。主席、副主席由本级人民代表大会从代表中选出，任期同本级人民代表大会每届任期相同。

乡、民族乡、镇的人民代表大会主席、副主席不得担任国家行政机关的职务；如果担任国家行政机关的职务，必须向本级人民代表大会辞去主席、副主席的职务。

乡、民族乡、镇的人民代表大会主席、副主席在本级人民代表大会闭会期间负责联系本级人民代表大会代表，根据主席团的安排组织代表开展活动，反映代表和群众对本级人民政府工作的建议、批评和意见，并负责处理主席团的日常工作。

第十九条 乡、民族乡、镇的人民代表大会举行会议的时候，选举主席团。由主席团主持会议，并负责召集下一次的本级人民代表大会会议。乡、民族乡、镇的人民代表大会主席、副主席为主席团的成员。

主席团在本级人民代表大会闭会期间，每年选择若干关系本地区群众切身利益和社会普遍关注的问题，有计划地安排代表听取和讨论本级人民政府的专项工作报告，对法律、法规实施情况进行检查，开展视察、调研等活动；听取和反映代表和群众对本级人民政府工作的建议、批评和意见。主席团在闭会期间的工作，向本级人民代表大会报告。

第二十条 地方各级人民代表大会每届第一次会议，在本届人民代表大会代表选举完成后的两个月内，由上届本级人民代表大会常务委员会或者乡、民族乡、镇的上次人民代表大会主席团召集。

第二十一条 县级以上的地方各级人民政府组成人员和监察委员会主任、人民法院院长、人民检察院检察长，乡级的人民政府领导人员，列席本级人民代表大会会议；县级以上的其他有关机关、团体负责人，经本级人民代表大会常务委员会决定，可以列席本级人民代表大会会议。

第二十二条 地方各级人民代表大会举行会议的时候，主席团、常务委员会、各专门委员会、本级人民政府，可以向本级人民代表大会提出属于本级人民代表大会职权范围内的议案，由主席团决定提交人民代表大会会议审议，或者并交有关的专门委员会审议、提出报告，再由主席团审议决定提交大会表决。

县级以上的地方各级人民代表大会代

表十人以上联名,乡、民族乡、镇的人民代表大会代表五人以上联名,可以向本级人民代表大会提出属于本级人民代表大会职权范围内的议案,由主席团决定是否列入大会议程,或者先交有关的专门委员会审议,提出是否列入大会议程的意见,再由主席团决定是否列入大会议程。

列入会议议程的议案,在交付大会表决前,提案人要求撤回的,经主席团同意,会议对该项议案的审议即行终止。

第二十三条 在地方各级人民代表大会审议议案的时候,代表可以向有关地方国家机关提出询问,由有关机关派人说明。

第二十四条 地方各级人民代表大会举行会议的时候,代表十人以上联名可以书面提出对本级人民政府和它所属各工作部门以及监察委员会、人民法院、人民检察院的质询案。质询案必须写明质询对象、质询的问题和内容。

质询案由主席团决定交由受质询机关在主席团会议、大会全体会议或者有关的专门委员会会议上口头答复,或者由受质询机关书面答复。在主席团会议或者专门委员会会议上答复的,提质询案的代表有权列席会议,发表意见;主席团认为必要的时候,可以将答复质询案的情况报告印发会议。

质询案以口头答复的,应当由受质询机关的负责人到会答复;质询案以书面答复的,应当由受质询机关的负责人签署,由主席团印发会议或者印发提质询案的代表。

第二十五条 地方各级人民代表大会进行选举和通过决议,以全体代表的过半数通过。

第四节 地方国家机关组成人员的选举、罢免和辞职

第二十六条 县级以上的地方各级人民代表大会常务委员会的组成人员,乡、民族乡、镇的人民代表大会主席、副主席,省长、副省长,自治区主席、副主席,市长、副市长,州长、副州长,县长、副县长,区长、副区长,乡长、副乡长,镇长、副镇长,监察委员会主任,人民法院院长,人民检察院检察长的人选,由本级人民代表大会主席团或者代表依照本法规定联合提名。

省、自治区、直辖市的人民代表大会代表三十人以上书面联名,设区的市和自治州的人民代表大会代表二十人以上书面联名,县级的人民代表大会代表十人以上书面联名,可以提出本级人民代表大会常务委员会组成人员,人民政府领导人员,监察委员会主任,人民法院院长,人民检察院检察长的候选人。乡、民族乡、镇的人民代表大会代表十人以上书面联名,可以提出本级人民代表大会主席、副主席,人民政府领导人员的候选人。不同选区或者选举单位选出的代表可以酝酿、联合提出候选人。

主席团提名的候选人人数,每一代表与其他代表联合提名的候选人人数,均不得超过应选名额。

提名人应当如实介绍所提名的候选人的情况。

第二十七条 人民代表大会常务委员会主任,秘书长,乡、民族乡、镇的人民代表大会主席,人民政府正职领导人员,监察委员会主任,人民法院院长,人民检察院检察长的候选人数可以多一人,进行差额选举;如果提名的候选人只有一人,也可以等额选举。人民代表大会常务委员会副主任,乡、民族乡、镇的人民代表大会副主席,人民政府副职领导人员的候选人数应比应选人数多一人至三人,人民代表大会常务委员会委员的候选人数应比应选人数多十分之一至五分之一,由本级人民代表大会根据应选人数在选举办法中规定具体差额

数,进行差额选举。如果提名的候选人数符合选举办法规定的差额数,由主席团提交代表酝酿、讨论后,进行选举。如果提名的候选人数超过选举办法规定的差额数,由主席团提交代表酝酿、讨论后,进行预选,根据在预选中得票多少的顺序,按照选举办法规定的差额数,确定正式候选人名单,进行选举。

县级以上的地方各级人民代表大会换届选举本级国家机关领导人员时,提名、酝酿候选人的时间不得少于两天。

第二十八条 选举采用无记名投票方式。代表对于确定的候选人,可以投赞成票,可以投反对票,可以另选其他任何代表或者选民,也可以弃权。

第二十九条 地方各级人民代表大会选举本级国家机关领导人员,获得过半数选票的候选人人数超过应选名额时,以得票多的当选。如遇票数相等不能确定当选人时,应当就票数相等的人再次投票,以得票多的当选。

获得过半数选票的当选人数少于应选名额时,不足的名额另行选举。另行选举时,可以根据在第一次投票时得票多少的顺序确定候选人,也可以依照本法规定的程序另行提名、确定候选人。经本级人民代表大会决定,不足的名额的另行选举可以在本次人民代表大会会议上进行,也可以在下一次人民代表大会会议上进行。

另行选举人民代表大会常务委员会副主任、委员,乡、民族乡、镇的人民代表大会副主席,人民政府副职领导人员时,依照本法第二十七条第一款的规定,确定差额数,进行差额选举。

第三十条 地方各级人民代表大会补选常务委员会主任、副主任、秘书长、委员,乡、民族乡、镇的人民代表大会主席、副主席,省长、副省长,自治区主席、副主席,市长、副市长,州长、副州长,县长、副县长,区长、副区长,乡长、副乡长,镇长、副镇长,监察委员会主任,人民法院院长,人民检察院检察长时,候选人数可以多于应选人数,也可以同应选人数相等。选举办法由本级人民代表大会决定。

第三十一条 县级以上的地方各级人民代表大会举行会议的时候,主席团、常务委员会或者十分之一以上代表联名,可以提出对本级人民代表大会常务委员会组成人员、人民政府组成人员、监察委员会主任、人民法院院长、人民检察院检察长的罢免案,由主席团提请大会审议。

乡、民族乡、镇的人民代表大会举行会议的时候,主席团或者五分之一以上代表联名,可以提出对人民代表大会主席、副主席,乡长、副乡长,镇长、副镇长的罢免案,由主席团提请大会审议。

罢免案应当写明罢免理由。

被提出罢免的人员有权在主席团会议或者大会全体会议上提出申辩意见,或者书面提出申辩意见。在主席团会议上提出的申辩意见或者书面提出的申辩意见,由主席团印发会议。

向县级以上的地方各级人民代表大会提出的罢免案,由主席团交会议审议后,提请全体会议表决;或者由主席团提议,经全体会议决定,组织调查委员会,由本级人民代表大会下次会议根据调查委员会的报告审议决定。

第三十二条 县级以上的地方各级人民代表大会常务委员会组成人员、专门委员会组成人员和人民政府领导人员,监察委员会主任,人民法院院长,人民检察院检察长,可以向本级人民代表大会提出辞职,由大会决定是否接受辞职;大会闭会期间,可以向本级人民代表大会常务委员会提出辞职,由常务委员会决定是否接受辞职。

常务委员会决定接受辞职后,报本级人民代表大会备案。人民检察院检察长的辞职,须报经上一级人民检察院检察长提请该人民代表大会常务委员会批准。

乡、民族乡、镇的人民代表大会主席、副主席,乡长、副乡长,镇长、副镇长,可以向本级人民代表大会提出辞职,由大会决定是否接受辞职。

第五节　地方各级人民代表大会各委员会

第三十三条　省、自治区、直辖市、自治州、设区的市的人民代表大会根据需要,可以设法制委员会、财政经济委员会、教育科学文化卫生委员会、环境与资源保护委员会、社会建设委员会和其他需要设立的专门委员会;县、自治县、不设区的市、市辖区的人民代表大会根据需要,可以设法制委员会、财政经济委员会等专门委员会。

各专门委员会受本级人民代表大会领导;在大会闭会期间,受本级人民代表大会常务委员会领导。

第三十四条　各专门委员会的主任委员、副主任委员和委员的人选,由主席团在代表中提名,大会通过。在大会闭会期间,常务委员会可以任免专门委员会的个别副主任委员和部分委员,由主任会议提名,常务委员会会议通过。

各专门委员会每届任期同本级人民代表大会每届任期相同,履行职责到下届人民代表大会产生新的专门委员会为止。

第三十五条　各专门委员会在本级人民代表大会及其常务委员会领导下,开展下列工作:

(一)审议本级人民代表大会主席团或者常务委员会交付的议案;

(二)向本级人民代表大会主席团或者常务委员会提出属于本级人民代表大会或者常务委员会职权范围内同本委员会有关的议案,组织起草有关议案草案;

(三)承担本级人民代表大会常务委员会听取和审议专项工作报告、执法检查、专题询问等的具体组织实施工作;

(四)按照本级人民代表大会常务委员会工作安排,听取本级人民政府工作部门和监察委员会、人民法院、人民检察院的专题汇报,提出建议;

(五)对属于本级人民代表大会及其常务委员会职权范围内本委员会有关的问题,进行调查研究,提出建议;

(六)研究办理代表建议、批评和意见,负责有关建议、批评和意见的督促办理工作;

(七)办理本级人民代表大会及其常务委员会交办的其他工作。

第三十六条　县级以上的地方各级人民代表大会可以组织关于特定问题的调查委员会。

主席团或者十分之一以上代表书面联名,可以向本级人民代表大会提议组织关于特定问题的调查委员会,由主席团提请全体会议决定。

调查委员会由主任委员、副主任委员和委员组成,由主席团在代表中提名,提请全体会议通过。

调查委员会应当向本级人民代表大会提出调查报告。人民代表大会根据调查委员会的报告,可以作出相应的决议。人民代表大会可以授权它的常务委员会听取调查委员会的调查报告,常务委员会可以作出相应的决议,报人民代表大会下次会议备案。

第三十七条　乡、民族乡、镇的每届人民代表大会第一次会议通过的代表资格审查委员会,行使职权至本届人民代表大会任期届满为止。

第六节　地方各级人民代表大会代表

第三十八条　地方各级人民代表大会代表任期,从每届本级人民代表大会举行第一次会议开始,到下届本级人民代表大会举行第一次会议为止。

第三十九条　地方各级人民代表大会代表、常务委员会组成人员,在人民代表大会和常务委员会会议上的发言和表决,不受法律追究。

第四十条　县级以上的地方各级人民代表大会代表,非经本级人民代表大会主席团许可,在大会闭会期间,非经本级人民代表大会常务委员会许可,不受逮捕或者刑事审判。如果因为是现行犯被拘留,执行拘留的公安机关应当立即向该级人民代表大会主席团或者常务委员会报告。

第四十一条　地方各级人民代表大会代表在出席人民代表大会会议和执行代表职务的时候,国家根据需要给予往返的旅费和必要的物质上的便利或者补贴。

第四十二条　县级以上的地方各级人民代表大会代表向本级人民代表大会及其常务委员会提出的对各方面工作的建议、批评和意见,由本级人民代表大会常务委员会的办事机构交有关机关和组织研究办理并负责答复。

乡、民族乡、镇的人民代表大会代表向本级人民代表大会提出的对各方面工作的建议、批评和意见,由本级人民代表大会主席团交有关机关和组织研究办理并负责答复。

地方各级人民代表大会代表的建议、批评和意见的办理情况,由县级以上的地方各级人民代表大会常务委员会办事机构或者乡、民族乡、镇的人民代表大会主席团向本级人民代表大会常务委员会或者乡、民族乡、镇的人民代表大会报告,并予以公开。

第四十三条　地方各级人民代表大会代表应当与原选区选民或者原选举单位和人民群众保持密切联系,听取和反映他们的意见和要求,充分发挥在发展全过程人民民主中的作用。

省、自治区、直辖市、自治州、设区的市的人民代表大会代表可以列席原选举单位的人民代表大会会议。

县、自治县、不设区的市、市辖区、乡、民族乡、镇的人民代表大会代表分工联系选民,有代表三人以上的居民地区或者生产单位可以组织代表小组。

地方各级人民代表大会代表应当向原选区选民或者原选举单位报告履职情况。

第四十四条　省、自治区、直辖市、自治州、设区的市的人民代表大会代表受原选举单位的监督;县、自治县、不设区的市、市辖区、乡、民族乡、镇的人民代表大会代表受选民的监督。

地方各级人民代表大会代表的选举单位和选民有权随时罢免自己选出的代表。代表的罢免必须由原选举单位以全体代表的过半数通过,或者由原选区以选民的过半数通过。

第四十五条　地方各级人民代表大会代表因故不能担任代表职务的时候,由原选举单位或者由原选区选民补选。

第三章　县级以上的地方各级人民代表大会常务委员会

第一节　常务委员会的组成和任期

第四十六条　省、自治区、直辖市、自治州、县、自治县、市、市辖区的人民代表大会设立常务委员会,对本级人民代表大会负责并报告工作。

第四十七条　省、自治区、直辖市、自治州、设区的市的人民代表大会常务委员会由本级人民代表大会在代表中选举主任、副主任若干人、秘书长、委员若干人组成。

县、自治县、不设区的市、市辖区的人民代表大会常务委员会由本级人民代表大会在代表中选举主任、副主任若干人和委员若干人组成。

常务委员会的组成人员不得担任国家行政机关、监察机关、审判机关和检察机关的职务；如果担任上述职务，必须向常务委员会辞去常务委员会的职务。

常务委员会组成人员的名额：

（一）省、自治区、直辖市四十五人至七十五人，人口超过八千万的省不超过九十五人；

（二）设区的市、自治州二十九人至五十一人，人口超过八百万的设区的市不超过六十一人；

（三）县、自治县、不设区的市、市辖区十五人至三十五人，人口超过一百万的县、自治县、不设区的市、市辖区不超过四十五人。

省、自治区、直辖市每届人民代表大会常务委员会组成人员的名额，由省、自治区、直辖市的人民代表大会依照前款规定，按人口多少并结合常务委员会组成人员结构的需要确定。自治州、县、自治县、市、市辖区每届人民代表大会常务委员会组成人员的名额，由省、自治区、直辖市的人民代表大会常务委员会依照前款规定，按人口多少并结合常务委员会组成人员结构的需要确定。每届人民代表大会常务委员会组成人员的名额经确定后，在本届人民代表大会的任期内不再变动。

第四十八条 县级以上的地方各级人民代表大会常务委员会每届任期同本级人民代表大会每届任期相同，它行使职权到下届本级人民代表大会选出新的常务委员会为止。

第二节　常务委员会的职权

第四十九条 省、自治区、直辖市的人民代表大会常务委员会在本级人民代表大会闭会期间，根据本行政区域的具体情况和实际需要，在不同宪法、法律、行政法规相抵触的前提下，可以制定和颁布地方性法规，报全国人民代表大会常务委员会和国务院备案。

设区的市、自治州的人民代表大会常务委员会在本级人民代表大会闭会期间，根据本行政区域的具体情况和实际需要，在不同宪法、法律、行政法规和本省、自治区的地方性法规相抵触的前提下，可以依照法律规定的权限制定地方性法规，报省、自治区的人民代表大会常务委员会批准后施行，并由省、自治区的人民代表大会常务委员会报全国人民代表大会常务委员会和国务院备案。

省、自治区、直辖市以及设区的市、自治州的人民代表大会常务委员会根据区域协调发展的需要，可以开展协同立法。

第五十条 县级以上的地方各级人民代表大会常务委员会行使下列职权：

（一）在本行政区域内，保证宪法、法律、行政法规和上级人民代表大会及其常务委员会决议的遵守和执行；

（二）领导或者主持本级人民代表大会代表的选举；

（三）召集本级人民代表大会会议；

（四）讨论、决定本行政区域内的政治、经济、教育、科学、文化、卫生、生态环境保护、自然资源、城乡建设、民政、社会保障、民族等工作的重大事项和项目；

（五）根据本级人民政府的建议，审查和批准本行政区域内的国民经济和社会发展规划纲要、计划和本级预算的调整方案；

（六）监督本行政区域内的国民经济和社会发展规划纲要、计划和预算的执行，审查和批准本级决算，监督审计查出问题整改情况，审查监督政府债务；

（七）监督本级人民政府、监察委员会、人民法院和人民检察院的工作，听取和审议有关专项工作报告，组织执法检查，开展专题询问等；联系本级人民代表大会代表，受理人民群众对上述机关和国家工作人员的申诉和意见；

（八）监督本级人民政府对国有资产的管理，听取和审议本级人民政府关于国有资产管理情况的报告；

（九）听取和审议本级人民政府关于年度环境状况和环境保护目标完成情况的报告；

（十）听取和审议备案审查工作情况报告；

（十一）撤销下一级人民代表大会及其常务委员会的不适当的决议；

（十二）撤销本级人民政府的不适当的决定和命令；

（十三）在本级人民代表大会闭会期间，决定副省长、自治区副主席、副市长、副州长、副县长、副区长的个别任免；在省长、自治区主席、市长、州长、县长、区长和监察委员会主任、人民法院院长、人民检察院检察长因故不能担任职务的时候，根据主任会议的提名，从本级人民政府、监察委员会、人民法院、人民检察院副职领导人员中决定代理的人选；决定代理检察长，须报上一级人民检察院和人民代表大会常务委员会备案；

（十四）根据省长、自治区主席、市长、州长、县长、区长的提名，决定本级人民政府秘书长、厅长、局长、委员会主任、科长的任免，报上一级人民政府备案；

（十五）根据监察委员会主任的提名，任免监察委员会副主任、委员；

（十六）按照人民法院组织法和人民检察院组织法的规定，任免人民法院副院长、庭长、副庭长、审判委员会委员、审判员，任免人民检察院副检察长、检察委员会委员、检察员，批准任免下一级人民检察院检察长；省、自治区、直辖市的人民代表大会常务委员会根据主任会议的提名，决定在省、自治区内按地区设立的和在直辖市内设立的中级人民法院院长的任免，根据省、自治区、直辖市的人民检察院检察长的提名，决定人民检察院分院检察长的任免；

（十七）在本级人民代表大会闭会期间，决定撤销个别副省长、自治区副主席、副市长、副州长、副县长、副区长的职务；决定撤销由它任命的本级人民政府其他组成人员和监察委员会副主任、委员，人民法院副院长、庭长、副庭长、审判委员会委员、审判员，人民检察院副检察长、检察委员会委员、检察员，中级人民法院院长、人民检察院分院检察长的职务；

（十八）在本级人民代表大会闭会期间，补选上一级人民代表大会出缺的代表和罢免个别代表。

常务委员会讨论前款第四项规定的本行政区域内的重大事项和项目，可以作出决定或者决议，也可以将有关意见、建议送有关地方国家机关或者单位研究办理。有关办理情况应当及时向常务委员会报告。

第三节　常务委员会会议的举行

第五十一条　常务委员会会议由主任召集并主持，每两个月至少举行一次。遇有特殊需要时，可以临时召集常务委员会会议。主任可以委托副主任主持会议。

县级以上的地方各级人民政府、监察委员会、人民法院、人民检察院的负责人，列席本级人民代表大会常务委员会会议。

常务委员会会议有常务委员会全体组成人员过半数出席,始得举行。

常务委员会的决议,由常务委员会以全体组成人员的过半数通过。

第五十二条 县级以上的地方各级人民代表大会常务委员会主任会议可以向本级人民代表大会常务委员会提出属于常务委员会职权范围内的议案,由常务委员会会议审议。

县级以上的地方各级人民政府、人民代表大会各专门委员会,可以向本级人民代表大会常务委员会提出属于常务委员会职权范围内的议案,由主任会议决定提请常务委员会会议审议,或者先交有关的专门委员会审议、提出报告,再提请常务委员会会议审议。

省、自治区、直辖市、自治州、设区的市的人民代表大会常务委员会组成人员五人以上联名,县级的人民代表大会常务委员会组成人员三人以上联名,可以向本级常务委员会提出属于常务委员会职权范围内的议案,由主任会议决定是否提请常务委员会会议审议,或者先交有关的专门委员会审议、提出报告,再决定是否提请常务委员会会议审议。

第五十三条 在常务委员会会议期间,省、自治区、直辖市、自治州、设区的市的人民代表大会常务委员会组成人员五人以上联名,县级的人民代表大会常务委员会组成人员三人以上联名,可以向常务委员会书面提出对本级人民政府及其工作部门、监察委员会、人民法院、人民检察院的质询案。质询案必须写明质询对象、质询的问题和内容。

质询案由主任会议决定交由受质询机关在常务委员会全体会议上或者有关的专门委员会会议上口头答复,或者由受质询机关书面答复。在专门委员会会议上答复的,提质询案的常务委员会组成人员有权列席会议,发表意见;主任会议认为必要的时候,可以将答复质询案的情况报告印发会议。

质询案以口头答复的,应当由受质询机关的负责人到会答复;质询案以书面答复的,应当由受质询机关的负责人签署,由主任会议印发会议或者印发提质询案的常务委员会组成人员。

第五十四条 省、自治区、直辖市、自治州、设区的市的人民代表大会常务委员会主任、副主任和秘书长组成主任会议;县、自治县、不设区的市、市辖区的人民代表大会常务委员会主任、副主任组成主任会议。

主任会议处理常务委员会的重要日常工作:

(一)决定常务委员会每次会议的会期,拟订会议议程草案,必要时提出调整会议议程的建议;

(二)对向常务委员会提出的议案和质询案,决定交由有关的专门委员会审议或者提请常务委员会全体会议审议;

(三)决定是否将议案和决定草案、决议草案提请常务委员会全体会议表决,对暂不交付表决的,提出下一步处理意见;

(四)通过常务委员会年度工作计划等;

(五)指导和协调专门委员会的日常工作;

(六)其他重要日常工作。

第五十五条 常务委员会主任因为健康情况不能工作或者缺位的时候,由常务委员会在副主任中推选一人代理主任的职务,直到主任恢复健康或者人民代表大会选出新的主任为止。

第四节　常务委员会各委员会和工作机构

第五十六条　县级以上的地方各级人民代表大会常务委员会设立代表资格审查委员会。

代表资格审查委员会的主任委员、副主任委员和委员的人选，由常务委员会主任会议在常务委员会组成人员中提名，常务委员会任免。

第五十七条　代表资格审查委员会审查代表的选举是否符合法律规定。

第五十八条　主任会议或者五分之一以上的常务委员会组成人员书面联名，可以向本级人民代表大会常务委员会提议组织关于特定问题的调查委员会，由全体会议决定。

调查委员会由主任委员、副主任委员和委员组成，由主任会议在常务委员会组成人员和其他代表中提名，提请全体会议通过。

调查委员会应当向本级人民代表大会常务委员会提出调查报告。常务委员会根据调查委员会的报告，可以作出相应的决议。

第五十九条　常务委员会根据工作需要，设立办事机构和法制工作委员会、预算工作委员会、代表工作委员会等工作机构。

省、自治区的人民代表大会常务委员会可以在地区设立工作机构。

市辖区、不设区的市的人民代表大会常务委员会可以在街道设立工作机构。工作机构负责联系街道辖区内的人民代表大会代表，组织代表开展活动，反映代表和群众的建议、批评和意见，办理常务委员会交办的监督、选举以及其他工作，并向常务委员会报告工作。

县、自治县的人民代表大会常务委员会可以比照前款规定，在街道设立工作机构。

第六十条　县级以上的地方各级人民代表大会常务委员会和各专门委员会、工作机构应当建立健全常务委员会组成人员和各专门委员会、工作机构联系代表的工作机制，支持和保障代表依法履职，扩大代表对各项工作的参与，充分发挥代表作用。

县级以上的地方各级人民代表大会常务委员会通过建立基层联系点、代表联络站等方式，密切同人民群众的联系，听取对立法、监督等工作的意见和建议。

第四章　地方各级人民政府

第一节　一般规定

第六十一条　省、自治区、直辖市、自治州、县、自治县、市、市辖区、乡、民族乡、镇设立人民政府。

第六十二条　地方各级人民政府应当维护宪法和法律权威，坚持依法行政，建设职能科学、权责法定、执法严明、公开公正、智能高效、廉洁诚信、人民满意的法治政府。

第六十三条　地方各级人民政府应当坚持以人民为中心，全心全意为人民服务，提高行政效能，建设服务型政府。

第六十四条　地方各级人民政府应当严格执行廉洁从政各项规定，加强廉政建设，建设廉洁政府。

第六十五条　地方各级人民政府应当坚持诚信原则，加强政务诚信建设，建设诚信政府。

第六十六条　地方各级人民政府应当坚持政务公开，全面推进决策、执行、管理、服务、结果公开，依法、及时、准确公开政府信息，推进政务数据有序共享，提高政府工作的透明度。

第六十七条　地方各级人民政府应当坚持科学决策、民主决策、依法决策，提高决策的质量。

第六十八条 地方各级人民政府应当依法接受监督,确保行政权力依法正确行使。

第六十九条 地方各级人民政府对本级人民代表大会和上一级国家行政机关负责并报告工作。县级以上的地方各级人民政府在本级人民代表大会闭会期间,对本级人民代表大会常务委员会负责并报告工作。

全国地方各级人民政府都是国务院统一领导下的国家行政机关,都服从国务院。

地方各级人民政府实行重大事项请示报告制度。

第二节 地方各级人民政府的组成和任期

第七十条 省、自治区、直辖市、自治州、设区的市的人民政府分别由省长、副省长,自治区主席、副主席,市长、副市长,州长、副州长和秘书长、厅长、局长、委员会主任等组成。

县、自治县、不设区的市、市辖区的人民政府分别由县长、副县长,市长、副市长,区长、副区长和局长、科长等组成。

乡、民族乡的人民政府设乡长、副乡长。民族乡的乡长由建立民族乡的少数民族公民担任。镇人民政府设镇长、副镇长。

第七十一条 新的一届人民政府领导人员依法选举产生后,应当在两个月内提请本级人民代表大会常务委员会任命人民政府秘书长、厅长、局长、委员会主任、科长。

第七十二条 地方各级人民政府每届任期五年。

第三节 地方各级人民政府的职权

第七十三条 县级以上的地方各级人民政府行使下列职权:

(一)执行本级人民代表大会及其常务委员会的决议,以及上级国家行政机关的决定和命令,规定行政措施,发布决定和命令;

(二)领导所属各工作部门和下级人民政府的工作;

(三)改变或者撤销所属各工作部门的不适当的命令、指示和下级人民政府的不适当的决定、命令;

(四)依照法律的规定任免、培训、考核和奖惩国家行政机关工作人员;

(五)编制和执行国民经济和社会发展规划纲要、计划和预算,管理本行政区域内的经济、教育、科学、文化、卫生、体育、城乡建设等事业和生态环境保护、自然资源、财政、民政、社会保障、公安、民族事务、司法行政、人口与计划生育等行政工作;

(六)保护社会主义的全民所有的财产和劳动群众集体所有的财产,保护公民私人所有的合法财产,维护社会秩序,保障公民的人身权利、民主权利和其他权利;

(七)履行国有资产管理职责;

(八)保护各种经济组织的合法权益;

(九)铸牢中华民族共同体意识,促进各民族广泛交往交流交融,保障少数民族的合法权利和利益,保障少数民族保持或者改革自己的风俗习惯的自由,帮助本行政区域内的民族自治地方依照宪法和法律实行区域自治,帮助各少数民族发展政治、经济和文化的建设事业;

(十)保障宪法和法律赋予妇女的男女平等、同工同酬和婚姻自由等各项权利;

(十一)办理上级国家行政机关交办的其他事项。

第七十四条 省、自治区、直辖市的人民政府可以根据法律、行政法规和本省、自治区、直辖市的地方性法规,制定规章,报国务院和本级人民代表大会常务委员会备案。设区的市、自治州的人民政府可以根据法律、行政法规和本省、自治区的地方性法规,依照法律规定的权限制定规章,报国务院和省、自治区的人民代表大会常务委员会、人民政府以及本级人民代表大会常务委员会备案。

依照前款规定制定规章,须经各该级政府常务会议或者全体会议讨论决定。

第七十五条 县级以上的地方各级人民政府制定涉及个人、组织权利义务的规范性文件,应当依照法定权限和程序,进行评估论证、公开征求意见、合法性审查、集体讨论决定,并予以公布和备案。

第七十六条 乡、民族乡、镇的人民政府行使下列职权:

(一)执行本级人民代表大会的决议和上级国家行政机关的决定和命令,发布决定和命令;

(二)执行本行政区域内的经济和社会发展计划、预算,管理本行政区域内的经济、教育、科学、文化、卫生、体育等事业和生态环境保护、财政、民政、社会保障、公安、司法行政、人口与计划生育等行政工作;

(三)保护社会主义的全民所有的财产和劳动群众集体所有的财产,保护公民私人所有的合法财产,维护社会秩序,保障公民的人身权利、民主权利和其他权利;

(四)保护各种经济组织的合法权益;

(五)铸牢中华民族共同体意识,促进各民族广泛交往交流交融,保障少数民族的合法权利和利益,保障少数民族保持或者改革自己的风俗习惯的自由;

(六)保障宪法和法律赋予妇女的男女平等、同工同酬和婚姻自由等各项权利;

(七)办理上级人民政府交办的其他事项。

第七十七条 地方各级人民政府分别实行省长、自治区主席、市长、州长、县长、区长、乡长、镇长负责制。省长、自治区主席、市长、州长、县长、区长、乡长、镇长分别主持地方各级人民政府的工作。

第七十八条 县级以上的地方各级人民政府会议分为全体会议和常务会议。全体会议由本级人民政府全体成员组成。省、自治区、直辖市、自治州、设区的市的人民政府常务会议,分别由省长、副省长,自治区主席、副主席,市长、副市长,州长、副州长和秘书长组成。县、自治县、不设区的市、市辖区的人民政府常务会议,分别由县长、副县长,市长、副市长,区长、副区长组成。省长、自治区主席、市长、州长、县长、区长召集和主持本级人民政府全体会议和常务会议。政府工作中的重大问题,须经政府常务会议或者全体会议讨论决定。

第四节 地方各级人民政府的机构设置

第七十九条 地方各级人民政府根据工作需要和优化协同高效以及精干的原则,设立必要的工作部门。

县级以上的地方各级人民政府设立审计机关。地方各级审计机关依照法律规定独立行使审计监督权,对本级人民政府和上一级审计机关负责。

省、自治区、直辖市的人民政府的厅、局、委员会等工作部门和自治州、县、自治县、市、市辖区的人民政府的局、科等工作部门的设立、增加、减少或者合并,按照规定程序报请批准,并报本级人民代表大会常务委员会备案。

第八十条 县级以上的地方各级人民政府根据国家区域发展战略,结合地方实际需要,可以共同建立跨行政区划的区域协同发展工作机制,加强区域合作。

上级人民政府应当对下级人民政府的区域合作工作进行指导、协调和监督。

第八十一条 县级以上的地方各级人

民政府根据应对重大突发事件的需要,可以建立跨部门指挥协调机制。

第八十二条　各厅、局、委员会、科分别设厅长、局长、主任、科长,在必要的时候可以设副职。

办公厅、办公室设主任,在必要的时候可以设副主任。

省、自治区、直辖市、自治州、设区的市的人民政府设秘书长一人,副秘书长若干人。

第八十三条　省、自治区、直辖市的人民政府的各工作部门受人民政府统一领导,并且依照法律或者行政法规的规定受国务院主管部门的业务指导或者领导。

自治州、县、自治县、市、市辖区的人民政府的各工作部门受人民政府统一领导,并且依照法律或者行政法规的规定受上级人民政府主管部门的业务指导或者领导。

第八十四条　省、自治区、直辖市、自治州、县、自治县、市、市辖区的人民政府应当协助设立在本行政区域内不属于自己管理的国家机关、企业、事业单位进行工作,并且监督它们遵守和执行法律和政策。

第八十五条　省、自治区的人民政府在必要的时候,经国务院批准,可以设立若干派出机关。

县、自治县的人民政府在必要的时候,经省、自治区、直辖市的人民政府批准,可以设立若干区公所,作为它的派出机关。

市辖区、不设区的市的人民政府,经上一级人民政府批准,可以设立若干街道办事处,作为它的派出机关。

第八十六条　街道办事处在本辖区内办理派出它的人民政府交办的公共服务、公共管理、公共安全等工作,依法履行综合管理、统筹协调、应急处置和行政执法等职责,反映居民的意见和要求。

第八十七条　乡、民族乡、镇的人民政府和市辖区、不设区的市的人民政府或者街道办事处对基层群众性自治组织的工作给予指导、支持和帮助。基层群众性自治组织协助乡、民族乡、镇的人民政府和市辖区、不设区的市的人民政府或者街道办事处开展工作。

第八十八条　乡、民族乡、镇的人民政府和街道办事处可以根据实际情况建立居民列席有关会议的制度。

第五章　附　　则

第八十九条　自治区、自治州、自治县的自治机关除行使本法规定的职权外,同时依照宪法、民族区域自治法和其他法律规定的权限行使自治权。

第九十条　省、自治区、直辖市的人民代表大会及其常务委员会可以根据本法和实际情况,对执行中的问题作具体规定。

中华人民共和国国务院组织法

(1982年12月10日第五届全国人民代表大会第五次会议通过　1982年12月10日全国人民代表大会常务委员会委员长令第14号公布施行)

第一条　根据中华人民共和国宪法有关国务院的规定,制定本组织法。

第二条　国务院由总理、副总理、国务委员、各部部长、各委员会主任、审计长、秘书长组成。

国务院实行总理负责制。总理领导国务院的工作。副总理、国务委员协助总理工作。

第三条　国务院行使宪法第八十九条规定的职权。

第四条　国务院会议分为国务院全体会议和国务院常务会议。国务院全体会议由国务院全体成员组成。国务院常务会议由总理、副总理、国务委员、秘书长组成。总理召集和主持国务院全体会议和国务院常务会议。国务院工作中的重大问题，必须经国务院常务会议或者国务院全体会议讨论决定。

第五条 国务院发布的决定、命令和行政法规，向全国人民代表大会或者全国人民代表大会常务委员会提出的议案，任免人员，由总理签署。

第六条 国务委员受总理委托，负责某些方面的工作或者专项任务，并且可以代表国务院进行外事活动。

第七条 国务院秘书长在总理领导下，负责处理国务院的日常工作。

国务院设副秘书长若干人，协助秘书长工作。

国务院设立办公厅，由秘书长领导。

第八条 国务院各部、各委员会的设立、撤销或者合并，经总理提出，由全国人民代表大会决定；在全国人民代表大会闭会期间，由全国人民代表大会常务委员会决定。

第九条 各部设部长一人，副部长二至四人。各委员会设主任一人，副主任二至四人，委员五至十人。

各部、各委员会实行部长、主任负责制。各部部长、各委员会主任领导本部门的工作，召集和主持部务会议或者委员会会议、委务会议，签署上报国务院的重要请示、报告和下达的命令、指示。副部长、副主任协助部长、主任工作。

第十条 各部、各委员会工作中的方针、政策、计划和重大行政措施，应向国务院请示报告，由国务院决定。根据法律和国务院的决定，主管部、委员会可以在本部门的权限内发布命令、指示和规章。

第十一条 国务院可以根据工作需要和精简的原则，设立若干直属机构主管各项专门业务，设立若干办事机构协助总理办理专门事项。每个机构设负责人二至五人。

中华人民共和国公职人员政务处分法

（2020年6月20日第十三届全国人民代表大会常务委员会第十九次会议通过 2020年6月20日中华人民共和国主席令第46号公布 自2020年7月1日起施行）

第一章 总 则

第一条 为了规范政务处分，加强对所有行使公权力的公职人员的监督，促进公职人员依法履职、秉公用权、廉洁从政从业、坚持道德操守，根据《中华人民共和国监察法》，制定本法。

第二条 本法适用于监察机关对违法的公职人员给予政务处分的活动。

本法第二章、第三章适用于公职人员任免机关、单位对违法的公职人员给予处分。处分的程序、申诉等适用其他法律、行政法规、国务院部门规章和国家有关规定。

本法所称公职人员，是指《中华人民共和国监察法》第十五条规定的人员。

第三条 监察机关应当按照管理权限，加强对公职人员的监督，依法给予违法的公职人员政务处分。

公职人员任免机关、单位应当按照管理权限，加强对公职人员的教育、管理、监督，依法给予违法的公职人员处分。

监察机关发现公职人员任免机关、单位应当给予处分而未给予，或者给予的处分违法、不当的，应当及时提出监察建议。

第四条 给予公职人员政务处分，坚持党管干部原则，集体讨论决定；坚持法律面前一律平等，以事实为根据，以法律为准绳，给予的政务处分与违法行为的性质、情节、危害程度相当；坚持惩戒与教育相结合,宽严相济。

第五条 给予公职人员政务处分,应当事实清楚、证据确凿、定性准确、处理恰当、程序合法、手续完备。

第六条 公职人员依法履行职责受法律保护,非因法定事由、非经法定程序,不受政务处分。

第二章 政务处分的种类和适用

第七条 政务处分的种类为：

（一）警告；

（二）记过；

（三）记大过；

（四）降级；

（五）撤职；

（六）开除。

第八条 政务处分的期间为：

（一）警告,六个月；

（二）记过,十二个月；

（三）记大过,十八个月；

（四）降级、撤职,二十四个月。

政务处分决定自作出之日起生效,政务处分期自政务处分决定生效之日起计算。

第九条 公职人员二人以上共同违法,根据各自在违法行为中所起的作用和应当承担的法律责任,分别给予政务处分。

第十条 有关机关、单位、组织集体作出的决定违法或者实施违法行为的,对负有责任的领导人员和直接责任人员中的公职人员依法给予政务处分。

第十一条 公职人员有下列情形之一的,可以从轻或者减轻给予政务处分：

（一）主动交代本人应当受到政务处分的违法行为的；

（二）配合调查,如实说明本人违法事实的；

（三）检举他人违纪违法行为,经查证属实的；

（四）主动采取措施,有效避免、挽回损失或者消除不良影响的；

（五）在共同违法行为中起次要或者辅助作用的；

（六）主动上交或者退赔违法所得的；

（七）法律、法规规定的其他从轻或者减轻情节。

第十二条 公职人员违法行为情节轻微,且具有本法第十一条规定的情形之一的,可以对其进行谈话提醒、批评教育、责令检查或者予以诫勉,免予或者不予政务处分。

公职人员因不明真相被裹挟或者被胁迫参与违法活动,经批评教育后确有悔改表现的,可以减轻、免予或者不予政务处分。

第十三条 公职人员有下列情形之一的,应当从重给予政务处分：

（一）在政务处分期内再次故意违法,应当受到政务处分的；

（二）阻止他人检举、提供证据的；

（三）串供或者伪造、隐匿、毁灭证据的；

（四）包庇同案人员的；

（五）胁迫、唆使他人实施违法行为的；

（六）拒不上交或者退赔违法所得的；

（七）法律、法规规定的其他从重情节。

第十四条 公职人员犯罪,有下列情形之一的,予以开除：

（一）因故意犯罪被判处管制、拘役或者有期徒刑以上刑罚（含宣告缓刑）的；

（二）因过失犯罪被判处有期徒刑,刑期超过三年的；

（三）因犯罪被单处或者并处剥夺政治权利的。

因过失犯罪被判处管制、拘役或者三年以下有期徒刑的,一般应当予以开除；案件情况特殊,予以撤职更为适当的,可以不予开除,但是应当报请上一级机关批准。

公职人员因犯罪被单处罚金,或者犯罪情节轻微,人民检察院依法作出不起诉决定或者人民法院依法免予刑事处罚的,予以撤职;造成不良影响的,予以开除。

第十五条 公职人员有两个以上违法行为的,应当分别确定政务处分。应当给予两种以上政务处分的,执行其中最重的政务处分;应当给予撤职以下多个相同政务处分的,可以在一个政务处分期以上、多个政务处分期之和以下确定政务处分期,但是最长不得超过四十八个月。

第十六条 对公职人员的同一违法行为,监察机关和公职人员任免机关、单位不得重复给予政务处分和处分。

第十七条 公职人员有违法行为,有关机关依照规定给予组织处理的,监察机关可以同时给予政务处分。

第十八条 担任领导职务的公职人员有违法行为,被罢免、撤销、免去或者辞去领导职务的,监察机关可以同时给予政务处分。

第十九条 公务员以及参照《中华人民共和国公务员法》管理的人员在政务处分期内,不得晋升职务、职级、衔级和级别;其中,被记过、记大过、降级、撤职的,不得晋升工资档次。被撤职的,按照规定降低职务、职级、衔级和级别,同时降低工资和待遇。

第二十条 法律、法规授权或者受国家机关依法委托管理公共事务的组织中从事公务的人员,以及公办的教育、科研、文化、医疗卫生、体育等单位中从事管理的人员,在政务处分期内,不得晋升职务、岗位和职员等级、职称;其中,被记过、记大过、降级、撤职的,不得晋升薪酬待遇等级。被撤职的,降低职务、岗位或者职员等级,同时降低薪酬待遇。

第二十一条 国有企业管理人员在政务处分期内,不得晋升职务、岗位等级和职称;其中,被记过、记大过、降级、撤职的,不得晋升薪酬待遇等级。被撤职的,降低职务或者岗位等级,同时降低薪酬待遇。

第二十二条 基层群众性自治组织中从事管理的人员有违法行为的,监察机关可以予以警告、记过、记大过。

基层群众性自治组织中从事管理的人员受到政务处分的,应当由县级或者乡镇人民政府根据具体情况减发或者扣发补贴、奖金。

第二十三条 《中华人民共和国监察法》第十五条第六项规定的人员有违法行为的,监察机关可以予以警告、记过、记大过。情节严重的,由所在单位直接给予或者监察机关建议有关机关、单位给予降低薪酬待遇、调离岗位、解除人事关系或者劳动关系等处理。

《中华人民共和国监察法》第十五条第二项规定的人员,未担任公务员、参照《中华人民共和国公务员法》管理的人员、事业单位工作人员或者国有企业人员职务的,对其违法行为依照前款规定处理。

第二十四条 公职人员被开除,或者依照本法第二十三条规定,受到解除人事关系或者劳动关系处理的,不得录用为公务员以及参照《中华人民共和国公务员法》管理的人员。

第二十五条 公职人员违法取得的财物和用于违法行为的本人财物,除依法应当由其他机关没收、追缴或者责令退赔的,由监察机关没收、追缴或者责令退赔;应当退还原所有人或者原持有人的,依法予以退还;属于国家财产或者不应当退还以及无法退还的,上缴国库。

公职人员因违法行为获得的职务、职级、衔级、级别、岗位和职员等级、职称、待遇、资格、学历、学位、荣誉、奖励等其他利益，监察机关应当建议有关机关、单位、组织按规定予以纠正。

第二十六条 公职人员被开除的，自政务处分决定生效之日起，应当解除其与所在机关、单位的人事关系或者劳动关系。

公职人员受到开除以外的政务处分，在政务处分期内有悔改表现，并且没有再发生应当给予政务处分的违法行为的，政务处分期满后自动解除，晋升职务、职级、衔级、级别、岗位和职员等级、职称、薪酬待遇不再受原政务处分影响。但是，解除降级、撤职的，不恢复原职务、职级、衔级、级别、岗位和职员等级、职称、薪酬待遇。

第二十七条 已经退休的公职人员退休前或者退休后有违法行为的，不再给予政务处分，但是可以对其立案调查；依法应当予以降级、撤职、开除的，应当按照规定相应调整其享受的待遇，对其违法取得的财物和用于违法行为的本人财物依照本法第二十五条的规定处理。

已经离职或者死亡的公职人员在履职期间有违法行为的，依照前款规定处理。

第三章 违法行为及其适用的政务处分

第二十八条 有下列行为之一的，予以记过或者记大过；情节较重的，予以降级或者撤职；情节严重的，予以开除：

（一）散布有损宪法权威、中国共产党领导和国家声誉的言论的；

（二）参加旨在反对宪法、中国共产党领导和国家的集会、游行、示威等活动的；

（三）拒不执行或者变相不执行中国共产党和国家的路线方针政策、重大决策部署的；

（四）参加非法组织、非法活动的；

（五）挑拨、破坏民族关系，或者参加民族分裂活动的；

（六）利用宗教活动破坏民族团结和社会稳定的；

（七）在对外交往中损害国家荣誉和利益的。

有前款第二项、第四项、第五项和第六项行为之一的，对策划者、组织者和骨干分子，予以开除。

公开发表反对宪法确立的国家指导思想，反对中国共产党领导，反对社会主义制度，反对改革开放的文章、演说、宣言、声明等的，予以开除。

第二十九条 不按照规定请示、报告重大事项，情节较重的，予以警告、记过或者记大过；情节严重的，予以降级或者撤职。

违反个人有关事项报告规定，隐瞒不报，情节较重的，予以警告、记过或者记大过。

篡改、伪造本人档案资料的，予以记过或者记大过；情节严重的，予以降级或者撤职。

第三十条 有下列行为之一的，予以警告、记过或者记大过；情节严重的，予以降级或者撤职：

（一）违反民主集中制原则，个人或者少数人决定重大事项，或者拒不执行、擅自改变集体作出的重大决定的；

（二）拒不执行或者变相不执行、拖延执行上级依法作出的决定、命令的。

第三十一条 违反规定出境或者办理因私出境证件的，予以记过或者记大过；情节严重的，予以降级或者撤职。

违反规定取得外国国籍或者获取境外永久居留资格、长期居留许可的，予以撤职或者开除。

第三十二条 有下列行为之一的，予以警告、记过或者记大过；情节较重的，予以降级或者撤职；情节严重的，予以开除：

（一）在选拔任用、录用、聘用、考核、晋

升、评选等干部人事工作中违反有关规定的；

（二）弄虚作假，骗取职务、职级、衔级、级别、岗位和职员等级、职称、待遇、资格、学历、学位、荣誉、奖励或者其他利益的；

（三）对依法行使批评、申诉、控告、检举等权利的行为进行压制或者打击报复的；

（四）诬告陷害，意图使他人受到名誉损害或者责任追究等不良影响的；

（五）以暴力、威胁、贿赂、欺骗等手段破坏选举的。

第三十三条 有下列行为之一的，予以警告、记过或者记大过；情节较重的，予以降级或者撤职；情节严重的，予以开除：

（一）贪污贿赂的；

（二）利用职权或者职务上的影响为本人或者他人谋取私利的；

（三）纵容、默许特定关系人利用本人职权或者职务上的影响谋取私利的。

拒不按照规定纠正特定关系人违规任职、兼职或者从事经营活动，且不服从职务调整的，予以撤职。

第三十四条 收受可能影响公正行使公权力的礼品、礼金、有价证券等财物的，予以警告、记过或者记大过；情节较重的，予以降级或者撤职；情节严重的，予以开除。

向公职人员及其特定关系人赠送可能影响公正行使公权力的礼品、礼金、有价证券等财物，或者接受、提供可能影响公正行使公权力的宴请、旅游、健身、娱乐等活动安排，情节较重的，予以警告、记过或者记大过；情节严重的，予以降级或者撤职。

第三十五条 有下列行为之一，情节较重的，予以警告、记过或者记大过；情节严重的，予以降级或者撤职：

（一）违反规定设定、发放薪酬或者津贴、补贴、奖金的；

（二）违反规定，在公务接待、公务交通、会议活动、办公用房以及其他工作生活保障等方面超标准、超范围的；

（三）违反规定公款消费的。

第三十六条 违反规定从事或者参与营利性活动，或者违反规定兼任职务、领取报酬的，予以警告、记过或者记大过；情节较重的，予以降级或者撤职；情节严重的，予以开除。

第三十七条 利用宗族或者黑恶势力等欺压群众，或者纵容、包庇黑恶势力活动的，予以撤职；情节严重的，予以开除。

第三十八条 有下列行为之一，情节较重的，予以警告、记过或者记大过；情节严重的，予以降级或者撤职：

（一）违反规定向管理服务对象收取、摊派财物的；

（二）在管理服务活动中故意刁难、吃拿卡要的；

（三）在管理服务活动中态度恶劣粗暴，造成不良后果或者影响的；

（四）不按照规定公开工作信息，侵犯管理服务对象知情权，造成不良后果或者影响的；

（五）其他侵犯管理服务对象利益的行为，造成不良后果或者影响的。

有前款第一项、第二项和第五项行为，情节特别严重的，予以开除。

第三十九条 有下列行为之一，造成不良后果或者影响的，予以警告、记过或者记大过；情节较重的，予以降级或者撤职；情节严重的，予以开除：

（一）滥用职权，危害国家利益、社会公共利益或者侵害公民、法人、其他组织合法权益的；

（二）不履行或者不正确履行职责，玩忽职守，贻误工作的；

（三）工作中有形式主义、官僚主义行为的；

（四）工作中有弄虚作假、误导、欺骗行为的；

（五）泄露国家秘密、工作秘密，或者泄露因履行职责掌握的商业秘密、个人隐私的。

第四十条 有下列行为之一的，予以警告、记过或者记大过；情节较重的，予以降级或者撤职；情节严重的，予以开除：

（一）违背社会公序良俗，在公共场所有不当行为，造成不良影响的；

（二）参与或者支持迷信活动，造成不良影响的；

（三）参与赌博的；

（四）拒不承担赡养、抚养、扶养义务的；

（五）实施家庭暴力，虐待、遗弃家庭成员的；

（六）其他严重违反家庭美德、社会公德的行为。

吸食、注射毒品，组织赌博，组织、支持、参与卖淫、嫖娼、色情淫乱活动的，予以撤职或者开除。

第四十一条 公职人员有其他违法行为，影响公职人员形象，损害国家和人民利益的，可以根据情节轻重给予相应政务处分。

第四章 政务处分的程序

第四十二条 监察机关对涉嫌违法的公职人员进行调查，应当由二名以上工作人员进行。监察机关进行调查时，有权依法向有关单位和个人了解情况，收集、调取证据。有关单位和个人应当如实提供情况。

严禁以威胁、引诱、欺骗及其他非法方式收集证据。以非法方式收集的证据不得作为给予政务处分的依据。

第四十三条 作出政务处分决定前，监察机关应当将调查认定的违法事实及拟给予政务处分的依据告知被调查人，听取被调查人的陈述和申辩，并对其陈述的事实、理由和证据进行核实，记录在案。被调查人提出的事实、理由和证据成立的，应予采纳。不得因被调查人的申辩而加重政务处分。

第四十四条 调查终结后，监察机关应当根据下列不同情况，分别作出处理：

（一）确有应受政务处分的违法行为的，根据情节轻重，按照政务处分决定权限，履行规定的审批手续后，作出政务处分决定；

（二）违法事实不能成立的，撤销案件；

（三）符合免予、不予政务处分条件的，作出免予、不予政务处分决定；

（四）被调查人涉嫌其他违法或者犯罪行为的，依法移送主管机关处理。

第四十五条 决定给予政务处分的，应当制作政务处分决定书。

政务处分决定书应当载明下列事项：

（一）被处分人的姓名、工作单位和职务；

（二）违法事实和证据；

（三）政务处分的种类和依据；

（四）不服政务处分决定，申请复审、复核的途径和期限；

（五）作出政务处分决定的机关名称和日期。

政务处分决定书应当盖有作出决定的监察机关的印章。

第四十六条 政务处分决定书应当及时送达被处分人和被处分人所在机关、单位，并在一定范围内宣布。

作出政务处分决定后，监察机关应当根据被处分人的具体身份书面告知相关的机关、单位。

第四十七条 参与公职人员违法案件调查、处理的人员有下列情形之一的，应当自行回避，被调查人、检举人及其他有关人员也有权要求其回避：

（一）是被调查人或者检举人的近亲属的；

（二）担任过本案的证人的；

（三）本人或者其近亲属与调查的案件有利害关系的；

（四）可能影响案件公正调查、处理的其他情形。

第四十八条 监察机关负责人的回避，由上级监察机关决定；其他参与违法案件调查、处理人员的回避，由监察机关负责人决定。

监察机关或者上级监察机关发现参与违法案件调查、处理人员有应当回避情形的，可以直接决定该人员回避。

第四十九条 公职人员依法受到刑事责任追究的，监察机关应当根据司法机关的生效判决、裁定、决定及其认定的事实和情节，依照本法规定给予政务处分。

公职人员依法受到行政处罚，应当给予政务处分的，监察机关可以根据行政处罚决定认定的事实和情节，经立案调查核实后，依照本法给予政务处分。

监察机关根据本条第一款、第二款的规定作出政务处分后，司法机关、行政机关依法改变原生效判决、裁定、决定等，对原政务处分决定产生影响的，监察机关应当根据改变后的判决、裁定、决定等重新作出相应处理。

第五十条 监察机关对经各级人民代表大会、县级以上各级人民代表大会常务委员会选举或者决定任命的公职人员予以撤职、开除的，应当先依法罢免、撤销或者免去其职务，再依法作出政务处分决定。

监察机关对经中国人民政治协商会议各级委员会全体会议或者其常务委员会选举或者决定任命的公职人员予以撤职、开除的，应当先依章程免去其职务，再依法作出政务处分决定。

监察机关对各级人民代表大会代表、中国人民政治协商会议各级委员会委员给予政务处分的，应当向有关的人民代表大会常务委员会，乡、民族乡、镇的人民代表大会主席团或者中国人民政治协商会议委员会常务委员会通报。

第五十一条 下级监察机关根据上级监察机关的指定管辖决定进行调查的案件，调查终结后，对不属于本监察机关管辖范围内的监察对象，应当交有管理权限的监察机关依法作出政务处分决定。

第五十二条 公职人员涉嫌违法，已经被立案调查，不宜继续履行职责的，公职人员任免机关、单位可以决定暂停其履行职务。

公职人员在被立案调查期间，未经监察机关同意，不得出境、辞去公职；被调查公职人员所在机关、单位及上级机关、单位不得对其交流、晋升、奖励、处分或者办理退休手续。

第五十三条 监察机关在调查中发现公职人员受到不实检举、控告或者诬告陷害，造成不良影响的，应当按照规定及时澄清事实，恢复名誉，消除不良影响。

第五十四条 公职人员受到政务处分的，应当将政务处分决定书存入其本人档案。对于受到降级以上政务处分的，应当由人事部门按照管理权限在作出政务处分决定后一个月内办理职务、工资及其他有关待遇等的变更手续；特殊情况下，经批准可以适当延长办理期限，但是最长不得超过六个月。

第五章　复审、复核

第五十五条 公职人员对监察机关作出的涉及本人的政务处分决定不服的，可以依法向作出决定的监察机关申请复审；公职人员对复审决定仍不服的，可以向上一级监察机关申请复核。

监察机关发现本机关或者下级监察机关作出的政务处分决定确有错误的,应当及时予以纠正或者责令下级监察机关及时予以纠正。

第五十六条　复审、复核期间,不停止原政务处分决定的执行。

公职人员不因提出复审、复核而被加重政务处分。

第五十七条　有下列情形之一的,复审、复核机关应当撤销原政务处分决定,重新作出决定或者责令原作出决定的监察机关重新作出决定:

(一)政务处分所依据的违法事实不清或者证据不足的;

(二)违反法定程序,影响案件公正处理的;

(三)超越职权或者滥用职权作出政务处分决定的。

第五十八条　有下列情形之一的,复审、复核机关应当变更原政务处分决定,或者责令原作出决定的监察机关予以变更:

(一)适用法律、法规确有错误的;

(二)对违法行为的情节认定确有错误的;

(三)政务处分不当的。

第五十九条　复审、复核机关认为政务处分决定认定事实清楚,适用法律正确的,应当予以维持。

第六十条　公职人员的政务处分决定被变更,需要调整该公职人员的职务、职级、衔级、级别、岗位和职员等级或者薪酬待遇等的,应当按照规定予以调整。政务处分决定被撤销的,应当恢复该公职人员的级别、薪酬待遇,按照原职务、职级、衔级、岗位和职员等级安排相应的职务、职级、衔级、岗位和职员等级,并在原政务处分决定公布范围内为其恢复名誉。没收、追缴财物错误的,应当依法予以返还、赔偿。

公职人员因有本法第五十七条、第五十八条规定的情形被撤销政务处分或者减轻政务处分的,应当对其薪酬待遇受到的损失予以补偿。

第六章　法律责任

第六十一条　有关机关、单位无正当理由拒不采纳监察建议的,由其上级机关、主管部门责令改正,对该机关、单位给予通报批评,对负有责任的领导人员和直接责任人员依法给予处理。

第六十二条　有关机关、单位、组织或者人员有下列情形之一的,由其上级机关,主管部门,任免机关、单位或者监察机关责令改正,依法给予处理:

(一)拒不执行政务处分决定的;

(二)拒不配合或者阻碍调查的;

(三)对检举人、证人或者调查人员进行打击报复的;

(四)诬告陷害公职人员的;

(五)其他违反本法规定的情形。

第六十三条　监察机关及其工作人员有下列情形之一的,对负有责任的领导人员和直接责任人员依法给予处理:

(一)违反规定处置问题线索的;

(二)窃取、泄露调查工作信息,或者泄露检举事项、检举受理情况以及检举人信息的;

(三)对被调查人或者涉案人员逼供、诱供,或者侮辱、打骂、虐待、体罚或者变相体罚的;

(四)收受被调查人或者涉案人员的财物以及其他利益的;

(五)违反规定处置涉案财物的;

(六)违反规定采取调查措施的;

(七)利用职权或者职务上的影响干预调查工作、以案谋私的;

（八）违反规定发生办案安全事故，或者发生安全事故后隐瞒不报、报告失实、处置不当的；

（九）违反回避等程序规定，造成不良影响的；

（十）不依法受理和处理公职人员复审、复核的；

（十一）其他滥用职权、玩忽职守、徇私舞弊的行为。

第六十四条 违反本法规定，构成犯罪的，依法追究刑事责任。

第七章 附 则

第六十五条 国务院及其相关主管部门根据本法的原则和精神，结合事业单位、国有企业等的实际情况，对事业单位、国有企业等的违法的公职人员处分事宜作出具体规定。

第六十六条 中央军事委员会可以根据本法制定相关具体规定。

第六十七条 本法施行前，已结案的案件如果需要复审、复核，适用当时的规定。尚未结案的案件，如果行为发生时的规定不认为是违法的，适用当时的规定；如果行为发生时的规定认为是违法的，依照当时的规定处理，但是如果本法不认为是违法或者根据本法处理较轻的，适用本法。

第六十八条 本法自2020年7月1日起施行。

行政机关公务员处分条例

（2007年4月4日国务院第173次常务会议通过 2007年4月22日中华人民共和国国务院令第495号公布 自2007年6月1日起施行）

第一章 总 则

第一条 为了严肃行政机关纪律，规范行政机关公务员的行为，保证行政机关及其公务员依法履行职责，根据《中华人民共和国公务员法》和《中华人民共和国行政监察法》，制定本条例。

第二条 行政机关公务员违反法律、法规、规章以及行政机关的决定和命令，应当承担纪律责任的，依照本条例给予处分。

法律、其他行政法规、国务院决定对行政机关公务员处分有规定的，依照该法律、行政法规、国务院决定的规定执行；法律、其他行政法规、国务院决定对行政机关公务员应当受到处分的违法违纪行为做了规定，但是未对处分幅度做规定的，适用本条例第三章与其最相类似的条款有关处分幅度的规定。

地方性法规、部门规章、地方政府规章可以补充规定本条例第三章未作规定的应当给予处分的违法违纪行为以及相应的处分幅度。除国务院监察机关、国务院人事部门外，国务院其他部门制定处分规章，应当与国务院监察机关、国务院人事部门联合制定。

除法律、法规、规章以及国务院决定外，行政机关不得以其他形式设定行政机关公务员处分事项。

第三条 行政机关公务员依法履行职务的行为受法律保护，非因法定事由，非经法定程序，不受处分。

第四条 给予行政机关公务员处分，应当坚持公正、公平和教育与惩处相结合的原则。

给予行政机关公务员处分，应当与其违法违纪行为的性质、情节、危害程度相适应。

给予行政机关公务员处分，应当事实清楚、证据确凿、定性准确、处理恰当、程序合法、手续完备。

第五条 行政机关公务员违法违纪涉

嫌犯罪的,应当移送司法机关依法追究刑事责任。

第二章 处分的种类和适用

第六条 行政机关公务员处分的种类为:

(一)警告;
(二)记过;
(三)记大过;
(四)降级;
(五)撤职;
(六)开除。

第七条 行政机关公务员受处分的期间为:

(一)警告,6 个月;
(二)记过,12 个月;
(三)记大过,18 个月;
(四)降级、撤职,24 个月。

第八条 行政机关公务员在受处分期间不得晋升职务和级别,其中,受记过、记大过、降级、撤职处分的,不得晋升工资档次;受撤职处分的,应当按照规定降低级别。

第九条 行政机关公务员受开除处分的,自处分决定生效之日起,解除其与单位的人事关系,不得再担任公务员职务。

行政机关公务员受开除以外的处分,在受处分期间有悔改表现,并且没有再发生违法违纪行为的,处分期满后,应当解除处分。解除处分后,晋升工资档次、级别和职务不再受原处分的影响。但是,解除降级、撤职处分的,不视为恢复原级别、原职务。

第十条 行政机关公务员同时有两种以上需要给予处分的行为的,应当分别确定其处分。应当给予的处分种类不同的,执行其中最重的处分;应当给予撤职以下多个相同种类处分的,执行该处分,并在一个处分期以上、多个处分期之和以下,决定处分期。

行政机关公务员在受处分期间受到新的处分的,其处分期为原处分期尚未执行的期限与新处分期限之和。

处分期最长不得超过 48 个月。

第十一条 行政机关公务员 2 人以上共同违法违纪,需要给予处分的,根据各自应当承担的纪律责任,分别给予处分。

第十二条 有下列情形之一的,应当从重处分:

(一)在 2 人以上的共同违法违纪行为中起主要作用的;
(二)隐匿、伪造、销毁证据的;
(三)串供或者阻止他人揭发检举、提供证据材料的;
(四)包庇同案人员的;
(五)法律、法规、规章规定的其他从重情节。

第十三条 有下列情形之一的,应当从轻处分:

(一)主动交代违法违纪行为的;
(二)主动采取措施,有效避免或者挽回损失的;
(三)检举他人重大违法违纪行为,情况属实的。

第十四条 行政机关公务员主动交代违法违纪行为,并主动采取措施有效避免或者挽回损失的,应当减轻处分。

行政机关公务员违纪行为情节轻微,经过批评教育后改正的,可以免予处分。

第十五条 行政机关公务员有本条例第十二条、第十三条规定情形之一的,应当在本条例第三章规定的处分幅度以内从重或者从轻给予处分。

行政机关公务员有本条例第十四条第一款规定情形的,应当在本条例第三章规定的处分幅度以外,减轻一个处分的档次给予处分。应当给予警告处分,又有减轻处分的情形的,免予处分。

第十六条 行政机关经人民法院、监察机关、行政复议机关或者上级行政机关依法认定有行政违法行为或者其他违法违纪行为,需要追究纪律责任的,对负有责任的领导人员和直接责任人员给予处分。

第十七条 违法违纪的行政机关公务员在行政机关对其作出处分决定前,已经依法被判处刑罚、罢免、免职或者已经辞去领导职务,依法应当给予处分的,由行政机关根据其违法违纪事实,给予处分。

行政机关公务员依法被判处刑罚的,给予开除处分。

第三章 违法违纪行为及其适用的处分

第十八条 有下列行为之一的,给予记大过处分;情节较重的,给予降级或者撤职处分;情节严重的,给予开除处分:

(一)散布有损国家声誉的言论,组织或者参加旨在反对国家的集会、游行、示威等活动的;

(二)组织或者参加非法组织,组织或者参加罢工的;

(三)违反国家的民族宗教政策,造成不良后果的;

(四)以暴力、威胁、贿赂、欺骗等手段,破坏选举的;

(五)在对外交往中损害国家荣誉和利益的;

(六)非法出境,或者违反规定滞留境外不归的;

(七)未经批准获取境外永久居留资格,或者取得外国国籍的;

(八)其他违反政治纪律的行为。

有前款第(六)项规定行为的,给予开除处分;有前款第(一)项、第(二)项或者第(三)项规定的行为,属于不明真相被裹挟参加,经批评教育后确有悔改表现的,可以减轻或者免予处分。

第十九条 有下列行为之一的,给予警告、记过或者记大过处分;情节较重的,给予降级或者撤职处分;情节严重的,给予开除处分:

(一)负有领导责任的公务员违反议事规则,个人或者少数人决定重大事项,或者改变集体作出的重大决定的;

(二)拒绝执行上级依法作出的决定、命令的;

(三)拒不执行机关的交流决定的;

(四)拒不执行人民法院对行政案件的判决、裁定或者监察机关、审计机关、行政复议机关作出的决定的;

(五)违反规定应当回避而不回避,影响公正执行公务,造成不良后果的;

(六)离任、辞职或者被辞退时,拒不办理公务交接手续或者拒不接受审计的;

(七)旷工或者因公外出、请假期满无正当理由逾期不归,造成不良影响的;

(八)其他违反组织纪律的行为。

第二十条 有下列行为之一的,给予记过、记大过处分;情节较重的,给予降级或者撤职处分;情节严重的,给予开除处分:

(一)不依法履行职责,致使可以避免的爆炸、火灾、传染病传播流行、严重环境污染、严重人员伤亡等重大事故或者群体性事件发生的;

(二)发生重大事故、灾害、事件或者重大刑事案件、治安案件,不按规定报告、处理的;

(三)对救灾、抢险、防汛、防疫、优抚、扶贫、移民、救济、社会保险、征地补偿等专项款物疏于管理,致使款物被贪污、挪用,或者毁损、灭失的;

(四)其他玩忽职守、贻误工作的行为。

第二十一条 有下列行为之一的,给予警告或者记过处分;情节较重的,给予记

大过或者降级处分;情节严重的,给予撤职处分:

(一)在行政许可工作中违反法定权限、条件和程序设定或者实施行政许可的;

(二)违法设定或者实施行政强制措施的;

(三)违法设定或者实施行政处罚的;

(四)违反法律、法规规定进行行政委托的;

(五)对需要政府、政府部门决定的招标投标、征收征用、城市房屋拆迁、拍卖等事项违反规定办理的。

第二十二条　弄虚作假,误导、欺骗领导和公众,造成不良后果的,给予警告、记过或者记大过处分;情节较重的,给予降级或者撤职处分;情节严重的,给予开除处分。

第二十三条　有贪污、索贿、受贿、行贿、介绍贿赂、挪用公款、利用职务之便为自己或者他人谋取私利、巨额财产来源不明等违反廉政纪律行为的,给予记过或者记大过处分;情节较重的,给予降级或者撤职处分;情节严重的,给予开除处分。

第二十四条　违反财经纪律,挥霍浪费国家资财的,给予警告处分;情节较重的,给予记过或者记大过处分;情节严重的,给予降级或者撤职处分。

第二十五条　有下列行为之一的,给予记过或者记大过处分;情节较重的,给予降级或者撤职处分;情节严重的,给予开除处分:

(一)以殴打、体罚、非法拘禁等方式侵犯公民人身权利的;

(二)压制批评,打击报复,扣压、销毁举报信件,或者向被举报人透露举报情况的;

(三)违反规定向公民、法人或者其他组织摊派或者收取财物的;

(四)妨碍执行公务或者违反规定干预执行公务的;

(五)其他滥用职权,侵害公民、法人或者其他组织合法权益的行为。

第二十六条　泄露国家秘密、工作秘密,或者泄露因履行职责掌握的商业秘密、个人隐私,造成不良后果的,给予警告、记过或者记大过处分;情节较重的,给予降级或者撤职处分;情节严重的,给予开除处分。

第二十七条　从事或者参与营利性活动,在企业或者其他营利性组织中兼任职务的,给予记过或者记大过处分;情节较重的,给予降级或者撤职处分;情节严重的,给予开除处分。

第二十八条　严重违反公务员职业道德,工作作风懈怠、工作态度恶劣,造成不良影响的,给予警告、记过或者记大过处分。

第二十九条　有下列行为之一的,给予警告、记过或者记大过处分;情节较重的,给予降级或者撤职处分;情节严重的,给予开除处分:

(一)拒不承担赡养、抚养、扶养义务的;

(二)虐待、遗弃家庭成员的;

(三)包养情人的;

(四)严重违反社会公德的行为。

有前款第(三)项行为的,给予撤职或者开除处分。

第三十条　参与迷信活动,造成不良影响的,给予警告、记过或者记大过处分;组织迷信活动的,给予降级或者撤职处分,情节严重的,给予开除处分。

第三十一条　吸食、注射毒品或者组织、支持、参与卖淫、嫖娼、色情淫乱活动的,给予撤职或者开除处分。

第三十二条　参与赌博的,给予警告或者记过处分;情节较重的,给予记大过或者降级处分;情节严重的,给予撤职或者开除处分。

为赌博活动提供场所或者其他便利条

件的,给予警告、记过或者记大过处分;情节严重的,给予撤职或者开除处分。

在工作时间赌博的,给予记过、记大过或者降级处分;屡教不改的,给予撤职或者开除处分。

挪用公款赌博的,给予撤职或者开除处分。

利用赌博索贿、受贿或者行贿的,依照本条例第二十三条的规定给予处分。

第三十三条 违反规定超计划生育的,给予降级或者撤职处分;情节严重的,给予开除处分。

第四章 处分的权限

第三十四条 对行政机关公务员给予处分,由任免机关或者监察机关(以下统称处分决定机关)按照管理权限决定。

第三十五条 对经全国人民代表大会及其常务委员会决定任命的国务院组成人员给予处分,由国务院决定。其中,拟给予撤职、开除处分的,由国务院向全国人民代表大会提出罢免建议,或者向全国人民代表大会常务委员会提出免职建议。罢免或者免职前,国务院可以决定暂停其履行职务。

第三十六条 对经地方各级人民代表大会及其常务委员会选举或者决定任命的地方各级人民政府领导人员给予处分,由上一级人民政府决定。

拟给予经县级以上地方人民代表大会及其常务委员会选举或者决定任命的县级以上地方人民政府领导人员撤职、开除处分的,应当先由本级人民政府向同级人民代表大会提出罢免建议。其中,拟给予县级以上地方人民政府副职领导人员撤职、开除处分的,也可以向同级人民代表大会常务委员会提出撤销职务的建议。拟给予乡镇人民政府领导人员撤职、开除处分的,应当先由本级人民政府向同级人民代表大会提出罢免建议。罢免或者撤销职务前,上级人民政府可以决定暂停其履行职务;遇有特殊紧急情况,省级以上人民政府认为必要时,也可以对其作出撤职或者开除的处分,同时报告同级人民代表大会常务委员会,并通报下级人民代表大会常务委员会。

第三十七条 对地方各级人民政府工作部门正职领导人员给予处分,由本级人民政府决定。其中,拟给予撤职、开除处分的,由本级人民政府向同级人民代表大会常务委员会提出免职建议。免去职务前,本级人民政府或者上级人民政府可以决定暂停其履行职务。

第三十八条 行政机关公务员违法违纪,已经被立案调查,不宜继续履行职责的,任免机关可以决定暂停其履行职务。

被调查的公务员在违法违纪案件立案调查期间,不得交流、出境、辞去公职或者办理退休手续。

第五章 处分的程序

第三十九条 任免机关对涉嫌违法违纪的行政机关公务员的调查、处理,按照下列程序办理:

(一)经任免机关负责人同意,由任免机关有关部门对需要调查处理的事项进行初步调查;

(二)任免机关有关部门经初步调查认为该公务员涉嫌违法违纪,需要进一步查证的,报任免机关负责人批准后立案;

(三)任免机关有关部门负责对该公务员违法违纪事实做进一步调查,包括收集、查证有关证据材料,听取被调查的公务员所在单位的领导成员、有关工作人员以及所在单位监察机构的意见,向其他有关单位和人员了解情况,并形成书面调查材料,向任免机关负责人报告；

（四）任免机关有关部门将调查认定的事实及拟给予处分的依据告知被调查的公务员本人，听取其陈述和申辩，并对其所提出的事实、理由和证据进行复核，记录在案。被调查的公务员提出的事实、理由和证据成立的，应予采信；

（五）经任免机关领导成员集体讨论，作出对该公务员给予处分、免予处分或者撤销案件的决定；

（六）任免机关应当将处分决定以书面形式通知受处分的公务员本人，并在一定范围内宣布；

（七）任免机关有关部门应当将处分决定归入受处分的公务员本人档案，同时汇集有关材料形成该处分案件的工作档案。

受处分的行政机关公务员处分期满解除处分的程序，参照前款第（五）项、第（六）项和第（七）项的规定办理。

任免机关应当按照管理权限，及时将处分决定或者解除处分决定报公务员主管部门备案。

第四十条　监察机关对违法违纪的行政机关公务员的调查、处理，依照《中华人民共和国行政监察法》规定的程序办理。

第四十一条　对行政机关公务员违法违纪案件进行调查，应当由 2 名以上办案人员进行；接受调查的单位和个人应当如实提供情况。

严禁以暴力、威胁、引诱、欺骗等非法方式收集证据；非法收集的证据不得作为定案的依据。

第四十二条　参与行政机关公务员违法违纪案件调查、处理的人员有下列情形之一的，应当提出回避申请；被调查的公务员以及与案件有利害关系的公民、法人或者其他组织有权要求其回避：

（一）与被调查的公务员是近亲属关系的；

（二）与被调查的案件有利害关系的；

（三）与被调查的公务员有其他关系，可能影响案件公正处理的。

第四十三条　处分决定机关负责人的回避，由处分决定机关的上一级行政机关负责人决定；其他违法违纪案件调查、处理人员的回避，由处分决定机关负责人决定。

处分决定机关或者处分决定机关的上一级行政机关，发现违法违纪案件调查、处理人员有应当回避的情形，可以直接决定该人员回避。

第四十四条　给予行政机关公务员处分，应当自批准立案之日起 6 个月内作出决定；案情复杂或者遇有其他特殊情形的，办案期限可以延长，但是最长不得超过 12 个月。

第四十五条　处分决定应当包括下列内容：

（一）被处分人员的姓名、职务、级别、工作单位等基本情况；

（二）经查证的违法违纪事实；

（三）处分的种类和依据；

（四）不服处分决定的申诉途径和期限；

（五）处分决定机关的名称、印章和作出决定的日期。

解除处分决定除包括前款第（一）项、第（二）项和第（五）项规定的内容外，还应当包括原处分的种类和解除处分的依据，以及受处分的行政机关公务员在受处分期间的表现情况。

第四十六条　处分决定、解除处分决定自作出之日起生效。

第四十七条　行政机关公务员受到开除处分后，有新工作单位的，其本人档案转由新工作单位管理；没有新工作单位的，其本人档案转由其户籍所在地人事部门所属的人才服务机构管理。

第六章 不服处分的申诉

第四十八条 受到处分的行政机关公务员对处分决定不服的,依照《中华人民共和国公务员法》和《中华人民共和国行政监察法》的有关规定,可以申请复核或者申诉。

复核、申诉期间不停止处分的执行。

行政机关公务员不因提出复核、申诉而被加重处分。

第四十九条 有下列情形之一的,受理公务员复核、申诉的机关应当撤销处分决定,重新作出决定或者责令原处分决定机关重新作出决定:

(一)处分所依据的违法违纪事实证据不足的;

(二)违反法定程序,影响案件公正处理的;

(三)作出处分决定超越职权或者滥用职权的。

第五十条 有下列情形之一的,受理公务员复核、申诉的机关应当变更处分决定,或者责令原处分决定机关变更处分决定:

(一)适用法律、法规、规章或者国务院决定错误的;

(二)对违法违纪行为的情节认定有误的;

(三)处分不当的。

第五十一条 行政机关公务员的处分决定被变更,需要调整该公务员的职务、级别或者工资档次的,应当按照规定予以调整;行政机关公务员的处分决定被撤销的,应当恢复该公务员的级别、工资档次,按照原职务安排相应的职务,并在适当范围内为其恢复名誉。

被撤销处分或者被减轻处分的行政机关公务员工资福利受到损失的,应当予以补偿。

第七章 附 则

第五十二条 有违法违纪行为应当受到处分的行政机关公务员,在处分决定机关作出处分决定前已经退休的,不再给予处分;但是,依法应当给予降级、撤职、开除处分的,应当按照规定相应降低或者取消其享受的待遇。

第五十三条 行政机关公务员违法违纪取得的财物和用于违法违纪的财物,除依法应当由其他机关没收、追缴或者责令退赔的,由处分决定机关没收、追缴或者责令退赔。违法违纪取得的财物应当退还原所有人或者原持有人的,退还原所有人或者原持有人;属于国家财产以及不应当退还或者无法退还原所有人或者原持有人的,上缴国库。

第五十四条 对法律、法规授权的具有公共事务管理职能的事业单位中经批准参照《中华人民共和国公务员法》管理的工作人员给予处分,参照本条例的有关规定办理。

第五十五条 本条例自2007年6月1日起施行。1988年9月13日国务院发布的《国家行政机关工作人员贪污贿赂行政处分暂行规定》同时废止。

中华人民共和国监察法实施条例

(2021年7月20日国家监察委员会全体会议决定 2021年9月20日国家监察委员会第1号公布 自2021年9月20日起施行)

第一章 总 则

第一条 为了推动监察工作法治化、规范化,根据《中华人民共和国监察法》(以下简称监察法),结合工作实际,制定本条例。

第二条 坚持中国共产党对监察工作的全面领导,增强政治意识、大局意识、核心意识、看齐意识,坚定中国特色社会主义道路自信、理论自信、制度自信、文化自信,坚决维护习近平总书记党中央的核心、全党的核心地位,坚决维护党中央权威和集中统一领导,把党的领导贯彻到监察工作各方面和全过程。

第三条 监察机关与党的纪律检查机关合署办公,坚持法治思维和法治方式,促进执纪执法贯通、有效衔接司法,实现依纪监督和依法监察、适用纪律和适用法律有机融合。

第四条 监察机关应当依法履行监督、调查、处置职责,坚持实事求是,坚持惩前毖后、治病救人,坚持惩戒与教育相结合,实现政治效果、法律效果和社会效果相统一。

第五条 监察机关应当坚定不移惩治腐败,推动深化改革、完善制度,规范权力运行,加强思想道德教育、法治教育、廉洁教育,引导公职人员提高觉悟、担当作为、依法履职,一体推进不敢腐、不能腐、不想腐体制机制建设。

第六条 监察机关坚持民主集中制,对于线索处置、立案调查、案件审理、处置执行、复审复核中的重要事项应当集体研究,严格按照权限履行请示报告程序。

第七条 监察机关应当在适用法律上一律平等,充分保障监察对象以及相关人员的人身权、知情权、财产权、申辩权、申诉权以及申请复审复核权等合法权益。

第八条 监察机关办理职务犯罪案件,应当与人民法院、人民检察院互相配合、互相制约,在案件管辖、证据审查、案件移送、涉案财物处置等方面加强沟通协调,对于人民法院、人民检察院提出的退回补充调查、排除非法证据、调取同步录音录像、要求调查人员出庭等意见依法办理。

第九条 监察机关开展监察工作,可以依法提请组织人事、公安、国家安全、审计、统计、市场监管、金融监管、财政、税务、自然资源、银行、证券、保险等有关部门、单位予以协助配合。

有关部门、单位应当根据监察机关的要求,依法协助采取有关措施、共享相关信息、提供相关资料和专业技术支持,配合开展监察工作。

第二章 监察机关及其职责

第一节 领导体制

第十条 国家监察委员会在党中央领导下开展工作。地方各级监察委员会在同级党委和上级监察委员会双重领导下工作,监督执法调查工作以上级监察委员会领导为主,线索处置和案件查办在向同级党委报告的同时应当一并向上一级监察委员会报告。

上级监察委员会应当加强对下级监察委员会的领导。下级监察委员会对上级监察委员会的决定必须执行,认为决定不当的,应当在执行的同时向上级监察委员会反映。上级监察委员会对下级监察委员会作出的错误决定,应当按程序予以纠正,或者要求下级监察委员会予以纠正。

第十一条 上级监察委员会可以依法统一调用所辖各级监察机关的监察人员办理监察事项。调用决定应当以书面形式作出。

监察机关办理监察事项应当加强互相协作和配合,对于重要、复杂事项可以提请上级监察机关予以协调。

第十二条 各级监察委员会依法向本级中国共产党机关、国家机关、法律法规授权或者受委托管理公共事务的组织和单位以及所管辖的国有企业事业单位等派驻或者派出监察机构、监察专员。

省级和设区的市级监察委员会依法向地区、盟、开发区等不设置人民代表大会的区域派出监察机构或者监察专员。县级监察委员会和直辖市所辖区(县)监察委员会可以向街道、乡镇等区域派出监察机构或者监察专员。

监察机构、监察专员开展监察工作,受派出机关领导。

第十三条　派驻或者派出的监察机构、监察专员根据派出机关授权,按照管理权限依法对派驻或者派出监督单位、区域等的公职人员开展监督,对职务违法和职务犯罪进行调查、处置。监察机构、监察专员可以按规定与地方监察委员会联合调查严重职务违法、职务犯罪,或者移交地方监察委员会调查。

未被授予职务犯罪调查权的监察机构、监察专员发现监察对象涉嫌职务犯罪线索的,应当及时向派出机关报告,由派出机关调查或者依法移交有关地方监察委员会调查。

第二节　监察监督

第十四条　监察机关依法履行监察监督职责,对公职人员政治品行、行使公权力和道德操守情况进行监督检查,督促有关机关、单位加强对所属公职人员的教育、管理、监督。

第十五条　监察机关应当坚决维护宪法确立的国家指导思想,加强对公职人员特别是领导人员坚持党的领导、坚持中国特色社会主义制度、贯彻落实党和国家路线方针政策、重大决策部署,履行从严管理监督职责,依法行使公权力等情况的监督。

第十六条　监察机关应当加强对公职人员理想教育、为人民服务教育、宪法法律法规教育、优秀传统文化教育,弘扬社会主义核心价值观,深入开展警示教育,教育引导公职人员树立正确的权力观、责任观、利益观,保持为民务实清廉本色。

第十七条　监察机关应当结合公职人员的职责加强日常监督,通过收集群众反映、座谈走访、查阅资料、召集或者列席会议、听取工作汇报和述责述廉、开展监督检查等方式,促进公职人员依法用权、秉公用权、廉洁用权。

第十八条　监察机关可以与公职人员进行谈心谈话,发现政治品行、行使公权力和道德操守方面有苗头性、倾向性问题的,及时进行教育提醒。

第十九条　监察机关对于发现的系统性、行业性的突出问题,以及群众反映强烈的问题,可以通过专项检查进行深入了解,督促有关机关、单位强化治理,促进公职人员履职尽责。

第二十条　监察机关应当以办案促进整改、以监督促进治理,在查清问题、依法处置的同时,剖析问题发生的原因,发现制度建设、权力配置、监督机制等方面存在的问题,向有关机关、单位提出改进工作的意见或者监察建议,促进完善制度,提高治理效能。

第二十一条　监察机关开展监察监督,应当与纪律监督、派驻监督、巡视监督统筹衔接,与人大监督、民主监督、行政监督、司法监督、审计监督、财会监督、统计监督、群众监督和舆论监督等贯通协调,健全信息、资源、成果共享等机制,形成监督合力。

第三节　监察调查

第二十二条　监察机关依法履行监察调查职责,依据监察法、《中华人民共和国公职人员政务处分法》(以下简称政务处分法)和《中华人民共和国刑法》(以下简称刑法)等规定对职务违法和职务犯罪进行调查。

第二十三条 监察机关负责调查的职务违法是指公职人员实施的与其职务相关联，虽不构成犯罪但依法应当承担法律责任的下列违法行为：

（一）利用职权实施的违法行为；

（二）利用职务上的影响实施的违法行为；

（三）履行职责不力、失职失责的违法行为；

（四）其他违反与公职人员职务相关的特定义务的违法行为。

第二十四条 监察机关发现公职人员存在其他违法行为，具有下列情形之一的，可以依法进行调查、处置：

（一）超过行政违法追究时效，或者超过犯罪追诉时效、未追究刑事责任，但需要依法给予政务处分的；

（二）被追究行政法律责任，需要依法给予政务处分的；

（三）监察机关调查职务违法或者职务犯罪时，对被调查人实施的事实简单、清楚，需要依法给予政务处分的其他违法行为一并查核的。

监察机关发现公职人员成为监察对象前有前款规定的违法行为的，依照前款规定办理。

第二十五条 监察机关依法对监察法第十一条第二项规定的职务犯罪进行调查。

第二十六条 监察机关依法调查涉嫌贪污贿赂犯罪，包括贪污罪，挪用公款罪，受贿罪，单位受贿罪，利用影响力受贿罪，行贿罪，对有影响力的人行贿罪，对单位行贿罪，介绍贿赂罪，单位行贿罪，巨额财产来源不明罪，隐瞒境外存款罪，私分国有资产罪，私分罚没财物罪，以及公职人员在行使公权力过程中实施的职务侵占罪，挪用资金罪，对外国公职人员、国际公共组织官员行贿罪，非国家工作人员受贿罪和相关联的对非国家工作人员行贿罪。

第二十七条 监察机关依法调查公职人员涉嫌滥用职权犯罪，包括滥用职权罪，国有公司、企业、事业单位人员滥用职权罪，滥用管理公司、证券职权罪，食品、药品监管渎职罪，故意泄露国家秘密罪，报复陷害罪，阻碍解救被拐卖、绑架妇女、儿童罪，帮助犯罪分子逃避处罚罪，违法发放林木采伐许可证罪，办理偷越国（边）境人员出入境证件罪，放行偷越国（边）境人员罪，挪用特定款物罪，非法剥夺公民宗教信仰自由罪，侵犯少数民族风俗习惯罪，打击报复会计、统计人员罪，以及司法工作人员以外的公职人员利用职权实施的非法拘禁罪、虐待被监管人罪、非法搜查罪。

第二十八条 监察机关依法调查公职人员涉嫌玩忽职守犯罪，包括玩忽职守罪，国有公司、企业、事业单位人员失职罪，签订、履行合同失职被骗罪，国家机关工作人员签订、履行合同失职被骗罪，环境监管失职罪，传染病防治失职罪，商检失职罪，动植物检疫失职罪，不解救被拐卖、绑架妇女、儿童罪，失职造成珍贵文物损毁、流失罪，过失泄露国家秘密罪。

第二十九条 监察机关依法调查公职人员涉嫌徇私舞弊犯罪，包括徇私舞弊低价折股、出售国有资产罪，非法批准征收、征用、占用土地罪，非法低价出让国有土地使用权罪，非法经营同类营业罪，为亲友非法牟利罪，枉法仲裁罪，徇私舞弊发售发票、抵扣税款、出口退税罪，商检徇私舞弊罪，动植物检疫徇私舞弊罪，放纵走私罪，放纵制售伪劣商品犯罪行为罪，招收公务员、学生徇私舞弊罪，徇私舞弊不移交刑事案件罪，违法提供出口退税凭证罪，徇私舞弊不征、少征税款罪。

第三十条 监察机关依法调查公职人

员在行使公权力过程中涉及的重大责任事故犯罪,包括重大责任事故罪,教育设施重大安全事故罪,消防责任事故罪,重大劳动安全事故罪,强令、组织他人违章冒险作业罪,危险作业罪,不报、谎报安全事故罪,铁路运营安全事故罪,重大飞行事故罪,大型群众性活动重大安全事故罪,危险物品肇事罪,工程重大安全事故罪。

第三十一条　监察机关依法调查公职人员在行使公权力过程中涉及的其他犯罪,包括破坏选举罪,背信损害上市公司利益罪,金融工作人员购买假币、以假币换取货币罪,利用未公开信息交易罪,诱骗投资者买卖证券、期货合约罪,背信运用受托财产罪,违法运用资金罪,违法发放贷款罪,吸收客户资金不入账罪,违规出具金融票证罪,对违法票据承兑、付款、保证罪,非法转让、倒卖土地使用权罪,私自开拆、隐匿、毁弃邮件、电报罪,故意延误投递邮件罪,泄露不应公开的案件信息罪,披露、报道不应公开的案件信息罪,接送不合格兵员罪。

第三十二条　监察机关发现依法由其他机关管辖的违法犯罪线索,应当及时移送有管辖权的机关。

监察机关调查结束后,对于应当给予被调查人或者涉案人员行政处罚等其他处理的,依法移送有关机关。

第四节　监察处置

第三十三条　监察机关对违法的公职人员,依据监察法、政务处分法等规定作出政务处分决定。

第三十四条　监察机关在追究违法的公职人员直接责任的同时,依法对履行职责不力、失职失责,造成严重后果或者恶劣影响的领导人员予以问责。

监察机关应当组成调查组依法开展问责调查。调查结束后经集体讨论形成调查报告,需要进行问责的按照管理权限作出问责决定,或者向有权作出问责决定的机关、单位书面提出问责建议。

第三十五条　监察机关对涉嫌职务犯罪的人员,经调查认为犯罪事实清楚,证据确实、充分,需要追究刑事责任的,依法移送人民检察院审查起诉。

第三十六条　监察机关根据监督、调查结果,发现监察对象所在单位在廉政建设、权力制约、监督管理、制度执行以及履行职责等方面存在问题需要整改纠正的,依法提出监察建议。

监察机关应当跟踪了解监察建议的采纳情况,指导、督促有关单位限期整改,推动监察建议落实到位。

第三章　监察范围和管辖

第一节　监察对象

第三十七条　监察机关依法对所有行使公权力的公职人员进行监察,实现国家监察全面覆盖。

第三十八条　监察法第十五条第一项所称公务员范围,依据《中华人民共和国公务员法》(以下简称公务员法)确定。

监察法第十五条第一项所称参照公务员法管理的人员,是指有关单位中经批准参照公务员法进行管理的工作人员。

第三十九条　监察法第十五条第二项所称法律、法规授权或者受国家机关依法委托管理公共事务的组织中从事公务的人员,是指在上述组织中,除参照公务员法管理的人员外,对公共事务履行组织、领导、管理、监督等职责的人员,包括具有公共事务管理职能的行业协会等组织中从事公务的人员,以及法定检验检测、检疫等机构中从事公务的人员。

第四十条　监察法第十五条第三项所

称国有企业管理人员,是指国家出资企业中的下列人员:

(一)在国有独资、全资公司、企业中履行组织、领导、管理、监督等职责的人员;

(二)经党组织或者国家机关,国有独资、全资公司、企业,事业单位提名、推荐、任命、批准等,在国有控股、参股公司及其分支机构中履行组织、领导、管理、监督等职责的人员;

(三)经国家出资企业中负有管理、监督国有资产职责的组织批准或者研究决定,代表其在国有控股、参股公司及其分支机构中从事组织、领导、管理、监督等工作的人员。

第四十一条 监察法第十五条第四项所称公办的教育、科研、文化、医疗卫生、体育等单位中从事管理的人员,是指国家为了社会公益目的,由国家机关举办或者其他组织利用国有资产举办的教育、科研、文化、医疗卫生、体育等事业单位中,从事组织、领导、管理、监督等工作的人员。

第四十二条 监察法第十五条第五项所称基层群众性自治组织中从事管理的人员,是指该组织中的下列人员:

(一)从事集体事务和公益事业管理的人员;

(二)从事集体资金、资产、资源管理的人员;

(三)协助人民政府从事行政管理工作的人员,包括从事救灾、防疫、抢险、防汛、优抚、帮扶、移民、救济款物的管理,社会捐助公益事业款物的管理,国有土地的经营和管理,土地征收、征用补偿费用的管理,代征、代缴税款,有关计划生育、户籍、征兵工作,协助人民政府等国家机关在基层群众性自治组织中从事的其他管理工作。

第四十三条 下列人员属于监察法第十五条第六项所称其他依法履行公职的人员:

(一)履行人民代表大会职责的各级人民代表大会代表,履行公职的中国人民政治协商会议各级委员会委员、人民陪审员、人民监督员;

(二)虽未列入党政机关人员编制,但在党政机关中从事公务的人员;

(三)在集体经济组织等单位、组织中,由党组织或者国家机关,国有独资、全资公司、企业,国家出资企业中负有管理监督国有和集体资产职责的组织,事业单位提名、推荐、任命、批准等,从事组织、领导、管理、监督等工作的人员;

(四)在依法组建的评标、谈判、询价等组织中代表国家机关,国有独资、全资公司、企业,事业单位,人民团体临时履行公共事务组织、领导、管理、监督等职责的人员;

(五)其他依法行使公权力的人员。

第四十四条 有关机关、单位、组织集体作出的决定违法或者实施违法行为的,监察机关应当对负有责任的领导人员和直接责任人员中的公职人员依法追究法律责任。

第二节 管 辖

第四十五条 监察机关开展监督、调查、处置,按照管理权限与属地管辖相结合的原则,实行分级负责制。

第四十六条 设区的市级以上监察委员会按照管理权限,依法管辖同级党委管理的公职人员涉嫌职务违法和职务犯罪案件。

县级监察委员会和直辖市所辖区(县)监察委员会按照管理权限,依法管辖本辖区内公职人员涉嫌职务违法和职务犯罪案件。

地方各级监察委员会按照本条例第十

三条、第四十九条规定,可以依法管辖工作单位在本辖区内的有关公职人员涉嫌职务违法和职务犯罪案件。

监察机关调查公职人员涉嫌职务犯罪案件,可以依法对涉嫌行贿犯罪、介绍贿赂犯罪或者共同职务犯罪的涉案人员中的非公职人员一并管辖。非公职人员涉嫌利用影响力受贿罪的,按照其所利用的公职人员的管理权限确定管辖。

第四十七条 上级监察机关对于下一级监察机关管辖范围内的职务违法和职务犯罪案件,具有下列情形之一的,可以依法提级管辖:

(一)在本辖区有重大影响的;

(二)涉及多个下级监察机关管辖的监察对象,调查难度大的;

(三)其他需要提级管辖的重大、复杂案件。

上级监察机关对于所辖各级监察机关管辖范围内有重大影响的案件,必要时可以依法直接调查或者组织、指挥、参与调查。

地方各级监察机关所管辖的职务违法和职务犯罪案件,具有第一款规定情形的,可以依法报请上一级监察机关管辖。

第四十八条 上级监察机关可以依法将其所管辖的案件指定下级监察机关管辖。

设区的市级监察委员会将同级党委管理的公职人员涉嫌职务违法或者职务犯罪案件指定下级监察委员会管辖的,应当报省级监察委员会批准;省级监察委员会将同级党委管理的公职人员涉嫌职务违法或者职务犯罪案件指定下级监察委员会管辖的,应当报国家监察委员会相关监督检查部门备案。

上级监察机关对于下级监察机关管辖的职务违法和职务犯罪案件,具有下列情形之一的,认为由其他下级监察机关管辖更为适宜的,可以依法指定给其他下级监察机关管辖:

(一)管辖有争议的;

(二)指定管辖有利于案件公正处理的;

(三)下级监察机关报请指定管辖的;

(四)其他有必要指定管辖的。

被指定的下级监察机关未经指定管辖的监察机关批准,不得将案件再行指定管辖。发现新的职务违法或者职务犯罪线索,以及其他重要情况、重大问题,应当及时向指定管辖的监察机关请示报告。

第四十九条 工作单位在地方、管理权限在主管部门的公职人员涉嫌职务违法和职务犯罪,一般由驻在主管部门、有管辖权的监察机构、监察专员管辖;经协商,监察机构、监察专员可以按规定移交公职人员工作单位所在地的地方监察委员会调查,或者与地方监察委员会联合调查。地方监察委员会在工作中发现上述公职人员有关问题线索,应当向驻在主管部门、有管辖权的监察机构、监察专员通报,并协商确定管辖。

前款规定单位的其他公职人员涉嫌职务违法和职务犯罪,可以由地方监察委员会管辖;驻在主管部门的监察机构、监察专员自行立案调查的,应当及时通报地方监察委员会。

地方监察委员会调查前两款规定案件,应当将立案、留置、移送审查起诉、撤销案件等重要情况向驻在主管部门的监察机构、监察专员通报。

第五十条 监察机关办理案件中涉及无隶属关系的其他监察机关的监察对象,认为需要立案调查的,应当商请有管理权限的监察机关依法立案调查。商请立案时,应当提供涉案人员基本情况、已经查明的涉嫌违法犯罪事实以及相关证据材料。

承办案件的监察机关认为由其一并调查更为适宜的,可以报请有权决定的上级监察机关指定管辖。

第五十一条 公职人员既涉嫌贪污贿赂、失职渎职等严重职务违法和职务犯罪，又涉嫌公安机关、人民检察院等机关管辖的犯罪，依法由监察机关为主调查的，应当由监察机关和其他机关分别依职权立案，监察机关承担组织协调职责，协调调查和侦查工作进度、重要调查和侦查措施使用等重要事项。

第五十二条 监察机关必要时可以依法调查司法工作人员利用职权实施的涉嫌非法拘禁、刑讯逼供、非法搜查等侵犯公民权利、损害司法公正的犯罪，并在立案后及时通报同级人民检察院。

监察机关在调查司法工作人员涉嫌贪污贿赂等职务犯罪中，可以对其涉嫌的前款规定的犯罪一并调查，并及时通报同级人民检察院。人民检察院在办理直接受理侦查的案件中，发现犯罪嫌疑人同时涉嫌监察机关管辖的其他职务犯罪，经沟通全案移送监察机关管辖的，监察机关应当依法进行调查。

第五十三条 监察机关对于退休公职人员在退休前或者退休后，或者离职、死亡的公职人员在履职期间实施的涉嫌职务违法或者职务犯罪行为，可以依法进行调查。

对前款规定人员，按照其原任职务的管辖规定确定管辖的监察机关；由其他监察机关管辖更为适宜的，可以依法指定或者交由其他监察机关管辖。

第四章 监察权限

第一节 一般要求

第五十四条 监察机关应当加强监督执法调查工作规范化建设，严格按规定对监察措施进行审批和监管，依照法定的范围、程序和期限采取相关措施，出具、送达法律文书。

第五十五条 监察机关在初步核实中，可以依法采取谈话、询问、查询、调取、勘验检查、鉴定措施；立案后可以采取讯问、留置、冻结、搜查、查封、扣押、通缉措施。需要采取技术调查、限制出境措施的，应当按照规定交有关机关依法执行。设区的市级以下监察机关在初步核实中不得采取技术调查措施。

开展问责调查，根据具体情况可以依法采取相关监察措施。

第五十六条 开展讯问、搜查、查封、扣押以及重要的谈话、询问等调查取证工作，应当全程同步录音录像，并保持录音录像资料的完整性。录音录像资料应当妥善保管、及时归档，留存备查。

人民检察院、人民法院需要调取同步录音录像的，监察机关应当予以配合，经审批依法予以提供。

第五十七条 需要商请其他监察机关协助收集证据材料的，应当依法出具《委托调查函》；商请其他监察机关对采取措施提供一般性协助的，应当依法出具《商请协助采取措施函》。商请协助事项涉及协助地监察机关管辖的监察对象的，应当由协助地监察机关按照所涉人员的管理权限报批。协助地监察机关对于协助请求，应当依法予以协助配合。

第五十八条 采取监察措施需要告知、通知相关人员的，应当依法办理。告知包括口头、书面两种方式，通知应当采取书面方式。采取口头方式告知的，应当将相关情况制作工作记录；采取书面方式告知、通知的，可以通过直接送交、邮寄、转交等途径送达，将有关回执或者凭证附卷。

无法告知、通知，或者相关人员拒绝接收的，调查人员应当在工作记录或者有关文书上记明。

第二节 证 据

第五十九条 可以用于证明案件事实的材料都是证据,包括:

(一)物证;

(二)书证;

(三)证人证言;

(四)被害人陈述;

(五)被调查人陈述、供述和辩解;

(六)鉴定意见;

(七)勘验检查、辨认、调查实验等笔录;

(八)视听资料、电子数据。

监察机关向有关单位和个人收集、调取证据时,应当告知其必须依法如实提供证据。对于不按要求提供有关材料,泄露相关信息,伪造、隐匿、毁灭证据,提供虚假情况或者阻止他人提供证据的,依法追究法律责任。

监察机关依照监察法和本条例规定收集的证据材料,经审查符合法定要求的,在刑事诉讼中可以作为证据使用。

第六十条 监察机关认定案件事实应当以证据为根据,全面、客观地收集、固定被调查人有无违法犯罪以及情节轻重的各种证据,形成相互印证、完整稳定的证据链。

只有被调查人陈述或者供述,没有其他证据的,不能认定案件事实;没有被调查人陈述或者供述,证据符合法定标准的,可以认定案件事实。

第六十一条 证据必须经过查证属实,才能作为定案的根据。审查认定证据,应当结合案件的具体情况,从证据与待证事实的关联程度、各证据之间的联系、是否依照法定程序收集等方面进行综合判断。

第六十二条 监察机关调查终结的职务违法案件,应当事实清楚、证据确凿。证据确凿,应当符合下列条件:

(一)定性处置的事实都有证据证实;

(二)定案证据真实、合法;

(三)据以定案的证据之间不存在无法排除的矛盾;

(四)综合全案证据,所认定事实清晰且令人信服。

第六十三条 监察机关调查终结的职务犯罪案件,应当事实清楚,证据确实、充分。证据确实、充分,应当符合下列条件:

(一)定罪量刑的事实都有证据证明;

(二)据以定案的证据均经法定程序查证属实;

(三)综合全案证据,对所认定事实已排除合理怀疑。

证据不足的,不得移送人民检察院审查起诉。

第六十四条 严禁以暴力、威胁、引诱、欺骗以及非法限制人身自由等非法方法收集证据,严禁侮辱、打骂、虐待、体罚或者变相体罚被调查人、涉案人员和证人。

第六十五条 对于调查人员采用暴力、威胁以及非法限制人身自由等非法方法收集的被调查人供述、证人证言、被害人陈述,应当依法予以排除。

前款所称暴力的方法,是指采用殴打、违法使用戒具等方法或者变相肉刑的恶劣手段,使人遭受难以忍受的痛苦而违背意愿作出供述、证言、陈述;威胁的方法,是指采用以暴力或者严重损害本人及其近亲属合法权益等进行威胁的方法,使人遭受难以忍受的痛苦而违背意愿作出供述、证言、陈述。

收集物证、书证不符合法定程序,可能严重影响案件公正处理的,应当予以补正或者作出合理解释;不能补正或者作出合理解释的,对该证据应当予以排除。

第六十六条 监察机关监督检查、调查、案件审理、案件监督管理等部门发现监察人员在办理案件中,可能存在以非法方法收集证据情形的,应当依据职责进行调查核实。对于被调查人控告、举报调查人员采用非法方法收集证据,并提供涉嫌非法取证的人员、时间、地点、方式和内容等材料或者线索的,应当受理并进行审核。根据现有材料无法证明证据收集合法性的,应当进行调查核实。

经调查核实,确认或者不能排除以非法方法收集证据的,对有关证据依法予以排除,不得作为案件定性处置、移送审查起诉的依据。认定调查人员非法取证的,应当依法处理,另行指派调查人员重新调查取证。

监察机关接到对下级监察机关调查人员采用非法方法收集证据的控告、举报,可以直接进行调查核实,也可以交由下级监察机关调查核实。交由下级监察机关调查核实的,下级监察机关应当及时将调查结果报告上级监察机关。

第六十七条 对收集的证据材料及扣押的财物应当妥善保管,严格履行交接、调用手续,定期对账核实,不得违规使用、调换、损毁或者自行处理。

第六十八条 监察机关对行政机关在行政执法和查办案件中收集的物证、书证、视听资料、电子数据、勘验、检查等笔录,以及鉴定意见等证据材料,经审查符合法定要求的,可以作为证据使用。

根据法律、行政法规规定行使国家行政管理职权的组织在行政执法和查办案件中收集的证据材料,视为行政机关收集的证据材料。

第六十九条 监察机关对人民法院、人民检察院、公安机关、国家安全机关等在刑事诉讼中收集的物证、书证、视听资料、电子数据、勘验、检查、辨认、侦查实验等笔录,以及鉴定意见等证据材料,经审查符合法定要求的,可以作为证据使用。

监察机关办理职务违法案件,对于人民法院生效刑事判决、裁定和人民检察院不起诉决定采信的证据材料,可以直接作为证据使用。

第三节 谈 话

第七十条 监察机关在问题线索处置、初步核实和立案调查中,可以依法对涉嫌职务违法的监察对象进行谈话,要求其如实说明情况或者作出陈述。

谈话应当个别进行。负责谈话的人员不得少于二人。

第七十一条 对一般性问题线索的处置,可以采取谈话方式进行,对监察对象给予警示、批评、教育。谈话应当在工作地点等场所进行,明确告知谈话事项,注重谈清问题、取得教育效果。

第七十二条 采取谈话方式处置问题线索的,经审批可以由监察人员或者委托被谈话人所在单位主要负责人等进行谈话。

监察机关谈话应当形成谈话笔录或者记录。谈话结束后,可以根据需要要求被谈话人在十五个工作日以内作出书面说明。被谈话人应当在书面说明每页签名,修改的地方也应当签名。

委托谈话的,受委托人应当在收到委托函后的十五个工作日以内进行谈话。谈话结束后及时形成谈话情况材料报送监察机关,必要时附被谈话人的书面说明。

第七十三条 监察机关开展初步核实工作,一般不与被核查人接触;确有需要与被核查人谈话的,应当按规定报批。

第七十四条 监察机关对涉嫌职务违法的被调查人立案后,可以依法进行谈话。

与被调查人首次谈话时,应当出示《被调查人权利义务告知书》,由其签名、捺指印。被调查人拒绝签名、捺指印的,调查人员应当在文书上记明。对于被调查人未被限制人身自由的,应当在首次谈话时出具《谈话通知书》。

与涉嫌严重职务违法的被调查人进行谈话的,应当全程同步录音录像,并告知被调查人。告知情况应当在录音录像中予以反映,并在笔录中记明。

第七十五条　立案后,与未被限制人身自由的被调查人谈话的,应当在具备安全保障条件的场所进行。

调查人员按规定通知被调查人所在单位派员或者被调查人家属陪同被调查人到指定场所的,应当与陪同人员办理交接手续,填写《陪送交接单》。

第七十六条　调查人员与被留置的被调查人谈话的,按照法定程序在留置场所进行。

与在押的犯罪嫌疑人、被告人谈话的,应当持以监察机关名义出具的介绍信、工作证件,商请有关案件主管机关依法协助办理。

与在看守所、监狱服刑的人员谈话的,应当持以监察机关名义出具的介绍信、工作证件办理。

第七十七条　与被调查人进行谈话,应当合理安排时间、控制时长,保证其饮食和必要的休息时间。

第七十八条　谈话笔录应当在谈话现场制作。笔录应当详细具体,如实反映谈话情况。笔录制作完成后,应当交给被调查人核对。被调查人没有阅读能力的,应当向其宣读。

笔录记载有遗漏或者差错的,应当补充或者更正,由被调查人在补充或者更正处捺指印。被调查人核对无误后,应当在笔录中逐页签名、捺指印。被调查人拒绝签名、捺指印的,调查人员应当在笔录中记明。调查人员也应当在笔录中签名。

第七十九条　被调查人请求自行书写说明材料的,应当准许。必要时,调查人员可以要求被调查人自行书写说明材料。

被调查人应当在说明材料上逐页签名、捺指印,在末页写明日期。对说明材料有修改的,在修改之处应当捺指印。说明材料应当由二名调查人员接收,在首页记明接收的日期并签名。

第八十条　本条例第七十四条至第七十九条的规定,也适用于在初步核实中开展的谈话。

第四节　讯　　问

第八十一条　监察机关对涉嫌职务犯罪的被调查人,可以依法进行讯问,要求其如实供述涉嫌犯罪的情况。

第八十二条　讯问被留置的被调查人,应当在留置场所进行。

第八十三条　讯问应当个别进行,调查人员不得少于二人。

首次讯问时,应当向被讯问人出示《被调查人权利义务告知书》,由其签名、捺指印。被讯问人拒绝签名、捺指印的,调查人员应当在文书上记明。被讯问人未被限制人身自由的,应当在首次讯问时向其出具《讯问通知书》。

讯问一般按照下列顺序进行:

(一)核实被讯问人的基本情况,包括姓名、曾用名、出生年月日、户籍地、身份证件号码、民族、职业、政治面貌、文化程度、工作单位及职务、住所、家庭情况、社会经历,是否属于党代表大会代表、人大代表、政协委员,是否受到过党纪政务处分,是否受到过刑事处罚等;

(二)告知被讯问人如实供述自己罪行可以依法从宽处理和认罪认罚的法律规定;

(三)讯问被讯问人是否有犯罪行为,让其陈述有罪的事实或者无罪的辩解,应当允许其连贯陈述。

调查人员的提问应当与调查的案件相关。被讯问人对调查人员的提问应当如实回答。调查人员对被讯问人的辩解,应当如实记录,认真查核。

讯问时,应当告知被讯问人将进行全程同步录音录像。告知情况应当在录音录像中予以反映,并在笔录中记明。

第八十四条　本条例第七十五条至第七十九条的要求,也适用于讯问。

第五节　询　问

第八十五条　监察机关按规定报批后,可以依法对证人、被害人等人员进行询问,了解核实有关问题或者案件情况。

第八十六条　证人未被限制人身自由的,可以在其工作地点、住所或者其提出的地点进行询问,也可以通知其到指定地点接受询问。到证人提出的地点或者调查人员指定的地点进行询问的,应当在笔录中记明。

调查人员认为有必要或者证人提出需要由所在单位派员或者其家属陪同到询问地点的,应当办理交接手续并填写《陪送交接单》。

第八十七条　询问应当个别进行。负责询问的调查人员不得少于二人。

首次询问时,应当向证人出示《证人权利义务告知书》,由其签名、捺指印。证人拒绝签名、捺指印的,调查人员应当在文书上记明。证人未被限制人身自由的,应当在首次询问时向其出具《询问通知书》。

询问时,应当核实证人身份,问明证人的基本情况,告知证人应当如实提供证据、证言,以及作伪证或者隐匿证据应当承担的法律责任。不得向证人泄露案情,不得采用非法方法获取证言。

询问重大或者有社会影响案件的重要证人,应当对询问过程全程同步录音录像,并告知证人。告知情况应当在录音录像中予以反映,并在笔录中记明。

第八十八条　询问未成年人,应当通知其法定代理人到场。无法通知或者法定代理人不能到场的,应当通知未成年人的其他成年亲属或者所在学校、居住地基层组织的代表等有关人员到场。询问结束后,由法定代理人或者有关人员在笔录中签名。调查人员应当将到场情况记录在案。

询问聋、哑人,应当有通晓聋、哑手势的人员参加。调查人员应当在笔录中记明证人的聋、哑情况,以及翻译人员的姓名、工作单位和职业。询问不通晓当地通用语言、文字的证人,应当有翻译人员。询问结束后,由翻译人员在笔录中签名。

第八十九条　凡是知道案件情况的人,都有如实作证的义务。对故意提供虚假证言的证人,应当依法追究法律责任。

证人或者其他任何人不得帮助被调查人隐匿、毁灭、伪造证据或者串供,不得实施其他干扰调查活动的行为。

第九十条　证人、鉴定人、被害人因作证,本人或者近亲属人身安全面临危险,向监察机关请求保护的,监察机关应当受理并及时进行审查;对于确实存在人身安全危险的,监察机关应当采取必要的保护措施。监察机关发现存在上述情形的,应当主动采取保护措施。

监察机关可以采取下列一项或者多项保护措施:

(一)不公开真实姓名、住址和工作单位等个人信息;

(二)禁止特定的人员接触证人、鉴定人、被害人及其近亲属;

(三)对人身和住宅采取专门性保护措施;

(四)其他必要的保护措施。

依法决定不公开证人、鉴定人、被害人

的真实姓名、住址和工作单位等个人信息的,可以在询问笔录等法律文书、证据材料中使用化名。但是应当另行书面说明使用化名的情况并标明密级,单独成卷。

监察机关采取保护措施需要协助的,可以提请公安机关等有关单位和要求有关个人依法予以协助。

第九十一条 本条例第七十六条至第七十九条的要求,也适用于询问。询问重要涉案人员,根据情况适用本条例第七十五条的规定。

询问被害人,适用询问证人的规定。

第六节 留 置

第九十二条 监察机关调查严重职务违法或者职务犯罪,对于符合监察法第二十二条第一款规定的,经依法审批,可以对被调查人采取留置措施。

监察法第二十二条第一款规定的严重职务违法,是指根据监察机关已经掌握的事实及证据,被调查人涉嫌的职务违法行为情节严重,可能被给予撤职以上政务处分;重要问题,是指对被调查人涉嫌的职务违法或者职务犯罪,在定性处置、定罪量刑等方面有重要影响的事实、情节及证据。

监察法第二十二条第一款规定的已经掌握其部分违法犯罪事实及证据,是指同时具备下列情形:

(一)有证据证明发生了违法犯罪事实;

(二)有证据证明该违法犯罪事实是被调查人实施;

(三)证明被调查人实施违法犯罪行为的证据已经查证属实。

部分违法犯罪事实,既可以是单一违法犯罪行为的事实,也可以是数个违法犯罪行为中任何一个违法犯罪行为的事实。

第九十三条 被调查人具有下列情形之一的,可以认定为监察法第二十二条第一款第二项所规定的可能逃跑、自杀:

(一)着手准备自杀、自残或者逃跑的;

(二)曾经有自杀、自残或者逃跑行为的;

(三)有自杀、自残或者逃跑意图的;

(四)其他可能逃跑、自杀的情形。

第九十四条 被调查人具有下列情形之一的,可以认定为监察法第二十二条第一款第三项所规定的可能串供或者伪造、隐匿、毁灭证据:

(一)曾经或者企图串供,伪造、隐匿、毁灭、转移证据的;

(二)曾经或者企图威逼、恐吓、利诱、收买证人,干扰证人作证的;

(三)有同案人或者与被调查人存在密切关联违法犯罪的涉案人员在逃,重要证据尚未收集完成的;

(四)其他可能串供或者伪造、隐匿、毁灭证据的情形。

第九十五条 被调查人具有下列情形之一的,可以认定为监察法第二十二条第一款第四项所规定的可能有其他妨碍调查行为:

(一)可能继续实施违法犯罪行为的;

(二)有危害国家安全、公共安全等现实危险的;

(三)可能对举报人、控告人、被害人、证人、鉴定人等相关人员实施打击报复的;

(四)无正当理由拒不到案,严重影响调查的;

(五)其他可能妨碍调查的行为。

第九十六条 对下列人员不得采取留置措施:

(一)患有严重疾病、生活不能自理的;

(二)怀孕或者正在哺乳自己婴儿的妇女;

(三)系生活不能自理的人的唯一扶养人。

上述情形消除后，根据调查需要可以对相关人员采取留置措施。

第九十七条 采取留置措施时，调查人员不得少于二人，应当向被留置人员宣布《留置决定书》，告知被留置人员权利义务，要求其在《留置决定书》上签名、捺指印。被留置人员拒绝签名、捺指印的，调查人员应当在文书上记明。

第九十八条 采取留置措施后，应当在二十四小时以内通知被留置人员所在单位和家属。当面通知的，由有关人员在《留置通知书》上签名。无法当面通知的，可以先以电话等方式通知，并通过邮寄、转交等方式送达《留置通知书》，要求有关人员在《留置通知书》上签名。

因可能毁灭、伪造证据，干扰证人作证或者串供等有碍调查情形而不宜通知的，应当按规定报批，记录在案。有碍调查的情形消失后，应当立即通知被留置人员所在单位和家属。

第九十九条 县级以上监察机关需要提请公安机关协助采取留置措施的，应当按规定报批，请同级公安机关依法予以协助。提请协助时，应当出具《提请协助采取留置措施函》，列明提请协助的具体事项和建议，协助采取措施的时间、地点等内容，附《留置决定书》复印件。

因保密需要，不适合在采取留置措施前向公安机关告知留置对象姓名的，可以作出说明，进行保密处理。

需要提请异地公安机关协助采取留置措施的，应当按规定报批，向协作地同级监察机关出具协作函件和相关文书，由协作地监察机关提请当地公安机关依法予以协助。

第一百条 留置过程中，应当保障被留置人员的合法权益，尊重其人格和民族习俗，保障饮食、休息和安全，提供医疗服务。

第一百零一条 留置时间不得超过三个月，自向被留置人员宣布之日起算。具有下列情形之一的，经审批可以延长一次，延长时间不得超过三个月：

（一）案情重大，严重危害国家利益或者公共利益的；

（二）案情复杂，涉案人员多、金额巨大，涉及范围广的；

（三）重要证据尚未收集完成，或者重要涉案人员尚未到案，导致违法犯罪的主要事实仍须继续调查的；

（四）其他需要延长留置时间的情形。

省级以下监察机关采取留置措施的，延长留置时间应当报上一级监察机关批准。

延长留置时间的，应当在留置期满前向被留置人员宣布延长留置时间的决定，要求其在《延长留置时间决定书》上签名、捺指印。被留置人员拒绝签名、捺指印的，调查人员应当在文书上记明。

延长留置时间的，应当通知被留置人员家属。

第一百零二条 对被留置人员不需要继续采取留置措施的，应当按规定报批，及时解除留置。

调查人员应当向被留置人员宣布解除留置措施的决定，由其在《解除留置决定书》上签名、捺指印。被留置人员拒绝签名、捺指印的，调查人员应当在文书上记明。

解除留置措施的，应当及时通知被留置人员所在单位或者家属。调查人员应当与交接人办理交接手续，并由其在《解除留置通知书》上签名。无法通知或者有关人员拒绝签名的，调查人员应当在文书上记明。

案件依法移送人民检察院审查起诉的，留置措施自犯罪嫌疑人被执行拘留时自动解除，不再办理解除法律手续。

第一百零三条 留置场所应当建立健

全保密、消防、医疗、餐饮及安保等安全工作责任制,制定紧急突发事件处置预案,采取安全防范措施。

留置期间发生被留置人员死亡、伤残、脱逃等办案安全事故、事件的,应当及时做好处置工作。相关情况应当立即报告监察机关主要负责人,并在二十四小时以内逐级上报至国家监察委员会。

第七节 查询、冻结

第一百零四条 监察机关调查严重职务违法或者职务犯罪,根据工作需要,按规定报批后,可以依法查询、冻结涉案单位和个人的存款、汇款、债券、股票、基金份额等财产。

第一百零五条 查询、冻结财产时,调查人员不得少于二人。调查人员应当出具《协助查询财产通知书》或者《协助冻结财产通知书》,送交银行或者其他金融机构、邮政部门等单位执行。有关单位和个人应当予以配合,并严格保密。

查询财产应当在《协助查询财产通知书》中填写查询账号、查询内容等信息。没有具体账号的,应当填写足以确定账户或者权利人的自然人姓名、身份证件号码或者企业法人名称、统一社会信用代码等信息。

冻结财产应当在《协助冻结财产通知书》中填写冻结账户名称、冻结账号、冻结数额、冻结期限起止时间等信息。冻结数额应当具体、明确,暂时无法确定具体数额的,应当在《协助冻结财产通知书》上明确写明"只收不付"。冻结证券和交易结算资金时,应当明确冻结的范围是否及于孳息。

冻结财产,应当为被调查人及其所扶养的亲属保留必需的生活费用。

第一百零六条 调查人员可以根据需要对查询结果进行打印、抄录、复制、拍照,要求相关单位在有关材料上加盖证明印章。对查询结果有疑问的,可以要求相关单位进行书面解释并加盖印章。

第一百零七条 监察机关对查询信息应当加强管理,规范信息交接、调阅、使用程序和手续,防止滥用和泄露。

调查人员不得查询与案件调查工作无关的信息。

第一百零八条 冻结财产的期限不得超过六个月。冻结期限到期未办理续冻手续的,冻结自动解除。

有特殊原因需要延长冻结期限的,应当在到期前按原程序报批,办理续冻手续。每次续冻期限不得超过六个月。

第一百零九条 已被冻结的财产可以轮候冻结,不得重复冻结。轮候冻结的,监察机关应当要求有关银行或者其他金融机构等单位在解除冻结或者作出处理前予以通知。

监察机关接受司法机关、其他监察机关等国家机关移送的涉案财物后,该国家机关采取的冻结期限届满,监察机关续行冻结的顺位与该国家机关冻结的顺位相同。

第一百一十条 冻结财产应当通知权利人或者其法定代理人、委托代理人,要求其在《冻结财产告知书》上签名。冻结股票、债券、基金份额等财产,应当告知权利人或者其法定代理人、委托代理人有权申请出售。

对于被冻结的股票、债券、基金份额等财产,权利人或者其法定代理人、委托代理人申请出售,不损害国家利益、被害人利益,不影响调查正常进行的,经审批可以在案件办结前由相关机构依法出售或者变现。对于被冻结的汇票、本票、支票即将到期的,经审批可以在案件办结前由相关机构依法出售或者变现。出售上述财产的,应当出具《许可出售冻结财产通知书》。

出售或者变现所得价款应当继续冻结在其对应的银行账户中；没有对应的银行账户的，应当存入监察机关指定的专用账户保管，并将存款凭证送监察机关登记。监察机关应当及时向权利人或者其法定代理人、委托代理人出具《出售冻结财产通知书》，并要求其签名。拒绝签名的，调查人员应当在文书上记明。

第一百一十一条　对于冻结的财产，应当及时核查。经查明与案件无关的，经审批，应当在查明后三日以内将《解除冻结财产通知书》送交有关单位执行。解除情况应当告知被冻结财产的权利人或者其法定代理人、委托代理人。

第八节　搜　　查

第一百一十二条　监察机关调查职务犯罪案件，为了收集犯罪证据、查获被调查人，按规定报批后，可以依法对被调查人以及可能隐藏被调查人或者犯罪证据的人的身体、物品、住处、工作地点和其他有关地方进行搜查。

第一百一十三条　搜查应当在调查人员主持下进行，调查人员不得少于二人。搜查女性的身体，由女性工作人员进行。

搜查时，应当有被搜查人或者其家属、其所在单位工作人员或者其他见证人在场。监察人员不得作为见证人。调查人员应当向被搜查人或者其家属、见证人出示《搜查证》，要求其签名。被搜查人或者其家属不在场，或者拒绝签名的，调查人员应当在文书上记明。

第一百一十四条　搜查时，应当要求在场人员予以配合，不得进行阻碍。对以暴力、威胁等方法阻碍搜查的，应当依法制止。对阻碍搜查构成违法犯罪的，依法追究法律责任。

第一百一十五条　县级以上监察机关需要提请公安机关依法协助采取搜查措施的，应当按规定报批，请同级公安机关予以协助。提请协助时，应当出具《提请协助采取搜查措施函》，列明提请协助的具体事项和建议，搜查时间、地点、目的等内容，附《搜查证》复印件。

需要提请异地公安机关协助采取搜查措施的，应当按规定报批，向协作地同级监察机关出具协作函件和相关文书，由协作地监察机关提请当地公安机关予以协助。

第一百一十六条　对搜查取证工作，应当全程同步录音录像。

对搜查情况应当制作《搜查笔录》，由调查人员和被搜查人或者其家属、见证人签名。被搜查人或者其家属不在场，或者拒绝签名的，调查人员应当在笔录中记明。

对于查获的重要物证、书证、视听资料、电子数据及其放置、存储位置应当拍照，并在《搜查笔录》中作出文字说明。

第一百一十七条　搜查时，应当避免未成年人或者其他不适宜在搜查现场的人在场。

搜查人员应当服从指挥、文明执法，不得擅自变更搜查对象和扩大搜查范围。搜查的具体时间、方法，在实施前应当严格保密。

第一百一十八条　在搜查过程中查封、扣押财物和文件的，按照查封、扣押的有关规定办理。

第九节　调　　取

第一百一十九条　监察机关按规定报批后，可以依法向有关单位和个人调取用以证明案件事实的证据材料。

第一百二十条　调取证据材料时，调查人员不得少于二人。调查人员应当依法出具《调取证据通知书》，必要时附《调取证据清单》。

有关单位和个人配合监察机关调取证据,应当严格保密。

第一百二十一条 调取物证应当调取原物。原物不便搬运、保存,或者依法应当返还,或者因保密工作需要不能调取原物的,可以将原物封存,并拍照、录像。对原物拍照或者录像时,应当足以反映原物的外形、内容。

调取书证、视听资料应当调取原件。取得原件确有困难或者因保密工作需要不能调取原件的,可以调取副本或者复制件。

调取物证的照片、录像和书证、视听资料的副本、复制件的,应当书面记明不能调取原物、原件的原因,原物、原件存放地点,制作过程,是否与原物、原件相符,并由调查人员和物证、书证、视听资料原持有人签名或者盖章。持有人无法签名、盖章或者拒绝签名、盖章的,应当在笔录中记明,由见证人签名。

第一百二十二条 调取外文材料作为证据使用的,应当交由具有资质的机构和人员出具中文译本。中文译本应当加盖翻译机构公章。

第一百二十三条 收集、提取电子数据,能够扣押原始存储介质的,应当予以扣押、封存并在笔录中记录封存状态。无法扣押原始存储介质的,可以提取电子数据,但应当在笔录中记明不能扣押的原因、原始存储介质的存放地点或者电子数据的来源等情况。

由于客观原因无法或者不宜采取前款规定方式收集、提取电子数据的,可以采取打印、拍照或者录像等方式固定相关证据,并在笔录中说明原因。

收集、提取的电子数据,足以保证完整性,无删除、修改、增加等情形的,可以作为证据使用。

收集、提取电子数据,应当制作笔录,记录案由、对象、内容,收集、提取电子数据的时间、地点、方法、过程,并附电子数据清单,注明类别、文件格式、完整性校验值等,由调查人员、电子数据持有人(提供人)签名或者盖章;电子数据持有人(提供人)无法签名或者拒绝签名的,应当在笔录中记明,由见证人签名或者盖章。有条件的,应当对相关活动进行录像。

第一百二十四条 调取的物证、书证、视听资料等原件,经查明与案件无关的,经审批,应当在查明后三日以内退还,并办理交接手续。

第十节 查封、扣押

第一百二十五条 监察机关按规定报批后,可以依法查封、扣押用以证明被调查人涉嫌违法犯罪以及情节轻重的财物、文件、电子数据等证据材料。

对于被调查人到案时随身携带的物品,以及被调查人或者其他相关人员主动上交的财物和文件,依法需要扣押的,依照前款规定办理。对于被调查人随身携带的与案件无关的个人用品,应当逐件登记,随案移交或者退还。

第一百二十六条 查封、扣押时,应当出具《查封/扣押通知书》,调查人员不得少于二人。持有人拒绝交出应当查封、扣押的财物和文件的,可以依法强制查封、扣押。

调查人员对于查封、扣押的财物和文件,应当会同在场见证人和被查封、扣押财物持有人进行清点核对,开列《查封/扣押财物、文件清单》,由调查人员、见证人和持有人签名或者盖章。持有人不在场或者拒绝签名、盖章的,调查人员应当在清单上记明。

查封、扣押财物,应当为被调查人及其所扶养的亲属保留必需的生活费用和物品。

第一百二十七条 查封、扣押不动产

和置于该不动产上不宜移动的设施、家具和其他相关财物，以及车辆、船舶、航空器和大型机械、设备等财物，必要时可以依法扣押其权利证书，经拍照或者录像后原地封存。调查人员应当在查封清单上记明相关财物的所在地址和特征，已经拍照或者录像及其权利证书被扣押的情况，由调查人员、见证人和持有人签名或者盖章。持有人不在场或者拒绝签名、盖章的，调查人员应当在清单上记明。

查封、扣押前款规定财物的，必要时可以将被查封财物交给持有人或者其近亲属保管。调查人员应当告知保管人妥善保管，不得对被查封财物进行转移、变卖、毁损、抵押、赠予等处理。

调查人员应当将《查封/扣押通知书》送达不动产、生产设备或者车辆、船舶、航空器等财物的登记、管理部门，告知其在查封期间禁止办理抵押、转让、出售等权属关系变更、转移登记手续。相关情况应当在查封清单上记明。被查封、扣押的财物已经办理抵押登记的，监察机关在执行没收、追缴、责令退赔等决定时应当及时通知抵押权人。

第一百二十八条 查封、扣押下列物品，应当依法进行相应的处理：

（一）查封、扣押外币、金银珠宝、文物、名贵字画以及其他不易辨别真伪的贵重物品，具备当场密封条件的，应当当场密封，由二名以上调查人员在密封材料上签名并记明密封时间。不具备当场密封条件的，应当在笔录中记明，以拍照、录像等方法以保全后进行封存。查封、扣押的贵重物品需要鉴定的，应当及时鉴定。

（二）查封、扣押存折、银行卡、有价券等支付凭证和具有一定特征能够证明案情的现金，应当记明特征、编号、种类、面值、张数、金额等，当场密封，由二名以上调查人员在密封材料上签名并记明密封时间。

（三）查封、扣押易损毁、灭失、变质等不宜长期保存的物品以及有消费期限的卡、券，应当在笔录中记明，以拍照、录像等方法加以保全后进行封存，或者经审批委托有关机构变卖、拍卖。变卖、拍卖的价款存入专用账户保管，待调查终结后一并处理。

（四）对于可以作为证据使用的录音录像、电子数据存储介质，应当记明案由、对象、内容、录制、复制的时间、地点、规格、类别、应用长度、文件格式及长度等，制作清单。具备查封、扣押条件的电子设备、存储介质应当密封保存。必要时，可以请有关机关协助。

（五）对被调查人使用违法犯罪所得与合法收入共同购置的不可分割的财产，可以先行查封、扣押。对无法分割退还的财产，涉及违法的，可以在结案后委托有关单位拍卖、变卖，退还不属于违法所得的部分及孳息；涉及职务犯罪的，依法移送司法机关处置。

（六）查封、扣押危险品、违禁品，应当及时送交有关部门，或者根据工作需要严格封存保管。

第一百二十九条 对于需要启封的财物和文件，应当由二名以上调查人员共同办理。重新密封时，由二名以上调查人员在密封材料上签名、记明时间。

第一百三十条 查封、扣押涉案财物，应当按规定将涉案财物详细信息、《查封/扣押财物、文件清单》录入并上传监察机关涉案财物信息管理系统。

对于涉案款项，应当在采取措施后十五日以内存入监察机关指定的专用账户。对于涉案物品，应当在采取措施后三十日以内移交涉案财物保管部门保管。因特殊原因不能按时存入专用账户或者移交保管的,应当按规定报批,将保管情况录入涉案财物信息管理系统,在原因消除后及时存入或者移交。

第一百三十一条 对于已移交涉案财物保管部门保管的涉案财物,根据调查工作需要,经审批可以临时调用,并应当确保完好。调用结束后,应当及时归还。调用和归还时,调查人员、保管人员应当当面清点查验。保管部门应当对调用和归还情况进行登记,全程录像并上传涉案财物信息管理系统。

第一百三十二条 对于被扣押的股票、债券、基金份额等财产,以及即将到期的汇票、本票、支票,依法需要出售或者变现的,按照本条例关于出售冻结财产的规定办理。

第一百三十三条 监察机关接受司法机关、其他监察机关等国家机关移送的涉案财物后,该国家机关采取的查封、扣押期限届满,监察机关续行查封、扣押的顺位与该国家机关查封、扣押的顺位相同。

第一百三十四条 对查封、扣押的财物和文件,应当及时进行核查。经查明与案件无关的,经审批,应当在查明后三日以内解除查封、扣押,予以退还。解除查封、扣押的,应当向有关单位、原持有人或者近亲属送达《解除查封/扣押通知书》,附《解除查封/扣押财物、文件清单》,要求其签名或者盖章。

第一百三十五条 在立案调查之前,对监察对象及相关人员主动上交的涉案财物,经审批可以接收。

接收时,应当由二名以上调查人员,会同持有人和见证人进行清点核对,当场填写《主动上交财物登记表》。调查人员、持有人和见证人应当在登记表上签名或者盖章。

对于主动上交的财物,应当根据立案及调查情况及时决定是否依法查封、扣押。

第十一节 勘验检查

第一百三十六条 监察机关按规定报批后,可以依法对与违法犯罪有关的场所、物品、人身、尸体、电子数据等进行勘验检查。

第一百三十七条 依法需要勘验检查的,应当制作《勘验检查证》;需要委托勘验检查的,应当出具《委托勘验检查书》,送具有专门知识、勘验检查资格的单位(人员)办理。

第一百三十八条 勘验检查应当由二名以上调查人员主持,邀请与案件无关的见证人在场。勘验检查情况应当制作笔录,并由参加勘验检查人员和见证人签名。

勘验检查现场、拆封电子数据存储介质应当全程同步录音录像。对现场情况应当拍摄现场照片、制作现场图,并由勘验检查人员签名。

第一百三十九条 为了确定被调查人或者相关人员的某些特征、伤害情况或者生理状态,可以依法对其人身进行检查。必要时可以聘请法医或者医师进行人身检查。检查女性身体,应当由女性工作人员或者医师进行。被调查人拒绝检查的,可以依法强制检查。

人身检查不得采用损害被检查人生命、健康或者贬低其名誉、人格的方法。对人身检查过程中知悉的个人隐私,应当严格保密。

对人身检查的情况应当制作笔录,由参加检查的调查人员、检查人员、被检查人员和见证人签名。被检查人员拒绝签名的,调查人员应当在笔录中记明。

第一百四十条 为查明案情,在必要的时候,经审批可以依法进行调查实验。调查实验,可以聘请有关专业人员参加,也可以要求被调查人、被害人、证人参加。

进行调查实验,应当全程同步录音录像,制作调查实验笔录,由参加实验的人签名。进行调查实验,禁止一切足以造成危险、侮辱人格的行为。

第一百四十一条 调查人员在必要时,可以依法让被害人、证人和被调查人对与违法犯罪有关的物品、文件、尸体或者场所进行辨认;也可以让被害人、证人对被调查人进行辨认,或者让被调查人对涉案人员进行辨认。

辨认工作应当由二名以上调查人员主持进行。在辨认前,应当向辨认人详细询问辨认对象的具体特征,避免辨认人见到辨认对象,并告知辨认人作虚假辨认应当承担的法律责任。几名辨认人对同一辨认对象进行辨认时,应当由辨认人个别进行。辨认应当形成笔录,并由调查人员、辨认人签名。

第一百四十二条 辨认人员时,被辨认的人数不得少于七人,照片不得少于十张。

辨认人不愿公开进行辨认时,应当在不暴露辨认人的情况下进行辨认,并为其保守秘密。

第一百四十三条 组织辨认物品时一般应当辨认实物。被辨认的物品系名贵字画等贵重物品或者存在不便搬运等情况的,可以对实物照片进行辨认。辨认人进行辨认时,应当在辨认出的实物照片与附纸骑缝上捺指印予以确认,在附纸上写该实物涉案情况并签名、捺指印。

辨认物品时,同类物品不得少于五件,照片不得少于五张。

对于难以找到相似物品的特定物,可以将该物品照片交由辨认人进行确认后,在照片与附纸骑缝上捺指印,在附纸上写明该物品涉案情况并签名、捺指印。在辨认人确认前,应当向其详细询问物品的具体特征,并对确认过程和结果形成笔录。

第一百四十四条 辨认笔录具有下列情形之一的,不得作为认定案件的依据:

(一)辨认开始前使辨认人见到辨认对象的;

(二)辨认活动没有个别进行的;

(三)辨认对象没有混杂在具有类似特征的其他对象中,或者供辨认的对象数量不符合规定的,但特定辨认对象除外;

(四)辨认中给辨认人明显暗示或者明显有指认嫌疑的;

(五)辨认不是在调查人员主持下进行的;

(六)违反有关规定,不能确定辨认笔录真实性的其他情形。

辨认笔录存在其他瑕疵的,应当结合全案证据审查其真实性和关联性,作出综合判断。

第十二节 鉴 定

第一百四十五条 监察机关为解决案件中的专门性问题,按规定报批后,可以依法进行鉴定。

鉴定时应当出具《委托鉴定书》,由二名以上调查人员送交具有鉴定资格的鉴定机构、鉴定人进行鉴定。

第一百四十六条 监察机关可以依法开展下列鉴定:

(一)对笔迹、印刷文件、污损文件、制成时间不明的文件和以其他形式表现的文件等进行鉴定;

(二)对案件中涉及的财务会计资料及相关财物进行会计鉴定;

(三)对被调查人、证人的行为能力进行精神病鉴定;

(四)对人体造成的损害或者死因进行人身伤亡医学鉴定;

(五)对录音录像资料进行鉴定;

(六)对因电子信息技术应用而出现的材料及其派生物进行电子证据鉴定;

(七)其他可以依法进行的专业鉴定。

第一百四十七条 监察机关应当为鉴定提供必要条件,向鉴定人送交有关检材和对比样本等原始材料,介绍与鉴定有关的情况。调查人员应当明确提出要求鉴定事项,但不得暗示或者强迫鉴定人作出某种鉴定意见。

监察机关应当做好检材的保管和送检工作,记明检材送检环节的责任人,确保检材在流转环节的同一性和不被污染。

第一百四十八条 鉴定人应当在出具的鉴定意见上签名,并附鉴定机构和鉴定人的资质证明或者其他证明文件。多个鉴定人的鉴定意见不一致的,应当在鉴定意见上记明分歧的内容和理由,并且分别签名。

监察机关对于法庭审理中依法决定鉴定人出庭作证的,应当予以协调。

鉴定人故意作虚假鉴定的,应当依法追究法律责任。

第一百四十九条 调查人员应当对鉴定意见进行审查。对经审查作为证据使用的鉴定意见,应当告知被调查人及相关单位、人员,送达《鉴定意见告知书》。

被调查人或者相关单位、人员提出补充鉴定或者重新鉴定申请,经审查符合法定要求的,应当按规定报批,进行补充鉴定或者重新鉴定。

对鉴定意见告知情况可以制作笔录,载明告知内容和被告知人的意见等。

第一百五十条 经审查具有下列情形之一的,应当补充鉴定:

(一)鉴定内容有明显遗漏的;

(二)发现新的有鉴定意义的证物的;

(三)对鉴定证物有新的鉴定要求的;

(四)鉴定意见不完整,委托事项无法确定的;

(五)其他需要补充鉴定的情形。

第一百五十一条 经审查具有下列情形之一的,应当重新鉴定:

(一)鉴定程序违法或者违反相关专业技术要求的;

(二)鉴定机构、鉴定人不具备鉴定资质和条件的;

(三)鉴定人故意作出虚假鉴定或者违反回避规定的;

(四)鉴定意见依据明显不足的;

(五)检材虚假或者被损坏的;

(六)其他应当重新鉴定的情形。

决定重新鉴定的,应当另行确定鉴定机构和鉴定人。

第一百五十二条 因无鉴定机构,或者根据法律法规等规定,监察机关可以指派、聘请具有专门知识的人就案件的专门性问题出具报告。

第十三节 技术调查

第一百五十三条 监察机关根据调查涉嫌重大贪污贿赂等职务犯罪需要,依照规定的权限和程序报经批准,可以依法采取技术调查措施,按照规定交公安机关或者国家有关执法机关依法执行。

前款所称重大贪污贿赂等职务犯罪,是指具有下列情形之一:

(一)案情重大复杂,涉及国家利益或者重大公共利益的;

(二)被调查人可能被判处十年以上有期徒刑、无期徒刑或者死刑的;

(三)案件在全国或者本省、自治区、直辖市范围内有较大影响的。

第一百五十四条 依法采取技术调查措施的,监察机关应当出具《采取技术调查措施委托函》《采取技术调查措施决定书》和《采取技术调查措施适用对象情况表》,

送交有关机关执行。其中,设区的市级以下监察机关委托有关执行机关采取技术调查措施,还应当提供《立案决定书》。

第一百五十五条 技术调查措施的期限按照监察法的规定执行,期限届满前未办理延期手续的,到期自动解除。

对于不需要继续采取技术调查措施的,监察机关应当按规定及时报批,将《解除技术调查措施决定书》送交有关机关执行。

需要依法变更技术调查措施种类或者增加适用对象的,监察机关应当重新办理报批和委托手续,依法送交有关机关执行。

第一百五十六条 对于采取技术调查措施收集的信息和材料,依法需要作为刑事诉讼证据使用的,监察机关应当按规定报批,出具《调取技术调查证据材料通知书》向有关执行机关调取。

对于采取技术调查措施收集的物证、书证及其他证据材料,监察机关应当制作书面说明,写明获取证据的时间、地点、数量、特征以及采取技术调查措施的批准机关、种类等。调查人员应当在书面说明上签名。

对于采取技术调查措施获取的证据材料,如果使用该证据材料可能危及有关人员的人身安全,或者可能产生其他严重后果的,应当采取不暴露有关人员身份、技术方法等保护措施。必要时,可以建议由审判人员在庭外进行核实。

第一百五十七条 调查人员对采取技术调查措施过程中知悉的国家秘密、商业秘密、个人隐私,应当严格保密。

采取技术调查措施获取的证据、线索及其他有关材料,只能用于对违法犯罪的调查、起诉和审判,不得用于其他用途。

对采取技术调查措施获取的与案件无关的材料,应当经审批及时销毁。对销毁情况应当制作记录,由调查人员签名。

第十四节 通　缉

第一百五十八条 县级以上监察机关对在逃的应当被留置人员,依法决定在本行政区域内通缉的,应当按规定报批,送交同级公安机关执行。送交执行时,应当出具《通缉决定书》,附《留置决定书》等法律文书和被通缉人员信息,以及承办单位、承办人员等有关情况。

通缉范围超出本行政区域的,应当报有决定权的上级监察机关出具《通缉决定书》,并附《留置决定书》及相关材料,送交同级公安机关执行。

第一百五十九条 国家监察委员会依法需要提请公安部对在逃人员发布公安部通缉令的,应当先提请公安部采取网上追逃措施。如情况紧急,可以向公安部同时出具《通缉决定书》和《提请采取网上追逃措施函》。

省级以下监察机关报请国家监察委员会提请公安部发布公安部通缉令的,应当先提请本地公安机关采取网上追逃措施。

第一百六十条 监察机关接到公安机关抓获被通缉人员的通知后,应当立即核实被抓获人员身份,并在接到通知后二十四小时以内派员办理交接手续。边远或者交通不便地区,至迟不得超过三日。

公安机关在移交前,将被抓获人员送往当地监察机关留置场所临时看管的,当地监察机关应当接收,并保障临时看管期间的安全,对工作信息严格保密。

监察机关需要提请公安机关协助将被抓获人员带回的,应当按规定报批,请本地同级公安机关依法予以协助。提请协助时,应当出具《提请协助采取留置措施函》,附《留置决定书》复印件及相关材料。

第一百六十一条 监察机关对于被通缉人员已经归案、死亡,或者依法撤销留置决定以及发现有其他不需要继续采取通缉措施情形的,应当经审批出具《撤销通缉通知书》,送交协助采取原措施的公安机关执行。

第十五节 限制出境

第一百六十二条 监察机关为防止被调查人及相关人员逃匿境外,按规定报批后,可以依法决定采取限制出境措施,交由移民管理机构依法执行。

第一百六十三条 监察机关采取限制出境措施应当出具有关函件,与《采取限制出境措施决定书》一并送交移民管理机构执行。其中,采取边控措施的,应当附《边控对象通知书》;采取法定不批准出境措施的,应当附《法定不准出境人员报备表》。

第一百六十四条 限制出境措施有效期不超过三个月,到期自动解除。

到期后仍有必要继续采取措施的,应当按原程序报批。承办部门应当出具有关函件,在到期前与《延长限制出境措施期限决定书》一并送交移民管理机构执行。延长期限每次不得超过三个月。

第一百六十五条 监察机关接到口岸移民管理机构查获被决定采取留置措施的边控对象的通知后,应当于二十四小时以内到达口岸办理移交手续。无法及时到达的,应当委托当地监察机关及时前往口岸办理移交手续。当地监察机关应当予以协助。

第一百六十六条 对于不需要继续采取限制出境措施的,应当按规定报批,及时予以解除。承办部门应当出具有关函件,与《解除限制出境措施决定书》一并送交移民管理机构执行。

第一百六十七条 县级以上监察机关在重要紧急情况下,经审批可以依法直接向口岸所在地口岸移民管理机构提请办理临时限制出境措施。

第五章 监察程序

第一节 线索处置

第一百六十八条 监察机关应当对问题线索归口受理、集中管理、分类处置、定期清理。

第一百六十九条 监察机关对于报案或者举报应当依法接受。属于本级监察机关管辖的,依法予以受理;属于其他监察机关管辖的,应当在五个工作日以内予以转送。

监察机关可以向下级监察机关发函交办检举控告,并进行督办,下级监察机关应当按期回复办理结果。

第一百七十条 对于涉嫌职务违法或者职务犯罪的公职人员主动投案的,应当依法接待和办理。

第一百七十一条 监察机关对于执法机关、司法机关等其他机关移送的问题线索,应当及时审核,并按照下列方式办理:

(一)本单位有管辖权的,及时研究提出处置意见;

(二)本单位没有管辖权但其他监察机关有管辖权的,在五个工作日以内转送有管辖权的监察机关;

(三)本单位对部分问题线索有管辖权的,对有管辖权的部分提出处置意见,并及时将其他问题线索转送有管辖权的机关;

(四)监察机关没有管辖权的,及时退回移送机关。

第一百七十二条 信访举报部门归口受理本机关管辖监察对象涉嫌职务违法和职务犯罪问题的检举控告,统一接收有关监察机关以及其他单位移送的相关检举控告,移交本机关监督检查部门或者相关部门,并将移交情况通报案件监督管理部门。

案件监督管理部门统一接收巡视巡察

机构和审计机关、执法机关、司法机关等其他机关移送的职务违法和职务犯罪问题线索,按程序移交本机关监督检查部门或者相关部门办理。

监督检查部门、调查部门在工作中发现的相关问题线索,属于本部门受理范围的,应当报送案件监督管理部门备案;属于本机关其他部门受理范围的,经审批后移交案件监督管理部门分办。

第一百七十三条 案件监督管理部门应当对问题线索实行集中管理、动态更新,定期汇总、核对问题线索及处置情况,向监察机关主要负责人报告,并向相关部门通报。

问题线索承办部门应当指定专人负责管理线索,逐件编号登记、建立管理台账。线索管理处置各环节应当由经手人员签名,全程登记备查,及时与案件监督管理部门核对。

第一百七十四条 监督检查部门应当结合问题线索所涉及地区、部门、单位总体情况进行综合分析,提出处置意见并制定处置方案,经审批按照谈话、函询、初步核实、暂存待查、予以了结等方式进行处置,或者按照职责移送调查部门处置。

函询应当以监察机关办公厅(室)名义发函给被反映人,并抄送其所在单位和派驻监察机构主要负责人。被函询人应当在收到函件后十五个工作日以内写出说明材料,由其所在单位主要负责人签署意见后发函回复。被函询人为所在单位主要负责人的,或者被函询人所作说明涉及所在单位主要负责人的,应当直接发函回复监察机关。

被函询人已经退休的,按照第二款规定程序办理。

监察机关根据工作需要,经审批可以对谈话、函询情况进行核实。

第一百七十五条 检举控告人使用本人真实姓名或者本单位名称,有电话等具体联系方式的,属于实名检举控告。监察机关对实名检举控告应当优先办理、优先处置,依法给予答复。虽有署名但不是检举控告人真实姓名(单位名称)或者无法验证的检举控告,按照匿名检举控告处理。

信访举报部门对属于本机关受理的实名检举控告,应当在收到检举控告之日起十五个工作日以内按规定告知实名检举控告人受理情况,并做好记录。

调查人员应当将实名检举控告的处理结果在办结之日起十五个工作日以内向检举控告人反馈,并记录反馈情况。对检举控告人提出异议的应当如实记录,并向其进行说明;对提供新证据材料的,应当依法核查处理。

第二节 初步核实

第一百七十六条 监察机关对具有可查性的职务违法和职务犯罪问题线索,应当按规定报批后,依法开展初步核实工作。

第一百七十七条 采取初步核实方式处置问题线索,应当确定初步核实对象,制定工作方案,明确需要核实的问题和采取的措施,成立核查组。

在初步核实中应当注重收集客观性证据,确保真实性和准确性。

第一百七十八条 在初步核实中发现或者受理被核查人新的具有可查性的问题线索的,应当经审批纳入原初核方案开展核查。

第一百七十九条 核查组在初步核实工作结束后应当撰写初步核实情况报告,列明被核查人基本情况、反映的主要问题、办理依据、初步核实结果、存在疑点、处理建议,由全体人员签名。

承办部门应当综合分析初步核实情

况,按照拟立案调查、予以了结、谈话提醒、暂存待查,或者移送有关部门、机关处理等方式提出处置建议,按照批准初步核实的程序报批。

第三节 立 案

第一百八十条 监察机关经过初步核实,对于已经掌握监察对象涉嫌职务违法或者职务犯罪的部分事实和证据,认为需要追究其法律责任的,应当按规定报批后,依法立案调查。

第一百八十一条 监察机关立案调查职务违法或者职务犯罪案件,需要对涉嫌行贿犯罪、介绍贿赂犯罪或者共同职务犯罪的涉案人员立案调查的,应当一并办理立案手续。需要交由下级监察机关立案的,经审批交由下级监察机关办理立案手续。

对单位涉嫌受贿、行贿等职务犯罪,需要追究法律责任的,依法对该单位办理立案调查手续。对事故(事件)中存在职务违法或者职务犯罪问题,需要追究法律责任,但相关责任人员尚不明确的,可以以事立案。对单位立案或者以事立案后,经调查确定相关责任人员的,按照管理权限报批确定被调查人。

监察机关根据人民法院生效刑事判决、裁定和人民检察院不起诉决定认定的事实,需要对监察对象给予政务处分的,可以由相关监督检查部门依据司法机关的生效判决、裁定、决定及其认定的事实、性质和情节,提出给予政务处分的意见,按程序移送审理。对依法被追究行政法律责任的监察对象,需要给予政务处分的,应当依法办理立案手续。

第一百八十二条 对案情简单、经过初步核实已查清主要职务违法事实,应当追究监察对象法律责任,不再需要开展调查的,立案和移送审理可以一并报批,履行立案程序后再移送审理。

第一百八十三条 上级监察机关需要指定下级监察机关立案调查的,应当按规定报批,向被指定管辖的监察机关出具《指定管辖决定书》,由其办理立案手续。

第一百八十四条 批准立案后,应当由二名以上调查人员出示证件,向被调查人宣布立案决定。宣布立案决定后,应当及时向被调查人所在单位等相关组织送达《立案通知书》,并向被调查人所在单位主要负责人通报。

对涉嫌严重职务违法或者职务犯罪的公职人员立案调查并采取留置措施的,应当按规定通知被调查人家属,并向社会公开发布。

第四节 调 查

第一百八十五条 监察机关对已经立案的职务违法或者职务犯罪案件应当依法进行调查,收集证据查明违法犯罪事实。

调查职务违法或者职务犯罪案件,对被调查人没有采取留置措施的,应当在立案后一年以内作出处理决定;对被调查人解除留置措施的,应当在解除留置措施后一年以内作出处理决定。案情重大复杂的案件,经上一级监察机关批准,可以适当延长,但延长期限不得超过六个月。

被调查人在监察机关立案调查以后逃匿的,调查期限自被调查人到案之日起重新计算。

第一百八十六条 案件立案后,监察机关主要负责人应当依照法定程序批准确定调查方案。

监察机关应当组成调查组依法开展调查。调查工作应当严格按照批准的方案执行,不得随意扩大调查范围、变更调查对象和事项,对重要事项应当及时请示报告。

调查人员在调查工作期间,未经批准不得单独接触任何涉案人员及其特定关系人,不得擅自采取调查措施。

第一百八十七条 调查组应当将调查认定的涉嫌违法犯罪事实形成书面材料,交给被调查人核对,听取其意见。被调查人应当在书面材料上签署意见。对被调查人签署不同意见或者拒不签署意见的,调查组应当作出说明或者注明情况。对被调查人提出申辩的事实、理由和证据应当进行核实,成立的予以采纳。

调查组对于立案调查的涉嫌行贿犯罪、介绍贿赂犯罪或者共同职务犯罪的涉案人员,在查明其涉嫌犯罪问题后,依照前款规定办理。

对于按照本条例规定,对立案和移送审理一并报批的案件,应当在报批前履行本条第一款规定的程序。

第一百八十八条 调查组在调查工作结束后应当集体讨论,形成调查报告。调查报告应当列明被调查人基本情况、问题线索来源及调查依据、调查过程,涉嫌的主要职务违法或者职务犯罪事实,被调查人的态度和认识,处置建议及法律依据,并由调查组组长以及有关人员签名。

对调查过程中发现的重要问题和形成的意见建议,应当形成专题报告。

第一百八十九条 调查组对被调查人涉嫌职务犯罪拟依法移送人民检察院审查起诉的,应当起草《起诉建议书》。《起诉建议书》应当载明被调查人基本情况,调查简况,认罪认罚情况,采取留置措施的时间,涉嫌职务犯罪事实以及证据,对被调查人从重、从轻、减轻或者免除处罚等情节,提出对被调查人移送起诉的理由和法律依据,采取强制措施的建议,并注明移送案卷数及涉案财物等内容。

调查组应当形成被调查人到案经过及量刑情节方面的材料,包括案件来源、到案经过,自动投案、如实供述、立功等量刑情节,认罪悔罪态度、退赃、避免和减少损害结果发生等方面的情况说明及相关材料。被检举揭发的问题已被立案、查破,被检举揭发人已被采取调查措施或者刑事强制措施、起诉或者审判的,还应当附有关法律文书。

第一百九十条 经调查认为被调查人构成职务违法或者职务犯罪的,应当区分不同情况提出相应处理意见,经审批将调查报告、职务违法或者职务犯罪事实材料、涉案财物报告、涉案人员处理意见等材料,连同全部证据和文书手续移送审理。

对涉嫌职务犯罪的案件材料应当按照刑事诉讼要求单独立卷,与《起诉建议书》、涉案财物报告、同步录音录像资料及其自查报告等材料一并移送审理。

调查全过程形成的材料应当案结卷成、事毕归档。

第五节 审 理

第一百九十一条 案件审理部门收到移送审理的案件后,应当审核材料是否齐全、手续是否完备。对被调查人涉嫌职务犯罪的,还应当审核相关案卷材料是否符合职务犯罪案件立卷要求,是否在调查报告中单独表述已查明的涉嫌犯罪问题,是否形成《起诉建议书》。

经审核符合移送条件的,应当予以受理;不符合移送条件的,经审批可以暂缓受理或者不予受理,并要求调查部门补充完善材料。

第一百九十二条 案件审理部门受理案件后,应当成立由二人以上组成的审理组,全面审理案卷材料。

案件审理部门对于受理的案件,应当以监察法、政务处分法、刑法、《中华人民共和国刑事诉讼法》等法律法规为准绳,对案件事实证据、性质认定、程序手续、涉案财物等进行全面审理。

案件审理部门应当强化监督制约职能,对案件严格审核把关,坚持实事求是、独立审理,依法提出审理意见。坚持调查与审理相分离的原则,案件调查人员不得参与审理。

第一百九十三条 审理工作应当坚持民主集中制原则,经集体审议形成审理意见。

第一百九十四条 审理工作应当在受理之日起一个月以内完成,重大复杂案件经批准可以适当延长。

第一百九十五条 案件审理部门根据案件审理情况,经审批可以与被调查人谈话,告知其在审理阶段的权利义务,核对涉嫌违法犯罪事实,听取其辩解意见,了解有关情况。与被调查人谈话时,案件审理人员不得少于二人。

具有下列情形之一的,一般应当与被调查人谈话:

(一)对被调查人采取留置措施,拟移送起诉的;

(二)可能存在以非法方法收集证据情形的;

(三)被调查人对涉嫌违法犯罪事实材料签署不同意见或者拒不签署意见的;

(四)被调查人要求向案件审理人员当面陈述的;

(五)其他有必要与被调查人进行谈话的情形。

第一百九十六条 经审理认为主要违法犯罪事实不清、证据不足的,应当经审批将案件退回承办部门重新调查。

有下列情形之一,需要补充完善证据的,经审批可以退回补充调查:

(一)部分事实不清、证据不足的;

(二)遗漏违法犯罪事实的;

(三)其他需要进一步查清案件事实的情形。

案件审理部门将案件退回重新调查或者补充调查的,应当出具审核意见,写明调查事项、理由、调查方向、需要补充收集的证据及其证明作用等,连同案卷材料一并送交承办部门。

承办部门补充调查结束后,应当经审批将补证情况报告及相关证据材料,连同案卷材料一并移送案件审理部门;对确实无法查明的事项或者无法补充的证据,应当作出书面说明。重新调查终结后,应当重新形成调查报告,依法移送审理。

重新调查完毕移送审理的,审理期限重新计算。补充调查期间不计入审理期限。

第一百九十七条 审理工作结束后应当形成审理报告,载明被调查人基本情况、调查简况、涉嫌违法或者犯罪事实、被调查人态度和认识、涉案财物处置、承办部门意见、审理意见等内容,提请监察机关集体审议。

对被调查人涉嫌职务犯罪需要追究刑事责任的,应当形成《起诉意见书》,作为审理报告附件。《起诉意见书》应当忠实于事实真象,载明被调查人基本情况,调查简况,采取留置措施的时间,依法查明的犯罪事实和证据,从重、从轻、减轻或者免除处罚等情节,涉案财物情况,涉嫌罪名和法律依据,采取强制措施的建议,以及其他需要说明的情况。

案件审理部门经审理认为现有证据不足以证明被调查人存在违法犯罪行为,且通过退回补充调查仍无法达到证明标准的,应当提出撤销案件的建议。

第一百九十八条 上级监察机关办理下级监察机关管辖案件的,可以经审理后按程序直接进行处置,也可以经审理形成处置意见后,交由下级监察机关办理。

第一百九十九条 被指定管辖的监察机关在调查结束后应当将案件移送审理,提请监察机关集体审议。

上级监察机关将其所管辖的案件指定管辖的,被指定管辖的下级监察机关应当按照前款规定办理后,将案件报上级监察机关依法作出政务处分决定。上级监察机关在作出决定前,应当进行审理。

上级监察机关将下级监察机关管辖的案件指定其他下级监察机关管辖的,被指定管辖的监察机关应当按照第一款规定办理后,将案件送交有管理权限的监察机关依法作出政务处分决定。有管理权限的监察机关应当进行审理,审理意见与被指定管辖的监察机关意见不一致的,双方应当进行沟通;经沟通不能取得一致意见的,报请有权决定的上级监察机关决定。经协商,有管理权限的监察机关在被指定管辖的监察机关审理阶段可以提前阅卷,沟通了解情况。

对于前款规定的重大、复杂案件,被指定管辖的监察机关经集体审议后将处理意见报有权决定的上级监察机关审核同意的,有管理权限的监察机关可以经集体审议后依法处置。

第六节 处 置

第二百条 监察机关根据监督、调查结果,依据监察法、政务处分法等规定进行处置。

第二百零一条 监察机关对于公职人员有职务违法行为但情节较轻的,可以依法进行谈话提醒、批评教育、责令检查,或者予以诫勉。上述方式可以单独使用,也可以依据规定合并使用。

谈话提醒、批评教育应当由监察机关相关负责人或者承办部门负责人进行,可以由被谈话提醒、批评教育人所在单位有关负责人陪同;经批准也可以委托其所在单位主要负责人进行。对谈话提醒、批评教育情况应当制作记录。

被责令检查的公职人员应当作出书面检查并进行整改。整改情况在一定范围内通报。

诫勉由监察机关以谈话或者书面方式进行。以谈话方式进行的,应当制作记录。

第二百零二条 对违法的公职人员依法需要给予政务处分的,应当根据情节轻重作出警告、记过、记大过、降级、撤职、开除的政务处分决定,制作政务处分决定书。

第二百零三条 监察机关应当将政务处分决定书在作出后一个月以内送达被处分人和被处分人所在机关、单位,并依法履行宣布、书面告知程序。

政务处分决定自作出之日起生效。有关机关、单位、组织应当依法及时执行处分决定,并将执行情况向监察机关报告。处分决定应当在作出之日起一个月以内执行完毕,特殊情况下经监察机关批准可以适当延长办理期限,最迟不得超过六个月。

第二百零四条 监察机关对不履行或者不正确履行职责造成严重后果或者恶劣影响的领导人员,可以按照管理权限采取通报、诫勉、政务处分等方式进行问责;提出组织处理的建议。

第二百零五条 监察机关依法向监察对象所在单位提出监察建议的,应当经审批制作监察建议书。

监察建议书一般应当包括下列内容:
(一)监督调查情况;
(二)调查中发现的主要问题及其产生的原因;
(三)整改建议、要求和期限;
(四)向监察机关反馈整改情况的要求。

第二百零六条 监察机关经调查,对没有证据证明或者现有证据不足以证明被调查人存在违法犯罪行为的,应当依法撤销案件。省级以下监察机关撤销案件后,应当在七个工作日以内向上一级监察机关报送备案报告。上一级监察机关监督检查部门负责备案工作。

省级以下监察机关拟撤销上级监察机关指定管辖或者交办案件的,应当将《撤销案件意见书》连同案卷材料,在法定调查期限到期七个工作日前报指定管辖或者交办案件的监察机关审查。对于重大、复杂案件,在法定调查期限到期十个工作日前报指定管辖或者交办案件的监察机关审查。

指定管辖或者交办案件的监察机关由监督检查部门负责审查工作。指定管辖或者交办案件的监察机关同意撤销案件的,下级监察机关应当作出撤销案件决定,制作《撤销案件决定书》;指定管辖或者交办案件的监察机关不同意撤销案件的,下级监察机关应当执行该决定。

监察机关对于撤销案件的决定应当向被调查人宣布,由其在《撤销案件决定书》上签名、捺指印,立即解除留置措施,并通知其所在机关、单位。

撤销案件后又发现重要事实或者有充分证据,认为被调查人有违法犯罪事实需要追究法律责任的,应当重新立案调查。

第二百零七条 对于涉嫌行贿等犯罪的非监察对象,案件调查终结后依法移送起诉。综合考虑行为性质、手段、后果、时间节点、认罪悔罪态度等具体情况,对于情节较轻,经审批不予移送起诉的,应当采取批评教育、责令具结悔过等方式处置;应当给予行政处罚的,依法移送有关行政执法部门。

对于有行贿行为的涉案单位和人员,按规定记入相关信息记录,可以作为信用评价的依据。

对于涉案单位和人员通过行贿等非法手段取得的财物及孳息,应当依法予以没收、追缴或者责令退赔。对于违法取得的其他不正当利益,依照法律法规及有关规定予以纠正处理。

第二百零八条 对查封、扣押、冻结的涉嫌职务犯罪所得财物及孳息应当妥善保管,并制作《移送司法机关涉案财物清单》随案移送人民检察院。对作为证据使用的实物应当随案移送;对不宜移送的,应当将清单、照片和其他证明文件随案移送。

对于移送人民检察院的涉案财物,价值不明的,应当在移送起诉前委托进行价格认定。在价格认定过程中,需要对涉案财物先行作出真伪鉴定或者出具技术、质量检测报告的,应当委托有关鉴定机构或者检测机构进行真伪鉴定或者技术、质量检测。

对不属于犯罪所得但属于违法取得的财物及孳息,应当依法予以没收、追缴或者责令退赔,并出具有关法律文书。

对经认定不属于违法所得的财物及孳息,应当及时予以返还,并办理签收手续。

第二百零九条 监察机关经调查,对违法取得的财物及孳息决定追缴或者责令退赔的,可以依法要求公安、自然资源、住房城乡建设、市场监管、金融监管等部门以及银行等机构、单位予以协助。

追缴涉案财物以追缴原物为原则,原物已经转化为其他财物的,应当追缴转化后的财物;有证据证明依法应当追缴、没收的涉案财物无法找到、被他人善意取得、价值灭失减损或者与其他合法财产混合且不可分割的,可以依法追缴、没收其他等值财产。

追缴或者责令退赔应当自处置决定作出之日起一个月以内执行完毕。因被调查人的原因逾期执行的除外。

人民检察院、人民法院依法将不认定为犯罪所得的相关涉案财物退回监察机关的，监察机关应当依法处理。

第二百一十条　监察对象对监察机关作出的涉及本人的处理决定不服的，可以在收到处理决定之日起一个月以内，向作出决定的监察机关申请复审。复审机关应当依法受理，并在受理后一个月以内作出复审决定。监察对象对复审决定仍不服的，可以在收到复审决定之日起一个月以内，向上一级监察机关申请复核。复核机关应当依法受理，并在受理后二个月以内作出复核决定。

上一级监察机关的复核决定和国家监察委员会的复审、复核决定为最终决定。

第二百一十一条　复审、复核机关承办部门应当成立工作组，调阅原案卷宗，必要时可以进行调查取证。承办部门应当集体研究，提出办理意见，经审批作出复审、复核决定。决定应当送达申请人，抄送相关单位，并在一定范围内宣布。

复审、复核期间，不停止原处理决定的执行。复审、复核机关经审查认定处理决定有错误或者不当的，应当依法撤销、变更原处理决定，或者责令原处理机关及时予以纠正。复审、复核机关经审查认定处理决定事实清楚、适用法律正确的，应当予以维持。

坚持复审复核与调查审理分离，原案调查、审理人员不得参与复审复核。

第七节　移送审查起诉

第二百一十二条　监察机关决定对涉嫌职务犯罪的被调查人移送起诉的，应当出具《起诉意见书》，连同案卷材料、证据等，一并移送同级人民检察院。

监察机关案件审理部门负责与人民检察院审查起诉的衔接工作，调查、案件监督管理等部门应当予以协助。

国家监察委员会派驻或者派出的监察机构、监察专员调查的职务犯罪案件，应当依法移送省级人民检察院审查起诉。

第二百一十三条　涉嫌职务犯罪的被调查人和涉案人员符合监察法第三十一条、第三十二条规定情形的，结合其案发前的一贯表现、违法犯罪行为的情节、后果和影响等因素，监察机关经综合研判和集体审议，报上一级监察机关批准，可以在移送人民检察院时依法提出从轻、减轻或者免除处罚等从宽处罚建议。报请批准时，应当一并提供主要证据材料、忏悔反思材料。

上级监察机关相关监督检查部门负责审查工作，重点审核拟认定的从宽处罚情形、提出的从宽处罚建议，经审批在十五个工作日以内作出批复。

第二百一十四条　涉嫌职务犯罪的被调查人有下列情形之一，如实交代自己主要犯罪事实的，可以认定为监察法第三十一条第一项规定的自动投案，真诚悔罪悔过：

（一）职务犯罪问题未被监察机关掌握，向监察机关投案的；

（二）在监察机关谈话、函询过程中，如实交代监察机关未掌握的涉嫌职务犯罪问题的；

（三）在初步核实阶段，尚未受到监察机关谈话时投案的；

（四）职务犯罪问题虽被监察机关立案，但尚未受到讯问或者采取留置措施，向监察机关投案的；

（五）因伤病等客观原因无法前往投案，先委托他人代为表达投案意愿，或者以书信、网络、电话、传真等方式表达投案意愿，后到监察机关接受处理的；

（六）涉嫌职务犯罪潜逃后又投案，包括在被通缉、抓捕过程中投案的；

(七)经查实确已准备去投案,或者正在投案途中被有关机关抓获的;

(八)经他人规劝或者在他人陪同下投案的;

(九)虽未向监察机关投案,但向其所在党组织、单位或者有关负责人员投案,向有关巡视巡察机构投案,以及向公安机关、人民检察院、人民法院投案的;

(十)具有其他应当视为自动投案的情形的。

被调查人自动投案后不能如实交代自己的主要犯罪事实,或者自动投案并如实供述自己的罪行后又翻供的,不能适用前款规定。

第二百一十五条 涉嫌职务犯罪的被调查人有下列情形之一的,可以认定为监察法第三十一条第二项规定的积极配合调查工作,如实供述监察机关还未掌握的违法犯罪行为:

(一)监察机关所掌握线索针对的犯罪事实不成立,在此范围外被调查人主动交代其他罪行的;

(二)主动交代监察机关尚未掌握的犯罪事实,与监察机关已掌握的犯罪事实属不同种罪行的;

(三)主动交代监察机关尚未掌握的犯罪事实,与监察机关已掌握的犯罪事实属同种罪行的;

(四)监察机关掌握的证据不充分,被调查人如实交代有助于收集定案证据的。

前款所称同种罪行和不同种罪行,一般以罪名区分。被调查人如实供述其他罪行的罪名与监察机关已掌握犯罪的罪名不同,但属选择性罪名或者在法律、事实上密切关联的,应当认定为同种罪行。

第二百一十六条 涉嫌职务犯罪的被调查人有下列情形之一的,可以认定为监察法第三十一条第三项规定的积极退赃,减少损失:

(一)全额退赃的;

(二)退赃能力不足,但被调查人及其亲友在监察机关追缴赃款赃物过程中积极配合,且大部分已追缴到位的;

(三)犯罪后主动采取措施避免损失发生,或者积极采取有效措施减少、挽回大部分损失的。

第二百一十七条 涉嫌职务犯罪的被调查人有下列情形之一的,可以认定为监察法第三十一条第四项规定的具有重大立功表现:

(一)检举揭发他人重大犯罪行为且经查证属实的;

(二)提供其他重大案件的重要线索且经查证属实的;

(三)阻止他人重大犯罪活动的;

(四)协助抓捕其他重大职务犯罪案件被调查人、重大犯罪嫌疑人(包括同案犯)的;

(五)为国家挽回重大损失等对国家和社会有其他重大贡献的。

前款所称重大犯罪一般是指依法可能被判处无期徒刑以上刑罚的犯罪行为;重大案件一般是指在本省、自治区、直辖市或者全国范围内有较大影响的案件;查证属实一般是指有关案件已被监察机关或者司法机关立案调查、侦查,被调查人、犯罪嫌疑人被监察机关采取留置措施或者被司法机关采取强制措施,或者被告人被人民法院作出有罪判决,并结合案件事实、证据进行判断。

监察法第三十一条第四项规定的案件涉及国家重大利益,是指案件涉及国家主权和领土完整、国家安全、外交、社会稳定、经济发展等情形。

第二百一十八条 涉嫌行贿等犯罪的涉案人员有下列情形之一的,可以认定为

监察法第三十二条规定的揭发有关被调查人职务违法犯罪行为,查证属实或者提供重要线索,有助于调查其他案件:

(一)揭发所涉案件以外的被调查人职务犯罪行为,经查证属实的;

(二)提供的重要线索指向具体的职务犯罪事实,对调查其他案件起到实质性推动作用的;

(三)提供的重要线索有助于加快其他案件办理进度,或者对其他案件固定关键证据、挽回损失、追逃追赃等起到积极作用的。

第二百一十九条　从宽处罚建议一般应当在移送起诉时作为《起诉意见书》内容一并提出,特殊情况下也可以在案件移送后、人民检察院提起公诉前,单独形成从宽处罚建议书移送人民检察院。对于从宽处罚建议所依据的证据材料,应当一并移送人民检察院。

监察机关对于被调查人在调查阶段认罪认罚,但不符合监察法规定的提出从宽处罚建议条件,在移送起诉时没有提出从宽处罚建议的,应当在《起诉意见书》中写明其自愿认罪认罚的情况。

第二百二十条　监察机关一般应当在正式移送起诉十日前,向拟移送的人民检察院采取书面通知等方式预告移送事宜。对于已采取留置措施的案件,发现被调查人因身体等原因存在不适宜羁押等可能影响刑事强制措施执行情形的,应当通报人民检察院。对于未采取留置措施的案件,可以根据案件具体情况,向人民检察院提出对被调查人采取刑事强制措施的建议。

第二百二十一条　监察机关办理的职务犯罪案件移送起诉,需要指定起诉、审判管辖的,应当与同级人民检察院协商有关程序事宜。需要由同级人民检察院的上级人民检察院指定管辖的,应当商请同级人民检察院办理指定管辖事宜。

监察机关一般应当在移送起诉二十日前,将商请指定管辖函送交同级人民检察院。商请指定管辖函应当附案件基本情况,对于被调查人已被其他机关立案侦查的犯罪认为需要并案审查起诉的,一并进行说明。

派驻或者派出的监察机构、监察专员调查的职务犯罪案件需要指定起诉、审判管辖的,应当报派出机关办理指定管辖手续。

第二百二十二条　上级监察机关指定下级监察机关进行调查,移送起诉时需要人民检察院依法指定管辖的,应当在移送起诉前由上级监察机关与同级人民检察院协商有关程序事宜。

第二百二十三条　监察机关对已经移送起诉的职务犯罪案件,发现遗漏被调查人罪行需要补充移送起诉的,应当经审批出具《补充起诉意见书》,连同相关案卷材料、证据等一并移送同级人民检察院。

对于经人民检察院指定管辖的案件需要补充移送起诉的,可以直接移送原受理移送起诉的人民检察院;需要追加犯罪嫌疑人、被告人的,应当再次商请人民检察院办理指定管辖手续。

第二百二十四条　对于涉嫌行贿犯罪、介绍贿赂犯罪或者共同职务犯罪等关联案件的涉案人员,移送起诉时一般应当随主案确定管辖。

主案与关联案件由不同监察机关立案调查的,调查关联案件的监察机关在移送起诉前,应当报告或者通报调查主案的监察机关,由其统一协调案件管辖事宜。因特殊原因,关联案件不宜随主案确定管辖的,调查主案的监察机关应当及时通报和协调有关事项。

第二百二十五条　监察机关对于人民

检察院在审查起诉中书面提出的下列要求应当予以配合：

（一）认为可能存在以非法方法收集证据情形，要求监察机关对证据收集的合法性作出说明或者提供相关证明材料的；

（二）排除非法证据后，要求监察机关另行指派调查人员重新取证的；

（三）对物证、书证、视听资料、电子数据及勘验检查、辨认、调查实验等笔录存在疑问，要求调查人员提供获取、制作的有关情况的；

（四）要求监察机关对案件中某些专门性问题进行鉴定，或者对勘验检查进行复验、复查的；

（五）认为主要犯罪事实已经查清，仍有部分证据需要补充完善，要求监察机关补充提供证据的；

（六）人民检察院依法提出的其他工作要求。

第二百二十六条　监察机关对于人民检察院依法退回补充调查的案件，应当向主要负责人报告，并积极开展补充调查工作。

第二百二十七条　对人民检察院退回补充调查的案件，经审批分别作出下列处理：

（一）认定犯罪事实的证据不够充分的，应当在补充证据后，制作补充调查报告书，连同相关材料一并移送人民检察院审查，对无法补充完善的证据，应当作出书面情况说明，并加盖监察机关或者承办部门公章；

（二）在补充调查中发现新的同案犯或者增加、变更犯罪事实，需要追究刑事责任的，应当重新提出处理意见，移送人民检察院审查；

（三）犯罪事实的认定出现重大变化，认为不应当追究被调查人刑事责任的，应当重新提出处理意见，将处理结果书面通知人民检察院并说明理由；

（四）认为移送起诉的犯罪事实清楚，证据确实、充分的，应当说明理由，移送人民检察院依法审查。

第二百二十八条　人民检察院在审查起诉过程中发现新的职务违法或者职务犯罪问题线索并移送监察机关的，监察机关应当依法处置。

第二百二十九条　在案件审判过程中，人民检察院书面要求监察机关补充提供证据，对证据进行补正、解释，或者协助人民检察院补充侦查的，监察机关应当予以配合。监察机关不能提供有关证据材料的，应当书面说明情况。

人民法院在审判过程中就证据收集合法性问题要求有关调查人员出庭说明情况时，监察机关应当依法予以配合。

第二百三十条　监察机关认为人民检察院不起诉决定有错误的，应当在收到不起诉决定书后三十日以内，依法向其上一级人民检察院提请复议。监察机关应当将上述情况及时向上一级监察机关书面报告。

第二百三十一条　对于监察机关移送起诉的案件，人民检察院作出不起诉决定，人民法院作出无罪判决，或者监察机关经人民检察院退回补充调查后不再移送起诉，涉及对被调查人已生效政务处分事实认定的，监察机关应当依法对政务处分决定进行审核。认为原政务处分决定认定事实清楚、适用法律正确的，不再改变；认为原政务处分决定确有错误或者不当的，依法予以撤销或者变更。

第二百三十二条　对于贪污贿赂、失职渎职等职务犯罪案件，被调查人逃匿，在通缉一年后不能到案，或者被调查人死亡，依法应当追缴其违法所得及其他涉案财产的，承办部门在调查终结后应当依法移送审理。

监察机关应当经集体审议，出具《没收违法所得意见书》，连同案卷材料、证据等，一并移送人民检察院依法提出没收违法所得的申请。

监察机关将《没收违法所得意见书》移送人民检察院后，在逃的被调查人自动投案或者被抓获的，监察机关应当及时通知人民检察院。

第二百三十三条 监察机关立案调查拟适用缺席审判程序的贪污贿赂犯罪案件，应当逐级报送国家监察委员会同意。

监察机关承办部门认为在境外的被调查人犯罪事实已经查清，证据确实、充分，依法应当追究刑事责任的，应当依法移送审理。

监察机关应当经集体审议，出具《起诉意见书》，连同案卷材料、证据等，一并移送人民检察院审查起诉。

在审查起诉或者缺席审判过程中，犯罪嫌疑人、被告人向监察机关自动投案或者被抓获的，监察机关应当立即通知人民检察院、人民法院。

第六章　反腐败国际合作

第一节　工作职责和领导体制

第二百三十四条 国家监察委员会统筹协调与其他国家、地区、国际组织开展反腐败国际交流、合作。

国家监察委员会组织《联合国反腐败公约》等反腐败国际条约的实施以及履约审议等工作，承担《联合国反腐败公约》司法协助中央机关有关工作。

国家监察委员会组织协调有关单位建立集中统一、高效顺畅的反腐败国际追逃追赃和防逃协调机制，统筹协调、督促指导各级监察机关反腐败国际追逃追赃等涉外案件办理工作，具体履行下列职责：

（一）制定反腐败国际追逃追赃和防逃工作计划，研究工作中的重要问题；

（二）组织协调反腐败国际追逃追赃等重大涉外案件办理工作；

（三）办理由国家监察委员会管辖的涉外案件；

（四）指导地方各级监察机关依法开展涉外案件办理工作；

（五）汇总和通报全国职务犯罪外逃案件信息和追逃追赃工作信息；

（六）建立健全反腐败国际追逃追赃和防逃合作网络；

（七）承担监察机关开展国际刑事司法协助的主管机关职责；

（八）承担其他与反腐败国际追逃追赃等涉外案件办理工作相关的职责。

第二百三十五条 地方各级监察机关在国家监察委员会领导下，统筹协调、督促指导本地区反腐败国际追逃追赃等涉外案件办理工作，具体履行下列职责：

（一）落实上级监察机关关于反腐败国际追逃追赃和防逃工作部署，制定工作计划；

（二）按照管辖权限或者上级监察机关指定管辖，办理涉外案件；

（三）按照上级监察机关要求，协助配合其他监察机关开展涉外案件办理工作；

（四）汇总和通报本地区职务犯罪外逃案件信息和追逃追赃工作信息；

（五）承担本地区其他与反腐败国际追逃追赃等涉外案件办理工作相关的职责。

省级监察委员会应当会同有关单位，建立健全本地区反腐败国际追逃追赃和防逃协调机制。

国家监察委员会派驻或者派出的监察机构、监察专员统筹协调、督促指导本部门反腐败国际追逃追赃等涉外案件办理工作,参照第一款规定执行。

第二百三十六条　国家监察委员会国际合作局归口管理监察机关反腐败国际追逃追赃等涉外案件办理工作。地方各级监察委员会应当明确专责部门,归口管理本地区涉外案件办理工作。

国家监察委员会派驻或者派出的监察机构、监察专员和地方各级监察机关办理涉外案件中有关执法司法国际合作事项,应当逐级报送国家监察委员会审批。由国家监察委员会依法直接或者协调有关单位与有关国家(地区)相关机构沟通,以双方认可的方式实施。

第二百三十七条　监察机关应当建立追逃追赃和防逃工作内部联络机制。承办部门在调查过程中,发现被调查人或者重要涉案人员外逃、违法所得及其他涉案财产被转移到境外的,可以请追逃追赃部门提供工作协助。监察机关将案件移送人民检察院审查起诉后,仍有重要涉案人员外逃或者未追缴的违法所得及其他涉案财产的,应当由追逃追赃部门继续办理,或者由追逃追赃部门指定协调有关单位办理。

第二节　国(境)内工作

第二百三十八条　监察机关应当将防逃工作纳入日常监督内容,督促相关机关、单位建立健全防逃责任机制。

监察机关在监督、调查工作中,应当根据情况制定对监察对象、重要涉案人员的防逃方案,防范人员外逃和资金外流风险。监察机关应当会同同级组织人事、外事、公安、移民管理等单位健全防逃预警机制,对存在外逃风险的监察对象早发现、早报告、早处置。

第二百三十九条　监察机关应当加强与同级人民银行、公安等单位的沟通协作,推动预防、打击利用离岸公司和地下钱庄等向境外转移违法所得及其他涉案财产,对涉及职务违法和职务犯罪的行为依法进行调查。

第二百四十条　国家监察委员会派驻或者派出的监察机构、监察专员和地方各级监察委员会发现监察对象出逃、失踪、出走,或者违法所得及其他涉案财产被转移至境外的,应当在二十四小时以内将有关信息逐级报送至国家监察委员会国际合作局,并迅速开展相关工作。

第二百四十一条　监察机关追逃追赃部门统一接收巡视巡察机构、审计机关、行政执法部门、司法机关等单位移交的外逃信息。

监察机关对涉嫌职务违法和职务犯罪的外逃人员,应当明确承办部门,建立案件档案。

第二百四十二条　监察机关应当依法全面收集外逃人员涉嫌职务违法和职务犯罪证据。

第二百四十三条　开展反腐败国际追逃追赃等涉外案件办理工作,应当把思想教育贯穿始终,落实宽严相济刑事政策,依法适用认罪认罚从宽制度,促使外逃人员回国投案或者配合调查、主动退赃。开展相关工作,应当尊重所在国家(地区)的法律规定。

第二百四十四条　外逃人员归案、违法所得及其他涉案财产被追缴后,承办案件的监察机关应当将情况逐级报送国家监察委员会国际合作局。监察机关应当依法对涉案人员和违法所得及其他涉案财产作出处置,或者请有关单位依法处置。对不需要继续采取相关措施的,应当及时解除或者撤销。

第三节　对外合作

第二百四十五条　监察机关对依法应

当留置或者已经决定留置的外逃人员,需要申请发布国际刑警组织红色通报的,应当逐级报送国家监察委员会审核。国家监察委员会审核后,依法通过公安部向国际刑警组织提出申请。

需要延期、暂停、撤销红色通报的,申请发布红色通报的监察机关应当逐级报送国家监察委员会审核,由国家监察委员会依法通过公安部联系国际刑警组织办理。

第二百四十六条　地方各级监察机关通过引渡方式办理相关涉外案件的,应当按照引渡法、相关双边及多边国际条约等规定准备引渡请求书及相关材料,逐级报送国家监察委员会审核。由国家监察委员会依法通过外交等渠道向外国提出引渡请求。

第二百四十七条　地方各级监察机关通过刑事司法协助方式办理相关涉外案件的,应当按照国际刑事司法协助法、相关双边及多边国际条约等规定准备刑事司法协助请求书及相关材料,逐级报送国家监察委员会审核。由国家监察委员会依法直接或者通过对外联系机关等渠道,向外国提出刑事司法协助请求。

国家监察委员会收到外国提出的刑事司法协助请求书及所附材料,经审查认为符合有关规定的,作出决定并交由省级监察机关执行,或者转交其他有关主管机关。省级监察机关应当立即执行,或者交由下级监察机关执行,并将执行结果或者妨碍执行的情形及时报送国家监察委员会。在执行过程中,需要依法采取查询、调取、查封、扣押、冻结等措施或者需要返还涉案财物的,根据我国法律规定和国家监察委员会的执行决定办理有关法律手续。

第二百四十八条　地方各级监察机关通过执法合作方式办理相关涉外案件的,应当将合作事项及相关材料逐级报送国家监察委员会审核。由国家监察委员会依法直接或者协调有关单位,向有关国家(地区)相关机构提交并开展合作。

第二百四十九条　地方各级监察机关通过境外追诉方式办理相关涉外案件的,应当提供外逃人员相关违法线索和证据,逐级报送国家监察委员会审核。由国家监察委员会依法直接或者协调有关单位向有关国家(地区)相关机构提交,请其依法对外逃人员调查、起诉和审判,并商有关国家(地区)遣返外逃人员。

第二百五十条　监察机关对依法应当追缴的境外违法所得及其他涉案财产,应当责令涉案人员以合法方式退赔。涉案人员拒不退赔的,可以依法通过下列方式追缴:

(一)在开展引渡等追逃合作时,随附请求有关国家(地区)移交相关违法所得及其他涉案财产;

(二)依法启动违法所得没收程序,由人民法院对相关违法所得及其他涉案财产作出冻结、没收裁定,请有关国家(地区)承认和执行,并予以返还;

(三)请有关国家(地区)依法追缴相关违法所得及其他涉案财产,并予以返还;

(四)通过其他合法方式追缴。

第七章　对监察机关和监察人员的监督

第二百五十一条　监察机关和监察人员必须自觉坚持党的领导,在党组织的管理、监督下开展工作,依法接受本级人民代表大会及其常务委员会的监督,接受民主监督、司法监督、社会监督、舆论监督,加强内部监督制约机制建设,确保权力受到严格的约束和监督。

第二百五十二条　各级监察委员会应当按照监察法第五十三条第二款规定,由主任在本级人民代表大会常务委员会全体会议上报告专项工作。

在报告专项工作前,应当与本级人民代表大会有关专门委员会沟通协商,并配合开展调查研究等工作。各级人民代表大会常务委员会审议专项工作报告时,本级监察委员会应当根据要求派出领导成员列席相关会议,听取意见。

各级监察委员会应当认真研究办理本级人民代表大会常务委员会反馈的审议意见,并按照要求书面报告办理情况。

第二百五十三条　各级监察委员会应当积极接受、配合本级人民代表大会常务委员会组织的执法检查。对本级人民代表大会常务委员会的执法检查报告,应当认真研究处理,并向其报告处理情况。

第二百五十四条　各级监察委员会在本级人民代表大会常务委员会会议审议与监察工作有关的议案和报告时,应当派相关负责人到会听取意见,回答询问。

监察机关对依法交由监察机关答复的质询案应当按照要求进行答复。口头答复的,由监察机关主要负责人或者委派相关负责人到会答复。书面答复的,由监察机关主要负责人签署。

第二百五十五条　各级监察机关应当通过互联网政务媒体、报刊、广播、电视等途径,向社会及时准确公开下列监察工作信息：

（一）监察法规；

（二）依法应当向社会公开的案件调查信息；

（三）检举控告地址、电话、网站等信息；

（四）其他依法应当公开的信息。

第二百五十六条　各级监察机关可以根据工作需要,按程序选聘特约监察员履行监督、咨询等职责。特约监察员名单应当向社会公布。

监察机关应当为特约监察员依法开展工作提供必要条件和便利。

第二百五十七条　监察机关实行严格的人员准入制度,严把政治关、品行关、能力关、作风关、廉洁关。监察人员必须忠诚坚定、担当尽责、遵纪守法、清正廉洁。

第二百五十八条　监察机关应当建立监督检查、调查、案件监督管理、案件审理等部门相互协调制约的工作机制。

监督检查和调查部门实行分工协作、相互制约。监督检查部门主要负责联系地区、部门、单位的日常监督检查和对涉嫌一般违法问题线索处置。调查部门主要负责对涉嫌严重职务违法和职务犯罪问题线索进行初步核实和立案调查。

案件监督管理部门负责对监督检查、调查工作全过程进行监督管理,做好线索管理、组织协调、监督检查、督促办理、统计分析等工作。案件监督管理部门发现监察人员在监督检查、调查中有违规办案行为的,及时督促整改;涉嫌违纪违法的,根据管理权限移交相关部门处理。

第二百五十九条　监察机关应当对监察权运行关键环节进行经常性监督检查,适时开展专项督查。案件监督管理、案件审理等部门应当按照各自职责,对问题线索处置、调查措施使用、涉案财物管理等进行监督检查,建立常态化、全覆盖的案件质量评查机制。

第二百六十条　监察机关应当加强对监察人员执行职务和遵纪守法情况的监督,按照管理权限依法对监察人员涉嫌违法犯罪问题进行调查处置。

第二百六十一条　监察机关及其监督检查、调查部门负责人应当定期检查调查期间的录音录像、谈话笔录、涉案财物登记资料,加强对调查全过程的监督,发现问题及时纠正并报告。

第二百六十二条　对监察人员打听案

情、过问案件、说情干预的，办理监察事项的监察人员应当及时向上级负责人报告。有关情况应当登记备案。

发现办理监察事项的监察人员未经批准接触被调查人、涉案人员及其特定关系人，或者存在交往情形的，知情的监察人员应当及时向上级负责人报告。有关情况应当登记备案。

第二百六十三条 办理监察事项的监察人员有监察法第五十八条所列情形之一的，应当自行提出回避；没有自行提出回避的，监察机关应当依法决定其回避，监察对象、检举人及其他有关人员也有权要求其回避。

选用借调人员、看护人员、调查场所，应当严格执行回避制度。

第二百六十四条 监察人员自行提出回避，或者监察对象、检举人及其他有关人员要求监察人员回避的，应当书面或者口头提出，并说明理由。口头提出的，应当形成记录。

监察机关主要负责人的回避，由上级监察机关主要负责人决定；其他监察人员的回避，由本级监察机关主要负责人决定。

第二百六十五条 上级监察机关应当通过专项检查、业务考评、开展复查等方式，强化对下级监察机关及监察人员执行职务和遵纪守法情况的监督。

第二百六十六条 监察机关应当对监察人员有计划地进行政治、理论和业务培训。培训应当坚持理论联系实际、按需施教、讲求实效，突出政治机关特色，建设高素质专业化监察队伍。

第二百六十七条 监察机关应当严格执行保密制度，控制监察事项知悉范围和时间。监察人员不准私自留存、隐匿、查阅、摘抄、复制、携带问题线索和涉案资料，严禁泄露监察工作秘密。

监察机关应当建立健全检举控告保密制度，对检举控告人的姓名（单位名称）、工作单位、住址、电话和邮箱等有关情况以及检举控告内容必须严格保密。

第二百六十八条 监察机关涉密人员离岗离职后，应当遵守脱密期管理规定，严格履行保密义务，不得泄露相关秘密。

第二百六十九条 监察人员离任三年以内，不得从事与监察和司法工作相关联且可能发生利益冲突的职业。

监察人员离任后，不得担任原任职监察机关办理案件的诉讼代理人或者辩护人，但是作为当事人的监护人或者近亲属代理诉讼或者进行辩护的除外。

第二百七十条 监察人员应当严格遵守有关规范领导干部配偶、子女及其配偶经商办企业行为的规定。

第二百七十一条 监察机关在履行职责过程中应当依法保护企业产权和自主经营权，严禁利用职权非法干扰企业生产经营。需要企业经营者协助调查的，应当依法保障其合法的人身、财产等权益，避免或者减少对涉案企业正常生产、经营活动的影响。

查封企业厂房、机器设备等生产资料，企业继续使用对该财产价值无重大影响的，可以允许其使用。对于正在运营或者正在用于科技创新、产品研发的设备和技术资料等，一般不予查封、扣押，确需调取违法犯罪证据的，可以采取拍照、复制等方式。

第二百七十二条 被调查人及其近亲属认为监察机关及监察人员存在监察法第六十条第一款规定的有关情形，向监察机关提出申诉的，由监察机关案件监督管理部门依法受理，并按照法定的程序和时限办理。

第二百七十三条 监察机关在维护监督执法调查工作纪律方面失职失责的，依法追究责任。监察人员涉嫌严重职务违法、职务犯罪或者对案件处置出现重大失误的,既应当追究直接责任,还应当严肃追究负有责任的领导人员责任。

监察机关应当建立办案质量责任制,对滥用职权、失职失责造成严重后果的,实行终身责任追究。

第八章 法律责任

第二百七十四条 有关单位拒不执行监察机关依法作出的下列处理决定的,应当由其主管部门、上级机关责令改正,对单位给予通报批评,对负有责任的领导人员和直接责任人员依法给予处理:

(一)政务处分决定;

(二)问责决定;

(三)谈话提醒、批评教育、责令检查,或者予以诫勉的决定;

(四)采取调查措施的决定;

(五)复审、复核决定;

(六)监察机关依法作出的其他处理决定。

第二百七十五条 监察对象对控告人、申诉人、批评人、检举人、证人、监察人员进行打击、压制等报复陷害的,监察机关应当依法给予政务处分。构成犯罪的,依法追究刑事责任。

第二百七十六条 控告人、检举人、证人采取捏造事实、伪造材料等方式诬告陷害的,监察机关应当依法给予政务处分,或者移送有关机关处理。构成犯罪的,依法追究刑事责任。

监察人员因依法履行职责遭受不实举报、诬告陷害、侮辱诽谤,致使名誉受到损害的,监察机关应当会同有关部门及时澄清事实,消除不良影响,并依法追究相关单位或者个人的责任。

第二百七十七条 监察机关应当建立健全办案安全责任制。承办部门主要负责人和调查组组长是调查安全第一责任人。调查组应当指定专人担任安全员。

地方各级监察机关履行管理、监督职责不力发生严重办案安全事故的,或者办案中存在严重违规违纪违法行为的,省级监察机关主要负责人应当向国家监察委员会作出检讨,并予以通报、严肃追责问责。

案件监督管理部门应当对办案安全责任落实情况组织经常性检查和不定期抽查,发现问题及时报告并督促整改。

第二百七十八条 监察人员在履行职责中有下列行为之一的,依法严肃处理;构成犯罪的,依法追究刑事责任:

(一)贪污贿赂、徇私舞弊的;

(二)不履行或者不正确履行监督职责,应当发现的问题没有发现,或者发现问题不报告、不处置,造成严重影响的;

(三)未经批准、授权处置问题线索,发现重大案情隐瞒不报,或者私自留存、处理涉案材料的;

(四)利用职权或者职务上的影响干预调查工作的;

(五)违法窃取、泄露调查工作信息,或者泄露举报事项、举报受理情况以及举报人信息的;

(六)对被调查人或者涉案人员逼供、诱供,或者侮辱、打骂、虐待、体罚或者变相体罚的;

(七)违反规定处置查封、扣押、冻结的财物的;

(八)违反规定导致发生办案安全事故,或者发生安全事故后隐瞒不报、报告失实、处置不当的;

(九)违反规定采取留置措施的;

(十)违反规定限制他人出境,或者不按规定解除出境限制的;

(十一)其他职务违法和职务犯罪

行为。

第二百七十九条 对监察人员在履行职责中存在违法行为的，可以根据情节轻重，依法进行谈话提醒、批评教育、责令检查、诫勉，或者给予政务处分。构成犯罪的，依法追究刑事责任。

第二百八十条 监察机关及其工作人员在行使职权时，有下列情形之一的，受害人可以申请国家赔偿：

（一）采取留置措施后，决定撤销案件的；

（二）违法没收、追缴或者违法查封、扣押、冻结财物造成损害的；

（三）违法行使职权，造成被调查人、涉案人员或者证人身体伤害或者死亡的；

（四）非法剥夺他人人身自由的；

（五）其他侵犯公民、法人和其他组织合法权益造成损害的。

受害人死亡的，其继承人和其他有扶养关系的亲属有权要求赔偿；受害的法人或者其他组织终止的，其权利承受人有权要求赔偿。

第二百八十一条 监察机关及其工作人员违法行使职权侵犯公民、法人和其他组织的合法权益造成损害的，该机关为赔偿义务机关。申请赔偿应当向赔偿义务机关提出，由该机关负责复审复核工作的部门受理。

赔偿以支付赔偿金为主要方式。能够返还财产或者恢复原状的，予以返还财产或者恢复原状。

第九章 附 则

第二百八十二条 本条例所称监察机关，包括各级监察委员会及其派驻或者派出监察机构、监察专员。

第二百八十三条 本条例所称"近亲属"，是指夫、妻、父、母、子、女、同胞兄弟姊妹。

第二百八十四条 本条例所称以上、以下、以内，包括本级、本数。

第二百八十五条 期间以时、日、月、年计算，期间开始的时和日不算在期间以内。本条例另有规定的除外。

按照年、月计算期间的，到期月的对应日为期间的最后一日；没有对应日的，月末日为期间的最后一日。

期间的最后一日是法定休假日的，以法定休假日结束的次日为期间的最后一日。但被调查人留置期间应当至到期之日为止，不得因法定休假日而延长。

第二百八十六条 本条例由国家监察委员会负责解释。

第二百八十七条 本条例自发布之日起施行。

信访工作条例

（2022年1月24日中共中央政治局会议审议批准 2022年2月25日中共中央、国务院发布）

第一章 总 则

第一条 为了坚持和加强党对信访工作的全面领导，做好新时代信访工作，保持党和政府同人民群众的密切联系，制定本条例。

第二条 本条例适用于各级党的机关、人大机关、行政机关、政协机关、监察机关、审判机关、检察机关以及群团组织、国有企事业单位等开展信访工作。

第三条 信访工作是党的群众工作的重要组成部分，是党和政府了解民情、集中民智、维护民利、凝聚民心的一项重要工作，是各级机关、单位及其领导干部、工作人员接受群众监督、改进工作作风的重要途径。

第四条 信访工作坚持以马克思列宁主义、毛泽东思想、邓小平理论、"三个代表"重要思想、科学发展观、习近平新时代中国特色社会主义思想为指导，贯彻落实习近平总书记关于加强和改进人民信访工作的重要思想，增强"四个意识"、坚定"四个自信"、做到"两个维护"，牢记为民解难、为党分忧的政治责任，坚守人民情怀，坚持底线思维、法治思维，服务党和国家工作大局，维护群众合法权益，化解信访突出问题，促进社会和谐稳定。

第五条 信访工作应当遵循下列原则：

（一）坚持党的全面领导。把党的领导贯彻到信访工作各方面和全过程，确保正确政治方向。

（二）坚持以人民为中心。践行党的群众路线，倾听群众呼声，关心群众疾苦，千方百计为群众排忧解难。

（三）坚持落实信访工作责任。党政同责、一岗双责、属地管理、分级负责，谁主管、谁负责。

（四）坚持依法按政策解决问题。将信访纳入法治化轨道，依法维护群众权益、规范信访秩序。

（五）坚持源头治理化解矛盾。多措并举、综合施策，着力点放在源头预防和前端化解，把可能引发信访问题的矛盾纠纷化解在基层、化解在萌芽状态。

第六条 各级机关、单位应当畅通信访渠道，做好信访工作，认真处理信访事项，倾听人民群众建议、意见和要求，接受人民群众监督，为人民群众服务。

第二章 信访工作体制

第七条 坚持和加强党对信访工作的全面领导，构建党委统一领导、政府组织落实、信访工作联席会议协调、信访部门推动、各方齐抓共管的信访工作格局。

第八条 党中央加强对信访工作的统一领导：

（一）强化政治引领，确立信访工作的政治方向和政治原则，严明政治纪律和政治规矩；

（二）制定信访工作方针政策，研究部署信访工作中事关党和国家工作大局、社会和谐稳定、群众权益保障的重大改革措施；

（三）领导建设一支对党忠诚可靠、恪守为民之责、善做群众工作的高素质专业化信访工作队伍，为信访工作提供组织保证。

第九条 地方党委领导本地区信访工作，贯彻落实党中央关于信访工作的方针政策和决策部署，执行上级党组织关于信访工作的部署要求，统筹信访工作责任体系构建，支持和督促下级党组织做好信访工作。

地方党委常委会应当定期听取信访工作汇报，分析形势，部署任务，研究重大事项，解决突出问题。

第十条 各级政府贯彻落实上级党委和政府以及本级党委关于信访工作的部署要求，科学民主决策、依法履行职责，组织各方力量加强矛盾纠纷排查化解，及时妥善处理信访事项，研究解决政策性、群体性信访突出问题和疑难复杂信访问题。

第十一条 中央信访工作联席会议在党中央、国务院领导下，负责全国信访工作的统筹协调、整体推进、督促落实，履行下列职责：

（一）研究分析全国信访形势，为中央决策提供参考；

（二）督促落实党中央关于信访工作的方针政策和决策部署；

（三）研究信访制度改革和信访法治化建设重大问题和事项；

（四）研究部署重点工作任务，协调指导解决具有普遍性的信访突出问题；

（五）领导组织信访工作责任制落实、督导考核等工作；

（六）指导地方各级信访工作联席会议工作；

（七）承担党中央、国务院交办的其他事项。

中央信访工作联席会议由党中央、国务院领导同志以及有关部门负责同志担任召集人，各成员单位负责同志参加。中央信访工作联席会议办公室设在国家信访局，承担联席会议的日常工作，督促检查联席会议议定事项的落实。

第十二条　中央信访工作联席会议根据工作需要召开全体会议或者工作会议。研究涉及信访工作改革发展的重大问题和重要信访事项的处理意见，应当及时向党中央、国务院请示报告。

中央信访工作联席会议各成员单位应当落实联席会议确定的工作任务和议定事项，及时报送落实情况；及时将本领域重大敏感信访问题提请联席会议研究。

第十三条　地方各级信访工作联席会议在本级党委和政府领导下，负责本地区信访工作的统筹协调、整体推进、督促落实，协调处理发生在本地区的重要信访问题，指导下级信访工作联席会议工作。联席会议召集人一般由党委和政府负责同志担任。

地方党委和政府应当根据信访工作形势任务，及时调整成员单位，健全规章制度，建立健全信访信息分析研判、重大信访问题协调处理、联合督查等工作机制，提升联席会议工作的科学化、制度化、规范化水平。

根据工作需要，乡镇党委和政府、街道党工委和办事处可以建立信访工作联席会议机制，或者明确党政联席会定期研究本地区信访工作，协调处理发生在本地区的重要信访问题。

第十四条　各级党委和政府信访部门是开展信访工作的专门机构，履行下列职责：

（一）受理、转送、交办信访事项；

（二）协调解决重要信访问题；

（三）督促检查重要信访事项的处理和落实；

（四）综合反映信访信息，分析研判信访形势，为党委和政府提供决策参考；

（五）指导本级其他机关、单位和下级的信访工作；

（六）提出改进工作、完善政策和追究责任的建议；

（七）承担本级党委和政府交办的其他事项。

各级党委和政府信访部门以外的其他机关、单位应当根据信访工作形势任务，明确负责信访工作的机构或者人员，参照党委和政府信访部门职责，明确相应的职责。

第十五条　各级党委和政府以外的其他机关、单位应当做好各自职责范围内的信访工作，按照规定及时受理办理信访事项，预防和化解政策性、群体性信访问题，加强对下级机关、单位信访工作的指导。

各级机关、单位应当拓宽社会力量参与信访工作的制度化渠道，发挥群团组织、社会组织和"两代表一委员"、社会工作者等作用，反映群众意见和要求，引导群众依法理性反映诉求、维护权益，推动矛盾纠纷及时有效化解。

乡镇党委和政府、街道党工委和办事处以及村（社区）"两委"应当全面发挥职能作用，坚持和发展新时代"枫桥经验"，积极协调处理化解发生在当地的信访事项和矛盾纠纷，努力做到小事不出村、大事不出镇、矛盾不上交。

第十六条 各级党委和政府应当加强信访部门建设，选优配强领导班子，配备与形势任务相适应的工作力量，建立健全信访督查专员制度，打造高素质专业化信访干部队伍。各级党委和政府信访部门主要负责同志应当由本级党委或者政府副秘书长〔办公厅（室）副主任〕兼任。

各级党校（行政学院）应当将信访工作作为党性教育内容纳入教学培训，加强干部教育培训。

各级机关、单位应当建立健全年轻干部和新录用干部到信访工作岗位锻炼制度。

各级党委和政府应当为信访工作提供必要的支持和保障，所需经费列入本级预算。

第三章 信访事项的提出和受理

第十七条 公民、法人或者其他组织可以采用信息网络、书信、电话、传真、走访等形式，向各级机关、单位反映情况，提出建议、意见或者投诉请求，有关机关、单位应当依规依法处理。

采用前款规定的形式，反映情况，提出建议、意见或者投诉请求的公民、法人或者其他组织，称信访人。

第十八条 各级机关、单位应当向社会公布网络信访渠道、通信地址、咨询投诉电话、信访接待的时间和地点、查询信访事项处理进展以及结果的方式等相关事项，在其信访接待场所或者网站公布与信访工作有关的党内法规和法律、法规、规章，信访事项的处理程序，以及其他为信访人提供便利的相关事项。

各级机关、单位领导干部应当阅办群众来信和网上信访、定期接待群众来访、定期下访，包案化解群众反映强烈的突出问题。

市、县级党委和政府应当建立和完善联合接访工作机制，根据工作需要组织有关机关、单位联合接待，一站式解决信访问题。

任何组织和个人不得打击报复信访人。

第十九条 信访人一般应当采用书面形式提出信访事项，并载明其姓名（名称）、住址和请求、事实、理由。对采用口头形式提出的信访事项，有关机关、单位应当如实记录。

信访人提出信访事项，应当客观真实，对其所提供材料内容的真实性负责，不得捏造、歪曲事实，不得诬告、陷害他人。

信访事项已经受理或者正在办理的，信访人在规定期限内向受理、办理机关、单位的上级机关、单位又提出同一信访事项的，上级机关、单位不予受理。

第二十条 信访人采用走访形式提出信访事项的，应当到有权处理的本级或者上一级机关、单位设立或者指定的接待场所提出。

信访人采用走访形式提出涉及诉讼权利救济的信访事项，应当按照法律法规规定的程序向有关政法部门提出。

多人采用走访形式提出共同的信访事项的，应当推选代表，代表人数不得超过5人。

各级机关、单位应当落实属地责任，认真接待处理群众来访，把问题解决在当地，引导信访人就地反映问题。

第二十一条 各级党委和政府应当加强信访工作信息化、智能化建设，依规依法有序推进信访信息系统互联互通、信息共享。

各级机关、单位应当及时将信访事项录入信访信息系统，使网上信访、来信、来访、来电在网上流转，方便信访人查询、评价信访事项办理情况。

第二十二条 各级党委和政府信访部门收到信访事项，应当予以登记，并区分情况，在15日内分别按照下列方式处理：

（一）对依照职责属于本级机关、单位或者其工作部门处理决定的，应当转送有权处理的机关、单位；情况重大、紧急的，应当及时提出建议，报请本级党委和政府决定。

（二）涉及下级机关、单位或者其工作人员的，按照"属地管理、分级负责，谁主管、谁负责"的原则，转送有权处理的机关、单位。

（三）对转送信访事项中的重要情况需要反馈办理结果的，可以交由有权处理的机关、单位办理，要求其在指定办理期限内反馈结果，提交办结报告。

各级党委和政府信访部门对收到的涉法涉诉信件，应当转送同级政法部门依法处理；对走访反映涉诉问题的信访人，应当释法明理，引导其向有关政法部门反映问题。对属于纪检监察机关受理的检举控告类信访事项，应当按照管理权限转送有关纪检监察机关依规依纪依法处理。

第二十三条 党委和政府信访部门以外的其他机关、单位收到信访人直接提出的信访事项，应当予以登记；对属于本机关、单位职权范围的，应当告知信访人接收情况以及处理途径和程序；对属于本系统下级机关、单位职权范围的，应当转送、交办有权处理的机关、单位，并告知信访人转送、交办去向；对不属于本机关、单位或者本系统职权范围的，应当告知信访人向有权处理的机关、单位提出。

对信访人直接提出的信访事项，有关机关、单位能够当场告知的，应当当场书面告知；不能当场告知的，应当自收到信访事项之日起15日内书面告知信访人，但信访人的姓名（名称）、住址不清的除外。

对党委和政府信访部门或者本系统上级机关、单位转送、交办的信访事项，属于本机关、单位职权范围的，有关机关、单位应当自收到之日起15日内书面告知信访人接收情况以及处理途径和程序；不属于本机关、单位或者本系统职权范围的，有关机关、单位应当自收到之日起5个工作日内提出异议，并详细说明理由，经转送、交办的信访部门或者上级机关、单位核实同意后，交还相关材料。

政法部门处理涉及诉讼权利救济事项、纪检监察机关处理检举控告事项的告知按照有关规定执行。

第二十四条 涉及两个或者两个以上机关、单位的信访事项，由所涉及的机关、单位协商受理；受理有争议的，由其共同的上一级机关、单位决定受理机关；受理有争议且没有共同的上一级机关、单位的，由共同的信访工作联席会议协调处理。

应当对信访事项作出处理的机关、单位分立、合并、撤销的，由继续行使其职权的机关、单位受理；职责不清的，由本级党委和政府或者其指定的机关、单位受理。

第二十五条 各级机关、单位对可能造成社会影响的重大、紧急信访事项和信访信息，应当及时报告本级党委和政府，通报相关主管部门和本级信访工作联席会议办公室，在职责范围内依法及时采取措施，防止不良影响的产生、扩大。

地方各级党委和政府信访部门接到重大、紧急信访事项和信访信息，应当向上一级信访部门报告，同时报告国家信访局。

第二十六条 信访人在信访过程中应当遵守法律、法规，不得损害国家、社会、集体的利益和其他公民的合法权利，自觉维护社会公共秩序和信访秩序，不得有下列行为：

（一）在机关、单位办公场所周围、公共

场所非法聚集,围堵、冲击机关、单位,拦截公务车辆,或者堵塞、阻断交通;

(二)携带危险物品、管制器具;

(三)侮辱、殴打、威胁机关、单位工作人员,非法限制他人人身自由,或者毁坏财物;

(四)在信访接待场所滞留、滋事,或者将生活不能自理的人弃留在信访接待场所;

(五)煽动、串联、胁迫、以财物诱使、幕后操纵他人信访,或者以信访为名借机敛财;

(六)其他扰乱公共秩序、妨害国家和公共安全的行为。

第四章 信访事项的办理

第二十七条 各级机关、单位及其工作人员应当根据各自职责和有关规定,按照诉求合理的解决问题到位、诉求无理的思想教育到位、生活困难的帮扶救助到位、行为违法的依法处理的要求,依法按政策及时就地解决群众合法合理诉求,维护正常信访秩序。

第二十八条 各级机关、单位及其工作人员办理信访事项,应当恪尽职守、秉公办事,查明事实、分清责任,加强教育疏导,及时妥善处理,不得推诿、敷衍、拖延。

各级机关、单位应当按照诉讼与信访分离制度要求,将涉及民事、行政、刑事等诉讼权利救济的信访事项从普通信访体制中分离出来,由有关政法部门依法处理。

各级机关、单位工作人员与信访事项或者信访人有直接利害关系的,应当回避。

第二十九条 对信访人反映的情况、提出的建议意见类事项,有权处理的机关、单位应当认真研究论证。对科学合理、具有现实可行性的,应当采纳或者部分采纳,并予以回复。

信访人反映的情况、提出的建议意见,对国民经济和社会发展或者对改进工作以及保护社会公共利益有贡献的,应当按照有关规定给予奖励。

各级党委和政府应当健全人民建议征集制度,对涉及国计民生的重要工作,主动听取群众的建议意见。

第三十条 对信访人提出的检举控告类事项,纪检监察机关或者有权处理的机关、单位应当依规依纪依法接收、受理、办理和反馈。

党委和政府信访部门应当按照干部管理权限向组织(人事)部门通报反映干部问题的信访情况,重大情况向党委主要负责同志和分管组织(人事)工作的负责同志报送。组织(人事)部门应当按照干部选拔任用监督的有关规定进行办理。

不得将信访人的检举、揭发材料以及有关情况透露或者转给被检举、揭发的人员或者单位。

第三十一条 对信访人提出的申诉求决类事项,有权处理的机关、单位应当区分情况,分别按照下列方式办理:

(一)应当通过审判机关诉讼程序或者复议程序、检察机关刑事立案程序或者法律监督程序、公安机关法律程序处理的,涉法涉诉信访事项未依法终结的,按照法律法规规定的程序处理。

(二)应当通过仲裁解决的,导入相应程序处理。

(三)可以通过党员申诉、申请复审等解决的,导入相应程序处理。

(四)可以通过行政复议、行政裁决、行政确认、行政许可、行政处罚等行政程序解决的,导入相应程序处理。

(五)属于申请查处违法行为、履行保护人身权或者财产权等合法权益职责的,依法履行或者答复。

(六)不属于以上情形的,应当听取信

访人陈述事实和理由,并调查核实,出具信访处理意见书。对重大、复杂、疑难的信访事项,可以举行听证。

第三十二条 信访处理意见书应当载明信访人投诉请求、事实和理由、处理意见及其法律法规依据:

(一)请求事实清楚,符合法律、法规、规章或者其他有关规定的,予以支持;

(二)请求事由合理但缺乏法律依据的,应当作出解释说明;

(三)请求缺乏事实根据或者不符合法律、法规、规章或者其他有关规定的,不予支持。

有权处理的机关、单位作出支持信访请求意见的,应当督促有关机关、单位执行;不予支持的,应当做好信访人的疏导教育工作。

第三十三条 各级机关、单位在处理申诉求决类事项过程中,可以在不违反政策法规强制性规定的情况下,在裁量权范围内,经争议双方当事人同意进行调解;可以引导争议双方当事人自愿和解。经调解、和解达成一致意见的,应当制作调解协议书或者和解协议书。

第三十四条 对本条例第三十一条第六项规定的信访事项应当自受理之日起60日内办结;情况复杂的,经本机关、单位负责人批准,可以适当延长办理期限,但延长期限不得超过30日,并告知信访人延期理由。

第三十五条 信访人对信访处理意见不服的,可以自收到书面答复之日起30日内请求原办理机关、单位的上一级机关、单位复查。收到复查请求的机关、单位应当自收到复查请求之日起30日内提出复查意见,并予以书面答复。

第三十六条 信访人对复查意见不服的,可以自收到书面答复之日起30日内向复查机关、单位的上一级机关、单位请求复核。收到复核请求的机关、单位应当自收到复核请求之日起30日内提出复核意见。

复核机关、单位可以按照本条例第三十一条第六项的规定举行听证,经过听证的复核意见可以依法向社会公示。听证所需时间不计算在前款规定的期限内。

信访人对复核意见不服,仍然以同一事实和理由提出投诉请求的,各级党委和政府信访部门和其他机关、单位不再受理。

第三十七条 各级机关、单位应当坚持社会矛盾纠纷多元预防调处化解,人民调解、行政调解、司法调解联动,综合运用法律、政策、经济、行政等手段和教育、协商、疏导等办法,多措并举化解矛盾纠纷。

各级机关、单位在办理信访事项时,对生活确有困难的信访人,可以告知或者帮助其向有关机关或者机构依法申请社会救助。符合国家司法救助条件的,有关政法部门应当按照规定给予司法救助。

地方党委和政府以及基层党组织和基层单位对信访事项已经复查复核和涉法涉诉信访事项已经依法终结的相关信访人,应当做好疏导教育、矛盾化解、帮扶救助等工作。

第五章 监督和追责

第三十八条 各级党委和政府应当对开展信访工作、落实信访工作责任的情况组织专项督查。

信访工作联席会议及其办公室、党委和政府信访部门应当根据工作需要开展督查,就发现的问题向有关地方和部门进行反馈,重要问题向本级党委和政府报告。

各级党委和政府督查部门应当将疑难复杂信访问题列入督查范围。

第三十九条 各级党委和政府应当以依规依法及时就地解决信访问题为导向,每年对信访工作情况进行考核。考核结果应当在适当范围内通报,并作为对领导班子和有关领导干部综合考核评价的重要参考。

对在信访工作中作出突出成绩和贡献的机关、单位或者个人,可以按照有关规定给予表彰和奖励。

对在信访工作中履职不力、存在严重问题的领导班子和领导干部,视情节轻重,由信访工作联席会议进行约谈、通报、挂牌督办,责令限期整改。

第四十条 党委和政府信访部门发现有关机关、单位存在违反信访工作规定受理、办理信访事项,办理信访事项推诿、敷衍、拖延、弄虚作假或者拒不执行信访处理意见等情形的,应当及时督办,并提出改进工作的建议。

对工作中发现的有关政策性问题,应当及时向本级党委和政府报告,并提出完善政策的建议。

对在信访工作中推诿、敷衍、拖延、弄虚作假造成严重后果的机关、单位及其工作人员,应当向有管理权限的机关、单位提出追究责任的建议。

对信访部门提出的改进工作、完善政策、追究责任的建议,有关机关、单位应当书面反馈采纳情况。

第四十一条 党委和政府信访部门应当编制信访情况年度报告,每年向本级党委和政府、上一级党委和政府信访部门报告。年度报告应当包括下列内容:

(一)信访事项的数据统计、信访事项涉及领域以及被投诉较多的机关、单位;

(二)党委和政府信访部门转送、交办、督办情况;

(三)党委和政府信访部门提出改进工作、完善政策、追究责任建议以及被采纳情况;

(四)其他应当报告的事项。

根据巡视巡察工作需要,党委和政府信访部门应当向巡视巡察机构提供被巡视巡察地区、单位领导班子及其成员和下一级主要负责人有关信访举报,落实信访工作责任制,具有苗头性、倾向性的重要信访问题,需要巡视巡察工作关注的重要信访事项等情况。

第四十二条 因下列情形之一导致信访事项发生,造成严重后果的,对直接负责的主管人员和其他直接责任人员,依规依纪依法严肃处理;构成犯罪的,依法追究刑事责任:

(一)超越或者滥用职权,侵害公民、法人或者其他组织合法权益;

(二)应当作为而不作为,侵害公民、法人或者其他组织合法权益;

(三)适用法律、法规错误或者违反法定程序,侵害公民、法人或者其他组织合法权益;

(四)拒不执行有权处理机关、单位作出的支持信访请求意见。

第四十三条 各级党委和政府信访部门对收到的信访事项应当登记、转送、交办而未按照规定登记、转送、交办,或者应当履行督办职责而未履行的,由其上级机关责令改正;造成严重后果的,对直接负责的主管人员和其他直接责任人员依规依纪依法严肃处理。

第四十四条 负有受理信访事项职责的机关、单位有下列情形之一的,由其上级机关、单位责令改正;造成严重后果的,对直接负责的主管人员和其他直接责任人员依规依纪依法严肃处理:

(一)对收到的信访事项不按照规定登记;

(二)对属于其职权范围的信访事项不予受理;

(三)未在规定期限内书面告知信访人是否受理信访事项。

第四十五条 对信访事项有权处理的机关、单位有下列情形之一的,由其上级机关、单位责令改正;造成严重后果的,对直接负责的主管人员和其他直接责任人员依规依纪依法严肃处理:

(一)推诿、敷衍、拖延信访事项办理或者未在规定期限内办结信访事项;

(二)对事实清楚,符合法律、法规、规章或者其他有关规定的投诉请求未予支持;

(三)对党委和政府信访部门提出的改进工作、完善政策等建议重视不够、落实不力,导致问题长期得不到解决;

(四)其他不履行或者不正确履行信访事项处理职责的情形。

第四十六条 有关机关、单位及其领导干部、工作人员有下列情形之一的,由其上级机关、单位责令改正;造成严重后果的,对直接负责的主管人员和其他直接责任人员依规依纪依法严肃处理;构成犯罪的,依法追究刑事责任:

(一)对待信访人态度恶劣、作风粗暴,损害党群干群关系;

(二)在处理信访事项过程中吃拿卡要、谋取私利;

(三)对规模性集体访、负面舆情等处置不力,导致事态扩大;

(四)对可能造成社会影响的重大、紧急信访事项和信访信息隐瞒、谎报、缓报,或者未依法及时采取必要措施;

(五)将信访人的检举、揭发材料或者有关情况透露、转给被检举、揭发的人员或者单位;

(六)打击报复信访人;

(七)其他违规违纪违法的情形。

第四十七条 信访人违反本条例第二十条、第二十六条规定的,有关机关、单位工作人员应当对其进行劝阻、批评或者教育。

信访人滋事扰序、缠访闹访情节严重,构成违反治安管理行为的,或者违反集会游行示威相关法律法规的,由公安机关依法采取必要的现场处置措施、给予治安管理处罚;构成犯罪的,依法追究刑事责任。

信访人捏造歪曲事实、诬告陷害他人,构成违反治安管理行为的,依法给予治安管理处罚;构成犯罪的,依法追究刑事责任。

第六章 附 则

第四十八条 对外国人、无国籍人、外国组织信访事项的处理,参照本条例执行。

第四十九条 本条例由国家信访局负责解释。

第五十条 本条例自2022年5月1日起施行。

中华人民共和国国家赔偿法

(1994年5月12日第八届全国人民代表大会常务委员会第七次会议通过 根据2010年4月29日第十一届全国人民代表大会常务委员会第十四次会议《关于修改〈中华人民共和国国家赔偿法〉的决定》第一次修正 根据2012年10月26日第十一届全国人民代表大会常务委员会第二十九次会议《关于修改〈中华人民共和国国家赔偿法〉的决定》第二次修正)

第一章 总 则

第一条 为保障公民、法人和其他组织享有依法取得国家赔偿的权利,促进国家机关依法行使职权,根据宪法,制定本法。

第二条 国家机关和国家机关工作人员行使职权,有本法规定的侵犯公民、法人和其他组织合法权益的情形,造成损害的,受害人有依照本法取得国家赔偿的权利。

本法规定的赔偿义务机关,应当依照本法及时履行赔偿义务。

第二章 行政赔偿

第一节 赔偿范围

第三条 行政机关及其工作人员在行使行政职权时有下列侵犯人身权情形之一的,受害人有取得赔偿的权利:

(一)违法拘留或者违法采取限制公民人身自由的行政强制措施的;

(二)非法拘禁或者以其他方法非法剥夺公民人身自由的;

(三)以殴打、虐待等行为或者唆使、放纵他人以殴打、虐待等行为造成公民身体伤害或者死亡的;

(四)违法使用武器、警械造成公民身体伤害或者死亡的;

(五)造成公民身体伤害或者死亡的其他违法行为。

第四条 行政机关及其工作人员在行使行政职权时有下列侵犯财产权情形之一的,受害人有取得赔偿的权利:

(一)违法实施罚款、吊销许可证和执照、责令停产停业、没收财物等行政处罚的;

(二)违法对财产采取查封、扣押、冻结等行政强制措施的;

(三)违法征收、征用财产的;

(四)造成财产损害的其他违法行为。

第五条 属于下列情形之一的,国家不承担赔偿责任:

(一)行政机关工作人员与行使职权无关的个人行为;

(二)因公民、法人和其他组织自己的行为致使损害发生的;

(三)法律规定的其他情形。

第二节 赔偿请求人和赔偿义务机关

第六条 受害的公民、法人和其他组织有权要求赔偿。

受害的公民死亡,其继承人和其他有扶养关系的亲属有权要求赔偿。

受害的法人或者其他组织终止的,其权利承受人有权要求赔偿。

第七条 行政机关及其工作人员行使行政职权侵犯公民、法人和其他组织的合法权益造成损害的,该行政机关为赔偿义务机关。

两个以上行政机关共同行使行政职权时侵犯公民、法人和其他组织的合法权益造成损害的,共同行使行政职权的行政机关为共同赔偿义务机关。

法律、法规授权的组织在行使授予的行政权力时侵犯公民、法人和其他组织的合法权益造成损害的,被授权的组织为赔偿义务机关。

受行政机关委托的组织或者个人在行使受委托的行政权力时侵犯公民、法人和其他组织的合法权益造成损害的,委托的行政机关为赔偿义务机关。

赔偿义务机关被撤销的,继续行使其职权的行政机关为赔偿义务机关;没有继续行使其职权的行政机关的,撤销该赔偿义务机关的行政机关为赔偿义务机关。

第八条 经复议机关复议的,最初造成侵权行为的行政机关为赔偿义务机关,但复议机关的复议决定加重损害的,复议机关对加重的部分履行赔偿义务。

第三节 赔偿程序

第九条 赔偿义务机关有本法第三条、第四条规定情形之一的,应当给予赔偿。

赔偿请求人要求赔偿,应当先向赔偿义务机关提出,也可以在申请行政复议或者提起行政诉讼时一并提出。

第十条 赔偿请求人可以向共同赔偿义务机关中的任何一个赔偿义务机关要求赔偿,该赔偿义务机关应当先予赔偿。

第十一条　赔偿请求人根据受到的不同损害,可以同时提出数项赔偿要求。

第十二条　要求赔偿应当递交申请书,申请书应当载明下列事项:

(一)受害人的姓名、性别、年龄、工作单位和住所,法人或者其他组织的名称、住所和法定代表人或者主要负责人的姓名、职务;

(二)具体的要求、事实根据和理由;

(三)申请的年、月、日。

赔偿请求人书写申请书确有困难的,可以委托他人代书;也可以口头申请,由赔偿义务机关记入笔录。

赔偿请求人不是受害人本人的,应当说明与受害人的关系,并提供相应证明。

赔偿请求人当面递交申请书的,赔偿义务机关应当当场出具加盖本行政机关专用印章并注明收讫日期的书面凭证。申请材料不齐全的,赔偿义务机关应当当场或者在五日内一次性告知赔偿请求人需要补正的全部内容。

第十三条　赔偿义务机关应当自收到申请之日起两个月内,作出是否赔偿的决定。赔偿义务机关作出赔偿决定,应当充分听取赔偿请求人的意见,并可以与赔偿请求人就赔偿方式、赔偿项目和赔偿数额依照本法第四章的规定进行协商。

赔偿义务机关决定赔偿的,应当制作赔偿决定书,并自作出决定之日起十日内送达赔偿请求人。

赔偿义务机关决定不予赔偿的,应当自作出决定之日起十日内书面通知赔偿请求人,并说明不予赔偿的理由。

第十四条　赔偿义务机关在规定期限内未作出是否赔偿的决定,赔偿请求人可以自期限届满之日起三个月内,向人民法院提起诉讼。

赔偿请求人对赔偿的方式、项目、数额有异议的,或者赔偿义务机关作出不予赔偿决定的,赔偿请求人可以自赔偿义务机关作出赔偿或者不予赔偿决定之日起三个月内,向人民法院提起诉讼。

第十五条　人民法院审理行政赔偿案件,赔偿请求人和赔偿义务机关对自己提出的主张,应当提供证据。

赔偿义务机关采取行政拘留或者限制人身自由的强制措施期间,被限制人身自由的人死亡或者丧失行为能力的,赔偿义务机关的行为与被限制人身自由的人的死亡或者丧失行为能力是否存在因果关系,赔偿义务机关应当提供证据。

第十六条　赔偿义务机关赔偿损失后,应当责令有故意或者重大过失的工作人员或者受委托的组织或者个人承担部分或者全部赔偿费用。

对有故意或者重大过失的责任人员,有关机关应当依法给予处分;构成犯罪的,应当依法追究刑事责任。

第三章　刑事赔偿

第一节　赔偿范围

第十七条　行使侦查、检察、审判职权的机关以及看守所、监狱管理机关及其工作人员在行使职权时有下列侵犯人身权情形之一的,受害人有取得赔偿的权利:

(一)违反刑事诉讼法的规定对公民采取拘留措施的,或者依照刑事诉讼法规定的条件和程序对公民采取拘留措施,但是拘留时间超过刑事诉讼法规定的时限,其后决定撤销案件、不起诉或者判决宣告无罪终止追究刑事责任的;

(二)对公民采取逮捕措施后,决定撤销案件、不起诉或者判决宣告无罪终止追究刑事责任的;

(三)依照审判监督程序再审改判无

罪,原判刑罚已经执行的;

(四)刑讯逼供或者以殴打、虐待等行为或者唆使、放纵他人以殴打、虐待等行为造成公民身体伤害或者死亡的;

(五)违法使用武器、警械造成公民身体伤害或者死亡的。

第十八条 行使侦查、检察、审判职权的机关以及看守所、监狱管理机关及其工作人员在行使职权时有下列侵犯财产权情形之一的,受害人有取得赔偿的权利:

(一)违法对财产采取查封、扣押、冻结、追缴等措施的;

(二)依照审判监督程序再审改判无罪,原罚金、没收财产已经执行的。

第十九条 属于下列情形之一的,国家不承担赔偿责任:

(一)因公民自己故意作虚伪供述,或者伪造其他有罪证据被羁押或者被判处刑罚的;

(二)依照刑法第十七条、第十八条规定不负刑事责任的人被羁押的;

(三)依照刑事诉讼法第十五条、第一百七十三条第二款、第二百七十三条第二款、第二百七十九条规定不追究刑事责任的人被羁押的;

(四)行使侦查、检察、审判职权的机关以及看守所、监狱管理机关的工作人员与行使职权无关的个人行为;

(五)因公民自伤、自残等故意行为致使损害发生的;

(六)法律规定的其他情形。

第二节 赔偿请求人和赔偿义务机关

第二十条 赔偿请求人的确定依照本法第六条的规定。

第二十一条 行使侦查、检察、审判职权的机关以及看守所、监狱管理机关及其工作人员在行使职权时侵犯公民、法人和其他组织的合法权益造成损害的,该机关为赔偿义务机关。

对公民采取拘留措施,依照本法的规定应当给予国家赔偿的,作出拘留决定的机关为赔偿义务机关。

对公民采取逮捕措施后决定撤销案件、不起诉或者判决宣告无罪的,作出逮捕决定的机关为赔偿义务机关。

再审改判无罪的,作出原生效判决的人民法院为赔偿义务机关。二审改判无罪,以及二审发回重审后作无罪处理的,作出一审有罪判决的人民法院为赔偿义务机关。

第三节 赔偿程序

第二十二条 赔偿义务机关有本法第十七条、第十八条规定情形之一的,应当给予赔偿。

赔偿请求人要求赔偿,应当先向赔偿义务机关提出。

赔偿请求人提出赔偿请求,适用本法第十一条、第十二条的规定。

第二十三条 赔偿义务机关应当自收到申请之日起两个月内,作出是否赔偿的决定。赔偿义务机关作出赔偿决定,应当充分听取赔偿请求人的意见,并可以与赔偿请求人就赔偿方式、赔偿项目和赔偿数额依照本法第四章的规定进行协商。

赔偿义务机关决定赔偿的,应当制作赔偿决定书,并自作出决定之日起十日内送达赔偿请求人。

赔偿义务机关决定不予赔偿的,应当自作出决定之日起十日内书面通知赔偿请求人,并说明不予赔偿的理由。

第二十四条 赔偿义务机关在规定期限内未作出是否赔偿的决定,赔偿请求人可以自期限届满之日起三十日内向赔偿义务机关的上一级机关申请复议。

赔偿请求人对赔偿的方式、项目、数额有异议的,或者赔偿义务机关作出不予赔偿决定的,赔偿请求人可以自赔偿义务机关作出赔偿或者不予赔偿决定之日起三十日内,向赔偿义务机关的上一级机关申请复议。

赔偿义务机关是人民法院的,赔偿请求人可以依照本条规定向其上一级人民法院赔偿委员会申请作出赔偿决定。

第二十五条 复议机关应当自收到申请之日起两个月内作出决定。

赔偿请求人不服复议决定的,可以在收到复议决定之日起三十日内向复议机关所在地的同级人民法院赔偿委员会申请作出赔偿决定;复议机关逾期不作决定的,赔偿请求人可以自期限届满之日起三十日内向复议机关所在地的同级人民法院赔偿委员会申请作出赔偿决定。

第二十六条 人民法院赔偿委员会处理赔偿请求,赔偿请求人和赔偿义务机关对自己提出的主张,应当提供证据。

被羁押人在羁押期间死亡或者丧失行为能力的,赔偿义务机关的行为与被羁押人的死亡或者丧失行为能力是否存在因果关系,赔偿义务机关应当提供证据。

第二十七条 人民法院赔偿委员会处理赔偿请求,采取书面审查的办法。必要时,可以向有关单位和人员调查情况、收集证据。赔偿请求人与赔偿义务机关对损害事实及因果关系有争议的,赔偿委员会可以听取赔偿请求人和赔偿义务机关的陈述和申辩,并可以进行质证。

第二十八条 人民法院赔偿委员会应当自收到赔偿申请之日起三个月内作出决定;属于疑难、复杂、重大案件的,经本院院长批准,可以延长三个月。

第二十九条 中级以上的人民法院设立赔偿委员会,由人民法院三名以上审判员组成,组成人员的人数应当为单数。

赔偿委员会作赔偿决定,实行少数服从多数的原则。

赔偿委员会作出的赔偿决定,是发生法律效力的决定,必须执行。

第三十条 赔偿请求人或者赔偿义务机关对赔偿委员会作出的决定,认为确有错误的,可以向上一级人民法院赔偿委员会提出申诉。

赔偿委员会作出的赔偿决定生效后,如发现赔偿决定违反本法规定的,经本院院长决定或者上级人民法院指令,赔偿委员会应当在两个月内重新审查并依法作出决定,上一级人民法院赔偿委员会也可以直接审查并作出决定。

最高人民检察院对各级人民法院赔偿委员会作出的决定,上级人民检察院对下级人民法院赔偿委员会作出的决定,发现违反本法规定的,应当向同级人民法院赔偿委员会提出意见,同级人民法院赔偿委员会应当在两个月内重新审查并依法作出决定。

第三十一条 赔偿义务机关赔偿后,应当向有下列情形之一的工作人员追偿部分或者全部赔偿费用:

(一)有本法第十七条第四项、第五项规定情形的;

(二)在处理案件中有贪污受贿,徇私舞弊,枉法裁判行为的。

对有前款规定情形的责任人员,有关机关应当依法给予处分;构成犯罪的,应当依法追究刑事责任。

第四章 赔偿方式和计算标准

第三十二条 国家赔偿以支付赔偿金为主要方式。

能够返还财产或者恢复原状的,予以返还财产或者恢复原状。

第三十三条 侵犯公民人身自由的,每日赔偿金按照国家上年度职工日平均工资计算。

第三十四条 侵犯公民生命健康权的,赔偿金按照下列规定计算:

(一)造成身体伤害的,应当支付医疗费、护理费,以及赔偿因误工减少的收入。减少的收入每日的赔偿金按照国家上年度职工日平均工资计算,最高额为国家上年度职工年平均工资的五倍;

(二)造成部分或者全部丧失劳动能力的,应当支付医疗费、护理费、残疾生活辅助具费、康复费等因残疾而增加的必要支出和继续治疗所必需的费用,以及残疾赔偿金。残疾赔偿金根据丧失劳动能力的程度,按照国家规定的伤残等级确定,最高不超过国家上年度职工年平均工资的二十倍。造成全部丧失劳动能力的,对其扶养的无劳动能力的人,还应当支付生活费;

(三)造成死亡的,应当支付死亡赔偿金、丧葬费,总额为国家上年度职工年平均工资的二十倍。对死者生前扶养的无劳动能力的人,还应当支付生活费。

前款第二项、第三项规定的生活费的发放标准,参照当地最低生活保障标准执行。被扶养的人是未成年人的,生活费给付至十八周岁止;其他无劳动能力的人,生活费给付至死亡时止。

第三十五条 有本法第三条或者第十七条规定情形之一,致人精神损害的,应当在侵权行为影响的范围内,为受害人消除影响,恢复名誉,赔礼道歉;造成严重后果的,应当支付相应的精神损害抚慰金。

第三十六条 侵犯公民、法人和其他组织的财产权造成损害的,按照下列规定处理:

(一)处罚款、罚金、追缴、没收财产或者违法征收、征用财产的,返还财产;

(二)查封、扣押、冻结财产的,解除对财产的查封、扣押、冻结,造成财产损坏或者灭失的,依照本条第三项、第四项的规定赔偿;

(三)应当返还的财产损坏的,能够恢复原状的恢复原状,不能恢复原状的,按照损害程度给付相应的赔偿金;

(四)应当返还的财产灭失的,给付相应的赔偿金;

(五)财产已经拍卖或者变卖的,给付拍卖或者变卖所得的价款;变卖的价款明显低于财产价值的,应当支付相应的赔偿金;

(六)吊销许可证和执照、责令停产停业的,赔偿停产停业期间必要的经常性费用开支;

(七)返还执行的罚款或者罚金、追缴或者没收的金钱,解除冻结的存款或者汇款的,应当支付银行同期存款利息;

(八)对财产权造成其他损害的,按照直接损失给予赔偿。

第三十七条 赔偿费用列入各级财政预算。

赔偿请求人凭生效的判决书、复议决定书、赔偿决定书或者调解书,向赔偿义务机关申请支付赔偿金。

赔偿义务机关应当自收到支付赔偿金申请之日起七日内,依照预算管理权限向有关的财政部门提出支付申请。财政部门应当自收到支付申请之日起十五日内支付赔偿金。

赔偿费用预算与支付管理的具体办法由国务院规定。

第五章 其他规定

第三十八条 人民法院在民事诉讼、行政诉讼过程中,违法采取对妨害诉讼的强制措施、保全措施或者对判决、裁定及其他生效法律文书执行错误,造成损害的,赔偿请求人要求赔偿的程序,适用本法刑事赔偿程序的规定。

第三十九条 赔偿请求人请求国家赔偿的时效为两年,自其知道或者应当知道国家机关及其工作人员行使职权时的行为侵犯其人身权、财产权之日起计算,但被羁押等限制人身自由期间不计算在内。在申请行政复议或者提起行政诉讼时一并提出赔偿请求的,适用行政复议法、行政诉讼法有关时效的规定。

赔偿请求人在赔偿请求时效的最后六个月内,因不可抗力或者其他障碍不能行使请求权的,时效中止。从中止时效的原因消除之日起,赔偿请求时效期间继续计算。

第四十条 外国人、外国企业和组织在中华人民共和国领域内要求中华人民共和国国家赔偿的,适用本法。

外国人、外国企业和组织的所属国对中华人民共和国公民、法人和其他组织要求该国国家赔偿的权利不予保护或者限制的,中华人民共和国与该外国人、外国企业和组织的所属国实行对等原则。

第六章 附 则

第四十一条 赔偿请求人要求国家赔偿的,赔偿义务机关、复议机关和人民法院不得向赔偿请求人收取任何费用。

对赔偿请求人取得的赔偿金不予征税。

第四十二条 本法自1995年1月1日起施行。

中华人民共和国
政府信息公开条例

(2007年4月5日中华人民共和国国务院令第492号公布 2019年4月3日中华人民共和国国务院令第711号修订 自2019年5月15日起施行)

第一章 总 则

第一条 为了保障公民、法人和其他组织依法获取政府信息,提高政府工作的透明度,建设法治政府,充分发挥政府信息对人民群众生产、生活和经济社会活动的服务作用,制定本条例。

第二条 本条例所称政府信息,是指行政机关在履行行政管理职能过程中制作或者获取的,以一定形式记录、保存的信息。

第三条 各级人民政府应当加强对政府信息公开工作的组织领导。

国务院办公厅是全国政府信息公开工作的主管部门,负责推进、指导、协调、监督全国的政府信息公开工作。

县级以上地方人民政府办公厅(室)是本行政区域的政府信息公开工作主管部门,负责推进、指导、协调、监督本行政区域的政府信息公开工作。

实行垂直领导的部门的办公厅(室)主管本系统的政府信息公开工作。

第四条 各级人民政府及县级以上人民政府部门应当建立健全本行政机关的政府信息公开工作制度,并指定机构(以下统称政府信息公开工作机构)负责本行政机关政府信息公开的日常工作。

政府信息公开工作机构的具体职能是:

(一)办理本行政机关的政府信息公开事宜;

(二)维护和更新本行政机关公开的政府信息;

（三）组织编制本行政机关的政府信息公开指南、政府信息公开目录和政府信息公开工作年度报告；

（四）组织开展对拟公开政府信息的审查；

（五）本行政机关规定的与政府信息公开有关的其他职能。

第五条 行政机关公开政府信息，应当坚持以公开为常态、不公开为例外，遵循公正、公平、合法、便民的原则。

第六条 行政机关应当及时、准确地公开政府信息。

行政机关发现影响或者可能影响社会稳定、扰乱社会和经济管理秩序的虚假或者不完整信息的，应当发布准确的政府信息予以澄清。

第七条 各级人民政府应当积极推进政府信息公开工作，逐步增加政府信息公开的内容。

第八条 各级人民政府应当加强政府信息资源的规范化、标准化、信息化管理，加强互联网政府信息公开平台建设，推进政府信息公开平台与政务服务平台融合，提高政府信息公开在线办理水平。

第九条 公民、法人和其他组织有权对行政机关的政府信息公开工作进行监督，并提出批评和建议。

第二章　公开的主体和范围

第十条 行政机关制作的政府信息，由制作该政府信息的行政机关负责公开。行政机关从公民、法人和其他组织获取的政府信息，由保存该政府信息的行政机关负责公开；行政机关获取的其他行政机关的政府信息，由制作或者最初获取该政府信息的行政机关负责公开。法律、法规对政府信息公开的权限另有规定的，从其规定。

行政机关设立的派出机构、内设机构依照法律、法规对外以自己名义履行行政管理职能的，可以由该派出机构、内设机构负责与所履行行政管理职能有关的政府信息公开工作。

两个以上行政机关共同制作的政府信息，由牵头制作的行政机关负责公开。

第十一条 行政机关应当建立健全政府信息公开协调机制。行政机关公开政府信息涉及其他机关的，应当与有关机关协商、确认，保证行政机关公开的政府信息准确一致。

行政机关公开政府信息依照法律、行政法规和国家有关规定需要批准的，经批准予以公开。

第十二条 行政机关编制、公布的政府信息公开指南和政府信息公开目录应当及时更新。

政府信息公开指南包括政府信息的分类、编排体系、获取方式和政府信息公开工作机构的名称、办公地址、办公时间、联系电话、传真号码、互联网联系方式等内容。

政府信息公开目录包括政府信息的索引、名称、内容概述、生成日期等内容。

第十三条 除本条例第十四条、第十五条、第十六条规定的政府信息外，政府信息应当公开。

行政机关公开政府信息，采取主动公开和依申请公开的方式。

第十四条 依法确定为国家秘密的政府信息，法律、行政法规禁止公开的政府信息，以及公开后可能危及国家安全、公共安全、经济安全、社会稳定的政府信息，不予公开。

第十五条 涉及商业秘密、个人隐私等公开会对第三方合法权益造成损害的政府信息，行政机关不得公开。但是，第三方同意公开或者行政机关认为不公开会对公共利益造成重大影响的,予以公开。

第十六条　行政机关的内部事务信息,包括人事管理、后勤管理、内部工作流程等方面的信息,可以不予公开。

行政机关在履行行政管理职能过程中形成的讨论记录、过程稿、磋商信函、请示报告等过程性信息以及行政执法案卷信息,可以不予公开。法律、法规、规章规定上述信息应当公开的,从其规定。

第十七条　行政机关应当建立健全政府信息公开审查机制,明确审查的程序和责任。

行政机关应当依照《中华人民共和国保守国家秘密法》以及其他法律、法规和国家有关规定对拟公开的政府信息进行审查。

行政机关不能确定政府信息是否可以公开的,应当依照法律、法规和国家有关规定报有关主管部门或者保密行政管理部门确定。

第十八条　行政机关应当建立健全政府信息管理动态调整机制,对本行政机关不予公开的政府信息进行定期评估审查,对因情势变化可以公开的政府信息应当公开。

第三章　主动公开

第十九条　对涉及公众利益调整、需要公众广泛知晓或者需要公众参与决策的政府信息,行政机关应当主动公开。

第二十条　行政机关应当依照本条例第十九条的规定,主动公开本行政机关的下列政府信息:

(一)行政法规、规章和规范性文件;

(二)机关职能、机构设置、办公地址、办公时间、联系方式、负责人姓名;

(三)国民经济和社会发展规划、专项规划、区域规划及相关政策;

(四)国民经济和社会发展统计信息;

(五)办理行政许可和其他对外管理服务事项的依据、条件、程序以及办理结果;

(六)实施行政处罚、行政强制的依据、条件、程序以及本行政机关认为具有一定社会影响的行政处罚决定;

(七)财政预算、决算信息;

(八)行政事业性收费项目及其依据、标准;

(九)政府集中采购项目的目录、标准及实施情况;

(十)重大建设项目的批准和实施情况;

(十一)扶贫、教育、医疗、社会保障、促进就业等方面的政策、措施及其实施情况;

(十二)突发公共事件的应急预案、预警信息及应对情况;

(十三)环境保护、公共卫生、安全生产、食品药品、产品质量的监督检查情况;

(十四)公务员招考的职位、名额、报考条件等事项以及录用结果;

(十五)法律、法规、规章和国家有关规定规定应当主动公开的其他政府信息。

第二十一条　除本条例第二十条规定的政府信息外,设区的市级、县级人民政府及其部门还应当根据本地方的具体情况,主动公开涉及市政建设、公共服务、公益事业、土地征收、房屋征收、治安管理、社会救助等方面的政府信息;乡(镇)人民政府还应当根据本地方的具体情况,主动公开贯彻落实农业农村政策、农田水利工程建设运营、农村土地承包经营权流转、宅基地使用情况审核、土地征收、房屋征收、筹资筹劳、社会救助等方面的政府信息。

第二十二条　行政机关应当依照本条例第二十条、第二十一条的规定,确定主动公开政府信息的具体内容,并按照上级行政机关的部署,不断增加主动公开的内容。

第二十三条　行政机关应当建立健全

政府信息发布机制,将主动公开的政府信息通过政府公报、政府网站或者其他互联网政务媒体、新闻发布会以及报刊、广播、电视等途径予以公开。

第二十四条 各级人民政府应当加强依托政府门户网站公开政府信息的工作,利用统一的政府信息公开平台集中发布主动公开的政府信息。政府信息公开平台应当具备信息检索、查阅、下载等功能。

第二十五条 各级人民政府应当在国家档案馆、公共图书馆、政务服务场所设置政府信息查阅场所,并配备相应的设施、设备,为公民、法人和其他组织获取政府信息提供便利。

行政机关可以根据需要设立公共查阅室、资料索取点、信息公告栏、电子信息屏等场所、设施,公开政府信息。

行政机关应当及时向国家档案馆、公共图书馆提供主动公开的政府信息。

第二十六条 属于主动公开范围的政府信息,应当自该政府信息形成或者变更之日起20个工作日内及时公开。法律、法规对政府信息公开的期限另有规定的,从其规定。

第四章 依申请公开

第二十七条 除行政机关主动公开的政府信息外,公民、法人或者其他组织可以向地方各级人民政府、对外以自己名义履行行政管理职能的县级以上人民政府部门(含本条例第十条第二款规定的派出机构、内设机构)申请获取相关政府信息。

第二十八条 本条例第二十七条规定的行政机关应当建立完善政府信息公开申请渠道,为申请人依法申请获取政府信息提供便利。

第二十九条 公民、法人或者其他组织申请获取政府信息的,应当向行政机关的政府信息公开工作机构提出,并采用包括信件、数据电文在内的书面形式;采用书面形式确有困难的,申请人可以口头提出,由受理该申请的政府信息公开工作机构代为填写政府信息公开申请。

政府信息公开申请应当包括下列内容:

(一)申请人的姓名或者名称、身份证明、联系方式;

(二)申请公开的政府信息的名称、文号或者便于行政机关查询的其他特征性描述;

(三)申请公开的政府信息的形式要求,包括获取信息的方式、途径。

第三十条 政府信息公开申请内容不明确的,行政机关应当给予指导和释明,并自收到申请之日起7个工作日内一次性告知申请人作出补正,说明需要补正的事项和合理的补正期限。答复期限自行政机关收到补正的申请之日起计算。申请人无正当理由逾期不补正的,视为放弃申请,行政机关不再处理该政府信息公开申请。

第三十一条 行政机关收到政府信息公开申请的时间,按照下列规定确定:

(一)申请人当面提交政府信息公开申请的,以提交之日为收到申请之日;

(二)申请人以邮寄方式提交政府信息公开申请的,以行政机关签收之日为收到申请之日;以平常信函等无需签收的邮寄方式提交政府信息公开申请的,政府信息公开工作机构应当于收到申请的当日与申请人确认,确认之日为收到申请之日;

(三)申请人通过互联网渠道或者政府信息公开工作机构的传真提交政府信息公开申请的,以双方确认之日为收到申请之日。

第三十二条 依申请公开的政府信息公开会损害第三方合法权益的,行政机关应当书面征求第三方的意见。第三方应当自收到征求意见书之日起15个工作日内提出意见。第三方逾期未提出意见的,由行政机关依照本条例的规定决定是否公开。第三方不同意公开且有合理理由的,行政机关不予公开。行政机关认为不公开可能对公共利益造成重大影响的,可以决定予以公开,并将决定公开的政府信息内容和理由书面告知第三方。

第三十三条　行政机关收到政府信息公开申请,能够当场答复的,应当当场予以答复。

行政机关不能当场答复的,应当自收到申请之日起20个工作日内予以答复;需要延长答复期限的,应当经政府信息公开工作机构负责人同意并告知申请人,延长的期限最长不得超过20个工作日。

行政机关征求第三方和其他机关意见所需时间不计算在前款规定的期限内。

第三十四条　申请公开的政府信息由两个以上行政机关共同制作的,牵头制作的行政机关收到政府信息公开申请后可以征求相关行政机关的意见,被征求意见机关应当自收到征求意见书之日起15个工作日内提出意见,逾期未提出意见的视为同意公开。

第三十五条　申请人申请公开政府信息的数量、频次明显超过合理范围,行政机关可以要求申请人说明理由。行政机关认为申请理由不合理的,告知申请人不予处理;行政机关认为申请理由合理,但是无法在本条例第三十三条规定的期限内答复申请人的,可以确定延迟答复的合理期限并告知申请人。

第三十六条　对政府信息公开申请,行政机关根据下列情况分别作出答复:

(一)所申请公开信息已经主动公开的,告知申请人获取该政府信息的方式、途径;

(二)所申请公开信息可以公开的,向申请人提供该政府信息,或者告知申请人获取该政府信息的方式、途径和时间;

(三)行政机关依据本条例的规定决定不予公开的,告知申请人不予公开并说明理由;

(四)经检索没有所申请公开信息的,告知申请人该政府信息不存在;

(五)所申请公开信息不属于本行政机关负责公开的,告知申请人并说明理由;能够确定负责公开该政府信息的行政机关的,告知申请人该行政机关的名称、联系方式;

(六)行政机关已就申请人提出的政府信息公开申请作出答复、申请人重复申请公开相同政府信息的,告知申请人不予重复处理;

(七)所申请公开信息属于工商、不动产登记资料等信息,有关法律、行政法规对信息的获取有特别规定的,告知申请人依照有关法律、行政法规的规定办理。

第三十七条　申请公开的信息中含有不应当公开或者不属于政府信息的内容,但是能够作区分处理的,行政机关应当向申请人提供可以公开的政府信息内容,并对不予公开的内容说明理由。

第三十八条　行政机关向申请人提供的信息,应当是已制作或者获取的政府信息。除依照本条例第三十七条的规定能够作区分处理的外,需要行政机关对现有政府信息进行加工、分析的,行政机关可以不予提供。

第三十九条　申请人以政府信息公开申请的形式进行信访、投诉、举报等活动,行政机关应当告知申请人不作为政府信息公开申请处理并可以告知通过相应渠道提出。

申请人提出的申请内容为要求行政机

关提供政府公报、报刊、书籍等公开出版物的,行政机关可以告知获取的途径。

第四十条 行政机关依申请公开政府信息,应当根据申请人的要求及行政机关保存政府信息的实际情况,确定提供政府信息的具体形式;按照申请人要求的形式提供政府信息,可能危及政府信息载体安全或者公开成本过高的,可以通过电子数据以及其他适当形式提供,或者安排申请人查阅、抄录相关政府信息。

第四十一条 公民、法人或者其他组织有证据证明行政机关提供的与其自身相关的政府信息记录不准确的,可以要求行政机关更正。有权更正的行政机关审核属实的,应当予以更正并告知申请人;不属于本行政机关职能范围的,行政机关可以转送有权更正的行政机关处理并告知申请人,或者告知申请人向有权更正的行政机关提出。

第四十二条 行政机关依申请提供政府信息,不收取费用。但是,申请人申请公开政府信息的数量、频次明显超过合理范围的,行政机关可以收取信息处理费。

行政机关收取信息处理费的具体办法由国务院价格主管部门会同国务院财政部门、全国政府信息公开工作主管部门制定。

第四十三条 申请公开政府信息的公民存在阅读困难或者视听障碍的,行政机关应当为其提供必要的帮助。

第四十四条 多个申请人就相同政府信息向同一行政机关提出公开申请,且该政府信息属于可以公开的,行政机关可以纳入主动公开的范围。

对行政机关依申请公开的政府信息,申请人认为涉及公众利益调整、需要公众广泛知晓或者需要公众参与决策的,可以建议行政机关将该信息纳入主动公开的范围。行政机关经审核认为属于主动公开范围的,应当及时主动公开。

第四十五条 行政机关应当建立健全政府信息公开申请登记、审核、办理、答复、归档的工作制度,加强工作规范。

第五章 监督和保障

第四十六条 各级人民政府应当建立健全政府信息公开工作考核制度、社会评议制度和责任追究制度,定期对政府信息公开工作进行考核、评议。

第四十七条 政府信息公开工作主管部门应当加强对政府信息公开工作的日常指导和监督检查,对行政机关未按照要求开展政府信息公开工作的,予以督促整改或者通报批评;需要对负有责任的领导人员和直接责任人员追究责任的,依法向有权机关提出处理建议。

公民、法人或者其他组织认为行政机关未按照要求主动公开政府信息或者对政府信息公开申请不依法答复处理的,可以向政府信息公开工作主管部门提出。政府信息公开工作主管部门查证属实的,应当予以督促整改或者通报批评。

第四十八条 政府信息公开工作主管部门应当对行政机关的政府信息公开工作人员定期进行培训。

第四十九条 县级以上人民政府部门应当在每年1月31日前向本级政府信息公开工作主管部门提交本行政机关上一年度政府信息公开工作年度报告并向社会公布。

县级以上地方人民政府的政府信息公开工作主管部门应当在每年3月31日前向社会公布本级政府上一年度政府信息公开工作年度报告。

第五十条 政府信息公开工作年度报告应当包括下列内容:

(一)行政机关主动公开政府信息的情况;

(二)行政机关收到和处理政府信息公开申请的情况;

(三)因政府信息公开工作被申请行政复议、提起行政诉讼的情况;

(四)政府信息公开工作存在的主要问题及改进情况,各级人民政府的政府信息公开工作年度报告还应当包括工作考核、社会评议和责任追究结果情况;

(五)其他需要报告的事项。

全国政府信息公开工作主管部门应当公布政府信息公开工作年度报告统一格式,并适时更新。

第五十一条　公民、法人或者其他组织认为行政机关在政府信息公开工作中侵犯其合法权益的,可以向上一级行政机关或者政府信息公开工作主管部门投诉、举报,也可以依法申请行政复议或者提起行政诉讼。

第五十二条　行政机关违反本条例的规定,未建立健全政府信息公开有关制度、机制的,由上一级行政机关责令改正;情节严重的,对负有责任的领导人员和直接责任人员依法给予处分。

第五十三条　行政机关违反本条例的规定,有下列情形之一的,由上一级行政机关责令改正;情节严重的,对负有责任的领导人员和直接责任人员依法给予处分;构成犯罪的,依法追究刑事责任:

(一)不依法履行政府信息公开职能的;

(二)不及时更新公开的政府信息内容、政府信息公开指南和政府信息公开目录;

(三)违反本条例规定的其他情形。

第六章　附　　则

第五十四条　法律、法规授权的具有管理公共事务职能的组织公开政府信息的活动,适用本条例。

第五十五条　教育、卫生健康、供水、供电、供气、供热、环境保护、公共交通等与人民群众利益密切相关的公共企事业单位,公开在提供社会公共服务过程中制作、获取的信息,依照相关法律、法规和国务院有关主管部门或者机构的规定执行。全国政府信息公开工作主管部门根据实际需要可以制定专门的规定。

前款规定的公共企事业单位未依照相关法律、法规和国务院有关主管部门或者机构的规定公开在提供社会公共服务过程中制作、获取的信息,公民、法人或者其他组织可以向有关主管部门或者机构申诉,接受申诉的部门或者机构应当及时调查处理并将处理结果告知申诉人。

第五十六条　本条例自2019年5月15日起施行。

三、行政执法合规的相关制度

国务院办公厅关于继续做好相对集中行政处罚权试点工作的通知

(2000年9月8日 国办发〔2000〕63号)

各省、自治区、直辖市人民政府,国务院各部委、各直属机构：

根据《国务院关于全面推进依法行政的决定》(国发〔1999〕23号)中关于"继续积极推进相对集中行政处罚权的试点工作,并在总结试点经验的基础上,扩大试点范围"的要求,为了积极稳妥地推进相对集中行政处罚权试点工作,经国务院同意,现就有关事项通知如下：

一、进一步提高对实行相对集中行政处罚权制度重大意义的认识

《中华人民共和国行政处罚法》(以下简称行政处罚法)确立的相对集中行政处罚权制度,是对现行行政管理体制的重大改革。目前,政府职能转变和行政管理体制改革尚未完全到位,行政机关仍在管着许多不该管、管不了、实际上也管不好的事情,机构臃肿、职责不清、执法不规范的问题相当严重。往往是制定一部法律、法规后,就要设置一支执法队伍。一方面,行政执法机构多,行政执法权分散;另一方面,部门之间职权交叉重复,执法效率低,不仅造成执法扰民,也容易滋生腐败。实行相对集中行政处罚权制度,对于解决行政管理中长期存在的多头执法、职权交叉重复和行政执法机构膨胀等问题,提高行政执法水平和效率,降低行政执法成本,建立"精简、统一、效能"的行政管理体制,都有重要意义。

进行相对集中行政处罚权试点地方的省、自治区、直辖市人民政府和试点城市人民政府要以"三个代表"的重要思想为根本指导思想,从贯彻依法治国基本方略、全面推进依法行政的高度,带头认真学习行政处罚法、《国务院关于贯彻实施〈中华人民共和国行政处罚法〉的通知》(国发〔1996〕13号)、《国务院关于全面推进依法行政的决定》,充分认识实行相对集中行政处罚权制度的重要意义,扎扎实实地搞好试点工作。试点地方的省、自治区、直辖市人民政府法制工作机构和试点城市人民政府法制工作机构要发挥在法制工作方面的参谋和助手作用,协助本级政府依法积极稳妥地推进试点工作。

国务院各部门要继续按照《国务院关于贯彻实施〈中华人民共和国行政处罚法〉的通知》的要求,进一步提高对实行相对集中行政处罚权制度重大意义的认识,认真研究适应社会主义市场经济要求的行政执法体制,支持省、自治区、直辖市人民政府做好相对集中行政处罚权试点工作。

二、继续抓好现有试点城市的试点工作

总体上看,相对集中行政处罚权的试点工作进展比较顺利;同时,也还有不少问题需要依照行政处罚法的规定和《国务院关于贯彻实施〈中华人民共和国行政处罚法〉的通知》的要求认真研究解决，以进一步推进、完善试点工作。试点地方的省、自治区、直辖市人民政府和试点城市人民政府要切实负起责任，加强对试点工作的领导，主要领导同志要亲自抓，真正把试点工作列入重要议事日程。要密切关注并及时解决试点工作中出现的各种问题，下大力气抓好集中行使行政处罚权的行政机关的队伍建设；要教育和督促有关部门增强政治意识、大局意识和责任意识，积极支持试点工作。

为了进一步推进行政管理体制的改革，试点城市集中行使行政处罚权的行政机关应当作为本级政府的一个行政机关，不得作为政府一个部门内设机构或者下设机构。集中行使行政处罚权的行政机关的执法人员必须是公务员。行政处罚权相对集中后，有关部门不得再行使已统一由一个行政机关行使的行政处罚权；仍然行使的，作出的行政处罚决定一律无效。集中行使行政处罚权的行政机关所需经费列入本机关的预算，由本级政府财政全额拨款，不得以收费、罚没收入作为经费来源；罚款、没收违法所得或者没收非法财物拍卖的款项，必须按照规定分级全额上缴国库。有关地方政府要建立健全行政执法监督制度，对集中行使行政处罚权的行政机关实行行政执法责任制和评议考核制。集中行使行政处罚权的行政机关要加强对本机关执法人员的思想政治教育、职业道德教育和遵纪守法教育，加强领导、严格管理，确保执法人员的政治素质和业务素质，促进严格执法、秉公执法、文明执法，努力提高执法水平。

各试点城市要按照行政处罚法的规定和本通知的要求，进一步顺集中行使行政处罚权的行政机关的管理体制，切实采取措施精简机构、精简人员，防止出现新的多头执法问题，真正达到试点的目的。

三、积极稳妥地扩大试点范围

根据实际需要，在总结试点经验的基础上，按照国务院批准的原则和要求积极稳妥地扩大试点范围是必要的、适宜的。从试点工作情况看，实行相对集中行政处罚权的领域，应当是那些多头执法、职责交叉、执法扰民问题比较突出，严重影响执法效率和政府形象的领域，如城市管理领域等。在城市管理领域可以集中行使的行政处罚权，主要包括：（一）市容环境卫生管理、规划管理、城市绿化管理、市政管理、环境保护管理等方面法律、法规、规章规定的全部或者部分行政处罚权；（二）工商行政管理方面法律、法规、规章规定的对无照商贩的行政处罚权；（三）公安交通管理方面法律、法规、规章规定的对侵占道路行为的行政处罚权。集中行使行政处罚权的行政机关还可以履行法律、法规、规章或者省、自治区、直辖市和城市人民政府规定的其他职责。但是，国务院部门垂直领导的行政机关行使的行政处罚权以及限制人身自由的行政处罚权不得由集中行使行政处罚权的行政机关行使。

各省、自治区、直辖市人民政府可以根据本通知的精神和确定的原则，结合本地方的实际情况，提出相对集中行政处罚权的意见和工作方案，报国务院审批。有关事宜由国务院法制办根据国务院领导同志批准的试点工作方案的原则具体办理。对条件成熟、要求在本行政区域内试点范围较大的地方，经国务院授权，也可以由有关省、自治区、直辖市人民政府根据本通知确定的原则，决定在本地区开展相对集中行政处罚权试点工作。

四、把试点的经验运用于市、县机构改革，进一步理顺市、县行政管理体制

市、县两级政府担负着十分繁重的行政执法任务，长期以来多头执法、职权交叉

重复和行政执法机构膨胀等问题比较突出，需要通过改革真正做到精兵简政，建立办事高效、运转协调、行为规范的行政管理体系和行政执法体制。为此，各地方要把进行相对集中行政处罚权试点的经验运用于市、县机构改革，进一步理顺行政管理体制，坚决克服多头管理、政出多门的弊端，切实促进政府职能转变。试点城市要在进行相对集中行政处罚权试点的基础上，对有关行政机关必须保留的管理权、审批权，该归并的下决心归并，该集中的下决心相对集中，以精简机构，精简人员。其他地方也要按照相对集中行政管理职能的要求设置行政机关，合理调整、配置行政管理职能。凡属于市、县政府机构改革范围内的事项，均由有关市、县人民政府依照《中华人民共和国地方各级人民代表大会和地方各级人民政府组织法》第六十四条第四款关于"自治州、县、自治县、市、市辖区的人民政府的局、科等工作部门的设立、增加、减少或者合并，由本级人民政府报请上一级人民政府批准，并报本级人民代表大会常务委员会备案"的规定办理，不需要按照相对集中行政处罚权试点工作的审批程序报批。国务院有关部门和省、自治区、直辖市人民政府有关部门都要按照进一步深化行政管理体制改革的要求，积极支持各地方按照相对集中行政管理权的要求进行机构改革。

国务院关于进一步推进相对集中行政处罚权工作的决定

（2002年8月22日　国发〔2002〕17号）

各省、自治区、直辖市人民政府，国务院各部委、各直属机构：

《中华人民共和国行政处罚法》（以下简称行政处罚法）第十六条规定："国务院或者经国务院授权的省、自治区、直辖市人民政府可以决定一个行政机关行使有关行政机关的行政处罚权，但限制人身自由的行政处罚权只能由公安机关行使。"国务院对贯彻实施行政处罚法确立的相对集中行政处罚权制度十分重视，多次下发文件作出具体部署。自1997年以来，按照国务院有关文件的规定，23个省、自治区的79个城市和3个直辖市经批准开展了相对集中行政处罚权试点工作，并取得了显著成效，对深化行政管理体制改革、加强行政执法队伍建设、改进行政执法状况、提高依法行政水平，起到了积极的作用。实践证明，国务院确定试点工作的阶段性目标已经实现，进一步在全国推进相对集中行政处罚权工作的时机基本成熟。为此，依照行政处罚法的规定，国务院授权省、自治区、直辖市人民政府可以决定在本行政区域内有计划、有步骤地开展相对集中行政处罚权工作。为了进一步推进这项工作，特作如下决定：

一、开展相对集中行政处罚权工作的指导思想

（一）要以"三个代表"重要思想为指导，做好相对集中行政处罚权工作。

"三个代表"重要思想，是对马克思列宁主义、毛泽东思想、邓小平理论的新的发展，是新时期党的建设的指导方针，也是全面推进建设有中国特色社会主义伟大事业的行动指南。全面贯彻"三个代表"重要思想，关键在坚持与时俱进，核心在保持党的先进性，本质在坚持执政为民。行政处罚法确立相对集中行政处罚权制度的目的，是要解决多头执法、职责交叉、重复处罚、执法扰民和行政执法机构膨胀等问题，深化行政管理体制改革，探索建立与社会主义市场经济体制相适应的行政管理体制和行政执法机制，提高行政执法的效率和水平，保护公民、法人和其他组织的合法权益，保障和促进社会生产力的发展。要以"三个代表"重要思想为指导，做好相对集中行政处罚权工作。

各地区、各部门要从讲政治、讲大局的高度，按照"三个代表"重要思想的要求，进一步提高对做好相对集中行政处罚权工作重要性的认识，认真贯彻执行行政处罚法和国务院有关文件，研究解决相对集中行政处罚权工作中存在的问题，认真做好这项涉及广大人民群众切身利益的工作。

（二）严格依照行政处罚法的规定，开展相对集中行政处罚权工作。

相对集中行政处罚权是行政处罚法确立的一项重要制度。各省、自治区、直辖市人民政府开展相对集中行政处罚权工作，要严格执行行政处罚法的各项规定，保证全面、正确地实施行政处罚法，促进政府和政府各部门严格依法行政。

开展相对集中行政处罚权工作，要结合实施行政处罚法规定的行政处罚设定权制度、行政处罚主体资格制度、听证制度、罚款决定与罚款收缴相分离制度、政府对行政处罚的监督制度等，进一步规范行政执法行为，提高依法办事的能力和水平。

（三）把开展相对集中行政处罚权工作与继续深化行政管理体制改革有机地结合起来。

相对集中行政处罚权是深化行政管理体制改革的重要途径之一，最终目的是要建立符合社会主义市场经济发展要求的行政执法体制。必须把开展相对集中行政处罚权工作同继续深化行政管理体制改革紧密结合。要精简机构、精简人员，按照社会主义市场经济规律，进一步转变政府职能。要按照权力和利益彻底脱钩、权力和责任密切挂钩的原则，调整市、区政府有关执法部门的职责权限，明确划分有关部门之间的职能分工，推行行政执法责任制、评议考核制，防止政出多门、多头执法、执法扰民。

二、相对集中行政处罚权的范围

实行相对集中行政处罚权的领域，是多头执法、职责交叉、重复处罚、执法扰民等问题比较突出，严重影响执法效率和政府形象的领域，目前主要是城市管理领域。根据试点工作的经验，省、自治区、直辖市人民政府在城市管理领域可以集中行政处罚权的范围，主要包括：市容环境卫生管理方面法律、法规、规章规定的行政处罚权，强制拆除不符合城市容貌标准、环境卫生标准的建筑物或者设施；城市规划管理方面法律、法规、规章规定的全部或者部分行政处罚权；城市绿化管理方面法律、法规、规章规定的行政处罚权；市政管理方面法律、法规、规章规定的行政处罚权；环境保护管理方面法律、法规、规章规定的部分行政处罚权；工商行政管理方面法律、法规、规章规定的对无照商贩的行政处罚权；公安交通管理方面法律、法规、规章规定的对侵占城市道路行为的行政处罚权；省、自治区、直辖市人民政府决定调整的城市管理领域的其他行政处罚权。

需要在城市管理领域以外的其他行政管理领域相对集中行政处罚权的，省、自治区、直辖市人民政府依照行政处罚法第十六条的规定，也可以决定在有条件的地方开展这项工作。

对省、自治区、直辖市人民政府决定依法开展的相对集中行政处罚权工作，国务院有关业务主管部门和省、自治区、直辖市人民政府有关业务主管部门都要按照《中共中央办公厅国务院办公厅关于市县乡人员编制精简的意见》（中办发〔2000〕30号）和国务院有关文件的要求，切实予以支持，不得以任何借口进行干预、阻挠。

三、进一步做好相对集中行政处罚权工作的要求

（一）加强相对集中行政处罚权制度的宣传。

行政处罚法确立的相对集中行政处罚权制度，与行政机关关系重大，对行政管理体制改革和政府职能转变以及政府法制建设影响深远。各省、自治区、直辖市人民政府要按照本决定的要求，广泛、深入地宣传与相对集中行政处罚权工作有关的法律法规、方针政策、程序步骤，做到阶段性宣传和经常性宣传相结合，正面宣传和典型教育相结合，一般性宣传和疑难问题解答相结合，把思想认识真正统一到行政处罚法上来，统一到党和国家的有关方针政策上来，保证相对集中行政处罚权工作健康、有序进行。

各地区、各部门要加强宣传相对集中行政处罚权制度，各有关行政执法机关和执法人员要充分认识开展相对集中行政处罚权工作的重要性，熟悉相对集中行政处罚权制度和开展相对集中行政处罚权工作的原则、要求，特别要教育和督促被集中行政处罚权的有关部门增强政治意识、大局意识和责任意识，积极支持相对集中行政处罚权工作。

（二）抓紧建立省、自治区、直辖市人民政府决定开展相对集中行政处罚权工作的具体程序。

相对集中行政处罚权工作涉及有关部门行政处罚职权的调整和重新配置，各省、自治区、直辖市人民政府要抓紧建立决定开展相对集中行政处罚权工作的具体程序。

省、自治区的有关城市人民政府在开展相对集中行政处罚权工作前，要深入研究本地区特定领域行政执法中的情况和问题，广泛听取各方面意见和建议，依法提出调整行政处罚权的具体方案（其中有关机构、编制方面的事宜，由编制部门按照国家有关法规的规定和程序办理）。相对集中行政处罚权工作方案必须由本级人民政府常务会议讨论决定，并形成会议纪要，以政府名义上报所在的省、自治区人民政府审批。有关城市政府法制工作机构要按照《国务院办公厅关于继续做好相对集中行政处罚权试点工作的通知》（国办发〔2000〕63号）的要求，发挥在法制工作方面的参谋和助手作用，协助本级人民政府依法积极稳妥地做好相对集中行政处罚权工作。省、自治区人民政府对有关城市人民政府报送的相对集中行政处罚权工作方案，要依照行政处罚法和本决定以及国务院其他有关文件的规定严格审查，对借机增设机构、增加行政编制或者有其他不符合规定情形的，一律不予批准。

直辖市人民政府决定开展相对集中行政处罚权工作，参照上述规定办理。

经省、自治区、直辖市人民政府批准的相对集中行政处罚权工作方案，自批准之日起30日内，由省、自治区、直辖市人民政府报送国务院法制办公室备案。

（三）总结经验，不断完善开展相对集中行政处罚权工作的配套制度。

省、自治区、直辖市人民政府开展相对集中行政处罚权工作，要注意总结本地区实行相对集中行政处罚权制度的经验，加强配套制度建设，巩固行政管理体制改革的成果。省、自治区、直辖市和有立法权的其他地方政府，可以按照规定程序适时制定地方政府规章；没有立法权的地方政府根据需要可以制定规范性文件。要通过各层次的配套制度建设，明确集中行使行政处罚权的行政机关与其他有关部门之间的职责权限，完善集中行使行政处罚权的行政机关与其他有关部门之间的协调配合机制。要结合相对集中行使行政处罚权的实践,推进电子政务的制度建设,实现集中行使行政处罚权的行政机关与有关部门之间行政管理信息的互通与共享,促进行政执法手段的现代化。

要明确市、区两级集中行使行政处罚权的行政机关的职能和责任,探索同一系统上下级部门之间合理分工、协调运作的新机制,解决目前行政执法中同一件事多头管理和各级执法部门职权大体相同,多层执法、重复管理问题。要按照行政职能配置科学化的要求,从制度上重新配置上下级部门职能,原则上层级较高的部门主要侧重于政策研究、监督指导和重大执法活动的协调,具体的执法活动主要由基层执法队伍承担。

在开展相对集中行政处罚权工作的同时,有关地方人民政府对原由有关行政机关行使的管理权,要根据需要进行调整和重新配置,防止职责重叠、权力交叉,实现政企分开、政事分开;对有关行政机关行使的审批权,要按照国务院行政审批制度改革的要求,该取消的要坚决取消,该归并的要坚决归并,以方便基层、方便群众。要理顺行政机关与专业服务组织的关系,对于目前行政机关内设或者下设的各类技术检测、检验、检疫机构,要创造条件将这类机构从有关行政机关中逐步剥离出来,面向社会广泛提供技术服务,成为依法独立从事技术检测、检验、检疫活动,并对其技术结论独立承担法律责任的专业服务组织。

(四)加强行政执法队伍建设。

各省、自治区、直辖市人民政府要按照《国务院办公厅关于继续做好相对集中行政处罚权试点工作的通知》的规定,规范集中行使行政处罚权的行政机关的设置,不得将集中行使行政处罚权的行政机关作为政府一个部门的内设机构或者下设机构,也不得将某个部门的上级业务主管部门确定为集中行使行政处罚权的行政机关的上级主管部门。集中行使行政处罚权的行政机关应作为本级政府直接领导的一个独立的行政执法部门,依法独立履行规定的职权,并承担相应的法律责任。行政处罚权相对集中后,有关部门如果仍然行使已被调整出的行政处罚权,所作出的行政处罚决定一律无效,还要依法追究该部门直接负责的主管人员和其他直接责任人员的法律责任。集中行使行政处罚权的行政机关所需经费,一律由财政予以保障,所有收费、罚没收入全部上缴财政,不得作为经费来源。对以暴力、威胁方法阻碍集中行使行政处罚权的执法人员依法执行职务的行为,公安机关要及时依法作出处理,直至依法追究刑事责任,不得作为民事纠纷进行处理。

集中行使行政处罚权的行政机关履行原由多个部门行使的职权,权力大,责任重,必须加强队伍建设,加强监督管理。集中行使行政处罚权的行政机关的执法人员,要按照《国家公务员暂行条例》和其他有关规定,采取考试、考核等办法从有关部门和社会符合条件的人员中择优录用。有关地方人民政府要采取有效措施,加强对集中行使行政处罚权的行政机关的领导和管理,推行执法责任制和评议考核制,强化对有关行政执法人员的政治教育和法律培训,努力提高依法行政水平。要健全对集中行使行政处罚权的行政机关以及执法人员的检查监督机制和纪律约束制度,教育、督促集中行使行政处罚权的行政机关自觉接受权力机关的监督、人民法院的司法监督以及行政机关的层级监督。对集中行使行政处罚权的行政机关作出的具体行政行为不服提出的行政复议申请,由本级人民政府依法受理;上一级人民政府设立集中行使行政处罚权的行政机关的,申请人也可以选择向上一级人民政府设立的集中行使行政处罚权的行政机关提出行政复议申请，由该行政机关依法受理。

各级行政执法机关和执法人员要高度重视作风建设，按照党的十五届六中全会的精神，切实加强和改进执法作风，确保严格执法、秉公执法、文明执法。

（五）切实加强对相对集中行政处罚权工作的组织领导。

相对集中行政处罚权，必然要求对有关部门的行政处罚权进行重新配置，涉及现行行政管理体制的改革。从试点工作的情况看，多数部门对相对集中行政处罚权制度认识明确，积极支持。但是有的部门原则上赞成相对集中行政处罚权，到涉及本部门的职权调整时就以种种理由表示反对；有的部门对集中行使行政处罚权的行政机关的执法活动不支持、不配合，甚至设置障碍，这是不符合行政处罚法规定和国务院文件要求的。各省、自治区、直辖市人民政府都要切实负起责任，加强对相对集中行政处罚权工作的领导，主要领导同志要亲自抓，把这项工作列入重要议事日程。各省、自治区、直辖市人民政府法制工作机构要按照《国务院关于贯彻实施〈中华人民共和国行政处罚法〉的通知》（国发〔1996〕13号）和《国务院办公厅关于继续做好相对集中行政处罚权试点工作的通知》的规定，继续加强对相对集中行政处罚权工作的协调和监督，密切关注开展相对集中行政处罚权工作的情况和问题，及时研究提出依法解决问题的意见和建议，协助本级人民政府做好相关工作，保证相对集中行政处罚权制度的顺利实施。国务院法制办公室要按照本决定的要求，加强对各省、自治区、直辖市开展相对集中行政处罚权工作的指导和监督，进一步加强和完善相对集中行政处罚权的制度建设，积极推进行政管理体制的改革。

各地区、各部门要按照本决定的规定，结合本地区、本部门的实际情况，认真研究、落实。有关开展相对集中行政处罚权工作的重要情况和问题，请及时报告国务院法制办公室，由国务院法制办公室汇总向国务院报告。

国务院办公厅关于推行行政执法责任制的若干意见

（2005年7月9日 国办发〔2005〕37号）

各省、自治区、直辖市人民政府，国务院各部委、各直属机构：

行政执法责任制是规范和监督行政机关行政执法活动的一项重要制度。为贯彻落实《全面推进依法行政实施纲要》（国发〔2004〕10号，以下简称《纲要》）有关规定，推动建立权责明确、行为规范、监督有效、保障有力的行政执法体制，全面推进依法行政，经国务院同意，现就推行行政执法责任制有关工作提出以下意见。

一、充分认识推行行政执法责任制的重要意义

党中央、国务院高度重视推行行政执法责任制工作。党的十五大、十六大和十六届三中、四中全会对推行行政执法责任制提出了明确要求，《国务院关于全面推进依法行政的决定》（国发〔1999〕23号）和《纲要》就有关工作作出了具体规定。多年来，各地区、各有关部门认真贯彻落实党中央、国务院的要求，积极探索实行行政执法责任制，在加强行政执法管理、规范行政执法行为方面做了大量工作，取得了一定成效。但工作中也存在一些问题：有的地区和部门负责同志认识不到位，对这项工作不够重视；行政执法责任制不够健全，程序不够完善，评议考核机制不够科学，责任追究比较难落实,与相关制度不够衔接;组织实施缺乏必要的保障等。因此,迫切需要进一步健全和完善行政执法责任制。

行政执法是行政机关大量的经常性的活动,直接面向社会和公众,行政执法水平和质量的高低直接关系政府的形象。推行行政执法责任制,就是要强化执法责任,明确执法程序和执法标准,进一步规范和监督行政执法活动,提高行政执法水平,确保依法行政各项要求落到实处。地方各级人民政府和国务院各部门要以邓小平理论和"三个代表"重要思想为指导,树立和落实科学发展观,从立党为公、执政为民,建设法治政府,加强依法执政能力建设的高度,充分认识推行行政执法责任制的重要意义,采取有效措施,进一步做好这项工作。

二、依法界定执法职责

（一）梳理执法依据。

推行行政执法责任制首先要梳理清楚行政机关所执行的有关法律法规和规章以及国务院部门"三定"规定。

地方各级人民政府要组织好梳理执法依据的工作,对具有行政执法主体资格的部门（包括法律法规授予行政执法权的组织）执行的执法依据分类排序、列明目录,做到分类清晰、编排科学。要注意与《中华人民共和国行政处罚法》、《中华人民共和国行政许可法》等规范政府共同行为的法律规范相衔接。下级人民政府梳理所属部门的执法依据时,要注意与上级人民政府有关主管部门的执法依据相衔接,避免遗漏。地方各级人民政府要根据执法依据制定、修改和废止情况,及时调整所属各有关部门的执法依据,协调解决梳理执法依据中的问题。梳理完毕的执法依据,除下发相关执法部门外,要以适当形式向社会公布。

（二）分解执法职权。

地方各级人民政府中具有行政执法职能的部门要按照本级人民政府的统一部署和要求,根据执法机构和执法岗位的配置,将其法定职权分解到具体执法机构和执法岗位。有关部门不得擅自增加或者扩大本部门的行政执法权限。

分解行政执法部门内部不同执法机构和执法岗位的职权要科学合理,既要避免平行执法机构和执法岗位的职权交叉、重复,又要有利于促进相互之间的协调配合。不同层级的执法机构和执法岗位之间的职权要相互衔接,做到执法流程清楚、要求具体、期限明确。对各行政执法部门的执法人员,要结合其任职岗位的具体职权进行上岗培训;经考试考核合格具备行政执法资格的,方可按照有关规定发放行政执法证件。

（三）确定执法责任。

执法依据赋予行政执法部门的每一项行政执法职权,既是法定权力,也是必须履行的法定义务。行政执法部门任何违反法定义务的不作为和乱作为的行为,都必须承担相应的法律责任。要根据有权必有责的要求,在分解执法职权的基础上,确定不同部门及机构、岗位执法人员的具体执法责任。要根据行政执法部门和行政执法人员违反法定义务的不同情形,依法确定其应当承担责任的种类和内容。

地方各级人民政府可以采取适当形式明确所属行政执法部门的具体执法责任,行政执法部门应当采取适当形式明确各执法机构和执法岗位的具体执法责任。

国务院实行垂直管理和中央与地方双重管理的部门也要根据上述规定,做好依法界定执法职责的工作。

三、建立健全行政执法评议考核机制

行政执法评议考核是评价行政执法工作情况、检验行政执法部门和行政执法人员是否正确行使执法职权和全面履行法定义务的重要机制,是推行行政执法责任制的重要环节。各地区、各有关部门要建立健全相关机制,认真做好行政执法评议考核工作。

(一)评议考核的基本要求。

行政执法评议考核应当严格遵守公开、公平、公正原则。在评议考核中,要公正对待、客观评价行政执法人员的行政执法行为。评议考核的标准、过程和结果要以适当方式在一定范围内公开。

(二)评议考核的主体。

地方各级人民政府负责对所属部门的行政执法工作进行评议考核,同时要加强对下级人民政府行政执法评议考核工作的监督和指导。国务院实行垂直管理的行政执法部门,由上级部门进行评议考核,并充分听取地方人民政府的评议意见。实行双重管理的部门按照管理职责分工分别由国务院部门和地方人民政府评议考核。各行政执法部门对所属行政执法机构和行政执法人员的行政执法工作进行评议考核。

(三)评议考核的内容。

评议考核的主要内容是行政执法部门和行政执法人员行使行政执法职权和履行法定义务的情况,包括行政执法的主体资格是否符合规定,行政执法行为是否符合执法权限,适用执法依据是否规范,行政执法程序是否合法,行政执法决定的内容是否合法、适当,行政执法决定的行政复议和行政诉讼结果,案卷质量情况等。评议考核主体要结合不同部门、不同岗位的具体情况和特点,制定评议考核方案,明确评议考核的具体标准。

(四)评议考核的方法。

行政执法评议考核可以采取组织考评、个人自我考评、互查互评相结合的方法,做到日常评议考核与年度评议考核的有机衔接。要高度重视通过案卷评查考核行政执法部门和行政执法人员的执法质量。要积极探索新的评议考核方法,利用现代信息管理手段,提高评议考核的公正性和准确性。

在行政执法评议考核中,要将行政执法部门内部评议与外部评议相结合。对行政执法部门或者行政执法人员进行评议,必须认真听取相关行政管理相对人的意见。外部评议情况要作为最终考核意见的重要根据。外部评议可以通过召开座谈会、发放执法评议卡、设立公众意见箱、开通执法评议专线电话、聘请监督评议员、举行民意测验等方式进行。行政执法评议考核原则上采取百分制的形式,考核的分值要在本级人民政府依法行政情况考核中占有适当比重。

各地区、各有关部门要把行政执法评议考核与对行政执法部门的目标考核、岗位责任制考核等结合起来,避免对行政执法活动进行重复评议考核。

四、认真落实行政执法责任

推行行政执法责任制的关键是要落实行政执法责任。对有违法或者不当行政执法行为的行政执法部门,可以根据造成后果的严重程度或者影响的恶劣程度等具体情况,给予限期整改、通报批评、取消评比先进的资格等处理;对有关行政执法人员,可以根据年度考核情况,或者根据过错形式、危害大小、情节轻重,给予批评教育、离岗培训、调离执法岗位、取消执法资格等处理。

对行政执法部门的行政执法行为在行政复议和行政诉讼中被认定违法和变更、撤销等比例较高的,对外部评议中群众满意程度较低或者对推行行政执法责任制消极应付、弄虚作假的,可以责令行政执法部门限期整改;情节严重的,可以给予通报批评或者取消评比先进的资格。

除依照本意见对有关行政执法部门和行政执法人员进行处理外,对实施违法或者不当的行政执法行为依法依纪应采取组织处理措施的,按照干部管理权限和规定程序办理;依法依纪应当追究政纪责任的,由任免机关、监察机关依法给予行政处分;涉嫌犯罪的,移送司法机关处理。

追究行政执法责任,必须做到实事求是、客观公正。在对责任人作出处理前,应当听取当事人的意见,保障其陈述和申辩的权利,确保不枉不纵。对行政执法部门的行政执法责任,由本级人民政府或者监察机关依法予以追究;对实行垂直管理的部门的行政执法责任,由上级部门或者监察机关依法予以追究;对实行双重管理的部门的行政执法责任,按有关管理职责规定予以追究。同时,要建立健全行政执法奖励机制,对行政执法绩效突出的行政执法部门和行政执法人员予以表彰,调动行政执法部门和行政执法人员提高行政执法质量和水平的积极性,形成有利于推动严格执法、公正执法、文明执法的良好环境。

五、加强推行行政执法责任制的组织领导

推行行政执法责任制,关系各级政府所属各行政执法部门和每个行政执法人员,工作环节多,涉及面广,专业性强,工作量大。各省、自治区、直辖市人民政府和国务院实行垂直管理、双重管理的部门要切实负起责任,加强对这项工作的组织领导,认真做好本地区、本部门(本系统)推行行政执法责任制的组织协调、跟踪检查、督促落实工作。要注意总结本地区、本部门(本系统)推行行政执法责任制的经验,认真研究工作中的问题。国务院其他部门要加强对本系统推行行政执法责任制工作的指导。要加强配套制度建设,实行省以下垂直管理的行政执法部门的行政执法责任制工作,由省级人民政府结合本地区的具体情况予以规定。有立法权的地方的人民政府,可以按照规定程序适时制定有关地方政府规章;没有立法权的可以根据需要制定有关规范性文件。要通过各层次的配套制度建设,建立科学合理、公平公正的激励和约束机制。

开展相对集中行政处罚权、综合行政执法试点的地区,要按照《国务院关于进一步推进相对集中行政处罚权工作的决定》(国发〔2002〕17号)和《国务院办公厅转发中央编办关于清理整顿行政执法队伍实行综合行政执法试点工作意见的通知》(国办发〔2002〕56号)的要求,结合本意见的规定,切实做好推行行政执法责任制的工作。

在推行行政执法责任制过程中,涉及行政执法主体、职权细化、确定行政执法责任等问题,按照《纲要》和《国务院办公厅关于贯彻落实全面推进依法行政实施纲要的实施意见》(国办发〔2004〕24号)的规定,应当由机构编制部门为主进行指导和协调的,由机构编制部门牵头办理。

法制办、中央编办、监察部、人事部等部门要根据《纲要》和国办发〔2004〕24号文件规定,加强对各地区、各有关部门工作的指导和督促检查,确保顺利推行行政执法责任制。

各地区、各有关部门要结合本地区、本部门的实际情况,认真研究落实本意见的要求,在2006年4月30日前,完成推行行政执法责任制的相关工作。有关推行行政执法责任制工作的重要情况和问题,要及时报告国务院。

国务院办公厅关于印发推行行政执法公示制度执法全过程记录制度重大执法决定法制审核制度试点工作方案的通知

（2017年1月19日 国办发〔2017〕14号）

各省、自治区、直辖市人民政府，国务院各部委、各直属机构：

《推行行政执法公示制度执法全过程记录制度重大执法决定法制审核制度试点工作方案》已经党中央、国务院同意，现印发给你们，请认真贯彻执行。

推行行政执法公示制度执法全过程记录制度重大执法决定法制审核制度试点工作方案

推行行政执法公示制度、执法全过程记录制度、重大执法决定法制审核制度（以下统称三项制度）是党的十八届四中全会部署的重要改革任务，对于促进严格规范公正文明执法，保障和监督行政机关有效履行职责，维护人民群众合法权益，具有重要意义。根据党中央、国务院的部署和要求，现就开展三项制度试点工作，制定以下方案。

一、基本要求

认真贯彻落实《中共中央关于全面推进依法治国若干重大问题的决定》和《法治政府建设实施纲要（2015-2020年）》，按照依法有序、科学规范、便捷高效的原则，紧密联系实际，突出问题导向，积极稳妥实施，探索总结可复制可推广的经验做法，促进行政执法公开透明、合法规范，加快建设法治政府，进一步推进"放管服"改革，优化经济社会发展环境。

二、试点任务

确定在天津市、河北省、安徽省、甘肃省、国土资源部以及呼和浩特市等32个地方和部门开展试点（《试点地方、部门及试点任务表》附后）。地方人民政府试点的，其所属的所有行政执法主体均为试点单位；国务院部门试点的，由其自行确定具体试点单位；地方人民政府部门试点的，该政府部门为试点单位。各试点地方和部门根据实际情况，可以在行政许可、行政处罚、行政强制、行政征收、行政收费、行政检查六类行政执法行为中选择全部或者部分开展试点。

（一）行政执法公示制度。试点单位要依法及时主动向社会公开有关行政执法信息，行政执法人员在执法过程中要主动表明身份，接受社会监督。

1. 加强事前公开。要结合政府信息公开、权力和责任清单公布、"双随机、一公开"监管等工作，在门户网站和办事大厅、服务窗口等场所，公开行政执法主体、人员、职责、权限、随机抽查事项清单、依据、程序、监督方式和救济渠道等信息，并健全公开工作机制，实行动态调整。要编制并公开执法流程、服务指南，方便群众办事。

2. 规范事中公示。行政执法人员从事执法活动，要佩带或者出示能够证明执法资格的执法证件，出示有关执法文书，做好告知说明工作。服务窗口要明示工作人员岗位工作信息。

3. 推动事后公开。探索行政执法决定公开的范围、内容、方式、时限和程序，完善公开信息的审核、纠错和监督机制。"双随机"抽查情况及查处结果要及时向社会公布，接受群众监督。

4. 统一公示平台。试点地方的人民政府要确定本级政府和部门行政执法信息公示的统一平台，归集政府所属部门行政执法信息,有关部门要积极配合,实现执法信息互联互通。

（二）执法全过程记录制度。试点单位应当通过文字、音像等记录方式,对行政执法行为进行记录并归档,实现全过程留痕和可回溯管理。

1. 规范文字记录。要把行政执法文书作为全过程记录的基本形式,根据执法行为的种类、性质、流程等规范执法文书的制作,推行执法文书电子化,明确执法案卷标准,确保执法文书和案卷完整准确,便于监督管理。

2. 推行音像记录。对现场检查、随机抽查、调查取证、证据保全、听证、行政强制、送达等容易引发争议的行政执法过程,要进行音像记录。对直接涉及人身自由、生命健康、重大财产权益的现场执法活动和执法场所,要进行全过程音像记录。

3. 提高信息化水平。要积极利用大数据等信息技术,结合办公自动化系统建设,探索成本低、效果好、易保存、不能删改的记录方式。

4. 强化记录实效。建立健全执法全过程记录信息收集、保存、管理、使用等工作制度,加强数据统计分析,充分发挥全过程记录信息在案卷评查、执法监督、评议考核、舆情应对、行政决策和健全社会信用体系等工作中的作用。

（三）重大执法决定法制审核制度。试点单位作出重大执法决定之前,必须进行法制审核,未经法制审核或者审核未通过的,不得作出决定。

1. 落实审核主体。试点单位的法制机构负责本单位的法制审核工作。试点单位要配备和充实政治素质高、业务能力强、具有法律专业背景并与法制审核工作任务相适应的法制审核人员,建立定期培训制度,提高法制审核人员的法律素养和业务能力。要发挥政府法律顾问在法制审核工作中的作用。

2. 确定审核范围。要结合行政执法行为的类别、执法层级、所属领域、涉案金额以及对当事人、社会的影响等因素,确定重大执法决定的范围,探索建立重大执法决定目录清单制度。有条件的试点单位可以对法定简易程序以外的所有执法决定进行法制审核。

3. 明确审核内容。要针对不同行政执法行为,明确具体审核内容,重点审核执法主体、管辖权限、执法程序、事实认定、行政裁量权运用和法律适用等情形。

4. 细化审核程序。要根据重大执法决定的实际情况,编制法制审核工作流程,明确法制审核送审材料,规范法制审核工作方式和处理机制,规定法制审核时限,建立责任追究机制。

三、组织实施

（一）加强组织领导。建立由国务院法制办、中央编办、国家发展改革委、财政部、人力资源社会保障部等组成的试点工作协调机制,研究、协调、指导试点工作。负责组织实施的有关省、自治区、直辖市人民政府和国务院有关部门,要高度重视试点工作,指导研究制定试点实施方案并监督落实,加强对试点工作的指导,开展工作交流,及时解决试点工作中遇到的困难和问题。试点地方的人民政府要成立由负责法制、编制、信息公开、发展改革、财政、人力资源社会保障等工作的部门参加的试点工作协调小组,落实机构、人员及信息系统、装备、经费等保障措施,积极稳妥推进试点工作。

（二）强化统筹衔接。开展试点工作要与行政执法体制改革、编制权力和责任清单、推进"双随机、一公开"监管、规范行政执法程序、推行政府法律顾问制度、实行行政执法人员持证上岗和资格管理等改革任务相结合,统筹协调推进,着力解决执法领域社会反映强烈的突出问题。国务院有关部门要积极推动本系统执法办案、信息公示等平台与地方执法信息公示平台的互联互通。

(三)鼓励探索创新。开展试点工作要与开展建设法治政府示范创建活动相结合,因地制宜,找准突破口和着力点,积极探索多种模式,不断创新行政执法体制机制。相对成熟的方面要规范完善,相对薄弱的环节要健全强化。

(四)做好评估总结。试点工作在2017年底前完成。负责组织实施的省、自治区、直辖市人民政府和国务院有关部门要在2017年底前组织试点单位总结试点工作经验,并将总结报告报送国务院法制办。国务院法制办要会同有关方面对试点情况进行跟踪评估,及时研究试点工作中发现的新情况新问题,定期交流、通报试点进展情况;试点工作结束后,研究提出全面推行的意见。

附件:试点地方、部门及试点任务表

附件

试点地方、部门及试点任务表

序号	试点地方、部门	试点任务	组织实施单位
1	天津市	三项制度	天津市人民政府
2	河北省	三项制度	河北省人民政府
3	安徽省	重大执法决定法制审核制度	安徽省人民政府
4	甘肃省	重大执法决定法制审核制度	甘肃省人民政府
5	国土资源部	行政执法公示制度、重大执法决定法制审核制度	国土资源部
6	住房和城乡建设部	执法全过程记录制度	住房和城乡建设部
7	国家税务总局	三项制度	国家税务总局
8	呼和浩特市	三项制度	内蒙古自治区人民政府
9	沈阳市	重大执法决定法制审核制度	辽宁省人民政府
10	调兵山市	三项制度	辽宁省人民政府
11	白山市	重大执法决定法制审核制度	吉林省人民政府
12	海门市	三项制度	江苏省人民政府
13	宁波市	重大执法决定法制审核制度	浙江省人民政府
14	南昌市	三项制度	江西省人民政府
15	赣州市	三项制度	江西省人民政府
16	淄博市	三项制度	山东省人民政府
17	胶州市	三项制度	山东省人民政府
18	衡阳市	三项制度	湖南省人民政府

续表

19	广州市	三项制度	广东省人民政府
20	中山市		
21	泸州市	三项制度	四川省人民政府
22	成都市金牛区		
23	贵安新区管委会	三项制度	贵州省人民政府
24	毕节市		
25	中卫市	三项制度	宁夏回族自治区人民政府
26	荆州海事局	行政执法公示制度	交通运输部
27	徐州市商务局	执法全过程记录制度	商务部
28	常州市文化广电新闻出版局	三项制度	文化部
29	江苏省卫生监督所	执法全过程记录制度	国家卫生和计划生育委员会
30	沈阳市工商行政管理局	执法全过程记录制度	国家工商行政管理总局
31	辽宁出入境检验检疫局	执法全过程记录制度	国家质量监督检验检疫总局
32	北京市食品药品监督管理局	行政执法公示制度	国家食品药品监督管理总局

国务院办公厅关于全面推行行政执法公示制度执法全过程记录制度重大执法决定法制审核制度的指导意见

（2018年12月5日　国办发〔2018〕118号）

各省、自治区、直辖市人民政府，国务院各部委、各直属机构：

行政执法是行政机关履行政府职能、管理经济社会事务的重要方式。近年来，各地区、各部门不断加强行政执法规范化建设，执法能力和水平有了较大提高，但执法中不严格、不规范、不文明、不透明等问题仍然较为突出，损害人民群众利益和政府公信力。《中共中央关于全面推进依法治国若干重大问题的决定》和《法治政府建设实施纲要（2015—2020年）》对全面推行行政执法公示制度、执法全过程记录制度、重大执法决定法制审核制度（以下统称"三项制度"）作出了具体部署、提出了明确要求。聚焦行政执法的源头、过程、结果等关键环节，全面推行"三项制度"，对促进严格规范公正文明执法具有基础性、整体性、突破性作用，对切实保障人民群众合法权益，维护政府公信力，营造更加公开透明、规范有序、公平高效的法治环境具有重要意义。为指导各地区、各部门全面推行"三项制度"，经党中央、国务院同意，现提出如下意见。

一、总体要求

（一）指导思想。

以习近平新时代中国特色社会主义思想为指导，全面贯彻党的十九大和十九届二中、三中全会精神，着力推进行政执法透明、规范、合法、公正，不断健全执法制度、完善执法程序、创新执法方式、加强执法监督，全面提高执法效能，推动形成权责统一、权威高效的行政执法体系和职责明确、依法行政的政府治理体系，确保行政机关依法履行法定职责，切实维护人民群众合法权益,为落实全面依法治国基本方略、推进法治政府建设奠定坚实基础。

(二)基本原则。

坚持依法规范。全面履行法定职责,规范办事流程,明确岗位责任,确保法律法规规章严格实施,保障公民、法人和其他组织依法行使权利,不得违法增加办事的条件、环节等负担,防止执法不作为、乱作为。

坚持执法为民。牢固树立以人民为中心的发展思想,贴近群众、服务群众,方便群众及时获取执法信息、便捷办理各种手续、有效监督执法活动,防止执法扰民、执法不公。

坚持务实高效。聚焦基层执法实践需要,着力解决实际问题,注重措施的有效性和针对性,便于执法人员操作,切实提高执法效率,防止程序繁琐、不切实际。

坚持改革创新。在确保统一、规范的基础上,鼓励、支持、指导各地区、各部门因地制宜、更新理念、大胆实践,不断探索创新工作机制,更好服务保障经济社会发展,防止因循守旧、照搬照抄。

坚持统筹协调。统筹推进行政执法各项制度建设,加强资源整合、信息共享,做到各项制度有机衔接、高度融合,防止各行其是、重复建设。

(三)工作目标。

"三项制度"在各级行政执法机关全面推行,行政处罚、行政强制、行政检查、行政征收征用、行政许可等行为得到有效规范,行政执法公示制度机制不断健全,做到执法行为过程信息全程记载、执法全过程可回溯管理、重大执法决定法制审核全覆盖,全面实现执法信息公开透明、执法全过程留痕、执法决定合法有效,行政执法能力和水平整体大幅提升,行政执法行为被纠错率明显下降,行政执法的社会满意度显著提高。

二、全面推行行政执法公示制度

行政执法公示是保障行政相对人和社会公众知情权、参与权、表达权、监督权的重要措施。行政执法机关要按照"谁执法谁公示"的原则,明确公示内容的采集、传递、审核、发布职责,规范信息公示内容的标准、格式。建立统一的执法信息公示平台,及时通过政府网站及政务新媒体、办事大厅公示栏、服务窗口等平台向社会公开行政执法基本信息、结果信息。涉及国家秘密、商业秘密、个人隐私等不宜公开的信息,依法确需公开的,要作适当处理后公开。发现公开的行政执法信息不准确的,要及时予以更正。

(四)强化事前公开。行政执法机关要统筹推进行政执法事前公开与政府信息公开、权责清单公布、"双随机、一公开"监管等工作。全面准确及时主动公开行政执法主体、人员、职责、权限、依据、程序、救济渠道和随机抽查事项清单等信息。根据有关法律法规,结合自身职权职责,编制并公开本机关的服务指南、执法流程图,明确执法事项名称、受理机构、审批机构、受理条件、办理时限等内容。公开的信息要简明扼要、通俗易懂,并及时根据法律法规及机构职能变化情况进行动态调整。

(五)规范事中公示。行政执法人员在进行监督检查、调查取证、采取强制措施和强制执行、送达执法文书等执法活动时,必须主动出示执法证件,向当事人和相关人员表明身份,鼓励采取佩戴执法证件的方式,执法全程公示执法身份;要出具行政执法文书,主动告知当事人执法事由、执法依据、权利义务等内容。国家规定统一着执法服装、佩戴执法标识的,执法时要按规定着装、佩戴标识。政务服务窗口要设置岗位信息公示牌,明示工作人员岗位职责、申请材料示范文本、办理进度查询、咨询服务、投诉举报等信息。

（六）加强事后公开。行政执法机关要在执法决定作出之日起20个工作日内，向社会公布执法机关、执法对象、执法类别、执法结论等信息，接受社会监督，行政许可、行政处罚的执法决定信息要在执法决定作出之日起7个工作日内公开，但法律、行政法规另有规定的除外。建立健全执法决定信息公开发布、撤销和更新机制。已公开的行政执法决定被依法撤销、确认违法或者要求重新作出的，应当及时从信息公示平台撤下原行政执法决定信息。建立行政执法统计年报制度，地方各级行政执法机关应当于每年1月31日前公开本机关上年度行政执法总体情况有关数据，并报本级人民政府和上级主管部门。

三、全面推行执法全过程记录制度

行政执法全过程记录是行政执法活动合法有效的重要保证。行政执法机关要通过文字、音像等记录形式，对行政执法的启动、调查取证、审核决定、送达执行等全部过程进行记录，并全面系统归档保存，做到执法全过程留痕和可回溯管理。

（七）完善文字记录。文字记录是以纸质文件或电子文件形式对行政执法活动进行全过程记录的方式。要研究制定执法规范用语和执法文书制作指引，规范行政执法的重要事项和关键环节，做到文字记录合法规范、客观全面、及时准确。司法部负责制定统一的行政执法文书基本格式标准，国务院有关部门可以参照该标准，结合本部门执法实际，制定本部门、本系统统一适用的行政执法文书格式文本。地方各级人民政府可以在行政执法文书基本格式标准基础上，参考国务院部门行政执法文书格式，结合本地实际，完善有关文书格式。

（八）规范音像记录。音像记录是通过照相机、录音机、摄像机、执法记录仪、视频监控等记录设备，实时对行政执法过程进行记录的方式。各级行政执法机关要根据行政执法行为的不同类别、阶段、环节，采用相应音像记录形式，充分发挥音像记录直观有力的证据作用、规范执法的监督作用、依法履职的保障作用。要做好音像记录与文字记录的衔接工作，充分考虑音像记录方式的必要性、适当性和实效性，对文字记录能够全面有效记录执法行为的，可以不进行音像记录；对查封扣押财产、强制拆除等直接涉及人身自由、生命健康、重大财产权益的现场执法活动和执法办案场所，要推行全程音像记录；对现场执法、调查取证、举行听证、留置送达和公告送达等容易引发争议的行政执法过程，要根据实际情况进行音像记录。要建立健全执法音像记录管理制度，明确执法音像记录的设备配备、使用规范、记录要素、存储应用、监督管理等要求。研究制定执法行为用语指引，指导执法人员规范文明开展音像记录。配备音像记录设备、建设询问室和听证室等音像记录场所，要按照工作必需、厉行节约、性能适度、安全稳定、适量够用的原则，结合本地区经济发展水平和本部门执法具体情况确定，不搞"一刀切"。

（九）严格记录归档。要完善执法案卷管理制度，加强对执法台账和法律文书的制作、使用、管理，按照有关法律法规和档案管理规定归档保存执法全过程记录资料，确保所有行政执法行为有据可查。对涉及国家秘密、商业秘密、个人隐私的记录资料，归档时要严格执行国家有关规定。积极探索成本低、效果好、易保存、防删改的信息化记录储存方式，通过技术手段对同一执法对象的文字记录、音像记录进行集中储存。建立健全基于互联网、电子认证、电子签章的行政执法全过程数据化记录工作机制，形成业务流程清晰、数据链条完整、数据安全有保障的数字化记录信息归档管理制度。

（十）发挥记录作用。要充分发挥全过程记录信息对案卷评查、执法监督、评议考核、舆情应对、行政决策和健全社会信用体系等工作的积极作用，善于通过统计分析记录资料信息，发现行政执法薄弱环节，改进行政执法工作，依法公正维护执法人员和行政相对人的合法权益。建立健全记录信息调阅监督制度，做到可实时调阅，切实加强监督，确保行政执法文字记录、音像记录规范、合法、有效。

四、全面推行重大执法决定法制审核制度

重大执法决定法制审核是确保行政执法机关作出的重大执法决定合法有效的关键环节。行政执法机关作出重大执法决定前，要严格进行法制审核，未经法制审核或者审核未通过的，不得作出决定。

（十一）明确审核机构。各级行政执法机关要明确具体负责本单位重大执法决定法制审核的工作机构，确保法制审核工作有机构承担、有专人负责。加强法制审核队伍的正规化、专业化、职业化建设，把政治素质高、业务能力强、具有法律专业背景的人员调整充实到法制审核岗位，配强工作力量，使法制审核人员的配置与形势任务相适应，原则上各级行政执法机关的法制审核人员不少于本单位执法人员总数的5%。要充分发挥法律顾问、公职律师在法制审核工作中的作用，特别是针对基层存在的法制审核专业人员数量不足、分布不均等问题，探索建立健全本系统内法律顾问、公职律师统筹调用机制，实现法律专业人才资源共享。

（十二）明确审核范围。凡涉及重大公共利益，可能造成重大社会影响或引发社会风险，直接关系行政相对人或第三人重大权益，经过听证程序作出行政执法决定，以及案件情况疑难复杂、涉及多个法律关系的，都要进行法制审核。各级行政执法机关要结合本机关行政执法行为的类别、执法层级、所属领域、涉案金额等因素，制定重大执法决定法制审核目录清单。上级行政执法机关要对下一级执法机关重大执法决定法制审核目录清单编制工作加强指导，明确重大执法决定事项的标准。

（十三）明确审核内容。要严格审核行政执法主体是否合法，行政执法人员是否具备执法资格；行政执法程序是否合法；案件事实是否清楚，证据是否合法充分；适用法律、法规、规章是否准确，裁量基准运用是否适当；执法是否超越执法机关法定权限；行政执法文书是否完备、规范；违法行为是否涉嫌犯罪、需要移送司法机关等。法制审核机构完成审核后，要根据不同情形，提出同意或者存在问题的书面审核意见。行政执法承办机构要对法制审核机构提出的存在问题的审核意见进行研究，作出相应处理后再次报送法制审核。

（十四）明确审核责任。行政执法机关主要负责人是推动落实本机关重大执法决定法制审核制度的第一责任人，对本机关作出的行政执法决定负责。要结合实际，确定法制审核流程，明确送审材料报送要求和审核的方式、时限、责任，建立健全法制审核机构与行政执法承办机构对审核意见不一致时的协调机制。行政执法承办机构对送审材料的真实性、准确性、完整性，以及执法的事实、证据、法律适用、程序的合法性负责。法制审核机构对重大执法决定的法制审核意见负责。因行政执法承办机构的承办人员、负责法制审核的人员和审批行政执法决定的负责人滥用职权、玩忽职守、徇私枉法等，导致行政执法决定错误，要依纪依法追究相关人员责任。

五、全面推进行政执法信息化建设

行政执法机关要加强执法信息管理，及时准确公示执法信息，实现行政执法全程留痕，法制审核流程规范有序。加快推进执法信息互联互通共享，有效整合执法数据资源，为行政执法更规范、群众办事更便捷、政府治理更高效、营商环境更优化奠定基础。

（十五）加强信息化平台建设。依托大数据、云计算等信息技术手段，大力推进行政执法综合管理监督信息系统建设，充分利用已有信息系统和数据资源，逐步构建操作信息化、文书数据化、过程痕迹化、责任明晰化、监督严密化、分析可量化的行政执法信息化体系，做到执法信息网上录入、执法程序网上流转、执法活动网上监督、执法决定实时推送、执法信息统一公示、执法信息网上查询，实现对行政执法活动的即时性、过程性、系统性管理。认真落实国务院关于加快全国一体化在线政务服务平台建设的决策部署，推动政务服务"一网通办"，依托电子政务外网开展网上行政服务工作，全面推行网上受理、网上审批、网上办公，让数据多跑路、群众少跑腿。

（十六）推进信息共享。完善全国行政执法数据汇集和信息共享机制，制定全国统一规范的执法数据标准，明确执法信息共享的种类、范围、流程和使用方式，促进执法数据高效采集、有效整合。充分利用全国一体化在线政务服务平台，在确保信息安全的前提下，加快推进跨地区、跨部门执法信息系统互联互通，已建设并使用的有关执法信息系统要加强业务协同，打通信息壁垒，实现数据共享互通，解决"信息孤岛"等问题。认真梳理涉及各类行政执法的基础数据，建立以行政执法主体信息、权责清单信息、办案信息、监督信息和统计分析信息等为主要内容的全国行政执法信息资源库，逐步形成集数据储存、共享功能于一体的行政执法数据中心。

（十七）强化智能应用。要积极推进人工智能技术在行政执法实践中的运用，研究开发行政执法裁量智能辅助信息系统，利用语音识别、文本分析等技术对行政执法信息数据资源进行分析挖掘，发挥人工智能在证据收集、案例分析、法律文件阅读与分析中的作用，聚焦争议焦点，向执法人员精准推送办案规范、法律法规规定、相似案例等信息，提出处理意见建议，生成执法决定文书，有效约束规范行政自由裁量权，确保执法尺度统一。加强对行政执法大数据的关联分析、深化应用，通过提前预警、监测、研判，及时发现解决行政机关在履行政府职能、管理经济社会事务中遇到的新情况、新问题，提升行政立法、行政决策和风险防范水平，提高政府治理的精准性和有效性。

六、加大组织保障力度

（十八）加强组织领导。地方各级人民政府及其部门的主要负责同志作为本地区、本部门全面推行"三项制度"工作的第一责任人，要切实加强对本地区、本部门行政执法工作的领导，做好"三项制度"组织实施工作，定期听取有关工作情况汇报，及时研究解决工作中的重大问题，确保工作有方案、部署有进度、推进有标准、结果有考核。要建立健全工作机制，县级以上人民政府建立司法行政、编制管理、公务员管理、信息公开、电子政务、发展改革、财政、市场监管等单位参加的全面推行"三项制度"工作协调机制，指导协调、督促检查工作推进情况。国务院有关部门要加强对本系统全面推行"三项制度"工作的指导，强化行业规范和标准统一，及时研究解决本部门、本系统全面推行"三项制度"过程中遇到的问题。上级部门要切实做到率先推行、以上带下,充分发挥在行业系统中的带动引领作用,指导、督促下级部门严格规范实施"三项制度"。

(十九)健全制度体系。要根据本指导意见的要求和各地区、各部门实际情况,建立健全科学合理的"三项制度"体系。加强和完善行政执法案例指导、行政执法裁量基准、行政执法案卷管理和评查、行政执法投诉举报以及行政执法考核监督等制度建设,推进全统一的行政执法资格和证件管理,积极做好相关制度衔接工作,形成统筹行政执法各个环节的制度体系。

(二十)开展培训宣传。要开展"三项制度"专题学习培训,加强业务交流。认真落实"谁执法谁普法"普法责任制的要求,加强对全面推行"三项制度"的宣传,通过政府网站、新闻发布会以及报刊、广播、电视、网络、新媒体等方式,全方位宣传全面推行"三项制度"的重要意义、主要做法、典型经验和实施效果,发挥示范带动作用,及时回应社会关切,合理引导社会预期,为全面推行"三项制度"营造良好的社会氛围。

(二十一)加强督促检查。要把"三项制度"推进情况纳入法治政府建设考评指标体系,纳入年底效能目标考核体系,建立督查情况通报制度,坚持鼓励先进与鞭策落后相结合,充分调动全面推行"三项制度"工作的积极性、主动性。对工作不力的要及时督促整改,对工作中出现问题造成不良后果的单位及人员要通报批评,依纪依法问责。

(二十二)保障经费投入。要建立责任明确、管理规范、投入稳定的执法经费保障机制,保障行政执法机关依法履职所需的执法装备、经费,严禁将收费、罚没收入同部门利益直接或者变相挂钩。省级人民政府要分类制定行政执法机关执法装备配备标准、装备配备规划、设施建设规划和年度实施计划。地方各级行政执法机关要结合执法实际,将执法装备需求报本级人民政府列入财政预算。

(二十三)加强队伍建设。高素质的执法人员是全面推行"三项制度"取得实效的关键。要重视执法人员能力素质建设,加强思想道德和素质教育,着力提升执法人员业务能力和执法素养,打造政治坚定、作风优良、纪律严明、廉洁务实的执法队伍。加强行政执法人员资格管理,统一行政执法证件样式,建立全国行政执法人员和法制审核人员数据库。健全行政执法人员和法制审核人员岗前培训和岗位培训制度。鼓励和支持行政执法人员参加国家统一法律职业资格考试,对取得法律职业资格的人员可以简化或免于执法资格考试。建立科学的考核评价体系和人员激励机制。保障执法人员待遇,完善基层执法人员工资政策,建立和实施执法人员人身意外伤害和工伤保险制度,落实国家抚恤政策,提高执法人员履职积极性,增强执法队伍稳定性。

各地区、各部门要于2019年3月底前制定本地区、本部门全面推行"三项制度"的实施方案,并报司法部备案。司法部要加强对全面推行"三项制度"的指导协调,会同有关部门进行监督检查和跟踪评估,重要情况及时报告国务院。

国务院关于印发2015年推进简政放权放管结合转变政府职能工作方案的通知

(2015年5月12日 国发〔2015〕29号)

各省、自治区、直辖市人民政府,国务院各部委、各直属机构:

国务院批准《2015年推进简政放权放

管结合转变政府职能工作方案》,现予印发,请认真贯彻落实。

2015年推进简政放权放管结合转变政府职能工作方案

党的十八大和十八届二中、三中、四中全会对全面深化改革、加快转变政府职能作出了部署,提出了要求。两年多来,国务院把简政放权作为全面深化改革的"先手棋"和转变政府职能的"当头炮",采取了一系列重大改革措施,有效释放了市场活力,激发了社会创造力,扩大了就业,促进了对外开放,推动了政府管理创新,取得了积极成效。2015年是全面深化改革的关键之年,是全面推进依法治国的开局之年,也是稳增长调结构的紧要之年,简政放权、放管结合和转变政府职能的任务更加紧迫、更加艰巨。为把这项改革向纵深推进,在重要领域和关键环节继续取得突破性进展,促进经济社会持续平稳健康发展,制定本方案。

一、总体要求

(一)指导思想。

全面贯彻党的十八大和十八届二中、三中、四中全会精神,按照"四个全面"战略布局,落实中央经济工作会议部署和《政府工作报告》确定的任务要求,紧扣打造"双引擎"、实现"双中高",主动适应和引领经济发展新常态,协同推进简政放权、放管结合、优化服务,坚持民意为先、问题导向,重点围绕阻碍创新发展的"堵点"、影响干事创业的"痛点"和市场监管的"盲点",拿出硬措施,打出组合拳,在放权上求实效,在监管上求创新,在服务上求提升,在深化行政管理体制改革,建设法治政府、创新政府、廉洁政府和服务型政府方面迈出坚实步伐,促进政府治理能力现代化。

(二)工作目标。

2015年,推进简政放权、放管结合和转变政府职能工作,要适应改革发展新形势、新任务,从重数量向提高含金量转变,从"给群众端菜"向"让群众点菜"转变,从分头分层级推进向纵横联动、协同并进转变,从减少审批向放权、监管、服务并重转变,统筹推进行政审批、投资审批、职业资格、收费管理、商事制度、教科文卫体等领域改革,着力解决跨领域、跨部门、跨层级的重大问题。继续取消含金量高的行政审批事项,彻底取消非行政许可审批类别,大力简化投资审批,实现"三证合一"、"一照一码",全面清理并取消一批收费项目和资质资格认定,出台一批规范行政权力运行、提高行政审批效率的制度和措施,推出一批创新监管、改进服务的举措,为企业松绑减负,为创业创新清障搭台,为稳增长、促改革、调结构、惠民生提供有力支撑,培育经济社会发展新动力。

二、主要任务

(一)深入推进行政审批改革。

全面清理中央指定地方实施的行政审批事项,公布清单、锁定底数,今年取消200项以上。全面清理和取消国务院部门非行政许可审批事项,不再保留"非行政许可审批"这一审批类别。继续取消和下放国务院部门行政审批事项,进一步提高简政放权的含金量。基本完成省级政府工作部门、依法承担行政职能事业单位权力清单的公布工作。研究建立国务院部门权力清单和责任清单制度,开展编制权力清单和责任清单的试点工作。严格落实规范行政审批行为的有关法规、文件要求,国务院部门所有行政审批事项都要逐项公开审批流程,压缩并明确审批时限,约束自由裁量权,以标准化促进规范化。研究提出指导规范国务院部门证照管理的工作方案,对增加企业负担的证照进行清理规范。清理规范国务院部门行政审批中介服务,公布保留的国务院部门行政审批中介服务事项清单,破除垄断,规范收费,加强监管。对国务院已取消下放的行政审批事项,要严肃纪律、严格执行,彻底放、放到位,及时纠正明放暗留、变相审批、弄虚作假等行为。

(二)深入推进投资审批改革。

按照《政府核准的投资项目目录(2014年本)》,进一步取消下放投资审批权限。制定并公开企业投资项目核准及强制性中介服务事项目录清单,简化投资项目报建手续,大幅减少申报材料,压缩前置审批环节并公开审批时限。制订《政府核准和备案投资项目管理条例》。推进落实企业投资项目网上并联核准制度,加快建设信息共享、覆盖全国的投资项目在线审批监管平台。创新投资管理方式,抓紧建立协同监管机制,推动国务院有关部门主动协同放权、落实限时办结制度,督促地方抓紧制定细化、可操作的工作方案和配套措施。打破信息孤岛,加快信息资源开放共享,推动有关部门间横向联通,促进中央与地方纵向贯通,实现"制度+技术"的有效监管。

(三)深入推进职业资格改革。

进一步清理和取消职业资格许可认定,年内基本完成减少职业资格许可认定任务。指导督促地方做好取消本地区职业资格许可认定工作。研究建立国家职业资格目录清单管理制度,加强对新设职业资格的管理。研究制订职业资格设置管理和职业技能开发有关规定。加强对职业资格实施的监管,完善职业资格考试和鉴定制度,着力解决"挂证"、"助考"、"考培挂钩"等问题。制定行业组织承接水平评价类职业资格具体认定工作管理办法,推进水平评价类职业资格具体认定工作由行业协会等组织承担。加快完成国家职业分类大典修订工作,编制国家职业资格规划,形成与我国经济社会发展和人才队伍建设相适应的职业资格框架体系。

(四)深入推进收费清理改革。

坚决取缔违规设立的收费基金项目,凡没有法律法规依据、越权设立的,一律取消;凡擅自提高征收标准、扩大征收范围的,一律停止执行。清理规范按规定权限设立的收费基金,取消政府提供普遍公共服务或体现一般性管理职能的行政事业性收费;取消政策效应不明显、不适应市场经济发展需要的政府性基金;对收费超过服务成本,以及有较大收支结余的政府性基金,降低征收标准;整合重复设置的收费基金;依法将具有税收性质的收费基金并入相应的税种。清理规范具有强制垄断性的经营服务性收费,凡没有法定依据的行政审批中介服务项目及收费一律取消;不得将政府职责范围内的事项交由事业单位或中介组织承担并收费。整顿规范行业协会商会收费,坚决制止强制企业入会并收取会费,以及强制企业付费参加各类会议、培训、展览、评比表彰和强制赞助捐赠等行为;严禁行业协会商会依靠代行政府职能擅自设立收费项目。清理规范后保留的行政事业性收费、政府性基金和实行政府定价的经营服务性收费,实行收费目录清单管理,公布全国性、中央部门和单位及省级收费目录清单。开展收费监督检查,查处乱收费行为。

(五)深入推进商事制度改革。

推进工商营业执照、组织机构代码证、税务登记证"三证合一",年内出台推进"三证合一"登记制度改革的意见,实现"一照一码"。全面清理涉及注册资本登记制度改革的部门规章和规范性文件。制定落实"先照后证"改革严格执行工商登记前置审批事项的意见。公开决定保留的前置审批事项目录。加快推进与"先照后证"改革相配套的管理规定修订工作。总结自由贸易试验区外商投资企业备案管理工作经验，加快在全国推进外商投资审批体制改革，进一步简化外商投资企业设立程序。建设小微企业名录，建立支持小微企业发展的信息互联互通机制，实现政策集中公示、扶持申请导航、享受扶持信息公示等。推进企业信用信息公示"全国一张网"建设。加快推进"信用中国"网站和统一的信用信息共享交换平台建设。继续创新优化登记方式，研究制定进一步放宽新注册企业场所登记条件限制的指导意见，指导督促地方制定出台、修改完善住所（经营场所）管理规定。组织开展企业名称登记管理改革试点。修订《企业经营范围登记管理规定》。简化和完善注销流程，开展个体工商户、未开业企业、无债权债务企业简易注销登记试点。制定进一步推进电子营业执照试点工作的意见，建设全国统一的电子营业执照系统。研究制定全国企业登记全程电子化实施方案。

（六）深入推进教科文卫体领域相关改革。

适应互联网、大数据等技术日新月异的趋势，围绕打造大众创业、万众创新和增加公共产品、公共服务"双引擎"，研究推进教科文卫体领域创新管理和服务的意见，尤其是对新技术、新业态、新模式，既解决"门槛过高"问题，又解决"无路可走"问题，主动开拓为企业和群众服务的新形式、新途径，营造良好的创业创新环境。落实好教科文卫体领域取消下放的行政审批事项，逐项检查中途截留、变相审批、随意新设、明减暗增等落实不到位的行为并加以整改。研究加强对教科文卫体领域取消下放行政审批事项的事中事后监管措施，逐项检查事中事后监管措施是否及时跟上、有力有效，是否存在监管漏洞和衔接缝隙，对发现的问题逐项整改。对教科文卫体领域现有行政审批事项进行全面梳理，再取消下放一批行政审批事项，协调研究解决工作中的重点难点问题。

（七）深入推进监管方式创新，着力优化政府服务。

按照简政放权、依法监管、公正透明、权责一致、社会共治原则，根据各地区各部门探索实践，积极借鉴国外成熟做法，转变监管理念，创新监管方式，提升监管效能，为各类市场主体营造公平竞争发展环境，使市场和社会既充满活力又规范有序。研究制订"先照后证"改革后加强事中事后监管的意见，开展加强对市场主体服务和监管的试点工作。抓紧建立统一的综合监管平台，推进综合执法。推进社会信用体系建设，建立信息披露和诚信档案制度、失信联合惩戒机制和黑名单制度。指导各地实施企业经营异常名录、严重违法企业名单等相关制度，构建跨部门执法联动响应及失信约束机制。积极运用大数据、云计算、物联网等信息化手段，探索实行"互联网+监管"新模式。推行随机抽查、告知承诺、举报奖励等办法，畅通群众投诉举报渠道，充分调动社会监督力量，落实企业首负责任，形成政府监管、企业自治、行业自律、社会监督的新格局。

以创业创新需求为导向，切实提高公共服务的针对性和实效性，为大众创业、万众创新提供全方位的服务，为人民群众提供公平、可及的服务。搭建为市场主体服务的公共平台，形成集聚效应，实现服务便利化、集约化、高效化。发展知识产权代理、法律、咨询、培训等服务，构建全链条的知识产权服务体系。提供有效管用的信息和数据，为市场主体创业创新和开拓市场提供信息服务。开展法律咨询服务，积极履行政府法律援助责任。加强就业指导和职业教育，做好大学生创业就业服务。制订完善人才政策，营造引智聚才的良好环境，为市场主体提供人力资源服务。创新公共服务提供方式，引入市场机制，凡是企业和社会组织有积极性、适合承担的，通过委托、承包、采购等方式尽可能发挥社会力量作用；确需政府参与的，也要更多采取政府和社会力量合作方式。政府要履行好保基本的兜底责任，切实保障困难群众的基本生活，消除影响群众干事创业的后顾之忧。

（八）进一步强化改革保障机制。

地方各级政府要抓紧建立简政放权放管结合职能转变工作推进机制。要按照国务院总体部署和要求，守土有责、守土尽责，强化责任、积极跟进，搞好衔接、上下联动。要树立问题导向，积极探索，主动作为，明确改革重点，推出有力措施，切实解决本地区企业和群众反映强烈的问题，增强改革的针对性和有效性。

国务院推进职能转变协调小组（以下简称协调小组）要切实发挥统筹指导和督促落实作用。要加强改革进展、典型做法、意见建议的沟通交流。针对改革中的重点难点问题和前瞻性、长远性问题，进行深入调研，提出对策建议。对出台的重大改革措施，组织开展第三方评估。加大督查力度，对重大改革措施的落实情况进行专项督促检查。抓住典型案例，推动解决社会反映强烈的问题。配合各项改革，做好法律法规起草、修订、审核、清理等工作。对简政放权、放管结合和转变政府职能事项进行专家评估，客观公正地提出意见建议。从建设法治政府、创新政府、廉洁政府和服务型政府的高度，加强理论研究，发挥决策咨询作用。

三、工作要求

（一）加强组织领导。各地区、各部门主要负责同志和协调小组各专题组、功能组组长要高度重视，勇于担当，切实担负起推进本地区本领域简政放权、放管结合、转变政府职能改革的重任。要切实提高推进改革的效率，根据本方案要求，及时组织制定工作方案并限期出台改革文件，明确时间表、路线图和成果形式，将任务逐项分解到位、落实到人。对主动作为的要激励，对落实不力的要问责，以抓铁有痕、踏石留印的作风，务求有进展、有突破、有实效。

（二）加强统筹协调。各地区、各部门和协调小组各专题组、功能组要牢固树立大局意识和全局观念，密切协作、协调联动、相互借鉴，勇于探索创新，敢于率先突破。各地区、各部门负责推动解决属于本地区本领域的问题；协调小组各专题组要发挥牵头作用，协调解决好跨部门跨领域的问题；协调小组办公室和各功能组要加强沟通协调和支持保障，形成工作合力，确保各项改革整体推进。

（三）加强地方指导。国务院各部门和协调小组各专题组、功能组要注重对地方改革的跟踪指导，搭建经验交流推广的平台。及时研究解决"接、放、管"和服务中的重点难点问题，为地方推进改革扫除障碍。加强对地方政府简政放权、放管结合、职能转变工作的考核，完善考评机制，切实推动基层政府职能转变，着力解决"最后一公里"问题。

（四）加强舆论引导。要及时发布权威改革信息，回应社会关切，引导社会预期。加强改革举措的解读宣传，凝聚改革共识，形成推动改革的良好舆论氛围。

附件：任务分工和进度安排表

附件

任务分工和进度安排表

序号	工作任务	责任单位	时间进度
\multicolumn{4}{} 一、深入推进行政审批改革		
1*	全面清理中央指定地方实施的行政审批事项,公布清单,今年取消200项以上。	国务院审改办(协调小组行政审批改革组组长单位)牵头	6月底前将清单上报国务院,12月底前完成
2	全面完成国务院部门非行政许可审批事项清理和取消工作。	国务院审改办牵头	5月底前完成
3*	分两批取消和下放国务院部门行政审批事项,进一步提高简政放权的含金量。	国务院审改办牵头	12月底前完成
4	拟订地方政府工作部门权力清单和责任清单工作手册,基本完成省级政府工作部门、依法承担行政职能事业单位权力清单的公布工作。	国务院审改办牵头	12月底前完成
5	研究建立国务院部门权力清单和责任清单制度,开展编制权力清单和责任清单的试点工作。	国务院审改办牵头	11月底前完成
6*	规范国务院部门行政审批行为,逐项公开审批流程,压缩并明确审批时限,约束自由裁量权,以标准化促进规范化。	国务院审改办牵头	全年工作
7	研究提出指导规范国务院部门证照管理的工作方案,对增加企业负担的证照进行清理规范。	国务院审改办牵头	12月底前完成
8	清理规范国务院部门行政审批中介服务,公布保留的国务院部门行政审批中介服务事项清单,破除垄断,规范收费,加强监管。	国务院审改办牵头	全年工作
9	对国务院已取消下放的行政审批事项,要严肃纪律、严格执行,彻底放、放到位,及时纠正明放暗留、变相审批、弄虚作假等行为。	国务院审改办牵头	全年工作
二、深入推进投资审批改革			
10	按照《政府核准的投资项目目录(2014年本)》,进一步取消下放投资审批权限。	发展改革委(协调小组投资审批改革组组长单位)牵头	12月底前完成

续表

序号	工作任务	责任单位	时间进度
11*	制订并公开企业投资项目核准及强制性中介服务事项目录清单。	发展改革委牵头	12月底前完成
12	进一步简化、整合投资项目报建手续。	发展改革委牵头	12月底前完成
13	制订《政府核准和备案投资项目管理条例》。	发展改革委牵头	6月底前提出草案报国务院
14	创新投资管理方式,抓紧建立协同监管机制,推动国务院有关部门主动协同放权、落实限时办结制度,督促地方抓紧制定细化、可操作的工作方案和配套措施。	发展改革委牵头	12月底前完成
15*	加快建设信息共享、覆盖全国的投资项目在线审批监管平台,推进落实企业投资项目网上并联核准制度。加快信息资源开放共享,打破信息孤岛,推动有关部门间横向联通、促进中央与地方纵向贯通,实现"制度+技术"的有效监管。	发展改革委牵头	6月底前实现横向联通,12月底前实现纵向贯通
三、深入推进职业资格改革			
16*	分两批清理和取消职业资格许可认定,年内基本完成减少职业资格许可认定任务。指导督促地方做好取消本地区职业资格许可认定工作。	人力资源社会保障部(协调小组职业资格改革组组长单位)牵头	6月底前完成第一批,12月底前完成第二批
17	研究建立国家职业资格目录清单管理制度。	人力资源社会保障部牵头	12月底前完成
18	研究制订职业资格设置管理和职业技能开发有关规定。	人力资源社会保障部牵头	12月底前完成
19	加强对职业资格实施的监管,进一步细化职业资格考试、鉴定工作管理规定,着力解决"挂证"、"助考"、"考培挂钩"等问题。	人力资源社会保障部牵头	12月底前完成
20	制定行业组织承接水平评价类职业资格具体认定工作管理办法,推进水平评价类职业资格具体认定工作由行业协会等组织承担。	人力资源社会保障部牵头	12月底前完成
21	修订国家职业分类大典。	人力资源社会保障部牵头	6月底前完成
22	加强国家职业资格框架体系和国家职业资格规划研究工作。	人力资源社会保障部牵头	9月底前启动

续表

序号	工作任务	责任单位	时间进度
四、深入推进收费清理改革			
23	制定出台开展收费专项清理规范工作的通知。	财政部(协调小组收费清理改革组组长单位)牵头	5月底前完成
24	坚决取缔违规设立的收费基金项目。凡没有法律法规依据、越权设立的收费基金项目,一律取消;凡擅自提高征收标准、扩大征收范围的,一律停止执行。	财政部牵头	全年工作
25*	清理规范按规定权限设立的收费基金。取消政府提供普遍公共服务或体现一般性管理职能的行政事业性收费。取消政策效应不明显、不适应市场经济发展需要的政府性基金。对收费超过服务成本,以及有较大收支结余的政府性基金,降低征收标准。整合重复设置的收费基金。依法将具有税收性质的收费基金并入相应的税种。	财政部牵头	全年工作
26*	清理规范具有强制垄断性的经营服务性收费。凡没有法定依据的行政审批中介服务项目及收费一律取消。不得将政府职责范围内的事项交由事业单位或中介组织承担并收费。	财政部牵头	全年工作
27	指导和督促中央部门对本部门、本系统、所属事业单位、主管的行业协会商会及举办的企业的涉企收费进行全面清理,公布取消、调整和规范全国性及中央部门和单位收费的政策措施。	财政部牵头	9月底前完成
28	编制并公布全国性及中央部门和单位收费目录清单。(其中,行政审批中介服务收费目录清单在国务院审改办会同有关部门公布的中介服务事项清单基础上公布)	财政部牵头	9月底前完成
29	指导和督促各省级人民政府开展本地区收费基金清理规范工作,由省级人民政府公布取消、调整和规范本地区收费基金的政策措施。公布省级收费目录清单。(其中,省级经营服务性收费目录清单在修订政府定价目录基础上公布)	财政部牵头	8月底前完成
30	开展收费监督检查,查处乱收费行为。	财政部牵头	全年工作

续表

序号	工作任务	责任单位	时间进度
五、深入推进商事制度改革			
31*	制定推进"三证合一"登记制度改革的意见,实现"一照一码"。	工商总局(协调小组商事制度改革组组长单位)牵头	6月底前出台推进"三证合一"登记制度改革意见,12月底前实现"一照一码"
32	全面清理涉及注册资本登记制度改革的部门规章和规范性文件。	工商总局牵头	5月底前完成
33	制定落实"先照后证"改革严格执行工商登记前置审批事项的意见。公开决定保留的前置审批事项目录。加快推进与"先照后证"改革相配套的管理规定修订工作。	工商总局牵头	6月底前完成
34	总结自由贸易试验区外商投资企业备案管理工作经验,加快在全国推进外商投资审批体制改革,进一步简化外商投资企业设立程序。	工商总局牵头	全年工作
35	制定《小微企业名录建设工作方案》,建立支持小微企业发展的信息互联互通机制。	工商总局牵头	12月底前完成
36*	推进企业信用信息公示"全国一张网"建设。指导各地实施企业经营异常名录相关制度,构建跨部门执法联动响应及失信约束机制。	工商总局牵头	全年工作
37	指导督促各地制定出台、修改完善住所(经营场所)管理规定。	工商总局牵头	6月底前完成
38	组织开展企业名称登记管理改革试点。	工商总局牵头	5月底前启动
39	修订《企业经营范围登记管理规定》。	工商总局牵头	8月底前完成
40	开展个体工商户、未开业企业、无债权债务企业简易注销登记试点工作。	工商总局牵头	6月底前启动
41	制定进一步推进电子营业执照试点工作的意见,出台电子营业执照技术方案。	工商总局牵头	6月底前完成
42	统筹推进企业登记全程电子化,制定全国企业登记全程电子化实施方案。	工商总局牵头	10月底前完成
43	开展运用大数据加强对市场主体服务和监管的相关试点工作。	工商总局牵头	5月底前完成

续表

序号	工作任务	责任单位	时间进度
六、深入推进教科文卫体领域相关改革			
44*	研究推进教科文卫体领域创新管理和服务的意见。围绕打造大众创业、万众创新和增加公共产品、公共服务"双引擎",主动开拓为企业和群众服务的新形式、新途径,营造良好的创业创新环境。	教育部、科技部、文化部、卫生计生委、新闻出版广电总局、体育总局(协调小组教科文卫体改革组成员单位)分别负责	全年工作
45	落实好教科文卫体领域取消下放的行政审批事项。逐项检查中途截留、变相审批、随意新设、明减暗增等落实不到位的行为并督促整改。	教育部、科技部、文化部、卫生计生委、新闻出版广电总局、体育总局分别负责	各有关部门于6月底前完成自查;协调小组教科文卫体改革组组织核查,12月底前完成
46	研究加强对教科文卫体领域取消下放行政审批事项的事中事后监管措施。逐项检查事中事后监管措施是否及时跟上、有力有效,是否存在监管漏洞和衔接缝隙,对发现的问题逐项整改。	教育部、科技部、文化部、卫生计生委、新闻出版广电总局、体育总局分别负责	各有关部门于8月中旬前完成自查;协调小组教科文卫体改革组组织核查,12月底前完成
47	对教科文卫体领域现有行政审批事项进行全面梳理,逐项分析研究哪些确需保留,哪些应该取消或下放。再取消下放一批教科文卫体领域行政审批事项,为促进大众创业、万众创新和增加公共产品、公共服务清障搭台。	教育部、科技部、文化部、卫生计生委、新闻出版广电总局、体育总局分别负责	按照协调小组行政审批改革组的计划和要求完成
七、深入推进监管方式创新,着力优化政府服务			
48	研究制订"先照后证"改革后加强事中事后监管的意见。	工商总局牵头	5月底前完成
49	制定出台做好企业公示信息抽查工作的有关规定。开展工商部门公示企业信息情况检查和企业年报信息、即时信息公示情况抽查,开展企业年报公示信息抽查试点。	工商总局牵头	5月底前完成
50	制定《严重违法企业名单管理暂行办法》。	工商总局牵头	12月底前完成
51	与相关部门签署失信企业协同监管和联合惩戒合作备忘录。	工商总局牵头	6月底前完成
52*	大力推行随机抽查、告知承诺、综合执法、信息披露、举报奖励、诚信档案等办法,在维护市场秩序促进公平竞争方面取得明显突破。	各有关部门按职责分工负责	全年工作

续表

序号	工作任务	责任单位	时间进度
53	切实提高政府公共服务的针对性和实效性。以创业创新需求为导向,搞好法律、政策、信息、技术、标准、人才等方面的服务,为创业创新搭台助力。	各有关部门按职责分工负责	全年工作
八、进一步强化改革保障机制			
54	地方各级政府要抓紧建立简政放权放管结合职能转变工作推进机制。	协调小组办公室、督查组负责指导督促	6月底前完成
55	加强改革进展、典型做法、意见建议的沟通交流。	协调小组办公室牵头	全年工作
56	针对改革中的重点难点问题和前瞻性、长远性问题,进行深入调研,提出对策建议。	协调小组办公室牵头	全年工作
57	对出台的重大改革措施,组织开展第三方评估。	协调小组办公室牵头,各专题组按业务分工负责	全年工作
58	开展"深化行政审批制度改革,加大简政放权、放管结合力度"督查。	协调小组督查组牵头	10月底前完成
59	开展投资项目核准权限下放工作等专项督查。	协调小组督查组牵头	5月底前完成
60	对国务院部门2014年取消下放行政审批事项的落实情况开展督促检查。	协调小组督查组牵头	全年工作
61	抓住典型案例加强督查,推动解决社会反映强烈的问题。	协调小组督查组牵头	全年工作
62	配合各项改革,做好法律审核和法律法规清理修订工作。	协调小组法制组牵头	全年工作
63	抓紧审查或组织起草当前改革发展急需的法律、行政法规草案。	协调小组法制组牵头	全年工作
64	对简政放权、放管结合和转变政府职能事项进行专家评估,客观公正地提出意见建议。	协调小组专家组牵头	全年工作
65	从建设法治政府、创新政府、廉洁政府和服务型政府的高度,加强理论研究,发挥决策咨询作用。	协调小组专家组牵头	全年工作

注:协调小组办公室要对以上工作任务完成情况进行督办,其中标"*"号者为重点督办事项。牵头部门和各专题组、功能组组长单位要及时向协调小组办公室报送工作进展情况。

国务院办公厅关于推广随机抽查规范事中事后监管的通知

（2015年7月29日　国办发〔2015〕58号）

各省、自治区、直辖市人民政府，国务院各部委、各直属机构：

为贯彻落实党中央、国务院关于深化行政体制改革、加快转变政府职能，进一步推进简政放权、放管结合、优化服务的部署和要求，创新政府管理方式，规范市场执法行为，切实解决当前一些领域存在的检查任性和执法扰民、执法不公、执法不严等问题，营造公平竞争的发展环境，推动大众创业、万众创新，经国务院同意，现就推广随机抽查、规范事中事后监管通知如下：

一、总体要求

认真贯彻落实党的十八大和十八届二中、三中、四中全会精神，按照《国务院关于印发2015年推进简政放权放管结合转变政府职能工作方案的通知》（国发〔2015〕29号）部署，大力推广随机抽查，规范监管行为，创新管理方式，强化市场主体自律和社会监督，着力解决群众反映强烈的突出问题，提高监管效能，激发市场活力。

——坚持依法监管。严格执行有关法律法规，规范事中事后监管，落实监管责任，确保事中事后监管依法有序进行，推进随机抽查制度化、规范化。

——坚持公正高效。规范行政权力运行，切实做到严格规范公正文明执法，提升监管效能，减轻市场主体负担，优化市场环境。

——坚持公开透明。实施随机抽查事项公开、程序公开、结果公开，实行"阳光执法"，保障市场主体权利平等、机会平等、规则平等。

——坚持协同推进。在事中事后监管领域建立健全随机抽查机制，形成统一的市场监管信息平台，探索推进跨部门跨行业联合随机抽查。

二、大力推广随机抽查监管

（一）制定随机抽查事项清单。法律法规规章没有规定的，一律不得擅自开展检查。对法律法规规章规定的检查事项，要大力推广随机抽查，不断提高随机抽查在检查工作中的比重。要制定随机抽查事项清单，明确抽查依据、抽查主体、抽查内容、抽查方式等。随机抽查事项清单根据法律法规规章修订情况和工作实际进行动态调整，及时向社会公布。

（二）建立"双随机"抽查机制。要建立随机抽取检查对象、随机选派执法检查人员的"双随机"抽查机制，严格限制监管部门自由裁量权。建立健全市场主体名录库和执法检查人员名录库，通过摇号等方式，从市场主体名录库中随机抽取检查对象，从执法检查人员名录库中随机选派执法检查人员。推广运用电子化手段，对"双随机"抽查做到全程留痕，实现责任可追溯。

（三）合理确定随机抽查的比例和频次。要根据当地经济社会发展和监管领域实际情况，合理确定随机抽查的比例和频次，既要保证必要的抽查覆盖面和工作力度，又要防止检查过多和执法扰民。对投诉举报多、列入经营异常名录或有严重违法违规记录等情况的市场主体，要加大随机抽查力度。

（四）加强抽查结果运用。对抽查发现的违法违规行为，要依法依规加大惩处力度，形成有效震慑，增强市场主体守法的自觉性。抽查情况及查处结果要及时向社会公布，接受社会监督。

三、加快配套制度机制建设

（一）抓紧建立统一的市场监管信息平

台。加快政府部门之间、上下之间监管信息的互联互通，依托全国企业信用信息公示系统，整合形成统一的市场监管信息平台，及时公开监管信息，形成监管合力。

（二）推进随机抽查与社会信用体系相衔接。建立健全市场主体诚信档案、失信联合惩戒和黑名单制度。在随机抽查工作中，要根据市场主体的信用情况，采取针对性强的监督检查方式，将随机抽查结果纳入市场主体的社会信用记录，让失信者一处违规、处处受限。

（三）探索开展联合抽查。县级以上地方人民政府要结合本地实际，协调组织相关部门开展联合抽查。按照"双随机"要求，制定并实施联合抽查计划，对同一市场主体的多个检查事项，原则上应一次性完成，提高执法效能，降低市场主体成本。

四、工作要求

（一）加强组织领导。推广随机抽查是简政放权、放管结合、优化服务的重要举措。各有关部门要加强对随机抽查工作的指导和督促。县级以上地方人民政府要加强对本地区随机抽查监管的统筹协调，建立健全相应工作机制，充实并合理调配一线执法检查力量，加强跨部门协同配合，不断提高检查水平，切实把随机抽查监管落到实处。

（二）严格落实责任。各地区、各有关部门要进一步增强责任意识，大力推广随机抽查，公平、有效、透明地进行事中事后监管，切实履行法定监管职责。对监管工作中失职渎职的，依法依规严肃处理。

（三）加强宣传培训。随机抽查是事中事后监管方式的探索和创新，各地区、各有关部门要加大宣传力度，加强执法人员培训，转变执法理念，探索完善随机抽查监管办法，不断提高执法能力。

随机抽查不仅要在市场监管领域推广，也要在各部门的检查工作中广泛运用。各部门要根据本通知要求，抓紧制定实施方案，细化在本部门、本领域推广随机抽查的任务安排和时间进度要求，于2015年9月底前报国务院推进职能转变协调小组。国务院推进职能转变协调小组办公室要加强统筹协调，抓好督促落实，总结交流经验，务求推广随机抽查工作取得实效，把简政放权改革向纵深推进，为经济社会发展营造公平竞争的市场环境。

国务院关于加强和规范事中事后监管的指导意见

（2019年9月6日　国发〔2019〕18号）

各省、自治区、直辖市人民政府，国务院各部委、各直属机构：

为深刻转变政府职能，深化简政放权、放管结合、优化服务改革，进一步加强和规范事中事后监管，以公正监管促进公平竞争，加快打造市场化法治化国际化营商环境，提出以下意见。

一、总体要求

（一）指导思想。以习近平新时代中国特色社会主义思想为指导，全面贯彻党的十九大和十九届二中、三中全会精神，牢固树立新发展理念，充分发挥市场在资源配置中的决定性作用，更好发挥政府作用，持续深化"放管服"改革，坚持放管结合、并重，把更多行政资源从事前审批转到加强事中事后监管上来，落实监管责任，健全监管规则，创新监管方式，加快构建权责明确、公平公正、公开透明、简约高效的事中事后监管体系，形成市场自律、政府监管、社会监督互为支撑的协同监管格局，切实管出公平、管出效率、管出活力，促进提高市场主体竞争力和市场效率，推动经济社会持续健康发展。

（二）基本原则。

依法监管。坚持权责法定、依法行政，法定职责必须为，法无授权不可为，严格按照法律法规规定履行监管责任，规范监管行为，推进事中事后监管法治化、制度化、规范化。

公平公正。对各类市场主体一视同仁，坚决破除妨碍公平竞争的体制机制障碍，依法保护各类市场主体合法权益，确保权利公平、机会公平、规则公平。

公开透明。坚持以公开为常态、不公开为例外，全面推进政府监管规则、标准、过程、结果等依法公开，让监管执法在阳光下运行，给市场主体以稳定预期。

分级分类。根据不同领域特点和风险程度，区分一般领域和可能造成严重不良后果、涉及安全的重要领域，分别确定监管内容、方式和频次，提升事中事后监管精准化水平。对新兴产业实施包容审慎监管，促进新动能发展壮大。

科学高效。充分发挥现代科技手段在事中事后监管中的作用，依托互联网、大数据、物联网、云计算、人工智能、区块链等新技术推动监管创新，努力做到监管效能最大化、监管成本最优化、对市场主体干扰最小化。

寓管于服。推进政府监管与服务相互结合、相互促进，坚持行"简约"之道，做到程序、要件等删繁就简、利企便民，营造良好发展环境，增强人民群众幸福感、获得感和安全感。

二、夯实监管责任

（三）明确监管对象和范围。要严格按照法律法规和"三定"规定明确的监管职责和监管事项，依法对市场主体进行监管，做到监管全覆盖，杜绝监管盲区和真空。除法律法规另有规定外，各部门对负责审批或指导实施的行政许可事项，负责事中后监管；实行相对集中行政许可权改革的，要加强审管衔接，把监管责任落到实处，确保事有人管、责有人负；对已经取消审批但仍需政府监管的事项，主管部门负责事中事后监管；对下放审批权的事项，要同时调整监管层级，确保审批监管权责统一；对审批改为备案的事项，主管部门要加强核查，对未经备案从事相关经营活动的市场主体依法予以查处；对没有专门执法力量的行业和领域，审批或主管部门可通过委托执法、联合执法等方式，会同相关综合执法部门查处违法违规行为，相关综合执法部门要积极予以支持。

（四）厘清监管事权。各部门要充分发挥在规则和标准制定、风险研判、统筹协调等方面的作用，指导本系统开展事中事后监管。对涉及面广、较为重大复杂的监管领域和监管事项，主责部门要发挥牵头作用，相关部门要协同配合，建立健全工作协调机制。省级人民政府要统筹制定本行政区域内监管计划任务，指导和督促省级部门、市县级人民政府加强和规范监管执法；垂直管理部门要统筹制定本系统监管计划任务，并加强与属地政府的协同配合。市县级人民政府要把主要精力放在加强公正监管上，维护良好的市场秩序。

三、健全监管规则和标准

（五）健全制度化监管规则。各部门要围绕服务企业发展，分领域制订全国统一、简明易行的监管规则和标准，并向社会公开，以科学合理的规则标准提升监管有效性，降低遵从和执法成本。对边界模糊、执行弹性大的监管规则和标准，要抓紧清理规范和修订完善。要结合权责清单编制，在国家"互联网+监管"系统监管事项目录清单基础上，全面梳理各级政府和部门职责范围内的监管事项，明确监管主体、监管对象、监管措施、设定依据、处理方式等内容,纳入国家"互联网+监管"系统统一管理并动态更新,提升监管规范化、标准化水平。强化竞争政策的基础性地位,落实并完善公平竞争审查制度,加快清理妨碍全国统一市场和公平竞争的各种规定和做法。

（六）加强标准体系建设。加快建立完善各领域国家标准和行业标准,明确市场主体应当执行的管理标准、技术标准、安全标准、产品标准,严格依照标准开展监管。精简整合强制性标准,重点加强安全、卫生、节能、环保等领域的标准建设,优化强制性标准底线。鼓励企业、社会团体制定高于强制性标准的标准,开展标准自我声明公开并承诺执行落实,推动有关产品、技术、质量、服务等标准与国际接轨互认。适应新经济新技术发展趋势,及时修订调整已有标准,加快新产业新业态标准的研究制定。加强质量认证体系建设,对涉及安全、健康、环保等方面的产品依法实施强制性认证。

四、创新和完善监管方式

（七）深入推进"互联网+监管"。依托国家"互联网+监管"系统,联通汇聚全国信用信息共享平台、国家企业信用信息公示系统等重要监管平台数据,以及各级政府部门、社会投诉举报、第三方平台等数据,加强监管信息归集共享,将政府履职过程中形成的行政检查、行政处罚、行政强制等信息以及司法判决、违法失信、抽查抽检等信息进行关联整合,并归集到相关市场主体名下。充分运用大数据等技术,加强对风险的跟踪预警。探索推行以远程监管、移动监管、预警防控为特征的非现场监管,提升监管精准化、智能化水平。

（八）提升信用监管效能。以统一社会信用代码为标识,依法依规建立权威、统一、可查询的市场主体信用记录。大力推行信用承诺制度,将信用承诺履行情况纳入信用记录。推进信用分级分类监管,依据企业信用情况,在监管方式、抽查比例和频次等方面采取差异化措施。规范认定并设立市场主体信用"黑名单",建立企业信用与自然人信用挂钩机制,强化跨行业、跨领域、跨部门失信联合惩戒,对失信主体在行业准入、项目审批、获得信贷、发票领用、出口退税、出入境、高消费等方面依法予以限制。建立健全信用修复、异议申诉等机制。在保护涉及公共安全、国家秘密、商业秘密和个人隐私等信息的前提下,依法公开在行政管理中掌握的信用信息,为社会公众提供便捷高效的信用查询服务。

（九）全面实施"双随机、一公开"监管。在市场监管领域全面实行随机抽取检查对象、随机选派执法检查人员、抽查情况及查处结果及时向社会公开,除特殊行业、重点领域外,原则上所有日常涉企行政检查都应通过"双随机、一公开"的方式进行。不断完善"双随机、一公开"监管相关配套制度和工作机制,健全跨部门随机抽查事项清单,将更多事项纳入跨部门联合抽查范围。将随机抽查的比例频次、被抽查概率与抽查对象的信用等级、风险程度挂钩,对有不良信用记录、风险高的要加大抽查力度,对信用较好、风险较低的可适当减少抽查。抽查结果要分别通过国家企业信用信息公示系统、"信用中国"网站、国家"互联网+监管"系统等全面进行公示。

（十）对重点领域实行重点监管。对直接涉及公共安全和人民群众生命健康等特殊重点领域,依法依规实行全覆盖的重点监管,强化全过程质量管理,加强安全生产监管执法,严格落实生产、经营、使用、检测、监管等各环节质量和安全责任,守住质量和安全底线。对食品、药品、医疗器械、特种设备等重点产品,建立健全以产品编码管理为手段的追溯体系,形成来源可查、去向可追、责任可究的信息链条。地方各级政府可根据区域和行业风险特点，探索建立重点监管清单制度，严格控制重点监管事项数量，规范重点监管程序，并筛选确定重点监管的生产经营单位，实行跟踪监管、直接指导。

（十一）落实和完善包容审慎监管。对新技术、新产业、新业态、新模式，要按照鼓励创新原则，留足发展空间，同时坚守质量和安全底线，严禁简单封杀或放任不管。加强对新生事物发展规律研究，分类量身定制监管规则和标准。对看得准、有发展前景的，要引导其健康规范发展；对一时看不准的，设置一定的"观察期"，对出现的问题及时引导或处置；对潜在风险大、可能造成严重不良后果的，严格监管；对非法经营的，坚决依法予以查处。推进线上线下一体化监管，统一执法标准和尺度。

（十二）依法开展案件查办。对监管中发现的违法违规问题，综合运用行政强制、行政处罚、联合惩戒、移送司法机关处理等手段，依法进行惩处。对情节轻微、负面影响较小的苗头性问题，在坚持依法行政的同时，主要采取约谈、警告、责令改正等措施，及时予以纠正。对情节和后果严重的，要依法责令下架召回、停工停产或撤销吊销相关证照，涉及犯罪的要及时移送司法机关处理。建立完善违法严惩制度、惩罚性赔偿和巨额罚款制度、终身禁入机制，让严重违法者付出高昂成本。

五、构建协同监管格局

（十三）加强政府协同监管。加快转变传统监管方式，打破条块分割，打通准入、生产、流通、消费等监管环节，建立健全跨部门、跨区域执法联动响应和协作机制，实现违法线索互联、监管标准互通、处理结果互认。深化市场监管、生态环境保护、交通运输、农业、文化市场综合行政执法改革，在其他具备条件的领域也要积极推进综合行政执法改革，统筹配置行政处罚职能和执法资源，相对集中行政处罚权，整合精简执法队伍，推进行政执法权限和力量向基层乡镇街道延伸下沉，逐步实现基层一支队伍管执法，解决多头多层重复执法问题。

（十四）强化市场主体责任。建立完善市场主体首负责任制，促使市场主体在安全生产、质量管理、营销宣传、售后服务、诚信纳税等方面加强自我监督、履行法定义务。督促涉及公众健康和安全等的企业建立完善内控和风险防范机制，落实专人负责，强化员工安全教育，加强内部安全检查。规范企业信息披露，进一步加强年报公示，推行"自我声明+信用管理"模式，推动企业开展标准自我声明和服务质量公开承诺。加快建立产品质量安全事故强制报告制度，切实保障公众知情权。

（十五）提升行业自治水平。推动行业协会商会建立健全行业经营自律规范、自律公约和职业道德准则，规范会员行为。鼓励行业协会商会参与制定国家标准、行业规划和政策法规，制定发布行业产品和服务标准。发挥行业协会商会在权益保护、纠纷处理、行业信用建设和信用监管等方面的作用，支持行业协会商会开展或参与公益诉讼、专业调解工作。规范行业协会商会收费、评奖、认证等行为。

（十六）发挥社会监督作用。建立"吹哨人"、内部举报人等制度，对举报严重违法违规行为和重大风险隐患的有功人员予以重奖和严格保护。畅通群众监督渠道，整合优化政府投诉举报平台功能，力争做到"一号响应"。依法规范牟利性"打假"和索赔行为。培育信用服务机构，鼓励开展信用评级和第三方评估。发挥会计、法律、资产评估、认证检验检测、公证、仲裁、税务等专业机构的监督作用，在监管执法中更多参考专业意见。强化舆论监督,持续曝光典型案件,震慑违法行为。

六、提升监管规范性和透明度

(十七)规范涉企行政检查和处罚。对涉企现场检查事项进行全面梳理论证,通过取消、整合、转为非现场检查等方式,压减重复或不必要的检查事项,着力解决涉企现场检查事项多、频次高、随意检查等问题。清理规范行政处罚事项,对重复处罚、标准不一、上位法已作调整的事项及时进行精简和规范。加强行政执法事项目录管理,从源头上减少不必要的执法事项。健全行政执法自由裁量基准制度,合理确定裁量范围、种类和幅度,严格限定裁量权的行使。禁止将罚没收入与行政执法机关利益挂钩。

(十八)全面推进监管执法公开。聚焦行政执法的源头、过程、结果等关键环节,严格落实行政执法公示、执法全过程记录、重大执法决定法制审核制度。建立统一的执法信息公示平台,按照"谁执法谁公示"原则,除涉及国家秘密、商业秘密、个人隐私等依法不予公开的信息外,行政执法职责、依据、程序、结果等都应对社会公开。对行政执法的启动、调查取证、审核决定、送达执行等全过程进行记录,做到全程留痕和可回溯管理。重大行政执法决定必须经过法制审核,未经法制审核或审核未通过的,不得作出决定。

(十九)健全尽职免责、失职问责办法。全面落实行政执法责任制和问责制,促进监管执法部门和工作人员履职尽责、廉洁自律、公平公正执法。对忠于职守、履职尽责的,要给予表扬和鼓励;对未履行、不当履行或违法履行监管职责的,严肃追责问责;涉嫌犯罪的,移送有关机关依法处理。加快完善各监管执法领域尽职免责办法,明确履职标准和评判界线,对严格依据法律法规履行监管职责、监管对象出现问题的,应结合动机态度、客观条件、程序方法、性质程度、后果影响以及挽回损失等情况进行综合分析,符合条件的要予以免责。

七、强化组织保障

(二十)认真抓好责任落实。各地区、各部门要认真贯彻落实党中央、国务院决策部署,按照本意见提出的各项措施和要求,落实和强化监管责任,科学配置监管资源,鼓励基层探索创新,细化实化监管措施,切实维护公平竞争秩序。将地方政府公正监管水平纳入中国营商环境评价指标体系。国务院办公厅负责对本意见落实工作的跟踪督促,确保各项任务和措施落实到位。

(二十一)加强法治保障。按照重大改革于法有据的要求,根据监管工作需要和经济社会发展变化,加快推进相关法律法规和规章立改废释工作,为事中事后监管提供健全的法治保障。加强监管执法与司法的衔接,建立监管部门、公安机关、检察机关间案情通报机制,完善案件移送标准和程序。

(二十二)加强监管能力建设。加快建设高素质、职业化、专业化的监管执法队伍,扎实做好技能提升工作,大力培养"一专多能"的监管执法人员。推进人财物等监管资源向基层下沉,保障基层经费和装备投入。推进执法装备标准化建设,提高现代科技手段在执法办案中的应用水平。

法治政府建设与责任落实督察工作规定

(中共中央办公厅、国务院办公厅印发 2019年4月15日起施行)

第一章 总 则

第一条 为了加强党对法治政府建设的集中统一领导,充分发挥督察工作对法治政府建设与责任落实的督促推动作用，根据《中共中央关于全面推进依法治国若干重大问题的决定》《法治政府建设实施纲要（2015—2020年）》和其他有关规定，制定本规定。

第二条 法治政府建设与责任落实督察工作（以下简称督察工作）坚持以习近平新时代中国特色社会主义思想为指导，增强"四个意识"，坚定"四个自信"，做到"两个维护"，紧紧围绕建设中国特色社会主义法治体系、建设社会主义法治国家的总目标，坚持党的领导、人民当家作主、依法治国有机统一，坚持依宪施政、依法行政，坚持问题导向、真督实察、逐层传导、强化问责，努力形成从党政主要负责人到其他领导干部直至全体党政机关工作人员的闭环责任体系，保证党中央、国务院关于法治政府建设的决策部署落到实处，不断把法治政府建设向纵深推进。

第三条 本规定适用于对地方各级党委和政府、县级以上政府部门推进法治政府建设与责任落实情况的督察工作。

第四条 督察工作坚持以下原则：

（一）服务大局、突出重点。根据党和国家中心任务和重点工作部署督察工作，使法治政府建设始终在大局下推进、处处为大局服务。

（二）依法依规、实事求是。严格遵循有关规定开展督察，深入一线、聚焦问题，什么问题突出就督察什么问题，不做表面文章，对不同地区、不同层级的督察因地制宜，不搞上下一般粗。

（三）以督促干、注重实效。综合运用多种督察方式，既督任务、督进度、督成效，也察认识、察责任、察作风，把法治政府建设的任务落实、责任压实、效果抓实。

（四）控制总量、计划管理。贯彻落实党中央关于统筹规范督查检查考核工作的要求，增强督察工作的权威性、科学性、针对性、有效性，不搞层层加码、不增加基层不必要的工作负担。

第五条 中央全面依法治国委员会办公室组织开展对各省（自治区、直辖市）和国务院各部门法治政府建设与责任落实情况的督察工作。

地方各级党委法治建设议事协调机构的办事机构组织开展对本地区法治政府建设与责任落实情况的督察工作。

中央全面依法治国委员会办公室、地方各级党委法治建设议事协调机构的办事机构在本规定中统称"督察单位"。

第二章 督察对象和内容

第六条 地方各级党委履行推进本地区法治建设领导职责。地方各级政府和县级以上政府部门履行推进本地区、本部门法治政府建设主体职责。地方各级政府以及政府部门的党组织领导和监督本单位做好法治政府建设工作。

地方党政主要负责人履行推进法治建设第一责任人职责，将建设法治政府摆在工作全局的重要位置；地方各级党政领导班子其他成员在其分管工作范围内履行推进法治政府建设职责。

第七条 对地方各级党委履行推进本地区法治建设领导职责，加强法治政府建设，主要督察以下工作：

（一）认真学习贯彻习近平新时代中国特色社会主义思想，全面落实党中央、国务院关于法治政府建设的决策部署，充分发挥党委在推进本地区法治政府建设中的领导作用，及时研究解决有关重大问题，每年专题听取上一年度本地区法治政府建设情况汇报；

（二）将法治政府建设纳入本地区经济社会发展总体规划和年度工作计划，与经济社会发展同部署、同推进、同督促、同考核、同奖惩,把法治政府建设成效作为衡量下级党政领导班子及其主要负责人推进法治建设工作实绩的重要内容,纳入政绩考核指标体系;

(三)自觉运用法治思维和法治方式深化改革、推动发展、化解矛盾、维护稳定,指导本级政府推进法治政府建设工作,支持本级人大、政协、法院、检察院对政府依法行政工作加强监督;

(四)坚持重视法治素养和法治能力的用人导向,把遵守法律、依法办事情况作为考察干部的重要内容,相同条件下优先提拔使用法治素养好、依法办事能力强的干部,加强法治工作队伍建设;

(五)建立党委理论学习中心组集体学法制度,每年至少举办2次法治专题讲座,加强对党委工作人员的法治教育培训和法治能力考查测试;

(六)其他依法依规应当履行的法治政府建设有关职责。

对地方各级党委重点督察主要负责人履行推进法治建设第一责任人职责,加强法治政府建设的情况,以及党委其他负责人在其分管工作范围内履行相关职责情况。地方各级党委主要负责人应当坚持以身作则、以上率下,带头抓好推进本地区法治建设,加强法治政府建设的各项工作。

第八条 对地方各级政府履行推进本地区法治政府建设主体职责,主要督察以下工作:

(一)认真学习贯彻习近平新时代中国特色社会主义思想,全面落实党中央、国务院关于法治政府建设的决策部署,制订本地区法治政府建设实施规划、年度计划并组织实施,研究解决本地区法治政府建设有关重大问题并及时向本级党委请示汇报;

(二)全面正确履行政府职能,推进政府职能转变和简政放权、放管结合、优化服务,激发市场活力和社会创造力,推动经济社会持续健康发展;

(三)依法制定地方政府规章或者行政规范性文件,加强地方政府规章或者行政规范性文件备案审查和清理工作,全面推行行政规范性文件合法性审核机制;

(四)严格执行重大行政决策法定程序,认真落实政府法律顾问制度、公职律师制度,加强对重大行政决策的合法性审查,切实推进政务公开;

(五)深化行政执法体制改革,推进综合执法,全面推行行政执法公示制度、执法全过程记录制度、重大执法决定法制审核制度,严格执法责任,加强执法监督,支持执法机关依法公正行使职权,推进严格规范公正文明执法;

(六)自觉接受党内监督、人大监督、民主监督、司法监督、社会监督、舆论监督,推动完善政府内部层级监督和专门监督,加强行政复议和行政应诉工作,尊重并执行生效行政复议决定和法院生效裁判;

(七)建立政府常务会议定期学法制度,每年至少举办2次法治专题讲座,加强对政府工作人员的法治教育培训和法治能力考查测试;

(八)积极开展推进依法行政、建设法治政府宣传工作,大力培育法治政府建设先进典型,营造全社会关心、支持和参与法治政府建设的良好氛围;

(九)统筹推进对本地区法治政府建设情况的考核评价和督促检查,对工作不力、问题较多的部门或者下级政府,应当及时约谈、责令整改、通报批评;

(十)其他依法依规应当履行的法治政府建设有关职责。

对地方各级政府重点督察主要负责人履行推进法治政府建设第一责任人职责情

况,以及政府其他负责人在其分管工作范围内履行相关职责情况。地方各级政府主要负责人应当坚持以身作则、以上率下,带头抓好推进本地区法治政府建设各项工作。

第九条 对县级以上政府部门履行推进本部门法治政府建设主体职责,主要督察以下工作:

(一)认真学习贯彻习近平新时代中国特色社会主义思想,全面落实党中央、国务院关于法治政府建设的决策部署,制订本部门法治政府建设实施规划、年度计划并组织实施,研究解决本部门法治政府建设重大问题并及时向本级党委和政府请示汇报;

(二)全面正确履行部门职能,推进政府职能转变和简政放权、放管结合、优化服务,激发市场活力和社会创造力,推动经济社会持续健康发展;

(三)依法制定部门规章或者行政规范性文件,加强部门规章或者行政规范性文件备案审查和清理工作,全面推行行政规范性文件合法性审核机制;

(四)严格执行重大行政决策法定程序,认真落实政府法律顾问制度、公职律师制度,加强对重大行政决策的合法性审查,依法依规履行信息发布和政策解读责任,切实推进政务公开;

(五)依法惩处各类违法行为,落实执法人员持证上岗和资格管理制度,全面推行行政执法公示制度、执法全过程记录制度、重大执法决定法制审核制度,完善执法程序,创新执法方式,严格执法责任,加强执法监督,推进严格规范公正文明执法;

(六)加强和改进行政复议工作,纠正违法、不当的行政行为,尊重并执行生效行政复议决定,努力将行政争议化解在基层、化解在行政机关内部;

(七)自觉接受党内监督、人大监督、民主监督、司法监督、社会监督、舆论监督,推动完善部门内部层级监督,加强对重点岗位的制约和监督;

(八)维护司法权威,支持法院依法受理和审理行政案件,落实行政机关负责人依法出庭应诉制度,严格执行法院生效裁判;

(九)建立部门领导班子定期学法制度,每年至少举办2次法治专题讲座,加强对部门工作人员的法治教育培训和法治能力考查测试;

(十)认真落实"谁执法谁普法"普法责任制,加强本部门法治政府建设宣传教育工作,积极总结宣传本部门法治政府建设成功经验和创新做法,大力培育法治政府建设先进典型;

(十一)统筹推进对本部门法治政府建设情况的考核评价和督促检查,对工作不力、问题较多的,应当及时约谈、责令整改、通报批评;

(十二)其他依法依规应当履行的法治政府建设有关职责。

对县级以上政府部门重点督察主要负责人履行推进法治政府建设第一责任人职责情况,以及部门其他负责人在其分管工作范围内履行相关职责情况。县级以上政府部门主要负责人应当坚持以身作则、以上率下,带头抓好本部门推进法治政府建设各项工作。

第十条 对国务院部门和地方各级党政机关工作人员履行推进法治政府建设职责,主要督察以下工作:

(一)认真学习贯彻习近平新时代中国特色社会主义思想,增强"四个意识",坚定"四个自信",做到"两个维护",切实执行党中央、国务院关于法治政府建设的决策部署;

(二)认真学习以宪法为核心的中国特

色社会主义法律体系,熟练掌握与本职工作密切相关的法律法规,积极参加法治教育培训;

(三)注重提高法治思维和依法行政能力,想问题、作决策、办事情必须守法律、重程序、受监督,不得以言代法、以权压法、逐利违法、徇私枉法;

(四)依法全面履行岗位职责,严守法定程序,无正当理由不得拖延或者拒绝履行法定职责,不得滥用职权侵犯公民、法人或者其他组织的合法权益;

(五)自觉尊法学法守法用法,大力弘扬社会主义法治精神,认真落实"谁执法谁普法"普法责任制,积极在工作中向人民群众普法,做法律法规的遵守者、执行者、宣传者;

(六)其他依法依规应当履行的法治政府建设有关职责。

第三章 督察组织实施

第十一条 督察单位应当制订督察工作年度计划并按照规定报批,建立督察任务台账,加强督察工作的统筹协调。

第十二条 督察工作主要采取书面督察、实地督察等方式进行。

督察单位组织开展书面督察,应当要求被督察单位进行全面自查,并限期书面报告情况。

督察单位组织开展实地督察,应当深入被督察单位,通过多种形式明察暗访,了解被督察单位实际情况。

第十三条 督察可以采取下列措施:

(一)听取被督察单位以及有关负责人情况汇报;

(二)查阅、复制有关制度文件、会议纪要、执法案卷等;

(三)询问、约谈有关单位和个人;

(四)实地走访、暗访;

(五)对收到的重大违法行政问题线索进行调查、核实或者转交有关部门,必要时可请有关部门予以协助;

(六)其他必要的措施。

第十四条 督察单位可以委托科研院校、专业机构、人民团体、社会组织等对被督察单位开展第三方评估,提出意见建议。

第十五条 督察单位可以就重要指示批示落实、重大行政决策事项、重点领域行政执法等某一方面情况开展专项督察。

专项督察可以根据具体情况选择相应的督察方式或者措施。

第十六条 督察单位开展实地督察,可以成立督察组。督察组进驻后,应当向被督察单位主要负责人通报开展督察工作的目的、安排和要求。

督察组可以邀请人大代表、政协委员、专家学者、新闻记者等方面的代表参加。

第十七条 督察结束后,督察组应当撰写督察报告,客观真实反映被督察单位法治政府建设的进展、成效、责任落实情况以及存在的问题和困难。对存在的问题和困难,应当分析原因、找出症结,提出有针对性的意见建议,并帮助推动解决。

第十八条 督察结束后,督察单位应当向被督察单位反馈督察结果,对存在的问题督促其限期整改。被督察单位应当按照要求整改并及时报告整改情况。

第十九条 督察单位可以通过简报、专报等形式向上级机关和本级纪检监察机关、组织人事等部门通报督察情况或者发现的问题,作为对被督察单位及其领导人员考核评价的重要参考或者监督问责的重要依据。

第二十条 督察单位应当充分运用大数据、云计算等现代信息技术手段,探索推进"互联网+督察",提升督察工作精细化和信息化水平,提高督察工作效能。

第二十一条 督察工作人员应当严格履行职责,如实评价被督察单位,不得故意隐瞒或者夸大督察发现的问题;严格遵守中央八项规定及其实施细则精神和各项廉政规定,做到厉行节约、廉洁自律、公开透明,严防形式主义、官僚主义,自觉接受监督。

第二十二条 对在法治政府建设中工作成绩突出的地区、部门以及作出重要贡献的个人,可以按照国家有关规定给予表彰或者奖励。

第四章 年度报告

第二十三条 每年4月1日之前,各省(自治区、直辖市)党委和政府、国务院各部门应当向党中央、国务院报告上一年度法治政府建设情况,同时抄送中央全面依法治国委员会办公室。

每年3月1日之前,县级以上地方各级政府部门应当向本级党委和政府、上一级政府有关部门报告上一年度法治政府建设情况,同时抄送本级督察单位;县级以上地方各级政府应当向同级党委、人大常委会报告上一年度法治政府建设情况;省级以下地方各级党委和政府应当向上一级党委和政府报告上一年度法治政府建设情况,同时抄送上一级督察单位。

第二十四条 每年4月1日之前,地方各级政府和县级以上政府部门的法治政府建设年度报告,除涉及党和国家秘密的,应当通过报刊、网站等新闻媒体向社会公开,接受人民群众监督。

第二十五条 法治政府建设年度报告主要包括以下内容:

(一)上一年度推进法治政府建设的主要举措和成效;

(二)上一年度推进法治政府建设存在的不足和原因;

(三)上一年度党政主要负责人履行推进法治建设第一责任人职责,加强法治政府建设的有关情况;

(四)下一年度推进法治政府建设的主要安排;

(五)其他需要报告的情况。

第二十六条 督察单位应当督促下一级地方党委和政府、本级政府部门按时报送和公开年度报告,对未按照要求报送、公开的,应当通报批评。

第二十七条 督察单位可以邀请人大代表、政协委员、专家学者、新闻记者、政府法律顾问或者委托第三方机构对已公开的法治政府建设年度报告提出意见或者进行评议,有关意见、评议结果应当向被督察单位反馈,并可以向社会公开。

第五章 责任追究

第二十八条 法治政府建设责任追究应当根据《中国共产党问责条例》、《中华人民共和国监察法》、《行政机关公务员处分条例》以及相关党内法规、国家法律法规规定的权限和程序执行。

第二十九条 督察工作中发现被督察单位及其工作人员有下列情形之一的,督察单位应当移送有关单位依纪依法进行责任追究:

(一)对党中央、国务院的法治政府建设决策部署懈怠拖延、落实不力,影响中央政令畅通,造成严重后果的;

(二)制定的规章、行政规范性文件违反宪法、法律、行政法规,破坏国家法制统一的;

(三)违纪违法决策或者依法应当作出决策而久拖不决,造成重大损失或者恶劣影响的;

(四)执法不作为或者乱执法、执法牟利、粗暴执法等,侵犯公民、法人或者其他

组织合法权益造成损害的;

(五)违纪违法干预监察工作、行政执法、行政复议或者司法活动,或者拒不执行生效行政复议决定、法院生效裁判的;

(六)在行政复议工作中失职渎职、徇私舞弊、违法违规的;

(七)其他不履行或者不正确履行法治政府建设职责,依法依规需要追责的情形。

第三十条 督察单位可以建立重大责任事项约谈制度、挂牌督办制度,对存在第二十九条规定情形的地方或者部门,督促其限期完成有关查处、整改任务。

第三十一条 督察单位可以建立典型案例通报、曝光制度,除涉及党和国家秘密的,在一定范围内进行通报或者向社会曝光。

第三十二条 被督察单位及其工作人员违反本规定,有下列行为之一的,依纪依法予以责任追究;涉嫌犯罪的,移送有关机关依法处理:

(一)以各种借口拒绝、阻碍或者干扰督察工作的;

(二)拖延或者拒绝提供与督察工作有关的资料,或者伪造相关情况、提供虚假资料的;

(三)未按照要求进行整改或者拖延、拒不整改的;

(四)打击、报复、陷害、刁难督察工作人员或者反映情况的单位和个人的;

(五)其他妨碍督察工作的行为。

第三十三条 督察工作人员违反廉洁自律规定,或者滥用职权、徇私舞弊、玩忽职守的,依纪依法给予处分;涉嫌犯罪的,移送有关机关依法处理。

第六章 附 则

第三十四条 本规定由中央全面依法治国委员会办公室负责解释。

第三十五条 本规定自2019年4月15日起施行。

四、行政执法程序

（一）部门规章

互联网信息内容管理行政执法程序规定

（2017年5月2日国家互联网信息办公室令第2号公布　自2017年6月1日起施行）

第一章　总　　则

第一条　为了规范和保障互联网信息内容管理部门依法履行职责，保护公民、法人和其他组织的合法权益，维护国家安全和公共利益，根据《中华人民共和国行政处罚法》《中华人民共和国网络安全法》和《国务院关于授权国家互联网信息办公室负责互联网信息内容管理工作的通知》，制定本规定。

第二条　互联网信息内容管理部门依法实施行政执法，对违反有关互联网信息内容管理法律法规规章的行为实施行政处罚，适用本规定。

本规定所称互联网信息内容管理部门，是指国家互联网信息办公室和地方互联网信息办公室。

第三条　互联网信息内容管理部门实施行政执法，应当遵循公开、公平、公正的原则，做到事实清楚、证据确凿、程序合法、法律法规规章适用准确适当、执法文书使用规范。

第四条　互联网信息内容管理部门建立行政执法督查制度。

上级互联网信息内容管理部门对下级互联网信息内容管理部门实施的行政执法进行督查。

第五条　互联网信息内容管理部门应当加强执法队伍建设，建立健全执法人员培训、考试考核、资格管理和持证上岗制度。

执法人员应当参加互联网信息内容管理部门组织的法律知识和业务知识培训，并经行政执法资格考试或者考核合格，取得执法证后方可从事执法工作。

执法证由国家互联网信息内容管理部门统一制定、核发或者授权省、自治区、直辖市互联网信息内容管理部门核发。

第二章　管　　辖

第六条　行政处罚由违法行为发生地的互联网信息内容管理部门管辖。

违法行为发生地包括实施违法行为的网站备案地，工商登记地（工商登记地与主营业地不一致的，应按主营业地），网站建立者、管理者、使用者所在地，网络接入地，计算机等终端设备所在地等。

第七条　市（地、州）级以下互联网信息内容管理部门依职权管辖本行政区域内的互联网信息内容行政处罚案件。

省、自治区、直辖市互联网信息内容管理部门依职权管辖本行政区域内重大、复杂的互联网信息内容行政处罚案件。

国家互联网信息内容管理部门依职权

管辖应当由自己实施行政处罚的案件及全国范围内发生的重大、复杂的互联网信息内容行政处罚案件。

省、自治区、直辖市互联网信息内容管理部门可以依据法律法规规章,结合本地区实际,制定本行政区域内级别管辖的具体规定。

第八条 对当事人的同一违法行为,两个以上互联网信息内容管理部门均有管辖权的,由先行立案的互联网信息内容管理部门管辖。必要时,可以移送主要违法行为发生地的互联网信息内容管理部门管辖。

两个以上的互联网信息内容管理部门对管辖权有争议的,应当协商解决;协商不成的,报请共同的上一级互联网信息内容管理部门指定管辖。

第九条 上级互联网信息内容管理部门认为必要时,可以直接办理下级互联网信息内容管理部门管辖的案件,也可以将自己管辖的案件移交下级互联网信息内容管理部门办理。

下级互联网信息内容管理部门对其管辖的案件由于特殊原因不能行使管辖权的,可以报请上级互联网信息内容管理部门管辖或者指定管辖。

第十条 互联网信息内容管理部门发现案件不属于其管辖的,应当及时移送有管辖权的互联网信息内容管理部门。

受移送的互联网信息内容管理部门应当将案件查处结果及时函告移送案件的互联网信息内容管理部门;认为移送不当的,应当报请共同的上一级互联网信息内容管理部门指定管辖,不得再次移送。

第十一条 上级互联网信息内容管理部门接到管辖争议或者报请指定管辖请示后,应当在十个工作日内作出指定管辖的决定,并书面通知下级互联网信息内容管理部门。

第十二条 互联网信息内容管理部门发现案件属于其他行政机关管辖的,应当依法移送有关机关。

互联网信息内容管理部门发现违法行为涉嫌犯罪的,应当及时移送司法机关。司法机关决定立案的,互联网信息内容管理部门应当自接到司法机关立案通知书之日起三日内将与案件有关的材料移交司法机关,并办结交接手续。

第十三条 互联网信息内容管理部门对依法应当撤销互联网新闻信息服务许可、吊销互联网新闻信息服务许可证的,应当提出处理建议,并将取得的证据及相关材料报送原发证的互联网信息内容管理部门,由原发证的互联网信息内容管理部门依法作出是否撤销许可、吊销许可证的决定。

第三章 立　　案

第十四条 互联网信息内容管理部门应当对下列事项及时调查处理,并填写《案件来源登记表》(格式见附件1):

(一)在监督检查中发现案件线索的;

(二)自然人、法人或者其他组织投诉、申诉、举报的;

(三)上级机关交办或者下级机关报请查处的;

(四)有关部门移送或者经由其他方式、途径发现的。

第十五条 行政处罚立案应当符合下列条件:

(一)有涉嫌违法的事实;

(二)依法应当予以行政处罚;

(三)属于互联网信息内容监督管理行政处罚的范围;

(四)属于本互联网信息内容管理部门管辖。

符合立案条件的,应当填写《立案审批表》(格式见附件2),同时附上相关材料,在七个工作日内报互联网信息内容管理部门负责人批准立案,并确定两名以上执法人员为案件承办人。特殊情况下,可以延长至十五个工作日内立案。

第十六条　对于不予立案的投诉、申诉、举报,经互联网信息内容管理部门负责人批准后,应将结果告知具名的投诉人、申诉人、举报人,并将不予立案的相关情况作书面记录留存。

对于其他部门移送的案件,决定不予立案的,应当书面告知移送部门。

不予立案或者撤销立案的,承办人应当制作《不予立案审批表》(格式见附件3)或者《撤销立案审批表》(格式见附件4),报互联网信息内容管理部门负责人批准。

第十七条　办案人员有下列情形之一的,应当自行回避;当事人也有权申请办案人员回避:

(一)是本案的当事人或者当事人的近亲属;

(二)与本案有直接利害关系;

(三)与本案当事人有其他关系,可能影响案件公正处理的。

办案人员的回避由互联网信息内容管理部门负责人决定。当事人对决定不服的,可以申请复议一次。

回避决定作出前,被申请回避人员不停止对案件的调查处理。

第四章　调查取证

第十八条　互联网信息内容管理部门进行案件调查取证时,执法人员不得少于两人,并应当出示执法证。必要时,也可以聘请专业人员进行协助。

首次向案件当事人收集、调取证据的,应当告知其有申请办案人员回避的权利。

向有关单位、个人收集、调取证据时,应当告知其有如实提供证据的义务。被调查对象或者有关人员应当如实回答询问并协助、配合调查,及时提供依法应当保存的互联网信息服务提供者发布的信息、用户发布的信息、日志信息等相关材料,不得阻挠、干扰案件的调查。

执法人员对在办案过程中知悉的国家秘密、商业秘密、个人隐私、个人信息应当依法保密。

第十九条　互联网信息内容管理部门在办案过程中需要其他地区互联网信息内容管理部门协助调查、取证的,应当出具委托调查函。受委托的互联网信息内容管理部门应当积极予以协助,一般应当在接到委托调查函之日起十五个工作日内完成相关工作;需要延期完成或者无法协助的,应当及时函告委托的互联网信息内容管理部门。

第二十条　办案人员应当依法收集与案件有关的证据,包括电子数据、视听资料、书证、物证、证人证言、当事人的陈述、鉴定意见、检验报告、勘验笔录、现场笔录、询问笔录等。

电子数据是指案件发生过程中形成的,以数字化形式存储、处理、传输的,能够证明案件事实的数据,包括但不限于网页、博客、微博客、即时通信工具、论坛、贴吧、网盘、电子邮件、网络后台等方式承载的电子信息或文件。电子数据主要存在于计算机设备、移动通信设备、互联网服务器、移动存储设备、云存储系统等电子设备或存储介质中。

视听资料包括录音资料和影像资料。

存储在电子介质中的录音资料和影像资料,适用电子数据的规定。

第二十一条　互联网信息内容管理部门在立案前调查或者检查过程中依法取得

的证据,可以作为认定事实的依据。通过网络巡查等技术手段获取的、具有可靠性的电子数据可以作为认定事实的依据。

电子数据的收集、提取应当符合法律法规规章、国家标准、行业标准和技术规范,并保证所收集、提取的电子数据的完整性、合法性、真实性、关联性。否则,不得作为认定事实的依据。

第二十二条 互联网信息内容管理部门在立案前,可以采取询问、勘验、检查、鉴定、调取证据材料等措施,不得限制初查对象的人身、财产权利。

互联网信息内容管理部门在立案后,可以对物品、设施、场所采取先行登记保存等措施。

第二十三条 互联网信息内容管理部门在办案过程中,应当及时询问证人。

执法人员进行询问的,应当制作《询问笔录》(格式见附件5),载明时间、地点、有关事实、经过等内容。询问笔录应当交询问对象或者有关人员核对并确认。

第二十四条 互联网信息内容管理部门对于涉及互联网信息内容违法的场所、物品、网络应当进行勘验、检查,及时收集、固定书证、物证、视听资料以及电子数据。

第二十五条 互联网信息内容管理部门可以委托司法鉴定机构就案件中的专门性问题出具鉴定意见;不属于司法鉴定范围的,可以委托有能力或者条件的机构出具检测报告或者检验报告。

第二十六条 互联网信息内容管理部门可以向有关单位、个人调取能够证明案件事实的证据材料,并且可以根据需要拍照、录像、复印和复制。

调取的书证、物证应当是原件、原物。调取原件、原物确有困难的,可以由提交证据的有关单位、个人在复制品上签字或者盖章,注明"此件由×××提供,经核对与原件(物)无异"的字样或者文字说明,并注明出证日期、证据出处,并签名或者盖章。

调取的视听资料、电子数据应当是原始载体或备份介质。调取原始载体或备份介质确有困难的,可以收集复制件,并注明制作方法、制作时间、制作人等情况。调取声音资料的应当附有该声音内容的文字记录。

第二十七条 在证据可能灭失或者以后难以取得的情况下,经互联网信息内容管理部门负责人批准,执法人员可以依法对涉案计算机、服务器、硬盘、移动存储设备、存储卡等涉嫌实施违法行为的物品先行登记保存,制作《登记保存物品清单》(格式见附件6),向当事人出具《登记保存物品通知书》(格式见附件7)。先行登记保存期间,当事人或有关人员不得损毁、销毁或者非法转移证据。

互联网信息内容管理部门实施先行登记保存时,应当通知当事人或者持有人到场,并在现场笔录中对采取的相关措施情况予以记载。

第二十八条 互联网信息内容管理部门对先行登记保存的证据,应当在七日内作出以下处理决定:

(一)需要采取证据保全措施的,采取记录、复制、拍照、录像等证据保全措施后予以返还;

(二)需要检验、检测、鉴定的,送交具有相应资质的机构检验、检测、鉴定;

(三)违法事实成立的,依法应当予以没收的,作出行政处罚决定,没收违法物品;

(四)违法事实不成立,或者违法事实成立但依法不应当予以没收的,解除先行登记保存。

逾期未作出处理决定的,应当解除先行登记保存。

第二十九条 为了收集、保全电子数据,互联网信息内容管理部门可以采取现场取证、远程取证,责令有关单位、个人固定和提交等措施。

现场取证、远程取证结束后应当制作《电子取证工作记录》(格式见附件8)。

第三十条 执法人员在调查取证过程中,应当要求当事人在笔录或者其他材料上签字、捺指印、盖章或者以其他方式确认。当事人拒绝到场、拒绝签字、捺指印、盖章或者以其他方式确认,或者无法找到当事人的,应当由两名执法人员在笔录或者其他材料上注明原因,并邀请有关人员作为见证人签字或者盖章,也可以采取录音、录像等方式记录。

第三十一条 案件调查终结后,承办人应当撰写《案件处理意见报告》(格式见附件9):

认为违法事实成立,应当予以行政处罚的,撰写《案件处理意见报告》,草拟行政处罚建议书。

有下列情形之一的,撰写《案件处理意见报告》,说明拟作处理的理由,报互联网信息内容管理部门负责人批准后根据不同情况分别处理:

(一)认为违法事实不成立,应当予以销案的;

(二)违法行为情节轻微,没有造成危害后果,不予行政处罚的;

(三)案件不属于本机关管辖,应当移送其他行政机关管辖的;

(四)涉嫌犯罪,应当移送司法机关的。

第三十二条 互联网信息内容管理部门进行案件调查时,对已有证据证明违法事实成立的,应当出具责令改正通知书,责令当事人改正或者限期改正违法行为。

第五章 听证、约谈

第三十三条 互联网信息内容管理部门作出吊销互联网新闻信息服务许可证、较大数额罚款等行政处罚决定之前,应当告知当事人有要求举行听证的权利。当事人要求听证的,应当在被告知后三日内提出,互联网信息内容管理部门应当组织听证。当事人逾期未要求听证的,视为放弃权利。

第三十四条 互联网信息内容管理部门应当在听证的七日前,将《举行听证通知书》(格式见附件10)送达当事人,告知举行听证的时间、地点。

听证应当制作《听证笔录》(格式见附件11),交当事人审核无误后签字或者盖章。

第三十五条 互联网信息内容管理部门对互联网信息服务提供者违法行为作出行政处罚决定前,可以根据有关规定对其实施约谈,谈话结束后制作《执法约谈笔录》(格式见附件12)。

第六章 处罚决定、送达

第三十六条 互联网信息内容管理部门作出行政处罚决定之前,应当填写《行政处罚意见告知书》(格式见附件13),告知当事人拟作出行政处罚的违法事实、处罚的理由和依据,以及当事人依法享有的陈述、申辩权。

互联网信息内容管理部门应当充分听取当事人的陈述和申辩。当事人提出的事实、理由或者证据经复核成立的,应当采纳。当事人在接到告知书之日起三个工作日内未提出陈述、申辩的,视为放弃权利。

互联网信息内容管理部门不得因当事人陈述、申辩而加重处罚。

第三十七条 拟作出的行政处罚决定应当报互联网信息内容管理部门负责人审查。互联网信息内容管理部门负责人根据不同情况,分别作出如下决定:

(一)确有应受行政处罚的违法行为

的,根据情节轻重及具体情况,作出行政处罚决定;

(二)违法行为轻微,依法可以不予行政处罚的,不予行政处罚;

(三)违法事实不能成立的,不予行政处罚;

(四)违法行为已构成犯罪的,移送司法机关。

第三十八条 对情节复杂或者重大违法行为给予较重的行政处罚,互联网信息内容管理部门负责人应当集体讨论决定。集体讨论决定的过程应当有书面记录。

情节复杂、重大违法行为标准由互联网信息内容管理部门根据实际情况确定。

第三十九条 互联网信息内容管理部门作出行政处罚决定,应当制作统一编号的《行政处罚决定书》(格式见附件14)。

《行政处罚决定书》应当载明下列事项:

(一)当事人的姓名或者名称、地址等基本情况;

(二)违反法律、法规或者规章的事实和证据;

(三)行政处罚的种类和依据;

(四)行政处罚的履行方式和期限;

(五)不服行政处罚决定,申请行政复议或者提起行政诉讼的途径和期限;

(六)作出行政处罚决定的互联网信息内容管理部门名称和作出决定的日期。

行政处罚决定中涉及没收有关物品的,还应当附没收物品凭证。

《行政处罚决定书》应当盖有作出处罚决定的互联网信息内容管理部门的印章。

第四十条 《行政处罚决定书》应当在宣告后当场交付当事人;当事人不在场的,应当在七日内依照民事诉讼法的有关规定,将《行政处罚决定书》送达当事人。

第七章 执行与结案

第四十一条 《行政处罚决定书》送达后,当事人应当在处罚决定的期限内予以履行。

当事人确有经济困难,可以提出延期或者分期缴纳罚款的申请,并提交书面材料。经案件承办人审核,确定延期或者分期缴纳罚款的期限和金额,报互联网信息内容管理部门负责人批准后执行。

第四十二条 互联网信息服务提供者违反相关法律法规规章,需由电信主管部门关闭网站、吊销互联网信息服务增值电信业务经营许可证或者取消备案的,转电信主管部门处理。

第四十三条 当事人对互联网信息内容管理部门给予的行政处罚享有陈述、申辩权,对行政处罚决定不服的,有权依法申请行政复议或者提起行政诉讼。

当事人对行政处罚决定不服,申请行政复议或者提起行政诉讼的,行政处罚不停止执行,但法律另有规定的除外。

第四十四条 当事人在法定期限内不申请行政复议或者提起行政诉讼,又不履行行政处罚决定的,作出处罚决定的互联网信息内容管理部门可以申请人民法院强制执行。

互联网信息内容管理部门申请人民法院强制执行前应当填写《履行行政处罚决定催告书》(格式见附件15),书面催告当事人履行义务,并告知履行义务的期限和方式、依法享有的陈述和申辩权,涉及加处罚款的,应当有明确的金额和给付方式。

加处罚款的总数额不得超过原罚款数额。

当事人进行陈述、申辩的,互联网信息内容管理部门应当对当事人提出的事实、理由和证据进行记录、复核,并制作陈述申辩笔录、陈述申辩复核意见书。当事人提出的事实、理由或者证据成立的,互联网信息内容管理部门应当采纳。

《履行行政处罚决定催告书》送达十个工作日后,当事人仍未履行处罚决定的,互联网信息内容管理部门可以申请人民法院强制执行,并填写《行政处罚强制执行申请书》(格式见附件16)。

第四十五条　行政处罚决定履行或者执行后,办案人应当填写《行政处罚结案报告》(格式见附件17),将有关案件材料进行整理装订,归档保存。

第八章　附　　则

第四十六条　本规定中的期限以时、日计算,开始的时和日不计算在内。期限届满的最后一日是节假日的,以节假日后的第一日为届满的日期。法律、法规另有规定的除外。

第四十七条　本规定中的"以上""以下""以内",均包括本数。

第四十八条　国家互联网信息内容管理部门负责制定行政执法所适用的文书格式范本。各省、自治区、直辖市互联网信息内容管理部门可以参照文书格式范本,制定本行政区域行政处罚所适用的文书格式并自行印制。

第四十九条　本规定自2017年6月1日起施行。

附件:1. 案件来源登记表
2. 立案审批表
3. 不予立案审批表
4. 撤销立案审批表
5. 询问笔录
6. 登记保存物品清单
7. 登记保存物品通知书
8. 电子取证工作记录
9. 案件处理意见报告
10. 举行听证通知书
11. 听证笔录
12. 执法约谈笔录
13. 行政处罚意见告知书
14. 行政处罚决定书
15. 履行行政处罚决定催告书
16. 行政处罚强制执行申请书
17. 行政处罚结案报告

附件1

案件来源登记表

登记时间	年　月　日　时　分		
来源分类	（　）监督检查　　（　）投诉、申诉、举报　　（　）上级机关交办 （　）下级机关报请（　）有关部门移送　　（　）其他		
案源提供人	监督检查人	姓　名		执法单位	
:::	:::	姓　名		执法单位	
:::	投诉、申诉、举报人	个人	姓名		身份证(有效身份证件)号码	
:::	:::	单位	名称			
:::	:::	:::	法定代表人(负责人)			
:::	:::	联系电话		邮政编码	
:::	:::	联系地址			
:::	交办、报请机关,移送部门,其他	名　称			
:::	:::	联系人		联系电话	
:::	:::	联系地址			
:::	:::	邮政编码			
案源内容登记	登记人(签名)： 年　月　日		
案源处理意见	承办人(签名)： 年　月　日	审批人(签名)： 年　月　日	
备　注			

附件 2

立案审批表

×××号

案　由				
当事人基本情况	单位名称		法定代表人	
	单位地址		联系电话	

简要案情：

承办意见	
	承办人（签名）　　　　　　年　月　日
承办部门审核意见	
	审核人（签名）　　　　　　年　月　日
互联网信息内容管理部门负责人审批意见	
	审批人（签名）　　　　　　年　月　日

备注：

附件 3

不予立案审批表

×××号

案件名称：	案件来源：	登记时间：
当事人：	证照号码：	法定代表人：
联系地址：	联系电话：	
案件核查情况： 不予立案理由：		
承办意见： 承办人(签名)：		年 月 日
承办部门审核意见： 审核人(签名)： 年 月 日	互联网信息内容管理部门负责人审批意见： 审批人(签名)： 年 月 日	

附件 4

撤销立案审批表

×××号

案件名称：	案件来源：	立案时间：
当事人：	证照号码：	法定代表人：
联系地址：	联系电话：	

案件基本情况：
撤销立案理由：
承办意见： 承办人(签名)：　　　　　　　　　　　　　年　月　日

承办部门审核意见： 审核人(签名)： 年　月　日	互联网信息内容管理部门负责人审批意见： 审批人(签名)： 年　月　日

附件 5

第＿＿＿次询问
第＿＿＿页 共＿＿＿页

询问笔录

询问时间：＿＿＿年＿＿＿月＿＿＿日＿＿＿时＿＿＿分至＿＿＿年＿＿＿月＿＿＿日＿＿＿时＿＿＿分
询问地点：＿＿＿＿＿＿＿＿＿＿＿＿＿＿＿＿＿＿＿＿＿＿＿＿＿＿＿＿＿＿＿＿＿＿＿＿＿＿＿
询问人姓名：＿＿＿＿＿＿＿工作单位：＿＿＿＿＿＿＿＿执法证件号码：＿＿＿＿＿＿＿＿＿＿＿
记录人姓名：＿＿＿＿＿＿＿工作单位：＿＿＿＿＿＿＿＿执法证件号码：＿＿＿＿＿＿＿＿＿＿＿
被询问人姓名：＿＿＿＿＿＿＿＿性别：＿＿＿＿＿＿出生日期：＿＿＿＿＿＿＿＿＿＿＿＿＿＿
民族：＿＿＿＿＿文化程度：＿＿＿＿＿＿＿身份证(有效身份证件)号码：＿＿＿＿＿＿＿＿＿＿
户籍所在地：＿＿＿＿＿＿＿＿＿＿＿＿＿＿＿联系电话：＿＿＿＿＿＿＿＿＿＿＿＿＿＿＿＿＿
现住址：＿＿＿＿＿＿＿＿＿＿＿＿＿＿＿＿＿＿＿＿＿＿＿＿＿＿＿＿＿＿＿＿＿＿＿＿＿＿＿
  问：＿＿＿＿＿＿＿＿＿＿＿＿＿＿＿＿＿＿＿＿＿＿＿＿＿＿＿＿＿＿＿＿＿＿＿＿＿
  答：＿＿＿＿＿＿＿＿＿＿＿＿＿＿＿＿＿＿＿＿＿＿＿＿＿＿＿＿＿＿＿＿＿＿＿＿＿

  问：＿＿＿＿＿＿＿＿＿＿＿＿＿＿＿＿＿＿＿＿＿＿＿＿＿＿＿＿＿＿＿＿＿＿＿＿＿
  答：＿＿＿＿＿＿＿＿＿＿＿＿＿＿＿＿＿＿＿＿＿＿＿＿＿＿＿＿＿＿＿＿＿＿＿＿＿

  问：＿＿＿＿＿＿＿＿＿＿＿＿＿＿＿＿＿＿＿＿＿＿＿＿＿＿＿＿＿＿＿＿＿＿＿＿＿
  答：＿＿＿＿＿＿＿＿＿＿＿＿＿＿＿＿＿＿＿＿＿＿＿＿＿＿＿＿＿＿＿＿＿＿＿＿＿

  问：＿＿＿＿＿＿＿＿＿＿＿＿＿＿＿＿＿＿＿＿＿＿＿＿＿＿＿＿＿＿＿＿＿＿＿＿＿
  答：＿＿＿＿＿＿＿＿＿＿＿＿＿＿＿＿＿＿＿＿＿＿＿＿＿＿＿＿＿＿＿＿＿＿＿＿＿

被询问人(签名)：　　　询问人(签名)：　　　记录人(签名)：

　年　月　日　　　　　　年　月　日　　　　　　年　月　日

附件6

登记保存物品清单

×××号

编号	类别	名称	单位	数量	单价	备注

当事人(签名)： 执法人员(签名)：
单位(印章) ×××互联网信息办公室(印章)
　　年　月　日 　　年　月　日

注：本文书一式两联，第一联由行政机关存档，第二联交当事人。

附件7

登记保存物品通知书

当事人：_____
地　　址：_____
你(单位)因_____行为
违反了_____，
根据《中华人民共和国行政处罚法》第三十七条第二款的规定，现决定对你(单位)下列物品予以先行登记保存(详见清单)。
保存期限：_____年___月___日至_____年___月___日
保存地点：_____
在此期间，你(单位)不得将登记保存的物品销毁或者转移。

附：登记保存物品清单

当事人(签名)：　　　　　　　执法人员(签名)：

单位(印章)　　　　　　　×××互联网信息办公室(印章)

　年　　月　　日　　　　　　　年　　月　　日

注：本文书一式两联，第一联由行政机关存档，第二联交当事人。

附件8

电子取证工作记录
（适用于现场取证、远程取证）

一、基本情况：
　取证事由：_____
　取证起始时间：_____取证结束时间：_____
　取证地点：_____
　取证环境情况：_____
　现场指挥人：_____到场时间：_____
　取证人：_____到场时间：_____
　取证人：_____到场时间：_____
　见证人：_____证件名称/号码：_____
　见证人：_____证件名称/号码：_____
　其他人员：_____
　取证设备和软件工具的名称、型号、版本号：_____
二、取证过程：
　发现、提取、分析、固定证据的形式、方法和步骤：_____

三、取证结果：

见《提取固定电子数据清单》(一)、(二)、(三)、(四)。本记录包含照片＿＿＿张,光盘＿＿＿个,及(其他)＿＿＿＿＿＿＿＿。

现场指挥人:(签名)

取　证　人:(签名)

证据持有人:(签名)

见　证　人:(签名)

年　月　日

提取固定电子数据清单(一)		
（适用于提取、固定原始电子设备、存储介质）		
原始载体外观登记	□机身	□服务器　□台式机　□笔记本　□手机　□其他 制造商：　　型号：　　序列号：　　其他：
	□介质	□硬盘　□移动硬盘　□U盘　□其他 制造商：　　型号：　　序列号：　　容量： 其他：
原始载体固定方式	□完整性校验	校验情况描述： 取证人(签名)：　　持有人(签名)： 见证人(签名)：　　日期：
	□封存	封存情况描述： 取证人(签名)：　　持有人(签名)： 见证人(签名)：　　日期：
	□其他方式	固定情况描述： 取证人(签名)：　　持有人(签名)： 见证人(签名)：　　日期：
备注		

提取、固定电子数据清单（二）
（适用于提取、固定镜像复制件）

原始载体外观登记	□机身	□服务器　　□台式机　　□笔记本　　□手机　　□其他		
^	^	制造商：　　型号：　　序列号：　　其他：		
^	□介质	□硬盘　　□移动硬盘　　□U盘　　□其他		
^	^	制造商：　　型号：　　序列号：　　容量： 其他：		
镜像复制件外观登记	□介质	□硬盘　　□移动硬盘　　□U盘　　□其他		
^	^	制造商：　　型号：　　序列号：　　容量： 其他：		
镜像复制件固定方式	□完整性校验	校验情况描述： 取证人（签名）：　　　　见证人（签名）： 原始载体保管人（签名）：　原始载体保管地点： 日期：		
^	□封存	封存情况描述： 取证人（签名）：　　　　见证人（签名）： 原始载体保管人（签名）：　原始载体保管地点： 日期：		
^	□其他方式	固定情况描述： 取证人（签名）：　　　　见证人（签名）： 原始载体保管人（签名）：　原始载体保管地点： 日期：		
备注				

提取、固定电子数据清单(三)
（适用于提取、固定相关涉案文件）

<table>
<tr><td rowspan="3">原始载体外观登记</td><td rowspan="2">□机身</td><td colspan="2">□服务器　　□台式机　　□笔记本　　□手机　　□其他</td></tr>
<tr><td colspan="2">制造商：　　　型号：　　　序列号：　　　其他：</td></tr>
<tr><td rowspan="1">□介质</td><td colspan="2">□硬盘　　　□移动硬盘　　　□U盘　　　□其他
制造商：　　型号：　　序列号：　　容量：
其他：</td></tr>
<tr><td>专门存储介质外观登记</td><td>□介质</td><td colspan="2">□光盘　　　□移动硬盘　　　□U盘　　　□其他
制造商：　　型号：　　序列号：　　容量：
其他：</td></tr>
<tr><td>提取情况描述</td><td>□涉案文件</td><td>涉案文件原始情况
存储位置：
文件数量：
其他：</td><td>涉案文件提取情况
存储位置：
文件数量：
其他：</td></tr>
<tr><td rowspan="3">提取涉案文件固定方式</td><td>□完整性校验</td><td colspan="2">校验情况描述：□专门存储介质完整性校验 □文件完整性校验

取证人（签名）：　　　见证人（签名）：
原始载体保管人（签名）：　原始载体保管地点：
　　　　　　　　　　　　日期：</td></tr>
<tr><td>□封存</td><td colspan="2">封存情况描述：

取证人（签名）：　　　见证人（签名）：
原始载体保管人（签名）：　原始载体保管地点：
　　　　　　　　　　　　日期：</td></tr>
<tr><td>□其他方式</td><td colspan="2">固定情况描述：

取证人（签名）：　　　见证人（签名）：
原始载体保管人（签名）：　原始载体保管地点：
　　　　　　　　　　　　日期：</td></tr>
<tr><td>备注</td><td colspan="3"></td></tr>
</table>

提取、固定电子数据清单（四）
（适用于将涉案文件转化为纸质文档）

原始载体外观登记	☐ 机身	☐服务器　　☐台式机　　☐笔记本　　☐手机　　☐其他		
^	^	制造商：　　型号：　　序列号：　　其他：		
^	☐ 介质	☐硬盘　　☐移动硬盘　　☐U盘　　☐其他		
^	^	制造商：　　型号：　　序列号：　　容量：		
^	^	其他：		
原始涉案文件描述		*存储位置：* *文件数量：* *相关描述：* 取证人(签名)：　　　　　　见证人(签名)： 原始载体保管人(签名)：　原始载体保管地点： 　　　　　　　　　　　　日期：			
转化过程描述					
注意事项		1. 涉案文件通过拍照、打印等方式转化为纸质文档后,应当由证据保管人、见证人核对无误并逐页签名确认; 2. 经签名确认的纸质文档可以单独收集,也可以与涉案文件的原始载体一并收集。			
备注					

附件 9

案件处理意见报告

×××号

案由				
当事人基本情况	单位名称		法定代表人	
	单位地址		联系电话	
违法事实及证据				
案件调查经过				
调查结论及处理意见	承办人(签名):　　　　　　年　月　日			
承办部门审核意见	审核人(签名):　　　　　　年　月　日			
互联网信息内容管理部门负责人审批意见	审批人(签名):　　　　　　年　月　日			
备注:				

附件 10

举行听证通知书

_____字〔   〕_____号

_____(听证申请人):

根据你(单位)于_____年___月___日就_____一案提出的听证申请,依据《中华人民共和国行政处罚法》第四十二条的规定,现定于_____年___月___日___时___分在_____举行□公开 □不公开 听证。请你(单位)持本通知准时出席。

听证会主持人:_____听证申请人(委托代理人):_____
听证会参加人(委托代理人):_____案件承办人:_____
听证会书记员:_____翻译人员:_____鉴定人员:_____
第三人(委托代理人):_____其他听证参与人:_____

注意事项如下:

1. 申请人可以亲自参加听证,也可委托一至二人代理。委托代理人参加听证的,应在听证举行前提交由委托人签名或盖章的委托授权书,载明委托的事项及权限。参加听证时应携带身份证明材料。

2. 申请人若因特殊原因需申请延期举行听证的,应当在听证举行前向我办提出申请并说明理由,由我办决定是否延期。

3. 申请人无正当理由不参加听证,又未委托代理人到场参加听证的,或者未经听证主持人允许中途退场的,视为放弃听证权利,我办将终止听证。

4. 举行听证会前,本通知内容将在_____进行公告。

×××互联网信息办公室(印章)
年   月   日

联系地址:_____
联系人:_____联系电话:_____

附件 11

第　页　共　页

听证笔录

案由：_____
听证时间：___年___月___日___时___分至___年___月___日___时___分
听证地点：_____
听证机关：_____听证方式：□公开　□不公开
听证会主持人：_____
听证申请人(委托代理人)：_____
听证会参加人(委托代理人)：_____
案件承办人：_____
听证会书记员：_____翻译人员：_____鉴定人员：_____
第三人(委托代理人)：_____
其他听证参与人：_____
听证内容记录：_____
_____
_____
_____
_____
_____
_____
_____
_____
_____
_____
_____
_____
_____
_____
_____
_____
_____

听证申请人(委托代理人)(签章)：

听证会书记员(签名)：　　翻译人员(签名)：　　鉴定人员(签名)：

案件承办人(签名)：　　第三人(委托代理人)(签名)：

日期：

附件 12

第　页　共　页

执法约谈笔录

谈话人	姓名：		单位及职务：	
	姓名：		单位及职务：	
	姓名：		单位及职务：	
	姓名：		单位及职务：	
被约谈人	姓名：	性别：		年龄：
	身份证（有效身份证件）号码：			
	工作单位：		职务：	
	联系地址：		联系电话：	
	姓名：	性别：		年龄：
	身份证（有效身份证件）号码：			
	工作单位：		职务：	
	联系地址：		联系电话：	

约谈地点：

约谈时间：___年___月___日___时___分至___年___月___日___时___分

约谈主要内容：

被约谈人：　　　　　　　　　记录人：
（签名）　　　　　　　　　　（签名）
　年　月　日　　　　　　　　　年　月　日

备注：被约谈人应当在每页笔录签名，并签署"以上记录属实"。

附件 13

行政处罚意见告知书

　　　　　　　　　　　　　　　　　　　　　　　　____字〔　　〕____号

_____（被告知人）：

　　你（单位）因_____违反
了_____。根据_____的规定，我办拟
对你（单位）作出_____的处罚。
　　对我办拟作出的上述行政处罚，根据《中华人民共和国行政处罚法》第三十二条、第四十二条规定，你（单位）有权进行陈述、申辩，有权要求就吊销互联网新闻信息服务许可证、较大数额罚款等行政处罚决定举行听证。如果有陈述和申辩意见或者要求听证的，你（单位）应在接到本告知书之日起 3 日内（节假日顺延）向我办提出，逾期视为放弃。
　　联系人：_____联系电话：_____

　　　　　　　　　　　　　　　　　　　　　　×××互联网信息办公室（印章）
　　　　　　　　　　　　　　　　　　　　　　　　　年　　月　　日

附件 14

行政处罚决定书

　　　　　　　　　　　　　　　　　　　　　　　　____字〔　　〕____号

被处罚对象：_____
地址：_____
我办于____年____月____日对你（单位）_____行为进行立案调查。现查明_____
_____
　　以上事实有_____
_____等证据证实。
　　现根据_____，决定给予你（单位）_____处罚，限你（单位）于_____前_____。
　　[决定给予罚款处罚的，被处罚对象应在收到本决定书之日起十五日内缴纳罚款（银行：_____账号：_____）。逾期不缴纳罚款的，每日按照罚款数额的百分之三加处罚款。]
　　如不服本决定，可以在收到本决定书之日起____日内向_____申请行政复议，或者于收到本决定书之日起____日内直接向_____人民法院提起行政诉讼。

　　　　　　　　　　　　　　　　　　　　　　×××互联网信息办公室（印章）
　　　　　　　　　　　　　　　　　　　　　　　　　年　　月　　日

附：作出行政处罚决定所依据的法律条文内容

附件 15

履行行政处罚决定催告书

___字〔   〕___号

_____(被处罚对象):

我办于_____年___月___日作出行政处罚决定,要求你(单位)_____
_____(处罚决定内容)。
你(单位)于_____年___月___日签收了行政处罚决定书,但在法定期限内未申请行政复议,也未向人民法院提起行政起诉,又不履行本处罚决定。根据《中华人民共和国行政强制法》第五十四条和_____
_____规定,我办催告你(单位)在收到本催告书之日起的10日内履行以下行政处罚决定:_____
_____。

本催告书送达10日后你(单位)仍未履行义务的,我办将依法向人民法院申请强制执行,你(单位)有陈述和申辩的权利。

×××互联网信息办公室(印章)

年　　月　　日

本文书一式两份:一份留存,一份交被催告当事人。

附件 16

行政处罚强制执行申请书

___字〔   〕___号

_____人民法院:

我办关于_____一案的行政处罚决定已于___年___月___日送达,_____(被处罚人/单位)逾期未履行行政处罚决定。
根据《中华人民共和国行政处罚法》第五十一条第三项规定,特申请强制执行。申请执行的内容及当事人基本情况如下:

当事人:_____
地　址:_____
法定代表人(负责人):_____　性别:_____
年龄:_____　　职务:_____
申请执行内容:_____
_____。

×××互联网信息办公室(印章)

年　　月　　日

附件：

联系地址：_____
联 系 人：_____
联系方式：_____

注：本文书共二联，第一联由行政机关存档，第二联交法院。

附件17

行政处罚结案报告

案由	
当事人	
立案时间	
承办人	
案情概要	
处罚决定书字号及处罚内容	
处罚执行情况	
承办人意见	签名：　　年　月　日
承办部门负责人意见	签名：　　年　月　日
互联网信息内容管理部门负责人意见	签名：　　年　月　日

交通运输行政执法程序规定

(2019年4月12日交通运输部令2019年第9号发布 根据2021年6月30日《交通运输部关于修改〈交通运输行政执法程序规定〉的决定》修正)

第一章 总 则

第一条 为规范交通运输行政执法行为,促进严格规范公正文明执法,保护公民、法人和其他组织的合法权益,根据《中华人民共和国行政处罚法》《中华人民共和国行政强制法》等法律、行政法规,制定本规定。

第二条 交通运输行政执法部门(以下简称执法部门)及其执法人员实施交通运输行政执法行为,适用本规定。

前款所称交通运输行政执法,包括公路、水路执法部门及其执法人员依法实施的行政检查、行政强制、行政处罚等执法行为。

第三条 执法部门应当全面推行行政执法公示制度、执法全过程记录制度、重大执法决定法制审核制度,加强执法信息化建设,推进执法信息共享,提高执法效率和规范化水平。

第四条 实施交通运输行政执法应当遵循以下原则:

(一)事实认定清楚,证据确凿;
(二)适用法律、法规、规章正确;
(三)严格执行法定程序;
(四)正确行使自由裁量权;
(五)依法公平公正履行职责;
(六)依法维护当事人合法权益;
(七)处罚与教育相结合。

第五条 执法部门应当建立健全执法监督制度。上级交通运输执法部门应当定期组织开展行政执法评议、考核,加强对行政执法的监督检查,规范行政执法。

执法部门应当主动接受社会监督。公民、法人或者其他组织对执法部门实施行政执法的行为,有权申诉或者检举;执法部门应当认真审查,发现有错误的,应当主动改正。

第二章 一般规定

第一节 管 辖

第六条 行政处罚由违法行为发生地的执法部门管辖。行政检查由执法部门在法定职权范围内实施。法律、行政法规、部门规章另有规定的,从其规定。

第七条 对当事人的同一违法行为,两个以上执法部门都有管辖权的,由最先立案的执法部门管辖。

第八条 两个以上执法部门因管辖权发生争议的,应当协商解决,协商不成的,报请共同的上一级部门指定管辖;也可以直接由共同的上一级部门指定管辖。

第九条 执法部门发现所查处的案件不属于本部门管辖的,应当移送有管辖权的其他部门。执法部门发现违法行为涉嫌犯罪的,应当及时依照《行政执法机关移送涉嫌犯罪案件的规定》将案件移送司法机关。

第十条 下级执法部门认为其管辖的案件属重大、疑难案件,或者由于特殊原因难以办理的,可以报请上一级部门指定管辖。

第十一条 跨行政区域的案件,相关执法部门应当相互配合。相关行政区域执法部门共同的上一级部门应当做好协调工作。

第二节 回 避

第十二条 执法人员有下列情形之一

的,应当自行申请回避,当事人及其代理人有权用口头或者书面方式申请其回避:

(一)是本案当事人或者当事人、代理人近亲属的;

(二)本人或者其近亲属与本案有利害关系的;

(三)与本案当事人或者代理人有其他利害关系,可能影响案件公正处理的。

第十三条 申请回避,应当说明理由。执法部门应当对回避申请及时作出决定并通知申请人。

执法人员的回避,由其所属的执法部门负责人决定。

第十四条 执法部门作出回避决定前,执法人员不得停止对案件的调查;作出回避决定后,应当回避的执法人员不得再参与该案件的调查、决定、实施等工作。

第十五条 检测、检验及技术鉴定人员、翻译人员需要回避的,适用本节规定。

检测、检验及技术鉴定人员、翻译人员的回避,由指派或者聘请上述人员的执法部门负责人决定。

第十六条 被决定回避的执法人员、鉴定人员和翻译人员,在回避决定作出前进行的与执法有关的活动是否有效,由作出回避决定的执法部门根据其活动是否对执法公正性造成影响的实际情况决定。

第三节 期间与送达

第十七条 期间以时、日、月、年计算,期间开始当日或者当时不计算在内。期间届满的最后一日为节假日的,以节假日后的第一日为期间届满的日期。

第十八条 执法部门应当按照下列规定送达执法文书:

(一)直接送交受送达人,由受送达人记明收到日期,签名或者盖章,受送达人的签收日期为送达日期。受送达人是公民的,本人不在交其同住的成年家属签收;受送达人是法人或者其他组织的,应当由法人的法定代表人、该组织的主要负责人或者办公室、收发室、值班室等负责收件的人签收或者盖章;当事人指定代收人的,交代收人签收。受送达人的同住成年家属,法人或者其他组织的负责收件的人或者代收人在《送达回证》上签收的日期为送达日期;

(二)受送达人或者他的同住成年家属拒绝接收的,可以邀请受送达人住所地的居民委员会、村民委员会的工作人员或者受送达人所在单位的工作人员作见证人,说明情况,在《送达回证》上记明拒收事由和日期,由执法人员、见证人签名或者盖章,将执法文书留在受送达人的住所;也可以把执法文书留在受送达人的住所,并采取拍照、录像等方式记录送达过程,即视为送达;

(三)经受送达人同意,可以采用传真、电子邮件、移动通信等能够确认其即时收悉的特定系统作为送达媒介电子送达执法文书。受送达人同意采用电子方式送达的,应当在送达地址确认书中予以确认。采取电子送达方式送达的,以执法部门对应系统显示发送成功的日期为送达日期,但受送达人证明到达其确认的特定系统的日期与执法部门对应系统显示发送成功的日期不一致的,以受送达人证明到达其特定系统的日期为准;

(四)直接送达有困难的,可以邮寄送达或者委托其他执法部门代为送达。委托送达的,受委托的执法部门按照直接送达或者留置送达方式送达执法文书,并及时将《送达回证》交回委托的执法部门。邮寄送达的,以回执上注明的收件日期为送达日期。执法文书在期满前交邮的,不算过期;

(五)受送达人下落不明或者用上述方式无法送达的,采取公告方式送达,说明公告送达的原因,并在案卷中记明原因和经过。公告送达可以在执法部门的公告栏和受送达人住所地张贴公告,也可以在报纸、信息网络等媒体上刊登公告,发出公告日期以最后张贴或者刊登的日期为准,经过六十日,即视为送达。在受送达人住所地张贴公告的,应当采取拍照、录像等方式记录张贴过程。

第三章 行政检查

第十九条 执法部门在路面、水面、生产经营等场所实施现场检查,对行政相对人实施书面调查,通过技术系统、设备实施电子监控,应当符合法定职权,依照法律、法规、规章规定实施。

第二十条 执法部门应当建立随机抽取被检查对象、随机选派检查人员的抽查机制,健全随机抽查对象和执法检查人员名录库,合理确定抽查比例和抽查频次。随机抽查情况及查处结果除涉及国家秘密、商业秘密、个人隐私的,应当及时向社会公布。

海事执法部门根据履行国际公约要求的有关规定开展行政检查的,从其规定。

第二十一条 执法部门应当按照有关装备标准配备交通工具、通讯工具、交通管理器材、个人防护装备、办公设备等装备,加大科技装备的资金投入。

第二十二条 实施行政检查时,执法人员应当依据相关规定着制式服装,根据需要穿着多功能反光腰带、反光背心、救生衣,携带执法记录仪、对讲机、摄像机、照相机,配备发光指挥棒、反光锥筒、停车示意牌、警戒带等执法装备。

第二十三条 实施行政检查,执法人员不得少于两人,应当出示交通运输行政执法证件,表明执法身份,并说明检查事由。

第二十四条 实施行政检查,不得超越检查范围和权限,不得检查与执法活动无关的物品,避免对被检查的场所、设施和物品造成损坏。

第二十五条 实施路(水)面巡查时,应当保持执法车(船)清洁完好、标志清晰醒目、车(船)技术状况良好,遵守相关法律法规,安全驾驶。

第二十六条 实施路面巡查,应当遵守下列规定:

(一)根据道路条件和交通状况,选择不妨碍通行的地点进行,在来车方向设置分流或者避让标志,避免引发交通堵塞;

(二)依照有关规定,在距离检查现场安全距离范围摆放发光或者反光的示警灯、减速提示标牌、反光锥筒等警示标志;

(三)驾驶执法车辆巡查时,发现涉嫌违法车辆,待其行驶至视线良好、路面开阔地段时,发出停车检查信号,实施检查;

(四)对拒绝接受检查、恶意闯关冲卡逃逸、暴力抗法的涉嫌违法车辆,及时固定、保存、记录现场证据或线索,或者记下车号依法交由相关部门予以处理。

第二十七条 实施水面巡航,应当遵守下列规定:

(一)一般在船舶停泊或者作业期间实施行政检查;

(二)除在航船舶涉嫌有明显违法行为且如果不对其立即制止可能造成严重后果的情况外,不得随意截停在航船舶登临检查;

(三)不得危及船舶、人员和货物的安全,避免对环境造成污染。除法律法规规定情形外,不得操纵或者调试船上仪器设备。

第二十八条 检查生产经营场所,应当遵守下列规定:

（一）有被检查人或者见证人在场；

（二）对涉及被检查人的商业秘密、个人隐私，应当为其保密；

（三）不得影响被检查人的正常生产经营活动；

（四）遵守被检查人有关安全生产的制度规定。

第二十九条　实施行政检查，应当制作检查记录，如实记录检查情况。对于行政检查过程中涉及到的证据材料，应当依法及时采集和保存。

第四章　调查取证

第一节　一般规定

第三十条　执法部门办理执法案件的证据包括：

（一）书证；

（二）物证；

（三）视听资料；

（四）电子数据；

（五）证人证言；

（六）当事人的陈述；

（七）鉴定意见；

（八）勘验笔录、现场笔录。

第三十一条　证据应当具有合法性、真实性、关联性。

第三十二条　证据必须查证属实，方可作为认定案件事实的根据。

第二节　证据收集

第三十三条　执法人员应当合法、及时、客观、全面地收集证据材料，依法履行保密义务，不得收集与案件无关的材料，不得将证据用于法定职责以外的其他用途。

第三十四条　执法部门可以通过下列方式收集证据：

（一）询问当事人、利害关系人、其他有关单位或者个人，听取当事人或者有关人员的陈述、申辩；

（二）向有关单位和个人调取证据；

（三）通过技术系统、设备收集、固定证据；

（四）委托有资质的机构对与违法行为有关的问题进行鉴定；

（五）对案件相关的现场或者涉及的物品进行勘验、检查；

（六）依法收集证据的其他方式。

第三十五条　收集、调取书证应当遵守下列规定：

（一）收集书证原件。收集原件确有困难的，可以收集与原件核对无误的复制件、影印件或者节录本；

（二）收集书证复制件、影印件或者节录本的，标明"经核对与原件一致"，注明出具日期、证据来源，并由被调查对象或者证据提供人签名或者盖章；

（三）收集图纸、专业技术资料等书证的，应当附说明材料，明确证明对象；

（四）收集评估报告的，应当附有评估机构和评估人员的有效证件或者资质证明的复印件；

（五）取得书证原件的节录本的，应当保持文件内容的完整性，注明出处和节录地点、日期，并有节录人的签名；

（六）公安、税务、市场监督管理等有关部门出具的证明材料作为证据的，证明材料上应当加盖出具部门的印章并注明日期；

（七）被调查对象或者证据提供者拒绝在证据复制件、各式笔录及其他需要其确认的证据材料上签名或者盖章的，可以邀请有关基层组织、被调查对象所在单位、公证机构、法律服务机构或者公安机关代表到场见证，说明情况，在相关证据材料上记明拒绝确认事由和日期，由执法人员、见证人签名或者盖章。

第三十六条 收集、调取物证应当遵守下列规定：

（一）收集原物。收集原物确有困难的，可以收集与原物核对无误的复制件或者证明该物证的照片、录像等其他证据；

（二）原物为数量较多的种类物的，收集其中的一部分，也可以采用拍照、取样、摘要汇编等方式收集。拍照取证的，应当对物证的现场方位、全貌以及重点部位特征等进行拍照或者录像；抽样取证的，应当通知当事人到场，当事人拒不到场或者暂时难以确定当事人的，可以由在场的无利害关系人见证；

（三）收集物证，应当载明获取该物证的时间、原物存放地点、发现地点、发现过程以及该物证的主要特征，并对现场尽可能以照片、视频等方式予以同步记录；

（四）物证不能入卷的，应当采取妥善保管措施，并拍摄该物证的照片或者录像存入案卷。

第三十七条 收集视听资料应当遵守下列规定：

（一）收集有关资料的原始载体，并由证据提供人在原始载体或者说明文件上签名或者盖章确认；

（二）收集原始载体确有困难的，可以收集复制件。收集复制件的，应当由证据提供人出具由其签名或者盖章的说明文件，注明复制件与原始载体内容一致；

（三）原件、复制件均应当注明制作方法、制作时间、制作地点、制作人和证明对象等；

（四）复制视听资料的形式包括采用存储磁盘、存储光盘进行复制保存、对屏幕显示内容进行打印固定、对所载内容进行书面摘录与描述等。条件允许时，应当优先以书面形式对视听资料内容进行固定，由证据提供人注明"经核对与原件一致"，并签名或者盖章确认；

（五）视听资料的存储介质无法入卷的，可以转录入存储光盘存入案卷，并标明光盘序号、证据原始制作方法、制作时间、制作地点、制作人，及转录的制作人、制作时间、制作地点等。证据存储介质需要退还证据提供人的，应当要求证据提供人对转录的复制件进行确认。

第三十八条 收集电子数据应当遵守下列规定：

（一）收集电子数据的原始存储介质。收集电子数据原始存储介质确有困难的，可以收集电子数据复制件，但应当附有不能或者难以提取原始存储介质的原因、复制过程以及原始存储介质存放地点或者电子数据网络地址的说明，并由复制件制作人和原始存储介质持有人签名或者盖章，或者以公证等其他有效形式证明电子数据与原始存储介质的一致性和完整性；

（二）收集电子数据应当记载取证的参与人员、技术方法、步骤和过程，记录收集对象的事项名称、内容、规格、类别以及时间、地点等，或者将收集电子数据的过程拍照或者录像；

（三）收集的电子数据应当使用光盘或者其他数字存储介质备份；

（四）收集通过技术手段恢复或者破解的与案件有关的光盘或者其他数字存储介质，电子设备中被删除、隐藏或者加密的电子数据，应当附有恢复或者破解对象、过程、方法和结果的专业说明；

（五）依照法律、行政法规规定利用电子技术监控设备收集、固定违法事实的，应当经过法制和技术审核，确保电子技术监控设备符合标准、设置合理、标志明显，设置地点应当向社会公布。电子技术监控设备记录违法事实应当真实、清晰、完整、准确。执法部门应当审核记录内容是否符合要求;未经审核或者经审核不符合要求的,不得作为行政处罚的证据。执法部门应当及时告知当事人违法事实,并采取信息化手段或者其他措施,为当事人查询、陈述和申辩提供便利。不得限制或者变相限制当事人享有的陈述权、申辩权。

第三十九条 收集当事人陈述、证人证言应当遵守下列规定:

(一)询问当事人、证人,制作《询问笔录》或者由当事人、证人自行书写材料证明案件事实;

(二)询问应当个别进行,询问时可以全程录音、录像,并保持录音、录像资料的完整性;

(三)《询问笔录》应当客观、如实地记录询问过程和询问内容,对询问人提出的问题被询问人不回答或者拒绝回答的,应当注明;

(四)《询问笔录》应当交被询问人核对,对阅读有困难的,应当向其宣读。记录有误或者遗漏的,应当允许被询问人更正或者补充,并要求其在修改处签名或者盖章;

(五)被询问人确认执法人员制作的笔录无误的,应当在《询问笔录》上逐页签名或者盖章。被询问人确认自行书写的笔录无误的,应当在结尾处签名或者盖章。拒绝签名或者盖章的,执法人员应当在《询问笔录》中注明。

第四十条 对与案件事实有关的物品或者场所实施勘验的,应当遵守下列规定:

(一)制作《勘验笔录》;

(二)实施勘验,应当有当事人或者第三人在场。如当事人不在场且没有第三人的,执法人员应当在《勘验笔录》中注明;

(三)勘验应当限于与案件事实相关的物品和场所;

(四)根据实际情况进行音像记录。

第四十一条 执法人员抽样取证时,应当制作《抽样取证凭证》,对样品加贴封条,开具物品清单,由执法人员和当事人在封条和相关记录上签名或者盖章。

法律、法规、规章或者国家有关规定对抽样机构或者方式有规定的,执法部门应当委托相关机构或者按规定方式抽取样品。

第四十二条 为查明案情,需要对案件中专门事项进行鉴定的,执法部门应当委托具有法定鉴定资格的鉴定机构进行鉴定。没有法定鉴定机构的,可以委托其他具备鉴定条件的机构进行鉴定。

第三节 证据先行登记保存

第四十三条 在证据可能灭失或者以后难以取得的情况下,经执法部门负责人批准,可以对与涉嫌违法行为有关的证据采取先行登记保存措施。

第四十四条 先行登记保存有关证据,应当当场清点,制作《证据登记保存清单》,由当事人和执法人员签名或者盖章,当场交当事人一份。

先行登记保存期间,当事人或者有关人员不得销毁或者转移证据。

第四十五条 对先行登记保存的证据,执法部门应当于先行登记保存之日起七日内采取以下措施:

(一)及时采取记录、复制、拍照、录像等证据保全措施,不再需要采取登记保存措施的,及时解除登记保存措施,并作出《解除证据登记保存决定书》;

(二)需要鉴定的,及时送交有关部门鉴定;

(三)违法事实成立,应当依法予以没收的,作出行政处罚决定,没收违法物品;

执法部门逾期未作出处理决定的,先行登记保存措施自动解除。

第四节 证据审查与认定

第四十六条 执法部门应当对收集到的证据逐一审查,进行全面、客观和公正地分析判断,审查证据的合法性、真实性、关联性,判断证据有无证明力以及证明力的大小。

第四十七条 审查证据的合法性,应当审查下列事项:

(一)调查取证的执法人员是否具有相应的执法资格;

(二)证据的取得方式是否符合法律、法规和规章的规定;

(三)证据是否符合法定形式;

(四)是否有影响证据效力的其他违法情形。

第四十八条 审查证据的真实性,应当审查下列事项:

(一)证据形成的原因;

(二)发现证据时的客观环境;

(三)证据是否为原件、原物,复制件、复制品与原件、原物是否相符;

(四)提供证据的人或者证人与当事人是否具有利害关系;

(五)影响证据真实性的其他因素。

单个证据的部分内容不真实的,不真实部分不得采信。

第四十九条 审查证据的关联性,应当审查下列事项:

(一)证据的证明对象是否与案件事实有内在联系,以及关联程度;

(二)证据证明的事实对案件主要情节和案件性质的影响程度;

(三)证据之间是否互相印证,形成证据链。

第五十条 当事人对违法事实无异议,视听资料、电子数据足以认定案件事实的,视听资料、电子数据可以替代询问笔录、现场笔录,必要时,对视听资料、电子数据的关键内容和相应时间段等作文字说明。

第五十一条 下列证据材料不能作为定案依据:

(一)以非法手段取得的证据;

(二)被进行技术处理而无法辨明真伪的证据材料;

(三)不能正确表达意志的证人提供的证言;

(四)不具备合法性和真实性的其他证据材料。

第五章 行政强制措施

第五十二条 为制止违法行为、防止证据损毁、避免危害发生、控制危险扩大等情形,执法部门履行行政执法职能,可以依照法律、法规的规定,实施行政强制措施。

违法行为情节显著轻微或者没有明显社会危害的,可以不采取行政强制措施。

第五十三条 行政强制措施由执法部门在法定职权范围内实施。行政强制措施权不得委托。

第五十四条 执法部门实施行政强制措施应当遵守下列规定:

(一)实施前向执法部门负责人报告并经批准;

(二)由不少于两名执法人员实施,并出示行政执法证件;

(三)通知当事人到场;

(四)当场告知当事人采取行政强制措施的理由、依据以及当事人依法享有的权利、救济途径;

(五)听取当事人的陈述和申辩;

(六)制作《现场笔录》,由当事人和执法人员签名或者盖章,当事人拒绝的,在笔录中予以注明;当事人不到场的,邀请见证人到场,由见证人和执法人员在现场笔录上签名或者盖章;

（七）制作并当场交付《行政强制措施决定书》；

（八）法律、法规规定的其他程序。

对查封、扣押的现场执法活动和执法办案场所，应当进行全程音像记录。

第五十五条 发生紧急情况，需要当场实施行政强制措施的，执法人员应当在二十四小时内向执法部门负责人报告，补办批准手续。执法部门负责人认为不应当采取行政强制措施的，应当立即解除。

第五十六条 实施查封、扣押的期限不得超过三十日；情况复杂需延长查封、扣押期限的，应当经执法部门负责人批准，可以延长，但是延长期限不得超过三十日。法律、行政法规另有规定的除外。

需要延长查封、扣押期限的，执法人员应当制作《延长行政强制措施期限通知书》，将延长查封、扣押的决定及时书面通知当事人，并说明理由。

对物品需要进行检测、检验或者技术鉴定的，应当明确检测、检验或者技术鉴定的期间，并书面告知当事人。查封、扣押的期间不包括检测、检验或者技术鉴定的期间。检测、检验或者技术鉴定的费用由执法部门承担。

第五十七条 执法部门采取查封、扣押措施后，应当及时查清事实，在本规定第五十六条规定的期限内作出处理决定。对违法事实清楚，依法应当没收的非法财物予以没收；法律、行政法规规定应当销毁的，依法销毁；应当解除查封、扣押的，作出解除的决定。

第五十八条 对查封、扣押的财物，执法部门应当妥善保管，不得使用或者损毁；造成损失的，应当承担赔偿责任。

第五十九条 有下列情形之一的，应当及时作出解除查封、扣押决定，制作《解除行政强制措施决定书》，并及时送达当事人，退还扣押财物：

（一）当事人没有违法行为；

（二）查封、扣押的场所、设施、财物与违法行为无关；

（三）对违法行为已经作出处理决定，不再需要查封、扣押；

（四）查封、扣押期限已经届满；

（五）其他不再需要采取查封、扣押措施的情形。

第六章 行政处罚

第一节 简易程序

第六十条 违法事实确凿并有法定依据，对公民处二百元以下、对法人或者其他组织处三千元以下罚款或者警告的行政处罚的，可以适用简易程序，当场作出行政处罚决定。法律另有规定的，从其规定。

第六十一条 执法人员适用简易程序当场作出行政处罚的，应当按照下列步骤实施：

（一）向当事人出示交通运输行政执法证件并查明对方身份；

（二）调查并收集必要的证据；

（三）口头告知当事人违法事实、处罚理由和依据；

（四）口头告知当事人享有的权利与义务；

（五）听取当事人的陈述和申辩并进行复核；当事人提出的事实、理由或者证据成立的，应当采纳；

（六）填写预定格式、编有号码的《当场行政处罚决定书》并当场交付当事人，《当场行政处罚决定书》应当载明当事人的违法行为，行政处罚的种类和依据、罚款数额、时间、地点，申请行政复议、提起行政诉讼的途径和期限以及执法部门名称，并由执法人员签名或者盖章；

（七）当事人在《当场行政处罚决定书》上签名或盖章,当事人拒绝签收的,应当在行政处罚决定书上注明;

（八）作出当场处罚决定之日起五日内,将《当场行政处罚决定书》副本提交所属执法部门备案。

第二节 普通程序

第六十二条 除依法可以当场作出的行政处罚外,执法部门实施行政检查或者通过举报、其他机关移送、上级机关交办等途径,发现公民、法人或者其他组织有依法应当给予行政处罚的交通运输违法行为的,应当及时决定是否立案。

第六十三条 立案应当填写《立案登记表》,同时附上与案件相关的材料,由执法部门负责人批准。

第六十四条 执法部门应当按照本规定第四章的规定全面、客观、公正地调查,收集相关证据。

第六十五条 委托其他单位协助调查、取证的,应当制作并出具协助调查函。

第六十六条 执法部门作出行政处罚决定的,应当责令当事人改正或者限期改正违法行为;构成违法行为、但依法不予行政处罚的,执法部门应当制作《责令改正违法行为通知书》,责令当事人改正或者限期改正违法行为。

第六十七条 执法人员在初步调查结束后,认为案件事实清楚,主要证据齐全的,应当制作案件调查报告,提出处理意见,报办案机构审核。

第六十八条 案件调查报告经办案机构负责人审查后,执法人员应当将案件调查报告、案卷报执法部门负责人审查批准。

第六十九条 执法部门负责人批准案件调查报告后,拟对当事人予以行政处罚的,执法人员应当制作《违法行为通知书》,告知当事人拟作出行政处罚的事实、理由、依据、处罚内容,并告知当事人依法享有陈述权、申辩权或者要求举行听证的权利。

第七十条 当事人要求陈述、申辩的,应当如实记录当事人的陈述、申辩意见。符合听证条件,当事人要求组织听证的,应当按照本章第三节的规定组织听证。

执法部门应当充分听取当事人的意见,对当事人提出的事实、理由、证据认真进行复核;当事人提出的事实、理由或者证据成立的,应当予以采纳。不得因当事人陈述、申辩而加重处罚。

第七十一条 有下列情形之一,在执法部门负责人作出行政处罚的决定之前,应当由从事行政处罚决定法制审核的人员进行法制审核:

（一）涉及重大公共利益的;

（二）直接关系当事人或者第三人重大权益,经过听证程序的;

（三）案件情况疑难复杂、涉及多个法律关系的;

（四）法律、法规规定应当进行法制审核的其他情形。

初次从事行政处罚决定法制审核的人员,应当通过国家统一法律职业资格考试取得法律职业资格。

第七十二条 从事行政处罚决定法制审核的人员主要从下列方面进行合法性审核,并提出书面审核意见:

（一）行政执法主体是否合法,行政执法人员是否具备执法资格;

（二）行政执法程序是否合法;

（三）案件事实是否清楚,证据是否合法充分;

（四）适用法律、法规、规章是否准确,裁量基准运用是否适当;

（五）执法是否超越执法部门的法定权限;

（六）行政执法文书是否完备、规范；

（七）违法行为是否涉嫌犯罪、需要移送司法机关。

第七十三条 执法部门负责人经审查，根据不同情况分别作出如下决定：

（一）确有应受行政处罚的违法行为的，根据情节轻重及具体情况，作出行政处罚决定；

（二）违法行为轻微，依法可以不予行政处罚的，不予行政处罚；

（三）违法事实不能成立的，不予行政处罚；

（四）违法行为涉嫌犯罪的，移送司法机关。

第七十四条 有下列情形之一的，依法不予行政处罚：

（一）违法行为轻微并及时改正，没有造成危害后果的，不予行政处罚；

（二）除法律、行政法规另有规定的情形外，当事人有证据足以证明没有主观过错的，不予行政处罚；

（三）精神病人、智力残疾人在不能辨认或者不能控制自己行为时有违法行为的，不予行政处罚，但应当责令其监护人严加看管和治疗；

（四）不满十四周岁的未成年人有违法行为的，不予行政处罚，但应责令监护人加以管教；

（五）其他依法不予行政处罚的情形。

初次违法且危害后果轻微并及时改正的，可以不予行政处罚。

违法行为在二年内未被处罚的，不再给予行政处罚；涉及公民生命健康安全、金融安全且有危害后果的，上述期限延长至五年。法律另有规定的除外。

对当事人的违法行为依法不予行政处罚的，执法部门应当对当事人进行教育。

第七十五条 作出行政处罚决定应当适用违法行为发生时的法律、法规、规章的规定。但是，作出行政处罚决定时，法律、法规、规章已被修改或者废止，且新的规定处罚较轻或者不认为是违法的，适用新的规定。

第七十六条 行政处罚案件有下列情形之一的，应当提交执法部门重大案件集体讨论会议决定：

（一）拟作出降低资质等级、吊销许可证件、责令停产停业、责令关闭、限制从业、较大数额罚款、没收较大数额违法所得、没收较大价值非法财物的；

（二）认定事实和证据争议较大的，适用的法律、法规和规章有较大异议的，违法行为较恶劣或者危害较大的，或者复杂、疑难案件的执法管辖区域不明确或有争议的；

（三）对情节复杂或者重大违法行为给予较重的行政处罚的其他情形。

第七十七条 执法部门作出行政处罚决定，应当制作《行政处罚决定书》。行政处罚决定书的内容包括：

（一）当事人的姓名或者名称、地址等基本情况；

（二）违反法律、法规或者规章的事实和证据；

（三）行政处罚的种类和依据；

（四）行政处罚的履行方式和期限；

（五）不服行政处罚决定，申请行政复议或者提起行政诉讼的途径和期限；

（六）作出行政处罚决定的执法部门名称和作出决定的日期。

行政处罚决定书应当盖有作出行政处罚决定的执法部门的印章。

第七十八条 执法部门应当自行政处罚案件立案之日起九十日内作出行政处罚决定。案情复杂、期限届满不能终结的案件，可以经执法部门负责人批准延长三十日。

第七十九条 执法部门应当依法公开

行政处罚决定信息,但法律、行政法规另有规定的除外。

公开的行政处罚决定被依法变更、撤销、确认违法或者确认无效的,执法部门应当在三日内撤回行政处罚决定信息并公开说明理由。

第三节 听证程序

第八十条 执法部门在作出下列行政处罚决定前,应当在送达《违法行为通知书》时告知当事人有要求举行听证的权利:

(一)责令停产停业、责令关闭、限制从业;

(二)降低资质等级、吊销许可证件;

(三)较大数额罚款;

(四)没收较大数额违法所得、没收较大价值非法财物;

(五)其他较重的行政处罚;

(六)法律、法规、规章规定的其他情形。

前款第(三)、(四)项规定的较大数额,地方执法部门按照省级人大常委会或者人民政府规定或者其授权部门规定的标准执行。海事执法部门按照对自然人处1万元以上、对法人或者其他组织10万元以上的标准执行。

第八十一条 执法部门不得因当事人要求听证而加重处罚。

第八十二条 当事人要求听证的,应当自收到《违法行为通知书》之日起五日内以书面或者口头形式提出。当事人以口头形式提出的,执法部门应当将情况记入笔录,并由当事人在笔录上签名或者盖章。

第八十三条 执法部门应当在举行听证的七日前向当事人及有关人员送达《听证通知书》,将听证的时间、地点通知当事人和其他听证参加人。

第八十四条 听证设听证主持人一名,负责组织听证;记录员一名,具体承担听证准备和制作听证笔录工作。

听证主持人由执法部门负责人指定;记录员由听证主持人指定。

本案调查人员不得担任听证主持人或者记录员。

第八十五条 听证主持人在听证活动中履行下列职责:

(一)决定举行听证的时间、地点;

(二)决定听证是否公开举行;

(三)要求听证参加人到场参加听证、提供或者补充证据;

(四)就案件的事实、理由、证据、程序、处罚依据和行政处罚建议等相关内容组织质证和辩论;

(五)决定听证的延期、中止或者终止,宣布结束听证;

(六)维持听证秩序。对违反听证会场纪律的,应当警告制止;对不听制止,干扰听证正常进行的旁听人员,责令其退场;

(七)其他有关职责。

第八十六条 听证参加人包括:

(一)当事人及其代理人;

(二)本案执法人员;

(三)证人、检测、检验及技术鉴定人;

(四)翻译人员;

(五)其他有关人员。

第八十七条 要求举行听证的公民、法人或者其他组织是听证当事人。当事人在听证活动中享有下列权利:

(一)申请回避;

(二)参加听证,或者委托一至二人代理参加听证;

(三)进行陈述、申辩和质证;

(四)核对、补正听证笔录;

(五)依法享有的其他权利。

第八十八条 与听证案件处理结果有利害关系的其他公民、法人或者其他组织,作为第三人申请参加听证的,应当允许。为查明案情,必要时,听证主持人也可以通知其参加听证。

第八十九条 委托他人代为参加听证的,应当向执法部门提交由委托人签名或者盖章的授权委托书以及委托代理人的身份证明文件。

授权委托书应当载明委托事项及权限。委托代理人代为放弃行使陈述权、申辩权和质证权的,必须有委托人的明确授权。

第九十条 听证主持人有权决定与听证案件有关的证人、检测、检验及技术鉴定人等听证参加人到场参加听证。

第九十一条 听证应当公开举行,涉及国家秘密、商业秘密或者个人隐私依法予以保密的除外。

公开举行听证的,应当公告当事人姓名或者名称、案由以及举行听证的时间、地点等。

第九十二条 听证按下列程序进行:

(一)宣布案由和听证纪律;

(二)核对当事人或其代理人、执法人员、证人及其他有关人员是否到场,并核实听证参加人的身份;

(三)宣布听证员、记录员和翻译人员名单,告知当事人有申请主持人回避、申辩和质证的权利;对不公开听证的,宣布不公开听证的理由;

(四)宣布听证开始;

(五)执法人员陈述当事人违法的事实、证据,拟作出行政处罚的建议和法律依据;执法人员提出证据时,应当向听证会出示。证人证言、检测、检验及技术鉴定意见和其他作为证据的文书,应当当场宣读;

(六)当事人或其代理人对案件的事实、证据、适用法律、行政处罚意见等进行陈述、申辩和质证,并可以提供新的证据;第三人可以陈述事实,提供证据;

(七)听证主持人可以就案件的有关问题向当事人或其代理人、执法人员、证人询问;

(八)经听证主持人允许,当事人、执法人员就案件的有关问题可以向到场的证人发问。当事人有权申请通知新的证人到会作证,调取新的证据。当事人提出申请的,听证主持人应当当场作出是否同意的决定;申请重新检测、检验及技术鉴定的,按照有关规定办理;

(九)当事人、第三人和执法人员可以围绕案件所涉及的事实、证据、程序、适用法律、处罚种类和幅度等问题进行辩论;

(十)辩论结束后,听证主持人应当听取当事人或其代理人、第三人和执法人员的最后陈述意见;

(十一)中止听证的,听证主持人应当宣布再次听证的有关事宜;

(十二)听证主持人宣布听证结束,听证笔录交当事人或其代理人核对。当事人或其代理人认为听证笔录有错误的,有权要求补充或改正。当事人或其代理人核对无误后签名或者盖章;当事人或其代理人拒绝的,在听证笔录上写明情况。

第九十三条 有下列情形之一的,听证主持人可以决定延期举行听证:

(一)当事人因不可抗拒的事由无法到场的;

(二)当事人临时申请回避的;

(三)其他应当延期的情形。

延期听证,应当在听证笔录中写明情况,由听证主持人签名。

第九十四条 听证过程中,有下列情形之一的,应当中止听证:

(一)需要通知新的证人到会、调取新的证据或者证据需要重新检测、检验及技术鉴定的;

(二)当事人提出新的事实、理由和证

据,需要由本案调查人员调查核实的;

(三)当事人死亡或者终止,尚未确定权利、义务承受人的;

(四)当事人因不可抗拒的事由,不能继续参加听证的;

(五)因回避致使听证不能继续进行的;

(六)其他应当中止听证的情形。

中止听证,应当在听证笔录中写明情况,由听证主持人签名。

第九十五条 延期、中止听证的情形消失后,听证主持人应当及时恢复听证,并将听证的时间、地点通知听证参加人。

第九十六条 听证过程中,有下列情形之一的,应当终止听证:

(一)当事人撤回听证申请的;

(二)当事人或其代理人无正当理由不参加听证或者未经听证主持人允许,中途退出听证的;

(三)当事人死亡或者终止,没有权利、义务承受人的;

(四)听证过程中,当事人或其代理人扰乱听证秩序,不听劝阻,致使听证无法正常进行的;

(五)其他应当终止听证的情形。

听证终止,应当在听证笔录中写明情况,由听证主持人签名。

第九十七条 记录员应当将举行听证的全部活动记入《听证笔录》,经听证参加人审核无误或者补正后,由听证参加人当场签名或者盖章。当事人或其代理人、证人拒绝签名或盖章的,由听证主持人在《听证笔录》中注明情况。

《听证笔录》经听证主持人审阅后,由听证主持人和记录员签名。

第九十八条 听证结束后,执法部门应当根据听证笔录,依照本规定第七十三条的规定,作出决定。

第七章 执 行

第一节 罚款的执行

第九十九条 执法部门对当事人作出罚款处罚的,当事人应当自收到处罚决定书之日起十五日内,到指定的银行缴纳罚款;具备条件的,也可以通过电子支付系统缴纳罚款。具有下列情形之一的,执法人员可以当场收缴罚款:

(一)依法当场作出行政处罚决定,处一百元以下的罚款或者不当场收缴事后难以执行的;

(二)在边远、水上、交通不便地区,当事人到指定的银行或者通过电子支付系统缴纳罚款确有困难,经当事人提出的。

当场收缴罚款的,应当向当事人出具国务院财政部门或者省、自治区、直辖市人民政府财政部门统一制发的专用票据。

第一百条 执法人员当场收缴的罚款,应当自收缴罚款之日起二日内,交至其所属执法部门。在水上当场收缴的罚款,应当自抵岸之日起二日内交至其所属执法部门。执法部门应当在二日内将罚款缴付指定的银行。

第一百零一条 当事人确有经济困难,经当事人申请和作出处罚决定的执法部门批准,可以暂缓或者分期缴纳罚款。执法人员应当制作并向当事人送达《分期(延期)缴纳罚款通知书》。

第一百零二条 罚款必须全部上缴国库,不得以任何形式截留、私分或者变相私分。

第一百零三条 当事人未在规定期限内缴纳罚款的,作出行政处罚决定的执法部门可以依法加处罚款。加处罚款的标准应当告知当事人。

加处罚款的数额不得超出原罚款的

数额。

第一百零四条 执法部门实施加处罚款超过三十日,经催告当事人仍不履行的,作出行政处罚决定的执法部门应当依法向所在地有管辖权的人民法院申请强制执行。但是,当事人在法定期限内不申请行政复议或者提起行政诉讼,经催告仍不履行行政处罚决定、加处罚款决定的,在实施行政执法过程中已经采取扣押措施的执法部门,可以将扣押的财物依法拍卖抵缴罚款。

第一百零五条 依法拍卖财物,由执法部门委托拍卖机构依照《中华人民共和国拍卖法》的规定办理。

拍卖所得的款项应当上缴国库或者划入财政专户。任何单位或者个人不得以任何形式截留、私分或者变相私分。

第二节 行政强制执行

第一百零六条 执法部门依法作出行政决定后,当事人在执法部门决定的期限内不履行义务的,执法部门可以依法强制执行。

第一百零七条 法律规定具有行政强制执行权的执法部门依法作出强制执行决定前,应当制作《催告书》,事先以书面形式催告当事人履行义务。

第一百零八条 当事人收到催告书后有权进行陈述和申辩。执法部门应当充分听取并记录、复核。当事人提出的事实、理由或者证据成立的,执法部门应当采纳。

第一百零九条 经催告,当事人逾期仍不履行行政决定,且无正当理由的,执法部门可以依法作出强制执行决定,制作《行政强制执行决定书》,并送达当事人。

第一百一十条 有下列情形之一的,执法部门应当中止执行,制作《中止行政强制执行通知书》:

(一)当事人履行行政决定确有困难或者暂无履行能力的;

(二)第三人对执行标的主张权利,确有理由的;

(三)执行可能造成难以弥补的损失,且中止执行不损害公共利益的;

(四)执法部门认为需要中止执行的其他情形。

中止执行的情形消失后,执法部门应当恢复执行,制作《恢复行政强制执行通知书》。对没有明显社会危害,当事人确无能力履行,中止执行满三年未恢复执行的,执法部门不再执行。

第一百一十一条 有下列情形之一的,执法部门应当终结执行,制作《终结行政强制执行通知书》,并送达当事人:

(一)公民死亡,无遗产可供执行,又无义务承受人的;

(二)法人或者其他组织终止,无财产可供执行,又无义务承受人的;

(三)执行标的灭失的;

(四)据以执行的行政决定被撤销的;

(五)执法部门认为需要终结执行的其他情形。

第一百一十二条 在执行中或者执行完毕后,据以执行的行政决定被撤销、变更,或者执行错误的,应当恢复原状或者退还财物;不能恢复原状或者退还财物的,依法给予赔偿。

第一百一十三条 实施行政强制执行过程中,执法部门可以在不损害公共利益和他人合法权益的情况下,与当事人达成执行协议。执行协议可以约定分阶段履行;当事人采取补救措施的,可以减免加处的罚款或者滞纳金。

执行协议应当履行。当事人不履行执行协议的,执法部门应当恢复强制执行。

第一百一十四条 对违法的建筑物、构筑物、设施等需要强制拆除的,应当由执法部门发布《执行公告》,限期当事人自行拆除。当事人在法定期限内不申请行政复议或者提起行政诉讼,又不拆除的,执法部门可以依法强制拆除。

第一百一十五条 执法部门依法作出要求当事人履行排除妨碍、恢复原状等义务的行政决定,当事人逾期不履行,经催告仍不履行,其后果已经或者即将危害交通安全、造成环境污染或者破坏自然资源的,执法部门可以代履行,或者委托没有利害关系的第三人代履行。

第一百一十六条 代履行应当遵守下列规定:

(一)代履行前送达《代履行决定书》;

(二)代履行三日前催告当事人履行;当事人履行的,停止代履行;

(三)委托无利害关系的第三人代履行时,作出决定的执法部门应当派员到场监督;

(四)代履行完毕,执法部门到场监督的工作人员、代履行人、当事人或者见证人应当在执行文书上签名或者盖章。

代履行的费用按照成本合理确定,由当事人承担。但是,法律另有规定的除外。

第一百一十七条 需要立即清理道路、航道等的遗洒物、障碍物、污染物,当事人不能清除的,执法部门可以决定立即实施代履行;当事人不在场的,执法部门应当在事后立即通知当事人,并依法作出处理。

第三节 申请人民法院强制执行

第一百一十八条 当事人在法定期限内不申请行政复议或者提起行政诉讼,又不履行行政决定的,没有行政强制执行权的执法部门可以自期限届满之日起三个月内,依法向有管辖权的人民法院申请强制执行。

执法部门批准延期、分期缴纳罚款的,申请人民法院强制执行的期限,自暂缓或者分期缴纳罚款期限结束之日起计算。

强制执行的费用由被执行人承担。

第一百一十九条 申请人民法院强制执行前,执法部门应当制作《催告书》,催告当事人履行义务。催告书送达十日后当事人仍未履行义务的,执法部门可以向人民法院申请强制执行。

第一百二十条 执法部门向人民法院申请强制执行,应当提供下列材料:

(一)强制执行申请书;

(二)行政决定书及作出决定的事实、理由和依据;

(三)当事人的意见及执法部门催告情况;

(四)申请强制执行标的情况;

(五)法律、行政法规规定的其他材料。

强制执行申请书应当由作出处理决定的执法部门负责人签名,加盖执法部门印章,并注明日期。

第一百二十一条 执法部门对人民法院不予受理强制执行申请、不予强制执行的裁定有异议的,可以在十五日内向上一级人民法院申请复议。

第八章 案件终结

第一百二十二条 有下列情形之一的,执法人员应当制作《结案报告》,经执法部门负责人批准,予以结案:

(一)决定撤销立案的;

(二)作出不予行政处罚决定的;

(三)作出行政处罚等行政处理决定,且已执行完毕的;

(四)案件移送有管辖权的行政机关或者司法机关的;

(五)作出行政处理决定后,因执行标的灭失、被执行人死亡等客观原因导致无法执行或者无需执行的;

(六)其他应予结案的情形。

申请人民法院强制执行,人民法院受理的,按照结案处理。人民法院强制执行完毕后,执法部门应当及时将相关案卷材料归档。

第一百二十三条 经过调查,有下列情形之一的,经执法部门负责人批准,终止调查:

(一)没有违法事实的;

(二)违法行为已过追究时效的;

(三)其他需要终止调查的情形。

终止调查时,当事人的财物已被采取行政强制措施的,应当立即解除。

第九章 涉案财物的管理

第一百二十四条 对于依法查封、扣押、抽样取证的财物以及由执法部门负责保管的先行证据登记保存的财物,执法部门应当妥善保管,不得使用、挪用、调换或者损毁。造成损失的,应当承担赔偿责任。

涉案财物的保管费用由作出决定的执法部门承担。

第一百二十五条 执法部门可以建立专门的涉案财物保管场所、账户,并指定内设机构或专门人员负责对办案机构的涉案财物集中统一管理。

第一百二十六条 执法部门应当建立台账,对涉案财物逐一编号登记,载明案由、来源、保管状态、场所和去向。

第一百二十七条 执法人员应当在依法提取涉案财物后的二十四小时内将财物移交涉案财物管理人员,并办理移交手续。对查封、扣押、先行证据登记保存的涉案财物,应当在采取措施后的二十四小时内,将执法文书复印件及涉案财物的情况送交涉案财物管理人员予以登记。

在异地或者偏远、交通不便地区提取涉案财物的,执法人员应当在返回单位后的二十四小时内移交。

对情况紧急,需要在提取涉案财物后的二十四小时内进行鉴定的,经办案机构负责人批准,可以在完成鉴定后的二十四小时内移交。

第一百二十八条 容易腐烂变质及其他不易保管的物品,经执法部门负责人批准,在拍照或者录像后依法变卖或者拍卖,变卖或者拍卖的价款暂予保存,待结案后按有关规定处理。

易燃、易爆、毒害性、放射性等危险物品应当存放在符合危险物品存放条件的专门场所。

第一百二十九条 当事人下落不明或者无法确定涉案物品所有人的,执法部门按照本规定第十八条第五项规定的公告送达方式告知领取。公告期满仍无人领取的,经执法部门负责人批准,将涉案物品上缴国库或者依法拍卖后将所得款项上缴国库。

第十章 附 则

第一百三十条 本规定所称以上、以下、以内,包括本数或者本级。

第一百三十一条 执法部门应当使用交通运输部统一制定的执法文书式样。交通运输部没有制定式样,执法工作中需要的其他执法文书,或者对已有执法文书式样需要调整细化的,省级交通运输主管部门可以制定式样。

直属海事执法部门的执法文书式样,由交通运输部海事局统一制定。

第一百三十二条 本规定自 2019 年 6 月 1 日起施行。交通部于 1996 年 9 月 25 日发布的《交通行政处罚程序规定》(交通部令 1996 年第 7 号)和交通运输部于 2008 年 12 月 30 日发布的《关于印发交通行政执法风纪等 5 个规范的通知》(交体法发〔2008〕562 号)中的《交通行政执法风纪》《交通行政执法用语规范》《交通行政执法检查行为规范》《交通行政处罚行为规范》《交通行政执法文书制作规范》同时废止。

附件

交通运输行政执法文书式样
目录

(1)立案登记表
(2)询问笔录
(3)勘验笔录
(4)现场笔录
(5)抽样取证凭证
(6)证据登记保存清单
(7)解除证据登记保存决定书
(8)行政强制措施决定书
(9)延长行政强制措施期限通知书
(10)解除行政强制措施决定书
(11)违法行为通知书
(12)听证通知书
(13)听证笔录
(14)当场行政处罚决定书
(15)行政处罚决定书
(16)责令改正违法行为通知书
(17)分期(延期)缴纳罚款通知书
(18)执行公告
(19)催告书
(20)行政强制执行决定书
(21)代履行决定书
(22)中止(终结、恢复)行政强制执行通知书
(23)送达回证
(24)结案报告

交通运输行政执法文书式样之一

立案登记表　　案号：

案件来源	□1.在行政检查中发现的； □2.个人、法人及其他组织举报经核实的； □3.上级机关_____交办的； □4.下级机关_____报请查处的； □5.有关部门_____移送的； □6.其他途径发现的：_____				
案由					
受案时间					
当事人基本情况	个人	姓名		性别		年龄	
^	^	住址		身份证件号		联系电话	
^	单位	名称		法定代表人	
^	^	地址		联系电话	
^	^	统一社会信用代码			
案件基本情况					
立案依据		经办机构负责人意见		签名： 　年　月　日		

负责人审批意见	签名： 年　月　日
备注	

交通运输行政执法文书式样之二

询 问 笔 录

案号：

时间：＿＿年＿＿月＿＿日＿＿时＿＿分至＿＿时＿＿分

第＿＿＿＿＿＿＿次询问

地点：＿＿＿＿＿＿＿＿＿＿＿＿＿＿＿＿＿＿＿＿＿＿＿＿＿＿＿

询问人：＿＿＿＿＿＿＿＿＿＿　　记录人：＿＿＿＿＿＿＿＿＿＿

被询问人：＿＿＿＿＿＿＿＿＿　　与案件关系：＿＿＿＿＿＿＿＿

性别：＿＿＿＿＿＿＿＿＿＿＿　　年龄：＿＿＿＿＿＿＿＿＿＿＿

身份证件号：＿＿＿＿＿＿＿＿　　联系电话：＿＿＿＿＿＿＿＿＿

工作单位及职务：＿＿＿＿＿＿＿＿＿＿＿＿＿＿＿＿＿＿＿＿＿

联系地址：＿＿＿＿＿＿＿＿＿＿＿＿＿＿＿＿＿＿＿＿＿＿＿＿

我们是＿＿＿＿＿＿＿＿＿的执法人员＿＿＿＿＿、＿＿＿＿＿，这是我们的执法证件,执法证号分别是＿＿＿＿＿、＿＿＿＿＿，请你确认。现依法向你询问，请如实回答所问问题。执法人员与你有直接利害关系的,你可以申请回避。

问：你是否申请回避？

答：＿＿＿＿＿＿＿＿＿＿＿＿＿＿＿＿＿＿＿＿＿＿＿＿＿＿＿

问：＿＿＿＿＿＿＿＿＿＿＿＿＿＿＿＿＿＿＿＿＿＿＿＿＿＿＿＿

答：＿＿＿＿＿＿＿＿＿＿＿＿＿＿＿＿＿＿＿＿＿＿＿＿＿＿＿＿

被询问人签名：　　　　　　　　　　　　　询问人签名：

交通运输行政执法文书式样之三

勘 验 笔 录

案号：

案由：_____

勘验时间：___年___月___日___时___分至___日___时___分

勘验场所：_____天气情况：_____

勘验人：_____单位及职务：_____执法证号：_____

勘验人：_____单位及职务：_____执法证号：_____

当事人(当事人代理人)姓名：_____性别：_____年龄：_____

身份证件号：_____单位及职务：_____

住址：_____联系电话：_____

被邀请人：_____单位及职务：_____

记录人：_____单位及职务：_____

勘验情况及结果：_____

_____

当事人或其代理人签名：_____勘验人签名：_____

被邀请人签名：_____

记录人签名：_____

交通运输行政执法文书式样之四

现 场 笔 录

案号：

执法地点		执法时间		年 月 日 时 分至 时 分
执法人员		执法证号		记录人	

现场人员基本情况	姓　名		性　别	
	身份证件号		与案件关系	
	单位及职务		联系电话	
	联系地址			
	车(船)号		车(船)型	

主要内容	现场情况：（如实施行政强制措施的,包括当场告知当事人采取行政强制措施的理由、依据以及当事人依法享有的权利、救济途径,听取当事人陈述、申辩情况。）
	□上述笔录我已看过 □或已向我宣读过,情况属实无误。 　　　　　　　　　　　　　　　　　　　　　　现场人员签名： 　　　　　　　　　　　　　　　　　　　　　　时间：
	备注：
	执法人员签名：　　　　　　　时间：

交通运输行政执法文书式样之五

抽样取证凭证

案号：

当事人	个人	姓　名		身份证件号	
		住　址		联系电话	
	单位	名　称			
		地　址			
		联系电话		法定代表人	
		统一社会信用代码			

抽样取证时间：＿＿年＿＿月＿＿日＿＿时＿＿分至＿＿月＿＿日＿＿时＿＿分
抽样地点：＿＿＿＿＿＿＿＿＿＿＿＿＿＿＿＿＿＿＿＿＿＿＿＿＿
抽样取证机关：＿＿＿＿＿＿＿＿＿＿＿　联系电话：＿＿＿＿＿＿＿＿＿＿

　　依据《中华人民共和国行政处罚法》第五十六条规定，对你（单位）的下列物品进行抽样取证。

序号	被抽样物品名称	规格及批号	数量	被抽样物品地点

当事人或其代理人签名：　　　　执法人员签名：

＿＿＿＿＿＿＿＿＿＿＿＿　　　＿＿＿＿＿＿＿＿＿＿＿＿

　　　　　　　　　　　　　　　　交通运输执法部门（印章）
　　　　　　　　　　　　　　　　　　年　　月　　日

备注：

（本文书一式两份：一份存根，一份交被抽样取证人或其代理人。）

交通运输行政执法文书式样之六

证据登记保存清单

案号：

当事人	个人	姓　名		身份证件号	
		住　址		联系电话	
	单位	名　称			
		地　址			
		联系电话		法定代表人	
		统一社会信用代码			

因调查＿＿＿＿＿＿＿＿＿＿＿＿＿＿＿＿＿＿＿＿一案，根据《中华人民共和国行政处罚法》第五十六条的规定，对你（单位）下列物品予以先行登记保存＿＿＿日（自＿＿年＿＿月＿＿日至＿＿年＿＿月＿＿日）。在此期间，当事人或有关人员不得销毁或转移证据。

序号	证据名称	规格	数量	登记保存地点

当事人或其代理人签名：　　　执法人员签名：

＿＿＿＿＿＿＿＿＿＿＿　　　＿＿＿＿＿＿＿＿＿＿＿

　　　　　　　　　　　　　　　　　交通运输执法部门（印章）
　　　　　　　　　　　　　　　　　　年　　月　　日

（本文书一式两份：一份存根，一份交当事人或其代理人。）

交通运输行政执法文书式样之七

解除证据登记保存决定书

案号：

当事人(个人姓名或单位名称)_____：

　　本机关依法于___年___月___日对你(单位)采取了证据登记保存，《证据登记保存清单》案号为：_____。依照《中华人民共和国行政处罚法》第五十六条的规定，本机关决定自___年___月___日起解除该证据登记保存。

　　　　　　　　　　　　　　　　　　　交通运输执法部门(印章)
　　　　　　　　　　　　　　　　　　　　　年　　月　　日

(本文书一式两份：一份存根，一份交当事人或其代理人。)

交通运输行政执法文书式样之八

行政强制措施决定书

案号：

当事人	个人	姓　名		身份证件号	
		住　址		联系电话	
	单位	名　称			
		地　址			
		联系电话		法定代表人	
		统一社会信用代码			

　　___年___月___日，你(单位)_____。
依据_____的规定，本机关决定对你(单位)的_____
_____(财物、设施或场所的名称及数量)实施_____
_____的行政强制措施，期限为___年___月___日至___年___月___日。

　　如果不服本决定，可以依法在六十日内向_____
_____申请行政复议，或者在六个月内依法向
_____人民法院提起行政诉讼，但本决定不停止执行，法律另有规定的除外。

　　　　　　　　　　　　　　　　　　　交通运输执法部门(印章)
　　　　　　　　　　　　　　　　　　　　　年　　月　　日

查封、扣押场所、设施、财物清单如下：

序号	查封、扣押场所、设施、财物名称	规格	数量	备注

其他说明：_____

(本文书一式两份：一份存根，一份交当事人或其代理人。)

交通运输行政执法文书式样之九

延长行政强制措施期限通知书

案号：

当事人(个人姓名或单位名称)_____：

  因你(单位)_____，
本机关依法于_____年____月____日对你(单位)采取了_____
的行政强制措施，行政强制措施决定书案号：_____。

  现因_____，
依据《中华人民共和国行政强制法》第二十五条的规定，决定延长行政强制措施期限至
____年____月____日。

交通运输执法部门(印章)
年　　月　　日

(本文书一式两份：一份存根，一份交当事人或其代理人。)

交通运输行政执法文书式样之十

解除行政强制措施决定书

案号：

当事人(个人姓名或单位名称)_____：
　　因你(单位)_____，
本机关依法于___年___月___日对你(单位)采取了_____
的行政强制措施,行政强制措施决定书案号：_____。
　　依照《中华人民共和国行政强制法》第二十八条第一款第___项的规定,本机关决定自___年___月___日起解除该行政强制措施。

交通运输执法部门(印章)
年　　月　　日

退还财物清单如下：

序号	退还财物名称	规格	数量	备注

　　经当事人(代理人)查验,退还的财物与查封、扣押时一致,查封、扣押期间没有使用、丢失和损坏现象。

(本文书一式两份：一份存根,一份交当事人或其代理人。)

交通运输行政执法文书式样之十一

违法行为通知书

案号：

当事人(个人姓名或单位名称)＿＿＿＿＿＿＿＿＿＿＿＿＿＿＿＿：

经调查,本机关认为你(单位)＿＿＿＿＿＿＿＿＿＿＿＿＿＿＿＿行为,违反了＿＿＿＿＿＿＿＿＿＿＿＿＿＿＿＿的规定,依据＿＿＿＿＿＿＿＿＿＿＿＿＿＿＿＿的规定,本机关拟作出处罚决定。

□根据《中华人民共和国行政处罚法》第四十四条、第四十五条的规定,你(单位)如对该处罚意见有异议,可向本机关提出陈述申辩,本机关将依法予以核实。

□根据《中华人民共和国行政处罚法》第六十三条、第六十四条的规定,你(单位)有权在收到本通知书之日起五日内向本机关要求举行听证;逾期不要求举行听证的,视为你(单位)放弃听证的权利。

(注:在序号前□内打"√"的为当事人享有该权利。)

联系地址:＿＿＿＿＿＿＿＿＿＿＿＿＿＿＿邮编:＿＿＿＿＿＿＿＿＿＿＿＿＿＿＿

联系人:＿＿＿＿＿＿＿＿＿＿＿＿＿＿＿联系电话:＿＿＿＿＿＿＿＿＿＿＿＿＿＿＿

交通运输执法部门(印章)

年　　月　　日

(本文书一式两份:一份存根,一份交当事人或其代理人。)

交通运输行政执法文书式样之十二

听证通知书

案号：

当事人(个人姓名或单位名称)_____：
　　根据你(单位)申请,关于_____一案,现定于___年___月___日___时在_____(公开、不公开)举行听证会议,请准时出席。
听证主持人姓名:_____ 职务:_____
听证员姓名:_____ 职务:_____
记录员姓名:_____ 职务:_____
　　根据《中华人民共和国行政处罚法》第六十四条规定,你(单位)可以申请听证主持人、听证员、记录员回避。
　　注意事项如下:
　　1.请事先准备相关证据,通知证人和委托代理人准时参加。
　　2.委托代理人参加听证的,应当在听证会前向本机关提交授权委托书等有关证明。
　　3.申请延期举行的,应当在举行听证会前向本行政机关提出,由本机关决定是否延期。
　　4.当事人及其代理人无正当理由拒不出席听证或者未经许可中途退出听证的,视为放弃听证权利。
　　特此通知。
联系地址:_____ 邮编:_____
联系人:_____ 联系电话:_____

交通运输执法部门(印章)
年　　月　　日

(本文书一式两份:一份存根,一份交当事人或其代理人。)

交通运输行政执法文书式样之十三

听 证 笔 录

案号：

案件名称：_____

主持听证机关：_____

听证地点：_____

听证时间：____年__月__日__时__分至____年__月__日__时__分

主持人：_____ 听证员：_____

记录员：_____

执法人员：_____ 执法证号：_____

　　　　　　　_____ 执法证号：_____

执法证号：_____

当事人：_____法定代表人：_____联系电话：_____

委托代理人：_____性别：___年龄：___工作单位及职务：_____

第三人：_____性别：___年龄：___工作单位及职务：_____

其他参与人员：___性别：___年龄：___工作单位及职务：_____

听证记录：_____

_____

当事人或其代理人签名：　　　主持人及听证员签名：_____

_____　　　　　记录员签名：_____

其他听证参加人签名：

_____

交通运输行政执法文书式样之十四

当场行政处罚决定书

案号：

当事人	个人	姓　名		身份证件号	
		住　址		联系电话	
	单位	名　称			
		地　址			
		联系电话		法定代表人	
		统一社会信用代码			

违法事实及证据：_____

_____

　　你(单位)的行为违反了_____的规定,依据_____的规定,决定给予_____的行政处罚。

　　罚款的履行方式和期限(见打√处)：

　　□当场缴纳。

　　□自收到本决定书之日起十五日内缴至_____,账号_____,到期不缴纳罚款的,本机关可以每日按罚款数额的百分之三加处罚款,加处罚款的数额不超过罚款本数。

　　如果不服本处罚决定,可以在六十日内依法向_____申请行政复议,或者在六个月内依法向_____人民法院提起行政诉讼,但本决定不停止执行,法律另有规定的除外。逾期不申请行政复议、不提起行政诉讼又不履行的,本机关将依法申请人民法院强制执行。

　　处罚前已口头告知当事人拟作出处罚的事实、理由和依据,并告知当事人依法享有的陈述权和申辩权。

当场行政处罚地点：_____

当事人或其代理人签名：　　　执法人员签名：

_____　　　_____、_____

　　　　　　　　　　　　　　　　交通运输执法部门(印章)
　　　　　　　　　　　　　　　　　　年　　月　　日

(本文书一式两份：一份存根,一份交当事人或其代理人。)

交通运输行政执法文书式样之十五

<h2 style="text-align:center">行政处罚决定书</h2>

案号：

当事人	个人	姓　名		身份证件号	
		住　址		联系电话	
	单位	名　称			
		地　址			
		联系电话		法定代表人	
		统一社会信用代码			

违法事实及证据：_____
_____
_____
_____
_____

　　你(单位)的行为违反了_____
_____的规定，依据_____的规定，决定给予_____的行政处罚。

　　处以罚款的，自收到本决定书之日起十五日内缴至_____，账号_____，到期不缴纳罚款的，本机关可以每日按罚款数额的百分之三加处罚款，加处罚款的数额不超过罚款本数。

　　其他执行方式和期限：_____
_____。

　　如果不服本处罚决定，可以在六十日内依法向_____
申请行政复议，或者在六个月内依法向_____人民法院提起行政诉讼，但本决定不停止执行，法律另有规定的除外。逾期不申请行政复议、不提起行政诉讼又不履行的，本机关将依法申请人民法院强制执行。

交通运输执法部门(印章)
年　　月　　日

(本文书一式两份：一份存根，一份交当事人或其代理人。)

交通运输行政执法文书式样之十六

责令改正违法行为通知书

案号：

当事人(个人姓名或单位名称)＿＿＿＿＿＿＿＿＿＿＿＿＿＿＿：

　　经调查，你(单位)存在下列违法事实：＿＿＿。

　　根据＿＿＿＿＿＿＿＿＿＿＿＿＿＿＿的规定，现责令你(单位)

　　□立即予以改正。

　　□在　　年　　月　　日前改正或者整改完毕。

　　如果不服本决定，可以在六十日内依法向＿＿＿＿＿＿申请行政复议，或者在六个月内依法向＿＿＿＿＿＿人民法院提起行政诉讼。

　　当事人或其代理人签名：　　　执法人员签名：

　　＿＿＿＿＿＿＿＿＿＿＿　　　＿＿＿＿＿＿＿＿＿＿＿＿＿＿＿＿＿

交通运输执法部门(印章)
年　　月　　日

(本文书一式两份：一份存根，一份交当事人或其代理人。)

交通运输行政执法文书式样之十七

分期(延期)缴纳罚款通知书

案号：

当事人(个人姓名或单位名称)＿＿＿＿＿＿＿＿＿＿＿＿＿＿＿：

　　＿＿年＿＿月＿＿日，本机关对你(单位)送达了＿＿＿＿＿＿(案号)《行政处罚决定书》，作出了对你(单位)罚款＿＿＿＿＿＿＿(大写)的行政处罚决定，根据你(单位)的申请，本机关依据《中华人民共和国行政处罚法》第六十六条的规定，现决定：

　　□同意你(单位)延期缴纳罚款。延长至＿＿＿年＿＿＿月＿＿＿日。

　　□同意你(单位)分期缴纳罚款。第＿＿＿期至＿＿＿年＿＿＿月＿＿＿日前，缴纳罚款＿＿＿＿＿＿＿＿＿元(大写)。

(每期均应当单独开具本文书)。此外，尚有未缴纳的罚款＿＿＿＿＿＿元(大写)。

　　□由于＿＿＿＿＿＿＿＿＿＿＿＿＿＿＿＿＿＿＿＿＿＿＿＿＿＿＿＿＿＿＿，因此，本机关认为你的申请不符合《中华人民共和国行政处罚法》第六十六条的规定，不同意你(单位)分期(延期)缴纳罚款。

代收机构以本通知书为据,办理收款手续。

交通运输执法部门(印章)
年　　月　　日

(本文书一式两份:一份存根,一份交当事人或其代理人。)

交通运输行政执法文书式样之十八

执 行 公 告

案号:

　　_____一案,本机关于____年____月____日依法作出了_____的决定,决定书案号为_____。

　　依据《中华人民共和国行政强制法》第四十四条的规定,现责令当事人_____立即停止违法行为并于____年____月____日____时前自行拆除违法的建筑物、构筑物、设施等。当事人在法定期限内不申请行政复议或者提起行政诉讼,又不拆除的,本机关将依法强制拆除。

　　特此公告。

交通运输执法部门(印章)
年　　月　　日

交通运输行政执法文书式样之十九

催 告 书

案号:

当事人(个人姓名或单位名称)_____:

　　因你(单位)_____,本机关于____年____月____日作出了_____的决定,决定书案号为_____。

　　你(单位)逾期未履行义务,根据《中华人民共和国行政强制法》第三十五条和第五十四条的规定,现就有关事项催告如下,请你(单位)按要求履行:

　　1. 履行标的:_____
　　2. 履行期限:_____
　　3. 履行方式:_____
　　4. 履行要求:_____
　　5. 其他事项:_____

　　你(单位)逾期仍不履行的,本机关将依法采取以下措施:

□1.到期不缴纳罚款的,每日按罚款数额的百分之三加处罚款。
□2.根据法律规定,将查封、扣押的财物拍卖抵缴罚款。
□3.申请人民法院强制执行。
□4.依法代履行或者委托第三人:＿＿＿＿＿＿＿＿＿＿＿＿＿＿＿＿＿代履行。
□5.其他强制执行方式:＿＿＿＿＿＿＿＿＿＿＿＿＿＿＿＿＿＿＿＿＿。

你(单位)可向本机关进行陈述或申辩,本机关将依法核实。

交通运输执法部门(印章)
年　月　日

(本文书一式两份:一份存根,一份交当事人或其代理人。)

交通运输行政执法文书式样之二十

行政强制执行决定书

案号:

当事人	个人	姓　名		身份证件号	
		住　址		联系电话	
	单位	名　称			
		地　址			
		联系电话		法定代表人	
		统一社会信用代码			

因你(单位)逾期未履行本机关于＿＿＿年＿＿＿月＿＿＿日作出的＿＿＿＿＿＿＿＿＿＿＿决定,决定书案号为＿＿＿＿＿＿＿＿＿。经本机关催告后,你(单位)在规定期限内仍未履行行政决定。依据＿＿＿＿＿＿＿＿＿＿＿＿＿＿＿＿＿＿＿＿的规定,本机关将立即于＿＿＿年＿＿＿月＿＿＿日强制执行:
＿＿＿＿＿＿＿＿＿＿＿＿＿＿＿＿＿＿＿＿＿＿＿＿＿＿＿＿＿＿＿＿＿＿＿＿
(强制执行方式)。

如不服本决定,可以在收到本决定书之日起六十日内向＿＿＿＿＿＿＿＿＿＿＿申请行政复议或者在六个月内依法向＿＿＿＿＿＿＿人民法院提起行政诉讼。

交通运输执法部门(印章)
年　月　日

(文书一式两份:一份存根,一份交当事人或其代理人。)

交通运输行政执法文书式样之二十一

代履行决定书

案号：

当事人	个人	姓　　名		身份证件号	
		住　　址		联系电话	
	单位	名　　称			
		地　　址			
		联系电话		法定代表人	
		统一社会信用代码			

　　因你(单位)＿＿＿＿＿＿＿＿＿＿＿＿＿＿＿＿＿＿＿＿＿＿＿＿＿＿＿＿＿＿＿，
　　□1.本机关于＿＿＿年＿＿＿月＿＿＿日作出了＿＿＿＿＿＿＿＿＿＿＿＿＿＿决定，决定书案号为＿＿＿＿＿＿＿＿＿。经本机关催告后仍不履行，因其后果已经或者将危害交通安全、造成环境污染或者破坏自然资源。依据《中华人民共和国行政强制法》第五十条以及＿＿的规定，
　　□2.需要立即清除道路、河道、航道或者公共场所的遗洒物、障碍物或者污染物，因你(单位)不能清除，依据《中华人民共和国行政强制法》第五十二条以及＿＿＿＿＿＿＿＿＿＿＿＿＿＿＿＿＿＿＿＿＿＿＿＿的规定，
　　本机关依法作出代履行决定如下：
　　1.代履行人：□本机关　　□第三人：＿＿＿＿＿＿＿＿＿＿＿＿＿＿＿＿
　　2.代履行标的：＿＿＿＿＿＿＿＿＿＿＿＿＿＿＿＿＿＿＿＿＿＿＿＿＿＿
　　3.代履行时间和方式：＿＿＿＿＿＿＿＿＿＿＿＿＿＿＿＿＿＿＿＿＿＿
　　4.代履行费用(预算)：＿＿＿＿＿＿＿＿＿＿＿＿＿＿＿＿＿＿＿＿＿＿
　　请你(单位)在收到本决定书后＿＿＿＿＿＿＿日内预付代履行预算费用(开户行：＿＿＿＿＿＿＿＿＿账号：＿＿＿＿＿＿＿＿＿)。代履行费用据实决算后，多退少补。
　　如不服本决定，可以在收到本决定书之日起六十日内向＿＿＿＿＿＿＿＿＿＿＿＿申请行政复议或者在六个月内依法向＿＿＿＿＿＿＿＿＿人民法院提起行政诉讼。

交通运输执法部门(印章)
年　　月　　日

(本文书一式两份：一份存根，一份交当事人或其代理人。)

交通运输行政执法文书式样之二十二

<h2 style="text-align:center">中止(终结、恢复)行政强制执行通知书</h2>

案号:

当事人(个人姓名或单位名称)＿＿＿＿＿＿＿＿＿＿＿＿＿＿:

＿＿＿＿＿＿＿＿＿＿＿＿＿＿＿＿＿＿＿＿＿＿＿＿＿＿＿＿一案,本机关于＿＿＿年＿＿＿月＿＿＿日依法作出了行政强制执行决定,并向你(单位)送达了《行政强制执行决定书》(案号:＿＿＿＿＿＿＿＿＿＿)。

　　□1. 现因＿＿＿＿＿＿＿＿＿＿＿＿＿＿＿＿＿＿＿＿＿＿＿＿＿＿＿,根据《中华人民共和国行政强制法》第三十九条第一款的规定,本机关决定自＿＿＿年＿＿＿月＿＿＿日起中止该行政强制执行。中止执行的情形消失后,本机关将恢复执行。

　　□2. 现因＿＿＿＿＿＿＿＿＿＿＿＿＿＿＿＿＿＿＿＿＿＿＿＿＿＿＿,根据《中华人民共和国行政强制法》第四十条的规定,本机关决定终结执行。

　　□3. 你(单位)＿＿＿＿＿＿＿＿＿＿＿＿＿＿＿＿＿＿＿＿＿＿＿＿一案,本机关于＿＿＿年＿＿＿月＿＿＿日决定中止执行,现中止执行的情形已消失,根据《中华人民共和国行政强制法》第三十九第二款的规定,决定从即日恢复强制执行。

　　□4. 本机关于＿＿＿年＿＿＿月＿＿＿日与你(单位)达成执行协议,因你(单位)不履行执行协议,根据《中华人民共和国行政强制法》第四十二条第二款的规定,决定从即日恢复强制执行。

　　特此通知。

交通运输执法部门(印章)
年　　　月　　　日

(本文书一式两份:一份存根,一份交当事人或其代理人。)

交通运输行政执法文书式样之二十三

送 达 回 证

案号：

案由：＿＿＿＿＿＿＿＿＿＿

送达单位	
受送达人	
代收人	

送达文书名称、文号	收件人签名（盖章）	送达地点	送达日期	送达方式	送达人

交通运输执法部门（印章）
年　月　日

备注：

交通运输行政执法文书式样之二十四

结 案 报 告

案号：

案由：＿＿＿＿＿＿＿＿＿＿

<table>
<tr><td rowspan="5">当事人基本情况</td><td>个人</td><td></td><td>年龄</td><td></td><td>性别</td><td></td></tr>
<tr><td>所在单位</td><td></td><td>联系地址</td><td colspan="3"></td></tr>
<tr><td>联系电话</td><td></td><td>邮编</td><td colspan="3"></td></tr>
<tr><td>单　位</td><td></td><td>地址</td><td colspan="3"></td></tr>
<tr><td>法定代表人</td><td></td><td>职务</td><td colspan="3"></td></tr>
<tr><td>处理结果</td><td colspan="6"></td></tr>
<tr><td>执行情况</td><td colspan="6"></td></tr>
<tr><td>经办机构负责人意见</td><td colspan="6">签名：
　　　　　　　　　　　　　年　月　日</td></tr>
<tr><td>负责人审批意见</td><td colspan="6">签名：
　　　　　　　　　　　　　年　月　日</td></tr>
</table>

市场监督管理行政处罚听证办法

（2018年12月21日国家市场监督管理总局令第3号公布　根据2021年7月2日国家市场监督管理总局令第42号《国家市场监督管理总局关于修改〈市场监督管理行政处罚程序暂行规定〉等二部规章的决定》修正）

第一章　总　　则

第一条　为了规范市场监督管理行政处罚听证程序，保障市场监督管理部门依法实施行政处罚，保护自然人、法人和其他组织的合法权益，根据《中华人民共和国行政处罚法》的有关规定，制定本办法。

第二条　市场监督管理部门组织行政处罚听证，适用本办法。

第三条　市场监督管理部门组织行政处罚听证，应当遵循公开、公正、效率的原则，保障和便利当事人依法行使陈述权和申辩权。

第四条　市场监督管理部门行政处罚案件听证实行回避制度。听证主持人、听证员、记录员、翻译人员与案件有直接利害关系或者有其他关系可能影响公正执法的，应当回避。

听证员、记录员、翻译人员的回避，由听证主持人决定；听证主持人的回避，由市场监督管理部门负责人决定。

第二章　申请和受理

第五条　市场监督管理部门拟作出下列行政处罚决定，应当告知当事人有要求听证的权利：

（一）责令停产停业、责令关闭、限制从业；

（二）降低资质等级、吊销许可证件或者营业执照；

（三）对自然人处以一万元以上、对法人或者其他组织处以十万元以上罚款；

（四）对自然人、法人或者其他组织作出没收违法所得和非法财物价值总额达到第三项所列数额的行政处罚；

（五）其他较重的行政处罚；

（六）法律、法规、规章规定的其他情形。

各省、自治区、直辖市人大常委会或者人民政府对前款第三项、第四项所列罚没数额有具体规定的，可以从其规定。

第六条　向当事人告知听证权利时，应当书面告知当事人拟作出的行政处罚内容及事实、理由、依据。

第七条　当事人要求听证的，可以在告知书送达回证上签署意见，也可以自收到告知书之日起五个工作日内提出。当事人以口头形式提出的，办案人员应当将情况记入笔录，并由当事人在笔录上签名或者盖章。

当事人自告知书送达之日起五个工作日内，未要求听证的，视为放弃此权利。

当事人在规定期限内要求听证的，市场监督管理部门应当依照本办法的规定组织听证。

第三章　听证组织机构、听证人员和听证参加人

第八条　听证由市场监督管理部门法制机构或者其他机构负责组织。

第九条　听证人员包括听证主持人、听证员和记录员。

第十条　听证参加人包括当事人及其代理人、第三人、办案人员、证人、翻译人员、鉴定人以及其他有关人员。

第十一条　听证主持人由市场监督管理部门负责人指定。必要时，可以设一至二名听证员，协助听证主持人进行听证。

记录员由听证主持人指定,具体承担听证准备和听证记录工作。

办案人员不得担任听证主持人、听证员和记录员。

第十二条 听证主持人在听证程序中行使下列职责:

(一)决定举行听证的时间、地点;

(二)审查听证参加人资格;

(三)主持听证;

(四)维持听证秩序;

(五)决定听证的中止或者终止,宣布听证结束;

(六)本办法赋予的其他职责。

听证主持人应当公开、公正地履行主持听证的职责,不得妨碍当事人、第三人行使陈述权、申辩权。

第十三条 要求听证的自然人、法人或者其他组织是听证的当事人。

第十四条 与听证案件有利害关系的其他自然人、法人或者其他组织,可以作为第三人申请参加听证,或者由听证主持人通知其参加听证。

第十五条 当事人、第三人可以委托一至二人代为参加听证。

委托他人代为参加听证的,应当向市场监督管理部门提交由委托人签名或者盖章的授权委托书以及委托代理人的身份证明文件。

授权委托书应当载明委托事项及权限。委托代理人代为撤回听证申请或者明确放弃听证权利的,必须有委托人的明确授权。

第十六条 办案人员应当参加听证。

第十七条 与听证案件有关的证人、鉴定人等经听证主持人同意,可以到场参加听证。

第四章 听证准备

第十八条 市场监督管理部门应当自收到当事人要求听证的申请之日起三个工作日内,确定听证主持人。

第十九条 办案人员应当自确定听证主持人之日起三个工作日内,将案件材料移交听证主持人,由听证主持人审阅案件材料,准备听证提纲。

第二十条 听证主持人应当自接到办案人员移交的案件材料之日起五个工作日内确定听证的时间、地点,并应当于举行听证的七个工作日前将听证通知书送达当事人。

听证通知书中应当载明听证时间、听证地点及听证主持人、听证员、记录员、翻译人员的姓名,并告知当事人有申请回避的权利。

第三人参加听证的,听证主持人应当在举行听证的七个工作日前将听证的时间、地点通知第三人。

第二十一条 听证主持人应当于举行听证的七个工作日前将听证的时间、地点通知办案人员,并退回案件材料。

第二十二条 除涉及国家秘密、商业秘密或者个人隐私依法予以保密外,听证应当公开举行。

公开举行听证的,市场监督管理部门应当于举行听证的三个工作日前公告当事人的姓名或者名称、案由以及举行听证的时间、地点。

第五章 举行听证

第二十三条 听证开始前,记录员应当查明听证参加人是否到场,并向到场人员宣布以下听证纪律:

(一)服从听证主持人的指挥,未经听证主持人允许不得发言、提问;

(二)未经听证主持人允许不得录音、录像和摄影;

(三)听证参加人未经听证主持人允许不得退场;

（四）不得大声喧哗，不得鼓掌、哄闹或者进行其他妨碍听证秩序的活动。

第二十四条 听证主持人核对听证参加人，说明案由，宣布听证主持人、听证员、记录员、翻译人员名单，告知听证参加人在听证中的权利义务，询问当事人是否提出回避申请。

第二十五条 听证按下列程序进行：

（一）办案人员提出当事人违法的事实、证据、行政处罚建议及依据；

（二）当事人及其委托代理人进行陈述和申辩；

（三）第三人及其委托代理人进行陈述；

（四）质证；

（五）辩论；

（六）听证主持人按照第三人、办案人员、当事人的先后顺序征询各方最后意见。

当事人可以当场提出证明自己主张的证据，听证主持人应当接收。

第二十六条 有下列情形之一的，可以中止听证：

（一）当事人因不可抗力无法参加听证的；

（二）当事人死亡或者终止，需要确定相关权利义务承受人的；

（三）当事人临时提出回避申请，无法当场作出决定的；

（四）需要通知新的证人到场或者需要重新鉴定的；

（五）其他需要中止听证的情形。

中止听证的情形消失后，听证主持人应当恢复听证。

第二十七条 有下列情形之一的，可以终止听证：

（一）当事人撤回听证申请或者明确放弃听证权利的；

（二）当事人无正当理由拒不到场参加听证的；

（三）当事人未经听证主持人允许中途退场的；

（四）当事人死亡或者终止，并且无权利义务承受人的；

（五）其他需要终止听证的情形。

第二十八条 记录员应当如实记录，制作听证笔录。听证笔录应当载明听证时间、地点、案由、听证人员、听证参加人姓名，各方意见以及其他需要载明的事项。

听证会结束后，听证笔录应当经听证参加人核对无误后，由听证参加人当场签名或者盖章。当事人、第三人拒绝签名或者盖章的，由听证主持人在听证笔录中注明。

第二十九条 听证结束后，听证主持人应当在五个工作日内撰写听证报告，由听证主持人、听证员签名，连同听证笔录送办案机构，由其连同其他案件材料一并上报市场监督管理部门负责人。

市场监督管理部门应当根据听证笔录，结合听证报告提出的意见建议，依照《市场监督管理行政处罚程序规定》的有关规定，作出决定。

第三十条 听证报告应当包括以下内容：

（一）听证案由；

（二）听证人员、听证参加人；

（三）听证的时间、地点；

（四）听证的基本情况；

（五）处理意见和建议；

（六）需要报告的其他事项。

第六章 附　则

第三十一条 本办法中的"以上""内"均包括本数。

第三十二条 国务院药品监督管理部门和省级药品监督管理部门组织行政处罚听证，适用本办法。

法律、法规授权的履行市场监督管理职

能的组织组织行政处罚听证,适用本办法。

第三十三条 本办法中有关执法文书的送达适用《市场监督管理行政处罚程序规定》的有关规定。

第三十四条 市场监督管理部门应当保障听证经费,提供组织听证所必需的场地、设备以及其他便利条件。

市场监督管理部门举行听证,不得向当事人收取费用。

第三十五条 本办法自2019年4月1日施行。2005年12月30日原国家食品药品监督管理局令第23号公布的《国家食品药品监督管理局听证规则(试行)》、2007年9月4日原国家工商行政管理总局令第29号公布的《工商行政管理机关行政处罚案件听证规则》同时废止。

市场监督管理行政处罚程序规定

(2018年12月21日国家市场监督管理总局令第2号公布 根据2021年7月2日国家市场监督管理总局令第42号《国家市场监督管理总局关于修改〈市场监督管理行政处罚程序暂行规定〉等二部规章的决定》修正)

第一章 总 则

第一条 为了规范市场监督管理行政处罚程序,保障市场监督管理部门依法实施行政处罚,保护自然人、法人和其他组织的合法权益,根据《中华人民共和国行政处罚法》《中华人民共和国行政强制法》等法律、行政法规,制定本规定。

第二条 市场监督管理部门实施行政处罚,适用本规定。

第三条 市场监督管理部门实施行政处罚,应当遵循公正、公开的原则,坚持处罚与教育相结合,做到事实清楚、证据确凿、适用依据正确、程序合法、处罚适当。

第四条 市场监督管理部门实施行政处罚实行回避制度。参与案件办理的有关人员与案件有直接利害关系或者有其他关系可能影响公正执法的,应当回避。

市场监督管理部门主要负责人的回避,由市场监督管理部门负责人集体讨论决定;市场监督管理部门其他负责人的回避,由市场监督管理部门主要负责人决定;其他有关人员的回避,由市场监督管理部门负责人决定。

回避决定作出之前,不停止案件调查。

第五条 市场监督管理部门及参与案件办理的有关人员对实施行政处罚过程中知悉的国家秘密、商业秘密和个人隐私应当依法予以保密。

第六条 上级市场监督管理部门对下级市场监督管理部门实施行政处罚,应当加强监督。

各级市场监督管理部门对本部门内设机构及其派出机构、受委托组织实施行政处罚,应当加强监督。

第二章 管 辖

第七条 行政处罚由违法行为发生地的县级以上市场监督管理部门管辖。法律、行政法规、部门规章另有规定的,从其规定。

第八条 县级、设区的市级市场监督管理部门依职权管辖本辖区内发生的行政处罚案件。法律、法规、规章规定由省级以上市场监督管理部门管辖的,从其规定。

第九条 市场监督管理部门派出机构在本部门确定的权限范围内以本部门的名义实施行政处罚,法律、法规授权以派出机构名义实施行政处罚的除外。

县级以上市场监督管理部门可以在法定权限内书面委托符合《中华人民共和国行政处罚法》规定条件的组织实施行政处

罚。受委托组织在委托范围内，以委托行政机关名义实施行政处罚；不得再委托其他任何组织或者个人实施行政处罚。

委托书应当载明委托的具体事项、权限、期限等内容。委托行政机关和受委托组织应当将委托书向社会公布。

第十条　网络交易平台经营者和通过自建网站、其他网络服务销售商品或者提供服务的网络交易经营者的违法行为由其住所地县级以上市场监督管理部门管辖。

平台内经营者的违法行为由其实际经营地县级以上市场监督管理部门管辖。网络交易平台经营者住所地县级以上市场监督管理部门先行发现违法线索或者收到投诉、举报的，也可以进行管辖。

第十一条　对利用广播、电影、电视、报纸、期刊、互联网等大众传播媒介发布违法广告的行为实施行政处罚，由广告发布者所在地市场监督管理部门管辖。广告发布者所在地市场监督管理部门管辖异地广告主、广告经营者有困难的，可以将广告主、广告经营者的违法情况移送广告主、广告经营者所在地市场监督管理部门处理。

对于互联网广告违法行为，广告主所在地、广告经营者所在地市场监督管理部门先行发现违法线索或者收到投诉、举报的，也可以进行管辖。

对广告主自行发布违法互联网广告的行为实施行政处罚，由广告主所在地市场监督管理部门管辖。

第十二条　对当事人的同一违法行为，两个以上市场监督管理部门都有管辖权的，由最先立案的市场监督管理部门管辖。

第十三条　两个以上市场监督管理部门因管辖权发生争议的，应当自发生争议之日起七个工作日内协商解决，协商不成的，报请共同的上一级市场监督管理部门指定管辖；也可以直接由共同的上一级市场监督管理部门指定管辖。

第十四条　市场监督管理部门发现立案查处的案件不属于本部门管辖的，应当将案件移送有管辖权的市场监督管理部门。受移送的市场监督管理部门对管辖权有异议的，应当报请共同的上一级市场监督管理部门指定管辖，不得再自行移送。

第十五条　上级市场监督管理部门认为必要时，可以将本部门管辖的案件交由下级市场监督管理部门管辖。法律、法规、规章明确规定案件应当由上级市场监督管理部门管辖的，上级市场监督管理部门不得将案件交由下级市场监督管理部门管辖。

上级市场监督管理部门认为必要时，可以直接查处下级市场监督管理部门管辖的案件，也可以将下级市场监督管理部门管辖的案件指定其他下级市场监督管理部门管辖。

下级市场监督管理部门认为依法由其管辖的案件存在特殊原因，难以办理的，可以报请上一级市场监督管理部门管辖或者指定管辖。

第十六条　报请上一级市场监督管理部门管辖或者指定管辖的，上一级市场监督管理部门应当在收到报送材料之日起七个工作日内确定案件的管辖部门。

第十七条　市场监督管理部门发现立案查处的案件属于其他行政管理部门管辖的，应当及时依法移送其他有关部门。

市场监督管理部门发现违法行为涉嫌犯罪的，应当及时将案件移送司法机关，并对涉案物品以及与案件有关的其他材料依照有关规定办理交接手续。

第三章　行政处罚的普通程序

第十八条　市场监督管理部门对依据监督检查职权或者通过投诉、举报、其他部门移送、上级交办等途径发现的违法行为线索,应当自发现线索或者收到材料之日起十五个工作日内予以核查,由市场监督管理部门负责人决定是否立案;特殊情况下,经市场监督管理部门负责人批准,可以延长十五个工作日。法律、法规、规章另有规定的除外。

检测、检验、检疫、鉴定以及权利人辨认或者鉴别等所需时间,不计入前款规定期限。

第十九条 经核查,符合下列条件的,应当立案:

(一)有证据初步证明存在违反市场监督管理法律、法规、规章的行为;

(二)依据市场监督管理法律、法规、规章应当给予行政处罚;

(三)属于本部门管辖;

(四)在给予行政处罚的法定期限内。

决定立案的,应当填写立案审批表,由办案机构负责人指定两名以上具有行政执法资格的办案人员负责调查处理。

第二十条 经核查,有下列情形之一的,可以不予立案:

(一)违法行为轻微并及时改正,没有造成危害后果;

(二)初次违法且危害后果轻微并及时改正;

(三)当事人有证据足以证明没有主观过错,但法律、行政法规另有规定的除外;

(四)依法可以不予立案的其他情形。

决定不予立案的,应当填写不予立案审批表。

第二十一条 办案人员应当全面、客观、公正、及时进行案件调查,收集、调取证据,并依照法律、法规、规章的规定进行检查。

首次向当事人收集、调取证据的,应当告知其享有陈述权、申辩权以及申请回避的权利。

第二十二条 办案人员调查或者进行检查时不得少于两人,并应当主动向当事人或者有关人员出示执法证件。

第二十三条 办案人员应当依法收集证据。证据包括:

(一)书证;

(二)物证;

(三)视听资料;

(四)电子数据;

(五)证人证言;

(六)当事人的陈述;

(七)鉴定意见;

(八)勘验笔录、现场笔录。

立案前核查或者监督检查过程中依法取得的证据材料,可以作为案件的证据使用。

对于移送的案件,移送机关依职权调查收集的证据材料,可以作为案件的证据使用。

上述证据,应当符合法律、法规、规章关于证据的规定,并经查证属实,才能作为认定案件事实的根据。以非法手段取得的证据,不得作为认定案件事实的根据。

第二十四条 收集、调取的书证、物证应当是原件、原物。调取原件、原物有困难的,可以提取复制件、影印件或者抄录件,也可以拍摄或者制作足以反映原件、原物外形或者内容的照片、录像。复制件、影印件、抄录件和照片、录像由证据提供人核对无误后注明与原件、原物一致,并注明出证日期、证据出处,同时签名或者盖章。

第二十五条 收集、调取的视听资料应当是有关资料的原始载体。调取视听资料原始载体有困难的,可以提取复制件,并注明制作方法、制作时间、制作人等。声音资料应当附有该声音内容的文字记录。

第二十六条 收集、调取的电子数据应当是有关数据的原始载体。收集电子数据原始载体有困难的,可以采用拷贝复制、委托分析、书式固定、拍照录像等方式取证,并注明制作方法、制作时间、制作人等。

市场监督管理部门可以利用互联网信息系统或者设备收集、固定违法行为证据。用来收集、固定违法行为证据的互联网信息系统或者设备应当符合相关规定,保证所收集、固定电子数据的真实性、完整性。

市场监督管理部门可以指派或者聘请具有专门知识的人员,辅助办案人员对案件关联的电子数据进行调查取证。

市场监督管理部门依照法律、行政法规规定利用电子技术监控设备收集、固定违法事实的,依照《中华人民共和国行政处罚法》有关规定执行。

第二十七条 在中华人民共和国领域外形成的公文书证,应当经所在国公证机关证明,或者履行中华人民共和国与该所在国订立的有关条约中规定的证明手续。涉及身份关系的证据,应当经所在国公证机关证明,并经中华人民共和国驻该国使领馆认证,或者履行中华人民共和国与该所在国订立的有关条约中规定的证明手续。

在中华人民共和国香港特别行政区、澳门特别行政区和台湾地区形成的证据,应当履行相关的证明手续。

外文书证或者外国语视听资料等证据应当附有由具有翻译资质的机构翻译的或者其他翻译准确的中文译本,由翻译机构盖章或者翻译人员签名。

第二十八条 对有违法嫌疑的物品或者场所进行检查时,应当通知当事人到场。办案人员应当制作现场笔录,载明时间、地点、事件等内容,由办案人员、当事人签名或者盖章。

第二十九条 办案人员可以询问当事人及其他有关单位和个人。询问应当个别进行。询问应当制作笔录,询问笔录应当交被询问人核对;对阅读有困难的,应当向其宣读。笔录如有差错、遗漏,应当允许其更正或者补充。涂改部分应当由被询问人签名、盖章或者以其他方式确认。经核对无误后,由被询问人在笔录上逐页签名、盖章或者以其他方式确认。办案人员应当在笔录上签名。

第三十条 办案人员可以要求当事人及其他有关单位和个人在一定期限内提供证明材料或者与涉嫌违法行为有关的其他材料,并由材料提供人在有关材料上签名或者盖章。

市场监督管理部门在查处侵权假冒等案件过程中,可以要求权利人对涉案产品是否为权利人生产或者其许可生产的产品进行辨认,也可以要求其对有关事项进行鉴别。

第三十一条 市场监督管理部门抽样取证时,应当通知当事人到场。办案人员应当制作抽样记录,对样品加贴封条,开具清单,由办案人员、当事人在封条和相关记录上签名或者盖章。

通过网络、电话购买等方式抽样取证的,应当采取拍照、截屏、录音、录像等方式对交易过程、商品拆包查验及封样等过程进行记录。

法律、法规、规章或者国家有关规定对实施抽样机构的资质或者抽样方式有明确要求的,市场监督管理部门应当委托相关机构或者按照规定方式抽取样品。

第三十二条 为查明案情,需要对案件中专门事项进行检测、检验、检疫、鉴定的,市场监督管理部门应当委托具有法定资质的机构进行;没有法定资质机构的,可以委托其他具备条件的机构进行。检测、检验、检疫、鉴定结果应当告知当事人。

第三十三条 在证据可能灭失或者以后难以取得的情况下,市场监督管理部门可以对与涉嫌违法行为有关的证据采取先行登记保存措施。采取或者解除先行登记保存措施,应当经市场监督管理部门负责人批准。

情况紧急,需要当场采取先行登记保存措施的,办案人员应当在二十四小时内向市场监督管理部门负责人报告,并补办批准手续。市场监督管理部门负责人认为不应当采取先行登记保存措施的,应当立即解除。

第三十四条　先行登记保存有关证据,应当当场清点,开具清单,由当事人和办案人员签名或者盖章,交当事人一份,并当场交付先行登记保存证据通知书。

先行登记保存期间,当事人或者有关人员不得损毁、销毁或者转移证据。

第三十五条　对于先行登记保存的证据,应当在七个工作日内采取以下措施:

(一)根据情况及时采取记录、复制、拍照、录像等证据保全措施;

(二)需要检测、检验、检疫、鉴定的,送交检测、检验、检疫、鉴定;

(三)依据有关法律、法规规定可以采取查封、扣押等行政强制措施的,决定采取行政强制措施;

(四)违法事实成立,应当予以没收的,作出行政处罚决定,没收违法物品;

(五)违法事实不成立,或者违法事实成立但依法不应当予以查封、扣押或者没收的,决定解除先行登记保存措施。

逾期未采取相关措施的,先行登记保存措施自动解除。

第三十六条　市场监督管理部门可以依据法律、法规的规定采取查封、扣押等行政强制措施。采取或者解除行政强制措施,应当经市场监督管理部门负责人批准。

情况紧急,需要当场采取行政强制措施的,办案人员应当在二十四小时内向市场监督管理部门负责人报告,并补办批准手续。市场监督管理部门负责人认为不应当采取行政强制措施的,应当立即解除。

第三十七条　市场监督管理部门实施行政强制措施应当依照《中华人民共和国行政强制法》规定的程序进行,并当场交付实施行政强制措施决定书和清单。

第三十八条　查封、扣押的期限不得超过三十日;情况复杂的,经市场监督管理部门负责人批准,可以延长,但是延长期限不得超过三十日。法律、行政法规另有规定的除外。

延长查封、扣押的决定应当及时书面告知当事人,并说明理由。

对物品需要进行检测、检验、检疫、鉴定的,查封、扣押的期间不包括检测、检验、检疫、鉴定的期间。检测、检验、检疫、鉴定的期间应当明确,并书面告知当事人。

第三十九条　扣押当事人托运的物品,应当制作协助扣押通知书,通知有关单位协助办理,并书面通知当事人。

第四十条　对当事人家存或者寄存的涉嫌违法物品,需要扣押的,责令当事人取出;当事人拒绝取出的,应当会同当地有关部门或者单位将其取出,并办理扣押手续。

第四十一条　查封、扣押的场所、设施或者财物应当妥善保管,不得使用或者损毁;市场监督管理部门可以委托第三人保管,第三人不得损毁或者擅自转移、处置。

查封的场所、设施或者财物,应当加贴市场监督管理部门封条,任何人不得随意动用。

除法律、法规另有规定外,容易损毁、灭失、变质、保管困难或者保管费用过高、季节性商品等不宜长期保存的物品,在确定为罚没财物前,经权利人同意或者申请,并经市场监督管理部门负责人批准,在采取相关措施留存证据后,可以依法先行处置;权利人不明确的,可以依法公告,公告期满后仍没有权利人同意或者申请的,可以依法先行处置。先行处置所得款项按照涉案现金管理。

第四十二条　有下列情形之一的,市场监督管理部门应当及时作出解除查封、扣押决定:

(一)当事人没有违法行为;

(二)查封、扣押的场所、设施或者财物与违法行为无关;

(三)对违法行为已经作出处理决定,不再需要查封、扣押;

(四)查封、扣押期限已经届满;

(五)其他不再需要采取查封、扣押措施的情形。

解除查封、扣押应当立即退还财物,并由办案人员和当事人在财物清单上签名或者盖章。市场监督管理部门已将财物依法先行处置并有所得款项的,应当退还所得款项。先行处置明显不当,给当事人造成损失的,应当给予补偿。

当事人下落不明或者无法确定涉案物品所有人的,应当按照本规定第八十二条第五项规定的公告送达方式告知领取。公告期满仍无人领取的,经市场监督管理部门负责人批准,将涉案物品上缴或者依法拍卖后将所得款项上缴国库。

第四十三条　办案人员在调查取证过程中,无法通知当事人,当事人不到场或者拒绝接受调查,当事人拒绝签名、盖章或者以其他方式确认的,办案人员应当在笔录或者其他材料上注明情况,并采取录音、录像等方式记录,必要时可以邀请有关人员作为见证人。

第四十四条　进行现场检查、询问当事人及其他有关单位和个人、抽样取证、采取先行登记保存措施、实施查封或者扣押等行政强制措施时,按照有关规定采取拍照、录音、录像等方式记录现场情况。

第四十五条　市场监督管理部门在办理行政处罚案件时,确需有关机关或者其他市场监督管理部门协助调查取证的,应当出具协助调查函。

收到协助调查函的市场监督管理部门对属于本部门职权范围的协助事项应当予以协助,在接到协助调查函之日起十五个工作日内完成相关工作。需要延期完成的,应当在期限届满前告知提出协查请求的市场监督管理部门。

第四十六条　有下列情形之一的,经市场监督管理部门负责人批准,中止案件调查:

(一)行政处罚决定须以相关案件的裁判结果或者其他行政决定为依据,而相关案件尚未审结或者其他行政决定尚未作出的;

(二)涉及法律适用等问题,需要送请有权机关作出解释或者确认的;

(三)因不可抗力致使案件暂时无法调查的;

(四)因当事人下落不明致使案件暂时无法调查的;

(五)其他应当中止调查的情形。

中止调查的原因消除后,应当立即恢复案件调查。

第四十七条　因涉嫌违法的自然人死亡或者法人、其他组织终止,并且无权利义务承受人等原因,致使案件调查无法继续进行的,经市场监督管理部门负责人批准,案件终止调查。

第四十八条　案件调查终结,办案机构应当撰写调查终结报告。案件调查终结报告包括以下内容:

(一)当事人的基本情况;

(二)案件来源、调查经过及采取行政强制措施的情况;

（三）调查认定的事实及主要证据；

（四）违法行为性质；

（五）处理意见及依据；

（六）自由裁量的理由等其他需要说明的事项。

第四十九条 办案机构应当将调查终结报告连同案件材料，交由市场监督管理部门审核机构进行审核。

审核分为法制审核和案件审核。

办案人员不得作为审核人员。

第五十条 对情节复杂或者重大违法行为给予行政处罚的下列案件，在市场监督管理部门负责人作出行政处罚的决定之前，应当由从事行政处罚决定法制审核的人员进行法制审核；未经法制审核或者审核未通过的，不得作出决定：

（一）涉及重大公共利益的；

（二）直接关系当事人或者第三人重大权益，经过听证程序的；

（三）案件情况疑难复杂、涉及多个法律关系的；

（四）法律、法规规定应当进行法制审核的其他情形。

前款第二项规定的案件，在听证程序结束后进行法制审核。

县级以上市场监督管理部门可以对第一款的法制审核案件范围作出具体规定。

第五十一条 法制审核由市场监督管理部门法制机构或者其他机构负责实施。

市场监督管理部门中初次从事行政处罚决定法制审核的人员，应当通过国家统一法律职业资格考试取得法律职业资格。

第五十二条 除本规定第五十条第一款规定以外适用普通程序的案件，应当进行案件审核。

案件审核由市场监督管理部门办案机构或者其他机构负责实施。

市场监督管理部门派出机构以自己的名义实施行政处罚的案件，由派出机构负责案件审核。

第五十三条 审核的主要内容包括：

（一）是否具有管辖权；

（二）当事人的基本情况是否清楚；

（三）案件事实是否清楚、证据是否充分；

（四）定性是否准确；

（五）适用依据是否正确；

（六）程序是否合法；

（七）处理是否适当。

第五十四条 审核机构对案件进行审核，区别不同情况提出书面意见和建议：

（一）对事实清楚、证据充分、定性准确、适用依据正确、程序合法、处理适当的案件，同意案件处理意见；

（二）对定性不准、适用依据错误、程序不合法、处理不当的案件，建议纠正；

（三）对事实不清、证据不足的案件，建议补充调查；

（四）认为有必要提出的其他意见和建议。

第五十五条 审核机构应当自接到审核材料之日起十个工作日内完成审核。特殊情况下，经市场监督管理部门负责人批准可以延长。

第五十六条 审核机构完成审核并退回案件材料后，对于拟给予行政处罚的案件，办案机构应当将案件材料、行政处罚建议及审核意见报市场监督管理部门负责人批准，并依法履行告知等程序；对于建议给予其他行政处理的案件，办案机构应当将案件材料、审核意见报市场监督管理部门负责人审查决定。

第五十七条 拟给予行政处罚的案件，市场监督管理部门在作出行政处罚决定之前，应当书面告知当事人拟作出的行政处罚内容及事实、理由、依据，并告知当事人依法享有陈述权、申辩权。拟作出的行政处罚属于听证范围的,还应当告知当事人有要求听证的权利。法律、法规规定在行政处罚决定作出前需责令当事人退还多收价款的,一并告知拟责令退还的数额。

当事人自告知书送达之日起五个工作日内,未行使陈述、申辩权,未要求听证的,视为放弃此权利。

第五十八条　市场监督管理部门在告知当事人拟作出的行政处罚决定后,应当充分听取当事人的意见,对当事人提出的事实、理由和证据进行复核。当事人提出的事实、理由或者证据成立的,市场监督管理部门应当予以采纳,不得因当事人陈述、申辩或者要求听证而给予更重的行政处罚。

第五十九条　法律、法规要求责令当事人退还多收价款的,市场监督管理部门应当在听取当事人意见后作出行政处罚决定前,向当事人发出责令退款通知书,责令当事人限期退还。难以查找多付价款的消费者或者其他经营者的,责令公告查找。

第六十条　市场监督管理部门负责人经对案件调查终结报告、审核意见、当事人陈述和申辩意见或者听证报告等进行审查,根据不同情况,分别作出以下决定:

（一）确有依法应当给予行政处罚的违法行为的,根据情节轻重及具体情况,作出行政处罚决定;

（二）确有违法行为,但有依法不予行政处罚情形的,不予行政处罚;

（三）违法事实不能成立的,不予行政处罚;

（四）不属于市场监督管理部门管辖的,移送其他行政管理部门处理;

（五）违法行为涉嫌犯罪的,移送司法机关。

对本规定第五十条第一款规定的案件,拟给予行政处罚的,应当由市场监管理部门负责人集体讨论决定。

第六十一条　对当事人的违法行为依法不予行政处罚的,市场监督管理部门应当对当事人进行教育。

第六十二条　市场监督管理部门作出行政处罚决定,应当制作行政处罚决定书,并加盖本部门印章。行政处罚决定书的内容包括:

（一）当事人的姓名或者名称、地址等基本情况;

（二）违反法律、法规、规章的事实和证据;

（三）当事人陈述、申辩的采纳情况及理由;

（四）行政处罚的内容和依据;

（五）行政处罚的履行方式和期限;

（六）申请行政复议、提起行政诉讼的途径和期限;

（七）作出行政处罚决定的市场监督管理部门的名称和作出决定的日期。

第六十三条　市场监督管理部门作出的具有一定社会影响的行政处罚决定应当按照有关规定向社会公开。

公开的行政处罚决定被依法变更、撤销、确认违法或者确认无效的,市场监督管理部门应当在三个工作日内撤回行政处罚决定信息并公开说明理由。

第六十四条　适用普通程序办理的案件应当自立案之日起九十日内作出处理决定。因案情复杂或者其他原因,不能在规定期限内作出处理决定的,经市场监督管理部门负责人批准,可以延长三十日。案情特别复杂或者有其他特殊情况,经延期仍不能作出处理决定的,应当由市场监督管理部门负责人集体讨论决定是否继续延期,决定继续延期的,应当同时确定延长的合理期限。

案件处理过程中,中止、听证、公告和

检测、检验、检疫、鉴定、权利人辨认或者鉴别、责令退还多收价款等时间不计入前款所指的案件办理期限。

第六十五条 发生重大传染病疫情等突发事件,为了控制、减轻和消除突发事件引起的社会危害,市场监督管理部门对违反突发事件应对措施的行为,依法快速、从重处罚。

第四章 行政处罚的简易程序

第六十六条 违法事实确凿并有法定依据,对自然人处以二百元以下、对法人或者其他组织处以三千元以下罚款或者警告的行政处罚的,可以当场作出行政处罚决定。法律另有规定的,从其规定。

第六十七条 适用简易程序当场查处违法行为,办案人员应当向当事人出示执法证件,当场调查违法事实,收集必要的证据,填写预定格式、编有号码的行政处罚决定书。

行政处罚决定书应当由办案人员签名或者盖章,并当场交付当事人。当事人拒绝签收的,应当在行政处罚决定书上注明。

第六十八条 当场制作的行政处罚决定书应当载明当事人的基本情况、违法行为、行政处罚依据、处罚种类、罚款数额、缴款途径和期限、救济途径和期限、部门名称、时间、地点,并加盖市场监督管理部门印章。

第六十九条 办案人员在行政处罚决定作出前,应当告知当事人拟作出的行政处罚内容及事实、理由、依据,并告知当事人有权进行陈述和申辩。当事人进行陈述和申辩的,办案人员应当记入笔录。

第七十条 适用简易程序查处案件的有关材料,办案人员应当在作出行政处罚决定之日起七个工作日内交至所在的市场监督管理部门归档保存。

第五章 执行与结案

第七十一条 行政处罚决定依法作出后,当事人应当在行政处罚决定书载明的期限内予以履行。

当事人对行政处罚决定不服申请行政复议或者提起行政诉讼的,行政处罚不停止执行,法律另有规定的除外。

第七十二条 市场监督管理部门对当事人作出罚款、没收违法所得行政处罚的,当事人应当自收到行政处罚决定书之日起十五日内,通过指定银行或者电子支付系统缴纳罚没款。有下列情形之一的,可以由办案人员当场收缴罚款:

(一)当场处以一百元以下罚款的;

(二)当场对自然人处以二百元以下、对法人或者其他组织处以三千元以下罚款,不当场收缴事后难以执行的;

(三)在边远、水上、交通不便地区,当事人向指定银行或者通过电子支付系统缴纳罚款确有困难,经当事人提出的。

办案人员当场收缴罚款的,必须向当事人出具国务院财政部门或者省、自治区、直辖市财政部门统一制发的专用票据。

第七十三条 办案人员当场收缴的罚款,应当自收缴罚款之日起二个工作日内交至所在市场监督管理部门。在水上当场收缴的罚款,应当自抵岸之日起二个工作日内交至所在市场监督管理部门。市场监督管理部门应当在二个工作日内将罚款缴付指定银行。

第七十四条 当事人确有经济困难,需要延期或者分期缴纳罚款的,应当提出书面申请。经市场监督管理部门负责人批准,同意当事人暂缓或者分期缴纳罚款的,市场监督管理部门应当书面告知当事人暂缓或者分期的期限。

第七十五条 当事人逾期不缴纳罚款

的,市场监督管理部门可以每日按罚款数额的百分之三加处罚款,加处罚款的数额不得超出罚款的数额。

第七十六条 当事人在法定期限内不申请行政复议或者提起行政诉讼,又不履行行政处罚决定,且在收到催告书十个工作日后仍不履行行政处罚决定的,市场监督管理部门可以在期限届满之日起三个月内依法申请人民法院强制执行。

市场监督管理部门批准延期、分期缴纳罚款的,申请人民法院强制执行的期限,自暂缓或者分期缴纳罚款期限结束之日起计算。

第七十七条 适用普通程序的案件有以下情形之一的,办案机构应当在十五个工作日内填写结案审批表,经市场监督管理部门负责人批准后,予以结案:

(一)行政处罚决定执行完毕的;
(二)人民法院裁定终结执行的;
(三)案件终止调查的;
(四)作出本规定第六十条第一款第二项至五项决定的;
(五)其他应予结案的情形。

第七十八条 结案后,办案人员应当将案件材料按照档案管理的有关规定立卷归档。案卷归档应当一案一卷、材料齐全、规范有序。

案卷可以分正卷、副卷。正卷按照下列顺序归档:

(一)立案审批表;
(二)行政处罚决定书及送达回证;
(三)对当事人制发的其他法律文书及送达回证;
(四)证据材料;
(五)听证笔录;
(六)财物处理单据;
(七)其他有关材料。

副卷按照下列顺序归档:

(一)案源材料;
(二)调查终结报告;
(三)审核意见;
(四)听证报告;
(五)结案审批表;
(六)其他有关材料。

案卷的保管和查阅,按照档案管理的有关规定执行。

第七十九条 市场监督管理部门应当依法以文字、音像等形式,对行政处罚的启动、调查取证、审核、决定、送达、执行等进行全过程记录,依照本规定第七十八条的规定归档保存。

第六章 期间、送达

第八十条 期间以时、日、月计算,期间开始的时或者日不计算在内。期间不包括在途时间。期间届满的最后一日为法定节假日的,以法定节假日后的第一日为期间届满的日期。

第八十一条 市场监督管理部门送达行政处罚决定书,应当在宣告后当场交付当事人。当事人不在场的,应当在七个工作日内按照本规定第八十二条、第八十三条的规定,将行政处罚决定书送达当事人。

第八十二条 市场监督管理部门送达执法文书,应当按照下列方式进行:

(一)直接送达的,由受送达人在送达回证上注明签收日期,并签名或者盖章,受送达人在送达回证上注明的签收日期为送达日期。受送达人是自然人的,本人不在时交其同住成年家属签收;受送达人是法人或者其他组织的,应当由法人的法定代表人、其他组织的主要负责人或者该法人、其他组织负责收件的人签收;受送达人有代理人的,可以送交其代理人签收;受送达人已向市场监督管理部门指定代收人的,送交代收人签收。受送达人的同住成年家属,法人或者其他组织负责收件的人,代理人或者代收人在送达回证上签收的日期为送达日期。

(二)受送达人或者其同住成年家属拒绝签收的,市场监督管理部门可以邀请有关基层组织或者所在单位的代表到场,说明情况,在送达回证上载明拒收事由和日期,由送达人、见证人签名或者以其他方式确认,将执法文书留在受送达人的住所;也可以将执法文书留在受送达人的住所,并采取拍照、录像等方式记录送达过程,即视为送达。

(三)经受送达人同意并签订送达地址确认书,可以采用手机短信、传真、电子邮件、即时通讯账号等能够确认其收悉的电子方式送达执法文书,市场监督管理部门应当通过拍照、截屏、录音、录像等方式予以记录,手机短信、传真、电子邮件、即时通讯信息等到达受送达人特定系统的日期为送达日期。

(四)直接送达有困难的,可以邮寄送达或者委托当地市场监督管理部门、转交其他部门代为送达。邮寄送达的,以回执上注明的收件日期为送达日期;委托、转交送达的,受送达人的签收日期为送达日期。

(五)受送达人下落不明或者采取上述方式无法送达的,可以在市场监督管理部门公告栏和受送达人住所地张贴公告,也可以在报纸或者市场监督管理部门门户网站等刊登公告。自公告发布之日起经过六十日,即视为送达。公告送达,应当在案件材料中载明原因和经过。在市场监督管理部门公告栏和受送达人住所地张贴公告的,应当采取拍照、录像等方式记录张贴过程。

第八十三条 市场监督管理部门可以要求受送达人签署送达地址确认书,送达至受送达人确认的地址,即视为送达。受送达人送达地址发生变更的,应当及时书面告知市场监督管理部门;未及时告知的,市场监督管理部门按原地址送达,视为依法送达。

因受送达人提供的送达地址不准确、送达地址变更未书面告知市场监督管理部门,导致执法文书未能被受送达人实际接收的,直接送达的,执法文书留在该地址之日为送达之日;邮寄送达的,执法文书被退回之日为送达之日。

第七章 附 则

第八十四条 本规定中的"以上""以下""内"均包括本数。

第八十五条 国务院药品监督管理部门和省级药品监督管理部门实施行政处罚,适用本规定。

法律、法规授权的履行市场监督管理职能的组织实施行政处罚,适用本规定。

对违反《中华人民共和国反垄断法》规定的行为实施行政处罚的程序,按照国务院市场监督管理部门专项规定执行。专项规定未作规定的,参照本规定执行。

第八十六条 行政处罚文书格式范本,由国务院市场监督管理部门统一制定。各省级市场监督管理部门可以参照文书格式范本,制定本行政区域适用的行政处罚文书格式并自行印制。

第八十七条 本规定自 2019 年 4 月 1 日起施行。1996 年 9 月 18 日原国家技术监督局令第 45 号公布的《技术监督行政处罚委托实施办法》、2001 年 4 月 9 日原国家质量技术监督局令第 16 号公布的《质量技术监督罚没物品管理和处置办法》、2007 年 9 月 4 日原国家工商行政管理总局令第 28 号公布的《工商行政管理机关行政处罚程序规定》、2011 年 3 月 2 日原国家质量监督检验检疫总局令第 137 号公布的《质量技术监督行政处罚程序规定》、2011年3月2日原国家质量监督检验检疫总局令第138号公布的《质量技术监督行政处罚案件审理规定》、2014年4月28日原国家食品药品监督管理总局令第3号公布的《食品药品行政处罚程序规定》同时废止。

医疗保障行政处罚程序暂行规定

（2021年6月11日国家医疗保障局令第4号公布 自2021年7月15日起施行）

第一章 总 则

第一条 为了规范医疗保障领域行政处罚程序，确保医疗保障行政部门依法实施行政处罚，维护医疗保障基金安全，保护公民、法人和其他组织的合法权益，根据《中华人民共和国行政处罚法》《中华人民共和国行政强制法》等法律、行政法规，制定本规定。

第二条 医疗保障领域行政处罚，适用本规定。

第三条 医疗保障行政部门实施行政处罚遵循公正、公开的原则。坚持以事实为依据，与违法行为的事实、性质、情节以及社会危害程度相当。坚持处罚与教育相结合，做到事实清楚、证据确凿、依据正确、程序合法、处罚适当。

第四条 医疗保障行政部门应当全面落实行政执法公示制度、执法全过程记录制度、重大执法决定法制审核制度。

第五条 执法人员与案件有直接利害关系或者有其他关系可能影响公正执法的，应当回避。

当事人认为执法人员与案件有直接利害关系或者有其他关系可能影响公正执法的，有权申请回避。

当事人提出回避申请的，医疗保障行政部门应当依法审查。医疗保障行政部门主要负责人的回避，由医疗保障行政部门负责人集体讨论决定；医疗保障行政部门其他负责人的回避，由医疗保障行政部门主要负责人决定；其他有关人员的回避，由医疗保障行政部门负责人决定。决定作出前，不停止调查。

第六条 违法行为在二年内未被发现的，不再给予行政处罚；涉及公民生命健康安全且有危害后果的，上述期限延长至五年。

前款规定的期限，从违法行为发生之日起计算；违法行为有连续或者继续状态的，从行为终了之日起计算。

第七条 上级医疗保障行政部门对下级医疗保障行政部门实施的行政处罚，应当加强监督。

医疗保障行政部门法制机构对本部门实施的行政处罚，应当加强监督。

第八条 各级医疗保障行政部门可以依法委托符合法定条件的组织开展行政执法工作。行政强制措施权不得委托。

受委托组织在委托范围内，以委托行政机关的名义实施行政处罚，不得再委托其他组织或者个人实施行政处罚。

委托书应当载明委托的具体事项、权限、期限等内容。委托行政机关和受委托组织应当将委托书向社会公布。

委托行政机关对受委托组织实施行政处罚的行为应当负责监督，并对该行为的后果承担法律责任。

第二章 管辖和适用

第九条 医疗保障领域行政处罚由违法行为发生地的县级以上医疗保障行政部门管辖。法律、行政法规、部门规章另有规定的，从其规定。

医疗保障异地就医的违法行为，由就医地医疗保障行政部门调查处理。仅参保人员违法的,由参保地医疗保障行政部门调查处理。

第十条　两个以上医疗保障行政部门因管辖权发生争议的,应当自发生争议之日起七个工作日内协商解决;协商不成的,报请共同的上一级医疗保障行政部门指定管辖;也可以直接由共同的上一级医疗保障行政部门指定管辖。

第十一条　上级医疗保障行政部门认为有必要时,可以直接管辖下级医疗保障行政部门管辖的案件,也可以将本部门管辖的案件交由下级医疗保障行政部门管辖。法律、法规、规章明确规定案件应当由上级医疗保障行政部门管辖的,上级医疗保障部门不得将案件交由下级医疗保障行政部门管辖。

下级医疗保障行政部门认为依法应由其管辖的案件存在特殊原因,难以办理的,可以报请上一级医疗保障行政部门管辖或者指定管辖。上一级医疗保障行政部门应当自收到报送材料之日起七个工作日内作出书面决定。

第十二条　医疗保障行政部门发现所查处的案件属于其他医疗保障行政部门或其他行政管理部门管辖的,应当依法移送。

受移送的医疗保障行政部门对管辖权有异议的,应当报请共同的上一级医疗保障行政部门指定管辖,不得再自行移送。

第十三条　医疗保障行政部门实施行政处罚时,应当责令当事人改正或者限期改正违法行为。

第三章　行政处罚的普通程序

第十四条　医疗保障行政部门对依据监督检查职权或者通过投诉、举报、其他部门移送、上级交办等途径发现的违法行为线索,应当自发现线索或者收到材料之日起十五个工作日内予以核查,并决定是否立案;特殊情况下,经医疗保障行政部门主要负责人批准后,可以延长十五个工作日。

第十五条　立案应当符合下列标准:

(一)有明确的违法嫌疑人;

(二)经核查认为存在涉嫌违反医疗保障监督管理法律、法规、规章规定,应当给予行政处罚的行为;

(三)属于本部门管辖。

符合立案标准的,应当及时立案。

第十六条　行政处罚应当由具有医疗保障行政执法资格的执法人员实施,执法人员不得少于两人。

执法人员应当文明执法,尊重和保护当事人合法权益。

第十七条　除依据《行政处罚法》第五十一条规定的可以当场作出的行政处罚外,医疗保障行政部门发现公民、法人或者其他组织有依法应当给予行政处罚的行为的,必须全面、客观、公正地调查,收集有关证据;必要时,依照法律、法规的规定,可以进行检查。

医疗保障行政部门及参与案件办理的有关单位和人员对调查或者检查过程中知悉的国家秘密、商业秘密和个人隐私应当依法保密。不得将调查或者检查过程中获取、知悉的被调查或者被检查对象的资料或者相关信息用于医疗保障基金使用监管管理以外的其他目的,不得泄露、篡改、毁损,非法向他人提供当事人的个人信息和商业秘密。

第十八条　医疗保障行政部门开展行政执法,可以采取下列措施:

(一)进入被调查对象有关的场所进行检查,询问与调查事项有关的单位和个人,要求其对有关问题作出解释说明、提供有关材料;

(二)采取记录、录音、录像、照相或者复制等方式收集有关情况和资料;

（三）从相关信息系统中调取数据，要求被检查对象对疑点数据作出解释和说明；

（四）对可能被转移、隐匿或者灭失的资料等予以封存；

（五）聘请符合条件的会计师事务所等第三方机构和专业人员协助开展检查；

（六）法律、法规规定的其他措施。

第十九条 办案人员应当依法收集证据。证据包括：

（一）书证；

（二）物证；

（三）视听资料；

（四）电子数据；

（五）证人证言；

（六）当事人的陈述；

（七）鉴定意见；

（八）勘验笔录、现场笔录。

立案前核查或者监督检查过程中依法取得的证据材料，可以作为案件的证据使用。

对于移送的案件，移送机关依职权调查收集的证据材料，可以作为案件的证据使用。

证据经查证属实，作为认定案件事实的根据。

第二十条 办案人员在进入现场检查时，应当通知当事人或者有关人员到场，并按照有关规定采取拍照、录音、录像等方式记录现场情况。现场检查应当制作现场笔录，并由当事人或者有关人员以逐页签名或盖章等方式确认。

无法通知当事人或者有关人员到场，当事人或者有关人员拒绝接受调查及签名、盖章或者拒绝以其他方式确认的，办案人员应当在笔录或者其他材料上注明情况。

第二十一条 收集、调取的书证、物证应当是原件、原物。调取原件、原物有困难的，可以提取复制件、影印件或者抄录件，也可以拍摄或者制作足以反映原件、原物外形或者内容的照片、录像。复制件、影印件、抄录件和照片、录像由证据提供人核对无误后注明与原件、原物一致，并注明取证日期、证据出处，同时由证据提供人签名或者盖章。

第二十二条 收集、调取的视听资料应当是有关资料的原始载体。调取视听资料原始载体有困难的，可以提取复制件，并注明制作方法、制作时间、制作人等。声音资料应当附有该声音内容的文字记录。视听资料制作记录、声音文字记录同时由证据提供人核对无误后签名或者盖章。

第二十三条 医疗保障行政部门可以利用网络信息系统或者设备收集、固定违法行为证据。用来收集、固定违法行为证据的网络信息系统或者设备应当符合相关规定，保证所收集、固定电子数据的真实性、完整性。

医疗保障行政部门可以指派或者聘请具有专门知识的人员，辅助办案人员对案件关联的电子数据进行调取。

收集、调取的电子数据应当是有关数据的原始载体。收集电子数据原始载体有困难的，可以采用拷贝复制、委托分析、书式固定、拍照录像等方式取证，并注明制作方法、制作时间、制作人等。

医疗保障行政部门利用电子技术监控设备收集、固定违法事实的，证据记录内容应符合法律、法规的规定。

第二十四条 办案人员可以询问当事人及其他有关单位和个人。询问应当个别进行。询问应当制作笔录，笔录应当交被询问人核对；对阅读有困难的，应当向其宣读。笔录如有差错、遗漏，应当允许其更正或者补充。涂改部分应当由被询问人签名、盖章或者以其他方式确认。经核对无误后，由被询问人在笔录上逐页签名、盖章或者以其他方式确认。办案人员应当在笔录上签名。

第二十五条　为查明案情,需要对案件相关医疗文书、医疗证明等内容进行评审的,医疗保障行政部门可以组织有关专家进行评审。

第二十六条　医疗保障行政部门在收集证据时,在证据可能灭失或者以后难以取得的情况下,经医疗保障行政部门负责人批准,可以先行登记保存,并应当在七个工作日内及时作出处理决定。

情况紧急,需要当场采取先行登记保存措施的,执法人员应当在二十四小时内向医疗保障行政部门负责人报告,并补办批准手续。医疗保障行政部门负责人认为不应当采取先行登记保存措施的,应当立即解除。

第二十七条　先行登记保存有关证据,应当当场清点,开具清单,由当事人和办案人员签名或者盖章。清单交当事人一份,并当场交付先行登记保存证据通知书。

先行登记保存期间,当事人或者有关人员不得损毁、销毁或者转移证据。

第二十八条　对于先行登记保存的证据,医疗保障行政部门可以根据案件需要采取以下处理措施:

(一)根据情况及时采取记录、复制、拍照、录像等证据保全措施;

(二)可依法采取封存措施的,决定予以封存;

(三)违法事实不成立,或者违法事实成立但不予行政处罚的,决定解除先行登记保存措施。

逾期未采取相关措施的,先行登记保存措施自动解除。

第二十九条　医疗保障行政部门对可能被转移、隐匿或者灭失的资料,无法以先行登记保存措施加以证据保全,采取封存措施;采取或者解除封存措施的,应当经医疗保障行政部门负责人批准。

情况紧急,需要当场采取封存等行政强制措施的,执法人员应当在二十四小时内向医疗保障行政部门负责人报告,并补办批准手续。医疗保障行政部门负责人认为不应当采取行政强制措施的,应当立即解除。

第三十条　医疗保障行政部门实施封存等行政强制措施应当依照《中华人民共和国行政强制法》规定的程序进行,并当场交付实施行政强制措施决定书和清单。

第三十一条　封存的期限不得超过三十日;情况复杂的,经医疗保障行政部门负责人批准,可以延长,但是延长期限不得超过二十日。延长封存的决定应当及时书面告知当事人,并说明理由。

第三十二条　封存的资料应妥善保管,防止丢失、损毁、篡改和非法借阅;医疗保障行政部门可以委托第三人保管,第三人不得损毁、篡改或者擅自转移、处置。

第三十三条　有下列情形之一的,医疗保障行政部门应当及时作出解除封存决定:

(一)当事人没有违法行为;

(二)封存的资料与违法行为无关;

(三)对违法行为已经作出处理决定,不再需要封存;

(四)封存期限已经届满;

(五)其他不再需要采取封存措施的情形。

解除封存应当立即退还资料,并由办案人员和当事人在资料清单上签名或者盖章。

第三十四条　医疗保障行政部门在案件办理过程中需要其他行政区域医疗保障行政部门协助调查取证的,应当出具书面协助调查函。被请求协助的医疗保障行政部门在接到协助调查函之日起十五日内完成相关协查工作。需要延期完成或者无法协助的,应当在期限届满前告知提出协查请求的医疗保障行政部门。

第三十五条　医疗保障行政部门应当依法以文字、音像等形式,对行政处罚的立案、调查取证、审核决定、送达执行等进行全过程记录,归档保存。

第三十六条　案件调查终结,办案机构应当撰写案件调查终结报告,案件调查终结报告包括以下内容:
(一)当事人的基本情况;
(二)案件来源、调查经过及采取行政强制措施的情况;
(三)调查认定的事实及主要证据;
(四)违法行为性质;
(五)处理意见及依据;
(六)其他需要说明的事项。

第三十七条　有下列情形之一,在医疗保障行政部门负责人作出决定之前,应当进行法制审核,未经法制审核或者审核未通过的,不得作出决定:
(一)责令追回医保基金或者罚款数额较大的;
(二)责令解除医保服务协议等直接关系到当事人或第三人重大权益,经过听证程序的;
(三)案件情况疑难复杂、涉及多个法律关系的;
(四)涉及重大公共利益的;
(五)法律、法规规定的其他需要审核的重大行政执法情形。

法制审核由医疗保障行政部门法制机构负责实施,同一案件的办案人员不得作为审核人员。

第三十八条　法制审核的主要内容包括:
(一)行政执法主体是否合法,行政执法人员是否具备执法资格;
(二)是否具有管辖权;
(三)案件事实是否清楚、证据是否充分;
(四)定性是否准确;
(五)适用依据是否正确;
(六)程序是否合法;
(七)处理是否适当;
(八)行政执法文书是否完备、规范;
(九)违法行为是否涉嫌犯罪、需要移送司法机关;
(十)其他需要合法性审核的内容。

第三十九条　法制机构经对案件进行审核,区别不同情况提出书面意见和建议:
(一)事实清楚、证据确凿充分、定性准确、适用法律正确、处罚适当、程序合法的,提出同意的意见;
(二)主要事实不清、证据不足的,提出继续调查或不予作出行政执法决定的意见;
(三)定性不准、适用法律不准确和执行裁量基准不当的,提出变更意见;
(四)超越执法权限或程序不合法的,提出纠正意见;
(五)认为有必要提出的其他意见和建议。

行政执法机构或办案人员应根据法制机构提出的上述第二项至第四项意见作出相应处理后再次进行法制审核。

第四十条　法制机构收到相关资料后,于十个工作日内审核完毕。因特殊情况需要延长的,经法制机构负责人批准后可延长十个工作日,但不得超过法定时限要求。

行政执法机构或办案人员与法制机构对审核意见不一致时,法制机构可以组织有关专家、法律顾问或者委托第三方专业机构论证,将论证意见等相关材料提交医疗保障行政部门负责人,由医疗保障行政部门负责人组织集体讨论决定。

第四十一条 根据调查情况,拟给予行政处罚的案件,医疗保障行政部门在作出行政处罚决定之前应当书面告知当事人拟作出行政处罚决定的事实、理由及依据,并告知当事人依法享有陈述权、申辩权。

医疗保障行政部门应当充分听取当事人陈述、申辩意见,对当事人提出的事实、理由和证据进行复核。

拟作出的行政处罚属于听证范围的,应当告知当事人有要求举行听证的权利,当事人要求听证的,医疗保障行政部门应当依法组织听证。

当事人提出的事实、理由或者证据成立的,医疗保障行政部门应当予以采纳,不得因当事人陈述、申辩或者申请听证而加重行政处罚。

第四十二条 有下列情形之一的,经医疗保障行政部门负责人批准,中止案件调查,并制作案件中止调查决定书:

(一)行政处罚决定必须以相关案件的裁判结果或者其他行政决定为依据,而相关案件尚未审结或者其他行政决定尚未作出;

(二)涉及法律适用等问题,需要送请有权机关作出解释或者确认;

(三)因不可抗力致使案件暂时无法调查;

(四)因当事人下落不明致使案件暂时无法调查;

(五)其他应当中止调查的情形。

中止调查的原因消除后,应当立即恢复案件调查。

第四十三条 医疗保障行政部门负责人经对案件调查终结报告、法制审核意见、当事人陈述和申辩意见或者听证报告等进行审查,根据不同情况,分别作出以下决定:

(一)确有依法应当给予行政处罚的违法行为的,根据情节轻重及具体情况,作出行政处罚决定;

(二)确有违法行为,但有依法不予行政处罚情形的,不予行政处罚;

(三)违法事实不能成立的,不得给予行政处罚;

(四)依法应移送其他行政管理部门或者医疗保障经办机构处理的,作出移送决定;

(五)违法行为涉嫌犯罪的,移送司法机关。

第四十四条 对下列情节复杂或者重大违法行为给予行政处罚的案件,应当由医疗保障行政部门负责人集体讨论决定:

(一)涉及重大安全问题或有重大社会影响的案件;

(二)调查处理意见与法制审核意见存在重大分歧的案件;

(三)医疗保障行政部门负责人认为应当提交集体讨论的其他案件。

集体讨论应当形成讨论记录,集体讨论中有不同意见的,应当如实记录。讨论记录经参加讨论人员确认签字,存入案卷。

第四十五条 适用普通程序办理的案件应当自立案之日起九十日内作出处理决定。

因案情复杂或者其他原因,不能在规定期限内作出处理决定的,经医疗保障行政部门负责人批准,可以延长三十日。

案情特别复杂或者有其他特殊情况,经延期仍不能作出处理决定的,应当由医疗保障行政部门负责人集体讨论决定是否继续延期,决定继续延期的,应当同时确定延长的合理期限,但最长不得超过六十日。

案件处理过程中,检测检验、鉴定、听证、公告和专家评审时间不计入前款所指的案件办理期限。

第四十六条 医疗保障行政部门作出

的行政处罚决定应当按照政府信息公开及行政执法公示制度等有关规定予以公开。公开的行政处罚决定被依法变更、撤销、确认违法或者确认无效的,医疗保障行政部门应在三日内变更行政处罚决定相关信息并说明理由。

第四十七条 具有下列情形之一的,经医疗保障行政部门负责人批准,终止案件调查:

(一)涉嫌违法的公民死亡(或者下落不明长期无法调查的)或者法人、其他组织终止,并且无权利义务承受人等原因,致使案件调查无法继续进行的;

(二)移送司法机关追究刑事责任的;

(三)其他依法应当终止调查的。

对于终止调查的案件,已经采取强制措施的应当同时解除。

第四章 行政处罚的简易程序

第四十八条 违法事实确凿并有法定依据,对公民处以二百元以下、对法人或者其他组织处以三千元以下罚款或者警告的行政处罚的,可以当场作出行政处罚决定。

第四十九条 适用简易程序当场查处违法行为,办案人员应当向当事人出示执法证件,填写预定格式、编有号码的行政处罚决定书,并当场交付当事人。当事人拒绝签收的,应当在行政处罚决定书上注明。

第五十条 办案人员在行政处罚决定作出前,应当告知当事人拟作出的行政处罚内容及事实、理由、依据,并告知当事人有权进行陈述和申辩。当事人进行陈述和申辩的,办案人员应当记入笔录。

第五十一条 适用简易程序当场作出行政处罚决定的,办案人员应当在作出行政处罚决定之日起七个工作日内将处罚决定及相关材料报所属医疗保障行政部门备案。

第五章 执行与结案

第五十二条 依照本法规定当场作出行政处罚决定,有下列情形之一的,办案人员可以当场收缴罚款:

(一)依法给予一百元以下的罚款的;

(二)不当场收缴事后难以执行的。

办案人员当场收缴罚款的,必须向当事人出具国务院财政部门或者省、自治区、直辖市人民政府财政部门统一制发的专用票据;不出具财政部门统一制发的专用票据的,当事人有权拒绝缴纳罚款。

办案人员当场收缴的罚款,应当自收缴罚款之日起二个工作日内,交至医疗保障行政部门;医疗保障行政部门应当在二个工作日内将罚款缴付指定的银行。

第五十三条 退回的基金退回原医疗保障基金财政专户;罚款、没收的违法所得依法上缴国库。

行政处罚决定依法作出后,当事人应当在行政处罚决定规定的期限内予以履行。

当事人对行政处罚决定不服申请行政复议或者提起行政诉讼的,行政处罚决定不停止执行。法律另有规定的除外。

第五十四条 当事人确有经济困难,需要暂缓或者分期缴纳罚款的,应当提出申请。经医疗保障行政部门负责人批准,同意当事人暂缓或者分期缴纳罚款的,医疗保障行政部门应当书面告知当事人暂缓或者分期的期限以及罚款金额。

第五十五条 当事人逾期不履行行政处罚决定的,作出行政处罚决定的医疗保障行政部门可以采取下列措施:

(一)到期不缴纳罚款的,每日按罚款数额的百分之三加处罚款,加处罚款的数额不得超出罚款的数额;

(二)依照《中华人民共和国行政强制法》的规定申请人民法院强制执行。

医疗保障行政部门批准暂缓、分期缴纳罚款的,申请人民法院强制执行的期限,自暂缓或者分期缴纳罚款期限结束之日起计算。

第五十六条 有下列情形之一的,医疗保障行政部门可以结案:

(一)行政处罚决定执行完毕的;

(二)医疗保障行政部门依法申请人民法院强制执行行政处罚决定,人民法院依法受理的;

(三)不予行政处罚等无须执行的;

(四)医疗保障行政部门认为可以结案的其他情形。

办案人员应当填写行政处罚结案报告,经医疗保障行政部门负责人批准后,予以结案。

第五十七条 医疗保障行政部门应当按照下列要求及时将案件材料立卷归档:

(一)一案一卷;

(二)文书齐全,手续完备;

(三)案卷应当按顺序装订。

第六章 期间、送达

第五十八条 期间以时、日、月计算,期间开始的时或者日不计算在内。期间不包括在途时间。期间届满的最后一日为法定节假日的,以法定节假日后的第一日为期间届满的日期。

第五十九条 行政处罚决定书应当在宣告后当场交付当事人;当事人不在场的,医疗保障行政部门应当在七个工作日内依照《中华人民共和国民事诉讼法》的有关规定,将行政处罚决定书送达当事人。

当事人同意并签订确认书的,医疗保障行政部门可以采用传真、电子邮件等方式,将行政处罚决定书等送达当事人。

第七章 附 则

第六十条 本规定中的"以上""以下""内"均包括本数。

第六十一条 外国人、无国籍人、外国组织在中华人民共和国领域内有医疗保障违法行为,应当给予行政处罚的,适用本规定,法律、法规另有规定的除外。

第六十二条 本规定自2021年7月15日起施行。

(二)地方政府规章

湖南省行政程序规定

(2008年4月9日省人民政府第4次常务会议通过 2008年4月17日湖南省人民政府令第222号公布 根据2018年7月10日湖南省人民政府令第289号《湖南省人民政府关于废止和修改部分省人民政府规章的决定》修正 自2008年10月1日起施行)

第一章 总 则

第一条 为了规范行政行为,促进行政机关合法、公正、高效行使行政职权,保障公民、法人或者其他组织的合法权益,推进依法行政,建设法治政府,根据宪法和有关法律法规,结合本省实际,制定本规定。

第二条 本省行政机关,法律、法规授权的组织和依法受委托的组织行使行政职权,应当遵守本规定。

法律、法规对行政程序另有规定的,从其规定。

第三条 行政机关应当依照法律、法规、规章,在法定权限内,按照法定程序实施行政行为。

第四条 行政机关应当平等对待公民、法人或者其他组织,不得歧视。

行政机关行使裁量权应当符合立法目的和原则,采取的措施应当必要、适当;行政机关实施行政管理可以采用多种措施实现行政目的的,应当选择有利于最大程度地保护公民、法人或者其他组织权益的措施。

第五条 行政机关应当将行使行政职权的依据、过程和结果向公民、法人或者其他组织公开,涉及国家秘密和依法受到保护的商业秘密、个人隐私的除外。

第六条 公民、法人或者其他组织有权依法参与行政管理,提出行政管理的意见和建议。

行政机关应当为公民、法人或者其他组织参与行政管理提供必要的条件,采纳其合理意见和建议。

第七条 行政机关行使行政职权,应当遵守法定时限,积极履行法定职责,提高办事效率,为公民、法人或者其他组织提供优质服务。

第八条 非因法定事由并经法定程序,行政机关不得撤销、变更已生效的行政决定;因国家利益、公共利益或者其他法定事由必须撤销或者变更的,应当依照法定权限和程序进行,并对公民、法人或者其他组织遭受的财产损失依法予以补偿。

第九条 县级以上人民政府负责本规定在本行政区域内的实施工作。

县级以上人民政府法制部门和部门法制机构负责本规定实施的具体工作。

县级以上人民政府办公厅(室)、监察、人事、编制、财政等部门按照各自的职责分工,做好本规定实施的相关工作。

第二章 行政程序中的主体

第一节 行政机关

第十条 本规定所称行政机关是指各级人民政府及其工作部门和县级以上人民政府的派出机关。

第十一条 行政机关的职权和管辖依照法律、法规、规章规定。

行政机关应按决策权、执行权和监督权既相互制约又相互协调的原则,设定权力结构和运行机制。

上级行政机关可以根据《中华人民共和国地方各级人民代表大会和地方各级人民政府组织法》和其他有关法律、法规、规章,具体确定与下级行政机关之间的职权和管辖划分。

县级以上人民政府可以根据《中华人民共和国地方各级人民代表大会和地方各级人民政府组织法》和其他有关法律、法规、规章,具体规定所属工作部门的任务和职责,确定所属工作部门之间的管辖划分。

第十二条 法律、法规、规章对上下级行政机关之间的行政职责分工未作明确规定的,上级行政机关应当按照有利于发挥行政效能、财权与事权相匹配、权力与责任相一致、管理重心适当下移等原则确定。

下级行政机关能够自行决定和处理的行政事务,应当由下级行政机关自行决定和处理。

第十三条 法律、法规、规章对地域管辖未作明确规定的,按照下列原则确定:

(一)涉及公民身份事务的,由其住所地行政机关管辖;住所地与经常居住地不一致的,由经常居住地行政机关管辖;住所地与经常居住地都不明的,由其最后居住地行政机关管辖;

(二)涉及法人或者其他组织主体资格事务的,由其主要营业地或者主要办事机构所在地行政机关管辖;

(三)涉及不动产的,由不动产所在地行政机关管辖;

(四)不属于本款第(一)至第(三)项所列行政事务的,由行政事务发生地的行政机关管辖。

第十四条 行政机关之间发生职权和管辖权争议的,由争议各方协商解决,协商不成的,按照下列规定处理:

(一)涉及职权划分的,由有管辖权的编制管理部门提出协调意见,报本级人民政府决定;

(二)涉及执行法律、法规、规章发生争议的,由有管辖权的政府法制部门协调处理;对需要政府作出决定的重大问题,由政府法制部门依法提出意见,报本级人民政府决定。

第十五条 各级人民政府之间为促进经济社会发展,有效实施行政管理,可以按照合法、平等、互利的原则开展跨行政区域的合作。

区域合作可以采取签订合作协议、建立行政首长联席会议制度、成立专项工作小组、推进区域经济一体化等方式进行。

上级人民政府应当加强对下级人民政府之间区域合作的组织、指导、协调和监督。

第十六条 行政管理涉及多个政府工作部门的,可以建立由主要部门牵头、其他相关部门参加的部门联席会议制度。

部门联席会议制度应当明确牵头部门、参加部门、工作职责、工作规则等事项。

部门联席会议协商不成的事项,由牵头部门将有关部门的意见、理由和依据列明并提出意见,报本级人民政府决定。

第十七条 有下列情形之一的,行政机关应当请求相关行政机关协助:

(一)独自行使职权不能实现行政目的的;

(二)不能自行调查执行公务需要的事实资料的;

(三)执行公务所必需的文书、资料、信息为其他行政机关所掌握,自行收集难以获得的;

(四)其他必须请求行政协助的情形。

被请求协助的行政机关应当及时履行协助义务,不得推诿或者拒绝协助。不能提供行政协助的,应当以书面形式及时告知请求机关并说明理由。

因行政协助发生争议的,由请求机关与协助机关的共同上一级行政机关决定。

实施行政协助的,由协助机关承担责任;根据行政协助做出的行政行为,由请求机关承担责任。

第十八条 行政机关工作人员执行公务时,有下列情形之一的,本人应当申请回避;本人未申请回避的,行政机关应当指令回避,公民、法人或者其他组织也可以提出回避申请:

(一)涉及本人利害关系的;

(二)涉及与本人有夫妻关系、直系血亲关系、三代以内旁系血亲关系以及近姻亲关系的亲属有利害关系的;

(三)其他可能影响公正执行公务的。

行政机关工作人员的回避由该行政机关主要负责人或者分管负责人决定。行政机关主要负责人的回避由本级人民政府或者其上一级主管部门决定。

第二节 其他行使行政职权的组织

第十九条 其他行使行政职权的组织包括法律、法规授权的组织和依法受委托的组织。

法律、法规授权的组织在法定授权范围内以自己的名义行使行政职权,并承担相应的法律责任。

依法受委托的组织在委托的范围内,以委托行政机关的名义行使行政职权,由此所产生的后果由委托行政机关承担法律责任。

行政机关的内设机构和派出机构对外行使行政职权时,应当以其隶属的行政机关的名义作出行政决定,由此所产生的后果由行政机关承担法律责任。法律、法规另有规定的除外。

第二十条 法律、法规、规章规定行政机关可以委托其他组织行使行政职权的,受委托的组织应当具备履行相应职责的条件。

第二十一条 委托行政机关与受委托的组织之间应当签订书面委托协议,并报同级人民政府法制部门备案。委托协议应当载明委托事项、权限、期限、双方权利和义务、法律责任等。

委托行政机关应当将受委托的组织和受委托的事项向社会公布。

第二十二条 受委托的组织应当自行完成受委托的事项,不得将受委托事项再委托给其他组织或者个人。

第三节 当事人和其他参与人

第二十三条 本规定所称当事人是指与行政行为有法律上的利害关系,以自己名义参与行政程序的公民、法人或者其他组织。

第二十四条 与行政行为的结果有法律上的利害关系的公民、法人或者其他组织,是利害关系人,行政机关应当通知其参与行政程序。

第二十五条 限制行为能力人可以参与与他的年龄、智力相适应的行政程序;其他行政程序由他的法定代理人代理,或者征得他的法定代理人的同意。

无行为能力人由他的法定代理人代为参与行政程序。

当事人、利害关系人可以委托1至2名代理人参与行政程序,法律、法规、规章明确规定当事人、利害关系人必须亲自参与行政程序的,还应当亲自参加行政程序。

第二十六条 当事人、利害关系人人数众多,没有委托共同代理人的,应当推选代表人参与行政程序。代表人代表全体当事人、利害关系人参与行政程序。

代表人的选定、增减、更换,应当以书面形式告知行政机关。

第二十七条 公众、专家、咨询机构等依照本规定参与行政程序。

第二十八条 行政程序参与人在行政程序中,依法享有知情权、参与权、表达权、监督权。

第三章 行政决策程序

第一节 重大行政决策

第二十九条 县级以上人民政府作出重大行政决策,适用本节规定。

县级以上人民政府工作部门和乡镇人民政府的重大行政决策程序参照本节规定执行。

重要紧急情况必须由政府立即决策的,可以由政府行政首长或者分管副职按职权临机决定,并及时在政府常务会议上通报或者向行政首长报告。

起草地方性法规草案和制定规章,适用《中华人民共和国立法法》、《规章制定程序条例》和《湖南省人民政府制定地方性法规草案和规章办法》等有关法律、法规、规章的规定,涉及重大行政决策事项的,还应当适用重大行政决策程序。

第三十条 行政决策必须坚持中国共产党的领导,实行依法决策、科学决策和民主决策。

第三十一条 本规定所称的重大行政决策是指县级以上人民政府作出的涉及本地区经济社会发展全局、社会涉及面广、专业性强、与人民群众利益密切相关的下列行政决策事项:

(一)制定经济和社会发展重大政策措施,编制国民经济和社会发展规划、年度计划；

（二）编制各类总体规划、重要的区域规划和专项规划；

（三）编制财政预决算，重大财政资金安排；

（四）重大政府投资项目；

（五）重大国有资产处置；

（六）资源开发利用、环境保护、劳动就业、社会保障、人口和计划生育、教育、医疗卫生、食品药品、住宅建设、安全生产、交通管理等方面的重大措施；

（七）重要的行政事业性收费以及政府定价的重要商品、服务价格的确定和调整；

（八）行政管理体制改革的重大措施；

（九）其他需由政府决策的重大事项。

重大行政决策的具体事项和量化标准，由县级以上人民政府在前款规定的范围内依法确定，并向社会公布。

第三十二条　政府行政首长代表本级政府对重大行政事项行使决策权。

政府分管负责人、政府秘书长或者政府办公室主任协助行政首长决策。

政府工作部门、下级人民政府以及公民、法人或者其他组织认为重大事项需要提请政府决策的，可以提出决策建议。

县级以上人民政府应当建立健全行政决策咨询机制，完善行政决策的智力和信息支持系统。

决策承办单位依照法定职权确定或者由政府行政首长指定。

第三十三条　政府行政首长提出的重大行政决策事项，由行政首长交承办单位承办，启动决策程序。

政府分管负责人、政府工作部门和下一级人民政府提出的重大行政决策事项的建议，由政府行政首长确定是否进入决策程序。

第三十四条　决策承办单位对拟决策事项应当深入调查研究，全面、准确掌握决策所需信息，结合实际拟定决策方案，并按照决策事项涉及的范围征求有关方面意见，充分协商协调，形成决策方案草案。

对需要进行多方案比较研究或者争议较大的事项，应当拟定两个以上可供选择的决策方案。

决策承办单位应当对重大行政决策方案草案进行合法性论证。

决策承办单位可以委托专家、专业服务机构或者其他有相应能力的组织完成专业性工作。

决策承办单位可以对重大行政决策方案进行成本效益分析。

第三十五条　除依法不得公开的事项外，决策承办单位应当向社会公布重大行政决策方案草案，征求公众意见。公布的事项包括：

（一）重大行政决策方案草案及其说明；

（二）公众提交意见的途径、方式和起止时间；

（三）联系部门和联系方式，包括通信地址、电话、传真和电子邮箱等。

决策承办单位公布重大行政决策方案草案征求公众意见的时间不得少于20日。

第三十六条　决策承办单位应当组织3名以上专家或者研究咨询机构对重大行政决策方案草案进行必要性、可行性、科学性论证。

决策承办单位应当从与重大行政决策相关的专家中随机确定或者选定参加论证的专家，保证参加论证的专家具有代表性和均衡性。

专家进行论证后，应当出具书面论证意见，由专家签名确认。专家对论证意见的科学性负责。

决策承办单位应当对专家论证意见归

类整理,对合理意见应当予以采纳;未予采纳的,应当说明理由。专家论证意见及采纳情况应当向社会公布。

第三十七条 重大行政决策方案草案公布后,决策承办单位应当根据重大行政决策对公众影响的范围、程度等采用座谈会、协商会、开放式听取意见等方式,广泛听取公众和社会各界的意见和建议。公众参与的范围、代表的选择应当保障受影响公众的意见能够获得公平的表达。

决策承办单位应当将公众对重大行政决策的意见和建议进行归类整理,对公众提出的合理意见应当采纳;未予采纳的,应当说明理由。公众意见及采纳情况应向社会公布。

第三十八条 重大行政决策有下列情形之一的,应当举行听证会:

(一)涉及公众重大利益的;

(二)公众对决策方案有重大分歧的;

(三)可能影响社会稳定的;

(四)法律、法规、规章规定应当听证的。

第三十九条 重大行政决策方案草案经政府分管负责人审核后,由行政首长决定提交政府常务会议或者政府全体会议讨论。

政府常务会议或者政府全体会议审议重大行政决策方案草案,应遵循以下程序:

(一)决策承办单位作决策方案草案说明;

(二)政府法制部门作合法性审查或者论证说明;

(三)会议其他组成人员发表意见;

(四)决策事项的分管负责人发表意见;

(五)行政首长最后发表意见。

第四十条 重大行政决策在集体审议的基础上由行政首长作出决定。

行政首长可以对审议的事项作出同意、不同意、修改、暂缓或者再次审议的决定。

作出暂缓决定超过1年的,方案草案退出重大决策程序。

行政首长的决定与会议组成人员多数人的意见不一致的,应当说明理由。

政府常务会议或者政府全体会议,应当记录重大行政决策方案的讨论情况及决定,对不同意见应当特别载明。

第四十一条 重大行政决策事项依法需要报上级人民政府批准或者依法应当提请同级人民代表大会及其常务委员会审议决定的,县级以上人民政府提出决策意见后,按程序报上级人民政府批准或者依法提请同级人民代表大会及其常务委员会审议决定。

第四十二条 由行政机关作出决定的重大行政决策,决策机关应当在作出决定之日起20日内,向社会公布重大行政决策结果。

第四十三条 决策机关应当通过跟踪调查、考核等措施对重大行政决策的执行情况进行督促检查。决策执行机关应当根据各自职责,全面、及时、正确地贯彻执行重大行政决策。监督机关应当加强对重大行政决策执行的监督。

决策执行机关、监督机关及公民、法人或者其他组织认为重大行政决策及执行有违法或者不适当的,可以向决策机关提出。决策机关应当认真研究,并根据实际情况作出继续执行、停止执行、暂缓执行或者修订决策方案的决定。

第四十四条 决策机关应当定期对重大行政决策执行情况组织评估,并将评估结果向社会公开。

第二节 制定规范性文件

第四十五条 本规定所称规范性文件

是指除政府规章以外,行政机关和法律、法规授权的组织制定的,涉及公民、法人和其他组织权利义务,在一定时期内反复适用,具有普遍约束力的行政公文。

第四十六条　涉及两个以上政府工作部门职权范围内的事项,应当由本级人民政府制定规范性文件,或者由有关部门联合制定规范性文件。

政府工作部门制定规范性文件涉及群众切身利益、社会关注度高的事项及重要涉外事项,应当事先请示本级人民政府;政府工作部门联合制定的重要规范性文件发布前应当经本级人民政府批准。

议事协调机构、部门派出机构、部门内设机构不得制定规范性文件。

第四十七条　规范性文件不得创设行政许可、行政处罚、行政强制、行政收费等事项。

规范性文件对实施法律、法规、规章作出的具体规定,不得与所依据的规定相抵触;没有法律、法规、规章依据,规范性文件不得作出限制或者剥夺公民、法人或者其他组织合法权利或者增加公民、法人和其他组织义务的规定。

第四十八条　制定规范性文件应当采取多种形式广泛听取意见,并经制定机关负责法制工作的机构进行合法性审查,由制定机关负责人集体审议决定。

规范性文件涉及重大行政决策的,还应当适用重大行政决策程序。

第四十九条　实行规范性文件登记制度。对县级以上人民政府及其工作部门制定的规范性文件,实行统一登记、统一编号、统一公布。具体办法由省人民政府另行制定。

第五十条　规范性文件应当自公布之日起30日后施行;但是公布后不立即施行将有碍规范性文件施行的,可以自公布之日起施行。

第五十一条　规范性文件有效期一般为5年。因实施法律、行政法规制定的规范性文件有效期需要超过5年的,最长不得超过10年。标注"暂行""试行"和部署阶段性工作的规范性文件,有效期不超过2年。有效期满的,规范性文件自动失效。

起草单位应当在规范性文件有效期届满前6个月内进行评估,认为需要继续执行的,应当在有效期届满30日前重新登记、编号和公布,并重新计算有效期;需要修改后继续实施的,应当在有效期届满60日前进行修改,并按照制定程序办理。

第五十二条　县级以上人民政府法制部门应当建立规范性文件数据库和网上检索系统,及时公布经登记的现行有效的规范性文件和已经失效的规范性文件目录,方便公民、法人或者其他组织查询、下载。

第五十三条　公民、法人或者其他组织认为规范性文件违法的,可以向有关人民政府法制部门提出审查申请。接到申请的政府法制部门应当受理,并在收到申请之日起30日内作出处理,并将处理结果书面告知申请人。

第四章　行政执法程序

第一节　一般规定

第五十四条　本规定所称行政执法,是指行政机关依据法律、法规和规章,作出的行政许可、行政处罚、行政强制、行政给付、行政征收、行政确认等影响公民、法人或者其他组织权利和义务的具体行政行为。

第五十五条　行政执法依据包括法律、行政法规、地方性法规、规章。

行政执法依据应当向社会公开。未经公开的,不得作为行政执法依据。

第五十六条　县级以上人民政府法制

部门应当对本行政区域内行政执法主体的资格依法向社会公告。

行政执法人员应当按照省人民政府规定参加行政执法培训，经考试合格，并取得行政执法证件，持证上岗。

第五十七条 根据国务院的授权，省人民政府可以决定一个行政机关行使有关行政机关的行政处罚权。

集中行使行政处罚权的行政机关是本级人民政府直接领导的行政执法部门，具有行政执法主体资格。

行政处罚权相对集中后，有关行政执法部门不得再行使已被调整出的行政处罚权；继续行使的，作出的行政处罚无效。

经国务院批准，省人民政府根据精简、统一、效能的原则，可以决定一个行政机关行使有关行政机关的行政许可权。

第五十八条 县级以上人民政府根据行政管理的需要，可以组织相关行政机关联合执法。

联合执法中的行政执法决定，由参加联合执法的行政机关在各自的职权范围内依法作出，并承担相应的法律责任。

第五十九条 行政执法事项需要行政机关内设的多个机构办理的，该行政机关应当确定一个机构统一受理公民、法人或者其他组织的申请，统一送达行政执法决定。

对涉及两个以上政府工作部门共同办理的事项，县级以上人民政府可以确定一个部门或者政务中心窗口统一受理申请，将相关事项以电子政务方式抄告相关部门，实行网上并联审批。

第六十条 行政机关办理行政执法事项，应当健全内部工作程序，明确承办人、审核人、批准人，按照行政执法的依据、条件和程序，由承办人提出初审意见和理由，经审核人审核后，由批准人批准决定。

第六十一条 与人民群众日常生活、生产直接相关的行政执法活动，主要由市州、县市区行政机关实施。

县级人民政府工作部门在必要时，可以委托乡镇人民政府实施行政执法，具体办法由省人民政府另行制定。

第六十二条 行政机关在行政执法过程中应当依法及时告知当事人、利害关系人相关的执法事实、理由、依据、法定权利和义务。

行政执法的告知应当采用书面形式。情况紧急时，可以采用口头等其他方式。但法律、法规、规章规定必须采取书面形式告知的除外。

第六十三条 行政执法直接影响当事人权利、义务且不属于必须立即执行的，行政机关应当先采用教育、劝诫、疏导等手段，促使当事人自觉履行法定义务、纠正错误。当事人违法情节轻微，经教育后自觉履行法定义务，且未造成危害后果的，可以不予追究法律责任。

违法行为轻微并及时纠正，没有造成危害后果的，不予处罚。

第二节 程序启动

第六十四条 行政执法程序依法由行政机关依职权启动，或者依公民、法人和其他组织的申请启动。

行政机关依职权启动程序，应当由行政执法人员填写有统一编号的程序启动审批表，报本行政机关负责人批准。情况紧急的，可以事后补报。

公民、法人或者其他组织认为自己的申请事项符合法定条件，可以申请行政机关启动行政执法程序。

第六十五条 行政机关对当事人提出的申请，应当根据下列情况分别作出处理：

（一）申请事项依法不属于本行政机关

职权范围的,应当即时作出不予受理的决定,并告知当事人向有关行政机关申请;

(二)申请材料存在可以当场更正的错误的,应当允许当事人当场更正;

(三)申请材料不齐全或者不符合法定形式的,应当当场或者在5日内一次告知当事人需要补正的全部内容,逾期不告知的,自收到申请材料之日起即为受理;当事人在限期内不作补充的,视为撤回申请;

(四)申请事项属于本行政机关职权范围,申请材料齐全、符合法定形式,或者当事人按照本行政机关的要求提交全部补正申请材料的,应当受理当事人的申请。

行政机关受理或者不受理当事人申请的,应当出具加盖本行政机关印章和注明日期的书面凭证。

第三节 调查和证据

第六十六条 行政程序启动后,行政机关应当调查事实,收集证据。

行政机关执法人员在调查时,执法人员不得少于2人,并应当向当事人或者有关人员出示行政执法证件,在调查记录中予以记载。行政机关执法人员不出示行政执法证件的,当事人或者有关人员有权拒绝接受调查和提供证据。

第六十七条 当事人应当配合行政机关调查,并提供与调查有关的材料与信息。知晓有关情况的公民、法人或者其他组织应当协助行政机关的调查。

公民协助行政机关调查,其所在单位不得扣减工资;没有工作单位的,因协助调查造成的误工损失,由行政机关按当地上年度职工日平均工资给予补助。因协助调查产生的其他合理费用由行政机关承担。

第六十八条 行政机关应当采取合法的手段和依照法定的程序,客观、全面收集证据,不得仅收集对当事人不利的证据。

第六十九条 行政执法证据包括:

(一)书证;

(二)物证;

(三)当事人陈述;

(四)证人证言;

(五)视听资料;

(六)鉴定结论;

(七)勘验笔录、现场笔录。

第七十条 下列证据材料不得作为行政执法决定的依据:

(一)严重违反法定程序收集的;

(二)以非法偷拍、非法偷录、非法窃听等手段侵害他人合法权益取得的;

(三)以利诱、欺诈、胁迫、暴力等不正当手段取得的;

(四)没有其他证据印证、且相关人员不予认可的证据的复制件或者复制品;

(五)被技术处理而无法辨认真伪的;

(六)不能正确表达意志的证人提供的证言;

(七)在中华人民共和国领域以外形成的未办理法定证明手续的;

(八)不具备合法性和真实性的其他证据材料。

第七十一条 作为行政执法决定依据的证据应当查证属实。当事人有权对作为定案依据的证据发表意见,提出异议。未经当事人发表意见的证据不能作为行政执法决定的依据。

第七十二条 行政机关对依职权作出的行政执法决定的合法性、适当性负举证责任。

行政机关依申请作出行政执法决定的,当事人应当如实向行政机关提交有关材料,反映真实情况。行政机关经审查认为其不符合法定条件的,由行政机关负举证责任。

第七十三条 行政机关在作出行政执

法决定之前,应当告知当事人、利害关系人享有陈述意见、申辩的权利,并听取其陈述和申辩。

对于当事人、利害关系人的陈述和申辩,行政机关应予以记录并归入案卷。

对当事人、利害关系人提出的事实、理由和证据,行政机关应当进行审查,并采纳其合理的意见;不予采纳的,应当说明理由。

第七十四条 具有下列情形之一的,行政机关在作出行政执法决定前应当举行听证会:

(一)法律、法规、规章规定应当举行听证会的;

(二)行政机关依法告知听证权利后,当事人、利害关系人申请听证的;

(三)行政机关认为必要的;

(四)当事人、利害关系人申请,行政机关认为确有必要的。

第四节 决 定

第七十五条 一般行政执法决定应当由行政机关主要负责人或者分管负责人决定。

重大行政执法决定应当由行政机关负责人集体讨论决定。

对涉及经济社会发展全局、影响公共利益以及专业性、技术性强的重大行政执法事项,应当经专家论证或评审以后,作出决定。

第七十六条 行政执法决定自送达之日起生效。

行政执法决定附条件或者附期限的,应当载明效力的条件或者期限。

第七十七条 行政执法决定文书应当载明以下事项:

(一)当事人的基本情况;

(二)事实以及证明事实的证据;

(三)适用的法律规范;

(四)决定内容;

(五)履行的方式和时间;

(六)救济的途径和期限;

(七)行政机关的印章与日期;

(八)其他应当载明的事项。

行政执法决定文书应当采用制作式;适用简易程序的,可以采用格式化文书。

第七十八条 行政执法决定文书应当充分说明决定的理由,说明理由包括证据采信理由、依据选择理由和决定裁量理由。

行政执法决定文书不说明理由,仅简要记载当事人的行为事实和引用执法依据的,当事人有权要求行政机关予以说明。

第七十九条 行政机关应当建立行政执法案卷。

公民、法人或者其他组织可以查阅与其相关的行政执法案卷,但是依法应当保密的除外。

第五节 期 限

第八十条 法律、法规、规章对行政执法事项有明确期限规定的,行政机关必须在法定的期限内办结。

行政机关应当通过优化工作流程,提高办事效率,使实际办结的行政执法期限尽可能少于法定的期限。

第八十一条 法律、法规、规章对行政执法事项以及非行政许可的行政审批事项没有规定办理期限的,实行限时办结制度,行政机关应当按照下列规定限时办结:

(一)办理的事项只涉及一个行政机关的,行政机关应当自受理申请之日起20日内办结;20日内不能办结的经本行政机关负责人批准,可以延长10日,并应当将延长期限的理由告知申请人;

(二)办理的事项涉及两个以上部门的,行政机关应当自受理申请之日起45日内办结;45日内不能办结的,经本级人民政

府负责人批准,可以延长15日,并应当将延长期限的理由告知申请人;

(三)依法应当先经下级行政机关审查或者经上级行政机关批准的事项,负责审查或者批准的行政机关应当在受理之日起20日内审查或者批准完毕;

(四)行政机关依职权启动的行政执法行为,应当自程序启动之日起60日内办结;60日内不能办结的,经本机关负责人批准,可以延长30日,并应当将延长期限的理由告知当事人。

第八十二条 行政机关之间办理请示、报告、询问、答复、商洽工作等内部行政事务,应当按照简化办事程序,提高办事效率的要求,承诺办结期限,并向社会公开。

第八十二条 依法不需要对申请材料的实质内容进行核实的事项,申请人提交的申请材料齐全、符合法定形式的,行政机关应当当场办理,当场作出书面决定。

第八十四条 行政机关应当按照高效便民的原则和本规定的要求,具体确定本机关每项行政执法事项、非行政许可的行政审批事项、内部行政事务的办理时限,并报本级人民政府备案。

办理的事项涉及两个以上部门的,本级人民政府应当明确规定该事项的办理流程和各部门的办理时限。

行政机关应当将经本级人民政府备案的每项行政执法事项、非行政许可的行政审批事项、内部行政事务的办理时限分解到本机关具体的工作机构和岗位,并编制行政事项办理流程时限表,向社会公布。

第八十五条 行政机关作出行政执法决定,依法需要听证、招标、拍卖、检验、检测、检疫、鉴定、专家评审和公示的,所需时间不计算在规定的期限内。行政机关应当将所需时间书面告知当事人。

第八十六条 行政机关不得不履行法定职责或者拖延履行法定职责。

行政机关在法定期限内,非因法定或者正当事由未依职权或者未依申请启动行政执法程序的,属于不履行法定职责。

行政机关在法定期限内,非因法定或者正当事由,虽启动行政执法程序但是未及时作出行政执法决定的,属于拖延履行法定职责。

第六节 简易程序

第八十七条 对事实简单、当场可以查实、有法定依据且对当事人合法权益影响较小的事项,行政机关可以适用简易程序作出行政执法决定,法律、法规对简易程序的适用范围另有规定的,从其规定。

第八十八条 行政机关对适用简易程序的事项可以口头告知当事人行政执法决定的事实、依据和理由,并当场听取当事人的陈述与申辩。

当事人提出的事实、理由或者证据成立的,行政机关应当采纳。不采纳的应当说明理由。

第八十九条 适用简易程序的,可以当场作出行政执法决定。

行政执法人员当场作出行政执法决定的,应当报所属机关备案。

行政执法决定可以以格式化的方式作出。

第七节 裁量权基准

第九十条 本规定所称裁量权基准,是指行政机关依职权对法定裁量权具体化的控制规则。

第九十一条 法律、法规和规章规定行政机关有裁量权的,应当制定裁量权基准,对裁量权予以细化、量化。

裁量权基准由享有裁量权的行政机关制定,或者由县级以上人民政府制定。裁量权基准的制定程序,按照规范性文件的制定程序办理。裁量权基准应当向社会公开。

上级行政机关已经制定裁量权基准的,下级行政机关原则上不再制定适用范围相同的裁量权基准。

行政机关应当遵守裁量权基准。

第九十二条 行政机关应当根据下列情形,制定裁量权基准:

(一)所依据的法律、法规和规章规定的立法目的、法律原则;

(二)经济、社会、文化等客观情况的地域差异性;

(三)管理事项的事实、性质、情节以及社会影响;

(四)其他可能影响裁量权合理性的因素。

第五章 特别行为程序和应急程序

第一节 行政合同

第九十三条 本规定所称行政合同,是指行政机关为了实现行政管理目的,与公民、法人或者其他组织之间,经双方意思表示一致所达成的协议。

行政合同主要适用于下列事项:

(一)政府特许经营;

(二)国有土地使用权出让;

(三)国有资产承包经营、出售或者出租;

(四)政府采购;

(五)政策信贷;

(六)行政机关委托的科研、咨询;

(七)法律、法规、规章规定可以订立行政合同的其他事项。

第九十四条 订立行政合同应当遵循竞争原则和公开原则。

订立行政合同一般采用公开招标、拍卖等方式。招标、拍卖适用《中华人民共和国招标投标法》、《中华人民共和国拍卖法》、《中华人民共和国政府采购法》等有关法律、法规、规章规定。

法律、法规、规章对订立行政合同另有规定的,从其规定。

第九十五条 行政合同应当以书面形式签订。

第九十六条 行政合同依照法律、法规规定须经其他行政机关批准或者会同办理的,经过其他行政机关批准或者会同办理后,行政合同才能生效。

第九十七条 行政机关有权对行政合同的履行进行指导和监督,但是不得对当事人履行合同造成妨碍。

第九十八条 行政合同受法律保护,行政机关不得擅自变更或者解除。

第二节 行政指导

第九十九条 本规定所称行政指导,是指行政机关为实现特定的行政目的,在其法定的职权范围内或者依据法律、法规、规章和政策,以指导、劝告、提醒、建议等非强制性方式,引导公民、法人和其他组织作出或者不作出某种行为的活动。

第一百条 当事人有权自主决定是否接受、听从、配合行政指导。行政机关在实施行政指导的过程中,不得采取或者变相采取强制措施迫使当事人接受行政指导,并不得因当事人拒绝接受、听从、配合行政指导而对其采取不利措施。

第一百零一条 行政指导主要适用于下列情形:

(一)需要从技术、政策、安全、信息等方面帮助当事人增进其合法利益;

(二)需要预防当事人可能出现的妨害行政管理秩序的违法行为;

(三)其他需要行政机关实施行政指导的情形。

第一百零二条 行政指导采取以下方式实施：

（一）制定和发布指导、诱导性的政策；

（二）提供技术指导和帮助；

（三）发布信息；

（四）示范、引导、提醒；

（五）建议、劝告、说服；

（六）其他指导方式。

第一百零三条 实施行政指导可以采取书面、口头或者其他合理形式。当事人要求采取书面形式的，行政机关应当采取书面形式。

第一百零四条 行政机关可以主动实施行政指导，也可以依当事人申请实施行政指导。

第一百零五条 行政指导的目的、内容、理由、依据、实施者以及背景资料等事项，应当对当事人或者公众公开，涉及国家秘密和依法受到保护的商业秘密或者个人隐私的除外。

第一百零六条 实施行政指导涉及专业性、技术性问题的，应当经过专家论证，专家论证意见应当记录在案。

第一百零七条 行政机关实施重大行政指导，应当采取公布草案、听证会、座谈会、开放式听取意见等方式，广泛听取公民、法人或者其他组织的意见。听取意见的程序参照行政决策程序有关规定。

第一百零八条 行政机关实施行政指导，应当告知当事人有自由选择的权利，当事人有权陈述意见。

行政机关应当认真听取、采纳当事人合理、可行的意见。

第三节 行政裁决

第一百零九条 本规定所称行政裁决，是指行政机关根据法律、法规的授权，处理公民、法人或者其他组织相互之间发生的与其行政职权密切相关的民事纠纷的活动。

第一百一十条 公民、法人或者其他组织申请行政裁决，可以书面申请，也可以口头申请。口头申请的，行政机关应当当场记录申请人的基本情况、行政裁决请求、申请行政裁决的主要事实、理由和时间。

行政机关收到公民、法人或者其他组织申请后，应当在5日内审查完毕，并根据下列情况分别作出处理：

（一）申请事项属于本机关管辖范围内的，应当受理，受理后5日内，应当将申请书副本或者申请笔录复印件发送给被申请人；

（二）申请事项不属于本机关管辖范围内的，应当告知申请人向有关行政机关提出；

（三）申请事项依法不能适用行政裁决程序解决的，不予受理，并告知申请人。

第一百一十一条 被申请人应当自收到申请书副本或者申请笔录复印件之日起10日内，向行政机关提交书面答复及相关证据材料。

行政机关应当在收到被申请人提交的书面答复之日起5日内，将书面答复副本发送申请人。

申请人、被申请人可以到行政机关查阅、复制、摘抄案卷材料。

第一百一十二条 行政机关审理行政裁决案件，应当由2名以上工作人员参加。

双方当事人对主要事实没有争议的，行政机关可以采取书面审查的办法进行审理。

双方当事人对主要事实有争议的，行政机关应当公开审理，充分听取双方当事人的意见，依法不予公开的除外。

行政机关认为必要时，可以实地调查核实证据；对重大、复杂的案件，申请人提出要求或者行政机关认为必要时，可以采取听证的方式审理。

行政机关应当先行调解，调解不成的，

依法作出裁决。

第一百一十三条 行政机关作出裁决后应当制作行政裁决书。行政裁决书应当载明：

（一）双方当事人的基本情况；

（二）争议的事实；

（三）认定的事实；

（四）适用的法律规范；

（五）裁决内容及理由；

（六）救济的途径和期限；

（七）行政机关的印章和日期；

（八）其他应当载明的事项。

第一百一十四条 行政机关应当自受理申请之日起60日内作出裁决，情况复杂的，经本行政机关主要负责人批准，可以延长30日作出裁决，并应当将延长期限告知申请人。

第四节 行政调解

第一百一十五条 本规定所称行政调解，是指行政机关为化解社会矛盾、维护社会稳定，依照法律、法规、规章和有关规定，居间协调处理公民、法人或者其他组织相互之间民事纠纷的活动。

行政机关调解行政争议不适用本规定。

第一百一十六条 行政机关应当遵循自愿、合法、公正的原则，及时进行行政调解。

行政机关可以根据公民、法人或者其他组织的申请进行行政调解，也可以主动进行行政调解。

第一百一十七条 同时符合下列条件的民事纠纷，行政机关应当进行调解：

（一）与行政机关职责相关的；

（二）民事纠纷双方同意调解的；

（三）法律、法规、规章没有禁止性规定的。

第一百一十八条 行政机关收到公民、法人或者其他组织请求调解民事纠纷的申请后，经审查符合条件的，应当及时告知民事纠纷另一方；另一方同意调解的，应当受理并组织调解。

不符合条件或者一方不同意调解的不予受理，并向申请人说明理由。

第一百一十九条 民事纠纷双方自愿调解的，行政机关应当指派具有一定法律知识、政策水平和实际经验的工作人员主持调解。

第一百二十条 行政机关调解人员应当在查明事实、分清是非的基础上，根据纠纷双方特点和纠纷性质、难易程度、发展变化的情况，采取多种方式，做好说服疏导工作，引导、帮助纠纷双方达成调解协议。

行政机关应当通过调解活动防止纠纷激化。

调解应当制作笔录。一般应当在30日内调结。

第一百二十一条 调解达成协议的，根据民事纠纷双方的要求或者需要，可以制作调解协议书。调解协议书应当有民事纠纷双方和调解人员的签名，并加盖行政机关印章。调解协议书一式3份，行政机关和协议双方各执一份。

民事纠纷双方当事人应当履行调解协议。

调解没有达成协议的，民事纠纷双方可依法提起民事诉讼。

第五节 行政应急

第一百二十二条 行政机关采取行政应急措施应对自然灾害、事故灾难、公共卫生事件和社会安全事件等突发事件，除适用《中华人民共和国突发事件应对法》等应急法律、法规、规章的有关规定外，还适用本节的规定。

第一百二十三条 各级人民政府和县级以上人民政府有关部门应当制定突发事

件应急预案,建立健全突发事件监测制度和预警制度。

可以预警的自然灾害、事故灾难或者公共卫生事件即将发生或者发生的可能性增大时,县级以上人民政府应当根据法定和规定的权限和程序,发布相应级别的警报,决定并宣布有关地区进入预警期,启动应急预案,及时、有效采取措施,控制事态发展。

第一百二十四条 突发事件发生后,行政机关为应对突发事件依法作出行政决策,制定发布决定、命令,采取行政征用、行政强制、行政指导等应急处置措施,根据应对突发事件的需要,可以灵活确定上述行政应急行为的步骤、方式、形式、顺序和时限,变通或者部分省略有关行政程序。

采取影响公民、法人和其他组织权益的行政应急处置措施时,应当履行表明身份、告知事由、说明理由等程序义务。

突发事件的威胁和危害得到控制或者消除后,行政机关应当停止执行行政应急程序。县级以上人民政府作出应对突发事件的决定、命令,应当报本级人民代表大会常务委员会备案。

第一百二十五条 行政机关及其工作人员实施行政应急行为,不得超越职权、滥用职权、徇私枉法。

行政机关采取行政应急措施,应当与突发事件可能造成的社会危害的性质、程度和范围相适应;有多种措施可供选择的,应当选择有利于最大程度地保护公民、法人和其他组织权益的措施。

第一百二十六条 县级以上人民政府及其有关工作部门应当建立应急管理专家咨询组织,为行政应急提供决策建议、专业咨询和技术支持,必要时参加突发事件的应急处置工作。

行政机关作出行政应急决策、采取应急处置和救援措施时,应当听取有关专家的意见,实行科学决策,科学应对。

第一百二十七条 行政机关应当按照有关规定及时、客观、真实地向上级机关报告突发事件信息,并向有关地区和部门通报。有关单位和人员不得迟报、谎报、瞒报、漏报突发事件信息。

行政机关应当按照有关规定,通过广播、电视、报刊、网络等各种媒体,采取授权发布、散发新闻稿、组织报道、接受记者采访、举行新闻发布会等多种方式,统一、准确、及时地向社会公开发布突发事件发生、发展和应急处置的信息。

行政机关应对突发事件的决定、命令应当向社会公布。

第一百二十八条 行政机关和突发事件发生地的基层组织及有关单位,应当动员、组织公民、法人或者其他组织参加应急救援和处置工作,要求具有特定专长的人员为处置突发事件提供服务,鼓励公民、法人和其他组织为应对突发事件提供支持。

公民、法人和其他组织有义务参与突发事件应对工作,应当服从人民政府发布的决定、命令,配合行政机关采取的应急处置措施,积极参加应急救援和处置工作。

第一百二十九条 行政机关为应对突发事件征用单位和个人的财产,在使用完毕或者突发事件应急处置结束后,应当及时返还。财产被征用或者征用后毁损、灭失的,应当给予补偿。

第六章 行政听证

第一节 一般规定

第一百三十条 行政听证应当公开举行,涉及国家秘密和依法受到保护的商业秘密、个人隐私的除外。

第一百三十一条 听证主持人应当具

备相应的法律知识和专业知识。听证主持人应当经政府法制部门统一组织培训。

听证主持人由行政机关负责人指定。行政机关直接参与行政决策方案制定的人员不得担任该行政决策听证主持人。行政机关调查人员不得担任该行政执法听证主持人。

第一百三十二条 听证主持人行使下列职权：

（一）指挥听证会的进行；

（二）维持听证会秩序；

（三）指定记录员；

（四）其他应当由听证主持人行使的职权。

第一百三十三条 听证记录员负责听证会的记录以及其他与听证会有关的事项。

记录员应当对听证过程作准确、全面的记录。

第一百三十四条 行政机关以及有关单位和个人不得采取欺骗、贿赂、胁迫等不正当手段，操纵听证结果。

听证主持人不得与当事人、利害关系人及其他听证参与人单方接触。

采取欺骗、贿赂、胁迫等不正当手段操纵听证结果的，其听证无效，应当重新听证。

第二节 行政决策听证会

第一百三十五条 行政机关举行行政决策听证会，应当在听证会举行前15日公告以下事项：

（一）举行听证会的时间、地点；

（二）听证的事项；

（三）公众参加听证会的报名时间、报名方式。

第一百三十六条 听证会参加人应当通过自愿报名的方式产生，并具有广泛的代表性。报名参加听证会的公众人数较多，需要选择听证会代表的，行政机关应当随机选择公众代表参加听证会。

报名参加听证会的人数不多的，行政机关应当让所有报名者参加听证会，行政机关也可以邀请有关公众代表参加听证会。

听证举行前10日，应当告知听证代表拟作出行政决策的内容、理由、依据和背景资料。

第一百三十七条 听证会按照下列步骤进行：

（一）主持人宣布听证会开始；

（二）记录员查明听证会参加人是否到会，并宣布听证会的内容和纪律；

（三）决策承办单位工作人员陈述；

（四）听证会参加人依次陈述；

（五）听证会参加人之间、听证会参加人与决策承办单位工作人员之间围绕听证事项进行辩论。

第一百三十八条 听证会参加人陈述意见应当遵守合理的时间要求，听证会参加人在规定的时间内未能详尽发表的意见，可以以书面形式提交给决策承办单位。

第一百三十九条 听证会应当制作笔录，如实记录发言人的观点和理由，也可以同时进行录音和录像。听证会笔录应当经听证会参加人确认无误后签字或者盖章。

行政机关应当充分考虑、采纳听证参加人的合理意见；不予采纳的，应当说明理由。意见采纳情况应当向社会公布。

第三节 行政执法听证会

第一百四十条 行政机关举行行政执法听证会，应当在听证会举行7日前将听证会的事项书面通知当事人、利害关系人。

通知应当载明以下内容：

（一）当事人、利害关系人名称或者姓名；

（二）听证主要事项；

（三）听证会的时间、地点。

参加行政执法听证会的当事人、利害关系人人数较多的,应当按照本规定确定代表人。

举行涉及重大公共利益的行政执法听证会,应当有一定比例的公众代表参加,公众代表的产生适用行政决策听证会的有关规定。

第一百四十一条 当事人、利害关系人在听证会中可以依法进行陈述、申辩和质证,查阅、复制、摘抄听证会材料。

当事人、利害关系人在听证会中应当遵守听证会纪律。

第一百四十二条 听证会按照下列步骤进行:

(一)主持人宣布听证会开始;

(二)记录员查明当事人、利害关系人和调查人员是否到会,并宣布听证会的内容和纪律;

(三)调查人员、当事人、利害关系人依次发言;

(四)出示证据,进行质证;

(五)调查人员、当事人、利害关系人对争议的事实进行辩论;

(六)调查人员、当事人、利害关系人依次最后陈述意见。

第一百四十三条 行政机关调查人员、当事人、利害关系人在听证会结束后,应当当场阅读听证笔录,经确认无误后签字或者盖章。

行政机关调查人员、当事人、利害关系人有权对记录中的错误提出修改意见。

听证主持人应当自听证会结束之日起2日内,根据听证笔录提出处理建议,报行政机关决定。

行政机关应当根据听证笔录,作出行政执法决定。未经听证会质证的证据,不能作为作出行政执法决定的依据。

第一百四十四条 听证会结束后,行政执法决定作出前,行政机关调查人员发现新的证据,可能改变事实认定结果的,应当重新听证。

第七章 行政公开

第一百四十五条 行政机关应当将主动公开的政府信息,通过政府公报、政府网站、新闻发布会以及报刊、广播、电视等便于公众知晓的方式公开。

第一百四十六条 县级以上人民政府应当以政府公报和指定的政府网站为本级政府统一的政府信息发布平台。

下列政府信息必须在县级以上人民政府的政府公报和指定的政府网站上公布:

(一)县级以上人民政府及其工作部门制定的规范性文件;

(二)本规定确定的重大行政决策结果;

(三)《中华人民共和国政府信息公开条例》确定的其他应当主动公开的重点政府信息。

在政府公报上公布的规范性文件文本为标准文本。县级以上人民政府及其工作部门制定的规范性文件未在政府公报、指定的政府网站上公布的,不得作为实施行政管理的依据,对公民、法人或者其他组织没有约束力。

第一百四十七条 行政机关公开政府信息的场所和设施包括:

(一)各级人民政府在国家档案馆、公共图书馆设置的政府信息查阅场所;

(二)各级人民政府及其工作部门设立的政府服务中心、办事大厅;

(三)各级人民政府及其工作部门设立的公共查阅室、资料索取点、信息公开栏、电子信息屏等。

各级人民政府及其工作部门设立的信息公开查阅场所,应当放置政府公报,并配置可查阅政府网站的电子设备,方便公众查阅政府信息,索取相关资料。

第一百四十八条 除行政机关主动公开的政府信息外,公民、法人或者其他组织可以根据自身生产、生活、科研等特殊需要,向行政机关申请获取相关政府信息。行政机关收到政府信息公开申请后应当依法作出答复。

第一百四十九条 行政机关召开涉及公众切身利益、需要公众广泛知晓和参与的行政会议,可以公开举行,允许公民、法人或者其他组织出席旁听。但是会议内容涉及依法不应公开的政府信息的,不得公开举行。

第一百五十条 公民、法人和其他组织认为行政机关不依法履行政府信息公开义务的,可以向上级行政机关、监察机关或者政府信息公开工作主管部门举报。收到举报的机关应当予以调查处理。

公民、法人或者其他组织认为行政机关在政府信息公开工作中的具体行政行为侵犯其合法权益的,可以依法申请行政复议或者依法提起行政诉讼。

第一百五十一条 行政机关应当采取措施,加快电子政务建设,推进政府上网工程,扩大政府网上办公范围。

除法律、法规、规章有禁止规定以外,行政机关实施行政管理均可以通过互联网与公民、法人或者其他组织联系,但是一方以电子文档实施法律行为,应当征得对方同意。

在电子政务活动中,行政机关与公民、法人或者其他组织的电子签章与书面签章具有同等的法律效力。

第八章 行政监督

第一百五十二条 县级以上人民政府应当加强政府层级监督,健全完善政府层级监督制度,创新政府层级监督机制和方式。

监察、审计等专门监督机关应当切实履行法定职责,依法加强专门监督。各级行政机关应当自觉接受监察、审计等专门监督机关的监督。

第一百五十三条 行政机关应当接受同级人民代表大会及其常委会的监督,接受人民政协的民主监督,依照有关法律的规定接受司法机关的监督,接受新闻舆论和人民群众的监督。

第一百五十四条 县级以上人民政府应当加强政府绩效管理,逐步建立健全政府绩效管理体系,实行政府绩效评估,提高行政效能。

政府绩效评估应当包括行政机关履行职责、行政效率、行政效果、行政成本等内容。

政府绩效评估的标准、指标、过程和结果应当通过适当方式向社会公开。

政府绩效评估应当实行行政机关内部评估与外部评估相结合,通过召开座谈会、聘请监督评议员、组织公开评议等多种形式,广泛听取公众和社会各界的意见,由公众和社会各界代表参与评估。

第一百五十五条 县级以上人民政府应当加强对本规定实施情况的监督检查,及时纠正行政程序违法行为。

监督检查的主要方式:

(一)听取本规定实施情况的报告;

(二)开展实施行政程序工作的检查;

(三)重大行政行为登记和备案;

(四)行政执法评议考核;

(五)行政执法案卷评查;

(六)受理公众投诉、举报;

(七)调查公众投诉、举报和媒体曝光的行政程序违法行为;

(八)查处行政程序违法行为;

(九)其他监督检查方式。

第一百五十六条 公民、法人或者其他组织认为行政机关的行政行为违反法定程序的,可以向其本级人民政府法制部门、监察部门和上级行政机关投诉、举报,要求调查和处理。

政府法制部门、监察部门和上级行政机关应当公布受理投诉、举报的承办机构和联系方式。

接受投诉、举报的行政机关对受理的投诉、举报应当进行调查,依照职权在60日内作出处理决定,并将处理结果告知投诉人、举报人。

第一百五十七条 县级以上人民政府法制部门应当建立行政机关依法行政档案,对本级人民政府各工作部门和下一级人民政府的行政程序违法行为应当予以登记,并将违法记录以适当方式向社会公布。

第一百五十八条 行政机关行政程序违法的,行政机关应当依职权或者依申请自行纠正。

县级以上人民政府法制部门对公众投诉举报、新闻媒体曝光和监督检查中发现的行政机关行政程序违法行为,应当向有关机关发出《行政执法监督通知书》,建议自行纠正,有关机关应当在30日内将处理结果向政府法制部门报告。

第一百五十九条 行政机关不自行纠正行政执法违法行为的,由有监督权的机关根据违法行为的性质、程度等情况,依照职权分别作出如下处理:

(一)责令履行;
(二)确认无效;
(三)撤销;
(四)责令补正或者更正;
(五)确认违法。

第一百六十条 行政机关具有下列情形之一的,应当责令履行:

(一)不履行法定职责的;
(二)拖延履行法定职责的。

第一百六十一条 具有下列情形之一的,行政执法行为无效:

(一)不具有法定行政执法主体资格的;
(二)没有法定依据的;
(三)法律、法规、规章规定的其他无效情形。

行政执法行为的内容被部分确认无效的,其他部分仍然有效,但是除去无效部分后行政行为不能成立的,应当全部无效。

无效的行政执法行为,自始不发生法律效力。

第一百六十二条 具有下列情形之一的,行政执法行为应当撤销:

(一)主要证据不足的;
(二)适用依据错误的;
(三)违反法定程序的,但是可以补正的除外;
(四)超越法定职权的;
(五)滥用职权的;
(六)法律、法规、规章规定的其他应当撤销的情形。

行政执法行为的内容被部分撤销的,其他部分仍然有效,但是除去撤销部分后行政行为不能成立的,应当全部撤销。

行政执法行为被撤销后,其撤销效力追溯至行政执法行为作出之日;法律、法规和规章另有规定的,其撤销效力可以自撤销之日发生。

行政执法行为被撤销的,如果发现新的证据,行政机关可以依法重新作出行政执法行为。

第一百六十三条 行政执法行为的撤销,不适用以下情形:

(一)撤销可能对公共利益造成重大损害的;

(二)法律、法规、规章规定的其他不予撤销的情形。

行政执法行为不予撤销的,行政机关应当自行采取补救措施或者由有权机关责令采取补救措施。

第一百六十四条 具有下列情形之一的,行政执法行为应当予以补正或者更正:

(一)未说明理由且事后补充说明理由,当事人、利害关系人没有异议的;

(二)文字表述错误或者计算错误的;

(三)未载明决定作出日期的;

(四)程序上存在其他轻微瑕疵或者遗漏,未侵犯公民、法人或者其他组织合法权利的。

补正应当以书面决定的方式作出。

第一百六十五条 行政执法行为具有下列情形之一的,应当确认违法:

(一)行政机关不履行职责,责令其履行法定职责已无实际意义的;

(二)行政执法行为违法,不具有可撤销内容的;

(三)行政执法行为违法,依法不予撤销的;

(四)其他应当确认违法的情形。

第一百六十六条 行政机关的具体行政行为违反法定程序,侵犯公民、法人或者其他组织合法权益的,公民、法人或者其他组织可以依法申请行政复议或者依法提起行政诉讼。

第九章 责任追究

第一百六十七条 实行行政问责制度,对行政机关及其工作人员的行政违法行为进行责任追究。

行政问责应当坚持实事求是、错责相当、教育与惩戒相结合的原则。

第一百六十八条 行政机关在实施行政决策、行政执法和其他行政行为过程中,因工作人员故意或者重大过失,导致行政行为违法且产生危害后果,有下列情形之一的,对行政机关及其工作人员应当追究责任:

(一)不履行或者拖延履行法定职责的;

(二)超越或者滥用职权的;

(三)不具有法定行政主体资格实施行政行为的;

(四)重大行政决策未经调查研究、专家论证、公众参与、合法性审查、集体研究的;

(五)违反程序制定和发布规范性文件的;

(六)行政执法行为违法,被确认无效、撤销、确认违法的;

(七)违法制定裁量权基准或者不遵守裁量权基准的;

(八)订立行政合同违反法定程序的;

(九)采取或者变相采取强制措施以及其他方式迫使当事人接受行政指导的;

(十)违反法定程序实施行政裁决的;

(十一)迟报、谎报、瞒报、漏报有关突发事件的信息,或者通报、报送、公布虚假信息的;

(十二)不依法举行听证会,或者采取欺骗、贿赂、胁迫等不正当手段,操纵听证会结果的;

(十三)因违法实施行政行为导致行政赔偿的;

(十四)其他行政违法行为。

第一百六十九条 责任追究形式包括行政处理和行政处分。

对行政机关的行政处理分为:责令限期整改、公开道歉、通报批评、取消评比先进的资格等。

对行政机关工作人员的行政处理分为:告诫、道歉、通报批评、离岗培训、调离执法岗位、取消执法资格等。

行政处分分为警告、记过、记大过、降级、撤职、开除。

行政处分和行政处理可以视情况合并适用。

第一百七十条 责任承担主体包括行政机关及其工作人员。

行政机关工作人员包括直接责任人员和直接主管人员。直接责任人员是指行政行为的具体承办人;直接主管人员是指行政行为的审核人和批准人。

前款所称审核人,包括行政机关内设机构负责人、行政机关分管负责人,以及按规定行使审核职权的其他审核人;批准人,包括签发行政决定的行政机关负责人,以及按规定或者经授权行使批准职权的其他批准人。

第一百七十一条 责任追究机关按照下列权限进行责任追究:

(一)对行政机关给予行政处理的,由本级人民政府或者其上级行政机关决定;

(二)对行政机关工作人员给予告诫、道歉、通报批评、离岗培训、调离岗位处理的,由本行政机关决定或者由任免机关决定;

(三)取消行政机关工作人员执法资格的,由发证机关决定;

(四)对行政机关工作人员依法依纪应当采取组织处理措施的,按照管理权限和规定程序办理;

(五)对行政机关工作人员给予行政处分的,由任免机关或者监察机关决定,按照管理权限和规定程序办理。

第一百七十二条 行政机关违反法定程序实施行政行为,侵犯公民、法人或者其他组织合法权益造成损害的,依法承担行政赔偿责任。

行政机关履行赔偿义务后,应当责令有故意或者重大过失的行政机关工作人员、受委托的组织或者个人,承担部分或者全部赔偿费用。

第一百七十三条 行政机关工作人员违反法定程序,滥用职权、玩忽职守、徇私舞弊,严重侵害公民、法人或者其他组织的合法权益,涉嫌犯罪的,依法移送司法机关追究刑事责任。

第十章 附 则

第一百七十四条 期间包括法定期间和行政机关规定的期间。

期间以时、日、月、年计算。期间开始的时和日,不计算在期间内。

第一百七十五条 当事人因不可抗拒的事由或者其他正当理由耽误期限的,在障碍消除后的10日内,可以申请顺延期限,是否准许,由行政机关决定。

第一百七十六条 行政机关应当按照下列顺序选择送达方式送达行政文书:

(一)直接送达;

(二)留置送达;

(三)委托送达与邮寄送达;

(四)公告送达。

送达的具体操作程序参照《中华人民共和国民事诉讼法》有关规定执行。

第一百七十七条 本规定公布前省人民政府发布的规章与本规定不一致的,适用本规定。

各级人民政府及其工作部门可以根据本规定对行政程序作具体或者补充规定。

第一百七十八条 本规定自2008年10月1日起施行。

浙江省行政程序办法

(2016年10月1日浙江省人民政府令第348号公布 自2017年1月1日起施行)

第一章 总 则

第一条 为了规范、保障和监督行政机关行使行政职权,保护公民、法人和其他组织的合法权益,提高行政效率,推进依法行政,建设法治政府,根据有关法律、法规,结合本省实际,制定本办法。

第二条 本省行政机关实施行政行为,适用本办法。

法律、法规对行政机关实施行政行为的程序有规定的,从其规定。

省人民政府其他规章、设区的市人民政府规章对行政机关依法实施行政行为的程序规定严于本办法的,从其规定。

第三条 行政机关应当遵守法定程序,不得在程序上减损公民、法人和其他组织的权利或者增加其义务。

第四条 行政机关应当公正实施行政行为,公平对待公民、法人和其他组织。

行政机关实施行政行为所采取的方式应当必要、适当,并与行政管理目的相适应。

第五条 行政机关应当依法公开实施行政行为的依据、程序和结果。

行政机关实施行政执法行为可能对公民、法人和其他组织权益产生不利影响的,应当事先告知并听取其陈述和申辩。

第六条 行政机关应当依法保障公民、法人和其他组织的知情权、参与权、表达权和监督权,为其提供必要的条件,并采纳其提出的合理意见和建议。

第七条 行政机关应当提高行政效能,为公民、法人和其他组织提供方便、快捷、优质的公共服务。

第八条 行政机关应当诚实守信;非因法定事由并经法定程序,不得擅自撤销、撤回、变更已经生效的行政行为。

行政机关撤销、撤回、变更已经生效的行政行为,造成公民、法人和其他组织合法权益损失或者损害的,应当依法予以补偿或者赔偿。

第二章 行政机关、当事人和其他参加人

第一节 行政机关

第九条 行政机关的职权依照法律、法规、规章以及县级以上人民政府依法制定的行政规范性文件确定。

县级以上人民政府应当根据法律、法规和规章的规定合理界定和划分所属工作部门的职权,并以权力清单、责任清单等形式予以公布。

省人民政府依照法律、法规和规章以及本办法第十条的规定,按照有利于提高行政效能、财权与事权相统一、执法重心适当下移等原则,合理划分上下级行政机关之间的职权。

第十条 省级行政机关管辖下列行政管理事项:

(一)法律、法规、规章以及国务院和省人民政府行政规范性文件规定专门由省级行政机关管辖的;

(二)在本省行政区域内有重大影响的;

(三)涉及两个以上设区的市,确有必要由省级行政机关管辖的。

与公民、法人和其他组织生产、生活直接相关的行政管理事项,一般由设区的市、县(市、区)具有相应行政职权的行政机关或者乡镇人民政府、街道办事处管辖。

第十一条 两个以上行政机关对同一行政管理事项发生职权争议的,应当主动协商解决;协商不成的,报请本级人民政府决定;不属于本级人民政府决定权限的,报请共同的上级行政机关决定。法律、法规和规章对行政机关职权争议处理另有规定的,从其规定。

第十二条 行政机关应当按照国家、省规定的条件和程序设置内设机构、派出

机构和直属机构,机构名称、人员配置等应当与其所承担的职权相适应。

行政机关的内设机构、派出机构以行政机关的名义实施行政行为,由行政机关承担相应的法律责任;行政机关的直属机构以自己的名义实施行政行为,承担相应的法律责任。但是,法律、法规和规章另有规定的除外。

第十三条 行政机关可以依照法律、法规和规章的规定,在其法定权限内委托有关组织实施行政行为。行政许可、行政处罚、行政强制等法律对行政机关委托实施行政行为有明确规定的,从其规定。

受委托的组织应当具备履行相应行政职权的条件。行政机关不得委托个人或者不具备履行相应行政职权条件的组织实施行政行为。

受委托的组织在委托权限范围内,以委托行政机关的名义实施行政行为,由委托行政机关承担相应的法律责任。受委托的组织不得将受委托的行政职权再委托给其他组织和个人。

第十四条 行政机关之间可以通过建立联席会议制度、成立专项工作小组、建设信息共享平台、签订区域或者部门合作协议等机制和方式,开展行政协作。

部门之间建立工作协调机制的,应当明确牵头部门、参加部门、工作职责、工作规则等事项。部门联席会议协商不成的事项,由牵头部门将有关部门的意见、理由和依据列明并提出意见,报本级人民政府决定。

县级以上人民政府应当加强对所属行政机关之间行政协作的组织、协调。

第二节 当事人和其他参加人

第十五条 当事人、利害关系人可以自己参加行政程序,也可以依法委托1至2人作为代理人参加行政程序。但是,法律、法规和规章规定当事人应当亲自参加行政程序的,当事人应当亲自参加。

当事人、利害关系人委托他人参加行政程序的,应当向行政机关提交由委托人签名或者盖章的授权委托书,以及委托人和被委托人的身份证明。授权委托书应当载明委托事项、权限和期限。

第十六条 同一个行政行为涉及多名当事人且有共同请求的,当事人可以推选1至5名代表人参加行政程序;推选不出代表人的,行政机关可以与当事人协商、确定代表人。

代表人参加行政程序的行为对所代表的当事人发生效力,但当事人事先明示不能代表的事项除外。

第十七条 公民死亡、宣告死亡,或者法人、其他组织合并、分立、终止后,其参加的行政程序需要继续进行的,承受其权利和义务的公民、法人和其他组织可以继续参加行政程序。

依照前款规定继续参加行政程序的,应当认可已进行的行政程序的效力。

第十八条 当事人和其他参加人应当遵守法定程序,配合行政机关依法履行职责。对阻碍行政机关依法履行调查、检查、行政强制等职责,构成违反治安管理行为的,由公安机关依法予以处理;构成犯罪的,依法追究刑事责任。

第三章 政府规章、行政规范性文件制定和重大行政决策程序

第一节 政 府 规 章

第十九条 省人民政府和设区的市人民政府依照法定权限制定规章。

第二十条 省人民政府和设区的市人民政府每年应当组织制定立法计划。立法

计划的具体编制工作由省、设区的市人民政府法制机构承担。

有关部门和单位申报立法计划一类项目的,应当按照规定开展立法前评估,并提交立法前评估报告。

评估报告应当对立法所要规范的行政管理事项基本情况进行介绍、说明;对立法必要性、可行性及拟采取措施的合法性、合理性进行论证,并附录立法依据和参考资料。

第二十一条　规章草案由政府有关部门或者政府法制机构具体负责起草,重要的规章草案可以由政府法制机构组织起草。

专业性较强的规章草案,可以吸收相关领域的专家参与起草工作,或者委托有关专家、教学科研单位、社会组织等起草。

省、设区的市人民政府法制机构应当加强对规章起草工作的组织协调和督促指导。

第二十二条　起草、审查规章草案,应当广泛听取有关机关、组织、人民代表大会代表和社会公众的意见和建议。听取意见可以采取座谈会、论证会、听证会等多种形式。

规章草案应当向社会公布和征求意见,但依法不予公布的除外。

第二十三条　规章应当经本级人民政府常务会议或者全体会议决定。

规章签署公布后,应当及时在本级人民政府公报和政府门户网站、浙江政务服务网,以及在本行政区域范围内发行的报纸上刊载。

第二节　行政规范性文件

第二十四条　下列行政机关可以在职权范围内制定行政规范性文件:

(一)各级人民政府;

(二)县级以上人民政府所属工作部门、省以下实行垂直管理的部门;

(三)县级以上人民政府依法设立的派出机关。

法律、法规和规章授权的具有管理公共事务职能的组织在法定授权范围内可以制定行政规范性文件。

不具有行政管理职能的机构不得制定行政规范性文件。

第二十五条　县级以上人民政府对本级人民政府及其部门制定的行政规范性文件实行统一登记、统一编号、统一发布。

省级有关部门提请以省人民政府或者省人民政府办公厅名义发布的行政规范性文件,应当按照规定向省人民政府办公厅申报立项。

第二十六条　起草单位应当对制定行政规范性文件的必要性、可行性、合法性等内容进行充分调研论证;除依法应当保密或者为了保障公共安全、社会稳定以及执行上级机关的紧急命令需要立即作出决定的情形外,在起草过程中应当按照规定公开征求意见。

第二十七条　行政规范性文件草案应当由制定机关的法制机构进行合法性审查,未经合法性审查的,不得提请审议。

第二十八条　行政规范性文件的集体讨论决定以及签署公布,按照国家和省有关规定执行。

行政规范性文件解释权属于行政规范性文件制定机关。

第三节　重大行政决策

第二十九条　行政机关作出重大行政决策应当遵循依法决策、科学决策、民主决策的原则,执行法定程序,提高决策质量和效率。

第三十条　除依法应当保密或者为了保障公共安全、社会稳定以及执行上级机关的紧急命令需要立即作出决定的情形外,行政机关作出重大行政决策应当按照省规定要求,针对决策事项的有关问题,根据具体情况组织开展公众参与、专家论证或者风险评估;决策方案应当经行政机关的法制机构合法性审查,并经行政机关负责人集体讨论决定。

第三十一条 行政机关作出重大行政决策后,应当按照规定制发公文;属于最终决定的,除依法不公开的外,应当公布。

第四章 一般行政执法程序

第一节 一般规定

第三十二条 行政机关应当积极履行法定职责,提高行政执法效率,及时查处违法行为,确保行政执法权威性和公信力。

县级以上人民政府应当加强行政执法管理,建立健全重大行政执法组织协调机制,强化事中事后监管。

第三十三条 县级以上人民政府应当按照行政执法责任制的规定,依法确认本行政区域内行政机关的行政执法主体资格,并向社会公告。

第三十四条 省人民政府可以根据行政处罚、行政许可等法律以及国务院的授权或者批准,决定一个行政机关行使有关行政机关的行政处罚、行政许可等行政职权。

设区的市、县(市、区)人民政府应当加强行政执法体制改革,推进综合执法。

第三十五条 在开展综合治水、违法建筑处置等综合性行政执法活动,以及其他事关经济社会发展大局、涉及面广的重大行政执法活动时,县级以上人民政府或者其他有关行政机关可以组织联合执法。

组织联合执法,应当明确参与各方的职责和工作要求。参与联合执法的行政机关应当积极协作配合,加强信息共享,依法高效履职。

第三十六条 联合执法中的行政执法决定按照下列规定作出:

(一)不同行政执法系统之间的联合执法,由参加联合执法的行政机关在各自的职权范围内依法分别作出;

(二)同一行政执法系统内的联合执法,可以以上级行政机关的名义依法作出,也可以在各自的职权范围内依法分别作出。

第三十七条 行政执法事项需要两个以上政府工作部门共同办理的,县级以上人民政府可以确定一个部门统一受理申请,组织实施联合办理或者同步办理。

与公民、法人和其他组织生产、生活直接相关的行政许可、公共服务等事项,适合集中办理的,县级以上人民政府可以组织实施集中办理。

第三十八条 行政机关应当加强电子政务的建设和应用,推进行政执法事项在线运行,优化办理流程,方便公民、法人和其他组织通过浙江政务服务网(电子政务平台)办理行政许可、公共服务等事项。

行政机关应当充分利用浙江政务服务网(电子政务平台),促进行政执法信息共享和协作配合,提高行政执法监管水平。

第三十九条 行政机关独自行使职权难以达到行政执法目的,或者行政执法所必需的文书、资料和信息等难以自行收集的,或者需要有关行政机关出具认定意见和提供咨询的,可以请求有关行政机关给予协助。对属于本行政机关职权范围的协助事项,有关行政机关应当依法、及时提供协助,不得拒绝、推诿。

因行政协助发生争议的,由请求机关与协助机关的本级人民政府决定;不属于本级人民政府决定权限的,由共同的上级行政机关决定。

第四十条 行政执法人员应当按照有关规定,经行政执法资格考试合格,取得行政执法证件。

行政执法辅助人员在行政机关及行政执法人员的指挥和监督下,可以配合从事宣传教育、信息采集、接收或者受理申请、参与调查、劝阻违法行为、送达文书、后勤保障等工作。行政机关应当组织开展对行政执法辅助人员的岗位培训,使其具备必要的法律知识、专业知识和依法行政能力,并加强日常管理和工作考核。

第四十一条 当事人认为行政执法人员与其所实施的行政执法行为有利害关系或者有其他关系可能影响公正行使行政职权的,有权申请行政执法人员回避。

行政执法人员与所实施的行政执法行为有利害关系或者其他关系的,应当主动提出回避;未提出回避的,行政机关应当责令其回避。

第四十二条 当事人应当在调查取证前口头或者书面提出回避申请。行政机关应当在收到回避申请之日起3日内作出是否回避的决定,并告知当事人;决定不予回避的,应当说明理由。

行政执法人员的回避,由行政机关负责人决定;行政机关负责人的回避由该行政机关负责人集体讨论决定或者由上一级行政机关决定。

对行政执法人员的回避作出决定前,行政执法人员应当继续履行职务。被决定回避的行政执法人员在回避决定作出前所进行的执法活动是否有效,由作出回避决定的行政机关根据实际情况决定。

第四十三条 行政机关应当建立健全行政执法裁量基准制度,细化、量化裁量范围、种类和幅度。行政执法裁量基准应当向社会公布。

行政机关实施行政执法行为应当遵循行政执法裁量基准,但适用裁量基准将导致某一行政执法行为明显不当的,行政机关可以在不与法律、法规和规章相抵触的情况下,变通适用裁量基准,但必须经行政机关负责人集体讨论决定,并充分说明理由。

第四十四条 行政机关应当建立行政执法内部管理制度,明确行政执法事项的办理、审核、批准等职责和具体操作流程。

行政机关作出重大行政执法决定前,应当经法制审核。

第四十五条 行政机关应当依法通过行政执法文书、拍照、录像、录音、监控等形式,对行政执法的启动、调查、审查、决定、送达、执行等进行全过程记录,并对有关记录进行立卷、归档和妥善管理。

第二节 程序的启动

第四十六条 行政执法程序由行政机关依职权启动或者由公民、法人和其他组织向行政机关申请启动。

第四十七条 公民、法人和其他组织依法向行政机关提出行政许可、行政确认、行政给付、行政裁决等申请的,应当采用书面形式(含信函、电子数据交换形式);书面申请确有困难的,可以采用口头形式,由行政机关当场记入笔录,交申请人核对或者向申请人宣读,并由申请人确认。公民、法人和其他组织对其所提交的申请材料的真实性负责。

行政机关应当依法将与申请有关的事项、依据、条件、数量、程序、期限,以及需要提交的全部材料的目录和申请书样式等在办公场所、本机关或者本级人民政府门户网站上公示。

第四十八条 行政机关收到公民、法人和其他组织的申请,应当予以登记,并当场或者在3日内根据不同情形作出以下处

理,法律、法规和规章另有规定的除外:

(一)申请事项不属于本行政机关职权范围的,应当不予受理并书面说明理由。

(二)申请材料不全或者不符合法定形式的,应当一次性书面告知申请人在合理期限内需要补正或者更正的内容。公民、法人和其他组织按照要求补正或者更正的,应当予以受理;无正当理由不补正或者更正的,以及逾期不补正或者更正的,视为撤回申请;补正或者更正仍不符合要求的,不予受理并书面说明理由。

(三)申请事项属于本行政机关职权范围,申请材料齐全,且符合法定形式的,应当予以受理。

行政机关决定受理或者不予受理的,应当出具加盖本行政机关印章的书面凭证,但申请事项即时办结的除外。

第三节　调查和证据

第四十九条　行政机关依法需要核查公民、法人和其他组织的申请的,或者对公民、法人和其他组织实施行政处罚、行政强制等行政执法行为依法需要查明事实的,应当合法、全面、客观、及时开展调查。

第五十条　行政机关依法开展调查,可以根据需要采取下列措施:

(一)口头或者书面通知有关公民、法人和其他组织对调查事项作出解释和说明;

(二)要求公民、法人和其他组织提供与调查事项有关的文件、资料,并进行复制;

(三)对有关公民、法人和其他组织的工作场所、经营场所等进行现场检查、勘验;

(四)自行或者委托法定鉴定、检验机构对有关事实进行鉴定、检验;

(五)法律、法规和规章规定的其他措施。

行政机关依法开展调查的,公民、法人和其他组织应当予以配合、协助。

第五十一条　行政机关开展调查时,应当指派2名以上工作人员进行,且其中至少1人是行政执法人员。行政处罚、行政强制等法律、法规明确规定必须是2名以上行政执法人员的,从其规定。

调查人员应当向被调查人出示行政执法证件或者工作证件;不出示行政执法证件或者工作证件的,被调查人有权拒绝调查。

行政机关应当制作调查的书面记录,经被调查人核实后由调查人员和被调查人签名。被调查人拒绝签名的,调查人员应当在书面记录上注明情况并签字。

第五十二条　行政机关作出对当事人不利的行政执法决定前,应当书面告知当事人拟作出行政执法决定的事实、理由、依据和决定内容,以及其享有的陈述权、申辩权。

当事人应当自收到告知书之日起3日内提出陈述、申辩,法律、法规对提出期限另有规定的,从其规定。行政机关应当对当事人在期限届满前有无提出陈述、申辩进行核实。

行政机关应当充分听取当事人的陈述和申辩,对其提出的事实、理由和证据予以记录、复核并归入案卷。当事人提出的事实、理由或者证据成立的,行政机关应当采纳。但是,当事人书面表示放弃陈述、申辩的或者逾期提出的除外。

行政许可等法律、法规明确规定作出行政执法决定前应当告知利害关系人并听取其意见的,从其规定。

第五十三条　行政机关作出行政执法决定前,法律、法规和规章规定应当主动组织听证的,应当组织听证;未规定应当主动组织听证,但行政机关认为有必要组织听证的,可以组织听证。

法律、法规和规章规定当事人、利害关系人享有听证权利的,行政机关应当依法告知其听证权利；当事人、利害关系人在规定期限内提出听证申请的，行政机关应当组织听证。

第五十四条 行政机关作出行政执法决定所依据的证据类型包括：当事人陈述、书证、物证、视听资料、电子数据、证人证言、鉴定意见、勘验笔录、现场笔录以及法律、法规规定的其他证据。

第五十五条 行政机关应当采取合法手段，依照法定程序全面收集证据。

证据应当查证属实，才能作为认定事实的根据。

行政机关在行政执法过程中收集的物证、书证、视听资料、电子数据以及难以重新取得的调查笔录等证据材料，其他行政机关经合法性审查，可以将其作为作出行政执法决定所依据的证据使用。

第五十六条 下列证据材料不得作为行政执法决定的依据：

（一）违反法定程序收集，可能严重影响执法公正的；

（二）相关人员不予认可且没有其他证据印证的证据的复制件或者复制品；

（三）无法辨认真伪的；

（四）不能正确表达意思的证人提供的证言；

（五）在中华人民共和国领域以外形成的未办理法定证明手续的；

（六）不具备合法性、真实性和关联性的其他证据材料。

第四节 决定和执行

第五十七条 行政机关应当以书面形式作出行政执法决定，但法律、法规和规章另有规定的除外。

行政执法决定一般载明下列事项：

（一）当事人的基本情况；

（二）作出决定的事实、依据、理由和履行程序的情况；

（三）决定内容；

（四）履行方式和期限；

（五）救济途径和期限；

（六）行政机关名称、印章与决定日期；

（七）应当载明的其他事项。

第五十八条 以书面形式作出的行政执法决定，自送达当事人之日起生效；依法以口头或者其他形式作出的行政执法决定，自当事人应当知道之时起生效。

行政执法决定附条件或者附期限的，应当载明生效的条件或者期限。

第五十九条 对事实清楚、当场可以查实、有法定依据且对当事人权益影响较小的事项，行政机关可以适用简易程序，由1名行政执法人员当场作出行政执法决定。法律、法规和规章对简易程序的适用范围和条件另有规定的，从其规定。

第六十条 适用简易程序当场作出行政执法决定的，可以口头告知当事人行政执法决定的事实、理由和依据，当场听取当事人的陈述与申辩，对其合理的意见予以采纳，对不予采纳的意见说明理由。

适用简易程序当场作出行政执法决定的，行政执法人员应当在3日内报所在行政机关备案。法律、法规和规章对报备日期另有规定的，从其规定。

适用简易程序的行政执法决定可以以格式化文书的方式作出。

第六十一条 行政机关依法作出行政决定后，当事人应当在行政机关决定的期限内履行义务；当事人不履行义务的，由行政机关根据其法定权限并按照法定程序，实施强制执行或者申请人民法院强制执行。

第六十二条 行政机关依法作出要求当事人履行排除妨碍、恢复原状等义务的行政决定，当事人逾期不履行，经催告仍不履行，其后果已经或者将危害交通安全、造成环境污染或者破坏自然资源的,行政机关可以代履行,或者委托没有利害关系的第三人代履行。

需要立即清除道路、河道、航道或者公共场所的污染物、遗洒物或者障碍物,当事人不能清除的,行政机关可以依法决定立即实施代履行。

第六十三条 对违法的建筑物、构筑物、设施等,行政机关应当根据情形依法作出责令停止建设、限期改正、限期拆除、罚款、没收等决定;对限期拆除违法建筑的,行政机关可以根据当事人申请直接组织拆除;需要强制拆除的,行政机关应当依法组织强制拆除。

违法的建筑物、构筑物处置完毕前,单位或者个人以违法的建筑物、构筑物作为生产、经营场所申请办理相关证照、登记或者备案手续的,有关行政机关依法不得办理;就违法的建筑物、构筑物申请办理供电、供水、供气等手续的,有关单位依法不得办理。

第五节 期限和送达

第六十四条 法律、法规和规章对行政执法事项有明确期限规定的,行政机关必须在法定期限内办结。

行政机关对行政执法事项的办理期限作出明确承诺的,应当在承诺期限内办结。行政机关的承诺期限应当合理,不得妨碍行政目的的实现。

行政机关作出行政执法决定,依法需要检验、检疫、检测、公告、听证、招标、拍卖、专家评审,或者委托有关行政机关调查取证的,所需时间不计算在前两款规定的期限内。

第六十五条 期限以时、日、月、年计算的,期限开始时、日不计算在期间内;期限届满的最后一日是节假日,以节假日后的第一日为期限届满日期,法律、法规另有规定的除外。

公民、法人和其他组织因不可抗力耽误期限的,被耽误的时间不计算在期限内;因其他特殊情况耽误期限的,在障碍消除后的10日内,可以申请顺延期限,是否准许由行政机关决定。

第六十六条 行政机关可以根据具体情况选择直接送达、留置送达、邮寄送达、委托送达、电子送达等方式送达行政执法文书;受送达人下落不明或者采用上述方式无法送达的,可以采用公告送达的方式。行政处罚、行政强制等法律对行政机关送达行政处罚决定书、催告书、行政强制执行决定书等有明确规定的,从其规定。

第六十七条 行政机关直接送达行政执法文书的,可以通知受送达人到行政机关所在地领取,或者到受送达人住所地、其他约定地点直接送交受送达人。当事人在送达回证上的签收日期为送达日期。

受送达人拒绝签收行政执法文书,行政机关采取下列措施之一,并把行政执法文书留在受送达人的住所的,视为送达:

(一)采用拍照、录像、录音等方式记录送达过程;

(二)邀请有关基层组织或者所在单位的代表到场,说明情况,在送达回证上记明拒收事由和日期,由送达人、见证人签名或者盖章;

(三)邀请公证机构见证送达过程。

行政机关工作人员应当在送达回证上注明送达情况并签名。

第六十八条 行政机关通过邮政企业邮寄送达行政执法文书,邮寄地址为受送达人与行政机关确认的地址的,送达日期为受送达人收到邮件的日期。因受送达人自己提供的地址不准确、地址变更未及时告知行政机关、受送达人本人或者其指定的代收人拒绝签收以及逾期未签收,导致行政执法文书被邮政企业退回的,行政执法文书退回之日视为送达日期。

第六十九条 行政机关可以委托有关机关、单位转交行政执法文书。代为转交的机关、单位收到行政执法文书后,应当立即交受送达人签收,送达回证上的签收日期为送达日期。

第七十条 除行政执法决定文书外,行政机关经受送达人同意,可以通过传真、电子邮件等方式送达行政执法文书。

向受送达人确认的电子邮箱送达行政执法文书的,自电子邮件进入受送达人特定系统的日期为送达日期。

第七十一条 行政机关公告送达行政执法文书的,应当通过浙江政务服务网(电子政务平台)、本机关或者本级人民政府门户网站公告。

行政机关可以根据需要在当地主要新闻媒体公告或者在受送达人住所地、经营场所或者所在的村(居)民委员会公告栏公告。

公告期限为10日,因情况紧急或者保障公共安全、社会稳定需要的,可以适当缩短公告期限,但不得少于3日。公告期限届满视为送达。法律、法规对公告期限另有规定的,从其规定。

第六节 效　　力

第七十二条 有下列情形之一的,行政执法决定无效:

(一)实施主体不具有行政执法主体资格的;

(二)没有法定依据的;

(三)其他重大且明显违法的情形。

行政执法决定被依法确认无效的,自始无效。行政执法决定中部分被确认无效且其可以从中分离的,其他部分仍然有效。

第七十三条 有下列情形之一的,行政执法决定应当撤销或者变更:

(一)主要证据不足的;

(二)违反法定程序的;

(三)适用依据错误的;

(四)超越职权的;

(五)滥用职权的;

(六)明显不当的;

(七)依法应当予以撤销或者变更的其他情形。

行政执法决定中部分违法被撤销且其可以从中分离的,其他部分仍然有效。行政机关应当就有效部分作出确认决定。

行政执法决定被撤销后,其撤销效力溯及至行政执法决定作出之日,但法律、法规另有规定的除外。

第七十四条 有下列情形之一的,行政执法决定确认违法,但不撤销:

(一)行政执法决定应当依法撤销,但撤销会给国家利益、公共利益造成重大损害的;

(二)行政执法决定存在程序轻微违法,对当事人权利不产生实际影响的。

行政执法决定有下列情形之一的,不需要撤销或者责令履行的,确认违法:

(一)行政执法决定违法,但不具有可撤销内容的;

(二)行政机关改变原违法行政执法决定,但当事人仍要求确认原行政执法决定违法的;

(三)行政机关不履行或者拖延履行法定职责,责令履行没有意义的。

第七十五条 行政执法决定存在未载明决定作出日期等遗漏,对公民、法人和其他组织的合法权益没有实际影响等情形的,应当予以补正。

行政执法决定存在文字表述错误或者计算错误等情形,应当予以更正。

行政机关作出补正或者更正的,可以附记在行政执法决定文书内;不能附记的,应当制作补正或者更正决定书。

第五章 特别行政执法程序

第七十六条 行政机关应当依照法定职权,对公民、法人和其他组织遵守法律、法规和规章情况实施行政检查。对投诉举报较多、列入经营异常名录或者有严重违法记录等情况的,可以视情增加行政检查次数。

第七十七条 行政机关应当制定和公布年度行政检查工作计划,合理确定行政检查的事项、方式、对象、时间等。

行政机关根据行政检查工作计划实施随机抽查的,应当制定和公布随机抽查事项清单,采取随机抽取检查对象、随机选派行政执法人员的工作机制。

第七十八条 行政机关根据投诉举报实施行政检查的,应当经本行政机关负责人批准。情况紧急,需要立即进行检查的,行政执法人员应当在检查后的2日内向本行政机关负责人报告并补办手续。

第七十九条 行政检查可以采取的措施和要求,依照本办法第五十条、第五十一条规定执行。

行政检查结束时,行政执法人员应当将行政检查的结果当场告知被检查人;需要等待检验、检测、检疫结果的,应当在收到检验、检测、检疫结果之日起3日内告知被检查人。被检查人对行政检查结果有异议的,可以依法向行政机关申请复核。但是,法律、法规和规章另有规定的除外。

直接关系人身健康、生命财产安全以及直接涉及公共安全、生态环境保护、有限自然资源开发利用等领域的行政检查结果,依法向社会公告。

第八十条 行政机关为实现公共利益或者行政管理目的,可以在法定职责范围内,与公民、法人或者其他组织协商订立行政协议。

行政协议应当以书面形式签订;依法应当经其他行政机关批准或者会同签订的,应当经批准或者会同签订。行政协议经双方签字后生效或者依约定生效。法律、法规和规章对行政协议的订立形式和程序另有规定的,从其规定。

第八十一条 行政机关有权对行政协议的履行进行指导和监督,但不得妨碍对方当事人履行协议。

行政协议在履行过程中,当事人、行政机关可以依法协商变更或者解除协议,但不得损害行政管理目的的实现。

有下列情形之一的,行政机关有权变更或者解除行政协议:

(一)法律、法规或者规章规定变更或者解除的;

(二)行政协议约定变更或者解除的条件成就的;

(三)当事人在履行协议过程中,严重损害国家利益、公共利益的;

(四)因国家利益、公共利益需要变更或者解除的其他情形。

行政机关根据本条第三款第一项、第四项规定变更或者解除行政协议,给当事人造成损失的,依法予以补偿。

第八十二条 行政机关可以依法通过行政调解的方式协调、协商处理与行政职权密切相关的行政争议和民事纠纷。

行政机关与公民、法人和其他组织之间产生的涉及行政赔偿、补偿等方面的行政争议,可以先行自行协商,协商不成或者当事人不愿意自行协商的,可以由上一级行政机关负责调解。

公民、法人和其他组织之间产生的与行政管理相关的有关交通事故损害赔偿、消费者权益保护、土地（林地、海域）权属争议、环境污染损害赔偿等民事纠纷，由主管该事项的行政机关负责调解。

第八十三条 行政机关收到调解申请后，应当予以登记。对属于行政调解范围且另一方当事人同意调解的，行政机关应当及时组织调解，并自收到调解申请之日起30日内办结，但双方当事人同意延期的或者法律、法规另有规定的除外。对不属于行政调解范围或者另一方当事人不同意调解的，行政机关不予调解，并通知当事人。

行政调解达成协议的，行政机关应当制作行政调解书，由当事人、调解主持人签名并加盖行政机关印章，自当事人签收之日起生效。

对事实清楚，双方当事人争议不大或者所涉赔偿、补偿数额在1万元以下的争议纠纷，行政机关可以简化调解程序。

第八十四条 行政机关为实现行政管理目的，可以主动或者依据申请采取下列方式，对公民、法人和其他组织实施行政指导：

（一）提供指导和帮助；

（二）发布信息；

（三）示范、引导、提醒；

（四）建议、劝告、说服；

（五）其他指导方式。

行政指导坚持依法、公正、合理的原则。公民、法人和其他组织可以自主决定是否接受、听从、配合行政指导；行政机关不得强制或者变相强制公民、法人和其他组织接受行政指导。

第八十五条 具有行政裁决权的行政机关，应当根据法律、法规的规定，依据申请对公民、法人或者其他组织之间发生的与其行政职权密切相关的民事纠纷作出行政裁决。

第六章 监督和责任追究

第八十六条 各级人民政府应当自觉接受本级人民代表大会及其常委会的监督，接受人民政协的民主监督。

行政机关应当依照有关法律的规定接受司法机关的监督，接受新闻舆论和人民群众的监督。

第八十七条 县级以上人民政府依法对所设工作部门、派出机关、派出机构和下级人民政府的行政行为实施层级监督。县级以上人民政府法制机构和其他有关部门依照职责分工，根据本级人民政府的授权负责层级监督具体工作。

县级以上人民政府工作部门依法对本系统内行政机关的行政行为实施层级监督。

第八十八条 县级以上人民政府监察、审计部门依照行政监察、审计等法律、法规和规章对行政机关的行政行为实施专门监督。

第八十九条 省人民政府规章报国务院和省人民代表大会常务委员会备案。设区的市人民政府规章报国务院、省人民代表大会常务委员会和省人民政府备案。

省、设区的市人民政府应当每隔5年组织1次对规章进行全面清理，并向社会公布清理结果。

第九十条 行政规范性文件应当依照省有关规定报送备案。

制定机关应当每隔2年组织1次对行政规范性文件进行全面清理，并向社会公布清理结果。

第九十一条 行政执法监督的主要方式包括：

（一）组织对法律、法规、规章实施情况开展监督检查；

（二）组织对重点行政执法领域（事项）开展监督检查；

（三）组织开展行政执法案卷评查工作；

（四）对公民、法人或者其他组织依法提出的行政执法投诉举报进行处理；

(五)法律、法规、规章规定的其他方式。

第九十二条 有层级监督权的行政机关发现有关行政机关有违法或者不当的行政行为的,可以作出督促整改、责令改正、通报批评的决定。有关行政机关应当在收到决定之日起30日内将处理结果向有监督权的行政机关报告。

有层级监督权的行政机关依照《中华人民共和国地方各级人民代表大会和地方各级人民政府组织法》《浙江省县级以上人民政府行政执法监督条例》等有关法律、法规和规章,撤销、变更违法或者不当的行政行为的,依照其规定权限和程序执行。

第九十三条 公民、法人和其他组织向行政机关申请行政复议的,行政机关应当依照行政复议有关法律、法规办理。

第九十四条 行政机关发现本机关已生效的行政执法决定有本办法第七十三条规定情形的,可以依职权撤销或者变更。

第九十五条 行政机关及其工作人员不履行法定职责或者不正确履行法定职责,造成危害后果或者不良影响的,依照《中华人民共和国行政监察法》《中华人民共和国公务员法》《行政机关公务员处分条例》《浙江省行政执法人员过错责任追究办法》等法律、法规和规章处理。

第七章 附 则

第九十六条 法律、法规和规章授权的具有管理公共事务职能的组织在法定授权范围内,以自己的名义实施行政行为,适用本办法有关行政机关的规定。

第九十七条 本办法所称行政执法,是指行政机关实施法律、法规和规章,针对特定公民、法人和其他组织作出的影响其权益的行政行为,包括行政许可、行政处罚、行政强制、行政确认、行政给付、行政裁决、行政征收、行政检查等行政行为。

第九十八条 本办法中10日以内期限的规定是指工作日,不含法定节假日。

第九十九条 本办法自2017年1月1日起施行。

江苏省行政程序规定

(2015年1月4日经省人民政府第49次常务会议讨论通过 2015年1月6日江苏省人民政府令第100号公布 自2015年3月1日起施行)

第一章 总 则

第一条 为了规范行政行为,促进依法行政,建设法治政府,保障公民、法人和其他组织的合法权益,根据宪法和有关法律、法规,结合本省实际,制定本规定。

第二条 本省行政机关,法律、法规授权的组织和依法受委托的组织行使行政职权,应当遵守本规定。

法律、法规对行政程序另有规定的,从其规定。

第三条 行政机关应当根据法律、法规、规章,在法定权限内,按照法定程序行使行政职权。

第四条 行政机关应当将行使行政职权的依据、程序和结果向公民、法人或者其他组织公开,涉及国家秘密、商业秘密、个人隐私以及危及国家安全、公共安全、经济安全和社会稳定的除外。但是,经权利人同意公开或者行政机关认为不公开可能对公共利益造成重大影响的涉及商业秘密、个人隐私的可以予以公开。

第五条 行政机关应当公正行使行政职权,平等对待公民、法人和其他组织。

行政机关行使裁量权应当符合立法目的和原则,采取的措施和手段应当必要、适当;行政机关实施行政管理可以采取多种措施和手段实现行政目的的,应当选择最有利于保护公民、法人和其他组织合法权益的措施和手段。

第六条 公民、法人或者其他组织有权依法参与行政管理，提出行政管理的意见和建议。

行政机关应当为公民、法人或者其他组织参与行政管理提供必要的条件，采纳其合法、合理的意见和建议。

第七条 公民、法人和其他组织因行政行为取得的正当权益受法律保护。非因法定事由并经法定程序，行政机关不得撤销、变更已经生效的行政决定；因国家利益、公共利益或者其他法定事由必须撤销或者变更的，应当依照法定权限和程序进行，并对公民、法人或者其他组织因此遭受的财产损失依法予以补偿。

第八条 行政机关行使行政职权，应当遵守法定期限或者承诺期限，积极履行法定职责，为公民、法人和其他组织提供高效、优质服务。

第二章 行政程序主体

第一节 行政机关

第九条 行政机关行使行政职权应当依照法律、法规、规章规定。

法律、法规、规章对上下级行政机关之间的行政职责分工未作明确规定的，上级行政机关应当按照有利于发挥行政效能、事权与支出责任相适应、权力与责任相一致、管理重心适当下移等原则确定。

第十条 行政机关的内设机构或者派出机构对外行使行政职权时，应当以其隶属的行政机关的名义作出行政决定，并由该行政机关承担法律责任。法律、法规另有规定的除外。

第十一条 法律、法规、规章对地域管辖未作明确规定的，由行政管理事项发生地的行政机关管辖，但是有下列情形之一的除外：

（一）涉及公民身份事务的，由其住所地行政机关管辖；住所地与经常居住地不一致的，由经常居住地行政机关管辖；住所地与经常居住地都不明确的，由其最后居住地行政机关管辖；

（二）涉及法人或者其他组织主体资格事务的，由其主要营业地或者主要办事机构所在地行政机关管辖；

（三）涉及不动产的，由不动产所在地行政机关管辖。

第十二条 行政机关受理公民、法人和其他组织的申请或者依职权启动行政程序后，认为不属于自己管辖的，应当移送有管辖权的行政机关，并通知当事人；受移送的行政机关也认为不属于自己管辖的，不得再行移送，应当报请其共同上一级行政机关指定管辖。

第十三条 两个以上行政机关对同一行政管理事项都有管辖权的，由最先受理的行政机关管辖；发生管辖权争议的，由其共同上一级行政机关指定管辖。情况紧急、不及时采取措施将对公共利益或者公民、法人和其他组织合法权益造成重大损害的，行政管理事项发生地的行政机关应当进行必要处理，并立即通知有管辖权的行政机关。

第十四条 地方各级人民政府之间为促进经济社会发展，有效实施行政管理，可以按照合法、平等、互利的原则开展跨行政区域的合作。

区域合作可以采取签订合作协议、建立行政首长联席会议制度、成立专项工作小组等方式进行。

上级人民政府应当加强对下级人民政府之间区域合作的组织、指导、协调和监督。

第十五条 行政管理涉及多个政府工

作部门的,可以建立由主要部门牵头、其他相关部门参加的部门联席会议制度。

部门联席会议制度应当明确牵头部门、参加部门、工作职责、工作规则等事项。

部门联席会议协商不成的事项,由牵头部门将有关部门的意见、理由和依据列明并提出意见,报本级人民政府决定。

第十六条 有下列情形之一的,行政机关可以书面请求相关行政机关协助:

(一)独立行使职权不能实现行政目的的;

(二)因人员、设备不足等原因不能独立行使职权的;

(三)执行公务所必需的文书、资料、信息为其他行政机关所掌握,自行收集难以获得的;

(四)应当请求行政协助的其他情形。

请求行政协助的内容主要包括:调查、提供具体信息和协助作出行政行为。

第十七条 被请求协助的行政机关应当依法及时履行协助义务,不得推诿或者拒绝。不能提供协助的,应当以书面形式及时告知请求机关并说明理由。

因行政协助发生争议的,由请求机关与协助机关的共同上一级行政机关裁决。

第十八条 行政机关工作人员执行公务时,有下列情形之一的,行政机关工作人员应当自行申请回避,公民、法人和其他组织也可以提出回避申请:

(一)与本人有利害关系的;

(二)与本人有夫妻关系、直系血亲关系、三代以内旁系血亲关系以及近姻亲关系的亲属有利害关系的;

(三)可能影响公正执行公务的。

行政机关工作人员的回避,由该行政机关主要负责人或者分管负责人决定。行政机关主要负责人的回避由本级人民政府或者其上一级行政机关决定。

第二节 其他行使行政职权的组织

第十九条 其他行使行政职权的组织包括法律、法规授权的组织和依法受委托的组织。

法律、法规授权的组织在法定授权范围内以自己的名义行使行政职权,并承担相应的法律责任。

依法受委托的组织在委托的范围内,以委托行政机关的名义行使行政职权,由此所产生的后果由委托行政机关承担法律责任。

第二十条 行政机关可以根据法律、法规、规章的规定,委托其他行政机关或者具有管理公共事务职能的组织行使行政职权,受委托的机关或者组织应当具备履行相应职责的条件。

第二十一条 委托行政机关与受委托的机关或者组织之间应当签订书面委托协议,并报本级人民政府法制机构、编制部门备案。委托协议应当载明委托依据、委托事项、权限、期限、双方权利和义务、法律责任等。

委托行政机关应当将受委托的机关或者组织和受委托的事项向社会公布。

第二十二条 委托行政机关应当对受委托机关或者组织办理受委托事项的行为进行指导、监督。

受委托的机关或者组织应当自行完成受委托的事项,不得将受委托的事项再委托给其他行政机关、组织或者个人。

第三节 当事人和其他参与人

第二十三条 本规定所称当事人,是指与行政行为有法律上的利害关系,以自己名义参与行政程序的公民、法人或者其他组织。

与行政行为的结果有法律上的利害关

系的公民、法人或者其他组织,是利害关系人,行政机关应当依法通知其参与行政程序。

第二十四条 当事人、利害关系人可以委托1名至2名代理人参与行政程序,法律、法规、规章明确规定当事人、利害关系人必须亲自参与行政程序的,还应当亲自参加行政程序。

当事人、利害关系人人数众多,没有委托共同代理人的,应当推选代表人参与行政程序。代表人代表全体当事人、利害关系人参与行政程序。

代表人的选定、增减、更换,应当以书面形式告知行政机关。

第二十五条 公民、法人和其他组织在行政程序中,依法享有申请权、知情权、参与权、陈述权、申辩权、监督权、救济权。

公民、法人和其他组织参与行政程序,应当履行服从行政管理、协助执行公务、维护公共利益、提供真实信息、遵守法定程序等义务。

第三章 重大行政决策程序

第二十六条 县级以上地方人民政府作出重大行政决策,适用本章规定。

县级以上地方人民政府工作部门和乡镇人民政府的重大行政决策程序,参照本章规定执行。

第二十七条 本规定所称重大行政决策,是指由县级以上地方人民政府依照法定职权,对关系本行政区域经济社会发展全局、社会涉及面广、与公民、法人和其他组织利益密切相关的下列事项作出的决定:

(一)编制国民经济和社会发展规划、重要的区域规划和专项规划以及财政预算;

(二)制定行政管理体制改革的重大措施;

(三)制定公共服务、市场监管、社会管理、环境保护等方面的重大措施;

(四)确定和调整重要的行政事业性收费以及政府定价的重要商品、服务价格;

(五)决定政府重大投资项目和重大国有资产处置;

(六)需要由政府决策的其他重大事项。

重大行政决策的具体事项和量化标准,由县级以上地方人民政府在前款规定的范围内确定,并向社会公布。

第二十八条 县级以上地方人民政府应当建立健全公众参与、专家论证、风险评估、合法性审查和集体讨论决定相结合的行政决策机制,实行依法决策、科学决策、民主决策。

第二十九条 政府行政首长提出的重大行政决策事项,由行政首长交承办单位承办,启动决策程序。

政府分管负责人、政府工作部门和下一级人民政府提出的重大行政决策事项的建议,由政府行政首长确定是否进入决策程序。

第三十条 决策事项承办单位应当对重大行政决策方案草案进行社会稳定、环境、经济等方面的风险评估;未经风险评估的,不得作出决策。

决策事项承办单位应当对重大行政决策方案草案进行合法性论证,必要时也可以进行成本效益分析。

第三十一条 除依法不得公开的事项外,决策事项承办单位应当向社会公布重大行政决策方案草案,征求公众意见。

第三十二条 除法律、法规、规章规定应当举行听证的外,重大行政决策事项涉及公众重大利益以及公众对决策方案草案有重大分歧的,也应当举行听证。

第三十三条 决策事项承办单位应当将公众对决策方案草案的意见和建议进行

归类整理,对公众提出的合理意见应当采纳;未予采纳的,应当以适当方式说明理由。

第三十四条　重大行政决策方案草案提交政府常务会议或者全体会议讨论前,决策事项承办单位应当将该方案交本级人民政府法制机构进行合法性审查。未经合法性审查或者经审查不合法的,不得提交会议讨论并作出决策。

第三十五条　重大行政决策方案草案经政府分管负责人审核后,由政府行政首长决定提交政府常务会议或者全体会议讨论。

第三十六条　重大行政决策在集体讨论的基础上,由政府行政首长作出同意、不同意、修改、暂缓或者再次讨论的决定。

政府常务会议或者全体会议应当记录重大行政决策方案草案的讨论情况及决定,对不同意见应当载明。

第三十七条　县级以上地方人民政府作出重大行政决策后,应当自作出决定之日起 20 日内向社会公布。

第三十八条　决策机关应当通过跟踪调查、考核等措施对重大行政决策的执行情况进行督促检查。决策执行机关应当根据各自职责,全面、及时、正确地贯彻执行重大行政决策。监督机关应当加强对重大行政决策执行的监督。

决策执行机关、监督机关及公民、法人或者其他组织认为重大行政决策及执行有违法或者不适当的,可以向决策机关提出。决策机关应当认真研究,并根据实际情况作出继续执行、停止执行、暂缓执行或者修订决策方案的决定。

第四章　行政执法程序

第一节　一般规定

第三十九条　本规定所称行政执法,是指行政机关依据法律、法规和规章,作出的行政许可、行政处罚、行政强制、行政给付、行政征收、行政确认等影响公民、法人或者其他组织权利、义务的行政行为。

第四十条　行政执法的依据包括法律、行政法规、地方性法规、规章。

行政执法的依据应当向社会公开。未经公开的,不得作为行政执法依据。

第四十一条　根据国务院的授权,省人民政府可以决定一个行政机关行使有关行政机关的行政处罚权。

经国务院批准,省人民政府根据精简、统一、效能的原则,可以决定一个行政机关行使有关行政机关的行政许可权。

第四十二条　县级以上地方人民政府根据行政管理的需要,可以组织相关行政机关联合执法。

联合执法中的行政执法决定,由参加联合执法的行政机关在各自的职权范围内依法作出,并承担相应的法律责任。

第四十三条　行政执法事项需要行政机关内设的多个机构办理的,该行政机关应当确定一个机构统一受理公民、法人或者其他组织的申请,统一送达行政执法决定。

对涉及两个以上政府工作部门共同办理的事项,县级以上地方人民政府可以确定一个部门或者政务中心窗口统一受理申请,将相关事项抄告相关部门,实行并联审批。

第四十四条　行政机关办理行政执法事项,应当健全内部工作程序,明确承办人、审核人、批准人,按照行政执法的依据、条件和程序,由承办人提出初审意见和理由,经审核人审核后,由批准人批准决定。

第四十五条　县级以上地方人民政府应当依法确认本行政区域内行政机关的行政执法主体资格,并向社会公告。

行政执法人员应当按照规定参加培训,经考试合格,并取得相应证件,持证上岗。

第四十六条 行政机关在行政执法过程中应当依法及时告知当事人、利害关系人相关的执法事实、理由、依据、法定权利和义务。

行政执法的告知应当采用书面形式。情况紧急时,可以采用口头等其他方式。但是依法应当采取书面形式告知的除外。

第四十七条 行政执法直接影响当事人权利、义务且不属于必须立即执行的,行政机关应当先采用教育、劝诫、疏导等手段,促使当事人自觉履行法定义务、纠正错误。当事人违法情节轻微,经教育后自觉履行法定义务,且未造成危害后果的,可以不予追究法律责任。

第二节 程序启动

第四十八条 行政执法程序依法由行政机关依职权启动,或者依公民、法人和其他组织的申请启动。

行政机关依职权启动程序,应当经本行政机关负责人批准。情况紧急的,可以事后补报。

公民、法人或者其他组织认为自己的申请事项符合法定条件,可以申请行政机关启动行政执法程序。

第四十九条 公民、法人和其他组织申请启动行政执法程序应当采取书面形式。

申请书应当载明下列事项:

(一)申请人的基本情况;

(二)申请事项;

(三)申请的事实和理由;

(四)申请人签名或者盖章;

(五)申请时间。

申请人书写确有困难,或者没有必要以书面形式申请,以及在紧急情况下可以口头申请,行政机关应当当场记录,经申请人阅读或者向其宣读,确认内容无误后由其签名或者盖章。

第五十条 行政机关对当事人提出的申请,应当根据下列情况分别作出处理:

(一)申请事项依法不属于本行政机关职权范围的,应当即时作出不予受理的决定,并书面告知当事人向有关行政机关申请;

(二)申请材料存在可以当场更正的错误的,应当允许当事人当场更正;

(三)申请材料不齐全或者不符合法定形式的,应当当场或者在5日内一次告知当事人需要补正的全部内容,逾期不告知的,自收到申请材料之日起即为受理;当事人在限期内不作补充的,视为撤回申请;

(四)申请事项属于本行政机关职权范围,申请材料齐全、符合法定形式,或者当事人按照本行政机关的要求提交全部补正申请材料的,应当受理当事人的申请。

行政机关受理或者不受理当事人申请的,应当出具加盖本行政机关印章和注明日期的书面凭证。

第三节 调 查

第五十一条 行政执法程序启动后,行政机关应当核实材料,收集证据,查明事实。

行政机关调查取证时,行政执法人员应当向当事人或者有关人员主动出示行政执法证件,说明调查事项和依据,否则当事人或者有关人员有权拒绝接受调查和提供证据。

因调查事实、收集证据确需勘查现场的,行政机关应当通知当事人或者其代理人到场;当事人或者其代理人拒绝到场的,应当在调查笔录中载明。

第五十二条 当事人应当配合行政机

关调查,提供与调查有关的真实材料和信息。知晓有关情况的其他公民、法人和其他组织应当协助行政机关调查。因协助调查产生的合理费用由行政机关承担。调查取证应当制作笔录,由行政执法人员、当事人或者其代理人、见证人签字;当事人或者其代理人、见证人拒绝签字的,不影响调查结果的效力,但是应当在调查笔录中载明。

第五十三条 行政机关在作出行政执法决定前,应当告知当事人、利害关系人享有陈述、申辩的权利,并听取其陈述和申辩。

对于当事人、利害关系人的陈述和申辩,行政机关应当予以记录并归入案卷。

对当事人、利害关系人提出的事实、理由和证据,行政机关应当进行审查,并采纳其合理的意见,不予采纳的,应当说明理由。

第五十四条 有下列情形之一的,行政机关在作出行政执法决定前应当举行听证:

(一)法律、法规、规章规定应当举行听证的;

(二)行政机关依法告知听证权利后,当事人、利害关系人申请听证的;

(三)行政机关认为有必要举行听证的其他情形。

第四节 证 据

第五十五条 行政机关应当采取合法手段和依照法定程序,全面、客观、公正地收集证据,不得仅收集对当事人不利的证据。

当事人可以以书面、口头或者其他方式向行政机关提供证据。

第五十六条 行政执法证据包括:

(一)书证;
(二)物证;
(三)当事人陈述;
(四)证人证言;
(五)视听资料;
(六)电子数据;
(七)鉴定意见;
(八)勘验笔录、现场笔录;
(九)法律、法规规定的其他证据。

第五十七条 下列证据材料不得作为行政执法决定的依据:

(一)严重违反法定程序收集的;

(二)以非法偷拍、偷录、窃听等手段侵害他人合法权益取得的;

(三)以利诱、欺诈、胁迫、暴力等不正当手段取得的;

(四)没有其他证据印证且相关人员不予认可的证据的复制件或者复制品;

(五)无法辨认真伪的;

(六)不能正确表达意志的证人提供的证言;

(七)在中华人民共和国领域以外形成的未办理法定证明手续的;

(八)不具备合法性、真实性和关联性的其他证据材料。

第五十八条 作为行政执法决定依据的证据应当查证属实。当事人有权对作为定案依据的证据发表意见,提出异议。

第五十九条 行政机关对依职权作出的行政执法决定的合法性、适当性负举证责任。

行政机关依申请作出行政执法决定的,当事人应当如实向行政机关提交有关材料,反映真实情况。行政机关经审查认为其不符合法定条件的,由行政机关负举证责任。

第五节 决 定

第六十条 行政执法决定应当以书面形式作出。但是法律、法规、规章另有规定的除外。

行政执法决定应当载明下列事项:

（一）当事人的基本情况；
（二）事实以及证明事实的证据；
（三）适用的法律规范；
（四）决定内容；
（五）履行的方式和时间；
（六）救济的途径和期限；
（七）行政机关的印章与决定日期；
（八）应当载明的其他事项。

第六十一条 行政执法决定限制公民、法人和其他组织权利或者增加其义务的，应当说明决定的理由。

第六十二条 行政执法决定自送达之日起生效。

行政执法决定附条件或者附期限的，应当载明生效的条件或者期限。

第六节 期限和送达

第六十三条 法律、法规、规章对行政执法事项有明确期限规定的，行政机关必须在法定期限内办结。

行政机关对行政执法事项的办理期限作出明确承诺的，应当在承诺期限内办结。

第六十四条 依法不需要对申请材料的实质内容进行核实的事项，申请人提交的申请材料齐全、符合法定形式的，应当当场办理；能够当场作出决定的，应当当场作出书面决定。

第六十五条 行政机关作出行政执法决定，依法需要听证、招标、拍卖、检验、检测、检疫、鉴定、专家评审和公示的，所需时间不计算在规定的期限内。

第六十六条 行政机关不得不履行法定职责或者拖延履行法定职责。

行政机关在法定期限内，非因法定或者正当事由未依职权或者未依申请启动行政执法程序的，属于不履行法定职责。

行政机关在法定期限或者承诺期限内，非因法定或者正当事由，虽然启动行政执法程序但是未及时作出行政执法决定的，属于拖延履行法定职责。

第六十七条 当事人因不可抗拒的事由或者其他正当理由耽误期限的，在障碍消除后的10日内，可以申请顺延期限，是否准许，由行政机关决定。

第六十八条 送达行政执法决定应当由受送达人在送达回证或者附卷的决定书上注明收到日期，签名或者盖章。

受送达人在送达回证或者附卷的决定书上的签收日期为送达日期。

送达程序参照《中华人民共和国民事诉讼法》有关规定执行。

第七节 简易程序

第六十九条 对事实简单、当场可以查实、有法定依据且对当事人合法权益影响较小的事项，行政机关可以适用简易程序作出行政执法决定。法律、法规对简易程序的适用范围另有规定的，从其规定。

第七十条 行政机关对适用简易程序的事项可以口头告知当事人行政执法决定的事实、依据和理由，并当场听取当事人的陈述与申辩。

当事人提出的事实、理由或者证据成立的，行政机关应当采纳；不采纳的应当说明理由。

第七十一条 适用简易程序的，可以当场作出行政执法决定。

行政执法人员当场作出行政执法决定的，应当报所属机关备案。

适用简易程序的行政执法决定可以以格式化的方式作出。

第八节 效 力

第七十二条 有下列情形之一的，行政执法行为无效：

（一）不具有法定行政执法主体资

格的;

(二)没有法定依据的;

(三)法律、法规、规章规定的其他无效情形。

无效的行政执法行为,自始不发生法律效力。

第七十三条 有下列情形之一的,行政执法行为应当撤销:

(一)主要证据不足的;

(二)适用依据错误的;

(三)违反法定程序的,但是可以补正的除外;

(四)超越法定职权的;

(五)滥用职权的;

(六)法律、法规、规章规定应当撤销的其他情形。

行政执法行为被撤销后,其撤销效力追溯至行政执法行为作出之日;法律、法规和规章另有规定的,其撤销效力可以自撤销之日发生。

第七十四条 行政执法行为的撤销,不适用下列情形:

(一)撤销可能对公共利益造成重大损害的;

(二)法律、法规、规章规定不予撤销的其他情形。

行政执法行为不予撤销的,行政机关应当自行采取补救措施或者由监督机关责令其采取补救措施。

第七十五条 有下列情形之一的,行政执法决定应当予以补正或者更正:

(一)未说明理由且事后补充说明理由,当事人、利害关系人没有异议的;

(二)文字表述错误或者计算错误的;

(三)未载明决定作出日期的;

(四)程序上存在其他轻微瑕疵或者遗漏,未侵犯公民、法人或者其他组织合法权利的。

补正或者变更应当以书面决定的方式作出。

第七十六条 有下列情形之一的,行政执法行为应当确认违法:

(一)行政机关不履行法定职责,责令其履行已无实际意义的;

(二)行政执法行为违法,不具有可撤销内容的;

(三)行政执法行为违法,依法不予撤销的;

(四)应当确认违法的其他情形。

第五章 行政合同

第七十七条 本规定所称行政合同,是指行政机关为了维护公共利益,实现行政管理目的,与公民、法人和其他组织之间,经双方意思表示一致达成的协议。

行政合同主要适用于下列事项:

(一)政府特许经营;

(二)国有自然资源使用权出让;

(三)国有资产承包经营、出售或者租赁;

(四)征收、征用补偿;

(五)政府采购;

(六)政策信贷;

(七)行政机关委托的科研、咨询;

(八)法律、法规、规章规定可以订立行政合同的其他事项。

第七十八条 订立行政合同应当遵循维护公益、公开竞争和自愿原则。

订立行政合同一般采用公开招标、拍卖等方式。招标、拍卖适用《中华人民共和国招标投标法》《中华人民共和国拍卖法》《中华人民共和国政府采购法》等法律、法规、规章规定。

法律、法规、规章对订立行政合同另有规定的,从其规定。

第七十九条 行政合同应当以书面形

式签订,但是法律、法规另有规定的除外。

第八十条　行政合同依照法律、法规规定应当经其他行政机关批准或者会同办理的,经批准或者会同办理后,行政合同方能生效。

第八十一条　行政机关有权对行政合同的履行进行指导和监督,但是不得妨碍对方当事人履行合同。

第八十二条　行政合同受法律保护,合同当事人不得擅自变更、中止或者解除合同。

行政合同在履行过程中,出现严重损害国家利益或者公共利益的情形,行政机关有权变更或者解除合同。

行政合同在履行过程中,出现影响合同当事人重大利益、导致合同不能履行或者难以履行的情形,合同当事人可以协商变更或者解除合同。

第六章　行政指导

第八十三条　本规定所称行政指导,是指行政机关为实现特定的行政目的,在其法定的职权范围内或者依据法律、法规、规章和政策,以指导、劝告、提醒、建议等非强制性方式,引导公民、法人和其他组织作出或者不作出某种行为的活动。

行政指导主要适用于下列情形:

(一)需要从技术、政策、安全、信息等方面帮助当事人增进其合法利益;

(二)需要预防当事人可能出现的妨害行政管理秩序的违法行为;

(三)需要行政机关实施行政指导的其他情形。

第八十四条　实施行政指导应当遵循平等、公开、诚实信用、及时灵活、自愿选择等原则。

第八十五条　行政指导采取下列方式实施:

(一)制定和发布指导、引导性的政策;

(二)提供技术指导和帮助;

(三)发布信息;

(四)示范、引导、提醒;

(五)建议、劝告、说服;

(六)其他指导方式。

第八十六条　实施行政指导可以采取书面、口头或者其他合理形式。当事人要求采取书面形式的,行政机关应当采取书面形式。

第八十七条　行政机关可以主动实施行政指导,也可以依当事人申请实施行政指导。

公民、法人和其他组织有权自主决定是否接受、听从、配合行政指导;行政机关不得采取或者变相采取强制措施实施行政指导。

第八十八条　行政指导的目的、内容、理由、依据、实施者以及背景资料等事项,应当对当事人或者公众公开,但是涉及国家秘密、商业秘密或者个人隐私的除外。

第八十九条　行政机关实施重大行政指导,应当采取公布草案、听证会、座谈会等方式,广泛听取公民、法人和其他组织的意见。

实施行政指导涉及专业性、技术性问题的,应当经过专家论证,专家论证意见应当记录在案。

第七章　行政调解

第九十条　本规定所称行政调解,是指行政机关为了化解社会矛盾、维护社会稳定,依照法律、法规、规章和有关规定,居间协调处理与行使行政职权相关的民事纠纷的行为。

第九十一条　行政机关可以根据公民、法人或者其他组织的申请进行行政调解,也可以主动进行行政调解。

行政机关应当遵循自愿、合法、公正的原则,及时进行行政调解。

第九十二条 行政机关收到公民、法人或者其他组织请求调解民事纠纷的申请后,经审查符合条件的,应当及时告知民事纠纷另一方;另一方同意调解的,应当受理并组织调解。

不符合条件或者一方不同意调解的不予受理,并向申请人说明理由。

第九十三条 行政机关受理并且组织行政调解的,应当指派具有一定法律知识、政策水平和实际经验的工作人员主持调解。

行政机关应当通过调解活动防止纠纷激化。

第九十四条 行政调解工作人员应当在查明事实、分清是非的基础上,根据纠纷的特点、性质和难易程度,进行说服疏导,引导双方达成调解协议。

调解达成协议的,应当制作调解协议书。调解协议书应当由纠纷双方和调解工作人员签名,并加盖行政机关印章。

第九十五条 当事人应当履行调解协议。不履行调解协议或者调解没有达成协议的,当事人可依法提起民事诉讼。

第八章 公众建议

第九十六条 公民、法人和其他组织可以对下列事项向行政机关提出建议:

(一)公共利益的维护;

(二)行政决策的作出;

(三)规章或者规范性文件的修改完善;

(四)行政违法、违规行为的举报和投诉;

(五)公民、法人和其他组织合法权益的保障和维护;

(六)需要政府管理或者处理的其他事项。

第九十七条 公民、法人和其他组织可以以书面或者口头方式提出建议。

以口头方式提出建议的,受理机关应当形成记录,由建议人签名或者盖章;建议人对记录有异议的,受理机关应当更正。

受理机关认为建议内容不明确的,应当通知建议人补正。

第九十八条 公民、法人和其他组织建议有下列情形之一的,不予处理:

(一)无具体内容或者未具真实姓名和住址的;

(二)同一事由,已经予以适当处理,并明确答复后,再次建议的;

(三)建议内容与受理机关无关的。

第九十九条 行政机关对公民、法人和其他组织建议,应当指派人员及时处理。公民、法人和其他组织建议有保密必要的,受理机关按照有关规定予以保密。

第一百条 公民、法人和其他组织建议事项依法应当提起行政复议、行政诉讼或者请求国家赔偿的,受理机关应当告知建议人。

第九章 行政监督

第一百零一条 县级以上地方人民政府应当加强政府层级监督,健全政府层级监督制度,完善政府层级监督机制和方式。

监察、审计等专门监督机关应当切实履行法定职责,依法加强专门监督。行政机关应当自觉接受监察、审计等专门监督机关的监督。

第一百零二条 县级以上地方人民政府应当加强对本规定实施情况的监督检查,及时纠正行政程序违法行为。

监督检查的主要方式:

(一)听取本规定实施情况的报告;

(二)开展实施行政程序工作的检查;

(三)重大行政行为登记和备案;

(四)行政执法评议考核;

（五）行政执法案卷评查；

（六）受理、调查公众投诉、举报和媒体曝光的行政程序违法行为；

（七）查处行政程序违法行为；

（八）监督检查的其他方式。

第一百零三条 行政机关行政程序行为违法的，行政机关应当依职权或者依申请自行纠正。

监察机关、上级行政机关、政府法制机构对投诉、举报和监督检查中发现的行政程序违法行为，应当建议其自行纠正，有关行政机关应当在30日内将处理结果向监督机关报告。

第一百零四条 行政机关不自行纠正行政程序违法行为的，由监督机关依照职权分别作出责令补正或者更正、责令履行法定职责、确认违法或者无效、撤销等处理。

第一百零五条 公民、法人和其他组织认为行政机关的行政行为违反法定程序的，可以向监察机关、上级行政机关或者本级人民政府法制机构投诉、举报。

监察机关、上级行政机关、政府法制机构应当对受理的投诉、举报进行调查，依照职权作出处理，并将处理结果告知投诉人、举报人。

第十章 附 则

第一百零六条 本规定自2015年3月1日起施行。

黑龙江省行政执法程序规定

（2019年1月2日省政府第二十二次常务会议审议通过 2019年1月16日黑龙江省人民政府令第1号公布 自2019年2月15日起施行）

第一章 总 则

第一条 为了规范行政执法程序，全面推进行政执法规范化建设，保障公民、法人或者其他组织的合法权益，根据有关法律、法规，制定本规定。

第二条 本省行政区域行政执法单位及行政执法人员从事行政许可、行政处罚、行政强制、行政给付、行政征收、行政确认、行政调解、行政裁决、行政检查、行政收费等行政执法活动，适用本规定。

第三条 行政执法单位应当遵守法定程序，不得在程序上减损公民、法人或者其他组织的权利或者增加其义务。

第四条 行政执法单位应当公正行使行政执法职权，公平对待公民、法人或者其他组织。

行政执法单位实施行政执法行为，采取的措施和方式应当必要、适当，并与行政管理目的相适应。

第五条 行政执法单位应当积极履行法定职责，提高行政执法效能，为公民、法人或者其他组织提供方便、快捷、优质的公共服务。

第六条 行政执法单位应当建立健全行政裁量基准制度，全面推行行政执法公示制度、执法全过程记录制度和重大执法决定法制审核制度。

第七条 行政执法人员从事行政执法活动，应当语言文明，行为规范，不得有歧视、侮辱、诱导、威胁公民、法人或者其他组织等行为。

第二章 管辖和回避

第八条 县级以上人民政府根据有关法律、法规、规章的规定，具体确定所属各行政执法单位的管辖权限。

两个以上行政执法单位对同一行政执法事项均具有管辖权的，由最先立案、受理的行政执法单位管辖。

第九条 行政执法单位认为行政执

事项不属于本单位管辖的,应当及时移送有管辖权的行政执法单位,并通知行政相对人。受移送的行政执法单位不得再自行移送。

第十条 两个以上行政执法单位发生管辖权争议的,应当协商解决;协商不成的,报共同上一级主管部门或者本级人民政府指定管辖。

第十一条 行政执法人员有下列情形之一的,应当主动提出回避;未提出回避的,行政执法单位应当责令其回避:

(一)与行政执法行为有利害关系的;

(二)与行政相对人或者其代理人有近亲属关系的;

(三)与行政相对人有其他关系,可能影响公正执法的;

(四)法律、法规、规章规定应当回避的其他情形。

行政相对人认为行政执法人员与其所实施的行政执法行为有利害关系或者有其他关系,可能影响公正执法的,有权向行政执法单位申请该行政执法人员回避。

第十二条 行政执法人员的回避,由行政执法单位负责人决定;行政执法单位负责人的回避,由该行政执法单位负责人集体讨论决定或者报上一级主管部门决定。

回避决定作出前,行政执法人员可以继续参与相关行政执法活动。对被决定回避人员在回避决定作出前所参与的行政执法活动,行政相对人提出核查申请的,行政执法单位应当进行核查并向行政相对人作出说明。

第三章 程序启动

第十三条 公民、法人或者其他组织向行政执法单位提出行政许可、行政确认、行政给付、行政裁决等申请的,应当采取书面形式。书面申请需要采用格式文本的,行政执法单位应当向申请人提供申请书格式文本。

书面申请可以通过信函、传真、电子数据交换、电子邮件或者网上办事应用程序等方式提出。

书面申请确有困难的,可以采用口头形式申请,由行政执法人员当场记录,交申请人签名或者盖章确认。

第十四条 行政执法单位收到公民、法人或者其他组织的申请后,根据下列情况分别处理:

(一)依法不需要向行政执法单位提出申请的,应当即时告知申请人不受理;

(二)申请事项不属于本单位职权范围的,应当即时作出不予受理的决定,并告知申请人向有管辖权的行政执法单位提出申请;

(三)申请材料不符合要求,可以当场更正的,应当允许申请人当场更正;

(四)申请材料不齐全或者不符合法定形式的,行政执法单位应当当场一次性告知申请人需要补正的事项和补正期限,不能当场告知的,应当在法定期限或者承诺期限内告知,逾期不告知的,自收到申请材料之日起即为受理;

(五)申请事项属于本单位职权范围,申请材料齐全、符合法定形式,或者申请人按照补正要求提交全部补正申请材料的,行政执法单位应当场受理;

(六)申请事项直接关系他人重大利益的,应当告知利害关系人。

行政执法单位受理或者不予受理申请的,应当出具书面凭证;不予受理的,应当告知申请人对不予受理决定不服的救济途径和期限。

申请人通过网上办事应用程序提出申请的,行政执法单位可以通过网上受理渠道出具受理或者不予受理的书面凭证。

第十五条　行政执法单位收到公民、法人或者其他组织投诉、举报或者通过行政执法检查等方式发现的违法行为、违法线索，以及其他行政执法单位移送的行政执法案件的，应当进行立案审查，符合立案条件的，依职权启动行政执法程序。

第十六条　行政执法单位依职权启动行政执法程序，应当经本单位负责人批准。情况紧急的，可以立即启动行政执法程序，并于二十四小时内补办报批手续。

两个以上行政执法单位联合办理的行政执法案件，由主办单位办理报批手续。

第四章　调查取证

第十七条　行政执法单位需要核查公民、法人或者其他组织申请，或者实施行政处罚、行政强制等行政执法行为依法需要查明事实的，应当全面、客观、公正、及时开展调查，收集保存有关证据。

行政执法单位不得仅收集对行政相对人不利的证据。

第十八条　调查可以依法采取下列方式：

（一）询问行政相对人、利害关系人或者证人；

（二）向有关单位和个人调取证据材料；

（三）现场检查，或者勘验、勘查；

（四）抽取样品；

（五）自行或者委托具有相应资质的机构进行检验、检测、检疫、鉴定；

（六）法律、法规、规章规定的其他方式。

行政执法单位开展调查时，行政执法人员不得少于两人。

第十九条　行政执法人员应当制作调查笔录，由行政相对人核实后签名或者盖章确认；行政相对人拒绝签名或者盖章的，行政执法人员应当采取录像或者其他视听方式予以记录，在笔录上注明情况并签名。

第二十条　行政执法单位调查取证需要抽取样品进行检验、检测、检疫、鉴定的，没有法律、法规依据，不得向行政相对人收费。

行政执法单位应当购买所抽取的样品，并制作抽取样品清单，由行政相对人签名或者盖章确认，当场交付行政相对人。

依法需要由行政相对人无偿提供样品的，不得超过技术标准和标准规范要求的数量。无偿取得的样品应当及时返还，但价值低微，经行政相对人同意无需返还的除外。

第二十一条　行政执法单位应当将检验、检测、检疫结果以及鉴定意见及时书面告知行政相对人。

行政相对人对检验、检测、检疫结果以及鉴定意见有异议的，可以依法申请复检或者重新鉴定。

第二十二条　作为行政执法决定依据的证据应当经行政执法单位查证属实，并符合法律、法规、规章规定。

行政相对人有权对作为行政执法决定依据的证据发表意见，提出异议。未经行政相对人发表意见的证据不能作为行政执法决定的依据。

第五章　陈述、申辩和听证

第二十三条　行政执法单位作出行政执法决定前，应当依法告知行政相对人、利害关系人享有陈述、申辩的权利。

第二十四条　行政执法单位应当听取行政相对人、利害关系人的陈述和申辩，对其提出的事实、理由、依据和证据材料予以记录并核实。经核实成立的，行政执法单位应当予以采纳；不予采纳的，应当说明理由。

行政执法单位不得因行政相对人陈述和申辩而作出对其不利的行政执法决定。

第二十五条 有下列情形之一的,行政执法单位应当在行政执法决定作出前举行听证:

(一)法律、法规、规章规定应当举行听证的;

(二)行政相对人、利害关系人依法申请听证的;

(三)行政执法单位认为有必要举行听证的其他情形。

听证应当公开进行,但涉及国家秘密、商业秘密或者个人隐私的除外。

行政执法单位应当承担组织听证的费用。

第二十六条 听证按照下列程序进行:

(一)查明行政执法人员、行政相对人、利害关系人是否到会;

(二)宣布听证会的内容和纪律,告知相关权利;

(三)行政执法人员、行政相对人、利害关系人依次发言;

(四)出示证据,进行质证;

(五)对争议的事实进行辩论;

(六)行政执法人员、行政相对人、利害关系人依次最后陈述意见。

听证应当制作笔录,并由行政执法人员、行政相对人、利害关系人当场核对无误后签名或者盖章。

第二十七条 听证主持人应当在听证结束后三日内形成听证意见报告书,连同听证笔录提交行政执法单位。

行政执法单位应当根据听证情况作出行政执法决定。

第六章　决定和执行

第二十八条 行政执法决定应当以书面形式作出,但法律、法规、规章另有规定的除外。

行政执法单位需要向申请人颁发许可证、执照、资格证、资质证等证件的,应当依法颁发;实施检验、检测、检疫的,可以在检验、检测、检疫合格的设备、设施、产品、物品上加贴标签或者加盖检验、检测、检疫印章。

第二十九条 行政执法决定一般应当载明以下事项:

(一)行政相对人的姓名或者名称、地址;

(二)主要事实以及相关证据;

(三)适用的法律依据以及具体规定;

(四)决定内容;

(五)履行方式和期限;

(六)救济途径和期限;

(七)行政执法单位的名称、印章与决定日期;

(八)法律、法规、规章规定应当载明的其他事项。

依法需要说明理由的,应当说明事实认定、行政裁量和法律适用的理由。

第三十条 行政执法决定自送达之日起生效。行政执法决定附条件或者附期限的,自条件成就或者期限届至之日起生效。

第三十一条 行政执法决定文书载有履行内容的,行政相对人应当在期限内履行。逾期未履行的,由行政执法单位根据其法定权限并按照法定程序,实施强制执行或者申请人民法院强制执行。

第七章　期限和送达

第三十二条 除当场作出行政执法决定的外,行政执法单位应当在法律、法规、规章规定的办理期限内作出行政执法决定。

行政执法单位对办理期限作出少于法定期限的承诺的,应当在承诺期限内办结。

第三十三条 行政执法单位作出行政

执法决定依法需要听证、招标、拍卖、检验、检测、检疫、鉴定和专家评审的,所需时间不计算在办理期限内。

第三十四条　行政相对人因不可抗力或者其他正当事由耽误期限的,在障碍消除后十日内,可以申请顺延期限,由行政执法单位作出是否准许的决定。顺延期限自书面准许送达之时起计算。

第三十五条　行政执法决定应当直接送达行政相对人,由行政相对人在送达回证或者决定书上签名或者盖章,并注明收到日期。行政相对人在送达回证或者决定书上的签收日期为送达日期。

行政相对人拒绝接收或者无法直接送达行政相对人的,行政执法单位应当依照《中华人民共和国民事诉讼法》的有关规定送达。

第八章　其他规定

第三十六条　有下列情形之一的,行政执法单位可以适用简易程序:

(一)申请材料齐全、符合法定形式,依法不需要对申请材料的实质内容进行核实的;

(二)违法事实确凿,法定依据明确,并且对行政相对人权益影响较小的;

(三)法律、法规、规章规定的其他情形。

第三十七条　适用简易程序的,可以口头告知行政相对人行政执法决定的事实、理由及依据,当场听取其陈述、申辩,并可以当场作出行政执法决定。

当场作出的行政执法决定,应当当场送达行政相对人,并报所属行政执法单位备案。

第三十八条　公民、法人或者其他组织向行政执法单位申请调解与行政管理职责有关的纠纷的,行政执法单位应当依法组织调解。

对资源开发、环境污染、公共安全等方面的纠纷,涉及人数较多、影响较大、可能影响社会稳定的纠纷,以及依法应当由行政执法单位调解的纠纷,行政执法单位应当依职权主动组织调解。

第三十九条　行政执法单位应当自收到调解申请之日起五日内征求对方当事人的意见,决定是否受理,并出具书面凭证;法律关系复杂的,或者涉及多个部门职责的,应当自收到申请之日起十日内决定是否受理。

行政调解期限为十五日;疑难、重大矛盾纠纷经双方当事人同意延期的,可以延长十五日。

行政执法单位调解不成的,应当引导公民、法人或者其他组织依法通过行政裁决、仲裁、诉讼等方式解决。

第四十条　公民、法人或者其他组织向行政执法单位申请对与其行使职权相关的民事纠纷进行裁决的,具有行政裁决权的行政执法单位应当依法进行裁决。

第四十一条　行政执法单位受理行政裁决申请后,依法可以调解的,应当先行调解,调解不成的,依照程序作出行政裁决决定。

行政执法单位应当自受理裁决申请后五日内,将申请书副本或者申请笔录复印件送达给被申请人。被申请人应当自收到申请书副本或者申请笔录复印件之日起十日内,向行政执法单位提交书面答复以及相关证据材料。

双方当事人对主要事实没有争议的,行政执法单位可以采取书面审查的方式审理。双方当事人对主要事实有争议的,行政执法单位应当公开审理,充分听取双方当事人的意见,但依法不予公开的除外。

行政执法单位应当制作行政裁决决定

书,并依法送达双方当事人。

第四十二条 行政执法单位依职权实施行政执法检查的,应当制定和公布年度行政执法检查工作计划,合理确定行政执法检查的事项、方式、对象、频次、时间等。

行政执法单位应当根据行政检查工作计划制定和公布随机抽查事项清单,采取从市场主体名录库和行政执法检查人员名录库中随机抽取检查对象、随机选派行政执法人员的方式实施行政执法检查。

行政执法单位应当科学合理确定随机抽查的比例、频次,对投诉举报较多、列入经营异常名录、有严重违法记录的,应当提高随机抽查比例和频次;对守法经营信用良好的,可以适当降低抽查比例和频次。

第四十三条 行政执法单位依法向公民、法人或者其他组织收取行政事业性收费的,应当按照规定开具政府非税收入票据或者税务票据,及时交付行政相对人。

行政执法单位未开具政府非税收入票据或者税务票据,以及未提供有效的行政事业性收费依据的,收费对象有权拒绝。

第四十四条 行政事业性收费应当实行收支两条线管理,收费资金按照规定全额上缴国库或者财政专户。

第九章 监督和责任

第四十五条 各级人民政府应当自觉接受本级人民代表大会及其常务委员会的监督,接受人民政协的民主监督。

行政执法单位应当依照有关法律的规定接受司法机关的监督,接受新闻舆论和人民群众的监督。

第四十六条 县级以上人民政府应当对所属行政执法单位和下级人民政府履行行政执法程序情况进行监督。

行政执法单位应当对本单位所属执法机构、依法授权或者委托执法的组织、派出执法机构及行政执法人员履行行政执法程序情况进行监督。

第四十七条 公民、法人或者其他组织有权监督行政执法活动,并提出意见和建议。行政执法单位应当依法保障公民、法人或者其他组织的监督权,采纳其提出的合理意见和建议。

第四十八条 行政执法单位应当建立健全行政执法违法行为投诉举报制度,并向社会公布受理投诉、举报的方式和承办机构。

第四十九条 公民、法人或者其他组织认为行政执法单位及行政执法人员的行政执法行为违反法定程序的,有权投诉、举报。

接到投诉、举报的有关单位应当依照职权及时作出处理,并将处理结果书面告知投诉人、举报人。

接到投诉、举报的有关单位应当对投诉、举报人的身份信息保密。

第五十条 行政执法单位及行政执法人员违反法定程序,侵害公民、法人或者其他组织合法权益的,由有权机关依法依纪追究有关人员责任。

第十章 附 则

第五十一条 法律、法规、部门规章对行政执法程序已有规定的,从其规定。

第五十二条 本规定自 2019 年 2 月 15 日起施行。

五、行政处罚自由裁量权规定

(一)部门规范性文件

国家税务总局关于规范税务行政裁量权工作的指导意见

(2012年7月3日 国税发〔2012〕65号)

各省、自治区、直辖市和计划单列市国家税务局、地方税务局:

为规范税收执法行为,切实保障纳税人合法权益,加快推进税务机关依法行政,构建和谐税收征纳关系,根据《全面推进依法行政实施纲要》、《国务院关于加强法治政府建设的意见》(国发〔2010〕33号)和有关规定,结合税收工作实际,提出如下指导意见:

一、充分认识规范税务行政裁量权的必要性

行政裁量权是行政机关依法行使行政处罚、行政许可、行政强制、行政征收、行政给付等职权时,根据法律、法规和规章的规定,依据立法目的和公平合理的原则,自主作出决定和选择行为方式、种类和幅度的权力。行政裁量权是现代行政权的重要组成部分,也是现代行政的必然要求。它的存在既是社会关系的复杂性所决定,又是法律规范的局限性所决定;既是提高行政效率的需要,也是实现个案公平的需要。但行政裁量权又是一把双刃剑,容易被行政机关滥用,侵害公民、法人和其他组织的合法权益。因此,赋予行政机关行政裁量权的同时,必须对其进行规范和控制。

税收执法的许多方面和环节涉及到行政裁量权,规范税务行政裁量权具有十分重要的现实意义。

(一)规范税务行政裁量权是服务科学发展、共建和谐税收的必然选择。服务科学发展、共建和谐税收要求税务机关始终坚持依法行政,使税法得到普遍遵从。提高税法遵从度,既要靠纳税人增强依法诚信纳税意识,自觉履行纳税义务,也要靠税务机关坚持依法行政,带动和引导纳税人自觉遵从税法。提高税法遵从度是税务机关和纳税人共同的责任和义务,税务机关尤其要带头遵从税法。规范税务行政裁量权,限制和规范税收执法权,有利于切实提高税务机关依法行政的质量和水平,有效促进税务机关带头遵从税法,并充分带动纳税人自觉遵从税法,不断实现税收征纳关系的和谐。

(二)规范税务行政裁量权是推进依法行政、保障纳税人合法权益的现实要求。推进依法行政有利于促进各级税务机关依法履行职责,规范和约束行政权力,保障纳税人依法享有的各项权利和自由。规范税务行政裁量权,防止和减少税务机关随意执法、选择性执法和机械性执法等问题,有利于进一步推进依法行政,真正做到严格执法、规范执法、公正执法、文明执法,切实保障纳税人的合法权益。

(三)规范税务行政裁量权是加强税务

机关自身建设、防范税收执法风险的有效途径。规范执法行为、提高执法质量是税务机关加强自身建设、防范执法风险的重要目标。规范税务行政裁量权,合理调整执法权行使的弹性空间,有利于促进税务行政裁量定位更准确,操作更规范,有效降低税务机关和税务人员的执法风险,全面提升税务机关的执法形象。

(四)规范税务行政裁量权是促进税务机关廉政建设、遏制腐败的重要举措。深入推进税务系统反腐倡廉建设必须强化对税收执法权和行政管理权的监督,规范"两权"运行。作为税收执法权的重要组成部分,税务行政裁量权的规范行使是遏制腐败的重要保证。规范税务行政裁量权,从机制上加强对税收执法权运行的监控,有利于实现制度防腐和源头防腐,有效遏制税收执法领域职务腐败的发生。

二、规范税务行政裁量权的基本要求

(一)合法裁量。税务机关行使行政裁量权应当依照法律法规进行。税务机关行使行政裁量权应当依照法定权力、条件、范围、幅度和程序进行。

(二)合理裁量。税务机关行使行政裁量权应当符合立法目的和法律原则。要全面考虑相关事实因素和法律因素,排除不相关因素的干扰,维护纳税人合法权益,努力实现法律效果与社会效果的统一。可以采取多种方式实现行政目的的,应当选择对纳税人权益损害最小的方式,对纳税人造成的损害不得与所保护的法定利益显失均衡。

(三)公正裁量。税务机关行使行政裁量权应当平等对待纳税人,同样情形同等处理。对事实、性质、情节及社会危害程度等因素基本相同的税务事项,应当给予基本相同的处理。同一地区国、地税机关对相同税务管理事项的处理应当一致。非因法定事由并经法定程序,不得撤销、变更已经生效的税务决定。因国家利益、公共利益或者其他法定事由需要撤销或者变更税务决定的,应当依照法定权限和程序进行,对纳税人因此而受到的财产损失依法予以补偿。

(四)程序正当。税务机关行使行政裁量权应当严格遵循法定程序,注意听取纳税人的意见,依法保障纳税人的知情权、参与权和救济权。税务人员与纳税人存在利害关系时,应当依法回避。税务机关行使行政裁量权作出税务决定时,应当说明理由。

(五)公开透明。税务机关行使行政裁量权,除涉及国家秘密和依法受到保护的商业秘密、个人隐私外,应当依法公开执法依据、执法过程、处理结果等。

三、建立税务裁量基准制度

裁量基准是指行政机关根据执法实际为规范行政裁量权行使而制定的具体标准,是对行政裁量权按照一定标准进行细化、量化和具体化的重要参考指标。

(一)裁量基准是对以往执法经验的归纳、总结和提炼。制定裁量基准包括解释法律规范中的不确定法律概念、列举考量因素以及分档、细化量罚幅度等。

(二)各省(自治区、直辖市)国、地税机关原则上应当根据本地区税收执法实际,联合制定本地区统一适用的规范各项税务行政裁量权的裁量基准。条件不具备的地方,也可以通过沟通协商制定相对统一的裁量基准。各省(自治区、直辖市)税务机关制定的裁量基准应当报国家税务总局备案。

(三)税务机关执法应当遵循裁量基准。案件情况特殊,不宜适用裁量基准的,应当在法律文书中说明理由。

(四)税务机关适用裁量基准,应当注

意听取执法人员、纳税人及专家的意见,及时评估,并根据评估结果对裁量基准进行修改与完善。

四、健全税务行政裁量权行使程序制度

(一)完善告知制度。税务机关行使行政裁量权应当严格履行法定的告知义务,将作出裁量决定的事实、理由、依据告知纳税人。各级税务机关要进一步明确告知的内容、程序及救济措施。

(二)完善回避制度。税务机关行使行政裁量权涉及法定回避事项的,应当依法告知纳税人享有申请回避的权利。税务人员存在法定回避情形的,应当回避。各级税务机关要进一步明确回避的适用范围、救济措施及法律责任,完善回避的申请、受理、审查、决定等程序制度。

(三)完善陈述申辩和听证制度。税务机关行使行政裁量权应当充分听取纳税人的意见。纳税人提出的事实、证据和理由成立的,税务机关应当予以采纳。各级税务机关要进一步完善陈述申辩的告知、审查、采纳等程序性规定,明确适用听证事项,规范听证程序。

(四)完善说明理由制度。税务机关行使行政裁量权应当在行政决定中对事实认定、法律适用和裁量基准的引用等说明理由。各级税务机关要逐步推行使用说理式执法文书。

(五)完善重大执法事项合议制度。税务机关行使行政裁量权涉及重大或者复杂裁量事项的,应当进行合议,共同研究决定。各级税务机关要进一步完善合议程序,明确工作职责、决策方式等内容。

(六)完善重大执法事项备案制度。税务机关行使行政裁量权涉及重大或者复杂裁量事项的,应当将该事项的处理结果报上一级税务机关审查备案。各级税务机关要进一步明确审查备案的内容、方式及程序。

五、加强领导、狠抓落实,为做好规范税务行政裁量权工作提供有力保障

(一)加强领导、精心组织。规范税务行政裁量权工作是税务机关推进依法行政的一项重要内容,各级税务机关应当高度重视,把这项工作摆在突出位置,作为全局性的重点工作抓紧抓好。规范税务行政裁量权工作应当由各级税务机关依法行政领导小组统筹部署,主要领导亲自负责。领导小组应当研究制定工作方案,定期听取工作汇报,及时解决工作中的重点、难点问题。

(二)明确职责、密切配合。规范税务行政裁量权工作涉及面广、专业性强、工作环节多,税务机关上下级之间、内部各相关业务部门之间应当密切配合,加强协调,齐抓共管,共同推动规范税务行政裁量权工作的顺利开展。国家税务总局政策法规司负责综合协调工作;其他业务司局负责对其职责范围内的各项税务行政裁量权进行梳理,提出制定各项税务行政裁量权裁量基准的注意事项。

(三)整体设计、重点推进。税务行政裁量权涉及税收执法的方方面面,包括税款征收、行政处罚、行政许可、行政强制等。为保证规范税务行政裁量权工作有效、有序地开展,各级税务机关应当本着整体设计、重点推进的原则,逐步、逐项地规范各项税务行政裁量权。当前,税务行政处罚裁量权存在问题较多,引发争议较大,社会关注度也较高,各级税务机关应当将规范税务行政处罚裁量权作为规范税务行政裁量权工作的突破口,于 2012 年底前完成税务行政处罚裁量基准的制定工作。同时要逐步加强对税款征收、行政许可、行政强制等其他重要税务行政裁量权的规范。

(四)注重指导、强化监督。各级税务机关应当加强对该项工作的业务指导,对工作中遇到的困难和问题，及时研究解决；对工作中好的经验和做法，及时总结推广。地方各级税务机关也应当积极主动与上级税务机关沟通联系，及时报告、反馈工作情况及工作中存在的主要问题。地市以上税务机关每年应当选择典型案例向社会公开发布，为指导下级税务机关规范行使行政裁量权提供参照。各级税务机关应当加强对规范税务行政裁量权工作的监督检查，对工作突出的单位，予以表彰。

（五）提升能力、确保实效。执法人员依法行政的能力和水平是保障行政裁量权规范行使的关键，各级税务机关应当把加强执法人员能力建设作为规范税务行政裁量权工作的重要内容。加强对税务执法人员规范行政裁量权相关法律知识和制度的培训，增强执法人员的大局意识、责任意识和服务意识，提高执法人员的业务素质和执法水平。

市场监管总局关于规范市场监督管理行政处罚裁量权的指导意见

（2019年12月24日　国市监法〔2019〕244号）

各省、自治区、直辖市及新疆生产建设兵团市场监管局（厅、委），总局各司局、各直属单位：

为了规范市场监督管理行政处罚行为，保障市场监管部门依法行使行政处罚裁量权，保护自然人、法人和其他组织的合法权益，根据《中华人民共和国行政处罚法》等法律、法规、规章和国家有关规定，结合市场监管工作实际，制定本意见。

一、行政处罚裁量权行使原则

（一）行政处罚裁量权。本意见所称行政处罚裁量权，是指各级市场监管部门在实施行政处罚时，根据法律、法规、规章的规定，综合考虑违法行为的事实、性质、情节、社会危害程度以及当事人主观过错等因素，决定是否给予行政处罚、给予行政处罚的种类和幅度的权限。

（二）行使行政处罚裁量权的基本原则。各级市场监管部门行使行政处罚裁量权，应当坚持以下原则：

1. 合法原则。依据法定权限，符合法律、法规、规章规定的裁量条件、处罚种类和幅度，遵守法定程序。

2. 过罚相当原则。以事实为依据，处罚的种类和幅度与违法行为的事实、性质、情节、社会危害程度等相当。

3. 处罚与教育相结合原则。兼顾纠正违法行为和教育当事人，引导当事人自觉守法。

4. 综合裁量原则。综合考虑个案情况，兼顾地区经济社会发展水平、当事人主客观情况等相关因素，实现法律效果、社会效果、政治效果的统一。

二、建立健全行政处罚裁量基准制度

（三）行政处罚裁量基准的制定主体。省级市场监管部门参照本意见，结合地区实际制定行政处罚事项的裁量基准，明确行政处罚裁量的标准和适用情形。设区的市级市场监管部门在不与省级市场监管部门制定的裁量基准相抵触的情况下，可以结合地区实际制定本地区行政处罚事项的裁量基准。

（四）行政处罚裁量基准的主要内容。制定行政处罚裁量基准，应当对以下内容进行细化和量化：

1. 法律、法规、规章规定可以选择决定是否给予行政处罚的，明确是否给予处罚的具体情形；

2. 法律、法规、规章规定可以选择行政处罚种类的，明确适用不同处罚种类的具体情形；

3. 法律、法规、规章规定可以选择行政处罚幅度的,明确划分易于操作的裁量阶次,并确定适用不同阶次的具体情形;

4. 法律、法规、规章规定可以单处或者并处行政处罚的,明确规定单处或者并处行政处罚的具体情形。

(五)行政处罚裁量基准的适用要求。市场监管部门实施行政处罚应当以法律、法规、规章为依据。本意见及按照本意见制定的行政处罚裁量基准,可以作为行政处罚决定说理的内容,不得直接作为行政处罚的法律依据。行政处罚决定的内容与裁量基准规定不一致的,应当在案件调查终结报告中作出说明。

三、行政处罚裁量权的适用规则

(六)不予行政处罚、减轻行政处罚、从轻行政处罚和从重行政处罚的含义。

1. 不予行政处罚是指因法定原因对特定违法行为不给予行政处罚。

2. 减轻行政处罚是指适用法定行政处罚最低限度以下的处罚种类或处罚幅度。包括在违法行为应当受到的一种或者几种处罚种类之外选择更轻的处罚种类,或者在应当并处时不并处;也包括在法定最低罚款限值以下确定罚款数额。

3. 从轻行政处罚是指依法可以选择的处罚种类和处罚幅度内,适用较轻、较少的处罚种类或者较低的处罚幅度。其中,罚款的数额应当在从最低限到最高限这一幅度中较低的30%部分。

4. 从重行政处罚是指依法可以选择的处罚种类和处罚幅度内,适用较重、较多的处罚种类或者较高的处罚幅度。其中,罚款的数额应当在从最低限到最高限这一幅度中较高的30%部分。

(七)行政处罚裁量情形。

1. 有下列情形之一的,应当依法不予行政处罚:

(1)不满十四周岁的人有违法行为的;

(2)精神病人在不能辨认或者不能控制自己行为时实施违法行为的;

(3)违法行为轻微并及时纠正,没有造成危害后果的;

(4)除法律另有规定外,违法行为在二年内未被发现的;

(5)其他依法应当不予行政处罚的。

2. 有下列情形之一的,应当依法从轻或者减轻行政处罚:

(1)已满十四周岁不满十八周岁的人有违法行为的;

(2)主动消除或者减轻违法行为危害后果的;

(3)受他人胁迫实施违法行为的;

(4)配合市场监管部门查处违法行为有立功表现的,包括但不限于当事人揭发市场监管领域重大违法行为或者提供查处市场监管领域其他重大违法行为的关键线索或证据,并经查证属实的;

(5)其他依法应当从轻或者减轻行政处罚的。

3. 有下列情形之一的,可以依法从轻或者减轻行政处罚:

(1)积极配合市场监管部门调查,如实陈述违法事实并主动提供证据材料的;

(2)违法行为轻微,社会危害性较小的;

(3)受他人诱骗实施违法行为的;

(4)在共同违法行为中起次要或者辅助作用的;

(5)当事人有充分证据证明不存在主观故意或者重大过失的;

(6)当事人因残疾或者重大疾病等原因生活确有困难的;

(7)其他依法可以从轻或者减轻行政处罚的。

4. 有下列情形之一的,可以依法从重

行政处罚：

（1）违法行为造成他人人身伤亡或者重大财产损失等严重危害后果的；

（2）在发生自然灾害、事故灾难、公共卫生或者社会安全事件期间实施违法行为的；

（3）教唆、胁迫、诱骗他人实施违法行为的；

（4）因同一性质的违法行为受过刑事处罚，或者一年内因同一性质的违法行为受过行政处罚的；

（5）阻碍或者拒不配合行政执法人员依法执行职务或者对行政执法人员打击报复的；

（6）隐藏、转移、变卖、损毁市场监管部门依法查封、扣押的财物或者先行登记保存的证据的，市场监管部门已依法对上述行为进行处罚的除外；

（7）伪造、隐匿、毁灭证据的；

（8）其他依法可以从重行政处罚的。

5. 当事人既有从轻或者减轻行政处罚情节，又有从重行政处罚情节的，市场监管部门应当结合案件情况综合考虑后作出裁量决定。

四、其他有关事项

（八）信息公开。市场监管部门制定的行政处罚裁量基准应当主动向社会公开。

（九）执法监督。市场监管部门应当按照《市场监督管理执法监督暂行规定》（市场监管总局令第22号）的要求，加强对行政处罚裁量权行使的监督，发现行政处罚裁量违法或者不当的，及时予以纠正。

（十）制度衔接。本意见自发布之日起施行。《国家工商行政管理总局关于正确行使行政处罚自由裁量权的指导意见》（工商法字〔2008〕31号）、《质量监督检验检疫行政处罚裁量权适用规则》（国质检法〔2010〕720号）同时废止。

文化和旅游部关于印发《文化市场综合执法行政处罚裁量权适用办法》的通知

（2021年2月9日　文旅综执发〔2021〕11号）

各省、自治区、直辖市文化和旅游厅（局），新疆生产建设兵团文化体育广电和旅游局：

为贯彻落实中共中央办公厅、国务院办公厅《关于深化文化市场综合行政执法改革的指导意见》，健全文化市场综合执法制度机制，强化行政执法监督，根据《中华人民共和国行政处罚法》等法律法规，文化和旅游部对《文化市场行政处罚自由裁量权适用办法（试行）》进行了修订。现将修订后的《文化市场综合执法行政处罚裁量权适用办法》印发你单位，请遵照执行。

特此通知。

文化市场综合执法行政处罚裁量权适用办法

第一条　为进一步规范文化市场综合执法行政处罚裁量权的适用和监督，保障文化和旅游行政部门和文化市场综合执法机构（以下合并简称"执法部门"）合法、合理地行使行政处罚裁量权，保护公民、法人和其他组织的合法权益，根据《中华人民共和国行政处罚法》以及国务院有关规定，制定本办法。

第二条　本办法所称文化市场综合执法行政处罚裁量权（以下简称"行政处罚裁量权"），是指执法部门对文化市场综合执法领域发生的违法行为实施行政处罚时，在法律、法规、规章规定的处罚种类和幅度内，综合考量违法行为的事实、性质、情节和社会危害程度等因素，决定是否给予处罚、给予何种种类和幅度的处罚的权限。

第三条 执法部门行使行政处罚裁量权，适用本办法。法律、法规、规章另有规定的，从其规定。

第四条 行使行政处罚裁量权，应当以事实为依据，与违法行为的事实、性质、情节以及社会危害程度相当，与违法行为发生地的经济社会发展水平相适应。同一行政区域对违法行为相同、相近或者相似的案件，适用的法律依据、处罚种类、处罚幅度应当基本一致。

第五条 行使行政处罚裁量权，应当坚持处罚与教育相结合的原则，纠正违法行为，教育公民、法人或者其他组织自觉守法。

第六条 同一违法行为违反不同法律、法规、规章的，在适用法律、法规、规章时应当遵循上位法优先、特别法优先的原则。

第七条 文化和旅游部可以根据需要，针对特定的行政处罚事项制定裁量基准，规范统一裁量尺度。

第八条 法律、法规、规章对行政处罚事项规定有裁量空间的，省级执法部门应当根据本办法的规定，综合考虑裁量因素，制定本地区行政处罚裁量基准，供本地区执法部门实施行政处罚时参照执行。省级行政处罚裁量基准应当根据行政处罚裁量权依据的变动和执法工作实际，及时修订。

鼓励市县两级执法部门对省级行政处罚裁量基准进一步细化、量化。

各级执法部门应当在裁量基准正式印发后十五日内报上级执法部门和同级司法部门备案。

第九条 制定行政处罚裁量基准，应当参考既往行政处罚案例，对具备裁量基准条件的行政处罚事项的下列内容进行细化和量化：

（一）法律、法规、规章规定可以选择是否给予行政处罚的，应当明确是否处罚的具体适用情形；

（二）法律、法规、规章规定可以选择行政处罚种类的，应当明确适用不同处罚种类的具体适用情形；

（三）法律、法规、规章规定可以选择处罚幅度的，应当明确划分易于操作的裁量阶次，并对每一阶次行政处罚的具体适用情形及幅度等作出规定；

（四）法律、法规、规章规定可以单处或者并处行政处罚的，应当明确规定单处或者并处行政处罚的具体适用情形。

第十条 法律、法规、规章设定的处罚种类和罚款数额，在相应的幅度范围内分为从轻处罚、一般处罚、从重处罚。

除法律、法规、规章另有规定外，罚款处罚的数额按照以下标准确定：

（一）罚款为一定幅度的数额，应当在最高罚款数额与最低罚款数额之间合理划分三个区间，从轻处罚的数额应当介于最低区间范围，一般处罚应当介于中间区间范围，从重处罚应当介于最高区间范围；

（二）罚款为一定金额的倍数，应当在最高罚款倍数与最低罚款倍数之间合理划分三个区间，从轻处罚的倍数应当介于最低区间范围，一般处罚应当介于中间区间范围，从重处罚应当介于最高区间范围。

第十一条 同时具有两个以上从重情节且不具有从轻情节的，应当在违法行为对应的处罚幅度内按照最高档次实施行政处罚。

同时具有多种情节的，应当综合考虑违法行为的性质和主要情节，确定对应的处罚幅度实施行政处罚。

第十二条 有下列情形之一的，应当依法不予行政处罚：

（一）不满十四周岁的未成年人有违法行为的；

（二）精神病人、智力残疾人在不能辨认或者不能控制自己行为时有违法行为的；

（三）违法行为轻微并及时改正，没有造成危害后果的；

（四）当事人有证据足以证明没有主观过错的(法律、行政法规另有规定的，从其规定)；

（五）法律、法规、规章规定的其他情形。

初次违法且危害后果轻微并及时改正的，可以不予行政处罚。

对当事人的违法行为依法不予行政处罚的，执法部门应当对当事人进行教育；有第一款第(一)项规定情形的，应当责令其监护人加以管教；有第一款第(二)项规定情形的，应当责令其监护人严加看管和治疗。

违法行为在二年内未被发现的，不再给予行政处罚，法律另有规定的除外。

第十三条 有下列情形之一的，应当依法从轻或者减轻处罚：

（一）已满十四周岁不满十八周岁的未成年人有违法行为的；

（二）主动消除或者减轻违法行为危害后果的；

（三）受他人胁迫或者诱骗实施违法行为的；

（四）主动供述执法部门尚未掌握的违法行为的；

（五）配合执法部门查处违法行为有立功表现的；

（六）法律、法规、规章规定的其他情形。

尚未完全丧失辨认或者控制自己行为能力的精神病人、智力残疾人有违法行为的，可以从轻或者减轻行政处罚。

第十四条 有下列情形之一的，应当依法从重处罚：

（一）危害国家文化安全和意识形态安全，严重扰乱市场经营秩序的；

（二）在共同实施的违法行为中起主要作用或者教唆、胁迫、诱骗他人实施违法行为的；

（三）经执法部门通过新闻媒体、发布公告等方式禁止或者告诫后，继续实施违法行为的；

（四）经执法部门责令改正违法行为后，继续实施同一违法行为的；

（五）因同种违法行为一年内受到三次及以上行政处罚的；

（六）隐匿、破坏、销毁、篡改有关证据，或者拒不配合、阻碍、以暴力威胁执法人员依法执行职务的；

（七）对证人、举报人或者执法人员打击报复的；

（八）违法行为引起群众强烈反映、引发群体性事件或者造成其他不良社会影响的；

（九）违反未成年人保护相关规定且情节严重的；

（十）扰乱公共秩序、妨害公共安全和社会管理，情节严重、尚未构成犯罪的；

（十一）法律、法规、规章规定的其他情形。

第十五条 违法行为不具有从轻或者减轻、从重情形的，应当给予一般处罚。

第十六条 案件调查终结后，承办案件的执法人员应当在充分考虑当事人的陈述和申辩后，对拟作出行政处罚的种类和幅度提出建议，并说明行使行政处罚裁量权的理由和依据；案件审核人员应当对行使行政处罚裁量权的情况提出审核意见，并逐级报批。

第十七条　从事法制审核工作的执法人员应当对行政处罚裁量权的行使进行合法性、合理性审核。

对情节复杂或者重大违法行为给予行政处罚的，还应当履行集体讨论程序，并在集体讨论笔录中说明理由和依据。

第十八条　行政处罚事先告知书和行政处罚决定书应当具体说明行使行政处罚裁量权的理由和依据。

第十九条　除法律、法规、规章另有规定外，执法部门应当自立案之日起九十日内作出行政处罚决定。

执法部门在作出行政处罚决定前，依法需要公告、鉴定、听证的，所需时间不计算在前款规定的期限内。

第二十条　各级执法部门应当建立文化市场综合执法行政处罚典型案例指导、案卷评查、评议考核等制度，规范本地区行政处罚裁量权的行使。

第二十一条　执法部门应当应用文化市场综合执法信息化管理平台对行政处罚裁量权的行使情况实施监督检查。

第二十二条　执法部门发现本部门行政处罚裁量权行使不当的，应当及时、主动改正。

上级执法部门应当对下级执法部门行使行政处罚裁量权的情况进行指导、监督，发现下级执法部门行政处罚裁量权行使不当的，应当责令其及时改正。

第二十三条　执法人员滥用行政处罚裁量权的，依法追究行政责任；涉嫌违纪、犯罪的，移交纪检监察机关、司法机关依法依规处理。

第二十四条　县级以上执法部门制定的行政处罚裁量权基准，应当及时向社会公开。

第二十五条　本办法由文化和旅游部负责解释。

第二十六条　本办法自2021年7月15日起施行。原文化部2012年12月18日发布的《文化市场行政处罚自由裁量权适用办法（试行）》同时废止。

（二）地方政府规章

广东省规范行政处罚自由裁量权规定

（2011年8月25日广东省人民政府第十一届78次常务会议通过　2011年9月9日广东省人民政府令第164号公布　自2012年1月1日起施行）

第一条　为了规范行政处罚自由裁量权的行使，确保依法、合理行政，维护公民、法人和其他组织的合法权益，根据《中华人民共和国行政处罚法》《广东省行政执法责任制条例》及其他相关规定，结合本省实际，制定本规定。

第二条　本规定适用于本省行政区域内行政处罚实施机关行使行政处罚自由裁量权的规范和监督。

第三条　本规定所称行政处罚自由裁量权，是指行政处罚实施机关在法律、法规、规章规定的行政处罚权限范围内，对公民、法人或者其他组织违反行政管理秩序的行为决定是否给予行政处罚、给予何种行政处罚和给予何种幅度行政处罚的权限。

本规定所称行政处罚实施机关，是指本省具有行政处罚权的行政机关和法律、法规授权实施行政处罚的组织。

第四条　县级以上人民政府领导本行政区域内的规范行政处罚自由裁量权工作。

县级以上人民政府法制工作机构具体负责组织、指导、监督本行政区域内的规范行政处罚自由裁量权工作。

上级人民政府所属部门依法指导并监督下级人民政府相应部门规范行政处罚自由裁量权工作；实行省以下垂直管理的部门规范行政处罚自由裁量权工作受同级人民政府监督。

各级人民政府监察机关依法对行政处罚自由裁量权的行使实施行政监察。

第五条 行使行政处罚自由裁量权，应当在法律、法规、规章规定的行政处罚的种类和幅度内进行，并遵循法定程序，保障行政管理相对人的合法权益。

第六条 行使行政处罚自由裁量权应当符合法律目的，排除不相关因素的干扰，所采取的措施和手段应当必要、适当。

第七条 行使行政处罚自由裁量权，纠正违法行为，应当坚持处罚与教育相结合，教育公民、法人或者其他组织自觉守法。

第八条 行使行政处罚自由裁量权，应当以事实为依据，与违法行为的事实、性质、情节、社会危害程度相当，与违法行为发生地的经济发展水平相适应。

第九条 行使行政处罚自由裁量权，对事实、性质、情节、社会危害程度等因素相同或者相似的违法行为，所适用的处罚种类和幅度应当基本相同。

第十条 行政处罚实施机关应当依照《广东省行政执法责任制条例》第十七条的规定，制定本单位的行政处罚自由裁量权适用规则，并向社会公开。

省人民政府或者有条件的地级以上市人民政府所属行政处罚实施机关可以统一本系统行政处罚自由裁量权适用规则。

行政处罚自由裁量权适用规则应当包括行政处罚的裁量标准、适用条件和决定程序。

行政处罚实施机关及其工作人员应当按照行政处罚自由裁量权适用规则行使行政处罚自由裁量权。

第十一条 受委托实施行政处罚的组织的行政处罚自由裁量权适用规则由委托行政机关制定。

第十二条 制定行政处罚的裁量标准和适用条件，应当遵守以下规定：

（一）法律、法规、规章规定可以选择是否予以行政处罚的，应当明确是否予以行政处罚的具体裁量标准和适用条件；

（二）法律、法规、规章规定可以选择行政处罚种类的，应当明确适用不同种类行政处罚的具体裁量标准和适用条件；

（三）法律、法规、规章规定可以选择行政处罚幅度的，应当根据违法事实、性质、情节、社会危害程度等因素确定具体裁量标准和适用条件；

（四）法律、法规、规章规定可以单处也可以并处行政处罚的，应当明确单处或者并处行政处罚的具体裁量标准和适用条件。

第十三条 当事人有下列情形之一的，依法不予处罚：

（一）不满14周岁的人有违法行为的；

（二）精神病人在不能辨认或者不能控制自己行为时有违法行为的；

（三）违法行为轻微并已及时纠正，没有造成危害后果的；

（四）法律、法规、规章规定不予处罚的其他情形。

违法行为在2年内未被发现的，不再给予行政处罚。法律另有规定的除外。

第十四条 当事人有下列情形之一的，应当依法从轻或者减轻处罚：

（一）已满14周岁不满18周岁的人有违法行为的；

（二）主动消除或者减轻违法行为危害后果的；

（三）受他人胁迫有违法行为的；

（四）配合行政机关查处违法行为有立

功表现的；

（五）法律、法规、规章规定应当从轻或者减轻处罚的其他情形。

第十五条 当事人有下列情形之一的，应当依法从重处罚：

（一）扰乱公共秩序，妨害公共安全，侵犯人身权利、财产权利，妨害社会管理，情节严重，尚未构成犯罪的；

（二）经行政处罚实施机关及其执法人员责令停止、责令纠正违法行为后，继续实施违法行为的；

（三）隐匿、销毁违法行为证据的；

（四）共同违法行为中起主要作用或者教唆、胁迫、诱骗他人实施违法行为的；

（五）多次实施违法行为的；

（六）对举报人、证人打击报复的；

（七）妨碍执法人员查处违法行为的；

（八）法律、法规、规章规定应当从重处罚的其他情形。

第十六条 行政处罚实施机关行使自由裁量权的，应当在行政处罚决定中说明理由。

第十七条 行政处罚实施机关应当建立重大行政处罚集体讨论制度。对集体讨论情况应当予以记录，并立卷归档。

第十八条 行政处罚实施机关应当根据法律、法规、规章的变化或者执法工作的实际，及时修订行政处罚自由裁量权适用规则。

第十九条 行政处罚实施机关应当通过开展宣传培训、分析典型案例等多种方式，指导、落实规范行政处罚自由裁量权工作，定期组织行政执法人员开展实务培训。

县级以上人民政府法制机构或者其研究机构应当协助、指导行政处罚实施机关开展行政执法业务培训。

第二十条 行政处罚实施机关应当建立健全行政执法责任制，加强对行政处罚自由裁量权工作的规范和监督。

第二十一条 县级以上人民政府及其所属部门应当通过行政执法监督检查、行政执法评议考核、行政执法案卷评查等方式，对规范行政处罚自由裁量权工作进行监督。

规范行政处罚自由裁量权工作应当逐步纳入行政执法电子监察系统。

第二十二条 行政处罚实施机关有下列情形之一的，上级机关应当责令其纠正；情节严重的，由上级机关予以通报批评，并由任免机关或者监察机关依法追究其主要负责人和直接责任人的行政责任：

（一）未按规定制定行政处罚自由裁量权适用规则的；

（二）未将行政处罚自由裁量权适用规则向社会公布的；

（三）未按照本单位或本系统的行政处罚自由裁量权适用规则行使行政处罚自由裁量权的；

（四）不当行使行政处罚自由裁量权，造成重大损失或者恶劣影响的。

第二十三条 各级人民政府法制工作机构发现本级人民政府所属行政处罚实施机关违反本规定的，应当责令其纠正，或者提请本级人民政府予以纠正，并对纠正情况进行跟踪督查；情节严重的，可以建议任免机关或者监察机关依法追究其主要负责人和直接责任人的责任。

第二十四条 本规定自2012年1月1日起施行。有关行政处罚实施机关应当在本规定施行后6个月内制定行政处罚自由裁量权适用规则。

四川省规范行政执法裁量权规定

（2014年5月12日省政府第46次常务会议通过　2014年5月17日四川省人民政府令第278号公布　自2014年7月1日起施行）

第一章　总　　则

第一条　为规范行政执法裁量权，促进行政机关依法行政、合理行政，维护公民、法人或者其他组织的合法权益，根据有关法律、法规，结合四川实际，制定本规定。

第二条　本省行政区域内行政机关规范和行使行政执法裁量权，适用本规定。

本规定所称行政执法裁量权是指行政机关在行政执法过程中，依据法律、法规、规章规定的范围、方式、种类、幅度和时限等，结合具体情形进行审查、判断并作出处理的权力。

第三条　规范和行使行政执法裁量权，应当体现合法性、合理性、科学性，遵循公平、公正、公开原则。

第四条　县级以上人民政府应当加强对本行政区域内行政机关规范和行使行政执法裁量权工作的组织领导。

县级以上人民政府法制工作部门具体负责组织、指导、协调、监督本级人民政府所属行政机关按照本规定规范和行使行政执法裁量权。各级监察机关依法对行政执法裁量权的行使实施行政监察。

上级行政机关应当加强对下级行政机关规范行政执法裁量权工作的指导。

第二章　一般规定

第五条　拟定地方性法规、规章草案，应当依法、合理设定行政执法权，对行政执法权的行使主体、条件、程序、种类、幅度等要素作出具体、明确规定，减少行政执法裁量空间。

第六条　行政机关应当对存在裁量空间的行政执法权进行清理，分类分项细化、量化裁量标准。

省级行政机关制定行政处罚、行政强制裁量标准，在本系统适用。省级行政机关制定的其他行政执法权裁量标准，在本机关适用。

市（州）行政机关制定除行政处罚、行政强制外的其他行政执法权裁量标准，在本市（州）适用。市（州）行政机关可以结合本地实际，在省级行政机关制定的行政处罚、行政强制裁量标准范围内进行合理细化、量化。

实行垂直管理的行政机关，由省级行政机关负责制定各类行政执法权裁量标准，在本系统适用。

国务院部委和直属机构已经制定相关行政执法权裁量标准的，有关行政机关可以不再制定，但可以在其规定的裁量标准范围内进行合理细化、量化。

经国务院或者省人民政府批准实施相对集中行政处罚或者综合执法的行政机关，由该行政机关制定相关行政执法权裁量标准，在本机关适用。

较大的市的地方性法规、规章和自治州、自治县的自治条例、单行条例规定的行政执法裁量权，分别由较大的市、自治州、自治县所属的行政机关制定裁量标准，在本地区适用。

第七条　行政机关制定的裁量标准，应当以行政规范性文件形式公开发布，并遵循《四川省行政规范性文件制定和备案规定》。

法律、法规、规章调整或者经济社会发展变化，需要调整裁量标准的，按照本规定第六条和本条前款规定进行。

第八条　行政机关制定的裁量标准，

应当按照行政权力依法规范公开运行工作要求，录入行政职权目录，并在相关行政执法文书中载明。

第九条 行政机关制定的裁量标准可以作为行政复议机关和行政执法监督机关审查具体行政行为适当性的依据。

第十条 行政机关行使行政执法裁量权应当遵循下列规则：

（一）符合立法目的；

（二）可以采用多种方式实现行政管理目的的，应当采用对公民、法人或者其他组织没有损害或者损害较小的方式；

（三）考虑相关事实因素和法律因素，排除不相关因素的干扰；

（四）建立健全内部工作程序，相对分离受理（立案）、调查、审查、决定、执行等环节；

（五）平等对待公民、法人或者其他组织，在事实、性质等因素基本相同或者相似的情况下，给予基本相同的处理；

（六）依法执行回避、公开、告知、听证、调查取证、说明理由、重大决定集体讨论、备案等程序制度。

第十一条 省级、市（州）行政机关应当制定行政执法权裁量标准实施细则并建立案例指导制度。

第三章 特别规定

第十二条 法律、法规、规章规定的行政许可存在裁量空间的，应当细化、量化裁量标准：

（一）对许可条件有选择性规定的，应当列出对应的具体情形；

（二）对许可决定方式没有明确规定或者可以选择的，应当列出决定的具体方式；

（三）对许可程序或者变更、撤回、撤销、注销许可程序只有原则性规定的，应当列出具体程序；

（四）对许可办理时限只有原则性规定的，应当列出具体情形的办理时限；

（五）对许可事项办理过程中存在的其他裁量权，应当细化、量化裁量标准。

第十三条 规范和行使行政许可裁量权，应当遵守下列规定：

（一）除关系国家安全和生态安全、涉及重大生产力布局、战略性资源开发和重大公共利益等项目外，不再许可企业投资项目；对实行核准制的企业投资项目，不再审查市场前景、经济效益、资金来源、产品技术方案等应由企业自主决策的内容；

（二）除跨市（州）、跨重点流域或者需要省统筹平衡资源等建设条件，以及国家明确规定由省级人民政府或者省级投资主管部门等管理的项目外，项目许可权限一律下放市（州）或县（市、区）；

（三）法律、法规没有明确规定必须在项目核准之前办理的许可事项，一律不作为核准前置条件；

（四）对有数量限制的许可，应当公布数量和遴选规则；

（五）除法律、法规明确规定外，不得以任何形式实施年检、年审和注册，依法需要年检、年审和注册的，不得将参加培训、加入协会或者缴纳费用等作为前置条件；

（六）依法需要开展评价、评审、鉴定等中介服务的，不得指定中介服务机构。

第十四条 法律、法规、规章规定的行政处罚存在裁量空间的，应当细化、量化裁量标准，可以根据具体情况划分3个至5个裁量阶次：

（一）对适用简易程序只有原则性规定的，应当列出适用的具体情形；

（二）同一种违法行为，可以选择处罚种类的，应当列出选择处罚种类的具体情形；

（三）同一种违法行为，有处罚幅度的，

应当根据违法行为的事实、性质、情节以及社会危害程度列出处罚的具体标准；

（四）对减轻、从轻、从重处罚的条件只有原则性规定的，应当列出减轻、从轻、从重处罚的具体情形；

（五）对违法所得、非法财物只有原则性规定的，应当对违法所得、非法财物进行明确界定；

（六）对停止执行处罚决定的条件只有原则性规定的，应当列出具体情形；

（七）对处罚环节存在的其他裁量权，应当细化、量化裁量标准。

第十五条　规范和行使行政处罚裁量权，应当遵守下列规定：

（一）公开收集证据，不得对公民、法人或者其他组织采取引诱、欺骗、胁迫、暴力等违法或者不正当方式收集证据并实施处罚；

（二）及时采取措施纠正违法行为，不得故意放任违法行为发生而加重实施处罚，不得因已实施处罚而放任违法行为持续。

第十六条　法律、法规规定的行政强制存在裁量空间的，应当细化、量化裁量标准：

（一）对查封的涉案场所或者查封、扣押的设施和其他财物只有原则性规定的，应当作出明确界定；

（二）对限制公民人身自由的行政强制措施只有原则性规定的，应当列出适用的具体情形；

（三）对行政强制程序只有原则性规定的，应当列出具体程序；

（四）对需在夜间或者法定节假日实施行政强制执行的紧急情况只有原则性规定的，应当列出紧急情况的具体情形；

（五）对实施行政强制过程中存在的其他裁量权，应当细化、量化裁量标准。

第十七条　法律、法规、规章规定的行政征收存在裁量空间的，应当细化、量化裁量标准：

（一）征收数额存在一定幅度的，应当列出各种幅度适用的具体情形；

（二）征收数额的计算方法可以选择的，应当列出各种征收数额计算方法适用的具体情形；

（三）对减征、免征的条件只作原则性规定的，应当列出减征、免征的具体条件；

（四）减征数额存在一定幅度的，应当列出各种幅度适用的具体情形；

（五）对征收过程中存在的其他裁量权，应当细化、量化裁量标准。

第十八条　规范和行使行政征收裁量权，应当遵守下列规定：

（一）没有法律、法规、规章及国家明确规定或者授权的，不得设立收费项目；

（二）扩大行政事业性收费范围或者提高行政事业性收费标准，应当遵守法律、法规、规章规定的权限和程序，并举行听证会。

第十九条　法律、法规、规章规定的行政确认存在裁量空间的，应当细化、量化裁量标准：

（一）对确认程序只有原则性规定的，应当列出具体程序；

（二）对确认申请需提交的材料只有原则性规定的，应当列出申请材料清单；

（三）对确认办理时限只有原则性规定的，应当列出具体情形的办理时限；

（四）对确认事项办理过程中存在的其他裁量权，应当细化、量化裁量标准。

第二十条　规范和行使行政确认裁量权，应当遵守下列规定：

（一）申请人因特殊情况无法亲自到场确认的，应当列出特殊情况的具体情形，并在兼顾行政效率的情况下采取方便申请人的方式实施确认；

（二）确认事项直接关系他人重大利益

的,应当告知该利害关系人。

第二十一条　法律、法规、规章规定的行政给付存在裁量空间的,应当细化、量化裁量标准:

（一）对给付条件只作原则性规定的,应当列出给付的具体条件;

（二）对给付方式只作原则性规定的,应当列出给付的具体程序和方式;

（三）给付数额存在一定幅度的,应当列出给付数额的具体标准;

（四）对给付办理时限没有规定或者只有原则性规定的,应当列出具体情形的办理时限;

（五）对给付过程中存在的其他裁量权,应当细化、量化裁量标准。

第二十二条　规范和行使行政给付裁量权,应当遵守下列规定:

（一）对拟给付对象情况进行调查,可以采取民主评议等方式听取意见,必要时可以举行听证会;

（二）在一定范围内公示给付对象相关信息;

（三）决定不予给付的,应当充分听取当事人意见并说明理由。

第二十三条　法律、法规、规章规定的行政裁决存在裁量空间的,应当细化、量化裁量标准:

（一）对裁决立案、受理、决定等程序只有原则性规定的,应当列出具体程序;

（二）对裁决标准只有原则性规定的,应当列出标准对应的具体情形;

（三）对裁决办理时限只有原则性规定的,应当列出具体情形的办理时限;

（四）对裁决过程中存在的其他裁量权,应当细化、量化裁量标准。

第二十四条　存在裁量空间的其他具体行政行为,应当根据行为类型分别细化、量化裁量标准。

第四章　监督检查

第二十五条　县级以上人民政府应当加强对所属行政机关和下级人民政府规范和行使行政执法裁量权的监督。

上级行政机关应当加强对下级行政机关规范和行使行政执法裁量权的监督。

第二十六条　公民、法人或者其他组织认为行政机关违反法律、法规、规章和本规定行使行政执法裁量权,侵犯其合法权益的,可以依法申请行政复议,或者依据《四川省行政执法监督条例》向行政执法监督机关举报、控告和投诉。

第二十七条　行政机关发现本机关作出的具体行政行为违反本规定的,应当主动、及时自行纠正。

第二十八条　行政机关有下列情形之一的,由行政执法监督机关依据有关法律、法规、规章处理或者提出意见,由任免机关或者监察机关依法追究有关责任单位及责任人的行政责任:

（一）发现违反本规定行使行政执法裁量权行为,不自行纠正的;

（二）不执行已公布生效的行政执法裁量标准的;

（三）不当行使行政执法裁量权,造成重大损失或者恶劣影响的;

（四）其他违反本规定行为的。

第五章　附　　则

第二十九条　本规定所称行政机关,包括法律、法规授权执法的组织和依法接受行政机关委托承担行政执法任务的组织。

第三十条　本规定所称行政执法权,包括行政许可、行政处罚、行政强制、行政征收、行政确认、行政给付、行政裁决和其他具体行政行为。

第三十一条　本规定下列用语的含义:

（一）行政征收，是指行政机关根据国家和社会公共利益的需要，依法向公民、法人或者其他组织收取一定财物的具体行政行为。

（二）行政确认，是指行政机关依法对公民、法人或者其他组织的法律地位、法律关系、法律事实进行确定和认可的具体行政行为。

（三）行政给付，是指行政机关依法向公民、法人或者其他组织提供物质利益或者赋予其与物质利益有关权益的行为。

（四）行政裁决，是指行政机关依法对平等主体之间发生的、与行政管理活动密切相关的民事纠纷进行审查并作出裁决的具体行政行为。

第三十二条　本规定自2014年7月1日起施行。省政府2008年7月27日发布的《四川省规范行政处罚自由裁量权的规定》同时废止。

甘肃省规范行政处罚自由裁量权规定

（2012年10月25日省人民政府第116次常务会议讨论通过　2012年10月30日甘肃省人民政府令第94号公布　自2013年1月1日起施行）

第一条　为了规范行政处罚自由裁量权的行使，确保依法、合理行政，维护公民、法人和其他组织的合法权益，根据《中华人民共和国行政处罚法》《甘肃省行政执法监督条例》及其他相关规定，结合本省实际，制定本规定。

第二条　本规定适用于本省行政区域内行政处罚实施机关行使行政处罚自由裁量权的规范和监督。

第三条　本规定所称行政处罚实施机关，是指本省具有行政处罚权的行政机关和法律、法规授权实施行政处罚的组织。

本规定所称行政处罚自由裁量权，是指行政处罚实施机关在法律、法规、规章规定的行政处罚权限范围内，对公民、法人或者其他组织违反行政管理秩序的行为决定是否给予行政处罚、给予何种行政处罚和给予何种幅度行政处罚进行裁量的权限。

第四条　行政处罚实施机关行使行政处罚自由裁量权应当遵守下列原则：

（一）合法性原则。行使行政处罚自由裁量权，应当具有法律、法规、规章的依据。在法定权限、种类和幅度范围内行使。行政处罚阶次的划分，不得超出法定幅度。

（二）合理性原则。行使行政处罚自由裁量权，应当以事实为依据，符合法律目的，排除不相关因素的干扰。对于违法事实、性质、情节及社会危害后果相同或相近的违法行为，适用法律依据及处罚种类、幅度应当基本相同。所适用的措施和手段应当必要、适当。行政执法机关可以采取多种方式实现行政管理目的的，应当尽量采用对行政管理相对人没有损失或损失较小的方式。

（三）公开性原则。行使行政处罚自由裁量权的依据、理由、适用规则、裁量基准以及结果应当公开。行使行政处罚自由裁量权应当注意听取行政管理相对人的意见，依法保障行政管理相对人或利害关系人的知情权、参与权和救济权。

（四）处罚与教育相结合原则。行使行政处罚自由裁量权，应当教育为先、先教后罚，坚持处罚与教育相结合，教育公民、法人或者其他组织自觉守法。

第五条　县级以上人民政府及其执法部门应当依照法律、法规的规定和行政执法的基本原则，制定本地、本系统行使行政处罚自由裁量权适用规则。

适用规则应当包括行使行政处罚裁量

权的基本原则、适用范围、适用程序、保障机制以及规定裁量基准的制度安排等。

第六条　规范行政处罚自由裁量权实行行政处罚自由裁量基准制度。

行政机关实施行政处罚应当将法律、法规、规章规定的可裁量的处罚种类和幅度，依照过罚相当原则，细化为若干裁量阶次，每个阶次规定一定的量罚标准，以确保处罚与违法行为的事实、性质、情节及社会危害程度相适应。

第七条　省级行政处罚实施机关应当在法律、法规、规章规定的行政处罚范围、种类、幅度内，结合工作实际，根据本规定综合考虑法定裁量因素和酌定裁量因素，明确行政处罚自由裁量的阶次、具体标准和适用条件，作为行使行政处罚自由裁量权的依据。

县级以上人民政府及其执法部门可以结合本地、本部门实际，以省级行政处罚实施机关规定的行政处罚自由裁量基准为基础，进一步细化裁量标准。

第八条　制定行使行政处罚自由裁量权适用规则和制定、变更或者废止行政处罚自由裁量基准，应当由行政机关领导班子集体讨论决定，向社会公布，并按规范性文件管理规定的程序予以备案。

受委托实施行政处罚的组织，其行政处罚自由裁量基准的制定、变更、废止由委托行政机关决定。

第九条　行政处罚实施机关应当根据法律、法规、规章的变化或者执法工作的实际情况，及时补充、修订或者完善本部门的行政处罚自由裁量基准制度。补充、修订或完善后的文本应及时向社会重新公布。

第十条　当事人有下列情形之一的，依法不予行政处罚：

（一）违法行为人年龄不满14周岁的；

（二）精神病人在不能辨认或者不能控制自己行为时有违法行为的；

（三）违法行为轻微并及时纠正，没有造成危害后果的；

（四）违法行为超过法定追究时效的；

（五）其他依法不予行政处罚的。

第十一条　有下列情形之一的，应当依法从轻或者减轻行政处罚：

（一）违法行为人年满14周岁不满18周岁的；

（二）受他人胁迫、诱骗实施违法行为的；

（三）涉案财物或者违法所得较少的；

（四）主动消除或者减轻违法行为危害后果的；

（五）配合行政执法机关查处违法行为有立功表现的；

（六）其他依法应当从轻或者减轻处罚的。

第十二条　有下列情形之一的，应当依法从重行政处罚：

（一）隐匿、销毁证据的；

（二）妨碍执法人员查处违法行为、暴力抗法等尚未构成犯罪的；

（三）不听劝阻，继续实施违法行为的；

（四）涉及人身安全、财产安全、公共安全、社会稳定、环境保护、经济秩序等造成危害后果，违法情节恶劣的；

（五）胁迫、诱骗他人或者教唆未成年人实施违法行为的；

（六）在共同实施违法行为中起主要作用的；

（七）多次实施违法行为，屡教不改的；

（八）在发生突发公共事件时实施违法行为的；

（九）对举报人、证人打击报复的；

（十）其他依法应当给予从重处罚的。

第十三条　行政处罚实施机关作出不予、从轻、减轻或者从重行政处罚决定的，应当在案卷讨论记录和行政处罚决定书中说明理由。并将听取当事人陈述、申辩的情况记录在案。

第十四条 县级以上人民政府及其法制工作机构、行政处罚实施机关应当依照《甘肃省行政执法监督条例》相关规定，通过行政执法监督检查、行政执法责任制评议考核、规范性文件备案审查、行政执法案卷评查、行政执法举报投诉、行政复议等形式对规范行政处罚自由裁量权工作进行监督检查。

第十五条 县级以上人民政府及其法制工作机构、行政处罚实施机关应当把规范行政处罚自由裁量权工作纳入行政执法责任制评议考核和行政执法责任追究的范围。

第十六条 行政处罚实施机关对于决定适用听证程序的行政处罚或者对具有本规定第十二条的情形决定从重行政处罚的，应当由行政处罚实施机关领导班子集体讨论决定，并在作出决定之日起30日内将处罚决定书和主要证据材料报送本级政府法制工作机构备案。

第十七条 行政处罚实施机关不严格执行本规定，行政执法人员滥用行政处罚自由裁量权的，县级以上人民政府及其法制工作机构、行政处罚实施机关依照《甘肃省行政执法监督条例》相关规定，作出给予通报批评，责令限期改正、暂扣或者收回执法证件等处理；情节严重的，由有关部门依据《甘肃省行政过错责任追究办法》等有关规定追究责任；涉嫌犯罪的移交司法机关依法处理。

第十八条 本规定自2013年1月1日起施行。

六、行政执法三项制度

北京市行政执法公示办法

（2021年11月5日 京政办发〔2021〕17号）

第一条 为提高行政执法的透明度，主动接受社会监督，促进严格规范公正文明执法，根据法律、法规、规章和国家有关规定，结合本市实际，制定本办法。

第二条 本市具有行政执法权的行政机关、法律法规授权的组织或者依法受委托的组织（以下简称行政执法机关）的行政执法公示活动适用本办法。

第三条 行政执法公示是指各级行政执法机关通过特定载体和方式，将与行政执法相关的信息主动向社会公示，并自觉接受社会监督的活动。

第四条 行政执法公示信息分为基本信息和动态信息。

行政执法公示以政府或者部门网站公示为主，以办公场所现场公示、政务新媒体公示等为辅。

第五条 行政执法机关应当按照"谁执法、谁公示"的要求建立行政执法公示的信息采集、传递、审核、发布、撤销和更新制度。

行政执法公示应当全面、主动、及时、准确。

第六条 除依法属于国家秘密的信息外，行政执法机关应当主动公示以下行政执法基本信息：

（一）机构职能、执法主体、办公地点、办公时间、通信地址、咨询电话、监督电话。依法委托实施行政执法的，还应当公布受委托组织名称和委托书；

（二）各执法主体的权责清单、双随机抽查事项清单；

（三）执法人员的姓名、单位、执法证号码及样式信息。有执法服装、标志的，还应当公示服装、标志的样式信息；

（四）政务服务事项的服务对象、办理条件、办理方式、办理流程、法定时限、承诺时限、收费方式、收费依据以及申办材料的目录、表格、填写说明、示范文本；

（五）行政处罚、行政强制的执法流程；

（六）行政处罚的立案依据、实施程序、救济渠道、裁量基准、听证标准；

（七）用于收集、固定违法事实的电子技术监控设备的设置地点；

（八）法律、法规、规章规定的其他应当主动公示的基本信息。

前款规定的行政执法基本信息，有条件的行政执法机关可以在办公场所采取设置专栏、自助查询终端等方式公示，并提供咨询服务。

第七条 行政执法机关聘用辅助人员从事执法辅助活动的，应当主动公示辅助人员的工作职责、辅助权限等基本信息。为辅助人员配发服装、标志、工作证件的，还应当主动公示相关服装、标志、工作证件的样式信息。

第八条 行政执法机关的执法人员开

展执法活动时,应当按规定着装。有统一执法标志的,还应当规范佩戴相关标志。

执法人员在进行监督检查、调查取证、采取强制措施和强制执行、送达执法文书等执法活动时,应当主动出示执法证件、表明身份并主动告知当事人执法事由、执法依据、权利义务、救济方式和救济渠道等内容。

第九条 政务服务窗口应当设置信息公示牌或者电子信息屏,主动公示窗口办理业务名称和办理人员信息。

第十条 行政执法动态信息包括年度行政检查计划、行政执法过程、行政执法结果和行政执法统计年报信息。

第十一条 行政执法机关应当于每年一季度公示当年的行政检查(含双随机抽查)计划。

行政检查计划应当包括检查主体、检查方式、管理对象基数和对应的检查比例等内容。

第十二条 下列行政执法过程中的信息应当主动公示:

(一)根据考试成绩实施行政许可、行政确认的,应当在实施行政许可、行政确认前公示考试成绩信息;

(二)采取摇号、抽签等方式实施行政许可或者行政给付的,应当在摇号或者抽签之日前,公示符合条件的相对人信息;

(三)采取招标、拍卖方式实施行政许可或者行政强制执行的,应当依照有关法律、法规、规章的规定,采取发布招标或者拍卖公告的方式公示相关信息;

(四)需要组织公开听证的,应当采取发布听证公告的方式,公示听证时间、地点、听证事项等信息;

(五)其他执法过程中应当依法公示的信息。

第十三条 除法律、法规、规章另有规定外,行政检查的结果应当按月或者按季度主动公示;行政许可决定和具有一定社会影响的行政处罚决定应当在决定作出之日起7个工作日内主动公示;其他行政执法决定应当在决定作出之日起20个工作日内主动公示。

第十四条 行政执法决定公示可以采取公示决定书或者摘要信息的方式。

公示决定书的,应当隐去决定书中有关当事人的银行账号、动产或者不动产权属证书编号、财产状况、商业秘密信息,以及个人的姓名、年龄、家庭住址、身份证号码、通讯方式等隐私信息。

公示摘要信息的,应当公示执法对象(个人隐去真实姓名)、决定种类、决定主要内容、决定日期、决定书编号以及作出决定机关名称等内容。

第十五条 行政检查结果公示采取公示摘要信息的方式。公示信息应当包括检查对象(个人隐去真实姓名)、检查日期、检查方式、检查结论以及检查单编号、检查机关名称等内容。

第十六条 符合下列情形,行政执法结果不予公示:

(一)当事人属于未成年人的;

(二)涉及国家秘密的;

(三)法律、行政法规禁止公开的;

(四)公示后可能影响国家安全、公共安全、经济安全或者社会稳定的;

(五)法律、法规、规章规定不予公示的其他情形。

涉嫌犯罪、职务违法需要移送公安机关、监察机关调查处理或者正在公安机关、监察机关调查处理中的案件,以及公示后可能影响系列案件调查处理的案件,经行政执法机关负责人批准后,可以暂缓或者延期公示。

第十七条 行政执法机关应当建立行

政执法统计年报制度,每年 1 月 31 日前主动公示上年度行政执法情况,并报本级人民政府和上级主管部门。

行政执法统计年报应当包括下列内容:

(一)行政执法机关的执法主体名称和数量情况;

(二)各执法主体的执法岗位设置及执法人员在岗情况;

(三)执法力量投入情况;

(四)政务服务事项的办理情况;

(五)行政检查计划执行情况;

(六)行政处罚、行政强制等案件的办理情况;

(七)投诉、举报案件的受理和分类办理情况;

(八)行政执法机关认为需要公示的其他情况。

第十八条　行政执法基本信息发生变化的,行政执法机关应当及时更新。

公示的行政执法决定被依法变更、撤销、确认违法或者确认无效的,行政执法机关应当在 3 个工作日内撤回已公示的信息并公开说明理由。

第十九条　公民、法人或者其他组织认为行政执法公示的内容存在合法性、适当性问题并向行政执法机关提出监督建议的,行政执法机关应当及时研究;确实存在问题的,应当及时纠正。

行政执法相对人认为公示的行政执法信息侵犯其合法权益并要求行政执法机关更正的,行政执法机关应当及时核实,确需更正的,应当及时更正;不予更正的,向当事人说明理由。

第二十条　公民、法人或者其他组织申请公开行政执法信息的,行政执法机关应当按照政府信息公开相关规定办理。属于申请查询特定第三人信用信息的,应当告知申请人按照国家和本市信用信息归集管理的规定查询。

第二十一条　本办法自印发之日起施行。

北京市行政执法全过程记录办法

(2021 年 11 月 5 日　京政办发〔2021〕17 号)

第一条　为规范行政执法程序,促进严格规范公正文明执法,根据法律、法规、规章和国家有关规定,结合本市实际,制定本办法。

第二条　本市具有行政执法权的行政机关、法律法规授权的组织或者依法受委托的组织(以下简称行政执法机关)对行政执法过程进行记录的活动适用本办法。

第三条　本办法所称行政执法全过程,是指从行政执法程序启动直至执法程序完结经历的过程。

第四条　行政许可、行政确认、税费征收、行政给付、行政奖励、行政裁决的全过程自接收相关办理材料开始,包括接收、受理、审查决定、送达等一般程序环节和补正、勘验、中止、延期、听证等特别程序环节。

行政检查的全过程自检查活动开始,包括现场核查、送达、复查等一般程序环节和询问、勘验、抽样、鉴定、责令改正等特别程序环节。

实物征收征用的全过程自论证和征求意见开始,包括论证、征求意见、审查决定、送达、实施、补偿、终结等一般程序环节和中止、延期等特别程序环节。

行政处罚的全过程自获取违法线索开始,包括受案、立案、调查取证、审核、决定、送达、执行、终结等一般程序环节和抽样调查、先行登记保存、听证、中止、延期等特别程序环节。

行政强制的全过程自呈报审批开始，包括审查决定、催告、送达、实施、终结等一般程序环节和中止、延期等特别程序环节。

第五条 行政执法全过程记录应当遵循合法、全面、客观、准确和可回溯管理的原则。

第六条 行政执法全过程记录应当采取文字记录、音像记录等方式。

文字记录可以采用纸质文书或者电子文书进行记录。音像记录可以采用执法记录仪、移动执法终端、摄像机、照相机、录音机、音视频监控等设备进行记录。

第七条 纸质文书记录应当使用行政执法机关印制的制式文书，过程记录的要素应当包括时间、地点、执法人员、执法对象、执法事项等过程性信息。

纸质文书记录的制作、归档、保管、使用，依照国家和本市有关行政执法档案或者文书档案管理的规定执行。

第八条 鼓励行政执法机关采用电子文书并结合电子签章等信息化技术对行政执法全过程进行记录和管理。

第九条 对查封扣押财产、强制拆除等直接涉及人身自由、生命健康、重大财产权益的现场执法活动和执法办案场所，要推行全程音像记录。

对现场执法、调查取证、举行听证、留置送达和公告送达等容易引发争议的行政执法过程，要根据实际情况进行音像记录。

鼓励行政执法机关在办事窗口、询问室、听证室等场所安装音视频监控系统，对执法过程进行记录。

法律、法规、规章或者国家有关部门对使用音像设备记录执法过程有强制性规定的，从其规定。

第十条 音像设备使用前，执法人员应当检查设备的性能、电量和存储空间使用情况，并对系统时间进行校准。

音像记录应当包含记录时间、记录地点、执法人员、执法对象等基本信息。有条件的可以使用多台音像设备从不同角度，同时进行不间断记录。

音像记录过程中，因天气恶劣、设备故障、设备损坏等原因造成音像记录中断的，应当在重新开启设备后对中断原因进行语音说明；无法继续记录的，应当事后书面说明情况。

第十一条 导出和存储音像记录应当使用专用存储设备进行。

行政执法记录的保管、借阅、复制和使用应当按照档案管理的有关规定执行。

第十二条 执法过程的文字记录保存期限按照行政执法档案或者文书档案的保存期限执行。专用设备存储的音像记录保存期限不少于6个月，具体期限由各市级行政执法机关确定。

音像记录作为证据使用的，应当刻制光盘并注明制作人、提取人、提取时间等信息，与档案一并归档。光盘保存期限按照行政执法档案或者文书档案保存期限执行。

第十三条 行政执法机关及其工作人员不得伪造、篡改、编辑、剪辑执法过程的原始记录；不得在保存期内销毁执法过程的文字记录和专用存储设备中的音像记录。

第十四条 行政执法全过程记录为行政执法机关内部资料，不向社会公开。涉及国家秘密的，应当严格按照保密工作的有关规定进行管理。

监察机关、审判机关、检察机关或者其他行政执法机关基于办案需要，依法调阅、复制相关案件执法过程记录的，行政执法机关应当协助提供。

行政执法相对人要求查阅、复制与其相关的执法过程记录的，行政执法机关应当协助提供，但不得泄露国家秘密或者举报人、投诉人以及其他第三人的信息。已经结案归档的执法过程记录，应当按照档案管理有关规定办理查阅、复制手续。

第十五条　本办法自印发之日起施行。

北京市重大行政执法
决定法制审核办法

（2021年11月5日　京政办发〔2021〕17号）

第一条　为规范重大行政执法决定法制审核程序，促进严格规范公正文明执法，保护公民、法人和其他组织的合法权益，根据法律、法规、规章和国家有关规定，结合本市实际，制定本办法。

第二条　本市具有行政执法权的行政机关、法律法规授权的组织或者依法受委托的组织（以下简称行政执法机关）进行重大行政执法决定的法制审核适用本办法。

公安、国家安全等机关限制公民人身自由的行政处罚和行政强制决定的法制审核，按照国家或者相关部门有关规定执行。

第三条　重大行政执法决定法制审核属于行政执法机关的内部工作机制。

行政执法机关作出重大行政执法决定应当经过集体讨论。

重大行政执法决定法制审核应当在作出行政执法决定前进行。未经法制审核，行政执法机关不得作出重大行政执法决定。主体、事实、依据、程序存在合法性问题的，应当在纠正或者改正后作出重大行政执法决定。

第四条　各级行政执法机关的主要负责人是推动落实本机关重大行政执法决定法制审核制度的第一责任人，并对以本机关名义作出的行政执法决定负责。

各级行政执法机关的法制机构或者承担法制职责的机构（以下简称法制机构）负责本机关重大行政执法决定的法制审核工作并对审核意见负责。

经行政执法机关授权，相对集中执法权的机构（含政务服务机构）可以由其法制机构在授权范围内具体承担重大行政执法决定法制审核职责。

第五条　下列行政许可决定属于重大行政执法决定：

（一）采取招标、拍卖等方式作出的行政许可决定；

（二）经过听证程序的行政许可决定；

（三）可能造成重大社会影响、引发社会风险的行政许可决定；

（四）撤回或者撤销行政许可的决定；

（五）行政执法机关认为重大的其他行政许可决定。

第六条　下列行政处罚决定属于重大行政执法决定：

（一）涉及重大公共利益的行政处罚决定；

（二）直接关系当事人或者第三人重大权益，经过听证程序的行政处罚决定；

（三）案件情况疑难复杂、涉及多个法律关系的行政处罚决定；

（四）法律、法规规定应当进行法制审核的其他行政处罚决定；

（五）行政执法机关认为重大的其他行政处罚决定。

第七条　下列行政强制决定属于重大行政执法决定：

（一）划拨存款、汇款的行政强制执行决定；

（二）拆除建筑物、构筑物的行政强制执行决定；

（三）拍卖或者变卖当事人合法财物用以抵缴罚款的行政强制执行决定；

（四）行政执法机关认为重大的其他行政强制决定。

第八条 下列行政征收征用决定属于重大行政执法决定：

（一）征收或者征用房屋、土地的决定；

（二）征收或者征用车辆、设施、设备等合法财产的决定；

（三）行政执法机关认为重大的其他行政征收征用决定。

第九条 行政执法机关向公安机关移送涉嫌犯罪案件或者向监察机关移送涉嫌职务违法、职务犯罪案件的决定，属于重大行政执法决定。

第十条 法律、法规、规章对行政确认、行政给付、行政收费、行政裁决、行政奖励等重大执法决定的范围有明确规定的，按照有关规定执行；没有明确规定的，由各行政执法机关自行确定。

第十一条 本市实行重大行政执法决定事项目录管理制度。行政执法机关应当按照本办法第五条至第十条的规定，制定本机关重大行政执法决定事项目录。因法律、法规、规章变更或者机构职能调整等原因需要对目录进行调整的，应当及时调整。

第十二条 具体承办案件或者政务服务事项的机构（以下简称办案机构）应当将下列材料提交法制机构审核，并对提交材料的真实性、完整性、准确性，以及执法的事实、证据、法律适用、程序的合法性负责：

（一）完整的卷宗材料；

（二）办理建议及理由、依据；

（三）其他需要提交的证据、证明材料。

第十三条 重大行政执法决定法制审核以书面审核为主，重点审核以下内容：

（一）材料是否完整、文书是否完备、制作是否规范；

（二）执法主体和执法权限是否合法；

（三）执法人员是否具备执法资格；

（四）执法对象是否认定准确；

（五）事实是否清楚，证据是否合法、充分、确凿；

（六）执法程序是否合法；

（七）法律、法规、规章适用是否准确；

（八）办理意见或者裁量建议是否明确、适当；

（九）违法行为是否涉嫌犯罪或者职务违法，需要移送公安机关或者监察机关；

（十）其他应当审核的内容。

第十四条 法制机构应当在办案机构提交审核之日起5个工作日内，逐项对照本办法第十三条规定的内容提出明确、具体的书面审核意见。

法制审核书面意见一式两份。一份反馈办案机构存入执法案卷，一份由法制机构留存归档。

第十五条 办案机构应当对法制机构审核中提出的合法性、合理性意见进行研究并提出是否采纳的意见。存在异议的，可以与法制机构协商沟通；经沟通仍不能达成一致意见的，报请行政执法机关负责人集体讨论决定。

第十六条 本办法自印发之日起施行。

广东省行政执法公示办法

（2021年5月21日　粤府办〔2021〕13号）

第一章　总　　则

第一条 为了规范行政执法公示行为，保障公民、法人和其他组织的知情权、参与权、表达权和监督权，促进严格规范公正文明执法，根据《中华人民共和国行政处罚法》《中华人民共和国政府信息公开条例》《国务院办公厅关于全面推行行政执法公示制度执法全过程记录制度重大执法决定法制审核制度的指导意见》（国办发〔2018〕118号）等规定，结合本省实际，制定本办法。

第二条 本办法适用于本省行政区域内行政执法主体的行政执法公示工作。法律、法规、规章另有规定的，从其规定。

本办法所称行政执法主体，是指本省各级人民政府、各级行政执法部门和法律、法规授予行政执法权的组织。

本办法所称行政执法，是指行政执法主体依法履行行政许可、行政检查、行政处罚、行政强制、行政征收、行政征用等行政职责的行为。

本办法所称行政执法公示，是指行政执法主体通过一定载体和方式，在行政执法事前、事中和事后环节，主动向当事人或者社会公众公开、公布有关行政执法信息，自觉接受监督的行为。

第三条 行政执法公示应当坚持以公开为常态、不公开为例外，遵循主动、全面、准确、及时、便民的原则。

第四条 各级人民政府要加强对行政执法公示工作的组织领导。

各级司法行政部门在本级人民政府领导下，负责组织实施本办法。各级司法行政部门应当加强对行政执法公示制度落实情况的监督检查，对未按要求建立或者实施行政执法公示制度的，及时督促整改。

上级行政执法主体应当加强对下级行政执法主体行政执法公示工作的指导和监督。

第五条 各级行政执法主体通过全省统一的广东省行政执法信息公示平台，统一归集并公开行政执法信息。

广东省行政执法信息公示平台应当与"互联网+监管"系统、广东省"双随机、一公开"综合监管平台、国家企业信用信息公示系统、信用广东等公开、公示系统或者平台实现数据共享，避免数据重复录入。

第六条 各级行政执法主体应当按照"谁执法谁公示"的要求，建立健全本单位行政执法公示制度，及时、主动公开或者公示行政执法信息。

以人民政府名义实施的行政执法，由本级承办部门负责公开、公示。

委托实施行政执法的，由受委托的行政执法主体负责录入行政执法结果信息。

第七条 行政执法公示情况，作为各级人民政府开展依法行政考评、政府网站考评的重要内容。

第二章 公示的范围

第八条 行政执法事前环节应当公开下列信息：

（一）主体信息：执法主体名称，执法机构设置、办公地址、联系方式，执法人员姓名、执法证号，电子技术监控设备设置地点等。

（二）职责信息：单位职能、执法岗位责任等。

（三）依据信息：实施行政执法所依据的有关法律、法规、规章，以及委托执法协议、行政处罚的立案依据等。

（四）程序信息：行政执法流程图以及行政执法程序。包括行政许可的事项、条件、数量、期限、费用、程序等，行政检查、行政处罚的步骤、程序等，行政强制的方式、条件、期限、程序等，行政征收的权限、补偿标准、数额、程序等，行政征用的补偿标准、程序等，行政许可等事项需提交的全部材料目录、申请书、示范文本等。

（五）清单信息：权责清单、"双随机"抽查事项清单、行政执法全过程音像记录清单、重大行政执法决定法制审核目录清单等。

（六）监督信息：当事人依法享有的权利，救济途径、方式和期限，投诉举报的方式、途径、受理条件等。

（七）法律、法规、规章或者规范性文件规定应当事前公开的其他行政执法信息。

第九条 县级以上人民政府应当依照

《中华人民共和国行政处罚法》有关规定，依法核准本级行政处罚实施机关，并在广东省行政执法信息公示平台公示。

第十条 行政执法事中环节应当公示下列信息：

（一）行政执法人员身份：行政执法人员实施行政检查、行政处罚、行政强制、行政征收、行政征用时，应当全程佩带行政执法证件。国家规定统一着执法服装、佩戴执法标识的，行政执法人员还应当按照规定着装、佩戴执法标识。

（二）执法窗口岗位：设置岗位信息公示牌，明示工作人员岗位职责、申请材料示范文本、办理进度查询、咨询服务、投诉举报等信息。

（三）当事人权利义务：行政执法人员主动告知当事人拟作出行政执法决定的内容、事实、理由、证据、法律依据，出具行政执法文书；当事人享有陈述、申辩、要求听证、申请回避、救济渠道等法定权利和依法配合执法等法定义务。

（四）法律、法规、规章或者规范性文件规定应当事中公示的其他行政执法信息。

第十一条 行政执法事后环节应当公开下列信息：

（一）行政执法结果："双随机"抽查情况及抽查结果，行政许可、行政处罚、行政强制、行政征收、行政征用信息；

（二）上年度行政执法数据和相关行政复议、行政诉讼等数据；

（三）法律、法规、规章或者规范性文件规定应当事后公开的其他行政执法信息。

第十二条 行政执法结果公开可以采取公开行政执法信息摘要或者行政处罚决定书、行政许可决定书、行政检查登记表等方式。

第十三条 公开行政执法信息摘要的，应当公开行政执法决定书的文号、案件名称、当事人类型（自然人、法人、非法人组织）、违法事实、法律依据、执法决定、执法主体名称、日期等。

第十四条 全文公开行政执法决定书时，应当隐去下列信息：

（一）当事人名字或名称；

（二）自然人的出生日期、身份证号码、生物识别信息、住址、电话号码、电子邮箱、健康信息、行踪信息、银行账号、动产或者不动产权属证书编号、财产状况等；

（三）法人或者其他组织的银行账号、动产或者不动产权属证书编号、财产状况等；

（四）法律、法规或规章规定应当隐去的其他信息。

第十五条 行政执法结果有下列情形之一的，不予公开：

（一）当事人是未成年人的；

（二）案件主要事实涉及国家秘密、商业秘密、个人隐私的；

（三）公开后可能危及国家安全、公共安全、经济安全和社会稳定的；

（四）公开后可能影响系列案件调查处理的；

（五）法律、法规或者规章规定不得公开的其他情形。

涉及商业秘密、个人隐私等行政执法信息，经权利人同意公开或者行政执法主体认为不公开可能对公共利益造成重大影响的，应当脱密脱敏处理后公开。

第十六条 按照第十五条规定不予公开行政执法结果的，不公开理由应当在公开时限内报同级司法行政部门备案。

第十七条 行政执法主体应当于每年1月31日前在广东省行政执法信息公示平台公开上年度行政执法数据和相关行政复议、行政诉讼等数据，并形成分析报告报本级人民政府和上级行政主管部门。

行政执法数据公开的具体内容、标准和格式,由省司法厅依照本办法编制。

第十八条 行政执法主体应当加强行政执法公示后的舆情预判跟踪,主动引导公众,及时解疑释惑,加强法律宣传教育,提高行政执法公信力。

第三章 公示管理

第十九条 行政执法主体应当按照"谁执法、谁录入、谁负责"的原则,建立健全行政执法公示信息的内部审核和管理制度,明确公示内容的采集、传递、审核、发布职责,及时准确完整地记录并通过广东省行政执法信息公示平台公开行政执法信息。

第二十条 行政执法信息除应当在广东省行政执法信息公示平台公布外,还可以通过下列方式公开:

(一)发布公告;

(二)本级人民政府或者本单位网站、政务新媒体;

(三)办公场所设置的公示栏或者电子显示屏;

(四)办公场所放置的宣传册、公示卡;

(五)国家、省级开发建设的行政执法业务数据公示系统;

(六)其他方便当事人和社会公众知悉的方式。

第二十一条 事前公开的行政执法信息,自信息形成或者变更之日起20个工作日内及时公开。

行政许可、行政处罚的行政执法决定信息,应当自决定作出之日起7个工作日内公开,其他行政执法信息应当在行政执法决定作出之日起20个工作日内公开。法律、法规、规章另有规定的,从其规定。

第二十二条 行政执法主体应当建立行政执法公示更新和撤销的程序机制,发现公开的行政执法信息不准确的,及时予以更正。

第二十三条 事前公开的行政执法信息发生变化时,行政执法主体应当及时对已公开的信息进行调整更新。

第二十四条 行政执法决定因行政复议、行政诉讼或者其他原因被变更、撤销或者被确认违法的,行政执法主体应当自收到相关决定或者生效裁判文书之日起3个工作日内从广东省行政执法信息公示平台撤下原行政执法决定信息。

行政执法主体公开了第十五条不予公开情形的行政执法结果的,应当自发现之日起立即从广东省行政执法信息公示平台撤下原行政执法结果信息。

第二十五条 当事人认为与其自身相关的行政执法公示内容不准确,申请更正的,行政执法主体应当进行核实。对公示内容不准确的,应当及时更正并告知当事人;不予更正的,应当及时告知当事人,并说明理由和救济渠道。

第四章 责任追究

第二十六条 行政执法主体及其工作人员违反本办法,有下列情形之一的,可以按照《中华人民共和国政府信息公开条例》《广东省行政执法监督条例》有关规定,对负有直接责任的主管人员和其他直接责任人员责令书面检查、批评教育、通报批评、离岗培训或者暂扣行政执法证;情节严重的,依法撤销行政执法证;涉嫌违反行政纪律的,交由有权机关处理:

(一)未按照规定进行行政执法公示;

(二)行政执法公示弄虚作假;

(三)未在广东省行政执法信息公示平台公开行政执法信息;

(四)违反本办法第十四条、第十五条规定公开行政执法信息。

第五章 附 则

第二十七条 受委托实施行政执法的组织的行政执法公示,参照适用本办法。

第二十八条 公民、法人或者其他组织申请公开行政执法相关信息的,依照《中华人民共和国政府信息公开条例》等规定办理。

第二十九条 本办法自发布之日起施行。2017年原省依法行政领导小组印发的《广东省行政执法公示办法(试行)》同时废止。

广东省行政执法全过程记录办法

(2021年5月21日 粤府办〔2021〕13号)

第一章 总 则

第一条 为了规范行政执法全过程记录行为,促进严格规范公正文明执法,根据《中华人民共和国行政处罚法》《国务院办公厅关于全面推行行政执法公示制度执法全过程记录制度重大执法决定法制审核制度的指导意见》(国办发〔2018〕118号)等规定,结合本省实际,制定本办法。

第二条 本办法适用于本省行政区域内行政执法主体的行政执法全过程记录工作。法律、法规、规章另有规定的,从其规定。

本办法所称行政执法主体,是指本省各级人民政府、各级行政执法部门和法律、法规授予行政执法权的组织。

本办法所称行政执法,是指行政执法主体依法履行行政许可、行政检查、行政处罚、行政强制、行政征收、行政征用等行政职责的行为。

本办法所称行政执法全过程记录,是指行政执法主体通过文字、音像等形式,对行政执法的启动、调查取证、审核、决定、送达、执行等环节进行记录,并全面系统归档保存,做到执法全过程留痕和可回溯管理。

本办法所称文字记录,是指以纸质文件或者电子文件形式对行政执法活动进行全过程记录的方式,包括询问笔录、现场检查(勘验)笔录、鉴定意见、行政执法决定书、送达回证等书面记录。

本办法所称音像记录,是指通过照相机、录音机、摄像机、执法记录仪、视频监控等记录设备,实时对行政执法过程进行记录的方式。

第三条 行政执法全过程记录应当遵循合法、客观、全面的原则。

第四条 各级人民政府要加强对行政执法全过程记录工作的组织领导。

各级司法行政部门在本级人民政府领导下,负责组织实施本办法。各级司法行政部门应当加强对行政执法全过程记录制度落实情况的监督检查,对未按要求建立或者实施行政执法全过程记录制度的,及时督促整改。

上级行政执法主体应当加强对下级行政执法主体行政执法全过程记录工作的指导和监督。

第五条 行政执法主体应当根据执法需要配备执法记录仪等现场执法记录设备,加强行政执法全过程记录工作。

行政执法主体购置、维护现场执法记录设备所需经费,由同级财政予以保障。

第六条 各级行政执法主体应当上线应用广东省行政执法信息平台和行政执法监督网络平台,实现行政检查、行政处罚、行政强制三类执法行为全过程网上流转,行政执法信息及时全记录。

未使用广东省行政执法信息平台和行政执法监督网络平台的行政执法主体,通过全省各级共享交换平台,按照统一的标准将执法程序启动、调查取证、审查决定、送达执行、归档管理等各环节的行政执法信息及时向省政务大数据中心报送。

第七条　对行政执法全过程记录过程中知悉的自然人隐私和个人信息，行政执法主体应当保密，不得泄露或者向他人非法提供。

第二章　文字记录

第八条　行政执法应当按照规定进行文字记录。

第九条　依职权启动执法程序的，案件来源和立案情况应当进行文字记录。

依申请启动执法程序的，申请、补正、受理的情况应当进行文字记录。

第十条　行政执法调查取证环节的下列事项应当进行文字记录：

（一）执法人员姓名、执法证号及出示证件的情况；

（二）询问的情况；

（三）现场检查（勘验）的情况；

（四）调取书证、物证及其他证据的情况；

（五）抽样取证的情况；

（六）检验、检测、检疫、技术鉴定的情况；

（七）证据保全的情况；

（八）实施行政强制措施的情况；

（九）告知当事人陈述、申辩、申请回避、申请听证等权利以及当事人陈述、申辩、申请回避、申请听证等情况；

（十）听证的情况；

（十一）专家评审的情况；

（十二）应当记录的其他有关事项。

第十一条　行政执法审核、决定环节的下列事项应当进行文字记录：

（一）承办人的处理意见以及相关事实、证据、法律依据、行政裁量权适用规则；

（二）承办机构审核情况；

（三）重大行政执法决定法制审核情况；

（四）重大行政执法决定集体讨论情况；

（五）审批决定意见。

第十二条　行政执法送达、执行环节的下列事项应当进行文字记录：

（一）送达的情况；

（二）当事人履行行政执法决定的情况；

（三）行政强制执行的情况。

第十三条　行政执法案件的结案归档情况应当进行文字记录。

第三章　音像记录

第十四条　行政执法主体对现场执法、调查取证、举行听证、留置送达和公告送达等容易引发争议的行政执法过程，应当进行音像记录。

对查封扣押财产、强制拆除等直接涉及人身自由、生命健康、重大财产权益的现场执法活动和执法办案场所，应当进行全过程无间断音像记录。

对其他执法环节，文字记录能够全面有效记录执法行为的，可以不进行音像记录。

第十五条　行政执法主体应当编制行政执法全过程音像记录清单，明确本单位音像记录范围，并向社会公开。

各级人民政府作为行政执法主体的音像记录范围，由承办部门在本单位行政执法全过程音像记录清单中列明。

第十六条　行政执法主体按照工作必需、厉行节约、性能适度、安全稳定、适量够用的原则，配备音像记录设备，建设询问室和听证室等音像记录场所。

第十七条　音像记录应当重点记录下

列内容：

（一）行政执法现场环境以及行政执法人员检查、取证情况；

（二）当事人、证人、第三人等现场有关人员的体貌特征和言行举止；

（三）与行政执法相关的重要涉案物品及其主要特征，以及其他证明违法行为的证据；

（四）行政执法人员对有关人员、财物采取行政强制措施的情况；

（五）行政执法人员现场制作、送达行政执法文书的情况；

（六）应当记录的其他重要内容。

第十八条 音像记录过程中，行政执法人员应当对现场执法活动的时间、地点、执法人员、执法行为和音像记录的记录重点等进行语音说明，并告知当事人及其他现场有关人员正在进行音像记录。

第十九条 需要对现场执法活动进行全程无间断记录的，音像记录应当自到达执法现场开展执法活动时开始，至离开执法现场时结束。

第二十条 音像记录过程中，因设备故障、损坏或者电量不足、存储空间不足、天气情况恶劣、现场有关人员阻挠等客观原因而中止记录的，重新开始记录时应当对中止原因进行语音说明；确实无法继续记录的，应当及时向所属部门负责人报告，并在事后书面说明情况。

第二十一条 当事人及其他现场有关人员对行政执法进行拍照、录音、录像，不妨碍执法活动的，行政执法主体及其执法人员不得限制。

现场有关人员阻挠行政执法人员对执法活动进行音像记录，或者损毁音像记录设备妨碍依法执行公务的，依照《中华人民共和国治安管理处罚法》有关规定处理。

第二十二条 行政执法音像记录应当依法保护当事人隐私权，除有法律规定或者权利人明确同意外，不得进入、拍摄他人的住宅、宾馆房间等私密空间。

第二十三条 音像记录制作完成后，原则上行政执法人员应当在1个工作日内按照要求储存至广东省行政执法信息平台和行政执法监督网络平台或者本单位指定的存储器，不得自行保管。

连续工作、异地执法或者在水上、边远、交通不便地区执法，确实无法及时储存至广东省行政执法信息平台和行政执法监督网络平台或者本单位指定的存储器的，行政执法人员应当在具备储存条件1个工作日内予以储存。

第二十四条 行政执法主体应当建立健全音像记录设备和音像记录的管理制度，明确专门人员负责音像记录设备的存放、维护、保养、登记、管理以及音像记录的使用、归档、保存。

第二十五条 音像记录的保存期限由行政执法主体自行确定。音像记录资料作为证据使用的，保存期限按照相关规定确定。

使用广东省行政执法信息平台和行政执法监督网络平台，或者其他符合数字政府改革建设要求的行政执法系统的，可直接利用政务云资源保存音像记录资料，不需要再另行制作档案材料。

其他未实现行政执法信息化的单位，对音像记录证据材料应当按照档案管理规定整理归档，保存期不得少于案卷保存期限。

第二十六条 行政执法主体应当综合考虑部门职责、岗位性质、工作职权等因素，严格限定音像记录的使用权限。

上级行政执法主体及司法行政等部门因工作需要，可以调取有关行政执法音像记录，行政执法主体原则上不得拒绝提供。

第二十七条　行政执法主体及其执法人员不得故意毁损或者剪接、删改原始音像记录,未经批准不得擅自对外提供或者通过互联网等传播渠道发布音像记录。

第四章　责任追究

第二十八条　行政执法主体及其工作人员违反本办法,有下列情形之一的,可以按照《广东省行政执法监督条例》有关规定,对负有直接责任的主管人员和其他直接责任人员责令书面检查、批评教育、通报批评、离岗培训或者暂扣行政执法证;情节严重的,依法撤销行政执法证;涉嫌违反行政纪律的,交由有权机关处理:

(一)未按照规定进行行政执法全过程记录的;

(二)因设备使用人员故意或重大过失,导致音像记录损毁、丢失,造成严重后果的;

(三)未按照规定储存音像记录,造成严重后果的;

(四)故意毁损或者剪接、删改原始音像记录的;

(五)未经批准,擅自对外提供或者通过互联网等传播渠道发布音像记录的。

第二十九条　泄露涉及国家秘密、商业秘密、个人隐私的记录的,按照有关规定处理。

第五章　附　则

第三十条　受委托实施行政执法的组织的行政执法全过程记录,参照适用本办法。

第三十一条　本办法自发布之日起施行。2017年原省依法行政领导小组印发的《广东省行政执法全过程记录办法(试行)》同时废止。

广东省重大行政执法决定法制审核办法

(2021年5月21日　粤府办〔2021〕13号)

第一章　总　则

第一条　为了规范重大行政执法决定法制审核行为,促进严格规范公正文明执法,根据《中华人民共和国行政处罚法》《国务院办公厅关于全面推行行政执法公示制度执法全过程记录制度重大执法决定法制审核制度的指导意见》(国办发〔2018〕118号)等规定,结合本省实际,制定本办法。

第二条　本办法适用于本省行政区域内行政执法主体的重大行政执法决定法制审核工作。法律、法规、规章另有规定的,从其规定。

本办法所称行政执法主体,是指本省各级人民政府、各级行政执法部门和法律、法规授予行政执法权的组织。

本办法所称行政执法,是指行政执法主体依法履行行政许可、行政检查、行政处罚、行政强制、行政征收、行政征用等行政职责的行为。

本办法所称重大行政执法决定法制审核,是指行政执法主体在作出重大行政法决定前,由其法制审核机构对该执法行为进行合法性审查的行为。

第三条　行政执法主体作出重大行政执法决定之前,应当进行法制审核;未经法制审核或者审核不通过的,不得作出决定。

行政执法主体主要负责人是推动落实本单位重大行政执法决定法制审核制度的第一责任人,对本单位作出的行政执法决定负责。

第四条　重大行政执法决定法制审核应当遵循合法、公正、规范的原则。

第五条 各级人民政府要加强对重大行政执法决定法制审核工作的组织领导。

各级司法行政部门在本级人民政府领导下,负责组织实施本办法。

第六条 各级司法行政部门负责本级人民政府重大行政执法决定的法制审核工作,承办部门负责法制审核初审。

各级行政执法部门、法律法规授予行政执法权的组织,其负责法制工作的机构负责本单位重大行政执法决定的法制审核工作。法制审核机构原则上与具体承担行政执法工作的机构分开设置。

第七条 两个以上行政执法主体以共同名义作出重大行政执法决定的,由各自法制审核机构依照本单位职能分别进行法制审核。

第八条 行政执法主体应当根据《国务院办公厅关于全面推行行政执法公示制度执法全过程记录制度重大执法决定法制审核制度的指导意见》,按照原则上不少于本单位执法人员总数5%的要求,配备和充实政治素质高、具有法律专业背景并与法制审核工作任务相适应的法制审核人员,并建立定期培训制度,提高其法律素养和业务能力。

法制审核人员资格,按照《中华人民共和国行政处罚法》等规定执行。

第九条 行政执法主体应当建立健全法律顾问、公职律师统筹调用机制,为履行法制审核职责提供辅助性法律服务,实现法律专业人才资源共享。

第二章 审核范围

第十条 行政执法事项符合下列情形的,应当列入重大行政执法决定法制审核范围:

(一)涉及重大公共利益的;

(二)直接关系当事人或者第三人重大权益,经过听证程序的;

(三)可能造成重大社会影响或引发社会风险的;

(四)案件情况复杂、涉及多个法律关系的;

(五)法律、法规、规章或者规范性文件规定应当进行法制审核的。

第十一条 行政执法主体根据行政执法工作的需要,可以适当扩大本单位重大行政执法决定法制审核的范围。

第十二条 行政执法主体应当结合本机关行政执法行为的类别、执法层级、所属领域、涉及金额等因素,制定本单位重大行政执法决定法制审核目录清单,并在广东省行政执法信息公示平台向社会公开。

各级人民政府实施的列入重大行政执法决定法制审核范围的行政执法事项,由承办部门在本单位重大行政执法决定法制审核目录清单中列明。

第三章 审核规范

第十三条 重大行政执法事项调查取证完毕,行政执法承办部门或者机构研究提出处理意见后,应当在提请行政执法主体负责人作出决定之前,提交法制审核。

第十四条 提交法制审核时,应当向法制审核机构提供下列材料:

(一)拟作出的行政执法决定,及其事实、证据、法律依据、行政裁量权适用规则;

(二)调查取证记录。

如有下列材料应当一并提供:

1. 听证笔录、听证报告;

2. 风险评估报告;

3. 专家论证报告。

第十五条 重大行政执法主体为人民政府的,承办部门向本级人民政府司法行政部门提供法制审核材料时,还应当附上本部门法制审核机构的审核意见。

第十六条　重大行政执法决定法制审核以书面审查为主,必要时可以调查核实有关情况。

第十七条　重大行政执法决定的法制审核内容主要包括:

(一)执法主体、执法人员资格;

(二)事实、证据;

(三)法律依据及行政裁量权的行使;

(四)执法程序;

(五)法律、法规、规章规定的其他内容。

第十八条　法制审核机构收到送审材料后,应当在5个工作日内审核完毕;案情复杂的,经分管负责人批准可以延长3个工作日。

第十九条　法制审核机构对拟作出的重大行政执法决定进行法制审核后,提出下列审核意见:

(一)认为权限合法、事实清楚、证据确凿、法律依据准确、程序合法的,提出审核通过的意见。

(二)认为有下列情形之一的,提出具体审核建议,退回承办部门或机构:

1. 执法主体不合法、执法人员不具备执法资格的;

2. 主要事实不清、证据不足的;

3. 法律依据错误的;

4. 违反法定程序的;

5. 执法决定明显不当的;

6. 超越权限的;

7. 法律文书不规范的。

第二十条　承办部门或者机构应当按具体审核建议作出相应处理后,再次提交法制审核。

承办部门或者机构对具体审核建议有异议的,应当与法制审核机构进行充分协调研究。

第二十一条　法制审核工作人员与审核内容有直接利害关系的,应当回避。

第四章　责任追究

第二十二条　行政执法主体及其工作人员违反本办法,有下列情形之一的,可以按照《广东省行政执法监督条例》有关规定,对负有直接责任的主管人员和其他直接责任人员责令书面检查、批评教育、通报批评、离岗培训或者暂扣行政执法证;情节严重的,依法撤销行政执法证;涉嫌违反行政纪律的,交由有权机关处理:

(一)未经法制审核或者审核不通过作出重大行政执法决定的;

(二)行政执法承办部门或者机构提交法制审核材料弄虚作假的;

(三)法制审核机构未按规定对重大行政执法决定进行法制审核造成严重后果的。

第五章　附　　则

第二十三条　受委托实施行政执法的组织的重大行政执法决定法制审核,参照适用本办法。

第二十四条　本办法自发布之日起施行。2017年原省依法行政领导小组印发的《广东省重大行政执法决定法制审核办法(试行)》同时废止。

河北省行政执法公示办法

(2019年10月10日省政府第65次常务会议通过　2019年10月22日河北省人民政府令〔2019〕第6号公布　自2019年12月1日起施行)

第一章　总　　则

第一条　为规范行政执法公示工作,增强行政执法透明度,保障公民、法人和其他组织的知情权、参与权、表达权和监督权,促进严格规范公正文明执法,根据《中华人民共和国行政处罚法》《中华人民共和国政府信息公开条例》《河北省行政执法监督条例》等法律、法规和国家有关规定，结合本省实际，制定本办法。

第二条 本省行政区域内的行政执法公示，适用本办法。

本办法所称行政执法，是指行政执法机关（包括法律、法规授权行使行政执法职权的组织，下同）依法履行行政处罚、行政许可、行政强制、行政检查、行政征收征用等行政职责的行为。

本办法所称行政执法公示，是指行政执法机关通过一定载体和方式，在事前、事中、事后主动向社会公众和行政相对人公开行政执法信息，自觉接受监督的活动。

第三条 行政执法公示应当坚持以公开为常态、不公开为例外，遵循公正、公平、合法、准确、及时、便民的原则。

行政执法公示应当与政府信息公开、权责清单公布、信用信息公示、"双随机、一公开"等工作统筹推进。

第四条 县级以上人民政府应当加强对行政执法工作的组织领导，全面推行行政执法公示制度，并将行政执法公示制度落实情况纳入法治政府建设和政府信息公开工作的考评指标体系。

县级以上人民政府司法行政部门负责本行政区域内行政执法公示工作的组织指导和监督检查。

第五条 行政执法机关应当建立健全行政执法公示制度，明确公示的内容和方式，规范公示的标准和格式，并严格按规定进行公示，实现行政执法公开透明，主动接受社会公众和行政相对人监督。

第六条 行政执法机关应当建立健全行政执法公示审查机制，对本机关拟公开的行政执法信息依照《中华人民共和国保守国家秘密法》等法律、法规和本办法的有关规定进行审查。对不能确定是否可以公开的，行政执法机关应当依法报有关主管部门或者保密管理部门确定。

第七条 公民、法人和其他组织有权对行政执法机关的行政执法公示工作进行监督，并提出批评和建议。

第二章 公示载体

第八条 行政执法机关应当通过政府网站、部门门户网站或者其他互联网政务媒体、办事大厅公示栏、服务窗口等载体向社会公开行政执法基本信息、结果信息，并不断拓展行政执法公示的渠道和方式。

第九条 本省建立统一的行政执法信息公示平台，集中公开行政执法信息。

设区的市、县（市、区）人民政府和省、设区的市人民政府有关部门应当在门户网站设立行政执法信息公示栏目，并接入全省行政执法信息公示平台。

第十条 县级以上人民政府及其有关部门应当建立健全行政执法数据汇集和信息共享机制，推动跨区域、跨部门执法信息系统互联互通和业务协同，实现行政执法数据共享互通。

第十一条 行政执法机关应当加强行政执法信息化建设，推进行政执法网上办案，实现执法信息网上录入，执法流程网上流转，执法活动网上监督，执法决定实时推送，执法信息统一公示，提高行政执法信息化水平。

第三章 事前公开

第十二条 行政执法事前公开包括行政执法主体、人员、职责、权限、依据、程序、救济途径和随机抽查事项清单等行政执法基本信息。公开的信息应当简明扼要、通俗易懂。

第十三条 县级以上人民政府应当根据法律、法规、规章规定和行政执法机关的职责分工，编制并向社会公开行政执法主体清单，明确本级具有行政执法主体资格的行政执法机关。

行政执法机关应当根据法定职责编制并向社会公开行政执法事项清单，明确本机关的执法职责、权限、依据等内容。

第十四条　县级以上人民政府应当建立健全行政执法人员资格和证件管理制度，向社会公开本级持有行政执法证件的行政执法人员清单。

行政执法机关应当向社会公开本机关行政执法人员的姓名、执法证号、执法类别、执法区域等信息。

第十五条　行政执法机关应当根据法律、法规、规章规定的执法方式、执法步骤、执法时限等执法程序规定，按照执法类别编制并向社会公开行政执法流程图，明确各类行政执法的具体操作流程。

第十六条　行政执法机关应当建立健全行政执法投诉举报制度，公开本机关受理投诉举报的范围和渠道，并按规定处理公民、法人或者其他组织对违法行为的投诉举报。

第十七条　行政执法机关应当根据法律、法规、规章和国家"双随机、一公开"有关规定，编制并向社会公开本机关的随机抽查事项清单，明确抽查的类别、事项、对象、依据、承办机构等内容。

第十八条　因法律、法规、规章的制定、修改、废止或者机关职责调整需要更新行政执法信息的，行政执法机关应当自有关法律、法规、规章生效、废止或者机关职责调整之日起二十个工作日内进行更新。

第四章　事中公示

第十九条　行政执法人员在进行监督检查和调查取证，实施行政强制措施和行政强制执行，送达行政执法文书等行政执法活动时，应当主动出示行政执法证件，表明执法身份。鼓励行政执法机关在日常巡查、现场检查等执法活动中采取佩戴执法证件方式，全程公示执法身份。法律、法规和国家另有规定的，从其规定。

第二十条　行政执法人员在执法过程中，应当依法出具行政执法文书，主动告知当事人执法事由、执法依据、权利义务等内容。

第二十一条　国家规定行政执法机关统一着执法服装、佩戴执法标识的，行政执法人员执法时应当按规定着装、佩戴标识。

第二十二条　各级人民政府以及行政执法机关的办事大厅或者服务窗口应当设置岗位信息公示牌，明示工作人员岗位职责，公开办事指南、申请材料示范文本，提供办理进度查询和咨询服务，为公民、法人和其他组织办事提供便利。

第五章　事后公开

第二十三条　行政执法机关应当根据法律、法规、规章和国家有关规定向社会公开行政执法决定，接受社会监督。公开内容包括执法机关、执法对象、案件事实、执法类别、执法结论等行政执法决定信息。

行政许可、行政处罚决定信息应当自执法决定作出之日起七个工作日内公开，其他行政执法决定信息应当自决定作出之日起二十个工作日内公开。法律、法规和国家有关规定对公开期限另有规定的，从其规定。

第二十四条　行政执法机关应当建立健全行政执法决定公开的发布、撤销和更新机制。已公开的行政执法决定被依法撤销、确认违法或者要求重新作出的，行政执法机关应当自收到相关决定之日起三个工作日内撤下原行政执法决定信息。重新作出行政执法决定的，应当依照本办法的有关规定重新公开。

第二十五条　行政执法机关应当根据

国家有关规定和行政执法决定的类别、重要程度,合理确定行政执法决定公开的期限。公开与社会信用信息有关的行政处罚决定时,公开的期限应当与国家规定的信用信息公开的期限相一致。

第二十六条 行政执法机关公开行政执法决定时,不予公开下列信息:

(一)当事人以外的自然人姓名;

(二)自然人的家庭住址、身份证号码、通信方式、银行账号、动产或者不动产权属证书编号、财产状况等;

(三)法人或者其他组织的银行账号、动产或者不动产权属证书编号、财产状况等;

(四)法律、法规、规章规定不予公开的其他信息。

第二十七条 行政执法决定有下列情形之一的,不予公开:

(一)依法确定为国家秘密的;

(二)涉及商业秘密、个人隐私等公开会对第三方合法权益造成损害的;

(三)公开后可能危及国家安全、公共安全、经济安全、社会稳定的;

(四)法律、法规、规章规定不予公开的其他情形。

涉及商业秘密、个人隐私等公开会对第三方合法权益造成损害的行政执法决定信息,经权利人同意公开或者行政执法机关认为不公开会对公共利益造成重大影响的,予以公开。

第二十八条 行政执法机关在行政执法过程中形成的讨论记录、会议纪要、请示报告等过程性信息以及行政执法案卷信息,可以不予公开。法律、法规、规章规定上述信息应当公开的,从其规定。

第二十九条 行政执法机关应当建立健全行政执法统计报告制度,在每年 7 月 15 日和 1 月 31 日前向同级司法行政部门、上级行政执法机关分别报送上半年和上一年度的行政执法情况分析报告及有关数据。司法行政部门应当及时汇总分析行政执法机关报送的行政执法情况及有关数据,向本级人民政府和上一级司法行政部门报告。

第六章 监督与保障

第三十条 行政执法机关应当建立健全行政执法公示责任制,明确有关机构和人员采集、汇总、传输、发布和更新行政执法信息的职责。

第三十一条 行政执法机关应当建立行政执法公示纠错机制,发现公开的行政执法信息不准确的,及时予以更正。

公民、法人或者其他组织有证据证明公开的行政执法信息不准确的,有权要求行政执法机关予以更正;行政执法机关应当及时进行核实,经核实,公开的行政执法信息不准确的,予以更正。

第三十二条 上级行政执法机关应当加强对下级行政执法机关行政执法公示工作的指导和监督。

县级以上人民政府司法行政部门应当通过网上巡查、实地检查等方式,加强对行政执法公示制度落实情况的监督检查,对未按规定建立或者实施行政执法公示制度的,及时督促整改。

第三十三条 行政执法机关应当建立行政执法信息公开监测和应对机制,因行政执法信息公开引发舆情的,应当按照有关规定采取措施予以应对。

第三十四条 行政执法机关及其工作人员有下列情形之一的,由上一级行政机关和有关部门责令改正;情节严重或者造成严重后果的,对负有责任的领导人员和直接责任人员依法给予处分;构成犯罪的,依法追究刑事责任:

（一）未建立行政执法公示制度的；

（二）未进行或者未按规定进行行政执法公示的；

（三）对拟公开的行政执法信息未按规定审查的；

（四）公开的行政执法信息不准确未及时予以更正的；

（五）未按规定报送行政执法情况分析报告及有关数据的。

第七章　附　　则

第三十五条　受委托实施行政执法的，应当按照本办法的有关规定公示行政执法信息。

第三十六条　本办法自2019年12月1日起施行。

河北省行政执法全过程记录办法

（2019年10月10日省政府第65次常务会议通过　2019年10月22日河北省人民政府令〔2019〕第7号公布　自2019年12月1日起施行）

第一章　总　　则

第一条　为推行行政执法全过程记录制度，规范行政执法程序，促进严格规范公正文明执法，根据《中华人民共和国行政处罚法》《河北省行政执法监督条例》等法律、法规和国家有关规定，结合本省实际，制定本办法。

第二条　本省行政区域内的行政执法全过程记录，适用本办法。

本办法所称行政执法，是指行政执法机关（包括法律、法规授权行使行政执法职权的组织，下同）依法履行行政处罚、行政许可、行政强制、行政检查、行政征收征用等行政职责的行为。

本办法所称行政执法全过程记录，是指行政执法机关采取文字记录、音像记录的方式，对执法程序启动、调查取证、审查决定、送达执行等环节进行记录的活动。

第三条　行政执法全过程记录应当遵循合法、公正、客观、全面的原则。

第四条　县级以上人民政府应当加强对行政执法工作的组织领导，全面推行行政执法全过程记录制度，并将行政执法全过程记录制度落实情况纳入法治政府建设考评指标体系。

县级以上人民政府司法行政部门负责本行政区域内行政执法全过程记录工作的组织指导和监督检查。

第五条　行政执法机关应当建立健全行政执法全过程记录制度，根据法定执法程序，明确各类执法行为的记录内容、记录方式，并严格按规定进行文字记录和音像记录，实现行政执法全过程留痕和可回溯管理。

第六条　省级行政执法机关应当通过明确标准、制定范本等方式，加强对本系统全面推行行政执法全过程记录制度的指导，促进行业规范统一。

第七条　行政执法机关应当加强行政执法信息化建设，推行成本低、效果好、易保存、防删改的信息化记录和储存方式，逐步建立基于计算机网络、电子认证、电子签章的行政执法全过程数据化记录工作机制。

第二章　记录内容

第八条　行政执法程序启动环节应当记录下列内容：

（一）依职权启动的，应当对执法事项来源、启动原因等情况进行记录；

（二）依申请启动的，应当对执法事项的申请、补正、受理等情况进行记录。

第九条　行政执法调查取证环节应当记录下列内容：

（一）行政执法人员的姓名、执法证号以及出示证件情况；
（二）询问情况；
（三）现场检查（勘验）情况；
（四）调取书证、物证以及其他证据情况；
（五）抽样取证情况；
（六）检验、检测、检疫、鉴定、评审情况；
（七）证据保全情况；
（八）实施行政强制措施情况；
（九）告知当事人陈述、申辩、申请回避、申请听证等权利以及当事人陈述、申辩、申请回避、申请听证等情况；
（十）听证、论证情况；
（十一）应当记录的其他内容。

第十条 行政执法审查决定环节应当记录下列内容：
（一）行政执法人员的处理建议以及相关事实、证据、依据、自由裁量权适用等情况；
（二）行政执法机关执法承办机构拟作出决定情况；
（三）行政执法机关法制审核机构审核情况；
（四）集体讨论决定情况；
（五）行政执法机关负责人审批决定；
（六）应当记录的其他内容。

第十一条 行政执法送达执行环节应当记录下列内容：
（一）送达情况；
（二）当事人履行行政执法决定情况；
（三）行政强制执行情况；
（四）没收财物处理情况；
（五）应当记录的其他内容。

第三章 文字记录

第十二条 文字记录是指以纸质文件或者电子文件形式对行政执法活动进行的记录，包括向当事人出具的行政执法文书、调查取证文书、内部审批文书、听证文书、送达文书等书面记录。

第十三条 行政执法机关应当根据法律、法规、规章的规定和省人民政府以及国务院部门的执法文书格式，结合实际，规范本机关的行政执法文书格式。

第十四条 行政执法机关向当事人出具的行政执法文书，应当规范、完整、准确，并加盖行政执法机关印章，载明签发日期。

第十五条 调查取证文书中涉及当事人的文字记录，应当由当事人签字确认。文字记录有更改的，应当由当事人在更改处捺手印或者盖章。文字记录为多页的，当事人应当捺骑缝手印或者加盖骑缝章。当事人对文字记录拒绝签字确认的，行政执法人员应当在相应文书中注明，并由两名以上行政执法人员签字。

第十六条 内部审批文书应当记录行政执法人员的承办意见和理由、审核人的审核意见、批准人的批准意见，并分别载明签字日期。

第十七条 听证文书应当记录听证的全过程和听证参加人的原始发言，并由听证参加人审核无误后签字或者盖章。

第十八条 送达文书应当载明送达文书名称、受送达人名称或者姓名、送达时间与地点、送达方式、送达人签字、受送达人签字。

委托送达的，应当记录委托原因，并由受送达人在送达回证上签字；邮寄送达、公告送达的，应当将邮寄回执单、公告文书归档保存。

留置送达的，送达人应当在送达回证上说明情况，并由送达人、见证人签字。

第四章 音像记录

第十九条 音像记录是指通过照相

机、录音机、摄像机、执法记录仪、视频监控等记录设备,实时对行政执法活动进行的记录。音像记录应当与文字记录相衔接。

第二十条 行政执法机关对现场执法、调查取证、举行听证、留置送达和公告送达等容易引发争议的行政执法环节,应当根据实际进行音像记录;对直接涉及人身自由、生命健康、重大财产权益的现场执法活动和执法办案场所,应当进行全程音像记录。

第二十一条 行政执法机关应当根据本机关的执法职责、执法程序、执法类别,编制音像记录事项清单和执法行为用语指引,明确音像记录的内容、标准和程序,对音像记录进行规范。

第二十二条 行政执法机关进行音像记录时,应当重点记录下列内容:

(一)现场执法环境以及行政执法人员检查、取证情况;

(二)当事人、证人、第三人等现场有关人员的体貌特征和言行举止;

(三)与行政执法相关的重要物品及其主要特征,以及其他证据;

(四)行政执法人员对有关人员、财物采取行政强制措施的情况;

(五)行政执法人员现场制作、送达行政执法文书的情况;

(六)根据实际应当记录的其他内容。

第二十三条 行政执法人员在进行音像记录过程中,因设备故障、天气恶劣、人为阻挠等客观原因中断记录的,重新开始记录时应当对中断原因进行语音说明;确实无法继续记录的,应当在现场执法结束后书面说明情况,并由两名以上执法人员签字。

第二十四条 音像记录完成后,行政执法人员应当在二十四小时内将音像记录信息储存至所在机关的行政执法信息系统或者指定的存储设备,不得私自保管或者擅自交给他人保管,不得泄露音像记录信息。

因连续执法、异地执法或者在边远、水上、交通不便地区执法,确实无法及时储存音像记录信息的,行政执法人员应当在返回所在机关后二十四小时内予以储存。

第五章 归档与使用

第二十五条 行政执法机关应当加强对行政执法全过程记录资料和音像记录设备的管理,明确专门人员负责行政执法全过程记录资料的归档保存、使用管理以及音像记录设备的存放、维护、保养、登记。

行政执法全过程记录资料涉及国家秘密、商业秘密和个人隐私的,行政执法机关应当按照有关法律、法规、规章的规定进行管理。

行政执法机关应当根据本机关行政执法的风险情况,合理确定各类音像记录资料的保存期限和保存方式。

第二十六条 行政执法机关及其执法人员在行政执法行为终结之日起三十日内,应当将行政执法全过程记录资料按照档案管理的规定立卷、归档。

作为证据使用的录音、录像,应当制作光盘归档保存,并注明记录的事项、时间、地点、方式和行政执法人员等信息。

第二十七条 行政执法机关及其有关工作人员不得擅自毁损、删除、修改行政执法全过程记录资料。

第二十八条 行政执法机关应当加强对行政执法全过程记录资料的数据统计分析,充分发挥全过程记录和数据统计分析信息在案卷评查、执法监督、评议考核、舆情应对、行政决策和健全社会信用体系等工作中的作用。

第六章 监督与保障

第二十九条 行政执法机关应当按照

工作必需、性能适度、安全稳定的原则,配备音像记录设备,建设询问室和听证室等音像记录场所。有特殊执法需要的,应当配备具有防爆、夜视、定位等功能的音像记录设备。具体配备标准按照国家和本省有关规定执行。

第三十条　上级行政执法机关应当加强对下级行政执法机关行政执法全过程记录工作的指导和监督。

县级以上人民政府司法行政部门应当通过现场检查、案卷评查等方式,加强对行政执法全过程记录制度落实情况的监督检查,对未按规定建立或者实施行政执法全过程记录制度的,及时督促整改。

第三十一条　行政执法机关及其工作人员有下列情形之一的,由上一级行政机关或者有关部门责令改正;情节严重或者造成严重后果的,对负有责任的领导人员和直接责任人员依法给予处分;构成犯罪的,依法追究刑事责任:

(一)未建立健全行政执法全过程记录制度的;

(二)未进行或者未按规定进行行政执法全过程记录的;

(三)未归档保存或者未按规定归档保存行政执法全过程记录资料的;

(四)擅自毁损、删除、修改文字记录和音像记录资料的;

(五)泄露音像记录信息的。

第七章　附　则

第三十二条　受委托实施行政执法的,应当按照本办法进行全过程记录。

第三十三条　本办法自2019年12月1日起施行。

河北省重大行政执法
决定法制审核办法

(2019年10月10日省政府第65次常务会议通过　2019年10月22日河北省人民政府令〔2019〕第8号公布　自2019年12月1日起施行)

第一条　为规范重大行政执法决定法制审核工作,加强对行政执法行为的监督,促进行政执法机关依法行政,根据《中华人民共和国行政处罚法》《河北省行政执法监督条例》等法律、法规和国家有关规定,结合本省实际,制定本办法。

第二条　本省行政区域内的重大行政执法决定法制审核,适用本办法。

本办法所称重大行政执法决定,是指具有下列情形之一的行政处罚、行政许可、行政强制、行政征收征用等决定:

(一)涉及重大公共利益的;

(二)可能造成重大影响或者引发社会风险的;

(三)直接关系行政相对人或者第三人重大权益的;

(四)需经听证程序作出的;

(五)案件情况疑难复杂,涉及多个法律关系的;

(六)法律、法规、规章规定的其他情形。

第三条　重大行政执法决定法制审核应当遵循公正、公平、合法、及时的原则,坚持应审必审、有错必纠,保证重大行政执法决定合法、适当。

第四条　行政执法机关主要负责人是本机关重大行政执法决定法制审核工作的第一责任人,对本机关作出的重大行政执法决定负责。

第五条　县级以上人民政府应当加强

对行政执法工作的组织领导,全面推行重大行政执法决定法制审核制度,并将重大行政执法决定法制审核制度落实情况纳入法治政府建设考评指标体系。

县级以上人民政府司法行政部门负责本行政区域内重大行政执法决定法制审核工作的组织指导和监督检查。

第六条 行政执法机关应当建立健全重大行政执法决定法制审核制度,作出重大行政执法决定前,应当进行法制审核,未经法制审核或者审核未通过的,不得作出决定。

第七条 省级行政执法机关应当加强对本系统全面推行重大行政执法决定法制审核制度的指导,制定本系统重大行政执法决定法制审核事项的确定标准。

第八条 行政执法机关应当根据本办法第二条第二款的规定,结合本机关执法职责、执法层级、涉案金额等因素,按照执法类别编制重大行政执法决定法制审核事项清单,并根据实际情况进行动态调整。

重大行政执法决定法制审核事项清单应当报本级人民政府司法行政部门备案。

第九条 行政执法机关应当按照执法案件办理、审核、决定相分离的原则,明确负责法制审核工作的机构(以下称法制审核机构)具体负责本机关的重大行政执法决定法制审核工作。

两个以上行政执法机关以共同名义作出重大行政执法决定的,由主要负责的行政执法机关的法制审核机构进行法制审核,其他行政执法机关的法制审核机构参与审核。

第十条 县级以上人民政府及其行政执法机关应当按照国家和本省规定的条件和比例配备法制审核人员,并定期组织法制审核人员培训。

行政执法机关应当充分发挥法律顾问、公职律师在法制审核工作中的作用。省和设区的市行政执法机关可以建立本系统的法律顾问、公职律师统筹调用机制,实现法律专业人才资源共享。

第十一条 行政执法机关的执法承办机构在案件调查或者审查结束后,拟作出重大行政执法决定的,应当先送本机关法制审核机构进行法制审核,经法制审核后,报请本机关负责人或者集体讨论决定。

第十二条 执法承办机构在送法制审核机构审核时,应当提交下列材料:

(一)调查终结报告或者有关审查情况报告;

(二)执法决定代拟稿;

(三)作出执法决定的相关依据;

(四)作出执法决定的证据资料;

(五)经听证、评估的,提交听证笔录、评估报告;

(六)应当提交的其他材料。

法制审核机构认为提交的材料不齐全的,可以要求执法承办机构在指定时间内补充材料,或者退回执法承办机构补充材料后重新提交。

第十三条 法制审核机构应当对下列内容进行法制审核:

(一)行政执法主体是否合法,行政执法人员是否具备执法资格;

(二)是否超越本机关法定权限;

(三)案件事实是否清楚,证据是否合法充分;

(四)适用法律、法规、规章是否准确;

(五)适用裁量基准是否适当;

(六)行政执法程序是否合法;

(七)行政执法文书是否完备、规范;

(八)违法行为是否涉嫌犯罪需要移送司法机关;

(九)应当审核的其他内容。

第十四条 法制审核机构应当自收到

执法承办机构送审材料之日起五个工作日内完成法制审核。情况复杂的,经本机关主要负责人批准可以延长五个工作日。补充材料的时间不计入审核期限。

行政执法机关可以结合本机关实际,在前款规定的期限内确定法制审核的具体期限,不得因进行法制审核导致作出行政执法决定的期限超出法定办理期限。

第十五条　法制审核机构完成法制审核后,应当区别情况,提出以下书面审核意见:

（一）符合下列情形的,提出同意的意见:

1. 行政执法主体合法;
2. 行政执法人员具备执法资格;
3. 未超越本机关法定权限;
4. 事实认定清楚;
5. 证据合法充分;
6. 适用法律、法规、规章准确;
7. 适用裁量基准适当;
8. 程序合法;
9. 行政执法文书完备、规范。

（二）有下列情形之一的,提出改正的意见:

1. 事实认定、证据和程序有瑕疵;
2. 适用法律、法规、规章错误;
3. 适用裁量基准不当;
4. 行政执法文书不规范。

（三）有下列情形之一的,提出重新调查、补充调查或者不予作出行政执法决定的意见:

1. 行政执法主体不合法;
2. 行政执法人员不具备执法资格;
3. 事实认定不清;
4. 主要证据不足;
5. 违反法定程序。

（四）超越本机关法定权限或者涉嫌犯罪的,提出移送的意见。

（五）其他意见或者建议。

法制审核意见应当经法制审核机构负责人签字。

第十六条　重大行政执法决定经法制审核未通过的,执法承办机构应当根据审核意见作出相应处理,再次送法制审核机构审核。

执法承办机构对法制审核意见有异议的,可以自收到审核意见之日起两个工作日内书面向法制审核机构提出复审建议。法制审核机构应当自收到书面复审建议之日起两个工作日内提出复审意见。执法承办机构对复审意见仍有异议的,报请本机关主要负责人决定。

第十七条　执法承办机构对送审材料的真实性、准确性、完整性,以及行政执法的事实、证据、法律适用、程序的合法性负责。

法制审核机构对重大行政执法决定的法制审核意见负责。

第十八条　行政执法机关未建立重大行政执法决定法制审核制度、作出重大行政执法决定前未经法制审核或者审核未通过而作出决定的,由上一级行政机关或者有关部门责令改正;情节严重或者造成严重后果的,对负有责任的领导人员和直接责任人员依法给予处分。

第十九条　执法承办机构送交法制审核时隐瞒真相、提供伪证或者隐匿、毁灭执法证据,或者法制审核机构在审核过程中弄虚作假、玩忽职守、徇私舞弊的,由所在行政执法机关责令改正;情节严重或者造成严重后果的,对负有责任的领导人员和直接责任人员依法给予处分;构成犯罪的,依法追究刑事责任。

第二十条　本办法自2019年12月1日起施行。

深圳市行政执法主体公告管理规定

（2003年4月29日市政府三届八十六次常务会议审议通过　2003年5月31日深圳市人民政府令第126号公布　自2003年8月1日起施行）

第一条　为规范我市行政执法主体，保障和监督行政执法主体依法行使职权，根据有关法律、法规的规定，制定本规定。

第二条　本市行政执法主体的公告管理适用本规定。但属国家和省实行垂直领导的行政执法主体除外。

第三条　本规定所称行政执法主体是指依法设立，能够以自己的名义依法实施行政检查、行政强制措施、行政处罚、行政强制执行的行政机关、机构和其他组织。

第四条　行政执法主体应当在市政府公告的职责和权限内依法实施执法活动。未经公告或者超越公告的职责和权限范围的执法活动无效。

第五条　市人民政府法制工作部门（以下简称市法制工作部门）负责行政执法主体公告前的审查工作。

市级行政执法主体由市法制工作部门提出审查意见后报市政府批准公告。

各区行政执法主体由各区人民政府提出审查意见并经市法制工作部门复核后报市政府批准公告。

第六条　行政执法主体必须符合下列条件：

（一）依法设立；

（二）有法律、法规、规章规定的执法职责和权限或者政府调整执法职责和权限的正式文件；

（三）能以自己的名义实施行政执法活动并承担法律责任；

（四）有机构编制部门核定的机构编制和符合条件的执法人员；

（五）有财政部门核拨的经费；

（六）符合法律、法规、规章的其他规定。

第七条　行政机关和法律、法规、规章授权的组织提请行政执法主体审查时，应当报送下列材料：

（一）部门或者组织负责人签署的提请审查的公函；

（二）依法设立行政执法主体的正式文件；

（三）规定行政执法主体执法职责和权限的法律、法规、规章依据或者政府调整执法职责和权限的正式文件；

（四）机构编制部门核定机构编制的文件；

（五）行政执法主体公告文本。

第八条　市法制工作部门、区政府对提请审查的行政执法主体是否符合本规定第六条规定的条件进行审查，并在受理提请审查后10个工作日内作出审查意见，书面通知提请审查的机关或者组织。

经审查、复核符合规定条件的，市法制工作部门应当在作出审查或者复核意见后10个工作日内提请市政府批准公告。

第九条　行政执法主体公告的内容主要包括：

（一）行政执法主体名称；

（二）执法职责和权限；

（三）主要执法依据；

（四）办公地址、咨询和投诉电话。

第十条　行政执法主体必须在《深圳市人民政府公报》上进行公告。

行政执法主体在《深圳市人民政府公报》上公告后，相关部门可以将市政府批准的公告文本在本市政府信息网或者其他媒体上公布。

第十一条　行政执法主体公告后发生

下列情形的,必须重新提请审查和公告:

(一)行政执法主体发生分立;

(二)行政执法主体发生合并;

(三)行政执法主体名称变更;

(四)行政执法依据变更;

(五)行政执法职责和权限变更。

第十二条 发生本规定第十一条规定的情形的,有关部门应在规定该情形的法律、法规、规章或正式文件生效日后15个工作日内,按照本规定第七条的要求提请市法制工作部门或者区政府进行审查,市法制工作部门或者区政府按照本规定第八条处理。

行政执法主体发生第十一条第(一)项情形的,由分立后的机关或组织提请审查;发生第十一条第(二)项情形的,由新成立的机关或组织提请审查;发生第十一条第(三)、(四)、(五)项情形的,由原提请审查的机关或组织提请审查。

行政执法主体的办公地址、咨询和投诉电话发生变更的,由原提请审查的机关或者组织直接提请市政府办公厅在《深圳市人民政府公报》上公告。

第十三条 行政执法主体经市政府批准后,市政府办公厅应当自批准之日起15个工作日内将行政执法主体公告文本在《深圳市人民政府公报》上公告。

第十四条 行政机关可以在其法定职责和权限内,依法委托符合本规定第十五条规定条件的组织实施行政执法活动。

委托机关对受委托组织实施委托范围内的执法活动进行监督,并对该活动的后果承担法律责任。

受委托组织应当在委托范围内,以委托机关的名义实施行政执法活动,不得再委托其他组织或者个人实施。

委托机关在委托期间不再行使已经委托给受委托组织的行政执法权。

第十五条 受委托实施行政执法活动的组织必须符合下列条件:

(一)是依法设立的管理公共事务的事业组织;

(二)有符合条件的执法工作人员;

(三)在行政执法中需要进行技术检查或者技术鉴定的,应当有条件组织进行相应的技术检查或者技术鉴定;

(四)符合法律、法规、规章的其他规定。

第十六条 行政机关委托符合条件的组织实施行政执法活动,应当与受委托组织订立委托行政执法协议书。委托行政执法协议书应当载明下列事项:

(一)委托机关和受委托组织的名称、地址;

(二)委托机关的执法依据;

(三)委托的执法事项和权限;

(四)委托的期限;

(五)受委托组织的执法经费来源;

委托行政执法的期限不得超过五年。

委托行政执法协议书必须由双方法定代表人签署并加盖双方单位的印章。

第十七条 行政机关应当在与受委托执法组织订立委托行政执法协议书后10个工作日内,将委托事宜提请市法制工作部门或者区政府审查。提请审查时,应当提供以下材料:

(一)行政机关负责人签署的提请审查的公函;

(二)受委托组织设立的正式文件;

(三)委托行政执法协议书;

(四)受委托组织执法人员名单和执法经费来源证明;

(五)受委托执法组织的公告文本。

第十八条 市法制工作部门、区政府对委托行政执法的必要性和合法性进行审查,并在受理提请审查后10个工作日内作出审查意见,书面通知提请审查的机关。

经审查、复核确有必要且符合规定条件的,市法制工作部门应当在作出审查或者复核意见后10个工作日内提请市政府批准公告。

第十九条　委托行政执法期限届满后,如果需要继续委托的,委托机关应当在委托期限届满前一个月内与受委托组织重新订立委托行政执法协议书,并按照本规定提请审查和批准公告。

第二十条　委托机关发现受委托组织违反委托协议或者违法实施委托执法活动的,应当责令改正;情节严重的,可以撤销委托。

第二十一条　任何组织和个人有权对违反本规定实施行政执法活动的行政机关、机构或者组织,向市法制工作部门和市监察部门进行投诉和提出意见。

第二十二条　市法制工作部门发现未按本规定批准公告的行政机关、机构或者组织实施行政执法活动的,应当立即将有关情况向市政府报告,由市政府责令该行政机关、机构或者组织停止实施执法活动。

第二十三条　对违反本规定实施行政执法活动的行政机关、机构或者组织的负责人和直接责任人,由市监察部门依法追究行政过错责任。

第二十四条　市政府每年向社会公布本市行政执法主体和受委托执法的组织的名录。

第二十五条　本规定自2003年8月1日起施行。

本规定发布前已经实施执法活动的行政执法主体和受行政机关委托实施执法活动的组织的审查和批准公告,应当自本规定发布之日起六个月内完成。

七、行政检查制度

国家能源局关于印发《国家能源局行政检查工作规定》的通知

（2020年1月17日　国能发监管〔2020〕4号）

各司，各派出机构，各直属事业单位：

为了规范国家能源局行政检查工作，维护能源投资者、经营者、使用者合法权益和社会公共利益，根据有关法律法规规章及国务院要求，我们制定了《国家能源局行政检查工作规定》，现印发给你们，请遵照执行。

国家能源局行政检查工作规定

第一条 为了规范国家能源局行政检查工作，维护能源投资者、经营者、使用者合法权益和社会公共利益，根据有关法律法规规章及国务院要求，制定本规定。

第二条 本规定适用于国家能源局依法对能源企业、能源用户或者其他有关单位（以下简称"被检查单位"）进行的行政检查。

对电力事故调查、电力安全生产检查，对涉嫌违法行为的立案调查等情形，法律、法规、规章等另有规定的，从其规定。

国务院决定或者批准开展的专项检查，其范围、内容、时限和程序另有规定的，从其规定。

第三条 行政检查应当遵循依法、公开、公平、公正原则。

对国家能源局随机抽查事项清单所列事项开展的行政检查，应当遵循随机抽取检查对象、随机选派检查人员的原则，并及时公开检查信息。

第四条 检查人员与被检查单位的主要负责人或者有关人员有利害关系，可能影响工作正常进行的，检查人员应当依法回避。

被检查单位认为检查人员存在影响检查工作正常进行事由的，可以以书面形式提出回避申请，并说明理由。

回避决定由检查人员所在部门负责人决定。

第五条 行政检查前，应当根据检查任务和检查对象选定检查人员，组成检查组，并且持有有效工作证件的检查人员不得少于两人。

必要时，可以根据行政检查需要，聘请具有相关专业知识的人员协助。

第六条 行政检查前，应当提前制定检查方案，报送国家能源局负责人审定。

国务院决定或者批准开展的行政检查，应当按照国务院决定或者批准的检查方案和检查内容进行。

检查方案应当包括检查时间、检查人员、检查对象、检查范围等内容。

第七条 行政检查前，应当提前准备，包括收集整理相关资料、了解掌握相关政策制度、组织检查人员培训等。

根据行政检查需要,可以要求被检查单位提前报送相关资料、开展自查并提交报告等。

第八条　行政检查前,原则上提前三个工作日向被检查单位发出行政检查通知,告知检查时间、检查范围等内容。必要时,可以持检查通知书直接进行行政检查。

第九条　行政检查时,应当出示行政检查通知、有效工作证件,告知检查内容及要求。

第十条　行政检查时,可以组织被检查单位谈话,听取被检查单位介绍相关情况,了解和询问相关问题,提出配合行政检查的相关要求。

第十一条　行政检查时,可以依法采取下列措施:

(一)要求被检查单位如实提供相关的信息或者报送与检查事项有关的文件资料;

(二)实地察看;

(三)询问有关人员;

(四)查阅、复制与检查事项有关的文件、资料;

(五)对可能被转移、隐匿或者毁损的文件、资料予以封存。

第十二条　检查人员到实地进行察看可以就察看情况形成书面情况记录,并由被检查单位相关人员签字或者加盖被检查单位印章确认。

根据行政检查需要,可以通过录音、拍照和摄像等形式,取得视听资料。

第十三条　检查人员可以询问被检查单位相关人员并制作询问笔录,被询问人应当当场校核询问笔录并签字。

需要对询问过程进行录音、录像的,应当提前告知被询问人。

询问被检查单位相关人员时,持有有效工作证件的检查人员不得少于两人。

第十四条　检查人员可以查阅复制与检查有关的文件、档案、账簿等书面材料,可以进入被检查单位计算机系统查阅有关资料。

复制取得的复印件、复制品、抄录件,应当由被检查单位相关人员签名或者加盖被检查单位印章,并注明时间。

电子数据应当以打印或者摘抄形式形成书面材料,注明制作方法、制作时间,并由被检查单位相关人员签名或者加盖被检查单位印章确认。

第十五条　对于可能被转移、隐匿或者毁损的文件、资料,检查人员认为有必要予以封存的,应当出具封存通知,加贴专用封条,并填写封存材料清单。

对于排除违法嫌疑的封存材料,应当解除封存,制作解除封存通知并送达被检查单位。

第十六条　行政检查时,对与检查事项有关的业务需要组织技术鉴定的,可以委托具备资格的第三方机构实施。

第十七条　检查组应当及时对检查中认定的事实、证据资料进行核对分析和研究确认,必要时由被检查单位相关人员签字或者加盖被检查单位印章确认。

检查组可以向被检查单位反馈行政检查事实;反馈时,应当由检查组组长或者其委托的人员主持。

第十八条　行政检查结束后,应当形成行政检查报告,主要包括检查工作基本情况、被检查单位基本情况、检查事实、发现的问题和处理建议等内容。

第十九条　行政检查报告经批准后,可以形成行政检查通报并印发被检查单位。

第二十条　行政检查中,发现被检查单位存在违反国家有关能源监管规定的行为的,应当依法责令其当场改正或者限期改正。

第二十一条　对行政检查中发现的违

法行为,依法应当给予行政处罚的,按照有关规定给予行政处罚。

被检查单位违法违规行为不属于国家能源局职责范围的,应当依法移送相关部门处理。

第二十二条 行政检查时,应当通过发放宣传册、宣传页等方式向被检查单位宣讲与检查内容有关的法律法规规章。

第二十三条 行政检查时,被检查单位应当积极配合。被检查单位拒绝签名、盖章的,检查人员应当书面注明并签字。

被检查单位存在拒绝、阻碍行政检查,提供虚假或者隐瞒重要事实的文件、资料等行为并拒不改正的,可以根据有关法律、法规和规章,给予行政处罚。

第二十四条 行政检查人员应当严肃执法、廉洁奉公。

行政检查人员有下列情形之一的,根据情节轻重,给予批评教育或者行政处分;构成犯罪的,依法追究刑事责任:

(一)违反规定的程序进行行政检查的;

(二)干预被检查单位正常的生产经营活动的;

(三)利用检查工作为本人、亲友或者他人谋取利益的;

(四)泄露检查工作中知悉的国家秘密、商业秘密、个人隐私的;

(五)其他违反行政检查规定的行为。

第二十五条 行政检查结束后,应当按照有关规定将有关材料立卷归档。

第二十六条 国家能源局派出机构进行行政检查,参照本规定执行。

第二十七条 本规定自印发之日起施行。

民用航空行政检查工作规则

(2016年4月7日第7次部务会议通过 2016年4月13日交通运输部令2016年第40号公布 自2016年5月14日起施行)

第一章 总 则

第一条 为规范民航行政检查行为,保证行政检查工作的有序开展,维护公民、法人和其他组织的合法权益,根据《中华人民共和国民用航空法》《中华人民共和国安全生产法》和有关法律、法规的规定,制定本规则。

第二条 本规则所称的行政检查是指民航行政机关及其委托的组织和法律法规授权的组织依据有关法律、法规和规章,对从事民用航空活动的公民、法人或者其他组织实施的察看、了解和掌握其遵守有关法律、法规、规章和规范性文件的情况,督促其履行义务的行为。

对从事民用航空活动的公民、法人或者其他组织实施的各类行政检查,适用本规则。但是法律、法规另有规定的除外。

第三条 行政检查应当遵循依法、公开、便民、合理的原则。

第四条 从事民用航空活动的法人和其他组织,应当建立安全生产自查制度,定期对本单位安全生产状况进行检查和评价,在自查中发现不符合安全生产规定的,应当立即采取措施,及时消除事故隐患,并按照民航行政机关的要求,提交包含自查结果及采取整改措施内容的自查报告。

第五条 民航行政机关应当建立守法信用信息记录,记载辖区内从事民用航空活动的公民、法人和其他组织的违法情况。

第六条 在行政检查工作中依法采取随机确定检查人员和随机选择检查对象的行政执法方式。

第二章　行政检查的实施机关、人员及职责

第七条　民航局和民航地区管理局（以下简称管理局）可以自己的名义独立行使相应的行政检查权。

第八条　民航局制定行政检查规定和制度,指导监督全国的民航行政检查工作。

民航局可以在全国范围内组织实施行政检查。

第九条　管理局制定落实民航局行政检查规定和制度的实施办法,在本辖区范围内组织、指导民航安全监督管理局（以下简称监管局）开展行政检查。监管局应当依据管理局的分工和授权实施行政检查。

第十条　管理局之间对行政检查范围或者检查事项有争议的,报民航局确定。

第十一条　民航行政机关的职能部门,应当以本机关名义承办具体行政检查事项,不得以该部门名义实施行政检查。

第十二条　依法接受民航行政机关委托实施行政处罚及其他行政管理事项的其他组织,应当依照本规则以委托机关的名义实施行政检查。

第十三条　民航行政机关实施行政检查的工作人员应当具备监察员资格。不具备监察员资格的其他工作人员或者专业人员,可以在监察员的带领下,协助检查。

除本规则明确规定的民航行政机关、组织和个人以外,其他任何组织和个人不得实施本规则规定的行政检查。

第十四条　监察员在行政检查过程中发现现行法律、法规和规章存在问题的,应当向本级民航行政机关政策法规部门书面提出法律、法规和规章的立、改、废、释建议。

第十五条　实施行政检查的工作人员对在行政检查中了解到的当事人的商业秘密或者个人隐私承担保密责任,不得擅自向他人披露。

第三章　行政检查计划的制定

第十六条　民航行政机关组织实施行政检查,应当编制行政检查计划。

第十七条　民航局各职能部门应当明确行政检查大纲或者其他类型的行政检查要求,指导管理局编制检查计划。

行政检查计划应当根据工作职责、人员编制和被检查人的守法信用实际情况等编制,包括检查时间、被检查人、检查内容和频次,及民航行政机关认为必要的其他内容。

第十八条　民航局各职能部门的年度行政检查大纲或者行政检查要求应当在每年的 11 月底之前下发管理局,本部门的行政检查计划的编制在每年的 12 月底之前完成。

管理局在每年的 12 月底之前完成本单位行政检查计划的编制。

第十九条　管理局的职能部门、监管局认为确有需要,改变行政检查计划的,由本单位负责人批准。

对于检查计划之外的临时性检查工作,管理局、监管局对可以通过调整检查时间与行政检查计划相结合的,应当结合后组织实施;对不可与检查计划相结合的,作为新增检查项目组织实施。

第四章　行政检查的实施

第二十条　民航行政机关及其监察员应当根据行政检查计划或者经本级行政机关负责人批准,实施行政检查。

第二十一条　行政检查应当依据法律、法规、规章的规定实施。

第二十二条　监察员实施行政检查,应当出示中国民用航空监察员证件,并向

被检查人告知行政检查事项。

第二十三条 被检查人认为监察员与行政检查事项有直接利害关系的,可以申请其回避。

第二十四条 被检查人对监察员依法履行行政检查职责,应当予以配合,不得拒绝、阻挠。

第二十五条 监察员应当将行政检查的时间、地点、内容、发现的问题及其处理情况,作出书面记录,并由监察员和被检查的个人、单位的负责人或者单位负责人授权的人员签字;拒绝签字的,监察员应当将情况记录在案,并向本行政机关报告。

第二十六条 民航行政机关对行政检查中发现的问题,应当做如下处理:

(一)已构成违法,但依法可以不予行政处罚的,或者违反规范性文件的,应当发出整改通知书责令立即改正或者限期改正;

(二)已构成违法,依法应当予以行政处罚的,按照行政处罚程序,实施行政处罚;

(三)依法应当采取行政强制措施的,按照第五章规定的程序实施行政强制措施;

(四)对检查中发现的事故隐患,应当责令立即排除;重大事故隐患排除前或者排除过程中无法保证安全的,应当责令从危险区域内撤出作业人员,责令暂时停产停业或者停止使用相关设施、设备;重大事故隐患排除后,经审查同意,方可恢复生产经营和使用;

(五)不再具备安全生产条件的单位和个人,按照行政许可撤销程序,撤销原许可决定;

(六)依法应当予以关闭的,报请县级以上人民政府按照国务院规定的权限决定;

(七)明显涉嫌犯罪的,应当按照国务院相关规定,移送公安机关或者人民检察院。

对于直接涉及安全风险的违法行为,可以在对安全风险进行综合分析的基础上,依法作出行政处理决定。

第二十七条 民航行政机关应当对检查发现的问题进行跟踪,督促被检查人按期改正,并按照下列情况分别处理:

(一)已经按照要求改正违法行为的,行政检查程序终结;

(二)未能按照要求完成整改的,记录相关情况,并书面通报其上级主管部门或者县级以上地方人民政府,同时就整改事项申请人民法院强制执行;

(三)未能按照要求完成整改,依法可以行政处罚的,予以处罚。

第二十八条 民航行政机关及其监察员对行政检查中发现的问题,已履行法定安全监管职责,依法进行处理的,行政检查程序终结。

第二十九条 民航行政机关应当按照民航行政机关执法案卷管理规定建立行政检查档案,对行政检查过程中形成或者收集的文件资料立卷归档。

行政检查后进入行政处罚程序的,行政检查过程中形成或者收集的文件资料与行政处罚文件资料一并立卷归档。

第三十条 民航行政机关及其监察员应当将行政检查中发现依法应当给予责令整改、行政处罚、行政强制或者撤销许可处理决定的违法行为记入其守法信用信息记录,并依法将受到行政处罚、行政强制或者撤销许可的违法主体的名单、行政处罚信息进行公示。

企业应当自下列信息形成之日起20个工作日内通过法定途径向社会公示:

(一)受到行政处罚的信息;

(二)其他依法应当公示的信息。

民航行政机关对于记入守法信用信息记录的违法主体未依法申报上述信息的行为,可以依法向工商行政管理部门进行举报,并提供相关处理决定信息。

第三十一条　民航行政机关发现其公示的信息不准确的,应当及时更正。公民、法人或者其他组织有证据证明民航行政机关公示的信息不准确的,有权要求民航行政机关予以更正。

公民、法人或其他组织自被列入守法信用信息记录之日起满3年或者违法行为认定被撤销的,由民航行政机关将其移出守法信用信息记录。

第五章　行政检查中的行政强制措施

第三十二条　民航行政机关在行政检查过程中针对发现的问题,依照法律、行政法规规定行使相应的行政强制权。

第三十三条　民航行政机关采取的行政强制措施,是指在行政管理过程中,为制止违法行为、防止证据损毁、避免危害发生、控制危险扩大等情形,依法对公民、法人或者其他组织的财物实施暂时性控制的行为。

第三十四条　有下列情形之一的,民航行政机关应当依法采取行政强制措施:

（一）对有根据认为不符合保障安全生产的国家标准或行业标准的设施、设备、器材以及违法生产、储存、使用、经营、运输的危险物品予以查封或扣押,对相关场所予以查封;

（二）未依法取得安全生产的相关批准,擅自从事有关活动的,应当予以查封、取缔,并依法处理;

（三）在证据可能灭失或者以后难以取得的情况下,对证据进行先行登记保存;

（四）其他应当采取行政强制措施的情形。

第三十五条　实施行政强制措施应当遵守下列规定:

（一）行政强制措施应当由两名以上监察员实施;

（二）违法行为情节显著轻微或者没有明显社会危害的,可以不采取行政强制措施;

（三）行政强制措施的实施应当经本单位法制职能部门进行法律审查同意后,报请本单位负责人批准;

（四）情况紧急,需要当场实施行政强制措施的,监察员应当在二十四小时内向本单位负责人报告,并补办批准手续。本单位负责人认为不应当采取行政强制措施的,应当立即解除。

第三十六条　行政强制措施应当按照下列程序实施:

监察员出示监察员证件,通知当事人到场,告知当事人采取行政强制措施的理由、依据及当事人依法享有的权利、救济途径,送达《民航行政强制措施决定书》及相关清单,充分听取当事人的陈述和申辩。

制作《民航实施行政强制措施现场笔录》,将实施行政强制措施的现场情况予以记录,并由当事人和监察员签名或盖章,当事人拒绝的,在笔录中予以注明;当事人不到场的,邀请见证人到场,由见证人和监察员在现场笔录上签名或者盖章。

第三十七条　采取行政强制措施后,应当及时查清事实,在法律、行政法规规定的期限内作出处理决定。

对于当事人没有违法行为的,不再需要实施行政强制措施的,以及期限已届满等情形要及时作出解除决定。

对于先行登记保存的证据,应当在七日内及时作出处理决定。采取证据保全措施的,应避免造成当事人损失;无法完全避免损失的,应采取可能造成最小损失的方式。

第三十八条　民航行政机关解除行政强制措施应当按照下列程序实施:

（一）行政强制措施的承办部门提出审查意见报本单位法制职能部门审查；

（二）经法制职能部门审查同意后报请本单位负责人批准；

（三）制作并送达《民用航空解除行政强制措施决定书》。实施查封扣押的，还应当制作《民用航空解封（退还）物品清单》。

第三十九条　行政强制措施的法律文书应当加盖本行政机关印章并送达当事人。当事人拒绝接收或者无法送达当事人的，应当依照《中华人民共和国民事诉讼法》的有关规定送达。

第六章　行政检查的监督和法律责任

第四十条　公民、法人或者其他组织认为民航行政机关或者监察员在行政检查中侵犯其合法权益的，有权向该级行政机关或者其上级行政机关投诉，该级行政机关或者其上级行政机关应依据有关规定调查处理。

第四十一条　民航行政机关实施行政检查，有下列情形之一，由上级行政机关或者有关部门责令改正，造成严重后果的，应当对直接负责的主管人员和其他责任人员依法给予行政处分：

（一）未能按时完成检查计划且无合理理由的；

（二）不按规定及时上报或者隐瞒被检查人违法情况的；

（三）违反相关规定，不履行法定检查职责或者超越权限实施检查行为的；

（四）违反本规则规定的行政检查程序实施检查行为的；

（五）违反法定程序，实施行政强制措施的。

第四十二条　有下列情形之一，民航行政机关及监察员不承担责任；法律、法规对行政执法责任追究另有规定的，依照其规定：

（一）因公民、法人、其他组织及有关实际控制人的行为，致使民航行政机关及其内设机构、监察员无法作出正确行政执法行为的；

（二）因有关行政执法依据规定不一致，致使行政执法行为适用法律、法规和规章依据不当的，或因上级机关对法律适用问题进行裁决，而导致执法行为中止的；

（三）因不可抗力致使行政执法行为违法、不当或者未履行法定职责的；

（四）对发现的安全生产非法、违法行为和事故隐患已经依法查处，因生产经营单位及其从业人员拒不执行整改要求导致生产安全事故的；

（五）生产经营单位非法生产或者经责令停产停业整顿后仍不具备安全生产条件，民航行政机关已经依法提请县级以上地方人民政府决定取缔或者关闭的；

（六）对拒不执行行政处罚决定的生产经营单位，民航行政机关已经依法申请人民法院强制执行的；

（七）民航行政机关已经依法向有关部门提出加强和改善民用航空安全管理建议的；

（八）违法、不当的行政执法行为情节轻微并及时纠正，没有造成不良后果或者不良后果被及时消除的；

（九）依法不承担责任的其他情形。

第四十三条　实施行政检查的工作人员违反本规定，擅自将在行政检查工作中了解到的被检查人的商业秘密或者个人隐私向他人披露的，由上级行政机关或者有关部门依法追究行政责任。

第四十四条　从事民用航空活动的法人和其他组织未按要求向民航行政机关提交自查报告的，责令改正，并记入其守法信用信息记录；自查报告未完整、真实反映实际情况的，给予警告并可以处三万元以下罚款。

第四十五条 从事民用航空活动的法人或者其他组织拒绝、阻碍监察员依法实施监督检查的，责令改正；拒不改正的，处二万元以上二十万元以下的罚款；对其直接负责的主管人员和其他直接责任人员处一万元以上二万元以下的罚款；构成犯罪的，依照刑法有关规定追究刑事责任。

第七章 附 则

第四十六条 本规则自2016年5月14日起施行。《民用航空行政检查工作规则》(CCAR-13)同时废止。

广东省行政检查办法

（2020年2月21日十三届广东省人民政府第86次常务会议通过 2020年4月9日广东省人民政府令第272号公布 自2020年6月1日起施行）

第一章 总 则

第一条 为了规范行政检查行为，促进严格规范公正文明执法，保护公民、法人和其他组织的合法权益，维护公共利益和社会秩序，营造法治化营商环境，根据有关法律法规规定，结合本省实际，制定本办法。

第二条 本办法适用于本省行政区域内行政执法主体实施行政检查的活动。法律、法规、部门规章等另有规定的，从其规定。

第三条 本办法所称行政检查，是指行政执法主体依照法定职权，对公民、法人和其他组织（以下称检查对象）遵守法律、法规、规章和执行行政命令、行政决定的情况进行了解、调查和监督的行为。

第四条 行政检查包括日常检查和专项检查。

日常检查是指行政执法主体依照法定职权对不特定对象或者不特定事项进行检查。

专项检查是指行政执法主体根据投诉举报、上级交办、其他机关移送等案件线索或者重点领域治理部署对特定对象或者特定事项进行检查。

第五条 行政检查应当遵循依法实施、权利保障、高效便民、廉洁透明的原则。

行政检查应当依照法定的权限和程序进行，防止随意检查、检查扰企、执法扰民。

第六条 县级以上人民政府应当加强对本行政区域行政检查工作的组织领导和监督检查。

第七条 各级行政执法主体应当严格按照法律法规规章，全面履行行政检查职责。

第八条 发生或者预警即将发生自然灾害、事故灾难、公共卫生事件或者社会安全事件等突发事件，行政执法主体应当依照《中华人民共和国突发事件应对法》等法律法规及时采取行政检查应急措施。

第九条 除涉及国家秘密、商业秘密、个人隐私的外，行政执法主体实施行政检查的有关情况，应当与其他有关行政执法主体共享。

各级人民政府应当充分运用互联网、大数据等技术手段，依托国家建立的在线监管系统、广东省行政执法信息平台和行政执法监督网络平台，推动行政检查全过程网上流转，加强检查信息归集共享和关联整合，实现违法线索互联、检查结果互认等信息互通互联、资源共享。

第二章 组织检查

第十条 法律、法规、规章规定行政检查权可以由不同层级行政执法主体行使的，原则上由法定的最低一级行政执法主体行使。

上级行政执法主体负责本行政区域有较大影响的或者跨区域的行政检查。

下级行政执法主体认为行政检查案件可能在本行政区域产生较大影响的,可以提请上级行政执法主体实施。

第十一条　县级以上人民政府及其部门可以依照《广东省县镇事权改革若干规定(试行)》等规定,将部分行政检查权调整由乡镇人民政府(街道办事处)行使。

第十二条　行政检查实行清单管理制度。行政执法主体的行政检查事项清单,应当符合国家关于加快推进全国一体化在线政务服务平台建设和"互联网+监管"建设有关要求,同省政务服务事项目录管理系统记载的权力事项保持一致。

省政务服务事项目录管理系统记载的行政检查权力事项有调整的,行政执法主体应当及时梳理调整。

第十三条　行政执法主体应当重点对下列执法事项或者检查对象依法依规实行全覆盖重点检查:

(一)直接关系食品安全、药品安全、公共卫生、安全生产、自然资源保护、生态环境保护等重点领域治理的;

(二)被多次投诉举报的;

(三)被列入经营异常名录或者有严重违法违规记录等情况的;

(四)其他在日常监管中发现需要重点检查的。

第十四条　对全国信用信息共享平台核查信用优良的检查对象,行政执法主体可以减少行政检查频次。

第十五条　行政执法主体应当于每年3月31日前制定本年度行政检查计划,并报上级行政执法主体备案,行政检查计划包括行政检查的依据、事项、范围、方式、时间等内容。

行政执法主体应当根据上级有关部门要求,及时调整年度行政检查计划。

第十六条　组织行政检查可以采取合并检查、联合检查、跨区域检查等方式进行。

第十七条　推行"综合查一次"制度,避免行政执法主体对检查对象重复检查。

同一行政执法主体同一时期对同一检查对象实施多项检查的,原则上应当合并进行。

不同行政执法主体需要对同一检查对象进行多项检查并且内容可以合并完成的,原则上应当组织联合检查。

第十八条　经省人民政府或者所在地级以上市人民政府决定、批准,行政执法主体可以组织开展跨区域检查。

跨区域检查的人员、区域、时间或者期限等信息,应当由组织跨区域检查的行政执法主体对外公开发布。

第三章　实施检查

第十九条　行政检查的方式包括现场检查和非现场检查。

行政执法主体可以通过信息共享、"互联网+监管"等方式达到行政检查目的的,原则上不再进行现场检查。

第二十条　除直接涉及公共安全和人民群众生命健康等特殊行业、重点领域外,市场监管领域的行政检查应当通过随机抽取检查对象、随机选派执法检查人员、抽查事项及查处结果及时向社会公开的方式进行。

第二十一条　现场检查应当遵守下列规定:

(一)实施前经本单位负责人批准;

(二)由两名以上行政执法人员实施;

(三)出示行政执法证件;

(四)告知检查对象有关权利义务;

(五)听取检查对象的意见;

（六）记录询问、检查情况；

（七）法律、法规、规章规定的其他程序。

日常检查的批准程序可以按本单位的管理制度执行。

第二十二条 行政执法主体实施行政检查，可以不通知检查对象。

第二十三条 行政执法主体实施行政检查可以采取下列方法：

（一）听取检查对象情况说明；

（二）查阅、调取、复制相关资料；

（三）审查检查对象自查报告；

（四）组织实地调查、勘查；

（五）遥感监控、在线监测、卫星定位；

（六）抽取样品进行检验、检疫、检测或者技术鉴定；

（七）询问有关人员；

（八）法律、法规、规章规定的其他方式。

第二十四条 行政执法主体根据工作需要，可以邀请检验检测机构、科研院所、行业专家等辅助开展行政检查，为行政执法人员提供专业参考意见。

第二十五条 行政执法主体实施行政检查应当制作行政检查登记表、现场检查记录或者现场检查笔录等文书。

实施日常检查的，可以在一份行政检查登记表上记录多个检查对象或者事项的检查情况。

第二十六条 行政执法主体实施行政检查，应当根据本单位行政执法全过程音像记录清单范围，对现场检查、随机抽查、调查取证、文书送达等容易引发争议的行政执法过程进行音像记录。对直接涉及人身自由、生命健康、重大财产权益的现场活动，应当进行全过程音像记录。

第二十七条 行政执法主体实施行政检查过程中，需要采取先行登记保存证据、查封、扣押、冻结等措施的，依照《中华人民共和国行政处罚法》《中华人民共和国行政强制法》等规定办理。

第二十八条 行政执法主体需要抽取样品进行检验、检疫、检测或者技术鉴定的，采集的样品费用以及抽取样品的递送、保管费用和检验、检疫、检测、技术鉴定等费用，由实施行政检查的行政执法主体依法按照市场价格支付。法律法规另有规定的，从其规定。

行政执法人员应当出具列明抽取样品数量、规格等情况的《抽样取证物品清单》，并送达检查对象。

第二十九条 行政执法人员与检查对象有直接利害关系的，应当回避。

检查对象在检查现场对行政执法人员提出回避申请的，应当说明理由；行政执法人员应当记录回避申请，并在24小时内向本单位负责人报告。

行政执法主体对检查对象提出的回避申请，应当在申请提出之日起3个工作日内作出书面决定并告知检查对象。

第三十条 行政执法主体根据行政检查的不同情况，分别作出下列处理：

（一）未发现违法行为的，予以记录或者结案；

（二）发现违法行为需要立即制止的，依法责令停止违法行为；

（三）发现违法行为需要予以改正的，依法责令立即改正或者限期改正；

（四）发现违法行为需要实施行政处罚的，依照《中华人民共和国行政处罚法》等规定办理；

（五）按照法律、法规、规章规定的其他情形处理。

有前款第二项、第三项情形的，行政执法主体应当发出书面通知或者决定，进行跟踪检查并记录入卷。

第三十一条　行政执法主体实施行政检查过程中，发现违法行为不属于本单位管辖的，应当在10个工作日内移送有管辖权的行政执法主体。涉嫌犯罪的，依照《行政执法机关移送涉嫌犯罪案件的规定》办理。

第三十二条　行政执法主体应当对行政检查过程中直接形成的、反映检查活动情况的、有保存价值的行政执法文书、证据等进行归档，确保行政检查档案的完整性、准确性和系统性。

行政检查档案实行一案一卷；档案材料较少的，可以多案一卷。

行政检查中发现违法行为需要实施行政处罚的，在检查过程中形成的材料全部纳入行政处罚案卷。

第四章　保障检查对象权益

第三十三条　行政执法主体应当平等对待检查对象，充分保障检查对象的合法、正当权益，不得妨碍检查对象正常的生活和生产经营活动。

第三十四条　行政执法主体实施行政检查，禁止下列行为：

（一）要求检查对象接受指定机构的检验、检疫、检测、技术鉴定等服务；

（二）泄露检查对象技术秘密、商业秘密和个人隐私；

（三）接受检查对象宴请、礼品、礼金，以及娱乐、旅游、食宿等安排；

（四）违法干预检查对象经济纠纷；

（五）其他侵害检查对象合法权益的违法行为。

第三十五条　除直接涉及人民群众健康的食品药品等产品外，行政执法主体不得重复检验、检疫、检测和技术鉴定。

检查对象与法定检验、检疫、检测、技术鉴定机构存在民事纠纷或者其他明显利益冲突的，行政执法主体应当另行委托检验、检疫、检测或者技术鉴定机构。

对行政执法主体委托的法定检验、检疫、检测、技术鉴定机构依法作出的符合法定要求的检验、检疫、检测和技术鉴定结果，其他行政执法主体能够采用的，应当直接采用。

第三十六条　行政执法主体不得以实施行政检查为由，限制或者变相限制其他地区的个人或者企业到本地区从事生产经营和提供服务，不得变相限制其他地区的商品进入本地区市场。

第三十七条　行政执法主体开展清理整顿、专项整治等活动时，应当严格依照法定的权限和程序实施行政检查。

除涉及人民群众生命安全、发生重特大事故或者举办国家重大活动并依法报经有权机关批准外，不得在相关区域采取要求相关行业、领域的市场主体普遍停产、停业的措施。

第三十八条　行政执法主体实施行政检查，应当加强企业权益保护，依法保障企业和企业经营者合法权益不受侵犯、合法经营不受干扰。

行政执法主体实施行政检查依法确需采取查封、扣押、冻结措施的，应当尽可能减少对市场主体正常生产经营活动的影响，除依法需责令关闭的企业外，在条件允许的情况下应当为企业预留必要的流动资金和往来账户。不得查封、扣押、冻结与案件无关的财产。

第五章　风险评估

第三十九条　行政执法主体应当建立健全行政检查风险预防和处置机制，对实施检查可能引发的不稳定因素依法妥善处理。

第四十条　实施行政检查可能对人身

自由、生命健康、重大财产权益等方面造成不利影响的,行政执法主体应当对检查活动的合法性、社会稳定性及风险可控性进行研判和评估。

行政执法人员认为行政检查可能引发执法风险,或者实施行政检查已经引发执法风险的,应当及时报本单位主要负责人处理。

第四十一条 行政执法主体依照本办法第三十条规定作出行政处理决定,涉及重大公共利益、可能造成重大社会影响或者引发社会风险的,应当按规定进行法制审核。法制审核机构认为行政执法案件存在风险的,执法承办机构应当研究提出风险化解处置方案,报本单位主要负责人审批。

第四十二条 行政执法主体实施行政检查过程中引起不稳定因素或者造成社会负面舆情等执法风险的,应当及时应对、依法妥善处理,并按规定程序上报。

第六章 责任追究

第四十三条 行政执法主体组织行政检查违反本办法规定的,由同一级人民政府或者上级行政执法主体责令改正;情节严重造成恶劣影响的,予以通报批评,依法依规追究相关人员责任。

第四十四条 行政执法主体及其行政执法人员实施行政检查,违反本办法规定的,依照《广东省行政执法监督条例》等有关规定处理。

第七章 附 则

第四十五条 本办法自2020年6月1日起施行。

八、综合行政执法改革

（一）中央文件

中共中央办公厅、国务院办公厅印发《关于深化交通运输综合行政执法改革的指导意见》的通知

（2018年11月26日 中办发〔2018〕63号）

各省、自治区、直辖市党委和人民政府，中央和国家机关各部委，解放军各大单位、中央军委机关各部门，各人民团体：

《关于深化交通运输综合行政执法改革的指导意见》已经中央领导同志同意，现印发给你们，请结合实际认真贯彻落实。

关于深化交通运输综合行政执法改革的指导意见

为贯彻落实《中共中央关于深化党和国家机构改革的决定》《深化党和国家机构改革方案》部署要求，深入推进交通运输综合行政执法改革，现提出如下指导意见。

一、总体要求

（一）指导思想。以习近平新时代中国特色社会主义思想为指导，全面贯彻党的十九大和十九届二中、三中全会精神，紧紧围绕统筹推进"五位一体"总体布局和协调推进"四个全面"战略布局，深化转职能、转方式、转作风，以建设人民满意交通为出发点，以交通运输治理体系和治理能力现代化为导向，以建立适应经济社会发展的交通运输行政执法体制为目标，整合组建交通运输综合行政执法队伍，为开启交通强国建设新征程提供有力的体制机制保障。

（二）总体目标。通过改革，整合执法队伍，理顺职能配置，减少执法层级，加强执法保障，夯实基层基础，提高执法效能，着力解决机构重叠、职责交叉、多头多层重复执法等问题，形成权责统一、权威高效、监管有力、服务优质的交通运输综合行政执法体制，建设一支政治坚定、素质过硬、纪律严明、作风优良、廉洁高效的交通运输综合行政执法队伍。

（三）基本原则

——坚持党的全面领导。坚决维护习近平总书记的核心地位，坚决维护党中央权威和集中统一领导，自觉在思想上政治上行动上同党中央保持高度一致，把加强党对一切工作的领导贯穿改革各方面和全过程。

——坚持优化协同高效。科学界定执法职能，全面梳理、规范和精简执法事项，推动行政执法队伍综合设置，相对集中行政处罚权，大幅减少执法队伍种类，合理配置执法力量。减少执法层级，推动执法力量下沉，提高监管执法效能。

——坚持全面依法行政。依法履行职权，完善执法程序，规范执法行为，做到严格规范公正文明执法。加强执法监督，落实执法责任，做到执法有保障、有权必有责、用权受监督、违法受追究。

——坚持统筹配套协调。加强改革政策措施的配套衔接，将深化交通运输综合行政执法改革与机构改革、"放管服"改革、事业单位改革等统筹谋划，联动推进，使各项改革配套衔接、互相促进，增强改革总体效应。

——坚持注重实效。坚持问题导向和目标导向相结合，顶层设计和实践探索相结合，行业指导和地方主导相结合。地方党委和政府落实改革主体责任，确保改革取得实效。

二、主要任务

（一）全面梳理、规范和精简执法事项。加强对行政处罚、行政强制事项的源头治理，实行执法事项清单管理制度，并依法及时动态调整。凡没有法律法规规章依据的执法事项一律取消，对长期未发生且无实施必要的、交叉重复的大力清理，最大限度减少不必要的行政执法事项，切实防止执法扰民。对涉及的相关法律法规规章及时进行清理修订。通过落实联合检查、"双随机、一公开"等常态工作机制，充分利用"互联网+监管"等方式，整合、精简行政检查事项，突出执法检查重点，切实减少检查种类，合理安排检查频次，减少重复检查、无效检查，增强执法检查实效。

（二）整合职责和队伍。将交通运输系统内公路路政、道路运政、水路运政、航道行政、港口行政、地方海事行政、工程质量监督管理等执法门类的行政处罚以及与行政处罚相关的行政检查、行政强制等执法职能进行整合，组建交通运输综合行政执法队伍，以交通运输部门名义实行统一执法。水网发达地区也应实行公路、水路执法队伍综合设置，避免公路、水路分设，造成资源浪费和统筹障碍。个别水网特别发达地区，如有需要可分别集中行使公路、水路执法职能。已经实行更大范围跨领域跨部门综合行政执法的，可以继续探索。具备条件的地区可结合实际进行更大范围的综合行政执法。地方党委和政府要在明确执法机构和人员划转认定标准和程序基础上，按照"编随事走、人随编走"原则有序整合交通运输综合行政执法队伍，锁定编制底数。交通运输综合行政执法队伍不同性质编制目前保持现状，待中央统一明确政策后，逐步加以规范。

（三）明确层级职责。根据交通运输部门事权，厘清不同层级执法权限，明确监管职责、执法领域和执法重点。省、自治区交通运输部门应强化统筹协调和监督指导职责，主要负责监督指导、重大案件查处和跨区域执法的组织协调工作，原则上不设执法队伍，已设立的执法队伍要进行有效整合、统筹安排，现有事业性质执法队伍要逐步清理消化。法律法规明确要求由省级承担的交通运输综合行政执法职责，可结合部门"三定"规定明确由省级交通运输部门内设机构承担。个别业务管理有特殊性的领域，如有必要，由省、自治区按程序另行报批。省级交通运输部门可按程序调用市县交通运输综合行政执法队伍人员力量。直辖市的行政执法层级配置，由直辖市党委按照减少多层多头重复执法的改革要求，结合实际研究确定。设区的市和市辖区原则上只保留一个执法层级，市级设置交通运输综合行政执法队伍的，区级不再承担相关执法责任；区级设置交通运输综合行政执法队伍的，市级主要强化监督指导和组织协调，不再设置执法队伍。县（市、区、旗）一般实行"局队合一"体制，地方可根据实际情况探索具体落实形式，压实县级交通运输部门履行行政执法职责和加强执法队伍建设的责任，改变重审批轻监管的行政管理方式，把更多行政资源从事前审批转到加强事中事后监管上来。实行"局队合一"后，交通运输行政主管部门要强化行政执法职能，将人员编制向执法岗位倾斜，同时通过完善内部执法流程，解决一线执法效率问题。强化基层执法职责，与人民群众日常生活、出行安全直接相关的执法活动，主要由市县两级实施。

（四）下移执法重心。地方党委和政府在严格控制执法队伍人员规模不增加的前提下，盘活存量、优化结构，推动执法力量向基层和一线倾斜，确保执法人员编制重点用于执法一线，着力解决基层执法力量分散薄弱等问题。合理规划、调整、布建基层执法建制，统一名称、规格、数量和层级，创新巡查组织形式和体制机制，优化人员编制和力量配备，重点加强动态巡查、办案、应急指挥等执法一线工作力量。县级交通运输部门派驻在乡镇的基层交通运输综合行政执法队伍，应纳入乡镇党委和政府指挥协调的工作机制，加强联合执法、联动执法，增强行政执法工作合力和整体震慑力。

（五）加强执法保障。地方党委和政府要根据财政事权与支出责任相匹配的原则，将交通运输综合行政执法经费纳入同级财政预算，加强相关经费保障。严格执行罚缴分离和收支两条线管理制度，严禁收费罚没收入同部门利益直接或者变相挂钩。有关统一执法制式服装和标志，以及执法执勤用车（船艇）配备，按中央统一规定执行。加快执法信息化建设，大力推进非现场执法和信息化移动执法，强化执法信息共享。加强执法人员职业保障，依法参加社会保险、落实抚恤等政策，提高执法风险保障水平。

（六）严格队伍管理。严把人员进口关，严禁将不符合行政执法类公务员管理规范要求的人员划入执法队伍，严禁挤占、挪用本应用于公益服务的事业编制。全面清理规范临时人员和编外聘用人员，严禁使用辅助人员执法。按照老人老办法、新人新办法原则，对干部职工工作和福利待遇作出妥善安排，不搞断崖式的精简分流人员。现有公益类事业编制，由同级机构编制委员会统筹用于解决交通运输等相关领域用编需求。坚持凡进必考，严禁借队伍整合组建之际转干部身份。实行执法人员持证上岗和资格管理制度，定期开展执法队伍岗位练兵活动。主动适应交通运输综合行政执法需要，组织开展执法人员培训，提高执法人员综合素质和执法能力。注重人才培养，建立符合交通运输综合行政执法特点的职务晋升和交流制度，探索执法人员职级制度。

（七）规范执法行为。按照有权必有责、用权受监督要求，全面落实执法责任制，严格限制自由裁量权，打造行政执法监督平台，建立健全权责明晰的监管执法责任体系和责任追究机制。完善执法程序，改进执法方式，规范执法行为。梳理编制执法工作规程，严格执行行政执法公示制度、执法全过程记录制度、重大执法决定法制审核制度，严格规范公正文明执法，提升交通运输综合行政执法公信力。

（八）健全协作机制。建立健全沟通协调机制、联席会议制度、案件移送制度、联动协作机制，实现审批服务与执法监管信息开放共享、互联互通。将执法检查结果纳入市场主体社会信用记录，建立健全部门间相互衔接的联合惩戒制度。完善跨部门跨区域执法联动联合协作机制，形成执法监管合力。建立交通运输综合行政执法队伍与公安机关、检察机关、审判机关信息共享、案情通报、案件移送等制度，做好交通运输综合行政执法与刑事司法的有效衔接。

（九）强化作风建设。建立科学合理的监管执法绩效考评体系，强化执法监督，创新监督机制。加强行政执法职权行使和监管责任履行情况的检查、评价及结果应用，将执法办案的数量、质量、效果以及执法办案活动中执行法律、遵守纪律、接受奖惩等情况，作为对交通运输综合行政执法队伍和人员考核评估的主要依据。加强交通运输综合行政执法队伍的思想政治和道德品质教育，切实树立执法为民、依法行政的责任感和使命感，寓管理于服务中，做到业务精通、作风优良，杜绝粗暴执法和选择性执法，树立交通运输综合行政执法队伍新形象。

（十）加强党建工作。加强交通运输综合行政执法队伍党组织建设，保证全面从严治党在基层落地落实。根据改革进展情况，及时建立健全交通运输综合行政执法队伍党组织，使机构改革和基层党组织建设同步推进，扩大党的组织覆盖和工作覆盖，发挥基层党组织的战斗堡垒作用。在改革过渡期，要继续按照规定和要求抓好党的建设工作，确保党的工作不间断、党组织作用不削弱、党员先锋模范作用得到充分发挥，引导党员职工正确认识改革、积极参与和支持改革。

三、组织实施

（一）加强组织领导。地方党委和政府要把思想和行动统一到党中央关于深化党和国家机构改革的决策部署上来，充分认识深化交通运输综合行政执法改革的重要性和紧迫性，在省级机构改革方案中作出具体安排，纳入地方机构改革同步部署、同步实施、同步推进。交通运输部要加强对地方推进改革的指导，会同中央编办、司法部、财政部、人力资源社会保障部等部门及时研究解决各地改革过程中的共性问题，中央和国家机关有关部门要加强支持配合，明确改革配套政策，支持地方推进改革工作。

（二）积极推进改革。全面贯彻先立后破、不立不破原则，坚持蹄疾步稳、紧凑有序推进改革。抓紧制定具体实施方案，明确时间步骤，细化政策措施。注重统筹兼顾，把握好机构设置、职责划分、人员划转、经费保障等关键环节，处理好改革发展稳定关系，做到思想不乱、工作不断、队伍不散、干劲不减，确保按照指导意见的各项要求，于2019年3月底前完成交通运输综合行政执法队伍整合组建工作。

（三）严明工作纪律。严格执行有关规定，严禁突击进人、突击提拔和调整交流干部，严肃财经纪律，坚决防止国有资产流失。整合组建交通运输综合行政执法队伍工作中涉及机构变动、职责调整的部门单位，要服从大局，确保机构、职责、队伍等按要求及时调整到位，不允许搞变通、拖延改革。在整合调整过程中，要做好工作交接，保持工作的连续性和稳定性。

（四）强化责任担当。要精心组织，狠抓落实，认真研究改革过程中出现的新情况新问题，加强思想政治工作，正确引导社会舆论，营造良好社会环境。搞好重点任务的督查督办，对于已经出台的改革方案，要加强跟踪落实，及时发现苗头性、潜在性问题，及时纠正偏差，确保改革工作平稳有序进行。

中共中央办公厅、国务院办公厅印发《关于深化市场监管综合行政执法改革的指导意见》的通知

（2018年11月26日　中办发〔2018〕62号）

各省、自治区、直辖市党委和人民政府，中央和国家机关各部委，解放军各大单位、中央军委机关各部门，各人民团体：

《关于深化市场监管综合行政执法改革的指导意见》已经中央领导同志同意，现印发给你们，请结合实际认真贯彻落实。

关于深化市场监管综合
行政执法改革的指导意见

完善市场监管执法体制，是建立统一开放竞争有序现代市场体系的内在要求，是推进国家治理体系和治理能力现代化的重要任务，是满足人民日益增长的美好生活需要的必然选择。为贯彻落实《中共中央关于深化党和国家机构改革的决定》和《深化党和国家机构改革方案》部署要求，现就深化市场监管综合行政执法改革提出如下意见。

一、总体要求

（一）指导思想

以习近平新时代中国特色社会主义思想为指导，全面贯彻党的十九大和十九届二中、三中全会精神，践行以人民为中心的发展思想，以转变职能为核心，深入推进市场监管综合行政执法改革，全面整合市场监管职能，加强综合执法队伍建设，着力解决市场监管体制不完善、权责不清晰、能力不适应、多头重复执法与执法不到位并存等矛盾，实行最严谨的标准、最严格的监管、最严厉的处罚、最严肃的问责，构建统一、权威、高效的市场监管执法体系，严守安全底线，维护公平竞争的市场秩序，为推动高质量发展营造良好环境，为人民群众买得放心、用得放心、吃得放心提供有力保障。

（二）总体目标

打造政治过硬、业务精湛、秉公执法、人民满意的职业化市场监管综合执法队伍，更好地服务于国家经济社会发展大局，服务于人民群众对美好生活的需要。到2020年年底，基本建立统一、权威、高效的市场监管综合执法体制。

（三）基本原则

——坚持党的全面领导。坚决维护习近平总书记的核心地位，坚决维护党中央权威和集中统一领导，自觉在思想上政治上行动上同党中央保持高度一致，把加强党对一切工作的领导贯穿改革各方面和全过程。

——坚持优化协同高效。整合分散在多部门的市场监管执法职能，统筹配置行政处罚职能和执法资源，归并执法队伍，统一执法主体，减少执法层级，推动执法力量下沉，实现一支队伍管执法，避免多头多层重复执法，提高监管执法效率。

——坚持全面依法行政。完善执法程序，严格执法责任，规范执法行为，加强执法监督，避免选择性执法、执法争利等行为。以执法的公正文明促进市场的公平竞争，依法保障各类市场主体合法权益。

——坚持人民利益至上。践行以人民为中心的发展思想，切实维护消费者合法权益，保障食品药品安全和产品服务质量。深化"放管服"改革，激发市场主体活力，寓监管于服务之中。加强监管执法队伍建设，提高职业化水平。

——坚持执法重心下移。落实地方属地管理责任，依法界定、合理划分各级市场监管执法权限，理顺职责关系，减少执法事项，明确权责清单，减少职责交叉，统筹配置资源，充实基层监管执法力量，强化监管执法保障。创造条件让专业人才留在监管执法一线，提高基层执法队伍履职尽责能力。

二、改革任务

（一）整合市场监管执法职能和执法队伍

按照减少层次、整合队伍、提高效率的原则，整合工商、质检、食品、药品、物价、商标、专利等领域执法职责，组建市场监管综合执法队伍，市县两级以市场监管部门名义统一行使行政处罚权以及与之相关的行政检查、行政强制权，包括投诉举报的受理和行政处罚案件的立案、调查、处罚等。鼓励地方将其他直接到市场、进企业，面向基层、面对群众的执法队伍，如商务执法、盐业执法等，整合划入市场监管综合执法队伍。具备条件的地区可结合实际进行更大范围的综合行政执法。已经在更大范围实行跨领域跨部门综合行政执法的，可继续探索。各省、自治区、直辖市市场监管部门要通过建立协调联系机制等方式，加强对市县市场监管综合行政执法的工作指导。

（二）减少执法层级，推进执法力量下沉

全面梳理、规范和精简市场监管领域的执法事项。加强对行政处罚、行政强制事项的源头治理。实行行政执法事项清单管理制度，并依法及时动态调整。凡没有法律法规规章依据的执法事项一律取消，对长期未发生且无实施必要的、交叉重复的执法事项要大力清理，最大限度减少不必要的行政执法事项，切实防止执法扰民。对涉及的相关法律法规规章及时进行清理修订。

市场监管领域的行政执法事项主要由市县两级综合执法队伍承担。设区的市与市辖区原则上只设一个执法层级，可以实行由设区的市市场监管局向市辖区派驻分局的体制，也可以实行以市辖区市场监管局执法为主的体制。强化设区的市市场监管局对县（市、区）行政执法的监督指导和统筹协调职能。县（市、区）市场监管局（分局）一般实行"局队合一"体制，地方可根据实际情况探索具体落实形式，压实县级市场监管部门对市场监管综合行政执法工作和队伍建设的责任，改变重审批轻监管的行政管理方式，把更多行政资源从事前审批转到加强事中事后监管上来。实行"局队合一"后，县级市场监管部门要强化行政执法职能，将人员编制向执法岗位倾斜，同时通过完善内部执法流程，解决一线执法效率问题。市县两级原则上承担辖区内直接面向市场主体、直接面向消费者的执法事项，包括食品、药品、特种设备等产品的经营、销售、使用以及商标侵权、假冒专利行为的行政检查、行政强制、行政处罚等行政执法职责，保护消费者合法权益。市县两级要确保一线执法力量，尤其是食品、药品领域执法力量。涉及生产者商标侵权、假冒专利等事项，发现生产、销售危害公众安全产品的事项，要报告省级市场监管、药品监管部门，并及时进行查处。

按照构建简约高效基层管理体制的要求，整合市场监管领域在乡镇（街道）的站所力量和资源，组建统一的市场监管综合行政执法队伍，负责基础性监管工作，依法行使行政处罚权，作为县（市、区）市场监管局派出机构，以县（市、区）市场监管局领导和管理为主，建立健全纳入乡镇（街道）统一指挥协调的工作机制，其主要负责人考核任免应征求乡镇（街道）党（工）委意见。

省、自治区市场监管部门原则上不设执法队伍，现有事业性质执法队伍要逐步清理消化。个别业务管理有特殊性的领域，如确有必要，由省、自治区按程序另行报批。法律法规明确要求省级承担的执法职责，可结合部门"三定"规定明确由省级市场监管部门内设机构承担，并以市场监管部门名义对外开展相关执法检查活动。省、自治区市场监管等部门应强化统筹协调和监督指导职责，尤其是强化对食品的监管和执法职责，组织对生产企业的检查监督，做好重大复杂案件查处和跨区域执法的组织协调工作，防范系统性、区域性风险。直辖市的行政执法层级配置，由直辖市党委按照减少多层多头重复执法的改革要求,结合实际研究确定。省级行政部门可按程序调用市县综合执法队伍人员力量。药品、疫苗等领域的行政执法,按中央有关要求落实。

上级市场监管部门可以将具体案件指定下级管辖,必要时可以依照法定条件和程序直接管辖由下级管辖的案件。上级发现下级执法违法、执法不当或者不履行法定职责的,应当责令纠正或者直接予以纠正。

(三)加强市场监管执法队伍建设

在明确执法机构和人员划转认定标准和程序基础上,按照"编随事走、人随编走"的原则有序整合执法队伍,锁定编制底数。涉及直接到市场、进企业,直接面向基层、面向群众进行市场监管执法的职责、人员、编制,原则上要同步划转。执法队伍不同性质编制目前保持现状,待中央统一明确政策意见后,逐步加以规范。

严把人员进口关,严禁将不符合行政执法类公务员管理规范要求的人员划入综合行政执法队伍,严禁挤占、挪用本应用于公益服务的事业编制。统一规范编制管理,确保执法人员编制主要用于市县执法一线。合理确定工资待遇,让专业人才进得来、留得住。按照"老人老办法、新人新办法"的原则,对干部职工工作和福利待遇作出妥善安排,不搞断崖式的精简分流人员。现有公益类事业编制,由同级机构编制委员会统筹用于解决市场监管等相关领域的用编需求。坚持"凡进必考",严禁借队伍整合组建之际转"干部"身份。全面清理规范临时人员和编外聘用人员,严禁使用辅助人员执法。

适应市场监管综合执法的专业性、技术性要求,加快建设职业化的市场监管执法队伍,实行持证上岗和资格管理。市场监管总局要抓紧制定市场监管执法队伍建设规划,编写培训大纲,加强培训,加大食品、药品、特种设备检查、知识产权保护、反垄断调查、网络商品交易及相关服务监管等急需紧缺专业人才培养和引进力度,提升一线监管执法人员履职能力。

(四)严格规范市场监管执法行为

各级市场监管综合执法队伍要严格履行执法责任,依法严惩食品药品安全、消费品质量安全、特种设备安全等领域违法行为;严厉打击商标侵权、假冒专利、制假售假、虚假宣传等违法行为;严格执法标准,对达不到产品与服务标准自我声明内容的企业予以通报等相应处罚,并计入企业诚信档案;严肃查处利用市场优势地位实施垄断牟取超额利润的违法行为;严肃查处采取不正当手段破坏公平竞争、损害消费者利益和价格违法等行为;严肃查处无照生产经营和相关无证生产经营行为,以严格执法促进质量提升。

全面推行行政执法公示制度、执法全过程记录制度、重大执法决定法制审核制度,公开执法职责、执法依据、执法标准、执法程序、监督途径、执法结果,建立责任追究制度和尽职免责制度,提高市场监管执法规范化水平。

统一市场监管执法文书、服装、标志、执法程序,统一执法办案信息管理系统。将原工商、质检、食品药品、物价、知识产权、"双打办"等投诉举报电话平台整合到全国"12315"投诉平台,统一受理各类举报投诉。

(五)创新市场监管执法方式

建立统一指挥、跨区协作、部门配合、整体联动的市场监管综合执法工作机制,发挥各级食品安全委员会的统筹协调作用。完善与发展改革、商务、农业、卫生、公安、海关等相关部门及审判机关、检察机关信息通报、形势会商、案件移送、行政执法与刑事司法相衔接的协调机制,优化协同高效做好市场监管综合执法工作。

健全以"双随机、一公开"为基本手段、以重点监管为补充、以信用监管为基础的新型监管机制。全面推行"双随机、一公开"监管,科学制定抽查比例,突出重点、控制频次、扩大覆盖面、减少执法盲区。对新兴产业实施包容审慎监管,对涉及安全质量方面的要严格按规定监管。加强现场检查和检验检测专业执法,严防严控生产制造过程风险。整合全国企业信用信息系统,强化信用监管,完善企业信息公示,实现监管执法信息全公开,健全信用约束和联合惩戒机制,倒逼市场主体落实责任。

综合运用计量标准、检验检测、认证认可等国家质量基础设施,提升技术执法能力,增强市场监管综合执法的公信力、权威性。积极探索"互联网+监管",充分利用大数据、云计算等智慧监管手段,整合监管信息平台。逐步建立监管部门、主管部门、行业组织、经营者、消费者、群众共同参与的社会共治体系。

督促企业严格履行主体责任,严格遵守法律法规、生产经营行为规范和质量安全技术操作规范,严格执行强制性国家标准,严格履行经营者先行赔付等法律责任,推行企业产品与服务标准自我声明公开和监督制度,确保标签说明书和自我声明的标准表述科学、真实、完整。

(六)强化市场监管执法保障

强化组织保障。全面加强党对市场监管综合执法工作的领导,认真落实党要管党、全面从严治党的要求,牢固树立"四个意识"、增强"四个自信",加强党的政治建设、思想建设、组织建设、作风建设、纪律建设,打造忠诚干净担当的市场监管综合执法队伍,及时建立健全综合执法队伍党组织,充分发挥基层党组织战斗堡垒作用和党员先锋模范作用。

强化法治保障。完善法律法规,加大惩处力度,提高违法成本。对制假售假、商标侵权、假冒专利和生产销售危害公众安全的食品、药品、特种设备的经营者,探索建立按货值金额比例处以罚款、对举报严重违法行为的内部知情人员给予重奖等制度。

强化投入保障。根据实际工作需要,将市场监管综合执法工作经费纳入同级政府预算,加强相关经费保障。整合市场监管领域检验检测资源,加强检验检测实验室建设。有关统一执法制式服装、标志和执法执勤用车配备,按中央统一规定执行。

强化力量保障。推动执法力量下沉,确保基层有足够的资源履行综合执法职责。

强化激励约束。完善基层执法人员工资政策,落实国家抚恤政策,推进执法办案人员依法参加工伤保险,鼓励探索通过购买人身意外伤害保险提高职业伤害保障水平,健全职业风险保障机制。坚持依法依纪、客观公正追究监管执法失职渎职责任,提高干部履职自觉性、积极性。上级市场监管部门要采取执法检查、考核评价、案卷评查等方式,加强对下级执法工作的监督检查。

三、组织实施

(一)加强组织领导。各级党委和政府及有关部门要充分认识市场监管综合行政执法改革的重大意义,全面贯彻先立后破、不立不破原则,将市场监管综合行政执法改革纳入地方机构改革统筹考虑,在省级机构改革方案中作出具体安排,统筹部署实施。加强组织领导,把握改革方向,研究重大问题,科学制定方案,积极稳妥实施。2019年3月底前,实现全国市场监管综合执法职能和队伍整合到位、执法保障到位。

（二）落实改革任务。深刻领会、准确把握、认真落实中央改革精神，在中央明确的时限内，完成综合执法队伍整合组建、综合执法实施等任务。把工作融合、队伍融合、事权划分等工作做细做实，确保市场监管综合执法改革到位，完成既定任务，达到预期目标，实现预期效果。

（三）强化统筹协调。实施市场监管综合执法改革涉及机构编制、干部人事、办公场所集中、资产转移等问题，涉及市场监管、机构编制、财政、人力资源社会保障等部门，各地区各部门要加强协调配合，及时研究解决具体问题，按照职能分工共同推进改革。

（四）严肃工作纪律。严格遵守政治纪律和干部人事管理规定，严禁借改革之机违规提高机构规格、增加内设机构、突击进人、突击提拔和调整交流干部等。做好资产管理工作，防止国有资产流失。加强思想政治工作，确保思想不乱、干劲不减、工作不断，各项工作上下贯通、运转顺畅。高度重视食品药品、特种设备安全监管，及时处置突发事件，确保人民群众生命财产安全。

中共中央办公厅、国务院办公厅印发《关于深化生态环境保护综合行政执法改革的指导意见》的通知

（2018年12月4日　中办发〔2018〕64号）

各省、自治区、直辖市党委和人民政府，中央和国家机关各部委，解放军各大单位、中央军委机关各部门，各人民团体：

《关于深化生态环境保护综合行政执法改革的指导意见》已经中央领导同志同意，现印发给你们，请结合实际认真贯彻落实。

关于深化生态环境保护综合行政执法改革的指导意见

为贯彻落实《中共中央关于深化党和国家机构改革的决定》、《深化党和国家机构改革方案》部署要求，深化生态环境保护综合行政执法改革，整合组建生态环境保护综合执法队伍，现提出以下指导意见。

一、总体要求

（一）指导思想。以习近平新时代中国特色社会主义思想为指导，全面贯彻党的十九大和十九届二中、三中全会精神，认真落实党中央、国务院决策部署，坚持新发展理念，统筹推进"五位一体"总体布局和协调推进"四个全面"战略布局，以建立权责统一、权威高效的依法行政体制为目标，以增强执法的统一性、权威性和有效性为重点，整合相关部门生态环境保护执法职能，统筹执法资源和执法力量，推动建立生态环境保护综合执法队伍，坚决制止和惩处破坏生态环境行为，为打好污染防治攻坚战、建设美丽中国提供坚实保障。

（二）总体目标。有效整合生态环境保护领域执法职责和队伍，科学合规设置执法机构，强化生态环境保护综合执法体系和能力建设。到2020年基本建立职责明确、边界清晰、行为规范、保障有力、运转高效、充满活力的生态环境保护综合行政执法体制，基本形成与生态环境保护事业相适应的行政执法职能体系。

（三）基本原则

——坚持党的全面领导。坚决维护习近平总书记的核心地位，坚决维护党中央权威和集中统一领导，自觉在思想上政治上行动上同党中央保持高度一致，把加强党对一切工作的领导贯穿生态环境保护综合行政执法改革各方面和全过程。

——坚持优化协同高效。整合相关部

门污染防治和生态保护执法职责、队伍,相对集中行政执法权。全面梳理、规范和精简执法事项,推动行政执法队伍综合设置,大幅减少执法队伍种类,着力解决多头多层重复执法问题,统筹配置行政处罚职能和执法资源。减少执法层级,推动执法力量下沉,提高监管执法效能。

——坚持全面依法行政。完善权责清单制度,明确综合执法机构职能,厘清职责边界,实现权责统一。着力解决执法不严格、不规范、不透明、不文明和不作为、乱作为等问题,建立健全执行、监督、协作机制。加快推进机构、职能、权限、程序、责任法定化,强化对行政权力的制约和监督,做到依法设定权力、规范权力、制约权力、监督权力。

——坚持统筹协调推进。与相关领域机构改革同步实施,与"放管服"改革、省以下生态环境机构监测监察执法垂直管理制度改革等有机衔接,落实生态环境保护"一岗双责",统筹安排,协调推进,提升改革整体效能。

二、主要任务

(一)整合执法职责

根据中央改革精神和现行法律法规,整合环境保护和国土、农业、水利、海洋等部门相关污染防治和生态保护执法职责。生态环境保护执法包括污染防治执法和生态保护执法,其中,生态保护执法是指生态环境保护综合执法队伍依法查处破坏自然生态系统水源涵养、防风固沙和生物栖息等服务功能和损害生物多样性的行政行为。

根据原相关部门工作职责,具体整合范围包括:环境保护部门污染防治、生态保护、核与辐射安全等方面的执法权;海洋部门海洋、海岛污染防治和生态保护等方面的执法权;国土部门地下水污染防治执法权,对因开发土地、矿藏等造成生态破坏的执法权;农业部门农业面源污染防治执法权;水利部门流域水生态环境保护执法权;林业部门对自然保护地内进行非法开矿、修路、筑坝、建设造成生态破坏的执法权。

整合后,生态环境保护综合执法队伍以本级生态环境部门的名义,依法统一行使污染防治、生态保护、核与辐射安全的行政处罚权以及与行政处罚相关的行政检查、行政强制权等执法职能。除法律法规另有规定外,相关部门不再行使上述行政处罚权和行政强制权。

在此基础上,各地可以根据地方性法规规章和工作需要,进一步整合地方有关部门污染防治和生态保护执法职责,由生态环境保护综合执法队伍统一行使。已经实行更大范围跨领域跨部门综合行政执法的,可以继续探索。具备条件的地区可结合实际进行更大范围的综合行政执法。

(二)组建执法队伍

在明确执法机构和人员划转认定标准和程序基础上,按照编随事走、人随编走的原则,有序整合环境保护和国土农业、水利、海洋、林业等部门相关污染防治和生态保护执法队伍,组建生态环境保护综合执法队伍。改革中应当做到职责整合与编制划转同步实施,队伍组建与人员划转同步操作,充实加强生态环境保护综合执法力量。改革后,其他部门不再保留生态环境保护执法队伍。整合范围具体包括:环境保护部门承担生态环境保护执法职责的人员,海洋部门及其海监执法机构承担海洋和海岛生态环境保护执法职责的人员,国土部门承担地下水污染防治执法和对因开发土地、矿藏等造成生态破坏执法职责的人员,农业部门承担农业面源污染防治执法职责的人员,水利部门流域管理机构承担水生态环境保护执法职责的人员,林业部门承担自然保护地生态环境保护执法职责的人员,以及其他承担污染防治执法和生态保护执法职责的人员。

(三)规范机构设置

依法合规设置执法机构,除直辖市外,县(市、区、旗)执法队伍在整合相关部门人员后,随同级生态环境部门并上收到设区的市,由设区的市生态环境局统一管理、统一指挥。县级生态环境分局一般实行"局队合一"体制,地方可根据实际情况探索具体落实形式,压实县级生态环境分局履行行政执法职责和加强执法队伍建设的责任,改变重审批轻监管的行政管理方式,把更多行政资源从事前审批转到加强事中事后监管上来。实行"局队合一"后,县级生态环境部门要强化行政执法职能,将人员编制向执法岗位倾斜,同时通过完善内部执法流程,解决一线执法效率问题。

推进人财物等资源向基层下沉,增强市县级执法力量,配齐配强执法队伍,强化属地执法。乡镇(街道)要落实生态环境保护职责,明确承担生态环境保护责任的机构和人员,确保责有人负、事有人干。开发区的生态环境保护综合行政执法体制由各省、自治区、直辖市确定。

根据污染防治和生态保护需要,建立健全区域协作机制,推行跨区域跨流域环境污染联防联控,加强联合监测、联合执法、交叉执法。鼓励市级党委和政府在全市域范围内按照生态环境系统完整性实施统筹管理,统一规划、统一标准、统一环评、统一监测、统一执法,整合设置跨市辖区的生态环境保护执法和生态环境监测机构。

(四)优化职能配置

生态环境保护综合执法队伍主要职能是依法查处生态环境违法行为,依法开展污染防治、生态保护、核与辐射安全等方面的日常监督检查。

生态环境部门负责监督管理污染防治、生态保护、核与辐射安全,统一负责生态环境保护执法工作,支持生态环境保护综合执法队伍实施行政执法。自然资源、林业草原、水利等行业管理部门负责资源开发利用的监督管理、生态保护和修复,应当依法履行生态环境保护"一岗双责",积极支持生态环境保护综合执法队伍依法履行执法职责。在日常监督管理中,行业管理部门发现环境污染和生态破坏行为的,应当及时将案件线索移交生态环境保护综合执法队伍,由其依法立案查处

(五)明确执法层级

按照属地管理、重心下移的原则,减少执法层级,合理划分各级生态环境保护综合执法队伍的执法职责。省、自治区生态环境部门应强化统筹协调和监督指导职责,主要负责监督指导、重大案件查处和跨区域执法的组织协调工作,原则上不设执法队伍,已设立的执法队伍要进行有效整合、统筹安排,现有事业性质执法队伍逐步清理消化。法律法规明确要求由省级承担的执法职责,可结合部门"三定"规定明确由省级生态环境部门内设机构承担。个别业务管理有特殊性的领域,如确有必要,由省、自治区按程序另行报批。省级生态环境部门可按程序调用市县生态环境保护综合执法队伍人员力量。

省级生态环境部门负责省级执法事项和重大违法案件调查处理,加强对市县生态环境保护综合执法队伍的业务指导、组织协调和稽查考核。监督指导市县生态环境保护综合执法队伍建设,制定执法标准规范,开展执法稽查和培训。

组织开展交叉执法、异地执法,协调处理重大生态环境问题和跨行政区生态环境问题。直辖市的行政执法层级配置,由直辖市党委按照减少多层多头重复执法改革要求,结合实际研究确定。

执法事项主要由市县两级生态环境保护综合执法队伍承担,设区的市生态环境保护综合执法队伍还应承担所辖区域内执法业务指导、组织协调和考核评价等职能。按照设区的市与市辖区原则上只设一个执法层级的要求,副省级城市、省辖市整合市区两级生态环境保护综合执法队伍,原则上组建市级生态环境保护综合执法队伍。对于有特殊执法需要的区或偏远的区,可设置派出机构。

（六）加强队伍建设

严把人员进口关,严禁将不符合行政执法类公务员管理规范要求的人员划入生态环境保护综合执法队伍,严禁挤占、挪用本应用于公益服务的事业编制。全面清理规范临时人员和编外聘用人员,严禁使用辅助人员执法。按照老人老办法、新人新办法的原则,对干部职工工作和福利待遇作出妥善安排,不搞断崖式的精简分流人员。现有公益类事业编制,由同级机构编制委员会统筹用于解决生态环境保护相关领域用编需求。完善基层执法人员工资政策,推进执法人员依法参加工伤保险,鼓励探索通过购买人身意外伤害保险提高职业伤害保障水平。整合组建生态环境保护综合执法队伍涉及的不同性质编制使用置换等问题,目前保持现状,待中央统一明确政策意见后逐步加以规范。

建立健全执法队伍管理制度,严格实行执法人员持证上岗和资格管理制度。建立考核奖惩制度,实行立功表彰奖励机制。加强党对生态环境保护综合执法工作的领导,加强队伍思想政治建设。加强生态环境保护综合执法队伍基层党组织建设和党员队伍建设,充分发挥基层党组织战斗堡垒作用和党员先锋模范作用。加强业务能力建设,健全教育培训机制,提高执法人员业务能力和综合素质。

按照机构规范化、装备现代化、队伍专业化、管理制度化的要求,全面推进执法标准化建设,有关统一执法制式服装和标志,以及执法执勤用车（船艇）配备,按中央统一规定执行。努力打造政治强、本领高、作风硬、敢担当,特别能吃苦、特别能战斗、特别能奉献的生态环境保护执法铁军。

三、规范管理

（一）清理执法事项

全面梳理、规范和精简执法事项,加强对行政处罚、行政强制事项的源头治理,实行执法事项清单管理制度,并依法及时动态调整。凡没有法律法规规章依据的执法事项一律取消,对长期未发生且无实施必要的、交叉重复的执法事项大力清理,最大限度减少不必要的执法事项,切实防止执法扰民。对涉及的相关法律法规规章及时进行清理修订。

建立生态环境保护综合执法队伍的权力和责任清单,向社会公开职能职责、执法依据、执法标准、运行流程、监督途径和问责机制,尽职照单免责、失职照单问责。建立完善权力和责任清单的动态调整和长效管理机制,根据法律法规立改废释和机构职能变化情况及时进行调整公布。到2019年年底前,各级生态环境保护综合执法队伍要基本完成权力和责任清单的制定公布工作。

（二）规范执法程序

各级生态环境保护综合执法队伍应当切实履行职责,规范办案流程,依法惩处各类生态环境违法行为。全面推行执法全过程记录制度、重大执法决定法制审核制度,积极落实执法案卷评查和评议考核制度。

强化执法程序建设,针对生态环境保护行政检查、行政处罚、行政强制等执法行为,制定具体执法细则、裁量标准和操作流程。加强证据收集、证据分析、证据采信和证据运用,充分利用信息技术,实现规范取证、安全存证和高效出证。制定执法自由裁量权行使规则,细化、量化自由裁量标准,规范裁量范围、种类、幅度,并公布执行。

（三）完善监督机制

全面落实行政执法责任制,严格确定生态环境保护综合执法队伍、岗位及执法人员的执法责任,建立责任追究和尽职免责制度。推行执法公示制度,推进执法信息公开。

强化层级监督和内部约束,完善纠错问责机制。上级生态环境部门发现下级生态环境保护综合执法队伍执法不当或者不履行法定职责的,应当责令纠正;必要时,可由上级生态环境保护综合执法队伍直接予以处理。

强化外部监督机制,畅通"12369"举报热线等群众监督渠道、行政复议渠道,主动接受行政监督、司法监督、社会监督、舆论监督。

坚决排除对执法活动的违规人为干预,建立和实行领导干部违法违规干预执法活动、插手具体生态环境保护案件查处责任追究制度,实行干预留痕和记录,防止、克服地方和部门保护主义。

（四）强化协调联动

加强生态环境保护综合执法队伍与市场监管、文化市场、交通运输、农业、城市管理等综合执法队伍之间的执法协同。在专业技术要求适宜、执法频率高、与群众生产生活密切相关的领域,鼓励各地结合实际,积极探索实行跨领域跨部门综合执法。厘清各方面执法主体权责和执法边界,强化共同关注领域的联动执法,建立信息共享和大数据执法监管机制,加强执法协同,降低执法成本,形成执法合力。

健全行政执法与司法衔接机制。完善案件移送标准和程序,建立生态环境保护综合执法队伍与公安机关、人民检察院、人民法院之间信息共享、线索和案件移送、联合调查、案情通报等协调配合制度,完善生态环境保护领域民事、行政公益诉讼制度,建立健全生态环境损害赔偿制度,加大对生态环境违法犯罪行为的制裁和惩处力度,实现行政执法和司法无缝衔接。人民检察院对涉嫌环境污染、生态破坏犯罪案件的立案活动,依法实施法律监督。加强公安机关环境犯罪侦查职能,进一步加大对破坏生态环境犯罪的打击力度公安机关、人民检察院依法要求生态环境部门作出检验、鉴定、认定、调查核实、提供行政执法卷宗等协助和配合的,生态环境部门应当予以协助和配合。

（五）创新执法方式

适应"放管服"改革要求,优化改进执法方式。健全以"双随机一公开"监管为基本手段、以重点监管为补充、以信用监管为基础的监管机制,推进"互联网+执法",促进办案流程和执法工作网上运行管理。

大力推进非现场执法,加强智能监控和大数据监控,依托互联网、云计算、大数据等技术,充分运用移动执法、自动监控、卫星遥感、无人机等科技监侦手段,实时监控、实时留痕,提升监控预警能力和科学办案水平。

加强信用监管,坚持守信激励和失信惩戒相结合,将企业事业单位和其他生产经营者生态环境守法以及违法信息记入社会诚信档案,推行生态环境守法积分制度。通过扶持引导、购买服务等制度安排,鼓励社会力量参与执法监管。顺应经济社会发展趋势,积极探索包容审慎监督执法。

四、组织实施

（一）加强组织领导

地方各级党委和政府要充分认识推进生态环境保护综合行政执法改革的重要性和紧迫性,将改革工作纳入地方机构改革统一研究部署和组织实施。各省、自治区、直辖市党委和政府要将生态环境保护综合行政执法改革列入重要议事日程,周密制定实施方案,细化分解任务,明确时间节点,层层压实责任,加强统筹协调和监督检查,确保改革顺利平稳推进。

(二)注重统筹协同

全面贯彻先立后破、不立不破原则,把握生态环境保护综合行政执法改革与地方机构改革、省以下生态环境机构监测监察执法垂直管理制度改革以及其他机构改革的内在联系,做到协调一致、统筹推进,于2019年3月底前基本完成生态环境保护综合执法队伍整合组建工作。

改革过渡期间,相关污染防治和生态保护执法工作仍由原部门和机构承担,并按既定部署做好相关工作。新老机构和人员接替要平稳有序、尽快到位,加强思想政治工作,确保机构改革和日常工作两不误。

(三)强化法治保障

运用法治思维和法治方式推进改革,坚持重大改革于法有据。全面清理现行法律法规中与推进生态环境保护综合行政执法改革不相适应的内容,加强生态环境保护综合执法方面的立法工作,与改革做好衔接。

完善生态环境保护法律法规。加快制定修订一批生态环境保护综合执法方面的规范,形成完备的规范体系。生态环境保护综合执法队伍"三定"规定要明确其执法事项。

(四)严肃改革纪律

各级党委和政府要严格执行机构编制、组织人事、财经工作纪律,严禁在推进生态环境保护综合行政执法改革工作中突击进人、突击提拔和调整交流干部,严防国有资产流失。严禁借改革之机擅自提高机构规格、增设机构、增加人员编制和领导职数、改变人员身份,严禁在编制数据上弄虚作假,严禁上级业务主管部门干预下级机构设置、职能配置和编制配备。对违反规定的,严肃追究有关单位和人员的责任。

涉及机构变动、职责调整的部门,要服从大局,确保机构、职责、队伍等按要求及时调整到位,不允许搞变通、拖延改革。

各级党委和政府要高度重视宣传和舆论引导,将改革实施与宣传工作协同推进,正确引导社会预期。

生态环境部要加强对地方推进生态环境保护综合行政执法改革的指导,会同中央组织部、中央编办、司法部、财政部、人力资源社会保障部等部门及时研究解决各地改革过程中的共性问题,中央和国家机关有关部门要加强支持配合,明确改革配套政策,支持地方推进改革工作。

(二)地方性法规

浙江省综合行政执法条例

(2021年11月25日浙江省第十三届人民代表大会常务委员会第三十二次会议通过 2021年11月25日浙江省人民代表大会常务委员会第62号公布 自2022年1月1日起施行)

第一章 总 则

第一条 为了推进和规范综合行政执法工作,建立健全职责清晰、协同高效、行为规范、监督有效、保障有力的行政执法体制机制,建设法治政府,保护公民、法人和其他组织的合法权益,根据《中华人民共和国行政处罚法》《中华人民共和国行政强制法》等有关法律、行政法规,结合本省实际,制定本条例。

第二条 本省行政区域内开展综合行政执法及其他相关工作,适用本条例。

本条例所称综合行政执法，是指按照整体政府理念，以数字化改革为牵引，通过优化配置执法职责、整合精简执法队伍、下沉执法权限和力量、创新执法方式，开展跨部门、跨区域、跨层级的行政执法活动。

第三条　县级以上人民政府统一领导本行政区域行政执法工作，建立健全统一协调指挥、统一考核监督机制，协调解决行政执法工作中的重大问题，加强行政执法保障，深化综合行政执法改革，构建监管全覆盖、执法全闭环的大综合一体化行政执法体系。

机构编制、公务员管理、财政、人力资源社会保障、司法行政、大数据发展等部门，应当在各自职责范围内做好综合行政执法有关工作。

第四条　省人民政府负责综合行政执法指导的机构（以下称省综合行政执法指导机构），应当按照规定职责具体承担全省综合行政执法的统筹协调、规范指导和监督等工作。

设区的市、县（市、区）人民政府确定的综合行政执法指导机构，应当按照规定职责具体承担本行政区域综合行政执法的统筹协调指挥、规范指导等工作。

第五条　省人民政府应当组织建设和管理全省统一的数字化行政执法平台，运用大数据、物联网、云计算、人工智能等技术，推动行政执法数据归集和共享、统计分析、预警研判、联动指挥和监督评议，创新智能行政执法模式，实现执法业务集成整合和执法流程优化统一。

数字化行政执法平台应当与政务服务、基层治理、投诉举报、公共信用等平台互联互通。

第二章　执 法 事 项

第六条　省、设区的市人民政府应当在国家"互联网+监管"系统监督管理事项目录清单基础上，组织制定监督管理事项目录。

监督管理事项目录应当明确监督管理事项的职责主体、对象、措施及设定依据、执法方式等内容。

第七条　省综合行政执法指导机构应当会同省有关部门制定省综合行政执法事项统一目录和乡镇（街道）综合行政执法事项指导目录，报省人民政府批准后公布实施。

设区的市人民政府可以在省综合行政执法事项统一目录基础上，制定本行政区域综合行政执法事项扩展目录，经省综合行政执法指导机构会同省有关部门审核，报省人民政府批准后公布实施。

综合行政执法事项目录纳入监督管理事项目录清单管理。

第八条　设区的市、县（市、区）综合行政执法部门，应当按照省人民政府批准的综合行政执法事项目录确定的范围，行使相应事项的行政处罚权以及与行政处罚相关的行政检查、行政强制措施等职权。

设区的市、县（市、区）人民政府可以根据本地实际，将市场监管、生态环境、文化市场、交通运输、应急管理、农业等专业领域的部分或者全部执法事项纳入到综合行政执法范围，并对相关专业行政执法队伍进行归并整合。具体方案由设区的市人民政府报省人民政府批准后实施。

第九条　设区的市、县（市、区）人民政府应当综合考虑乡镇、街道经济社会发展水平等因素，稳步推进本行政区域乡镇人民政府、街道办事处的综合行政执法工作。

县（市、区）人民政府可以在省人民政府批准的综合行政执法事项目录中，选择基层管理迫切需要且高频多发、易发现易处置、专业要求适宜的行政执法事项，依法交由能够有效承接的乡镇人民政府、街道办事处实施。县(市、区)人民政府应当编制乡镇、街道具体实施的综合行政执法事项目录清单,向社会公布后组织实施。

承接行政执法事项的乡镇人民政府、街道办事处,应当依法行使行政处罚权,并按照规定整合基层执法职责,组建统一的综合行政执法队伍。

对暂不具备承接能力的乡镇、街道,县(市、区)人民政府可以通过部门派驻执法队伍等方式开展行政执法工作。派驻的执法队伍应当按照规定,由乡镇人民政府、街道办事处统筹协调指挥。

第十条 本章第六条至第九条规定目录的制定机关,应当对目录实施情况定期组织评估,并根据执法依据变动、评估结果以及工作实际,对目录进行动态调整。

第三章 执法协同

第十一条 设区的市、县(市、区)人民政府应当建立健全跨部门、跨区域、跨层级的行政执法协同工作机制,推进违法线索证据材料、执法标准、处理结果的互通、互认,提高行政执法效能。

第十二条 设区的市、县(市、区)综合行政执法指导机构负责下列工作:

(一)协调制定行政执法年度工作计划,督促落实年度重点行政执法事项;

(二)向本级人民政府提出协调解决行政执法职责争议的建议;

(三)建立行政执法协调衔接机制,完善信息共享、违法线索互通、案件移送、业务指导、技术支持等工作制度;

(四)协调开展联合执法行动,必要时可以统一调配行政执法力量;

(五)支持和指导乡镇人民政府、街道办事处开展行政执法工作;

(六)组织跨部门、跨区域、跨层级行政执法工作业务交流;

(七)促进行政执法工作与立法、司法、普法等工作衔接配合;

(八)研究分析行政执法动态,提出加强行政执法工作的建议;

(九)本级人民政府交办的其他工作。

第十三条 设区的市、县(市、区)人民政府应当推行联合执法制度,对同一监管对象涉及多个执法主体的事项可以按照一件事进行集成,推动综合监管,防止监管缺位、避免重复检查。具体办法由省综合行政执法指导机构组织制定。

行政执法活动有下列情形之一的,可以组织开展联合执法:

(一)涉及两个以上行政执法机关职责的;

(二)涉及不同行政执法机关、区域或者层级之间职责衔接的;

(三)不同行政执法机关对同一检查对象实施的不同行政检查,可以同时一次性开展的。

同一行政执法机关对同一检查对象实施多项行政检查的,原则上应当同时一次性开展。

第十四条 开展联合执法的,发起的行政执法机关应当制定工作方案,明确参与部门的职责分工;必要时,设区的市、县(市、区)综合行政执法指导机构可以提出联合执法的建议,明确发起和参与部门,协调开展联合执法行动。联合执法可以跨部门、跨区域、跨层级开展,有关参与部门应当按照规定予以配合。

第十五条 行政执法机关之间应当建立协作配合工作机制,通过执法计划协调、签订协作配合协议、简单检查事项委托等方式,明确具体执法事项的工作衔接。

第十六条 行政执法机关行政处罚权依法纳入到综合行政执法范围或者交由乡

镇人民政府、街道办事处行使的，该行政执法机关应当按照规定继续履行其他监督管理职责，并为综合行政执法部门或者乡镇人民政府、街道办事处开展行政执法活动提供专业技术、业务培训等方面的支持保障。

第十七条　涉及专业性、技术性较强或者复杂、疑难执法事项的，乡镇人民政府、街道办事处可以向有关县级行政执法机关提出执法协作请求。县级行政执法机关应当及时给予指导和支持。

乡镇人民政府、街道办事处与县级行政执法机关对行政执法职责有争议的，可以向县(市、区)综合行政执法指导机构提出，由县(市、区)综合行政执法指导机构协调处理。

第十八条　行政执法机关依法获取的证据材料，符合证据效力要求的，其他行政执法机关可以作为其行政执法证据使用。

行政执法人员在执行公务过程中，对发现的不属于其职责范围的涉嫌违法行为，有权采取录音录像、拍照等方式固定线索信息，并及时移交有关行政执法机关。

第十九条　行政执法机关应当加强与立法、监察、检察、审判机关的工作衔接，建立问题反映、案件移送、信息交流等工作机制，强化行政执法与相关工作的协作配合。

第四章　执 法 规 范

第二十条　行政执法机关应当遵守法定的行政执法程序，执行行政执法公示、执法全过程记录、重大行政执法决定法制审核等基本制度，严格规范公正文明执法。

第二十一条　行政执法机关开展日常行政检查，除特殊行业、重点领域外，应当按照规定随机抽取检查对象、随机选派检查人员，抽查情况及查处结果及时向社会公开。

行政执法机关应当根据抽查对象的信用等级、风险程度，相应增减随机抽查的比例频次和概率，对有不良信用记录、风险高的加大抽查力度，对信用较好、风险较低的适当减少抽查。

第二十二条　省综合行政执法指导机构应当加强对行政执法工作的规范指导，明确执法层级管辖，统一执法规范，全面推动开展数字化执法，促进线上线下全方位一体化融合。

第二十三条　行政执法机关应当全面运用数字化行政执法平台开展执法活动，推行非现场执法、掌上执法、移动执法，提高证据采集核查、执法文书送达、信息提示、告知申辩、网上听证及其他执法业务的自动化智能化水平，并确保执法数据符合标准要求。

第二十四条　设区的市、县(市、区)人民政府可以建立跨部门、跨区域、跨层级的行政执法法制审核协作机制，整合和共享有关行政执法机关的法制审核力量，通过数字化行政执法平台开展线上协同法制审核。

第二十五条　行政执法机关应当加强执法能力建设，通过繁简案件分流、专业业务分类等方式，优化组织结构和力量配置，提升行政执法专业化水平。

第五章　执 法 保 障

第二十六条　设区的市、县(市、区)应当根据本行政区域面积、人口规模、执法事项、案件数量等因素，合理配置执法队伍力量。

第二十七条　本省实行行政执法类公务员管理制度。公务员主管部门应当明确行政执法类公务员考录标准和条件，规范职务职级管理，加强职业发展激励，保障行政执法力量与行政执法职责和任务相适应。

第二十八条　行政执法机关的执法人员应当按照规定程序，参加省司法行政部门组织的行政执法资格考试；经考试合格的，领取行政执法证件。

行政执法机关其他在编人员可以参加行政执法资格考试，考试合格后取得的行政执法资格五年内有效，在此期间从事行政执法工作的，可以按照规定申请领取行政执法证件。

第二十九条　持有行政执法证件的行政执法人员，可以根据执法协同工作需要，参加本省行政区域内跨部门、跨区域、跨层级的行政执法活动。

行政执法机关应当按照国家有关规定或者执法协作协议，参加长三角一体化执法协同及其他跨省域执法协同。

第三十条　行政执法机关可以根据工作需要，按照规定程序和权限合理配置行政执法辅助人员。

行政执法辅助人员经培训考试合格后，可以在行政执法机关及其行政执法人员的指挥和监督下，配合从事宣传教育、信息采集、接收或者受理申请、参与调查巡查、劝阻违法行为、送达文书、后勤保障等工作。

行政执法机关应当加强行政执法辅助人员招聘、奖惩、退出管理，依法保障其工资福利、社会保险等待遇。

鼓励设区的市、县（市、区）探索建立行政执法辅助人员统一管理制度，实现统一招录、统一培训、统一待遇、统一调配使用。

第三十一条　行政执法机关应当根据执法职责、工作要求和执法人员情况，有针对性地开展执法人员培训和执法业务内部交流。

省综合行政执法指导机构应当会同有关部门，按照建设职业化、专业化、规范化的高素质行政执法队伍要求，编制执法人员培训工作规划，推动开展执法人员分级分类培训。

县级行政执法机关应当加强对乡镇人民政府、街道办事处的执法业务指导，开展专业知识培训，提升执法人员素质能力。

第三十二条　各级人民政府应当加大行政执法投入，推行非现场执法、移动执法等相关执法基础设施的统筹建设和共享使用，保障行政执法工作经费、办公用房、执法车辆，按照规定落实行政执法人员相关福利待遇。

第三十三条　行政执法人员依法开展行政执法活动受法律保护。

任何组织和个人不得阻挠、妨碍行政执法人员依法执行公务。

第六章　执法监督

第三十四条　行政执法机关应当建立完善内部监督制度，加强考核评价、督办和责任追究，督促行政执法人员依法履行职责。

行政执法机关应当建立完善行政执法活动全过程留痕、可追溯监督工作机制。

第三十五条　县级以上人民政府应当健全评议、考核制度，对所属部门、下级人民政府及街道办事处的行政执法工作情况进行评议、考核，并加强评议、考核结果的运用。

第三十六条　行政执法机关不依法履行行政执法相关法定职责或者协作义务的，其他有关行政执法机关可以向其提出书面建议，或者提请本级人民政府予以纠正。

县级以上人民政府所属部门违反本条例规定，拒不履行行政执法协同职责的，由本级人民政府予以通报批评；乡镇人民政府和街道办事处违反本条例规定，拒不履行行政执法协同职责的,由县(市、区)人民政府予以通报批评。

第三十七条　行政执法机关应当向社会公开其职责范围、执法依据、执法程序、投诉举报受理电话等事项,加强与企业、行业组织、媒体和社会公众的交流互动,接受社会监督。

第七章　附　　则

第三十八条　本条例自2022年1月1日起施行。《浙江省城市管理相对集中行政处罚权条例》同时废止。

上海市城市管理综合行政执法条例

（2012年4月19日上海市第十三届人民代表大会常务委员会第三十三次会议通过　根据2015年6月18日上海市第十四届人民代表大会常务委员会第二十一次会议《关于修改〈上海市城市管理行政执法条例〉的决定》第一次修正　根据2018年5月24日上海市第十五届人民代表大会常务委员会第四次会议《关于修改本市部分地方性法规的决定》第二次修正　根据2021年7月29日上海市第十五届人民代表大会常务委员会第三十三次会议《关于修改〈上海市街道办事处条例〉等2件地方性法规的决定》第三次修正）

第一章　总　　则

第一条　为加强城市管理综合行政执法工作,规范行政执法行为,提高行政执法效率和水平,保护公民、法人和其他组织的合法权益,根据《中华人民共和国行政处罚法》《中华人民共和国行政强制法》等有关法律、行政法规的规定,结合本市实际,制定本条例。

第二条　本条例适用于本市行政区域内的城市管理综合行政执法活动。

前款所称的城市管理综合行政执法是指市和区城市管理行政执法部门(以下简称城管执法部门)以及街道办事处、乡镇人民政府依法相对集中行使有关行政管理部门在城市管理领域的全部或部分行政处罚权及相关的行政检查权和行政强制权的行为。

第三条　市和区人民政府应当加强对城市管理综合行政执法工作的领导。

市和区人民政府以及街道办事处、乡镇人民政府应当根据区域面积、人口数量、管理需求等状况,合理配置城市管理行政执法人员(以下简称城管执法人员)和执法装备,并将城市管理综合行政执法工作所需经费纳入同级财政预算,保障城管执法部门依法履行职责。

第四条　市城管执法部门是本市城市管理综合行政执法工作的行政主管部门,负责本条例的组织实施。

区城管执法部门负责本辖区内城市管理综合行政执法工作,并接受市城管执法部门的业务指导和监督。

街道办事处、乡镇人民政府负责本辖区内城市管理综合行政执法工作,其所属综合行政执法机构以街道办事处、乡镇人民政府名义,具体承担本辖区内的城市管理综合行政执法工作,并接受区城管执法部门的业务指导和监督。

市和区城管执法部门根据需要可以在特定区域派驻城管执法机构,以市或区城管执法部门的名义,具体负责本区域内的城市管理综合行政执法工作。

第五条　建设、交通、绿化市容、水务、生态环境、市场监管、房屋管理、规划资源、公安、财政等行政管理部门按照各自职责,协同做好城市管理综合行政执法的相关工作。

第六条　城市管理综合行政执法工作

遵循合法、公正、公开的原则，坚持以人为本，执法与教育、疏导、服务相结合，文明执法、规范执法，注重法律效果与社会效果的统一。

第七条 本市应当加强城市管理行政执法队伍建设，完善执法制度和监督机制，促进执法水平的提高。

第八条 各级人民政府和相关行政管理部门以及广播电台、电视台、报刊和互联网站等新闻媒体应当加强城市管理法律法规的宣传，增强市民自觉遵守城市管理规定的意识，营造社会共同维护城市管理秩序的氛围。

第九条 城管执法人员依法执行职务，受法律保护。

公民、法人或者其他组织应当支持城管执法部门以及街道办事处、乡镇人民政府的工作，协助城管执法人员依法行使职权。

城管执法部门以及街道办事处、乡镇人民政府应当听取公民、法人或者其他组织的意见，不断改进和完善执法方式和方法。

第十条 对在实施城市管理综合行政执法活动中作出突出贡献或者取得显著成绩的单位和个人，市和区人民政府及有关部门可以予以表彰奖励。

第二章 执法权限

第十一条 市和区城管执法部门以及街道办事处、乡镇人民政府实施城市管理综合行政执法的范围包括：

（一）依据市容环境卫生管理方面法律、法规和规章的规定，对违反市容环境卫生管理的违法行为实施行政处罚。

（二）依据市政工程管理方面法律、法规和规章的规定，对违反非市管城市道路（含城镇范围内的公路）、桥梁及其附属设施管理的违法行为实施行政处罚。

（三）依据绿化管理方面法律、法规和规章的规定，对除绿化建设外的违反绿化管理的违法行为实施行政处罚。

（四）依据水务管理方面法律、法规和规章的规定，对倾倒工业、农业、建筑等废弃物及生活垃圾、粪便；清洗装贮过油类或者有毒有害污染物的车辆、容器；以及擅自搭建房屋、棚舍等建筑物或者构筑物等违反河道管理的违法行为实施行政处罚。

（五）依据环境保护管理方面法律、法规和规章的规定，对道路运输、堆场作业、露天仓库等产生扬尘，污染环境；单位未按照规定对裸露土地进行绿化或者铺装；任意倾倒或者在装载、运输过程中散落工业固体废物或者其他固体废物；违反安装空调器、冷却设施的有关规定，影响环境和他人生活；未经批准或者未按批准要求从事夜间建筑施工，造成噪声污染；露天焚烧秸秆、枯枝落叶等产生烟尘的物质，以及露天焚烧沥青、油毡、橡胶、塑料、垃圾、皮革等产生有毒有害、恶臭或强烈异味气体的物质等不需要经过仪器测试即可判定的违法行为实施行政处罚。

（六）依据市场监管方面法律、法规和规章的规定，对占用道路无照经营的违法行为实施行政处罚。

（七）依据建设管理方面法律、法规和规章的规定，对损坏、擅自占用无障碍设施或者改变无障碍设施用途的违法行为实施行政处罚。

（八）依据城乡规划和物业管理方面的法律、法规和规章的规定，按照市人民政府确定的职责分工，对擅自搭建建筑物、构筑物的违法行为和物业管理区域内破坏房屋外貌的违法行为实施行政处罚。

（九）本市地方性法规和市政府规章规定由城管执法部门实施的其他行政处罚。

城管执法部门以及街道办事处、乡镇人民政府按照前款规定实施行政执法的具体事项由市人民政府确定,并向社会公布。

第十二条 本市地方性法规或者政府规章可以对城市管理综合行政执法的范围进行调整。

除前款规定外,其他任何单位和个人不得擅自变更城市管理综合行政执法的范围。

第十三条 已由市和区城管执法部门以及街道办事处、乡镇人民政府依法行使的城市管理相对集中行政处罚权及相关的行政检查权和行政强制权,有关行政管理部门不得再行使;有关行政管理部门履行的其他行政管理和监督职责,应当依法继续履行。

第十四条 区城管执法部门以及街道办事处、乡镇人民政府负责本辖区内违法行为的查处。

两个以上区城管执法部门或者街道办事处、乡镇人民政府都有管辖权的,由最先立案的管辖。对管辖发生争议的,应当协商解决,协商不成的,报请共同的上一级行政机关指定管辖;也可以直接由共同的上一级行政机关指定管辖。

第十五条 市城管执法部门对区城管执法部门未予查处的违法行为,应当责令其查处,也可以直接查处。

区城管执法部门对街道、乡镇综合行政执法机构未予查处的违法行为,应当责令其查处,也可以直接查处。

市城管执法部门可以对社会影响重大的违法行为直接进行查处;必要时,也可以组织相关区城管执法部门共同进行查处。

区城管执法部门在开展重大执法行动时,可以对街道、乡镇综合行政执法机构进行调动指挥。

第三章 执法规范

第十六条 城管执法人员实行全市统一招录制度,公开考试、严格考察、择优录取。城管执法人员经法律知识和业务知识的统一培训并考试合格具备行政执法资格的,方可取得行政执法证件。未取得行政执法证件的人员,不得从事行政执法活动。

城管执法人员从事行政执法活动,应当遵守执法程序规定,准确适用行政处罚裁量基准,使用统一的法律文书样式。执法程序规定、行政处罚裁量基准和法律文书样式等,由市城管执法部门制定并向社会公布。

城管执法人员从事行政执法活动,应当着统一制服,佩戴统一标志标识,做到仪容严整、举止端庄、语言文明、行为规范。

城管执法人员从事行政执法活动时,应当向当事人出示行政执法证件;除法律另有规定外,必须两人以上共同进行。

第十七条 城管执法部门以及街道办事处、乡镇人民政府应当建立和完善城管执法巡查机制,并可以利用城市网格化管理系统,及时发现、制止和查处违反城市管理法律、法规和规章规定的行为。

本市举办重大活动时,市城管执法部门可以组织区城管执法部门以及街道、乡镇综合行政执法机构进行集中巡查。

第十八条 城管执法部门以及街道办事处、乡镇人民政府可以根据违法行为的性质和危害后果,采取不同的行政执法方式。

第十九条 城管执法人员在查处违法行为时,可以采取以下措施:

(一)依法进入发生违法行为的场所实施现场检查,并制作检查笔录;

(二)以勘验、拍照、录音、摄像等方式进行现场取证;

(三)以智能化设施设备依法收集电子数据、视听资料等证据;

(四)询问案件当事人、证人,并制作询问笔录;

(五)查阅、调取、复印与违法行为有关

的文件资料;

(六)法律、法规规定的其他措施。

城管执法人员、当事人、证人应当在笔录上签名或者盖章。当事人拒绝签名、盖章或者不在现场的,应当由无利害关系的见证人签名或者盖章;无见证人的,城管执法人员应当注明情况。

第二十条 城管执法人员调查取证时,应当全面、客观、公正,符合法定程序,不得以利诱、欺诈、胁迫、暴力等非法手段收集证据,不得伪造、隐匿证据。

通过非法手段获取的证据不能作为认定违法事实的依据。

第二十一条 城管执法部门以及街道办事处、乡镇人民政府查处违法行为时,可以依法扣押与违法行为有关的物品。

城管执法部门以及街道办事处、乡镇人民政府实施扣押措施,应当遵守法律、法规规定的条件、程序和期限。

城管执法部门以及街道办事处、乡镇人民政府实施扣押措施后,应当及时查清事实,在法定期限内作出处理决定。对于经调查核实没有违法行为或者不再需要扣押的,应当解除扣押,返还物品。

城管执法部门以及街道办事处、乡镇人民政府查处违法行为时,对违法事实清楚的,依法应当没收的非法物品,予以没收。城管执法部门以及街道办事处、乡镇人民政府对依法没收的非法物品,除依法应当予以销毁的外,应当按照国家规定公开拍卖或者按照国家有关规定处理,所得款项应当依照规定上缴国库。

第二十二条 城管执法部门以及街道办事处、乡镇人民政府应当妥善保管扣押物品,不得使用或者损毁,属非法物品的,移送有关部门处理。

被扣押的物品易腐烂、变质的,城管执法部门以及街道办事处、乡镇人民政府应当通知当事人在二日内到指定地点接受处理;逾期不接受处理的,可以在登记后拍卖、变卖;无法拍卖、变卖的,可以在留存证据后销毁。

解除扣押后,城管执法部门以及街道办事处、乡镇人民政府应当通知当事人及时认领。当事人逾期不认领或者当事人难以查明的,城管执法部门以及街道办事处、乡镇人民政府应当及时发布认领公告,自公告发布之日起六十日内无人认领的,城管执法部门以及街道办事处、乡镇人民政府可以采取拍卖、变卖等方式妥善处置,拍卖、变卖所得款项应当依照规定上缴国库。

第二十三条 城管执法部门以及街道办事处、乡镇人民政府在行政执法活动中,对当事人弃留现场的物品,应当按照本条例第二十二条的规定处理。

第二十四条 城管执法部门以及街道办事处、乡镇人民政府作出具体行政行为的,应当告知当事人作出具体行政行为的内容及事实、理由、依据,并告知当事人依法享有陈述、申辩、要求听证以及申请行政复议或者提起行政诉讼的权利。

当事人进行陈述和申辩时提出的事实、理由或者证据成立的,城管执法部门以及街道办事处、乡镇人民政府应当采纳,不得因当事人申辩而加重处罚。对符合听证条件的,城管执法部门以及街道办事处、乡镇人民政府应当组织听证。

城管执法部门以及街道办事处、乡镇人民政府应当严格执行行政执法公示制度、执法全过程记录制度和重大执法决定法制审核制度。

第二十五条 城管执法部门以及街道办事处、乡镇人民政府应当依照法律规定采用直接送达、留置送达、邮寄送达和公告送达等方式送达法律文书。采用公告送达的,城管执法部门以及街道办事处、乡镇人民政府可以通过其政府网站和公告栏进行。自发出公告之日起,经过六十日,即视为送达。

当事人同意并签订确认书的,城管执法部门以及街道办事处、乡镇人民政府可以采用传真、电子邮件等方式,将行政处罚决定书等送达当事人。

城管执法部门以及街道办事处、乡镇人民政府应当向社会公布其网址和公告栏地址。

第二十六条　城管执法部门以及街道办事处、乡镇人民政府应当自行政处罚案件立案之日起九十日内作出行政处罚决定;因案情复杂等原因,不能在规定期限内作出行政处罚决定的,经城管执法部门或者街道办事处、乡镇人民政府负责人批准,可以延长三十日;案情特别复杂或者有其他特殊情况,经延期仍不能作出处罚决定的,应当由城管执法部门或者街道办事处、乡镇人民政府负责人集体讨论决定是否继续延期,决定继续延期的,延长期限最多不得超过六十日。法律、法规、规章另有规定的除外。

第二十七条　城管执法部门以及街道办事处、乡镇人民政府应当建立违法行为举报制度,并向社会公布全市统一的举报电话及其他联系方式。

城管执法部门以及街道办事处、乡镇人民政府收到举报后,应当及时核查,并在五个工作日内将核查情况告知举报人;对不属于本单位职责范围的,应当向举报人说明情况,并在三个工作日内移送有关部门处理。

城管执法部门以及街道办事处、乡镇人民政府应当为举报人保密。

第四章　执法协作

第二十八条　有关行政管理部门应当履行管理职责,与城管执法部门以及街道办事处、乡镇人民政府加强协作,采取疏导措施,从源头上预防和减少违法行为的发生。

第二十九条　城管执法部门以及街道办事处、乡镇人民政府在执法活动中发现应当由有关行政管理部门处理的违法行为的,应当及时移送有关行政管理部门处理。有关行政管理部门在执法活动中发现应当由城管执法部门以及街道办事处、乡镇人民政府处理的违法行为的,应当及时移送城管执法部门以及街道办事处、乡镇人民政府处理。移送案件涉及的非法物品等相关物品应当一并移送。

城管执法部门以及街道办事处、乡镇人民政府和有关行政管理部门无正当理由,不得拒绝接受移送的案件和相关物品,并应当在作出处理决定后,及时通报移送部门。

第三十条　城管执法部门以及街道办事处、乡镇人民政府查处违法行为需要向有关行政管理部门查询有关资料的,有关行政管理部门应当依照相关法律、法规规定予以配合。

城管执法部门以及街道办事处、乡镇人民政府查处违法行为时,需要有关行政管理部门认定违法行为和非法物品的,应当出具协助通知书。有关行政管理部门应当自收到协助通知书之日起十日内出具书面意见;如情况复杂需要延期的,应当以书面形式向城管执法部门以及街道办事处、乡镇人民政府说明理由并明确答复期限。

第三十一条　在城市管理中开展重大专项执法行动时,城管执法部门以及街道办事处、乡镇人民政府需要有关行政管理部门协助的,有关行政管理部门应当在职责范围内依法协助;有关行政管理部门需要城管执法部门以及街道办事处、乡镇人民政府协助的,城管执法部门以及街道办事处、乡镇人民政府应当在职责范围内依法协助。

第三十二条 公安机关与城管执法部门以及街道办事处、乡镇人民政府应当建立协调配合机制。

公安机关应当依法保障城管执法部门以及街道办事处、乡镇人民政府的行政执法活动,对阻碍城管执法人员依法执行职务的行为,应当及时制止;对违反《中华人民共和国治安管理处罚法》的行为,依法予以处罚;使用暴力、威胁等方法构成犯罪的,依法追究刑事责任。

区公安机关应当确定专门力量、明确工作职责、完善联勤联动机制,在信息共享、联合执法和案件移送等方面配合本区域内城管执法部门以及街道办事处、乡镇人民政府开展行政执法工作。

第三十三条 市和区人民政府应当采取措施推动城管执法部门以及街道办事处、乡镇人民政府和有关行政管理部门建立健全城市管理与执法信息共享机制,促进信息交流和资源共享。

城管执法部门以及街道办事处、乡镇人民政府应当将实施行政处罚的情况和发现的问题通报有关行政管理部门,提出管理建议;有关行政管理部门应当将与城市管理综合行政执法有关的行政许可和监督管理信息及时通报城管执法部门以及街道办事处、乡镇人民政府,保障城市管理综合行政执法工作的有效开展。

第三十四条 市和区人民政府应当不断加大城市管理综合行政执法科学技术的研发投入,推广先进科学技术手段在调查取证、检查检测等方面的普及运用。

第五章 执法监督

第三十五条 市和区人民政府应当加强对城市管理行政综合执法工作的监督,对城管执法部门以及街道办事处、乡镇人民政府不依法履行职责的行为,应当责令其改正并追究行政责任。

第三十六条 市城管执法部门应当建立全市统一的执法培训、岗位交流、督察考核、责任追究和评议考核等制度。

市和区城管执法部门以及街道办事处、乡镇人民政府应当落实行政执法责任制,加强执法队伍规范化、制度化的建设和管理。评议考核不合格的城管执法人员,不得从事行政执法工作。

市城管执法部门对区城管执法部门及其执法人员发生的情节严重、社会影响较大的违法违纪行为,可以向区人民政府提出查处建议。

区城管执法部门对街道、乡镇综合行政执法机构及其执法人员发生的情节严重、社会影响较大的违法违纪行为,可以向街道办事处、乡镇人民政府提出查处建议。

第三十七条 有关行政管理部门发现城管执法部门以及街道办事处、乡镇人民政府有违法执法行为的,可以向其提出书面建议。城管执法部门以及街道办事处、乡镇人民政府收到书面建议后,应当及时调查核实;情况属实的,应当予以纠正并告知有关行政管理部门。

第三十八条 城管执法部门以及街道办事处、乡镇人民政府应当将城市管理综合行政执法职责范围、执法依据、执法程序以及监督电话等事项向社会公开,接受社会监督。

公民、法人和其他组织发现城管执法人员有违法执法行为或者行政不作为的,可以向城管执法人员所在单位、上级主管部门或者监察机关检举、控告。接到检举、控告的部门应当按照法定权限及时核实处理,并及时反馈处理意见。

第三十九条 市和区城管执法部门以及街道办事处、乡镇人民政府应当定期对本单位的行政执法情况组织社会评议；有关部门对城管执法部门以及街道办事处、乡镇人民政府的行政执法情况组织社会评议的，城管执法部门以及街道办事处、乡镇人民政府应当予以配合。评议结果应当向社会公开。

区城管执法部门应当加强对街道、乡镇综合行政执法工作的监督检查，组织评议，并将评议结果报告区人民政府，作为街道办事处和乡镇人民政府绩效考核的依据。

第六章 法律责任

第四十条 城管执法部门以及街道办事处、乡镇人民政府及其执法人员有下列情形之一的，对直接负责的主管人员和其他直接责任人员，由其所在单位、上级主管部门或者监察机关依法给予处分；构成犯罪的，依法追究刑事责任：

（一）对发现的违法行为不依法查处，情节严重的；

（二）超越职权或者违反法定程序执法，情节严重的；

（三）擅自变更已经作出的行政处罚决定的；

（四）使用暴力、威胁等手段执法的；

（五）故意损坏或者擅自销毁当事人财物的；

（六）截留、私分罚款或者扣押的财物的，以及使用扣押的财物的；

（七）索取或者收受他人财物的；

（八）其他玩忽职守、滥用职权、徇私舞弊的行为。

第四十一条 有关行政管理部门违反本条例的规定，拒不履行执法协作职责的，由本级人民政府或者上级主管部门责令改正，通报批评；情节严重的，对直接负责的主管人员和其他直接责任人员依法给予处分。

第四十二条 城管执法部门以及街道办事处、乡镇人民政府及其执法人员违法行使职权，对公民、法人或者其他组织的合法权益造成损害的，应当依法承担赔偿责任。

第七章 附 则

第四十三条 本条例自2012年7月15日起施行。

九、行政执法案卷

广东省行政执法案卷评查办法

(2016年12月8日广东省人民政府第十二届89次常务会议通过 2016年12月26日广东省人民政府令第231号公布 自2017年3月1日起施行)

第一章 总 则

第一条 为了规范行政执法案卷评查,加强行政执法内部监督制约,确保严格规范公正文明执法,促进依法行政,根据《广东省行政执法责任制条例》《广东省行政执法监督条例》等有关规定,结合本省实际,制定本办法。

第二条 本办法适用于对本省行政区域内行政执法案卷进行评议、考核、检查的活动。

第三条 行政执法案卷评查应当依法、公平、公正开展,坚持实体规范与程序规范相结合、评查结果与落实执法责任相结合的原则。

第四条 县级以上人民政府是本行政区域内行政执法案卷评查工作的评查主体,负责对其所属行政执法部门、法律法规授权的组织以及下级人民政府的行政执法案卷进行评查,具体工作由其法制机构承担。

县级以上人民政府行政执法部门是本系统、本部门行政执法案卷评查工作的评查主体,负责对本系统、本部门的行政执法案卷进行评查,具体工作由其负责法制工作的机构承担。

第五条 县级以上人民政府及其行政执法部门应当加强行政执法案卷评查工作的信息化建设。

第六条 县级以上人民政府行政执法部门应当对其上一年度或者本年度的行政执法案卷进行一次评查。

第七条 县级以上人民政府及其行政执法部门应当结合年度依法行政考评工作,把行政执法案卷评查情况作为重要内容。

第二章 评查方式与程序

第八条 行政执法案卷评查的方式包括普查和抽查。

抽查可以采取随机抽取和自行选送的方式。

第九条 评查主体可以设立若干评查小组,开展案卷评查工作。

评查主体可以邀请人大代表、政协委员、有关专家、学者、行政执法人员等参加。

第十条 评查工作人员可能影响公正评查的,应当回避。

评查工作人员应当分别查阅案卷,独立评分,书面记录评查得分、扣分理由并签名。

第十一条 行政执法案卷评查以查阅行政执法案卷为主,结合听取汇报、问卷调查、电子信息统计等形式进行;必要时,可以向受评查案卷的承办人员、案卷管理人员或者其他工作人员调查核实有关情况。

第十二条 行政执法案卷评查按照下列程序进行：

（一）制订评查工作方案，明确案卷评查的时间、范围、步骤和要求等；

（二）确定评查小组及其评查工作人员，并进行必要培训；

（三）评查小组进行评查，评定每个受评查案卷的等次；

（四）评查小组向评查主体提交评查小组报告；

（五）评查主体对评查小组报告进行审核，必要时可以对不合格的案卷进行复评；

（六）评查主体将审核后的评查小组报告反馈给评查对象；

（七）评查对象对评查小组报告有异议的，可以在收到评查小组报告之日起10个工作日内向评查主体提出书面复核申请；评查主体应当在收到复核申请之日起10个工作日内进行复核，并将复核结果书面告知评查对象；

（八）评查主体对评查小组报告进行梳理、研究、汇总，形成评查总体报告并进行通报。

第十三条 评查小组报告包括下列内容：

（一）评查对象；

（二）评查工作人员；

（三）评查案卷的数量、名称及卷宗号；

（四）等次评定情况；

（五）评查发现的主要问题；

（六）整改建议。

第三章 评查内容与标准

第十四条 行政执法案卷评查的主要内容包括：

（一）执法决定认定的事实、证据；

（二）执法决定适用的法律依据；

（三）执法程序；

（四）执法主体资格、行政执法人员资格及其执法权限；

（五）行政执法全过程记录和重大执法决定法制审核的情况；

（六）自由裁量权的行使；

（七）执法文书的格式；

（八）执法文书的送达；

（九）执法决定的执行；

（十）案件结案后归档的情况；

（十一）法律、法规、规章以及评查主体确定的其他事项。

第十五条 行政执法案卷评查标准，由省人民政府另行制定。

国务院有关行政主管部门对行政执法案卷评查标准另有规定的，从其规定。

第十六条 对具体行政执法案卷的评查实行百分制。根据评查标准进行评分，评定为优秀、良好、合格和不合格4个等次：

（一）未满60分的，为不合格；

（二）60分以上未满75分的，为合格；

（三）75分以上未满90分的，为良好；

（四）90分以上的，为优秀。

第十七条 案卷记录的行政执法行为有下列情形之一的，应当评定记录该行政执法行为的案卷为不合格行政执法案卷：

（一）主要事实不清、证据不足的；

（二）适用法律依据错误的；

（三）违反法定程序的；

（四）超越或者滥用职权的；

（五）执法主体不合法、行政执法人员不具备执法资格的。

第四章 评查结果与处理

第十八条 评查主体可以将行政执法案卷评查的情况，通过报刊、广播电视、网络等方式向社会公众公布。

行政执法部门的行政执法案卷评查总体报告，应当报送同级政府法制机构备案。

第十九条 评查小组在案卷评查过程中发现行政执法违法或者明显不当，应当要求评查对象改正；能够当场改正的，评查对象应当当场改正。

第二十条 政府法制机构在行政执法案卷评查中，发现行政执法主体有下列情形之一的，可以发出《行政执法督察建议书》，提出限期整改的建议；逾期拒不整改或者情节严重的，可以报请本级人民政府发出《行政执法督察决定书》，予以纠正或者责令改正：

（一）执法主体、执法权限、执法程序不合法，执法决定不合法或者明显不当，不履行或者不正确履行法定职责的；

（二）拒绝接受行政执法案卷评查的；

（三）干扰、阻扰案卷评查活动的。

政府法制机构在行政执法案卷评查过程中，发现行政执法主体制作虚假案卷材料的，应当报请本级人民政府发出《行政执法督察决定书》，予以纠正或者责令改正。

第二十一条 行政执法主体应当自收到《行政执法督察建议书》之日起30日内整改落实，并向提出建议的政府法制机构报送整改落实情况。

行政执法主体对《行政执法督察建议书》有异议的，可以自收到《行政执法督察建议书》之日起15日内，向上一级人民政府法制机构申请复查，上一级人民政府法制机构应当自收到申请之日起15日内予以复查。对省人民政府法制机构发出的《行政执法督察建议书》有异议的，直接向省人民政府法制机构申请复查。

第二十二条 行政执法主体应当自收到《行政执法督察决定书》之日起立即执行，并在30日内向发出决定的政府法制机构报送执行情况。

第二十三条 行政执法部门在案卷评查过程中，依法可以对本系统、本部门存在的问题作出监督处理。

第二十四条 对行政执法部门作出的监督处理，下级行政执法部门、行政执法部门内设机构应当及时整改落实。

第二十五条 对于不合格案卷较多的行政执法主体，法制机构可以报请本级人民政府或者行政执法部门给予通报批评。

对于承办不合格案卷较多的行政执法人员，所在单位予以通报批评，法制机构可以建议调离执法岗位。

第二十六条 行政执法案卷评查工作人员在案卷评查过程中滥用职权、徇私舞弊、玩忽职守的，对直接负责的主管人员和其他直接责任人员依法给予处分。

第五章 附 则

第二十七条 对受委托实施行政执法的组织的案卷评查，适用本办法。

第二十八条 本办法自2017年3月1日起施行。

深圳市人民政府办公厅关于印发深圳市行政执法案卷评查办法的通知

（2010年12月20日 深府办〔2010〕104号）

各区人民政府，市政府直属各单位：

《深圳市行政执法案卷评查办法》已经市政府同意，现予印发，请认真贯彻执行。

深圳市行政执法案卷评查办法

第一章 总 则

第一条 为加强行政执法监督，规范行政执法行为，维护公民、法人和其他组织的合法权益，根据有关法律、法规及《国务院关于印发全面推进依法行政实施纲要的通知》,结合本市实际,制定本办法。

第二条　市、区人民政府(含新区管理机构)实施行政执法案卷评查,适用本办法。

第三条　本办法所称行政执法案卷,是指行政执法机关在行政处罚、行政许可等执法活动中形成的法律文书和材料,经整理归档形成的卷宗材料。

本办法所称行政执法案卷评查(以下简称案卷评查),是指对行政执法案卷进行检查、评议并由此对行政执法行为实施监督的活动。

本办法所称行政执法机关包括市、区人民政府(含新区管理机构)所属的具有行政执法职能的行政机关,法律、法规授予行政执法权的组织以及依法接受委托实施行政执法的组织。

第四条　案卷评查应当坚持发现问题与完善制度相结合,评查结果与落实责任相结合的原则。

第五条　市、区人民政府(含新区管理机构)负责组织、领导所属行政执法机关的案卷评查工作。

案卷评查的具体工作由市、区人民政府(含新区管理机构)的法制工作机构(以下简称评查组织机构)负责实施。

行政执法机关也可以自行对其下属机构或受其委托实施行政执法的组织的行政执法案卷进行评查。

第六条　行政执法案卷应当全面真实反映行政执法活动,体现行政执法行为的合法性、合理性和规范性要求。

第七条　行政执法机关应当建立和完善档案管理制度。在具体行政行为完成后,应当依法将实施该具体行政行为过程中形成的文书材料立卷归档。

第八条　行政执法机关应当配备案卷管理人员,负责本机构的案卷管理工作。

案卷管理人员应当履行下列职责:

(一)指导立卷责任人的立卷和归档工作;

(二)负责案卷的接收、审核、保管、利用、编研和统计工作;

(三)按照规定定期将案卷移送档案管理机构;

(四)与案卷管理有关的其他工作。

第二章　案卷评查标准

第九条　案卷评查标准分为基础标准和一般标准两部分。基础标准是判定行政执法行为是否合法的标准。基础标准根据行政行为的合法性要求设立若干项目,凡有一项不达标的即评定为不合格案卷。

一般标准是判定行政执法行为是否规范、合理以及案卷档案制作质量的标准。一般标准采用百分制的评分方法,按照具体行政行为的规范性要求和案卷归档规范设立若干项目,每个项目下设若干要素,并设定相应分值。对不符合要素要求或案卷归档规范的,扣除相应分值,最后余分即为案卷得分。

第十条　行政处罚案卷的基础评查标准包括以下内容:

(一)行政处罚主体是否具有法定职权;

(二)行政执法人员是否具有执法资格;

(三)实施行政处罚是否准确适用法律;

(四)事实认定是否清楚,证据是否充分;

(五)实施行政处罚是否依法履行主要程序;

(六)实施行政处罚是否存在导致该行政行为无效的其他情形。

行政许可案卷的基础评查标准包括以下内容:

(一)行政许可项目是否具有法定依据;

(二)行政许可主体是否具有法定职权;

(三)实施行政许可是否准确适用法律;

(四)行政许可申请人是否符合法定条件;

(五)实施行政许可是否依法履行主要程序;

(六)实施行政许可是否存在导致该行政行为无效的其他情形。

第十一条 行政处罚案卷的一般评查标准包括以下内容:

(一)行政处罚裁量是否适当且有合理、充分的理由;

(二)实施行政处罚的其他程序是否符合要求;

(三)行政处罚文书是否规范、齐备;

(四)案卷归档是否规范。

行政许可案卷的一般评查标准包括以下内容:

(一)实施行政许可的其他程序是否符合要求;

(二)行政许可文书是否规范、齐备;

(三)案卷归档是否规范。

第十二条 具体的评查标准和方法由市政府法制工作机构负责制定并公布。

第三章 案卷评查程序

第十三条 案卷评查一般每年组织一次,每次抽查两个以上行政执法机关。

案卷评查可以检查全部案卷,也可以按时间段、案卷序号或者其他方式抽查部分案卷。

评查组织机构可以组织两个或者两个以上的行政执法机关对有关行政执法案卷进行交叉评查。

第十四条 市、区人民政府(含新区管理机构)开展案卷评查工作应当成立案卷评查小组。评查小组由政府法制工作机构、监察机关和行政执法部门选报的评查人员组成,也可以邀请专家、学者参加。

第十五条 案卷评查应当按照下列程序进行:

(一)制订评查工作方案,确定案卷评查的有关事项;

(二)确定评查人员;

(三)在开展案卷评查7日前书面告知行政执法部门评查的时间和要求;

(四)评查人员对照案卷评查标准审查案卷;

(五)评查组织机构在评查结束后制作案卷评查单,并将案卷评查情况反馈行政执法部门。

第十六条 行政执法机关如对评查结果有异议的,应当在收到评查结果之日起3日内向评查组织机构提出。

评查组织机构对有异议的案卷进行复核,确认评判有误的予以修正,并最终确定案卷成绩。

第十七条 评查人员评查案卷应当公平、公正,不得隐瞒案卷问题。

评查人员对所评案卷涉及的国家秘密、商业秘密、个人隐私依法负有保密责任。

第十八条 对可能影响公正评查的,评查组织机构应当要求有关评查人员回避。

第十九条 被评查的单位和相关人员应当如实反映情况,提供有关资料,不得弄虚作假。

第四章 案卷评查结果

第二十条 评查组织机构应当在案卷评查结束后通报案卷评查结果,并向本级人民政府报告。

各区政府(含新区管理机构)组织的案卷评查,应当在结束后20日内将评查情况抄送市政府法制工作机构。

第二十一条 案卷评查的结果纳入法治政府建设考核体系和政府机关绩效考核体系。

行政执法机关自行组织案卷评查的，评查结果应当作为公务员年终考核等相关考核和内部奖惩的重要依据。

第二十二条 评查组织机构可以对在行政执法案卷评查中案卷优秀率较高的被评查单位给予通报表扬，对案卷不合格率比较高的单位给予通报批评。

第二十三条 评查组织机构对不合格的案卷，如果发现执法行为明显违法的，可以按照《深圳市人民政府行政执法督察办法》的有关规定，视情节出具《行政执法督察决定书》或者《行政执法督察意见书》；发现行政执法机关有关人员在执法过程中存在行政过错的，可以根据《深圳市人民政府行政过错责任追究办法》的有关规定移交行政监察机关处理。

在案卷评查中发现除前款所列情形之外其他不符合案卷评查标准的问题，评查组织机构应当及时提出处理意见并反馈给行政执法机关，要求其改进工作，有关行政执法机关应当在20日内向评查组织机构书面报告整改情况。

第二十四条 有下列情形之一的，由评查组织机构责令限期改正，逾期不改正的，予以通报批评；情节严重的，移交行政监察机关处理：

（一）未按规定及时报送评查案卷的；
（二）拒绝接受案卷评查的；
（三）不按时报送评查情况报告的；
（四）弄虚作假、制作虚假案卷的；
（五）对评查发现的问题不及时整改的；
（六）违反本办法的其他行为。

第二十五条 案卷评查人员违反本办法第十七条规定，给当事人、利害关系人造成损害的，依法承担责任。

第五章 附 则

第二十六条 法律、法规对案卷评查工作另有规定的，从其规定。

第二十七条 各区人民政府（含新区管理机构）和市政府各行政执法部门可根据本辖区、本部门的实际，依照本办法制定实施细则。

第二十八条 本办法自2011年1月1日起施行。

北京市行政处罚案卷评查办法

（2007年7月27日 京政发〔2007〕17号）

第一条 为贯彻落实国务院《全面推进依法行政实施纲要》（国发〔2004〕10号）和《国务院办公厅关于推行行政执法责任制的若干意见》（国办发〔2005〕37号），规范行政处罚案卷评查工作，促进行政处罚执法水平的提高，依据《中华人民共和国行政处罚法》，结合本市实际情况，制定本办法。

第二条 本市各级人民政府及其行政执法部门组织开展的行政处罚案卷评查工作适用本办法。

本办法所称行政处罚案卷（以下简称案卷）是指行政执法部门按照行政处罚法的规定和档案管理的要求，将行政处罚实施过程中制作和收集的有关立案、调查取证、审查决定、送达执行等执法文书和材料，整理归档而形成的卷宗材料。

第三条 市和区、县人民政府负责组织、协调、指导、督促、检查所属行政执法部门的案卷评查工作。市和区、县行政执法部门负责组织、指导、督促、检查本系统的案卷评查工作。

案卷评查的具体实施工作由市和区、县人民政府及其行政执法部门的法制机构负责。

第四条 案卷评查工作应当坚持纠正违法与防止违法相结合、实体规范与程序规范相结合、评查结果与落实执法责任相结合、层级监督与内部监督相结合的原则。

第五条 市和区、县人民政府及其行政执法部门应当依照本办法建立和完善案卷评查和案卷管理等工作规范，并组织开展案卷评查工作。

区、县人民政府和市级行政执法部门之间应当建立案卷评查工作的信息沟通机制。

第六条 本市案卷评查工作实行统一标准。案卷标准由市政府法制办依照《中华人民共和国行政处罚法》和有关法律、法规、规章以及相关规定制定。

第七条 市和区、县人民政府开展案卷评查工作应当组织案卷评查小组，评查小组由下级人民政府和所属行政执法部门选报并经过培训、考试、择优确定的评查员组成。

第八条 市和区、县人民政府及其行政执法部门开展案卷评查工作可以采取定期集中评查和不定期评查等方式进行。

第九条 定期集中评查应当按照下列程序进行：

（一）制定评查工作计划，确定组织案卷评查的安排；

（二）培训并选拔评查员，组成案卷评查小组；

（三）书面通知评查的有关事项，告知评查的步骤、范围、形式、时限、标准、调阅案卷的数量和工作要求等；

（四）评查组织者在行政执法机关报送的案卷目录内随机抽取规定数量的案卷；

（五）评查员对照案卷标准审查案卷，并制作案卷评查单；案卷评查单应当注明所评案卷名称、处罚决定书文号、存在问题、判定依据、评查分数、建议等，并由两名评查员签字确认；

（六）评查小组集体讨论案卷初评结果和主要问题，并在评查单上注明复核意见；

（七）组织听取行政执法部门对案卷评查结果的意见；

（八）对案卷进行复核，对确认有误的评判予以修正，并最终确认案卷成绩；

（九）通报案卷评查结果，并向本级人民政府报告。

第十条 不定期评查应当按照下列程序进行：

（一）通知行政执法部门评查的时间和要求；

（二）在行政执法部门随机抽取行政处罚案卷；

（三）评查人员现场或者异地审查案卷；

（四）评查组织者于评查结束后当日或者3日内制作案卷评查单，并将案卷评查情况反馈行政执法部门。行政执法部门应当在收到评查结果后当日或者3日内对评查出的案卷问题提出意见；

（五）案卷评查组织者针对行政执法部门的意见，对案卷进行复核，并最终确认案卷成绩；

（六）向被查部门通报案卷评查结果，并向本级人民政府报告。

第十一条 被评查的行政执法部门应当如实上报案卷目录，行政处罚案件数量应当与上报北京市人民政府法制工作信息系统的行政处罚案件数量相符。

未按规定开展案卷评查工作，或者未按要求参加案卷评查的，应当书面说明情况。

第十二条 评查人员调取和评查案卷时，应当采取有效措施，保证案卷的整洁和完好无缺。

评查人员应当公平、公正进行案卷评查，不得隐瞒案卷问题或者篡改案卷内容。

第十三条 案卷评查成绩按百分制计算。定期集中评查和不定期评查的案卷成绩计入各行政执法部门的年度案卷评查综合成绩,并按照案卷评查综合成绩划分年终成绩档次。

第十四条 案卷评查结束后,评查组织者应当及时通知被评查行政执法部门取回案卷。

第十五条 案卷评查工作中的有关评查方案、通知、评查单、通报、报告、行政执法监督函等材料应当及时整理归档备查。

第十六条 案卷评查组织者如发现案卷存在不符合案卷评查标准的问题,应当通过案卷评查单的形式督促有关行政执法部门进行整改,对属于主体、法律适用、主要事实和证据以及程序的合法性问题,应当通过执法监督函的形式督促有关行政执法部门依法予以纠正。

收到执法监督函的行政执法部门应当将整改的情况和结果向案卷评查组织者报告。

第十七条 行政执法部门违反本办法,依照本市行政执法责任追究的有关规定处理。

第十八条 本办法自公布之日起施行。

十、行政执法监督

（一）部门规章

自然资源执法监督规定

（2017年12月27日国土资源部令第79号公布 根据2020年3月20日自然资源部第1次部务会《自然资源部关于第二批废止和修改的部门规章的决定》修正）

第一条 为了规范自然资源执法监督行为，依法履行自然资源执法监督职责，切实保护自然资源，维护公民、法人和其他组织的合法权益，根据《中华人民共和国土地管理法》《中华人民共和国矿产资源法》等法律法规，制定本规定。

第二条 本规定所称自然资源执法监督，是指县级以上自然资源主管部门依照法定职权和程序，对公民、法人和其他组织违反自然资源法律法规的行为进行检查、制止和查处的行政执法活动。

第三条 自然资源执法监督，遵循依法、规范、严格、公正、文明的原则。

第四条 县级以上自然资源主管部门应当强化遥感监测、视频监控等科技和信息化手段的应用，明确执法工作技术支撑机构。可以通过购买社会服务等方式提升执法监督效能。

第五条 对在执法监督工作中认真履行职责，依法执行公务成绩显著的自然资源主管部门及其执法人员，由上级自然资源主管部门给予通报表扬。

第六条 任何单位和个人发现自然资源违法行为，有权向县级以上自然资源主管部门举报。接到举报的自然资源主管部门应当依法依规处理。

第七条 县级以上自然资源主管部门依照法律法规规定，履行下列执法监督职责：

（一）对执行和遵守自然资源法律法规的情况进行检查；

（二）对发现的违反自然资源法律法规的行为进行制止，责令限期改正；

（三）对涉嫌违反自然资源法律法规的行为进行调查；

（四）对违反自然资源法律法规的行为依法实施行政处罚和行政处理；

（五）对违反自然资源法律法规依法应当追究国家工作人员责任的，依照有关规定移送监察机关或者有关机关处理；

（六）对违反自然资源法律法规涉嫌犯罪的，将案件移送有关机关；

（七）法律法规规定的其他职责。

第八条 县级以上地方自然资源主管部门根据工作需要，可以委托自然资源执法监督队伍行使执法监督职权。具体职权范围由委托机关决定。

上级自然资源主管部门应当加强对下级自然资源主管部门行政执法行为的监督和指导。

第九条 县级以上地方自然资源主管部门应当加强与人民法院、人民检察院和公安机关的沟通和协作,依法配合有关机关查处涉嫌自然资源犯罪的行为。

第十条 从事自然资源执法监督的工作人员应当具备下列条件:

(一)具有较高的政治素质,忠于职守、秉公执法、清正廉明;

(二)熟悉自然资源法律法规和相关专业知识;

(三)取得执法证件。

第十一条 自然资源执法人员依法履行执法监督职责时,应当主动出示执法证件,并且不得少于2人。

第十二条 县级以上自然资源主管部门可以组织特邀自然资源监察专员参与自然资源执法监督活动,为自然资源执法监督工作提供意见和建议。

第十三条 市、县自然资源主管部门可以根据工作需要,聘任信息员、协管员,收集自然资源违法行为信息,协助及时发现自然资源违法行为。

第十四条 县级以上自然资源主管部门履行执法监督职责,依法可以采取下列措施:

(一)要求被检查的单位或者个人提供有关文件和资料,进行查阅或者予以复制;

(二)要求被检查的单位或者个人就有关问题作出说明,询问违法案件的当事人、嫌疑人和证人;

(三)进入被检查单位或者个人违法现场进行勘测、拍照、录音和摄像等;

(四)责令当事人停止正在实施的违法行为,限期改正;

(五)对当事人拒不停止违法行为的,应当将违法事实书面报告本级人民政府和上一级自然资源主管部门,也可以提请本级人民政府协调有关部门和单位采取相关措施;

(六)对涉嫌违反自然资源法律法规的单位和个人,依法暂停办理其与该行为有关的审批或者登记发证手续;

(七)对执法监督中发现有严重违反自然资源法律法规,自然资源管理秩序混乱,未积极采取措施消除违法状态的地区,其上级自然资源主管部门可以建议本级人民政府约谈该地区人民政府主要负责人;

(八)执法监督中发现有地区存在违反自然资源法律法规的苗头性或者倾向性问题,可以向该地区的人民政府或者自然资源主管部门进行反馈,提出执法监督建议;

(九)法律法规规定的其他措施。

第十五条 县级以上地方自然资源主管部门应当按照有关规定保障自然资源执法监督工作的经费、车辆、装备等必要条件,并为执法人员提供人身意外伤害保险等职业风险保障。

第十六条 市、县自然资源主管部门应当建立执法巡查、抽查制度,组织开展巡查、抽查活动,发现、报告和依法制止自然资源违法行为。

第十七条 自然资源部在全国部署开展自然资源卫片执法监督。

省级自然资源主管部门按照自然资源部的统一部署,组织所辖行政区域内的市、县自然资源主管部门开展自然资源卫片执法监督,并向自然资源部报告结果。

第十八条 省级以上自然资源主管部门实行自然资源违法案件挂牌督办和公开通报制度。

第十九条 对上级自然资源主管部门交办的自然资源违法案件,下级自然资源主管部门拖延办理的,上级自然资源主管部门可以发出督办通知,责令限期办理;必要时,可以派员督办或者挂牌督办。

第二十条 县级以上自然资源主管部门实行行政执法全过程记录制度。根据情况可以采取下列记录方式,实现全过程留痕和可回溯管理：

（一）将行政执法文书作为全过程记录的基本形式；

（二）对现场检查、随机抽查、调查取证、听证、行政强制、送达等容易引发争议的行政执法过程，进行音像记录；

（三）对直接涉及重大财产权益的现场执法活动和执法场所，进行音像记录；

（四）对重大、复杂、疑难的行政执法案件，进行音像记录；

（五）其他对当事人权利义务有重大影响的，进行音像记录。

第二十一条　县级以上自然资源主管部门实行重大行政执法决定法制审核制度。在作出重大行政处罚决定前，由该部门的法制工作机构对拟作出决定的合法性、适当性进行审核。未经法制审核或者审核未通过的，不得作出决定。

重大行政处罚决定，包括没收违法采出的矿产品，没收违法所得，没收违法建筑物，限期拆除违法建筑物，吊销勘查许可证或者采矿许可证，地质灾害防治单位资质，测绘资质等。

第二十二条　县级以上自然资源主管部门的执法监督机构提请法制审核的，应当提交以下材料：

（一）拟作出的处罚决定情况说明；

（二）案件调查报告；

（三）法律法规规章依据；

（四）相关的证据材料；

（五）需要提供的其他相关材料。

第二十三条　法制审核原则上采取书面审核的方式，审核以下内容：

（一）执法主体是否合法；

（二）是否超越本机关执法权限；

（三）违法定性是否准确；

（四）法律适用是否正确；

（五）程序是否合法；

（六）行政裁量权行使是否适当；

（七）行政执法文书是否完备规范；

（八）违法行为是否涉嫌犯罪、需要移送司法机关等；

（九）其他需要审核的内容。

第二十四条　县级以上自然资源主管部门的法制工作机构自收到送审材料之日起5个工作日内完成审核。情况复杂需要进一步调查研究的，可以适当延长，但延长期限不超过10个工作日。

经过审核，对拟作出的重大行政处罚决定符合本规定第二十八条的，法制工作机构出具通过法制审核的书面意见；对不符合规定的，不予通过法制审核。

第二十五条　县级以上自然资源主管部门实行行政执法公示制度。县级以上自然资源主管部门建立行政执法公示平台，依法及时向社会公开下列信息，接受社会公众监督：

（一）本部门执法查处的法律依据、管辖范围、工作流程、救济方式等相关规定；

（二）本部门自然资源执法证件持有人姓名、编号等信息；

（三）本部门作出的生效行政处罚决定和行政处理决定；

（四）本部门公开挂牌督办案件处理结果；

（五）本部门认为需要公开的其他执法监督事项。

第二十六条　有下列情形之一的，县级以上自然资源主管部门及其执法人员，应当采取相应处置措施，履行执法监督职责：

（一）对于下达《责令停止违法行为通知书》后制止无效的，及时报告本级人民政府和上一级自然资源主管部门；

（二）依法没收建筑物或者其他设施，没收后应当及时向有关部门移交；

（三）发现违法线索需要追究刑事责任的,应当依法向有关部门移送违法犯罪线索；

（四）依法申请人民法院强制执行,人民法院不予受理的,应当作出明确记录。

第二十七条　上级自然资源主管部门应当通过检查、抽查等方式,评议考核下级自然资源主管部门执法监督工作。

评议考核结果应当在适当范围内予以通报,并作为年度责任目标考核、评优、奖惩的重要依据,以及干部任用的重要参考。

评议考核不合格的,上级自然资源主管部门可以对其主要负责人进行约谈,责令限期整改。

第二十八条　县级以上自然资源主管部门实行错案责任追究制度。自然资源执法人员在查办自然资源违法案件过程中,因过错造成损害后果的,所在的自然资源主管部门应当予以纠正,并依照有关规定追究相关人员的过错责任。

第二十九条　县级以上自然资源主管部门及其执法人员有下列情形之一,致使公共利益或者公民、法人和其他组织的合法权益遭受重大损害的,应当依法给予处分：

（一）对发现的自然资源违法行为未依法制止的；

（二）应当依法立案查处,无正当理由,未依法立案查处的；

（三）已经立案查处,依法应当申请强制执行、移送有关机关追究责任,无正当理由,未依法申请强制执行、移送有关机关的。

第三十条　县级以上自然资源主管部门及其执法人员有下列情形之一的,应当依法给予处分；构成犯罪的,依法追究刑事责任：

（一）伪造、销毁、藏匿证据,造成严重后果的；

（二）篡改案件材料,造成严重后果的；

（三）不依法履行职责,致使案件调查、审核出现重大失误的；

（四）违反保密规定,向案件当事人泄露案情,造成严重后果的；

（五）越权干预案件调查处理,造成严重后果的；

（六）有其他徇私舞弊、玩忽职守、滥用职权行为的。

第三十一条　阻碍自然资源主管部门依法履行执法监督职责,对自然资源执法人员进行威胁、侮辱、殴打或者故意伤害,构成违反治安管理行为的,依法给予治安管理处罚；构成犯罪的,依法追究刑事责任。

第三十二条　本规定自2018年3月1日起施行。原国家土地管理局1995年6月12日发布的《土地监察暂行规定》同时废止。

市场监督管理执法监督暂行规定

(2019年12月31日国家市场监督管理总局令第22号公布　自2020年4月1日起施行)

第一条　为了督促市场监督管理部门依法履行职责,规范行政执法行为,保护自然人、法人和其他组织的合法权益,根据有关法律、行政法规,制定本规定。

第二条　本规定所称执法监督,是指上级市场监督管理部门对下级市场监督管理部门,各级市场监督管理部门对本部门所属机构、派出机构和执法人员的行政执法及其相关行为进行的检查、审核、评议、纠正等活动。

市场监督管理部门开展执法监督,适用本规定；法律、法规、规章另有规定的,依照其规定。

第三条　执法监督应当坚持监督执法

与促进执法相结合、纠正错误与改进工作相结合的原则,保证法律、法规、规章的正确实施。

第四条 各级市场监督管理部门应当加强对执法监督工作的领导,建立健全执法监督工作机制,统筹解决执法监督工作中的重大问题。

第五条 各级市场监督管理部门内设的各业务机构根据职责分工和相关规定,负责实施本业务领域的执法监督工作。

各级市场监督管理部门法制机构在本级市场监督管理部门领导下,具体负责组织、协调、指导和实施执法监督工作。

第六条 执法监督主要包括下列内容:

(一)依法履行市场监督管理执法职责情况;

(二)行政规范性文件的合法性;

(三)公平竞争审查情况;

(四)行政处罚、行政许可、行政强制等具体行政行为的合法性和适当性;

(五)行政处罚裁量基准制度实施情况;

(六)行政执法公示、执法全过程记录、重大执法决定法制审核制度实施情况;

(七)行政复议、行政诉讼、行政执法与刑事司法衔接等制度落实情况;

(八)行政执法责任制的落实情况;

(九)其他需要监督的内容。

第七条 执法监督主要采取下列方式:

(一)行政规范性文件合法性审核;

(二)公平竞争审查;

(三)行政处罚案件审核、听证;

(四)重大执法决定法制审核;

(五)行政复议;

(六)专项执法检查;

(七)执法评议考核;

(八)执法案卷评查;

(九)法治建设评价;

(十)依法可以采取的其他监督方式。

第八条 本规定第七条第(一)项至第(五)项所规定的执法监督方式,依照法律、法规、规章和有关规定执行。

本规定第七条第(六)项至第(八)项所规定的执法监督方式,由市场监督管理部门内设的各业务机构和法制机构单独或者共同实施。

本规定第七条第(九)项所规定的执法监督方式,由市场监督管理部门法制机构实施。

第九条 市场监督管理部门主要针对下列事项开展专项执法检查:

(一)法律、法规、规章、行政规范性文件的执行情况;

(二)重要执法制度的实施情况;

(三)行政执法中具有普遍性的热点、难点、重点问题;

(四)上级机关和有关部门交办、转办、移送的执法事项;

(五)社会公众反映强烈的执法事项;

(六)其他需要开展专项执法检查的事项。

市场监督管理部门应当加强对专项执法检查的统筹安排,统一制定专项执法检查计划,合理确定专项执法检查事项。

第十条 市场监督管理部门主要针对下列事项开展执法评议考核:

(一)执法主体是否合法;

(二)执法行为是否规范;

(三)执法制度是否健全;

(四)执法效果是否良好;

(五)其他需要评议的事项。

市场监督管理部门开展执法评议考核,应当确定执法评议考核的范围和重点,加强评议考核结果运用,落实评议考核奖惩措施。

第十一条 市场监督管理部门主要针

对下列事项开展行政处罚案卷评查：

（一）实施行政处罚的主体是否合法；

（二）认定的事实是否清楚，证据是否确凿；

（三）适用法律依据是否准确；

（四）程序是否合法；

（五）自由裁量权运用是否适当；

（六）涉嫌犯罪的案件是否移送司法机关；

（七）案卷的制作、管理是否规范；

（八）需要评查的其他事项。

市场监督管理部门主要针对下列事项开展行政许可案卷评查：

（一）实施行政许可的主体是否合法；

（二）行政许可项目是否有法律、法规、规章依据；

（三）申请材料是否齐全、是否符合法定形式；

（四）实质审查是否符合法定要求；

（五）适用法律依据是否准确；

（六）程序是否合法；

（七）案卷的制作、管理是否规范；

（八）需要评查的其他事项。

市场监督管理部门对其他行政执法案卷的评查事项，参照前款规定执行。

第十二条 市场监督管理部门应当根据法治政府建设的部署和要求，对本级和下级市场监督管理部门法治建设情况进行评价。

法治市场监督管理建设评价办法、指标体系和评分标准由国家市场监督管理总局另行制定。

第十三条 市场监督管理部门在开展执法监督时，可以采取下列措施：

（一）查阅、复制、调取行政执法案卷和其他有关材料；

（二）询问行政执法人员、行政相对人和其他相关人员；

（三）召开座谈会、论证会，开展问卷调查，组织第三方评估；

（四）现场检查、网上检查、查看执法业务管理系统；

（五）走访、回访、暗访；

（六）依法可以采取的其他措施。

第十四条 下级市场监督管理部门应当及时向上级市场监督管理部门报送开展执法监督工作的情况及相关数据。

上级市场监督管理部门可以根据工作需要，要求下级市场监督管理部门报送开展执法监督工作的情况及相关数据。

各级市场监督管理部门应当加强执法监督的信息化建设，实现执法监督信息的互通和共享。

第十五条 市场监督管理部门应当对开展执法监督的情况及时进行汇总、分析。相关执法监督情况经本级市场监督管理部门负责人批准后，可以在适当范围内通报。

第十六条 上级市场监督管理部门在执法监督工作中发现下级市场监督管理部门在履行法定执法职责中存在突出问题的，经本级市场监督管理部门负责人批准，可以约谈下级市场监督管理部门负责人。

第十七条 市场监督管理部门发现本部门所属机构、派出机构和执法人员存在不履行、违法履行或者不当履行法定职责情形的，应当及时予以纠正。

第十八条 上级市场监督管理部门发现下级市场监督管理部门及其执法人员可能存在不履行、违法履行或者不当履行法定职责情形的，经本级市场监督管理部门负责人批准，可以发出执法监督通知书，要求提供相关材料或者情况说明。

下级市场监督管理部门收到执法监督通知书后，应当于十个工作日内提供相关材料或者情况说明。

第十九条 上级市场监督管理部门发

出执法监督通知书后,经过调查核实,认为下级市场监督管理部门及其执法人员存在不履行、违法履行或者不当履行法定职责情形的,经本级市场监督管理部门负责人批准,可以发出执法监督决定书,要求下级市场监督管理部门限期纠正;必要时可以直接纠正。

下级市场监督管理部门应当在执法监督决定书规定的期限内纠正相关行为,并于纠正后十个工作日内向上级市场监督管理部门报告纠正情况。

第二十条 下级市场监督管理部门对执法监督决定有异议的,可以在五个工作日内申请复查,上级市场监督管理部门应当自收到申请之日起十个工作日内予以复查并答复。

第二十一条 上级市场监督管理部门发现下级市场监督管理部门行政执法工作中存在普遍性问题或者区域性风险,经本级市场监督管理部门负责人批准,可以向下级市场监督管理部门发出执法监督意见书,提出完善制度或者改进工作的要求。

下级市场监督管理部门应当在规定期限内将有关情况报告上级市场监督管理部门。

第二十二条 下级市场监督管理部门不执行执法监督通知书、决定书或者意见书的,上级市场监督管理部门可以责令改正、通报批评,并可以建议有权机关对负有责任的主管人员和相关责任人员予以批评教育、调离执法岗位或者处分。

第二十三条 市场监督管理部门在执法监督中,发现存在不履行、违法履行或者不当履行法定职责情形需要追责问责的,应当根据有关规定处理。

第二十四条 市场监督管理部门应当建立执法容错机制,明确履职标准,完善尽职免责办法。

第二十五条 药品监督管理部门和知识产权行政部门实施执法监督,适用本规定。

第二十六条 本规定自2020年4月1日起施行。2004年1月18日原国家质量监督检验检疫总局令第59号公布的《质量监督检验检疫行政执法监督与行政执法过错责任追究办法》和2015年9月15日原国家工商行政管理总局令第78号公布的《工商行政管理机关执法监督规定》同时废止。

邮政行政执法监督办法

(2020年2月24日交通运输部公布 根据2021年7月9日交通运输部《关于修改〈邮政行政执法监督办法〉的决定》修正)

第一条 为了加强邮政行政执法监督,纠正邮政行政执法中的违法、不当行为,保证涉及邮政的法律、法规及规章的正确实施,促进严格、规范、公正、文明执法,维护公民、法人和其他组织的合法权益,制定本办法。

第二条 邮政管理部门对本机关内设执法机构和下级邮政管理部门的行政执法活动实施监督,适用本办法。

第三条 邮政行政执法监督应当坚持监督检查与指导改进相结合,遵循依法、客观、公正、公开和有错必纠的原则。

第四条 调查处理邮政行政执法中的违法、不当行为,应当做到事实清楚、证据确凿、程序合法、定性准确、处理恰当。

第五条 邮政管理部门法制工作机构负责邮政行政执法监督工作,承担下列职责:

(一)依法负责邮政行政执法人员的执法资格管理工作;

(二)拟订邮政行政执法监督工作制度;

（三）组织执法案卷评议，对行政执法开展监督调查；

（四）依法办理行政复议、行政应诉事项；

（五）法律、行政法规规定的其他职责。

第六条 邮政管理部门内设执法机构负责行政执法业务指导和督促工作，承担下列职责：

（一）指导和督促下级邮政管理部门依法实施行政执法行为；

（二）指导和督促下级邮政管理部门依法公开行政执法信息；

（三）指导下级邮政管理部门行政执法案卷、用语、装备、场所的规范化工作；

（四）法律、行政法规规定的其他职责。

第七条 邮政管理部门可以组织法律顾问、公职律师参与行政执法监督工作。

第八条 邮政行政执法监督主要包括下列内容：

（一）实施行政处罚、行政强制、行政许可等行政执法行为的合法性、合理性情况；

（二）行政执法信息的主动公开情况；

（三）行政执法场所规范化建设情况；

（四）行政执法案卷和文书制作情况；

（五）法律、行政法规规定的其他事项。

第九条 邮政行政执法人员从事行政执法工作，应当取得行政执法证件。

第十条 邮政管理部门可以依照《中华人民共和国行政处罚法》的规定，书面委托依法成立并符合法定条件的具有管理公共事务职能的组织实施行政处罚相关工作。受委托组织实施的行政行为，由委托机关负责监督，并对该行为的后果承担法律责任。

邮政管理部门可以依照《中华人民共和国行政许可法》的规定，委托下级邮政管理部门实施行政许可相关工作。受委托机关实施的行政行为，由委托机关负责监督，并对该行为的后果承担法律责任。

第十一条 邮政行政执法人员在进行监督检查、调查取证、采取强制措施、送达执法文书等行政执法活动时，应当主动出示行政执法证件，向当事人和相关人员表明身份。

第十二条 实施邮政行政执法，应当按照"谁执法谁公示"的原则，向社会公开下列信息，涉及国家秘密、商业秘密、个人隐私的除外：

（一）作出行政执法行为的法律、法规、规章等法定依据；

（二）本机关发布的涉及行政执法的行政规范性文件；

（三）本机关职能、机构设置、办公地址、办公时间、联系方式、负责人姓名；

（四）随机抽查事项清单；

（五）办理行政许可的条件、程序、时限；

（六）法律、法规、规章和国家有关规定要求主动公开的其他行政执法信息。

对前款规定的信息，邮政管理部门在主动公开后，应当根据法定依据以及机构职责变化等情况进行调整。

第十三条 邮政管理部门应当自作出行政执法决定之日起20个工作日内，向社会公布执法机关、执法对象、执法类别、执法结论等信息，接受社会监督，其中对行政许可、行政处罚的行政执法决定信息应当自作出行政执法决定之日起7个工作日内公开，但是法律、行政法规另有规定的除外。

第十四条 邮政管理部门实施行政处罚、行政强制、行政许可等行政执法行为，应当做到文字记录合法规范、客观全面、及时准确。

第十五条 除法律、法规或者国家规定禁止进行音像记录外，邮政管理部门对直接涉及重大财产权益的现场执法活动和执法办案场所以及对现场执法、调查取证、举行听证、留置送达和公告送达等容易引发争议的行政执法过程,应当使用照相、录音或者录像设备进行音像记录。

第十六条　邮政管理部门应当依法收集、整理行政处罚、行政强制、行政许可等行政执法行为的检查记录、证据材料、执法文书并立卷、归档,按照档案管理规定实行集中统一管理。

第十七条　邮政管理部门可以依法制定本机关行政处罚裁量基准,规范行使行政处罚裁量权。行政处罚裁量基准应当向社会公布。

邮政管理部门适用普通程序办理行政处罚案件的,应当自立案之日起 90 日内作出行政处罚决定;因案情复杂或者其他原因,不能在规定期限内作出行政处罚决定的,经邮政管理部门负责人批准,可以延长30日。案件办理过程中,中止、听证、公告、检测、检验、检疫、鉴定等时间不计入案件办理期限。

第十八条　邮政管理部门拟作出重大行政执法决定以及法律、法规规定情形的行政处罚决定的,应当在作出决定前进行法制审核。

邮政管理部门应当结合本机关行政执法行为的类别、执法层级、所属领域等因素,明确法制审核事项。

第十九条　进行法制审核的,由邮政管理部门内设执法机构向法制工作机构提供送审材料,对行政执法的事实、证据、法律适用、程序的合法性进行说明。

邮政管理部门内设执法机构应当对送审材料的真实性、准确性、完整性负责。

第二十条　邮政管理部门法制工作机构负责对送审材料涉及的下列事项进行审核:

(一)行政执法人员是否具备执法资格;

(二)行政执法程序是否合法;

(三)案件事实是否清楚,证据是否合法充分;

(四)适用法律、法规、规章是否准确,裁量是否适当;

(五)执法是否符合本机关的法定权限;

(六)行政执法文书是否完备、规范;

(七)违法行为是否涉嫌犯罪,需要移送司法机关。

第二十一条　邮政管理部门法制工作机构对送审材料提出法制审核意见,由内设执法机构按程序一并提交本机关主要负责人批准。

第二十二条　邮政管理部门可以委托法律顾问对送审材料提出建议,供法制工作机构参考。

第二十三条　下级邮政管理部门应当向上一级邮政管理部门书面报告上一年度邮政行政执法总体情况,接受监督、指导。

行政执法年度报告,包括执法制度和执法队伍建设情况,行政许可、行政强制、行政处罚实施情况,以及执法中存在的问题和改进的措施等事项。

第二十四条　对下级邮政管理部门办理的有重大社会影响的行政执法事项,上级邮政管理部门可以要求其书面报告办理行政执法事项的工作信息,加强指导和督促。

第二十五条　上级邮政管理部门可以对下一级邮政管理部门进行执法案卷评议,由法制工作机构组织两名以上评议人员抽查已经结案的行政许可、行政处罚、行政强制等行政执法案卷。

第二十六条　对同级国家权力机关、人民政府或者上级邮政管理部门提出异议的行政执法案件,邮政管理部门应当组织对其内设执法机构的行政执法案卷实施专项执法案卷评议。

对公民、法人、其他组织提出投诉比较集中或者新闻媒体作出重点报道的行政执法案件,邮政管理部门可以参照前款规定实施专项执法案卷评议。

第二十七条　邮政管理部门制定执法案卷评议标准应当符合法律、行政法规、部门规章的规定。

第二十八条　邮政管理部门内设执法机构可以根据执法案卷评议标准组织对行政执法案件进行评析,对办理行政执法案件以及规范行政执法行为等提出改进措施。

第二十九条　邮政管理部门在实施执法案卷评议过程中发现下级邮政管理部门、本机关内设执法机构的行政执法行为涉嫌违法、不当且严重损害行政相对人合法权益的,应当自发现之日起7个工作日内立案调查。

上级邮政管理部门有权指令下级邮政管理部门实施立案调查或者指令其参与调查。

第三十条　指令下级邮政管理部门实施立案调查或者参与调查的,上级邮政管理部门应当制作《邮政行政执法监督调查通知书》。

受指令实施立案调查或者参与调查的下级邮政管理部门应当自收到《邮政行政执法监督调查通知书》之日起7个工作日内立案调查或者参与调查。

第三十一条　邮政管理部门实施行政执法监督调查时,法制工作机构人员不得少于两人。

第三十二条　邮政管理部门实施行政执法监督调查,可以依法采取下列措施:

(一)询问邮政管理部门负责人、行政执法人员,询问行政相对人或者其他知情人,并制作笔录;

(二)查阅和复制行政执法案卷、账目、票据和凭证,暂扣、封存可以证明存在违法或者不当行政执法行为的文书等材料;

(三)以拍照、录音、录像、抽样等方式收集证据;

(四)召开座谈会、论证会,听取汇报;

(五)要求有关机关、机构、人员提交书面答复。

第三十三条　被监督调查机关、机构及其人员不得拒绝、阻碍行政执法监督调查。

第三十四条　行政执法监督调查事项涉及国家秘密、商业秘密、个人隐私的,邮政管理部门应当依法履行保密义务。

第三十五条　邮政管理部门应当自立案调查之日起60日内完成调查,并作出行政执法监督调查处理决定;情节复杂或者有其他特殊原因的,经本机关负责人批准可以延长,但延长期限不得超过30日。

按上级邮政管理部门的指令实施立案调查的邮政管理部门,应当自作出行政执法监督调查处理决定之日起10个工作日内将监督调查处理结果逐级报告下达指令的邮政管理部门。

第三十六条　邮政管理部门作出行政执法监督调查处理决定前,应当向被监督调查机关、机构告知作出决定的事实、理由和依据,并充分听取其陈述和申辩。

第三十七条　邮政管理部门作出行政执法监督调查处理决定,应当制作《邮政行政执法监督调查处理决定书》。

《邮政行政执法监督调查处理决定书》应当载明下列内容:

(一)被监督调查机关、机构的名称;

(二)认定的事实和理由;

(三)处理的决定和依据;

(四)执行处理决定的方式和期限;

(五)作出处理决定的邮政管理部门名

称和日期,并加盖印章。

第三十八条 被监督调查机关、机构无正当理由不履行或者拖延履行法定执法职责的,邮政管理部门应当作出责令其限期履行的决定。

第三十九条 被监督调查机关、机构的行政执法行为有下列情形之一的,邮政管理部门应当决定予以撤销、变更或者确认其违法:

(一)主要事实不清、证据不足的;
(二)适用依据错误的;
(三)违反法定程序的;
(四)超越或者滥用职权的;
(五)行政执法行为明显不当的;
(六)法律、行政法规规定的其他情形。

被监督调查机关、机构实施行政处罚违反法定程序构成重大且明显违法或者实施行政处罚没有依据、不具有行政主体资格的,邮政管理部门应当确认行政处罚无效。

第四十条 撤销、变更行政执法行为,不适用下列情形:

(一)撤销、变更行政执法行为可能对公共利益造成重大损害的;
(二)行政执法行为违法,但不具有可撤销、变更内容的;
(三)法律、行政法规规定的其他情形。

因前款情形,具体行政行为不予撤销、变更,被监督调查机关、机构应当采取补救措施。

第四十一条 邮政管理部门决定撤销行政执法行为、确认行政执法行为违法或者确认行政处罚无效的,可以责令被监督调查机关、机构在一定期限内重新作出行政执法行为。

第四十二条 被监督调查机关、机构作出的行政执法行为有下列情形之一的,邮政管理部门应当责令其以书面形式进行补正或者更正:

(一)未载明行政执法决定作出日期的;
(二)程序存在瑕疵,但未对公民、法人或者其他组织合法权益造成影响的;
(三)需要补正或者更正的其他情形。

第四十三条 邮政管理部门可以向被监督调查机关、机构提出改进行政执法工作的意见建议。

被监督调查机关、机构应当根据意见建议改进行政执法工作,并按要求报告改进情况。

第四十四条 邮政管理部门可以内部通报行政执法典型案例。

第四十五条 公民、法人或者其他组织不服邮政管理部门及其工作人员的职务行为,可以向上级或者本级邮政管理部门提出建议、意见或者投诉请求。

第四十六条 公民、法人或者其他组织认为邮政管理部门的行政执法行为侵犯其合法权益的,可以依法申请行政复议或者提起行政诉讼。

邮政管理部门应当依法办理行政复议和行政应诉。

第四十七条 有下列情形之一的,由上一级邮政管理部门责令限期改正;情节严重或者拒不改正的,予以批评:

(一)未按要求报送行政执法总体情况的;
(二)未按要求向社会主动公开执法信息的;
(三)法律、行政法规、部门规章规定的其他情形。

第四十八条 邮政管理部门在实施行政执法监督过程中,发现下级邮政管理部门、本机关内设执法机构存在多次违法、不当行政执法行为的,可以约谈该邮政管理部门、内设执法机构的负责人。

第四十九条 邮政管理部门在实施行政执法监督过程中,发现存在违法违纪行为需要追责问责的,应当移交有权机关根据有关规定处理。

第五十条 本办法自 2020 年 5 月 1 日起施行。交通运输部于 2014 年 12 月 7 日以交通运输部令 2014 年第 18 号公布的《邮政行政执法监督办法》同时废止。

（二）地方性法规

广东省行政执法监督条例

（1997 年 12 月 1 日广东省第八届人民代表大会常务委员会第三十二次会议通过 2016 年 3 月 31 日广东省第十二届人民代表大会常务委员会第二十五次会议修订 2016 年 3 月 31 日广东省第十二届人民代表大会常务委员会公告第 56 号公布 自 2016 年 7 月 1 日起施行）

第一章 总 则

第一条 为了规范行政执法,加强行政执法监督,促进行政机关及其工作人员依法行政,根据有关法律法规,结合本省实际,制定本条例。

第二条 本条例适用于本省行政区域内对行政执法主体执行法律法规的监督工作。

本条例所称行政执法,是指行政执法主体依法履行行政处罚、行政许可、行政强制、行政征收、行政征用、行政给付、行政确认、行政登记、行政裁决、行政检查等行政职责的行为。

本条例所称行政执法主体,是指本省各级人民政府、各级行政执法部门和法律、法规授予行政执法权的组织。

行政复议、行政监察、审计等监督活动,依照有关法律法规的规定执行。

第三条 行政执法监督应当遵循合法、公正、公开的原则,坚持问责必严、违法必纠,保障法律法规的正确实施。

第四条 县级以上人民政府对其所属行政执法部门、法律法规授权的组织以及下级人民政府,上级行政执法部门对下级行政执法部门的行政执法实施监督。

县级以上人民政府对本行政区域内实行省以下垂直管理的行政机关和组织的行政执法实施监督。

第五条 县级以上人民政府应当加强对行政执法监督工作的组织领导。

县级以上人民政府法制机构在本级人民政府的领导下,承担本级人民政府行政执法监督的具体工作。

第六条 县级以上人民政府及其行政执法部门应当健全行政执法监督机制,配备相应的行政执法监督工作人员,加强行政执法监督人员的培训。

行政执法监督工作所需经费由同级财政予以保障。

第七条 县级以上人民政府及其行政执法部门应当加强行政执法信息化建设,整合利用现有的信息系统,充分利用信息化手段,强化对行政执法活动的监督管理。

第八条 县级以上人民政府及其行政执法部门应当把行政执法监督情况作为依法行政考评的重要内容。

第九条 行政执法主体应当接受国家权力机关、司法机关依法对行政执法进行的监督。

公民、法人或者其他组织依法对行政执法进行监督,可以对行政执法投诉、举报。

第二章 监督范围

第十条 行政执法监督的范围包括行政执法的合法性,行政执法责任制,重大行政执法决定法制审核、行政执法全过程记录、行政执法和刑事司法衔接、纠错问责等制度的落实情况,以及法律、法规、规章规定的其他事项。

第十一条 对行政执法的合法性监督,包括执法主体、执法权限、执法程序的合法性,执法决定的合法性和适当性,执法主体不履行或者不正确履行法定职责的情况。

第十二条 对行政执法责任制落实情况的监督,包括行政执法主体资格认证、行政执法人员持证上岗和资格管理、行政裁量权基准等。

第十三条 对重大行政执法决定法制审核制度落实情况的监督,包括行政执法主体作出重大行政执法决定前,经其负责法制工作的机构对行政执法的法定权限、法律依据、法定程序进行合法性审核的情况。

第十四条 对行政执法全过程记录制度落实情况的监督,包括行政执法具体操作流程的制定和对登记立案、监督检查、调查取证、行政决定等活动的全过程记录的情况。

第十五条 对行政执法和刑事司法衔接机制落实情况的监督,包括制定和完善案件移送标准和程序,以及建立和落实行政机关与司法机关共享信息、通报案情、案件移送制度的情况。

第十六条 对纠错问责机制落实情况的监督,包括改正错误、查找原因、责令公开道歉、停职检查、引咎辞职、责令辞职、罢免等问责方式和程序的落实情况。

第三章 监督方式

第十七条 行政执法监督应当实行日常监督和专项监督相结合,增强监督实效。

第十八条 日常监督包括对行政执法人员持证上岗管理,办理对行政执法的投诉、举报等。

日常监督的程序,按照有关法律、法规、规章的规定执行。

第十九条 县级以上人民政府及其行政执法部门应当严格实行行政执法人员持证上岗管理制度,严禁无证执法;实施行政执法时不出示证件的,行政相对人有权拒绝。

第二十条 县级以上人民政府及其行政执法部门应当依法办理公民、法人或者其他组织对行政执法的投诉、举报。

县级以上人民政府及其行政执法部门应当向社会公布受理投诉、举报的电话号码、通信地址及电子邮箱。

第二十一条 专项监督包括法律、法规、规章实施情况的执法检查,行政执法评价、行政执法案卷评查、行政执法违法案例通报、行政执法督察等。

开展专项监督应当按照对监督事项立项、制定监督工作方案并组织实施、向本级人民政府报告监督结果等程序进行。

第二十二条 县级以上人民政府及其行政执法部门应当定期组织对行政执法主体执行法律、法规、规章的情况进行执法检查。

第二十三条 县级以上人民政府及其行政执法部门应当对行政执法的执行情况及效果进行评价,根据需要可以委托高等院校、科研机构、社会组织等第三方机构进行评价。

第二十四条 县级以上人民政府及其行政执法部门应当定期组织对行政执法主体的行政执法案卷进行评查。

行政执法案卷评查的有关规定,由省人民政府制定。

第二十五条 县级以上人民政府及其行政执法部门应当建立违法案例通报机

制,对典型违法案例进行研究、分析、通报。

第二十六条 县级以上人民政府及其行政执法部门应当根据日常工作中发现的问题、人大代表建议、政协委员提案、司法建议、社会公众投诉举报、新闻媒体反映的热点问题,开展行政执法督察。

第二十七条 开展行政执法监督,可以采取下列措施:

(一)查阅、调取行政执法案卷和其他有关材料;

(二)询问行政执法人员、行政相对人和其他相关人员,并制作询问笔录;

(三)组织实地调查、勘验,或者进行必要的录音、录像、拍照等;

(四)委托符合法定条件的社会组织进行鉴定、评估、检测、勘验;

(五)组织召开座谈会、论证会,听取行政相对人、专家、学者的意见;

(六)法律、法规、规章规定的其他措施。

调查取证时,行政执法监督工作人员不得少于两人,并出示省人民政府统一制发的行政执法督察证件。

第二十八条 开展行政执法监督应当充分听取被监督的行政执法主体作出的说明、解释。

被监督的行政执法主体应当提供有关事实情况和证明材料,并就监督事项的相关情况作出说明、解释。

第二十九条 县级以上人民政府应当向本级人民代表大会常务委员会报告行政执法监督工作。

县级以上人民代表大会常务委员会可以每年选择若干关系改革发展稳定大局和群众切身利益、社会普遍关注的重大问题,有计划地通过听取和审议本级人民政府的行政执法专项工作报告、对有关法律法规实施情况组织执法检查等方式开展行政执法监督。

第三十条 行政执法主体对人民法院、人民检察院在审判、检察工作中发现的行政执法中存在的问题提出的司法建议、检察建议,应当依法办理。

第四章 监督处理

第三十一条 政府法制机构和上级行政执法部门在行政执法监督过程中,发现行政执法违法或者不当,应当要求行政执法主体改正;能够当场改正的,行政执法主体应当当场改正。

第三十二条 政府法制机构在行政执法监督工作中,发现行政执法主体有下列情形之一的,可以发出《行政执法督察建议书》,提出限期整改的建议;逾期拒不整改或者情节严重的,可以报请本级人民政府发出《行政执法督察决定书》,予以纠正或者责令改正:

(一)执法主体、执法权限、执法程序不合法,执法决定不合法或者明显不当,不履行或者不正确履行法定职责的;

(二)未落实规范行政执法的制度的;

(三)借执法牟取私利的;

(四)粗暴、野蛮等不文明执法的;

(五)其他违反法律、法规、规章的情形。

第三十三条 行政执法主体应当自收到《行政执法督察建议书》之日起三十日内整改落实,并向提出建议的政府法制机构报送整改落实情况。

行政执法主体对《行政执法督察建议书》有异议的,可以自收到《行政执法督察建议书》之日起十五日内,向上一级人民政府法制机构申请复查,上一级人民政府法制机构应当自收到申请之日起十五日内予以复查。对省人民政府法制机构发出的《行政执法督察建议书》有异议的,直接向省人民政府法制机构申请复查。

第三十四条 行政执法主体应当自收

到《行政执法督察决定书》之日起立即执行,并在三十日内向发出决定的政府法制机构报送执行情况。

第三十五条 经本级人民政府同意,政府法制机构可以将行政执法监督工作中的有关情况予以通报;政府法制机构发现行政执法主体的执法行为违法或者不当等情况较严重的,可以对该行政执法主体的负责人进行约谈。

第三十六条 行政执法监督过程中,发现地方性法规、政府规章和规范性文件有下列情形之一的,应当及时向地方性法规、政府规章和规范性文件的制定机关提出修改或者废止建议:

(一)与上位法相抵触的;

(二)国家政策重大调整,与之不相适应的;

(三)没有达到预期效果或者不适应经济社会发展要求的;

(四)其他原因需要修改或者废止的。

第三十七条 政府法制机构、上级行政执法部门可以将执法检查、行政执法评价、行政执法案卷评查、典型案例通报、行政执法督察等情况或结果,通过报刊、广播电视、网络等方式向社会公众公布。

对于严重损害公共利益和公民、法人或者其他组织合法权益的行政执法行为,可以通过报刊、广播电视、网络等方式予以曝光。

第三十八条 上级行政执法部门在行政执法监督过程中,依照法定职权可以对下级行政执法部门作出监督处理。

第五章 责任追究

第三十九条 行政执法主体及其工作人员有下列情形之一的,对负有直接责任的主管人员和其他直接责任人员责令书面检查、批评教育、通报批评、离岗培训或者暂扣行政执法证;情节严重的,依法撤销行政执法证;涉嫌违反行政纪律的,交由监察机关追究纪律责任;涉嫌犯罪的,依法移送司法机关追究刑事责任;政府法制机构可以报请本级人民政府对行政执法主体给予通报批评:

(一)执法主体、执法权限、执法程序不合法,执法决定不合法或者明显不当的;

(二)未落实规范行政执法的制度的;

(三)不配合、不接受行政执法监督工作或者弄虚作假的;

(四)拒不执行《行政执法督察决定书》的;

(五)借执法牟取私利的;

(六)粗暴、野蛮等不文明执法的;

(七)其他违反本条例的情形。

上级行政执法部门依法对下级行政执法部门及其工作人员进行责任追究。

第四十条 行政执法主体及其工作人员在行政执法中不履行或者不正确履行法定职责,破坏行政管理秩序或者损害行政相对人合法权益,造成不良后果的,按照行政过错责任追究以及相关问责规定,通过责令公开道歉、停职检查、引咎辞职、责令辞职、罢免、处分等方式,追究行政执法主体及其工作人员的行政过错责任。

第四十一条 行政执法监督部门及其工作人员在行政执法监督工作中滥用职权、徇私舞弊、玩忽职守的,对直接负责的主管人员和其他直接责任人员依法给予处分;涉嫌犯罪的,依法移送司法机关追究刑事责任。

第六章 附 则

第四十二条 县级以上人民政府对其设置的功能区管理机构,县级以上人民政府所属行政执法部门对其设置的派出机构,乡镇人民政府、街道办事处对其所属机构的行政执法监督,适用本条例。

对受委托实施行政执法的组织的行政执法监督,适用本条例。

第四十三条 本条例自2016年7月1日起施行。

河北省行政执法监督条例

(2019年5月30日河北省第十三届人民代表大会常务委员会第十次会议通过 2019年5月30日河北省第十三届人民代表大会常务委员会公告第28号公布 自2019年7月1日起施行)

第一章 总 则

第一条 为了加强行政执法监督,促进严格规范公正文明执法,推进法治政府建设,维护公民、法人和其他组织的合法权益,根据《中华人民共和国地方各级人民代表大会和地方各级人民政府组织法》等有关法律、行政法规,结合本省实际,制定本条例。

第二条 本条例适用于本省行政区域内行政执法监督工作。行政复议、审计等其他行政机关内部监督活动,依照有关法律法规的规定执行。

本条例所称行政执法,是指行政执法主体依法履行行政处罚、行政许可、行政强制、行政征收征用、行政给付、行政收费、行政确认、行政登记、行政裁决、行政检查等行政职责的行为。

本条例所称行政执法监督,是指上级人民政府对下级人民政府、县级以上人民政府对所属行政执法部门、上级行政执法部门对下级行政执法部门行政执法活动的监督。

实施行政执法监督的政府和部门称为行政执法监督机关,接受监督的政府和部门称为被监督机关。

第三条 行政执法监督应当坚持实事求是、合法公正、程序正当、违法必究的原则,保证法律、法规、规章的正确实施。

第四条 县级以上人民政府应当加强对行政执法监督工作的领导,建立健全行政执法监督机制,协调解决行政执法工作中出现的重大问题,开展法治政府示范创建活动,并将行政执法工作情况纳入法治政府建设考核评价重要内容,督促行政执法部门严格规范公正文明执法。

行政执法部门应当完善行政执法程序,规范行政执法行为,加强行政执法队伍建设,强化对行政执法工作的督导,不断提高行政执法水平。

第五条 县级以上司法行政部门在本级人民政府的领导下,负责本级人民政府行政执法监督的具体工作。

行政执法部门承担法制工作的机构负责本部门行政执法监督的具体工作。

第六条 建立全省统一的行政执法信息和行政执法监督网络平台,推进执法公开和执法信息共享,完善网上办案和网上监督,提高行政执法监督的信息化和规范化水平。

第七条 县级以上人民政府应当向本级人民代表大会常务委员会报告行政执法监督工作。

第二章 监督内容

第八条 行政执法监督包括下列内容:

(一)行政执法主体、执法权限、执法程序的合法性;

(二)行政执法队伍管理情况;

(三)行政执法决定的合法性和适当性;

(四)行政执法职责履行情况;

(五)行政执法责任制落实情况;

(六)行政裁量基准制度落实情况;

(七)行政执法公示、全过程记录、重大执法决定法制审核情况;

(八)行政执法案卷管理情况;

(九)文明执法情况;

（十）依法应当监督的其他内容。

第九条　对职责履行情况监督，包括县级以上人民政府依法审核确定本级政府具有行政执法主体资格的行政执法部门，明确行政执法部门的执法职责，并向社会公布；行政执法部门建立健全行政执法责任制，编制行政执法事项清单，明确所属执法机构以及执法岗位的执法责任，定期进行行政执法评议考核。

第十条　对行政执法人员资格管理和持证上岗制度监督，包括行政执法人员通过行政执法资格考试，取得行政执法证件情况；持证上岗执法和业务培训情况。

第十一条　对行政裁量基准制度监督，包括根据当地经济社会发展实际，对法律、法规、规章规定的行政执法裁量权进行细化、量化，制定行政执法裁量基准，并向社会公布情况，以及根据法律、法规、规章的制定、修改和废止的修改情况。

省级行政执法部门应当通过制定指导规范等方式，指导下级行政执法部门建立和实施行政裁量基准制度。

第十二条　对行政执法公示制度监督，包括在政务网站和办事大厅、服务窗口等场所，向社会公开行政执法主体、人员、职责、权限、依据、程序、监督方式、救济渠道等行政执法信息，并进行动态调整；现场执法主动出示行政执法证件，表明身份；行政处罚、行政许可、行政检查等行政执法结果按照国家和省人民政府的有关规定向社会公开。

行政执法部门应当建立健全行政执法信息公开保密审查机制，不得违法公开涉及国家秘密、商业秘密、个人隐私的行政执法信息。

第十三条　对行政执法全过程记录制度监督，包括通过文字、音像等方式，对执法活动进行全过程记录并归档，实现行政执法的全过程留痕和可回溯管理。对查封扣押财产、强制拆除等直接涉及人身自由、生命健康、重大财产权益的现场执法活动和执法办案场所，应当进行全程音像记录。

第十四条　对重大行政执法决定法制审核制度监督，包括根据法律、法规、规章规定，结合本单位行政执法的类别、执法层级、所属领域、涉案金额等因素，制定重大执法决定法制审核目录清单；在作出重大行政执法决定前，由本部门承担法制工作的机构对执法主体、执法权限、执法程序、事实认定、法律适用、执法文书等进行审核，未经法制审核或者审核未通过的，不得作出决定。

第十五条　对行政执法案卷管理监督，包括行政执法活动中形成的检查记录、证据材料、执法文书等，按照档案管理的有关规定进行收集、整理、立卷、归档，实行集中统一管理；定期组织行政执法部门开展行政执法案卷评查，根据评查情况提出改进执法工作意见。

第十六条　对行政执法投诉举报制度监督，包括设置网络、电话、信件等投诉举报方式，受理并处理公众对违法或者不当行政执法行为的投诉举报；使用真实姓名或者单位名称投诉举报的，应当为其保密，并将处理结果反馈投诉举报人。

第三章　监督程序

第十七条　行政执法监督机关应当加强行政执法监督队伍建设，配备与监督工作相适应的行政执法监督人员。

行政执法监督人员应当具备相应条件，取得行政执法监督检查证件。

第十八条　行政执法监督人员本人或者其近亲属与办理的监督事项有利害关系，或者有其他情形可能影响监督事项公正处理的，应当自行回避；被监督机关、投诉举报人有权申请其回避,行政执法监督人员的回避由其所在单位主要负责人决定;行政执法监督人员没有自行回避,被监督机关、投诉举报人也没有申请其回避的,行政执法监督机关应当决定其回避。

第十九条　开展现场行政执法监督活动时,行政执法监督人员不得少于两人。行政执法监督人员应当出示行政执法监督检查证件,并对监督活动进行全过程记录。

第二十条　行政执法监督机关发现被监督机关有下列情形之一的,应当发出《行政执法监督通知书》,责令其改正:

(一)执法主体、执法权限、执法程序不合法的;

(二)执法决定不合法或者明显不当的;

(三)不履行或者不正确履行法定职责的;

(四)落实行政执法制度不规范的;

(五)利用执法牟取不正当利益的;

(六)粗暴、野蛮等不文明执法的;

(七)其他违反法律、法规、规章的情形。

第二十一条　被监督机关应当自收到《行政执法监督通知书》之日起三十日内整改落实,并向行政执法监督机关报送整改落实情况。

被监督机关对《行政执法监督通知书》有异议的,可以自收到《行政执法监督通知书》之日起十五日内,向行政执法监督机关申请复查,行政执法监督机关应当自收到申请之日起十五日内予以复查并答复。

第二十二条　被监督机关逾期不改正或者拒不改正的,行政执法监督机关可以根据行政执法行为的性质、程度等情况,分别作出责令限期履行、责令补正或者改正、撤销、确认违法或者无效的决定,并制发《行政执法监督决定书》,但当事人已对该具体行政执法行为申请行政复议或者提起行政诉讼的除外。

第二十三条　行政执法监督机关认为行政执法监督事项涉及被监督机关以外单位职责的,可以提请有关单位予以协助。有关单位应当在职责权限范围内予以协助。

第四章　监督措施

第二十四条　行政执法监督机关应当采取日常监督、专项监督等基本方式,可以通过抽查、暗访等手段,运用大数据监测分析、委托第三方评估等方法,开展行政执法监督工作。

日常监督包括履行行政执法职责和遵守法律、法规、规章情况,行政执法人员培训考试和持证上岗管理,办理对行政执法的投诉、举报等。

专项监督包括对法律、法规、规章实施情况的执法检查,行政执法评价、行政执法案卷评查、行政执法违法案例通报等。

第二十五条　行政执法监督机关实施监督时,可以采取下列措施:

(一)要求被监督机关报告有关执法情况;

(二)询问被监督机关有关工作人员、行政相对人和其他有关人员;

(三)查阅、复制、调取行政执法案卷或者有关视听资料、电子数据和其他有关材料;

(四)组织实地调查、勘验或者进行必要的录音、录像、拍照、抽样等;

(五)委托符合法定条件的社会组织进行鉴定、评估、检测、勘验;

(六)组织召开听证会、专家论证会;

(七)法律、法规、规章规定的其他措施。

被监督机关应当予以配合,如实提供情况。

第二十六条　行政执法监督机关可以将行政执法监督工作中的有关情况予以通报,发现行政执法问题突出、造成重大影响的,可以约谈被监督机关的负责人。

第二十七条　行政执法监督机关实施行政执法监督时,发现地方性法规、政府规章和规范性文件有下列情形之一的,应当向地方性法规、政府规章和规范性文件的制定机关提出修改或者废止建议:

(一)与上位法相抵触的;

(二)与国家政策重大调整不相适应的;

(三)没有达到预期效果或者不适应经济社会发展要求的;

(四)其他原因需要修改或者废止的。

第二十八条　行政执法监督机关实施行政执法监督时,发现行政执法人员涉嫌贪污贿赂、失职渎职等职务违法或者职务犯罪的问题线索的,应当依法移送监察机关处理。

行政执法监督机关实施行政执法监督时,发现生态环境和资源保护、食品药品安全、国有财产保护、国有土地使用权出让等领域负有监督管理职责的行政执法部门涉嫌违法行使职权或者不作为,致使国家利益或者社会公共利益受到侵害的案件线索,可以依法移送检察机关处理。

第五章　法律责任

第二十九条　被监督机关及其行政执法人员有下列行为之一的,根据情节对负有直接责任的主管人员和其他直接责任人员给予批评教育、离岗培训、调离执法岗位、暂扣行政执法证或者吊销行政执法证等处理决定;情节严重的,依法给予处分;构成犯罪的,依法追究刑事责任:

(一)执法主体、执法权限、执法程序不合法,执法决定不合法或者明显不当的;

(二)不履行或者不正确履行行政执法职责的;

(三)执法粗暴、野蛮,造成不良影响的;

(四)不依法出示行政执法证件的;

(五)落实行政执法制度不规范的;

(六)不配合、不接受行政执法监督或者弄虚作假的;

(七)对行政执法监督机关要求整改的事项不按照规定期限办理的;

(八)拒不执行行政执法监督决定的;

(九)利用行政执法职权牟取不正当利益的;

(十)其他违法或者不当的行政执法行为。

第三十条　行政执法监督机关及其监督人员在行政执法监督工作中滥用职权、玩忽职守、徇私舞弊的,对负有责任的主管人员和其他直接责任人员依法给予处分;构成犯罪的,依法追究刑事责任。

第六章　附　则

第三十一条　县级以上人民政府对法律、法规授权组织的行政执法监督,县级以上人民政府及其所属行政执法部门对其设置的派出机构的行政执法监督,适用本条例。

对设立在本行政区域内实行垂直领导的行政执法部门的行政执法监督,以及对受委托实施行政执法的组织的行政执法监督,依照法律、法规和有关规定进行。

第三十二条　本条例自2019年7月1日起施行。

江西省行政执法监督条例

(1995年8月30日江西省第八届人民代表大会常务委员会第十七次会议通过　1996年12月20日江西省第八届人民代表大会常务委员会第二十五次会议第一次修正　2010年9月17日江西省第十一届人民代表大会常务委员会第十八次会议第二次修正　2019年9月28日江西省第十三届人民代表大会常务委员会第十五次会议第三次修正　2021年7月28日江西省第十三届人民代表大会常务委员会第三十一次会议第四次修正)

第一章 总 则

第一条 为了加强和完善行政执法监督工作,促进行政机关依法行政,根据国家有关法律、法规的规定,结合本省实际,制定本条例。

第二条 各级人民政府对本级行政执法部门及其工作人员,上级人民政府及其行政执法部门对下级人民政府及其行政执法部门,实施行政执法监督,必须遵守本条例。

本条例所称行政执法,是指行政机关以及经合法授权或者委托的其他组织依照法律、法规、规章赋予的职权所进行的行政管理活动。

第三条 本条例由各级人民政府负责组织实施。

行政执法监督工作实行政府和部门行政首长负责制。

第四条 行政执法监督的范围包括下列内容:

(一)行政规范性文件的合法性;
(二)行政执法主体和程序的合法性;
(三)具体行政行为的合法性;
(四)行政执法机关履行法定职责情况;
(五)行政执法队伍建设情况;
(六)违法行政行为的查处情况;
(七)行政复议情况;
(八)其他需要监督的事项。

第五条 实施行政执法监督应当履行下列职责:

(一)制定行政执法监督工作计划、措施和工作制度;
(二)受理行政复议;
(三)受理行政规范性文件的备案;
(四)审查行政执法主体资格;
(五)协调行政执法争议;
(六)审查重大的具体行政行为;
(七)培训行政执法工作人员;
(八)建立健全行政执法监督文书档案。

第六条 县级以上人民政府每年应当向本级人民代表大会常务委员会和上一级人民政府报告行政执法监督工作情况。

第二章 监督工作制度

第七条 对行政机关发布的行政规范性文件实行备案审查制度。行政规章按国家有关法律、法规的规定备案。

各级人民政府制定的行政规范性文件,应当报送上一级人民政府和本级人民代表大会常务委员会备案。县级以上人民政府行政执法部门制定的行政规范性文件应当报送本级人民政府备案;两个以上行政执法部门共同制定的行政规范性文件,应当由牵头部门报送备案。报送备案时间均应在发布或者印发之日起三十日内。

需备案的行政规范性文件的范围由省人民政府另行规定。

第八条 备案机关经审查发现行政规范性文件有下列问题之一的,应当作出撤销或者限期修改决定:

(一)违背宪法原则,与法律、法规相抵触的;
(二)无法律、法规依据,擅自设置强制措施、许可证制度、审批权、罚款、收费、集资等项目的;
(三)不符合行政规范性文件制定程序的。

第九条 对行政机关委托行政执法实行备案制度。

县级以上人民政府委托行政执法的,应当报上一级人民政府备案;行政执法部门委托行政执法的,应当报本级人民政府备案。法律、法规另有规定的,从其规定。

备案机关应当对委托行政执法行为进行认真审查,对违法的委托,有权予以撤销或者责令改正。

第十条　行政机关委托行政执法应当采用书面形式,明确委托的事项、权限和期限,对被委托组织的行政执法活动进行指导和监督,并承担法律责任。

被委托的组织应当符合《中华人民共和国行政处罚法》第二十一条规定的条件。

第十一条　实行法律、法规、规章执行情况报告制度。

法律、行政法规、地方性法规、政府规章颁布后的三个月内,负责实施的行政执法部门应当将实施方案、步骤及有关措施书面报送本级人民政府,并在每年第一季度,将上年执行情况书面报告本级人民政府。

第十二条　建立法律、法规、规章执行情况检查制度。

县级以上人民政府根据本行政区域内的行政执法状况,制定行政执法年度检查计划,确定执法检查重点,组织或者督促行政执法部门依法执法。

执法检查内容包括:

(一)法律、法规及规章执行过程中的情况和存在的主要问题;

(二)行政执法工作程序及制度的建立情况;

(三)行政执法文书档案建立情况;

(四)行政执法案件办理情况;

(五)行政事业性收费项目、标准的执行及财务管理情况;

(六)罚没款及罚没财物的管理和处置情况;

(七)其他需要检查的事项。

省人民政府的行政执法部门根据需要自行组织的行政执法检查,适用前款规定,检查情况应当报告省人民政府。

第十三条　各级人民政府作出的行政处罚或者有关资源权属争议的行政处理决定,应当在作出之日起十五日内将处理决定和结案报告报送上一级人民政府备案。

行政执法部门作出的下列具体行政行为,应当在作出之日起十五日内将处理决定和结案报告送同级人民政府和上一级行政执法部门备案:

(一)对公民、法人或者其他组织处以的罚款、没收违法所得、没收非法财物达到可以依法要求听证的数额的;

(二)降低资质等级、吊销许可证件、限制开展生产经营活动、责令停产停业、责令关闭、限制从业的;

(三)责令拆除对公民、法人或者其他组织的生产、生活有重大影响的建筑物、构筑物的;

(四)其他重大具体行政行为。

备案机关经审查发现具体行政行为违法的,应当作出责令纠正或者撤销的决定。

第十四条　上级公安机关对下级公安机关作出的行政拘留或者其他限制人身自由的具体行政行为进行定期抽查,发现违法的,应当作出责令纠正或者撤销的决定。

第十五条　建立行政执法督办制度。

各级人民政府发现行政执法部门及其工作人员、上级人民政府及其行政执法部门发现下级人民政府及其行政执法部门不履行或者拒绝履行其法定职责的,应当发出《督办通知书》,责令其限期履行。

县级以上人民政府对公民、法人和其他组织举报、控告的违法行政行为,以及行政执法监督中发现的违法行政行为,应当及时组织查处或者责成有关部门查处。

第十六条　建立行政执法争议协调制度。两个以上行政执法部门在执法过程中出现下列情形之一的,由共同的上一级行政机关协调决定:

(一)对行政执法权限有争议的;

(二)对同一案件的处理意见不一致的;

(三)行政执法部门提出的其他需要协调的行政执法争议。

第十七条 实行持证执法制度。

行政执法人员依法执行公务时,应当出示执法证件。国家规定统一着装的,应当着装整齐。

行政执法证件式样由省人民政府统一规定。法律、行政法规另有规定的,从其规定。

县级以上人民政府应当加强对行政执法证件的管理,建立管理档案。

第十八条 建立行政执法监督员制度。

县级以上人民政府可以根据行政执法监督工作需要,聘请行政执法监督员。

行政执法监督员可以对行政执法人员履行职责情况进行查询;发现行政执法活动中存在问题应当及时向有关国家机关反映;受有关国家机关委托,对行政执法活动中存在的问题进行专题调查。

第十九条 行政执法监督员应当忠于职守,作风正派,办事公正,熟悉法律、法规和行政执法业务。

第二十条 进行行政执法监督,应当出示行政执法监督证件,有关单位和个人应当予以支持和配合,如实反映情况,提供材料,不得拒绝和阻挠。

行政执法监督证件式样由省人民政府统一规定。

第三章 法律责任

第二十一条 行政执法部门有下列情形之一的,由本级人民政府或者上级行政执法部门责令限期改正,并予以通报批评;情节严重的,对其主要负责人依法给予处分:

(一)不履行法定职责或者越权执法,经督办不改的;

(二)不按本条例规定的期限和要求报送备案或者报告行政执法情况的;

(三)妨碍行政执法监督员依法履行监督职责的;

(四)其他违反本条例的行为。

第二十二条 行政执法人员有下列行为之一的,其所在单位或者上级主管部门应当责令其作出书面检查、停止上岗执法并依法给予处分;构成犯罪的,依法追究刑事责任:

(一)滥用职权、滥施处罚的;

(二)适用法律、法规、规章错误,严重侵犯当事人合法权益的;

(三)阻碍行政执法监督的;

(四)对控告、检举、申请行政复议及提起行政诉讼的公民打击报复的;

(五)在行政执法工作中徇私枉法、索贿受贿,或者采取其他手段侵犯公民、法人或者其他组织的合法权益的;

(六)有其他违法失职行为,经督查不改的。

第四章 附 则

第二十三条 本条例具体应用中的问题由省人民政府负责解释。

第二十四条 本条例自1995年10月1日起施行。

十一、行政执法责任追究相关规定

（一）部门规章

安全生产监管监察职责和行政执法责任追究的规定

（2009年7月25日国家安全监管总局令第24号公布 根据2013年8月29日国家安全监管总局令第63号第一次修正 根据2015年4月2日国家安全监管总局令第77号第二次修正）

第一章 总 则

第一条 为促进安全生产监督管理部门、煤矿安全监察机构及其行政执法人员依法履行职责，落实行政执法责任，保障公民、法人和其他组织合法权益，根据《公务员法》、《安全生产法》、《安全生产许可证条例》等法律法规和国务院有关规定，制定本规定。

第二条 县级以上人民政府安全生产监督管理部门、煤矿安全监察机构（以下统称安全监管监察部门）及其内设机构、行政执法人员履行安全生产监管监察职责和实施行政执法责任追究，适用本规定；法律、法规对行政执法责任追究或者党政领导干部问责另有规定的，依照其规定。

本规定所称行政执法责任追究，是指对作出违法、不当的安全监管监察行政执法行为（以下简称行政执法行为），或者未履行法定职责的安全监管监察部门及其内设机构、行政执法人员，实施行政责任追究（以下简称责任追究）。

第三条 责任追究应当遵循公正公平、有错必纠、责罚相当、惩教结合的原则，做到事实清楚、证据确凿、定性准确、处理适当、程序合法、手续完备。

第四条 责任追究实行回避制度。与违法、不当行政执法行为或者责任人有利害关系，或者有其他特殊关系，可能影响公正处理的人员，实施责任追究时应当回避。

安全监管监察部门负责人的回避由该部门负责人集体讨论决定，其他人员的回避由该部门负责人决定。

第二章 安全生产监管监察和行政执法职责

第五条 县级以上人民政府安全生产监督管理部门依法对本行政区域内安全生产工作实施综合监督管理，指导协调和监督检查本级人民政府有关部门依法履行安全生产监督管理职责；对本行政区域内没有其他行政主管部门负责安全生产监督管理的生产经营单位实施安全生产监督管理；对下级人民政府安全生产工作进行监督检查。

煤矿安全监察机构依法履行国家煤矿安全监察职责，实施煤矿安全监察行政执法，对煤矿安全进行重点监察、专项监察和定期监察，对地方人民政府依法履行煤矿安全生产监督管理职责的情况进行监督检查。

第六条 安全监管监察部门应当依照《安全生产法》和其他有关法律、法规、规章和本级人民政府、上级安全监管监察部门规定的安全监管监察职责，根据各自的监管监察权限、行政执法人员数量、监管监察的生产经营单位状况、技术装备和经费保障等实际情况，制定本部门年度安全监管或者煤矿安全监察执法工作计划，并按照执法工作计划进行监管监察，发现事故隐患，应当依法及时处理。

安全监管执法工作计划应当报本级人民政府批准后实施，并报上一级安全监管部门备案；煤矿安全监察执法工作计划应当报上一级煤矿安全监察机构批准后实施。安全监管和煤矿安全监察执法工作计划因特殊情况需要作出重大调整或者变更的，应当及时报原批准单位批准，并按照批准后的计划执行。

安全监管和煤矿安全监察执法工作计划应当包括监管监察的对象、时间、次数、主要事项、方式和职责分工等内容。根据安全监管监察工作需要，安全监管监察部门可以按照安全监管和煤矿安全监察执法工作计划编制现场检查方案，对作业现场的安全生产实施监督检查。

第七条 安全监管监察部门应当按照各自权限，依照法律、法规、规章和国家标准或者行业标准规定的安全生产条件和程序，履行下列行政审批或者考核职责：

（一）矿山、金属冶炼建设项目和用于生产、储存危险物品的建设项目安全设施的设计审查；

（二）矿山企业、危险化学品和烟花爆竹生产企业的安全生产许可；

（三）危险化学品经营许可；

（四）非药品类易制毒化学品生产、经营许可；

（五）烟花爆竹经营（批发、零售）许可；

（六）矿山、危险化学品、烟花爆竹生产经营单位和金属冶炼单位主要负责人、安全生产管理人员的安全资格认定，特种作业人员（特种设备作业人员除外）操作资格认定；

（七）涉及人身安全、危险性较大的海洋石油开采特种设备和矿山井下特种设备安全使用证或者安全标志的核发；

（八）安全生产检测检验、安全评价机构资质的认可；

（九）注册助理安全工程师资格、注册安全工程师执业资格的考试和注册；

（十）法律、行政法规和国务院设定的其他行政审批或者考核职责。

行政许可申请人对其申请材料实质内容的真实性负责。安全监管监察部门对符合法定条件的申请，应当依法予以受理，并作出准予或者不予行政许可的决定。根据法定条件和程序，需要对申请材料的实质内容进行核实的，应当指派两名以上行政执法人员进行核查。

对未依法取得行政许可或者验收合格擅自从事有关活动的生产经营单位，安全监管监察部门发现或者接到举报后，属于本部门行政许可职责范围的，应当及时依法查处；属于其他部门行政许可职责范围的，应当及时移送相关部门。对已经依法取得本部门行政许可的生产经营单位，发现其不再具备安全生产条件的，安全监管监察部门应当依法暂扣或者吊销原行政许可证件。

第八条 安全监管监察部门应当按照年度安全监管和煤矿安全监察执法工作计划、现场检查方案，对生产经营单位是否具备有关法律、法规、规章和国家标准或者行业标准规定的安全生产条件进行监督检查，重点监督检查下列事项：

（一）依法通过有关安全生产行政审批

的情况；

（二）有关人员的安全生产教育和培训、考核情况；

（三）建立和落实安全生产责任制、安全生产规章制度和操作规程、作业规程的情况；

（四）按照国家规定提取和使用安全生产费用，安排用于配备劳动防护用品、进行安全生产教育和培训的经费，以及其他安全生产投入的情况；

（五）依法设置安全生产管理机构和配备安全生产管理人员的情况；

（六）危险物品的生产、储存单位以及矿山、金属冶炼单位配备或者聘用注册安全工程师的情况；

（七）从业人员、被派遣劳动者和实习学生受到安全生产教育、培训及其教育培训档案的情况；

（八）新建、改建、扩建工程项目的安全设施与主体工程同时设计、同时施工、同时投入生产和使用，以及按规定办理设计审查和竣工验收的情况；

（九）在有较大危险因素的生产经营场所和有关设施、设备上，设置安全警示标志的情况；

（十）对安全设备的维护、保养、定期检测的情况；

（十一）重大危险源登记建档、定期检测、评估、监控和制定应急预案的情况；

（十二）教育和督促从业人员严格执行本单位的安全生产规章制度和安全操作规程，并向从业人员如实告知作业场所和工作岗位存在的危险因素、防范措施以及事故应急措施的情况；

（十三）为从业人员提供符合国家标准或者行业标准的劳动防护用品，并监督、教育从业人员按照使用规则正确佩戴和使用的情况；

（十四）在同一作业区域内进行生产经营活动，可能危及对方生产安全的，与对方签订安全生产管理协议，明确各自的安全生产管理职责和应当采取的安全措施，并指定专职安全生产管理人员进行安全检查与协调的情况；

（十五）对承包单位、承租单位的安全生产工作实行统一协调、管理，定期进行安全检查，督促整改安全问题的情况；

（十六）建立健全生产安全事故隐患排查治理制度，及时发现并消除事故隐患，如实记录事故隐患治理，以及向从业人员通报的情况；

（十七）制定、实施生产安全事故应急预案，定期组织应急预案演练，以及有关应急预案备案的情况；

（十八）危险物品的生产、经营、储存单位以及矿山、金属冶炼单位建立应急救援组织或者兼职救援队伍、签订应急救援协议，以及应急救援器材、设备和物资的配备、维护、保养的情况；

（十九）按照规定报告生产安全事故的情况；

（二十）依法应当监督检查的其他情况。

第九条 安全监管监察部门在监督检查中，发现生产经营单位存在安全生产违法行为或者事故隐患的，应当依法采取下列现场处理措施：

（一）当场予以纠正；

（二）责令限期改正、责令限期达到要求；

（三）责令立即停止作业（施工）、责令立即停止使用、责令立即排除事故隐患；

（四）责令从危险区域撤出作业人员；

（五）责令暂时停产停业、停止建设、停止施工或者停止使用相关设备、设施；

（六）依法应当采取的其他现场处理

措施。

第十条 被责令限期改正、限期达到要求、暂时停产停业、停止建设、停止施工或者停止使用的生产经营单位提出复查申请或者整改、治理限期届满的，安全监管监察部门应当自收到申请或者限期届满之日起10日内进行复查，并填写复查意见书，由被复查单位和安全监管监察部门复查人员签名后存档。

煤矿安全监察机构依照有关规定将复查工作移交给县级以上地方人民政府负责煤矿安全生产监督管理的部门的，应当及时将相应的执法文书抄送该部门并备案。县级以上地方人民政府负责煤矿安全生产监督管理的部门应当自收到煤矿申请或者限期届满之日起10日内进行复查，并填写复查意见书，由被复查煤矿和复查人员签名后存档，并将复查意见书及时抄送移交复查的煤矿安全监察机构。

对逾期未整改、治理或者整改、治理不合格的生产经营单位，安全监管监察部门应当依法给予行政处罚，并依法提请县级以上地方人民政府按照规定的权限决定关闭。

第十一条 安全监管监察部门在监督检查中，发现生产经营单位存在安全生产非法、违法行为的，有权依法采取下列行政强制措施：

（一）对有根据认为不符合安全生产的国家标准或者行业标准的在用设施、设备、器材，违法生产、储存、使用、经营、运输的危险物品，以及违法生产、储存、使用、经营危险物品的作业场所予以查封或者扣押，并依法作出处理决定；

（二）扣押相关的证据材料和违法物品，临时查封有关场所；

（三）法律、法规规定的其他行政强制措施。

实施查封、扣押的，应当制作并当场交付查封、扣押决定书和清单。

第十二条 安全监管监察部门依法对存在重大事故隐患的生产经营单位作出停产停业、停止施工、停止使用相关设施、设备的决定，生产经营单位应当依法执行，及时消除事故隐患。生产经营单位拒不执行，有发生生产安全事故的现实危险的，在保证安全的前提下，经本部门主要负责人批准，安全监管监察部门可以采取通知有关单位停止供电、停止供应民用爆炸物品等措施，强制生产经营单位履行决定。通知应当采用书面形式，有关单位应当予以配合。

安全监管监察部门依照前款规定采取停止供电措施，除有危及生产安全的紧急情形外，应当提前二十四小时通知生产经营单位。生产经营单位依法履行行政决定、采取相应措施消除事故隐患的，安全监管监察部门应当及时解除前款规定的措施。

第十三条 安全监管监察部门在监督检查中，发现生产经营单位存在的安全问题涉及有关地方人民政府或其有关部门的，应当及时向有关地方人民政府报告或其有关部门通报。

第十四条 安全监管监察部门应当严格依照法律、法规和规章规定的行政处罚的行为、种类、幅度和程序，按照各自的管辖权限，对监督检查中发现的生产经营单位及有关人员的安全生产非法、违法行为实施行政处罚。

对到期不缴纳罚款的，安全监管监察部门可以每日按罚款数额的百分之三加处罚款。

生产经营单位拒不执行安全监管监察部门行政处罚决定的，作出行政处罚决定的安全监管监察部门可以依法申请人民法院强制执行；拒不执行处罚决定可能导致生产安全事故的，应当及时向有关地方人民政府报告或其有关部门通报。

第十五条　安全监管监察部门对生产经营单位及其从业人员作出现场处理措施、行政强制措施和行政处罚决定等行政执法行为前,应当充分听取当事人的陈述、申辩,对其提出的事实、理由和证据,应当进行复核。当事人提出的事实、理由和证据成立的,应当予以采纳。

安全监管监察部门对生产经营单位及其从业人员作出现场处理措施、行政强制措施和行政处罚决定等行政执法行为时,应当依法制作有关法律文书,并按照规定送达当事人。

第十六条　安全监管监察部门应当依法履行下列生产安全事故报告和调查处理职责:

(一)建立值班制度,并向社会公布值班电话,受理事故报告和举报;

(二)按照法定的时限、内容和程序逐级上报和补报事故;

(三)接到事故报告后,按照规定派人立即赶赴事故现场,组织或者指导协调事故救援;

(四)按照规定组织或者参加事故调查处理;

(五)对事故发生单位落实事故防范和整改措施的情况进行监督检查;

(六)依法对事故责任单位和有关责任人员实施行政处罚;

(七)依法应当履行的其他职责。

第十七条　安全监管监察部门应当依法受理、调查和处理本部门法定职责范围内的举报事项,并形成书面材料。调查处理情况应当答复举报人,但举报人的姓名、名称、住址不清的除外。对不属于本部门职责范围的举报事项,应当依法予以登记,并告知举报人向有权机关提出。

第十八条　安全监管监察部门应依法受理行政复议申请,审理行政复议案件,并作出处理或者决定。

第三章　责任追究的范围与承担责任的主体

第十九条　安全监管监察部门及其内设机构、行政执法人员履行本规定第二章规定的行政执法职责,有下列违法或者不当的情形之一,致使行政执法行为被撤销、变更、确认违法,或者被责令履行法定职责、承担行政赔偿责任的,应当实施责任追究:

(一)超越、滥用法定职权的;

(二)主要事实不清、证据不足的;

(三)适用依据错误的;

(四)行政裁量明显不当的;

(五)违反法定程序的;

(六)未按照年度安全监管或者煤矿安全监察执法工作计划、现场检查方案履行法定职责的;

(七)其他违法或者不当的情形。

前款所称的行政执法行为被撤销、变更、确认违法,或者被责令履行法定职责、承担行政赔偿责任,是指行政执法行为被人民法院生效的判决、裁定,或者行政复议机关等有权机关的决定予以撤销、变更、确认违法或者被责令履行法定职责、承担行政赔偿责任的情形。

第二十条　有下列情形之一的,安全监管监察部门及其内设机构、行政执法人员不承担责任:

(一)因生产经营单位、中介机构等行政管理相对人的行为,致使安全监管监察部门及其内设机构、行政执法人员无法作出正确行政执法行为的;

(二)因有关行政执法依据规定不一致,致使行政执法行为适用法律、法规和规章依据不当的;

（三）因不能预见、不能避免并不能克服的不可抗力致使行政执法行为违法、不当或者未履行法定职责的；

（四）违法、不当的行政执法行为情节轻微并及时纠正，没有造成不良后果或者不良后果被及时消除的；

（五）按照批准、备案的安全监管或者煤矿安全监察执法工作计划、现场检查方案和法律、法规、规章规定的方式、程序已经履行安全生产监管监察职责的；

（六）对发现的安全生产非法、违法行为和事故隐患已经依法查处，因生产经营单位及其从业人员拒不执行安全生产监管监察指令导致生产安全事故的；

（七）生产经营单位非法生产或者经责令停产停业整顿后仍不具备安全生产条件，安全监管监察部门已经依法提请县级以上地方人民政府决定取缔或者关闭的；

（八）对拒不执行行政处罚决定的生产经营单位，安全监管监察部门已经依法申请人民法院强制执行的；

（九）安全监管监察部门已经依法向县级以上地方人民政府提出加强和改善安全生产监督管理建议的；

（十）依法不承担责任的其他情形。

第二十一条 承办人直接作出违法或者不当行政执法行为的，由承办人承担责任。

第二十二条 对安全监管监察部门应当经审核、批准作出的行政执法行为，分别按照下列情形区分并承担责任：

（一）承办人未经审核人、批准人审批擅自作出行政执法行为，或者不按审核、批准的内容实施，致使行政执法行为违法或者不当的，由承办人承担责任；

（二）承办人弄虚作假、徇私舞弊，或者承办人提出的意见错误，审核人、批准人没有发现或者发现后未予以纠正，致使行政执法行为违法或者不当的，由承办人承担主要责任，审核人、批准人承担次要责任；

（三）审核人改变或者不采纳承办人的正确意见，批准人批准该审核意见，致使行政执法行为违法或者不当的，由审核人承担主要责任，批准人承担次要责任；

（四）审核人未报请批准人批准而擅自作出决定，致使行政执法行为违法或者不当的，由审核人承担责任；

（五）审核人弄虚作假、徇私舞弊，致使批准人作出错误决定的，由审核人承担责任；

（六）批准人改变或者不采纳承办人、审核人的正确意见，致使行政执法行为违法或者不当的，由批准人承担责任；

（七）未经承办人拟办、审核人审核，批准人直接作出违法或者不当的行政执法行为的，由批准人承担责任。

第二十三条 因安全监管监察部门指派不具有行政执法资格的单位或者人员执法，致使行政执法行为违法或者不当的，由指派部门及其负责人承担责任。

第二十四条 因安全监管监察部门负责人集体研究决定，致使行政执法行为违法或者不当的，主要负责人应当承担主要责任，参与作出决定的其他负责人应当分别承担相应的责任。

安全监管监察部门负责人擅自改变集体决定，致使行政执法行为违法或者不当的，由该负责人承担全部责任。

第二十五条 两名以上行政执法人员共同作出违法或者不当行政执法行为的，由主办人员承担主要责任，其他人员承担次要责任；不能区分主要、次要责任人的，共同承担责任。

因安全监管监察部门内设机构单独决定，致使行政执法行为违法或者不当的，由该机构承担全部责任；因两个以上内设机构共同决定,致使行政执法行为违法或者不当的,由有关内设机构共同承担责任。

第二十六条 经安全监管监察部门内设机构会签作出的行政执法行为,分别按照下列情形区分并承担责任:

(一)主办机构提供的有关事实、证据不真实、不准确或者不完整,会签机构通过审查能够提出正确意见但没有提出,致使行政执法行为违法或者不当的,由主办机构承担主要责任,会签机构承担次要责任;

(二)主办机构没有采纳会签机构提出的正确意见,致使行政执法行为违法或者不当的,由主办机构承担责任。

第二十七条 因执行上级安全监管监察部门的指示、批复,致使行政执法行为违法或者不当的,由作出指示、批复的上级安全监管监察部门承担责任。

因请示、报告单位隐瞒事实或者未完整提供真实情况等原因,致使上级安全监管监察部门作出错误指示、批复的,由请示、报告单位承担责任。

第二十八条 下级安全监管监察部门认为上级的决定或者命令有错误的,可以向上级提出改正、撤销该决定或者命令的意见;上级不改变该决定或者命令,或者要求立即执行的,下级安全监管监察部门应当执行该决定或者命令,其不当或者违法责任由上级安全监管监察部门承担。

第二十九条 上级安全监管监察部门改变、撤销下级安全监管监察部门作出的行政执法行为,致使行政执法行为违法或者不当的,由上级安全监管监察部门及其有关内设机构、行政执法人员依照本章规定分别承担相应责任。

第三十条 安全监管监察部门及其内设机构、行政执法人员不履行法定职责的,应当根据各自的职责分工,依照本章规定区分并承担责任。

第四章 责任追究的方式与适用

第三十一条 对安全监管监察部门及其内设机构的责任追究包括下列方式:

(一)责令限期改正;

(二)通报批评;

(三)取消当年评优评先资格;

(四)法律、法规和规章规定的其他方式。

对行政执法人员的责任追究包括下列方式:

(一)批评教育;

(二)离岗培训;

(三)取消当年评优评先资格;

(四)暂扣行政执法证件;

(五)调离执法岗位;

(六)法律、法规和规章规定的其他方式。

本条第一款和第二款规定的责任追究方式,可以单独或者合并适用。

第三十二条 对安全监管监察部门及其内设机构、行政执法人员实施责任追究的时候,应当根据违法、不当行政执法行为的事实、性质、情节和对于社会的危害程度,依照本规定的有关条款决定。

第三十三条 违法或者不当行政执法行为的情节较轻、危害较小的,对安全监管监察部门责令限期改正,对行政执法人员予以批评教育或者离岗培训,并取消当年评优评先资格。

违法或者不当行政执法行为的情节较重、危害较大的,对安全监管监察部门责令限期改正,予以通报批评,并取消当年评优评先资格;对行政执法人员予以调离执法岗位或者暂扣行政执法证件,并取消当年评优评先资格。

第三十四条 安全监管监察部门及其内设机构在年度行政执法评议考核中被确

定为不合格的,责令限期改正,并予以通报批评、取消当年评优评先资格。

行政执法人员在年度行政执法评议考核中被确定为不称职的,予以离岗培训、暂扣行政执法证件,并取消当年评优评先资格。

第三十五条　一年内被申请行政复议或者被提起行政诉讼的行政执法行为中,被撤销、变更、确认违法的比例占20%以上(含本数,下同)的,应当责令有关安全监管监察部门限期改正,并取消当年评优评先资格。

第三十六条　安全监管监察部门承担行政赔偿责任的,应当依照《国家赔偿法》第十四条的规定,责令有故意或者重大过失的行政执法人员承担全部或者部分行政赔偿费用。

第三十七条　对实施违法或者不当的行政执法行为,或者未履行法定职责的行政执法人员,依照《公务员法》、《行政机关公务员处分条例》等的规定应当给予行政处分或者辞退处理的,依照其规定。

第三十八条　行政执法人员的行政执法行为涉嫌犯罪的,移交司法机关处理。

第三十九条　有下列情形之一的,可以从轻或者减轻追究责任:

(一)违反本规定第十一条至第十四条所规定的职责,未造成严重后果的;

(二)主动采取措施,有效避免损失或者挽回影响的;

(三)积极配合责任追究,并且主动承担责任的;

(四)依法可以从轻的其他情形。

第四十条　有下列情形之一的,应当从重追究责任:

(一)因违法、不当行政执法行为或者不履行法定职责,严重损害国家声誉,或者造成恶劣社会影响,或者致使公共财产、国家和人民利益遭受重大损失的;

(二)滥用职权、玩忽职守、徇私舞弊,致使行政执法行为违法、不当的;

(三)弄虚作假、隐瞒真相,干扰、阻碍责任追究的;

(四)对检举人、控告人、申诉人和实施责任追究的人员打击、报复、陷害的;

(五)一年内出现两次以上应当追究责任的情形的;

(六)依法应当从重追究责任的其他情形。

第五章　责任追究的机关与程序

第四十一条　安全生产监督管理部门及其负责人的责任,按照干部管理权限,由其上级安全生产监督管理部门或者本级人民政府行政监察机关追究;所属内设机构和其他行政执法人员的责任,由所在安全生产监督管理部门追究。

煤矿安全监察机构及其负责人的责任,按照干部管理权限,由其上级煤矿安全监察机构追究;所属内设机构及其行政执法人员的责任,由所在煤矿安全监察机构追究。

第四十二条　安全监管监察部门进行责任追究,按照下列程序办理:

(一)负责法制工作的机构自行政执法行为被确认违法、不当之日起15日内,将有关当事人的情况书面通报本部门负责行政监察工作的机构;

(二)负责行政监察工作的机构自收到法制工作机构通报或者直接收到有关行政执法行为违法、不当的举报之日起60日内调查核实有关情况,提出责任追究的建议,报本部门领导班子集体讨论决定;

(三)负责人事工作的机构自责任追究决定作出之日起15日内落实决定事项。

法律、法规对责任追究的程序另有规

定的,依照其规定。

第四十三条 安全监管监察部门实施责任追究应当制作《行政执法责任追究决定书》。《行政执法责任追究决定书》由负责行政监察工作的机构草拟,安全监管监察部门作出决定。

《行政执法责任追究决定书》应当写明责任追究的事实、依据、方式、批准机关、生效时间、当事人的申诉期限及受理机关等。离岗培训和暂扣行政执法证件的,还应当写明培训和暂扣的期限等。

第四十四条 安全监管监察部门作出责任追究决定前,负责行政监察工作的机构应当将追究责任的有关事实、理由和依据告知当事人,并听取其陈述和申辩。对其合理意见,应当予以采纳。

《行政执法责任追究决定书》应当送到当事人,以及当事人所在的单位和内设机构。责任追究决定作出后,作出决定的安全监管监察部门应当派人与当事人谈话,做好思想工作,督促其做好工作交接等后续工作。

当事人对责任追究决定不服的,可以依照《公务员法》等规定申请复核和提出申诉。申诉期间,不停止责任追究决定的执行。

第四十五条 对当事人的责任追究情况应当作为其考核、奖惩、任免的重要依据。安全监管监察部门负责人事工作的机构应当将责任追究的有关材料记入当事人个人档案。

第六章 附 则

第四十六条 本规定所称的安全生产非法行为,是指公民、法人或者其他组织未依法取得安全监管监察部门的行政许可,擅自从事生产经营活动的行为,或者该行政许可已经失效,继续从事生产经营活动的行为。

本规定所称的安全生产违法行为,是指公民、法人或者其他组织违反有关安全生产的法律、法规、规章、国家标准、行业标准的规定,从事生产经营活动的行为。

本规定所称的违法的行政执法行为,是指违反法律、法规、规章规定的职责、程序所作出的具体行政行为。

本规定所称的不当的行政执法行为,是指违反客观、适度、公平、公正、合理等适用法律的一般原则所作出的具体行政行为。

第四十七条 依法授权或者委托行使安全生产行政执法职责的单位及其行政执法人员的责任追究,参照本规定执行。

第四十八条 本规定自2009年10月1日起施行。省、自治区、直辖市人民代表大会及其常务委员会或者省、自治区、直辖市人民政府对地方安全生产监督管理部门及其内设机构、行政执法人员的责任追究另有规定的,依照其规定。

公安机关人民警察执法过错责任追究规定

(2016年1月14日公安部令第138号公布 自2016年3月1日起施行)

第一章 总 则

第一条 为落实执法办案责任制,完善执法过错责任追究机制,保障公安机关及其人民警察依法正确履行职责,保护公民、法人和其他组织的合法权益,根据《中华人民共和国人民警察法》、《行政机关公务员处分条例》等有关法律法规,制定本规定。

第二条 本规定所称执法过错是指公安机关人民警察在执法办案中,故意或者过失造成的认定事实错误、适用法律错误、违反法定程序、作出违法处理决定等执法错误。

在事实表述、法条引用、文书制作等方面存在执法瑕疵,不影响案件处理结果的正确性及效力的,不属于本规定所称的执法过错,不予追究执法过错责任,但应当纳入执法质量考评进行监督并予以纠正。

第三条 追究执法过错责任,应当遵循实事求是、有错必纠、过错与处罚相适应、教育与惩处相结合的原则。

第四条 在执法过错责任追究工作中,公安机关纪检监察、督察、人事、法制以及执法办案等部门应当各负其责、互相配合。

第二章 执法过错责任的认定

第五条 执法办案人、鉴定人、审核人、审批人都有故意或者过失造成执法过错的,应当根据各自对执法过错所起的作用,分别承担责任。

第六条 审批人在审批时改变或者不采纳执法办案人、审核人的正确意见造成执法过错的,由审批人承担责任。

第七条 因执法办案人或者审核人弄虚作假、隐瞒真相,导致审批人错误审批造成执法过错的,由执法办案人或者审核人承担主要责任。

第八条 因鉴定人提供虚假、错误鉴定意见造成执法过错的,由鉴定人承担主要责任。

第九条 违反规定的程序,擅自行使职权造成执法过错的,由直接责任人员承担责任。

第十条 下级公安机关人民警察按照规定向上级请示的案件,因上级的决定、命令错误造成执法过错的,由上级有关责任人员承担责任。因下级故意提供虚假材料或者不如实汇报导致执法过错的,由下级有关责任人员承担责任。

下级对超越法律、法规规定的人民警察职责范围的指令,有权拒绝执行,并同时向上级机关报告。没有报告造成执法过错的,由上级和下级分别承担相应的责任;已经报告的,由上级承担责任。

第十一条 对其他执法过错情形,应当根据公安机关人民警察在执法办案中各自承担的职责,区分不同情况,分别追究有关人员的责任。

第三章 对执法过错责任人的处理

第十二条 对执法过错责任人员,应当根据其违法事实、情节、后果和责任程度分别追究刑事责任、行政纪律责任或者作出其他处理。

第十三条 追究行政纪律责任的,由人事部门或者纪检监察部门依照《行政机关公务员处分条例》和《公安机关人民警察纪律条令》等规定依法给予处分;构成犯罪的,依法移送有关司法机关处理。

第十四条 作出其他处理的,由相关部门提出处理意见,经公安机关负责人批准,可以单独或者合并作出以下处理:

(一)诫勉谈话;

(二)责令作出书面检查;

(三)取消评选先进的资格;

(四)通报批评;

(五)停止执行职务;

(六)延期晋级、晋职或者降低警衔;

(七)引咎辞职、责令辞职或者免职;

(八)限期调离公安机关;

(九)辞退或者取消录用。

第十五条 公安机关依法承担国家赔偿责任的案件,除依照本规定追究执法过错责任外,还应当依照《中华人民共和国国家赔偿法》的规定,向有关责任人员追偿部分或者全部赔偿费用。

第十六条 执法过错责任人受到开除

处分、刑事处罚或者犯有其他严重错误，应当按照有关规定撤销相关的奖励。

第十七条　发生执法过错案件，影响恶劣、后果严重的，除追究直接责任人员的责任外，还应当依照有关规定追究公安机关领导责任。

年度内发生严重的执法过错或者发生多次执法过错的公安机关和执法办案部门，本年度不得评选为先进集体。

第十八条　对执法过错责任人的处理情况分别记入人事档案、执法档案，作为考核、定级、晋职、晋升等工作的重要依据。

第十九条　具有下列情形之一的，应当从重追究执法过错责任：

（一）因贪赃枉法、徇私舞弊、刑讯逼供、伪造证据、通风报信、蓄意报复、陷害等故意造成执法过错的；

（二）阻碍追究执法过错责任的；

（三）对检举、控告、申诉人打击报复的；

（四）多次发生执法过错的；

（五）情节恶劣、后果严重的。

第二十条　具有下列情形之一的，可以从轻、减轻或者免予追究执法过错责任：

（一）由于轻微过失造成执法过错的；

（二）主动承认错误，并及时纠正的；

（三）执法过错发生后能够配合有关部门工作，减少损失、挽回影响的；

（四）情节轻微、尚未造成严重后果的。

第二十一条　具有下列情形之一的，不予追究执法过错责任：

（一）因法律法规、司法解释发生变化，改变案件定性、处理的；

（二）因法律规定不明确、有关司法解释不一致，致使案件定性、处理存在争议的；

（三）因不能预见或者无法抗拒的原因致使执法过错发生的；

（四）对案件基本事实的判断存在争议或者疑问，根据证据规则能够予以合理说明的；

（五）因出现新证据而改变原结论的；

（六）原结论依据的法律文书被撤销或者变更的；

（七）因执法相对人的过错致使执法过错发生的。

第四章　执法过错责任追究的程序

第二十二条　追究执法过错责任，由发生执法过错的公安机关负责查处。

上级公安机关发现下级公安机关应当查处而未查处的，应当责成下级公安机关查处；必要时，也可以直接查处。

第二十三条　公安机关纪检监察、督察、审计、法制以及执法办案等部门，应当在各自职责范围内主动、及时检查、纠正和处理执法过错案件。

第二十四条　各有关部门调查后，认为需要法制部门认定执法过错的，可以将案件材料移送法制部门认定。

第二十五条　法制部门认定执法过错案件，可以通过阅卷、组织有关专家讨论、会同有关部门调查核实等方式进行，形成执法过错认定书面意见后，及时送达有关移送部门，由移送部门按照本规定第十三条、第十四条作出处理。

第二十六条　被追究执法过错责任的公安机关人民警察及其所属部门不服执法过错责任追究的，可以在收到执法过错责任追究决定之日起五日内向作出决定的公安机关或者上一级公安机关申诉；接受申诉的公安机关应当认真核实，并在三十日内作出最终决定。法律、法规另有规定的，按照有关规定办理。

第二十七条　因故意或者重大过失造成错案，不受执法过错责任人单位、职务、职级变动或者退休的影响，终身追究执法过错责任。

错案责任人已调至其他公安机关或者其他单位的,应当向其所在单位通报,并提出处理建议;错案责任人在被作出追责决定前,已被开除、辞退且无相关单位的,应当在追责决定中明确其应当承担的责任。

第二十八条 各级公安机关对执法过错案件应当采取有效措施予以整改、纠正,对典型案件应当进行剖析、通报。

第五章 附 则

第二十九条 各省、自治区、直辖市公安厅局和新疆生产建设兵团公安局可以根据本规定,结合本地实际制定实施细则。

第三十条 本规定自2016年3月1日起施行。1999年6月11日发布的《公安机关人民警察执法过错责任追究规定》(公安部令第41号)同时废止。

市场监督管理行政执法责任制规定

(2021年5月26日国家市场监督管理总局令第41号公布 自2021年7月15日起施行)

第一条 为了落实行政执法责任制,监督和保障市场监督管理部门工作人员依法履行职责,激励新时代新担当新作为,结合市场监督管理工作实际,制定本规定。

第二条 市场监督管理部门实施行政执法责任制,适用本规定。

第三条 实施行政执法责任制,应当坚持党的领导,遵循职权法定、权责一致、过罚相当、约束与激励并重、惩戒与教育相结合的原则,做到失职追责、尽职免责。

第四条 市场监督管理部门应当加强领导,组织、协调和推动实施行政执法责任制,各所属机构在职责范围内做好相关工作。

上级市场监督管理部门依法指导和监督下级市场监督管理部门实施行政执法责任制。

第五条 市场监督管理部门应当按照本级人民政府的部署,梳理行政执法依据,编制权责清单,以适当形式向社会公众公开,并根据法律、法规、规章的制修订情况及时调整。

第六条 市场监督管理部门应当以权责清单为基础,将本单位依法承担的行政执法职责分解落实到所属执法机构和执法岗位。

分解落实所属执法机构、执法岗位的执法职责,不得擅自增加或者减少本单位的行政执法权限。

第七条 市场监督管理部门应当对照权责清单,对直接影响行政相对人权利义务的重要权责事项,按照不同权力类型制定办事指南和运行流程图,并以适当形式向社会公众公开。

第八条 市场监督管理部门工作人员应当在法定权限范围内依照法定程序行使职权,做到严格规范公正文明执法,不得玩忽职守、超越职权、滥用职权。

第九条 市场监督管理部门工作人员因故意或者重大过失,违法履行行政执法职责,造成危害后果或者不良影响的,构成行政执法过错行为,应当依法承担行政执法责任。法律、法规对具体行政执法过错行为的构成要件另有规定的,依照其规定。

第十条 有下列情形之一的,应当依法追究有关工作人员的行政执法责任:

(一)超越法定职权作出准予行政许可决定的;

(二)对符合法定条件的行政许可申请不予受理且情节严重的,或者未依照法定条件作出准予或者不予行政许可决定的;

(三)无法定依据实施行政处罚、行政强制,或者变相实施行政强制的;

（四）对符合行政处罚立案标准的案件不及时立案，或者实施行政处罚的办案人员未取得行政执法证件的；

（五）擅自改变行政处罚种类、幅度，或者改变行政强制对象、条件、方式的；

（六）违反相关法定程序实施行政许可且情节严重的，或者违反法定程序实施行政处罚、行政强制的；

（七）违法扩大查封、扣押范围的；

（八）使用或者损毁查封、扣押场所、设施或者财物的；

（九）在查封、扣押法定期间不作出处理决定或者未依法及时解除查封、扣押的；

（十）截留、私分、变相私分罚款、没收的违法所得或者财物、查封或者扣押的财物以及拍卖和依法处理所得款项的；

（十一）违法实行检查措施或者执行措施，给公民人身或者财产造成损害、给法人或者其他组织造成损失的；

（十二）对应当依法移交司法机关追究刑事责任的案件不移交，以行政处罚代替刑事处罚的；

（十三）对属于市场监督管理职权范围的举报不依法处理，造成严重后果的；

（十四）对应当予以制止和处罚的违法行为不予制止、处罚，致使公民、法人或者其他组织的合法权益、公共利益和社会秩序遭受损害的；

（十五）不履行或者无正当理由拖延履行行政复议决定的；

（十六）对被许可人从事行政许可事项的活动，不依法履行监督职责或者监督不力，造成严重后果的；

（十七）泄露国家秘密、工作秘密，或者泄露因履行职责掌握的商业秘密、个人隐私，造成不良后果或者影响的；

（十八）法律、法规、规章规定的其他应当追究行政执法责任的情形。

第十一条 下列情形不构成行政执法过错行为，不应追究有关工作人员的行政执法责任：

（一）因行政执法依据不明确或者对有关事实和依据的理解认识不一致，致使行政执法行为出现偏差的，但故意违法的除外；

（二）因行政相对人隐瞒有关情况或者提供虚假材料导致作出错误判断，且已按规定履行审查职责的；

（三）依据检验、检测、鉴定报告或者专家评审意见等作出行政执法决定，且已按规定履行审查职责的；

（四）行政相对人未依法申请行政许可或者登记备案，在其违法行为造成不良影响前，市场监督管理部门未接到举报或者由于客观原因未能发现的，但未按规定履行监督检查职责的除外；

（五）因出现新的证据，致使原认定事实或者案件性质发生变化的，但故意隐瞒或者因重大过失遗漏证据的除外；

（六）按照年度监督检查、"双随机、一公开"监管等检查计划已经认真履行监督检查职责，或者虽尚未进行监督检查，但未超过法定或者规定时限，行政相对人违法的；

（七）因科学技术、监管手段等客观条件的限制，未能发现存在问题或者无法定性的；

（八）发生事故或者其他突发事件，非由市场监督管理部门不履行或者不正确履行法定职责行为直接引起的；

（九）对发现的违法行为或者事故隐患已经依法查处、责令改正或者采取行政强制措施，因行政相对人拒不改正、逃避检查、擅自违法生产经营或者违法启用查封、扣押的设备设施等行为造成危害后果或者不良影响的；

（十）在集体决策中对错误决策提出明确反对意见或者保留意见的；

（十一）发现上级的决定、命令或者文件有错误，已向上级提出改正或者撤销的意见，上级不予改变或者要求继续执行的，但执行明显违法的决定、命令或者文件的除外；

（十二）因不可抗力或者其他难以克服的因素，导致未能依法履行职责的；

（十三）其他依法不应追究行政执法责任的情形。

第十二条 在推进行政执法改革创新中因缺乏经验、先行先试出现的失误，尚无明确限制的探索性试验中的失误，为推动发展的无意过失，免予或者不予追究行政执法责任。但是，应当依法予以纠正。

第十三条 市场监督管理部门对发现的行政执法过错行为线索，依照《行政机关公务员处分条例》等规定的程序予以调查和处理。

第十四条 追究行政执法责任，应当以法律、法规、规章的规定为依据，综合考虑行政执法过错行为的性质、情节、危害程度以及工作人员的主观过错等因素，做到事实清楚、证据确凿、定性准确、处理恰当、程序合法、手续完备。

第十五条 市场监督管理部门对存在行政执法过错行为的工作人员，可以依规依纪依法给予组织处理或者处分。

行政执法过错行为情节轻微，且具有法定从轻或者减轻情形的，可以对有关工作人员进行谈话提醒、批评教育、责令检查或者予以诫勉，并可以作出调离行政执法岗位、取消行政执法资格等处理，免予或者不予处分。

从轻、减轻以及从重追究行政执法责任的情形，依照有关法律、法规、规章的规定执行。

第十六条 市场监督管理部门发现有关工作人员涉嫌违犯党纪或者涉嫌职务违法、职务犯罪的，应当依照有关规定及时移送纪检监察机关处理。

对同一行政执法过错行为，监察机关已经给予政务处分的，市场监督管理部门不再给予处分。

第十七条 纪检监察等有权机关、单位介入调查的，市场监督管理部门可以按照要求对有关工作人员是否依法履职、是否存在行政执法过错行为等问题，组织相关专业人员进行论证并出具书面论证意见，作为有权机关、单位认定责任的参考。

第十八条 市场监督管理部门工作人员依法履行职责受法律保护，非因法定事由、非经法定程序，不受处分。

第十九条 市场监督管理部门工作人员依法履行职责时，有权拒绝任何单位和个人违反法定职责、法定程序或者有碍执法公正的要求。

第二十条 市场监督管理部门应当为工作人员依法履行职责提供必要的办公用房、执法装备、后勤保障等条件，并采取措施保障其人身健康和生命安全。

第二十一条 市场监督管理部门工作人员因依法履职遭受不实举报、诬告以及诽谤、侮辱的，市场监督管理部门应当以适当形式及时澄清事实，消除不良影响，维护其合法权益。

第二十二条 市场监督管理部门应当建立健全行政执法激励机制，对行政执法工作成效突出的工作人员予以表彰和奖励。

第二十三条 本规定所称行政执法，是指市场监督管理部门依法行使行政职权的行为，包括行政许可、行政处罚、行政强制、行政检查、行政确认等行政行为。

第二十四条 药品监督管理部门和知识产权行政部门实施行政执法责任制，适用本规定。

法律、法规授权履行市场监督管理职能的组织实施行政执法责任制，适用本规定。

第二十五条 本规定自2021年7月15日起施行。

（二）地方政府规章及规范性文件

北京市行政执法责任追究办法

（2007年7月27日 京政发〔2007〕17号）

第一条 为贯彻落实国务院《全面推进依法行政实施纲要》（国发〔2004〕10号）和《国务院办公厅关于推行行政执法责任制的若干意见》（国办发〔2005〕37号），加强行政执法责任追究工作，结合本市实际情况，制定本办法。

第二条 本市各级行政执法部门及其行政执法人员因不履行、违法履行或者不当履行行政执法职责（以下统称违法执法行为），应当追究行政执法责任的，适用本办法。

第三条 行政执法责任追究，应当遵循客观公正、教育与惩戒相结合的原则。

第四条 行政执法部门及其行政执法人员有下列应当履行而未履行或者怠于履行行政执法职责情形的，应当追究行政执法责任：

（一）对依申请的行政行为，不按照规定履行受理、审查、决定等职责的；

（二）未按照规定履行检查、检验、检测、检疫等监督职责的；

（三）对违法行为不制止、不纠正的，对依法应当给予行政处罚或者采取行政强制措施的，未予处罚或者未采取行政强制措施的；

（四）收到公民、法人或者其他组织的投诉、举报后，不按照规定履行调查、处理等职责的；

（五）应当履行保护公民、法人和其他组织人身权和财产权等法定职责，而拒绝履行的；

（六）依法应当给予行政赔偿、补偿，而不予赔偿或者补偿的；

（七）行政相对人询问有关行政许可、行政给付条件、程序、标准等事项，敷衍塞责、推诿、拖延或者拒绝答复的；

（八）不按照规定履行执法协调职责或者配合协调工作的；

（九）不执行或者拖延执行达成一致的执法协调意见的；

（十）未按照规定开展行政处罚执法资格培训、考试等管理工作的；

（十一）未按照规定做好制定实施方案、建立配套制度等法规、规章实施准备工作的；

（十二）未按照规定对法规、规章实施情况进行检查和定期评估的；

（十三）未按照规定制定行政处罚自由裁量权规范的；

（十四）未按照规定建立案卷评查制度和组织开展案卷评查工作，或者无正当理由不参加案卷评查的；

（十五）其他不履行行政执法职责的。

第五条 行政执法部门及其行政执法人员有下列违法或者不当履行行政执法职责情形的，应当追究行政执法责任：

（一）无法定依据实施行政处罚、行政许可、行政强制、行政征收等行政执法行为的；

（二）未按照规定履行调查取证、告知、听证等法定程序，做出行政处罚、行政许可、行政强制、行政征收等行政决定的；

（三）超越行政执法职权的；

（四）适用法律依据错误的；

（五）违反规定委托实施行政执法的；

（六）无法定事由或者违反法定程序擅自改变已做出的行政执法决定的；

（七）违反规定截留、挪用、私分或者变相私分查封、扣押、没收、征收的财物的；

（八）滥用行政处罚自由裁量权的；

（九）不具有行政处罚执法资格或者不按照规定使用执法证件的；

（十）违反规定乱收费，或者要求行政相对人接受有偿服务、购买指定商品以及承担其他非法定义务的；

（十一）实施行政处罚、行政强制和行政征收，未按照规定制作法律文书、使用合法票据的；

（十二）刁难、谩骂、殴打行政相对人的；

（十三）其他违法或者不当履行行政执法职责的。

第六条 根据违法执法行为的情节、后果、社会影响等因素，对行政执法部门采用下列方式追究行政执法责任：

（一）限期整改；

（二）通报批评；

（三）取消行政执法方面年度评比先进的资格；

（四）行政执法年度评议考核不合格。

根据情节，前款规定的方式可以单独或者合并适用。

第七条 根据违法执法行为的过错、危害、情节等因素，对行政执法人员可以采用下列方式追究行政执法责任：

（一）批评教育；

（二）通报批评；

（三）离岗培训；

（四）取消行政执法方面年度评比先进的资格；

（五）行政执法年度评议考核不合格；

（六）取消行政执法资格。

根据情节，前款规定的方式可以单独或者合并适用。需要给予行政处分的，依照有关规定处理。

第八条 对行政执法部门及其行政执法人员有下列情形之一的，应当从重处理：

（一）故意违法执法的；

（二）拒不纠正违法执法行为的；

（三）一年内被追究两次以上行政执法责任的；

（四）违法情节恶劣或者造成严重后果的；

（五）其他应当从重处理的。

第九条 对行政执法部门及其行政执法人员有下列情形之一的，可以从轻处理：

（一）主动纠正违法执法行为的；

（二）积极采取措施，消除或者减轻违法执法的不良影响的；

（二）在调查违法执法行为中有立功表现的；

（四）其他可以从轻处理的。

第十条 法律、法规、规章对行政执法部门及其行政执法人员有免责规定的，不追究行政执法责任。

第十一条 对应当追究行政执法责任的，按照下列规定具体确定责任的承担者：

（一）无需审核或者批准、未经审核或者批准的行政执法行为，由承办人承担责任；

（二）经审核或者批准的行政执法行为，审核人或者批准人承担主要责任，承办人承担相应责任。但是，承办人故意隐瞒事实致使审核人和批准人做出错误决定，或者承办人不按照审核人、批准人的意见执行的，由承办人承担主要责任；

（三）经集体讨论决定做出的行政执法行为，由行政机关主要负责人承担主要责任，主张错误意见或者没有明确表示反对意见的其他成员承担相应责任；

（四）根据上级机关或者上级领导的决定或者命令做出的行政执法行为，由上级机关或者上级领导承担责任。但是，决定

或者命令明显违法的,行政执法部门及其行政执法人员应当承担相应责任;

（五）两人以上共同执法的,主办人员承担主要责任,协办人员承担相应责任;责任无法区分的,共同承担责任。联合执法的,行政执法部门在各自职责范围内承担相应责任。

第十二条　对市和区、县人民政府所属行政执法部门的行政执法责任追究,由本级人民政府实施。

对垂直管理部门的行政执法责任追究,由上级部门实施。

对双重管理部门的行政执法责任追究,按照有关管理职责规定实施。

第十三条　对行政执法人员的行政执法责任追究,由其所在部门实施。

第十四条　对行政执法部门及其行政执法人员做出追究行政执法责任决定前,应当充分听取当事人的意见,保障其陈述和申辩的权利。

第十五条　区、县人民政府和各级行政执法部门应当依据本办法的规定,制定实施细则,加强行政执法责任追究工作。

第十六条　对有违法执法行为的有关责任人员,需要追究行政纪律责任的,由任免机关、监察机关按照管理权限决定;涉嫌犯罪的,依法移送司法机关处理。

第十七条　本办法自公布之日起施行。

上海市行政执法过错责任追究办法

（2007年1月15日市政府第132次常务会议通过　2007年1月20日上海市人民政府令第68号公布　自2007年3月1日起施行）

第一章　总　　则

第一条　（目的和依据）

为了保证行政机关工作人员正确、及时、公正地实施行政执法行为,监督其依法履行职责,促进依法行政,根据《中华人民共和国行政监察法》、《中华人民共和国公务员法》等相关法律、法规的规定,结合本市实际,制定本办法。

第二条　（适用范围）

本办法适用于本市各级行政机关工作人员行政执法过错责任的追究与监督活动。

第三条　（定义）

本办法所称的行政执法过错责任,是指行政机关在行政执法过程中,因工作人员故意或者过失,不履行或者不正确履行法定职责,造成行政执法行为违法,并产生危害后果或者不良影响的,直接责任人员和直接主管人员应当承担的行政责任。

第四条　（实施主体）

上海市监察委员会负责本办法的组织实施;区、县监察机关根据人事管理权限,负责辖区内本办法的实施。

本市各级人事部门以及其他有关部门按照法定职责以及本办法的规定,实施相关的监督与管理。

第五条　（追究原则）

行政执法过错责任追究,应当坚持实事求是、错责相当、教育与惩戒相结合的原则。

第二章　行政执法过错责任的追究范围

第六条　（追究范围）

行政机关实施下列行政执法行为时,因工作人员有过错,造成危害后果或者不良影响的,应当追究行政执法过错责任:

（一）行政处罚、行政许可、行政强制、行政征收、行政裁决、行政确认、行政给付、行政检查等;

（二）法律、法规、规章规定的其他行政执法行为。

第七条　（不履行法定职责的界定）

本办法第三条所称的"不履行法定职

责",包括下列情形：

（一）不按照规定履行检查、检验、检测、检疫等监督职责的；

（二）实施依申请的行政行为,接到行政相对人的申请后,不按照规定履行许可、给付等职责的；

（三）收到公民、法人或者其他组织的投诉、举报、申诉、控告、检举后,不按照规定履行调查、处理等职责的；

（四）法律、法规、规章规定的其他不履行法定职责的情形。

第八条　（不正确履行法定职责的界定）

本办法第三条所称的"不正确履行法定职责",包括下列情形：

（一）主要事实认定不实的；

（二）适用依据错误的；

（三）违反法定程序的；

（四）超越或者滥用职权的；

（五）行政执法行为明显不当的；

（六）法律、法规、规章规定的其他不正确履行法定职责的情形。

第三章　行政执法过错责任的承担主体

第九条　（责任承担主体）

行政执法过错责任,由直接责任人员和直接主管人员（以下简称行政执法过错责任人）承担。

直接责任人员,是指行政执法事项的具体承办人。

直接主管人员,是指行政执法事项的审核人和批准人。

前款所称的审核人,包括行政机关内设机构负责人、分管领导,以及按规定行使审核职权的其他审核人；批准人,包括签发行政决定的行政机关负责人,以及按规定或者经授权行使批准职权的其他批准人。

第十条　（行政执法过错责任人的责任分担）

审核人变更或者未采纳承办人的正确意见,批准人变更或者未采纳审核人的正确意见,导致行政执法过错的,分别由审核人、批准人承担责任,但法律、法规另有规定的除外。

因承办人、审核人弄虚作假或者隐瞒真实情况导致行政执法过错的,由承办人、审核人承担责任。

第十一条　（上级改变下级决定的责任承担）

上级行政机关改变、撤销下级行政机关作出的行政行为,导致行政执法过错的,上级行政机关的承办人、审核人、批准人分别承担相应的责任。

第十二条　（集体决定的责任承担）

行政机关经领导集体决策程序后作出决定,导致行政执法过错的,参与作出决定的主要领导视为批准人,按直接主管人员承担责任。

第四章　行政执法过错的责任形式

第十三条　（责任形式）

对行政执法过错责任人应当给予行政处分或者行政处理。

行政处分分为：警告、记过、记大过、降级、撤职、开除。

行政处理分为：离岗培训、调离执法岗位、取消执法资格等。

行政处分与行政处理可以视情况合并适用。

第十四条　（处分等级）

对行政执法过错责任人的行政处分,应当根据故意或者过失、危害后果和影响大小等情节依法作出：

（一）情节较轻的,给予警告处分；

（二）情节较重的,给予记过、记大过或

者降级处分；

（三）情节严重的，给予撤职或者开除处分。

第十五条　（从轻、减轻和免予追究的情形）

行政执法过错责任人因过失导致行政执法过错，能主动消除或者减轻危害后果和不良影响的，可以从轻或者减轻追究行政执法过错责任；情节轻微，经批评教育后改正的，可以免予追究行政执法过错责任。

第十六条　（职务、级别和工资的处理）

行政执法过错责任人在受行政处分期间不得晋升职务和级别，其中受记过、记大过、降级、撤职处分的，不得晋升工资档次。

行政执法过错责任人受撤职处分的，按照规定降低级别。

第十七条　（国家赔偿的追偿）

因行政执法过错造成行政机关承担国家赔偿责任的，还应当依照《中华人民共和国国家赔偿法》的有关规定，向有关行政执法过错责任人追偿部分或者全部赔偿费用。

第五章　行政执法过错责任的追究程序

第十八条　（自行追究和移送处理）

行政执法行为有下列情形之一，行政机关认为需要追究本机关工作人员行政执法过错责任的，对有关人员可以根据情节轻重依法作出行政处分或者行政处理；认为需要由监察机关进行处理的，应当移送具有管辖权的监察机关：

（一）被司法机关已生效的判决撤销、变更、重新作出具体行政行为，责令限期履行，确认具体行政行为违法的；

（二）被行政复议机关已生效的复议决定撤销、变更、重新作出具体行政行为，责令限期履行，确认具体行政行为违法的；

（三）被审计、信访以及其他行政机关依法确认行政执法行为违法或者提出行政处分建议的；

（四）被发现有其他违法情形的。

第十九条　（文书抄送）

有第十八条第（一）项、第（二）项、第（三）项规定情形之一的，判决、决定等有关文书由司法机关、行政复议机关以及相关行政机关同时抄送具有管辖权的监察机关。

第二十条　（初步审查）

监察机关收到司法机关、行政复议机关以及相关行政机关抄送的判决、决定等有关文书后，可以根据需要向有关部门调取材料、了解情况，依法进行初步审查，以确定该行政执法行为的承办人、审核人、批准人是否应当承担行政执法过错责任。

第二十一条　（立案、调查和审理）

监察机关经初步审查，认为需要追究行政执法过错责任的，应当依法立案、调查和审理。

第二十二条　（监察决定与监察建议的作出与告知）

监察机关审理结束后，应当按照国家和本办法有关规定，作出监察决定或者监察建议。

监察决定、监察建议应当以书面形式送达有关行政机关和有关人员。

第二十三条　（监察决定与监察建议的处理与通报）

有关行政机关应当根据监察决定，依法对行政执法过错责任人执行行政处分，或者根据监察建议，依法对行政执法过错责任人作出行政处分，并在收到监察决定或者监察建议之日起三十日内，将处理情况通报监察机关。

第二十四条　（当事人权利）

行政机关工作人员在被调查、处理过程中，有权进行陈述和申辩。

行政执法过错责任人对行政处分或者

行政处理不服的,可以依法提出申诉。

第二十五条　(申诉的处理)

申诉的受理机关应当在法定期限内作出处理决定。申诉期间不停止行政处分或者行政处理的执行。

申诉的受理机关审查认定行政处分或者行政处理有错误的,原处理机关应当及时予以纠正。

第二十六条　(回避)

负责行政执法过错责任案件调查、处理的人员与相关行政执法行为或者行政执法人员有利害关系、可能影响公正处理的,应当实行回避。

第二十七条　(行政处分的期间与解除)

受行政处分的期间为:警告,六个月;记过,十二个月;记大过,十八个月;降级、撤职,二十四个月。

行政执法过错责任人受开除以外的行政处分,在受行政处分期间有悔改表现,并且没有再发生违纪行为的,行政处分期满后,由处分决定机关解除行政处分并以书面形式通知本人。

第六章　附　　则

第二十八条　(其他责任的追究)

需要对行政执法过错责任人追究刑事责任的,依法移送司法机关处理。

需要对行政执法过错责任人追究党纪责任的,依法移送纪检部门处理。

第二十九条　(参照执行)

对本市法定授权组织、行政委托组织以及其他具有社会管理和公共服务职能组织的工作人员的行政执法过错责任追究,参照本办法执行。

第三十条　(实施日期)

本办法自2007年3月1日起施行。

浙江省行政执法过错责任追究办法

(2012年12月17日浙江省人民政府第100次常务会议审议通过　2012年12月17日浙江省人民政府令第307号公布　自2013年2月1日起施行)

第一章　总　　则

第一条　为了加强行政执法监督,预防和纠正行政执法过错行为,根据《中华人民共和国行政监察法》、《中华人民共和国公务员法》、《浙江省县级以上人民政府行政执法监督条例》等法律、法规,结合本省实际,制定本办法。

第二条　本办法适用于本省从事行政执法活动的行政执法机关及其工作人员。

本办法所称行政执法机关,包括各级人民政府、县级以上人民政府有行政执法权的工作部门、经依法授权或者委托的具有行政执法职能的组织。

本办法所称的行政执法活动,包括行政处罚、行政许可、行政强制、行政裁决、行政确认、行政给付、行政收费、行政征收以及法律、法规、规章规定的其他行政执法活动。

第三条　行政执法过错责任追究应当坚持实事求是、客观公正、教育与惩戒相结合的原则。

第四条　行政执法机关应当建立健全行政执法责任制,规范行政执法活动,加强教育培训和监督检查,并按照规定做好依法行政评议考核工作。

第二章　责任追究范围和责任主体

第五条　行政执法机关及其工作人员在行政执法活动中,有下列不履行法定职责的情形,造成危害后果或者不良影响的,应当追究行政执法过错责任(以下简称过错责任):

（一）对公民、法人或者其他组织的投诉、举报、申诉、控告、检举不按照规定调查、处理的；

（二）对符合法定条件的申请不按照规定实施许可、审批的；

（三）不按照规定履行检查、检验、监测等行政监督职责的；

（四）其他放弃、推诿、拖延、拒绝履行法定职责的情形。

第六条 行政执法机关及其工作人员在行政执法活动中，有下列不正确履行法定职责的情形，造成危害后果或者不良影响的，应当追究过错责任：

（一）超越职权的；

（二）违反法定程序的；

（三）无合法依据，或者适用依据错误的；

（四）基本事实认定不清、主要证据不足的；

（五）故意刁难，选择执法，滥用自由裁量权，行政执法行为明显不当或者行政执法结果明显不公正的；

（六）行政执法方式明显粗暴的；

（七）违反法律、法规、规章规定的行政执法权限、条件、程序、时限或者方式的其他情形。

第七条 行政执法机关工作人员的过错责任，由直接负责的主管人员和其他直接责任人员（以下统称责任人员）承担。

对行政执法机关追究过错责任的，应当同时追究责任人员的过错责任。

第三章 责任追究的种类和适用

第八条 过错责任追究的种类：

（一）责令作出书面检查；

（二）通报批评；

（三）暂扣或者缴销行政执法证件；

（四）调离行政执法岗位；

（五）责令辞去职务；

（六）免职；

（七）辞退；

（八）国家、省规定的其他种类。

前款规定的各项种类，适用于对责任人员追究过错责任的情形；第一项、第二项规定的种类，适用于对行政执法机关追究过错责任的情形。

第九条 责任人员行政执法过错行为（以下简称过错行为）情节较轻的，予以责令作出书面检查或者通报批评；情节较重的，予以暂扣或者缴销行政执法证件、调离行政执法岗位，可以同时予以责令作出书面检查或者通报批评；情节严重，造成重大损失或者严重社会影响，不再适合担任现任职务或者不再适合继续在行政执法机关工作的，予以责令辞去职务、免职或者辞退，并可以同时适用本办法第八条规定的其他任一过错责任追究的种类。

追究行政执法机关过错责任的，予以责令作出书面检查；过错行为情节严重的，予以责令作出书面检查并通报批评。

第十条 行政执法机关及其工作人员有下列情形之一的，应当从重追究过错责任：

（一）弄虚作假，隐瞒事实真相的；

（二）干扰、妨碍、抗拒对其过错行为进行过错责任追究的；

（三）对投诉人、举报人、申诉人打击报复的；

（四）同一工作人员一年内出现两次以上同类过错行为的；

（五）行政执法机关内部管理和监督不力，较短时间内连续发生重大违法行政执法案件、事件或者因不履行行政执法职责而导致重大事故，造成严重损失或者恶劣影响的；

（六）其他依法应当从重追究过错责任

的情形。

第十一条 行政执法机关及其工作人员能够主动、及时报告过错行为并采取措施，有效避免损失或者挽回影响的，应当从轻或者减轻追究过错责任。

过错行为情节轻微，经批评教育后改正的，可以免予追究过错责任。

第十二条 有下列情形之一的，不予追究过错责任：

（一）因不可抗力或者紧急避险等因素，无法正常履行法定职责的；

（二）行政执法依据不明确或者对有关事实和依据的理解认识不一致，致使行政执法行为出现偏差的；

（三）行政管理相对人弄虚作假，致使行政执法机关及其工作人员难以作出正确判断的；

（四）其他依法不予追究过错责任的情形。

第十三条 受到过错责任追究的行政执法机关及其工作人员，取消其当年年度考核评优和评选各类先进的资格。

决定对责任人员责令辞去职务或者免职的，应当按照有关规定为其酌情安排适当岗位或者相应工作任务，责任人员一年内不得重新担任与其原任职务相当的领导职务；一年后如果重新担任与其原任职务相当的领导职务的，除应当按照干部管理权限履行审批手续外，还应当按照领导干部问责的相关规定征求上一级有关部门的意见。

第十四条 追究行政执法机关及其工作人员过错责任同时需要追究责任人员纪律责任的，应当按照有关法律、法规、规章的规定及程序给予处分。不得以过错责任追究代替处分。

第四章 责任追究程序

第十五条 追究行政执法机关的过错责任，由行政执法机关的上一级行政执法机关进行调查、作出决定；追究责任人员的过错责任，由有权机关按照管理权限进行调查、作出决定。

追究过错责任的机关以下统称责任追究机关。

第十六条 监察机关依法履行行政监察职责，按照管理权限向责任追究机关提出追究过错责任的监察建议。

有关国家机关在受理投诉举报、行政复议、行政诉讼活动中，或者在行政执法监督、审计以及处理查办重大事故、事件、案件等工作中，发现有关行政执法机关及其工作人员存在过错行为的，有权向责任追究机关提出追究过错责任的建议。

第十七条 责任追究机关根据调查需要，可以向有关行政执法机关及相关单位、人员调取材料和询问了解情况。

立案调查的案件，经调查不需要追究过错责任的，责任追究机关应当撤销立案，并告知被调查单位、人员及提出追究过错责任建议的有关单位。

立案调查的案件，应当自立案之日起3个月内结案；因特殊原因需要延长办案期限的，经责任追究机关负责人批准，可以适当延长，但最长不得超过6个月。

第十八条 责任追究机关应当将调查情况及拟追究过错责任的依据告知被调查单位、人员，并充分听取被调查单位、人员的陈述和申辩，对其提出的事实、证据、理由，经调查认为成立的，应当予以采纳。

经调查及认定，责任追究机关决定对被调查单位、人员追究过错责任的，应当作出书面决定，载明调查认定的事实、责任追究种类及依据、决定机关、生效时间、责任人员申请复核或者提出申诉的权利等基本事项，送达被追究过错责任的行政执法机关、责任人员，并对提出追究过错责任建议的有关单位予以书面回复。

第十九条 责任人员对涉及本人的过错责任追究决定不服的，可以参照《中华人民共和国公务员法》、《中华人民共和国行政监察法》有关不服处分的规定申请复核或者提出申诉。

第五章 附 则

第二十条 责任人员涉嫌犯罪的，依法移送司法机关处理。

应当对责任人员追究党纪责任的，依法移送纪律检查机关处理。

第二十一条 本办法自2013年2月1日起施行。

内蒙古自治区行政执法责任制规定

（2021年8月12日自治区人民政府第15次常务会议审议通过 2021年9月2日内蒙古自治区人民政府令第250号公布 自2021年11月1日起施行）

第一章 总 则

第一条 为了推进严格规范公正文明执法，根据有关法律、法规和《内蒙古自治区行政执法监督条例》，结合自治区实际，制定本规定。

第二条 在自治区行政区域内实行行政执法责任制，适用本规定。法律、法规另有规定的从其规定。

第三条 本规定所称行政执法责任制，是指自治区各级人民政府及行政执法部门梳理行政执法依据、分解行政执法职权、确定行政执法责任、开展行政执法评议考核和落实责任追究的制度。

第四条 推行行政执法责任制应当坚持党的领导，遵循职权法定、权责统一、约束与激励并重、惩戒与教育相结合的原则。

第五条 各级人民政府应当加强对本行政区域内行政执法责任制工作的领导，负责推动落实行政执法责任制工作。

旗县级以上人民政府司法行政部门负责指导和监督行政执法责任制工作的实施。

行政执法部门在各自职责范围内做好行政执法责任制工作。上级行政执法部门依法指导和监督下级行政执法部门实施行政执法责任制。

第六条 各级人民政府和行政执法部门应当加强行政执法队伍建设，强化行政执法人员政治和业务培训，提高行政执法队伍素质。

第七条 各级人民政府每年应当向上一级人民政府报告本地区行政执法责任制落实情况；行政执法部门每年应当向本级人民政府和上一级主管部门报告本部门行政执法责任制落实情况。

第八条 各级人民政府和行政执法部门应当建立健全行政执法激励机制，依照国家有关规定，对行政执法工作成效突出的行政执法人员予以表彰和奖励。

第二章 行政执法责任

第九条 行政执法部门和行政执法人员应当在行政执法职权范围内依照法定程序行使职权，严格规范公正文明执法。

第十条 各级人民政府应当组织行政执法部门开展行政执法依据梳理工作，并根据法律、法规和规章的规定进行动态调整。

第十一条 行政执法部门应当根据行政执法依据，结合本部门执法机构和执法岗位的配置，将本部门行政执法职权分解到具体执法机构和执法岗位。

分解行政执法职权应当科学合理，不同层级的执法机构和执法岗位的职权应当具体明确。行政执法部门不得擅自增加或者减少本部门的行政执法职权。

第十二条　行政执法部门应当在分解行政执法职权的基础上,确定本部门执法机构、执法岗位的行政执法人员的具体行政执法责任。

第十三条　行政执法部门应当按照不同类型的行政执法职权事项,梳理行政执法依据,编制权责清单,以适当形式向社会公开,并根据法律、法规、规章的制定修订情况及时调整。按照不同权力类型制定办事指南和运行流程图,依法及时动态调整并向社会公开。

第十四条　行政执法部门应当全面推行行政执法公示制度、执法全过程记录制度、重大执法决定法制审核制度,完善执法程序,严格执法责任,加强执法监督。

第十五条　行政执法部门应当健全行政执法裁量权制度,合理确定裁量范围、种类和幅度,规范行政执法自由裁量权的行使。

第十六条　行政执法部门应当执行重大行政处罚备案制度。

对情节复杂或者重大违法行为给予行政处罚,行政执法部门负责人应当集体讨论决定。

第十七条　行政执法部门应当改进和创新执法方式,推广运用行政指导、行政奖励、行政和解、说服教育、劝导示范等非强制行政手段。

行政执法部门应当建立行政执法案例指导制度,建立健全行政执法风险防控机制。

第十八条　行政执法部门应当严格落实谁执法谁普法的普法责任制,完善普法责任清单,开展以案释法活动,广泛宣传本部门执行的法律、法规和规章。

第十九条　行政执法人员应当取得自治区人民政府统一核发的行政执法证件。法律、法规另有规定的,从其规定。

第二十条　行政执法人员应当熟悉本岗位所执行的法律、法规、规章和有关规范性文件,掌握相关业务知识,应当参加本部门和上级行政执法部门组织的行政执法培训。

第二十一条　行政执法人员不得将工作中获悉的行政相对人资料或者信息用于行政执法以外的其他目的,不得泄露、篡改、非法向他人提供行政相对人的个人信息和商业秘密。

第三章　行政执法评议考核

第二十二条　行政执法评议考核应当坚持公开、公平、公正原则。评议考核情况应当以适当方式公开。

第二十三条　旗县级以上人民政府负责对所属行政执法部门和下一级人民政府的行政执法工作进行评议考核。

行政执法部门对所属行政执法机构和行政执法人员的行政执法工作进行评议考核。

第二十四条　评议考核的主要内容应当包括:

(一)行政执法主体资格是否合法;

(二)行政执法程序是否合法;

(三)行政执法行为是否合法、适当;

(四)行政执法职权是否动态调整;

(五)行政执法职权是否分解到具体执法机构、执法岗位;

(六)行政执法责任是否确定到具体执法机构、执法岗位的行政执法人员;

(七)行政执法公示、执法全过程记录、重大执法决定法制审核等制度是否落实;

(八)行政执法文书是否规范;

(九)其他需要评议考核的内容。

第二十五条　评议考核应当运用全区法治政府建设信息化平台,采用日常评议考核与年度评议考核相结合、自查与互评相结合、内部评议与外部评议相结合的方式进行。

第二十六条　旗县级以上人民政府应当将行政执法责任制工作落实情况纳入全面依法治区考核。

第四章　责任追究

第二十七条　行政执法部门未按照本规定要求落实行政执法责任制的,由监督管理机关责令改正,逾期不改正的,给予通报批评;情节严重的,对直接负责的主管人员和其他直接责任人员依法给予处分。

第二十八条　行政执法人员不履行、不适当履行或违法履行法定职责的,由所在行政执法部门根据情况给予相应的处理;情节严重的,依法给予处分;构成犯罪的,依法追究刑事责任。

第二十九条　行政执法部门可以建立尽职免责制度,明确依法履行职责的评判标准,对符合条件的可以予以免责。

第三十条　行政执法人员依法履行职责时,有权拒绝任何单位和个人违反法定职责、法定程序或者有碍执法公正的要求,对干预行政执法活动的情况应当如实记录。

第三十一条　行政执法人员因依法履行职责遭受不实举报、诬告以及诽谤、侮辱的,行政执法部门应当及时澄清事实,消除不良影响,维护其合法权益。

第五章　附　　则

第三十二条　本规定自2021年11月1日起施行。1999年9月5日内蒙古自治区人民政府公布的《内蒙古自治区行政执法责任制规定》(内蒙古自治区人民政府令第98号)同时废止。

十二、行政执法资格、证照等相关规定

(一)部门规范性文件

财政部、司法部关于印发《综合行政执法制式服装和标志管理办法》的通知

(2020年12月9日 财行〔2020〕299号)

各省、自治区、直辖市人民政府,新疆生产建设兵团:

为加强综合行政执法制式服装和标志管理,推进规范文明执法,经国务院同意,财政部、司法部制定了《综合行政执法制式服装和标志管理办法》。现予印发,请遵照执行。

综合行政执法制式服装和标志管理办法

第一章 总 则

第一条 为加强综合行政执法制式服装和标志管理,推进规范文明执法,依据党中央、国务院关于深化综合行政执法改革的有关规定,制定本办法。

第二条 生态环境保护、交通运输、农业、文化市场、应急管理、市场监管等综合行政执法制式服装和标志管理适用本办法。

第三条 财政部、司法部负责制定综合行政执法制式服装和标志管理制度,国务院综合行政执法主管部门负责指导协调本领域制式服装和标志管理工作。

县级及以上地方人民政府司法行政、财政部门负责本地区综合行政执法制式服装和标志监督管理工作。

第四条 各地应当按照本办法规定的配发范围、标准和相关技术规范,在预算定额标准以内配发制式服装和标志。不得扩大着装范围,不得改变制式服装和标志式样,不得提高配发标准。

各地应当加强综合行政执法队伍建设,督促综合行政执法人员规范穿着制式服装、佩戴标志,严肃仪容仪表及执法风纪。

第五条 配发制式服装和标志所需经费,由地方各级人民政府纳入本级预算管理,列入综合行政执法部门的部门预算。

第六条 制式服装和标志的采购,原则上由省级及以上综合行政执法部门按照政府采购有关规定组织实施。

第二章 配发范围

第七条 地方各级综合行政执法部门主要履行行政处罚、行政强制、行政检查等行政执法职能的内设或所属执法机构中,取得行政执法证件且直接面向执法对象开展执法工作的在编在职人员配发制式服装和标志,其他人员不予配发。

国务院综合行政执法主管部门派出的执法机构中,符合前款规定的人员配发制式服装和标志,其他人员不予配发。

第八条 已配发制式服装和标志的综合行政执法人员,在履行行政执法职能时应当穿着制式服装、佩戴标志。

第三章 配发种类

第九条 帽类,具体包括:
(一)大檐帽(女士为卷檐帽);
(二)大檐凉帽(女士为卷檐凉帽);
(三)防寒帽(布面栽绒、皮面直毛皮)。

第十条 服装类,具体包括:
(一)常服(含上衣、裤子、衬衣);
(二)执勤服(春秋、冬执勤服,含上衣、裤子);
(三)夏装制式衬衣(长袖、短袖);
(四)单裤、裙子;
(五)防寒服(短款、长款)。

第十一条 鞋类,具体包括:
(一)单皮鞋;
(二)皮凉鞋;
(三)棉皮鞋、毛皮靴。

第十二条 标志类,具体包括:
(一)帽徽(大帽徽、小帽徽);
(二)臂章;
(三)肩章(硬肩章、软肩章、套式肩章);
(四)胸徽(硬胸徽、软胸徽);
(五)胸号(硬胸号、软胸号);
(六)领带;
(七)腰带。

第四章 气候区域和配发标准

第十三条 气候区域划分为热区、亚热区、南温区、北温区、寒区、高寒区。根据气候区域划分,确定制式服装的配发品种和使用年限。

第十四条 帽类
(一)大檐帽、大檐凉帽(女士为卷檐帽、卷檐凉帽)。
首次男士发大檐帽1顶、大檐凉帽1顶,女士发卷檐帽1顶、卷檐凉帽1顶,热区、亚热区、南温区使用年限4年,北温区、寒区、高寒区使用年限5年,期满换发大檐帽(卷檐帽)1顶、大檐凉帽(卷檐凉帽)1顶。
(二)防寒帽。
南北温区首次发布面栽绒防寒帽1顶,使用年限6年,期满换发1顶。
寒区、高寒区首次发皮面直毛皮防寒帽1顶,使用年限5年,期满换发1顶。

第十五条 服装类
(一)常服(含上衣、裤子、衬衣)。
首次发常服1套(含衬衣2件),使用年限4年,期满换发1套。
(二)执勤服(春秋、冬执勤服,含上衣、裤子)。
热区、亚热区、南北温区首次发春秋执勤服2套、冬执勤服1套,寒区、高寒区首次发春秋执勤服1套、冬执勤服2套,使用年限4年,期满换发春秋执勤服1套、冬执勤服1套。
(三)夏装制式衬衣(长袖、短袖)。
首次发长袖制式衬衣2件,使用年限3年,期满换发2件;发短袖制式衬衣3件,热区、亚热区使用年限2年,南北温区使用年限3年,寒区、高寒区使用年限4年,期满换发3件。
(四)单裤、裙子。
首次男士发单裤2条,使用年限2年,期满换发2条;女士发单裤、裙子共2条,款式自选,使用年限2年,期满换发单裤、裙子共2条。
(五)防寒服。
南北温区、寒区、高寒区首次发防寒服1件(南北温区为短款,寒区、高寒区为长款),南北温区使用年限8年,寒区、高寒区使用年限6年,期满换发1件。

第十六条 鞋类
(一)单皮鞋。
首次发单皮鞋1双,使用年限2年,期

满换发 1 双。

(二)皮凉鞋。

热区、亚热区、南北温区首次发皮凉鞋 1 双,使用年限 3 年,期满换发 1 双。

寒区、高寒区长期从事户外执法工作人员首次发皮凉鞋 1 双,使用年限 5 年,期满换发 1 双。

(三)棉皮鞋、毛皮靴。

南北温区首次发棉皮鞋 1 双,使用年限 4 年,期满换发 1 双。

寒区、高寒区首次发毛皮靴 1 双,使用年限 6 年,期满换发 1 双。

第十七条 标志类

(一)帽徽。

男士发大帽徽 2 枚,女士发大帽徽 1 枚、小帽徽 1 枚,损坏后交旧领新。

(二)臂章。

首次发臂章 2 副,损坏后交旧领新。

(三)肩章。

首次发硬肩章、软肩章、套式肩章各 2 副,损坏后交旧领新。

(四)胸徽。

首次发硬、软胸徽各 2 枚,损坏后交旧领新。

(五)胸号。

首次发硬、软胸号各 2 枚,损坏后交旧领新。

(六)领带。

首次发领带 1 条,损坏后交旧领新。

(七)腰带。

首次发腰带 2 条,使用年限 3 年,期满换发 1 条。

第五章 配发管理和监督

第十八条 首次配发时,各地应当按照本办法规定的种类和标准配发制式服装和标志。

第十九条 首次配发次年起,各地应当按照本办法规定的种类和标准,根据着装人员申请换发制式服装和标志。着装人员也可在个人年度定额内自主选配制式服装,但须符合执法工作实际需要并满足下列条件:

(一)仅限于选择与自己性别和身材相符的制式服装;

(二)鞋类每年度限选配一双;

(三)防寒服每 4 年限选配一件。

第二十条 个人年度定额根据本办法规定的配发种类、数量、使用年限、预算定额标准确定,包括分年度定额和年度平均定额两种,具体由各地结合实际确定。

分年度定额根据当年应换发的制式服装及标志数量和预算定额标准计算。第 N 年年度定额=Σ 第 N 年应换发的制式服装及标志数量×对应的预算定额。

年度平均定额根据全部配发种类、使用年限、预算定额标准计算。年度平均定额=Σ 制式服装及标志换发数量×对应的预算定额÷对应的使用年限。

个人年度定额余额指标可以结转使用。

第二十一条 各地应当严格胸号标志管理,确保胸号与行政执法证件编号一致。

第二十二条 制式服装和标志丢失、污损等影响正常执法工作的,按程序予以补发。因开展执法工作导致的,补发费用由单位负担;因个人原因导致的,补发费用由个人负担。

第二十三条 综合行政执法人员辞职、调离或者被辞退、开除的,应当交回所有制式服装和标志。综合行政执法人员退休的,应当交回所有标志。

废旧标志由各地组织统一回收处置。

第二十四条 相关单位和个人违反本办法规定,有下列情形之一的,应当依法依规严肃追究相关责任人责任:

(一)超范围、超标准配发制式服装和

标志；

（二）擅自改变制式服装和标志式样；

（三）自主选配时弄虚作假，超出实际工作需要；

（四）擅自赠送、出租、出借制式服装和标志；

（五）不按规定穿着制式服装、佩戴标志，仪容仪表不严肃，屡犯不改；

（六）其他违反本办法规定的情形。

第六章　附　　则

第二十五条　各省、自治区、直辖市司法行政、财政部门应当根据本办法，制定本地区综合行政执法制式服装和标志管理实施办法。

地方各级综合行政执法部门可以根据工作需要，制定本部门制式服装和标志具体管理规定，规范制作采购、配发领用、档案管理等行为。

第二十六条　涉及整合生态环境保护、交通运输、农业、文化市场、应急管理、市场监管等执法职能，在更大范围实行跨领域跨部门综合行政执法的，其制式服装和标志管理可以参照本办法执行。

第二十七条　本办法由财政部、司法部负责解释。

第二十八条　本办法自发布之日起施行。《农业专职植物检疫工作人员制服供应办法》（〔1987〕农（农）字第32号）、《沿海和内陆边境水域渔业执法人员制服供应办法》和《内陆水域渔业执法人员制服供应办法》（农渔发〔1996〕5号）、《工商行政管理人员制服管理和发放办法》（工商人字〔1988〕第170号）、《食品药品监督管理人员制式服装及标志供应办法》和《食品药品监督管理人员制式服装及标志式样标准》（食药监财〔2014〕15号）同时废止。

（二）地方政府规章及规范性文件

深圳市人民政府关于印发《深圳市行政执法证件管理办法》实施细则的通知

（2001年11月22日　深府〔2001〕168号）

《〈深圳市行政执法证件管理办法〉实施细则》已经市政府同意，现予印发，请遵照执行。

《深圳市行政执法证件管理办法》实施细则

第一章　总　　则

第一条　为了加强我市行政执法证件的管理，提高行政执法人员执法水平，促进依法行政，根据《深圳市行政执法证件管理办法》（以下简称《办法》）的规定，制定本实施细则。

第二条　《办法》第四条规定的行政执法人员和行政执法监督人员，应当持有深圳市人民政府统一颁发的行政执法证件，方可在深圳市行政区域内进行行政执法活动或行政执法监督活动。

《办法》第四条规定的"直接从事行政执法活动的工作人员"是指在行政机关、法律和法规授权的组织、依法接受委托的组织（以下统称执法单位）中行使行政检查权、行政处罚权和行政强制措施权的人员。

第三条　市法制局负责行政执法人员资格审查和培训，行政执法证件的颁发、年审和注销工作；各执法单位和各区政府法制机构配合市法制局做好行政执法证件管理工作。

第四条　各执法单位、各区政府法制机构应当指定专人负责本单位、本辖区行政执法证件管理工作。

第二章　《行政执法证》申领与资格审查

第五条　执法单位负责本单位行政执法人员《行政执法证》的申领工作；属委托行政执法的，委托单位负责受委托单位行政执法人员《行政执法证》的申领工作。

区政府的法制工作机构负责对辖区内执法单位的申请资料进行初审，初审合格后，方可报市法制局审查。

第六条　申领《行政执法证》，执法单位应当向市法制局提供以下资料：

（一）《深圳市行政执法证件申请表》；

（二）《深圳市行政执法人员名册》；

（三）本单位的"三定"方案及人员岗位设置表或者本单位的其他设立文件；

（四）属委托执法的，需提供行政执法委托书。

《深圳市行政执法人员名册》应当包括行政执法人员姓名、性别、年龄、学历、职务、岗位等内容。

第七条　市法制局收到申请资料后，应当即时进行形式审查，资料齐全的，当场办理资料受理登记，并将资料受理回执送交申请单位。

第八条　市法制局应当自申请资料受理之日起10个工作日内对申请执法单位和行政执法人员的资格进行实质审查，并将审查结果书面通知申请单位。

第三章　培训与考试

第九条　市法制局对符合条件的行政执法人员进行培训和考试；考试合格的，颁发《深圳市行政执法人员法律培训合格证书》。

第十条　行政执法人员培训内容包括行政执法基本知识、《中华人民共和国行政处罚法》、《中华人民共和国行政诉讼法》、《中华人民共和国行政复议法》、《中华人民共和国国家赔偿法》和专业法律知识。

市法制局可根据行政执法工作需要开设其他法律课程。

行政执法人员专业法律知识培训工作，由各执法单位组织实施。专业法律知识培训，每年至少组织一次。

第十一条　参加培训的行政执法人员应当遵守学习纪律，维护正常的教学秩序，并参加市法制局组织的统一考试。

第十二条　行政执法人员有下列情形之一的，取消当次考试资格：

（一）不参加培训的；

（二）缺勤两次以上的；

（三）扰乱课程秩序，经劝阻拒不改正的。

第十三条　行政执法人员有下列情形之一的，视为考试不合格：

（一）考试舞弊的；

（二）扰乱考试秩序，经劝阻拒不改正的。

第四章　《行政执法证》颁发与管理

第十四条　市法制局应当在行政执法人员取得《深圳市行政执法人员法律培训合格证书》10个工作日内颁发《行政执法证》。特殊情况，经主管领导批准，可延长15个工作日。

第十五条　《行政执法证》应当载明以下内容：

（一）执法单位名称；

（二）行政执法人员姓名、职务、性别和年龄；

（三）执法职责和执法范围；

（四）证件编号；

（五）发证单位名称；

（六）发证时间；

（七）证件年审情况。

第十六条 有下列（一）至（四）情形之一的，执法单位应当自事实发生之日起一个月内，向市法制局申请换发《行政执法证》：

（一）执法单位名称变更的；

（二）行政执法人员岗位变动的；

（三）行政执法人员职务变动的；

（四）执法类别、执法范围或者执法区域改变的；

（五）《行政执法证》破损的。

申请换发《行政执法证》，执法单位应当提交以下资料：

（一）《换发行政执法证件申请表》；

（二）需更换的《行政执法证》。

第十七条 《行政执法证》遗失的，执法单位应当按照《办法》第十四次规定在深圳市或者各区公开发行的报纸上声明作废，并申请补发。

申请补发《行政执法证》，执法单位应当提交以下资料：

（一）《补发行政执法证件申请书》；

（二）报纸刊载的遗失声明复印件。

第十八条 行政执法人员有下列情形之一，执法单位应当申请注销《行政执法证》：

（一）调离执法单位；

（二）调离行政执法岗位；

（三）退休；

（四）死亡；

（五）不能履行行政执法的其他情形。

申请注销《行政执法证》，执法单位应当提交以下资料：

（一）《注销行政执法证件申请书》；

（二）注销事实证明文件。

第十九条 执法单位应当在每年3月1日至4月30日将《行政执法证》报市法制局审核。未经年审的，不得继续使用。

第二十条 执法单位申请《行政执法证》年审，应当提交以下资料：

（一）年审报告；

（二）行政执法人员名单；

（三）《行政执法证》正本。

年审报告应当包括以下内容：

（一）本单位本年度行政执法工作基本情况；

（二）行政复议和行政诉讼情况；

（三）行政执法人员是否存在《办法》第十五条规定的情况；

（四）行政执法人员职务和岗位变动、调离、退休等情况。

第二十一条 市法制局应当在收到《行政执法证》换发、补发、注销或者年审申请之日起10个工作日内完成换发、补发、注销或者年审工作，并将处理结果告知申请单位。

第二十二条 行政执法人员有《办法》第十五条规定情形之一，市法制局决定通报批评、暂扣或者吊销《行政执法证》的，应当制作处理决定书。决定书应当载明作出决定的理由、事实和依据，并送达该行政执法人员。

第五章 附 则

第二十三条 《办法》规定的行政执法监督人员《行政执法监督证》的申领、颁发、年审、注销工作，参照《行政执法证》相关程序办理。

第二十四条 本实施细则自发布之日起施行。

第二十五条 本实施细则由市法制局负责解释。

北京市关于行政执法协调工作的若干规定

(2007年7月27日 京政发〔2007〕17号)

第一条 为贯彻落实国务院《全面推进依法行政实施纲要》(国发〔2004〕10号)和《国务院办公厅关于推行行政执法责任制的若干意见》(国办发〔2005〕37号),加强行政执法协调工作,提高行政执法效率,结合本市实际情况,制定本规定。

第二条 下列事项的协调适用本规定:

(一)行政执法部门之间发生的与执法职责有关的争议;

(二)行政执法部门之间发生的与执法依据适用有关的争议;

(三)行政执法部门之间在履行执法职责中的衔接和配合,包括案件移送、信息共享、工作配合等;

(四)其他在行政执法中需要协调的事项。

法律、法规、规章和市政府文件对行政执法协调另有规定的,按照规定执行。

第三条 行政执法协调应当坚持合法原则,有利于提高行政效率,保障政令畅通。

第四条 对本规定第二条所列事项,原则上依照法定职责由负有行政执法职责的部门进行协调。最先发现问题的行政执法部门负有主动协调的责任;相关行政执法部门负有配合协调的责任。

有下列情形之一的,按照以下规定执行:

(一)行政执法案件的移送问题,由先发现违法行为的行政执法部门负责协调被移送部门;

(二)行政许可在部门间的衔接事项,由先受理的行政执法部门负责协调其他部门;

(三)相对集中行政处罚权的部门与相关行政执法部门在行政许可、行政管理等执法行为的衔接事项,由相对集中行政处罚权的部门负责协调相关部门。

对前款所列事项,其他有关部门也可以向负有执法协调责任的部门提出协调意见和建议。

第五条 负有执法协调责任的行政执法部门在进行协调时,应当充分听取相关行政执法部门的意见,必要时可以召开座谈会、论证会等。

第六条 行政执法部门之间协调达成一致意见的,应当制作会议纪要或者其他文件,并加盖相关部门印章。协调意见的内容应包括:协调的事项、依据、达成一致的意见、实施的具体措施等。

第七条 行政执法部门之间协调达成一致的协调意见,应当报送同级人民政府备案。

第八条 行政执法部门之间协调不能达成一致意见的,由负有协调责任的行政执法部门按照下列规定提出协调申请:

(一)协调事项与部门职责有关的,向同级人民政府的机构编制管理机关提出申请;

(二)协调事项与行政执法依据适用有关的,向同级人民政府的法制机构提出申请;

(三)其他协调事项,向有执法协调职能的临时机构或议事协调机构提出申请;没有相应机构的,向同级人民政府提出申请,同级人民政府可指定有关部门进行协调。

区县行政执法部门除按照前款规定执行外,也可向各自的市级行政执法部门提出由市级行政执法部门进行协调的建议。

第九条 协调申请应以书面形式提出,其内容包括:申请协调的事项、自行协调的工作情况、主要争议、理由、依据以及其他需要说明的情况等,并附有关材料。

第十条　机构编制管理机关、政府法制机构、临时机构和议事协调机构,以及人民政府指定的承办协调工作的行政机关(以下统称协调机关)收到协调申请后,对属于本协调机关职责的,应当及时开展协调工作;对不属于本协调机关职责的,应当及时移交相关协调机关进行协调。对需要补充材料的,应当通知有关部门及时提供。

第十一条　协调机关协调的结果,按照下列规定处理:

(一)对协调事项达成一致意见的,由提起协调申请的行政执法部门会同相关部门,按照本规定第六条和第七条执行;

(二)对协调事项未达成一致意见的,协调机关应当提出意见,报同级人民政府决定。

协调机关在协调过程中,认为有关法律、法规、规章和规范性文件的内容需要进一步明确的,应当按照法定程序报请上级或有权机关处理。

第十二条　行政执法部门之间达成一致的协调意见和政府决定一经作出,相关行政执法部门应当严格执行。协调机关对行政执法部门之间达成一致的协调意见和政府决定的执行情况负有监督检查的责任。

第十三条　行政执法部门不履行协调职责、不配合协调工作或不执行协调意见,依照本市行政执法责任追究的有关规定处理。

第十四条　对依照本规定形成的协调意见,法律、法规、规章有新规定的,依照新规定执行。

第十五条　区县人民政府之间发生的行政执法管辖方面的争议,参照本规定执行。

第十六条　本规定自公布之日起施行。

北京市行政处罚执法资格管理办法

(2007年7月27日　京政发〔2007〕17号)

第一条　为贯彻落实国务院《全面推进依法行政实施纲要》(国发〔2004〕10号)和《国务院办公厅关于推行行政执法责任制的若干意见》(国办发〔2005〕37号),加强本市行政执法部门所属人员行政处罚执法资格管理工作,根据《中华人民共和国行政处罚法》,结合本市实际情况,制定本办法。

第二条　本市各级行政执法部门的工作人员根据本办法的规定,取得行政处罚执法资格后,方可从事行政处罚岗位工作。

第三条　取得行政处罚执法资格,应当掌握规范政府共同行为的法律规范的主要内容,熟悉本部门行政处罚岗位工作所依据的各项法律、法规、规章,并具有相应专业知识和技能。

第四条　取得行政处罚执法资格,应当经过培训、考试合格。

第五条　行政处罚执法资格培训、考试的内容包括公共法律知识和专业知识。

公共法律知识培训、考试的内容包括:行政处罚法、行政许可法等规范政府共同行为的法律法规。有关培训大纲和题库由市政府法制办会同市人事局、市监察局统一制定。

专业知识培训、考试的内容包括:专业法律、法规、规章及规范性文件,执法权限和程序、专业技能以及执法行为规范。有关培训大纲和题库由各市级行政执法部门制定。

第六条　公共法律知识培训、考试由市或区、县人民政府组织。专业知识培训、考试由市级行政执法部门组织。

第七条　市和区、县人民政府及其行政执法部门应当建立健全行政处罚执法资格培训、考试工作制度。

对新录用人员取得行政处罚执法资格的培训，每人累计不得少于60学时；对在岗人员每年要进行轮训，每人每年累计不得少于72学时。

第八条　行政处罚执法资格实行登记管理。考试合格的行政执法人员经登记后，取得行政处罚执法资格。

行政处罚执法资格登记管理工作由各行政执法部门负责，登记情况应当报本级人民政府法制、人事部门备案。

第九条　对经登记取得行政处罚执法资格的人员，应当发给行政执法证件，持证上岗。

第十条　本市行政执法证件由市人民政府统一监制。

国务院有关部门对行政执法证件另有规定的，可以按照其规定执行。

第十一条　行政执法证件由行政执法部门向同级人民政府法制机构申领并核发。

经区、县人民政府决定，其所属行政执法部门执法人员的行政执法证件，也可由本级人民政府统一核发，但相对集中行政处罚权的部门除外。

第十二条　行政执法证件应当妥善保管，不得涂改或者转借他人，如证件遗失应当及时向发证机关报告，并由发证机关声明作废。

第十三条　具有行政处罚执法资格的人员因调动、辞职、退休或者其他原因离开行政处罚岗位的，其行政处罚执法资格相应丧失，所在行政执法部门应当收回行政执法证件，并交回同级人民政府法制机构统一销毁。

第十四条　行政执法部门应当建立和完善行政处罚执法人员相关信息管理制度，将行政处罚执法人员执法情况及时输入电子信息管理系统，作为行政执法评议考核的依据。

第十五条　区、县人民政府和各级行政执法部门应当根据本办法的规定，建立本区县和本部门行政处罚执法资格管理的具体制度，并纳入行政执法责任制的实施工作。

第十六条　不按规定开展行政处罚执法资格培训、考试的，或无行政处罚执法资格实施行政处罚的，以及不按规定使用行政执法证件的，依照本市行政执法责任追究的有关规定处理。

第十七条　本办法自2008年1月1日起施行。

广东省《行政执法证》管理办法

（2013年12月31日广东省人民政府令第196号公布　根据2019年12月5日广东省人民政府令第269号第一次修改）

第一条　为了加强《广东省人民政府行政执法证》（以下简称《行政执法证》）的管理，规范行政执法行为，根据《中华人民共和国行政处罚法》、《中华人民共和国行政许可法》、《中华人民共和国行政强制法》等有关法律法规，制定本办法。

第二条　本省行政执法机构的行政执法人员从事行政执法活动，应当持有《行政执法证》或者国家法律、行政法规、部门规章规定的其他执法证件。

本办法所称行政执法机构是指行政机关、法律法规授权的组织和依法受委托实施行政执法的组织。

第三条　《行政执法证》的申领、核发、制作、使用及相关管理活动适用本办法。

第四条　《行政执法证》由省人民政府统一制发，加盖广东省人民政府行政执法证件专用章。

省人民政府司法行政部门负责省直行政执法机构《行政执法证》的核发以及全省《行政执法证》的使用监督工作；各地级以上市人民政府司法行政部门负责本行政区域《行政执法证》的核发以及使用监督工作。

行政执法机构负责本机构《行政执法证》的申领和日常管理工作。

第五条 《行政执法证》应当载明以下信息：

（一）证件编号；

（二）持证人的照片等基本信息及所属行政执法机构名称；

（三）执法区域；

（四）证件有效期；

（五）执法权来源。

省人民政府司法行政部门负责确定《行政执法证》的版式，并向社会公布。

第六条 申领《行政执法证》的人员应当符合下列条件：

（一）属于所在行政执法机构的在编在职人员；

（二）具有正常履行职责的身体条件；

（三）具有符合职位要求的文化程度；

（四）熟悉相关法律、法规、规章和行政执法业务，经综合法律知识和专业知识考试合格。

第七条 省人民政府司法行政部门负责统一核定行政执法人员综合法律知识考试内容、方式、标准，并根据法律、法规、规章的变更及时调整。

行政执法人员综合法律知识考试实行网上统一考试。省人民政府司法行政部门负责组织省人民政府及省人民政府垂直管理的行政执法机构行政执法人员的综合法律知识考试；地级以上市人民政府司法行政部门负责组织本行政区域行政执法机构行政执法人员的综合法律知识考试。

行政执法人员综合法律知识培训由县级以上人民政府司法行政部门负责组织；行政执法人员专业知识培训考试由县级以上人民政府行政主管部门负责组织。

行政执法人员取得法律职业资格的，免于行政执法资格考试。

第八条 除依法受委托实施行政执法的组织外的行政执法机构申领《行政执法证》按照下列程序办理：

（一）县（含县级市）、区人民政府的行政执法机构和乡（镇）人民政府向县（含县级市）、区人民政府司法行政部门提出申请；经县（含县级市）、区人民政府司法行政部门审核同意后报地级以上市人民政府司法行政部门核发。

（二）地级以上市人民政府的行政执法机构、地级市人民政府直接管理的镇人民政府、地级以上市人民政府垂直管理的行政执法机构向地级以上市人民政府司法行政部门提出申请；由地级以上市人民政府司法行政部门核发。

（三）省人民政府的行政执法机构、省人民政府垂直管理的行政执法机构，由行政执法机构向省人民政府司法行政部门申领，省人民政府司法行政部门审核同意后核发。

依法受委托实施行政执法的组织申领《行政执法证》的，应当由其委托组织按照前款所列程序代为申领。

第九条 办理《行政执法证》实行网上申领、网上审核。

行政执法机构申领《行政执法证》应当提交申请函、行政执法职权依据、机构编制文件及行政执法人员基本信息等申领材料。

行政执法机构应当如实提交申领材料，并对材料内容的真实性负责；申领《行政执法证》的数量不得超过本机构人员编制总数。

第十条 司法行政部门负责审查申领材料是否齐全、行政执法职权依据是否合法、行政执法人员是否通过综合法律知识考试或者取得法律职业资格、申领数量是否超过机构人员编制总数。

县、区人民政府司法行政部门应当自收到申领材料之日起5个工作日内完成审核，对申领资料齐全并符合条件的，审核同意并上报；对申领资料不齐全或者不符合条件的，应当退回行政执法机构并说明理由。

省、市人民政府司法行政部门应当自收到申领材料之日起5个工作日内完成审核，对申领资料齐全并符合条件的，同意办理；对申领资料不齐全或者不符合条件的，应当退回行政执法机构并说明理由。

《行政执法证》的办理时限自行政执法机构提交申领材料到负责核发的司法行政部门发放证件，不得超过20个工作日。

第十一条 行政执法人员应当在《行政执法证》载明的执法区域及证件有效期限内使用证件；不得将证件交给他人使用或者用于行政执法以外的用途。

行政执法人员在实施行政执法时，应当主动出示《行政执法证》，表明身份；对不出示《行政执法证》的，行政管理相对人有权拒绝。

第十二条 《行政执法证》相关信息应当在政府公众信息网上予以公开，供社会公众查询和监督。

第十三条 行政执法机构和行政执法人员应当妥善保管《行政执法证》；如有遗失，行政执法机构应当及时在当地主要报纸或者本级政府公众信息网上公告作废，并按照本办法第八、九、十条的规定提出补办申请。

《行政执法证》破损或者需要变更所载信息的，由持证人所在行政执法机构按照本办法第八、九、十条的规定提出补办申请。

第十四条 《行政执法证》的有效期为5年。

《行政执法证》到期前3个月，行政执法机构应当按照本办法第八、九、十条规定的程序申领换发；行政执法人员应当重新参加综合法律知识考试，考试不合格的，不予换发。

第十五条 行政执法人员有下列情形之一的，行政执法机构或者县级以上人民政府司法行政部门可以暂扣其《行政执法证》；情节严重的，取消其行政执法资格，依法给予处分；被取消行政执法资格的，不得再从事行政执法活动：

（一）未在《行政执法证》载明的执法区域及证件有效期限内使用证件的；

（二）将《行政执法证》交给他人使用或者用于行政执法以外的用途的；

（三）未依法履行岗位职责，玩忽职守、滥用行政执法权的；

（四）违反法定程序实施行政执法的；

（五）粗暴、野蛮执法的。

暂扣的期限为3个月，对被暂扣《行政执法证》的，其所在行政执法机构应当责令其改正；屡教不改的，取消其行政执法资格。行政执法机构应当将暂扣情况报省人民政府法制机构备案。

行政执法人员对被暂扣《行政执法证》或者取消行政执法资格的决定不服的，可以自收到处理决定之日起30日内向决定机关申请复核；对复核结果不服的，可以自收到复核决定之日起15日内向复核机关的上一级主管部门提出申诉；也可以不经复核，自收到处理决定之日起30日内向决定机关的上一级主管部门提出申诉。

第十六条 有下列情形之一的，行政执法机构应当收回《行政执法证》并上交省核发部门予以注销：

（一）《行政执法证》破损或者所载信息需要变更，持证人所在行政执法机构提出补办申请的；

（二）《行政执法证》过期的；

（三）行政执法人员被取消行政执法资格的；

（四）对不符合本办法规定条件的申领人核发了《行政执法证》的；

（五）行政执法人员死亡、退休、调离行政执法机构或者因其他原因离开行政执法机构的；

（六）需要收回、注销的其他情形。

第十七条 行政执法机构有下列情形之一的，由其上级主管部门或者县级以上人民政府司法行政部门责令其改正；情节严重的，由其上级主管部门对直接负责的主管人员和其他直接责任人员依法给予处分：

（一）申领材料弄虚作假的；

（二）未按本办法第十三条规定公告作废；

（三）未按本办法第十六条规定收回并上交《行政执法证》的。

第十八条 各级人民政府司法行政部门有下列情形之一的，由其上级主管部门责令改正；情节严重的，由其上级主管部门对直接负责的主管人员和其他直接责任人员依法给予处分：

（一）对符合申领条件的人员不予办理《行政执法证》的；

（二）对明知不符合申领条件的人员办理《行政执法证》的；

（三）未按照规定的程序和期限办理《行政执法证》的。

第十九条 本办法自2014年3月1日起施行。

十三、行政复议、行政诉讼

(一) 行政复议

中华人民共和国行政复议法

(1999年4月29日第九届全国人民代表大会常务委员会第九次会议通过 根据2009年8月27日第十一届全国人民代表大会常务委员会第十次会议《关于修改部分法律的决定》第一次修正 根据2017年9月1日第十二届全国人民代表大会常务委员会第二十九次会议《关于修改〈中华人民共和国法官法〉等八部法律的决定》第二次修正)

第一章 总 则

第一条 为了防止和纠正违法的或者不当的具体行政行为,保护公民、法人和其他组织的合法权益,保障和监督行政机关依法行使职权,根据宪法,制定本法。

第二条 公民、法人或者其他组织认为具体行政行为侵犯其合法权益,向行政机关提出行政复议申请,行政机关受理行政复议申请、作出行政复议决定,适用本法。

第三条 依照本法履行行政复议职责的行政机关是行政复议机关。行政复议机关负责法制工作的机构具体办理行政复议事项,履行下列职责:

(一) 受理行政复议申请;

(二) 向有关组织和人员调查取证,查阅文件和资料;

(三) 审查申请行政复议的具体行政行为是否合法与适当,拟订行政复议决定;

(四) 处理或者转送对本法第七条所列有关规定的审查申请;

(五) 对行政机关违反本法规定的行为依照规定的权限和程序提出处理建议;

(六) 办理因不服行政复议决定提起行政诉讼的应诉事项;

(七) 法律、法规规定的其他职责。

行政机关中初次从事行政复议的人员,应当通过国家统一法律职业资格考试取得法律职业资格。

第四条 行政复议机关履行行政复议职责,应当遵循合法、公正、公开、及时、便民的原则,坚持有错必纠,保障法律、法规的正确实施。

第五条 公民、法人或者其他组织对行政复议决定不服的,可以依照行政诉讼法的规定向人民法院提起行政诉讼,但是法律规定行政复议决定为最终裁决的除外。

第二章 行政复议范围

第六条 有下列情形之一的,公民、法人或者其他组织可以依照本法申请行政复议:

(一) 对行政机关作出的警告、罚款、没收违法所得、没收非法财物、责令停产停业、暂扣或者吊销许可证、暂扣或者吊销执照、行政拘留等行政处罚决定不服的;

(二) 对行政机关作出的限制人身自由或者查封、扣押、冻结财产等行政强制措施决定不服的;

（三）对行政机关作出的有关许可证、执照、资质证、资格证等证书变更、中止、撤销的决定不服的；

（四）对行政机关作出的关于确认土地、矿藏、水流、森林、山岭、草原、荒地、滩涂、海域等自然资源的所有权或者使用权的决定不服的；

（五）认为行政机关侵犯合法的经营自主权的；

（六）认为行政机关变更或者废止农业承包合同，侵犯其合法权益的；

（七）认为行政机关违法集资、征收财物、摊派费用或者违法要求履行其他义务的；

（八）认为符合法定条件，申请行政机关颁发许可证、执照、资质证、资格证等证书，或者申请行政机关审批、登记有关事项，行政机关没有依法办理的；

（九）申请行政机关履行保护人身权利、财产权利、受教育权利的法定职责，行政机关没有依法履行的；

（十）申请行政机关依法发放抚恤金、社会保险金或者最低生活保障费，行政机关没有依法发放的；

（十一）认为行政机关的其他具体行政行为侵犯其合法权益的。

第七条　公民、法人或者其他组织认为行政机关的具体行政行为所依据的下列规定不合法，在对具体行政行为申请行政复议时，可以一并向行政复议机关提出对该规定的审查申请：

（一）国务院部门的规定；

（二）县级以上地方各级人民政府及其工作部门的规定；

（三）乡、镇人民政府的规定。

前款所列规定不含国务院部、委员会规章和地方人民政府规章。规章的审查依照法律、行政法规办理。

第八条　不服行政机关作出的行政处分或者其他人事处理决定的，依照有关法律、行政法规的规定提出申诉。

不服行政机关对民事纠纷作出的调解或者其他处理，依法申请仲裁或者向人民法院提起诉讼。

第三章　行政复议申请

第九条　公民、法人或者其他组织认为具体行政行为侵犯其合法权益的，可以自知道该具体行政行为之日起六十日内提出行政复议申请；但是法律规定的申请期限超过六十日的除外。

因不可抗力或者其他正当理由耽误法定申请期限的，申请期限自障碍消除之日起继续计算。

第十条　依照本法申请行政复议的公民、法人或者其他组织是申请人。

有权申请行政复议的公民死亡的，其近亲属可以申请行政复议。有权申请行政复议的公民为无民事行为能力人或者限制民事行为能力人的，其法定代理人可以代为申请行政复议。有权申请行政复议的法人或者其他组织终止的，承受其权利的法人或者其他组织可以申请行政复议。

同申请行政复议的具体行政行为有利害关系的其他公民、法人或者其他组织，可以作为第三人参加行政复议。

公民、法人或者其他组织对行政机关的具体行政行为不服申请行政复议的，作出具体行政行为的行政机关是被申请人。

申请人、第三人可以委托代理人代为参加行政复议。

第十一条　申请人申请行政复议，可以书面申请，也可以口头申请；口头申请的，行政复议机关应当当场记录申请人的基本情况、行政复议请求、申请行政复议的主要事实、理由和时间。

第十二条　对县级以上地方各级人民

政府工作部门的具体行政行为不服的,由申请人选择,可以向该部门的本级人民政府申请行政复议,也可以向上一级主管部门申请行政复议。

对海关、金融、国税、外汇管理等实行垂直领导的行政机关和国家安全机关的具体行政行为不服的,向上一级主管部门申请行政复议。

第十三条 对地方各级人民政府的具体行政行为不服的,向上一级地方人民政府申请行政复议。

对省、自治区人民政府依法设立的派出机关所属的县级地方人民政府的具体行政行为不服的,向该派出机关申请行政复议。

第十四条 对国务院部门或省、自治区、直辖市人民政府的具体行政行为不服的,向作出该具体行政行为的国务院部门或者省、自治区、直辖市人民政府申请行政复议。对行政复议决定不服的,可以向人民法院提起行政诉讼;也可以向国务院申请裁决,国务院依照本法的规定作出最终裁决。

第十五条 对本法第十二条、第十三条、第十四条规定以外的其他行政机关、组织的具体行政行为不服的,按照下列规定申请行政复议:

(一)对县级以上地方人民政府依法设立的派出机关的具体行政行为不服的,向设立该派出机关的人民政府申请行政复议;

(二)对政府工作部门依法设立的派出机构依照法律、法规或者规章规定,以自己的名义作出的具体行政行为不服的,向设立该派出机构的部门或者该部门的本级地方人民政府申请行政复议;

(三)对法律、法规授权的组织的具体行政行为不服的,分别向直接管理该组织的地方人民政府、地方人民政府工作部门或者国务院部门申请行政复议;

(四)对两个或者两个以上行政机关以共同的名义作出的具体行政行为不服的,向其共同上一级行政机关申请行政复议;

(五)对被撤销的行政机关在撤销前所作出的具体行政行为不服的,向继续行使其职权的行政机关的上一级行政机关申请行政复议。

有前款所列情形之一的,申请人也可以向具体行政行为发生地的县级地方人民政府提出行政复议申请,由接受申请的县级地方人民政府依照本法第十八条的规定办理。

第十六条 公民、法人或者其他组织申请行政复议,行政复议机关已经依法受理的,或者法律、法规规定应当先向行政复议机关申请行政复议,对行政复议决定不服再向人民法院提起行政诉讼的,在法定行政复议期限内不得向人民法院提起行政诉讼。

公民、法人或者其他组织向人民法院提起行政诉讼,人民法院已经依法受理的,不得申请行政复议。

第四章 行政复议受理

第十七条 行政复议机关收到行政复议申请后,应当在五日内进行审查,对不符合本法规定的行政复议申请,决定不予受理,并书面告知申请人;对符合本法规定,但是不属于本机关受理的行政复议申请,应当告知申请人向有关行政复议机关提出。

除前款规定外,行政复议申请自行政复议机关负责法制工作的机构收到之日起即为受理。

第十八条 依照本法第十五条第二款的规定接受行政复议申请的县级地方人民政府,对依照本法第十五条第一款的规定属于其他行政复议机关受理的行政复议申请,应当自接到该行政复议申请之日起七日内,转送有关行政复议机关,并告知申请人。接受转送的行政复议机关应当依照本法第十七条的规定办理。

第十九条　法律、法规规定应当先向行政复议机关申请行政复议、对行政复议决定不服再向人民法院提起行政诉讼的,行政复议机关决定不予受理或者受理后超过行政复议期限不作答复的,公民、法人或者其他组织可以自收到不予受理决定书之日起或者行政复议期满之日起十五日内,依法向人民法院提起行政诉讼。

第二十条　公民、法人或者其他组织依法提出行政复议申请,行政复议机关无正当理由不予受理的,上级行政机关应当责令其受理;必要时,上级行政机关也可以直接受理。

第二十一条　行政复议期间具体行政行为不停止执行;但是,有下列情形之一的,可以停止执行:

(一)被申请人认为需要停止执行的;

(二)行政复议机关认为需要停止执行的;

(三)申请人申请停止执行,行政复议机关认为其要求合理,决定停止执行的;

(四)法律规定停止执行的。

第五章　行政复议决定

第二十二条　行政复议原则上采取书面审查的办法,但是申请人提出要求或者行政复议机关负责法制工作的机构认为有必要时,可以向有关组织和人员调查情况,听取申请人、被申请人和第三人的意见。

第二十三条　行政复议机关负责法制工作的机构应当自行政复议申请受理之日起七日内,将行政复议申请书副本或者行政复议申请笔录复印件发送被申请人。被申请人应当自收到申请书副本或者申请笔录复印件之日起十日内,提出书面答复,并提交当初作出具体行政行为的证据、依据和其他有关材料。

申请人、第三人可以查阅被申请人提出的书面答复、作出具体行政行为的证据、依据和其他有关材料,除涉及国家秘密、商业秘密或者个人隐私外,行政复议机关不得拒绝。

第二十四条　在行政复议过程中,被申请人不得自行向申请人和其他有关组织或者个人收集证据。

第二十五条　行政复议决定作出前,申请人要求撤回行政复议申请的,经说明理由,可以撤回;撤回行政复议申请的,行政复议终止。

第二十六条　申请人在申请行政复议时,一并提出对本法第七条所列有关规定的审查申请的,行政复议机关对该规定有权处理的,应当在三十日内依法处理;无权处理的,应当在七日内按照法定程序转送有权处理的行政机关依法处理,有权处理的行政机关应当在六十日内依法处理。处理期间,中止对具体行政行为的审查。

第二十七条　行政复议机关在对被申请人作出的具体行政行为进行审查时,认为其依据不合法,本机关有权处理的,应当在三十日内依法处理;无权处理的,应当在七日内按照法定程序转送有权处理的国家机关依法处理。处理期间,中止对具体行政行为的审查。

第二十八条　行政复议机关负责法制工作的机构应当对被申请人作出的具体行政行为进行审查,提出意见,经行政复议机关的负责人同意或者集体讨论通过后,按照下列规定作出行政复议决定:

(一)具体行政行为认定事实清楚,证据确凿,适用依据正确,程序合法,内容适当的,决定维持;

（二）被申请人不履行法定职责的,决定其在一定期限内履行;

（三）具体行政行为有下列情形之一的,决定撤销、变更或者确认该具体行政行为违法;决定撤销或者确认该具体行政行为违法的,可以责令被申请人在一定期限内重新作出具体行政行为:

1. 主要事实不清、证据不足的;
2. 适用依据错误的;
3. 违反法定程序的;
4. 超越或者滥用职权的;
5. 具体行政行为明显不当的。

（四）被申请人不按照本法第二十三条的规定提出书面答复、提交当初作出具体行政行为的证据、依据和其他有关材料的,视为该具体行政行为没有证据、依据,决定撤销该具体行政行为。

行政复议机关责令被申请人重新作出具体行政行为的,被申请人不得以同一的事实和理由作出与原具体行政行为相同或者基本相同的具体行政行为。

第二十九条 申请人在申请行政复议时可以一并提出行政赔偿请求,行政复议机关对符合国家赔偿法的有关规定应当给予赔偿的,在决定撤销、变更具体行政行为或者确认具体行政行为违法时,应当同时决定被申请人依法给予赔偿。

申请人在申请行政复议时没有提出行政赔偿请求的,行政复议机关在依法决定撤销或者变更罚款,撤销违法集资、没收财物、征收财物、摊派费用以及对财产的查封、扣押、冻结等具体行政行为时,应当同时责令被申请人返还财产,解除对财产的查封、扣押、冻结措施,或者赔偿相应的价款。

第三十条 公民、法人或者其他组织认为行政机关的具体行政行为侵犯其已经依法取得的土地、矿藏、水流、森林、山岭、草原、荒地、滩涂、海域等自然资源的所有权或者使用权的,应当先申请行政复议;对行政复议决定不服的,可以依法向人民法院提起行政诉讼。

根据国务院或省、自治区、直辖市人民政府对行政区划的勘定、调整或者征收土地的决定,省、自治区、直辖市人民政府确认土地、矿藏、水流、森林、山岭、草原、荒地、滩涂、海域等自然资源的所有权或者使用权的行政复议决定为最终裁决。

第三十一条 行政复议机关应当自受理申请之日起六十日内作出行政复议决定;但是法律规定的行政复议期限少于六十日的除外。情况复杂,不能在规定期限内作出行政复议决定的,经行政复议机关的负责人批准,可以适当延长,并告知申请人和被申请人;但是延长期限最多不超过三十日。

行政复议机关作出行政复议决定,应当制作行政复议决定书,并加盖印章。

行政复议决定书一经送达,即发生法律效力。

第三十二条 被申请人应当履行行政复议决定。

被申请人不履行或者无正当理由拖延履行行政复议决定的,行政复议机关或者有关上级行政机关应当责令其限期履行。

第三十三条 申请人逾期不起诉又不履行行政复议决定的,或者不履行最终裁决的行政复议决定的,按照下列规定分别处理:

（一）维持具体行政行为的行政复议决定,由作出具体行政行为的行政机关依法强制执行,或者申请人民法院强制执行;

（二）变更具体行政行为的行政复议决定,由行政复议机关依法强制执行,或者申请人民法院强制执行。

第六章　法律责任

第三十四条　行政复议机关违反本法规定,无正当理由不予受理依法提出的行政复议申请或者不按照规定转送行政复议申请的,或者在法定期限内不作出行政复议决定的,对直接负责的主管人员和其他直接责任人员依法给予警告、记过、记大过的行政处分;经责令受理仍不受理或者不按照规定转送行政复议申请,造成严重后果的,依法给予降级、撤职、开除的行政处分。

第三十五条　行政复议机关工作人员在行政复议活动中,徇私舞弊或者有其他渎职、失职行为的,依法给予警告、记过、记大过的行政处分;情节严重的,依法给予降级、撤职、开除的行政处分;构成犯罪的,依法追究刑事责任。

第三十六条　被申请人违反本法规定,不提出书面答复或者不提交作出具体行政行为的证据、依据和其他有关材料,或者阻挠、变相阻挠公民、法人或者其他组织依法申请行政复议的,对直接负责的主管人员和其他直接责任人员依法给予警告、记过、记大过的行政处分;进行报复陷害的,依法给予降级、撤职、开除的行政处分;构成犯罪的,依法追究刑事责任。

第三十七条　被申请人不履行或者无正当理由拖延履行行政复议决定的,对直接负责的主管人员和其他直接责任人员依法给予警告、记过、记大过的行政处分;经责令履行仍拒不履行的,依法给予降级、撤职、开除的行政处分。

第三十八条　行政复议机关负责法制工作的机构发现有无正当理由不予受理行政复议申请、不按照规定期限作出行政复议决定、徇私舞弊、对申请人打击报复或者不履行行政复议决定等情形的,应当向有关行政机关提出建议,有关行政机关应当依照本法和有关法律、行政法规的规定作出处理。

第七章　附　则

第三十九条　行政复议机关受理行政复议申请,不得向申请人收取任何费用。行政复议活动所需经费,应当列入本机关的行政经费,由本级财政予以保障。

第四十条　行政复议期间的计算和行政复议文书的送达,依照民事诉讼法关于期间、送达的规定执行。

本法关于行政复议期间有关"五日"、"七日"的规定是指工作日,不含节假日。

第四十一条　外国人、无国籍人、外国组织在中华人民共和国境内申请行政复议,适用本法。

第四十二条　本法施行前公布的法律有关行政复议的规定与本法的规定不一致的,以本法的规定为准。

第四十三条　本法自1999年10月1日起施行。1990年12月24日国务院发布、1994年10月9日国务院修订发布的《行政复议条例》同时废止。

中华人民共和国
行政复议法实施条例

(2007年5月23日国务院第177次常务会议通过　2007年5月29日中华人民共和国国务院令第499号公布　自2007年8月1日起施行)

第一章　总　则

第一条　为了进一步发挥行政复议制度在解决行政争议、建设法治政府、构建社会主义和谐社会中的作用,根据《中华人民共和国行政复议法》(以下简称行政复议法),制定本条例。

第二条 各级行政复议机关应当认真履行行政复议职责，领导并支持本机关负责法制工作的机构（以下简称行政复议机构）依法办理行政复议事项，并依照有关规定配备、充实、调剂专职行政复议人员，保证行政复议机构的办案能力与工作任务相适应。

第三条 行政复议机构除应当依照行政复议法第三条的规定履行职责外，还应当履行下列职责：

（一）依照行政复议法第十八条的规定转送有关行政复议申请；

（二）办理行政复议法第二十九条规定的行政赔偿等事项；

（三）按照职责权限，督促行政复议申请的受理和行政复议决定的履行；

（四）办理行政复议、行政应诉案件统计和重大行政复议决定备案事项；

（五）办理或者组织办理未经行政复议直接提起行政诉讼的行政应诉事项；

（六）研究行政复议工作中发现的问题，及时向有关机关提出改进建议，重大问题及时向行政复议机关报告。

第四条 专职行政复议人员应当具备与履行行政复议职责相适应的品行、专业知识和业务能力，并取得相应资格。具体办法由国务院法制机构会同国务院有关部门规定。

第二章　行政复议申请

第一节　申　请　人

第五条 依照行政复议法和本条例的规定申请行政复议的公民、法人或者其他组织为申请人。

第六条 合伙企业申请行政复议的，应当以核准登记的企业为申请人，由执行合伙事务的合伙人代表该企业参加行政复议；其他合伙组织申请行政复议的，由合伙人共同申请行政复议。

前款规定以外的不具备法人资格的其他组织申请行政复议的，由该组织的主要负责人代表该组织参加行政复议；没有主要负责人的，由共同推选的其他成员代表该组织参加行政复议。

第七条 股份制企业的股东大会、股东代表大会、董事会认为行政机关作出的具体行政行为侵犯企业合法权益的，可以以企业的名义申请行政复议。

第八条 同一行政复议案件申请人超过5人的，推选1至5名代表参加行政复议。

第九条 行政复议期间，行政复议机构认为申请人以外的公民、法人或者其他组织与被审查的具体行政行为有利害关系的，可以通知其作为第三人参加行政复议。

行政复议期间，申请人以外的公民、法人或者其他组织与被审查的具体行政行为有利害关系的，可以向行政复议机构申请作为第三人参加行政复议。

第三人不参加行政复议，不影响行政复议案件的审理。

第十条 申请人、第三人可以委托1至2名代理人参加行政复议。申请人、第三人委托代理人的，应当向行政复议机构提交授权委托书。授权委托书应当载明委托事项、权限和期限。公民在特殊情况下无法书面委托的，可以口头委托。口头委托的，行政复议机构应当核实并记录在卷。申请人、第三人解除或者变更委托的，应当书面报告行政复议机构。

第二节　被 申 请 人

第十一条 公民、法人或者其他组织对行政机关的具体行政行为不服，依照行政复议法和本条例的规定申请行政复议的,作出该具体行政行为的行政机关为被申请人。

第十二条 行政机关与法律、法规授权的组织以共同的名义作出具体行政行为的,行政机关和法律、法规授权的组织为共同被申请人。

行政机关与其他组织以共同名义作出具体行政行为的,行政机关为被申请人。

第十三条 下级行政机关依照法律、法规、规章规定,经上级行政机关批准作出具体行政行为的,批准机关为被申请人。

第十四条 行政机关设立的派出机构、内设机构或者其他组织,未经法律、法规授权,对外以自己名义作出具体行政行为的,该行政机关为被申请人。

第三节 行政复议申请期限

第十五条 行政复议法第九条第一款规定的行政复议申请期限的计算,依照下列规定办理:

(一)当场作出具体行政行为的,自具体行政行为作出之日起计算;

(二)载明具体行政行为的法律文书直接送达的,自受送达人签收之日起计算;

(三)载明具体行政行为的法律文书邮寄送达的,自受送达人在邮件签收单上签收之日起计算;没有邮件签收单的,自受送达人在送达回执上签名之日起计算;

(四)具体行政行为依法通过公告形式告知受送达人的,自公告规定的期限届满之日起计算;

(五)行政机关作出具体行政行为时未告知公民、法人或者其他组织,事后补充告知的,自该公民、法人或者其他组织收到行政机关补充告知的通知之日起计算;

(六)被申请人能够证明公民、法人或者其他组织知道具体行政行为的,自证据材料证明其知道具体行政行为之日起计算。

行政机关作出具体行政行为,依法应当向有关公民、法人或者其他组织送达法律文书而未送达的,视为该公民、法人或者其他组织不知道该具体行政行为。

第十六条 公民、法人或者其他组织依照行政复议法第六条第(八)项、第(九)项、第(十)项的规定申请行政机关履行法定职责,行政机关未履行的,行政复议申请期限依照下列规定计算:

(一)有履行期限规定的,自履行期限届满之日起计算;

(二)没有履行期限规定的,自行政机关收到申请满60日起计算。

公民、法人或者其他组织在紧急情况下请求行政机关履行保护人身权、财产权的法定职责,行政机关不履行的,行政复议申请期限不受前款规定的限制。

第十七条 行政机关作出的具体行政行为对公民、法人或者其他组织的权利、义务可能产生不利影响的,应当告知其申请行政复议的权利、行政复议机关和行政复议申请期限。

第四节 行政复议申请的提出

第十八条 申请人书面申请行政复议的,可以采取当面递交、邮寄或者传真等方式提出行政复议申请。

有条件的行政复议机构可以接受以电子邮件形式提出的行政复议申请。

第十九条 申请人书面申请行政复议的,应当在行政复议申请书中载明下列事项:

(一)申请人的基本情况,包括:公民的姓名、性别、年龄、身份证号码、工作单位、住所、邮政编码;法人或者其他组织的名称、住所、邮政编码和法定代表人或者主要负责人的姓名、职务;

(二)被申请人的名称;

（三）行政复议请求、申请行政复议的主要事实和理由；

（四）申请人的签名或者盖章；

（五）申请行政复议的日期。

第二十条 申请人口头申请行政复议的，行政复议机构应当依照本条例第十九条规定的事项，当场制作行政复议申请笔录交申请人核对或者向申请人宣读，并由申请人签字确认。

第二十一条 有下列情形之一的，申请人应当提供证明材料：

（一）认为被申请人不履行法定职责的，提供曾经要求被申请人履行法定职责而被申请人未履行的证明材料；

（二）申请行政复议时一并提出行政赔偿请求的，提供受具体行政行为侵害而造成损害的证明材料；

（三）法律、法规规定需要申请人提供证据材料的其他情形。

第二十二条 申请人提出行政复议申请时错列被申请人的，行政复议机构应当告知申请人变更被申请人。

第二十三条 申请人对两个以上国务院部门共同作出的具体行政行为不服的，依照行政复议法第十四条的规定，可以向其中任何一个国务院部门提出行政复议申请，由作出具体行政行为的国务院部门共同作出行政复议决定。

第二十四条 申请人对经国务院批准实行省以下垂直领导的部门作出的具体行政行为不服的，可以选择向该部门的本级人民政府或者上一级主管部门申请复议；省、自治区、直辖市另有规定的，依照省、自治区、直辖市的规定办理。

第二十五条 申请人依照行政复议法第三十条第二款的规定申请行政复议的，应当向省、自治区、直辖市人民政府提出行政复议申请。

第二十六条 依照行政复议法第七条的规定，申请人认为具体行政行为所依据的规定不合法的，可以在对具体行政行为申请行政复议的同时一并提出对该规定的审查申请；申请人在对具体行政行为提出行政复议申请时尚不知道该具体行政行为所依据的规定的，可以在行政复议机关作出行政复议决定前向行政复议机关提出对该规定的审查申请。

第三章　行政复议受理

第二十七条 公民、法人或者其他组织认为行政机关的具体行政行为侵犯其合法权益提出行政复议申请，除不符合行政复议法和本条例规定的申请条件的，行政复议机关必须受理。

第二十八条 行政复议申请符合下列规定的，应当予以受理：

（一）有明确的申请人和符合规定的被申请人；

（二）申请人与具体行政行为有利害关系；

（三）有具体的行政复议请求和理由；

（四）在法定申请期限内提出；

（五）属于行政复议法规定的行政复议范围；

（六）属于收到行政复议申请的行政复议机构的职责范围；

（七）其他行政复议机关尚未受理同一行政复议申请，人民法院尚未受理同一主体就同一事实提起的行政诉讼。

第二十九条 行政复议申请材料不齐全或者表述不清楚的，行政复议机构可以自收到该行政复议申请之日起5日内书面通知申请人补正。补正通知应当载明需要补正的事项和合理的补正期限。无正当理由逾期不补正的，视为申请人放弃行政复议申请。补正申请材料所用时间不计入行政复议审理期限。

第三十条　申请人就同一事项向两个或者两个以上有权受理的行政机关申请行政复议的,由最先收到行政复议申请的行政机关受理;同时收到行政复议申请的,由收到行政复议申请的行政机关在10日内协商确定;协商不成的,由其共同上一级行政机关在10日内指定受理机关。协商确定或者指定受理机关所用时间不计入行政复议审理期限。

第三十一条　依照行政复议法第二十条的规定,上级行政机关认为行政复议机关不予受理行政复议申请的理由不成立的,可以先行督促其受理;经督促仍不受理的,应当责令其限期受理,必要时也可以直接受理;认为行政复议申请不符合法定受理条件的,应当告知申请人。

第四章　行政复议决定

第三十二条　行政复议机构审理行政复议案件,应当由2名以上行政复议人员参加。

第三十三条　行政复议机构认为必要时,可以实地调查核实证据;对重大、复杂的案件,申请人提出要求或者行政复议机构认为必要时,可以采取听证的方式审理。

第三十四条　行政复议人员向有关组织和人员调查取证时,可以查阅、复制、调取有关文件和资料,向有关人员进行询问。

调查取证时,行政复议人员不得少于2人,并应当向当事人或者有关人员出示证件。被调查单位和人员应当配合行政复议人员的工作,不得拒绝或者阻挠。

需要现场勘验的,现场勘验所用时间不计入行政复议审理期限。

第三十五条　行政复议机关应当为申请人、第三人查阅有关材料提供必要条件。

第三十六条　依照行政复议法第十四条的规定申请原级行政复议的案件,由原承办具体行政行为有关事项的部门或者机构提出书面答复,并提交作出具体行政行为的证据、依据和其他有关材料。

第三十七条　行政复议期间涉及专门事项需要鉴定的,当事人可以自行委托鉴定机构进行鉴定,也可以申请行政复议机构委托鉴定机构进行鉴定。鉴定费用由当事人承担。鉴定所用时间不计入行政复议审理期限。

第三十八条　申请人在行政复议决定作出前自愿撤回行政复议申请的,经行政复议机构同意,可以撤回。

申请人撤回行政复议申请的,不得再以同一事实和理由提出行政复议申请。但是,申请人能够证明撤回行政复议申请违背其真实意思表示的除外。

第三十九条　行政复议期间被申请人改变原具体行政行为的,不影响行政复议案件的审理。但是,申请人依法撤回行政复议申请的除外。

第四十条　公民、法人或者其他组织对行政机关行使法律、法规规定的自由裁量权作出的具体行政行为不服申请行政复议,申请人与被申请人在行政复议决定作出前自愿达成和解的,应当向行政复议机构提交书面和解协议;和解内容不损害社会公共利益和他人合法权益的,行政复议机构应当准许。

第四十一条　行政复议期间有下列情形之一,影响行政复议案件审理的,行政复议中止:

(一)作为申请人的自然人死亡,其近亲属尚未确定是否参加行政复议的;

(二)作为申请人的自然人丧失参加行政复议的能力,尚未确定法定代理人参加行政复议的;

(三)作为申请人的法人或者其他组织

终止,尚未确定权利义务承受人的;

（四）作为申请人的自然人下落不明或者被宣告失踪的;

（五）申请人、被申请人因不可抗力,不能参加行政复议的;

（六）案件涉及法律适用问题,需要有权机关作出解释或者确认的;

（七）案件审理需要以其他案件的审理结果为依据,而其他案件尚未审结的;

（八）其他需要中止行政复议的情形。

行政复议中止的原因消除后,应当及时恢复行政复议案件的审理。

行政复议机构中止、恢复行政复议案件的审理,应当告知有关当事人。

第四十二条 行政复议期间有下列情形之一的,行政复议终止:

（一）申请人要求撤回行政复议申请,行政复议机构准予撤回的;

（二）作为申请人的自然人死亡,没有近亲属或者其近亲属放弃行政复议权利的;

（三）作为申请人的法人或者其他组织终止,其权利义务的承受人放弃行政复议权利的;

（四）申请人与被申请人依照本条例第四十条的规定,经行政复议机构准许达成和解的;

（五）申请人对行政拘留或者限制人身自由的行政强制措施不服申请行政复议后,因申请人同一违法行为涉嫌犯罪,该行政拘留或者限制人身自由的行政强制措施变更为刑事拘留的。

依照本条例第四十一条第一款第（一）项、第（二）项、第（三）项规定中止行政复议,满60日行政复议中止的原因仍未消除的,行政复议终止。

第四十三条 依照行政复议法第二十八条第一款第（一）项规定,具体行政行为认定事实清楚,证据确凿,适用依据正确,程序合法,内容适当的,行政复议机关应当决定维持。

第四十四条 依照行政复议法第二十八条第一款第（二）项规定,被申请人不履行法定职责的,行政复议机关应当决定其在一定期限内履行法定职责。

第四十五条 具体行政行为有行政复议法第二十八条第一款第（三）项规定情形之一的,行政复议机关应当决定撤销、变更该具体行政行为或者确认该具体行政行为违法;决定撤销该具体行政行为或者确认该具体行政行为违法的,可以责令被申请人在一定期限内重新作出具体行政行为。

第四十六条 被申请人未依照行政复议法第二十三条的规定提出书面答复、提交当初作出具体行政行为的证据、依据和其他有关材料的,视为该具体行政行为没有证据、依据,行政复议机关应当决定撤销该具体行政行为。

第四十七条 具体行政行为有下列情形之一,行政复议机关可以决定变更:

（一）认定事实清楚,证据确凿,程序合法,但是明显不当或者适用依据错误的;

（二）认定事实不清,证据不足,但是经行政复议机关审理查明事实清楚,证据确凿的。

第四十八条 有下列情形之一的,行政复议机关应当决定驳回行政复议申请:

（一）申请人认为行政机关不履行法定职责申请行政复议,行政复议机关受理后发现该行政机关没有相应法定职责或者在受理前已经履行法定职责的;

（二）受理行政复议申请后,发现该行政复议申请不符合行政复议法和本条例规定的受理条件的。

上级行政机关认为行政复议机关驳回行政复议申请的理由不成立的,应当责令其恢复审理。

第四十九条　行政复议机关依照行政复议法第二十八条的规定责令被申请人重新作出具体行政行为的,被申请人应当在法律、法规、规章规定的期限内重新作出具体行政行为;法律、法规、规章未规定期限的,重新作出具体行政行为的期限为60日。

公民、法人或者其他组织对被申请人重新作出的具体行政行为不服,可以依法申请行政复议或者提起行政诉讼。

第五十条　有下列情形之一的,行政复议机关可以按照自愿、合法的原则进行调解:

(一)公民、法人或者其他组织对行政机关行使法律、法规规定的自由裁量权作出的具体行政行为不服申请行政复议的;

(二)当事人之间的行政赔偿或者行政补偿纠纷。

当事人经调解达成协议的,行政复议机关应当制作行政复议调解书。调解书应当载明行政复议请求、事实、理由和调解结果,并加盖行政复议机关印章。行政复议调解书经双方当事人签字,即具有法律效力。

调解未达成协议或者调解书生效前一方反悔的,行政复议机关应当及时作出行政复议决定。

第五十一条　行政复议机关在申请人的行政复议请求范围内,不得作出对申请人更为不利的行政复议决定。

第五十二条　第三人逾期不起诉又不履行行政复议决定的,依照行政复议法第三十三条的规定处理。

第五章　行政复议指导和监督

第五十三条　行政复议机关应当加强对行政复议工作的领导。

行政复议机构在本级行政复议机关的领导下,按照职责权限对行政复议工作进行督促、指导。

第五十四条　县级以上各级人民政府应当加强对所属工作部门和下级人民政府履行行政复议职责的监督。

行政复议机关应当加强对其行政复议机构履行行政复议职责的监督。

第五十五条　县级以上地方各级人民政府应当建立健全行政复议工作责任制,将行政复议工作纳入本级政府目标责任制。

第五十六条　县级以上地方各级人民政府应当按照职责权限,通过定期组织检查、抽查等方式,对所属工作部门和下级人民政府行政复议工作进行检查,并及时向有关方面反馈检查结果。

第五十七条　行政复议期间行政复议机关发现被申请人或者其他下级行政机关的相关行政行为违法或者需要做好善后工作的,可以制作行政复议意见书。有关机关应当自收到行政复议意见书之日起60日内将纠正相关行政违法行为或者做好善后工作的情况通报行政复议机构。

行政复议期间行政复议机构发现法律、法规、规章实施中带有普遍性的问题,可以制作行政复议建议书,向有关机关提出完善制度和改进行政执法的建议。

第五十八条　县级以上各级人民政府行政复议机构应当定期向本级人民政府提交行政复议工作状况分析报告。

第五十九条　下级行政复议机关应当及时将重大行政复议决定报上级行政复议机关备案。

第六十条　各级行政复议机构应当定期组织对行政复议人员进行业务培训,提高行政复议人员的专业素质。

第六十一条　各级行政复议机关应当定期总结行政复议工作,对在行政复议工作中做出显著成绩的单位和个人,依照有关规定给予表彰和奖励。

第六章 法律责任

第六十二条 被申请人在规定期限内未按照行政复议决定的要求重新作出具体行政行为,或者违反规定重新作出具体行政行为的,依照行政复议法第三十七条的规定追究法律责任。

第六十三条 拒绝或者阻挠行政复议人员调查取证、查阅、复制、调取有关文件和资料的,对有关责任人员依法给予处分或者治安处罚;构成犯罪的,依法追究刑事责任。

第六十四条 行政复议机关或者行政复议机构不履行行政复议法和本条例规定的行政复议职责,经有权监督的行政机关督促仍不改正的,对直接负责的主管人员和其他直接责任人员依法给予警告、记过、记大过的处分;造成严重后果的,依法给予降级、撤职、开除的处分。

第六十五条 行政机关及其工作人员违反行政复议法和本条例规定的,行政复议机构可以向人事、监察部门提出对有关责任人员的处分建议,也可以将有关人员违法的事实材料直接转送人事、监察部门处理;接受转送的人事、监察部门应当依法处理,并将处理结果通报转送的行政复议机构。

第七章 附 则

第六十六条 本条例自 2007 年 8 月 1 日起施行。

(二)行政诉讼

中华人民共和国行政诉讼法

(1989 年 4 月 4 日第七届全国人民代表大会第二次会议通过 根据 2014 年 11 月 1 日第十二届全国人民代表大会常务委员会第十一次会议《关于修改〈中华人民共和国行政诉讼法〉的决定》第一次修正 根据 2017 年 6 月 27 日第十二届全国人民代表大会常务委员会第二十八次会议《关于修改〈中华人民共和国民事诉讼法〉和〈中华人民共和国行政诉讼法〉的决定》第二次修正)

第一章 总 则

第一条 为保证人民法院公正、及时审理行政案件,解决行政争议,保护公民、法人和其他组织的合法权益,监督行政机关依法行使职权,根据宪法,制定本法。

第二条 公民、法人或者其他组织认为行政机关和行政机关工作人员的行政行为侵犯其合法权益,有权依照本法向人民法院提起诉讼。

前款所称行政行为,包括法律、法规、规章授权的组织作出的行政行为。

第三条 人民法院应当保障公民、法人和其他组织的起诉权利,对应当受理的行政案件依法受理。

行政机关及其工作人员不得干预、阻碍人民法院受理行政案件。

被诉行政机关负责人应当出庭应诉。不能出庭的,应当委托行政机关相应的工作人员出庭。

第四条 人民法院依法对行政案件独立行使审判权,不受行政机关、社会团体和个人的干涉。

人民法院设行政审判庭,审理行政案件。

第五条 人民法院审理行政案件,以事实为根据,以法律为准绳。

第六条 人民法院审理行政案件,对行政行为是否合法进行审查。

第七条 人民法院审理行政案件,依法实行合议、回避、公开审判和两审终审制度。

第八条 当事人在行政诉讼中的法律地位平等。

第九条 各民族公民都有用本民族语言、文字进行行政诉讼的权利。

在少数民族聚居或者多民族共同居住的地区,人民法院应当用当地民族通用的语言、文字进行审理和发布法律文书。

人民法院应当对不通晓当地民族通用的语言、文字的诉讼参与人提供翻译。

第十条 当事人在行政诉讼中有权进行辩论。

第十一条 人民检察院有权对行政诉讼实行法律监督。

第二章 受案范围

第十二条 人民法院受理公民、法人或者其他组织提起的下列诉讼:

(一)对行政拘留、暂扣或者吊销许可证和执照、责令停产停业、没收违法所得、没收非法财物、罚款、警告等行政处罚不服的;

(二)对限制人身自由或者对财产的查封、扣押、冻结等行政强制措施和行政强制执行不服的;

(三)申请行政许可,行政机关拒绝或者在法定期限内不予答复,或者对行政机关作出的有关行政许可的其他决定不服的;

(四)对行政机关作出的关于确认土地、矿藏、水流、森林、山岭、草原、荒地、滩涂、海域等自然资源的所有权或者使用权的决定不服的;

(五)对征收、征用决定及其补偿决定不服的;

(六)申请行政机关履行保护人身权、财产权等合法权益的法定职责,行政机关拒绝履行或者不予答复的;

(七)认为行政机关侵犯其经营自主权或者农村土地承包经营权、农村土地经营权的;

(八)认为行政机关滥用行政权力排除或者限制竞争的;

(九)认为行政机关违法集资、摊派费用或者违法要求履行其他义务的;

(十)认为行政机关没有依法支付抚恤金、最低生活保障待遇或者社会保险待遇的;

(十一)认为行政机关不依法履行、未按照约定履行或者违法变更、解除政府特许经营协议、土地房屋征收补偿协议等协议的;

(十二)认为行政机关侵犯其他人身权、财产权等合法权益的。

除前款规定外,人民法院受理法律、法规规定可以提起诉讼的其他行政案件。

第十三条 人民法院不受理公民、法人或者其他组织对下列事项提起的诉讼:

(一)国防、外交等国家行为;

(二)行政法规、规章或者行政机关制定、发布的具有普遍约束力的决定、命令;

(三)行政机关对行政机关工作人员的奖惩、任免等决定;

(四)法律规定由行政机关最终裁决的行政行为。

第三章 管 辖

第十四条 基层人民法院管辖第一审行政案件。

第十五条　中级人民法院管辖下列第一审行政案件：

（一）对国务院部门或者县级以上地方人民政府所作的行政行为提起诉讼的案件；

（二）海关处理的案件；

（三）本辖区内重大、复杂的案件；

（四）其他法律规定由中级人民法院管辖的案件。

第十六条　高级人民法院管辖本辖区内重大、复杂的第一审行政案件。

第十七条　最高人民法院管辖全国范围内重大、复杂的第一审行政案件。

第十八条　行政案件由最初作出行政行为的行政机关所在地人民法院管辖。经复议的案件，也可以由复议机关所在地人民法院管辖。

经最高人民法院批准，高级人民法院可以根据审判工作的实际情况，确定若干人民法院跨行政区域管辖行政案件。

第十九条　对限制人身自由的行政强制措施不服提起的诉讼，由被告所在地或者原告所在地人民法院管辖。

第二十条　因不动产提起的行政诉讼，由不动产所在地人民法院管辖。

第二十一条　两个以上人民法院都有管辖权的案件，原告可以选择其中一个人民法院提起诉讼。原告向两个以上有管辖权的人民法院提起诉讼的，由最先立案的人民法院管辖。

第二十二条　人民法院发现受理的案件不属于本院管辖的，应当移送有管辖权的人民法院，受移送的人民法院应当受理。受移送的人民法院认为受移送的案件按照规定不属于本院管辖的，应当报请上级人民法院指定管辖，不得再自行移送。

第二十三条　有管辖权的人民法院由于特殊原因不能行使管辖权的，由上级人民法院指定管辖。

人民法院对管辖权发生争议，由争议双方协商解决。协商不成的，报它们的共同上级人民法院指定管辖。

第二十四条　上级人民法院有权审理下级人民法院管辖的第一审行政案件。

下级人民法院对其管辖的第一审行政案件，认为需要由上级人民法院审理或者指定管辖的，可以报请上级人民法院决定。

第四章　诉讼参加人

第二十五条　行政行为的相对人以及其他与行政行为有利害关系的公民、法人或者其他组织，有权提起诉讼。

有权提起诉讼的公民死亡，其近亲属可以提起诉讼。

有权提起诉讼的法人或者其他组织终止，承受其权利的法人或者其他组织可以提起诉讼。

人民检察院在履行职责中发现生态环境和资源保护、食品药品安全、国有财产保护、国有土地使用权出让等领域负有监督管理职责的行政机关违法行使职权或者不作为，致使国家利益或者社会公共利益受到侵害的，应当向行政机关提出检察建议，督促其依法履行职责。行政机关不依法履行职责的，人民检察院依法向人民法院提起诉讼。

第二十六条　公民、法人或者其他组织直接向人民法院提起诉讼的，作出行政行为的行政机关是被告。

经复议的案件，复议机关决定维持原行政行为的，作出原行政行为的行政机关和复议机关是共同被告；复议机关改变原行政行为的，复议机关是被告。

复议机关在法定期限内未作出复议决定，公民、法人或者其他组织起诉原行政行为的，作出原行政行为的行政机关是被告；起诉复议机关不作为的，复议机关是被告。

两个以上行政机关作出同一行政行为的,共同作出行政行为的行政机关是共同被告。

行政机关委托的组织所作的行政行为,委托的行政机关是被告。

行政机关被撤销或者职权变更的,继续行使其职权的行政机关是被告。

第二十七条 当事人一方或者双方为二人以上,因同一行政行为发生的行政案件,或者因同类行政行为发生的行政案件、人民法院认为可以合并审理并经当事人同意的,为共同诉讼。

第二十八条 当事人一方人数众多的共同诉讼,可以由当事人推选代表人进行诉讼。代表人的诉讼行为对其所代表的当事人发生效力,但代表人变更、放弃诉讼请求或者承认对方当事人的诉讼请求,应当经被代表的当事人同意。

第二十九条 公民、法人或者其他组织同被诉行政行为有利害关系但没有提起诉讼,或者同案件处理结果有利害关系的,可以作为第三人申请参加诉讼,或者由人民法院通知参加诉讼。

人民法院判决第三人承担义务或者减损第三人权益的,第三人有权依法提起上诉。

第三十条 没有诉讼行为能力的公民,由其法定代理人代为诉讼。法定代理人互相推诿代理责任的,由人民法院指定其中一人代为诉讼。

第三十一条 当事人、法定代理人,可以委托一至二人作为诉讼代理人。

下列人员可以被委托为诉讼代理人:

(一)律师、基层法律服务工作者;

(二)当事人的近亲属或者工作人员;

(三)当事人所在社区、单位以及有关社会团体推荐的公民。

第三十二条 代理诉讼的律师,有权按照规定查阅、复制本案有关材料,有权向有关组织和公民调查,收集与本案有关的证据。对涉及国家秘密、商业秘密和个人隐私的材料,应当依照法律规定保密。

当事人和其他诉讼代理人有权按照规定查阅、复制本案庭审材料,但涉及国家秘密、商业秘密和个人隐私的内容除外。

第五章 证 据

第三十三条 证据包括:

(一)书证;

(二)物证;

(三)视听资料;

(四)电子数据;

(五)证人证言;

(六)当事人的陈述;

(七)鉴定意见;

(八)勘验笔录、现场笔录。

以上证据经法庭审查属实,才能作为认定案件事实的根据。

第三十四条 被告对作出的行政行为负有举证责任,应当提供作出该行政行为的证据和所依据的规范性文件。

被告不提供或者无正当理由逾期提供证据,视为没有相应证据。但是,被诉行政行为涉及第三人合法权益,第三人提供证据的除外。

第三十五条 在诉讼过程中,被告及其诉讼代理人不得自行向原告、第三人和证人收集证据。

第三十六条 被告在作出行政行为时已经收集了证据,但因不可抗力等正当事由不能提供的,经人民法院准许,可以延期提供。

原告或者第三人提出了其在行政处理程序中没有提出的理由或者证据的,经人民法院准许,被告可以补充证据。

第三十七条 原告可以提供证明行政

行为违法的证据。原告提供的证据不成立的,不免除被告的举证责任。

第三十八条　在起诉被告不履行法定职责的案件中,原告应当提供其向被告提出申请的证据。但有下列情形之一的除外:

(一)被告应当依职权主动履行法定职责的;

(二)原告因正当理由不能提供证据的。

在行政赔偿、补偿的案件中,原告应当对行政行为造成的损害提供证据。因被告的原因导致原告无法举证的,由被告承担举证责任。

第三十九条　人民法院有权要求当事人提供或者补充证据。

第四十条　人民法院有权向有关行政机关以及其他组织、公民调取证据。但是,不得为证明行政行为的合法性调取被告作出行政行为时未收集的证据。

第四十一条　与本案有关的下列证据,原告或者第三人不能自行收集的,可以申请人民法院调取:

(一)由国家机关保存而须由人民法院调取的证据;

(二)涉及国家秘密、商业秘密和个人隐私的证据;

(三)确因客观原因不能自行收集的其他证据。

第四十二条　在证据可能灭失或者以后难以取得的情况下,诉讼参加人可以向人民法院申请保全证据,人民法院也可以主动采取保全措施。

第四十三条　证据应当在法庭上出示,并由当事人互相质证。对涉及国家秘密、商业秘密和个人隐私的证据,不得在公开开庭时出示。

人民法院应当按照法定程序,全面、客观地审查核实证据。对未采纳的证据应当在裁判文书中说明理由。

以非法手段取得的证据,不得作为认定案件事实的根据。

第六章　起诉和受理

第四十四条　对属于人民法院受案范围的行政案件,公民、法人或者其他组织可以先向行政机关申请复议,对复议决定不服的,再向人民法院提起诉讼;也可以直接向人民法院提起诉讼。

法律、法规规定应当先向行政机关申请复议,对复议决定不服再向人民法院提起诉讼的,依照法律、法规的规定。

第四十五条　公民、法人或者其他组织不服复议决定的,可以在收到复议决定书之日起十五日内向人民法院提起诉讼。复议机关逾期不作决定的,申请人可以在复议期满之日起十五日内向人民法院提起诉讼。法律另有规定的除外。

第四十六条　公民、法人或者其他组织直接向人民法院提起诉讼的,应当自知道或者应当知道作出行政行为之日起六个月内提出。法律另有规定的除外。

因不动产提起诉讼的案件自行政行为作出之日起超过二十年,其他案件自行政行为作出之日起超过五年提起诉讼的,人民法院不予受理。

第四十七条　公民、法人或者其他组织申请行政机关履行保护其人身权、财产权等合法权益的法定职责,行政机关在接到申请之日起两个月内不履行的,公民、法人或者其他组织可以向人民法院提起诉讼。法律、法规对行政机关履行职责的期限另有规定的,从其规定。

公民、法人或者其他组织在紧急情况下请求行政机关履行保护其人身权、财产权等合法权益的法定职责,行政机关不履行的,提起诉讼不受前款规定期限的限制。

第四十八条　公民、法人或者其他组

织因不可抗力或者其他不属于其自身的原因耽误起诉期限的,被耽误的时间不计算在起诉期限内。

公民、法人或者其他组织因前款规定以外的其他特殊情况耽误起诉期限的,在障碍消除后十日内,可以申请延长期限,是否准许由人民法院决定。

第四十九条 提起诉讼应当符合下列条件:

(一)原告是符合本法第二十五条规定的公民、法人或者其他组织;

(二)有明确的被告;

(三)有具体的诉讼请求和事实根据;

(四)属于人民法院受案范围和受诉人民法院管辖。

第五十条 起诉应当向人民法院递交起诉状,并按照被告人数提出副本。

书写起诉状确有困难的,可以口头起诉,由人民法院记入笔录,出具注明日期的书面凭证,并告知对方当事人。

第五十一条 人民法院在接到起诉状时对符合本法规定的起诉条件的,应当登记立案。

对当场不能判定是否符合本法规定的起诉条件的,应当接收起诉状,出具注明收到日期的书面凭证,并在七日内决定是否立案。不符合起诉条件的,作出不予立案的裁定。裁定书应当载明不予立案的理由。原告对裁定不服的,可以提起上诉。

起诉状内容欠缺或者有其他错误的,应当给予指导和释明,并一次性告知当事人需要补正的内容。不得未经指导和释明即以起诉不符合条件为由不接收起诉状。

对于不接收起诉状、接收起诉状后不出具书面凭证,以及不一次性告知当事人需要补正的起诉状内容的,当事人可以向上级人民法院投诉,上级人民法院应当责令改正,并对直接负责的主管人员和其他直接责任人员依法给予处分。

第五十二条 人民法院既不立案,又不作出不予立案裁定的,当事人可以向上一级人民法院起诉。上一级人民法院认为符合起诉条件的,应当立案、审理,也可以指定其他下级人民法院立案、审理。

第五十三条 公民、法人或者其他组织认为行政行为所依据的国务院部门和地方人民政府及其部门制定的规范性文件不合法,在对行政行为提起诉讼时,可以一并请求对该规范性文件进行审查。

前款规定的规范性文件不含规章。

第七章 审理和判决

第一节 一般规定

第五十四条 人民法院公开审理行政案件,但涉及国家秘密、个人隐私和法律另有规定的除外。

涉及商业秘密的案件,当事人申请不公开审理的,可以不公开审理。

第五十五条 当事人认为审判人员与本案有利害关系或者有其他关系可能影响公正审判,有权申请审判人员回避。

审判人员认为自己与本案有利害关系或者有其他关系,应当申请回避。

前两款规定,适用于书记员、翻译人员、鉴定人、勘验人。

院长担任审判长时的回避,由审判委员会决定;审判人员的回避,由院长决定;其他人员的回避,由审判长决定。当事人对决定不服的,可以申请复议一次。

第五十六条 诉讼期间,不停止行政行为的执行。但有下列情形之一的,裁定停止执行:

(一)被告认为需要停止执行的;

(二)原告或者利害关系人申请停止执行,人民法院认为该行政行为的执行会造

成难以弥补的损失,并且停止执行不损害国家利益、社会公共利益的;

(三)人民法院认为该行政行为的执行会给国家利益、社会公共利益造成重大损害的;

(四)法律、法规规定停止执行的。

当事人对停止执行或者不停止执行的裁定不服的,可以申请复议一次。

第五十七条 人民法院对起诉行政机关没有依法支付抚恤金、最低生活保障金和工伤、医疗社会保险金的案件,权利义务关系明确、不先予执行将严重影响原告生活的,可以根据原告的申请,裁定先予执行。

当事人对先予执行裁定不服的,可以申请复议一次。复议期间不停止裁定的执行。

第五十八条 经人民法院传票传唤,原告无正当理由拒不到庭,或者未经法庭许可中途退庭的,可以按照撤诉处理;被告无正当理由拒不到庭,或者未经法庭许可中途退庭的,可以缺席判决。

第五十九条 诉讼参与人或者其他人有下列行为之一的,人民法院可以根据情节轻重,予以训诫、责令具结悔过或者处一万元以下的罚款、十五日以下的拘留;构成犯罪的,依法追究刑事责任:

(一)有义务协助调查、执行的人,对人民法院的协助调查决定、协助执行通知书,无故推拖、拒绝或者妨碍调查、执行的;

(二)伪造、隐藏、毁灭证据或者提供虚假证明材料,妨碍人民法院审理案件的;

(三)指使、贿买、胁迫他人作伪证或者威胁、阻止证人作证的;

(四)隐藏、转移、变卖、毁损已被查封、扣押、冻结的财产的;

(五)以欺骗、胁迫等非法手段使原告撤诉的;

(六)以暴力、威胁或者其他方法阻碍人民法院工作人员执行职务,或者以哄闹、冲击法庭等方法扰乱人民法院工作秩序的;

(七)对人民法院审判人员或者其他工作人员、诉讼参与人、协助调查和执行的人员恐吓、侮辱、诽谤、诬陷、殴打、围攻或者打击报复的。

人民法院对有前款规定的行为之一的单位,可以对其主要负责人或者直接责任人员依照前款规定予以罚款、拘留;构成犯罪的,依法追究刑事责任。

罚款、拘留须经人民法院院长批准。当事人不服的,可以向上一级人民法院申请复议一次。复议期间不停止执行。

第六十条 人民法院审理行政案件,不适用调解。但是,行政赔偿、补偿以及行政机关行使法律、法规规定的自由裁量权的案件可以调解。

调解应当遵循自愿、合法原则,不得损害国家利益、社会公共利益和他人合法权益。

第六十一条 在涉及行政许可、登记、征收、征用和行政机关对民事争议所作的裁决的行政诉讼中,当事人申请一并解决相关民事争议的,人民法院可以一并审理。

在行政诉讼中,人民法院认为行政案件的审理需以民事诉讼的裁判为依据的,可以裁定中止行政诉讼。

第六十二条 人民法院对行政案件宣告判决或者裁定前,原告申请撤诉的,或者被告改变其所作的行政行为,原告同意并申请撤诉的,是否准许,由人民法院裁定。

第六十三条 人民法院审理行政案件,以法律和行政法规、地方性法规为依据。地方性法规适用于本行政区域内发生的行政案件。

人民法院审理民族自治地方的行政案件,并以该民族自治地方的自治条例和单行条例为依据。

人民法院审理行政案件,参照规章。

第六十四条 人民法院在审理行政案件中,经审查认为本法第五十三条规定的规范性文件不合法的,不作为认定行政行为合法的依据,并向制定机关提出处理建议。

第六十五条 人民法院应当公开发生法律效力的判决书、裁定书,供公众查阅,但涉及国家秘密、商业秘密和个人隐私的内容除外。

第六十六条 人民法院在审理行政案件中,认为行政机关的主管人员、直接责任人员违法违纪的,应当将有关材料移送监察机关、该行政机关或者其上一级行政机关;认为有犯罪行为的,应当将有关材料移送公安、检察机关。

人民法院对被告经传票传唤无正当理由拒不到庭,或者未经法庭许可中途退庭的,可以将被告拒不到庭或者中途退庭的情况予以公告,并可以向监察机关或者被告的上一级行政机关提出依法给予其主要负责人或者直接责任人员处分的司法建议。

第二节 第一审普通程序

第六十七条 人民法院应当在立案之日起五日内,将起诉状副本发送被告。被告应当在收到起诉状副本之日起十五日内向人民法院提交作出行政行为的证据和所依据的规范性文件,并提出答辩状。人民法院应当在收到答辩状之日起五日内,将答辩状副本发送原告。

被告不提出答辩状的,不影响人民法院审理。

第六十八条 人民法院审理行政案件,由审判员组成合议庭,或者由审判员、陪审员组成合议庭。合议庭的成员,应当是三人以上的单数。

第六十九条 行政行为证据确凿,适用法律、法规正确,符合法定程序的,或者原告申请被告履行法定职责或者给付义务理由不成立的,人民法院判决驳回原告的诉讼请求。

第七十条 行政行为有下列情形之一的,人民法院判决撤销或者部分撤销,并可以判决被告重新作出行政行为:

(一)主要证据不足的;

(二)适用法律、法规错误的;

(三)违反法定程序的;

(四)超越职权的;

(五)滥用职权的;

(六)明显不当的。

第七十一条 人民法院判决被告重新作出行政行为的,被告不得以同一的事实和理由作出与原行政行为基本相同的行政行为。

第七十二条 人民法院经过审理,查明被告不履行法定职责的,判决被告在一定期限内履行。

第七十三条 人民法院经过审理,查明被告依法负有给付义务的,判决被告履行给付义务。

第七十四条 行政行为有下列情形之一的,人民法院判决确认违法,但不撤销行政行为:

(一)行政行为依法应当撤销,但撤销会给国家利益、社会公共利益造成重大损害的;

(二)行政行为程序轻微违法,但对原告权利不产生实际影响的。

行政行为有下列情形之一,不需要撤销或者判决履行的,人民法院判决确认违法:

(一)行政行为违法,但不具有可撤销内容的;

(二)被告改变原违法行政行为,原告仍要求确认原行政行为违法的;

(三)被告不履行或者拖延履行法定职

责,判决履行没有意义的。

第七十五条 行政行为有实施主体不具有行政主体资格或者没有依据等重大且明显违法情形,原告申请确认行政行为无效的,人民法院判决确认无效。

第七十六条 人民法院判决确认违法或者无效的,可以同时判决责令被告采取补救措施;给原告造成损失的,依法判决被告承担赔偿责任。

第七十七条 行政处罚明显不当,或者其他行政行为涉及对款额的确定、认定确有错误的,人民法院可以判决变更。

人民法院判决变更,不得加重原告的义务或者减损原告的权益。但利害关系人同为原告,且诉讼请求相反的除外。

第七十八条 被告不依法履行、未按照约定履行或者违法变更、解除本法第十二条第一款第十一项规定的协议的,人民法院判决被告承担继续履行、采取补救措施或者赔偿损失等责任。

被告变更、解除本法第十二条第一款第十一项规定的协议合法,但未依法给予补偿的,人民法院判决给予补偿。

第七十九条 复议机关与作出原行政行为的行政机关为共同被告的案件,人民法院应当对复议决定和原行政行为一并作出裁判。

第八十条 人民法院对公开审理和不公开审理的案件,一律公开宣告判决。

当庭宣判的,应当在十日内发送判决书;定期宣判的,宣判后立即发给判决书。

宣告判决时,必须告知当事人上诉权利、上诉期限和上诉的人民法院。

第八十一条 人民法院应当在立案之日起六个月内作出第一审判决。有特殊情况需要延长的,由高级人民法院批准,高级人民法院审理第一审案件需要延长的,由最高人民法院批准。

第三节 简易程序

第八十二条 人民法院审理下列第一审行政案件,认为事实清楚、权利义务关系明确、争议不大的,可以适用简易程序:

(一)被诉行政行为是依法当场作出的;

(二)案件涉及款额二千元以下的;

(三)属于政府信息公开案件的。

除前款规定以外的第一审行政案件,当事人各方同意适用简易程序的,可以适用简易程序。

发回重审、按照审判监督程序再审的案件不适用简易程序。

第八十三条 适用简易程序审理的行政案件,由审判员一人独任审理,并应当在立案之日起四十五日内审结。

第八十四条 人民法院在审理过程中,发现案件不宜适用简易程序的,裁定转为普通程序。

第四节 第二审程序

第八十五条 当事人不服人民法院第一审判决的,有权在判决书送达之日起十五日内向上一级人民法院提起上诉。当事人不服人民法院第一审裁定的,有权在裁定书送达之日起十日内向上一级人民法院提起上诉。逾期不提起上诉的,人民法院的第一审判决或者裁定发生法律效力。

第八十六条 人民法院对上诉案件,应当组成合议庭,开庭审理。经过阅卷、调查和询问当事人,对没有提出新的事实、证据或者理由,合议庭认为不需要开庭审理的,也可以不开庭审理。

第八十七条 人民法院审理上诉案件,应当对原审人民法院的判决、裁定和被诉行政行为进行全面审查。

第八十八条 人民法院审理上诉案

件,应当在收到上诉状之日起三个月内作出终审判决。有特殊情况需要延长的,由高级人民法院批准,高级人民法院审理上诉案件需要延长的,由最高人民法院批准。

第八十九条 人民法院审理上诉案件,按照下列情形,分别处理:

(一)原判决、裁定认定事实清楚,适用法律、法规正确的,判决或者裁定驳回上诉,维持原判决、裁定;

(二)原判决、裁定认定事实错误或者适用法律、法规错误的,依法改判、撤销或者变更;

(三)原判决认定基本事实不清、证据不足的,发回原审人民法院重审,或者查清事实后改判;

(四)原判决遗漏当事人或者违法缺席判决等严重违反法定程序的,裁定撤销原判决,发回原审人民法院重审。

原审人民法院对发回重审的案件作出判决后,当事人提起上诉的,第二审人民法院不得再次发回重审。

人民法院审理上诉案件,需要改变原审判决的,应当同时对被诉行政行为作出判决。

第五节 审判监督程序

第九十条 当事人对已经发生法律效力的判决、裁定,认为确有错误的,可以向上一级人民法院申请再审,但判决、裁定不停止执行。

第九十一条 当事人的申请符合下列情形之一的,人民法院应当再审:

(一)不予立案或者驳回起诉确有错误的;

(二)有新的证据,足以推翻原判决、裁定的;

(三)原判决、裁定认定事实的主要证据不足、未经质证或者系伪造的;

(四)原判决、裁定适用法律、法规确有错误的;

(五)违反法律规定的诉讼程序,可能影响公正审判的;

(六)原判决、裁定遗漏诉讼请求的;

(七)据以作出原判决、裁定的法律文书被撤销或者变更的;

(八)审判人员在审理该案件时有贪污受贿、徇私舞弊、枉法裁判行为的。

第九十二条 各级人民法院院长对本院已经发生法律效力的判决、裁定,发现有本法第九十一条规定情形之一,或者发现调解违反自愿原则或者调解书内容违法,认为需要再审的,应当提交审判委员会讨论决定。

最高人民法院对地方各级人民法院已经发生法律效力的判决、裁定,上级人民法院对下级人民法院已经发生法律效力的判决、裁定,发现有本法第九十一条规定情形之一,或者发现调解违反自愿原则或者调解书内容违法的,有权提审或者指令下级人民法院再审。

第九十三条 最高人民检察院对各级人民法院已经发生法律效力的判决、裁定,上级人民检察院对下级人民法院已经发生法律效力的判决、裁定,发现有本法第九十一条规定情形之一,或者发现调解书损害国家利益、社会公共利益的,应当提出抗诉。

地方各级人民检察院对同级人民法院已经发生法律效力的判决、裁定,发现有本法第九十一条规定情形之一,或者发现调解书损害国家利益、社会公共利益的,可以向同级人民法院提出检察建议,并报上级人民检察院备案;也可以提请上级人民检察院向同级人民法院提出抗诉。

各级人民检察院对审判监督程序以外的其他审判程序中审判人员的违法行为,有权向同级人民法院提出检察建议。

第八章 执 行

第九十四条 当事人必须履行人民法院发生法律效力的判决、裁定、调解书。

第九十五条 公民、法人或者其他组织拒绝履行判决、裁定、调解书的,行政机关或者第三人可以向第一审人民法院申请强制执行,或者由行政机关依法强制执行。

第九十六条 行政机关拒绝履行判决、裁定、调解书的,第一审人民法院可以采取下列措施:

(一)对应当归还的罚款或者应当给付的款额,通知银行从该行政机关的账户内划拨;

(二)在规定期限内不履行的,从期满之日起,对该行政机关负责人按日处五十元至一百元的罚款;

(三)将行政机关拒绝履行的情况予以公告;

(四)向监察机关或者该行政机关的上一级行政机关提出司法建议。接受司法建议的机关,根据有关规定进行处理,并将处理情况告知人民法院;

(五)拒不履行判决、裁定、调解书,社会影响恶劣的,可以对该行政机关直接负责的主管人员和其他直接责任人员予以拘留;情节严重,构成犯罪的,依法追究刑事责任。

第九十七条 公民、法人或者其他组织对行政行为在法定期限内不提起诉讼又不履行的,行政机关可以申请人民法院强制执行,或者依法强制执行。

第九章 涉外行政诉讼

第九十八条 外国人、无国籍人、外国组织在中华人民共和国进行行政诉讼,适用本法。法律另有规定的除外。

第九十九条 外国人、无国籍人、外国组织在中华人民共和国进行行政诉讼,同中华人民共和国公民、组织有同等的诉讼权利和义务。

外国法院对中华人民共和国公民、组织的行政诉讼权利加以限制的,人民法院对该国公民、组织的行政诉讼权利,实行对等原则。

第一百条 外国人、无国籍人、外国组织在中华人民共和国进行行政诉讼,委托律师代理诉讼的,应当委托中华人民共和国律师机构的律师。

第十章 附 则

第一百零一条 人民法院审理行政案件,关于期间、送达、财产保全、开庭审理、调解、中止诉讼、终结诉讼、简易程序、执行等,以及人民检察院对行政案件受理、审理、裁判、执行的监督,本法没有规定的,适用《中华人民共和国民事诉讼法》的相关规定。

第一百零二条 人民法院审理行政案件,应当收取诉讼费用。诉讼费用由败诉方承担,双方都有责任的由双方分担。收取诉讼费用的具体办法另行规定。

第一百零三条 本法自1990年10月1日起施行。

最高人民法院关于适用《中华人民共和国行政诉讼法》的解释

(2017年11月13日最高人民法院审判委员会第1726次会议通过 2018年2月6日最高人民法院公告公布 自2018年2月8日起施行 法释〔2018〕1号)

为正确适用《中华人民共和国行政诉讼法》(以下简称行政诉讼法),结合人民法院行政审判工作实际,制定本解释。

一、受案范围

第一条 公民、法人或者其他组织对行政机关及其工作人员的行政行为不服,依法提起诉讼的,属于人民法院行政诉讼的受案范围。

下列行为不属于人民法院行政诉讼的受案范围:

(一)公安、国家安全等机关依照刑事诉讼法的明确授权实施的行为;

(二)调解行为以及法律规定的仲裁行为;

(三)行政指导行为;

(四)驳回当事人对行政行为提起申诉的重复处理行为;

(五)行政机关作出的不产生外部法律效力的行为;

(六)行政机关为作出行政行为而实施的准备、论证、研究、层报、咨询等过程性行为;

(七)行政机关根据人民法院的生效裁判、协助执行通知书作出的执行行为,但行政机关扩大执行范围或者采取违法方式实施的除外;

(八)上级行政机关基于内部层级监督关系对下级行政机关作出的听取报告、执法检查、督促履责等行为;

(九)行政机关针对信访事项作出的登记、受理、交办、转送、复查、复核意见等行为;

(十)对公民、法人或者其他组织权利义务不产生实际影响的行为。

第二条 行政诉讼法第十三条第一项规定的"国家行为",是指国务院、中央军事委员会、国防部、外交部等根据宪法和法律的授权,以国家的名义实施的有关国防和外交事务的行为,以及经宪法和法律授权的国家机关宣布紧急状态等行为。

行政诉讼法第十三条第二项规定的"具有普遍约束力的决定、命令",是指行政机关针对不特定对象发布的能反复适用的规范性文件。

行政诉讼法第十三条第三项规定的"对行政机关工作人员的奖惩、任免等决定",是指行政机关作出的涉及行政机关工作人员公务员权利义务的决定。

行政诉讼法第十三条第四项规定的"法律规定由行政机关最终裁决的行政行为"中的"法律",是指全国人民代表大会及其常务委员会制定、通过的规范性文件。

二、管 辖

第三条 各级人民法院行政审判庭审理行政案件和审查行政机关申请执行其行政行为的案件。

专门人民法院、人民法庭不审理行政案件,也不审查和执行行政机关申请执行其行政行为的案件。铁路运输法院等专门人民法院审理行政案件,应当执行行政诉讼法第十八条第二款的规定。

第四条 立案后,受诉人民法院的管辖权不受当事人住所地改变、追加被告等事实和法律状态变更的影响。

第五条 有下列情形之一的,属于行政诉讼法第十五条第三项规定的"本辖区内重大、复杂的案件":

(一)社会影响重大的共同诉讼案件;

(二)涉外或者涉及香港特别行政区、澳门特别行政区、台湾地区的案件;

(三)其他重大、复杂案件。

第六条 当事人以案件重大复杂为由,认为有管辖权的基层人民法院不宜行使管辖权或者根据行政诉讼法第五十二条的规定,向中级人民法院起诉,中级人民法院应当根据不同情况在七日内分别作出以下处理:

(一)决定自行审理;

(二)指定本辖区其他基层人民法院管辖;

(三)书面告知当事人向有管辖权的基层人民法院起诉。

第七条 基层人民法院对其管辖的第一审行政案件,认为需要由中级人民法院审理或者指定管辖的,可以报请中级人民法院决定。中级人民法院应当根据不同情况在七日内分别作出以下处理:

(一)决定自行审理;

(二)指定本辖区其他基层人民法院管辖;

(三)决定由报请的人民法院审理。

第八条 行政诉讼法第十九条规定的"原告所在地",包括原告的户籍所在地、经常居住地和被限制人身自由地。

对行政机关基于同一事实,既采取限制公民人身自由的行政强制措施,又采取其他行政强制措施或者行政处罚不服的,由被告所在地或者原告所在地的人民法院管辖。

第九条 行政诉讼法第二十条规定的"因不动产提起的行政诉讼"是指因行政行为导致不动产物权变动而提起的诉讼。

不动产已登记的,以不动产登记簿记载的所在地为不动产所在地;不动产未登记的,以不动产实际所在地为不动产所在地。

第十条 人民法院受理案件后,被告提出管辖异议的,应当在收到起诉状副本之日起十五日内提出。

对当事人提出的管辖异议,人民法院应当进行审查。异议成立的,裁定将案件移送有管辖权的人民法院;异议不成立的,裁定驳回。

人民法院对管辖异议审查后确定有管辖权的,不因当事人增加或者变更诉讼请求等改变管辖,但违反级别管辖、专属管辖规定的除外。

第十一条 有下列情形之一的,人民法院不予审查:

(一)人民法院发回重审或者按第一审程序再审的案件,当事人提出管辖异议的;

(二)当事人在第一审程序中未按照法律规定的期限和形式提出管辖异议,在第二审程序中提出的。

三、诉讼参加人

第十二条 有下列情形之一的,属于行政诉讼法第二十五条第一款规定的"与行政行为有利害关系":

(一)被诉的行政行为涉及其相邻权或者公平竞争权的;

(二)在行政复议等行政程序中被追加为第三人的;

(三)要求行政机关依法追究加害人法律责任的;

(四)撤销或者变更行政行为涉及其合法权益的;

(五)为维护自身合法权益向行政机关投诉,具有处理投诉职责的行政机关作出或者未作出处理的;

(六)其他与行政行为有利害关系的情形。

第十三条 债权人以行政机关对债务人所作的行政行为损害债权实现为由提起行政诉讼的,人民法院应当告知其就民事争议提起民事诉讼,但行政机关作出行政行为时依法应予保护或者应予考虑的除外。

第十四条 行政诉讼法第二十五条第二款规定的"近亲属",包括配偶、父母、子女、兄弟姐妹、祖父母、外祖父母、孙子女、外孙子女和其他具有扶养、赡养关系的亲属。

公民因被限制人身自由而不能提起诉

讼的,其近亲属可以依其口头或者书面委托以该公民的名义提起诉讼。近亲属起诉时无法与被限制人身自由的公民取得联系,近亲属可以先行起诉,并在诉讼中补充提交委托证明。

第十五条 合伙企业向人民法院提起诉讼的,应当以核准登记的字号为原告。未依法登记领取营业执照的个人合伙的全体合伙人为共同原告;全体合伙人可以推选代表人,被推选的代表人,应当由全体合伙人出具推选书。

个体工商户向人民法院提起诉讼的,以营业执照上登记的经营者为原告。有字号的,以营业执照上登记的字号为原告,并应当注明该字号经营者的基本信息。

第十六条 股份制企业的股东大会、股东会、董事会等认为行政机关作出的行政行为侵犯企业经营自主权的,可以企业名义提起诉讼。

联营企业、中外合资或者合作企业的联营、合资、合作各方,认为联营、合资、合作企业权益或者自己一方合法权益受行政行为侵害的,可以自己的名义提起诉讼。

非国有企业被行政机关注销、撤销、合并、强令兼并、出售、分立或者改变企业隶属关系的,该企业或者其法定代表人可以提起诉讼。

第十七条 事业单位、社会团体、基金会、社会服务机构等非营利法人的出资人、设立人认为行政行为损害法人合法权益的,可以自己的名义提起诉讼。

第十八条 业主委员会对于行政机关作出的涉及业主共有利益的行政行为,可以自己的名义提起诉讼。

业主委员会不起诉的,专有部分占建筑物总面积过半数或者占总户数过半数的业主可以提起诉讼。

第十九条 当事人不服经上级行政机关批准的行政行为,向人民法院提起诉讼的,以在对外发生法律效力的文书上署名的机关为被告。

第二十条 行政机关组建并赋予行政管理职能但不具有独立承担法律责任能力的机构,以自己的名义作出行政行为,当事人不服提起诉讼的,应当以组建该机构的行政机关为被告。

法律、法规或者规章授权行使行政职权的行政机关内设机构、派出机构或者其他组织,超出法定授权范围实施行政行为,当事人不服提起诉讼的,应当以实施该行为的机构或者组织为被告。

没有法律、法规或者规章规定,行政机关授权其内设机构、派出机构或者其他组织行使行政职权的,属于行政诉讼法第二十六条规定的委托。当事人不服提起诉讼的,应当以该行政机关为被告。

第二十一条 当事人对由国务院、省级人民政府批准设立的开发区管理机构作出的行政行为不服提起诉讼的,以该开发区管理机构为被告;对由国务院、省级人民政府批准设立的开发区管理机构所属职能部门作出的行政行为不服提起诉讼的,以其职能部门为被告;对其他开发区管理机构所属职能部门作出的行政行为不服提起诉讼的,以开发区管理机构为被告;开发区管理机构没有行政主体资格的,以设立该机构的地方人民政府为被告。

第二十二条 行政诉讼法第二十六条第二款规定的"复议机关改变原行政行为",是指复议机关改变原行政行为的处理结果。复议机关改变原行政行为所认定的主要事实和证据、改变原行政行为所适用的规范依据,但未改变原行政行为处理结果的,视为复议机关维持原行政行为。

复议机关确认原行政行为无效,属于改变原行政行为。

复议机关确认原行政行为违法，属于改变原行政行为，但复议机关以违反法定程序为由确认原行政行为违法的除外。

第二十三条　行政机关被撤销或者职权变更，没有继续行使其职权的行政机关的，以其所属的人民政府为被告；实行垂直领导的，以垂直领导的上一级行政机关为被告。

第二十四条　当事人对村民委员会或者居民委员会依据法律、法规、规章的授权履行行政管理职责的行为不服提起诉讼的，以村民委员会或者居民委员会为被告。

当事人对村民委员会、居民委员会受行政机关委托作出的行为不服提起诉讼的，以委托的行政机关为被告。

当事人对高等学校等事业单位以及律师协会、注册会计师协会等行业协会依据法律、法规、规章的授权实施的行政行为不服提起诉讼的，以该事业单位、行业协会为被告。

当事人对高等学校等事业单位以及律师协会、注册会计师协会等行业协会受行政机关委托作出的行为不服提起诉讼的，以委托的行政机关为被告。

第二十五条　市、县级人民政府确定的房屋征收部门组织实施房屋征收与补偿工作过程中作出行政行为，被征收人不服提起诉讼的，以房屋征收部门为被告。

征收实施单位受房屋征收部门委托，在委托范围内从事的行为，被征收人不服提起诉讼的，应当以房屋征收部门为被告。

第二十六条　原告所起诉的被告不适格，人民法院应当告知原告变更被告；原告不同意变更的，裁定驳回起诉。

应当追加被告而原告不同意追加的，人民法院应当通知其以第三人的身份参加诉讼，但行政复议机关作共同被告的除外。

第二十七条　必须共同进行诉讼的当事人没有参加诉讼的，人民法院应当依法通知其参加；当事人也可以向人民法院申请参加。

人民法院应当对当事人提出的申请进行审查，申请理由不成立的，裁定驳回；申请理由成立的，书面通知其参加诉讼。

前款所称的必须共同进行诉讼，是指按照行政诉讼法第二十七条的规定，当事人一方或者双方为两人以上，因同一行政行为发生行政争议，人民法院必须合并审理的诉讼。

第二十八条　人民法院追加共同诉讼的当事人时，应当通知其他当事人。应当追加的原告，已明确表示放弃实体权利的，可不予追加；既不愿意参加诉讼，又不放弃实体权利的，应追加为第三人，其不参加诉讼，不能阻碍人民法院对案件的审理和裁判。

第二十九条　行政诉讼法第二十八条规定的"人数众多"，一般指十人以上。

根据行政诉讼法第二十八条的规定，当事人一方人数众多的，由当事人推选代表人。当事人推选不出的，可以由人民法院在起诉的当事人中指定代表人。

行政诉讼法第二十八条规定的代表人为二至五人。代表人可以委托一至二人作为诉讼代理人。

第三十条　行政机关的同一行政行为涉及两个以上利害关系人，其中一部分利害关系人对行政行为不服提起诉讼，人民法院应当通知没有起诉的其他利害关系人作为第三人参加诉讼。

与行政案件处理结果有利害关系的第三人，可以申请参加诉讼，或者由人民法院通知其参加诉讼。人民法院判决其承担义务或者减损其权益的第三人，有权提出上诉或者申请再审。

行政诉讼法第二十九条规定的第三

人，因不能归责于本人的事由未参加诉讼，但有证据证明发生法律效力的判决、裁定、调解书损害其合法权益的，可以依照行政诉讼法第九十条的规定，自知道或者应当知道其合法权益受到损害之日起六个月内，向上一级人民法院申请再审。

第三十一条 当事人委托诉讼代理人，应当向人民法院提交由委托人签名或者盖章的授权委托书。委托书应当载明委托事项和具体权限。公民在特殊情况下无法书面委托的，也可以由他人代书，并由自己捺印等方式确认，人民法院应当核实并记录在卷；被诉行政机关或者其他有义务协助的机关拒绝人民法院向被限制人身自由的公民核实的，视为委托成立。当事人解除或者变更委托的，应当书面报告人民法院。

第三十二条 依照行政诉讼法第三十一条第二款第二项规定，与当事人有合法劳动人事关系的职工，可以当事人工作人员的名义作为诉讼代理人。以当事人的工作人员身份参加诉讼活动，应当提交以下证据之一加以证明：

（一）缴纳社会保险记录凭证；

（二）领取工资凭证；

（三）其他能够证明其为当事人工作人员身份的证据。

第三十三条 根据行政诉讼法第三十一条第二款第三项规定，有关社会团体推荐公民担任诉讼代理人的，应当符合下列条件：

（一）社会团体属于依法登记设立或者依法免于登记设立的非营利性法人组织；

（二）被代理人属于该社会团体的成员，或者当事人一方住所地位于该社会团体的活动地域；

（三）代理事务属于该社会团体章程载明的业务范围；

（四）被推荐的公民是该社会团体的负责人或者与该社会团体有合法劳动人事关系的工作人员。

专利代理人经中华全国专利代理人协会推荐，可以在专利行政案件中担任诉讼代理人。

四、证　　据

第三十四条 根据行政诉讼法第三十六条第一款的规定，被告申请延期提供证据的，应当在收到起诉状副本之日起十五日内以书面方式向人民法院提出。人民法院准许延期提供的，被告应当在正当事由消除后十五日内提供证据。逾期提供的，视为被诉行政行为没有相应的证据。

第三十五条 原告或者第三人应当在开庭审理前或者人民法院指定的交换证据清单之日提供证据。因正当事由申请延期提供证据的，经人民法院准许，可以在法庭调查中提供。逾期提供证据的，人民法院应当责令其说明理由；拒不说明理由或者理由不成立的，视为放弃举证权利。

原告或者第三人在第一审程序中无正当事由未提供而在第二审程序中提供的证据，人民法院不予接纳。

第三十六条 当事人申请延长举证期限，应当在举证期限届满前向人民法院提出书面申请。

申请理由成立的，人民法院应当准许，适当延长举证期限，并通知其他当事人。申请理由不成立的，人民法院不予准许，并通知申请人。

第三十七条 根据行政诉讼法第三十九条的规定，对当事人无争议，但涉及国家利益、公共利益或者他人合法权益的事实，人民法院可以责令当事人提供或者补充有关证据。

第三十八条 对于案情比较复杂或者

证据数量较多的案件,人民法院可以组织当事人在开庭前向对方出示或者交换证据,并将交换证据清单的情况记录在卷。

当事人在庭前证据交换过程中没有争议并记录在卷的证据,经审判人员在庭审中说明后,可以作为认定案件事实的依据。

第三十九条 当事人申请调查收集证据,但该证据与待证事实无关联、对证明待证事实无意义或者其他无调查收集必要的,人民法院不予准许。

第四十条 人民法院在证人出庭作证前应当告知其如实作证的义务以及作伪证的法律后果。

证人因履行出庭作证义务而支出的交通、住宿、就餐等必要费用以及误工损失,由败诉一方当事人承担。

第四十一条 有下列情形之一,原告或者第三人要求相关行政执法人员出庭说明的,人民法院可以准许:

(一)对现场笔录的合法性或者真实性有异议的;

(二)对扣押财产的品种或者数量有异议的;

(三)对检验的物品取样或者保管有异议的;

(四)对行政执法人员身份的合法性有异议的;

(五)需要出庭说明的其他情形。

第四十二条 能够反映案件真实情况、与待证事实相关联、来源和形式符合法律规定的证据,应当作为认定案件事实的根据。

第四十三条 有下列情形之一的,属于行政诉讼法第四十三条第三款规定的"以非法手段取得的证据":

(一)严重违反法定程序收集的证据材料;

(二)以违反法律强制性规定的手段获取且侵害他人合法权益的证据材料;

(三)以利诱、欺诈、胁迫、暴力等手段获取的证据材料。

第四十四条 人民法院认为有必要的,可以要求当事人本人或者行政机关执法人员到庭,就案件有关事实接受询问。在询问之前,可以要求其签署保证书。

保证书应当载明据实陈述、如有虚假陈述愿意接受处罚等内容。当事人或者行政机关执法人员应当在保证书上签名或者捺印。

负有举证责任的当事人拒绝到庭、拒绝接受询问或者拒绝签署保证书,待证事实又欠缺其他证据加以佐证的,人民法院对其主张的事实不予认定。

第四十五条 被告有证据证明其在行政程序中依照法定程序要求原告或者第三人提供证据,原告或者第三人依法应当提供而没有提供,在诉讼程序中提供的证据,人民法院一般不予采纳。

第四十六条 原告或者第三人确有证据证明被告持有的证据对原告或者第三人有利的,可以在开庭审理前书面申请人民法院责令行政机关提交。

申请理由成立的,人民法院应当责令行政机关提交,因提交证据所产生的费用,由申请人预付。行政机关无正当理由拒不提交的,人民法院可以推定原告或者第三人基于该证据主张的事实成立。

持有证据的当事人以妨碍对方当事人使用为目的,毁灭有关证据或者实施其他致使证据不能使用行为的,人民法院可以推定对方当事人基于该证据主张的事实成立,并可依照行政诉讼法第五十九条规定处理。

第四十七条 根据行政诉讼法第三十八条第二款的规定,在行政赔偿、补偿案件中,因被告的原因导致原告无法就损害情况举证的,应当由被告就该损害情况承担举证责任。

对于各方主张损失的价值无法认定的,应当由负有举证责任的一方当事人申请鉴定,但法律、法规、规章规定行政机关在作出行政行为时依法应当评估或者鉴定的除外;负有举证责任的当事人拒绝申请鉴定的,由其承担不利的法律后果。

当事人的损失因客观原因无法鉴定的,人民法院应当结合当事人的主张和在案证据,遵循法官职业道德,运用逻辑推理和生活经验、生活常识等,酌情确定赔偿数额。

五、期间、送达

第四十八条　期间包括法定期间和人民法院指定的期间。

期间以时、日、月、年计算。期间开始的时和日,不计算在期间内。

期间届满的最后一日是节假日的,以节假日后的第一日为期间届满的日期。

期间不包括在途时间,诉讼文书在期满前交邮的,视为在期限内发送。

第四十九条　行政诉讼法第五十一条第二款规定的立案期限,因起诉状内容欠缺或者有其他错误通知原告限期补正的,从补正后递交人民法院的次日起算。由上级人民法院转交下级人民法院立案的案件,从受诉人民法院收到起诉状的次日起算。

第五十条　行政诉讼法第八十一条、第八十三条、第八十八条规定的审理期限,是指从立案之日起至裁判宣告、调解书送达之日止的期间,但公告期间、鉴定期间、调解期间、中止诉讼期间、审理当事人提出的管辖异议以及处理人民法院之间的管辖争议期间不应计算在内。

再审案件按照第一审程序或者第二审程序审理的,适用行政诉讼法第八十一条、第八十八条规定的审理期限。审理期限自再审立案的次日起算。

基层人民法院申请延长审理期限,应当直接报请高级人民法院批准,同时报中级人民法院备案。

第五十一条　人民法院可以要求当事人签署送达地址确认书,当事人确认的送达地址为人民法院法律文书的送达地址。

当事人同意电子送达的,应当提供并确认传真号、电子信箱等电子送达地址。

当事人送达地址发生变更的,应当及时书面告知受理案件的人民法院;未及时告知的,人民法院按原地址送达,视为依法送达。

人民法院可以通过国家邮政机构以法院专递方式进行送达。

第五十二条　人民法院可以在当事人住所地以外向当事人直接送达诉讼文书。当事人拒绝签署送达回证的,采用拍照、录像等方式记录送达过程即视为送达。审判人员、书记员应当在送达回证上注明送达情况并签名。

六、起诉与受理

第五十三条　人民法院对符合起诉条件的案件应当立案,依法保障当事人行使诉讼权利。

对当事人依法提起的诉讼,人民法院应当根据行政诉讼法第五十一条的规定接收起诉状。能够判断符合起诉条件的,应当当场登记立案;当场不能判断是否符合起诉条件的,应当在接收起诉状后七日内决定是否立案;七日内仍不能作出判断的,应当先予立案。

第五十四条　依照行政诉讼法第四十九条的规定,公民、法人或者其他组织提起诉讼时应当提交以下起诉材料:

（一）原告的身份证明材料以及有效联系方式；

（二）被诉行政行为或者不作为存在的材料；

（三）原告与被诉行政行为具有利害关系的材料；

（四）人民法院认为需要提交的其他材料。

由法定代理人或者委托代理人代为起诉的，还应当在起诉状中写明或者在口头起诉时向人民法院说明法定代理人或者委托代理人的基本情况，并提交法定代理人或者委托代理人的身份证明和代理权限证明等材料。

第五十五条 依照行政诉讼法第五十条的规定，人民法院应当就起诉状内容和材料是否完备以及是否符合行政诉讼法规定的起诉条件进行审查。

起诉状内容或者材料欠缺的，人民法院应当给予指导和释明，并一次性全面告知当事人需要补正的内容、补充的材料及期限。在指定期限内补正并符合起诉条件的，应当登记立案。当事人拒绝补正或者经补正仍不符合起诉条件的，退回诉状并记录在册；坚持起诉的，裁定不予立案，并载明不予立案的理由。

第五十六条 法律、法规规定应当先申请复议，公民、法人或者其他组织未申请复议直接提起诉讼的，人民法院裁定不予立案。

依照行政诉讼法第四十五条的规定，复议机关不受理复议申请或者在法定期限内不作出复议决定，公民、法人或者其他组织不服，依法向人民法院提起诉讼的，人民法院应当依法立案。

第五十七条 法律、法规未规定行政复议为提起行政诉讼必经程序，公民、法人或者其他组织既提起诉讼又申请行政复议的，由先立案的机关管辖；同时立案的，由公民、法人或者其他组织选择。公民、法人或者其他组织已经申请行政复议，在法定复议期间内又向人民法院提起诉讼的，人民法院裁定不予立案。

第五十八条 法律、法规未规定行政复议为提起行政诉讼必经程序，公民、法人或者其他组织向复议机关申请行政复议后，又经复议机关同意撤回复议申请，在法定起诉期限内对原行政行为提起诉讼的，人民法院应当依法立案。

第五十九条 公民、法人或者其他组织向复议机关申请行政复议后，复议机关作出维持决定的，应当以复议机关和原行为机关为共同被告，并以复议决定送达时间确定起诉期限。

第六十条 人民法院裁定准许原告撤诉后，原告以同一事实和理由重新起诉的，人民法院不予立案。

准予撤诉的裁定确有错误，原告申请再审的，人民法院应当通过审判监督程序撤销原准予撤诉的裁定，重新对案件进行审理。

第六十一条 原告或者上诉人未按规定的期限预交案件受理费，又不提出缓交、减交、免交申请，或者提出申请未获批准的，按自动撤诉处理。在按撤诉处理后，原告或者上诉人在法定期限内再次起诉或者上诉，并依法解决诉讼费预交问题的，人民法院应予立案。

第六十二条 人民法院判决撤销行政机关的行政行为后，公民、法人或者其他组织对行政机关重新作出的行政行为不服向人民法院起诉的，人民法院应当依法立案。

第六十三条 行政机关作出行政行为时，没有制作或者没有送达法律文书，公民、法人或者其他组织只要能证明行政行为存在，并在法定期限内起诉的，人民法院应当依法立案。

第六十四条 行政机关作出行政行为时,未告知公民、法人或者其他组织起诉期限的,起诉期限从公民、法人或者其他组织知道或者应当知道起诉期限之日起计算,但从知道或者应当知道行政行为内容之日起最长不得超过一年。

复议决定未告知公民、法人或者其他组织起诉期限的,适用前款规定。

第六十五条 公民、法人或者其他组织不知道行政机关作出的行政行为内容的,其起诉期限从知道或者应当知道该行政行为内容之日起计算,但最长不得超过行政诉讼法第四十六条第二款规定的起诉期限。

第六十六条 公民、法人或者其他组织依照行政诉讼法第四十七条第一款的规定,对行政机关不履行法定职责提起诉讼的,应当在行政机关履行法定职责期限届满之日起六个月内提出。

第六十七条 原告提供被告的名称等信息足以使被告与其他行政机关相区别的,可以认定为行政诉讼法第四十九条第二项规定的"有明确的被告"。

起诉状列写被告信息不足以认定明确的被告的,人民法院可以告知原告补正;原告补正后仍不能确定明确的被告的,人民法院裁定不予立案。

第六十八条 行政诉讼法第四十九条第三项规定的"有具体的诉讼请求"是指:

(一)请求判决撤销或者变更行政行为;

(二)请求判决行政机关履行特定法定职责或者给付义务;

(三)请求判决确认行政行为违法;

(四)请求判决确认行政行为无效;

(五)请求判决行政机关予以赔偿或者补偿;

(六)请求解决行政协议争议;

(七)请求一并审查规章以下规范性文件;

(八)请求一并解决相关民事争议;

(九)其他诉讼请求。

当事人单独或者一并提起行政赔偿、补偿诉讼的,应当有具体的赔偿、补偿事项以及数额;请求一并审查规章以下规范性文件的,应当提供明确的文件名称或者审查对象;请求一并解决相关民事争议的,应当有具体的民事诉讼请求。

当事人未能正确表达诉讼请求的,人民法院应当要求其明确诉讼请求。

第六十九条 有下列情形之一,已经立案的,应当裁定驳回起诉:

(一)不符合行政诉讼法第四十九条规定的;

(二)超过法定起诉期限且无行政诉讼法第四十八条规定情形的;

(三)错列被告且拒绝变更的;

(四)未按照法律规定由法定代理人、指定代理人、代表人为诉讼行为的;

(五)未按照法律、法规规定先向行政机关申请复议的;

(六)重复起诉的;

(七)撤回起诉后无正当理由再行起诉的;

(八)行政行为对其合法权益明显不产生实际影响的;

(九)诉讼标的已为生效裁判或者调解书所羁束的;

(十)其他不符合法定起诉条件的情形。

前款所列情形可以补正或者更正的,人民法院应当指定期间责令补正或者更正;在指定期间已经补正或者更正的,应当依法审理。

人民法院经过阅卷、调查或者询问当

事人,认为不需要开庭审理的,可以迳行裁定驳回起诉。

第七十条　起诉状副本送达被告后,原告提出新的诉讼请求的,人民法院不予准许,但有正当理由的除外。

七、审理与判决

第七十一条　人民法院适用普通程序审理案件,应当在开庭三日前用传票传唤当事人。对证人、鉴定人、勘验人、翻译人员,应当用通知书通知其到庭。当事人或者其他诉讼参与人在外地的,应当留有必要的在途时间。

第七十二条　有下列情形之一的,可以延期开庭审理:

(一)应当到庭的当事人和其他诉讼参与人有正当理由没有到庭的;

(二)当事人临时提出回避申请且无法及时作出决定的;

(三)需要通知新的证人到庭,调取新的证据,重新鉴定、勘验,或者需要补充调查的;

(四)其他应当延期的情形。

第七十三条　根据行政诉讼法第二十七条的规定,有下列情形之一的,人民法院可以决定合并审理:

(一)两个以上行政机关分别对同一事实作出行政行为,公民、法人或者其他组织不服向同一人民法院起诉的;

(二)行政机关就同一事实对若干公民、法人或者其他组织分别作出行政行为,公民、法人或者其他组织不服分别向同一人民法院起诉的;

(三)在诉讼过程中,被告对原告作出新的行政行为,原告不服向同一人民法院起诉的;

(四)人民法院认为可以合并审理的其他情形。

第七十四条　当事人申请回避,应当说明理由,在案件开始审理时提出;回避事由在案件开始审理后知道的,应当在法庭辩论终结前提出。

被申请回避的人员,在人民法院作出是否回避的决定前,应当暂停参与本案的工作,但案件需要采取紧急措施的除外。

对当事人提出的回避申请,人民法院应当在三日内以口头或者书面形式作出决定。对当事人提出的明显不属于法定回避事由的申请,法庭可以依法当庭驳回。

申请人对驳回回避申请决定不服的,可以向作出决定的人民法院申请复议一次。复议期间,被申请回避的人员不停止参与本案的工作。对申请人的复议申请,人民法院应当在三日内作出复议决定,并通知复议申请人。

第七十五条　在一个审判程序中参与过本案审判工作的审判人员,不得再参与该案其他程序的审判。

发回重审的案件,在一审法院作出裁判后又进入第二审程序的,原第二审程序中合议庭组成人员不受前款规定的限制。

第七十六条　人民法院对于因一方当事人的行为或者其他原因,可能使行政行为或者人民法院生效裁判不能或者难以执行的案件,根据对方当事人的申请,可以裁定对其财产进行保全、责令其作出一定行为或者禁止其作出一定行为;当事人没有提出申请的,人民法院在必要时也可以裁定采取上述保全措施。

人民法院采取保全措施,可以责令申请人提供担保;申请人不提供担保的,裁定驳回申请。

人民法院接受申请后,对情况紧急的,必须在四十八小时内作出裁定;裁定采取保全措施的,应当立即开始执行。

当事人对保全的裁定不服的,可以申

请复议;复议期间不停止裁定的执行。

第七十七条 利害关系人因情况紧急,不立即申请保全将会使其合法权益受到难以弥补的损害的,可以在提起诉讼前向被保全财产所在地、被申请人住所地或者对案件有管辖权的人民法院申请采取保全措施。申请人应当提供担保,不提供担保的,裁定驳回申请。

人民法院接受申请后,必须在四十八小时内作出裁定;裁定采取保全措施的,应当立即开始执行。

申请人在人民法院采取保全措施后三十日内不依法提起诉讼的,人民法院应当解除保全。

当事人对保全的裁定不服的,可以申请复议;复议期间不停止裁定的执行。

第七十八条 保全限于请求的范围,或者与本案有关的财物。

财产保全采取查封、扣押、冻结或者法律规定的其他方法。人民法院保全财产后,应当立即通知被保全人。

财产已被查封、冻结的,不得重复查封、冻结。

涉及财产的案件,被申请人提供担保的,人民法院应当裁定解除保全。

申请有错误的,申请人应当赔偿被申请人因保全所遭受的损失。

第七十九条 原告或者上诉人申请撤诉,人民法院裁定不予准许的,原告或者上诉人经传票传唤无正当理由拒不到庭,或者未经法庭许可中途退庭的,人民法院可以缺席判决。

第三人经传票传唤无正当理由拒不到庭,或者未经法庭许可中途退庭的,不发生阻止案件审理的效果。

根据行政诉讼法第五十八条的规定,被告经传票传唤无正当理由拒不到庭,或者未经法庭许可中途退庭的,人民法院可以按期开庭或者继续开庭审理,对到庭的当事人诉讼请求、双方的诉辩理由以及已经提交的证据及其他诉讼材料进行审理后,依法缺席判决。

第八十条 原告或者上诉人在庭审中明确拒绝陈述或者以其他方式拒绝陈述,导致庭审无法进行,经法庭释明法律后果后仍不陈述意见的,视为放弃陈述权利,由其承担不利的法律后果。

当事人申请撤诉或者依法可以按撤诉处理的案件,当事人有违反法律的行为需要依法处理的,人民法院可以不准许撤诉或者不按撤诉处理。

法庭辩论终结后原告申请撤诉,人民法院可以准许,但涉及到国家利益和社会公共利益的除外。

第八十一条 被告在一审期间改变被诉行政行为的,应当书面告知人民法院。

原告或者第三人对改变后的行政行为不服提起诉讼的,人民法院应当就改变后的行政行为进行审理。

被告改变原违法行政行为,原告仍要求确认原行政行为违法的,人民法院应当依法作出确认判决。

原告起诉被告不作为,在诉讼中被告作出行政行为,原告不撤诉的,人民法院应当就不作为依法作出确认判决。

第八十二条 当事人之间恶意串通,企图通过诉讼等方式侵害国家利益、社会公共利益或者他人合法权益的,人民法院应当裁定驳回起诉或者判决驳回其请求,并根据情节轻重予以罚款、拘留;构成犯罪的,依法追究刑事责任。

第八十三条 行政诉讼法第五十九条规定的罚款、拘留可以单独适用,也可以合并适用。

对同一妨害行政诉讼行为的罚款、拘留不得连续适用。发生新的妨害行政诉讼行为的,人民法院可以重新予以罚款、拘留。

第八十四条 人民法院审理行政诉讼法第六十条第一款规定的行政案件,认为法律关系明确、事实清楚,在征得当事人双方同意后,可以迳行调解。

第八十五条 调解达成协议,人民法院应当制作调解书。调解书应当写明诉讼请求、案件的事实和调解结果。

调解书由审判人员、书记员署名,加盖人民法院印章,送达双方当事人。

调解书经双方当事人签收后,即具有法律效力。调解书生效日期根据最后收到调解书的当事人签收的日期确定。

第八十六条 人民法院审理行政案件,调解过程不公开,但当事人同意公开的除外。

经人民法院准许,第三人可以参加调解。人民法院认为有必要的,可以通知第三人参加调解。

调解协议内容不公开,但为保护国家利益、社会公共利益、他人合法权益,人民法院认为确有必要公开的除外。

当事人一方或者双方不愿调解、调解未达成协议的,人民法院应当及时判决。

当事人自行和解或者调解达成协议后,请求人民法院按照和解协议或者调解协议的内容制作判决书的,人民法院不予准许。

第八十七条 在诉讼过程中,有下列情形之一的,中止诉讼:

(一)原告死亡,须等待其近亲属表明是否参加诉讼的;

(二)原告丧失诉讼行为能力,尚未确定法定代理人的;

(三)作为一方当事人的行政机关、法人或者其他组织终止,尚未确定权利义务承受人的;

(四)一方当事人因不可抗力的事由不能参加诉讼的;

(五)案件涉及法律适用问题,需要送请有权机关作出解释或者确认的;

(六)案件的审判须以相关民事、刑事或者其他行政案件的审理结果为依据,而相关案件尚未审结的;

(七)其他应当中止诉讼的情形。

中止诉讼的原因消除后,恢复诉讼。

第八十八条 在诉讼过程中,有下列情形之一的,终结诉讼:

(一)原告死亡,没有近亲属或者近亲属放弃诉讼权利的;

(二)作为原告的法人或者其他组织终止后,其权利义务的承受人放弃诉讼权利的。

因本解释第八十七条第一款第二、三项原因中止诉讼满九十日仍无人继续诉讼的,裁定终结诉讼,但有特殊情况的除外。

第八十九条 复议决定改变原行政行为错误,人民法院判决撤销复议决定时,可以一并责令复议机关重新作出复议决定或者判决恢复原行政行为的法律效力。

第九十条 人民法院判决被告重新作出行政行为,被告重新作出的行政行为与原行政行为的结果相同,但主要事实或者主要理由有改变的,不属于行政诉讼法第七十一条规定的情形。

人民法院以违反法定程序为由,判决撤销被诉行政行为的,行政机关重新作出行政行为不受行政诉讼法第七十一条规定的限制。

行政机关以同一事实和理由重新作出与原行政行为基本相同的行政行为,人民法院应当根据行政诉讼法第七十条、第七十一条的规定判决撤销或者部分撤销,并根据行政诉讼法第九十六条的规定处理。

第九十一条 原告请求被告履行法定职责的理由成立,被告违法拒绝履行或者无正当理由逾期不予答复的,人民法院可以根据行政诉讼法第七十二条的规定,判决被告在一定期限内依法履行原告请求的法定职责;尚需被告调查或者裁量的,应当判决被告针对原告的请求重新作出处理。

第九十二条 原告申请被告依法履行支付抚恤金、最低生活保障待遇或者社会保险待遇等给付义务的理由成立,被告依法负有给付义务而拒绝或者拖延履行义务的,人民法院可以根据行政诉讼法第七十三条的规定,判决被告在一定期限内履行相应的给付义务。

第九十三条 原告请求被告履行法定职责或者依法履行支付抚恤金、最低生活保障待遇或者社会保险待遇等给付义务,原告未先向行政机关提出申请的,人民法院裁定驳回起诉。

人民法院经审理认为原告所请求履行的法定职责或者给付义务明显不属于行政机关权限范围的,可以裁定驳回起诉。

第九十四条 公民、法人或者其他组织起诉请求撤销行政行为,人民法院经审查认为行政行为无效的,应当作出确认无效的判决。

公民、法人或者其他组织起诉请求确认行政行为无效,人民法院审查认为行政行为不属于无效情形,经释明,原告请求撤销行政行为的,应当继续审理并依法作出相应判决;原告请求撤销行政行为但超过法定起诉期限的,裁定驳回起诉;原告拒绝变更诉讼请求的,判决驳回其诉讼请求。

第九十五条 人民法院经审理认为被诉行政行为违法或者无效,可能给原告造成损失,经释明,原告请求一并解决行政赔偿争议的,人民法院可以就赔偿事项进行调解;调解不成的,应当一并判决。人民法院也可以告知其就赔偿事项另行提起诉讼。

第九十六条 有下列情形之一,且对原告依法享有的听证、陈述、申辩等重要程序性权利不产生实质损害的,属于行政诉讼法第七十四条第一款第二项规定的"程序轻微违法":

(一)处理期限轻微违法;
(二)通知、送达等程序轻微违法;
(三)其他程序轻微违法的情形。

第九十七条 原告或者第三人的损失系由其自身过错和行政机关的违法行政行为共同造成的,人民法院应当依据各方行为与损害结果之间有无因果关系以及在损害发生和结果中作用力的大小,确定行政机关相应的赔偿责任。

第九十八条 因行政机关不履行、拖延履行法定职责,致使公民、法人或者其他组织的合法权益遭受损害的,人民法院应当判决行政机关承担行政赔偿责任。在确定赔偿数额时,应当考虑该不履行、拖延履行法定职责的行为在损害发生过程和结果中所起的作用等因素。

第九十九条 有下列情形之一的,属于行政诉讼法第七十五条规定的"重大且明显违法":

(一)行政行为实施主体不具有行政主体资格;
(二)减损权利或者增加义务的行政行为没有法律规范依据;
(三)行政行为的内容客观上不可能实施;
(四)其他重大且明显违法的情形。

第一百条 人民法院审理行政案件,适用最高人民法院司法解释的,应当在裁判文书中援引。

人民法院审理行政案件,可以在裁判文书中引用合法有效的规章及其他规范性文件。

第一百零一条 裁定适用于下列范围:
(一)不予立案;

（二）驳回起诉；

（三）管辖异议；

（四）终结诉讼；

（五）中止诉讼；

（六）移送或者指定管辖；

（七）诉讼期间停止行政行为的执行或者驳回停止执行的申请；

（八）财产保全；

（九）先予执行；

（十）准许或者不准许撤诉；

（十一）补正裁判文书中的笔误；

（十二）中止或者终结执行；

（十三）提审、指令再审或者发回重审；

（十四）准许或者不准许执行行政机关的行政行为；

（十五）其他需要裁定的事项。

对第一、二、三项裁定，当事人可以上诉。

裁定书应当写明裁定结果和作出该裁定的理由。裁定书由审判人员、书记员署名，加盖人民法院印章。口头裁定的，记入笔录。

第一百零二条 行政诉讼法第八十二条规定的行政案件中的"事实清楚"，是指当事人对争议的事实陈述基本一致，并能提供相应的证据，无须人民法院调查收集证据即可查明事实；"权利义务关系明确"，是指行政法律关系中权利和义务能够明确区分；"争议不大"，是指当事人对行政行为的合法性、责任承担等没有实质分歧。

第一百零三条 适用简易程序审理的行政案件，人民法院可以用口头通知、电话、短信、传真、电子邮件等简便方式传唤当事人、通知证人、送达裁判文书以外的诉讼文书。

以简便方式送达的开庭通知，未经当事人确认或者没有其他证据证明当事人已经收到的，人民法院不得缺席判决。

第一百零四条 适用简易程序案件的举证期限由人民法院确定，也可以由当事人协商一致并经人民法院准许，但不得超过十五日。被告要求书面答辩的，人民法院可以确定合理的答辩期间。

人民法院应当将举证期限和开庭日期告知双方当事人，并向当事人说明逾期举证以及拒不到庭的法律后果，由双方当事人在笔录和开庭传票的送达回证上签名或者捺印。

当事人双方均表示同意立即开庭或者缩短举证期限、答辩期间的，人民法院可以立即开庭审理或者确定近期开庭。

第一百零五条 人民法院发现案情复杂，需要转为普通程序审理的，应当在审理期限届满前作出裁定并将合议庭组成人员及相关事项书面通知双方当事人。

案件转为普通程序审理的，审理期限自人民法院立案之日起计算。

第一百零六条 当事人就已经提起诉讼的事项在诉讼过程中或者裁判生效后再次起诉，同时具有下列情形的，构成重复起诉：

（一）后诉与前诉的当事人相同；

（二）后诉与前诉的诉讼标的相同；

（三）后诉与前诉的诉讼请求相同，或者后诉的诉讼请求被前诉裁判所包含。

第一百零七条 第一审人民法院作出判决和裁定后，当事人均提起上诉的，上诉各方均为上诉人。

诉讼当事人中的一部分人提出上诉，没有提出上诉的对方当事人为被上诉人，其他当事人依原审诉讼地位列明。

第一百零八条 当事人提出上诉，应当按照其他当事人或者诉讼代表人的人数提出上诉状副本。

原审人民法院收到上诉状，应当在五日内将上诉状副本发送其他当事人，对方当事人应当在收到上诉状副本之日起十五日内提出答辩状。

原审人民法院应当在收到答辩状之日起五日内将副本发送上诉人。对方当事人不提出答辩状的,不影响人民法院审理。

原审人民法院收到上诉状、答辩状,应当在五日内连同全部案卷和证据,报送第二审人民法院;已经预收的诉讼费用,一并报送。

第一百零九条 第二审人民法院经审理认为原审人民法院不予立案或者驳回起诉的裁定确有错误且当事人的起诉符合起诉条件的,应当裁定撤销原审人民法院的裁定,指令原审人民法院依法立案或者继续审理。

第二审人民法院裁定发回原审人民法院重新审理的行政案件,原审人民法院应当另行组成合议庭进行审理。

原审判决遗漏了必须参加诉讼的当事人或者诉讼请求的,第二审人民法院应当裁定撤销原审判决,发回重审。

原审判决遗漏行政赔偿请求,第二审人民法院经审查认为依法不应当予以赔偿的,应当判决驳回行政赔偿请求。

原审判决遗漏行政赔偿请求,第二审人民法院经审理认为依法应当予以赔偿的,在确认被诉行政行为违法的同时,可以就行政赔偿问题进行调解;调解不成的,应当就行政赔偿部分发回重审。

当事人在第二审期间提出行政赔偿请求的,第二审人民法院可以进行调解;调解不成,应当告知当事人另行起诉。

第一百一十条 当事人向上一级人民法院申请再审,应当在判决、裁定或者调解书发生法律效力后六个月内提出。有下列情形之一的,自知道或者应当知道之日起六个月内提出:

(一)有新的证据,足以推翻原判决、裁定的;

(二)原判决、裁定认定事实的主要证据是伪造的;

(三)据以作出原判决、裁定的法律文书被撤销或者变更的;

(四)审判人员审理该案件时有贪污受贿、徇私舞弊、枉法裁判行为的。

第一百一十一条 当事人申请再审的,应当提交再审申请书等材料。人民法院认为有必要的,可以自收到再审申请书之日起五日内将再审申请书副本发送对方当事人。对方当事人应当自收到再审申请书副本之日起十五日内提交书面意见。人民法院可以要求申请人和对方当事人补充有关材料,询问有关事项。

第一百一十二条 人民法院应当自再审申请案件立案之日起六个月内审查,有特殊情况需要延长的,由本院院长批准。

第一百一十三条 人民法院根据审查再审申请案件的需要决定是否询问当事人;新的证据可能推翻原判决、裁定的,人民法院应当询问当事人。

第一百一十四条 审查再审申请期间,被申请人及原审其他当事人依法提出再审申请的,人民法院应当将其列为再审申请人,对其再审事由一并审查,审查期限重新计算。经审查,其中一方再审申请人主张的再审事由成立的,应当裁定再审。各方再审申请人主张的再审事由均不成立的,一并裁定驳回再审申请。

第一百一十五条 审查再审申请期间,再审申请人申请人民法院委托鉴定、勘验的,人民法院不予准许。

审查再审申请期间,再审申请人撤回再审申请的,是否准许,由人民法院裁定。

再审申请人经传票传唤,无正当理由拒不接受询问的,按撤回再审申请处理。

人民法院准许撤回再审申请或者按撤

回再审申请处理后,再审申请人再次申请再审的,不予立案,但有行政诉讼法第九十一条第二项、第三项、第七项、第八项规定情形,自知道或者应当知道之日起六个月内提出的除外。

第一百一十六条 当事人主张的再审事由成立,且符合行政诉讼法和本解释规定的申请再审条件的,人民法院应当裁定再审。

当事人主张的再审事由不成立,或者当事人申请再审超过法定申请再审期限、超出法定再审事由范围等不符合行政诉讼法和本解释规定的申请再审条件的,人民法院应当裁定驳回再审申请。

第一百一十七条 有下列情形之一的,当事人可以向人民检察院申请抗诉或者检察建议:

(一)人民法院驳回再审申请的;

(二)人民法院逾期未对再审申请作出裁定的;

(三)再审判决、裁定有明显错误的。

人民法院基于抗诉或者检察建议作出再审判决、裁定后,当事人申请再审的,人民法院不予立案。

第一百一十八条 按照审判监督程序决定再审的案件,裁定中止原判决、裁定、调解书的执行,但支付抚恤金、最低生活保障费或者社会保险待遇的案件,可以不中止执行。

上级人民法院决定提审或者指令下级人民法院再审的,应当作出裁定,裁定应当写明中止原判决的执行;情况紧急的,可以将中止执行的裁定口头通知负责执行的人民法院或者作出生效判决、裁定的人民法院,但应当在口头通知后十日内发出裁定书。

第一百一十九条 人民法院按照审判监督程序再审的案件,发生法律效力的判决、裁定是由第一审法院作出的,按照第一审程序审理,所作的判决、裁定,当事人可以上诉;发生法律效力的判决、裁定是由第二审法院作出的,按照第二审程序审理,所作的判决、裁定,是发生法律效力的判决、裁定;上级人民法院按照审判监督程序提审的,按照第二审程序审理,所作的判决、裁定是发生法律效力的判决、裁定。

人民法院审理再审案件,应当另行组成合议庭。

第一百二十条 人民法院审理再审案件应当围绕再审请求和被诉行政行为合法性进行。当事人的再审请求超出原审诉讼请求,符合另案诉讼条件的,告知当事人可以另行起诉。

被申请人及原审其他当事人在庭审辩论结束前提出的再审请求,符合本解释规定的申请期限的,人民法院应当一并审理。

人民法院经再审,发现已经发生法律效力的判决、裁定损害国家利益、社会公共利益、他人合法权益的,应当一并审理。

第一百二十一条 再审审理期间,有下列情形之一的,裁定终结再审程序:

(一)再审申请人在再审期间撤回再审请求,人民法院准许的;

(二)再审申请人经传票传唤,无正当理由拒不到庭的,或者未经法庭许可中途退庭,按撤回再审请求处理的;

(三)人民检察院撤回抗诉的;

(四)其他应当终结再审程序的情形。

因人民检察院提出抗诉裁定再审的案件,申请抗诉的当事人有前款规定的情形,且不损害国家利益、社会公共利益或者他人合法权益的,人民法院裁定终结再审程序。

再审程序终结后,人民法院裁定中止执行的原生效判决自动恢复执行。

第一百二十二条 人民法院审理再审

案件,认为原生效判决、裁定确有错误,在撤销原生效判决或者裁定的同时,可以对生效判决、裁定的内容作出相应裁判,也可以裁定撤销生效判决或者裁定,发回作出生效判决、裁定的人民法院重新审理。

第一百二十三条　人民法院审理二审案件和再审案件,对原审法院立案、不予立案或者驳回起诉错误的,应当分别情况作如下处理:

(一)第一审人民法院作出实体判决后,第二审人民法院认为不应当立案的,在撤销第一审人民法院判决的同时,可以迳行驳回起诉;

(二)第二审人民法院维持第一审人民法院不予立案裁定错误的,再审法院应当撤销第一审、第二审人民法院裁定,指令第一审人民法院受理;

(三)第二审人民法院维持第一审人民法院驳回起诉裁定错误的,再审法院应当撤销第一审、第二审人民法院裁定,指令第一审人民法院审理。

第一百二十四条　人民检察院提出抗诉的案件,接受抗诉的人民法院应当自收到抗诉书之日起三十日内作出再审的裁定;有行政诉讼法第九十一条第二、三项规定情形之一的,可以指令下一级人民法院再审,但经该下一级人民法院再审过的除外。

人民法院在审查抗诉材料期间,当事人之间已经达成和解协议的,人民法院可以建议人民检察院撤回抗诉。

第一百二十五条　人民检察院提出抗诉的案件,人民法院再审开庭时,应当在开庭三日前通知人民检察院派员出庭。

第一百二十六条　人民法院收到再审检察建议后,应当组成合议庭,在三个月内进行审查,发现原判决、裁定、调解书确有错误,需要再审的,依照行政诉讼法第九十二条规定裁定再审,并通知当事人;经审查,决定不予再审的,应当书面回复人民检察院。

第一百二十七条　人民法院审理因人民检察院抗诉或者检察建议裁定再审的案件,不受此前已经作出的驳回当事人再审申请裁定的限制。

八、行政机关负责人出庭应诉

第一百二十八条　行政诉讼法第三条第三款规定的行政机关负责人,包括行政机关的正职、副职负责人以及其他参与分管的负责人。

行政机关负责人出庭应诉的,可以另行委托一至二名诉讼代理人。行政机关负责人不能出庭的,应当委托行政机关相应的工作人员出庭,不得仅委托律师出庭。

第一百二十九条　涉及重大公共利益、社会高度关注或者可能引发群体性事件等案件以及人民法院书面建议行政机关负责人出庭的案件,被诉行政机关负责人应当出庭。

被诉行政机关负责人出庭应诉的,应当在当事人及其诉讼代理人基本情况、案件由来部分予以列明。

行政机关负责人有正当理由不能出庭应诉的,应当向人民法院提交情况说明,并加盖行政机关印章或者由该机关主要负责人签字认可。

行政机关拒绝说明理由的,不发生阻止案件审理的效果,人民法院可以向监察机关、上一级行政机关提出司法建议。

第一百三十条　行政诉讼法第三条第三款规定的"行政机关相应的工作人员",包括该行政机关具有国家行政编制身份的工作人员以及其他依法履行公职的人员。

被诉行政行为是地方人民政府作出的,地方人民政府法制工作机构的工作人员,以及被诉行政行为具体承办机关工作人员,可以视为被诉人民政府相应的工作人员。

第一百三十一条 行政机关负责人出庭应诉的,应当向人民法院提交能够证明该行政机关负责人职务的材料。

行政机关委托相应的工作人员出庭应诉的,应当向人民法院提交加盖行政机关印章的授权委托书,并载明工作人员的姓名、职务和代理权限。

第一百三十二条 行政机关负责人和行政机关相应的工作人员均不出庭,仅委托律师出庭的或者人民法院书面建议行政机关负责人出庭应诉,行政机关负责人不出庭应诉的,人民法院应当记录在案和在裁判文书中载明,并可以建议有关机关依法作出处理。

九、复议机关作共同被告

第一百三十三条 行政诉讼法第二十六条第二款规定的"复议机关决定维持原行政行为",包括复议机关驳回复议申请或者复议请求的情形,但以复议申请不符合受理条件为由驳回的除外。

第一百三十四条 复议机关决定维持原行政行为的,作出原行政行为的行政机关和复议机关是共同被告。原告只起诉作出原行政行为的行政机关或者复议机关的,人民法院应当告知原告追加被告。原告不同意追加的,人民法院应当将另一机关列为共同被告。

行政复议决定既有维持原行政行为内容,又有改变原行政行为内容或者不予受理申请内容的,作出原行政行为的行政机关和复议机关为共同被告。

复议机关作共同被告的案件,以作出原行政行为的行政机关确定案件的级别管辖。

第一百三十五条 复议机关决定维持原行政行为的,人民法院应当在审查原行政行为合法性的同时,一并审查复议决定的合法性。

作出原行政行为的行政机关和复议机关对原行政行为合法性共同承担举证责任,可以由其中一个机关实施举证行为。复议机关对复议决定的合法性承担举证责任。

复议机关作共同被告的案件,复议机关在复议程序中依法收集和补充的证据,可以作为人民法院认定复议决定和原行政行为合法的依据。

第一百三十六条 人民法院对原行政行为作出判决的同时,应当对复议决定一并作出相应判决。

人民法院依职权追加作出原行政行为的行政机关或者复议机关为共同被告的,对原行政行为或者复议决定可以作出相应判决。

人民法院判决撤销原行政行为和复议决定的,可以判决作出原行政行为的行政机关重新作出行政行为。

人民法院判决作出原行政行为的行政机关履行法定职责或者给付义务的,应当同时判决撤销复议决定。

原行政行为合法、复议决定违法的,人民法院可以判决撤销复议决定或者确认复议决定违法,同时判决驳回原告针对原行政行为的诉讼请求。

原行政行为被撤销、确认违法或者无效,给原告造成损失的,应当由作出原行政行为的行政机关承担赔偿责任;因复议决定加重损害的,由复议机关对加重部分承担赔偿责任。

原行政行为不符合复议或者诉讼受案范围等受理条件,复议机关作出维持决定的,人民法院应当裁定一并驳回对原行政行为和复议决定的起诉。

十、相关民事争议的一并审理

第一百三十七条 公民、法人或者其他组织请求一并审理行政诉讼法第六十一条规定的相关民事争议,应当在第一审开庭审理前提出;有正当理由的,也可以在法庭调查中提出。

第一百三十八条 人民法院决定在行政诉讼中一并审理相关民事争议,或者案件当事人一致同意相关民事争议在行政诉讼中一并解决,人民法院准许的,由受理行政案件的人民法院管辖。

公民、法人或者其他组织请求一并审理相关民事争议,人民法院经审查发现行政案件已经超过起诉期限,民事案件尚未立案的,告知当事人另行提起民事诉讼;民事案件已经立案的,由原审判组织继续审理。

人民法院在审理行政案件中发现民事争议为解决行政争议的基础,当事人没有请求人民法院一并审理相关民事争议的,人民法院应当告知当事人依法申请一并解决民事争议。当事人就民事争议另行提起民事诉讼并已立案的,人民法院应当中止行政诉讼的审理。民事争议处理期间不计算在行政诉讼审理期限内。

第一百三十九条 有下列情形之一的,人民法院应当作出不予准许一并审理民事争议的决定,并告知当事人可以依法通过其他渠道主张权利:

(一)法律规定应当由行政机关先行处理的;

(二)违反民事诉讼法专属管辖规定或者协议管辖约定的;

(三)约定仲裁或者已经提起民事诉讼的;

(四)其他不宜一并审理民事争议的情形。

对不予准许的决定可以申请复议一次。

第一百四十条 人民法院在行政诉讼中一并审理相关民事争议的,民事争议应当单独立案,由同一审判组织审理。

人民法院审理行政机关对民事争议所作裁决的案件,一并审理民事争议的,不另行立案。

第一百四十一条 人民法院一并审理相关民事争议,适用民事法律规范的相关规定,法律另有规定的除外。

当事人在调解中对民事权益的处分,不能作为审查被诉行政行为合法性的根据。

第一百四十二条 对行政争议和民事争议应当分别裁判。

当事人仅对行政裁判或者民事裁判提出上诉的,未上诉的裁判在上诉期满后即发生法律效力。第一审人民法院应当将全部案卷一并移送第二审人民法院,由行政审判庭审理。第二审人民法院发现未上诉的生效裁判确有错误的,应当按照审判监督程序再审。

第一百四十三条 行政诉讼原告在宣判前申请撤诉的,是否准许由人民法院裁定。人民法院裁定准许行政诉讼原告撤诉,但其对已经提起的一并审理相关民事争议不撤诉的,人民法院应当继续审理。

第一百四十四条 人民法院一并审理相关民事争议,应当按行政案件、民事案件的标准分别收取诉讼费用。

十一、规范性文件的一并审查

第一百四十五条 公民、法人或者其他组织在对行政行为提起诉讼时一并请求对所依据的规范性文件审查的,由行政行为案件管辖法院一并审查。

第一百四十六条 公民、法人或者其他组织请求人民法院一并审查行政诉讼法第五十三条规定的规范性文件,应当在第一审开庭审理前提出;有正当理由的,也可以在法庭调查中提出。

第一百四十七条 人民法院在对规范性文件审查过程中,发现规范性文件可能不合法的,应当听取规范性文件制定机关的意见。

制定机关申请出庭陈述意见的,人民法院应当准许。

行政机关未陈述意见或者未提供相关证明材料的,不能阻止人民法院对规范性文件进行审查。

第一百四十八条 人民法院对规范性文件进行一并审查时,可以从规范性文件制定机关是否超越权限或者违反法定程序、作出行政行为所依据的条款以及相关条款等方面进行。

有下列情形之一的,属于行政诉讼法第六十四条规定的"规范性文件不合法":

(一)超越制定机关的法定职权或者超越法律、法规、规章的授权范围的;

(二)与法律、法规、规章等上位法的规定相抵触的;

(三)没有法律、法规、规章依据,违法增加公民、法人和其他组织义务或者减损公民、法人和其他组织合法权益的;

(四)未履行法定批准程序、公开发布程序,严重违反制定程序的;

(五)其他违反法律、法规以及规章规定的情形。

第一百四十九条 人民法院经审查认为行政行为所依据的规范性文件合法的,应当作为认定行政行为合法的依据;经审查认为规范性文件不合法的,不作为人民法院认定行政行为合法的依据,并在裁判理由中予以阐明。作出生效裁判的法院应当向规范性文件的制定机关提出处理建议,并可以抄送制定机关的同级人民政府、上一级行政机关、监察机关以及规范性文件的备案机关。

规范性文件不合法的,人民法院可以在裁判生效之日起三个月内,向规范性文件制定机关提出修改或者废止该规范性文件的司法建议。

规范性文件由多个部门联合制定的,人民法院可以向该规范性文件的主办机关或者共同上一级行政机关发送司法建议。

接收司法建议的行政机关应当在收到司法建议之日起六十日内予以书面答复。情况紧急的,人民法院可以建议制定机关或者其上一级行政机关立即停止执行该规范性文件。

第一百五十条 人民法院认为规范性文件不合法的,应当在裁判生效后报送上一级人民法院进行备案。涉及国务院部门、省级行政机关制定的规范性文件,司法建议还应当分别层报最高人民法院、高级人民法院备案。

第一百五十一条 各级人民法院院长对本院已经发生法律效力的判决、裁定,发现规范性文件合法性认定错误,认为需要再审的,应当提交审判委员会讨论。

最高人民法院对地方各级人民法院已经发生法律效力的判决、裁定,上级人民法院对下级人民法院已经发生法律效力的判决、裁定,发现规范性文件合法性认定错误的,有权提审或者指令下级人民法院再审。

十二、执　　行

第一百五十二条 对发生法律效力的行政判决书、行政裁定书、行政赔偿判决书和行政调解书,负有义务的一方当事人拒绝履行的,对方当事人可以依法申请人民法院强制执行。

人民法院判决行政机关履行行政赔偿、行政补偿或者其他行政给付义务,行政机关拒不履行的,对方当事人可以依法向法院申请强制执行。

第一百五十三条 申请执行的期限为二年。申请执行时效的中止、中断,适用法律有关规定。

申请执行的期限从法律文书规定的履行期间最后一日起计算;法律文书规定分期履行的,从规定的每次履行期间的最后一日起计算;法律文书中没有规定履行期限的,从该法律文书送达当事人之日起计算。

逾期申请的,除有正当理由外,人民法院不予受理。

第一百五十四条 发生法律效力的行政判决书、行政裁定书、行政赔偿判决书和行政调解书,由第一审人民法院执行。

第一审人民法院认为情况特殊,需要由第二审人民法院执行的,可以报请第二审人民法院执行;第二审人民法院可以决定由其执行,也可以决定由第一审人民法院执行。

第一百五十五条 行政机关根据行政诉讼法第九十七条的规定申请执行其行政行为,应当具备以下条件:

(一)行政行为依法可以由人民法院执行;

(二)行政行为已经生效并具有可执行内容;

(三)申请人是作出该行政行为的行政机关或者法律、法规、规章授权的组织;

(四)被申请人是该行政行为所确定的义务人;

(五)被申请人在行政行为确定的期限内或者行政机关催告期限内未履行义务;

(六)申请人在法定期限内提出申请;

(七)被申请执行的行政案件属于受理执行申请的人民法院管辖。

行政机关申请人民法院执行,应当提交行政强制法第五十五条规定的相关材料。

人民法院对符合条件的申请,应当在五日内立案受理,并通知申请人;对不符合条件的申请,应当裁定不予受理。行政机关对不予受理裁定有异议,在十五日内向上一级人民法院申请复议的,上一级人民法院应当在收到复议申请之日起十五日内作出裁定。

第一百五十六条 没有强制执行权的行政机关申请人民法院强制执行其行政行为,应当自被执行人的法定起诉期限届满之日起三个月内提出。逾期申请的,除有正当理由外,人民法院不予受理。

第一百五十七条 行政机关申请人民法院强制执行其行政行为的,由申请人所在地的基层人民法院受理;执行对象为不动产的,由不动产所在地的基层人民法院受理。

基层人民法院认为执行确有困难的,可以报请上级人民法院执行;上级人民法院可以决定由其执行,也可以决定由下级人民法院执行。

第一百五十八条 行政机关根据法律的授权对平等主体之间民事争议作出裁决后,当事人在法定期限内不起诉又不履行,作出裁决的行政机关在申请执行的期限内未申请人民法院强制执行的,生效行政裁决确定的权利人或者其继承人、权利承受人在六个月内可以申请人民法院强制执行。

享有权利的公民、法人或者其他组织申请人民法院强制执行生效行政裁决,参照行政机关申请人民法院强制执行行政行为的规定。

第一百五十九条 行政机关或者行政行为确定的权利人申请人民法院强制执行前,有充分理由认为被执行人可能逃避执行的,可以申请人民法院采取财产保全措施。后者申请强制执行的,应当提供相应的财产担保。

第一百六十条 人民法院受理行政机关申请执行其行政行为的案件后,应当在七日内由行政审判庭对行政行为的合法性进行审查,并作出是否准予执行的裁定。

人民法院在作出裁定前发现行政行为明显违法并损害被执行人合法权益的,应当听取被执行人和行政机关的意见,并自受理之日起三十日内作出是否准予执行的裁定。

需要采取强制执行措施的,由本院负责强制执行非诉行政行为的机构执行。

第一百六十一条 被申请执行的行政行为有下列情形之一的,人民法院应当裁定不准予执行:

(一)实施主体不具有行政主体资格的;

(二)明显缺乏事实根据的;

(三)明显缺乏法律、法规依据的;

(四)其他明显违法并损害被执行人合法权益的情形。

行政机关对不准予执行的裁定有异议,在十五日内向上一级人民法院申请复议的,上一级人民法院应当在收到复议申请之日起三十日内作出裁定。

十三、附　则

第一百六十二条 公民、法人或者其他组织对2015年5月1日之前作出的行政行为提起诉讼,请求确认行政行为无效的,人民法院不予立案。

第一百六十三条 本解释自2018年2月8日起施行。

本解释施行后,《最高人民法院关于执行〈中华人民共和国行政诉讼法〉若干问题的解释》(法释〔2000〕8号)、《最高人民法院关于适用〈中华人民共和国行政诉讼法〉若干问题的解释》(法释〔2015〕9号)同时废止。最高人民法院以前发布的司法解释与本解释不一致的,不再适用。

最高人民法院关于审理行政协议案件若干问题的规定

(2019年11月12日最高人民法院审判委员会第1781次会议通过　2019年11月27日最高人民法院公告公布　自2020年1月1日起施行　法释〔2019〕17号)

为依法公正、及时审理行政协议案件,根据《中华人民共和国行政诉讼法》等法律的规定,结合行政审判工作实际,制定本规定。

第一条 行政机关为了实现行政管理或者公共服务目标,与公民、法人或者其他组织协商订立的具有行政法上权利义务内容的协议,属于行政诉讼法第十二条第一款第十一项规定的行政协议。

第二条 公民、法人或者其他组织就下列行政协议提起行政诉讼的,人民法院应当依法受理:

(一)政府特许经营协议;

(二)土地、房屋等征收征用补偿协议;

(三)矿业权等国有自然资源使用权出让协议;

(四)政府投资的保障性住房的租赁、买卖等协议;

(五)符合本规定第一条规定的政府与社会资本合作协议;

(六)其他行政协议。

第三条 因行政机关订立的下列协议提起诉讼的,不属于人民法院行政诉讼的受案范围:

(一)行政机关之间因公务协助等事由而订立的协议;

(二)行政机关与其工作人员订立的劳动人事协议。

第四条 因行政协议的订立、履行、变更、终止等发生纠纷,公民、法人或者其他组织作为原告,以行政机关为被告提起行政诉讼的,人民法院应当依法受理。

因行政机关委托的组织订立的行政协议发生纠纷的,委托的行政机关是被告。

第五条 下列与行政协议有利害关系的公民、法人或者其他组织提起行政诉讼的,人民法院应当依法受理:

(一)参与招标、拍卖、挂牌等竞争性活动,认为行政机关应当依法与其订立行政协议但行政机关拒绝订立,或者认为行政机关与他人订立行政协议损害其合法权益的公民、法人或者其他组织;

(二)认为征收征用补偿协议损害其合法权益的被征收征用土地、房屋等不动产的用益物权人、公房承租人;

(三)其他认为行政协议的订立、履行、变更、终止等行为损害其合法权益的公民、法人或者其他组织。

第六条 人民法院受理行政协议案件后,被告就该协议的订立、履行、变更、终止等提起反诉的,人民法院不予准许。

第七条 当事人书面协议约定选择被告所在地、原告所在地、协议履行地、协议订立地、标的物所在地等与争议有实际联系地点的人民法院管辖的,人民法院从其约定,但违反级别管辖和专属管辖的除外。

第八条 公民、法人或者其他组织向人民法院提起民事诉讼,生效法律文书以涉案协议属于行政协议为由裁定不予立案或者驳回起诉,当事人又提起行政诉讼的,人民法院应当依法受理。

第九条 在行政协议案件中,行政诉讼法第四十九条第三项规定的"有具体的诉讼请求"是指:

(一)请求判决撤销行政机关变更、解除行政协议的行政行为,或者确认该行政行为违法;

(二)请求判决行政机关依法履行或者按照行政协议约定履行义务;

(三)请求判决确认行政协议的效力;

(四)请求判决行政机关依法或者按照约定订立行政协议;

(五)请求判决撤销、解除行政协议;

(六)请求判决行政机关赔偿或者补偿;

(七)其他有关行政协议的订立、履行、变更、终止等诉讼请求。

第十条 被告对于自己具有法定职权、履行法定程序、履行相应法定职责以及订立、履行、变更、解除行政协议等行为的合法性承担举证责任。

原告主张撤销、解除行政协议的,对撤销、解除行政协议的事由承担举证责任。

对行政协议是否履行发生争议的,由负有履行义务的当事人承担举证责任。

第十一条 人民法院审理行政协议案件,应当对被告订立、履行、变更、解除行政协议的行为是否具有法定职权、是否滥用职权、适用法律法规是否正确、是否遵守法定程序、是否明显不当、是否履行相应法定职责进行合法性审查。

原告认为被告未依法或者未按照约定履行行政协议的,人民法院应当针对其诉讼请求,对被告是否具有相应义务或者履行相应义务等进行审查。

第十二条 行政协议存在行政诉讼法第七十五条规定的重大且明显违法情形的,人民法院应当确认行政协议无效。

人民法院可以适用民事法律规范确认行政协议无效。

行政协议无效的原因在一审法庭辩论终结前消除的,人民法院可以确认行政协议有效。

第十三条 法律、行政法规规定应当经过其他机关批准等程序后生效的行政协议,在一审法庭辩论终结前未获得批准的,人民法院应当确认该协议未生效。

行政协议约定被告负有履行批准程序等义务而被告未履行,原告要求被告承担赔偿责任的,人民法院应予支持。

第十四条　原告认为行政协议存在胁迫、欺诈、重大误解、显失公平等情形而请求撤销,人民法院经审理认为符合法律规定可撤销情形的,可以依法判决撤销该协议。

第十五条　行政协议无效、被撤销或者确定不发生效力后,当事人因行政协议取得的财产,人民法院应当判决予以返还;不能返还的,判决折价补偿。

因被告的原因导致行政协议被确认无效或者被撤销,可以同时判决责令被告采取补救措施;给原告造成损失的,人民法院应当判决被告予以赔偿。

第十六条　在履行行政协议过程中,可能出现严重损害国家利益、社会公共利益的情形,被告作出变更、解除协议的行政行为后,原告请求撤销该行为,人民法院经审理认为该行为合法的,判决驳回原告诉讼请求;给原告造成损失的,判决被告予以补偿。

被告变更、解除行政协议的行政行为存在行政诉讼法第七十条规定情形的,人民法院判决撤销或者部分撤销,并可以责令被告重新作出行政行为。

被告变更、解除行政协议的行政行为违法,人民法院可以依据行政诉讼法第七十八条的规定判决被告继续履行协议、采取补救措施;给原告造成损失的,判决被告予以赔偿。

第十七条　原告请求解除行政协议,人民法院认为符合约定或者法定解除情形且不损害国家利益、社会公共利益和他人合法权益的,可以判决解除该协议。

第十八条　当事人依据民事法律规范的规定行使履行抗辩权的,人民法院应予支持。

第十九条　被告未依法履行、未按照约定履行行政协议,人民法院可以依据行政诉讼法第七十八条的规定,结合原告诉讼请求,判决被告继续履行,并明确继续履行的具体内容;被告无法履行或者继续履行无实际意义的,人民法院可以判决被告采取相应的补救措施;给原告造成损失的,判决被告予以赔偿。

原告要求按照约定的违约金条款或者定金条款予以赔偿的,人民法院应予支持。

第二十条　被告明确表示或者以自己的行为表明不履行行政协议,原告在履行期限届满之前向人民法院起诉请求其承担违约责任的,人民法院应予支持。

第二十一条　被告或者其他行政机关因国家利益、社会公共利益的需要依法行使行政职权,导致原告履行不能、履行费用明显增加或者遭受损失,原告请求判令被告给予补偿的,人民法院应予支持。

第二十二条　原告以被告违约为由请求人民法院判令其承担违约责任,人民法院经审理认为行政协议无效的,应当向原告释明,并根据原告变更后的诉讼请求判决确认行政协议无效;因被告的行为造成行政协议无效的,人民法院可以依法判决被告承担赔偿责任。原告经释明后拒绝变更诉讼请求的,人民法院可以判决驳回其诉讼请求。

第二十三条　人民法院审理行政协议案件,可以依法进行调解。

人民法院进行调解时,应当遵循自愿、合法原则,不得损害国家利益、社会公共利益和他人合法权益。

第二十四条　公民、法人或者其他组织未按照行政协议约定履行义务,经催告后不履行,行政机关可以作出要求其履行协议的书面决定。公民、法人或者其他组织收到书面决定后在法定期限内未申请行政复议或者提起行政诉讼,且仍不履行,协议内容具有可执行性的,行政机关可以向人民法院申请强制执行。

法律、行政法规规定行政机关对行政协议享有监督协议履行的职权,公民、法人或者其他组织未按照约定履行义务,经催告后不履行,行政机关可以依法作出处理决定。公民、法人或者其他组织在收到该处理决定后在法定期限内未申请行政复议或者提起行政诉讼,且仍不履行,协议内容具有可执行性的,行政机关可以向人民法院申请强制执行。

第二十五条　公民、法人或者其他组织对行政机关不依法履行、未按照约定履行行政协议提起诉讼的,诉讼时效参照民事法律规范确定;对行政机关变更、解除行政协议等行政行为提起诉讼的,起诉期限依照行政诉讼法及其司法解释确定。

第二十六条　行政协议约定仲裁条款的,人民法院应当确认该条款无效,但法律、行政法规或者我国缔结、参加的国际条约另有规定的除外。

第二十七条　人民法院审理行政协议案件,应当适用行政诉讼法的规定;行政诉讼法没有规定的,参照适用民事诉讼法的规定。

人民法院审理行政协议案件,可以参照适用民事法律规范关于民事合同的相关规定。

第二十八条　2015年5月1日后订立的行政协议发生纠纷的,适用行政诉讼法及本规定。

2015年5月1日前订立的行政协议发生纠纷的,适用当时的法律、行政法规及司法解释。

第二十九条　本规定自2020年1月1日起施行。最高人民法院以前发布的司法解释与本规定不一致的,适用本规定。

最高人民法院关于行政诉讼证据若干问题的规定

（2002年6月4日最高人民法院审判委员会第1224次会议通过　2002年7月24日最高人民法院公告公布　自2002年10月1日起施行　法释〔2002〕21号）

为准确认定案件事实,公正、及时地审理行政案件,根据《中华人民共和国行政诉讼法》(以下简称行政诉讼法)等有关法律规定,结合行政审判实际,制定本规定。

一、举证责任分配和举证期限

第一条　根据行政诉讼法第三十二条和第四十三条的规定,被告对作出的具体行政行为负有举证责任,应当在收到起诉状副本之日起10日内,提供据以作出被诉具体行政行为的全部证据和所依据的规范性文件。被告不提供或者无正当理由逾期提供证据的,视为被诉具体行政行为没有相应的证据。

被告因不可抗力或者客观上不能控制的其他正当事由,不能在前款规定的期限内提供证据的,应当在收到起诉状副本之日起10日内向人民法院提出延期提供证据的书面申请。人民法院准许延期提供的,被告应当在正当事由消除后10日内提供证据。逾期提供的,视为被诉具体行政行为没有相应的证据。

第二条　原告或者第三人提出其在行政程序中没有提出的反驳理由或者证据的,经人民法院准许,被告可以在第一审程序中补充相应的证据。

第三条　根据行政诉讼法第三十三条的规定,在诉讼过程中,被告及其诉讼代理人不得自行向原告和证人收集证据。

第四条 公民、法人或者其他组织向人民法院起诉时,应当提供其符合起诉条件的相应的证据材料。

在起诉被告不作为的案件中,原告应当提供其在行政程序中曾经提出申请的证据材料。但有下列情形的除外:

(一)被告应当依职权主动履行法定职责的;

(二)原告因被告受理申请的登记制度不完备等正当事由不能提供相关证据材料并能够作出合理说明的。

被告认为原告起诉超过法定期限的,由被告承担举证责任。

第五条 在行政赔偿诉讼中,原告应当对被诉具体行政行为造成损害的事实提供证据。

第六条 原告可以提供证明被诉具体行政行为违法的证据。原告提供的证据不成立的,不免除被告对被诉具体行政行为合法性的举证责任。

第七条 原告或者第三人应当在开庭审理前或者人民法院指定的交换证据之日提供证据。因正当事由申请延期提供证据的,经人民法院准许,可以在法庭调查中提供。逾期提供证据的,视为放弃举证权利。

原告或者第三人在第一审程序中无正当事由未提供而在第二审程序中提供的证据,人民法院不予接纳。

第八条 人民法院向当事人送达受案件通知书或者应诉通知书时,应当告知其举证范围、举证期限和逾期提供证据的法律后果,并告知因正当事由不能按期提供证据时应当提出延期提供证据的申请。

第九条 根据行政诉讼法第三十四条第一款的规定,人民法院有权要求当事人提供或者补充证据。

对当事人无争议,但涉及国家利益、公共利益或者他人合法权益的事实,人民法院可以责令当事人提供或者补充有关证据。

二、提供证据的要求

第十条 根据行政诉讼法第三十一条第一款第(一)项的规定,当事人向人民法院提供书证的,应当符合下列要求:

(一)提供书证的原件,原本、正本和副本均属于书证的原件。提供原件确有困难的,可以提供与原件核对无误的复印件、照片、节录本;

(二)提供由有关部门保管的书证原件的复制件、影印件或者抄录件的,应当注明出处,经该部门核对无异后加盖其印章;

(三)提供报表、图纸、会计账册、专业技术资料、科技文献等书证的,应当附有说明材料;

(四)被告提供的被诉具体行政行为所依据的询问、陈述、谈话类笔录,应当有行政执法人员、被询问人、陈述人、谈话人签名或者盖章。

法律、法规、司法解释和规章对书证的制作形式另有规定的,从其规定。

第十一条 根据行政诉讼法第三十一条第一款第(二)项的规定,当事人向人民法院提供物证的,应当符合下列要求:

(一)提供原物。提供原物确有困难的,可以提供与原物核对无误的复制件或者证明该物证的照片、录像等其他证据;

(二)原物为数量较多的种类物的,提供其中的一部分。

第十二条 根据行政诉讼法第三十一条第一款第(三)项的规定,当事人向人民法院提供计算机数据或者录音、录像等视听资料的,应当符合下列要求:

(一)提供有关资料的原始载体。提供原始载体确有困难的,可以提供复制件;

(二)注明制作方法、制作时间、制作人

和证明对象等；

（三）声音资料应当附有该声音内容的文字记录。

第十三条　根据行政诉讼法第三十一条第一款第（四）项的规定，当事人向人民法院提供证人证言的，应当符合下列要求：

（一）写明证人的姓名、年龄、性别、职业、住址等基本情况；

（二）有证人的签名，不能签名的，应当以盖章等方式证明；

（三）注明出具日期；

（四）附有居民身份证复印件等证明证人身份的文件。

第十四条　根据行政诉讼法第三十一条第一款第（六）项的规定，被告向人民法院提供的在行政程序中采用的鉴定结论，应当载明委托人和委托鉴定的事项、向鉴定部门提交的相关材料、鉴定的依据和使用的科学技术手段、鉴定部门和鉴定人鉴定资格的说明，并应有鉴定人的签名和鉴定部门的盖章。通过分析获得的鉴定结论，应当说明分析过程。

第十五条　根据行政诉讼法第三十一条第一款第（七）项的规定，被告向人民法院提供的现场笔录，应当载明时间、地点和事件等内容，并由执法人员和当事人签名。当事人拒绝签名或者不能签名的，应当注明原因。有其他人在现场的，可由其他人签名。

法律、法规和规章对现场笔录的制作形式另有规定的，从其规定。

第十六条　当事人向人民法院提供的在中华人民共和国领域外形成的证据，应当说明来源，经所在国公证机关证明，并经中华人民共和国驻该国使领馆认证，或者履行中华人民共和国与证据所在国订立的有关条约中规定的证明手续。

当事人提供的在中华人民共和国香港特别行政区、澳门特别行政区和台湾地区内形成的证据，应当具有按照有关规定办理的证明手续。

第十七条　当事人向人民法院提供外文书证或者外国语视听资料的，应当附有由具有翻译资质的机构翻译的或者其他翻译准确的中文译本，由翻译机构盖章或者翻译人员签名。

第十八条　证据涉及国家秘密、商业秘密或者个人隐私的，提供人应当作出明确标注，并向法庭说明，法庭予以审查确认。

第十九条　当事人应当对其提交的证据材料分类编号，对证据材料的来源、证明对象和内容作简要说明，签名或者盖章，注明提交日期。

第二十条　人民法院收到当事人提交的证据材料，应当出具收据，注明证据的名称、份数、页数、件数、种类等以及收到的时间，由经办人员签名或者盖章。

第二十一条　对于案情比较复杂或者证据数量较多的案件，人民法院可以组织当事人在开庭前向对方出示或者交换证据，并将交换证据的情况记录在卷。

三、调取和保全证据

第二十二条　根据行政诉讼法第三十四条第二款的规定，有下列情形之一的，人民法院有权向有关行政机关以及其他组织、公民调取证据：

（一）涉及国家利益、公共利益或者他人合法权益的事实认定的；

（二）涉及依职权追加当事人、中止诉讼、终结诉讼、回避等程序性事项的。

第二十三条　原告或者第三人不能自行收集，但能够提供确切线索的，可以申请人民法院调取下列证据材料：

（一）由国家有关部门保存而须由人民法院调取的证据材料；

（二）涉及国家秘密、商业秘密、个人隐私的证据材料；

（三）确因客观原因不能自行收集的其他证据材料。

人民法院不得为证明被诉具体行政行为的合法性，调取被告在作出具体行政行为时未收集的证据。

第二十四条 当事人申请人民法院调取证据的，应当在举证期限内提交调取证据申请书。

调取证据申请书应当写明下列内容：

（一）证据持有人的姓名或者名称、住址等基本情况；

（二）拟调取证据的内容；

（三）申请调取证据的原因及其要证明的案件事实。

第二十五条 人民法院对当事人调取证据的申请，经审查符合调取证据条件的，应当及时决定调取；不符合调取证据条件的，应当向当事人或者其诉讼代理人送达通知书，说明不准许调取的理由。当事人及其诉讼代理人可以在收到通知书之日起三日内向受理申请的人民法院书面申请复议一次。人民法院应当在收到复议申请之日起五日内作出答复。

人民法院根据当事人申请，经调取未能取得相应证据的，应当告知申请人并说明原因。

第二十六条 人民法院需要调取的证据在异地的，可以书面委托证据所在地人民法院调取。受托人民法院应当在收到委托书后，按照委托要求及时完成调取证据工作，送交委托人民法院。受托人民法院不能完成委托内容的，应当告知委托的人民法院并说明原因。

第二十七条 当事人根据行政诉讼法第三十六条的规定向人民法院申请保全证据的，应当在举证期限届满前以书面形式提出，并说明证据的名称和地点、保全的内容和范围、申请保全的理由等事项。

当事人申请保全证据的，人民法院可以要求其提供相应的担保。

法律、司法解释规定诉前保全证据的，依照其规定办理。

第二十八条 人民法院依照行政诉讼法第三十六条规定保全证据的，可以根据具体情况，采取查封、扣押、拍照、录音、录像、复制、鉴定、勘验、制作询问笔录等保全措施。

人民法院保全证据时，可以要求当事人或者其诉讼代理人到场。

第二十九条 原告或者第三人有证据或者有正当理由表明被告据以认定案件事实的鉴定结论可能有错误，在举证期限内书面申请重新鉴定的，人民法院应予准许。

第三十条 当事人对人民法院委托的鉴定部门作出的鉴定结论有异议申请重新鉴定，提出证据证明存在下列情形之一的，人民法院应予准许：

（一）鉴定部门或者鉴定人不具有相应的鉴定资格的；

（二）鉴定程序严重违法的；

（三）鉴定结论明显依据不足的；

（四）经过质证不能作为证据使用的其他情形。

对有缺陷的鉴定结论，可以通过补充鉴定、重新质证或者补充质证等方式解决。

第三十一条 对需要鉴定的事项负有举证责任的当事人，在举证期限内无正当理由不提出鉴定申请、不预交鉴定费用或者拒不提供相关材料，致使对案件争议的事实无法通过鉴定结论予以认定的，应当对该事实承担举证不能的法律后果。

第三十二条 人民法院对委托或者指定的鉴定部门出具的鉴定书，应当审查是否具有下列内容：

（一）鉴定的内容；

（二）鉴定时提交的相关材料；

（三）鉴定的依据和使用的科学技术手段；

（四）鉴定的过程；

（五）明确的鉴定结论；

（六）鉴定部门和鉴定人鉴定资格的说明；

（七）鉴定人及鉴定部门签名盖章。

前款内容欠缺或者鉴定结论不明确的，人民法院可以要求鉴定部门予以说明、补充鉴定或者重新鉴定。

第三十三条 人民法院可以依当事人申请或者依职权勘验现场。

勘验现场时，勘验人必须出示人民法院的证件，并邀请当地基层组织或者当事人所在单位派人参加。当事人或其成年亲属应当到场，拒不到场的，不影响勘验的进行，但应当在勘验笔录中说明情况。

第三十四条 审判人员应当制作勘验笔录，记载勘验的时间、地点、勘验人、在场人、勘验的经过和结果，由勘验人、当事人、在场人签名。

勘验现场时绘制的现场图，应当注明绘制的时间、方位、绘制人姓名和身份等内容。

当事人对勘验结论有异议的，可以在举证期限内申请重新勘验，是否准许由人民法院决定。

四、证据的对质辨认和核实

第三十五条 证据应当在法庭上出示，并经庭审质证。未经庭审质证的证据，不能作为定案的依据。

当事人在庭前证据交换过程中没有争议并记录在卷的证据，经审判人员在庭审中说明后，可以作为认定案件事实的依据。

第三十六条 经合法传唤，因被告无正当理由拒不到庭而需要依法缺席判决的，被告提供的证据不能作为定案的依据，但当事人在庭前交换证据中没有争议的证据除外。

第三十七条 涉及国家秘密、商业秘密和个人隐私或者法律规定的其他应当保密的证据，不得在开庭时公开质证。

第三十八条 当事人申请人民法院调取的证据，由申请调取证据的当事人在庭审中出示，并由当事人质证。

人民法院依职权调取的证据，由法庭出示，并可就调取该证据的情况进行说明，听取当事人意见。

第三十九条 当事人应当围绕证据的关联性、合法性和真实性，针对证据有无证明效力以及证明效力大小，进行质证。

经法庭准许，当事人及其代理人可以就证据问题相互发问，也可以向证人、鉴定人或者勘验人发问。

当事人及其代理人相互发问，或者向证人、鉴定人、勘验人发问时，发问的内容应当与案件事实有关联，不得采用引诱、威胁、侮辱等语言或者方式。

第四十条 对书证、物证和视听资料进行质证时，当事人应当出示证据的原件或者原物。但有下列情况之一的除外：

（一）出示原件或者原物确有困难并经法庭准许可以出示复制件或者复制品；

（二）原件或者原物已不存在，可以出示证明复制件、复制品与原件、原物一致的其他证据。

视听资料应当当庭播放或者显示，并由当事人进行质证。

第四十一条 凡是知道案件事实的人，都有出庭作证的义务。有下列情形之一的，经人民法院准许，当事人可以提交书面证言：

（一）当事人在行政程序或者庭前证据交换中对证人证言无异议的；

（二）证人因年迈体弱或者行动不便无法出庭的；

（三）证人因路途遥远、交通不便无法出庭的；

（四）证人因自然灾害等不可抗力或者其他意外事件无法出庭的；

（五）证人因其他特殊原因确实无法出庭的。

第四十二条 不能正确表达意志的人不能作证。

根据当事人申请，人民法院可以就证人能否正确表达意志进行审查或者交由有关部门鉴定。必要时，人民法院也可以依职权交由有关部门鉴定。

第四十三条 当事人申请证人出庭作证的，应当在举证期限届满前提出，并经人民法院许可。人民法院准许证人出庭作证的，应当在开庭审理前通知证人出庭作证。

当事人在庭审过程中要求证人出庭作证的，法庭可以根据审理案件的具体情况，决定是否准许以及是否延期审理。

第四十四条 有下列情形之一，原告或者第三人可以要求相关行政执法人员作为证人出庭作证：

（一）对现场笔录的合法性或者真实性有异议的；

（二）对扣押财产的品种或者数量有异议的；

（三）对检验的物品取样或者保管有异议的；

（四）对行政执法人员的身份的合法性有异议的；

（五）需要出庭作证的其他情形。

第四十五条 证人出庭作证时，应当出示证明其身份的证件。法庭应当告知其诚实作证的法律义务和作伪证的法律责任。

出庭作证的证人不得旁听案件的审理。法庭询问证人时，其他证人不得在场，但组织证人对质的除外。

第四十六条 证人应当陈述其亲历的具体事实。证人根据其经历所作的判断、推测或者评论，不能作为定案的依据。

第四十七条 当事人要求鉴定人出庭接受询问的，鉴定人应当出庭。鉴定人因正当事由不能出庭的，经法庭准许，可以不出庭，由当事人对其书面鉴定结论进行质证。

鉴定人不能出庭的正当事由，参照本规定第四十一条的规定。

对于出庭接受询问的鉴定人，法庭应当核实其身份、与当事人及案件的关系，并告知鉴定人如实说明鉴定情况的法律义务和故意作虚假说明的法律责任。

第四十八条 对被诉具体行政行为涉及的专门性问题，当事人可以向法庭申请由专业人员出庭进行说明，法庭也可以通知专业人员出庭说明。必要时，法庭可以组织专业人员进行对质。

当事人对出庭的专业人员是否具备相应专业知识、学历、资历等专业资格等有异议的，可以进行询问。由法庭决定其是否可以作为专业人员出庭。

专业人员可以对鉴定人进行询问。

第四十九条 法庭在质证过程中，对与案件没有关联的证据材料，应予排除并说明理由。

法庭在质证过程中，准许当事人补充证据的，对补充的证据仍应进行质证。

法庭对经过庭审质证的证据，除确有必要外，一般不再进行质证。

第五十条 在第二审程序中，对当事人依法提供的新的证据，法庭应当进行质证；当事人对第一审认定的证据仍有争议的，法庭也应当进行质证。

第五十一条 按照审判监督程序审理的案件，对当事人依法提供的新的证据，法庭应当进行质证；因原判决、裁定认定事实的证据不足而提起再审所涉及的主要证据，法庭也应当进行质证。

第五十二条　本规定第五十条和第五十一条中的"新的证据"是指以下证据：

（一）在一审程序中应当准予延期提供而未获准许的证据；

（二）当事人在一审程序中依法申请调取而未获准许或者未取得，人民法院在第二审程序中调取的证据；

（三）原告或者第三人提供的在举证期限届满后发现的证据。

五、证据的审核认定

第五十三条　人民法院裁判行政案件，应当以证据证明的案件事实为依据。

第五十四条　法庭应当对经过庭审质证的证据和无需质证的证据进行逐一审查和对全部证据综合审查，遵循法官职业道德，运用逻辑推理和生活经验，进行全面、客观和公正地分析判断，确定证据材料与案件事实之间的证明关系，排除不具有关联性的证据材料，准确认定案件事实。

第五十五条　法庭应当根据案件的具体情况，从以下方面审查证据的合法性：

（一）证据是否符合法定形式；

（二）证据的取得是否符合法律、法规、司法解释和规章的要求；

（三）是否有影响证据效力的其他违法情形。

第五十六条　法庭应当根据案件的具体情况，从以下方面审查证据的真实性：

（一）证据形成的原因；

（二）发现证据时的客观环境；

（三）证据是否为原件、原物，复制件、复制品与原件、原物是否相符；

（四）提供证据的人或者证人与当事人是否具有利害关系；

（五）影响证据真实性的其他因素。

第五十七条　下列证据材料不能作为定案依据：

（一）严重违反法定程序收集的证据材料；

（二）以偷拍、偷录、窃听等手段获取侵害他人合法权益的证据材料；

（三）以利诱、欺诈、胁迫、暴力等不正当手段获取的证据材料；

（四）当事人无正当事由超出举证期限提供的证据材料；

（五）在中华人民共和国领域以外或者在中华人民共和国香港特别行政区、澳门特别行政区和台湾地区形成的未办理法定证明手续的证据材料；

（六）当事人无正当理由拒不提供原件、原物，又无其他证据印证，且对方当事人不予认可的证据的复制件或者复制品；

（七）被当事人或者他人进行技术处理而无法辨明真伪的证据材料；

（八）不能正确表达意志的证人提供的证言；

（九）不具备合法性和真实性的其他证据材料。

第五十八条　以违反法律禁止性规定或者侵犯他人合法权益的方法取得的证据，不能作为认定案件事实的依据。

第五十九条　被告在行政程序中依照法定程序要求原告提供证据，原告依法应当提供而拒不提供，在诉讼程序中提供的证据，人民法院一般不予采纳。

第六十条　下列证据不能作为认定被诉具体行政行为合法的依据：

（一）被告及其诉讼代理人在作出具体行政行为后或者在诉讼程序中自行收集的证据；

（二）被告在行政程序中非法剥夺公民、法人或者其他组织依法享有的陈述、申辩或者听证权利所采用的证据；

（三）原告或者第三人在诉讼程序中提供的、被告在行政程序中未作为具体行政行为依据的证据。

第六十一条　复议机关在复议程序中收集和补充的证据，或者作出原具体行政行为的行政机关在复议程序中未向复议机关提交的证据，不能作为人民法院认定原具体行政行为合法的依据。

第六十二条　对被告在行政程序中采纳的鉴定结论，原告或者第三人提出证据证明有下列情形之一的，人民法院不予采纳：

（一）鉴定人不具备鉴定资格；

（二）鉴定程序严重违法；

（三）鉴定结论错误、不明确或者内容不完整。

第六十三条　证明同一事实的数个证据，其证明效力一般可以按照下列情形分别认定：

（一）国家机关以及其他职能部门依职权制作的公文文书优于其他书证；

（二）鉴定结论、现场笔录、勘验笔录、档案材料以及经过公证或者登记的书证优于其他书证、视听资料和证人证言；

（三）原件、原物优于复制件、复制品；

（四）法定鉴定部门的鉴定结论优于其他鉴定部门的鉴定结论；

（五）法庭主持勘验所制作的勘验笔录优于其他部门主持勘验所制作的勘验笔录；

（六）原始证据优于传来证据；

（七）其他证人证言优于与当事人有亲属关系或者其他密切关系的证人提供的对该当事人有利的证言；

（八）出庭作证的证人证言优于未出庭作证的证人证言；

（九）数个种类不同、内容一致的证据优于一个孤立的证据。

第六十四条　以有形载体固定或者显示的电子数据交换、电子邮件以及其他数据资料，其制作情况和真实性经对方当事人确认，或者以公证等其他有效方式予以证明的，与原件具有同等的证明效力。

第六十五条　在庭审中一方当事人或者其代理人在代理权限范围内对另一方当事人陈述的案件事实明确表示认可的，人民法院可以对该事实予以认定。但有相反证据足以推翻的除外。

第六十六条　在行政赔偿诉讼中，人民法院主持调解时当事人为达成调解协议而对案件事实的认可，不得在其后的诉讼中作为对其不利的证据。

第六十七条　在不受外力影响的情况下，一方当事人提供的证据，对方当事人明确表示认可的，可以认定该证据的证明效力；对方当事人予以否认，但不能提供充分的证据进行反驳的，可以综合全案情况审查认定该证据的证明效力。

第六十八条　下列事实法庭可以直接认定：

（一）众所周知的事实；

（二）自然规律及定理；

（三）按照法律规定推定的事实；

（四）已经依法证明的事实；

（五）根据日常生活经验法则推定的事实。

前款（一）、（三）、（四）、（五）项，当事人有相反证据足以推翻的除外。

第六十九条　原告确有证据证明被告持有的证据对原告有利，被告无正当事由拒不提供的，可以推定原告的主张成立。

第七十条　生效的人民法院裁判文书或者仲裁机构裁决文书确认的事实，可以作为定案依据。但是如果发现裁判文书或者裁决文书认定的事实有重大问题的，应当中止诉讼，通过法定程序予以纠正后恢复诉讼。

第七十一条　下列证据不能单独作为

定案依据：

（一）未成年人所作的与其年龄和智力状况不相适应的证言；

（二）与一方当事人有亲属关系或者其他密切关系的证人所作的对该当事人有利的证言，或者与一方当事人有不利关系的证人所作的对该当事人不利的证言；

（三）应当出庭作证而无正当理由不出庭作证的证人证言；

（四）难以识别是否经过修改的视听资料；

（五）无法与原件、原物核对的复制件或者复制品；

（六）经一方当事人或者他人改动，对方当事人不予认可的证据材料；

（七）其他不能单独作为定案依据的证据材料。

第七十二条　庭审中经过质证的证据，能够当庭认定的，应当当庭认定；不能当庭认定的，应当在合议庭合议时认定。

人民法院应当在裁判文书中阐明证据是否采纳的理由。

第七十三条　法庭发现当庭认定的证据有误，可以按照下列方式纠正：

（一）庭审结束前发现错误的，应当重新进行认定；

（二）庭审结束后宣判前发现错误的，在裁判文书中予以更正并说明理由，也可以再次开庭予以认定；

（三）有新的证据材料可能推翻已认定的证据的，应当再次开庭予以认定。

六、附　　则

第七十四条　证人、鉴定人及其近亲属的人身和财产安全受法律保护。

人民法院应当对证人、鉴定人的住址和联系方式予以保密。

第七十五条　证人、鉴定人因出庭作证或者接受询问而支出的合理费用，由提供证人、鉴定人的一方当事人先行支付，由败诉一方当事人承担。

第七十六条　证人、鉴定人作伪证的，依照行政诉讼法第四十九条第一款第（二）项的规定追究其法律责任。

第七十七条　诉讼参与人或者其他人有对审判人员或者证人、鉴定人、勘验人及其近亲属实施威胁、侮辱、殴打、骚扰或者打击报复等妨碍行政诉讼行为的，依照行政诉讼法第四十九条第一款第（三）项、第（五）项或者第（六）项的规定追究其法律责任。

第七十八条　对应当协助调取证据的单位和个人，无正当理由拒不履行协助义务的，依照行政诉讼法第四十九条第一款第（五）项的规定追究其法律责任。

第七十九条　本院以前有关行政诉讼的司法解释与本规定不一致的，以本规定为准。

第八十条　本规定自2002年10月1日起施行。2002年10月1日尚未审结的一审、二审和再审行政案件不适用本规定。

本规定施行前已经审结的行政案件，当事人以违反本规定为由申请再审的，人民法院不予支持。

本规定施行后按照审判监督程序决定再审的行政案件，适用本规定。

最高人民法院关于印发《关于审理行政案件适用法律规范问题的座谈会纪要》的通知

（2004年5月18日　法〔2004〕96号）

各省、自治区、直辖市高级人民法院，新疆维吾尔自治区高级人民法院生产建设兵团分院：

现将《关于审理行政案件适用法律规范问题的座谈会纪要》印发给你们，请参照执行。执行中有什么问题，请及时报告我院。

关于审理行政案件适用法律规范问题的座谈会纪要

行政审判涉及的法律规范层级和门类较多，立法法施行以后有关法律适用规则亦发生了很大变化，在法律适用中经常遇到如何识别法律依据、解决法律规范冲突等各种疑难问题。这些问题能否妥当地加以解决，直接影响行政审判的公正和效率。而且，随着我国法治水平的提高和适应加入世贸组织的需要，行政审判在解决法律规范冲突、维护法制统一中的作用越来越突出。为准确适用法律规范，确保行政案件的公正审理，维护国家法制的统一和尊严，促进依法行政，最高人民法院行政审判庭曾就审理行政案件适用法律规范的突出问题进行专题调研，并征求有关部门意见。

2003年10月，最高人民法院在上海召开全国法院行政审判工作座谈会期间，就审理行政案件适用法律规范问题进行了专题座谈。与会人员在总结审判经验的基础上，根据立法法、行政诉讼法及其他有关法律规定，对一些带有普遍性的问题形成了共识。现将有关内容纪要如下：

一、关于行政案件的审判依据

根据行政诉讼法和立法法有关规定，人民法院审理行政案件，依据法律、行政法规、地方性法规、自治条例和单行条例，参照规章。在参照规章时，应当对规章的规定是否合法有效进行判断，对于合法有效的规章应当适用。根据立法法、行政法规制定程序条例和规章制定程序条例关于法律、行政法规和规章的解释的规定，全国人大常委会的法律解释，国务院或者国务院授权的部门公布的行政法规解释，人民法院作为审理行政案件的法律依据；规章制定机关作出的与规章具有同等效力的规章解释，人民法院审理行政案件时参照适用。

考虑建国后我国立法程序的沿革情况，现行有效的行政法规有以下三种类型：一是国务院制定并公布的行政法规；二是立法法施行以前，按照当时有效的行政法规制定程序，经国务院批准、由国务院部门公布的行政法规。但在立法法施行以后，经国务院批准、由国务院部门公布的规范性文件，不再属于行政法规；三是在清理行政法规时由国务院确认的其他行政法规。

行政审判实践中，经常涉及有关部门为指导法律执行或者实施行政措施而作出的具体应用解释和制定的其他规范性文件，主要是：国务院部门以及省、市、自治区和较大的市的人民政府或其主管部门对于具体应用法律、法规或规章作出的解释；县级以上人民政府及其主管部门制定发布的具有普遍约束力的决定、命令或其他规范性文件。行政机关往往将这些具体应用解释和其他规范性文件作为具体行政行为的直接依据。这些具体应用解释和规范性文件不是正式的法律渊源，对人民法院不具有法律规范意义上的约束力。但是，人民法院经审查认为被诉具体行政行为依据的具体应用解释和其他规范性文件合法、有效并合理、适当的，在认定被诉具体行政行为合法性时应承认其效力；人民法院可以在裁判理由中对具体应用解释和其他规范性文件是否合法、有效、合理或适当进行评述。

二、关于法律规范冲突的适用规则

调整同一对象的两个或者两个以上的法律规范因规定不同的法律后果而产生冲突的，一般情况下应当按照立法法规定的上位法优于下位法、后法优于前法以及特别法优于一般法等法律适用规则,判断和选择所应适用的法律规范。冲突规范所涉及的事项比较重大、有关机关对是否存在冲突有不同意见、应当优先适用的法律规范的合法有效性尚有疑问或者按照法律适用规则不能确定如何适用时,依据立法法规定的程序逐级送请有权机关裁决。

(一)下位法不符合上位法的判断和适用

下位法的规定不符合上位法的,人民法院原则上应当适用上位法。当前许多具体行政行为是依据下位法作出的,并未援引和适用上位法。在这种情况下,为维护法制统一,人民法院审查具体行政行为的合法性时,应当对下位法是否符合上位法一并进行判断。经判断下位法与上位法相抵触的,应当依据上位法认定被诉具体行政行为的合法性。从审判实践看,下位法不符合上位法的常见情形有:下位法缩小上位法规定的权利主体范围,或者违反上位法立法目的扩大上位法规定的权利主体范围;下位法限制或者剥夺上位法规定的权利,或者违反上位法立法目的扩大上位法规定的权利范围;下位法扩大行政主体或其职权范围;下位法延长上位法规定的履行法定职责期限;下位法以参照、准用等方式扩大或者限缩上位法规定的义务或者义务主体的范围、性质或者条件;下位法增设或者限缩违反上位法规定的适用条件;下位法扩大或者限缩上位法规定的给予行政处罚的行为、种类和幅度的范围;下位法改变上位法已规定的违法行为的性质;下位法超出上位法规定的强制措施的适用范围、种类和方式,以及增设或者限缩其适用条件;法规、规章或者其他规范文件设定不符合行政许可法规定的行政许可,或者增设违反上位法的行政许可条件;其他相抵触的情形。

法律、行政法规或者地方性法规修改后,其实施性规定未被明文废止的,人民法院在适用时应当区分下列情形:实施性规定与修改后的法律、行政法规或者地方性法规相抵触的,不予适用;因法律、行政法规或者地方性法规的修改,相应的实施性规定丧失依据而不能单独施行的,不予适用;实施性规定与修改后的法律、行政法规或者地方性法规不相抵触的,可以适用。

(二)特别规定与一般规定的适用关系

同一法律、行政法规、地方性法规、自治条例和单行条例、规章内的不同条文对相同事项有一般规定和特别规定的,优先适用特别规定。

法律之间、行政法规之间或者地方性法规之间对同一事项的新的一般规定与旧的特别规定不一致的,人民法院原则上应按照下列情形适用:新的一般规定允许旧的特别规定继续适用的,适用旧的特别规定;新的一般规定废止旧的特别规定的,适用新的一般规定。不能确定新的一般规定是否允许旧的规定继续适用的,人民法院应当中止行政案件的审理,属于法律的,逐级上报最高人民法院送请全国人民代表大会常务委员会裁决;属于行政法规的,逐级上报最高人民法院送请国务院裁决;属于地方性法规的,由高级人民法院送请制定机关裁决。

(三)地方性法规与部门规章冲突的选择适用

地方性法规与部门规章之间对同一事项的规定不一致的,人民法院一般可以按照下列情形适用:(1)法律或者行政法规授权部门规章作出实施性规定的,其规定优先适用;(2)尚未制定法律、行政法规的,部门规章对于国务院决定、命令授权的事项,或者对于中央宏观调控的事项、需要全国统一的市场活动规则及对外贸易和外商投资等需要全国统一规定的事项作出的规定,应当优先适用;(3)地方性法规根据法律或者行政法规的授权,根据本行政区域的实际情况作出的具体规定,应当优先适用;(4)地方性法规对属于地方性事务的事项作出的规定,应当优先适用;(5)尚未制定法律、行政法规的,地方性法规根据本行政区域的具体情况,对需要全国统一规定以外的事项作出的规定,应当优先适用;(6)能够直接适用的其他情形。不能确定如何适用的,应当中止行政案件的审理,逐级上报最高人民法院按照立法法第八十六条第一款第(二)项的规定送请有权机关处理。

(四)规章冲突的选择适用

部门规章与地方政府规章之间对相同事项的规定不一致的,人民法院一般可以按照下列情形适用:(1)法律或者行政法规授权部门规章作出实施性规定的,其规定优先适用;(2)尚未制定法律、行政法规的,部门规章对于国务院决定、命令授权的事项,或者对属于中央宏观调控的事项、需要全国统一的市场活动规则及对外贸易和外商投资等事项作出的规定,应当优先适用;(3)地方政府规章根据法律或者行政法规的授权,根据本行政区域的实际情况作出的具体规定,应当优先适用;(4)地方政府规章对属于本行政区域的具体行政管理事项作出的规定,应当优先适用;(5)能够直接适用的其他情形。不能确定如何适用的,应当中止行政案件的审理,逐级上报最高人民法院送请国务院裁决。

国务院部门之间制定的规章对同一事项的规定不一致的,人民法院一般可以按照下列情形选择适用:(1)适用与上位法不相抵触的部门规章规定;(2)与上位法均不抵触的,优先适用根据专属职权制定的规章规定;(3)两个以上的国务院部门就涉及其职权范围的事项联合制定的规章规定,优先于其中一个部门单独作出的规定;(4)能够选择适用的其他情形。不能确定如何适用的,应当中止行政案件的审理,逐级上报最高人民法院送请国务院裁决。

国务院部门或者省、市、自治区人民政府制定的其他规范性文件对相同事项的规定不一致的,参照上列精神处理。

三、关于新旧法律规范的适用规则

根据行政审判中的普遍认识和做法,行政相对人的行为发生在新法施行以前,具体行政行为作出在新法施行以后,人民法院审查具体行政行为的合法性时,实体问题适用旧法规定,程序问题适用新法规定,但下列情形除外:(一)法律、法规或规章另有规定的;(二)适用新法对保护行政相对人的合法权益更为有利的;(三)按照具体行政行为的性质应当适用新法的实体规定的。

四、关于法律规范具体应用解释问题

在裁判案件中解释法律规范,是人民法院适用法律的重要组成部分。人民法院对于所适用的法律规范,一般按照其通常语义进行解释;有专业上的特殊涵义的,该涵义优先;语义不清楚或者有歧义的,可以根据上下文和立法宗旨、目的和原则等确定其涵义。

法律规范在列举其适用的典型事项后,又以"等"、"其他"等词语进行表述的,属于不完全列举的例示性规定。以"等"、"其他"等概括性用语表示的事项,均为明文列举的事项以外的事项,且其所概括的情形应为与列举事项类似的事项。

人民法院在解释和适用法律时,应当妥善处理法律效果与社会效果的关系,既要严格适用法律规定和维护法律规定的严肃性,确保法律适用的确定性、统一性和连续性，又要注意与时俱进，注意办案的社会效果，避免刻板僵化地理解和适用法律条文，在法律适用中维护国家利益和社会公共利益。

最高人民法院印发《关于行政案件案由的暂行规定》的通知

（2020年12月25日　法发〔2020〕44号）

各省、自治区、直辖市高级人民法院，解放军军事法院，新疆维吾尔自治区高级人民法院生产建设兵团分院：

《最高人民法院关于行政案件案由的暂行规定》已于2020年12月7日由最高人民法院审判委员会第1820次会议讨论通过，自2021年1月1日起施行，《最高人民法院关于规范行政案件案由的通知》（法发〔2004〕2号，以下简称2004年案由通知）同时废止。现将《最高人民法院关于行政案件案由的暂行规定》（以下简称《暂行规定》）印发给你们，并将适用《暂行规定》的有关问题通知如下：

一、认真学习和准确适用《暂行规定》

行政案件案由是行政案件名称的核心组成部分，起到明确被诉对象、区分案件性质、提示法律适用、引导当事人正确行使诉讼权利等作用。准确确定行政案件案由，有利于人民法院在行政立案、审判中准确确定被诉行政行为、正确适用法律，有利于提高行政审判工作的规范化程度，有利于提高行政案件司法统计的准确性和科学性，有利于为人民法院司法决策提供更有价值的参考，有利于提升人民法院服务大局、司法为民的能力和水平。各级人民法院要认真组织学习《暂行规定》，全面准确领会，确保该规定得到正确实施。

二、准确把握案由的基本结构

根据行政诉讼法和相关行政法律规范的规定，遵循简洁、明确、规范、开放的原则，行政案件案由按照被诉行政行为确定，表述为"××（行政行为）"。例如，不服行政机关作出的行政拘留处罚提起的行政诉讼，案件案由表述为"行政拘留"。

此次起草《暂行规定》时，案由基本结构中删除了2004年案由通知规定的"行政管理范围"。司法统计时，可以通过提取被告行政机关要素，确定和掌握相关行政管理领域某类行政案件的基本情况。

三、准确把握案由的适用范围

《暂行规定》适用于行政案件的立案、审理、裁判、执行的各阶段，也适用于一审、二审、申请再审和再审等诉讼程序。在立案阶段，人民法院可以根据起诉状所列被诉行政行为确定初步案由。在审理、裁判阶段，人民法院发现初步确定的案由不准确时，可以重新确定案由。二审、申请再审、再审程序中发现原审案由不准确的，人民法院应当重新确定案由。在执行阶段，人民法院应当采用据以执行的生效法律文书确定的结案案由。

案件卷宗封面、开庭传票、送达回证等材料上应当填写案由。司法统计一般以生效法律文书确定的案由为准，也可以根据统计目的的实际需要，按照相应诉讼阶段或者程序确定的案由进行统计。

四、准确理解案由的确定规则

（一）行政案件案由分为三级

1. 一级案由。行政案件的一级案由为"行政行为"，是指行政机关与行政职权相关的所有作为和不作为。

2. 二、三级案由的确定和分类。二、三级案由是对一级案由的细化。目前我国法律、法规对行政机关作出的行政行为并无明确的分类标准。三级案由主要是按照法律法规等列举的行政行为名称，以及行政行为涉及的权利内容等进行划分。目前列举的二级案由主要包括：行政处罚、行政强制措施、行政强制执行、行政许可、行政征收或者征用、行政登记、行政确认、行政给付、行政允诺、行政征缴、行政奖励、行政收费、政府信息公开、行政批复、行政处理、行政复议、行政裁决、行政协议、行政补偿、行政赔偿及不履行职责、公益诉讼。

3. 优先适用三级案由。人民法院在确定行政案件案由时，应当首先适用三级案由；无对应的三级案由时，适用二级案由；二级案由仍然无对应的名称，适用一级案由。例如，起诉行政机关作出的罚款行政处罚，该案案由只能按照三级案由确定为"罚款"，不能适用二级或者一级案由。

（二）起诉多个被诉行政行为案件案由的确定

在同一个案件中存在多个被诉行政行为时，可以并列适用不同的案由。例如，起诉行政机关作出的罚款、行政拘留、没收违法所得的行政处罚时，该案案由表述为"罚款、行政拘留及没收违法所得"。如果是两个以上的被诉行政行为，其中一个行政为适用三级案由，另一个只能适用二级案由的，可以并列适用不同层级的案由。

（三）不可诉行为案件案由的确定

当事人对不属于行政诉讼受案范围的行政行为或者民事行为、刑事侦查行为等提起行政诉讼的案件，人民法院根据《中华人民共和国行政诉讼法》第十三条和《最高人民法院关于适用〈中华人民共和国行政诉讼法〉的解释》第一条第二款规定中的相关表述确定案由，具体表述为：国防外交行为、发布决定命令行为、奖惩任免行为、最终裁决行为、刑事司法行为、行政调解行为、仲裁行为、行政指导行为、重复处理行为、执行生效裁判行为、信访处理行为等。例如，起诉行政机关行政指导行为的案件，案由表述为"行政指导行为"。应当注意的是，"内部层级监督行为""过程性行为"均是对行政行为性质的概括，在确定案件案由时还应根据被诉行为名称来确定。对于前述规定没有列举，但法律、法规、规章或者司法解释有明确的法定名称表述的案件，以法定名称表述案由；尚无法律、法规、规章或者司法解释明确法定名称的行为或事项，人民法院可以通过概括当事人诉讼请求所指向的行为或者事项确定案由，例如，起诉行政机关要求为其子女安排工作的案件，案由表述为"安排子女工作"。

五、关于几种特殊行政案件案由确定规则

（一）行政复议案件

行政复议机关成为行政诉讼被告，主要有三种情形：是行政复议机关不予受理或者程序性驳回复议申请；二是行政复议机关改变（包括撤销）原行政行为；三是行政复议机关维持原行政行为或者实体上驳回复议申请。第一、二种情形下，行政复议机关单独作被告，按《暂行规定》基本结构确定案由即可。第三种情形下，行政复议机关和原行政行为作出机关是共同被告，此类案件案由表述为"××（行政行为）及行政复议"。例如，起诉某市人民政府维持该市某局作出的政府信息公开答复的案件，案由表述为"政府信息公开及行政复议"。

（二）行政协议案件

确定行政协议案件案由时，须将行政协议名称予以列明。当事人一并提出行政赔偿、解除协议或者继续履行协议等请求的，要在案由中一并列出。例如，起诉行政机关解除公交线路特许经营协议，请求赔偿损失并判令继续履行协议的案件，案由表述为"单方解除公交线路特许经营协议及行政赔偿、继续履行"。

（三）行政赔偿案件

行政赔偿案件分为一并提起行政赔偿

案件和单独提起行政赔偿案件两类。一并提起行政赔偿案件,案由表述为"××(行政行为)及行政赔偿"。例如,起诉行政机关行政拘留一并请求赔偿限制人身自由损失的案件,案由表述为"行政拘留及行政赔偿"。单独提起行政赔偿案件,案由表述为"行政赔偿"。例如,起诉行政机关赔偿违法强制拆除房屋损失的案件,案由表述为"行政赔偿"。

(四)一并审查规范性文件案件

一并审查规范性文件案件涉及被诉行政行为和规范性文件两个审查对象,此类案件案由表述为"××(行政行为)及规范性文件审查"。例如,起诉行政机关作出的强制拆除房屋行为,同时对相关的规范性文件不服一并提起行政诉讼的案件,案由表述为"强制拆除房屋及规范性文件审查"。

(五)行政公益诉讼案件

行政公益诉讼案件案由按照"××(行政行为)"后缀"公益诉讼"的模式确定,表述为"××(行政行为)公益诉讼"。例如,人民检察院对行政机关不履行查处环境违法行为法定职责提起行政公益诉讼的案件,案由表述为"不履行查处环境违法行为职责公益诉讼"。

(六)不履行法定职责案件

"不履行法定职责"是指负有法定职责的行政机关在依法应当履职的情况下消极不作为,从而使得行政相对人权益得不到保护或者无法实现的违法状态。未依法履责、不完全履责、履责不当和迟延履责等以作为方式实施的违法履责行为,均不属于不履行法定职责。

在不履行法定职责案件案由中要明确行政机关应当履行的法定职责内容,表述为"不履行××职责"。例如,起诉行政机关不履行行政处罚职责案件,案由表述为"不履行行政处罚职责"。此处法定职责内容一般按照二级案由表述即可。确有必要的,不履行法定职责案件也可细化到三级案由,例如"不履行罚款职责"。

(七)申请执行人民法院生效法律文书案件

申请执行人民法院生效法律文书案件,案由由"申请执行"加行政诉讼案由后缀"判决""裁定"或者"调解书"构成。例如,人民法院作出变更罚款决定的生效判决后,行政机关申请人民法院执行该判决的案件,案由表述为"申请执行罚款判决"。

(八)非诉行政执行案件

非诉行政执行案件案由表述为"申请执行××(行政行为)"。其中,"××(行政行为)"应当优先适用三级案由表述。例如,行政机关作出责令退还非法占用土地的行政决定后,行政相对人未履行退还土地义务,行政机关申请人民法院强制执行的案件,案由表述为"申请执行责令退还非法占用土地决定"。

六、应注意的问题

(一)各级人民法院要正确认识行政案件案由的性质与功能,不得将《暂行规定》等同于行政诉讼的受理条件或者范围。判断被诉行政行为是否属于行政诉讼受案范围,必须严格依据行政诉讼法及相关司法解释的规定。

(二)由于行政管理领域及行政行为种类众多,《暂行规定》仅能在二、三级案由中列举人民法院受理的常见案件中被诉行政行为种类或者名称,无法列举所有被诉行政行为。为了确保行政案件案由表述的规范统一以及司法统计的科学性、准确性,各级人民法院应当严格按照《暂行规定》表述案由。对于《暂行规定》未列举案由的案件,可依据相关法律、法规、规章及司法解释对被诉行政行为的表述来确定案由,不得使用"其他"或者"其他行政行为"概括案由。

（三）行政案件的名称表述应当与案由的表述保持一致，一般表述为"××（原告）诉××（行政机关）××（行政行为）案"，不得表述为"××（原告）与××（行政机关）××行政纠纷案"。

（四）知识产权授权确权和涉及垄断的行政案件案由按照《最高人民法院关于增加部分行政案件案由的通知》（法〔2019〕261号）等规定予以确定。

对于适用《暂行规定》过程中遇到的问题和情况，请及时层报最高人民法院。

最高人民法院关于行政案件案由的暂行规定

（2020年12月7日最高人民法院审判委员会第1820次会议通过　自2021年1月1日起施行）

为规范人民法院行政立案、审判、执行工作，正确适用法律，统一确定行政案件案由，根据《中华人民共和国行政诉讼法》及相关法律法规和司法解释的规定，结合行政审判工作实际，对行政案件案由规定如下：

一级案由

行政行为

二级、三级案由

（一）行政处罚
1. 警告
2. 通报批评
3. 罚款
4. 没收违法所得
5. 没收非法财物
6. 暂扣许可证件
7. 吊销许可证件
8. 降低资质等级
9. 责令关闭
10. 责令停产停业
11. 限制开展生产经营活动
12. 限制从业
13. 行政拘留
14. 不得申请行政许可
15. 责令限期拆除

（二）行政强制措施
16. 限制人身自由
17. 查封场所、设施或者财物
18. 扣押财物
19. 冻结存款、汇款
20. 冻结资金、证券
21. 强制隔离戒毒
22. 留置
23. 采取保护性约束措施

（三）行政强制执行
24. 加处罚款或者滞纳金
25. 划拨存款、汇款
26. 拍卖查封、扣押的场所、设施或者财物
27. 处理查封、扣押的场所、设施或者财物
28. 排除妨碍
29. 恢复原状
30. 代履行
31. 强制拆除房屋或者设施
32. 强制清除地上物

（四）行政许可
33. 工商登记
34. 社会团体登记
35. 颁发机动车驾驶证
36. 特许经营许可
37. 建设工程规划许可
38. 建筑工程施工许可
39. 矿产资源许可
40. 药品注册许可

41. 医疗器械许可
42. 执业资格许可
(五)行政征收或者征用
43. 征收或者征用房屋
44. 征收或者征用土地
45. 征收或者征用动产
(六)行政登记
46. 房屋所有权登记
47. 集体土地所有权登记
48. 森林、林木所有权登记
49. 矿业权登记
50. 土地承包经营权登记
51. 建设用地使用权登记
52. 宅基地使用权登记
53. 海域使用权登记
54. 水利工程登记
55. 居住权登记
56. 地役权登记
57. 不动产抵押登记
58. 动产抵押登记
59. 质押登记
60. 机动车所有权登记
61. 船舶所有权登记
62. 户籍登记
63. 婚姻登记
64. 收养登记
65. 税务登记
(七)行政确认
66. 基本养老保险资格或者待遇认定
67. 基本医疗保险资格或者待遇认定
68. 失业保险资格或者待遇认定
69. 工伤保险资格或者待遇认定
70. 生育保险资格或者待遇认定
71. 最低生活保障资格或者待遇认定
72. 确认保障性住房分配资格
73. 颁发学位证书或者毕业证书
(八)行政给付
74. 给付抚恤金

75. 给付基本养老金
76. 给付基本医疗保险金
77. 给付失业保险金
78. 给付工伤保险金
79. 给付生育保险金
80. 给付最低生活保障金
(九)行政允诺
81. 兑现奖金
82. 兑现优惠
(十)行政征缴
83. 征缴税款
84. 征缴社会抚养费
85. 征缴社会保险费
86. 征缴污水处理费
87. 征缴防空地下室易地建设费
88. 征缴水土保持补偿费
89. 征缴土地闲置费
90. 征缴土地复垦费
91. 征缴耕地开垦费
(十一)行政奖励
92. 授予荣誉称号
93. 发放奖金
(十二)行政收费
94. 证照费
95. 车辆通行费
96. 企业注册登记费
97. 不动产登记费
98. 船舶登记费
99. 考试考务费
(十三)政府信息公开
(十四)行政批复
(十五)行政处理
100. 责令退还非法占用土地
101. 责令交还土地
102. 责令改正
103. 责令采取补救措施
104. 责令停止建设
105. 责令恢复原状

106. 责令公开
107. 责令召回
108. 责令暂停生产
109. 责令暂停销售
110. 责令暂停使用
111. 有偿收回国有土地使用权
112. 退学决定
(十六)行政复议
113. 不予受理行政复议申请决定
114. 驳回行政复议申请决定
115. ××(行政行为)及行政复议
116. 改变原行政行为的行政复议决定
(十七)行政裁决
117. 土地、矿藏、水流、荒地或者滩涂权属确权
118. 林地、林木、山岭权属确权
119. 海域使用权确权
120. 草原权属确权
121. 水利工程权属确权
122. 企业资产性质确认
(十八)行政协议
123. 订立××(行政协议)
124. 单方变更××(行政协议)
125. 单方解除××(行政协议)
126. 不依法履行××(行政协议)
127. 未按约定履行××(行政协议)
128. ××(行政协议)行政补偿
129. ××(行政协议)行政赔偿
130. 撤销××(行政协议)
131. 解除××(行政协议)
132. 继续履行××(行政协议)
133. 确认××(行政协议)无效或有效
(十九)行政补偿
134. 房屋征收或者征用补偿
135. 土地征收或者征用补偿
136. 动产征收或者征用补偿
137. 撤回行政许可补偿
138. 收回国有土地使用权补偿
139. 规划变更补偿
140. 移民安置补偿
(二十)行政赔偿
(二十一)不履行××职责
(二十二)××(行政行为)公益诉讼

(三)民事诉讼

中华人民共和国民事诉讼法

(1991年4月9日第七届全国人民代表大会第四次会议通过 根据2007年10月28日第十届全国人民代表大会常务委员会第三十次会议《关于修改〈中华人民共和国民事诉讼法〉的决定》第一次修正 根据2012年8月31日第十一届全国人民代表大会常务委员会第二十八次会议《关于修改〈中华人民共和国民事诉讼法〉的决定》第二次修正 根据2017年6月27日第十二届全国人民代表大会常务委员会第二十八次会议《关于修改〈中华人民共和国民事诉讼法〉和〈中华人民共和国行政诉讼法〉的决定》第三次修正 根据2021年12月24日第十三届全国人民代表大会常务委员会第三十二次会议《关于修改〈中华人民共和国民事诉讼法〉的决定》第四次修正)

第一编 总 则

第一章 任务、适用范围和基本原则

第一条 中华人民共和国民事诉讼法以宪法为根据,结合我国民事审判工作的经验和实际情况制定。

第二条 中华人民共和国民事诉讼法的任务,是保护当事人行使诉讼权利,保证人民法院查明事实,分清是非,正确适用法律,及时审理民事案件,确认民事权利义务关系,制裁民事违法行为,保护当事人的合

法权益,教育公民自觉遵守法律,维护社会秩序、经济秩序,保障社会主义建设事业顺利进行。

第三条 人民法院受理公民之间、法人之间、其他组织之间以及他们相互之间因财产关系和人身关系提起的民事诉讼,适用本法的规定。

第四条 凡在中华人民共和国领域内进行民事诉讼,必须遵守本法。

第五条 外国人、无国籍人、外国企业和组织在人民法院起诉、应诉,同中华人民共和国公民、法人和其他组织有同等的诉讼权利义务。

外国法院对中华人民共和国公民、法人和其他组织的民事诉讼权利加以限制的,中华人民共和国人民法院对该国公民、企业和组织的民事诉讼权利,实行对等原则。

第六条 民事案件的审判权由人民法院行使。

人民法院依照法律规定对民事案件独立进行审判,不受行政机关、社会团体和个人的干涉。

第七条 人民法院审理民事案件,必须以事实为根据,以法律为准绳。

第八条 民事诉讼当事人有平等的诉讼权利。人民法院审理民事案件,应当保障和便利当事人行使诉讼权利,对当事人在适用法律上一律平等。

第九条 人民法院审理民事案件,应当根据自愿和合法的原则进行调解;调解不成的,应当及时判决。

第十条 人民法院审理民事案件,依照法律规定实行合议、回避、公开审判和两审终审制度。

第十一条 各民族公民都有用本民族语言、文字进行诉讼的权利。

在少数民族聚居或者多民族共同居住的地区,人民法院应当用当地民族通用的语言、文字进行审理和发布法律文书。

人民法院应当对不通晓当地民族通用的语言、文字的诉讼参与人提供翻译。

第十二条 人民法院审理民事案件时,当事人有权进行辩论。

第十三条 民事诉讼应当遵循诚信原则。

当事人有权在法律规定的范围内处分自己的民事权利和诉讼权利。

第十四条 人民检察院有权对民事诉讼实行法律监督。

第十五条 机关、社会团体、企业事业单位对损害国家、集体或者个人民事权益的行为,可以支持受损害的单位或者个人向人民法院起诉。

第十六条 经当事人同意,民事诉讼活动可以通过信息网络平台在线进行。

民事诉讼活动通过信息网络平台在线进行的,与线下诉讼活动具有同等法律效力。

第十七条 民族自治地方的人民代表大会根据宪法和本法的原则,结合当地民族的具体情况,可以制定变通或者补充的规定。自治区的规定,报全国人民代表大会常务委员会批准。自治州、自治县的规定,报省或者自治区的人民代表大会常务委员会批准,并报全国人民代表大会常务委员会备案。

第二章 管 辖

第一节 级 别 管 辖

第十八条 基层人民法院管辖第一审民事案件,但本法另有规定的除外。

第十九条 中级人民法院管辖下列第一审民事案件:

(一)重大涉外案件;

(二)在本辖区有重大影响的案件；

(三)最高人民法院确定由中级人民法院管辖的案件。

第二十条 高级人民法院管辖在本辖区有重大影响的第一审民事案件。

第二十一条 最高人民法院管辖下列第一审民事案件：

(一)在全国有重大影响的案件；

(二)认为应当由本院审理的案件。

第二节 地域管辖

第二十二条 对公民提起的民事诉讼，由被告住所地人民法院管辖；被告住所地与经常居住地不一致的，由经常居住地人民法院管辖。

对法人或者其他组织提起的民事诉讼，由被告住所地人民法院管辖。

同一诉讼的几个被告住所地、经常居住地在两个以上人民法院辖区的，各该人民法院都有管辖权。

第二十三条 下列民事诉讼，由原告住所地人民法院管辖；原告住所地与经常居住地不一致的，由原告经常居住地人民法院管辖：

(一)对不在中华人民共和国领域内居住的人提起的有关身份关系的诉讼；

(二)对下落不明或者宣告失踪的人提起的有关身份关系的诉讼；

(三)对被采取强制性教育措施的人提起的诉讼；

(四)对被监禁的人提起的诉讼。

第二十四条 因合同纠纷提起的诉讼，由被告住所地或者合同履行地人民法院管辖。

第二十五条 因保险合同纠纷提起的诉讼，由被告住所地或者保险标的物所在地人民法院管辖。

第二十六条 因票据纠纷提起的诉讼，由票据支付地或者被告住所地人民法院管辖。

第二十七条 因公司设立、确认股东资格、分配利润、解散等纠纷提起的诉讼，由公司住所地人民法院管辖。

第二十八条 因铁路、公路、水上、航空运输和联合运输合同纠纷提起的诉讼，由运输始发地、目的地或者被告住所地人民法院管辖。

第二十九条 因侵权行为提起的诉讼，由侵权行为地或者被告住所地人民法院管辖。

第三十条 因铁路、公路、水上和航空事故请求损害赔偿提起的诉讼，由事故发生地或者车辆、船舶最先到达地、航空器最先降落地或者被告住所地人民法院管辖。

第三十一条 因船舶碰撞或者其他海事损害事故请求损害赔偿提起的诉讼，由碰撞发生地、碰撞船舶最先到达地、加害船舶被扣留地或者被告住所地人民法院管辖。

第三十二条 因海难救助费用提起的诉讼，由救助地或者被救助船舶最先到达地人民法院管辖。

第三十三条 因共同海损提起的诉讼，由船舶最先到达地、共同海损理算地或者航程终止地的人民法院管辖。

第三十四条 下列案件，由本条规定的人民法院专属管辖：

(一)因不动产纠纷提起的诉讼，由不动产所在地人民法院管辖；

(二)因港口作业中发生纠纷提起的诉讼，由港口所在地人民法院管辖；

(三)因继承遗产纠纷提起的诉讼，由被继承人死亡时住所地或者主要遗产所在地人民法院管辖。

第三十五条 合同或者其他财产权益纠纷的当事人可以书面协议选择被告住所地、合同履行地、合同签订地、原告住所地、标的物所在地等与争议有实际联系的地点的人民法院管辖,但不得违反本法对级别管辖和专属管辖的规定。

第三十六条 两个以上人民法院都有管辖权的诉讼,原告可以向其中一个人民法院起诉;原告向两个以上有管辖权的人民法院起诉的,由最先立案的人民法院管辖。

第三节 移送管辖和指定管辖

第三十七条 人民法院发现受理的案件不属于本院管辖的,应当移送有管辖权的人民法院,受移送的人民法院应当受理。受移送的人民法院认为受移送的案件依照规定不属于本院管辖的,应当报请上级人民法院指定管辖,不得再自行移送。

第三十八条 有管辖权的人民法院由于特殊原因,不能行使管辖权的,由上级人民法院指定管辖。

人民法院之间因管辖权发生争议,由争议双方协商解决;协商解决不了的,报请它们的共同上级人民法院指定管辖。

第三十九条 上级人民法院有权审理下级人民法院管辖的第一审民事案件;确有必要将本院管辖的第一审民事案件交下级人民法院审理的,应当报请其上级人民法院批准。

下级人民法院对它所管辖的第一审民事案件,认为需要由上级人民法院审理的,可以报请上级人民法院审理。

第三章 审 判 组 织

第四十条 人民法院审理第一审民事案件,由审判员、陪审员共同组成合议庭或者由审判员组成合议庭。合议庭的成员人数,必须是单数。

适用简易程序审理的民事案件,由审判员一人独任审理。基层人民法院审理的基本事实清楚、权利义务关系明确的第一审民事案件,可以由审判员一人适用普通程序独任审理。

陪审员在执行陪审职务时,与审判员有同等的权利义务。

第四十一条 人民法院审理第二审民事案件,由审判员组成合议庭。合议庭的成员人数,必须是单数。

中级人民法院对第一审适用简易程序审结或者不服裁定提起上诉的第二审民事案件,事实清楚、权利义务关系明确的,经双方当事人同意,可以由审判员一人独任审理。

发回重审的案件,原审人民法院应当按照第一审程序另行组成合议庭。

审理再审案件,原来是第一审的,按照第一审程序另行组成合议庭;原来是第二审的或者是上级人民法院提审的,按照第二审程序另行组成合议庭。

第四十二条 人民法院审理下列民事案件,不得由审判员一人独任审理:

(一)涉及国家利益、社会公共利益的案件;

(二)涉及群体性纠纷,可能影响社会稳定的案件;

(三)人民群众广泛关注或者其他社会影响较大的案件;

(四)属于新类型或者疑难复杂的案件;

(五)法律规定应当组成合议庭审理的案件;

(六)其他不宜由审判员一人独任审理的案件。

第四十三条 人民法院在审理过程中,发现案件不宜由审判员一人独任审理的,应当裁定转由合议庭审理。

当事人认为案件由审判员一人独任审理违反法律规定的,可以向人民法院提出异议。人民法院对当事人提出的异议应当审查，异议成立的，裁定转由合议庭审理；异议不成立的，裁定驳回。

第四十四条 合议庭的审判长由院长或者庭长指定审判员一人担任；院长或者庭长参加审判的，由院长或者庭长担任。

第四十五条 合议庭评议案件，实行少数服从多数的原则。评议应当制作笔录，由合议庭成员签名。评议中的不同意见，必须如实入笔录。

第四十六条 审判人员应当依法秉公办案。

审判人员不得接受当事人及其诉讼代理人请客送礼。

审判人员有贪污受贿，徇私舞弊，枉法裁判行为的，应当追究法律责任；构成犯罪的，依法追究刑事责任。

第四章　回　　避

第四十七条 审判人员有下列情形之一的，应当自行回避，当事人有权用口头或者书面方式申请他们回避：

（一）是本案当事人或者当事人、诉讼代理人近亲属的；

（二）与本案有利害关系的；

（三）与本案当事人、诉讼代理人有其他关系，可能影响对案件公正审理的。

审判人员接受当事人、诉讼代理人请客送礼，或者违反规定会见当事人、诉讼代理人的，当事人有权要求他们回避。

审判人员有前款规定的行为的，应当依法追究法律责任。

前三款规定，适用于书记员、翻译人员、鉴定人、勘验人。

第四十八条 当事人提出回避申请，应当说明理由，在案件开始审理时提出；回避事由在案件开始审理后知道的，也可以在法庭辩论终结前提出。

被申请回避的人员在人民法院作出是否回避的决定前，应当暂停参与本案的工作，但案件需要采取紧急措施的除外。

第四十九条 院长担任审判长或者独任审判员时的回避，由审判委员会决定；审判人员的回避，由院长决定；其他人员的回避，由审判长或者独任审判员决定。

第五十条 人民法院对当事人提出的回避申请，应当在申请提出的三日内，以口头或者书面形式作出决定。申请人对决定不服的，可以在接到决定时申请复议一次。复议期间，被申请回避的人员，不停止参与本案的工作。人民法院对复议申请，应当在三日内作出复议决定，并通知复议申请人。

第五章　诉讼参加人

第一节　当　事　人

第五十一条 公民、法人和其他组织可以作为民事诉讼的当事人。

法人由其法定代表人进行诉讼。其他组织由其主要负责人进行诉讼。

第五十二条 当事人有权委托代理人，提出回避申请，收集、提供证据，进行辩论，请求调解，提起上诉，申请执行。

当事人可以查阅本案有关材料，并可以复制本案有关材料和法律文书。查阅、复制本案有关材料的范围和办法由最高人民法院规定。

当事人必须依法行使诉讼权利，遵守诉讼秩序，履行发生法律效力的判决书、裁定书和调解书。

第五十三条 双方当事人可以自行和解。

第五十四条 原告可以放弃或者变更诉讼请求。被告可以承认或者反驳诉讼请求，有权提起反诉。

第五十五条 当事人一方或者双方为二人以上,其诉讼标的是共同的,或者诉讼标的是同一种类、人民法院认为可以合并审理并经当事人同意的,为共同诉讼。

共同诉讼的一方当事人对诉讼标的有共同权利义务的,其中一人的诉讼行为经其他共同诉讼人承认,对其他共同诉讼人发生效力;对诉讼标的没有共同权利义务的,其中一人的诉讼行为对其他共同诉讼人不发生效力。

第五十六条 当事人一方人数众多的共同诉讼,可以由当事人推选代表人进行诉讼。代表人的诉讼行为对其所代表的当事人发生效力,但代表人变更、放弃诉讼请求或者承认对方当事人的诉讼请求,进行和解,必须经被代表的当事人同意。

第五十七条 诉讼标的是同一种类、当事人一方人数众多在起诉时人数尚未确定的,人民法院可以发出公告,说明案件情况和诉讼请求,通知权利人在一定期间向人民法院登记。

向人民法院登记的权利人可以推选代表人进行诉讼;推选不出代表人的,人民法院可以与参加登记的权利人商定代表人。

代表人的诉讼行为对其所代表的当事人发生效力,但代表人变更、放弃诉讼请求或者承认对方当事人的诉讼请求,进行和解,必须经被代表的当事人同意。

人民法院作出的判决、裁定,对参加登记的全体权利人发生效力。未参加登记的权利人在诉讼时效期间提起诉讼的,适用该判决、裁定。

第五十八条 对污染环境、侵害众多消费者合法权益等损害社会公共利益的行为,法律规定的机关和有关组织可以向人民法院提起诉讼。

人民检察院在履行职责中发现破坏生态环境和资源保护、食品药品安全领域侵害众多消费者合法权益等损害社会公共利益的行为,在没有前款规定的机关和组织或者前款规定的机关和组织不提起诉讼的情况下,可以向人民法院提起诉讼。前款规定的机关或者组织提起诉讼的,人民检察院可以支持起诉。

第五十九条 对当事人双方的诉讼标的,第三人认为有独立请求权的,有权提起诉讼。

对当事人双方的诉讼标的,第三人虽然没有独立请求权,但案件处理结果同他有法律上的利害关系的,可以申请参加诉讼,或者由人民法院通知他参加诉讼。人民法院判决承担民事责任的第三人,有当事人的诉讼权利义务。

前两款规定的第三人,因不能归责于本人的事由未参加诉讼,但有证据证明发生法律效力的判决、裁定、调解书的部分或者全部内容错误,损害其民事权益的,可以自知道或者应当知道其民事权益受到损害之日起六个月内,向作出该判决、裁定、调解书的人民法院提起诉讼。人民法院经审理,诉讼请求成立的,应当改变或者撤销原判决、裁定、调解书;诉讼请求不成立的,驳回诉讼请求。

第二节 诉讼代理人

第六十条 无诉讼行为能力人由他的监护人作为法定代理人代为诉讼。法定代理人之间互相推诿代理责任的,由人民法院指定其中一人代为诉讼。

第六十一条 当事人、法定代理人可以委托一至二人作为诉讼代理人。

下列人员可以被委托为诉讼代理人:

(一)律师、基层法律服务工作者;

(二)当事人的近亲属或者工作人员;

(三)当事人所在社区、单位以及有关社会团体推荐的公民。

第六十二条　委托他人代为诉讼,必须向人民法院提交由委托人签名或者盖章的授权委托书。

授权委托书必须记明委托事项和权限。诉讼代理人代为承认、放弃、变更诉讼请求,进行和解,提起反诉或者上诉,必须有委托人的特别授权。

侨居在国外的中华人民共和国公民从国外寄交或者托交的授权委托书,必须经中华人民共和国驻该国的使领馆证明;没有使领馆的,由与中华人民共和国有外交关系的第三国驻该国的使领馆证明,再转由中华人民共和国驻该第三国使领馆证明,或者由当地的爱国华侨团体证明。

第六十三条　诉讼代理人的权限如果变更或者解除,当事人应当书面告知人民法院,并由人民法院通知对方当事人。

第六十四条　代理诉讼的律师和其他诉讼代理人有权调查收集证据,可以查阅本案有关材料。查阅本案有关材料的范围和办法由最高人民法院规定。

第六十五条　离婚案件有诉讼代理人的,本人除不能表达意思的以外,仍应出庭;确因特殊情况无法出庭的,必须向人民法院提交书面意见。

第六章　证　　据

第六十六条　证据包括:

(一)当事人的陈述;

(二)书证;

(三)物证;

(四)视听资料;

(五)电子数据;

(六)证人证言;

(七)鉴定意见;

(八)勘验笔录。

证据必须查证属实,才能作为认定事实的根据。

第六十七条　当事人对自己提出的主张,有责任提供证据。

当事人及其诉讼代理人因客观原因不能自行收集的证据,或者人民法院认为审理案件需要的证据,人民法院应当调查收集。

人民法院应当按照法定程序,全面地、客观地审查核实证据。

第六十八条　当事人对自己提出的主张应当及时提供证据。

人民法院根据当事人的主张和案件审理情况,确定当事人应当提供的证据及其期限。当事人在该期限内提供证据确有困难的,可以向人民法院申请延长期限,人民法院根据当事人的申请适当延长。当事人逾期提供证据的,人民法院应当责令其说明理由;拒不说明理由或者理由不成立的,人民法院根据不同情形可以不予采纳该证据,或者采纳该证据但予以训诫、罚款。

第六十九条　人民法院收到当事人提交的证据材料,应当出具收据,写明证据名称、页数、份数、原件或者复印件以及收到时间等,并由经办人员签名或者盖章。

第七十条　人民法院有权向有关单位和个人调查取证,有关单位和个人不得拒绝。

人民法院对有关单位和个人提出的证明文书,应当辨别真伪,审查确定其效力。

第七十一条　证据应当在法庭上出示,并由当事人互相质证。对涉及国家秘密、商业秘密和个人隐私的证据应当保密,需要在法庭出示的,不得在公开开庭时出示。

第七十二条　经过法定程序公证证明的法律事实和文书,人民法院应当作为认定事实的根据,但有相反证据足以推翻公证证明的除外。

第七十三条　书证应当提交原件。物

证应当提交原物。提交原件或者原物确有困难的，可以提交复制品、照片、副本、节录本。

提交外文书证，必须附有中文译本。

第七十四条 人民法院对视听资料，应当辨别真伪，并结合本案的其他证据，审查确定能否作为认定事实的根据。

第七十五条 凡是知道案件情况的单位和个人，都有义务出庭作证。有关单位的负责人应当支持证人作证。

不能正确表达意思的人，不能作证。

第七十六条 经人民法院通知，证人应当出庭作证。有下列情形之一的，经人民法院许可，可以通过书面证言、视听传输技术或者视听资料等方式作证：

（一）因健康原因不能出庭的；

（二）因路途遥远，交通不便不能出庭的；

（三）因自然灾害等不可抗力不能出庭的；

（四）其他有正当理由不能出庭的。

第七十七条 证人因履行出庭作证义务而支出的交通、住宿、就餐等必要费用以及误工损失，由败诉一方当事人负担。当事人申请证人作证的，由该当事人先行垫付；当事人没有申请，人民法院通知证人作证的，由人民法院先行垫付。

第七十八条 人民法院对当事人的陈述，应当结合本案的其他证据，审查确定能否作为认定事实的根据。

当事人拒绝陈述的，不影响人民法院根据证据认定案件事实。

第七十九条 当事人可以就查明事实的专门性问题向人民法院申请鉴定。当事人申请鉴定的，由双方当事人协商确定具备资格的鉴定人；协商不成的，由人民法院指定。

当事人未申请鉴定，人民法院对专门性问题认为需要鉴定的，应当委托具备资格的鉴定人进行鉴定。

第八十条 鉴定人有权了解进行鉴定所需要的案件材料，必要时可以询问当事人、证人。

鉴定人应当提出书面鉴定意见，在鉴定书上签名或者盖章。

第八十一条 当事人对鉴定意见有异议或者人民法院认为鉴定人有必要出庭的，鉴定人应当出庭作证。经人民法院通知，鉴定人拒不出庭作证的，鉴定意见不得作为认定事实的根据；支付鉴定费用的当事人可以要求返还鉴定费用。

第八十二条 当事人可以申请人民法院通知有专门知识的人出庭，就鉴定人作出的鉴定意见或者专业问题提出意见。

第八十三条 勘验物证或者现场，勘验人必须出示人民法院的证件，并邀请当地基层组织或者当事人所在单位派人参加。当事人或者当事人的成年家属应当到场，拒不到场的，不影响勘验的进行。

有关单位和个人根据人民法院的通知，有义务保护现场，协助勘验工作。

勘验人应当将勘验情况和结果制作笔录，由勘验人、当事人和被邀参加人签名或者盖章。

第八十四条 在证据可能灭失或者以后难以取得的情况下，当事人可以在诉讼过程中向人民法院申请保全证据，人民法院也可以主动采取保全措施。

因情况紧急，在证据可能灭失或者以后难以取得的情况下，利害关系人可以在提起诉讼或者申请仲裁前向证据所在地、被申请人住所地或者对案件有管辖权的人民法院申请保全证据。

证据保全的其他程序，参照适用本法第九章保全的有关规定。

第七章 期间、送达

第一节 期 间

第八十五条 期间包括法定期间和人民法院指定的期间。

期间以时、日、月、年计算。期间开始的时和日,不计算在期间内。

期间届满的最后一日是法定休假日的,以法定休假日后的第一日为期间届满的日期。

期间不包括在途时间,诉讼文书在期满前交邮的,不算过期。

第八十六条 当事人因不可抗拒的事由或者其他正当理由耽误期限的,在障碍消除后的十日内,可以申请顺延期限,是否准许,由人民法院决定。

第二节 送 达

第八十七条 送达诉讼文书必须有送达回证,由受送达人在送达回证上记明收到日期,签名或者盖章。

受送达人在送达回证上的签收日期为送达日期。

第八十八条 送达诉讼文书,应当直接送交受送达人。受送达人是公民的,本人不在交他的同住成年家属签收;受送达人是法人或者其他组织的,应当由法人的法定代表人、其他组织的主要负责人或者该法人、组织负责收件的人签收;受送达人有诉讼代理人的,可以送交其代理人签收;受送达人已向人民法院指定代收人的,送交代收人签收。

受送达人的同住成年家属,法人或者其他组织的负责收件的人,诉讼代理人或者代收人在送达回证上签收的日期为送达日期。

第八十九条 受送达人或者他的同住成年家属拒绝接收诉讼文书的,送达人可以邀请有关基层组织或者所在单位的代表到场,说明情况,在送达回证上记明拒收事由和日期,由送达人、见证人签名或者盖章,把诉讼文书留在受送达人的住所;也可以把诉讼文书留在受送达人的住所,并采用拍照、录像等方式记录送达过程,即视为送达。

第九十条 经受送达人同意,人民法院可以采用能够确认其收悉的电子方式送达诉讼文书。通过电子方式送达的判决书、裁定书、调解书,受送达人提出需要纸质文书的,人民法院应当提供。

采用前款方式送达的,以送达信息到达受送达人特定系统的日期为送达日期。

第九十一条 直接送达诉讼文书有困难的,可以委托其他人民法院代为送达,或者邮寄送达。邮寄送达的,以回执上注明的收件日期为送达日期。

第九十二条 受送达人是军人的,通过其所在部队团以上单位的政治机关转交。

第九十三条 受送达人被监禁的,通过其所在监所转交。

受送达人被采取强制性教育措施的,通过其所在强制性教育机构转交。

第九十四条 代为转交的机关、单位收到诉讼文书后,必须立即交受送达人签收,以在送达回证上的签收日期,为送达日期。

第九十五条 受送达人下落不明,或者用本节规定的其他方式无法送达的,公告送达。自发出公告之日起,经过三十日,即视为送达。

公告送达,应当在案卷中记明原因和经过。

第八章 调 解

第九十六条 人民法院审理民事案件,根据当事人自愿的原则,在事实清楚的基础上,分清是非,进行调解。

第九十七条 人民法院进行调解,可以由审判员一人主持,也可以由合议庭主持,并尽可能就地进行。

人民法院进行调解,可以用简便方式通知当事人、证人到庭。

第九十八条 人民法院进行调解,可以邀请有关单位和个人协助。被邀请的单位和个人,应当协助人民法院进行调解。

第九十九条 调解达成协议,必须双方自愿,不得强迫。调解协议的内容不得违反法律规定。

第一百条 调解达成协议,人民法院应当制作调解书。调解书应当写明诉讼请求、案件的事实和调解结果。

调解书由审判人员、书记员署名,加盖人民法院印章,送达双方当事人。

调解书经双方当事人签收后,即具有法律效力。

第一百零一条 下列案件调解达成协议,人民法院可以不制作调解书:

(一)调解和好的离婚案件;

(二)调解维持收养关系的案件;

(三)能够即时履行的案件;

(四)其他不需要制作调解书的案件。

对不需要制作调解书的协议,应当记入笔录,由双方当事人、审判人员、书记员签名或者盖章后,即具有法律效力。

第一百零二条 调解未达成协议或者调解书送达前一方反悔的,人民法院应当及时判决。

第九章 保全和先予执行

第一百零三条 人民法院对于可能因当事人一方的行为或者其他原因,使判决难以执行或者造成当事人其他损害的案件,根据对方当事人的申请,可以裁定对其财产进行保全、责令其作出一定行为或者禁止其作出一定行为;当事人没有提出申请的,人民法院在必要时也可以裁定采取保全措施。

人民法院采取保全措施,可以责令申请人提供担保,申请人不提供担保的,裁定驳回申请。

人民法院接受申请后,对情况紧急的,必须在四十八小时内作出裁定;裁定采取保全措施的,应当立即开始执行。

第一百零四条 利害关系人因情况紧急,不立即申请保全将会使其合法权益受到难以弥补的损害的,可以在提起诉讼或者申请仲裁前向被保全财产所在地、被申请人住所地或者对案件有管辖权的人民法院申请采取保全措施。申请人应当提供担保,不提供担保的,裁定驳回申请。

人民法院接受申请后,必须在四十八小时内作出裁定;裁定采取保全措施的,应当立即开始执行。

申请人在人民法院采取保全措施后三十日内不依法提起诉讼或者申请仲裁的,人民法院应当解除保全。

第一百零五条 保全限于请求的范围,或者与本案有关的财物。

第一百零六条 财产保全采取查封、扣押、冻结或者法律规定的其他方法。人民法院保全财产后,应当立即通知被保全财产的人。

财产已被查封、冻结的,不得重复查封、冻结。

第一百零七条 财产纠纷案件,被申请人提供担保的,人民法院应当裁定解除保全。

第一百零八条 申请有错误的,申请人应当赔偿被申请人因保全所遭受的损失。

第一百零九条 人民法院对下列案件,根据当事人的申请,可以裁定先予执行:

(一)追索赡养费、扶养费、抚养费、抚

恤金、医疗费用的；

（二）追索劳动报酬的；

（三）因情况紧急需要先予执行的。

第一百一十条 人民法院裁定先予执行的，应当符合下列条件：

（一）当事人之间权利义务关系明确，不先予执行将严重影响申请人的生活或者生产经营的；

（二）被申请人有履行能力。

人民法院可以责令申请人提供担保，申请人不提供担保的，驳回申请。申请人败诉的，应当赔偿被申请人因先予执行遭受的财产损失。

第一百一十一条 当事人对保全或者先予执行的裁定不服，可以申请复议一次。复议期间不停止裁定的执行。

第十章 对妨害民事诉讼的强制措施

第一百一十二条 人民法院对必须到庭的被告，经两次传票传唤，无正当理由拒不到庭的，可以拘传。

第一百一十三条 诉讼参与人和其他人应当遵守法庭规则。

人民法院对违反法庭规则的人，可以予以训诫，责令退出法庭或者予以罚款、拘留。

人民法院对哄闹、冲击法庭，侮辱、诽谤、威胁、殴打审判人员，严重扰乱法庭秩序的人，依法追究刑事责任；情节较轻的，予以罚款、拘留。

第一百一十四条 诉讼参与人或者其他人有下列行为之一的，人民法院可以根据情节轻重予以罚款、拘留；构成犯罪的，依法追究刑事责任：

（一）伪造、毁灭重要证据，妨碍人民法院审理案件的；

（二）以暴力、威胁、贿买方法阻止证人作证或者指使、贿买、胁迫他人作伪证的；

（三）隐藏、转移、变卖、毁损已被查封、扣押的财产，或者已被清点并责令其保管的财产，转移已被冻结的财产的；

（四）对司法工作人员、诉讼参加人、证人、翻译人员、鉴定人、勘验人、协助执行的人，进行侮辱、诽谤、诬陷、殴打或者打击报复的；

（五）以暴力、威胁或者其他方法阻碍司法工作人员执行职务的；

（六）拒不履行人民法院已经发生法律效力的判决、裁定的。

人民法院对有前款规定的行为之一的单位，可以对其主要负责人或者直接责任人员予以罚款、拘留；构成犯罪的，依法追究刑事责任。

第一百一十五条 当事人之间恶意串通，企图通过诉讼、调解等方式侵害他人合法权益的，人民法院应当驳回其请求，并根据情节轻重予以罚款、拘留；构成犯罪的，依法追究刑事责任。

第一百一十六条 被执行人与他人恶意串通，通过诉讼、仲裁、调解等方式逃避履行法律文书确定的义务的，人民法院应当根据情节轻重予以罚款、拘留；构成犯罪的，依法追究刑事责任。

第一百一十七条 有义务协助调查、执行的单位有下列行为之一的，人民法院除责令其履行协助义务外，并可以予以罚款：

（一）有关单位拒绝或者妨碍人民法院调查取证的；

（二）有关单位接到人民法院协助执行通知书后，拒不协助查询、扣押、冻结、划拨、变价财产的；

（三）有关单位接到人民法院协助执行通知书后，拒不协助扣留被执行人的收入、办理有关财产权证照转移手续、转交有关票证、证照或者其他财产的；

（四）其他拒绝协助执行的。

人民法院对有前款规定的行为之一的

单位,可以对其主要负责人或者直接责任人员予以罚款;对仍不履行协助义务的,可以予以拘留;并可以向监察机关或者有关机关提出予以纪律处分的司法建议。

第一百一十八条 对个人的罚款金额,为人民币十万元以下。对单位的罚款金额,为人民币五万元以上一百万元以下。

拘留的期限,为十五日以下。

被拘留的人,由人民法院交公安机关看管。在拘留期间,被拘留人承认并改正错误的,人民法院可以决定提前解除拘留。

第一百一十九条 拘传、罚款、拘留必须经院长批准。

拘传应当发拘传票。

罚款、拘留应当用决定书。对决定不服的,可以向上一级人民法院申请复议一次。复议期间不停止执行。

第一百二十条 采取对妨害民事诉讼的强制措施必须由人民法院决定。任何单位和个人采取非法拘禁他人或者非法私自扣押他人财产追索债务的,应当依法追究刑事责任,或者予以拘留、罚款。

第十一章 诉讼费用

第一百二十一条 当事人进行民事诉讼,应当按照规定交纳案件受理费。财产案件除交纳案件受理费外,并按照规定交纳其他诉讼费用。

当事人交纳诉讼费用确有困难的,可以按照规定向人民法院申请缓交、减交或者免交。

收取诉讼费用的办法另行制定。

第二编 审判程序

第十二章 第一审普通程序

第一节 起诉和受理

第一百二十二条 起诉必须符合下列条件:

(一)原告是与本案有直接利害关系的公民、法人和其他组织;

(二)有明确的被告;

(三)有具体的诉讼请求和事实、理由;

(四)属于人民法院受理民事诉讼的范围和受诉人民法院管辖。

第一百二十三条 起诉应当向人民法院递交起诉状,并按照被告人数提出副本。

书写起诉状确有困难的,可以口头起诉,由人民法院记入笔录,并告知对方当事人。

第一百二十四条 起诉状应当记明下列事项:

(一)原告的姓名、性别、年龄、民族、职业、工作单位、住所、联系方式,法人或者其他组织的名称、住所和法定代表人或者主要负责人的姓名、职务、联系方式;

(二)被告的姓名、性别、工作单位、住所等信息,法人或者其他组织的名称、住所等信息;

(三)诉讼请求和所根据的事实与理由;

(四)证据和证据来源,证人姓名和住所。

第一百二十五条 当事人起诉到人民法院的民事纠纷,适宜调解的,先行调解,但当事人拒绝调解的除外。

第一百二十六条 人民法院应当保障当事人依照法律规定享有的起诉权利。对符合本法第一百二十二条的起诉,必须受理。符合起诉条件的,应当在七日内立案,并通知当事人;不符合起诉条件的,应当在七日内作出裁定书,不予受理;原告对裁定不服的,可以提起上诉。

第一百二十七条 人民法院对下列起诉,分别情形,予以处理:

(一)依照行政诉讼法的规定,属于行

政诉讼受案范围的,告知原告提起行政诉讼;

(二)依照法律规定,双方当事人达成书面仲裁协议申请仲裁、不得向人民法院起诉的,告知原告向仲裁机构申请仲裁;

(三)依照法律规定,应当由其他机关处理的争议,告知原告向有关机关申请解决;

(四)对不属于本院管辖的案件,告知原告向有管辖权的人民法院起诉;

(五)对判决、裁定、调解书已经发生法律效力的案件,当事人又起诉的,告知原告申请再审,但人民法院准许撤诉的裁定除外;

(六)依照法律规定,在一定期限内不得起诉的案件,在不得起诉的期限内起诉的,不予受理;

(七)判决不准离婚和调解和好的离婚案件,判决、调解维持收养关系的案件,没有新情况、新理由,原告在六个月内又起诉的,不予受理。

第二节　审理前的准备

第一百二十八条　人民法院应当在立案之日起五日内将起诉状副本发送被告,被告应当在收到之日起十五日内提出答辩状。答辩状应当记明被告的姓名、性别、年龄、民族、职业、工作单位、住所、联系方式;法人或者其他组织的名称、住所和法定代表人或者主要负责人的姓名、职务、联系方式。人民法院应当在收到答辩状之日起五日内将答辩状副本发送原告。

被告不提出答辩状的,不影响人民法院审理。

第一百二十九条　人民法院对决定受理的案件,应当在受理案件通知书和应诉通知书中向当事人告知有关的诉讼权利义务,或者口头告知。

第一百三十条　人民法院受理案件后,当事人对管辖权有异议的,应当在提交答辩状期间提出。人民法院对当事人提出的异议,应当审查。异议成立的,裁定将案件移送有管辖权的人民法院;异议不成立的,裁定驳回。

当事人未提出管辖异议,并应诉答辩的,视为受诉人民法院有管辖权,但违反级别管辖和专属管辖规定的除外。

第一百三十一条　审判人员确定后,应当在三日内告知当事人。

第一百三十二条　审判人员必须认真审核诉讼材料,调查收集必要的证据。

第一百三十三条　人民法院派出人员进行调查时,应当向被调查人出示证件。

调查笔录经被调查人校阅后,由被调查人、调查人签名或者盖章。

第一百三十四条　人民法院在必要时可以委托外地人民法院调查。

委托调查,必须提出明确的项目和要求。受委托人民法院可以主动补充调查。

受委托人民法院收到委托书后,应当在三十日内完成调查。因故不能完成的,应当在上述期限内函告委托人民法院。

第一百三十五条　必须共同进行诉讼的当事人没有参加诉讼的,人民法院应当通知其参加诉讼。

第一百三十六条　人民法院对受理的案件,分别情形,予以处理:

(一)当事人没有争议,符合督促程序规定条件的,可以转入督促程序;

(二)开庭前可以调解的,采取调解方式及时解决纠纷;

(三)根据案件情况,确定适用简易程序或者普通程序;

(四)需要开庭审理的,通过要求当事人交换证据等方式,明确争议焦点。

第三节 开庭审理

第一百三十七条 人民法院审理民事案件,除涉及国家秘密、个人隐私或者法律另有规定的以外,应当公开进行。

离婚案件,涉及商业秘密的案件,当事人申请不公开审理的,可以不公开审理。

第一百三十八条 人民法院审理民事案件,根据需要进行巡回审理,就地办案。

第一百三十九条 人民法院审理民事案件,应当在开庭三日前通知当事人和其他诉讼参与人。公开审理的,应当公告当事人姓名、案由和开庭的时间、地点。

第一百四十条 开庭审理前,书记员应当查明当事人和其他诉讼参与人是否到庭,宣布法庭纪律。

开庭审理时,由审判长或者独任审判员核对当事人,宣布案由,宣布审判人员、书记员名单,告知当事人有关的诉讼权利义务,询问当事人是否提出回避申请。

第一百四十一条 法庭调查按照下列顺序进行:

(一)当事人陈述;

(二)告知证人的权利义务,证人作证,宣读未到庭的证人证言;

(三)出示书证、物证、视听资料和电子数据;

(四)宣读鉴定意见;

(五)宣读勘验笔录。

第一百四十二条 当事人在法庭上可以提出新的证据。

当事人经法庭许可,可以向证人、鉴定人、勘验人发问。

当事人要求重新进行调查、鉴定或者勘验的,是否准许,由人民法院决定。

第一百四十三条 原告增加诉讼请求,被告提出反诉,第三人提出与本案有关的诉讼请求,可以合并审理。

第一百四十四条 法庭辩论按照下列顺序进行:

(一)原告及其诉讼代理人发言;

(二)被告及其诉讼代理人答辩;

(三)第三人及其诉讼代理人发言或者答辩;

(四)互相辩论。

法庭辩论终结,由审判长或者独任审判员按照原告、被告、第三人的先后顺序征询各方最后意见。

第一百四十五条 法庭辩论终结,应当依法作出判决。判决前能够调解的,还可以进行调解,调解不成的,应当及时判决。

第一百四十六条 原告经传票传唤,无正当理由拒不到庭的,或者未经法庭许可中途退庭的,可以按撤诉处理;被告反诉的,可以缺席判决。

第一百四十七条 被告经传票传唤,无正当理由拒不到庭的,或者未经法庭许可中途退庭的,可以缺席判决。

第一百四十八条 宣判前,原告申请撤诉的,是否准许,由人民法院裁定。

人民法院裁定不准许撤诉的,原告经传票传唤,无正当理由拒不到庭的,可以缺席判决。

第一百四十九条 有下列情形之一的,可以延期开庭审理:

(一)必须到庭的当事人和其他诉讼参与人有正当理由没有到庭的;

(二)当事人临时提出回避申请的;

(三)需要通知新的证人到庭,调取新的证据,重新鉴定、勘验,或者需要补充调查的;

(四)其他应当延期的情形。

第一百五十条 书记员应当将法庭审理的全部活动记入笔录,由审判人员和书记员签名。

法庭笔录应当当庭宣读,也可以告知

当事人和其他诉讼参与人当庭或者在五日内阅读。当事人和其他诉讼参与人认为对自己的陈述记录有遗漏或者差错的,有权申请补正。如果不予补正,应当将申请记录在案。

法庭笔录由当事人和其他诉讼参与人签名或者盖章。拒绝签名盖章的,记明情况附卷。

第一百五十一条 人民法院对公开审理或者不公开审理的案件,一律公开宣告判决。

当庭宣判的,应当在十日内发送判决书;定期宣判的,宣判后立即发给判决书。

宣告判决时,必须告知当事人上诉权利、上诉期限和上诉的法院。

宣告离婚判决,必须告知当事人在判决发生法律效力前不得另行结婚。

第一百五十二条 人民法院适用普通程序审理的案件,应当在立案之日起六个月内审结。有特殊情况需要延长的,经本院院长批准,可以延长六个月;还需要延长的,报请上级人民法院批准。

第四节 诉讼中止和终结

第一百五十三条 有下列情形之一的,中止诉讼:

(一)一方当事人死亡,需要等待继承人表明是否参加诉讼的;

(二)一方当事人丧失诉讼行为能力,尚未确定法定代理人的;

(三)作为一方当事人的法人或者其他组织终止,尚未确定权利义务承受人的;

(四)一方当事人因不可抗拒的事由,不能参加诉讼的;

(五)本案必须以另一案的审理结果为依据,而另一案尚未审结的;

(六)其他应当中止诉讼的情形。

中止诉讼的原因消除后,恢复诉讼。

第一百五十四条 有下列情形之一的,终结诉讼:

(一)原告死亡,没有继承人,或者继承人放弃诉讼权利的;

(二)被告死亡,没有遗产,也没有应当承担义务的人的;

(三)离婚案件一方当事人死亡的;

(四)追索赡养费、扶养费、抚养费以及解除收养关系案件的一方当事人死亡的。

第五节 判决和裁定

第一百五十五条 判决书应当写明判决结果和作出该判决的理由。判决书内容包括:

(一)案由、诉讼请求、争议的事实和理由;

(二)判决认定的事实和理由、适用的法律和理由;

(三)判决结果和诉讼费用的负担;

(四)上诉期间和上诉的法院。

判决书由审判人员、书记员署名,加盖人民法院印章。

第一百五十六条 人民法院审理案件,其中一部分事实已经清楚,可以就该部分先行判决。

第一百五十七条 裁定适用于下列范围:

(一)不予受理;

(二)对管辖权有异议的;

(三)驳回起诉;

(四)保全和先予执行;

(五)准许或者不准许撤诉;

(六)中止或者终结诉讼;

(七)补正判决书中的笔误;

(八)中止或者终结执行;

(九)撤销或者不予执行仲裁裁决;

(十)不予执行公证机关赋予强制执行效力的债权文书;

(十一)其他需要裁定解决的事项。

对前款第一项至第三项裁定,可以上诉。

裁定书应当写明裁定结果和作出该裁定的理由。裁定书由审判人员、书记员署名,加盖人民法院印章。口头裁定的,记入笔录。

第一百五十八条 最高人民法院的判决、裁定,以及依法不准上诉或者超过上诉期没有上诉的判决、裁定,是发生法律效力的判决、裁定。

第一百五十九条 公众可以查阅发生法律效力的判决书、裁定书,但涉及国家秘密、商业秘密和个人隐私的内容除外。

第十三章 简易程序

第一百六十条 基层人民法院和它派出的法庭审理事实清楚、权利义务关系明确、争议不大的简单的民事案件,适用本章规定。

基层人民法院和它派出的法庭审理前款规定以外的民事案件,当事人双方也可以约定适用简易程序。

第一百六十一条 对简单的民事案件,原告可以口头起诉。

当事人双方可以同时到基层人民法院或者它派出的法庭,请求解决纠纷。基层人民法院或者它派出的法庭可以当即审理,也可以另定日期审理。

第一百六十二条 基层人民法院和它派出的法庭审理简单的民事案件,可以用简便方式传唤当事人和证人、送达诉讼文书、审理案件,但应当保障当事人陈述意见的权利。

第一百六十三条 简单的民事案件由审判员一人独任审理,并不受本法第一百三十九条、第一百四十一条、第一百四十四条规定的限制。

第一百六十四条 人民法院适用简易程序审理案件,应当在立案之日起三个月内审结。有特殊情况需要延长的,经本院院长批准,可以延长一个月。

第一百六十五条 基层人民法院和它派出的法庭审理事实清楚、权利义务关系明确、争议不大的简单金钱给付民事案件,标的额为各省、自治区、直辖市上年度就业人员年平均工资百分之五十以下的,适用小额诉讼的程序审理,实行一审终审。

基层人民法院和它派出的法庭审理前款规定的民事案件,标的额超过各省、自治区、直辖市上年度就业人员年平均工资百分之五十但在二倍以下的,当事人双方也可以约定适用小额诉讼的程序。

第一百六十六条 人民法院审理下列民事案件,不适用小额诉讼的程序:

(一)人身关系、财产确权案件;

(二)涉外案件;

(三)需要评估、鉴定或者对诉前评估、鉴定结果有异议的案件;

(四)一方当事人下落不明的案件;

(五)当事人提出反诉的案件;

(六)其他不宜适用小额诉讼的程序审理的案件。

第一百六十七条 人民法院适用小额诉讼的程序审理案件,可以一次开庭审结并且当庭宣判。

第一百六十八条 人民法院适用小额诉讼的程序审理案件,应当在立案之日起两个月内审结。有特殊情况需要延长的,经本院院长批准,可以延长一个月。

第一百六十九条 人民法院在审理过程中,发现案件不宜适用小额诉讼的程序的,应当适用简易程序的其他规定审理或者裁定转为普通程序。

当事人认为案件适用小额诉讼的程序审理违反法律规定的,可以向人民法院提出异议。人民法院对当事人提出的异议应当审查,异议成立的,应当适用简易程序的其他规定审理或者裁定转为普通程序;异议不成立的,裁定驳回。

第一百七十条 人民法院在审理过程中,发现案件不宜适用简易程序的,裁定转为普通程序。

第十四章　第二审程序

第一百七十一条 当事人不服地方人民法院第一审判决的,有权在判决书送达之日起十五日内向上一级人民法院提起上诉。

当事人不服地方人民法院第一审裁定的,有权在裁定书送达之日起十日内向上一级人民法院提起上诉。

第一百七十二条 上诉应当递交上诉状。上诉状的内容,应当包括当事人的姓名,法人的名称及其法定代表人的姓名或者其他组织的名称及其主要负责人的姓名;原审人民法院名称、案件的编号和案由;上诉的请求和理由。

第一百七十三条 上诉状应当通过原审人民法院提出,并按照对方当事人或者代表人的人数提出副本。

当事人直接向第二审人民法院上诉的,第二审人民法院应当在五日内将上诉状移交原审人民法院。

第一百七十四条 原审人民法院收到上诉状,应当在五日内将上诉状副本送达对方当事人,对方当事人在收到之日起十五日内提出答辩状。人民法院应当在收到答辩状之日起五日内将副本送达上诉人。对方当事人不提出答辩状的,不影响人民法院审理。

原审人民法院收到上诉状、答辩状,应当在五日内连同全部案卷和证据,报送第二审人民法院。

第一百七十五条 第二审人民法院应当对上诉请求的有关事实和适用法律进行审查。

第一百七十六条 第二审人民法院对上诉案件应当开庭审理。经过阅卷、调查和询问当事人,对没有提出新的事实、证据或者理由,人民法院认为不需要开庭审理的,可以不开庭审理。

第二审人民法院审理上诉案件,可以在本院进行,也可以到案件发生地或者原审人民法院所在地进行。

第一百七十七条 第二审人民法院对上诉案件,经过审理,按照下列情形,分别处理:

(一)原判决、裁定认定事实清楚,适用法律正确的,以判决、裁定方式驳回上诉,维持原判决、裁定;

(二)原判决、裁定认定事实错误或者适用法律错误的,以判决、裁定方式依法改判、撤销或者变更;

(三)原判决认定基本事实不清的,裁定撤销原判决,发回原审人民法院重审,或者查清事实后改判;

(四)原判决遗漏当事人或者违法缺席判决等严重违反法定程序的,裁定撤销原判决,发回原审人民法院重审。

原审人民法院对发回重审的案件作出判决后,当事人提起上诉的,第二审人民法院不得再次发回重审。

第一百七十八条 第二审人民法院对不服第一审人民法院裁定的上诉案件的处理,一律使用裁定。

第一百七十九条 第二审人民法院审理上诉案件,可以进行调解。调解达成协议,应当制作调解书,由审判人员、书记员署名,加盖人民法院印章。调解书送达后,原审人民法院的判决即视为撤销。

第一百八十条 第二审人民法院判决

宣告前，上诉人申请撤回上诉的，是否准许，由第二审人民法院裁定。

第一百八十一条 第二审人民法院审理上诉案件，除依照本章规定外，适用第一审普通程序。

第一百八十二条 第二审人民法院的判决、裁定，是终审的判决、裁定。

第一百八十三条 人民法院审理对判决的上诉案件，应当在第二审立案之日起三个月内审结。有特殊情况需要延长的，由本院院长批准。

人民法院审理对裁定的上诉案件，应当在第二审立案之日起三十日内作出终审裁定。

第十五章 特别程序

第一节 一般规定

第一百八十四条 人民法院审理选民资格案件、宣告失踪或者宣告死亡案件、认定公民无民事行为能力或者限制民事行为能力案件、认定财产无主案件、确认调解协议案件和实现担保物权案件，适用本章规定。本章没有规定的，适用本法和其他法律的有关规定。

第一百八十五条 依照本章程序审理的案件，实行一审终审。选民资格案件或者重大、疑难的案件，由审判员组成合议庭审理；其他案件由审判员一人独任审理。

第一百八十六条 人民法院在依照本章程序审理案件的过程中，发现本案属于民事权益争议的，应当裁定终结特别程序，并告知利害关系人可以另行起诉。

第一百八十七条 人民法院适用特别程序审理的案件，应当在立案之日起三十日内或者公告期满后三十日内审结。有特殊情况需要延长的，由本院院长批准。但审理选民资格的案件除外。

第二节 选民资格案件

第一百八十八条 公民不服选举委员会对选民资格的申诉所作的处理决定，可以在选举日的五日以前向选区所在地基层人民法院起诉。

第一百八十九条 人民法院受理选民资格案件后，必须在选举日前审结。

审理时，起诉人、选举委员会的代表和有关公民必须参加。

人民法院的判决书，应当在选举日前送达选举委员会和起诉人，并通知有关公民。

第三节 宣告失踪、宣告死亡案件

第一百九十条 公民下落不明满二年，利害关系人申请宣告其失踪的，向下落不明人住所地基层人民法院提出。

申请书应当写明失踪的事实、时间和请求，并附有公安机关或者其他有关机关关于该公民下落不明的书面证明。

第一百九十一条 公民下落不明满四年，或者因意外事件下落不明满二年，或者因意外事件下落不明，经有关机关证明该公民不可能生存，利害关系人申请宣告其死亡的，向下落不明人住所地基层人民法院提出。

申请书应当写明下落不明的事实、时间和请求，并附有公安机关或者其他有关机关关于该公民下落不明的书面证明。

第一百九十二条 人民法院受理宣告失踪、宣告死亡案件后，应当发出寻找下落不明人的公告。宣告失踪的公告期间为三个月，宣告死亡的公告期间为一年。因意外事件下落不明，经有关机关证明该公民不可能生存的，宣告死亡的公告期间为三个月。

公告期间届满，人民法院应当根据被

宣告失踪、宣告死亡的事实是否得到确认，作出宣告失踪、宣告死亡的判决或者驳回申请的判决。

第一百九十三条 被宣告失踪、宣告死亡的公民重新出现，经本人或者利害关系人申请，人民法院应当作出新判决，撤销原判决。

第四节 认定公民无民事行为能力、限制民事行为能力案件

第一百九十四条 申请认定公民无民事行为能力或者限制民事行为能力，由利害关系人或者有关组织向该公民住所地基层人民法院提出。

申请书应当写明该公民无民事行为能力或者限制民事行为能力的事实和根据。

第一百九十五条 人民法院受理申请后，必要时应当对被请求认定为无民事行为能力或者限制民事行为能力的公民进行鉴定。申请人已提供鉴定意见的，应当对鉴定意见进行审查。

第一百九十六条 人民法院审理认定公民无民事行为能力或者限制民事行为能力的案件，应当由该公民的近亲属为代理人，但申请人除外。近亲属互相推诿的，由人民法院指定其中一人为代理人。该公民健康情况许可的，还应当询问本人的意见。

人民法院经审理认定申请有事实根据的，判决该公民为无民事行为能力或者限制民事行为能力人；认定申请没有事实根据的，应当判决予以驳回。

第一百九十七条 人民法院根据被认定为无民事行为能力人、限制民事行为能力人本人、利害关系人或者有关组织的申请，证实该公民无民事行为能力或者限制民事行为能力的原因已经消除的，应当作出新判决，撤销原判决。

第五节 认定财产无主案件

第一百九十八条 申请认定财产无主，由公民、法人或者其他组织向财产所在地基层人民法院提出。

申请书应当写明财产的种类、数量以及要求认定财产无主的根据。

第一百九十九条 人民法院受理申请后，经审查核实，应当发出财产认领公告。公告满一年无人认领的，判决认定财产无主，收归国家或者集体所有。

第二百条 判决认定财产无主后，原财产所有人或者继承人出现，在民法典规定的诉讼时效期间可以对财产提出请求，人民法院审查属实后，应当作出新判决，撤销原判决。

第六节 确认调解协议案件

第二百零一条 经依法设立的调解组织调解达成调解协议，申请司法确认的，由双方当事人自调解协议生效之日起三十日内，共同向下列人民法院提出：

（一）人民法院邀请调解组织开展先行调解的，向作出邀请的人民法院提出；

（二）调解组织自行开展调解的，向当事人住所地、标的物所在地、调解组织所在地的基层人民法院提出；调解协议所涉纠纷应当由中级人民法院管辖的，向相应的中级人民法院提出。

第二百零二条 人民法院受理申请后，经审查，符合法律规定的，裁定调解协议有效，一方当事人拒绝履行或者未全部履行的，对方当事人可以向人民法院申请执行；不符合法律规定的，裁定驳回申请，当事人可以通过调解方式变更原调解协议或者达成新的调解协议，也可以向人民法院提起诉讼。

第七节 实现担保物权案件

第二百零三条 申请实现担保物权,由担保物权人以及其他有权请求实现担保物权的人依照民法典等法律,向担保财产所在地或者担保物权登记地基层人民法院提出。

第二百零四条 人民法院受理申请后,经审查,符合法律规定的,裁定拍卖、变卖担保财产,当事人依据该裁定可以向人民法院申请执行;不符合法律规定的,裁定驳回申请,当事人可以向人民法院提起诉讼。

第十六章 审判监督程序

第二百零五条 各级人民法院院长对本院已经发生法律效力的判决、裁定、调解书,发现确有错误,认为需要再审的,应当提交审判委员会讨论决定。

最高人民法院对地方各级人民法院已经发生法律效力的判决、裁定、调解书,上级人民法院对下级人民法院已经发生法律效力的判决、裁定、调解书,发现确有错误的,有权提审或者指令下级人民法院再审。

第二百零六条 当事人对已经发生法律效力的判决、裁定,认为有错误的,可以向上一级人民法院申请再审;当事人一方人数众多或者当事人双方为公民的案件,也可以向原审人民法院申请再审。当事人申请再审的,不停止判决、裁定的执行。

第二百零七条 当事人的申请符合下列情形之一的,人民法院应当再审:

(一)有新的证据,足以推翻原判决、裁定的;

(二)原判决、裁定认定的基本事实缺乏证据证明的;

(三)原判决、裁定认定事实的主要证据是伪造的;

(四)原判决、裁定认定事实的主要证据未经质证的;

(五)对审理案件需要的主要证据,当事人因客观原因不能自行收集,书面申请人民法院调查收集,人民法院未调查收集的;

(六)原判决、裁定适用法律确有错误的;

(七)审判组织的组成不合法或者依法应当回避的审判人员没有回避的;

(八)无诉讼行为能力人未经法定代理人代为诉讼或者应当参加诉讼的当事人,因不能归责于本人或者其诉讼代理人的事由,未参加诉讼的;

(九)违反法律规定,剥夺当事人辩论权利的;

(十)未经传票传唤,缺席判决的;

(十一)原判决、裁定遗漏或者超出诉讼请求的;

(十二)据以作出原判决、裁定的法律文书被撤销或者变更的;

(十三)审判人员审理该案件时有贪污受贿,徇私舞弊,枉法裁判行为的。

第二百零八条 当事人对已经发生法律效力的调解书,提出证据证明调解违反自愿原则或者调解协议的内容违反法律的,可以申请再审。经人民法院审查属实的,应当再审。

第二百零九条 当事人对已经发生法律效力的解除婚姻关系的判决、调解书,不得申请再审。

第二百一十条 当事人申请再审的,应当提交再审申请书等材料。人民法院应当自收到再审申请书之日起五日内将再审申请书副本发送对方当事人。对方当事人应当自收到再审申请书副本之日起十五日内提交书面意见;不提交书面意见的,不影响人民法院审查。人民法院可以要求申请人和对方当事人补充有关材料,询问有关事项。

第二百一十一条 人民法院应当自收到再审申请书之日起三个月内审查,符合本法规定的,裁定再审;不符合本法规定的,裁定驳回申请。有特殊情况需要延长的,由本院院长批准。

因当事人申请裁定再审的案件由中级人民法院以上的人民法院审理,但当事人依照本法第二百零六条的规定选择向基层人民法院申请再审的除外。最高人民法院、高级人民法院裁定再审的案件,由本院再审或者交其他人民法院再审,也可以交原审人民法院再审。

第二百一十二条 当事人申请再审,应当在判决、裁定发生法律效力后六个月内提出;有本法第二百零七条第一项、第三项、第十二项、第十三项规定情形的,自知道或者应当知道之日起六个月内提出。

第二百一十三条 按照审判监督程序决定再审的案件,裁定中止原判决、裁定、调解书的执行,但追索赡养费、扶养费、抚养费、抚恤金、医疗费用、劳动报酬等案件,可以不中止执行。

第二百一十四条 人民法院按照审判监督程序再审的案件,发生法律效力的判决、裁定是由第一审法院作出的,按照第一审程序审理,所作的判决、裁定,当事人可以上诉;发生法律效力的判决、裁定是由第二审法院作出的,按照第二审程序审理,所作的判决、裁定,是发生法律效力的判决、裁定;上级人民法院按照审判监督程序提审的,按照第二审程序审理,所作的判决、裁定是发生法律效力的判决、裁定。

人民法院审理再审案件,应当另行组成合议庭。

第二百一十五条 最高人民检察院对各级人民法院已经发生法律效力的判决、裁定,上级人民检察院对下级人民法院已经发生法律效力的判决、裁定,发现有本法第二百零七条规定情形之一的,或者发现调解书损害国家利益、社会公共利益的,应当提出抗诉。

地方各级人民检察院对同级人民法院已经发生法律效力的判决、裁定,发现有本法第二百零七条规定情形之一的,或者发现调解书损害国家利益、社会公共利益的,可以向同级人民法院提出检察建议,并报上级人民检察院备案;也可以提请上级人民检察院向同级人民法院提出抗诉。

各级人民检察院对审判监督程序以外的其他审判程序中审判人员的违法行为,有权向同级人民法院提出检察建议。

第二百一十六条 有下列情形之一的,当事人可以向人民检察院申请检察建议或者抗诉:

(一)人民法院驳回再审申请的;

(二)人民法院逾期未对再审申请作出裁定的;

(三)再审判决、裁定有明显错误的。

人民检察院对当事人的申请应当在三个月内进行审查,作出提出或者不予提出检察建议或者抗诉的决定。当事人不得再次向人民检察院申请检察建议或者抗诉。

第二百一十七条 人民检察院因履行法律监督职责提出检察建议或者抗诉的需要,可以向当事人或者案外人调查核实有关情况。

第二百一十八条 人民检察院提出抗诉的案件,接受抗诉的人民法院应当自收到抗诉书之日起三十日内作出再审的裁定;有本法第二百零七条第一项至第五项规定情形之一的,可以交下一级人民法院再审,但经该下一级人民法院再审的除外。

第二百一十九条 人民检察院决定对人民法院的判决、裁定、调解书提出抗诉的,应当制作抗诉书。

第二百二十条 人民检察院提出抗诉的案件,人民法院再审时,应当通知人民检察院派员出席法庭。

第十七章 督促程序

第二百二十一条 债权人请求债务人给付金钱、有价证券,符合下列条件的,可以向有管辖权的基层人民法院申请支付令:

(一)债权人与债务人没有其他债务纠纷的;

(二)支付令能够送达债务人的。

申请书应当写明请求给付金钱或者有价证券的数量和所根据的事实、证据。

第二百二十二条 债权人提出申请后,人民法院应当在五日内通知债权人是否受理。

第二百二十三条 人民法院受理申请后,经审查债权人提供的事实、证据,对债权债务关系明确、合法的,应当在受理之日起十五日内向债务人发出支付令;申请不成立的,裁定予以驳回。

债务人应当自收到支付令之日起十五日内清偿债务,或者向人民法院提出书面异议。

债务人在前款规定的期间不提出异议又不履行支付令的,债权人可以向人民法院申请执行。

第二百二十四条 人民法院收到债务人提出的书面异议后,经审查,异议成立的,应当裁定终结督促程序,支付令自行失效。

支付令失效的,转入诉讼程序,但申请支付令的一方当事人不同意提起诉讼的除外。

第十八章 公示催告程序

第二百二十五条 按照规定可以背书转让的票据持有人,因票据被盗、遗失或者灭失,可以向票据支付地的基层人民法院申请公示催告。依照法律规定可以申请公示催告的其他事项,适用本章规定。

申请人应当向人民法院递交申请书,写明票面金额、发票人、持票人、背书人等票据主要内容和申请的理由、事实。

第二百二十六条 人民法院决定受理申请,应当同时通知支付人停止支付,并在三日内发出公告,催促利害关系人申报权利。公示催告的期间,由人民法院根据情况决定,但不得少于六十日。

第二百二十七条 支付人收到人民法院停止支付的通知,应当停止支付,至公示催告程序终结。

公示催告期间,转让票据权利的行为无效。

第二百二十八条 利害关系人应当在公示催告期间向人民法院申报。

人民法院收到利害关系人的申报后,应当裁定终结公示催告程序,并通知申请人和支付人。

申请人或者申报人可以向人民法院起诉。

第二百二十九条 没有人申报的,人民法院应当根据申请人的申请,作出判决,宣告票据无效。判决应当公告,并通知支付人。自判决公告之日起,申请人有权向支付人请求支付。

第二百三十条 利害关系人因正当理由不能在判决前向人民法院申报的,自知道或者应当知道判决公告之日起一年内,可以向作出判决的人民法院起诉。

第三编 执行程序

第十九章 一般规定

第二百三十一条 发生法律效力的民事判决、裁定,以及刑事判决、裁定中的财产部分,由第一审人民法院或者与第一审人民法院同级的被执行的财产所在地人民法院执行。

法律规定由人民法院执行的其他法律文书,由被执行人住所地或者被执行的财产所在地人民法院执行。

第二百三十二条 当事人、利害关系人认为执行行为违反法律规定的,可以向负责执行的人民法院提出书面异议。当事人、利害关系人提出书面异议的,人民法院应当自收到书面异议之日起十五日内审查,理由成立的,裁定撤销或者改正;理由不成立的,裁定驳回。当事人、利害关系人对裁定不服的,可以自裁定送达之日起十日内向上一级人民法院申请复议。

第二百三十三条 人民法院自收到申请执行书之日起超过六个月未执行的,申请执行人可以向上一级人民法院申请执行。上一级人民法院经审查,可以责令原人民法院在一定期限内执行,也可以决定由本院执行或者指令其他人民法院执行。

第二百三十四条 执行过程中,案外人对执行标的提出书面异议的,人民法院应当自收到书面异议之日起十五日内审查,理由成立的,裁定中止对该标的的执行;理由不成立的,裁定驳回。案外人、当事人对裁定不服,认为原判决、裁定错误的,依照审判监督程序办理;与原判决、裁定无关的,可以自裁定送达之日起十五日内向人民法院提起诉讼。

第二百三十五条 执行工作由执行员进行。

采取强制执行措施时,执行员应当出示证件。执行完毕后,应当将执行情况制作笔录,由在场的有关人员签名或者盖章。

人民法院根据需要可以设立执行机构。

第二百三十六条 被执行人或者被执行的财产在外地的,可以委托当地人民法院代为执行。受委托人民法院收到委托函件后,必须在十五日内开始执行,不得拒绝。执行完毕后,应当将执行结果及时函复委托人民法院;在三十日内如果还未执行完毕,也应当将执行情况函告委托人民法院。

受委托人民法院自收到委托函件之日起十五日内不执行的,委托人民法院可以请求受委托人民法院的上级人民法院指令受委托人民法院执行。

第二百三十七条 在执行中,双方当事人自行和解达成协议的,执行员应当将协议内容记入笔录,由双方当事人签名或者盖章。

申请执行人因受欺诈、胁迫与被执行人达成和解协议,或者当事人不履行和解协议的,人民法院可以根据当事人的申请,恢复对原生效法律文书的执行。

第二百三十八条 在执行中,被执行人向人民法院提供担保,并经申请执行人同意的,人民法院可以决定暂缓执行及暂缓执行的期限。被执行人逾期仍不履行的,人民法院有权执行被执行人的担保财产或者担保人的财产。

第二百三十九条 作为被执行人的公民死亡的,以其遗产偿还债务。作为被执行人的法人或者其他组织终止的,由其权利义务承受人履行义务。

第二百四十条 执行完毕后,据以执行的判决、裁定和其他法律文书确有错误,被人民法院撤销的,对已被执行的财产,人民法院应当作出裁定,责令取得财产的人返还;拒不返还的,强制执行。

第二百四十一条 人民法院制作的调解书的执行,适用本编的规定。

第二百四十二条 人民检察院有权对民事执行活动实行法律监督。

第二十章　执行的申请和移送

第二百四十三条　发生法律效力的民事判决、裁定，当事人必须履行。一方拒绝履行的，对方当事人可以向人民法院申请执行，也可以由审判员移送执行员执行。

调解书和其他应当由人民法院执行的法律文书，当事人必须履行。一方拒绝履行的，对方当事人可以向人民法院申请执行。

第二百四十四条　对依法设立的仲裁机构的裁决，一方当事人不履行的，对方当事人可以向有管辖权的人民法院申请执行。受申请的人民法院应当执行。

被申请人提出证据证明仲裁裁决有下列情形之一的，经人民法院组成合议庭审查核实，裁定不予执行：

（一）当事人在合同中没有订有仲裁条款或者事后没有达成书面仲裁协议的；

（二）裁决的事项不属于仲裁协议的范围或者仲裁机构无权仲裁的；

（三）仲裁庭的组成或者仲裁的程序违反法定程序的；

（四）裁决所根据的证据是伪造的；

（五）对方当事人向仲裁机构隐瞒了足以影响公正裁决的证据的；

（六）仲裁员在仲裁该案时有贪污受贿，徇私舞弊，枉法裁决行为的。

人民法院认定执行该裁决违背社会公共利益的，裁定不予执行。

裁定书应当送达双方当事人和仲裁机构。

仲裁裁决被人民法院裁定不予执行的，当事人可以根据双方达成的书面仲裁协议重新申请仲裁，也可以向人民法院起诉。

第二百四十五条　对公证机关依法赋予强制执行效力的债权文书，一方当事人不履行的，对方当事人可以向有管辖权的人民法院申请执行，受申请的人民法院应当执行。

公证债权文书确有错误的，人民法院裁定不予执行，并将裁定书送达双方当事人和公证机关。

第二百四十六条　申请执行的期间为二年。申请执行时效的中止、中断，适用法律有关诉讼时效中止、中断的规定。

前款规定的期间，从法律文书规定履行期间的最后一日起计算；法律文书规定分期履行的，从最后一期履行期限届满之日起计算；法律文书未规定履行期间的，从法律文书生效之日起计算。

第二百四十七条　执行员接到申请执行书或者移交执行书，应当向被执行人发出执行通知，并可以立即采取强制执行措施。

第二十一章　执行措施

第二百四十八条　被执行人未按执行通知履行法律文书确定的义务，应当报告当前以及收到执行通知之日前一年的财产情况。被执行人拒绝报告或者虚假报告的，人民法院可以根据情节轻重对被执行人或者其法定代理人、有关单位的主要负责人或者直接责任人员予以罚款、拘留。

第二百四十九条　被执行人未按执行通知履行法律文书确定的义务，人民法院有权向有关单位查询被执行人的存款、债券、股票、基金份额等财产情况。人民法院有权根据不同情形扣押、冻结、划拨、变价被执行人的财产。人民法院查询、扣押、冻结、划拨、变价的财产不得超出被执行人应当履行义务的范围。

人民法院决定扣押、冻结、划拨、变价财产，应当作出裁定，并发出协助执行通知书，有关单位必须办理。

第二百五十条　被执行人未按执行通知履行法律文书确定的义务，人民法院有权扣留、提取被执行人应当履行义务部分的收入。但应当保留被执行人及其所扶养家属的生活必需费用。

人民法院扣留、提取收入时，应当作出裁定，并发出协助执行通知书，被执行人所在单位、银行、信用合作社和其他有储蓄业务的单位必须办理。

第二百五十一条　被执行人未按执行通知履行法律文书确定的义务，人民法院有权查封、扣押、冻结、拍卖、变卖被执行人应当履行义务部分的财产。但应当保留被执行人及其所扶养家属的生活必需品。

采取前款措施，人民法院应当作出裁定。

第二百五十二条　人民法院查封、扣押财产时，被执行人是公民的，应当通知被执行人或者他的成年家属到场；被执行人是法人或者其他组织的，应当通知其法定代表人或者主要负责人到场。拒不到场的，不影响执行。被执行人是公民的，其工作单位或者财产所在地的基层组织应当派人参加。

对被查封、扣押的财产，执行员必须造具清单，由在场人签名或者盖章后，交被执行人一份。被执行人是公民的，也可以交他的成年家属一份。

第二百五十三条　被查封的财产，执行员可以指定被执行人负责保管。因被执行人的过错造成的损失，由被执行人承担。

第二百五十四条　财产被查封、扣押后，执行员应当责令被执行人在指定期间履行法律文书确定的义务。被执行人逾期不履行的，人民法院应当拍卖被查封、扣押的财产；不适于拍卖或者当事人双方同意不进行拍卖的，人民法院可以委托有关单位变卖或者自行变卖。国家禁止自由买卖的物品，交有关单位按照国家规定的价格收购。

第二百五十五条　被执行人不履行法律文书确定的义务，并隐匿财产的，人民法院有权发出搜查令，对被执行人及其住所或者财产隐匿地进行搜查。

采取前款措施，由院长签发搜查令。

第二百五十六条　法律文书指定交付的财物或者票证，由执行员传唤双方当事人当面交付，或者由执行员转交，并由被交付人签收。

有关单位持有该项财物或者票证的，应当根据人民法院的协助执行通知书转交，并由被交付人签收。

有关公民持有该项财物或者票证的，人民法院通知其交出。拒不交出的，强制执行。

第二百五十七条　强制迁出房屋或者强制退出土地，由院长签发公告，责令被执行人在指定期间履行。被执行人逾期不履行的，由执行员强制执行。

强制执行时，被执行人是公民的，应当通知被执行人或者他的成年家属到场；被执行人是法人或者其他组织的，应当通知其法定代表人或者主要负责人到场。拒不到场的，不影响执行。被执行人是公民的，其工作单位或者房屋、土地所在地的基层组织应当派人参加。执行员应当将强制执行情况记入笔录，由在场人签名或者盖章。

强制迁出房屋被搬出的财物，由人民法院派人运至指定处所，交给被执行人。被执行人是公民的，也可以交给他的成年家属。因拒绝接收而造成的损失，由被执行人承担。

第二百五十八条　在执行中，需要办理有关财产权证照转移手续的，人民法院可以向有关单位发出协助执行通知书，有关单位必须办理。

第二百五十九条 对判决、裁定和其他法律文书指定的行为,被执行人未按执行通知履行的,人民法院可以强制执行或者委托有关单位或者其他人完成,费用由被执行人承担。

第二百六十条 被执行人未按判决、裁定和其他法律文书指定的期间履行给付金钱义务的,应当加倍支付迟延履行期间的债务利息。被执行人未按判决、裁定和其他法律文书指定的期间履行其他义务的,应当支付迟延履行金。

第二百六十一条 人民法院采取本法第二百四十九条、第二百五十条、第二百五十一条规定的执行措施后,被执行人仍不能偿还债务的,应当继续履行义务。债权人发现被执行人有其他财产的,可以随时请求人民法院执行。

第二百六十二条 被执行人不履行法律文书确定的义务的,人民法院可以对其采取或者通知有关单位协助采取限制出境,在征信系统记录、通过媒体公布不履行义务信息以及法律规定的其他措施。

第二十二章 执行中止和终结

第二百六十三条 有下列情形之一的,人民法院应当裁定中止执行:
(一)申请人表示可以延期执行的;
(二)案外人对执行标的提出确有理由的异议的;
(三)作为一方当事人的公民死亡,需要等待继承人继承权利或者承担义务的;
(四)作为一方当事人的法人或者其他组织终止,尚未确定权利义务承受人的;
(五)人民法院认为应当中止执行的其他情形。
中止的情形消失后,恢复执行。

第二百六十四条 有下列情形之一的,人民法院裁定终结执行:
(一)申请人撤销申请的;
(二)据以执行的法律文书被撤销的;
(三)作为被执行人的公民死亡,无遗产可供执行,又无义务承担人的;
(四)追索赡养费、扶养费、抚养费案件的权利人死亡的;
(五)作为被执行人的公民因生活困难无力偿还借款,无收入来源,又丧失劳动能力的;
(六)人民法院认为应当终结执行的其他情形。

第二百六十五条 中止和终结执行的裁定,送达当事人后立即生效。

第四编 涉外民事诉讼程序的特别规定
第二十三章 一般原则

第二百六十六条 在中华人民共和国领域内进行涉外民事诉讼,适用本编规定。本编没有规定的,适用本法其他有关规定。

第二百六十七条 中华人民共和国缔结或者参加的国际条约同本法有不同规定的,适用该国际条约的规定,但中华人民共和国声明保留的条款除外。

第二百六十八条 对享有外交特权与豁免的外国人、外国组织或者国际组织提起的民事诉讼,应当依照中华人民共和国有关法律和中华人民共和国缔结或者参加的国际条约的规定办理。

第二百六十九条 人民法院审理涉外民事案件,应当使用中华人民共和国通用的语言、文字。当事人要求提供翻译的,可以提供,费用由当事人承担。

第二百七十条 外国人、无国籍人、外国企业和组织在人民法院起诉、应诉,需要委托律师代理诉讼的,必须委托中华人民共和国的律师。

第二百七十一条 在中华人民共和国

领域内没有住所的外国人、无国籍人、外国企业和组织委托中华人民共和国律师或者其他人代理诉讼,从中华人民共和国领域外寄交或者托交的授权委托书,应当经所在国公证机关证明,并经中华人民共和国驻该国使领馆认证,或者履行中华人民共和国与该所在国订立的有关条约中规定的证明手续后,才具有效力。

第二十四章　管　辖

第二百七十二条　因合同纠纷或者其他财产权益纠纷,对在中华人民共和国领域内没有住所的被告提起的诉讼,如果合同在中华人民共和国领域内签订或者履行,或者诉讼标的物在中华人民共和国领域内,或者被告在中华人民共和国领域内有可供扣押的财产,或者被告在中华人民共和国领域内设有代表机构,可以由合同签订地、合同履行地、诉讼标的物所在地、可供扣押财产所在地、侵权行为地或者代表机构住所地人民法院管辖。

第二百七十三条　因在中华人民共和国履行中外合资经营企业合同、中外合作经营企业合同、中外合作勘探开发自然资源合同发生纠纷提起的诉讼,由中华人民共和国人民法院管辖。

第二十五章　送达、期间

第二百七十四条　人民法院对在中华人民共和国领域内没有住所的当事人送达诉讼文书,可以采用下列方式:

(一)依照受送达人所在国与中华人民共和国缔结或者共同参加的国际条约中规定的方式送达;

(二)通过外交途径送达;

(三)对具有中华人民共和国国籍的受送达人,可以委托中华人民共和国驻受送达人所在国的使领馆代为送达;

(四)向受送达人委托的有权代其接受送达的诉讼代理人送达;

(五)向受送达人在中华人民共和国领域内设立的代表机构或者有权接受送达的分支机构、业务代办人送达;

(六)受送达人所在国的法律允许邮寄送达的,可以邮寄送达,自邮寄之日起满三个月,送达回证没有退回,但根据各种情况足以认定已经送达的,期间届满之日视为送达;

(七)采用传真、电子邮件等能够确认受送达人收悉的方式送达;

(八)不能用上述方式送达的,公告送达,自公告之日起满三个月,即视为送达。

第二百七十五条　被告在中华人民共和国领域内没有住所的,人民法院应当将起诉状副本送达被告,并通知被告在收到起诉状副本后三十日内提出答辩状。被告申请延期的,是否准许,由人民法院决定。

第二百七十六条　在中华人民共和国领域内没有住所的当事人,不服第一审人民法院判决、裁定的,有权在判决书、裁定书送达之日起三十日内提起上诉。被上诉人在收到上诉状副本后,应当在三十日内提出答辩状。当事人不能在法定期间提起上诉或者提出答辩状,申请延期的,是否准许,由人民法院决定。

第二百七十七条　人民法院审理涉外民事案件的期间,不受本法第一百五十二条、第一百八十三条规定的限制。

第二十六章　仲　裁

第二百七十八条　涉外经济贸易、运输和海事中发生的纠纷,当事人在合同中订有仲裁条款或者事后达成书面仲裁协议,提交中华人民共和国涉外仲裁机构或者其他仲裁机构仲裁的,当事人不得向人民法院起诉。

当事人在合同中没有订有仲裁条款或者事后没有达成书面仲裁协议的,可以向人民法院起诉。

第二百七十九条　当事人申请采取保全的,中华人民共和国的涉外仲裁机构应当将当事人的申请,提交被申请人住所地或者财产所在地的中级人民法院裁定。

第二百八十条　经中华人民共和国涉外仲裁机构裁决的,当事人不得向人民法院起诉。一方当事人不履行仲裁裁决的,对方当事人可以向被申请人住所地或者财产所在地的中级人民法院申请执行。

第二百八十一条　对中华人民共和国涉外仲裁机构作出的裁决,被申请人提出证据证明仲裁裁决有下列情形之一的,经人民法院组成合议庭审查核实,裁定不予执行:

(一)当事人在合同中没有订有仲裁条款或者事后没有达成书面仲裁协议的;

(二)被申请人没有得到指定仲裁员或者进行仲裁程序的通知,或者由于其他不属于被申请人负责的原因未能陈述意见的;

(三)仲裁庭的组成或者仲裁的程序与仲裁规则不符的;

(四)裁决的事项不属于仲裁协议的范围或者仲裁机构无权仲裁的。

人民法院认定执行该裁决违背社会公共利益的,裁定不予执行。

第二百八十二条　仲裁裁决被人民法院裁定不予执行的,当事人可以根据双方达成的书面仲裁协议重新申请仲裁,也可以向人民法院起诉。

第二十七章　司法协助

第二百八十三条　根据中华人民共和国缔结或者参加的国际条约,或者按照互惠原则,人民法院和外国法院可以相互请求,代为送达文书、调查取证以及进行其他诉讼行为。

外国法院请求协助的事项有损于中华人民共和国的主权、安全或者社会公共利益的,人民法院不予执行。

第二百八十四条　请求和提供司法协助,应当依照中华人民共和国缔结或者参加的国际条约所规定的途径进行;没有条约关系的,通过外交途径进行。

外国驻中华人民共和国的使领馆可以向该国公民送达文书和调查取证,但不得违反中华人民共和国的法律,并不得采取强制措施。

除前款规定的情况外,未经中华人民共和国主管机关准许,任何外国机关或者个人不得在中华人民共和国领域内送达文书、调查取证。

第二百八十五条　外国法院请求人民法院提供司法协助的请求书及其所附文件,应当附有中文译本或者国际条约规定的其他文字文本。

人民法院请求外国法院提供司法协助的请求书及其所附文件,应当附有该国文字译本或者国际条约规定的其他文字文本。

第二百八十六条　人民法院提供司法协助,依照中华人民共和国法律规定的程序进行。外国法院请求采用特殊方式的,也可以按照其请求的特殊方式进行,但请求采用的特殊方式不得违反中华人民共和国法律。

第二百八十七条　人民法院作出的发生法律效力的判决、裁定,如果被执行人或者其财产不在中华人民共和国领域内,当事人请求执行的,可以由当事人直接向有管辖权的外国法院申请承认和执行,也可以由人民法院依照中华人民共和国缔结或者参加的国际条约的规定,或者按照互惠原则,请求外国法院承认和执行。

中华人民共和国涉外仲裁机构作出的发生法律效力的仲裁裁决,当事人请求执行的,如果被执行人或者其财产不在中华人民共和国领域内,应当由当事人直接向有管辖权的外国法院申请承认和执行。

第二百八十八条 外国法院作出的发生法律效力的判决、裁定,需要中华人民共和国人民法院承认和执行的,可以由当事人直接向中华人民共和国有管辖权的中级人民法院申请承认和执行,也可以由外国法院依照该国与中华人民共和国缔结或者参加的国际条约的规定,或者按照互惠原则,请求人民法院承认和执行。

第二百八十九条 人民法院对申请或者请求承认和执行的外国法院作出的发生法律效力的判决、裁定,依照中华人民共和国缔结或者参加的国际条约,或者按照互惠原则进行审查后,认为不违反中华人民共和国法律的基本原则或者国家主权、安全、社会公共利益的,裁定承认其效力,需要执行的,发出执行令,依照本法的有关规定执行。违反中华人民共和国法律的基本原则或者国家主权、安全、社会公共利益的,不予承认和执行。

第二百九十条 国外仲裁机构的裁决,需要中华人民共和国人民法院承认和执行的,应当由当事人直接向被执行人住所地或者其财产所在地的中级人民法院申请,人民法院应当依照中华人民共和国缔结或者参加的国际条约,或者按照互惠原则办理。

第二百九十一条 本法自公布之日起施行,《中华人民共和国民事诉讼法(试行)》同时废止。

最高人民法院关于民事诉讼证据的若干规定

(2001年12月6日最高人民法院审判委员会第1201次会议通过 根据2019年10月14日最高人民法院审判委员会第1777次会议《关于修改〈关于民事诉讼证据的若干规定〉的决定》修正 2019年12月25日最高人民法院公告公布 自2020年5月1日起施行 法释〔2019〕19号)

为保证人民法院正确认定案件事实,公正、及时审理民事案件,保障和便利当事人依法行使诉讼权利,根据《中华人民共和国民事诉讼法》(以下简称民事诉讼法)等有关法律的规定,结合民事审判经验和实际情况,制定本规定。

一、当事人举证

第一条 原告向人民法院起诉或者被告提出反诉,应当提供符合起诉条件的相应的证据。

第二条 人民法院应当向当事人说明举证的要求及法律后果,促使当事人在合理期限内积极、全面、正确、诚实地完成举证。

当事人因客观原因不能自行收集的证据,可申请人民法院调查收集。

第三条 在诉讼过程中,一方当事人陈述的于己不利的事实,或者对于己不利的事实明确表示承认的,另一方当事人无需举证证明。

在证据交换、询问、调查过程中,或者在起诉状、答辩状、代理词等书面材料中,当事人明确承认于己不利的事实的,适用前款规定。

第四条 一方当事人对于另一方当事人主张的于己不利的事实既不承认也不否

认，经审判人员说明并询问后，其仍然不明确表示肯定或者否定的，视为对该事实的承认。

第五条 当事人委托诉讼代理人参加诉讼的，除授权委托书明确排除的事项外，诉讼代理人的自认视为当事人的自认。

当事人在场对诉讼代理人的自认明确否认的，不视为自认。

第六条 普通共同诉讼中，共同诉讼人中一人或者数人作出的自认，对作出自认的当事人发生效力。

必要共同诉讼中，共同诉讼人中一人或者数人作出自认而其他共同诉讼人予以否认的，不发生自认的效力。其他共同诉讼人既不承认也不否认，经审判人员说明并询问后仍然不明确表示意见的，视为全体共同诉讼人的自认。

第七条 一方当事人对于另一方当事人主张的于己不利的事实有所限制或者附加条件予以承认的，由人民法院综合案件情况决定是否构成自认。

第八条 《最高人民法院关于适用〈中华人民共和国民事诉讼法〉的解释》第九十六条第一款规定的事实，不适用有关自认的规定。

自认的事实与已经查明的事实不符的，人民法院不予确认。

第九条 有下列情形之一，当事人在法庭辩论终结前撤销自认的，人民法院应当准许：

（一）经对方当事人同意的；

（二）自认是在受胁迫或者重大误解情况下作出的。

人民法院准许当事人撤销自认的，应当作出口头或者书面裁定。

第十条 下列事实，当事人无须举证证明：

（一）自然规律以及定理、定律；

（二）众所周知的事实；

（三）根据法律规定推定的事实；

（四）根据已知的事实和日常生活经验法则推定出的另一事实；

（五）已为仲裁机构的生效裁决所确认的事实；

（六）已为人民法院发生法律效力的裁判所确认的基本事实；

（七）已为有效公证文书所证明的事实。

前款第二项至第五项事实，当事人有相反证据足以反驳的除外；第六项、第七项事实，当事人有相反证据足以推翻的除外。

第十一条 当事人向人民法院提供证据，应当提供原件或者原物。如需自己保存证据原件、原物或者提供原件、原物确有困难的，可以提供经人民法院核对无异的复制件或者复制品。

第十二条 以动产作为证据的，应当将原物提交人民法院。原物不宜搬移或者不宜保存的，当事人可以提供复制品、影像资料或者其他替代品。

人民法院在收到当事人提交的动产或者替代品后，应当及时通知双方当事人到人民法院或者保存现场查验。

第十三条 当事人以不动产作为证据的，应当向人民法院提供该不动产的影像资料。

人民法院认为有必要的，应当通知双方当事人到场进行查验。

第十四条 电子数据包括下列信息、电子文件：

（一）网页、博客、微博客等网络平台发布的信息；

（二）手机短信、电子邮件、即时通信、通讯群组等网络应用服务的通信信息；

（三）用户注册信息、身份认证信息、电子交易记录、通信记录、登录日志等信息；

（四）文档、图片、音频、视频、数字证书、计算机程序等电子文件；

（五）其他以数字化形式存储、处理、传输的能够证明案件事实的信息。

第十五条　当事人以视听资料作为证据的，应当提供存储该视听资料的原始载体。

当事人以电子数据作为证据的，应当提供原件。电子数据的制作者制作的与原件一致的副本，或者直接来源于电子数据的打印件或其他可以显示、识别的输出介质，视为电子数据的原件。

第十六条　当事人提供的公文书证系在中华人民共和国领域外形成的，该证据应当经所在国公证机关证明，或者履行中华人民共和国与该所在国订立的有关条约中规定的证明手续。

中华人民共和国领域外形成的涉及身份关系的证据，应当经所在国公证机关证明并经中华人民共和国驻该国使领馆认证，或者履行中华人民共和国与该所在国订立的有关条约中规定的证明手续。

当事人向人民法院提供的证据是在香港、澳门、台湾地区形成的，应当履行相关的证明手续。

第十七条　当事人向人民法院提供外文书证或者外文说明资料，应当附有中文译本。

第十八条　双方当事人无争议的事实符合《最高人民法院关于适用〈中华人民共和国民事诉讼法〉的解释》第九十六条第一款规定情形的，人民法院可以责令当事人提供有关证据。

第十九条　当事人应当对其提交的证据材料逐一分类编号，对证据材料的来源、证明对象和内容作简要说明，签名盖章，注明提交日期，并依照对方当事人人数提出副本。

人民法院收到当事人提交的证据材料，应当出具收据，注明证据的名称、份数和页数以及收到的时间，由经办人员签名或者盖章。

二、证据的调查收集和保全

第二十条　当事人及其诉讼代理人申请人民法院调查收集证据，应当在举证期限届满前提交书面申请。

申请书应当载明被调查人的姓名或者单位名称、住所地等基本情况、所要调查收集的证据名称或者内容、需要由人民法院调查收集证据的原因及其要证明的事实以及明确的线索。

第二十一条　人民法院调查收集的书证，可以是原件，也可以是经核对无误的副本或者复制件。是副本或者复制件的，应当在调查笔录中说明来源和取证情况。

第二十二条　人民法院调查收集的物证应当是原物。被调查人提供原物确有困难的，可以提供复制品或者影像资料。提供复制品或者影像资料的，应当在调查笔录中说明取证情况。

第二十三条　人民法院调查收集视听资料、电子数据，应当要求被调查人提供原始载体。

提供原始载体确有困难的，可以提供复制件。提供复制件的，人民法院应当在调查笔录中说明其来源和制作经过。

人民法院对视听资料、电子数据采取证据保全措施的，适用前款规定。

第二十四条　人民法院调查收集可能需要鉴定的证据，应当遵守相关技术规范，确保证据不被污染。

第二十五条　当事人或者利害关系人根据民事诉讼法第八十一条的规定申请证据保全的，申请书应当载明需要保全的证据的基本情况、申请保全的理由以及采取何种保全措施等内容。

当事人根据民事诉讼法第八十一条第一款的规定申请证据保全的,应当在举证期限届满前向人民法院提出。

法律、司法解释对诉前证据保全有规定的,依照其规定办理。

第二十六条 当事人或者利害关系人申请采取查封、扣押等限制保全标的物使用、流通等保全措施,或者保全可能对证据持有人造成损失的,人民法院应当责令申请人提供相应的担保。

担保方式或者数额由人民法院根据保全措施对证据持有人的影响、保全标的物的价值、当事人或者利害关系人争议的诉讼标的金额等因素综合确定。

第二十七条 人民法院进行证据保全,可以要求当事人或者诉讼代理人到场。

根据当事人的申请和具体情况,人民法院可以采取查封、扣押、录音、录像、复制、鉴定、勘验等方法进行证据保全,并制作笔录。

在符合证据保全目的的情况下,人民法院应当选择对证据持有人利益影响最小的保全措施。

第二十八条 申请证据保全错误造成财产损失,当事人请求申请人承担赔偿责任的,人民法院应予支持。

第二十九条 人民法院采取诉前证据保全措施后,当事人向其他有管辖权的人民法院提起诉讼的,采取保全措施的人民法院应当根据当事人的申请,将保全的证据及时移交受理案件的人民法院。

第三十条 人民法院在审理案件过程中认为待证事实需要通过鉴定意见证明的,应当向当事人释明,并指定提出鉴定申请的期间。

符合《最高人民法院关于适用〈中华人民共和国民事诉讼法〉的解释》第九十六条第一款规定情形的,人民法院应当依职权委托鉴定。

第三十一条 当事人申请鉴定,应当在人民法院指定期间内提出,并预交鉴定费用。逾期不提出申请或者不预交鉴定费用的,视为放弃申请。

对需要鉴定的待证事实负有举证责任的当事人,在人民法院指定期间内无正当理由不提出鉴定申请或者不预交鉴定费用,或者拒不提供相关材料,致使待证事实无法查明的,应当承担举证不能的法律后果。

第三十二条 人民法院准许鉴定申请的,应当组织双方当事人协商确定具备相应资格的鉴定人。当事人协商不成的,由人民法院指定。

人民法院依职权委托鉴定的,可以在询问当事人的意见后,指定具备相应资格的鉴定人。

人民法院在确定鉴定人后应当出具委托书,委托书中应当载明鉴定事项、鉴定范围、鉴定目的和鉴定期限。

第三十三条 鉴定开始之前,人民法院应当要求鉴定人签署承诺书。承诺书中应当载明鉴定人保证客观、公正、诚实地进行鉴定,保证出庭作证,如作虚假鉴定应当承担法律责任等内容。

鉴定人故意作虚假鉴定的,人民法院应当责令其退还鉴定费用,并根据情节,依照民事诉讼法第一百一十一条的规定进行处罚。

第三十四条 人民法院应当组织当事人对鉴定材料进行质证。未经质证的材料,不得作为鉴定的根据。

经人民法院准许,鉴定人可以调取证据、勘验物证和现场、询问当事人或者证人。

第三十五条 鉴定人应当在人民法院确定的期限内完成鉴定,并提交鉴定书。

鉴定人无正当理由未按期提交鉴定书的,当事人可以申请人民法院另行委托鉴定人进行鉴定。人民法院准许的,原鉴定人已经收取的鉴定费用应当退还;拒不退还的,依照本规定第八十一条第二款的规定处理。

第三十六条 人民法院对鉴定人出具的鉴定书,应当审查是否具有下列内容:

(一)委托法院的名称;

(二)委托鉴定的内容、要求;

(三)鉴定材料;

(四)鉴定所依据的原理、方法;

(五)对鉴定过程的说明;

(六)鉴定意见;

(七)承诺书。

鉴定书应当由鉴定人签名或者盖章,并附鉴定人的相应资格证明。委托机构鉴定的,鉴定书应当由鉴定机构盖章,并由从事鉴定的人员签名。

第三十七条 人民法院收到鉴定书后,应当及时将副本送交当事人。

当事人对鉴定书的内容有异议的,应当在人民法院指定期间内以书面方式提出。

对于当事人的异议,人民法院应当要求鉴定人作出解释、说明或者补充。人民法院认为有必要的,可以要求鉴定人对当事人未提出异议的内容进行解释、说明或者补充。

第三十八条 当事人在收到鉴定人的书面答复后仍有异议的,人民法院应当根据《诉讼费用交纳办法》第十一条的规定,通知有异议的当事人预交鉴定人出庭费用,并通知鉴定人出庭。有异议的当事人不预交鉴定人出庭费用的,视为放弃异议。

双方当事人对鉴定意见均有异议的,分摊预交鉴定人出庭费用。

第三十九条 鉴定人出庭费用按照证人出庭作证费用的标准计算,由败诉的当事人负担。因鉴定意见不明确或者有瑕疵需要鉴定人出庭的,出庭费用由其自行负担。

人民法院委托鉴定时已经确定鉴定人出庭费用包含在鉴定费用中的,不再通知当事人预交。

第四十条 当事人申请重新鉴定,存在下列情形之一的,人民法院应当准许:

(一)鉴定人不具备相应资格的;

(二)鉴定程序严重违法的;

(三)鉴定意见明显依据不足的;

(四)鉴定意见不能作为证据使用的其他情形。

存在前款第一项至第三项情形的,鉴定人已经收取的鉴定费用应当退还。拒不退还的,依照本规定第八十一条第二款的规定处理。

对鉴定意见的瑕疵,可以通过补正、补充鉴定或者补充质证、重新质证等方法解决的,人民法院不予准许重新鉴定的申请。

重新鉴定的,原鉴定意见不得作为认定案件事实的根据。

第四十一条 对于一方当事人就专门性问题自行委托有关机构或者人员出具的意见,另一方当事人有证据或者理由足以反驳并申请鉴定的,人民法院应予准许。

第四十二条 鉴定意见被采信后,鉴定人无正当理由撤销鉴定意见的,人民法院应当责令其退还鉴定费用,并可以根据情节,依照民事诉讼法第一百一十一条的规定对鉴定人进行处罚。当事人主张鉴定人负担由此增加的合理费用的,人民法院应予支持。

人民法院采信鉴定意见后准许鉴定人撤销的,应当责令其退还鉴定费用。

第四十三条 人民法院应当在勘验前将勘验的时间和地点通知当事人。当事人不参加的,不影响勘验进行。

当事人可以就勘验事项向人民法院进行解释和说明,可以请求人民法院注意勘验中的重要事项。

人民法院勘验物证或者现场,应当制作笔录,记录勘验的时间、地点、勘验人、在场人、勘验的经过、结果,由勘验人、在场人签名或者盖章。对于绘制的现场图应当注明绘制的时间、方位、测绘人姓名、身份等内容。

第四十四条 摘录有关单位制作的与案件事实相关的文件、材料,应当注明出处,并加盖制作单位或者保管单位的印章,摘录人和其他调查人员应当在摘录件上签名或者盖章。

摘录文件、材料应当保持内容相应的完整性。

第四十五条 当事人根据《最高人民法院关于适用〈中华人民共和国民事诉讼法〉的解释》第一百一十二条的规定申请人民法院责令对方当事人提交书证的,申请书应当载明所申请提交的书证名称或者内容、需要以该书证证明的事实及事实的重要性、对方当事人控制该书证的根据以及应当提交该书证的理由。

对方当事人否认控制书证的,人民法院应当根据法律规定、习惯等因素,结合案件的事实、证据,对于书证是否在对方当事人控制之下的事实作出综合判断。

第四十六条 人民法院对当事人提交书证的申请进行审查时,应当听取对方当事人的意见,必要时可以要求双方当事人提供证据、进行辩论。

当事人申请提交的书证不明确、书证对于待证事实的证明无必要、待证事实对于裁判结果无实质性影响、书证未在对方当事人控制之下或者不符合本规定第四十七条情形的,人民法院不予准许。

当事人申请理由成立的,人民法院应当作出裁定,责令对方当事人提交书证;理由不成立的,通知申请人。

第四十七条 下列情形,控制书证的当事人应当提交书证:

(一)控制书证的当事人在诉讼中曾经引用过的书证;

(二)为对方当事人的利益制作的书证;

(三)对方当事人依照法律规定有权查阅、获取的书证;

(四)账簿、记账原始凭证;

(五)人民法院认为应当提交书证的其他情形。

前款所列书证,涉及国家秘密、商业秘密、当事人或第三人的隐私,或者存在法律规定应当保密的情形的,提交后不得公开质证。

第四十八条 控制书证的当事人无正当理由拒不提交书证的,人民法院可以认定对方当事人所主张的书证内容为真实。

控制书证的当事人存在《最高人民法院关于适用〈中华人民共和国民事诉讼法〉的解释》第一百一十三条规定情形的,人民法院可以认定对方当事人主张以该书证证明的事实为真实。

三、举证时限与证据交换

第四十九条 被告应当在答辩期届满前提出书面答辩,阐明其对原告诉讼请求及所依据的事实和理由的意见。

第五十条 人民法院应当在审理前的准备阶段向当事人送达举证通知书。

举证通知书应当载明举证责任的分配原则和要求、可以向人民法院申请调查收集证据的情形、人民法院根据案件情况指定的举证期限以及逾期提供证据的法律后果等内容。

第五十一条 举证期限可以由当事人

协商,并经人民法院准许。

人民法院指定举证期限的,适用第一审普通程序审理的案件不得少于十五日,当事人提供新的证据的第二审案件不得少于十日。适用简易程序审理的案件不得超过十五日,小额诉讼案件的举证期限一般不得超过七日。

举证期限届满后,当事人提供反驳证据或者对已经提供的证据的来源、形式等方面的瑕疵进行补正的,人民法院可以酌情再次确定举证期限,该期限不受前款规定的期间限制。

第五十二条 当事人在举证期限内提供证据存在客观障碍,属于民事诉讼法第六十五条第二款规定的"当事人在该期限内提供证据确有困难"的情形。

前款情形,人民法院应当根据当事人的举证能力、不能在举证期限内提供证据的原因等因素综合判断。必要时,可以听取对方当事人的意见。

第五十三条 诉讼过程中,当事人主张的法律关系性质或者民事行为效力与人民法院根据案件事实作出的认定不一致的,人民法院应当将法律关系性质或者民事行为效力作为焦点问题进行审理。但法律关系性质对裁判理由及结果没有影响,或者有关问题已经当事人充分辩论的除外。

存在前款情形,当事人根据法庭审理情况变更诉讼请求的,人民法院应当准许并可以根据案件的具体情况重新指定举证期限。

第五十四条 当事人申请延长举证期限的,应当在举证期限届满前向人民法院提出书面申请。

申请理由成立的,人民法院应当准许,适当延长举证期限,并通知其他当事人。延长的举证期限适用于其他当事人。

申请理由不成立的,人民法院不予准许,并通知申请人。

第五十五条 存在下列情形的,举证期限按照如下方式确定:

(一)当事人依照民事诉讼法第一百二十七条规定提出管辖权异议的,举证期限中止,自驳回管辖权异议的裁定生效之日起恢复计算;

(二)追加当事人、有独立请求权的第三人参加诉讼或者无独立请求权的第三人经人民法院通知参加诉讼的,人民法院应当依照本规定第五十一条的规定为新参加诉讼的当事人确定举证期限,该举证期限适用于其他当事人;

(三)发回重审的案件,第一审人民法院可以结合案件具体情况和发回重审的原因,酌情确定举证期限;

(四)当事人增加、变更诉讼请求或者提出反诉的,人民法院应当根据案件具体情况重新确定举证期限;

(五)公告送达的,举证期限自公告期届满之次日起计算。

第五十六条 人民法院依照民事诉讼法第一百三十三条第四项的规定,通过组织证据交换进行审理前准备的,证据交换之日举证期限届满。

证据交换的时间可以由当事人协商一致并经人民法院认可,也可以由人民法院指定。当事人申请延期举证经人民法院准许的,证据交换日相应顺延。

第五十七条 证据交换应当在审判人员的主持下进行。

在证据交换的过程中,审判人员对当事人无异议的事实、证据应当记录在卷;对有异议的证据,按照需要证明的事实分类记录在卷,并记载异议的理由。通过证据交换,确定双方当事人争议的主要问题。

第五十八条 当事人收到对方的证据后有反驳证据需要提交的,人民法院应当再次组织证据交换。

第五十九条 人民法院对逾期提供证据的当事人处以罚款的,可以结合当事人逾期提供证据的主观过错程度、导致诉讼迟延的情况、诉讼标的金额等因素,确定罚款数额。

四、质 证

第六十条 当事人在审理前的准备阶段或者人民法院调查、询问过程中发表过质证意见的证据,视为质证过的证据。

当事人要求以书面方式发表质证意见,人民法院在听取对方当事人意见后认为有必要的,可以准许。人民法院应当及时将书面质证意见送交对方当事人。

第六十一条 对书证、物证、视听资料进行质证时,当事人应当出示证据的原件或者原物。但有下列情形之一的除外:

(一)出示原件或者原物确有困难并经人民法院准许出示复制件或者复制品的;

(二)原件或者原物已不存在,但有证据证明复制件、复制品与原件或者原物一致的。

第六十二条 质证一般按下列顺序进行:

(一)原告出示证据,被告、第三人与原告进行质证;

(二)被告出示证据,原告、第三人与被告进行质证;

(三)第三人出示证据,原告、被告与第三人进行质证。

人民法院根据当事人申请调查收集的证据,审判人员对调查收集证据的情况进行说明后,由提出申请的当事人与对方当事人、第三人进行质证。

人民法院依职权调查收集的证据,由审判人员对调查收集证据的情况进行说明后,听取当事人的意见。

第六十三条 当事人应当就案件事实作真实、完整的陈述。

当事人的陈述与此前陈述不一致的,人民法院应当责令其说明理由,并结合当事人的诉讼能力、证据和案件具体情况进行审查认定。

当事人故意作虚假陈述妨碍人民法院审理的,人民法院应当根据情节,依照民事诉讼法第一百一十一条的规定进行处罚。

第六十四条 人民法院认为有必要的,可以要求当事人本人到场,就案件的有关事实接受询问。

人民法院要求当事人到场接受询问的,应当通知当事人询问的时间、地点、拒不到场的后果等内容。

第六十五条 人民法院应当在询问前责令当事人签署保证书并宣读保证书的内容。

保证书应当载明保证据实陈述,绝无隐瞒、歪曲、增减,如有虚假陈述应当接受处罚等内容。当事人应当在保证书上签名、捺印。

当事人有正当理由不能宣读保证书的,由书记员宣读并进行说明。

第六十六条 当事人无正当理由拒不到场、拒不签署或宣读保证书或者拒不接受询问的,人民法院应当综合案件情况,判断待证事实的真伪。待证事实无其他证据证明的,人民法院应当作出不利于该当事人的认定。

第六十七条 不能正确表达意思的人,不能作为证人。

待证事实与其年龄、智力状况或者精神健康状况相适应的无民事行为能力人和限制民事行为能力人,可以作为证人。

第六十八条 人民法院应当要求证人出庭作证,接受审判人员和当事人的询问。证人在审理前的准备阶段或者人民法院调查、询问等双方当事人在场时陈述证言的,视为出庭作证。

双方当事人同意证人以其他方式作证并经人民法院准许的,证人可以不出庭作证。

无正当理由未出庭的证人以书面等方式提供的证言,不得作为认定案件事实的根据。

第六十九条 当事人申请证人出庭作证的,应当在举证期限届满前向人民法院提交申请书。

申请书应当载明证人的姓名、职业、住所、联系方式,作证的主要内容,作证内容与待证事实的关联性,以及证人出庭作证的必要性。

符合《最高人民法院关于适用〈中华人民共和国民事诉讼法〉的解释》第九十六条第一款规定情形的,人民法院应当依职权通知证人出庭作证。

第七十条 人民法院准许证人出庭作证申请的,应当向证人送达通知书并告知双方当事人。通知书中应当载明证人作证的时间、地点,作证的事项、要求以及作伪证的法律后果等内容。

当事人申请证人出庭作证的事项与待证事实无关,或者没有通知证人出庭作证必要的,人民法院不予准许当事人的申请。

第七十一条 人民法院应当要求证人在作证之前签署保证书,并在法庭上宣读保证书的内容。但无民事行为能力人和限制民事行为能力人作为证人的除外。

证人确有正当理由不能宣读保证书的,由书记员代为宣读并进行说明。

证人拒绝签署或者宣读保证书的,不得作证,并自行承担相关费用。

证人保证书的内容适用当事人保证书的规定。

第七十二条 证人应当客观陈述其亲身感知的事实,作证时不得使用猜测、推断或者评论性语言。

证人作证前不得旁听法庭审理,作证时不得以宣读事先准备的书面材料的方式陈述证言。

证人言辞表达有障碍的,可以通过其他表达方式作证。

第七十三条 证人应当就其作证的事项进行连续陈述。

当事人及其法定代理人、诉讼代理人或者旁听人员干扰证人陈述的,人民法院应当及时制止,必要时可以依照民事诉讼法第一百一十条的规定进行处罚。

第七十四条 审判人员可以对证人进行询问。当事人及其诉讼代理人经审判人员许可后可以询问证人。

询问证人时其他证人不得在场。

人民法院认为有必要的,可以要求证人之间进行对质。

第七十五条 证人出庭作证后,可以向人民法院申请支付证人出庭作证费用。证人有困难需要预先支取出庭作证费用的,人民法院可以根据证人的申请在出庭作证前支付。

第七十六条 证人确有困难不能出庭作证,申请以书面证言、视听传输技术或者视听资料等方式作证的,应当向人民法院提交申请书。申请书中应当载明不能出庭的具体原因。

符合民事诉讼法第七十三条规定情形的,人民法院应当准许。

第七十七条 证人经人民法院准许,以书面证言方式作证的,应当签署保证书;以视听传输技术或者视听资料方式作证的,应当签署保证书并宣读保证书的内容。

第七十八条 当事人及其诉讼代理人对证人的询问与待证事实无关,或者存在威胁、侮辱证人或不适当引导等情形的,审判人员应当及时制止。必要时可以依照民事诉讼法第一百一十条、第一百一十一条的规定进行处罚。

证人故意作虚假陈述,诉讼参与人或者其他人以暴力、威胁、贿买等方法妨碍证人作证,或者在证人作证后以侮辱、诽谤、诬陷、恐吓、殴打等方式对证人打击报复的,人民法院应当根据情节,依照民事诉讼法第一百一十一条的规定,对行为人进行处罚。

第七十九条 鉴定人依照民事诉讼法第七十八条的规定出庭作证的,人民法院应当在开庭审理三日前将出庭的时间、地点及要求通知鉴定人。

委托机构鉴定的,应当由从事鉴定的人员代表机构出庭。

第八十条 鉴定人应当就鉴定事项如实答复当事人的异议和审判人员的询问。当庭答复确有困难的,经人民法院准许,可以在庭审结束后书面答复。

人民法院应当及时将书面答复送交当事人,并听取当事人的意见。必要时,可以再次组织质证。

第八十一条 鉴定人拒不出庭作证的,鉴定意见不得作为认定案件事实的根据。人民法院应当建议有关主管部门或者组织对拒不出庭作证的鉴定人予以处罚。

当事人要求退还鉴定费用的,人民法院应当在三日内作出裁定,责令鉴定人退还;拒不退还的,由人民法院依法执行。

当事人因鉴定人拒不出庭作证申请重新鉴定的,人民法院应当准许。

第八十二条 经法庭许可,当事人可以询问鉴定人、勘验人。

询问鉴定人、勘验人不得使用威胁、侮辱等不适当的言语和方式。

第八十三条 当事人依照民事诉讼法第七十九条和《最高人民法院关于适用〈中华人民共和国民事诉讼法〉的解释》第一百二十二条的规定,申请有专门知识的人出庭的,申请书中应当载明有专门知识的人的基本情况和申请的目的。

人民法院准许当事人申请的,应当通知双方当事人。

第八十四条 审判人员可以对有专门知识的人进行询问。经法庭准许,当事人可以对有专门知识的人进行询问,当事人各自申请的有专门知识的人可以就案件中的有关问题进行对质。

有专门知识的人不得参与对鉴定意见质证或者就专业问题发表意见之外的法庭审理活动。

五、证据的审核认定

第八十五条 人民法院应当以证据能够证明的案件事实为根据依法作出裁判。

审判人员应当依照法定程序,全面、客观地审核证据,依据法律的规定,遵循法官职业道德,运用逻辑推理和日常生活经验,对证据有无证明力和证明力大小独立进行判断,并公开判断的理由和结果。

第八十六条 当事人对于欺诈、胁迫、恶意串通事实的证明,以及对于口头遗嘱或赠与事实的证明,人民法院确信该待证事实存在的可能性能够排除合理怀疑的,应当认定该事实存在。

与诉讼保全、回避等程序事项有关的事实,人民法院结合当事人的说明及相关证据,认为有关事实存在的可能性较大的,可以认定该事实存在。

第八十七条 审判人员对单一证据可以从下列方面进行审核认定:

(一)证据是否为原件、原物,复制件、复制品与原件、原物是否相符;

(二)证据与本案事实是否相关;

(三)证据的形式、来源是否符合法律

规定；

（四）证据的内容是否真实；

（五）证人或者提供证据的人与当事人有无利害关系。

第八十八条　审判人员对案件的全部证据，应当从各证据与案件事实的关联程度、各证据之间的联系等方面进行综合审查判断。

第八十九条　当事人在诉讼过程中认可的证据，人民法院应当予以确认。但法律、司法解释另有规定的除外。

当事人对认可的证据反悔的，参照《最高人民法院关于适用〈中华人民共和国民事诉讼法〉的解释》第二百二十九条的规定处理。

第九十条　下列证据不能单独作为认定案件事实的根据：

（一）当事人的陈述；

（二）无民事行为能力人或者限制民事行为能力人所作的与其年龄、智力状况或者精神健康状况不相当的证言；

（三）与一方当事人或者其代理人有利害关系的证人陈述的证言；

（四）存有疑点的视听资料、电子数据；

（五）无法与原件、原物核对的复制件、复制品。

第九十一条　公文书证的制作者根据文书原件制作的载有部分或者全部内容的副本，与正本具有相同的证明力。

在国家机关存档的文件，其复制件、副本、节录本经档案部门或者制作原本的机关证明其内容与原本一致的，该复制件、副本、节录本具有与原本相同的证明力。

第九十二条　私文书证的真实性，由主张以私文书证证明案件事实的当事人承担举证责任。

私文书证由制作者或者其代理人签名、盖章或捺印的，推定为真实。私文书证上有删除、涂改、增添或者其他形式瑕疵的，人民法院应当综合案件的具体情况判断其证明力。

第九十三条　人民法院对于电子数据的真实性，应当结合下列因素综合判断：

（一）电子数据的生成、存储、传输所依赖的计算机系统的硬件、软件环境是否完整、可靠；

（二）电子数据的生成、存储、传输所依赖的计算机系统的硬件、软件环境是否处于正常运行状态，或者不处于正常运行状态时对电子数据的生成、存储、传输是否有影响；

（三）电子数据的生成、存储、传输所依赖的计算机系统的硬件、软件环境是否具备有效的防止出错的监测、核查手段；

（四）电子数据是否被完整地保存、传输、提取，保存、传输、提取的方法是否可靠；

（五）电子数据是否在正常的往来活动中形成和存储；

（六）保存、传输、提取电子数据的主体是否适当；

（七）影响电子数据完整性和可靠性的其他因素。

人民法院认为有必要的，可以通过鉴定或者勘验等方法，审查判断电子数据的真实性。

第九十四条　电子数据存在下列情形的，人民法院可以确认其真实性，但有足以反驳的相反证据的除外：

（一）由当事人提交或者保管的于己不利的电子数据；

（二）由记录和保存电子数据的中立第三方平台提供或者确认的；

（三）在正常业务活动中形成的；

（四）以档案管理方式保管的；

（五）以当事人约定的方式保存、传输、提取的。

电子数据的内容经公证机关公证的,人民法院应当确认其真实性,但有相反证据足以推翻的除外。

第九十五条 一方当事人控制证据无正当理由拒不提交,对待证事实负有举证责任的当事人主张该证据的内容不利于控制人的,人民法院可以认定该主张成立。

第九十六条 人民法院认定证人证言,可以通过对证人的智力状况、品德、知识、经验、法律意识和专业技能等的综合分析作出判断。

第九十七条 人民法院应当在裁判文书中阐明证据是否采纳的理由。

对当事人无争议的证据,是否采纳的理由可以不在裁判文书中表述。

六、其　他

第九十八条 对证人、鉴定人、勘验人的合法权益依法予以保护。

当事人或者其他诉讼参与人伪造、毁灭证据,提供虚假证据,阻止证人作证,指使、贿买、胁迫他人作伪证,或者对证人、鉴定人、勘验人打击报复的,依照民事诉讼法第一百一十条、第一百一十一条的规定进行处罚。

第九十九条 本规定对证据保全没有规定的,参照适用法律、司法解释关于财产保全的规定。

除法律、司法解释另有规定外,对当事人、鉴定人、有专门知识的人的询问参照适用本规定中关于询问证人的规定;关于书证的规定适用于视听资料、电子数据;存储在电子计算机等电子介质中的视听资料,适用电子数据的规定。

第一百条 本规定自 2020 年 5 月 1 日起施行。

本规定公布施行后,最高人民法院以前发布的司法解释与本规定不一致的,不再适用。

十四、行政执法事项指导目录

医疗保障行政执法事项指导目录（2020年版）

（2020年8月27日 医保发〔2020〕35号）

序号	事项名称	职权类型	实施依据	实施主体
1	对用人单位和个人遵守医疗保险法律、法规情况进行监督检查	行政检查	《社会保险法》第七十七条：县级以上人民政府社会保险行政部门应当加强对用人单位和个人遵守社会保险法律、法规的监督检查。社会保险行政部门实施监督检查时，被检查的用人单位和个人应当如实提供与社会保险有关的资料，不得拒绝检查或者谎报、瞒报。	各级医疗保障行政部门
2	对用人单位不办理医疗和生育保险登记、未按规定变更登记或注销登记以及伪造、变造登记证明的处罚	行政处罚	《社会保险法》第八十四条：用人单位不办理社会保险登记的，由社会保险行政部门责令限期改正；逾期不改正的，对用人单位处应缴社会保险费数额一倍以上三倍以下的罚款，对其直接负责的主管人员和其他直接责任人员处五百元以上三千元以下的罚款。	各级医疗保障行政部门
3	对纳入基本医疗保险基金支付范围的医疗服务行为和医疗费用进行监督管理	行政检查	《基本医疗卫生与健康促进法》第八十七条：县级以上人民政府医疗保障主管部门应当提高医疗保障监管能力和水平，对纳入基本医疗保险基金支付范围的医疗服务行为和医疗费用加强监督管理，确保基本医疗保险基金合理使用、安全可控。	各级医疗保障行政部门
4	对医疗保险经办机构以及医疗机构、药品经营单位等社会保险服务机构以欺诈、伪造证明材料或者其他手段骗取社会保险基金支出的	行政处罚	1.《社会保险法》第八十七条：社会保险经办机构以及医疗机构、药品经营单位等社会保险服务机构以欺诈、伪造证明材料或者其他手段骗取社会保险基金支出的，由社会保险行政部门责令退回骗取的社会保险金，处骗取金额二倍以上五倍以下的罚款。 2.《基本医疗卫生与健康促进法》第一百零四条：基本医疗保险经办机构以及医疗机构、药品	各级医疗保障行政部门

续表

序号	事项名称	职权类型	实施依据	实施主体
	疗保险、生育保险基金支出的处罚		经办单位等以欺诈、伪造证明材料或者其他手段骗取基本医疗保险、生育保险基金支出的，由县级以上人民政府医疗保障主管部门依照有关法律、行政法规规定给予行政处罚。 3.《实施〈中华人民共和国社会保险法〉若干规定》第二十五条：医疗服务机构、药品经营单位等社会保险服务机构以欺诈、伪造证明材料或者其他手段骗取社会保险基金支出的，由社会保险行政部门责令退回骗取的社会保险金，处骗取金额二倍以上五倍以下的罚款。	
5	对以欺诈、伪造证明材料或者其他手段骗取医疗保险、生育保险待遇的处罚	行政处罚	1.《社会保险法》第八十八条：以欺诈、伪造证明材料或者其他手段骗取社会保险待遇的，由社会保险行政部门责令退回骗取的社会保险金，处骗取金额二倍以上五倍以下的罚款。 2.《基本医疗卫生与健康促进法》第一百零四条：违反本法规定，以欺诈、伪造证明材料或者其他手段骗取基本医疗保险待遇，由县级以上人民政府医疗保障主管部门依照有关社会保险法律、行政法规规定给予行政处罚。	各级医疗保障行政部门
6	对医疗救助的监督检查	行政检查	《社会救助暂行办法》（中华人民共和国国务院令649号）第五十七条：县级以上人民政府及其社会救助管理部门应当加强对社会救助工作的监督检查，完善相关监督管理制度。	各级医疗保障行政部门
7	对采取虚报、隐瞒、伪造等手段，骗取医疗救助基金的处罚	行政处罚	《社会救助暂行办法》（中华人民共和国国务院令649号）第六十八条：采取虚报、隐瞒、伪造等手段，骗取社会救助资金、物资或者服务的，由有关部门决定停止社会救助，责令退回非法获取的救助资金、物资，可以处非法获取的救助款额或者救助物资价值1倍以上3倍以下的罚款。	各级医疗保障行政部门
8	对药品、医用耗材价格进行监测和成本调查	行政检查	1.《基本医疗卫生与健康促进法》第一百零三条：违反本法规定，参加药品采购投标的投标人以低于成本的报价竞标，或者以欺诈、串通投标、骗用他人名义投标等方式竞标的，没收违法所得；中标地位等支配地位的，中标无效，中标部门项目金额十分之五以上十分之十以下的罚款，对法定代表人、主要负责人、直接负责的主管人员和其他直接责任人员处对单位采购数额百分之五以上百分之十以下的罚款；情节严重的，取消其二年至五年内参加药品采购投标的资格并予以公告。 2.《药品管理法》第八十六条：药品上市许可持有人、药品生产企业、药品经营企业和医疗机构应当依法向药品价格主管部门提供其药品的实际购销价格和实际购销数量等资料。 3.各级医疗保障主管部门"职能配置、机构设置和人员编制规定"。	各级医疗保障行政部门

续表

序号	事项名称	职权类型	实施依据	实施主体
9	对药品上市许可持有人、药品生产企业、药品经营企业和医疗机构和医用耗材经营企业向医疗机构提供其药品、医用耗材的实际购销价格和购销数量等资料的监督检查	行政检查	1.《药品管理法》第八十六条：药品上市许可持有人、药品生产企业、药品经营企业向医疗机构提供其药品的实际购销价格和购销数量等资料。2.各级医疗保障主管部门《职能配置、机构设置和人员编制规定》。	各级医疗保障行政部门
10	对以欺诈、伪造证明材料或者其他手段骗取医保基金支出、骗取医保基金等为的处罚	行政处罚	《社会保险法》第八十七条：社会保险经办机构以及医疗机构、药品经营单位等社会保险服务机构以欺诈、伪造证明材料或者其他手段骗取社会保险基金支出的，由社会保险行政部门责令退回骗取的社会保险金，处骗取金额二倍以上五倍以下的罚款；属于社会保险服务机构的，解除服务协议；直接负责的主管人员和其他直接责任人员有执业资格的，依法吊销其执业资格。	各级医疗保障行政部门
11	对公立医疗机构药品和高值医用耗材集中采购行为合规性的监督检查	行政检查	各级医疗保障主管部门《职能配置、机构设置和人员编制规定》。	各级医疗保障行政部门
12	对参加药品采购投标的投标人的违法行为进行监督管理	行政处罚	《基本医疗卫生与健康促进法》第一百零三条：违反本法规定，参加药品采购投标的投标人以低于成本的报价竞标，或者以欺诈、串通投标、滥用市场支配地位等方式竞标，没收违法所得；中标的，中标无效，处由县级以上人民政府医疗保障主管部门按药品采购项目金额千分之五以上千分之十以下的罚款；对法定代表人、主要负责人、直接负责的主管人员和其他直接责任人员处单位罚款数额百分之五以上百分之十以下的罚款；情节严重的，取消其二年至五年内参加药品采购投标的资格并予以公告。	各级医疗保障行政部门
13	建立医疗卫生机构、人员等信用记录制度，纳入全国信用信息共享平台，对其失信行为按照国家规定实施联合惩戒	其他行政职权	《基本医疗卫生与健康促进法》第九十三条：县级以上人民政府卫生健康主管部门、医疗保障主管部门应当建立医疗卫生机构、人员等信用记录制度，纳入全国信用信息共享平台，按照国家规定实施联合惩戒。	各级医疗保障行政部门

续表

序号	事项名称	职权类型	实施依据	实施主体
14	医疗保险稽核	行政检查	1.《社会保险法》第三十一条：社会保险经办机构根据管理服务的需要，可以与医疗机构、药品经营单位签订服务协议，规范医疗服务行为。医疗机构应当为参保人员提供合理、必要的医疗服务。 2.《社会保险稽核办法》（劳动部令第16号）第二条：本办法所称稽核是指社会保险经办机构依法对社会保险费缴纳情况和社会保险待遇领取情况进行的核查。 第三条：县级以上社会保险经办机构负责稽核工作。 第五条：社会保险经办机构及社会保险稽核人员开展稽核工作，行使下列职权： （一）要求被稽核单位提供用人情况、工资收入情况、财务报表、统计报表以及缴费数据和相关账册，会计凭证等与缴纳社会保险费有关的情况和资料； （二）可以复印、录音、录像、照相和复制与缴纳社会保险费、领取社会保险待遇有关的情况和资料； （三）要求被稽核对象提供与稽核事项有关的资料。 第十二条：社会保险经办机构应当对参保个人领取社会保险待遇资格进行核查，发现社会保险待遇领取人丧失待遇领取资格后本人或他人继续领取社会保险待遇或以其他形式骗取社会保险待遇的，社会保险经办机构应当立即停止并追令退还。	各级医疗保障经办机构
15	对可能被转移、隐匿或者灭失的医疗保险基金相关资料进行封存	行政强制	1.《社会保险法》第七十九条：社会保险行政部门对社会保险基金的收支、管理和投资运营情况进行监督检查，发现存在问题的，应当提出整改建议，依法作出处理决定或者向有关行政部门提出处理建议。社会保险基金检查结果应当定期向社会公布。 社会保险基金实施监督检查，有权采取下列措施： （一）查阅、记录、复制与社会保险基金收支、管理和投资运营相关的资料，对可能被转移、隐匿或者灭失的资料予以封存； （二）询问与调查事项有关的单位和个人，要求其对与调查事项有关的问题作出说明，提供有关证明材料； （三）对隐匿、转移、侵占、挪用社会保险基金的行为予以制止并责令改正。 2.《中华人民共和国价格法》第三十四条： …… （四）在证据可能灭失或者以后难以取得的情况下，可以依法先行登记保存，当事人或者有关人员不得转移、隐匿或者销毁。	各级医疗保障行政部门

生态环境保护综合行政执法事项指导目录（2020年版）

（2020年3月11日 环人事〔2020〕14号）

序号	事项名称	职权类型	实施依据	实施主体	
				责任部门	第一责任层级建议
1	对拒不改正违法排放污染物行为的行政处罚	行政处罚	1.《中华人民共和国环境保护法》 第五十九条 企业事业单位和其他生产经营者违法排放污染物，受到罚款处罚，被责令改正，拒不改正的，依法作出处罚决定的行政机关可以自责令改正之日的次日起，按照原处罚数额按日连续处罚。 前款规定的罚款处罚，依照有关法律法规按照防治污染设施的运行成本、违法行为造成的直接损失或者违法所得等因素确定的规定执行。 地方性法规可以根据环境保护的实际需要，增加第一款规定的按日连续处罚的违法行为的种类。 2.《排污许可管理办法（试行）》 第五十九条 排污单位违法排放大气污染物、水污染物，受到罚款处罚，被责令改正，依法作出处罚决定的行政机关组织复查，发现其继续违法排放大气污染物、水污染物，依法按照原处罚数额按日连续处罚的，依法按照原处罚数额按日连续处罚。阻挠复查的，作出处罚决定的行政机关可以自责令改正之日的次日起按日连续处罚。	生态环境主管部门	设区的市
2	对超标或超总量排放大气污染物的行政处罚	行政处罚	1.《中华人民共和国环境保护法》 第六十条 企业事业单位和其他生产经营者超过污染物排放标准或者超过重点污染物排放总量控制指标排放污染物的，县级以上人民政府环境保护主管部门可以责令其采取限制生产、停产整治等措施；情节严重的，报经有批准权的人民政府批准，责令停业、关闭。 2.《中华人民共和国大气污染防治法》 第九十九条 违反本法规定，有下列行为之一的，由县级以上人民政府生态环境主管部门责令改正或者限制生产、停产整治，并处十万元以上一百万元以下的罚款；情节严重的，报经有批准权的人民政府批准，责令停业、关闭：	生态环境主管部门	设区的市

续表

序号	事项名称	职权类型	实施依据	实施部门（责任部门）	第一责任层级建议
3	对违法排放污染物造成或者可能造成严重污染的行政强制	行政强制	（一）未依法取得排污许可证排放大气污染物的； （二）超过大气污染物排放标准或者超过重点大气污染物排放总量控制指标排放大气污染物的； （三）通过逃避监管的方式排放大气污染物的。 1.《中华人民共和国环境保护法》 第二十五条 企业事业单位和其他生产经营者违反法律法规规定排放污染物，造成或者可能造成严重污染的，县级以上人民政府环境保护主管部门和其他负有环境保护监督管理职责的部门，可以查封、扣押造成污染物排放的设施、设备。	生态环境主管部门	设区的市
4	对重点排污单位不如实公开或者不公开环境信息的行政处罚	行政处罚	1.《中华人民共和国环境保护法》 第五十五条 重点排污单位应当如实向社会公开其主要污染物的名称、排放方式、排放浓度和总量、超标排放情况，以及防治污染设施的建设和运行情况，接受社会监督。 第六十二条 违反本法规定，重点排污单位不公开或者不如实公开环境信息的，由县级以上地方人民政府环境保护主管部门责令公开，处以罚款，并予以公告。 2.《中华人民共和国清洁生产促进法》 第十七条 省、自治区、直辖市人民政府负责清洁生产综合协调的部门、环境保护部门，根据促进清洁生产工作的需要，在本地区主要媒体上公布超过污染物排放标准或者超过本地区污染物排放总量控制指标排放污染物的企业的名单，为公众监督企业实施清洁生产提供依据。 第三十六条 违反本法第十七条第二款规定，未按照规定公布能源消耗或者重点污染物产生、排放情况的，由县级以上地方人民政府负责清洁生产综合协调的部门、环境保护部门按照职责分工责令公布，可以处十万元以下的罚款。 3.《企业事业单位环境信息公开办法》 第十六条 重点排污单位违反本办法规定，有下列行为之一的，由县级以上环境保护主管部门根据《中华人民共和国环境保护法》的规定责令公开，处三万元以下罚款，并予以公告：	生态环境主管部门	设区的市

续表

序号	事项名称	职权类型	实 施 依 据	实施主体 责任部门	实施主体 第一责任层级建议
			(一) 不公开或者不按照本办法第九条规定的内容公开环境信息的； (二) 不按照本办法第十条规定的方式公开环境信息的； (三) 不按照本办法第十一条规定的时限公开环境信息的； (四) 公开内容不真实、弄虚作假的。 法律、法规另有规定的，从其规定。 4.《排污许可管理办法（试行）》 第五十五条 重点排污单位未依法公开或者不如实公开有关环境信息的，由县级以上环境保护主管部门责令公开，依法处以罚款，并予以公告。		
5	对不实施强制性清洁生产审核或者在清洁生产审核中弄虚作假等行为的行政处罚	行政处罚	1.《中华人民共和国清洁生产促进法》 第二十七条 企业应当对生产和服务过程中的资源消耗以及废弃物的产生情况进行监测，并根据需要对生产和服务实施清洁生产审核。 有下列情形之一的企业，应当实施强制性清洁生产审核： (一) 污染物排放超过国家或者地方规定的排放标准，或者虽未超过国家或者地方规定的排放标准，但超过重点污染物排放总量控制指标的； (二) 超过单位产品能源消耗限额标准构成高耗能的； (三) 使用有毒、有害原料进行生产或者在生产中排放有毒、有害物质的。 污染物排放超过国家或者地方规定的排放标准的企业，应当按照环境保护相关法律的规定治理。 实施强制性清洁生产审核的企业，应当将审核结果向所在地县级以上地方人民政府负责清洁生产综合协调的部门、环境保护主管部门报告，并在本地区主要媒体上公布，接受公众监督，但涉及商业秘密的除外。 县级以上地方人民政府对实施清洁生产或者被评估验收的企业实施强制验收，所需费用纳入同级政府预算。承担评估验收工作的部门应当对企业实施清洁生产的效果进行评估验收，评估验收不得向被评估验收企业收取费用。 实施清洁生产审核的具体办法，由国务院清洁生产综合协调部门、环境保护部门会同国务院有关部门制定。	生态环境主管部门	设区的市

续表

序号	事项名称	职权类型	实施依据	实施主体	
				责任部门	第一责任层级建议
6	对排污单位未申请或未依法取得排污许可证但排放污染物等行为的行政处罚	行政处罚	院有关部门制定。 第三十九条 违反本法第一款规定,不实施强制性清洁生产审核或者在清洁生产审核中弄虚作假的企业不报告或者不如实报告审核结果的,由县级以上地方人民政府负责清洁生产综合协调的部门,环境保护部门按照职责分工责令限期改正;拒不改正的,处以五万元以上十万元以下的罚款。 1.《中华人民共和国大气污染防治法》 第九十九条第一款第一项 违反本法规定,有下列行为之一的,由县级以上人民政府生态环境主管部门责令改正或者限制生产、停产整治,并处十万元以上一百万元以下的罚款;情节严重的,报经有批准权的人民政府批准,责令停业、关闭: (一)未依法取得排污许可证排放大气污染物的; 2.《中华人民共和国水污染防治法》 第八十三条 违反本法规定,有下列行为之一的,由县级以上人民政府环境保护主管部门责令改正或者责令限制生产、停产整治,并处十万元以上一百万元以下的罚款;情节严重的,报经有批准权的人民政府批准,责令停业、关闭: (一)未依法取得排污许可证排放水污染物的; (二)超过水污染物排放标准或者超过重点水污染物排放总量控制指标排放水污染物的; (三)利用渗井、渗坑、裂隙、溶洞,私设暗管,篡改、伪造监测数据,或者不正常运行水污染防治设施等逃避监管的方式排放水污染物的; (四)未按照规定进行预处理,向污水集中处理设施排放不符合处理工艺要求的工业废水的。 3.《排污许可管理办法(试行)》 第五十七条 排污单位存在以下无排污许可证排放污染物情形的,由县级以上生态环境主管部门依据《中华人民共和国大气污染防治法》《中华人民共和国水污染防治法》的规定,责令改正或者责令限制生产、停产整治,并处十万元以上一百万元以下的罚款;情节严重的,报经有批准权的人民政府批准,责令停业、关闭: (一)依法应当申请排污许可证但未申请,或者申请后未取得排污许可证但排放污染物的;	生态环境主管部门	设区的市

续表

序号	事项名称	职权类型	实 施 依 据	实施主体	
				责任部门	第一责任层级建议
			（二）排污许可证有效期届满后未申请延续排污许可证，或者延续申请未经核发环保部门许可仍排放污染物的； （三）被依法撤销排污许可证后仍排放污染物的； （四）法律法规规定的其他情形。		
7	对排污单位隐瞒有关情况或者提供虚假材料申请行政许可的行政处罚	行政处罚	1.《排污许可管理办法（试行）》 第五十三条 排污单位隐瞒有关情况或者提供虚假材料申请行政许可的，核发环保部门不予受理或者不予行政许可，并给予警告。	生态环境主管部门	设区的市
8	对未按规定进行环境影响评价，擅自开工建设的行政处罚	行政处罚	1.《中华人民共和国环境保护法》 第六十一条 建设单位未依法提交建设项目环境影响评价文件或者环境影响评价文件未经批准，擅自开工建设的，由负有环境保护监督管理职责的部门责令停止建设，处以罚款，并可以责令恢复原状。 2.《中华人民共和国环境影响评价法》 第二十四条 建设项目的环境影响评价文件经批准后，建设项目的性质、规模、地点、采用的生产工艺或者防治污染、防止生态破坏的措施发生重大变动的，建设单位应当重新报批建设项目的环境影响评价文件。 建设项目的环境影响评价文件自批准之日起超过五年，方决定该项目开工建设的，其环境影响评价文件应当报原审批部门重新审核；原审批部门应当自收到建设项目环境影响报告书、报告表之日起十日内，将审核意见书面通知建设单位。 第三十一条 建设单位未依法报批建设项目环境影响报告书、报告表，或者未依照本法第二十四条的规定重新报批或者报请重新审核环境影响报告书、报告表，擅自开工建设的，由县级以上生态环境主管部门责令停止建设，根据违法情节和危害后果，处以建设项目总投资额百分之一以上百分之五以下的罚款，并可以责令恢复原状；对建设单位直接负责的主管人员和其他直接责任人员，依法给予行政处分。 建设项目环境影响报告表，报告表未经批准或者未经原审批部门重新审核同意，建设单位擅自开工建设的，依照前款的规定处罚、处分。	生态环境主管部门	设区的市

续表

序号	事项名称	职权类型	实施依据	实施主体	
				责任部门	第一责任层级建议
			建设单位未依法备案建设项目环境影响登记表的，由县级以上生态环境主管部门责令备案，处五万元以下的罚款。 海洋工程建设项目的建设单位有本条所列违法行为的，依照《中华人民共和国海洋环境保护法》的规定处罚。 3.《建设项目环境保护管理条例》 第二十三条 建设项目环境影响评价文件未依法报批或者报请重新审核，擅自开工建设，或者环境影响报告书、环境影响报告表未经批准或者重新审核同意，擅自开工建设的，依照《中华人民共和国环境影响评价法》的规定处罚： （一）建设项目环境影响报告书、环境影响报告表未依法报批的； （二）建设项目环境影响报告书、环境影响报告表未经批准或者重新审核同意，擅自开工建设； （三）建设项目环境影响登记表未依法备案。		
9	对接受委托为建设项目环境影响评价提供技术服务的机构在环境影响评价工作中不负责任等行为的行政处罚	行政处罚	1.《中华人民共和国环境影响评价法》 第十九条 建设单位可以委托技术单位对其建设项目开展环境影响评价，编制建设项目环境影响报告书、环境影响报告表；建设单位具备环境影响评价技术能力的，可以自行对其建设项目开展环境影响评价，编制建设项目环境影响报告书、环境影响报告表。 编制建设项目环境影响报告书、环境影响报告表应当遵守国家有关环境影响评价标准、技术规范等规定。 国务院生态环境主管部门应当制定建设项目环境影响报告书、环境影响报告表编制的能力建设指南和监督办法。 接受委托为建设单位编制建设项目环境影响报告书、环境影响报告表的技术单位，不得与负责审批建设项目环境影响报告书、环境影响报告表的生态环境主管部门或者其他有关审批部门存在任何利害关系。 第三十二条 建设项目环境影响报告书、环境影响报告表存在基础资料明显不实，内容存在重大缺陷、遗漏或者弄虚作假，环境影响评价结论不正确或者不合理等严重质量问题的，由设区	生态环境主管部门	国务院主管部门

续表

序号	事项名称	职权类型	实施依据	实施主体	
				责任部门	第一责任层级建议
			的市级以上人民政府生态环境主管部门对建设单位处五万元以上二十万元以下的罚款,并对建设单位的法定代表人、主要负责人、直接负责的主管人员和其他直接责任人员,处五万元以上二十万元以下的罚款。 接受委托编制建设项目环境影响报告书、环境影响报告表的技术单位违反国家有关环境影响评价标准和技术规范等规定,致使其编制的建设项目环境影响报告书、环境影响报告表存在基础资料明显不实,内容存在重大缺陷、遗漏或者虚假,环境影响评价结论不正确或者不合理等严重质量问题的,由设区的市级以上人民政府生态环境主管部门对技术单位处所收费用三倍以上五倍以下的罚款;情节严重的,禁止从事环境影响报告书、环境影响报告表编制工作;有违法所得的,没收违法所得。 编制单位有本条第一款、第二款规定的违法行为,编制主持人和主要编制人员五年内禁止从事环境影响报告书、环境影响报告表编制工作;构成犯罪的,依法追究刑事责任。 2.《规划环境影响评价条例》 第三十四条 规划环境影响评价技术机构弄虚作假或者有失职行为,造成环境影响评价文件严重失实的,由国务院环境保护主管部门予以通报,处所收费用1倍以上3倍以下的罚款;构成犯罪的,依法追究刑事责任。		
10	对未依法备案环境影响登记表的行政处罚	行政处罚	1.《中华人民共和国环境影响评价法》 第三十一条 建设单位未依法报批建设项目环境影响报告书、报告表,或者未依照本法第二十四条的规定重新报批或者报请重新审核环境影响报告书、报告表,擅自开工建设的,由县级以上生态环境主管部门责令停止建设,根据违法情节和危害后果,处建设项目总投资额百分之一以上百分之五以下的罚款,并可以责令恢复原状;对建设单位直接负责的主管人员和其他直接责任人员,依法给予处分。 建设单位未依法备案建设项目环境影响登记表的,由县级以上生态环境主管部门责令备案,处五万元以下的罚款。 建设项目环境影响报告书、报告表未经原审批部门重新审核同意,建设单位擅自开工建设,或者未经批准或者未经重新审核原审批部门重新审核同意,擅自开工建设的,依照前款的规定处罚。	生态环境主管部门	设区的市

续表

序号	事项名称	职权类型	实施依据	实施主体（责任部门）	第一责任层级建议
			海洋工程建设项目的建设单位有本条所列违法行为的，依照《中华人民共和国海洋环境保护法》的规定处罚。 2.《建设项目环境影响登记表备案管理办法》 第十八条　建设单位未依法备案建设项目环境影响登记表的，由县级环境保护主管部门根据《中华人民共和国环境影响评价法》第三十一条第三款的规定，责令备案，处五万元以下的罚款。 第二十条　违反本办法规定，对按照《建设项目环境影响评价分类管理名录》应当编制环境影响报告书或者报告表，建设单位擅自降低环境影响评价等级，填报环境影响登记表并办理备案手续，经查证属实的，县级环境保护主管部门认定建设单位已经取得的备案无效，向社会公布，并按照以下规定处理： （一）未依法报批环境影响报告书或者报告表，擅自开工建设的，依照《环境保护法》第六十一条和《环境影响评价法》第三十一条第一款的规定予以处罚。 （二）未依法报批环境影响报告书或者报告表，擅自投入生产或者经营的，分别依照《环境影响评价法》第三十一条第一款和《建设项目环境保护管理条例》的有关规定作出相应处罚。		
11	对编制建设项目初步设计未落实污染防治措施及环保投资概算等行为的行政处罚	行政处罚	1.《建设项目环境保护管理条例》 第二十二条第一款　违反本条例规定，建设单位编制建设项目初步设计未落实防治环境污染和生态破坏的措施以及环境保护设施投资概算，未将环境保护设施纳入施工合同，或者未依法开展环境影响后评价的，由建设项目所在地县级以上环境保护行政主管部门责令限期改正，处20万元以下的罚款；逾期不改正的，处5万元以上20万元以下的罚款。	生态环境主管部门	设区的市
12	对建设过程中未同时实施审批决定中的环保措施的行政处罚	行政处罚	1.《建设项目环境保护管理条例》 第二十二条第二款　违反本条例规定，建设单位在项目建设过程中未同时组织实施环境影响报告书及其审批部门审批决定中提出的环境保护对策措施的，由建设项目所在地县级以上环境保护行政主管部门责令限期改正，处20万元以上100万元以下的罚款；逾期不改正的，责令停止建设。	生态环境主管部门	设区的市

续表

序号	事项名称	职权类型	实 施 依 据	实施部门		第一责任层级建议
				责任部门		
13	对环保设施未建成、未验收即投入生产或者使用等行为的行政处罚	行政处罚	1.《建设项目环境保护管理条例》第二十三条第一款 违反本条例规定，需要配套建设的环境保护设施未建成、未经验收或者验收不合格，建设项目即投入生产或者使用，或者在环境保护设施验收中弄虚作假的，由县级以上环境保护行政主管部门责令限期改正，处20万元以上100万元以下的罚款；逾期不改正的，处100万元以上200万元以下的罚款；对直接负责的主管人员和其他责任人员，处5万元以上20万元以下的罚款；造成重大环境污染或者生态破坏的，责令停止生产或者使用，或者报经有批准权的人民政府批准，责令关闭。	生态环境主管部门		设区的市
14	对建设单位未依法向社会公开环境保护设施验收报告的行政处罚	行政处罚	1.《建设项目环境保护管理条例》第二十三条第二款 违反本条例规定，建设单位未依法向社会公开的，由县级以上环境保护行政主管部门责令公开，处5万元以上20万元以下的罚款，并予以公告。	生态环境主管部门		设区的市
15	对从事技术评估的技术单位违规收取费用等行为的行政处罚	行政处罚	1.《建设项目环境保护管理条例》第二十四条 违反本条例规定，技术机构向建设单位收取费用的，由县级以上环境保护行政主管部门责令退还所收费用，处所收费用1倍以上3倍以下的罚款。	生态环境主管部门		设区的市
16	对未按规定开展突发环境事件风险评估工作、确定风险等级等行为的行政处罚	行政处罚	1.《突发环境事件应急管理办法》第三十八条 企业事业单位有下列情形之一的，由县级以上环境保护主管部门责令改正，可以处一万元以上三万元以下罚款： （一）未按规定开展突发环境事件风险评估工作，确定风险等级的； （二）未按规定开展突发环境安全隐患排查治理工作，建立隐患排查治理档案的； （三）未按规定将突发环境事件应急预案备案的； （四）未按规定开展突发环境事件应急培训，如实记录培训情况的； （五）未按规定储备必要的环境应急装备和物资； （六）未按规定公开突发环境事件相关信息的。	生态环境主管部门		设区的市

续表

序号	事项名称	职权类型	实施依据	实施主体（责任部门）	第一责任层级建议
17	对自然保护区管理机构拒不接受生态环境主管部门检查或者在检查时弄虚作假的行政处罚	行政处罚	1.《中华人民共和国自然保护区条例》第三十六条 自然保护区管理机构违反本条例规定，拒绝环境保护行政主管部门或者有关自然保护区行政主管部门监督检查，或者在被检查时弄虚作假的，由县级以上人民政府环境保护行政主管部门或者有关自然保护区行政主管部门给予300元以上3000元以下的罚款。	生态环境主管部门	设区的市
18	对国家级自然保护区管理机构拒绝国务院环境保护行政主管部门对国家级自然保护区的监督检查，或者在监督检查中弄虚作假的行政处罚	行政处罚	1.《中华人民共和国自然保护区条例》第三十六条 自然保护区管理机构违反本条例规定，拒绝环境保护行政主管部门或者有关自然保护区行政主管部门监督检查，或者在被检查时弄虚作假的，由县级以上人民政府环境保护行政主管部门或者有关自然保护区行政主管部门给予300元以上3000元以下的罚款。 2.《国家级自然保护区监督检查办法》第二十条 国家级自然保护区管理机构拒绝国务院环境保护行政主管部门对国家级自然保护区的监督检查，或者在监督检查中弄虚作假的，由国务院环境保护行政主管部门依照《自然保护区条例》的有关规定给予处罚。	生态环境主管部门	国务院主管部门
19	对在自然保护地内进行非法开矿、修路、筑坝、建设造成生态破坏的行政处罚	行政处罚	1.《中华人民共和国野生动物保护法》第十三条第二款 禁止在相关自然保护区域建设法律法规规定不得建设的项目。机场、铁路、公路、水利水电、围堰、围填海等建设项目的选址选线，应当避让相关自然保护区域、野生动物迁徙洄游通道；无法避让的，应当采取修建野生动物通道、过鱼设施等措施，消除或者减少对野生动物的不利影响。 第四十三条 违反本法第十二条第二款、第十三条第二款规定的，依照有关法律法规的规定处罚。 2.《中华人民共和国自然保护区条例》第三十五条 违反本条例规定，在自然保护区进行砍伐、放牧、狩猎、捕捞、采药、开垦、烧荒、开矿、采石、挖沙等活动的单位和个人，除依照有关法律、行政法规规定给予处罚的外，由县级以上人民政府有关自然保护区行政主管部门或者授权的自然保护区管理机构责令停止违法行为，限期恢复原状或者采取其他补救措施；对自然保护区造成破坏的，可以处以300元以上1万元以下的罚款。	生态环境主管部门	设区的市

续表

序号	事项名称	职权类型	实施依据	实施主体	
				责任部门	第一责任层级建议
			3.《风景名胜区条例》
第四十条 第一款 违反本条例的规定，有下列行为之一的，由风景名胜区管理机构责令停止违法行为，恢复原状或者限期拆除，没收违法所得，并处50万元以上100万元以下的罚款：
（一）在风景名胜区内进行开山、采石、开矿等破坏景观、植被、地形地貌的活动的；
（二）在风景名胜区内修建储存爆炸性、易燃性、放射性、腐蚀性、毒害性物品的设施的；
（三）在核心景区内建设宾馆、招待所、培训中心、疗养院以及与风景名胜资源保护无关的其他建筑物的。
第四十一条 违反本条例的规定，在风景名胜区内禁止范围内从事禁止范围以外的建设活动，未经风景名胜区管理机构审核的，由风景名胜区管理机构责令停止建设、限期拆除，对个人处2万元以上5万元以下的罚款，对单位处20万元以上50万元以下的罚款。
第四十六条 违反本条例的规定，施工单位在施工过程中，对周围景物、水体、林木植被、野生动物资源和地形地貌造成破坏的，由风景名胜区管理机构责令停止违法行为、限期恢复原状或者采取其他补救措施，并处2万元以上10万元以下的罚款；逾期未恢复原状或者未采取有效措施的，由风景名胜区管理机构代为恢复或者采取补救措施，所需费用由违法者承担。
4.《在国家级自然保护区修筑设施审批管理暂行办法》
第十四条 违反本办法规定，未经批准擅自在国家级自然保护区修筑设施的，县级以上人民政府林业主管部门应当责令停止违法使用设施，并采取补救措施。
第十五条 在国家级自然保护区给予行政处罚或者作出其他处理决定。
林业主管部门应当依法给予行政处罚或者对其作出其他处理决定。
林业主管部门在对国家级自然保护区监督检查中，发现有关工作人员有违法行为，依法应当给予处分的，应当向其任免机关或者监察机关提出处分建议。
5.《森林公园管理办法》
第十条 森林公园的设施和景点建设，必须按照总体规划设计进行。
在珍贵景物、重要景点和核心景区，除必要的保护和附属设施外，不得建设宾馆、招待所、疗养院和其他工程设施。
第十九条 破坏森林公园的森林和野生动植物资源，依照有关法律、法规的规定处理。		

续表

序号	事项名称	职权类型	实施依据	实施主体	
				责任部门	第一责任层级建议
20	对在湿地自然保护地内采矿、倾倒有毒有害物质、废弃物、垃圾的行政处罚	行政处罚	1.《中华人民共和国固体废物污染环境防治法》 第七十五条 违反本法有关危险废物污染环境防治的规定，有下列行为之一的，由县级以上人民政府环境保护行政主管部门责令停止违法行为，限期改正，处以罚款： （一）不设置危险废物识别标志的； （二）不按照国家规定申报登记危险废物，或者在申报登记时弄虚作假的； （三）擅自关闭、闲置或者拆除危险废物集中处置设施、场所的； （四）不按照国家规定缴纳危险废物排污费的； （五）将危险废物提供或者委托给无经营许可证的单位从事经营活动的； （六）不按照国家规定填写危险废物转移联单或者未经批准擅自转移危险废物的； （七）将危险废物混入非危险废物中贮存的； （八）将危险废物与旅客在同一运输工具上载运的； （九）未经安全性处置，混合收集处置、贮存、运输、处置具有不相容性质的危险废物的； （十）未经消除污染的处理将收集、贮存、运输、处置危险废物的场所、设施、设备和容器、包装物及其他物品转作他用的； （十一）未采取相应防范措施，造成危险废物扬散、流失、渗漏或者造成其他环境污染的； （十二）在运输过程中沿途丢弃、遗撒危险废物的； （十三）未制定危险废物意外事故防范措施和应急预案的。 有前款第一项、第二项、第七项、第八项、第九项、第十项、第十一项、第十二项、第十三项行为之一的，处一万元以上十万元以下的罚款；有前款第三项、第四项、第五项、第六项行为之一的，限期缴纳，逾期不缴纳的，处应缴纳危险废物排污费额一倍以上三倍以下的罚款。 2.《中华人民共和国自然保护区条例》 第三十五条 违反本条例规定，在自然保护区进行砍伐、放牧、狩猎、捕捞、采药、开垦、烧荒、开矿、采石、挖沙等活动的单位和个人，除可以依照有关法律、行政法规规定给予处罚的以外，由县级以上人民政府有关自然保护区行政主管部门或者授权的自然保护区管理机构没收违法所得，责令停止违法行为，限期恢复原状或者采取其他补救措施，对自然保护区造成破坏的	生态环境主管部门	设区的市

序号	事项名称	职权类型	实 施 依 据	实施部门 责任部门	第一责任层级建议
			坏的,可以处以300元以上1万元以下的罚款。 3.《湿地保护管理规定》 第十一条 县级以上人民政府林业主管部门可以采取湿地自然保护区、湿地公园、湿地保护小区等方式保护湿地,健全湿地保护管理机构和管理制度,完善湿地保护体系,加强湿地保护。 第十条 具备自然保护区建立条件的湿地,应当依法建立自然保护区。 第十九条 自然保护区具备自然保护区管理按照有关规定执行。 第二十条 除法律法规有特别规定的以外,在湿地内禁止从事下列活动: (一)开(围)垦、填埋或者排干湿地; (二)永久性截断湿地水源; (三)挖沙、采矿; (四)倾倒有毒有害物质、废弃物、垃圾; (五)破坏野生动物栖息地和迁徙通道、鱼类洄游通道,滥采滥捕野生动植物; (六)引进外来物种; (七)擅自放牧、捕捞、取土、取水、排污、放生; (八)其他破坏湿地及其生态功能的活动。 第三十四条 县级以上人民政府林业主管部门应当会同同级人民政府有关部门开展湿地保护执法活动,对破坏湿地的违法行为依法予以处理。		
21	对在国家森林公园内排放废水、废气、废渣等对森林公园景观和生态造成较大影响的行政处罚	行政处罚	1.《中华人民共和国水污染防治法》 第八十三条 违反本法规定,有下列行为之一的,由县级以上人民政府环境保护主管部门责令改正或者责令限制生产、停产整治,并处十万元以上一百万元以下的罚款;情节严重的,报经有批准权的人民政府批准,责令停业、关闭: (一)未依法取得排污许可证排放水污染物的; (二)超过水污染物排放标准排放或者超过重点水污染物排放总量控制指标排放水污染物的; (三)利用渗井、渗坑、裂隙、溶洞,私设暗管,篡改、伪造监测数据,或者不正常运行水污染防治设施等逃避监管的方式排放水污染物的;	生态环境主管部门	设区的市

序号	事项名称	职权类型	实 施 依 据	实施主体 — 责任部门	第一责任层级建议
			（四）未按照规定进行预处理，向污水集中处理设施排放不符合处理工艺要求的工业废水的； 责令改正或者限制生产、停产整治，并处十万元以上一百万元以下的罚款；情节严重的，报经有批准权的人民政府批准，责令停业、关闭。 2.《中华人民共和国大气污染防治法》 第九十九条　违反本法规定，有下列行为之一的，由县级以上人民政府生态环境主管部门责令改正或者限制生产、停产整治，并处十万元以上一百万元以下的罚款；情节严重的，报经有批准权的人民政府批准，责令停业、关闭： （一）未依法取得排污许可证排放大气污染物的； （二）超过大气污染物排放标准或者超过重点大气污染物排放总量控制指标排放大气污染物的； （三）通过逃避监管的方式排放大气污染物的。 3.《国家级森林公园管理办法》 第十八条　在国家级森林公园内禁止从事下列活动： （一）擅自采折、采挖花草、树木、药材等植物； （二）非法猎捕、杀害野生动物； （三）刻划、污损树木、岩石和文物古迹及茔坟； （四）损毁或者擅自移动园内设施； （五）未经处理直接排放生活污水和超标排放的废水、废气，乱倒垃圾、废渣、废物及其他污染物； （六）在非指定的吸烟区吸烟和在非指定区域野外用火、烧香蜡纸烛、燃放烟花爆竹； （七）擅自摆摊设点、兜售物品； （八）擅自围、填、堵、截自然水系； （九）法律、法规、规章禁止的其他活动。 国家级森林公园经营管理机构应当通过设示牌、宣传单等形式将森林风景资源保护的注意事项告知旅游者。 第三十条　在国家级森林公园内有违反本办法的行为，森林法和野生动物保护法等法律法规已有明确规定的，县级以上人民政府林业主管部门依法予以从重处罚。		

十四、行政执法事项指导目录 649

续表

序号	事项名称	职权类型	实施依据	实施主体 责任部门	第一责任层级建议
22	对在水产苗种繁殖、栖息地从事采矿、排放污水等破坏水域生态环境的行政处罚	行政处罚	1.《中华人民共和国水污染防治法》 第八十五条 有下列行为之一的，由县级以上地方人民政府环境保护主管部门责令停止违法行为，限期采取治理措施，消除污染，处以罚款；逾期不采取治理措施，环境保护主管部门可以指定有治理能力的单位代为治理，所需费用由违法者承担： （一）向水体排放油类、酸液、碱液的； （二）向水体排放剧毒废液，或者将含有汞、镉、砷、铬、铅、氰化物、黄磷等的可溶性剧毒废渣向水体排放、倾倒或者直接埋入地下的； （三）在水体清洗装贮过油类、有毒污染物的车辆或者容器的； （四）向水体排放、倾倒工业废渣、城镇垃圾或者其他废弃物，或者在江河、湖泊、运河、渠道、水库最高水位线以下的滩地、岸坡堆放、存贮固体废弃物或者其他污染物的； （五）向水体排放、倾倒放射性固体废弃物或者含有高放射性、中放射性物质的废水的； （六）违反国家有关规定或者标准，向水体排放低放射性废水、热废水或者含病原体的污水的； （七）未采取防渗漏等措施，或者未建设地下水水质监测井进行监测的； （八）加油站等的地下油罐未使用双层罐或者采取建造防渗池等其他有效措施，或者未进行防渗漏监测的； （九）未按照规定采取防护性措施，或者利用无防渗漏措施的沟渠、坑塘等输送或者存贮含有毒污染物的废水、含病原体的污水或者其他废弃物的。 有前款第三项、第四项、第六项、第七项、第八项行为之一的，处二万元以上二十万元以下的罚款。有前款第一项、第二项、第五项、第九项行为之一的，处十万元以上一百万元以下的罚款；情节严重的，报经有批准权的人民政府批准，责令停业、关闭。 2.《中华人民共和国海洋环境保护法》 第七十三条 违反本法有关规定，有下列行为，由依照本法规定行使海洋环境监督管理权的部门责令停止违法行为，限期改正或者责令采取限制生产、停产整治等措施，并处以罚款；拒不改正的，依法作出处罚决定的部门可以自责令改正之日起，按照原罚款数额按日连续处罚；情节严重的，报经有批准权的人民政府批准，责令停业、关闭；	生态环境主管部门	设区的市

续表

序号	事项名称	职权类型	实施依据	实施主体		
				责任部门	第一责任层级	建议
			（一）向海域排放本法禁止排放的污染物或者其他物质的； （二）不按照本法规定向海洋倾倒废弃物，或者超过标准、总量控制指标排放污染物的； （三）未取得海洋倾倒许可证，向海洋倾倒废弃物的； （四）因发生事故或者其他突发性事件，造成海洋环境污染事故，不立即采取处理措施的。 有前款第（一）、（三）项行为之一的，处三万元以上二十万元以下的罚款；有前款第（二）、（四）项行为之一的，处二万元以上十万元以下的罚款。 3.《水产苗种管理办法》 第十九条 禁止在水产苗种繁殖、栖息地从事采矿、挖沙、爆破、排放污水等破坏水域生态环境的活动。对水域环境造成污染的，依照《中华人民共和国水污染防治法》和《中华人民共和国海洋环境保护法》的有关规定处理。 在水生动物苗种主产区引水时，应当采取措施，保护苗种。			
23	对拒绝、阻挠监督检查，或者在接受水污染监督检查时弄虚作假的行政处罚	行政处罚	1.《中华人民共和国水污染防治法》 第八十一条 以拖延、围堵、滞留执法人员等方式拒绝、阻挠环境保护主管部门或者其他依照本法规定行使监督管理权的部门的监督检查，或者在接受监督检查时弄虚作假的，由县级以上人民政府环境保护主管部门或者其他依照本法规定行使监督管理权的部门责令改正，处二万元以上二十万元以下的罚款。 2.《环境监测管理办法》 第十九条 排放者拒绝、阻挠环境监测工作人员进行环境监测活动或者违反管理规定的，由县级以上环境保护部门依法给予行政处罚；构成违反治安管理行为的，由公安机关依法给予治安处罚；构成犯罪的，依法追究刑事责任。	生态环境主管部门	设区的市	
24	对未按照规定对所排放的水污染物自行监测等行为的行政处罚	行政处罚	1.《中华人民共和国水污染防治法》 第八十二条 违反本法规定，有下列行为之一的，由县级以上人民政府环境保护主管部门责令限期改正，处二万元以上二十万元以下的罚款；逾期不改正的，责令停产整治： （一）未按照规定对所排放的水污染物自行监测，或者未保存原始监测记录的；	生态环境主管部门	设区的市	

续表

序号	事项名称	职权类型	实施依据	实施部门（责任部门）	第一责任层级建议
			（二）未按照规定安装水污染物排放自动监测设备，未按照规定与环境保护主管部门的监控设备联网，或者未保证监测设备正常运行的； （三）未按照规定对有毒有害水污染物排污口和周边环境进行监测，或者未公开有毒有害水污染物信息的。 2.《排污许可管理办法（试行）》 第三十四条　排污单位应当按照排污许可证规定，安装或者使用符合国家有关环境监测、计量认证规定的监测设备，按照规定的排污监测方案，开展自行监测，保存原始监测记录。实施排污许可重点管理的排污单位，应当按照排污许可证规定安装自动监测设备，并与环境保护主管部门的监控设备联网。 对未采用污染防治可行技术的，应当加强自行监测，评估污染防治技术达标可行性。 第五十六条　违反本办法第三十四条，有下列行为之一的，由县级人民政府环境保护主管部门责令改正，或者依据《中华人民共和国大气污染防治法》《中华人民共和国水污染防治法》的规定，依法责令停产整治；处二万元以上二十万元以下的罚款，拒不改正的，责令停产整治： （一）未按照规定对所排放的工业废气和有毒有害大气污染物、水污染物进行监测，或者未保存原始监测记录的； （二）未按照规定安装大气污染物、水污染物自动监测设备，或者未保证监测设备正常运行的。		
25	对违规设置排污口的行政处罚	行政处罚	1.《中华人民共和国水污染防治法》 第八十四条　在饮用水水源保护区内设置排污口的，由县级以上地方人民政府责令限期拆除，处十万元以上五十万元以下的罚款；逾期不拆除的，强制拆除，所需费用由违法者承担，处五十万元以上一百万元以下的罚款，并可以责令停产整治。 除前款规定外，违反法律、行政法规和国务院环境保护主管部门的规定设置排污口的，由县级以上地方人民政府环境保护主管部门责令限期拆除，处二万元以上十万元以下的罚款；逾期不拆除的，强制拆除，所需费用由违法者承担，处十万元以上五十万元以下的罚款；情节严重的，可以责令停产整治。	生态环境主管部门	设区的市

续表

序号	事项名称	职权类型	实施依据	实施主体	
				责任部门	第一责任层级建议
			未经水行政主管部门或者流域管理机构同意,在江河、湖泊新建、改建、扩建排污口的,由县级以上人民政府水行政主管部门或者流域管理机构依据职权,依照前款规定采取措施,给予处罚。 2.《中华人民共和国水法》 第三十四条 禁止在饮用水水源保护区内设置排污口。 在江河、湖泊新建、改建或者扩大排污口的,应当经过有管辖权的水行政主管部门或者流域管理机构同意,由环境保护行政主管部门负责对该建设项目的环境影响报告书进行审批。 3.《水产种质资源保护区管理暂行办法》 第二十一条 禁止在水产种质资源保护区内新建排污口。 在水产种质资源保护区附近新建、改建、扩建排污口,对水产种质资源及其他生存环境造成损害的,由县级以上人民政府渔业行政主管部门依法处理。 第二十三条 单位和个人违反本办法规定,对水产种质资源保护区内的水产种质资源及水产种质资源保护区管理机构依法处理。		
26	对违法设置排污口的行政强制	行政强制	1.《中华人民共和国水污染防治法》 第八十四条 在饮用水水源保护区内设置排污口的,由县级以上地方人民政府责令限期拆除,处十万元以上五十万元以下的罚款,并可以责令停产整治;逾期不拆除的,强制拆除,所需费用由违法者承担,处五十万元以上一百万元以下的罚款,并可以责令停产整治。 县级以上地方人民政府除前款规定外,违反法律、行政法规和国务院环境保护主管部门的规定设置排污口的,由县级以上人民政府水行政主管部门或者流域管理机构同意,在江河、湖泊新建、改建、扩建排污口的,依照前款规定采取措施,给予处罚。 未经水行政主管部门或者流域管理机构同意,在江河、湖泊新建、改建、扩建排污口的,由县级以上人民政府水行政主管部门或者流域管理机构依据职权,依照前款规定采取措施,给予处罚。	生态环境主管部门	设区的市

十四、行政执法事项指导目录 653

续表

序号	事项名称	职权类型	实施依据	实施主体	
				责任部门	第一责任层级建议
27	对违法向水体排放油类、酸液、碱液等的行为的行政处罚	行政处罚	1.《中华人民共和国水污染防治法》 第八十五条 有下列行为之一的,由县级以上地方人民政府环境保护主管部门责令停止违法行为,限期采取治理措施,消除污染,处以罚款;逾期不采取治理措施,环境保护主管部门可以指定有治理能力的单位代为治理,所需费用由违法者承担: (一)向水体排放油类、酸液、碱液的; (二)向水体排放剧毒废液,或者将含有汞、镉、砷、铬、铅、氰化物、黄磷等的可溶性剧毒废渣向水体排放、倾倒或者直接埋入地下的; (三)在水体清洗装贮过油类、有毒污染物的车辆或者容器的; (四)向水体排放、倾倒工业废渣、城镇垃圾或者其他废弃物,或者在江河、湖泊、运河、渠道、水库最高水位线以下的滩地、岸坡堆放、存贮固体废弃物或者其他污染物的; (五)向水体排放、倾倒放射性废液或者含有高放射性、中放射性物质的废水的; (六)违反国家有关规定或者标准,向水体排放含低放射性物质的废水、热废水或者含病原体的污水的; (七)未采取防渗漏等措施,或者未使用双层钢制油罐或者采取建造防渗漏池等措施,或者未进行防渗漏监测的; (八)加油站等的地下油罐未使用双层罐或者建造防渗池或者采取其他有效措施,或者未进行防渗漏监测的; (九)未按照规定采取防护措施,含病原体的污水未经消毒处理或者处理后不符合国家有关标准排放的。 有前款第三项、第四项、第六项、第七项、第八项、第九项行为之一的,处二万元以上二十万元以下的罚款。有前款第一项、第二项、第五项行为之一的,处十万元以上一百万元以下的罚款;情节严重的,报经有批准权的人民政府批准,责令停业、关闭。	生态环境主管部门	设区的市

续表

序号	事项名称	职权类型	实施依据	实施主体 - 责任部门	实施主体 - 第一责任层级建议
28	对违法向水体排放油类、酸液、碱液等行为的行政强制	行政强制	1.《中华人民共和国水污染防治法》第八十五条 有下列行为之一的，由县级以上地方人民政府环境保护主管部门责令停止违法行为，限期采取治理措施，消除污染，处以罚款；逾期不采取治理措施的，环境保护主管部门可以指定有治理能力的单位代为治理，所需费用由违法者承担： （一）向水体排放油类、酸液、碱液的； （二）向水体排放剧毒废液，或者将含有汞、镉、砷、铬、铅、氰化物、黄磷等的可溶性剧毒废渣向水体排放、倾倒或者直接埋入地下的； （三）在水体清洗装贮过油类、有毒污染物的车辆或者容器的； （四）向水体排放、倾倒工业废渣、城镇垃圾或者其他废弃物，或者在江河、湖泊、运河、渠道、水库最高水位线以下的滩地和岸坡堆放、存贮固体废弃物或者其他污染物的； （五）向水体排放、倾倒放射性固体废物或者含有高放射性、中放射性物质的废水的； （六）违反国家有关规定或者标准，向水体排放含低放射性物质的废水、热废水或者含病原体的污水的； （七）未采取防渗漏等措施，或者未建设地下水水质监测井进行监测的； （八）加油站等的地下油罐未使用双层罐或者采取建造防渗池等其他有效措施，或者未进行防渗漏监测的； （九）未按照规定采取防护性措施，含病原体的污水未经消毒处理达标排放的。 有前款第三项、第四项、第六项、第七项、第八项、第九项行为之一的，处二万元以上二十万元以下的罚款。有前款第一项、第二项、第五项行为之一的，处十万元以上一百万元以下的罚款；情节严重的，报经有批准权的人民政府批准，责令停业、关闭。	生态环境主管部门	设区的市
29	对违规建设污染严重的生产项目的行政处罚	行政处罚	1.《中华人民共和国水污染防治法》第八十七条 违反本法规定，建设不符合国家产业政策的小型造纸、制革、印染、染料、炼焦、炼硫、炼砷、炼汞、炼油、电镀、农药、石棉、水泥、玻璃、钢铁、火电以及其他严重污染水环境的生产项目的，由所在地的市、县人民政府责令关闭。	生态环境主管部门	设区的市

续表

序号	事项名称	职权类型	实 施 依 据	实施部门 责任部门	第一责任层级建议
30	对超过水污染物排放标准或者超过重点水污染物排放总量控制指标排放水污染物的行政处罚	行政处罚	1.《中华人民共和国水污染防治法》 第八十三条第二项 违反本法规定，有下列行为之一的，由县级以上人民政府环境保护主管部门责令改正或者责令限制生产、停产整治，并处十万元以上一百万元以下的罚款；情节严重的，报经有批准权的人民政府批准，责令停业、关闭： （二）超过水污染物排放标准或者超过重点水污染物排放总量控制指标排放水污染物的。	生态环境主管部门	设区的市
31	对在主要入太湖河道岸线以及岸线周边、两侧保护范围内新建、扩建化工、医药化工、垃圾场、水上餐饮等设施的行政处罚	行政处罚	1.《太湖流域管理条例》 第六十四条第一款 违反本条例规定，在太湖、淀山湖、太浦河、新孟河、望虞河和主要入太湖河道岸线以及岸线周边、两侧保护范围内新建、扩建生产项目，或者设置废物回收场、或者设置饮食服务设施，贮存、输送化学品、剧毒物质、危险化学品的，由县级以上地方人民政府环境保护主管部门责令改正，处20万元以上50万元以下罚款；拒不改正的，由太湖流域管理机构或者县级以上地方人民政府环境保护主管部门依法强制执行，所需费用由违法行为人承担；构成犯罪的，依法追究刑事责任。	生态环境主管部门	太湖流域设区的市
32	对擅自修建水工程，或者建设桥梁、码头和其他跨河、穿河、临河建筑物、构筑物，铺设跨河管道、电缆等行为的行政处罚	行政处罚	1.《中华人民共和国水法》 第六十五条第二款 未经水行政主管部门或者流域管理机构同意，擅自修建水工程，或者建设桥梁、码头和其他跨河、穿河、临河建筑物、构筑物，铺设跨河管道、电缆的，由县级以上人民政府水行政主管部门或者流域管理机构依据职权，责令停止违法行为，限期补办有关手续；逾期不补办或者补办未被批准的，责令限期拆除违法建筑物、构筑物；逾期不拆除、强行拆除，所需费用由违法单位或者个人负担，并处一万元以上十万元以下的罚款。	生态环境主管部门	设区的市
33	对太湖流域擅自占用规定的水域、滩地等行为的行政处罚	行政处罚	1.《太湖流域管理条例》 第六十七条 违反本条例规定，有下列行为之一的，由太湖流域管理机构或者县级以上地方人民政府水行政主管部门按照职责限责令改正；拒不改正的，由太湖流域管理机构或者县级以上地方人民政府水行政主管部门按照职责权限依法强制执行，所需费用由违法行为人承担：对个人处1万元以上3万元以下罚款，对单位处5万元以上10万元以下罚款。	生态环境主管部门	太湖流域设区的市

续表

序号	事项名称	职权类型	实施依据	实施主体（责任部门）	实施主体（第一责任层级建议）
34	对在饮用水水源一级保护区内新建、改建、扩建与供水设施和保护水源无关的建设项目等行为的行政处罚	行政处罚	（一）擅自占用太湖、太浦河、新孟河、望虞河岸线内水域、滩地或者临时占用期满不及时恢复原状的； （二）在太湖岸线内圈圩、加高、加宽已建成圈圩的圩堤，或者垫高已经围湖所造土地面的； （三）在太湖从事不符合水功能区保护要求的开发利用活动的，依照《中华人民共和国水法》第六十六条的规定处罚。 1.《中华人民共和国水污染防治法》 第九十一条 有下列行为之一的，由县级以上地方人民政府环境保护主管部门责令停止违法行为，处十万元以上五十万元以下的罚款；并报经有批准权的人民政府批准，责令拆除或者关闭： （一）在饮用水水源一级保护区内新建、改建、扩建与供水设施和保护水源无关的建设项目的； （二）在饮用水水源二级保护区内新建、改建、扩建排放污染物的建设项目的； （三）在饮用水水源准保护区内新建、改建、扩建对水体污染严重的建设项目，或者改建建设项目增加排污量的。 在饮用水水源一级保护区内从事网箱养殖或者组织进行旅游、垂钓或者其他可能污染饮用水水体的活动的，由县级以上地方人民政府环境保护主管部门责令停止违法行为，处二万元以上十万元以下的罚款。个人在饮用水水源一级保护区内游泳、垂钓或者从事其他可能污染饮用水水体的活动的，由县级以上地方人民政府环境保护主管部门责令停止违法行为，可以处五百元以下的罚款。	生态环境主管部门	设区的市
35	对在饮用水水源保护区内使用农药等行为的行政处罚	行政处罚	1.《农药管理条例》 第六十条第一款第四项、第六项 农药使用者有下列行为之一的，由县级人民政府农业主管部门责令改正，农药使用者为农产品生产企业、食品和食用农产品仓储企业、专业化病虫害	生态环境主管部门	设区的市

续表

序号	事项名称	职权类型	实施依据	实施主体 责任部门	实施主体 第一责任层级建议
			防治服务组织和从事农产品生产的农民专业合作社等单位的,处1万元以上10万元以下罚款,农药使用者为个人的,处1万元以下罚款;构成犯罪的,依法追究刑事责任: (四)在饮用水水源保护区内使用农药; (六)在饮用水水源保护区、河道内丢弃农药、农药包装物或者清洗施药器械。		
36	对不按规定制定水污染事故的应急方案的行政处罚	行政处罚	1.《中华人民共和国水污染防治法》 第九十三条 企业事业单位有下列行为之一的,由县级以上人民政府环境保护主管部门责令改正,情节严重的,处二万元以上十万元以下的罚款: (一)不按照规定制定水污染事故的应急方案的; (二)水污染事故发生后,未及时启动水污染事故的应急方案,采取有关应急措施的。	生态环境主管部门	设区的市
37	对造成水污染事故的行政处罚	行政处罚	1.《中华人民共和国水污染防治法》 第九十四条第一款 企业事业单位违反本法规定,造成水污染事故的,除依法承担赔偿责任外,由县级以上人民政府环境保护主管部门依照本条第二款的规定处以罚款,责令限期采取治理措施,消除污染,未按照要求采取治理措施或者治理费用由违法者承担;对造成重大水污染事故指定有治理能力的单位代为治理,所需费用由违法者承担;对造成重大水污染事故或者特大水污染事故的,责令关闭;对直接负责的主管人员和其他直接责任人员可以处上一年度从本单位取得的收入百分之五十以下的罚款;有《中华人民共和国环境保护法》第六十三条规定的违法排放水污染物等行为之一,尚不构成犯罪的,由公安机关对直接负责的主管人员和其他直接责任人员处十日以上十五日以下的拘留;情节较轻的,处五日以上十日以下的拘留。 第二款 对造成一般或者较大水污染事故的,按照水污染事故造成的直接损失的百分之二十计算罚款;对造成重大或者特大水污染事故的,按照水污染事故造成的直接损失的百分之三十计算罚款。	生态环境主管部门	设区的市

续表

序号	事项名称	职权类型	实施依据	实施主体	
				责任部门	第一责任层级建议
38	对造成水污染事故的行政强制	行政强制	1.《中华人民共和国水污染防治法》第九十四条第一款 企业事业单位违反本法规定,造成水污染事故的,除依法承担赔偿责任外,由县级以上人民政府环境保护主管部门依照本条第二款的规定处以罚款,责令限期采取治理措施,消除污染;未按照要求采取治理措施或者不具备治理能力的,由环境保护主管部门指定有治理能力的单位代为治理,所需费用由违法者承担;对造成重大水污染事故或者特大水污染事故责任的,还可以报经有批准权的人民政府批准,责令关闭;有《中华人民共和国环境保护法》第六十三条规定从本年度从上一年度取得的排放水污染物等行为之一,尚不构成犯罪的,由公安机关对直接负责的主管人员和其他直接责任人员处十日以上十五日以下的拘留;情节较轻的,处五日以上十日以下的拘留。第二款 对造成一般或者较大水污染事故的,按照水污染事故造成的直接损失的百分之二十计算罚款;对造成重大或者特大水污染事故的,按照水污染事故造成的直接损失的百分之三十计算罚款。	生态环境主管部门	设区的市
39	对违法排污造成突发环境事件的行政强制	行政强制	1.《中华人民共和国环境保护法》第二十五条 企业事业单位和其他生产经营者违反法律法规规定排放污染物,造成或者可能造成严重污染的,县级以上人民政府环境保护主管部门和其他负有环境保护监督管理职责的部门,可以查封、扣押造成污染物排放的设施、设备。2.《突发环境事件应急管理办法》第三十七条 企业事业单位违反本办法规定,导致发生突发环境事件,《中华人民共和国水污染防治法》《中华人民共和国大气污染防治法》等法律法规已有相关处罚规定的,依照有关法律法规执行。突发环境事件发生后,企业事业单位未按要求执行停产、停排措施,继续违反法律法规规定排放污染物的,环境保护主管部门应当依法对造成污染物排放的设施、设备实施查封、扣押。	生态环境主管部门	设区的市

十四、行政执法事项指导目录 659

续表

序号	事项名称	职权类型	实 施 依 据	实施主体 责任部门	实施主体 第一责任层级建议
40	对被责令改正的企业事业单位和其他生产经营者继续违法排放水污染物等行为的行政处罚	行政处罚	1.《中华人民共和国水污染防治法》第九十五条　依法作出处罚决定的行政机关应当组织复查,发现其继续违法排放水污染物,阻挠复查的,依照《中华人民共和国环境保护法》的规定按日连续处罚。	生态环境主管部门	设区的市
41	对拒不接受海洋环境检查或在检查时弄虚作假的行政处罚	行政处罚	1.《中华人民共和国海洋环境保护法》第十九条　依照本法规定行使海洋环境监督管理权的部门,有权对管辖范围内排放污染物的单位和个人进行现场检查。被检查者应当如实反映情况,提供必要的资料。第七十五条　违反本法第十九条第二款的规定,拒绝现场检查,或者在被检查时弄虚作假的,由依照本法规定行使海洋环境监督管理权的部门予以警告,并处二万元以下的罚款。	生态环境主管部门	设区的市
42	对拒不接受防治海岸工程建设项目检查或在检查时弄虚作假的行政处罚	行政处罚	1.《中华人民共和国海洋环境保护法》第七十五条　违反本法第十九条第二款的规定,拒绝现场检查,或者在被检查时弄虚作假的,由依照本法规定行使海洋环境监督管理权的部门予以警告,并处二万元以下的罚款。2.《中华人民共和国海岸工程建设项目环境保护管理条例》第二十六条　拒绝、阻挠海洋环境保护主管部门依照《中华人民共和国海洋环境保护法》第十五条的规定予以处罚。	生态环境主管部门	设区的市
43	对拒不接受防治陆源污染物检查或在检查时弄虚作假的行政处罚	行政处罚	1.《中华人民共和国防治陆源污染物污染损害海洋环境管理条例》第二十四条第二项　违反本条例规定,具有下列情形之一的,由县级以上人民政府环境保护行政主管部门责令改正,并可处以三百元以上三万元以下的罚款:(二)拒绝、阻挠环境保护行政主管部门现场检查,或者在被检查时弄虚作假的。	生态环境主管部门	设区的市
44	对违法设置入海排污口的行政处罚	行政处罚	1.《中华人民共和国海洋环境保护法》第三十条　入海排污口位置的选择,应当根据海洋功能区划、海水动力条件和有关规定,经科学论证后,报设区的市级以上人民政府环境保护行政主管部门备案。	生态环境主管部门	设区的市

续表

序号	事项名称	职权类型	实施依据	实施主体		
				责任部门	第一责任层级建议	
45	对非法向海域排污等行为的行政处罚	行政处罚	环境保护行政主管部门应当在完成备案后十五个工作日内将人海排污口设置情况通报海洋、海事、渔业行政主管部门和军队环境保护部门。 在海洋自然保护区、重要渔业水域、海滨风景名胜区和其他需要特别保护的区域，不得新建排污口。 在有条件的地区，应当将排污口深海设置，实行离岸排放。设置陆源污染物深海离岸排放排污口，应当根据海洋功能区划、海水动力条件和海底工程设施的有关情况确定，具体办法由国务院规定。 第七十七条 违反本法第三十条第一款、第三款规定设置入海排污口的，由县级以上地方人民政府环境保护行政主管部门责令关闭，并处二万元以上十万元以下的罚款。 海洋、海事、渔业、海警行政主管部门发现入海排污口设置违反本法第三十条第一款、第三款规定的，应当通报环境保护行政主管部门依照前款规定予以处罚。 1.《中华人民共和国海洋环境保护法》 第七十三条 违反本法有关规定，有下列行为之一的，由依照本法规定行使海洋环境监督管理权的部门责令停止违法行为、限期改正或者责令采取限制生产、停产整治等措施，并处以罚款；拒不改正的，依法作出处罚决定的部门可以自责令改正之日起，按照原罚款数额按日连续处罚；情节严重的，报经有批准权的人民政府批准，责令停业、关闭： （一）向海域排放本法禁止排放的污染物或者其他物质的； （二）不按照本法规定排放污染物，或者超过标准、总量控制指标排放污染物的； （三）未取得排污许可证，向海洋倾倒废弃物的； （四）因发生重大事故或者其他情事，造成海洋环境污染事故，不立即采取处理措施的； 有前款第（一）、（三）项行为之一的，处三万元以上二十万元以下的罚款；有前款第（二）、（四）项行为之一的，处二万元以上十万元以下的罚款。	生态环境主管部门	设区的市	
46	对在海岛及周边海域违法排放污染物的行政处罚	行政处罚	1.《中华人民共和国海岛保护法》 第四十九条 在海岛及其周边海域违法排放污染物的，依照有关环境保护法律法规的规定处罚。	生态环境主管部门	设区的市	

续表

序号	事项名称	职权类型	实施依据	实施主体	
				责任部门	第一责任层级建议
			2.《中华人民共和国海洋环境保护法》 第七十三条 违反本法有关规定，有下列行为之一的，由依照本法规定行使海洋环境监督管理权的部门责令停止违法行为，限期改正或者责令采取治理等措施，并处以罚款；拒不改正的，依法作出处罚决定的部门可以自责令改正之日的次日起，按照原罚款数额按日连续处罚；情节严重的，报经有批准权的人民政府批准，责令停业、关闭： （一）向海域排放本法禁止排放的污染物或者其他物质的； （二）不按照本法规定向海洋排放污染物，或者超过标准、总量控制指标排放污染物的； （三）未取得海洋倾倒许可证，向海洋倾倒废弃物的； （四）因发生事故或者其他突发性事件，造成海洋环境污染事故，不立即采取处理措施的。 有前款第（一）、（三）项行为之一的，处三万元以上二十万元以下的罚款；有前款第（二）、（四）项行为之一的，处二万元以上十万元以下的罚款。		
47	对向海洋违法倾倒废弃物的行政处罚	行政处罚	1.《中华人民共和国海洋环境保护法》 第五十七条 国家海洋行政主管部门按照科学、合理、经济、安全的原则选划海洋倾倒区，经国务院环境保护行政主管部门提出审核意见后，报国务院批准。 临时性海洋倾倒区由国家海洋行政主管部门批准，并报国务院环境保护行政主管部门备案。 国家海洋行政主管部门和批准临时性海洋倾倒区前，必须征求国家海事、渔业行政主管部门的意见。 第八十五条 违反本法规定，不按照许可证的规定倾倒，或者向已经封闭的倾倒区倾倒废弃物的，由海洋行政主管部门予以警告，并处三万元以上二十万元以下罚款；对情节严重的，可以暂扣或者吊销许可证。	生态环境主管部门	设区的市
48	对涉及海洋废弃物堆放场、处理场经验收或者验收不合格而强行使用的行政处罚	行政处罚	1.《中华人民共和国防治陆源污染物污染损害海洋环境管理条例》 第二十五条 废弃物堆放场、处理场经环境保护行政主管部门验收或者验收不合格而强行使用的，由环境保护行政主管部门责令改正，并可处以五千元以上一万元以下的罚款。	生态环境主管部门	设区的市

续表

序号	事项名称	职权类型	实施依据	责任部门	第一责任层级建议
49	对擅自改变陆源污染物排放种类、增加污染物排放数量、浓度或者拆除、闲置污染物处理设施等行为的行政处罚	行政处罚	1.《中华人民共和国防治陆源污染物污染损害海洋环境管理条例》第二十六条第一款第一项 违反本条例规定，具有下列情形之一的，由县级以上人民政府环境保护行政主管部门责令改正，并可处以五千元以上十万元以下的罚款： （一）未经所在地环境保护行政主管部门同意和原批准部门批准，擅自改变污染物排放种类、增加污染物排放的数量、浓度或者拆除、闲置污染物处理设施的；	生态环境主管部门	设区的市
50	对在岸滩采用不正当的稀释、渗透方式排放有毒、有害废水等行为的行政处罚	行政处罚	1.《中华人民共和国防治陆源污染物污染损害海洋环境管理条例》第二十七条 违反本条例规定，具有下列情形之一的，由县级以上人民政府环境保护行政主管部门责令改正，并可处以一千元以上一万元以下的罚款；情节严重的，可处以二万元以上十万元以下的罚款： （一）在岸滩采用不正当的稀释、渗透方式排放有毒、有害废水的； （二）向海域排放含油量、含放射性物质含量、酸液、碱液和毒液的； （三）向海域排放油类、酸液、碱液和毒液的； （四）向海域弃置失效或者禁用的药物和药品的； （五）向海域排放含油废水、含病原体废水、含热废水超过国家和地方规定的排放标准和有关规定的残渣废弃物属废水和其他工业废水超过国家和地方规定的排放标准和有关规定处理后的残渣废弃物的； （六）经县级以上地方人民政府环境保护行政主管部门批准，擅自在岸滩堆放、弃置和处理废弃物或含有废弃物的堆放场、处理场内，放射性物质废物堆放、处理废弃物或将处理后的残渣弃置于未经批准的其他种类的废弃物的； 者露天堆放、放射性，易溶解和易挥发性物质发生或者的废水等。未经县级以上人民政府有关主管部门批准，擅自在岸滩堆放、弃置和处理废弃物或含有废弃物的堆放场、处理场，易溶解和易挥发性物质发生或者将处理后的残渣弃置的废弃物的；入海的；	生态环境主管部门	设区的市
51	对海水养殖者未按规定采取科学的养殖方式，对海洋环境造成污染或者严重影响海洋景观的行政处罚	行政处罚	1.《防治海洋工程建设项目污染损害海洋环境管理条例》第五十三条 海水养殖者未按规定采取科学的养殖方式，由县级以上人民政府海洋主管部门责令限期改正，对海洋环境造成污染或者严重影响海洋景观的，责令停止养殖活动，并处清理海洋污染或者恢复海洋景观所需费用1倍以上2倍以下的罚款。影响海洋景观的，由县级以上人民政府海洋主管部门责令限期改正，逾期不改正的，处1万元以下的罚款。	生态环境主管部门	设区的市

续表

序号	事项名称	职权类型	实 施 依 据	实施主体	
				责任部门	第一责任层级建议
52	对未申报、未报告、拒报或谎报向海洋排污等行为的行政处罚	行政处罚	1.《中华人民共和国海洋环境保护法》第七十四条 违反本法有关规定，有下列行为之一的，由依照本法规定行使海洋环境监督管理权的部门予以警告，或者处以罚款： （一）不按照规定申报，甚至拒报污染物排放申报事项，或者在申报时弄虚作假的； （二）发生事故或者其他突发性事件不按照规定报告的； （三）不按照规定记录倾倒情况，或者不按照规定提交倾倒报告的； （四）拒报或者谎报船舶载运危害性货物申报事项的。 有前款第（一）、（三）项行为之一的，处二万元以下的罚款；有前款第（二）、（四）项行为之一的，处五万元以下的罚款。	生态环境主管部门	设区的市
53	对未依法进行环境影响评价兴建海岸工程建设项目的行政处罚	行政处罚	1.《中华人民共和国海洋环境保护法》第七十九条 海岸工程建设项目未依法进行环境影响评价的，依照《中华人民共和国环境影响评价法》的规定处理。 2.《中华人民共和国环境影响评价法》第三十一条 建设单位未依法报批建设项目环境影响报告书、报告表，擅自开工建设的，由县级以上生态环境主管部门责令停止建设，根据违法情节和危害后果，处建设项目总投资额百分之一以上百分之五以下的罚款，并可以责令恢复原状；对建设单位直接负责的主管人员和其他直接责任人员，依法给予行政处分。 建设项目环境影响报告书、报告表未经批准或者未经原审批部门重新审核同意，建设单位擅自开工建设的，依照前款的规定处罚。 建设单位未依法备案建设项目环境影响登记表的，由县级以上生态环境主管部门责令备案，处五万元以下的罚款。 海岸工程建设项目的建设单位有本条所列违法行为的，依照《中华人民共和国海洋环境保护法》的规定处罚。	生态环境主管部门	设区的市

续表

序号	事项名称	职权类型	实施依据	实施部门	第一责任层级建设主体
54	对在海岸工程建设项目未建成环境保护设施，或者环境保护设施未达到规定要求即投入生产、使用的行政处罚	行政处罚	3.《中华人民共和国防治海岸工程建设项目污染损害海洋环境管理条例》 第二十五条 未持有经审核和批准的环境影响报告书（表），兴建海岸工程建设项目的，依照《中华人民共和国海洋环境保护法》第七十九条的规定予以处罚。 1.《中华人民共和国海洋环境保护法》 第四十四条 海岸工程建设项目的环境保护设施，必须与主体工程同时设计、同时施工、同时投产使用。 第八十条 违反本法第四十四条的规定，使用时经环境保护设施未建成即投入生产、使用的，由环境保护行政主管部门责令其停止生产或者使用，并处二万元以上十万元以下的罚款。 2.《中华人民共和国防治海岸工程建设项目污染损害海洋环境保护法》 第二十七条 海岸工程建设项目的环境保护设施未达到规定要求，该项目即投入生产、使用的，依照《中华人民共和国海洋环境保护法》第八十条的规定予以处罚。	生态环境主管部门	设区的市
55	对在自然保护区内建设的污染环境、破坏景观的海岸工程建设项目等行为的行政处罚	行政处罚	1.《中华人民共和国自然保护区条例》 第三十二条 在自然保护区的核心区和缓冲区内，不得建设任何生产设施。在自然保护区的实验区内，不得建设污染环境、破坏资源或者景观的生产设施；建设其他项目，其污染物排放不得超过国家和地方规定的污染物排放标准。在自然保护区的实验区内已经建成的设施，其污染物排放超过国家和地方规定的污染物排放标准的，应当限期治理；造成损害的，必须采取补救措施。 在自然保护区外围保护地带建设的项目，不得损害自然保护区内的环境质量；已造成损害的，应当限期治理。 限期治理决定按照法律、法规规定的权限作出，被限期治理的企业事业单位必须按期完成治理任务。 第三十五条 违反本条例规定，在自然保护区进行砍伐、放牧、狩猎、捕捞、采药、开垦、烧荒、开矿、采石、挖沙等活动的单位和个人，除可以依照有关法律、行政法规规定给予处罚的以外，由县级以上人民政府有关自然保护区行政主管部门或者其授权的自然保护区管理机构设	生态环境主管部门	设区的市

续表

序号	事项名称	职权类型	实 施 依 据	实施主体 责任部门	第一责任层级建议
			收违法所得,责令停止违法行为,限期恢复原状或者采取其他补救措施;对自然保护区造成破坏的,可以处以300元以上10000元以下的罚款。 2.《近岸海域环境功能区管理办法》 第十条 在一类、二类海域环境功能区内,禁止兴建污染环境、破坏景观的海岸工程建设项目。 第十一条 禁止破坏红树林和珊瑚礁。 在自然保护区危害保护区环境和珊瑚礁的项目建设和其他经济开发活动。 保护区条例》,禁止在红树林自然保护区和珊瑚礁自然保护区内设置新的排污口。本办法发布前已经设置的排污口,依法限期治理。 第十八条 违反本办法规定的,由环境保护行政主管部门依照有关法律、法规的规定进行处罚。		
56	对违法进行海洋工程建设项目的行政处罚	行政处罚	1.《中华人民共和国海洋环境保护法》 第四十七条第一款 海洋工程建设项目必须符合全国海洋主体功能区规划、海洋功能区划、海洋环境保护规划和国家有关环境保护标准。海洋工程建设项目单位应当对海洋环境进行科学调查,编制海洋环境影响报告书(表),并在建设项目开工前,报海洋行政主管部门审查批准。 第八十二条第一款 违反本法第四十七条第一款的规定,进行海洋工程建设项目的,由海洋行政主管部门责令停止施工,根据违法情节处以海洋工程建设项目总投资额百分之一以上百分之五以下的罚款,并可以责令恢复原状。	生态环境主管部门	设区的市
57	对海洋工程建设项目未建成环境保护设施,环境保护设施未达到规定要求即投入生产、使用的行政处罚	行政处罚	1.《中华人民共和国海洋环境保护法》 第四十八条 环境保护设施必须与主体工程同时设计、同时施工、同时投产使用。环境保护设施未经验收,或者经验收不合格的,建设项目不得投入生产或者使用。 拆除或闲置环境保护设施,必须事先征得海洋行政主管部门同意。	生态环境主管部门	设区的市

续表

序号	事项名称	职权类型	实 施 依 据	实施部门 责任部门	第一责任层级建议
58	对海洋工程建设项目擅自拆除或者闲置环境保护设施等行为的行政处罚	行政处罚	第八十二条第二款 违反本法第四十八条的规定,海洋工程建设项目未建成环境保护设施,环境保护设施未达到规定要求即投入生产、使用的,由海洋行政主管部门责令其停止生产、使用,并处五万元以上二十万元以下的罚款。 1.《防治海洋工程建设项目污染损害海洋环境管理条例》第四十七条 建设单位违反本条例规定,有下列行为之一的,由原核准该工程环境影响报告书的海洋主管部门责令限期改正;逾期不改正的,责令停止运行,并处1万元以上10万元以下的罚款: (一)擅自拆除或者闲置环境保护设施的; (二)未在规定时间内进行环境影响评价后评价或者未按要求采取整改措施的。	生态环境主管部门	设区的市
59	对海洋工程建设项目造成领海基点及其周围环境被侵蚀、淤积或者损害等行为的行政处罚	行政处罚	1.《防治海洋工程建设项目污染损害海洋环境管理条例》第四十八条 建设单位违反本条例规定,有下列行为之一的,由县级以上人民政府海洋主管部门责令停止建设、运行,限期恢复原状;逾期不恢复原状的,海洋主管部门可以指定具有相应资质的单位代为恢复原状,所需费用由建设单位承担,并处恢复原状所需费用1倍以上2倍以下的罚款: (一)造成领海基点及其周围环境被侵蚀、淤积或者损害的; (二)违反规定在海洋自然保护区内进行海洋工程建设活动的。	生态环境主管部门	设区的市
60	对海洋工程建设项目造成领海基点及其周围环境被侵蚀、淤积或者损害等行为的行政强制	行政强制	1.《防治海洋工程建设项目污染损害海洋环境管理条例》第四十八条 建设单位违反本条例规定,有下列行为之一的,由县级以上人民政府海洋主管部门责令停止建设、运行,限期恢复原状;逾期不恢复原状的,海洋主管部门可以指定具有相应资质的单位代为恢复原状,所需费用由建设单位承担,并处恢复原状所需费用1倍以上2倍以下的罚款: (一)造成领海基点及其周围环境被侵蚀、淤积或者损害的; (二)违反规定在海洋自然保护区内进行海洋工程建设活动的。	生态环境主管部门	省级、设区的市

续表

序号	事项名称	职权类型	实施依据	实施责任部门	第一责任主体建议层级
61	对海洋工程建设项目进法使用含超标准放射性物质等行为的行政处罚	行政处罚	1.《中华人民共和国海洋环境保护法》 第四十九条 海洋工程建设项目，不得使用含超标准放射性物质或者易溶出有毒有害物质的材料。 第八十三条 违反本法第四十九条的规定，使用含超标准放出有毒有害物质或材料的，由海洋行政主管部门处五万元以下的罚款，并责令其停止该建设项目的运行，直到消除污染危害。	生态环境主管部门	省级、设区的市
62	对围填海工程材料不符合环保标准的行政处罚	行政处罚	1.《防治海洋工程建设项目污染损害海洋环境管理条例》 第四十九条 建设单位违反本条例规定，在围填海工程中使用的填充材料不符合有关环境保护标准的，由县级以上人民政府海洋主管部门责令限期改正；逾期不改正，责令停止建设，运行，并处5万元以上20万元以下的罚款；造成海洋污染事故，对负有责的主管人员和其他直接责任人员构成犯罪的，依法追究刑事责任。	生态环境主管部门	设区的市
63	对海洋工程建设项目未按规定报告污染物排放设施、处理设备的运转情况等行为的行政处罚	行政处罚	1.《防治海洋工程建设项目污染损害海洋环境管理条例》 第五十条 建设单位违反本条例规定，有下列行为之一的，由原核准该工程环境影响报告书的海洋主管部门责令限期改正，处1万元以上5万元以下的罚款： (一)未按规定报告污染物排放设施、处理设备的运转情况或者污染物的排放、处置情况的； (二)未按规定将防治海洋工程污染损害海洋环境的应急预案备案的； (三)未按规定向海洋工程排放设施中添加油水基泥浆增加的种类和数量的； (四)在海上爆破作业前未按规定设置明显标志、信号的； (五)进行海上爆破作业时，未按规定报告海洋主管部门的。	生态环境主管部门	设区的市
64	对进行海上爆破作业时未采取有效措施保护海洋资源的行政处罚	行政处罚	1.《防治海洋工程建设项目污染损害海洋环境管理条例》 第五十一条 建设单位违反本条例规定，进行海上爆破作业时未采取有效措施保护海洋资源的，由县级以上人民政府海洋主管部门责令限期改正；逾期未改正的，处1万元以上10万元以下的罚款。	生态环境主管部门	设区的市

续表

序号	事项名称	职权类型	实 施 依 据	实施主体 责任部门	第一责任层级建议
65	对港口、码头、装卸站、船舶及船舶未配备防污设施、器材等行为的行政处罚	行政处罚	建设单位违反本条例规定，在重要渔业水域进行药物爆破或者进行其他可能对渔业资源造成损害的作业，未避开主要经济鱼虾产卵期的，由县级以上人民政府海洋主管部门予以警告，责令停止作业，并处5万元以上20万元以下的罚款。 1.《中华人民共和国海洋环境保护法》 第八十七条 违反本法规定，有下列行为之一的，由依照本法规定行使海洋环境监督管理权的部门予以警告，或者处以罚款： （一）港口、码头、装卸站、船舶及船舶未配备防污设施、器材的； （二）船舶未持有防污证书、防污文书，或者未按照规定载明排污记录的； （三）从事水上和港区水下施工、水下作业，打捞和其他活动，造成海洋环境污染损害的； （四）船舶载运的货物不具备防污运送条件的。 有前款第（一）、（四）项行为之一的，处二万元以下的罚款；有前款第（三）项行为的，处二万元以上十万元以下的罚款；有前款第（二）项行为的，处五万元以上二十万元以下的罚款。	生态环境主管部门	设区的市
66	对船舶、石油平台和装卸油类的港口、码头、装卸站不编制溢油应急计划的行政处罚	行政处罚	1.《中华人民共和国海洋环境保护法》 第八十八条 违反本法规定，船舶、石油平台和装卸油类的港口、码头、装卸站不编制溢油应急计划的，由依照本法规定行使海洋环境监督管理权的部门予以警告，或者责令限期改正，没收违法所得。	生态环境主管部门	设区的市
67	对违法采挖、破坏海岛周边海域珊瑚礁、砍伐海岛周边海域红树林等造成海洋生态系统破坏行为的行政处罚	行政处罚	1.《中华人民共和国海洋环境保护法》 第七十六条 违反本法规定，造成珊瑚礁、红树林等海洋生态系统及海洋水产资源、海洋保护区破坏的，由依照本法规定行使海洋环境监督管理权的部门责令限期采取补救措施，并处一万元以上十万元以下的罚款；有违法所得的，没收违法所得。 2.《中华人民共和国海岛保护法》 第四十六条 违反本法规定，采挖、破坏珊瑚、珊瑚礁，或者砍伐海岛周边红树林的，依照《中华人民共和国海洋环境保护法》的规定处罚。	生态环境主管部门	设区的市

续表

序号	事项名称	职权类型	实 施 依 据	实施主体 责任部门	第一责任层级建议
68	对违反规定在无居民海岛进行生产、建设等行为造成环境污染或生态破坏的行政处罚	行政处罚	1.《中华人民共和国海岛保护法》 第四十七条第二款 违反本法规定,在无居民海岛进行生产、建设活动或者组织开展旅游活动的,由县级以上人民政府海洋主管部门责令停止违法行为,没收违法所得,并处二万元以上二十万元以下的罚款。	生态环境主管部门	设区的市
69	对拒不接受大气污染监督检查或在接受监督检查时弄虚作假的行政处罚	行政处罚	1.《中华人民共和国大气污染防治法》 第九十八条 违反本法规定,以拒绝进入现场等方式拒不接受生态环境主管部门及其环境执法机构或者其他负有大气环境保护监督管理职责的部门的监督检查,或者在接受监督检查时弄虚作假的,由县级以上人民政府生态环境主管部门或者其他负有大气环境保护监督管理职责的部门责令改正,处二万元以上二十万元以下的罚款;构成违反治安管理行为的,由公安机关依法给予治安管理处罚;构成犯罪的,依法追究刑事责任。 2.《环境监测管理办法》 第十九条 排污者拒绝、阻挠环境监测部门依法给予行政处罚;构成犯罪的,依法追究死刑责任。	生态环境主管部门	设区的市
70	对拒不接受消耗臭氧层物质检查或在检查时弄虚作假的行政处罚	行政处罚	1.《消耗臭氧层物质管理条例》 第三十九条 拒绝、阻挠环境保护主管部门或者其他有关部门的监督检查,或者在接受监督检查时弄虚作假的,由监督检查部门责令改正,处1万元以上2万元以下的罚款;构成违反治安管理行为的,由公安机关依法给予治安管理处罚;构成犯罪的,依法追究刑事责任。	生态环境主管部门	设区的市
71	对未依法取得排污许可证排放大气污染物等行为的行政处罚	行政处罚	1.《中华人民共和国大气污染防治法》 第九十九条 违反本法规定,有下列行为之一的,由县级以上人民政府生态环境主管部门责令改正或者限制生产、停产整治,并处十万元以上一百万元以下的罚款;情节严重的,报经有批准权的人民政府批准,责令停业、关闭: (一)未依法取得排污许可证排放大气污染物的;	生态环境主管部门	设区的市

续表

序号	事项名称	职权类型	实 施 依 据	实施主体 责任部门	第一责任层级建议
72	对未依法取得排污许可证排放大气污染物等行为受到罚款处罚、被责令改正,拒不改正的行政处罚	行政处罚	1.《中华人民共和国大气污染防治法》第一百二十三条 违反本法规定,企业事业单位和其他生产经营者有下列行为之一,受到罚款处罚,被责令改正,拒不改正的,依法作出处罚决定的行政机关可以自责令改正之日的次日起,按照原罚款数额按日连续处罚: (一)未依法取得排污许可证排放大气污染物的; (二)超过大气污染物排放标准或者超过重点大气污染物排放总量控制指标排放大气污染物的; (三)通过逃避监管的方式排放大气污染物的; (四)建筑施工或者贮存易产生扬尘的物料未采取有效措施防治扬尘污染的。	生态环境主管部门	设区的市
73	对侵占、损毁或者擅自移动、改变大气环境质量监测设施等行为的行政处罚	行政处罚	1.《中华人民共和国大气污染防治法》第一百条 违反本法规定,有下列行为之一的,由县级以上人民政府生态环境主管部门责令改正,处二万元以上二十万元以下的罚款;拒不改正的,责令停产整治: (一)侵占、损毁或者擅自移动、改变大气环境质量监测设施或者大气污染物排放自动监测设备的; (二)未按照规定设置大气污染物排放口的; (三)未按照规定安装、使用大气污染物排放自动监测设备或者未按照规定与环境保护主管部门的监控设备联网,并保证监测设备正常运行的; (四)重点排污单位不公开或者不如实公开大气污染物排放自动监测数据的; (五)未按照规定对所排放的工业废气和有毒有害大气污染物进行监测并保存原始监测记录的。 2.《排污许可管理办法(试行)》第三十四条 排污单位应当按照排污许可证规定,安装或者使用符合国家有关环境监测、	生态环境主管部门	设区的市

670　行政执法合规一本通

续表

序号	事项名称	职权类型	实施依据	实施主体 责任部门	实施主体 第一责任层级建议
			计量认证规定的监测设备，按照规定维护监测设施，开展自行监测，保存原始监测记录。实施排污许可重点管理的排污单位，应当按照排污许可证规定安装自动监测设备，并与环境保护主管部门的监控设备联网。对未采用污染防治可行技术的，应当加强自行监测，评估污染防治技术可行性。第五十六条 违反本办法第三十四条《中华人民共和国水污染防治法》，有下列行为之一的，由县级以上环境保护主管部门处二万元以上二十万元以下的罚款；拒不改正的，依法责令停产整治：（一）未按照规定安装大气污染物、水污染物自动监测设备，或者未按照规定与环境保护主管部门的监控设备联网，或者未保证监测设备正常运行的；（二）未按照规定保存原始监测记录的。		
74	对单位燃用不符合质量标准的煤炭、石油焦的行政处罚	行政处罚	1.《中华人民共和国大气污染防治法》第一百零五条 违反本法规定，单位燃用不符合质量标准的煤炭、石油焦的，由县级以上人民政府生态环境主管部门责令改正，处货值金额一倍以上三倍以下的罚款。	生态环境主管部门	设区的市
75	对在禁燃区内新、扩建燃用高污染燃料的设施等行为的行政处罚	行政处罚	1.《中华人民共和国大气污染防治法》第一百零七条第一款 违反本法规定，在禁燃区内新建、扩建燃用高污染燃料的设施，或者在禁燃区内集中供热管网覆盖地区新建、扩建分散燃煤供热锅炉，或者未按照规定拆除已建成的不能达标排放的燃用高污染燃料的设施、燃煤供热锅炉的，由县级以上地方人民政府生态环境主管部门没收燃用高污染燃料的设施、燃煤供热锅炉，组织拆除燃煤供热锅炉，并处二万元以上二十万元以下的罚款。	生态环境主管部门	设区的市
76	对生产、进口、销售或者使用不符合标准规定或者要求的锅炉的行政处罚	行政处罚	1.《中华人民共和国大气污染防治法》第一百零七条第二款 违反本法规定，生产、进口、销售或者使用不符合标准规定的锅炉，由县级以上人民政府市场监督管理、生态环境主管部门按照职责没收违法所得，并处二万元以上二十万元以下的罚款。	生态环境主管部门	设区的市

续表

序号	事项名称	职权类型	实施依据	实施主体	
				责任部门	第一责任层级建议
77	对违反挥发性有机物治理相关规定的行政处罚	行政处罚	1.《中华人民共和国大气污染防治法》第一百零八条 违反本法规定,有下列行为之一的,由县级以上人民政府生态环境主管部门责令改正,处二万元以上二十万元以下的罚款;拒不改正的,责令停产整治: (一)产生含挥发性有机物废气的生产和服务活动,未在密闭空间或者设备中进行,未按照规定安装、使用污染防治设施,或者未采取减少废气排放措施的; (二)工业涂装企业未使用低挥发性有机物含量涂料或者未建立、保存台账的; (三)石油、化工以及其他生产和使用有机溶剂的企业,未对泄漏源或者泄漏的物料未及时收集处理; (四)储油储气库、加油加气站、油罐车、气罐车等,未按照国家有关规定安装并正常使用油气回收装置的; (五)钢铁、建材、有色金属、石油、化工、制药、矿产开采等企业,未采取集中收集处理、密闭、围挡、遮盖、清扫、洒水等措施,控制、减少粉尘和气态污染物排放的; (六)工业生产,贮放填埋或者其他活动中产生的可燃性气体未回收利用,不具备回收利用条件未进行污染处理或者可燃性气体回收利用装置不能正常作业,未及时修复或者更新的。	生态环境主管部门	设区的市
78	对生产超过污染物排放标准的机动车、非道路移动机械的行政处罚	行政处罚	1.《中华人民共和国大气污染防治法》第一百零九条第一款 违反本法规定,生产超过污染物排放标准的机动车、非道路移动机械的,由省级以上人民政府生态环境主管部门责令改正,没收违法所得,并处货值金额一倍以上三倍以下的罚款;没收销毁无法达到污染物排放标准的机动车、非道路移动机械;责令停产该车型。	生态环境主管部门	省级
79	对机动车、非道路移动机械生产企业对发动机、污染控制装置弄虚作假,以次充好等行为的行政处罚	行政处罚	1.《中华人民共和国大气污染防治法》第一百零九条第二款 违反本法规定,机动车、非道路移动机械生产企业对发动机、污染控制装置弄虚作假,以次充好,冒充排放检验合格产品出厂销售的,由省级以上人民政府生态环境主管部门责令改正,没收违法所得,并处货值金额一倍以上三倍以下的罚款,没收销毁无法达到污染物排放标准的机动车、非道路移动机械,并由国务院机动车生态环境主管部门责令停止生产该车型。	生态环境主管部门	省级

续表

序号	事项名称	职权类型	实施依据	实施主体 责任部门	第一责任层级建议
80	对机动车生产、进口企业未按照规定向社会公布其生产、进口机动车车型的排放检验信息或者污染控制技术信息的行政处罚	行政处罚	1.《中华人民共和国大气污染防治法》第一百二十一条第一款 违反本法规定，机动车生产、进口企业未按照规定向社会公布其生产、进口机动车车型的排放检验信息或者污染控制技术信息的，由省级以上人民政府生态环境主管部门责令改正，处五万元以上五十万元以下的罚款。	生态环境主管部门	省级
81	对伪造机动车、非道路移动机械排放检验结果等行为的行政处罚	行政处罚	1.《中华人民共和国大气污染防治法》第一百二十二条第一款 违反本法规定，伪造机动车、非道路移动机械排放检验报告的，由县级以上人民政府生态环境主管部门没收违法所得，并处十万元以上五十万元以下的罚款；情节严重的，由负责资质认定的部门取消其检验资格。	生态环境主管部门	设区的市
82	对弄虚作假的方式通过机动车排放检验或者破坏机动车车载排放诊断系统的行政处罚	行政处罚	1.《中华人民共和国大气污染防治法》第一百二十二条第三款 违反本法规定，以弄虚作假方式通过机动车排放检验或者破坏机动车车载排放诊断系统的，由县级以上人民政府生态环境主管部门责令改正，对机动车所有人处五千元的罚款；对机动车维修单位处每辆车五千元的罚款。	生态环境主管部门	设区的市
83	对使用排放不合格的非道路移动机械等行为的行政处罚	行政处罚	1.《中华人民共和国大气污染防治法》第一百二十四条第一款 违反本法规定，使用排放不合格的非道路移动机械，或者在重型柴油车、非道路移动机械未按照规定加装、更换污染控制装置的，由县级以上人民政府生态环境主管部门责令改正，处五千元的罚款。	生态环境主管部门	设区的市
84	对在禁止使用高排放非道路移动机械的区域使用高排放非道路移动机械的行政处罚	行政处罚	1.《中华人民共和国大气污染防治法》第一百二十四条第一款 违反本法规定，在禁止使用高排放非道路移动机械的区域使用高排放非道路移动机械的，由城市人民政府生态环境主管部门依法予以处罚。	生态环境主管部门	设区的市

续表

序号	事项名称	职权类型	实施依据	实施主体	
				责任部门	第一责任层级建议
85	对未密闭煤炭、煤矸石、煤渣等易产生扬尘的物料堆放行为的行政处罚	行政处罚	1.《中华人民共和国大气污染防治法》第一百一十七条 违反本法规定，有下列行为之一的，由县级以上人民政府生态环境等主管部门按照职责责令改正，处一万元以上十万元以下的罚款；拒不改正的，责令停工整治或者停业整治： （一）未密闭煤炭、煤矸石、煤渣、煤灰、水泥、石膏、砂土等易产生扬尘的物料的； （二）对不能密闭的易产生扬尘的物料，未设置不低于堆放物高度的严密围挡，或者未采取有效覆盖措施防治扬尘污染的； （三）装卸物料未采取密闭或者喷淋等方式控制扬尘排放的； （四）存放煤炭、煤矸石、煤渣、煤灰等物料，未采取防燃措施的； （五）码头、矿山、填埋场和消纳场未采取有效措施防治扬尘污染的； （六）排放有毒有害大气污染物名录中所列有毒有害大气污染物的企业事业单位，未按照规定建设环境风险预警体系或者对排放口和周边环境进行定期监测，排查环境安全隐患并采取有效措施防范环境风险的； （七）向大气排放持久性有机污染物的企业事业单位和其他生产经营者以及废弃物焚烧设施的运营单位，未按照国家有关规定采取有利于减少持久性有机污染物排放的技术方法和工艺，配备净化装置的； （八）未采取措施防止排放恶臭气体的。	生态环境主管部门	设区的市
86	对干洗、机动车维修未设置废气污染防治设施并保持正常使用，影响周围环境的行政处罚	行政处罚	1.《中华人民共和国大气污染防治法》第一百二十条 违反本法规定，从事服装干洗和机动车维修等服务活动，未设置异味和废气处理装置等污染防治设施并保持正常使用，影响周围环境的，由县级以上地方人民政府生态环境主管部门责令改正，处二千元以上二万元以下的罚款；拒不改正的，责令停业整治。	生态环境主管部门	设区的市
87	对造成大气污染事故的行政处罚	行政处罚	1.《中华人民共和国大气污染防治法》第一百二十二条 违反本法规定，造成大气污染事故的，由县级以上人民政府生态环境主管部门依照本条第二款的规定处以罚款；对直接负责的主管人员和其他直接责任人员可以处上一年度从本企业单位取得收入百分之五十以下的罚款。	生态环境主管部门	设区的市

续表

序号	事项名称	职权类型	实 施 依 据	实施主体	
				责任部门	第一责任层级建议
88	对违法排放大气污染物,造成或者可能造成严重大气污染,或者有关证据可能灭失或者被隐匿的行政强制	行政强制	对造成一般或者较大大气污染事故的,按照污染事故造成直接损失的一倍以上三倍以下计算罚款;对造成重大或者特大大气污染事故的,按照污染事故造成的直接损失的三倍以上五倍以下计算罚款。 1.《中华人民共和国大气污染防治法》 第三十条 企业事业单位和其他生产经营者违反法律法规规定排放大气污染物,造成或者可能造成严重大气污染,或者有关证据可能灭失或者被隐匿的,县级以上人民政府生态环境主管部门和其他负有大气环境保护监督管理职责的部门,可以对有关设施、设备、物品采取查封、扣押等行政强制措施。	生态环境主管部门	设区的市
89	对无生产配额许可证生产消耗臭氧层物质的行政处罚	行政处罚	1.《消耗臭氧层物质管理条例》 第三十一条 消耗臭氧层物质生产配额许可证主管部门责令停止违法生产,没收用于违法生产消耗臭氧层物质的原料的消耗臭氧层物质和违法所得,拆除、销毁用于违法生产消耗臭氧层物质的设备、设施,并处100万元的罚款。	生态环境主管部门	设区的市
90	对应当申请领取使用配额许可证的单位无使用配额许可证使用消耗臭氧层物质的行政处罚	行政处罚	1.《消耗臭氧层物质管理条例》 第三十二条 依照本条例规定应当申请领取使用配额许可证的单位无使用配额许可证使用消耗臭氧层物质的,由所在地县级以上地方人民政府生态环境保护主管部门责令停止违法行为,没收违法使用的消耗臭氧层物质、违法使用消耗臭氧层物质所生产的产品和违法所得,并处20万元的罚款;情节严重的,核减其违法使用配额数量;拆除、销毁用于违法生产消耗臭氧层物质的设备、设施。	生态环境主管部门	设区的市
91	对超出生产配额许可证规定的品种、数量、期限生产消耗臭氧层物质等行为的行政处罚	行政处罚	1.《消耗臭氧层物质管理条例》 第三十三条 消耗臭氧层物质生产配额许可证主管部门责令停止违法生产,使用单位有下列行为之一的,由所在地省、自治区、直辖市人民政府环境保护主管部门责令停止违法行为,没收违法所得,并处2万元以上10万元以下的罚款,违法使用消耗臭氧层物质的产品和违法所得,并处10万元以上20万元以下的罚款,报国务院环境保护主管部门核减其生产、使用配额数量;情节严重的,由国务院环境保护主管部门吊销其生产、使用配额许可证:	生态环境主管部门	省级

续表

序号	事项名称	职权类型	实施依据	实施主体 - 责任部门	实施主体 - 第一责任层级建议
92	对向不符合规定的单位销售或者购买消耗臭氧层物质的行政处罚	行政处罚	1.《消耗臭氧层物质管理条例》第三十四条 消耗臭氧层物质的生产、销售、使用单位向不符合本条例规定的单位销售或者购买消耗臭氧层物质的，由所在地县级以上地方人民政府环境保护主管部门责令改正，没收违法销售或者购买的消耗臭氧层物质或者销售消耗臭氧层物质所得，处以所得3倍的罚款；对取得配额许可证的单位，报国务院环境保护主管部门核减其生产、使用配额数量。（一）超出生产配额许可证规定的品种、数量、期限生产消耗臭氧层物质的；（二）超出生产配额许可证规定的用途生产销售消耗臭氧层物质的；（三）超出使用配额许可证规定的品种、数量、用途、期限使用消耗臭氧层物质的。	生态环境主管部门	设区的市
93	对未按照规定防止或者减少消耗臭氧层物质的泄漏和排放的行政处罚	行政处罚	1.《消耗臭氧层物质管理条例》第三十五条 消耗臭氧层物质的生产、使用单位未按照规定采取必要的措施防止或者减少消耗臭氧层物质的泄漏和排放的，由所在地县级以上地方人民政府环境保护主管部门责令限期改正，处5万元以下的罚款；逾期不改正的，处10万元以下的罚款。	生态环境主管部门	设区的市
94	对未按规定对消耗臭氧层物质进行回收等行为的行政处罚	行政处罚	1.《消耗臭氧层物质管理条例》第三十六条 从事经营活动的单位，未按照规定对消耗臭氧层物质的制冷设备、制冷系统或者灭火系统进行维修，报废的含消耗臭氧层物质的制冷设备、消耗臭氧层物质进行回收，循环利用或者交由从事消耗臭氧层物质回收、再生利用、销毁等经营活动的单位进行无害化处置的，由所在地县级以上地方人民政府环境保护主管部门责令改正，处无害化处置所需费用3倍的罚款。	生态环境主管部门	设区的市
95	对未按规定进行无害化处置或直接向大气排放的行政处罚	行政处罚	1.《消耗臭氧层物质管理条例》第三十七条 从事消耗臭氧层物质回收、再生利用、销毁等经营活动的单位，对消耗臭氧层物质进行无害化处置，处无害化处置所需费用3倍的罚款环境保护主管部门责令改正，未按照规定进行无害化处置而直接向大气排放的单位，由所在地县级以上地方人民政府环境保护主管部门责令改正，处无害化处置所需费用3倍的罚款。	生态环境主管部门	设区的市

续表

序号	事项名称	职权类型	实施依据	实施主体	
				责任部门	第一责任层级建议
96	对违法生产、销售、使用、进出口的消耗臭氧层物质的单位及其生产层物质的单位及其生产设备、设施、原料及产品的行政强制	行政强制	1.《消耗臭氧层物质管理条例》第二十六条第一款第五项 县级以上人民政府环境保护主管部门和其他有关部门进行监督检查,有权采取下列措施:……(五)扣押、查封违法生产、销售、使用、进出口的消耗臭氧层物质及其生产设备、设施、原料及产品。	生态环境主管部门	省级、设区的市
97	对从事消耗臭氧层物质经营活动的单位未按规定向环境保护主管部门备案等行为的行政处罚	行政处罚	1.《消耗臭氧层物质管理条例》第二十八条 从事消耗臭氧层物质生产、销售、使用、进出口、回收、再生利用、销毁等经营活动的单位,以及从事消耗臭氧层物质的制冷制冷设备、灭火系统的维修、报废处理等经营活动的单位,购买有关经营活动的消耗臭氧层物质的,由所在地县级以上地方人民政府环境保护主管部门责令改正,按照本条例规定完善保存有关经营活动的原始资料并报有关主管部门备案,处5000元以上2万元以下的罚款: (一)依照本条例规定应当向环境保护主管部门备案而未备案的; (二)未按照规定完整保存有关生产经营活动的原始资料的; (三)未按时申报或者谎报、购查有关主管部门的数据资料的; (四)未按照监督检查人员的要求提供必要的资料的。 2.《消耗臭氧层物质进出口管理办法》第七条 进出口单位应当在每年10月31日前向国家消耗臭氧层物质进出口管理机构申请下一年度消耗臭氧层物质进出口配额申请书和外贸易进出口计划表。初次申请进出口配额的进出口单位,还应当提交本法人营业执照和对外贸易经营者备案登记表,以及前三年消耗臭氧层物质的进出口业绩。 申请进出口危险化学品的消耗臭氧层物质的单位,还应当提交安全生产监督管理部门核发的危险化学品生产、使用或者经营许可证; 未按时提交上述材料或者提交材料不齐全的,国家消耗臭氧层物质进出口管理机构不予受理配额申请。 第十条 在年度进出口配额指标内,进出口单位需要进出口消耗臭氧层物质的,应当向国家消耗臭氧层物质进出口管理机构申请领取消耗臭氧层物质进出口审批单,并提交下列材料:	生态环境主管部门	设区的市

续表

序号	事项名称	职权类型	实施依据	实施主体	
				责任部门	第一责任层级建议
			(一)消耗臭氧层物质进出口申请书; (二)对外贸易合同或者订单等相关材料,非生产企业应当提交合法生产企业的供货证明; (三)国家消耗臭氧层物质进出口的单位申请领取消耗臭氧层物质审批单后,出口回收用途的消耗臭氧层物质的单位依法申请领取出口受控消耗臭氧层物质批准单,方可办理其他手续。 将特殊用途的消耗臭氧层物质出口的,进出口单位应当提交进口国政府部门出具的进口许可证或者其他官方批准文件等材料。 第二十一条 进出口单位对本办法第七条、第十条要求申请人提交的数据、材料有虚报、瞒报情形的,国家消耗臭氧层物质进出口管理机构除给予前款规定处罚外,还应当将违法事实通报给消耗臭氧层物质出口所在地县级以上地方环境保护主管部门,并由进出口单位所在地县级以上环境保护主管部门依照《消耗臭氧层物质管理条例》第三十八条的规定予以处罚。		国务院主管部门
98	对碳排放权交易机构及其工作人员未按照规定公布交易信息等的行政处罚	行政处罚	1.《碳排放权交易管理暂行办法》 第四十三条 交易机构及其工作人员有下列情形之一的,由国务院碳交易主管部门责令限期改正;逾期未改正的,依法给予行政处分;给交易主体造成经济损失的,依法承担赔偿责任;构成犯罪的,依法追究刑事责任。 (一)未按照规定公布交易信息; (二)未建立并执行风险管理制度; (三)未按照规定向国务院碳交易主管部门报送有关信息; (四)开展违规的交易业务; (五)泄露交易主体的商业秘密; (六)其他违法违规行为。	生态环境主管部门	

续表

序号	事项名称	职权类型	实 施 依 据	实施部门	
				责任部门	第一责任层级建议主体
99	对拒不接受噪声污染检查或在检查时弄虚作假的行政处罚	行政处罚	1.《中华人民共和国环境噪声污染防治法》第五十五条 排放环境噪声的单位违反本法第二十一条的规定,拒绝生态环境行政主管部门或者其他依照本法规定行使环境噪声监督管理权的部门、机构现场检查的或者在被检查时弄虚作假的,生态环境主管部门或者其他依照本法规定行使环境噪声监督管理权的部门、机构可以根据不同情节,给予警告或者处以罚款。	生态环境主管部门	设区的市
100	对噪声污染防治设施未建成等行为的行政处罚	行政处罚	1.《中华人民共和国环境噪声污染防治法》第十四条 建设项目中防治环境噪声污染的设施必须与主体工程同时设计、同时施工、同时投产使用。建设项目在投入生产或者使用之前,其环境噪声污染防治设施必须按照国家规定的标准和程序进行验收;达不到国家规定要求的,该建设项目不得投入生产或者使用。第四十八条 违反本法第十四条规定,建设项目中需要配套建设的环境噪声污染防治设施没有建成或者没有达到国家规定的要求,擅自投入生产或者使用的,由县级以上生态环境主管部门责令限期改正,并对单位和个人处以罚款;造成重大环境噪声污染或者生态破坏的,责令停止生产或者使用,或者报经有批准权的人民政府批准,责令关闭。	生态环境主管部门	设区的市
101	对拒报或者谎报规定的环境噪声排放申报事项的行政处罚	行政处罚	1.《中华人民共和国环境噪声污染防治法》第四十九条 违反本法规定,拒报或者谎报规定的环境噪声排放申报事项的,县级以上地方人民政府生态环境主管部门可以根据不同情节,给予警告或者处以罚款。	生态环境主管部门	设区的市
102	对擅自拆除或者闲置噪声污染防治设施导致环境噪声超标的行政处罚	行政处罚	1.《中华人民共和国环境噪声污染防治法》第十五条 产生环境噪声污染的企业事业单位,必须保持污染防治设施的正常使用;拆除或者闲置环境噪声污染防治设施的,必须事先报经所在地的县级以上生态环境主管部门批准。第五十条 违反本法第十五条的规定,未经生态环境行政主管部门批准,擅自拆除或者闲置环境噪声污染防治设施,致使环境噪声排放超过规定标准的,由县级以上地方人民政府生态环境主管部门责令改正,并处罚款。	生态环境主管部门	设区的市

续表

序号	事项名称	职权类型	实施依据	实施主体	
				责任部门	第一责任层级建议
			2.《污染源自动监控管理办法》第十八条第一款第三项 违反本办法规定,有下列行为之一的,由县级以上地方环境保护部门按以下规定处理: (三)未经环境保护部门批准,擅自拆除、闲置、破坏环境噪声排放自动监控系统的,致使环境噪声排放超过规定标准的。 第二款 有前款第(三)项行为的,依据《环境噪声污染防治法》第五十条的规定,责令改正,处3万元以下罚款。		
103	对经限期治理逾期未完成限期治理任务污染噪声污染的行政处罚	行政处罚	1.《中华人民共和国环境噪声污染防治法》 第十七条 对于在噪声敏感建筑物集中区域内造成严重环境噪声污染的企业事业单位,限期治理。限期治理由县级以上人民政府按照国务院规定的权限决定。被限期治理的单位必须按期完成治理任务。限期治理由县级以上人民政府在国务院规定的权限内授权其生态环境主管部门决定。对小型企业事业单位的限期治理,可以由县级以上人民政府授权乡级人民政府决定。 第五十二条 违反本法第十七条的规定,对经限期治理逾期未完成治理任务的企业事业单位,除依照国家规定加收超标准排污费外,可以根据所造成的危害后果处以罚款,或者责令停业、搬迁、关闭。 罚款由生态环境主管部门决定。责令停业、搬迁、关闭,由县级以上人民政府按照国务院规定的权限决定。	生态环境主管部门	设区的市
104	对拒不接受固体废物污染环境防治检查或者在检查时弄虚作假的行政处罚	行政处罚	1.《中华人民共和国固体废物污染环境防治法》 第七十条 违反本法规定,拒绝县级以上人民政府环境保护行政主管部门或者其他固体废物污染防治工作的监督管理部门现场检查的,由执行现场检查的部门责令限期改正;拒不改正或者在检查时弄虚作假的,处二千元以上二万元以下的罚款。	生态环境主管部门	设区的市

续表

序号	事项名称	职权类型	实 施 依 据	实施部门	第一责任层级建议
				责任部门	
105	对拒不接受医疗废物检查或在检查时弄虚作假的行政处罚	行政处罚	1.《医疗废物管理行政处罚办法》第十二条第二款 医疗卫生机构、医疗废物集中处置单位阻挠环境保护行政主管部门执法人员执行职务，拒绝执法人员进入现场，或者不配合环境保护行政主管部门的检查、监测、调查取证的，由县级以上地方人民政府环境保护行政主管部门依照《中华人民共和国固体废物污染环境防治法》第七十条规定责令限期改正；拒不改正或者在检查时弄虚作假的，处二千元以上二万元以下的罚款。	生态环境主管部门	设区的市
106	对不按照国家规定申报登记工业固体废物等行为的行政处罚	行政处罚	1.《中华人民共和国固体废物污染环境防治法》第六十八条 违反本法规定，有下列行为之一的，由县级以上人民政府环境保护行政主管部门责令停止违法行为，限期改正，处以罚款： （一）不按照国家规定申报登记工业固体废物，或者在申报登记时弄虚作假的； （二）对暂时不利用或者不能利用的工业固体废物未建设贮存的设施、场所安全分类存放，或者未采取无害化处置措施的； （三）将列入限期淘汰名录被淘汰的设备转让给他人使用的； （四）擅自关闭、闲置或者拆除工业固体废物污染环境防治设施、场所的； （五）在自然保护区、风景名胜区、饮用水水源保护区、基本农田保护区和其他需要特别保护的区域内，建设工业固体废物集中贮存、处置的设施、场所的； （六）擅自转移工业固体废物出省、自治区、直辖市行政区域的； （七）未采取相应防范措施，造成工业固体废物扬散、流失、渗漏或者造成其他环境污染的； （八）在运输过程中沿途丢弃、遗撒工业固体废物的。 有前款第一项、第八项行为之一的，处五千元以上五万元以下的罚款；有前款第二项、第三项、第四项、第五项、第六项、第七项行为之一的，处一万元以上十万元以下的罚款。 2.《电子废物污染环境防治管理办法》第二十二条 列入名录（包括临时名录）的单位（包括个体工商户）违反《固体废物污染环境防治法》等有关法律、行政法规规定，有下列行为之一的，依据有关法律、行政法规予以处罚：	生态环境主管部门	设区的市

续表

序号	事项名称	职权类型	实施依据	实施主体	
				责任部门	第一责任层级建议
107	对建设项目需要配套建设的固体废物污染环境防治设施未建成、未经验收或者验收不合格，主体工程即投入生产或者使用的行政处罚	行政处罚	（一）擅自关闭、闲置或者拆除污染防治设施、场所的； （二）未采取无害化处置措施，随意倾倒、堆放产生的固体废物或液态废物的； （三）造成固体废物废液态废物扬散、流失、渗漏或者产生其他环境污染违法行为的； （四）不正常使用污染防治设施的。 有前款第一项、第二项、第三项行为的，分别依据《固体废物污染环境防治法》第六十八条规定，处以1万元以上10万元以下罚款；有前款第四项行为的，依据《水污染防治法》《大气污染防治法》等有关法律、行政法规规定予以处罚。 第二十三条 列入名录（包括临时名录）的单位（包括个体工商户）违反《固体废物污染环境防治法》等有关法律、行政法规规定，有造成固体废物液态废物严重污染环境的下列情形之一的，由所在地县级以上人民政府环境保护行政主管部门依据《固体废物污染环境防治法》和《国务院关于落实科学发展观加强环境保护的决定》的规定，责令限其在三个月内进行治理，限产停产，并不得建设增加污染物排放总量的项目；逾期未完成治理任务的，报经本级人民政府批准关闭，报经本级人民政府批准关闭。 （一）危害生活饮用水水源的； （二）造成地下水或土壤重金属环境污染的； （三）因危险废物扬散、流失、渗漏造成环境污染的； （四）造成环境功能丧失无法恢复环境原状的； （五）其他造成固体废物或者液态废物严重污染环境的情形。 1.《中华人民共和国固体废物污染环境防治法》第六十九条 违反本法规定，建设项目需要配套建设的固体废物污染环境防治设施未建成、未经验收或者验收不合格，主体工程即投入生产或者使用的，由审批该建设项目环境影响评价文件的环境保护行政主管部门责令停止生产或者使用，可以并处一百万元以下的罚款。	生态环境主管部门	设区的市

续表

序号	事项名称	职权类型	实施依据	实施主体	
				责任部门	第一责任层级建议
108	对矿业固体废物贮存设施停止使用后未按规定封场的行政处罚	行政处罚	1.《中华人民共和国固体废物污染环境防治法》 第七十三条 尾矿、矸石、废石等矿业固体废物贮存设施停止使用后,未按照国家有关环境保护规定进行封场的,由县级以上地方人民政府环境保护行政主管部门责令限期改正,可以处五万元以上二十万元以下的罚款。	生态环境主管部门	设区的市
109	对产生尾矿的企业未申报登记等行为的行政处罚	行政处罚	1.《中华人民共和国固体废物污染环境防治法》 第六十八条 违反本法规定,有下列行为之一的,由县级以上人民政府环境保护行政主管部门责令停止违法行为,限期改正,处以罚款: (一)不按照国家规定申报登记工业固体废物,或者在申报登记时弄虚作假的; (二)对暂时不利用或者不能利用的工业固体废物未建设贮存的设施、场所安全分类存放,或者未采取无害化处置措施的; (三)将列入限期淘汰名录被淘汰的设备转让给他人使用的; (四)擅自关闭、闲置或者拆除工业固体废物污染环境防治设施、场所的; (五)在自然保护区、风景名胜区、饮用水水源保护区、基本农田保护区和其他需要特别保护的区域内,建设工业固体废物集中贮存、处置的设施、场所或者堆放工业固体废物的; (六)擅自转移、倾倒、堆放工业固体废物的; (七)未采取相应防范措施,造成工业固体废物扬散、流失、渗漏或者造成其他环境污染的; (八)在运输过程中沿途丢弃、遗撒工业固体废物的。 有前款第一项、第五项、第六项、第七项、第八项行为之一的,处五千元以上五万元以下的罚款;有前款第二项、第三项、第四项行为之一的,处一万元以上十万元以下的罚款,由县级以上人民政府环境保护行政主管部门按照国务院规定的权限决定停止使用或者关闭。 2.《防治尾矿污染环境管理规定》 第十八条 对违反本规定,有下列行为之一的,由环境保护行政主管部门依法给予行政处罚:	生态环境主管部门	设区的市

续表

序号	事项名称	职权类型	实 施 依 据	实施主体	
				责任部门	第一责任层级建议
110	对违法新、改、建煤矿厂、选煤厂，违反煤矸石综合利用等对环境造成污染等行为的行政处罚	行政处罚	（一）产生尾矿的企业未向当地人民政府环境保护行政主管部门申报登记的，依照《中华人民共和国固体废物污染环境防治法》第六十八条规定处以五千万元以下罚款，并限期补办申报污染登记手续； 在风景名胜区、自然保护区和其他需要特殊保护的区域内建设尾矿设施，或者违反第十条规定产生停止违法行为，限期改正，《中华人民共和国固体废物污染环境防治法》第八十一条规定处十万元以上一百万元以下的罚款；逾期未完成治理任务的，由本级人民政府责令停业或者关闭。 （二）违反本规定第十条规定，自然保护区内建设尾矿设施，或者违反第十八条规定产生停止违法行为，依照《中华人民共和国固体废物污染环境防治法》第六十八条规定责令停止违法行为，限期改正，处一万元以上十万元以下的罚款； （三）拒绝环境保护行政主管部门现场检查，依照《中华人民共和国固体废物污染环境防治法》第七十条规定，责令限期改正，处二万元以下的罚款。 1.《中华人民共和国固体废物污染环境防治法》 第七十三条 尾矿、矸石、废石等矿业固体废物贮存设施停止使用后，按照国家有关环境保护规定进行封场的，由县级以上地方人民政府环境保护行政主管部门责令限期改正，可以处五万元以上二十万元以下的罚款。 2.《煤矸石综合利用管理办法》 第十条 新建（改扩建）煤矿及选煤厂应节约土地，防止环境污染，禁止建设永久性煤矸石堆放场（库）。确需建设临时堆放场（库）的，其占地规模应当与煤炭生产和洗选加工能力相匹配，原则上占地规模按不超过3年储量设计，且必须符合《一般工业固体废物贮存、处置场污染控制标准》《煤炭工业建设项目建设用地指标》等相关要求。 第十二条 有关部门出台的有关规定煤矸石进行土地复垦时，应严格按照《土地复垦条例》和国土、环境保护等相关技术规范、质量控制标准和环保要求。	生态环境主管部门	设区的市

续表

序号	事项名称	职权类型	实 施 依 据	实施主体	
				责任部门	第一责任层级建议
			第十四条　煤矸石综合利用要符合国家环境保护相关规定，达标排放。煤矸石发电企业应严格执行《火电厂大气污染物排放标准》等相关标准规定的限值要求和总量控制要求，煤矸石发电企业应建立环保设施管理制度，并实行专人负责；发电机组烟气排放必须安装烟气自动在线监控装置，并符合《固定污染源烟气排放连续监测技术规范》要求。同时保留好完整的脱硫脱硝除尘系统数据，且保存一年以上；煤矸石发电产生的粉煤灰、脱硫石膏、废烟气脱硝催化剂等固体废弃物应按照有关规定进行综合利用和妥善处置。 第十六条　下列产品和工程项目，应当符合国家或行业有关质量、环境、节能和安全标准： （一）利用煤矸石生产的建筑材料或其他相关的产品； （二）煤矸石井下充填工程； （三）利用煤矸石或制品的建筑、道路等工程； （四）其他与煤矸石综合利用相关的工程项目。 第二十二条　违反本办法第十条规定，新建（改扩建）煤矸石或煤炭洗选企业建设永久性煤矸石堆场的或不符合《煤炭工程项目建设用地指标》要求的，由国土资源等部门监督其限期整改。 违反本办法依法处罚；煤矸石发电企业超标排放的，由所在地价格主管部门依据环境保护部门提供的环保设施运行及环保电价实施运行情况及环保电价核查结果对社会公示不达标企业名单。 违反本办法第十五条、第十六条第（一）项的，由质量技术监督部门依据《产品质量法》进行处罚；违反本办法第十五条、第十六条第（二）（三）（四）项造成安全事故的，由安监部门依据有关规定进行处罚。 对达不到本办法第十三条、第十四条、第十五条、第十六条规定，有关部门应及时取消其享受国家相关扶持政策和相关政策，不符合质量标准和安全要求、超标排放的，按照有关法律和相关规定予以处罚和追缴。		

续表

序号	事项名称	职权类型	实施依据	实施主体	
				责任部门	第一责任层级建议
111	对土壤污染重点监管单位未制定、实施自行监测方案，或者未将监测数据报生态环境主管部门的行为的行政处罚	行政处罚	1.《中华人民共和国土壤污染防治法》 第八十六条　违反本法规定，有下列行为之一的，由地方人民政府生态环境主管部门或者其他负有土壤污染防治监督管理职责的部门责令改正，处以罚款；拒不改正的，责令停产整治： （一）土壤污染重点监管单位未按照规定制定、实施自行监测方案，或者未将年度报告有毒有害物质排放情况，或者未建立土壤污染隐患排查制度的； （二）土壤污染重点监管单位篡改、伪造监测数据的； （三）土壤污染重点监管单位未按规定报告有毒有害物质排放情况，或者未建立土壤污染隐患排查制度的； （四）拆除设施、设备或者建筑物、构筑物，企业事业单位未按照规定采取土壤污染防治工作方案的； （五）尾矿库运营、管理单位未按照规定实施土壤污染状况监测的； （六）尾矿库运营、管理单位未按照规定进行土壤污染状况监测的； （七）建设和运行污水集中处理设施、固体废物处置设施，未依照法律法规和相关标准的要求采取防止土壤污染措施的。 有前款规定行为之一的，处二万元以上二十万元以下的罚款；有前款第二项、第四项、第五项、第七项规定行为之一，造成严重后果的，处二十万元以上二百万元以下的罚款。	生态环境主管部门	设区的市
112	对向农用地排放重金属或者其他有毒有害物质含量超标的污水、污泥，以及可能造成土壤污染的清淤底泥、尾矿、矿渣等的行政处罚	行政处罚	1.《中华人民共和国土壤污染防治法》 第八十七条　违反本法规定，向农用地排放重金属或者其他有毒有害物质含量超标的污水、污泥，以及可能造成土壤污染的清淤底泥、尾矿、矿渣等的，由地方人民政府生态环境主管部门责令改正，处十万元以上五十万元以下的罚款；情节严重的，处五十万元以上二百万元以下的罚款，对直接负责的主管人员和其他直接责任人员处五万元以上二十万元以下的罚款，并可以将案件移送公安机关，对直接负责的主管人员和其他直接责任人员处五日以上十五日以下拘留；有违法所得的，没收违法所得。	生态环境主管部门	设区的市

续表

序号	事项名称	职权类型	实施依据	实施主体 责任部门	实施主体 第一责任层级建议
113	对将重金属或者其他有毒有害物质含量超标的工业固体废物、生活垃圾堆污染或者用于土地复垦的行政处罚	行政处罚	1.《中华人民共和国土壤污染防治法》第八十九条 违反本法规定，将重金属或者其他有毒有害物质含量超标的工业固体废物、生活垃圾或者污染土壤用于土地复垦的，由地方人民政府生态环境主管部门责令改正，处十万元以上一百万元以下的罚款；有违法所得的，没收违法所得。	生态环境主管部门	设区的市
114	对出具虚假调查报告、风险评估报告、风险管控效果评估报告、修复效果评估报告的行政处罚	行政处罚	1.《中华人民共和国土壤污染防治法》第九十条 违反本法规定，受委托从事土壤污染状况调查和土壤污染风险评估、风险管控效果评估、修复、修复效果评估活动的单位，出具虚假报告、风险管控效果评估报告、修复效果评估报告的，由地方人民政府生态环境主管部门处十万元以上五十万元以下的罚款；有违法所得的，没收违法所得，并处五万元以上十万元以下的罚款；情节严重的，禁止从事上述业务，其直接负责的主管人员和其他直接责任人员处五万元以上十万元以下的罚款；情节严重的，十年内禁止从事前款规定的业务。本条第一款规定的单位出具虚假报告，构成犯罪的，终身禁止从事前款规定的业务。前款规定的单位出具虚假报告，造成他人人身或者财产损害的，还应当与委托人承担连带责任。	生态环境主管部门	设区的市
115	对未单独收集、存放开发建设过程中剥离的表土壤行为的行政处罚	行政处罚	1.《中华人民共和国土壤污染防治法》第九十一条 违反本法规定，有下列行为之一的，由地方人民政府生态环境主管部门责令改正，处五万元以上五十万元以下的罚款；情节严重的，处五十万元以上一百万元以下的罚款；对直接负责的主管人员和其他直接责任人员处一万元以上五万元以下的罚款： （一）未单独收集、存放的； （二）实施风险管控、修复活动对土壤、周边环境造成新的污染的； （三）转运污染土壤，未将运输时间、方式、线路和污染土壤数量、去向、最终处置措施等提	生态环境主管部门	设区的市

续表

序号	事项名称	职权类型	实 施 依 据	实施主体 责任部门	第一责任层级建议
			前报所在地和接收地生态环境主管部门的； （四）未达到土壤污染风险评估报告确定的风险管控、修复目标的建设用地地块，开工建设与管控、修复无关的项目的。		
116	对未按照规定实施后期管理的行政处罚	行政处罚	1.《中华人民共和国土壤污染防治法》 第九十二条 违反本法规定，土壤污染责任人或者土地使用权人未按照规定实施后期管理的，由地方人民政府生态环境主管部门或者其他负有土壤污染防治监督管理职责的部门责令改正，处二万元以上十五万元以下的罚款；情节严重的，处十五万元以上五十万元以下的罚款。	生态环境主管部门	设区的市
117	对拒不配合检查，或者在接受检查时弄虚作假的行政处罚	行政处罚	1.《中华人民共和国土壤污染防治法》 第九十三条 违反本法规定，被检查者拒不配合检查，或者在接受检查时弄虚作假的，由地方人民政府生态环境主管部门或者其他负有土壤污染防治监督管理职责的部门责令改正，处二万元以上二十万元以下的罚款；对直接负责的主管人员和其他直接责任人员处五千元以上二万元以下的罚款。	生态环境主管部门	设区的市
118	对未按照规定进行土壤污染状况调查等行为的行政处罚	行政处罚	1.《中华人民共和国土壤污染防治法》 第九十四条 违反本法规定，土壤污染责任人或者土地使用权人有下列行为之一的，由地方人民政府生态环境主管部门或其他负有土壤污染防治监督管理职责的部门责令改正，处二万元以上二十万元以下的罚款；拒不改正的，处二十万元以上一百万元以下的罚款；土壤污染责任人无法认定，土地使用权人未履行土壤污染风险管控和修复义务的，由土地所在地人民政府代为履行，所需费用由土壤污染责任人或者土地使用权人承担；对直接负责的主管人员和其他直接责任人员处五千元以上二万元以下的罚款： （一）未按照规定进行土壤污染状况调查的； （二）未按照规定进行土壤污染风险评估的； （三）未按照规定采取风险管控措施的； （四）风险管控、修复活动完成后，未另行委托有关单位对风险管控效果、修复效果进行评估的。	生态环境主管部门	设区的市

续表

序号	事项名称	职权类型	实施依据	实施主体	
				责任部门	第一责任层级建议
119	对土壤污染重点监管单位按照规定将地方人民政府生态环境主管部门备案的行政处罚	行政处罚	土壤污染责任人或者土地使用权人有前款第三项、第四项规定行为之一,情节严重的,地方人民政府生态环境主管部门或者其他有土壤污染防治监督管理职责的部门可以将案件移送公安机关,对直接负责的主管人员和其他直接责任人员处五日以上十五日以下的拘留。 1.《中华人民共和国土壤污染防治法》 第九十五条 违反本法规定,有下列行为之一,不改正的,处一万元以上五万元以下的罚款: (一)土壤污染重点监管单位未按照规定制定土壤污染防治工作方案报地方人民政府生态环境、工业和信息化主管部门备案的; (二)土壤污染责任人或者土地使用权人未按照规定将土壤污染状况调查报告报地方人民政府生态环境主管部门备案的; (三)土地使用权人未按照规定将土壤污染风险管控效果评估报告报地方人民政府生态环境主管部门备案的;土地使用权人或者修复施工单位未按照规定将土壤污染修复效果评估报告报地方人民政府生态环境主管部门备案的;土地使用权人未按照规定将土地使用情况报地方人民政府生态环境、农业农村、林业草原主管部门备案的。	生态环境主管部门	设区的市
120	对新建电厂兴建永久性粉煤灰储灰场对环境造成污染等行为的行政处罚	行政处罚	1.《粉煤灰综合利用管理办法》 第十一条 新建电厂应综合考虑周边粉煤灰利用能力,以及节约土地、防止环境污染,避免建设永久性粉煤灰堆场(库)。确需建设的,原则上占地规模按不超过3年储灰量设计,且粉煤灰堆场(库)选址、设计、建设及运行管理应当符合《一般工业固体废物贮存、处置场污染控制标准》(GB18599-2001)等相关要求。 第二十三条 新建电厂兴建永久性储灰场违反第十一条规定,由国土资源等部门监督其限期整改。对环境造成污染的,由环境保护行政主管部门依法予以处罚。	生态环境主管部门	设区的市
121	对粉煤灰运输造成污染等行为的行政处罚	行政处罚	1.《中华人民共和国固体废物污染环境防治法》 第六十八条 违反本法规定,有下列行为之一的,由县级以上人民政府生态环境主管部门责令停止违法行为,限期改正,处以罚款: (一)不按照国家规定申报登记工业固体废物,或者在申报登记时弄虚作假的;	生态环境主管部门	设区的市

续表

序号	事项名称	职权类型	实施依据	实施主体	
				责任部门	第一责任层级建议
			（二）对暂时不利用或者不能利用的工业固体废物未建设贮存的设施、场所安全分类存放，或者未采取无害化处置措施的； （三）将列入限期淘汰名录被淘汰的设备转让给他人使用的； （四）擅自关闭、闲置或者拆除工业固体废物污染环境防治设施、场所的； （五）在自然保护区、风景名胜区、饮用水水源保护区、基本农田保护区和其他需要特别保护的区域内，建设工业固体废物集中贮存、处置的设施、场所和生活垃圾填埋场的； （六）擅自转移固体废物出省、自治区、直辖市行政区域贮存、处置的； （七）未采取相应防范措施，造成工业固体废物扬散、流失、渗漏或者造成其他环境污染的； （八）在运输过程中沿途丢弃、遗撒工业固体废物的。 有前款第一项、第二项、第六项、第七项行为之一的，处五万元以上五十万元以下的罚款；有前款第三项、第四项、第五项、第八项行为之一的，处一万元以上十万元以下的罚款。 2.《粉煤灰综合利用管理办法》 第十四条 粉煤灰运输须使用专用封闭罐车，并严格遵守环境保护、质量技术监督等有关部门规定和要求，避免二次污染。 第二十五条 违反本办法第十四条、第十五条规定的，由环境保护主管部门、质量技术监督等有关部门根据情节轻重及有关规定予以行政处罚。		
122	对不设置危险废物识别标志等行为的行政处罚	行政处罚	1.《中华人民共和国固体废物污染环境防治法》 第七十五条 违反本法有关危险废物污染环境防治的规定，有下列行为之一的，由县级以上人民政府环境保护行政主管部门责令停止违法行为，限期改正，处以罚款： （一）不设置危险废物识别标志的； （二）不按照国家规定申报登记危险废物，或者在申报登记时弄虚作假的； （三）擅自关闭、闲置或者拆除危险废物集中处置设施、场所的； （四）不按照国家规定缴纳危险废物排污费的； （五）将危险废物提供或者委托给无经营许可证的单位从事经营活动的； （六）不按照国家规定填写危险废物转移联单或者未经批准擅自转移危险废物的；	生态环境主管部门	设区的市

十四、行政执法事项指导目录 691

续表

序号	事项名称	职权类型	实施依据	实施主体 责任部门	第一责任层级建议
123	对危险废物产生者不处置其产生的危险废物又不承担依法应当承担的处置费用的行政处罚	行政处罚	（七）将危险废物混入非危险废物中贮存的； （八）未经安全性处置，混合收集、贮存、运输、处置具有不相容性质的危险废物的； （九）将危险废物与旅客在同一运输工具上载运的； （十）未经消除污染的处理将收集、贮存、运输、处置危险废物的场所、设施、设备和容器、包装物及其他物品转作他用的； （十一）未采取相应防范措施，造成危险废物扬散、流失、渗漏或造成其他环境污染的； （十二）在运输过程中沿途丢弃、遗撒危险废物的； （十三）未制定危险废物意外事故防范措施和应急预案的。 有前款第一项、第二项、第七项、第八项、第九项、第十项、第十一项、第十二项、第十三项行为之一的，处一万元以上十万元以下的罚款；有前款第三项、第五项、第六项行为之一的，处二万元以上二十万元以下的罚款；有前款第四项行为的，限期缴纳，逾期缴纳的，处应缴纳危险废物排污费金额一倍以上三倍以下的罚款。 1.《中华人民共和国固体废物污染环境防治法》 第七十六条 违反本法规定，危险废物产生者不处置其产生的危险废物又不承担依法应当承担的处置费用的，由县级以上地方人民政府生态环境主管部门责令限期改正，处代为处置费用一倍以上三倍以下的罚款。	生态环境主管部门	设区的市
124	对造成固体废物污染环境事故的行政处罚	行政处罚	1.《中华人民共和国固体废物污染环境防治法》 第八十二条 违反本法规定，造成固体废物污染环境事故的，由县级以上人民政府环境保护行政主管部门处二万元以上二十万元以下的罚款；造成重大损失的，按照直接损失的百分之三十计算罚款，但是最高不超过一百万元，对负有责任的主管人员和其他直接责任人员，依法给予行政处分；造成固体废物污染环境重大事故的，并由县级以上人民政府按照国务院规定的权限决定停业或者关闭。 2.《突发环境事件调查处理办法》 第十八条 突发环境事件调查过程中发现突发环境事件发生单位涉及环境违法行为的，	生态环境主管部门	设区的市

续表

序号	事项名称	职权类型	实施依据	实施主体（责任部门）	实施主体（第一责任层级建议）
			调查组应当及时向环境保护主管部门提出处罚建议。相关环境保护主管部门应当依法对事发单位及责任人员予以行政处罚；涉嫌构成犯罪的，依法移送司法机关追究刑事责任。发现其他违法违纪行为的，环境保护主管部门应当及时向有关部门移送。发现国家行政机关及其工作人员，突发环境事件发生单位中由国家任命的人员涉嫌违法违纪的，环境保护主管部门应当依法及时向监察机关或者有关部门提出处分建议。		
125	对不处置危险废物的单位的行政强制	行政强制	1.《中华人民共和国固体废物污染环境防治法》第五十五条 产生危险废物的单位，必须按照国家有关规定处置危险废物，不得擅自倾倒、堆放；不处置的，由所在地县级以上地方人民政府环境保护行政主管部门责令限期改正；逾期不处置或者处置不符合国家有关规定的，由所在地县级以上地方人民政府环境保护行政主管部门指定单位按照国家有关规定代为处置，处置费用由产生危险废物的单位承担。	生态环境主管部门	设区的市
126	对未及时提交获准登记新化学物质登记环境风险更新信息等的行政处罚	行政处罚	1.《新化学物质环境管理办法》第四十四条 违反本办法规定，有下列行为之一的，由环境保护部责令改正，处一万元以下罚款： （一）未及时提交获准登记新化学物质环境风险更新信息的； （二）未按规定报送新化学物质首次活动报告或者新化学物质流向信息的； （三）未按规定报送上一年度新化学物质活动情况报告的。 （四）未按规定提交实际活动情况报告的。	生态环境主管部门	国务院主管部门
127	对未取得新化学物质登记证或者不按照登记证的规定生产或者进口新化学物质等行为的行政处罚	行政处罚	1.《新化学物质环境管理办法》第四十五条 违反本办法规定，有下列行为之一的，由负有监督管理职责的地方环境保护部门责令改正，处一万元以上三万元以下罚款，并报环境保护部公告其违规行为，或者在接受监督检查时弄虚作假，记载不良记录： （一）拒绝或者阻碍环境保护部门监督检查，或者在接受监督检查时弄虚作假的； （二）未取得新化学物质登记证或者不按照登记证的规定生产或者进口新化学物质的；	生态环境主管部门	设区的市

续表

序号	事项名称	职权类型	实 施 依 据	实施主体 责任部门	第一责任层级建议
128	对未按规定保存新化学物质的申报材料等行为的行政处罚	行政处罚	（三）加工使用未取得登记证的新化学物质的； （四）未按登记证规定采取风险控制措施的； （五）将登记新化学物质转让给没有能力采取风险控制措施的加工使用者的。 1.《新化学物质环境管理办法》 第四十六条 违反本办法规定，有下列行为之一的，由负有监督管理职责的地方环境保护部门责令改正，处一万元以上三万元以下罚款： （一）未按规定向加工使用者传递风险控制信息的； （二）未按规定保存新化学物质的申报材料以及生产、进口活动实际情况等相关资料的； （三）将以科学研究以及工艺和产品的研究开发为目的的新化学物质用于其他用途或者未按规定管理的。	生态环境主管部门	设区的市
129	对病原微生物实验室未建立污染防治管理规章制度等行为的行政处罚	行政处罚	1.《病原微生物实验室生物安全环境管理办法》 第二十一条 违反本办法有关规定，有下列情形之一的，由县级以上人民政府环境保护行政主管部门责令限期改正，给予警告，或者未设置的，处1000元以下罚款： （一）未建立实验室污染防治管理的规章制度；逾期不改正的，或者未设置的，处1000元以下罚款； （二）未对产生的危险废物进行登记或者未保存登记资料的； （三）未制定环境污染应急预案的。 违反本办法规定的其他行为，环境保护法律、行政法规已有处罚规定的，适用其规定。	生态环境主管部门	设区的市
130	对未妥善保存微生物菌剂生产、使用、储藏、运输和处理记录和处理应急预案等行为的行政处罚	行政处罚	1.《进出口环保用微生物菌剂环境安全管理办法》 第三十一条 违反本办法执行微生物菌剂生产、使用、储藏、运输和处理微生物菌剂环境安全控制措施和事故应急预案的，由省、自治区、直辖市环境保护行政主管部门责令改正，拒不改正的，处一万元以上三万元以下罚款。 录，或者未执行微生物菌剂生产、使用、储藏、运输和处理应急预案的，由省、自治区、直辖市环境保护行政主管部门责令改正，拒不改正的，处一万元以上三万元以下罚款。	生态环境主管部门	省级

续表

序号	事项名称	职权类型	实施依据	实施主体	
				责任部门	第一责任层级建议
131	对申请危险废物出口核准的单位隐瞒有关情况或者提供虚假材料的行政处罚	行政处罚	1.《危险废物出口核准管理办法》 第三条 缔约方出口危险废物，收集、贮存、处置、利用危险废物的单位，必须取得危险废物出口核准。 本办法所称危险废物，是指列入国家危险废物名录或者根据国家规定的危险废物鉴别标准和鉴别方法认定的具有危险特性的固体废物。 《巴塞尔公约》规定的"危险废物"和"其他废物"，其出口核准管理也适用本办法。 第二十二条 违反本办法规定，申请危险废物出口核准的单位隐瞒有关情况或者提供虚假材料的，国务院环境保护行政主管部门不予受理其申请或者不予核准其申请，给予警告，并记载其不良记录。	生态环境主管部门	国务院主管部门
132	对无危险废物出口核准通知单或者不按照危险废物出口核准通知单出口危险废物的行政处罚	行政处罚	1.《危险废物出口核准管理办法》 第三条 缔约方出口危险废物，收集、贮存、处置、利用危险废物的单位，必须取得危险废物出口核准。 本办法所称危险废物，是指列入国家危险废物名录或者根据国家规定的危险废物鉴别标准和鉴别方法认定的具有危险特性的固体废物。 《巴塞尔公约》规定的"危险废物"和"其他废物"，其出口核准管理也适用本办法。 第二十一条第一款 违反本办法规定，无危险废物出口核准通知单或者不按危险废物出口核准通知单出口危险废物的，由县级以上人民政府环境保护行政主管部门责令改正，并处3万元以下的罚款。	生态环境主管部门	设区的市
133	对未按规定填写、运行、保管危险废物转移单等行为的行政处罚	行政处罚	1.《中华人民共和国固体废物污染环境防治法》 第七十条 违反本法规定，拒绝县级以上人民政府环境保护行政主管部门或者其他固体废物污染环境防治工作的监督管理部门现场检查的，由执行现场检查的部门责令限期改正；拒不改正或者在检查时弄虚作假的，处二千元以上二万元以下的罚款。		

续表

序号	事项名称	职权类型	实 施 依 据	实施主体	
				责任部门	第一责任层级建议
			2.《危险废物出口核准管理办法》 第十二条 危险废物出口者应当对每一批出口的危险废物,填写《危险废物越境转移-转移单据》,一式二份。 转移单据应当随出口的危险废物从转移起点直至处置或者利用地点,并由危险废物出口者、承运人和进口国(地区)的进口者、处置或者利用者及有关国家(地区)海关部门填写相关信息。 危险废物出口者应当将信息填写完整的转移单据,一份报国务院环境保护行政主管部门,一份自留存档。 危险废物出口者应当妥善保存自留存档的转移单据,不得擅自损毁。转移单据的保存期限应不少于5年。国务院环境保护行政主管部门要求延长转移单据保存期限的,按照要求延长转移单据的保存期限。 第十三条 国务院环境保护行政主管部门有权检查转移单据的运行情况,也可以委托县级以上地方人民政府环境保护行政主管部门检查转移单据的运行情况。被检查单位应当接受检查,如实汇报情况。 行政主管部门责令改正,并处以罚款: (一)未按规定填写转移单据的; (二)未按规定运行转移单据的; (三)未按规定存档保管转移单据的; (四)拒绝接受环境保护行政主管部门对转移单据决定的; 第二款有前款第(一)项、第(二)项、第(三)项行为的,依据《固体废物污染环境防治法》第七十条的规定,予以处罚。第一款违反本办法规定,有下列行为之一的,由县级以上人民政府环境保护主管部门对转移单据决定的,处3万元以下罚款;有前款第(四)项行为的,依据《固体废物污染环境防治法》第七十条的规定,予以处罚。	生态环境主管部门	设区的市

续表

序号	事项名称	职权类型	实 施 依 据	实施主体 责任部门	第一责任层级建议
134	对危险废物出口者未按规定报送有关信息的行政处罚	行政处罚	1.《危险废物出口核准管理办法》 第十九条 危险废物出口者应当将按照第十六条、第十七条和第十八条的规定向国务院环境保护行政主管部门报送的有关材料，同时抄送危险废物移出地省级、设区的市和县级人民政府环境保护行政主管部门。 第二十四条 违反本办法规定，未将有关信息报送国务院环境保护行政主管部门，或者未抄报有关地方人民政府环境保护行政主管部门的，由县级以上人民政府环境保护行政主管部门责令限期改正；逾期不改正的，由县级以上人民政府环境保护行政主管部门处3万元以下罚款，并记载危险废物出口者的不良记录。	生态环境主管部门	设区的市
135	对未按规定申领、填写危险废物转移联单等行为的行政处罚	行政处罚	1.《中华人民共和国固体废物污染环境防治法》 第七十五条 违反本法有关危险废物污染环境防治的规定，有下列行为之一的，由县级以上人民政府环境保护行政主管部门责令停止违法行为，限期改正，处以罚款： （一）不设置危险废物识别标志的； （二）不按照国家规定申报登记危险废物，或者在申报登记时弄虚作假的； （三）擅自关闭、闲置或者拆除危险废物集中处置设施、场所的； （四）不按照国家规定缴纳危险废物排污费的； （五）将危险废物提供或者委托给无经营许可证的单位从事经营活动的； （六）不按照国家规定填写危险废物转移联单或者未经批准擅自转移危险废物的； （七）将危险废物混入非危险废物中贮存的； （八）未经安全性处置，混合收集、贮存、运输、处置具有不相容性质的危险废物的； （九）将危险废物与旅客在同一运输工具上载运的； （十）未经消除污染的处理将收集、贮存、运输、处置危险废物的场所、设施、设备和容器、包装物及其他物品转作他用的； （十一）未采取相应防范措施，造成危险废物扬散、流失、渗漏或者造成其他环境污染的； （十二）在运输过程中沿途丢弃、遗撒危险废物的； （十三）未制定危险废物意外事故防范措施和应急预案的。	生态环境主管部门	设区的市

十四、行政执法事项指导目录 697

续表

序号	事项名称	职权类型	实施依据	实施主体	
				责任部门	第一责任主体层级建议
			有前款第一项、第二项、第七项、第八项、第九项、第十项、第十一项、第十二项、第十三项行为之一的，处一万元以上十万元以下的罚款；有前款第三项、第五项、第六项行为之一的，处二万元以上二十万元以下的罚款；有前款第四项行为的，限期缴纳，逾期不缴纳的，应当缴纳危险废物排污费金额一倍以上三倍以下的罚款。 2.《危险废物转移联单管理办法》 第十三条 违反本办法有下列行为之一的，由省辖市级以上地方人民政府环境保护行政主管部门责令限期改正，并处以罚款： （一）未按规定申领、填写联单的； （二）未按规定运行联单的； （三）未按规定期限向保护行政主管部门报送联单的； （四）未在规定存档期限保管联单的； （五）拒绝接受有管辖权的环境保护行政主管部门对联单运行情况进行检查的。 有前款第（一）、第（三）、第（五）项行为的，处五万元以下罚款，依据《中华人民共和国固体废物污染环境防治法》有关规定；有前款第（二）、第（四）项行为之一的，处三万元以下罚款，依据《中华人民共和国固体废物污染环境防治法》关规定，处一万元以下罚款。		
136	对未按规定向原发证机关申请办理危险废物经营许可证变更手续的行政处罚	行政处罚	1.《危险废物经营许可证管理办法》 第十一条 危险废物经营单位变更法人名称、法定代表人和住所的，应当自工商变更登记之日起15个工作日内，向原发证机关申请办理危险废物经营许可证变更手续。 第二十二条 违反本办法第十一条规定的，由县级以上地方人民政府环境保护主管部门责令限期改正，给予警告；逾期不改正的，由原发证机关暂扣危险废物经营许可证。	生态环境主管部门	设区的市
137	对未按规定重新申领取危险废物经营许可证的行政处罚	行政处罚	1.《危险废物经营许可证管理办法》 第十二条 有下列情形之一的，危险废物经营单位应当按照原申请程序，重新申请领取危险废物经营许可证：	生态环境主管部门	设区的市

续表

序号	事项名称	职权类型	实施依据	实施主体 责任部门	实施主体 第一责任层级建议
138	对危险废物经营单位终止从事经营活动未对经营设施、场所采取污染防治措施等行为的行政处罚	行政处罚	(一)改变危险废物经营方式的； (二)增加危险废物类别的； (三)新建或者改建、扩建原有危险废物经营设施的； (四)经营危险废物超过原批准年经营规模20%以上的。 第十三条 危险废物经营许可证有效期届满，危险废物经营单位继续从事危险废物经营活动的，应当于危险废物经营许可证有效期届满30个工作日前向原发证机关提出换证申请。原发证机关应当自受理换证申请之日起20个工作日内进行审查，符合条件的，予以换证；不符合条件的，书面通知申请单位并说明理由。 违反本办法第十二条、第十三条第二款规定，由县级以上地方人民政府环境保护主管部门责令停止违法行为；有违法所得的，没收违法所得；违法所得超过10万元的，并处违法所得1倍以上2倍以下的罚款；没有违法所得或者违法所得不足10万元的，处5万元以上10万元以下的罚款。 1.《危险废物经营许可证管理办法》 第二十条第一款 危险废物经营单位终止从事危险废物经营活动的，应当对经营设施、场所采取污染防治措施，并对未处置的危险废物做出妥善处理。 第二十一条 危险废物的经营设施服役期届满，危险废物经营单位应当按照有关规定对填埋过危险废物的土地采取封闭措施，并在划定的封闭区域设置永久性标记。 违反本办法第二十条第一款、第二十一条规定的，处5万元以上10万元以下的罚款；造成污染事故，构成犯罪的，依法追究刑事责任。	生态环境主管部门	设区的市
139	对危险废物经营单位未按要求执行经营情况记录簿制度的行政处罚	行政处罚	1.《危险废物经营许可证管理办法》 第十八条 县级以上人民政府环境保护主管部门有权要求危险废物经营单位报告危险废物经营活动情况。危险废物经营单位应当建立危险废物经营情况记录簿，如实记载收集、贮存、处置危险废物的类别、来源、去向和无事故等事项。	生态环境主管部门	设区的市

十四、行政执法事项指导目录 699

续表

序号	事项名称	职权类型	实施依据	实施主体	
				责任部门	第一责任层级建议
140	对未按规定与处置单位签订接收合同,并将收集的废矿物油和废镉镍电池进行处置的行政处罚	行政处罚	危险废物经营单位应当将危险废物经营情况记录簿保存10年以上,以填埋方式处置危险废物的经营情况记录簿应当永久保存。终止经营活动的,应当将危险废物经营情况记录簿移交所在地县级以上地方人民政府环境保护主管部门存档管理。 第二十六条 违反本办法第十八条规定的,由县级以上地方人民政府环境保护主管部门责令限期改正;逾期不改正的,由原发证机关吊销或者吊销危险废物经营许可证。 1.《危险废物经营许可证管理办法》 第二十条 领取危险废物收集经营许可证的单位,应当与处置单位签订接收合同,并将收集的废矿物油和废镉镍电池在90个工作日内提供或者委托给处置单位进行处置。 第二十七条 违反本办法第二十条规定的,由县级以上地方人民政府环境保护主管部门责令限期改正;给予警告;处1万元以上5万元以下的罚款,并可以由原发证机关暂扣或者吊销危险废物经营许可证。	生态环境主管部门	设区的市
141	对未按规定报告危险化学品企业相关信息的行政处罚	行政处罚	1.《危险化学品安全管理条例》 第八十一条第一款 有下列情形之一的,由公安机关责令改正,可以处1万元以上5万元以下的罚款;拒不改正的,处1万元以上5万元以下的罚款: (一)生产、储存、使用剧毒化学品、易制爆危险化学品的单位不如实记录生产、储存、使用的剧毒化学品、易制爆危险化学品的数量、流向的; (二)生产、储存、使用剧毒化学品、易制爆危险化学品的单位发现剧毒化学品、易制爆危险化学品丢失或者被盗,不立即向公安机关报告的; (三)储存剧毒化学品、易制爆危险化学品的单位未将储存数量、储存地点以及管理人员的情况报所在地县级人民政府公安机关备案的; (四)危险化学品生产企业、经营企业不如实记录剧毒化学品、易制爆危险化学品购买单位的名称、地址、经办人的姓名、身份证号码以及所购买剧毒化学品、易制爆危险化学品的品种、数量、用途,或者保存销售记录及相关材料的时间少于1年的; (五)剧毒化学品、易制爆危险化学品的销售企业、购买单位未在规定的时限内将所销售、购买的剧毒化学品、易制爆危险化学品的品种、数量以及流向信息报所在地县级人民政府公安机关备案的;	生态环境主管部门	设区的市

续表

序号	事项名称	职权类型	实施依据	实施主体	
				责任部门	第一责任层级建议
142	对未按规定备案危险化学品生产装置、储存设施以及库存危险化学品的处置方案的行政处罚	行政处罚	机关备案的； （六）使用剧毒化学品、易制爆危险化学品的单位依照本条例规定转让其购买的剧毒化学品、易制爆危险化学品，未将有关情况向所在地县级人民政府公安机关报告的。 第三款 生产、贮存、使用重点环境管理的危险化学品的企业或者使用重点环境管理的危险化学品实施重点环境管理的企业未按照规定将相关信息向环境保护主管部门报告的，由环境保护主管部门依照本条第一款的规定予以处罚。 1.《危险化学品安全管理条例》 第二十七条 生产、储存危险化学品的单位转产、停产、停业或者解散的，应当采取有效措施，及时、妥善处置其危险化学品生产装置、储存设施以及库存的危险化学品，不得丢弃危险化学品；处置方案应当报所在地县级人民政府安全生产监督管理部门、工业和信息化主管部门、环境保护主管部门和公安机关备案。安全生产监督管理部门应当会同环境保护主管部门和公安机关对处置情况进行监督检查，发现未依照规定处置的，应当责令立即处置。 第八十一条第二款 生产、储存、使用危险化学品的单位未依照本条例规定对其危险化学品生产装置、储存设施以及库存危险化学品的处置方案报有关部门备案的，分别由有关部门责令改正，可以处1万元以下的罚款；拒不改正的，处1万元以上5万元以下的罚款。	生态环境主管部门	设区的市
143	对医疗卫生机构、医疗废物集中处置单位未建立、健全医疗废物管理制度等行为的行政处罚	行政处罚	1.《医疗废物管理条例》 第四十五条 医疗卫生机构、医疗废物集中处置单位违反本条例规定，有下列情形之一的，由县级以上地方人民政府卫生行政主管部门或者环境保护行政主管部门按照各自职责责令限期改正，给予警告；逾期不改正的，处2000元以上5000元以下的罚款： （一）未建立、健全医疗废物管理制度，或者未设置安全防护专业技术、处置工作人员和管理人员采取职业卫生防护措施的； （二）未对有关人员进行相关法律和专业技术、安全防护以及紧急处理等知识培训的； （三）未对从事医疗废物收集、运送、贮存、处置等工作的人员采取职业卫生防护措施的； （四）未对医疗废物进行登记或者未保存登记资料的；	生态环境主管部门	设区的市

十四、行政执法事项指导目录 701

续表

序号	事项名称	职权类型	实施依据	实施主体	
				责任部门	第一责任层级建议
144	对医疗卫生机构、医疗废物集中处置单位贮存设施或者设备不符合环境保护、卫生要求等行为的行政处罚	行政处罚	（五）对使用后的医疗废物运送工具或者运送车辆未在指定地点及时进行消毒和清洁的； （六）未及时收集、运送医疗废物的； （七）未定期对医疗废物处置设施的环境污染防治和卫生学效果进行检测、评价，或者未将检测、评价效果存档、报告的。 2.《医疗废物管理行政处罚办法》 第三条 医疗废物集中处置单位有《条例》第四十五条规定的下列情形之一的，由县级以上地方人民政府环境保护行政主管部门责令限期改正，予以警告；逾期不改正的，处2000元以上5000元以下的罚款： （一）未建立、健全医疗废物管理制度，或者未设置监控部门或者专（兼）职人员的； （二）未对有关人员进行相关法律和专业技术、安全防护以及紧急处理等知识培训的； （三）对医疗废物进行登记或者未保存登记资料的； （四）对使用后的医疗废物运送车辆未在指定地点及时进行消毒和清洁的； （五）未及时收集、运送医疗废物的； （六）未定期对医疗废物处置设施的污染防治和卫生学效果进行检测、评价，或者未将检测、评价效果存档、报告的。 1.《医疗废物管理条例》 第四十六条 医疗卫生机构、医疗废物集中处置单位违反本条例规定，有下列情形之一的，由县级以上地方人民政府卫生行政主管部门或者环境保护行政主管部门按照各自的职责责令限期改正，给予警告，可以并处5000元以下的罚款；逾期不改正的，处5000元以上3万元以下的罚款： （一）贮存设施或者设备不符合环境保护、卫生要求的； （二）未将医疗废物按照类别分置于专用包装物或者容器的； （三）未使用专用车辆运送医疗废物或者使用运送医疗废物的车辆运送其他物品的； （四）未安装污染物排放在线监控装置或者监控装置未经常处于正常运行状态的。	生态环境主管部门	设区的市

续表

序号	事项名称	职权类型	实施依据	实施主体	
				责任部门	第一责任层级建议
145	对医疗卫生机构、医疗废物集中处置单位在运送过程中丢弃医疗废物等行为的行政处罚	行政处罚	2.《医疗废物管理行政处罚办法》第六条 医疗废物集中处置单位有下列情形之一的，由县级以上地方人民政府环境保护行政主管部门责令限期改正，给予警告，可以并处5000元以下的罚款，逾期不改正的，处5000元以上3万元以下的罚款： （一）贮存设施或者设备不符合环境保护、卫生要求的； （二）未将医疗废物按照类别分置于专用包装物或者容器的； （三）未使用符合标准的专用车辆运送医疗废物的； （四）未安装污染物排放在线监控装置或者监控装置未经常处于正常运行状态的。 1.《医疗废物管理条例》第四十七条 医疗卫生机构、医疗废物集中处置单位或者医疗废物集中处置单位未执行危险废物转移联单管理制度的医疗废物的主管部门按照各自职责令限期改正，给予警告，并处5000元以上1万元以下的罚款；逾期不改正的，处1万元以上3万元以下的罚款，由原发证部门暂扣或者吊销执业许可证件或者经营许可证件；造成传染病传播或者环境污染事故的，依法追究刑事责任： （一）在运送过程中丢弃医疗废物，在非贮存地点倾倒、堆放医疗废物或者将医疗废物混入其他废物和生活垃圾的； （二）未执行危险废物转移联单管理制度的； （三）将医疗废物交给未取得经营许可证的单位或者个人收集、运送、贮存、处置的； （四）对医疗废物的处置不符合国家规定的环境保护、卫生标准、规范的； （五）未按照本条例规定对污水、传染病人或者疑似传染病人的排泄物，进行严格消毒，或者未达到国家规定的排放标准，排入污水处理系统的； （六）对收治的传染病人或者疑似传染病人产生的生活垃圾，未按照医疗废物进行管理和处置的。 2.《医疗废物管理行政处罚办法》第七条第二款 医疗卫生机构在医疗废物外运送过程中丢弃医疗废物，在非贮存地	生态环境主管部门	设区的市

续表

序号	事项名称	职权类型	实施依据	实施主体 责任部门	实施主体 第一责任层级建议
			点倾倒、堆放医疗废物或者将医疗废物混入其他废物和生活垃圾的,由县级以上地方人民政府环境保护行政主管部门依照《中华人民共和国固体废物污染环境防治法》第七十五条规定责令停止违法行为,限期改正,处一万元以上十万元以下的罚款。 第八条 医疗废物集中处置单位依有《条例》第四十七条规定的情形,在运送过程中丢弃医疗废物,在非贮存地点倾倒、堆放医疗废物或者将医疗废物混入其他废物和生活垃圾的,由县级以上地方人民政府环境保护行政主管部门依照《中华人民共和国固体废物污染环境防治法》第七十五条规定责令停止违法行为,限期改正,处一万元以上十万元以下的罚款。 第九条 医疗废物集中处置单位依照《条例》和依照《条例》自行建有医疗废物处置设施的医疗卫生机构,有《条例》第四十七条规定的情形,对医疗废物的处置不符合国家规定的环境保护、卫生标准、规范的,由县级以上人民政府环境保护行政主管部门责令限期改正,给予警告,并处5000元以上1万元以下的罚款;逾期不改正的,处1万元以上3万元以下的罚款。 第十条 医疗卫生机构、医疗废物集中处置单位有《条例》第四十七条《中华人民共和国固体废物污染环境防治法》第七十五条规定责令停止违法行为,限期改正,处二万元以上二十万元以下的罚款: (一)未执行危险废物转移联单管理制度的; (二)将医疗废物交给未取得经营许可证的单位或者个人收集、运送、贮存、处置的。		
146	对医疗卫生机构、医疗废物集中处置单位发生医疗废物流失、泄漏、扩散时,未采取紧急处理措施等行为的行政处罚	行政处罚	1.《医疗废物管理条例》 第四十九条 医疗卫生机构、医疗废物集中处置单位发生医疗废物流失、泄漏、扩散时,或者未及时向卫生主管部门和环境保护行政主管部门报告的,由县级以上地方人民政府卫生行政主管部门或者环境保护行政主管部门按照各自的职责责令改正,给予警告,并处1万元以上3万元以下的罚款;造成传染病传播或者环境污染事故的,依法追究刑事责任。 2.《医疗废物管理行政处罚办法》 第十一条 有《条例》第四十九条规定的情形,医疗卫生机构发生医疗废物流失、泄露、扩	生态环境主管部门	设区的市

续表

序号	事项名称	职权类型	实 施 依 据	实施主体 责任部门	实施主体 第一责任层级建议
147	对不具备集中处置医疗废物条件的农村，医疗卫生机构未按要求处置医疗废物的行政处罚	行政处罚	散时，未采取紧急处置措施，或者未及时向卫生行政主管部门报告的，由县级以上地方人民政府卫生行政主管部门责令改正，给予警告，并处1万元以上3万元以下的罚款；医疗废物集中处置单位在发生医疗废物流失、泄露、扩散时，未采取紧急处理措施，或者未及时向环境保护行政主管部门报告的，由县级以上地方人民政府环境保护行政主管部门责令改正，并处1万元以上3万元以下的罚款。 1.《医疗废物管理条例》 第三十一条 不具备集中处置医疗废物条件的农村，医疗卫生机构未按照本条例的要求处置医疗废物的，由县级人民政府卫生行政主管部门或者环境保护行政主管部门按照各自的职责责令限期改正，给予警告；逾期不改正的，处1000元以上5000元以下的罚款；造成传染病传播或者环境污染事故的，由原发证部门暂扣或者吊销执业许可证件；构成犯罪的，依法追究刑事责任。 2.《医疗废物管理行政处罚办法》 第十三条 有《条例》第三十一条规定的情形，不具备集中处置医疗废物条件的农村的医疗卫生机构未按要求处置医疗废物的，由县级人民政府卫生行政主管部门有关疾病防治的县级人民政府，处1000元以上5000元以下的罚款；逾期不改正的，给予警告；未按照环境保护行政主管部门有关环境污染治的要求处置医疗废物的，由县级人民政府环境保护行政主管部门责令限期改正，给予警告；逾期不改正的，处1000元以上5000元以下的罚款。	生态环境主管部门	设区的市
148	对涉嫌违反规定的场所、设备、运输工具和物品的行政强制	行政强制	1.《医疗废物管理条例》 第三十九条第四项 卫生行政主管部门、环境保护行政主管部门履行监督检查职责时，有权采取下列措施： (四)查封或者暂扣涉嫌违反本条例规定的场所、设备、运输工具和物品；	生态环境主管部门	省级、设区的市

十四、行政执法事项指导目录

续表

序号	事项名称	职权类型	实施依据	实施主体 责任部门	第一责任层级建议
149	对无证或不按照经营许可证规定从事收集、贮存、利用、处置危险废物经营活动的行政处罚	行政处罚	1.《中华人民共和国固体废物污染环境防治法》第七十七条 无经营许可证或者不按照经营许可证规定从事收集、贮存、利用、处置危险废物经营活动的，由县级以上人民政府环境保护主管部门责令停止违法行为，没收违法所得，可以并处违法所得三倍以下的罚款；不按照经营许可证规定从事经营活动的，还可以由发证机关吊销经营许可证。 2.《危险废物经营许可证管理办法》第十五条 禁止无经营许可证或者不按经营许可证规定从事危险废物收集、贮存、处置经营活动。禁止从中华人民共和国境外进口或者经中华人民共和国过境转移危险废物。禁止将危险废物提供或者委托给无经营许可证的单位从事危险废物收集、贮存、处置经营活动。禁止伪造、变造、转让危险废物经营许可证。违反本办法第十五条第一款、第二款、第三款规定的，依照《中华人民共和国固体废物污染环境防治法》第五十七条第一款、第二款第四款规定予以处罚。违反本办法第十五条第四款规定的，由县级以上地方人民政府环境保护主管部门收缴危险废物经营许可证并处销危险废物经营许可证，并处 5 万元以上 10 万元以下的罚款；构成犯罪的，依法追究刑事责任。	生态环境主管部门	设区的市
150	对未取得废弃电器电子产品处理资格擅自从事废弃电器电子产品处理活动的行政处罚	行政处罚	1.《废弃电器电子产品回收处理管理条例》第二十八条 违反本条例规定，未取得废弃电器电子产品处理资格擅自从事废弃电器电子产品处理活动的，由县级以上人民政府生态环境主管部门责令停业、关闭，没收违法所得，并处 5 万元以上 50 万元以下的罚款。	生态环境主管部门	设区的市
151	对采用国家明令淘汰的技术和工艺处理废弃电器电子产品的行政处罚	行政处罚	1.《废弃电器电子产品回收处理管理条例》第二十九条 违反本条例规定，采用国家明令淘汰的技术和工艺处理废弃电器电子产品的，由县级以上人民政府生态环境主管部门责令限期改正；情节严重的，由设区的市级人民政府生态环境主管部门依法暂停直至撤销其废弃电器电子产品处理资格。	生态环境主管部门	设区的市

续表

序号	事项名称	职权类型	实 施 依 据	实施主体 责任部门	第一责任层级建议
152	对处理废弃电器电子产品造成环境污染的行政处罚	行政处罚	1.《中华人民共和国固体废物污染环境防治法》 第八十二条 违反本法规定，造成固体废物污染环境事故的，由县级以上人民政府环境保护行政主管部门处二万元以上二十万元以下的罚款；造成重大损失的，按照直接损失的百分之三十计算罚款，但是最高不超过一百万元，对负有责任的主管人员和其他直接责任人员，依法给予行政处分；造成重大事故，构成犯罪的，依法追究刑事责任。 2.《废弃电器电子产品回收处理管理条例》 第三十条 处理废弃电器电子产品造成环境污染的，由县级以上人民政府生态环境主管部门按照固体废物污染环境防治有关规定予以处罚。	生态环境主管部门	设区的市
153	对废弃电器电子产品回收处理企业未建立废弃电器电子产品的数据信息管理系统、处理废弃电器电子产品的数据信息报送基本数据和有关情况的行政处罚	行政处罚	1.《废弃电器电子产品回收处理管理条例》 第三十一条 违反本条例规定，处理废弃电器电子产品的数据信息管理系统未建立，未按规定报送基本数据和有关情况或者报送基本数据和有关情况不真实，或者未按规定限期存入本地的设区的市级人民政府生态环境主管部门责令限期改正，可以处5万元以下的罚款。	生态环境主管部门	设区的市
154	对废弃电器电子产品回收处理企业未建立日常环境监测制度等行为的行政处罚	行政处罚	1.《废弃电器电子产品回收处理管理条例》 第三十二条 违反本条例规定，处理废弃电器电子产品企业未建立日常环境监测制度或者未开展日常监测的，由县级以上人民政府生态环境主管部门责令限期改正，可以处5万元以下的罚款。	生态环境主管部门	设区的市
155	对医疗卫生机构、医疗废物集中处置单位造成传染病传播的行政处罚	行政处罚	1.《医疗废物管理条例》 第四十七条 医疗卫生机构、医疗废物集中处置单位有下列情形之一的，由县级以上地方人民政府卫生行政主管部门或者环境保护行政主管部门按照各自的职责分工责令限期改正，给予警告，并处5000元以上1万元以下的罚款；逾期不改正的，处1万元以上3万元以下的罚款；造成传染病传播或者环境污染事故的，由原发证部门暂扣或者吊销执业许可证件或者经营许可证件；构成犯罪的，依法追究刑事责任：	生态环境主管部门	设区的市

十四、行政执法事项指导目录　707

续表

序号	事项名称	职权类型	实施依据	实施主体	
				责任部门	第一责任层级建议
			（一）在运送过程中丢弃医疗废物，在非贮存地点倾倒、堆放医疗废物或者将医疗废物混入其他废物和生活垃圾的； （二）未执行危险废物转移联单管理制度的； （三）将医疗废物交给未取得经营许可证的单位或者个人收集、运送、贮存、处置的； （四）对医疗废物的处置不符合国家规定的环境保护、卫生标准、卫生规范的； （五）未按照本条例规定对污水、传染病人或者疑似传染病人的排泄物，进行严格消毒，或者未达到国家规定的排放标准，排入污水处理系统的； （六）对收治的传染病人或者疑似传染病人产生的生活垃圾，未按医疗废物进行管理和处置的。 第四十八条　医疗卫生机构违反本条例规定，将未达到国家规定标准的污水、传染病人或者疑似传染病人的排泄物排入城市排水管网的，由县级以上地方人民政府建设行政主管部门责令限期改正，并处 5000 元以上 1 万元以下的罚款；逾期不改正的，处 1 万元以上 3 万元以下的罚款；造成传染病传播或者环境污染事故的，由原发证部门暂扣或者吊销执业许可证件；构成犯罪的，依法追究刑事责任。 第四十九条　医疗卫生机构、医疗废物集中处置单位发生医疗废物流失、泄漏、扩散时，未采取紧急处理措施，或者未及时向卫生主管部门、环境保护行政主管部门报告的，由县级以上地方人民政府卫生主管部门或者环境保护行政主管部门按照各自的职责责令改正，给予警告，并处 1 万元以上 3 万元以下的罚款；造成传染病传播或者环境污染事故的，由原发证部门暂扣或者吊销执业许可证件或者经营许可证件；构成犯罪的，依法追究刑事责任。 第五十一条　不具备集中处置医疗废物条件的农村，医疗卫生机构未按照本条例的要求处置医疗废物的，由县级人民政府卫生主管部门或者环境保护行政主管部门责令限期改正，给予警告；逾期不改正的，处 1000 元以上 5000 元以下的罚款；造成传染病传播或者环境污染事故的，由原发证部门暂扣或者吊销执业许可证件；构成犯罪的，依法追究刑事责任。		

续表

序号	事项名称	职权类型	实施依据	实施主体（责任部门）	第一责任层级建议
			2.《医疗废物管理行政处罚办法》第十五条 有《条例》第四十八条、第四十九条、第五十一条规定的情形，医疗卫生机构造成传染病传播，由县级以上地方人民政府卫生主管部门依法处罚，并由原发证的卫生主管部门暂扣或者吊销执业许可证件；造成环境污染事故的，依照《中华人民共和国固体废物污染环境防治法》有关规定予以处罚，并由县级以上地方人民政府环境保护行政主管部门暂扣或者吊销经营许可证件。医疗废物集中处置单位造成传染病传播的，由县级以上地方人民政府卫生主管部门暂扣或者吊销经营许可证件；造成环境污染事故的，并由县级以上地方人民政府环境保护行政主管部门依照《中华人民共和国固体废物污染环境防治法》有关规定予以处罚，并由原发证的环境保护行政主管部门暂扣或者吊销经营许可证件。		
156	对伪造、变造废弃电器电子产品处理资格证书等行为的行政处罚	行政处罚	1.《废弃电器电子产品处理资格许可管理办法》第二十四条 伪造、变造废弃电器电子产品处理资格证书的，环境保护主管部门收缴伪造、变造的资格证书，予以治安管理处罚；构成犯罪的，移送司法机关依法追究刑事责任。出租、出借或者以其他形式非法转让废弃电器电子产品处理资格证书的，由县级以上地方人民政府环境保护主管部门责令停止违法行为，限期改正，处3万元以下罚款；情节严重的，由发证机关收回废弃电器电子产品处理资格证书；构成犯罪的，移送司法机关依法追究其刑事责任。	生态环境主管部门	设区的市
157	对贮存、拆解、利用、处置电子废物的作业场所不符合要求等行为的行政处罚	行政处罚	1.《电子废物污染环境防治管理办法》第二十一条 违反本办法规定，有下列行为之一的，由所在地县级以上人民政府环境保护行政主管部门责令限期整改，并处3万元以下罚款：（一）将不完全拆解、利用或者处置的电子废物提供或者委托给列入名录（包括临时名录）且具有相应经营范围的拆解利用处置单位（包括个体工商户）以外的单位或者个人从事拆解、利用、处置活动的；	生态环境主管部门	设区的市

续表

序号	事项名称	职权类型	实 施 依 据	实施主体 责任部门	第一责任层级建议
			(二)拆解、利用和处置电子废物不符合有关电子废物污染防治的相关标准、技术规范和技术政策的要求,或者违反本办法规定的禁止性技术、工艺、设备要求的; (三)贮存、拆解、利用、处置电子废物的作业场所不符合要求的; (四)未按规定记录经营情况、利用处置电子废物的有关情况,日常环境监测数据,所产生工业电子废物的有关情况等,或者环境监测数据、经营情况记录弄虚作假的; (五)未按培训制度和计划进行培训的; (六)贮存电子废物超过一年的。		
158	对从事畜禽规模养殖未按照国家有关规定收集、贮存、处置畜禽粪便,造成环境污染的行政处罚	行政处罚	1.《中华人民共和国固体废物污染环境防治法》 第七十一条 从事畜禽规模养殖未按照国家有关规定收集、贮存、处置畜禽粪便,造成环境污染的,由县级以上地方人民政府环境保护主管部门责令限期改正,可以处五万元以下的罚款。	生态环境主管部门	设区的市
159	对在禁止养殖区域内建设畜禽养殖场、养殖小区的行政处罚	行政处罚	1.《畜禽规模养殖污染防治条例》 第三十七条 违反本条例规定,在禁止养殖区域内建设畜禽养殖场、养殖小区的,由县级以上地方人民政府环境保护主管部门责令停止违法行为;拒不停止违法行为或者造成严重污染的,报县级以上人民政府批准,责令拆除或者关闭。在饮用水水源保护区,畜禽养殖场、养殖小区的,处3万元以上10万元以下的罚款,并报县级以上地方人民政府批准,责令拆除或者关闭。	生态环境主管部门	设区的市
160	对未建设畜禽污染防治配套设施等行为的行政处罚	行政处罚	1.《畜禽规模养殖污染防治条例》 第三十九条 违反本条例规定,未建设污染防治配套设施或者自行建设的配套设施不合格,也未委托他人对畜禽养殖废弃物进行综合利用和无害化处理,畜禽养殖场、养殖小区即投入生产、使用,或者建设污染防治配套设施未正常运行的,由县级以上人民政府环境保护主管部门责令停止生产或者使用,可以处10万元以下的罚款。	生态环境主管部门	设区的市

续表

序号	事项名称	职权类型	实施依据	实施主体（责任部门）	第一责任层级建议
161	对将畜禽养殖废弃物用作肥料造成环境污染等行为的行政处罚	行政处罚	1.《中华人民共和国固体废物污染环境防治法》第七十一条 从事畜禽规模养殖未按照国家有关规定收集、贮存、处置畜禽粪便，造成环境污染的，由县级以上地方人民政府环境保护主管部门责令限期改正，可以处五万元以下的罚款。 2.《畜禽规模养殖污染防治条例》第四十条 违反本条例规定，有下列行为之一的，由县级以上地方人民政府环境保护主管部门责令停止违法行为，限期采取治理措施消除污染，依照《中华人民共和国水污染防治法》、《中华人民共和国固体废物污染环境防治法》的有关规定予以处罚： （一）将畜禽养殖废弃物用作肥料，超出土地消纳能力，造成环境污染的； （二）从事畜禽养殖活动或畜禽养殖废弃物处理活动，未采取有效措施，导致畜禽养殖废弃物渗出、泄漏的。	生态环境主管部门	设区的市
162	对排放畜禽养殖废弃物超标、超总量或未经无害化处理直接向环境排放畜禽养殖废弃物的行政处罚	行政处罚	1.《畜禽规模养殖污染防治条例》第四十一条 排放畜禽养殖废弃物不符合国家或者地方规定的污染物排放标准或者总量控制指标，或者未经无害化处理直接向环境排放的，由县级以上地方人民政府环境保护主管部门责令限期治理，可以处5万元以下的罚款。县级以上地方人民政府环境保护主管部门作出限期治理决定后，应当会同同级人民政府农牧等有关部门对整改措施的落实情况及时进行检查，并向社会公布检查结果。	生态环境主管部门	设区的市
163	对土地复垦义务人将重金属污染物或者其他有毒有害物质用作回填或者充填材料的行政处罚	行政处罚	1.《土地复垦条例》第四十条 土地复垦义务人将重金属污染物或者其他有毒有害物质用作回填或者充填材料的，由县级以上地方人民政府环境保护主管部门责令停止违法行为，限期采取治理措施消除污染，处10万元以上50万元以下的罚款；逾期不采取治理措施的，环境保护主管部门可以指定有治理能力的单位代为治理，所需费用由违法者承担。	生态环境主管部门	设区的市

续表

序号	事项名称	职权类型	实施依据	实施主体	
				责任部门	第一责任层级建议
164	对土地复垦义务人将重金属污染物或者其他有毒有害物质用作填料的行政强制	行政强制	1.《土地复垦条例》 第四十条 土地复垦义务人将重金属污染物或者其他有毒有害物质作回填或者充填材料的，由县级以上地方人民政府环境保护主管部门责令停止违法行为，限期采取治理措施，消除污染，处10万元以上50万元以下的罚款；逾期不采取治理措施的，环境保护主管部门可以指定有治理能力的单位代为治理，所需费用由违法者承担。	生态环境主管部门	设区的市
165	对因开发土地造成土地荒漠化、盐渍化的行政处罚	行政处罚	1.《中华人民共和国土地管理法》 第七十五条 违反本法规定，占用耕地建窑、建坟或者擅自在耕地上建房、挖砂、采石、采矿、取土等，破坏种植条件的，或者因开发土地造成土地荒漠化、盐渍化的，由县级以上人民政府自然资源主管部门、农业农村主管部门按照职责分工责令改正或者治理，可以并处罚款；构成犯罪的，依法追究刑事责任。	生态环境主管部门	设区的市
166	对不按照规定报告有关环境监测结果行为的行政处罚	行政处罚	1.《中华人民共和国放射性污染防治法》 第四十九条第一项 违反本法规定，有下列行为之一的，由县级以上人民政府环境保护行政主管部门或者其他有关部门依据职权责令限期改正，可以处二万元以下罚款： （一）不按照规定报告有关环境监测结果的；	生态环境主管部门	省级、设区的市
167	对拒不接受放射性污染检查或被检查时不如实反映情况和提供必要资料的行政处罚	行政处罚	1.《中华人民共和国放射性污染防治法》 第四十九条第二项 违反本法规定，有下列行为之一的，由县级以上人民政府环境保护行政主管部门或者其他有关部门依据职权责令限期改正，可以处二万元以下罚款： （二）拒绝环境保护行政主管部门和其他有关部门进行现场检查，或者被检查时不如实反映情况和提供必要资料的。	生态环境主管部门	设区的市
168	对不接受放射性废物检查或在检查时弄虚作假的行政处罚	行政处罚	1.《放射性废物安全管理条例》 第四十一条 或者在接受监督检查时弄虚作假的，由监督检查部门责令改正，处2万元以下的罚款；构成违反治安管理行为的，由公安机关依法给予治安管理处罚；构成犯罪的，依法追究刑事责任。	生态环境主管部门	省级、设区的市

续表

序号	事项名称	职权类型	实施依据	实施主体	
				责任部门	第一责任层级建议
169	对拒不接受放射性物品运输检查或在检查时弄虚作假的行政处罚	行政处罚	1.《放射性物品运输安全管理条例》 第六十六条 拒绝、阻碍国务院核安全监督管理部门或者其他依法履行放射性物品运输安全监督管理职责的部门进行监督检查,或者在接受监督检查时弄虚作假的,由监督检查部门责令改正,处1万元以上2万元以下的罚款;构成犯罪的,由公安机关依法给予治安管理处罚;依法追究刑事责任。	生态环境主管部门	设区的市
170	对未建造放射性污染防治设施等行为的行政处罚	行政处罚	1.《中华人民共和国放射性污染防治法》 第四十一条 违反本法规定,未建造放射性污染防治设施、放射防护设施,或者防治防护设施未经验收合格,主体工程即投入生产或者使用的,由审批环境影响评价文件的环境保护行政主管部门责令停止违法行为,限期改正,并处五万元以上二十万元以下罚款。	生态环境主管部门	省级、设区的市
171	对违法生产、销售、使用、转让、进口、贮存放射性同位素和射线装置以及装备有放射性同位素的仪表的行政处罚	行政处罚	1.《中华人民共和国放射性污染防治法》 第五十三条 违反本法规定,生产、销售、使用、转让、进口、贮存放射性同位素和射线装置或者其他有关装备有放射性同位素的仪表的,由县级以上人民政府环境保护行政主管部门依据职权责令停止违法行为,限期改正;逾期不改正的,责令停产停业或者吊销许可证;有违法所得的,没收违法所得;违法所得十万元以上的,并处违法所得一倍以上五倍以下罚款;没有违法所得或者违法所得不足十万元的,并处一万元以上十万元以下罚款;构成犯罪的,依法追究刑事责任。	生态环境主管部门	省级、设区的市
172	对无许可证从事放射性同位素和射线装置生产、销售、使用活动等行为的行政处罚	行政处罚	1.《放射性同位素与射线装置安全和防护条例》 第五十一条 违反本条例规定,生产、销售、使用放射性同位素和射线装置的单位有下列行为之一的,由县级以上人民政府生态环境主管部门责令停止违法行为,使用放射性同位素和射线装置的单位有下列行为之一的,由县级以上人民政府生态环境主管部门责令停止违法行为,使用放射性同位素和射线装置的单位有下列行为之一的,由原发证机关吊销许可证;有违法所得的,没收违法所得;违法所得10万元以上的,并处违法所得1倍以上5倍以下的罚款;没有违法所得或者违法所得不足10万元的,并处1万元以上10万元以下的罚款: (一)无许可证从事放射性同位素和射线装置生产、销售、使用活动的; (二)未按照许可证规定从事放射性同位素和射线装置生产、销售、使用活动的;	生态环境主管部门	省级、设区的市

续表

序号	事项名称	职权类型	实 施 依 据	实施主体 责任部门	第一责任层级建议
173	对生产、销售、使用放射性同位素和射线装置的单位变更单位名称、地址、法定代表人，未依法办理变更许可证变更或者注销手续的行政处罚	行政处罚	（三）改变所从事活动的种类或者范围以及新建、改建或者扩建生产、销售、使用设施或者场所，未按照规定重新申请领取许可证的； （四）许可证有效期届满，需要延续而未按照规定办理延续手续的； （五）未经批准，擅自进口或者转让放射性同位素的。 1.《放射性同位素与射线装置安全和防护条例》 第五十三条 违反本条例规定，生产、销售、使用放射性同位素和射线装置的单位变更单位名称、地址、法定代表人，未依法办理变更许可证变更手续的，由县级以上人民政府生态环境主管部门责令限期改正，给予警告；逾期不改正的，由原发证机关暂扣或者吊销许可证。	生态环境主管部门	设区的市
174	对生产、销售、使用放射性同位素和射线装置的单位部分或者全部终止生产、销售、使用活动，未按照规定办理变更许可证变更或者注销手续的行政处罚	行政处罚	1.《放射性同位素与射线装置安全和防护条例》 第五十四条 违反本条例规定，生产、销售、使用放射性同位素和射线装置的单位部分或者全部终止生产、销售、使用活动，未按照规定办理许可证变更或者注销手续的，由县级以上人民政府生态环境主管部门责令停止违法行为，限期改正；逾期不改正的，处1万元以上10万元以下的罚款；构成犯罪的，依法追究刑事责任。	生态环境主管部门	省级、设区的市
175	对伪造、变造、转让生产、销售、使用放射性同位素和射线装置许可证的行政处罚	行政处罚	1.《放射性同位素与射线装置安全和防护条例》 第五十五条第一款 违反本条例规定，伪造、变造、转让许可证的，由生态环境主管部门收缴伪造、变造的许可证或者由原发证机关吊销许可证，并处5万元以上10万元以下的罚款；构成犯罪的，依法追究刑事责任。	生态环境主管部门	省级、设区的市

续表

序号	事项名称	职权类型	实施依据	实施主体 责任部门	第一责任层级建议
176	对伪造、变造、转让放射性同位素与射线装置进口和转让批准文件的行政处罚	行政处罚	1.《放射性同位素与射线装置安全和防护条例》第五十五条第二款 违反本条例规定，伪造、变造、转让放射性同位素进口和转让批准文件的，由县级以上人民政府生态环境主管部门收缴伪造、变造的批准文件或者由原批准机关撤销批准文件，并处5万元以上10万元以下的罚款；情节严重的，可以由原发证机关吊销许可证；构成犯罪的，依法追究刑事责任。	生态环境主管部门	省级、设区的市
177	对转入、转出放射性同位素未按照规定备案等行为的行政处罚	行政处罚	1.《放射性同位素与射线装置安全和防护条例》第五十六条 违反本条例规定，生产、销售、使用放射性同位素的单位有下列行为之一的，由县级以上人民政府生态环境主管部门责令限期改正，给予警告；逾期不改正的，由原发证机关暂扣或者吊销许可证： （一）转入、转出放射性同位素未移到本省、自治区、直辖市使用，未按照规定备案的； （二）将放射性同位素转移到本省、自治区、直辖市使用，未按照规定备案的； （三）将废旧放射源交回生产单位、返回原出口方或者送交放射性废物集中贮存、未按照规定备案的。	生态环境主管部门	省级、设区的市
178	对在室外、野外使用放射性同位素和射线装置未按照国家有关安全和防护标准的要求划出安全防护区域和设置明显的放射性标志等行为的行政处罚	行政处罚	1.《放射性同位素与射线装置安全和防护条例》第五十七条 违反本条例规定，生产、销售、使用放射性同位素和射线装置的单位有下列行为之一的，由县级以上人民政府生态环境主管部门责令停止违法行为，限期改正；逾期不改正的，处1万元以上10万元以下的罚款： （一）在室外、野外使用放射性同位素和射线装置，未按照国家有关安全和防护标准的要求划出安全防护区域和设置明显的放射性标志的； （二）未经批准擅自在野外进行放射性同位素示踪试验的。	生态环境主管部门	省级、设区的市
179	对未建立放射性产品台账等行为的行政处罚	行政处罚	1.《放射性同位素与射线装置安全和防护条例》第五十八条 违反本条例规定，生产放射性同位素的单位有下列行为之一的，由县级以上人民政府生态环境主管部门责令限期改正，给予警告；逾期不改正的，依法收缴其未备案的放	生态环境主管部门	省级、设区的市

续表

序号	事项名称	职权类型	实 施 依 据	实施主体 责任部门	第一责任层级建议
			射性同位素和未编码的放射源，处5万元以上10万元以下的罚款，并可以由原发证机关暂扣或者吊销许可证： （一）未建立放射性同位素产品台账的； （二）未按照国务院生态环境主管部门制定的编码规则，对生产的放射源进行统一编码的； （三）未将放射性同位素产品台账和放射源编码清单报国务院生态环境主管部门备案的； （四）出厂或销售未列入产品台账的放射性同位素和放射源的。		
180	对未按照规定对废旧放射源进行处理等行为的行政处罚	行政处罚	1.《放射性同位素与射线装置安全和防护条例》第五十九条　违反本条例规定，生产、销售、使用放射性同位素和射线装置的单位有下列行为之一的，由县级以上人民政府生态环境主管部门责令停止违法行为，限期改正，逾期不改正的，由原发证机关指定有处理能力的单位代为处理或者实施退役，费用由生产、销售、使用放射性同位素和射线装置的单位承担，并处1万元以上10万元以下的罚款： （一）未按照规定对废旧放射源实施退役的； （二）未按照规定对使用Ⅰ类、Ⅱ类、Ⅲ类放射源的场所和生产放射性同位素的场所产生放射性污染的射线装置实施退役的。	生态环境主管部门	省级、设区的市
181	对未按照规定对废旧放射源进行处理等行为的行政强制	行政强制	1.《放射性同位素与射线装置安全和防护条例》第五十九条　违反本条例规定，生产、销售、使用放射性同位素和射线装置的单位有下列行为之一的，由县级以上人民政府生态环境主管部门责令停止违法行为，限期改正，逾期不改正的，由原发证机关指定有处理能力的单位代为处理或者实施退役，费用由生产、销售、使用放射性同位素和射线装置的单位承担，并处1万元以上10万元以下的罚款： （一）未按照规定对废旧放射源实施退役的； （二）未按照规定对使用Ⅰ类、Ⅱ类、Ⅲ类放射源的场所和生产放射性同位素的场所产生放射性污染的射线装置实施退役的。	生态环境主管部门	国务院主管部门、省级、设区的市

续表

序号	事项名称	职权类型	实施依据	实施主体 责任部门	第一责任层级建议
182	对未按照规定对本单位的放射性同位素、射线装置安全和防护状况进行评估或者发现安全隐患不及时整改等行为的行政处罚	行政处罚	1.《放射性同位素与射线装置安全和防护条例》第六十条 违反本条例规定,生产、销售、使用放射性同位素和射线装置的单位有下列行为之一的,由县级以上人民政府生态环境主管部门责令停止违法行为,限期改正;逾期不改正的,责令停产停业,并处 2 万元以上 20 万元以下的罚款;构成犯罪的,依法追究刑事责任: (一)未按照规定对本单位的放射性同位素、射线装置安全和防护状况进行评估或者发现安全隐患不及时整改的; (二)生产、销售、使用、贮存放射性同位素和射线装置的场所未按照规定设置安全和防护设施以及放射性标志的。	生态环境主管部门	省、设区的市
183	对造成辐射事故的行政处罚	行政处罚	1.《放射性同位素与射线装置安全和防护条例》第六条 除医疗使用 I 类放射源、制备正电子发射计算机断层扫描放射性药物自用的单位,生产放射性同位素、销售和使用 I 类放射源及其他单位的许可证,由省、自治区、直辖市人民政府生态环境主管部门审批颁发。 国务院生态环境主管部门应当将审批颁发许可证的情况通报同级公安部门、卫生主管部门征求意见。 第六十一条 违反本条例规定,制备正电子发射计算机断层扫描放射性药源,销售和使用 I 类放射源,造成辐射事故的,由原发证机关责令限期改正,并处 5 万元以上 20 万元以下的罚款;情节严重的,由原发证机关吊销许可证;构成犯罪的,依法追究刑事责任;构成违反安全管理行为的,由公安机关依法予以治安处罚;造成他人损害的,依法承担民事责任。 因辐射事故造成他人损害的,依法承担民事责任。	生态环境主管部门	国务院主管部门、省级
184	对生产、销售、使用放射性同位素被责令限期整改,逾期不整改或者经整改	行政处罚	1.《放射性同位素与射线装置安全和防护条例》第六条 除医疗使用 I 类放射源、制备正电子发射计算机断层扫描放射性药物自用的单位,生产放射性同位素、销售和使用 I 类放射源的许可证,由国务院生态环境主管部门审批颁发。	生态环境主管部门	国务院主管部门、省级

续表

序号	事项名称	职权类型	实施依据	实施主体 责任部门	实施主体 第一责任层级建议
	仍不符合原发证条件的行政处罚		除国务院生态环境主管部门审批颁发的许可证外，其他单位的许可证，由省、自治区、直辖市人民政府生态环境主管部门审批颁发。国务院行业主管部门同生产放射性同位素的单位颁发许可证前，应当将申请材料印送其行业主管部门征求意见。 第六十三条 生态环境主管部门应当将审批颁发许可证的情况通报同级公安部门、卫生主管部门。 第六十三条 生产、销售、使用放射性同位素和射线装置的单位被责令限期整改，逾期不整改或者经整改仍不符合原发证条件的，由原发证机关吊销或者暂扣许可证。		
185	对在发生辐射事故或者有证据证明辐射事故可能发生时的行政强制	行政强制	1.《放射性同位素与射线装置安全和防护条例》 第四十三条 在发生辐射事故或者有证据证明辐射事故可能发生时，县级以上人民政府生态环境主管部门有权采取下列临时控制措施： （一）责令停止导致或者可能导致辐射事故的作业； （二）组织控制事故现场。	生态环境主管部门	省级、设区的市
186	对辐射工作单位未在含有放射源设备的说明书中告知用户该设备含有放射源等行为的行政处罚	行政处罚	1.《放射性同位素与射线装置安全许可管理办法》 第四十五条 辐射工作单位违反本办法有关规定，由县级以上生态环境保护主管部门责令停止违法行为，限期改正；逾期不改正的，处1万元以上3万元以下的罚款： （一）未在含有放射源设备的说明书中告知用户该设备含有放射源的； （二）销售、使用放射源的单位未在本办法实施之日起1年内将其贮存的废旧放射源交回、返回或送交有关单位的。 辐射工作单位违反本办法的其他规定，按照《中华人民共和国放射性污染防治法》、《放射性同位素与射线装置安全和防护条例》及其他相关法律法规的规定进行处罚。	生态环境主管部门	省级、设区的市
187	对生产、销售、使用放射性同位素与射线装置单位未按规定对相关场	行政处罚	1.《放射性同位素与射线装置安全和防护管理办法》 第五十五条 违反本办法规定，生产、销售、使用放射性同位素与射线装置单位有下列行为之一的，由原辐射安全许可证发证机关给予警告，责令限期改正；逾期不改正的，处一万元	生态环境主管部门	省级

续表

序号	事项名称	职权类型	实 施 依 据	实施主体 责任部门	第一责任层级建议
	所进行辐射监测等行为的行政处罚		以上三万元以下的罚款： （一）未按规定对相关场所进行辐射监测的； （二）未按规定时间报送安全和防护状况年度评估报告的； （三）未按规定对辐射工作人员进行辐射安全培训的； （四）未按规定开展个人剂量监测的； （五）发现个人剂量监测结果异常，未进行核实与调查，并将有关情况及时报告原辐射安全许可证发证机关的。		
188	对废旧金属回收熔炼企业未开展辐射监测或者发现辐射监测结果明显异常未如实报告的行政处罚	行政处罚	1.《放射性同位素与射线装置安全和防护管理办法》 第五十八条 违反本办法规定，废旧金属回收熔炼企业未开展辐射监测或者发现辐射监测结果明显异常未如实报告的，由县级以上人民政府环境保护主管部门责令改正，处一万元以上三万元以下的罚款。	生态环境主管部门	设区的市
189	对未建造尾矿库或者不按照规定建造尾矿库、不按照放射性污染防治的要求建造尾矿库（坝）和伴生放射性矿的尾矿等的行政处罚	行政处罚	1.《中华人民共和国放射性污染防治法》 第五十四条 违反本法规定，有下列行为之一的，由县级以上人民政府环境保护行政主管部门责令停止违法行为，限期改正，处以罚款；构成犯罪的，依法追究刑事责任： （一）未建造尾矿库或者不按照放射性污染防治的要求建造尾矿库（坝）和伴生放射性矿的尾矿的； （二）向环境排放不得排放的放射性气体、废液的； （三）不按照规定的方式排放放射性废液，利用渗井、渗坑、天然裂隙、溶洞或者国家禁止的其他方式排放放射性废液的； （四）不按照规定处理或者委托没有环境排放许可证的单位贮存、处置铀（钍）矿、伴生放射性矿的放射性废液的； （五）不将放射性固体废物提供给有环境排放许可证的单位贮存和处置的。 有前款第（一）项、第（三）项、第（五）项行为之一的，处十万元以上二十万元以下罚款；有前款第（二）项、第（四）项行为的，处一万元以上五万元以下罚款。	生态环境主管部门	省级、设区的市

十四、行政执法事项指导目录　719

续表

序号	事项名称	职权类型	实 施 依 据	实施主体	
				责任部门	第一责任层级建议
190	对产生放射性固体废物的单位未按规定对放射性固体废物进行处置的行政处罚	行政处罚	1.《中华人民共和国放射性污染防治法》 第四十五条　产生放射性固体废物的单位,应当按照国务院环境保护行政主管部门的规定,对其产生的放射性固体废物进行处置,送交放射性固体废物处置单位处置,并承担处置费用。 放射性固体废物处置费用收取和使用管理办法,由国务院环境保护行政主管部门会同国务院财政部门、价格主管部门规定。 第四十六条　产生放射性固体废物的单位,不按照本法第四十五条的规定对其产生的放射性固体废物进行处置的,由审批该单位立项的环境影响评价文件的环境保护行政主管部门责令停止违法行为,限期改正,逾期不改正的,指定有处置能力的单位代为处置,所需费用由产生放射性固体废物的单位承担,可以并处二十万元以下罚款;构成犯罪的,依法追究刑事责任。	生态环境主管部门	省级、设区的市
191	对未经许可擅自从事废放射性固体废物贮存和处置放射性固体废物活动等行为的行政处罚	行政处罚	1.《中华人民共和国放射性污染防治法》 第五十七条　违反本法规定,有下列行为之一的,由省级以上人民政府环境保护行政主管部门责令停产停业或者吊销许可证;有违法所得的,没收违法所得;违法所得十万元以上的,并处违法所得一倍以上五倍以下的罚款;没有违法所得或者违法所得不足十万元的,并处五万元以上十万元以下的罚款;构成犯罪的,依法追究刑事责任。 (一)未经许可,擅自从事贮存和处置放射性固体废物活动的; (二)不按照许可从事有关规定从事贮存和处置放射性固体废物活动的。 2.《放射性废物安全管理条例》 第三十八条　违反本条例规定,有下列行为之一的,由省级以上人民政府环境保护主管部门责令停产停业或者吊销许可证;有违法所得的,没收违法所得;违法所得10万元以上的,并处违法所得1倍以上5倍以下的罚款;没有违法所得或者违法所得不足10万元的,并处5万元以上10万元以下的罚款;造成环境污染的,责令限期采取治理措施消除污染,逾期不采取治理措施,经催告仍不治理的,可以指定有治理能力的单位代为治理,所需费用由违法者承担;构成犯罪的,依法追究刑事责任。 (一)未经许可,擅自从事废旧放射源或其他放射性固体废物的贮存、处置活动的;	生态环境主管部门	省级

续表

序号	事项名称	职权类型	实施依据	实施主体	
				责任部门	第一责任层级建议
192	对核设施营运单位、核技术利用单位或者放射性固体废物贮存、处置单位未按照规定如实报告放射性废物管理有关情况的行政处罚	行政处罚	（二）放射性固体废物贮存、处置单位未按许可证规定的活动种类、范围、规模、期限从事废旧放射源或者其他放射性固体废物贮存、处置活动的； （三）放射性固体废物贮存、处置单位未按照国家有关放射性污染防治标准和国务院环境保护主管部门的规定从事废旧放射源或者其他放射性固体废物贮存、处置活动的。 第二十二条 未取得相应许可证擅自从事放射性固体废物贮存、处置活动的，依照《放射性废物安全管理条例》第三十八条的规定处罚。 1.《放射性废物安全管理条例》 第三十二条 核设施营运单位、核技术利用单位应当按照国务院环境保护主管部门的规定，贮存、处理、处置、排放、清洁解控和转交处置等情况。 放射性固体废物处置单位应当于每年3月31日前，向国务院环境保护主管部门和核行业主管部门报告上一年度放射性固体废物接收、处置和设施运行情况。 第四十条 核设施营运单位、核技术利用单位或者放射性固体废物贮存、处置单位未按照本条例第三十二条的规定如实报告有关情况的，由县级以上人民政府环境保护主管部门责令限期改正；逾期不改正的，处5万元以上10万元以下的罚款。	生态环境主管部门	省级、设区的市
193	对核设施营运单位未按照规定将其产生的废旧放射源送交贮存、处置等行为的行政处罚	行政处罚	1.《放射性废物安全管理条例》 第三十六条 违反本条例规定，核设施营运单位、核技术利用单位有下列行为之一的，由审批该单位立项环境影响评价文件的环境保护主管部门责令停止违法行为，限期改正；逾期不改正的，核设施营运单位、核技术利用单位所需费用由核设施营运单位、核技术利用单位承担，或者将其产生的废旧放射源送交贮存、处置，或者指定有相应许可证的单位代为贮存或者处置，所需费用由核设施营运单位、核技术利用单位承担，可以处20万元以下的罚款；构成犯罪的，依法追究刑事责任： （一）核设施营运单位未按照规定，将其产生的废旧放射源送交贮存、处置；	生态环境主管部门	设区的市

续表

序号	事项名称	职权类型	实施依据	实施主体	
				责任部门	第一责任层级建议
			（二）核技术利用单位未按照规定，将其产生的废旧放射源或者其他放射性固体废物送交贮存、处置，或者擅自处置的。 第三十七条　违反本条例规定，有下列行为之一的，由县级以上人民政府环境保护主管部门责令停止违法行为，限期改正，逾期不改正的，处10万元以上20万元以下的罚款；造成环境污染，经催告仍不治理的，可以指定有治理能力的单位代为治理，所需费用由违法者承担，依法追究刑事责任： （一）核设施营运单位将废旧放射源送交无相应许可证的单位贮存、处置，或者将其他放射性固体废物送交无相应许可证的单位处置的； （二）核技术利用单位将废旧放射源送交无相应许可证的单位贮存、处置，或者将其他放射性固体废物送交无相应许可证的单位处置的； （三）放射性固体废物贮存单位未按照规定，将其他放射性固体废物送交处置，或者擅自处置的。		
194	对核设施营运单位未按照规定将其产生的废旧放射源送交贮存、处置等行为的行政强制	行政强制	1.《放射性废物安全管理条例》 第三十六条　违反本条例规定，核设施、核技术利用的环境影响评价文件的单位许可为贮存或者处置，所需费用由违法者承担代为贮存或者处置的；构成犯罪的，依法追究刑事责任： （一）核设施营运单位未按照规定，将其产生的废旧放射源或者其他放射性固体废物送交贮存、处置的；	生态环境主管部门	省级、设区的市
195	对核设施营运单位造成环境污染被责令限期采取治理措施消除污染，逾期不采取治理措施的行政强制	行政强制	1.《放射性废物安全管理条例》 第三十七条　违反本条例规定，有下列行为之一的，由县级以上人民政府环境保护主管部门责令停止违法行为，限期改正，逾期不改正的，处10万元以上20万元以下的罚款；造成环境污染，经催告仍不治理的，可以指定有治理能力的单位代为治理，所需费用由违法者承担，构成犯罪的，依法追究刑事责任：	生态环境主管部门	省级、设区的市

续表

序号	事项名称	职权类型	实 施 依 据	实施主体 责任部门	第一责任层级建议
196	对放射性固体废物贮存、处置单位未按照规定建立情况记录档案等行为的行政处罚	行政处罚	1.《放射性废物安全管理条例》 第三十九条 放射性废物贮存、处置单位未按照规定进行如实记录的,由省级以上人民政府环境保护主管部门责令限期改正;逾期不改正的,处 5 万元以上 10 万元以下的罚款。	生态环境主管部门	省级
197	对核设施营运等单位未按照规定对有关工作人员进行技术培训和考核的行政处罚	行政处罚	1.《放射性废物安全管理条例》 第四十二条 核设施营运单位、核技术利用单位或者放射性固体废物贮存、处置单位未按照规定对有关工作人员进行技术培训和考核的,由县级以上人民政府环境保护主管部门责令限期改正;逾期不改正的,处 1 万元以上 5 万元以下的罚款。	生态环境主管部门	省级
198	对托运人未按照规定将放射性物品运输的核与辐射安全分析报告批准书、辐射监测报告备案等的行政处罚	行政处罚	1.《放射性物品运输安全管理条例》 第三十九条第二款 托运人未按规定将放射性物品运输的核与辐射安全分析报告批准书、辐射监测报告备案的,由启运地的省、自治区、直辖市人民政府环境保护主管部门责令限期改正;逾期不改正的,处 1 万元以上 5 万元以下的罚款。	生态环境主管部门	省级、设区的市
199	对未按照规定对托运的放射性物品表面污染和辐射水平实施监测等行为的行政处罚	行政处罚	1.《放射性物品运输安全管理条例》 第六十三条 托运人有下列行为之一的,由启运地的省、自治区、直辖市人民政府环境保护主管部门责令停止违法行为,处 5 万元以上 20 万元以下的罚款: (一)未按照规定对托运的放射性物品表面污染和辐射水平实施监测的; (二)将经监测不符合国家放射性物品运输安全标准的放射性物品交付托运的; (三)出具虚假辐射监测报告的。	生态环境主管部门	省级

十四、行政执法事项指导目录 723

续表

序号	事项名称	职权类型	实施依据	实施主体 责任部门	第一责任层级建议
200	对任放射性物品运输中造成核与辐射事故的行政处罚	行政处罚	1.《放射性物品运输安全管理条例》 第六十五条第一款 违反本条例规定，在放射性物品运输中造成核与辐射事故的，由县级以上地方人民政府环境保护主管部门处以罚款，罚款数额按照核与辐射事故造成的直接损失的20%计算；构成犯罪的，依法追究刑事责任。	生态环境主管部门	省级、设区的市
201	对托运人、承运人在放射性物品运输中未按照要求做好事故应急工作并报告事故的行政处罚	行政处罚	1.《放射性物品运输安全管理条例》 第六十五条第二款 托运人、承运人未按照核与辐射事故应急响应指南的要求，做好事故应急工作并报告事故的，由县级以上地方人民政府环境保护主管部门处5万元以上20万元以下的罚款。	生态环境主管部门	省级、设区的市
202	对违规制造一类放射性物品运输容器的行政处罚	行政处罚	1.《放射性物品运输安全管理条例》 第五十条 放射性物品运输容器设计、制造单位有下列行为之一的，由国务院核安全监管部门责令停止违法行为，处50万元以上100万元以下的罚款，没收违法所得；有违法所得用于制造的： （一）将未取得设计批准书的一类放射性物品运输容器设计用于制造的； （二）修改已批准的一类放射性物品运输容器设计有关安全内容，未重新取得设计批准书用于制造的。	生态环境主管部门	国务院主管部门
203	对违规制造二类、三类放射性物品运输容器的行政处罚	行政处罚	1.《放射性物品运输安全管理条例》 第五十一条 放射性物品运输容器设计、制造单位有下列行为之一的，由国务院核安全监管部门责令停止违法行为，处5万元以上10万元以下的罚款，没收违法所得；有违法所得用于制造的： （一）将未符合国家放射性物品运输安全标准的二类、三类放射性物品运输容器设计用于制造的； （二）将未备案的二类、三类放射性物品运输容器设计用于制造的。	生态环境主管部门	国务院主管部门
204	对违反二类、三类放射性物品运输容器设计的安全性能评价规定的行政处罚	行政处罚	1.《放射性物品运输安全管理条例》 第五十二条 责令限期改正，逾期不改正的，处1万元以上5万元以下的罚款： （一）未对二类、三类放射性物品运输容器的设计进行安全性能评价的；	生态环境主管部门	国务院主管部门

续表

序号	事项名称	职权类型	实 施 依 据	实施主体 责任部门	第一责任层级建议
205	对违法从事一类放射性物品运输容器制造活动的行政处罚	行政处罚	1.《放射性物品运输安全管理条例》 第五十三条 放射性物品运输容器制造单位有下列行为之一的,由国务院核安全监管部门责令停止违法行为,处50万元以上100万元以下的罚款;有违法所得的,没收违法所得; (一)未取得制造许可证从事一类放射性物品运输容器制造活动的; (二)制造许可证有效期届满,未按照规定办理延续手续,继续从事一类放射性物品运输容器制造活动的; (三)超出制造许可证规定的范围从事一类放射性物品运输容器制造的; (四)变更制造的一类放射性物品运输容器型号,未按照规定重新领取制造许可证的; (五)将制造的一类放射性物品运输容器未经检验或者经检验不合格的一类放射性物品运输容器交付使用的。 有前款第(三)项、第(四)项和第(五)项行为之一,情节严重的,吊销制造许可证。	生态环境主管部门	国务院主管部门
206	对一类放射性物品运输容器制造单位违反许可证变更手续规定的行政处罚	行政处罚	1.《放射性物品运输安全管理条例》 第五十四条 一类放射性物品运输容器制造单位变更单位名称、住所或者法定代表人,未依法办理制造许可证变更手续的,由国务院核安全监管部门责令限期改正;逾期不改正的,处2万元的罚款。	生态环境主管部门	国务院主管部门
207	对违法制造、使用二类、三类放射性物品运输容器的行政处罚	行政处罚	1.《放射性物品运输安全管理条例》 第五十五条 放射性物品运输容器制造单位有下列行为之一的,由国务院核安全监管部门责令停止违法行为,处5万元以上10万元以下的罚款;有违法所得的,没收违法所得; (一)在二类放射性物品运输容器首次制造活动开始前,未按照规定将有关证明材料报国务院核安全监管部门备案的; (二)将经质量检验或者经检验不合格的二类、三类放射性物品运输容器交付使用的。	生态环境主管部门	国务院主管部门

十四、行政执法事项指导目录 725

续表

序号	事项名称	职权类型	实施依据	实施主体 责任部门	实施主体 第一责任层级建议
208	对违反放射性物品运输容器编码、备案规定的行政处罚	行政处罚	1.《放射性物品运输安全管理条例》第五十六条 放射性物品运输容器制造单位有下列行为之一的,由国务院核安全监管部门责令限期改正,逾期不改正的,处1万元以上5万元以下的罚款:(一)未按照规定对制造的一类、二类放射性物品运输容器编码;(二)未按照规定将制造的一类、二类放射性物品运输容器编码清单和数量报国务院核安全监管部门备案的;(三)未按照规定将制造的三类放射性物品运输容器的型号和数量报国务院核安全监管部门备案的。	生态环境主管部门	国务院主管部门
209	对放射性物品运输容器使用单位违反安全管理规定的行政处罚	行政处罚	1.《放射性物品运输安全管理条例》第五十七条 放射性物品运输容器使用单位未按照规定对使用的一类放射性物品运输容器进行安全性能评价,或者未将评价结果报国务院核安全监管部门备案的,由国务院核安全监管部门责令限期改正,逾期不改正的,处1万元以上5万元以下的罚款。	生态环境主管部门	国务院主管部门
210	对违法使用境外单位制造的放射性物品运输容器的行政处罚	行政处罚	1.《放射性物品运输安全管理条例》第五十八条 未取得使用批准书使用境外单位制造的一类放射性物品运输容器的,由国务院核安全监管部门责令停止违法行为,处50万元以上100万元以下的罚款;未按照规定办理备案手续使用境外单位制造的二类放射性物品运输容器的,由国务院核安全监管部门责令停止违法行为,处5万元以上10万元以下的罚款。	生态环境主管部门	国务院主管部门
211	对托运人违反放射性物品运输安全管理规定的行政处罚	行政处罚	1.《放射性物品运输安全管理条例》第五十九条第一款 托运人未按照规定编制放射性物品运输说明书、核与辐射事故应急响应指南、装卸作业方法、安全防护指南的,由国务院核安全监管部门责令限期改正;逾期不改正的,处1万元以上5万元以下的罚款。	生态环境主管部门	国务院主管部门
212	对托运人未经批准托运一类放射性物品的行政处罚	行政处罚	1.《放射性物品运输安全管理条例》第六十一条 托运人未取得放射性物品运输的核与辐射安全分析报告批准书托运一类放射性物品的,由国务院核安全监管部门责令停止违法行为,处50万元以上100万元以下的罚款。	生态环境主管部门	国务院主管部门

续表

序号	事项名称	职权类型	实 施 依 据	实施主体	
				责任部门	第一责任层级建议
213	对不按照规定设置放射性标识、标志、中文警示说明等行为的行政处罚	行政处罚	1.《中华人民共和国放射性污染防治法》第五十五条 违反本法规定,有下列行为之一的,由县级以上人民政府环境保护行政主管部门或者其他有关部门依据职权责令限期改正,逾期不改正的,责令停产停业,并处二万元以上二十万元以下罚款;构成犯罪的,依法追究刑事责任: (一)不按照规定设置放射性标识、标志、中文警示说明的; (二)不按照规定建立健全安全保卫制度和制定事故应急计划或者应急措施的; (三)不按照规定报告放射源安全情况或者被盗情况或者发生放射性污染事故的。	生态环境主管部门	设区的市
214	对产生放射性固体废物的单位未按规定对放射性固体废物进行处置的行政强制	行政强制	1.《中华人民共和国放射性污染防治法》第五十六条 产生放射性固体废物的单位,不按照本法第四十条的规定对其产生的放射性固体废物进行处置的,由审批该单位立项环境影响评价文件的环境保护行政主管部门责令停止违法行为,限期改正,逾期不改正的,指定有处置能力的单位代为处置,所需费用由产生放射性固体废物的单位承担,可以并处二十万元以下罚款;构成犯罪的,依法追究刑事责任。	生态环境主管部门	省级
215	对核设施营运单位未设置核设施纵深防御控制体系等行为的行政处罚	行政处罚	1.《中华人民共和国核安全法》第七十七条 违反本法规定,有下列情形之一的,由国务院核安全监督管理部门或者其他有关部门责令改正,给予警告;情节严重的,处二十万元以上一百万元以下的罚款;拒不改正的,责令停止建设或者停产整顿: (一)核设施营运单位未按照要求设施纵深防御体系的; (二)核设施营运单位未按要求控制辐射照射剂量的; (三)核设施营运单位未设置核设备、工程以及服务等单位未实施质量保证体系的; (四)核设施营运单位未建立核安全经验反馈体系的; (五)核设施营运单位就核安全及公众利益重大核安全事项征求相关方意见的。	生态环境主管部门	国务院主管部门

十四、行政执法事项指导目录 727

续表

序号	事项名称	职权类型	实 施 依 据	实施部门 责任部门	第一责任层级建议
216	对在规划限制区内违规建设可能威胁核设施安全的行政处罚	行政处罚	1.《中华人民共和国核安全法》第七十八条 违反本法规定，在规划限制区内建设可能威胁核设施安全的易燃、易爆、腐蚀性物品的生产，贮存设施或者人口密集场所的，由国务院核安全监督管理部门责令限期拆除，恢复原状，处十万元以上五十万元以下罚款。	生态环境主管部门	国务院主管部门
217	对经许可从事核设施建造、运行或者退役等行为的行政处罚	行政处罚	1.《中华人民共和国核安全法》第七十九条 违反本法规定，核设施营运单位有下列情形之一的，由国务院核安全监督管理部门责令改正，处一百万元以上五百万元以下的罚款；拒不改正的，责令停止建设或者停产整顿，有违法所得的，没收违法所得；造成环境污染，所需费用由该单位代为履行，对直接负责的主管人员和其他直接责任人员，指定有能力的单位代为履行，所需费用由该单位承担；对直接负责的主管人员和其他直接责任人员，处五万元以上二十万元以下的罚款： （一）未经许可，从事核设施建造，运行或者退役等活动的； （二）未经许可，变更许可证有效文件规定条件的； （三）核设施运行有效期届满，继续运行核设施的； （四）未经审查批准，进口核设施的。	生态环境主管部门	国务院主管部门
218	对未经许可从事核设施建造、运行或者退役等活动的行为的行政强制	行政强制	1.《中华人民共和国核安全法》第七十九条 违反本法规定，核设施营运单位有下列情形之一的，由国务院核安全监督管理部门责令改正，处一百万元以上五百万元以下的罚款；拒不改正的，责令停止建设或者停产整顿，有违法所得的，没收违法所得；造成环境污染，所需费用由该单位代为履行，对直接负责的主管人员和其他直接责任人员，指定有能力的单位代为履行，所需费用由该单位承担；对直接负责的主管人员和其他直接责任人员，处五万元以上二十万元以下的罚款： （一）未经许可，从事核设施建造，运行或者退役等活动的； （二）未经许可，变更许可证有效文件规定条件的； （三）核设施运行有效期届满，继续运行核设施的； （四）未经审查批准，进口核设施的。	生态环境主管部门	国务院主管部门

续表

序号	事项名称	职权类型	实施依据	实施主体	
				责任部门	第一责任层级建议
219	对未对核设施进行定期安全评价，或者不接受国务院核安全监督管理部门审查等行为的行政处罚	行政处罚	1.《中华人民共和国核安全法》第八十条 违反本法规定，核设施营运单位有下列情形之一的，由国务院核安全监督管理部门责令改正，给予警告；情节严重的，处五十万元以上二百万元以下的罚款；逾期未采取治理措施消除污染，造成环境污染的，指定有能力代为履行的单位代为承担，所需费用由污染者承担： （一）未对核设施进行定期安全评价，或者不接受国务院核安全监督管理部门审查的； （二）核设施终止运行后，未安全方式进行停闭管理，或者未确保退役时满足标准的要求的； （三）核设施退役时，未将构筑物、系统或者设备的放射性水平降低至满足标准的要求的； （四）未将产生的放射性固体废物、系统或者设备的放射性排放经净化处理不能保证变为稳定形态的放射性固体废物，及时送交放射性废物处置单位的； （五）未对产生的放射性废气进行处理，或者未达到国家放射性污染防治标准排放的；	生态环境主管部门	国务院主管部门
220	对未对核设施进行定期安全评价，或者不接受国务院核安全监督管理部门审查等行为的行政强制	行政强制	1.《中华人民共和国核安全法》第八十条 违反本法规定，核设施营运单位有下列情形之一的，由国务院核安全监督管理部门责令改正，给予警告；情节严重的，处五十万元以上二百万元以下的罚款；逾期未采取治理措施消除污染，造成环境污染的，指定有能力代为履行的单位代为承担，所需费用由污染者承担： （一）未对核设施进行定期安全评价，或者不接受国务院核安全监督管理部门审查的； （二）核设施终止运行后，未安全方式进行停闭管理，或者未确保退役时满足标准的要求的； （三）核设施退役时，未将构筑物、系统或者设备的放射性水平降低至满足标准的要求的； （四）未将产生的放射性固体废物、系统或者设备的放射性排放经净化处理不能保证变为稳定形态的放射性固体废物，及时送交放射性废物处置单位的； （五）未对产生的放射性废气进行处理，或者未达到国家放射性污染防治标准排放的。	生态环境主管部门	国务院主管部门

续表

序号	事项名称	职权类型	实施依据	实施主体	
				责任部门	第一责任层级建议
221	对核设施营运单位未对核设施周围环境中所含的放射性核素的种类、浓度或者核设施流出物中的放射性核素总量实施监测，或者未按照规定报告监测结果的行政处罚	行政处罚	1.《中华人民共和国核安全法》 第八十一条　违反本法规定，核设施营运单位未对核设施周围环境中所含的放射性核素的种类、浓度或者核设施流出物中的放射性核素总量实施监测，或者未按照规定报告监测结果的，由国务院环境保护主管部门或者所在地省、自治区、直辖市人民政府环境保护主管部门责令改正，处十万元以上五十万元以下的罚款。	生态环境主管部门	国务院主管部门、省级
222	对受委托的技术支持单位在核安全技术审查中出具虚假技术评价结论的行政处罚	行政处罚	1.《中华人民共和国核安全法》 第八十二条　违反本法规定，受委托的技术支持单位出具虚假技术评价结论的，由国务院核安全监督管理部门处二十万元以上一百万元以下的罚款；有违法所得的，没收违法所得；对直接负责的主管人员和其他直接责任人员处十万元以上二十万元以下的罚款。	生态环境主管部门	国务院主管部门
223	对违规为核设施提供核安全设备设计、制造、安装或者无损检验服务等行为的行政处罚	行政处罚	1.《中华人民共和国核安全法》 第八十三条　违反本法规定，有下列情形之一的，由国务院核安全监督管理部门责令改正，处五十万元以上一百万元以下的罚款；有违法所得的，没收违法所得；对直接负责的主管人员和其他直接责任人员处十万元以上二十万元以下的罚款： （一）未经许可，为核设施提供核安全设备设计、制造、安装或者无损检验服务的； （二）未经注册，境外机构为核设施提供核安全设备设计、制造、安装或者无损检验服务的。	生态环境主管部门	国务院主管部门
224	对核设施营运等单位聘用未取得相应资格证书的人员从事与核设施核安全技术有关的工作的行政处罚	行政处罚	1.《中华人民共和国核安全法》 第八十四条　违反本法规定，核设施营运单位或者核安全设备制造、安装、无损检验单位聘用未取得相应资格证书的人员从事与核设施核安全专业技术有关的工作的，由国务院核安全监督管理部门责令改正，处十万元以上五十万元以下的罚款；拒不改正的，暂扣或者吊销许可证，对直接负责的主管人员和其他直接责任人员处一万元以上十万元以下的罚款。	生态环境主管部门	国务院主管部门

续表

序号	事项名称	职权类型	实施依据	实施主体	
				责任部门	第一责任层级建议
225	对违法从事放射性废物处理、贮存、处置活动等行为的行政处罚	行政处罚	1.《中华人民共和国核安全法》第八十六条 违反本法规定，有下列情形之一的，由国务院核安全监督管理部门责令改正，处十万元以上五十万元以下的罚款；情节严重的，处五十万元以上二百万元以下的罚款；造成环境污染的，责令限期采取治理措施消除污染，逾期不采取治理措施的，指定有能力的单位代为履行，所需费用由污染者承担： （一）未经许可，从事放射性废物处置活动的； （二）未建立放射性废物处置情况记录档案，未依法办理关闭手续的； （三）对应当关闭的放射性废物处置设施，未在划定的区域设置永久性标记的； （四）关闭放射性废物处置设施，未编制放射性废物处置设施关闭安全监护计划的； （五）未编制放射性废物处置设施关闭安全监护计划的； （六）放射性废物处置设施关闭后，未按照经批准的安全监护计划进行安全监护的。	生态环境主管部门	国务院主管部门
226	对违法从事放射性废物处理、贮存、处置活动等行为的行政强制	行政强制	1.《中华人民共和国核安全法》第八十六条 违反本法规定，有下列情形之一的，由国务院核安全监督管理部门责令改正，处十万元以上五十万元以下的罚款；情节严重的，处五十万元以上二百万元以下的罚款；造成环境污染的，责令限期采取治理措施消除污染，逾期不采取治理措施的，指定有能力的单位代为履行，所需费用由污染者承担： （一）未经许可，从事放射性废物处置活动的； （二）未建立放射性废物处置情况记录档案，未依法办理关闭手续的； （三）对应当关闭的放射性废物处置设施，未在划定的区域设置永久性标记的； （四）关闭放射性废物处置设施，未编制放射性废物处置设施关闭安全监护计划的； （五）未编制放射性废物处置设施关闭安全监护计划的； （六）放射性废物处置设施关闭后，未按照经批准的安全监护计划进行安全监护的。	生态环境主管部门	国务院主管部门

续表

序号	事项名称	职权类型	实 施 依 据	实施主体 责任部门	第一责任层级建议
227	对核设施运营单位违反核事故应急管理规定的行政处罚	行政处罚	1.《中华人民共和国核安全法》第八十七条 违反本法规定,核设施营运单位有下列情形之一的,由国务院核安全监督管理部门责令改正,处十万元以上五十万元以下的罚款;对直接负责的主管人员和其他直接责任人员,处二万元以上十万元以下的罚款: (一)未按照规定制定场内核应急预案的; (二)未按照应急预案配备应急设备,未开展应急演练的; (三)未按照核事故应急救援工作的要求,实施应支援的。	生态环境主管部门	国务院主管部门
228	对核设施运营单位违反信息公开规定的行政处罚	行政处罚	1.《中华人民共和国核安全法》第八十八条 违反本法规定,核设施营运单位未按照规定公开相关信息的,由国务院核安全监督管理部门责令改正;拒不改正的,处十万元以上五十万元以下的罚款。	生态环境主管部门	国务院主管部门
229	对从事核安全活动的单位拒绝、阻挠监督检查的行政处罚	行政处罚	1.《中华人民共和国核安全法》第八十九条 违反本法规定,从事核安全活动的单位对国务院核安全监督管理部门或者其他有关部门依法进行的监督检查拒绝、阻挠的,由国务院核安全监督管理部门或者其他有关部门依法责令改正,可以处十万元以上五十万元以下的罚款;拒不改正的,暂扣或者吊销其许可证;构成违反治安管理行为的,由公安机关依法给予治安管理处罚。	生态环境主管部门	国务院主管部门
230	对擅自从事民用核安全设备设计、制造、安装和无损检验活动的行政处罚	行政处罚	1.《民用核安全设备监督管理条例》第四十四条 无许可证擅自从事民用核安全设备设计、制造、安装和无损检验活动的,由国务院核安全监管部门责令停止违法行为,处50万元以上100万元以下的罚款;有违法所得的,没收违法所得;对直接负责的主管人员和其他直接责任人员,处2万元以上10万元以下的罚款。	生态环境主管部门	国务院主管部门
231	对民用核安全设备设计、制造、安装和无损检验单位违反许可证规定从事活动的行政处罚	行政处罚	1.《民用核安全设备监督管理条例》第四十五条 民用核安全设备设计、制造、安装和无损检验单位不按许可证规定的活动种类和范围从事民用核安全设备设计、制造、安装和无损检验活动的,由国务院核安全监管部门责令停止违法行为,限期改正,处10万元以上50万元以下的罚款;有违法所得的,没收违法	生态环境主管部门	国务院主管部门

续表

序号	事项名称	职权类型	实施依据	实施主体 责任部门	第一责任层级建议
232	对民用核安全设备设计、制造、转让民用核安全设备或无损检验单位未依法变更许可证的行政处罚	行政处罚	1.《民用核安全设备监督管理条例》第四十六条 民用核安全设备设计、制造、安装和无损检验单位变更单位名称、地址或者法定代表人，未依法办理许可证变更手续的，由国务院核安全监管部门责令限期改正；逾期不改正的，暂扣或者吊销许可证。	生态环境主管部门	国务院主管部门
233	对伪造、变造、转让民用核安全设备设计、制造、安装或无损检验许可证的行政处罚	行政处罚	1.《民用核安全设备监督管理条例》第四十七条 伪造、变造或者转让许可证的，处10万元以上50万元以下的罚款；有违法所得的，没收违法所得；构成犯罪的，依法追究刑事责任。许可证或者吊销许可证，对直接负责的主管人员和其他直接责任人员，由公安机关依法予以治安处罚。	生态环境主管部门	国务院主管部门
234	对未按照民用核安全设备标准进行民用核安全设备设计、制造、安装和无损检验活动的行政处罚	行政处罚	1.《民用核安全设备监督管理条例》第四十八条 民用核安全设备设计、制造、安装和无损检验单位未按照标准进行民用核安全设备设计、制造、安装和无损检验活动的，由国务院核安全监管部门责令停止违法行为，限期改正，没收违法所得，处10万元以上50万元以下的罚款；逾期不改正的，暂扣或者吊销许可证，对直接负责的主管人员和其他直接责任人员，处2万元以上10万元以下的罚款。	生态环境主管部门	国务院主管部门
235	对委托未取得相应许可证的单位进行民用核安全设备设计、制造、安装和无损检验活动等行为的行政处罚	行政处罚	1.《民用核安全设备监督管理条例》第四十九条 民用核安全监管部门责令停止违法行为，暂扣或者吊销许可证，对直接负责的主管人员和其他直接责任人员，处2万元以上10万元以下的罚款： （一）委托未取得相应许可证的单位有下列行为之一的，由国务院核安全监管部门责令改正，处10万元以上50万元以下的罚款，对直接负责的主管人员和其他直接责任人员，处2万元以上10万元以下的罚款；	生态环境主管部门	国务院主管部门

序号	事项名称	职权类型	实施依据	实施主体	
				责任部门	第一责任层级建议
			动的; (二)聘用未取得相应资格证书的人员进行民用核安全设备焊接和无损检验活动的; (三)将民用核安全设备检验活动的关键工艺环节分包给其他单位的。		
236	对民用核安全设备设计、制造、安装和无损检验单位在民用核安全设备设计、制造、安装和无损检验活动中出现的重大质量问题,未按照规定采取处理措施并向国务院核安全监管部门报告的行政处罚	行政处罚	1.《民用核安全设备监督管理条例》 第五十条 民用核安全设备设计、制造、安装和无损检验单位在民用核安全设备设计、制造、安装和无损检验活动中出现的重大质量问题,未按照规定采取处理措施并向国务院核安全监管部门报告的,由国务院核安全监管部门责令停止民用核安全设备设计、制造、安装和无损检验活动,限期改正,处5万元以上20万元以下的罚款;逾期不改正的,吊销或者暂扣相关许可证,对直接负责的主管人员和其他直接责任人员,处2万元以上10万元以下的罚款。	生态环境主管部门	国务院主管部门
237	对民用核安全设备设计、制造、安装和无损检验单位未按照规定编制项目质量保证大纲并经民用核设施运营单位审查同意或者未按照大纲规定开展民用核安全设备设计、制造和安装活动的行政处罚	行政处罚	1.《民用核安全设备监督管理条例》 第五十一条 民用核安全设备设计、制造、安装和无损检验单位有下列行为之一的,由国务院核安全监管部门责令改正,限期改正,处5万元以上20万元以下的罚款: (一)未按照规定编制项目质量保证大纲并经民用核设施运营单位审查同意的; (二)在民用核安全设备设计、制造和安装活动开始前,未将有关文件报国务院核安全监管部门审查同意的; (三)未按照规定进行年度评估并向国务院核安全监管部门提交评估报告的。	生态环境主管部门	国务院主管部门
238	对民用核安全设备无损检验单位出具虚假无损检验结果报告的行政处罚	行政处罚	1.《民用核安全设备监督管理条例》 第五十二条 民用核安全设备无损检验单位出具虚假无损检验结果报告的,由国务院核安全监管部门处10万元以上50万元以下的罚款,吊销许可证;有违法所得的,没收违法所得;对直接负责的主管人员和其他直接责任人员,处2万元以上10万元以下的罚款;构成犯罪的,依法追究刑事责任。	生态环境主管部门	国务院主管部门

续表

序号	事项名称	职权类型	实施依据	实施主体	
				责任部门	第一责任层级建议
239	对民用核安全设备焊工、焊接操作工违反操作规程导致严重焊接质量问题的行政处罚	行政处罚	1.《民用核安全设备监督管理条例》第五十三条 民用核安全设备焊工、焊接操作工违反操作规程导致严重焊接质量问题的,由国务院核安全监管部门吊销其资格证书。	生态环境主管部门	国务院主管部门
240	对民用核安全设备设计单位未按照规定进行设计验证等行为的行政处罚	行政处罚	1.《民用核安全设备监督管理条例》第五十五条 民用核安全设备设计单位未按照规定进行设计验证,制造、安装单位未按照规定进行质量检验以及经检验不合格即交付使用的,由国务院核安全监管部门责令限期改正,处10万元以上50万元以下的罚款;有违法所得的,没收违法所得,处2万元以上10万元以下的罚款,吊销许可证,对直接负责的主管人员和其他直接责任人员不改正的,吊销许可证。	生态环境主管部门	国务院主管部门
241	对民用核设施营运单位委托未取得相应许可证的单位进行民用核安全设备设计、制造、安装和无损检验活动等行为的行政处罚	行政处罚	1.《民用核安全设备监督管理条例》第五十六条 民用核设施营运单位有下列行为之一的,由国务院核安全监管部门责令期改正,处100万元以上500万元以下的罚款;逾期不改正的,吊销其核设施建造许可证或者核设施运行许可证,对直接负责的主管人员和其他直接责任人员,处2万元以上10万元以下的罚款: (一) 委托未取得相应许可证的单位进行民用核安全设备设计、制造、安装和无损检验活动的; (二) 对不能按照质量保证要求证明质量受控,或者出现重大质量问题未处理完毕的民用核安全设备予以验收通过的。	生态环境主管部门	国务院主管部门
242	对民用核安全设备设计、制造、安装和无损检验单位经期不整改或者经整改仍不符合发证条件的行政处罚	行政处罚	1.《民用核安全设备监督管理条例》第五十七条 民用核安全设备设计、制造、安装和无损检验单位被责令期限整改,逾期不整改或者经整改仍不符合发证条件的,由国务院核安全监管部门暂扣或者吊销许可证。	生态环境主管部门	国务院主管部门

续表

序号	事项名称	职权类型	实施依据	实施主体	
				责任部门	第一责任层级建议
243	对逾期不改正或拒绝、阻碍检查等行为的行政处罚	行政处罚	1.《民用核安全设备监督管理条例》第五十八条 拒绝或者阻碍国务院核安全监管部门及其派出机构监督检查的，由国务院核安全监管部门责令限期改正；逾期不改正或者在接受监督检查时弄虚作假的，暂扣或者吊销核安全设备许可证。	生态环境主管部门	国务院主管部门
244	对民用核安全设备或者其主要部件可能存在重大质量问题的行政强制	行政强制	1.《民用核安全设备监督管理条例》第三十八条第一款第五项 国务院核安全监管部门及其派出机构在实行监督检查时，有权采取下列措施：……（五）对有证据表明可能存在重大质量问题的民用核安全设备或者其主要部件，予以暂时封存。	生态环境主管部门	国务院主管部门
245	对未经批准或违章从事核材料生产、使用、贮存和处置等行为的行政处罚	行政处罚	1.《中华人民共和国核材料管制条例》第十九条 凡违反本条例的规定，有下列行为之一的，国家核安全局可依其情节轻重，给予警告、限期改进、罚款和批准吊销许可证的处罚，但吊销许可证时需经核工业部同意： （一）未经批准擅自从事核材料生产、使用、贮存和处置的； （二）不按照规定报告或谎报有关事实和资料的； （三）拒绝监督检查的； （四）不按照规定管理，造成事故的。	生态环境主管部门	国务院主管部门
246	对未经批准或违章核设施建造、运行、转让和退役等行为的行政处罚	行政处罚	1.《中华人民共和国民用核设施安全监督管理条例》第二十一条 凡违反本条例的规定，有下列行为之一的，国家核安全局可依其情节轻重，给予警告、限期改进、停工或者停业整顿、吊销核安全证书的处罚： （一）未经批准擅自进行核设施选址、建造、运行、转让、迁移、退役和退役的； （二）谎报有关资料或事实，或无故拒绝监督的； （三）无执照操纵或违章操纵的； （四）拒绝执行强制性命令的。	生态环境主管部门	国务院主管部门

续表

序号	事项名称	职权类型	实施依据	实施主体 责任部门	实施主体 第一责任层级建议
247	对民用核安全设备设计、制造、安装和无损检验单位在民用核安全设备开始前未按规定将有关文件报国务院核安全监管部门备案等行为的行政处罚	行政处罚	1.《民用核安全设备监督管理规定》第四十五条 民用核安全设备设计、制造、安装和无损检验单位有下列行为之一的，由国务院核安全监管部门限期改正；逾期不改正的，处1万元以上3万元以下的罚款： （一）在民用核安全设备设计、制造、安装和无损检验活动开始前，未按规定将有关文件报国务院核安全监管部门备案的； （二）未按规定向国务院核安全监管部门报告上一季度民用核安全设备设计、制造、安装和无损检验活动完成后，未向国务院核安全监管部门报告无损检验结果的； （三）在民用核安全设备无损检验活动完成后，未向国务院核安全监管部门报告无损检验内容和检验结果的； （四）开展涉及核安全的重要会议、论证活动，出现重大质量问题，或者因影响民用核安全设备质量和核安全而导致民用核设施营运单位发出停工指令，未向国务院核安全监管部门报告的。	生态环境主管部门	国务院主管部门
248	对民用核安全设备制造、安装单位或者民用核设施营运单位提供虚假证明的行政处罚	行政处罚	1.《民用核安全设备监督管理规定》第三十四条 民用核安全设备焊工焊接操作工资格管理规定》 由国务院核安全监管部门 民用核安全设备制造、安装单位或者民用核设施营运单位提供虚假证明的，处1万元以上3万元以下的罚款。	生态环境主管部门	国务院主管部门

《生态环境保护综合行政执法事项指导目录（2020年版）》说明

一、关于主要内容。《生态环境保护综合行政执法事项指导目录（2020年版）》（以下简称《指导目录》）主要梳理规范了生态环境保护综合行政执法事项名称、职权类型、实施依据、实施主体（包括责任部门、第一责任层级建议）。各地可根据法律法规立改废释和地方立法等情况，进一步明确行政执法事项的责任主体，研究细化执法程序、规则，自由裁量标准等，推进严格规范公正文明执法。

二、关于梳理范围。《指导目录》主要梳理的是生态环境保护领域依据国家法律、行政法规设定的行政处罚和行政强制事项，以及部门规章设定的警告、罚款的行政处罚事项。不包括地方性法规、行政法规和部门规章设定的行政处罚和行政强制事项。

三、关于事项确定。一是为避免法律、行政法规和部门规章相关条款在实施依据中多次重复援引，原则上按法律、行政法规和部门规章的"条"或"款"来确定事项，行政法规和部门规章条款中罗列的多项分为多个事项；但罗列的违法情形涉及援引其他法律、行政法规和部门规章条款的，单独作为一个事项。三是部门规章在法律、行政法规规定的给予行政处罚的行为、种类和幅度范围内做出的具体规定，在实施依据中列入，不再另外单列事项。四是同一法律、行政法规条款同时包含行政处罚、行政强制事项的，分别作为一个事项列出。

四、关于事项名称。一是列入《指导目录》的行政处罚、行政强制事项名称，原则上根据设定该事项的法律、行政法规和部门规章条款内容进行概括提炼，统一规范为"对××行为的行政处罚（行政强制）"。二是部分涉及多种违法情形，难以概括提炼的，以罗列的多种违法情形中的第一项为代表，统一规范为"对××等行为的行政处罚（行政强制）"。

五、关于实施依据。一是对列入《指导目录》的行政处罚、行政强制事项，按照完整、准确的原则，列出设定该事项的法律、行政法规和部门规章条款。二是依据引用的法律、行政法规和部门规章条款已作修订的，只列入修订后对应的条款。

六、关于实施主体。一是根据全国人大常委会《关于国务院机构改革涉及法律规定的行政机关职责调整问题的决定》和国务院《关于国务院机构改革涉及行政机关职责调整问题的决定》，现行法律行政法规规定的行政机关职责和工作，调整适用有关行政机关行政法规规定的行政机关职责和工作尚未调整到位之前，由原承担行政机关职责和工作的行政机关继续承担；由组建后的行政机关或者划入职责的行政机关承担；地方各级行政机关承担法律行政法规规定的职责，按照上述原则执行。二是法律行政法规规定的实施主体所称"县级以上××主管部门"、"××主管部门"，指的是承担行政处罚和行政强制事项的实施主体。三是根据《深化党和国家机构改革方案》关于推进生态环境保护行政执法改革精神，对列入《指导目录》行政处罚作出具体规定、依法按程序报同级党委和政府决定。地方需要对部分事项的实施主体作出调整的，可结合部门"三定"规定作出调整，依法定实施主体实际，对"三定"规定作出调整的，可结合部门"三定"规定作出调整。统一规范为"生态环境部门"。

七、关于第一责任层级建议。一是明确"第一责任层级"，主要是按照有权必有责、失责必追究的原则，把查处违法行为的第一管辖和第一责任压实，不排斥上级主管部门对违法行为的管辖权和处罚权。必要时，上级主管部门可以按程序对重大案件和跨区域案件实施直接管辖，或推进行政执法层级监督指导和组织协调。二是根据党的十九届三中全会关于"减少执法层级，推动执法力量下沉"的精神和跨地区属地化落实环保责任责任的要求，结合省以下环保机构监测监察执法垂直管理制度改革实际，对实施主体为"县级以上××"的，原则上将第一责任层级建议为"县级"。

×主管部门"或"××主管部门"的,原则上明确"第一责任层级建议"为"设区的市"。各地可在此基础上,区分不同事项和不同管理体制,结合实际具体明晰行政执法事项的第一管辖和第一责任主体和第一责任主体。三是对于吊销行政许可等特定种类处罚,原则上由地方明确的第一管辖和第一责任主体进行调查取证后提出处罚建议,按照行政许可证发证机关或者其上级行政机关主管部门或省级主管部门。四是法定实施主体为国务院主管部门或省级主管部门的,原则上明确"第一责任层级建议"为国务院主管部门或省级主管部门。

文化和旅游部关于印发《文化市场综合行政执法事项指导目录（2021年版）》的通知

(2021年6月25日　文旅综执发〔2021〕71号)

各省、自治区、直辖市人民政府：

根据深化党和国家机构改革有关安排部署，为贯彻落实《国务院办公厅关于文化市场综合行政执法有关事项的通知》(国办函〔2021〕62号)要求，扎实推进文化市场综合行政执法改革，经国务院同意，现将《文化市场综合行政执法事项指导目录（2021年版）》及说明印发给你们，请认真贯彻执行。

附件

文化市场综合行政执法事项指导目录（2021年版）

序号	事项名称	职权类型	实施依据	实施主体	
				责任部门	第一责任层级建议
1	对擅自从事互联网上网服务经营活动的行政处罚	行政处罚	《互联网上网服务营业场所管理条例》第二十七条：违反本条例的规定，擅自从事互联网上网服务经营活动的，由文化行政部门或者由文化行政部门会同公安机关依法予以取缔，查封其从事违法经营活动的场所，扣押从事违法经营活动的专用工具、设备；触犯刑律的，依照刑法关于非法经营罪及其他从事违法经营活动的专用工具、设备；尚不够刑事处罚的，由文化行政部门没收违法所得及违法经营额5倍以上10倍以下的罚款；违法经营额1万元以上的，并处违法经营额5倍以上10倍以下的罚款；违法经营额不足1万元的，并处1万元以上5万元以下的罚款。	文化和旅游行政部门	设区市级、县级
2	对互联网上网服务营业场所经营单位涂改、出租、出借或者以其他方式转让《网络文化经营许可证》，尚不够刑事处罚的所实行政处罚	行政处罚	《互联网上网服务营业场所管理条例》第二十九条：互联网上网服务营业场所经营单位涂改、出租、出借、变造、买卖国家机关公文、证件、印章罪的规定，依照刑法有关规定追究刑事责任；尚不够刑事处罚的，由文化行政部门没收违法所得；违法经营额5000元以上的，并处违法经营额2倍以上5倍以下的罚款；违法经营额不足5000元的，并处5000元以上1万元以下的罚款。	文化和旅游行政部门	设区市级、县级

续表

序号	事项名称	职权类型	实施依据	实施主体 - 责任部门	第一责任层级建议
3	对互联网上网服务营业场所经营单位利用营业场所制作、下载、复制、查阅、发布、传播或者以其他方式使用含有的内容的行为的行政处罚	行政处罚	《互联网上网服务营业场所管理条例》第三十条第一款：互联网上网服务营业场所经营单位违反本条例的规定，利用营业场所制作、下载、复制、查阅、发布、传播或者以其他方式使用含有的内容的，依法追究刑事责任；尚不够刑事处罚的，由公安机关给予警告，没收违法所得；违法经营额1万元以上的，并处违法经营额2倍以上5倍以下的罚款；违法经营额不足1万元的，并处1万元以上2万元以下的罚款；情节严重的，责令停业整顿，直至由文化行政部门吊销《网络文化经营许可证》。第十四条：互联网上网服务营业场所经营单位和上网消费者不得利用互联网上网服务营业场所制作、下载、复制、查阅、发布、传播或者以其他方式使用含有下列内容的信息：（一）反对宪法确定的基本原则的；（二）危害国家统一、主权和领土完整的；（三）泄露国家秘密，危害国家安全或者损害国家荣誉和利益的；（四）煽动民族仇恨、民族歧视，破坏民族团结，或者侵害民族风俗、习惯的；（五）破坏国家宗教政策，宣扬邪教、迷信的；（六）散布谣言，扰乱社会秩序，破坏社会稳定的；（七）宣扬淫秽、赌博、暴力或者教唆犯罪的；（八）侮辱或者诽谤他人，侵害他人合法权益的；（九）危害社会公德或者民族优秀文化传统的；（十）含有法律、行政法规规定禁止的其他内容的。	文化和旅游行政部门	设区市级、县级
4	对互联网上网服务营业场所经营单位接纳未成年人进入营业场所行为的行政处罚	行政处罚	《互联网上网服务营业场所管理条例》第三十一条：互联网上网服务营业场所经营单位违反本条例的规定，有下列行为之一的，由文化行政部门给予警告，可以并处15000元以下的罚款；情节严重的，责令停业整顿，直至吊销《网络文化经营许可证》：（一）在规定的营业时间以外营业的；（二）接纳未成年人进入营业场所的；（三）经营非网络游戏的；（四）擅自停止实施技术措施的；（五）未悬挂《网络文化经营许可证》或者未成年人禁入标志的。	文化和旅游行政部门	设区市级、县级
5	对互联网上网服务营业场所按规定核对、登记上网消费者有效身份证件的行为的行政处罚	行政处罚	《互联网上网服务营业场所管理条例》第三十二条：互联网上网服务营业场所经营单位违反本条例的规定，有下列行为之一的，由文化行政部门、公安机关依据各自职权责令改正，可以并处15000元以下的罚款；情节严重的，责令停业整顿，直至由文化行政部门吊销《网络文化经营许可证》：（一）向上网消费者提供的计	文化和旅游行政部门	设区市级、县级

续表

序号	事项名称	职权类型	实施依据	实施主体	
				责任部门	第一责任层级建议
	件或者记录有关上网信息等行为的行政处罚		算机未通过局域网的方式接入互联网的;(二)未建立场内巡查制度,或者发现上网消费者违法行为未予制止并向文化行政部门、公安机关举报的;(三)未按规定时间保存登记内容、记录上网消费者的有效身份证件或者上网信息的;(四)未按规定时间保存登记内容、记录上网消费者的有效身份证件或者上网信息的;(五)变更名称、住所,法定代表人或者主要负责人,注册资本,网络地址未修改,删除登记内容,未办理有关手续或者备案的;(五)变更名称、住所,法定代表人或者主要负责人,注册资本,网络地址或者终止经营活动,未向文化行政部门、公安机关办理有关手续或者备案的。		
6	对互联网上网服务营业场所经营单位利用明火照明或者发现吸烟不予制止,或者未悬挂禁止吸烟标志等行为,情节严重的行政处罚	行政处罚	《互联网上网服务营业场所管理条例》第三十三条:互联网上网服务营业场所经营单位违反本条例的规定,有下列行为之一的,由公安机关给予警告,可以并处15000元以下的罚款;情节严重的,责令停业整顿,直至由文化行政部门吊销《网络文化经营许可证》:(一)利用明火照明或者发现吸烟不予制止,或者未悬挂禁止吸烟标志的;(二)允许带入或者存放易燃、易爆物品的;(三)在营业场所安装固定的封闭门窗栅栏的;(四)营业期间封堵或者锁闭疏散通道、安全疏散出口的;(五)遭自停止实施安全技术措施的。	文化和旅游行政部门	设区市级、县级
7	对娱乐场所实施《娱乐场所管理条例》第十四条禁止行为,情节严重的行政处罚	行政处罚	《娱乐场所管理条例》第四十三条:娱乐场所实施本条例第十四条禁止行为的,由县级公安机关没收违法所得和违法财物,责令停业整顿3个月至6个月;情节严重的,由原发证机关吊销娱乐经营许可证,对直接负责的主管人员和其他直接责任人员处1万元以上2万元以下的罚款。第十四条:娱乐场所及其从业人员不得实施下列行为,不得为进入娱乐场所的人员实施下列行为提供条件:(一)组织、强迫、引诱、容留、介绍他人卖淫;(二)贩卖、提供毒品,教唆、引诱、欺骗、强迫、容留他人吸食、注射毒品,或者以营利为目的的陪侍;(三)制作、贩卖、传播淫秽物品;(四)提供、从事邪教、迷信活动;(五)赌博;(六)从事卖淫、嫖娼、注射毒品,不得卖淫、嫖娼、注射毒品;(七)其他违法犯罪行为。娱乐场所的从业人员不得从事前款规定的行为。娱乐场所及其从业人员不得进入娱乐场所的人员实施上述行为提供条件。	文化和旅游行政部门	设区市级、县级

续表

序号	事项名称	职权类型	实施依据	实施主体 责任部门	实施主体 第一责任层级建议
8	对娱乐场所指使、纵容从业人员侵害消费者人身权利的,造成严重后果的行为的行政处罚	行政处罚	《娱乐场所管理条例》第四十六条:娱乐场所指使、纵容从业人员侵害消费者人身权利的,应当依法承担民事责任,并由县级公安部门责令停业整顿1个月至3个月;造成严重后果的,由原发证机关吊销娱乐经营许可证。	文化和旅游行政部门	设区市级、县级
9	对歌舞娱乐场所的歌曲点播系统与境外的曲库联接等行为的行政处罚	行政处罚	《娱乐场所管理条例》第四十八条:违反本条例规定,有下列情形之一的,由县级人民政府文化主管部门没收违法所得和非法财物,并处违法所得1倍以上3倍以下的罚款;没有违法所得或者违法所得不足1万元的,并处1万元以上3万元以下的罚款;情节严重的,责令停业整顿1个月至6个月:(一)歌舞娱乐场所的歌曲点播系统与境外的曲库联接或者播放含有本条例第十三条禁止内容的曲目、屏幕画面或游艺娱乐场所电子游戏机内的游戏项目含有本条例第十三条禁止内容的;(二)歌舞娱乐场所接纳未成年人的;(四)游艺娱乐场所设置的电子游戏机在国家法定节假日外向未成年人提供的;(五)娱乐场所容纳的消费者超过核定人数的。第十三条:国家倡导弘扬优秀文化,禁止娱乐场所内的娱乐活动含有下列内容:(一)违反宪法确定的基本原则的;(二)危害国家统一、主权和领土完整的;(三)危害国家安全,或者损害国家荣誉、利益的;(四)煽动民族仇恨、民族歧视,伤害民族感情或者侵害民族风俗、习惯,破坏民族团结的;(五)违反国家宗教政策,宣扬邪教、迷信的;(六)宣扬淫秽、赌博、暴力以及与毒品有关的违法犯罪活动,或者教唆犯罪的;(七)违背社会公德或者民族优秀文化传统的;(八)侮辱、诽谤他人,侵害他人合法权益的;(九)法律、行政法规禁止的其他内容。	文化和旅游行政部门	设区市级、县级
10	对娱乐场所变更有关事项,未按照《娱乐场所管理条例》规定申请重新核发娱乐经营许可证等行为的行政处罚	行政处罚	《娱乐场所管理条例》第四十九条:娱乐场所违反本条例规定,有下列情形之一的,由县级人民政府文化主管部门责令改正,给予警告;情节严重的,责令停业整顿1个月至3个月:(一)变更有关事项,未按照本条例规定申请重新核发娱乐经营许可证的;(二)在本条例规定的禁止营业时间内营业的;(三)从业人员在营业期间未佩带统一着装并佩带工作标志的。	文化和旅游行政部门	设区市级、县级

续表

序号	事项名称	职权类型	实 施 依 据	实施主体 责任部门	第一责任层级建议
11	对娱乐场所未按照《娱乐场所管理条例》规定建立从业人员名簿、营业日志，或者发现违法犯罪行为未按照《娱乐场所管理条例》规定报告的行为的行政处罚	行政处罚	《娱乐场所管理条例》第五十条：娱乐场所未按照本条例规定建立从业人员名簿、营业日志，或者发现违法犯罪行为未按照本条例规定报告的，由县级人民政府文化主管部门、县级公安部门依据法定职权责令改正，给予警告；情节严重的，责令停业整顿1个月至3个月。	文化和旅游行政部门	设区市级、县级
12	对娱乐场所未按规定悬挂警示标志、未成年人禁入或者限入标志的行为的行政处罚	行政处罚	《娱乐场所管理条例》第五十一条：娱乐场所未按照本条例规定悬挂警示标志、未成年人禁入或者限入标志的，由县级人民政府文化主管部门、县级公安部门依据法定职权责令改正，给予警告。	文化和旅游行政部门	设区市级、县级
13	对娱乐场所因违反《娱乐场所管理条例》规定，2年内被处以3次警告或者罚款，被2次责令停业整顿又有违反《娱乐场所管理条例》的行为应受行政处罚的行政处罚	行政处罚	《娱乐场所管理条例》第五十三条第三款：娱乐场所因违反本条例规定受行政处罚的行为应受行政处罚，2年内被处以3次警告或者罚款、县级公安部门、县级公安主管部门文化主管部门、县级公安部门依据法定职权责令停业整顿3个月至6个月；2年内被2次责令停业整顿又有违反本条例的行为应受行政处罚的，由原发证机关吊销娱乐经营许可证。	文化和旅游行政部门	设区市级、县级
14	对游艺娱乐场所设置未经文化主管部门内容核查的游戏游艺设备等行为的行政处罚	行政处罚	1.《游艺娱乐场所管理办法》第三十条：文化主管部门责令改正，并处5000元以上1万元以下的罚款；违反本办法第二十一条第（三）项规定的，由县级以上人民政府文化主管部门依照《条例》第四十八条予以处罚。	文化和旅游行政部门	设区市级、县级

续表

序号	事项名称	职权类型	实施依据	实施主体	
				责任部门	第一责任层级建议
			第二十一条：游艺娱乐场所经营应当符合以下规定：（一）不得设置未经文化主管部门内容核查的游戏游艺设备；（二）进行有奖经营活动的，奖品目录应当报所在地县级文化主管部门备案；（三）除国家法定节假日外，设置的电子游戏机不得向未成年人提供。 2.《娱乐场所管理条例》 第四十八条：违反本条例规定，有下列情形之一的，由县级人民政府文化主管部门没收违法所得和非法财物，并处违法所得1倍以上3倍以下的罚款；没有违法所得或者违法所得不足1万元的，并处1万元以上3万元以下的罚款；情节严重的，责令停业整顿1个月至6个月：（一）歌舞娱乐场所的歌曲点播系统与境外站点联接的；（二）歌舞娱乐场所播放的曲目含有本条例第十三条禁止内容的；（三）歌舞娱乐场所或者游艺娱乐场所的电子游戏机在国家法定节假日外向未成年人提供的；（四）游艺娱乐场所设置的电子游戏机上设有本条例第十三条禁止内容的游戏项目含有本条例第十三条禁止内容或者游戏机在国家法定节假日外向未成年人提供的；（五）娱乐场所容纳的消费者超过核定人数的。		
15	对娱乐场所未为未经文化主管部门批准的营业性演出活动提供场地的行政处罚	行政处罚	《娱乐场所管理办法》 第三十一条：娱乐场所违反本办法第二十二条第一款规定的，由县级以上人民政府文化主管部门责令改正，并处5000元以上1万元以下罚款。 第三十二条：娱乐场所违反本办法第二十三条规定的，由县级以上人民政府文化主管部门批准的营业性演出活动提供场地，应当符合《营业性演出管理条例》及《营业性演出管理条例实施细则》的规定。	文化和旅游行政部门	设区市级、县级
16	对娱乐场所未在显著位置悬挂娱乐经营许可证、未成年人禁入标志或者限入标志、标明"12318"文化市场举报电话的行政处罚	行政处罚	《娱乐场所管理办法》 第三十三条：娱乐场所违反本办法第二十四条规定的，由县级以上人民政府文化主管部门责令改正，予以警告。 第二十四条：娱乐场所应当在显著位置悬挂娱乐经营许可证，未成年人禁入或者限入标志，标明注明"12318"文化市场举报电话。	文化和旅游行政部门	设区市级、县级

续表

序号	事项名称	职权类型	实施依据	实施主体	
				责任部门	第一责任层级建议
17	对娱乐场所不配合文化主管部门的日常检查和技术监管措施的行政处罚	行政处罚	《娱乐场所管理办法》 第三十四条：娱乐场所违反本办法第二十五条规定的，由县级以上人民政府文化主管部门予以警告，并处5000元以上1万元以下罚款。 第二十五条：娱乐场所应当配合文化主管部门的日常检查和技术监管措施。	文化和旅游行政部门	设区市级、县级
18	对擅自从事营业性演出经营活动等的行政处罚	行政处罚	《营业性演出管理条例》 第四十三条第一款：有下列行为之一的，由县级人民政府文化主管部门予以取缔，没收演出器材和违法所得，并处5万元以上10万元以下的罚款；没有违法所得或者违法所得不足1万元的，并处5000元以上8倍以上10倍以下的罚款；构成犯罪的，依法追究刑事责任：（一）违反本条例第十二条、第十四条、第十一条规定，擅自从事营业性演出经营活动的；（二）违反本条例第十二条、第十四条规定，超范围从事营业性演出经营活动的；（三）违反本条例第八条第一款规定，变更营业性演出项目未向原发证机关申请换发营业性演出许可证的。 第六条：文艺表演团体申请从事营业性演出活动，应当有与其业务相适应的专职演员和演出器材设备，并向县级人民政府文化主管部门提出申请；演出经纪机构申请从事营业性演出活动，应当有3名以上专职演出经纪人员和与其业务相适应的资金、自有场所，并向省、自治区、直辖市人民政府文化主管部门提出申请。文化主管部门应当自受理申请之日起20日内作出决定。批准的，颁发营业性演出许可证；不批准的，应当书面通知申请人并说明理由。 第十条：外国投资者可以依法在中国境内投资设立演出经纪机构、演出场所经营单位。外商投资演出经纪机构、外商投资演出场所经营单位申请从事营业性演出经营活动，应当向国务院文化主管部门提出申请。国务院文化主管部门应当自收到申请之日起20日内作出决定。批准的，颁发演出许可证；不批准的，应当书面通知申请人并说明理由。 第十一条：香港特别行政区、澳门特别行政区的文艺表演团体；香港特别行政区、澳门特别行政区的投资者可以在内地投资设立合资、合作经营的演出经纪机构、演出场所经营单位以及由内地方控股的文艺表演团体；香港特别行政区、澳门特别行政区的投资者可以在大陆设立演出经纪机构、演出场所经营单位，不得设立分支机构。台湾地区的投资者可以在大陆投资设立合资、合作、独资经营的演出经纪机构、文艺表演团体，依照本条规定设立的演出经纪机构、文艺表演团	文化和旅游行政部门	设区市级、县级

续表

序号	事项名称	职权类型	实施依据	实施主体	
				责任部门	第一责任层级建议
			体申请从事营业性演出经营活动,依照本条例设立的演出场所经营单位申请从事演出场所经营活动,应当向省、自治区、直辖市人民政府文化主管部门提出申请。省、自治区、直辖市人民政府文化主管部门应当自收到申请之日起20日内作出决定。批准的,颁发营业性演出许可证;不批准的,应当书面通知申请人并说明理由。依照本条例设立演出经纪机构、演出场所经营单位的,还应当遵守我国其他法律、法规的规定。 第十二条:文艺表演团体、个体演员可以自行举办营业性演出,也可以参加营业性演出。营业性组合演出应当由演出经纪机构举办或者可以在本单位经营的场所内举办营业性演出;但是,演出场所经营单位不得演出的居间、代理、行纪活动;个体演出经纪人员能从事营业性演出的居间、代理活动。演出经纪机构可以从事营业性演出的居间、代理活动。 第十四条:除演员外,其他任何单位或者个人不得举办外国的或者香港特别行政区、澳门特别行政区、台湾地区的文艺表演团体、个人参加的营业性演出。但是,文艺表演团体自行举办营业性演出,可以邀请外国的或者香港特别行政区、澳门特别行政区、台湾地区的文艺表演团体、个人参加。 第八条第一款:文艺表演团体变更名称、住所、法定代表人或者主要负责人、营业性演出经营项目,应当向原发证机关申请变更发营业性演出许可证,并依法到工商行政管理部门办理变更登记。 《营业性演出管理条例》 第四十四条第一款:违反本条例第十三条、第十五条规定,未经批准举办营业性演出的,由县级人民政府文化主管部门责令停止演出,没收违法所得,并处违法所得8倍以上10倍以下的罚款;没有违法所得或者违法所得不足1万元的,并处5万元以上10万元以下的罚款;情节严重的,由原发证机关吊销营业性演出许可证。 第十三条:举办营业性演出,应当自受理申请之日起3日内作出决定。县级人民政府文化主管部门在受理申请之日起3日内作出决定。符合本条例第二十五条规定的,发给批准文件;对不符合本条例第二十五条规定的,不予批准,书面通知申请人并说明理由。		
19	对未经批准举办营业性演出的行政处罚	行政处罚		文化和旅游行政部门	设区市级、县级

续表

序号	事项名称	职权类型	实施依据	实施主体	
				责任部门	第一责任层级建议
20	对变更演出的名称、时间、地点、场次未重新报批等行为的行政处罚	行政处罚	第十五条：举办外国的文艺表演团体、个人参加的营业性演出，演出举办单位应当向演出所在地省、自治区、直辖市人民政府文化主管部门提出申请。举办香港特别行政区、澳门特别行政区的文艺表演团体、个人参加的营业性演出，演出举办单位应当向演出所在地省、自治区、直辖市人民政府文化主管部门提出申请。举办台湾地区的文艺表演团体、个人参加的营业性演出，演出举办单位应当向国务院文化主管部门或者省、自治区、直辖市人民政府文化主管部门提出申请。国务院文化主管部门或者省、自治区、直辖市人民政府文化主管部门应当自受理申请之日起20日内作出决定。对符合本条例第二十五条规定的，发给批准文件；对不符合本条例第二十五条规定的，不予批准，书面通知申请人并说明理由。《营业性演出管理条例》第四十四条第二款：违反本条例第二款规定，变更演出举办单位、参加演出的文艺表演团体、演员未重新报批的，依照前款规定处罚，给予警告，可以并处3万元以下的罚款；场次未重新报批的，由县级人民政府文化主管部门责令改正，给予警告，可以并处3万元以下的罚款。第十六条第三款：营业性演出需要变更申请材料所列事项的，应当分别依照本条例第十三条、第十五条规定重新报批。第十三条：举办营业性演出，应当向演出所在地县级人民政府文化主管部门提出申请。县级人民政府文化主管部门应当自受理申请之日起3日内作出决定。对不符合本条例第二十五条规定的，不予批准，书面通知申请人并说明理由。第十五条：举办外国的文艺表演团体、个人参加的营业性演出，演出举办单位应当向演出所在地省、自治区、直辖市人民政府文化主管部门提出申请。举办香港特别行政区、澳门特别行政区的文艺表演团体、个人参加的营业性演出，演出举办单位应当向演出所在地省、自治区、直辖市人民政府文化主管部门提出申请。举办台湾地区的文艺表演团体、个人参加的营业性演出，演出举办单位应当向国务院文化主管部门或者省、自治区、直辖市人民政府文化主管部门提出申请。国务院文化主管部门或者省、自治区、直辖市人民政府文化主管部门应当自受理申请之日起20日内作出决定。对符合本条例第二十五条规定的，发给批准文件；对不符合本条例第二十五条规定的，不予批准，书面通知申请人并说明理由。	文化和旅游行政部门	设区市级、县级

续表

序号	事项名称	职权类型	实 施 依 据	实施主体 责任部门	实施主体 第一责任层级建议
21	对演出场所经营单位为未经批准的营业性演出提供场地的行政处罚	行政处罚	《营业性演出管理条例》第四十条第三款：演出场所经营单位为未经批准的营业性演出提供场地的，由县级人民政府文化主管部门责令改正，没收违法所得，并处违法所得3倍以上5倍以下的罚款；没有违法所得或者违法所得不足1万元的，并处3万元以上5万元以下的罚款。	文化和旅游行政部门	设区市级、县级
22	对伪造、变造、出租、出借、买卖营业性演出许可证，批准文件，或者以非法手段取得营业性演出许可证、批准文件的行政处罚	行政处罚	《营业性演出管理条例》第四十五条：违反本条例规定，伪造、变造、出租、出借、买卖营业性演出许可证、批准文件，或者以非法手段取得营业性演出许可证、批准文件的，由县级人民政府文化主管部门没收违法所得，并处违法所得8倍以上10倍以下的罚款；没有违法所得或者违法所得不足1万元的，并处5万元以上10万元以下的罚款；构成犯罪的，依法追究刑事责任。吊销、撤销、批准文件；任何单位或者个人不得伪造、变造、出租、出借、买卖营业性演出门票；对原取得的营业性演出许可证、批准文件予以吊销。第三十一条：任何单位或者个人不得伪造、变造营业执照，不得伪造、变造、倒卖伪造、变造营业性演出门票。	文化和旅游行政部门	设区市级、县级
23	对营业性演出有《营业性演出管理条例》第二十五条禁止情形的行政处罚	行政处罚	《营业性演出管理条例》第四十六条第一款：营业性演出有本条例第二十五条禁止情形的，由县级人民政府文化主管部门责令停止演出，没收违法所得，并处违法所得8倍以上10倍以下的罚款；没有违法所得或者违法所得不足1万元的，并处5万元以上10万元以下的罚款；情节严重的，由原发证机关吊销营业性演出许可证；违反治安管理规定的，由公安机关依法予以处罚；构成犯罪的，依法追究刑事责任。第二十五条：营业性演出不得有下列情形：（一）反对宪法确定的基本原则的；（二）危害国家统一、主权和领土完整，危害国家安全，或者损害国家荣誉和利益的；（三）煽动民族仇恨、民族歧视，侵害民族风俗习惯，伤害民族感情，破坏民族团结，违反宗教政策，破坏社会稳定的；（四）扰乱社会秩序，破坏社会稳定的；（五）危害社会公德或者损害民族优秀文化传统的；（六）宣扬淫秽、色情、赌博、邪教、迷信或者教唆犯罪的；（七）侮辱或者诽谤他人，侵害他人合法权益的；（八）表演方式恐怖、残忍，摧残演员身心健康的；（九）利用人体缺陷或者以展示人体变异等方式招徕观众的；（十）法律、行政法规禁止的其他情形。	文化和旅游行政部门	设区市级、县级

续表

序号	事项名称	职权类型	实施依据	实施主体	
				责任部门	第一责任层级建议
24	对演出场所经营单位、演出举办单位发现营业性演出有《营业性演出管理条例》第二十五条禁止演出情形未采取措施予以制止或者未依照《营业性演出管理条例》第二十六条规定报告的行政处罚	行政处罚	《营业性演出管理条例》第四十六条第二款：演出场所经营单位、演出举办单位发现营业性演出有本条例第二十五条禁止情形未采取措施予以制止的，由县级以上10万元以下的罚款；未依照本条例第二十六条规定给予警告，并处5万元以上10万元以下的罚款；未依照本条例第二十六条规定报告的，由县级人民政府文化主管部门、公安部门依据法定职权给予警告，并处5000元以上1万元以下的罚款。第二十五条：营业性演出不得有下列情形：（一）反对宪法确定的基本原则的；（二）危害国家统一、主权和领土完整，危害国家安全，或者损害国家荣誉和利益的；（三）煽动民族仇恨、民族歧视，破坏民族团结，伤害民族感情，破坏民族风俗习惯的；（四）扰乱社会秩序、违反宗教政策的；（五）危害社会公德或者损害民族优秀文化传统的；（六）宣扬淫秽、色情、邪教、迷信或者宣染暴力的；（七）侮辱或者诽谤他人，侵害他人合法权益的；（八）表演方式异常体方式异常招致观众的；（九）利用人体缺陷或者展示人体变异等方式招致观众的；（十）法律、行政法规禁止的其他情形。第二十六条：演出场所经营单位、演出举办单位发现营业性演出有本条例第二十五条禁止情形的，应当立即采取措施予以制止并同时向演出所在地县级人民政府文化主管部门、公安部门报告。	文化和旅游行政部门	设区市级、县级
25	对演出举办单位、文艺表演团体、演员非因不可抗力中止、停止演出等行为的行政处罚	行政处罚	《营业性演出管理条例》第四十七条：有下列行为之一的，对演出举办单位、文艺表演团体，由省、自治区、直辖市人民政府文化主管部门向社会公布；演出举办单位、文艺表演团体在2年内再次被公布的，由原发证机关吊销营业性演出许可证；个体演员在2年内再次被公布的，由原工商行政管理部门吊销营业执照：（一）非因不可抗力中止、停止演出或者演出主要节目未变更及时告知观众的；（二）以假唱欺骗观众的；（三）以假唱欺骗观众的，观众有权在退场后依照有关消费者权益保护的法律规定要求演出举办单位赔偿损失；演出举办单位可以依法向负有责任的文艺表演团体、演员追偿。前款第（一）项、第（二）项和第（三）项所列行为之一的，观众有权在退场后依照有关消费者权益保护的法律规定要求演出举办单位赔偿损失；演出举办单位可以依法向负有责任的文艺表演团体、演员追偿。（四）为演员假唱提供条件的。	文化和旅游行政部门	设区市级、县级

续表

序号	事项名称	职权类型	实施依据	实施主体 责任部门	第一责任层级建议
			有本条第一款第（一）项、第（二）项和第（三）项所列行为之一的，由县级人民政府文化主管部门处5万元以上10万元以下的罚款；有本条第一款第（四）项所列行为的，由县级人民政府文化主管部门处5000元以上1万元以下的罚款。		
26	对以政府或者政府部门的名义举办营业性演出，或者营业性演出冠以"中华"、"全国"、"国际"等字样的行政处罚	行政处罚	《营业性演出管理条例》第四十八条第一款：以政府或者政府部门的名义举办的，由县级人民政府文化主管部门责令改正，没收违法所得，并处违法所得3倍以上5倍以下的罚款；没有违法所得或者违法所得不足1万元的，并处1万元以上5万元以下的罚款；拒不改正或者造成严重后果的，由原发证机关吊销营业性演出许可证。	文化和旅游行政部门	设区市级、县级
27	对演出举办单位或者其法定代表人、主要负责人及其他直接责任人员在募捐义演中获取经济利益的行政处罚	行政处罚	《营业性演出管理条例》第四十九条第一款：演出举办单位或者其法定代表人、主要负责人及其他直接责任人员从募捐义演中获取经济利益的，由县级以上人民政府文化主管部门依据各自职权责令退回并支付受捐单位，依法追究刑事责任；尚不构成犯罪的，由县级以上人民政府文化主管部门依据各自职权处违法所得3倍以上5倍以下的罚款，并由国务院文化主管部门或者省、自治区、直辖市人民政府文化主管部门向社会公布违法行为人的名称或者姓名，自违法公布日起3年内不得举办营业性演出活动；吊销演出举办单位的营业性演出许可证。	文化和旅游行政部门	设区市级、县级
28	对文艺表演团体变更名称、住所、法定代表人或者主要负责人未向原发证机关申请换发营业性演出许可证的行政处罚	行政处罚	《营业性演出管理条例》第五十条第一款：违反本条例第八条第一款规定，变更名称、住所、法定代表人或者主要负责人，未向原发证机关申请换发营业性演出许可证的，由县级人民政府文化主管部门责令改正，给予警告，并处1万元以上3万元以下的罚款。第八条第一款：文艺表演团体变更名称、住所、法定代表人或者主要负责人，营业性演出经营项目，应当向原发证机关申请换发营业性演出许可证，并依法到工商行政管理部门办理变更登记。	文化和旅游行政部门	设区市级、县级

续表

序号	事项名称	职权类型	实施依据	实施主体	
				责任部门	第一责任层级建议
29	对违反《营业性演出管理条例》第七条第二款、第八条第二款、第九条第二款规定,未办理备案手续的行政处罚	行政处罚	《营业性演出管理条例》 第五十条第二款:违反本条例第七条第二款、第八条第二款、第九条第二款规定,未办理备案手续的,由县级人民政府文化主管部门责令改正,给予警告,并处5000元以上1万元以下的罚款。 第七条第二款:演出场所经营单位应当自领取营业执照之日起20日内向所在地县级人民政府文化主管部门备案。 第八条第二款:演出场所经营单位变更名称、住所、法定代表人或者主要负责人,应当依法到工商行政管理部门办理变更登记,并向原备案机关备案。 第九条第二款:个体演员、个体演出经纪人应当自领取营业执照之日起20日内向所在地县级人民政府文化主管部门备案。	文化和旅游行政部门	设区市级、县级
30	对演出举办单位印制、出售超过核准观众数量或者观众区域以外的门票,造成严重后果的行政处罚	行政处罚	《营业性演出管理条例》 第五十一条第二款:演出举办单位印制、出售超过核准观众数量或者观众区域以外的门票的,由县级以上人民政府公安部门依各自职责责令改正,没收违法所得,并处违法所得3倍以上5倍以下的罚款;没有违法所得或者违法所得不足1万元的,并处3万元以上5万元以下的罚款;造成严重后果的,由原发证机关吊销营业性演出许可证;构成犯罪的,依法追究刑事责任。	文化和旅游行政部门	设区市级、县级
31	对未在演出前向演出所在地县级文化主管部门提交符合《营业性演出管理条例》第二十条规定的演出场所的	行政处罚	1.《营业性演出管理条例实施细则》 第四十二条:违反本实施细则第十七条规定,未在演出前向演出所在地县级文化主管部门提交《条例》第二十条规定《条例》第十六条规定,申请举办营业性演出,应当持营业执照或者备案证明,向文化主管部门提交符合《条例》第二十条第(二)、(三)项规定的文件。申请举办临时搭建舞台、看台的营业性演出,还应当提交《条例》第二十条第(一)项规定的文件。 第十七条:演出举办单位还应当在演出前向演出所在地县级文化主管部门提交符合《条例》第二十条第(一)项规定的文件。对经批准搭建的临时搭建舞台、看台文化主管部门提交符合《条例》第二十条规定条件的文件,不符合规定的,演出活动不得举行。	文化和旅游行政部门	设区市级、县级

续表

序号	事项名称	职权类型	实 施 依 据	实施主体 责任部门	第一责任层级建议
	对举办营业性临时搭建舞台、看台营业性演出的行政处罚		2.《营业性演出管理条例》 第四十四条第一款：违反本条例第十三条、第十五条规定，未经批准举办营业性演出的，由县级人民政府文化主管部门责令停止演出，没收违法所得，并处违法所得8倍以上10倍以下的罚款；没有违法所得或者违法所得不足1万元的，并处5万元以上10万元以下的罚款；情节严重的，由原发证机关吊销营业性演出许可证。 第十六条：申请举办营业性演出，提交的申请材料应当包括下列内容：（一）演出名称、演出举办单位和参加演出的文艺表演团体、演员；（二）演出时间、地点、场次；（三）节目及其视听资料。申请举办营业性演出的文艺表演团体、演员，还应当提交文艺表演团体、演员同意参加演出的书面函件。营业性演出需要变更申请材料所列事项的，应当分别依照本条例第十三条、第十五条规定重新报批。 第二十条：审批临时搭建舞台、看台的营业性演出时，文化主管部门应当核验演出场所合格证明；（二）安全保卫工作方案和灭火、应急疏散预案；（三）依法取得的演出场所的消防批准文件。		
32	对举办营业性涉外或者涉港澳台演出，隐瞒近2年内违反《营业性演出管理条例》规定的记录、提交虚假书面声明的行政处罚	行政处罚	《营业性演出管理条例实施细则》 第四十三条：举办营业性涉外或者涉港澳演出，隐瞒近2年内违反《条例》规定的记录，提交虚假书面声明的，由负责审批的文化主管部门处以3万元以下罚款。	文化和旅游行政部门	设区市级、县级
33	对经批准到艺术院校从事教学、研究工作的外国或者外国港澳台艺术人员擅自从事营业性演出的行政处罚	行政处罚	1.《营业性演出管理条例实施细则》 第四十五条：违反本条例实施细则第二十条规定，经批准到艺术院校从事教学、研究工作的外国或者涉港澳台艺术人员擅自从事营业性演出的，由县级文化主管部门责令改正，给予处罚。 第二十条：经批准到艺术院校从事教学、研究工作的外国或者港澳台艺术人员从事营业性演出的，应当委托经纪机构承办。	文化和旅游行政部门	设区市级、县级

续表

序号	事项名称	职权类型	实 施 依 据	实施主体 责任部门	实施主体 第一责任层级建议
			2.《营业性演出管理条例》 第四十三条：有下列行为之一的，由县级人民政府文化主管部门予以取缔，没收演出器材和违法所得，并处违法所得8倍以上10倍以下的罚款；没有违法所得或者违法所得不足1万元的，并处5万元以上10万元以下的罚款；构成犯罪的，依法追究刑事责任：（一）违反本条例第六条、第十条、第十一条规定，擅自从事营业性演出经营活动的；（二）违反本条例第八条、第十四条规定，超范围从事营业性演出经营活动的；（三）违反本条例第十二条规定，变更营业性演出项目未向原发证机关申请换发营业性演出许可证的。 违反本条例第七条、第九条规定，擅自设立演出经营主体的，由县级文化主管部门依法予以取缔；擅自从事演出经纪活动的，由工商行政管理部门依法予以取缔。		
34	对非演出场所经营单位擅自举办演出的行政处罚	行政处罚	1.《营业性演出管理条例实施细则》 第四十六条：违反本条实施细则第二十一条规定，非演出场所给予处罚。 文化主管部门依照《条例》第四十三条规定给予处罚。 第二十一条：歌舞娱乐场所、旅游景区、主题公园、游乐园、宾馆、饭店、酒吧、餐饮场所等非演出场所经营单位需要在本场所内举办营业性演出的，应当委托演出纪机构按办。在上述场所驻场外演出，应当报演出场所所在地省级文化主管部门审批。 2.《营业性演出管理条例》 第四十三条：有下列行为之一的，由县级人民政府文化主管部门予以取缔，没收演出器材和违法所得，并处违法所得8倍以上10倍以下的罚款；没有违法所得或者违法所得不足1万元的，并处5万元以上10万元以下的罚款；构成犯罪的，依法追究刑事责任：（一）违反本条例第六条、第十条、第十一条规定，擅自从事营业性演出经营活动的；（二）违反本条例第八条、第十四条规定，超范围从事营业性演出经营活动的；（三）违反本条例第十二条规定，变更营业性演出项目未向原发证机关申请换发营业性演出许可证的。 违反本条例第七条、第九条规定，擅自设立演出经营主体的，由工商行政管理部门依法予以取缔；处罚；构成犯罪的，依法追究刑事责任。	文化和旅游行政部门	设区市级、县级

续表

序号	事项名称	职权类型	实施依据	责任部门	第一责任层级建议
35	对在演播厅外从事符合《营业性演出管理条例实施细则》第二十三条规定条件的电视文艺节目的现场录制,未办理审批手续的行政处罚	行政处罚	1.《营业性演出管理条例实施细则》第四十八条:违反本实施细则第二十三条规定,在演播厅外从事符合本实施细则第二十三条规定条件的电视文艺节目的现场录制,未办理审批手续的,由县级文化主管部门依照《条例》第四十三条规定给予处罚。第二十三条:在演播厅外从事电视文艺节目的现场录制,符合本实施细则第二十三条规定条件的,应当依照《条例》和本实施细则的规定办理审批手续。2.《营业性演出管理条例》第四十三条:有下列行为之一的,由县级人民政府文化主管部门予以取缔,没收演出器材和违法所得,并处违法所得8倍以上10倍以下的罚款;没有违法所得或者违法所得不足1万元的,并处5万元以上10万元以下的罚款;构成犯罪的,依法追究刑事责任:(一)违反本条例第十一条、第十四条规定,超范围从事营业性演出经营活动的;(二)违反本条例第十二条、第十四条规定,擅自从事营业性演出经营活动的;(三)违反本条例第八条第一款规定,变更营业性演出经营项目未向原发证机关申请换发营业性演出许可证的。第七条、第九条规定,擅自设立演出场所经营单位或者擅自从事营业性演出活动的,由工商行政管理部门依法予以取缔,处罚;构成犯罪的,依法追究刑事责任。	文化和旅游行政部门	设区市级、县级
36	对擅自举办募捐义演或者其他公益性演出的行政处罚	行政处罚	1.《营业性演出管理条例实施细则》第四十九条:违反本实施细则第二十四条规定,擅自举办募捐义演或者其他公益性演出的,县级以上文化主管部门依照《条例》第四十三条规定给予处罚。第二十四条:举办募捐义演,应当依照《条例》和本实施细则的规定办理审批手续。演出举办单位和演出人员不得获取演出报酬,不得从中获利润。演出成本是指演员收入、住、交通费用、捐赠款物、赞助收入、服装道具、场地、宣传等费用。募捐义演结束后10日内,演出举办单位或者演员应当将演出收入、支出结算报审批机关备案。举办其他公益性演出,参照本条规定执行。第二十条:募办募捐义演,演出举办单位不得获取报酬,不得从中获利润。演出成本是指演员收入、住、交通费用的,捐赠款人、捐赠款物、赞助收入、服装道具、场地、宣传等费用。募办其他公益性演出,参照本条规定执行。	文化和旅游行政部门	设区市级、县级

续表

序号	事项名称	职权类型	实 施 依 据	实施主体 - 责任部门	实施主体 - 第一责任层级建议
37	对在演出经营活动中，不履行应尽义务，转让演出活动经营权的行政处罚	行政处罚	2.《营业性演出管理条例》第四十三条第一款：有下列行为之一的，由县级人民政府文化主管部门予以取缔，没收演出器材和违法所得，并处违法所得8倍以上10倍以下的罚款；没有违法所得或者违法所得不足1万元的，并处5万元以上10万元以下的罚款；构成犯罪的，依法追究刑事责任：（一）违反本条例第六条、第十条、第十一条规定，擅自从事营业性演出经营活动的；（二）违反本条例第十二条、第十四条规定，超范围从事营业性演出经营活动的；（三）违反本条例第八条第一款规定，变更营业性演出经营项目未向原发证机关申请换发营业性演出许可证的。 1.《营业性演出管理条例实施细则》第五十条：违反本条例第二十六条、第二十五条规定，在演出经营活动中，不履行应尽义务，倒卖、转让演出活动经营权的，由县级文化主管部门依照《条例》第四十五条规定给予处罚。 第二十五条：营业性演出经营主体举办营业性演出，应当办理演出申报手续；（二）安排演出节目内容；（三）依法缴纳或者代扣代缴有关税费；（四）确定演出场地并负责演出现场管理；（五）安排演出活动的收支核算；（六）接受文化主管部门监督管理；（七）其他依法需要承担的义务。 第二十六条：举办营业性涉外或者涉港澳台文艺表演团体，个人出入境手续，巡回演出的还要负责其全程联络和节目安排。 2.《营业性演出管理条例》第四十五条：违反本条例第三十一条规定，伪造、变造、出租、出借、出售演出许可证、批准文件，或者以非法手段取得营业性演出许可证、批准文件的，由县级人民政府文化主管部门没收违法所得，并处违法所得8倍以上10倍以下的罚款；没有违法所得或者违法所得不足1万元的，并处5万元以上10万元以下的罚款；构成犯罪的，依法追究刑事责任。吊销、撤销营业执照，个人不得个人执业，不得参与演出活动。 第三十一条：任何单位或者个人不得伪造、变造、出租、出借、出售演出许可证、批准文件或者倒卖演出门票或者营业性演出票，变造或者倒卖伪造、变造营业性演出门票。	文化和旅游行政部门	设区市级、县级

续表

序号	事项名称	职权类型	实施依据	实施主体 / 责任部门	第一责任层级建议
38	对未经批准、擅自出售演出门票的行政处罚	行政处罚	《营业性演出管理条例实施细则》 第五十一条：违反本实施细则第二十七条规定，未经批准，擅自出售演出门票的，由县级文化主管部门责令停止违法活动，并处3万元以下罚款。 第二十七条：营业性演出活动经批准后方可出售门票。	文化和旅游行政部门	设区市级、县级
39	对以假演奏等手段欺骗观众的行政处罚	行政处罚	1.《营业性演出管理条例》 第四十七条第二款：以假演奏等手段欺骗观众的，由县级文化主管部门依照《条例》第四十七条的规定给予处罚。 2.《营业性演出管理条例》 第四十七条：有下列行为之一的，对演出举办单位、文艺表演团体、演员，由国务院文化主管部门或者省、自治区、直辖市人民政府文化主管部门向社会公布，文艺表演团体、演员举办单位2年内再次被公布的，由工商行政管理部门吊销营业执照；（一）非因不可抗力而中止、停止或者退出演出的；个体演员在2年内再次被公布的，由原发证机关吊销演出许可证；（二）演出举办单位、文艺表演团体、主要演员或者主要演出节目内容等发生变更未及时告知观众的；（三）以假唱假演奏等手段欺骗观众的；（四）为假唱假演奏提供条件的。 有前款第（一）项、第（二）项和第（三）项所列行为之一的，观众有权在退场后依照有关消费者权益保护的法律规定要求演出举办单位依法赔偿损失；演出举办单位向负有责任的文艺表演团体、演员追偿。 有本条第一款第（一）项、第（二）项和第（三）项所列行为之一的，由县级人民政府文化主管部门处5万元以上10万元以下的罚款；有本条第一款第（四）项所列行为的，由县级人民政府文化主管部门处5000元以上1万元以下的罚款。	文化和旅游行政部门	设区市级、县级
40	对演出举办单位没有现场演唱、演奏记录的行政处罚	行政处罚	《营业性演出管理条例实施细则》 第五十一条第一款：违反本实施细则第二十八条规定，演出举办单位没有现场演唱、演奏记录的，由县级文化主管部门处以3000元以下罚款。 第二十八条：营业性演出不得以假唱、假演奏等手段欺骗观众。 前款所称假唱是指演员在演出过程中，使用事先录制好的歌曲、乐曲代替现场演唱、演奏。	文化和旅游行政部门	设区市级、县级

十四、行政执法事项指导目录 757

续表

序号	事项名称	职权类型	实 施 依 据	实施主体 责任部门	第一责任层级建议
			奏的行为。演出举办单位应当派专人对演唱、演奏行为进行监督，并作出记录备查。记录内容包括演员、乐队、曲目的名称和演唱、演奏过程的基本情况，并由演出举办单位负责人和监督人员签字确认。		
41	对文化主管部门或者文化行政执法机构检查营业性演出现场，演出举办单位拒不接受检查的行政处罚	行政处罚	《营业性演出管理条例实施细则》第五十三条：县级以上文化主管部门或者文化行政执法机构检查营业性演出现场，演出举办单位拒不接受检查的，由县级以上文化主管部门处以3万元以下罚款。	文化和旅游行政部门	设区市级、县级
42	对未经批准，擅自从事经营性互联网文化活动的的行政处罚	行政处罚	《互联网文化管理暂行规定》第二十一条：未经审批，擅自从事经营性互联网文化活动的，由县级以上人民政府文化行政部门或者文化市场综合执法机构责令停止经营性互联网文化活动，予以警告，并处30000元以下罚款；拒不停止经营活动的，依法列入文化市场黑名单，予以信用惩戒。	文化和旅游行政部门	设区市级、县级
43	对互联网文化单位未在其网站主页显著位置标明文化行政部门颁发的《网络文化经营许可证》编号或者备案编号的行政处罚	行政处罚	《互联网文化管理暂行规定》第二十三条：经营性互联网文化单位违反本规定第十二条，由县级以上人民政府文化行政部门或者文化市场综合执法机构责令限期改正；拒不改正的，由县级以上人民政府文化行政部门责令停止互联网文化活动，并可根据情节轻重处10000元以下罚款。非经营性互联网文化单位违反本规定第十二条，由县级以上人民政府文化行政部门责令限期改正；拒不改正的，责令停止在其网站主页显著位置标明国务院信息产业主管部门颁发的《网络文化经营许可证》编号或者备案编号，并处500元以下罚款。	文化和旅游行政部门	设区市级、县级
44	对经营性互联网文化单位违反《互联网文化管理暂行规定》第	行政处罚	《互联网文化管理暂行规定》第二十五条：经营性互联网文化单位违反本规定第十五条，经营进口互联网文化产品未在其显著位置标明文化部批准文号，经营国产互联网文化产品未在其显著位置标明文化部备案编号	文化和旅游行政部门	设区市级、县级

序号	事项名称	职权类型	实施依据	实施主体	
				责任部门	第一责任层级建议
	十五条，经营进口互联网文化单位未在其显著位置标明文化部批准文号、经营国产互联网文化产品未在其显著位置标明文化部备案编号的行政处罚		的，由县级以上人民政府文化行政部门或者文化市场综合执法机构责令改正，并可根据情节轻重处10000元以下罚款。第十五条：经营进口互联网文化产品的活动应当由取得文化行政部门核发的《网络文化经营许可证》的经营性互联网文化单位实施，进口互联网文化产品应当报文化部进行内容审查。文化部应当自受理内容审查申请之日起20日内（不包括专家评审所需时间）做出批准或者不批准的决定。批准的，发给批准文件；不批准的，应当说明理由。经批准的进口互联网文化产品应当在其显著位置标明文化部的批准文号。经批准之日起一年内未在国内经营的，进口互联网文化单位经营的国产互联网文化产品应当编号，具体办法另行规定。		
45	对经营性互联网文化单位经营国产互联网文化产品逾期未报文化行政部门备案的行政处罚	行政处罚	《互联网文化管理暂行规定》第二十七条：经营性互联网文化单位违反本规定第十条，经营国产互联网文化产品逾期未报文化行政部门备案的，由县级以上人民政府文化市场综合执法机构责令改正，并可根据情节轻重处20000元以下罚款。第十五条：经营进口互联网文化产品的活动应当由取得文化行政部门核发的《网络文化经营许可证》的经营性互联网文化单位实施，进口互联网文化产品应当报文化部进行内容审查。文化部应当自受理内容审查申请之日起20日内（不包括专家评审所需时间）做出批准或者不批准的决定。批准的，发给批准文件；不批准的，应当说明理由。经批准的进口互联网文化产品应当在其显著位置标明文化部的批准文号。经批准之日起一年内未在国内经营的，经营互联网文化单位经营的国产互联网文化产品应当编号，具体办法另行规定。	文化和旅游行政部门	设区市级、县级

续表

序号	事项名称	职权类型	实施依据	实施主体		
				责任部门	第一责任层级建议
46	对经营性互联网文化单位未建立自审制度的行政处罚	行政处罚	《互联网文化管理暂行规定》第二十九条：经营性互联网文化综合执法机构责令改正，并可根据情节轻重处 20000 元以下罚款。第十八条：互联网文化单位应当建立自审制度，明确专门部门、配备专业人员负责互联网文化产品内容和活动的自查与管理，保障互联网文化产品内容和活动的合法性。	文化和旅游行政部门	设区市级、县级
47	对设立从事艺术品经营活动的艺术品经营单位未按规定到住所地县级以上人民政府文化行政部门备案的行政处罚	行政处罚	《艺术品经营管理办法》第十九条：违反本办法第五条规定的，由县级以上人民政府文化行政部门或者依法授权的文化市场综合执法机构责令改正，并可根据情节轻重处 10000 元以下罚款。第五条：设立从事艺术品经营活动的经营单位，并在领取营业执照之日起 15 日内，到其住所地县级以上人民政府文化行政部门申请营业执照，法律、法规规定执行；其他经营单位增设艺术品经营业务的，应当按前款办理备案手续。	文化和旅游行政部门	设区市级、县级
48	对所经营的艺术品未标明作者、年代、尺寸、材料、保存状况和销售价格等信息的行为的行政处罚	行政处罚	《艺术品经营管理办法》第二十二条：违反本办法第九条、第十一条规定的，由县级以上人民政府文化行政部门或者依法授权的文化市场综合执法机构责令改正，并可根据情节轻重处 30000 元以下罚款。第九条：艺术品经营单位应当遵守以下规定：（一）对所经营的艺术品应当标明作者、年代、尺寸、材料、保存状况和销售价格等信息；（二）保障交易有关方的原始凭证、销售合同、台账、账簿等资料，按照法律、法规规定执行，法律、法规没有明确期限的，保存期不得少于 5 年。第十一条：艺术品经营单位从事艺术品鉴定、评估服务，应当遵守以下规定：（一）书面委托人签订书面协议，约定鉴定、评估事项，鉴定、评估程序或者需要告知、提示委托人的全面客观说明，作出评估结论的依据，鉴定、评估结论应当包括运用范围以及被委托人的事项、鉴定、评估结论的证明文件的程序，做出评估结论的证据；（二）明示艺术品鉴定、评估结论的证据，鉴定、评估结论出具者的真实性负责，评估人签字并承担相关责任；（三）评估结论的证明，鉴定、评估结论副本及鉴定、评估结论说明，并对鉴定、评估结论的真实性负责，评估人签字以承担相关责任；（四）保留书面鉴定、鉴定、评估结论副本及鉴定、评估结论档案不得少于 5 年。	文化和旅游行政部门	设区市级、县级

续表

序号	事项名称	职权类型	实施依据	实施主体	
				责任部门	第一责任层级建议
49	对未经批准擅自开办艺术考级活动的行政处罚	行政处罚	《社会艺术水平考级管理办法》第二十四条：未经批准擅自开办艺术考级活动的，由县级以上文化行政部门或者文化市场综合执法机构责令停止违法活动，并处10000元以上30000元以下罚款。	文化和旅游行政部门	设区市级、县级
50	对组织艺术考级活动未按规定将考级简章、考级时间、考级地点、考生数量、考场安排、考官名单等情况报备案等行为的行政处罚	行政处罚	《社会艺术水平考级管理办法》第二十五条：艺术考级机构有下列行为之一的，由县级以上人民政府文化行政部门或者艺术考级活动前未向社会发布考级简章或考级活动结束后未按规定报送考级结果的；（五）艺术考级活动结束后未按规定报送考级结果的；（五）艺术考级活动结束后未按规定报送考级结果的；（四）艺术考级活动结束后未按规定报送审批机关备案的。	文化和旅游行政部门	设区市级、县级
51	对转让或者抵押国有不可移动文物，或者将国有不可移动文物作为企业资产经营的行为的行政处罚	行政处罚	《中华人民共和国文物保护法》第六十八条：有下列行为之一的，由县级以上人民政府文物主管部门责令改正，没收违法所得，违法所得一万元以上十万元以下的，并处违法所得二倍以上五倍以下的罚款；违法所得不足一万元的，处五千元以上二万元以下的罚款：（一）转让或者抵押国有不可移动文物的；（二）将国有不可移动文物转让或者抵押给外国人的；（三）擅自改变国有文物保护单位的用途的。	文化和旅游行政部门	设区市级、县级
52	对买卖国家禁止买卖的文物或者将禁止出境的文物转让、出租、质押给外国人的行政处罚	行政处罚	《中华人民共和国文物保护法》第七十一条：买卖国家禁止买卖的文物或者将禁止出境的文物转让、出租、质押给外国人，尚不构成犯罪的，由县级以上人民政府文物主管部门责令改正，没收违法所得，违法经营额一万元以上的，并处违法经营额二倍以上五倍以下的罚款；违法经营额不足一万元的，并处五千元以上一万元以下的罚款。文物商店、拍卖企业违反本法前款规定的，由县级以上人民政府文物主管部门没收违法所得、非法经营的文物，违法经营额五万元以上的，并处违法经营额一倍以上三倍以下的罚款；违法经营额不足五万元的，并处五千元以上五万元以下的罚款；情节严重的，由原发证机关吊销许可证书。	文化和旅游行政部门	设区市级、县级

续表

序号	事项名称	职权类型	实施依据	实施主体	
				责任部门	第一责任层级建议
53	对复制单位未按照《复制管理办法》规定验证复制委托文书及其他法定文书等行为的行政处罚（不包括吊销许可证）	行政处罚	1.《出版管理条例》第六十五条：有下列行为之一的，由出版行政主管部门没收出版物、违法所得，违法经营额1万元以上的，并处违法经营额5倍以上10倍以下的罚款；违法经营额不足1万元的，可以处5万元以下的罚款；情节严重的，责令限期停业整顿或者由原发证机关吊销出版物印刷或者复制许可证：（一）出版单位委托未取得出版物印刷或者复制许可证的单位印刷或者复制出版物的；（二）印刷或者复制单位未履行接受印刷或者复制出版物手续印刷或者复制出版物的；（三）印刷或者复制单位擅自印刷或者复制他人的境外委托印刷和个人委托印刷的境外出版物复制、印刷或者复制全部运输出境的；（四）印刷或者复制单位发行、出版单位委托印刷或者复制单位、发行单位或者个体工商户印刷、发行或者经本条例规定的出版单位名称、假冒出版单位名称出版的；（五）印刷或者复制单位名称、假冒出版单位名称出版、发行伪造、印刷、发行单位或者个人委托印刷的出版物的；（六）印刷或者复制单位从事本条例第审定的中学小学教科书的出版、发行业务的。2.《音像制品管理条例》第四十二条：有下列行为之一的，由出版行政主管部门责令停止违法行为，给予警告，没收违法经营的音像制品和违法所得；违法经营额1万元以上的，并处违法经营额5倍以上10倍以下的罚款；违法经营额不足1万元的，可以处5万元以下的罚款；情节严重的，责令停业整顿或者由原发证机关吊销本单位任何形式其他单位向其他单位出租、出借、出售、出版音像或其他单位、个人转让本单位《音像制品制作许可证》《音像制品出版许可证》的；（二）音像出版单位未取得《复制经营许可证》批准音像出版制品的；（三）音像制作单位、音像复制单位擅自复制他人的音像制品，或者复制国务院出版行政部门规定验证音像制品的；（四）音像复制单位未按照本条例的规定验证音像制品，有关证明的；（五）音像复制单位接受委托复制音像制品性音像制品的音像制品，或者自行复制音像制品的。3.《复制管理办法》第四十条：有下列行为之一的，由新闻出版行政部门责令停止违法行为，给予警告，没收违法经营的产品和违法所得；违法经营额1万元以上的，并处违法经营额5倍以上10倍以下的罚款；	文化和旅游行政部门	设区市级、县级

续表

序号	事项名称	职权类型	实施依据	实施主体	
				责任部门	第一责任层级建议
54	对光盘复制单位使用未蚀刻SID码或者未按规定蚀刻SID码复制只读类光盘等具的注塑模具光盘的行为的行政处罚（不包括吊销许可证）	行政处罚	违法经营额不足1万元的，并处1万元以上5万元以下罚款；情节严重的，并责令停业整顿或者由新闻出版总署吊销其复制经营许可证：（一）复制单位未依照本办法的规定验证复制委托书及其他法定文书的；（二）复制单位擅自复制他人的只读类光盘和磁带磁盘，由所在地新闻出版总署吊销文件之日起20日内指定刻码单位进行蚀刻，并在刻码后按有关规定将刻盘生产情况通报新闻出版总署。 1.《复制管理办法》 第二十条：从事只读类光盘复制，必须使用蚀刻有新闻出版总署核发的光盘来源识别码（SID码）的注塑模具。光盘复制单位应当向所在地省级新闻出版行政部门提出申请，由所在地省级新闻出版部门报新闻出版总署核发SID码；复制单位应于收到核发文件之日起20日内指定刻码单位进行蚀刻，并在刻码后按有关规定将蚀刻情况报送新闻出版总署。刻码单位应当将蚀刻的SID码的情况通报新闻出版总署。 第三十一条：复制单位应当接受所在省级新闻出版行政部门组织的岗位培训。 第四十一条：有下列行为之一的，由新闻出版总署吊销许可证：（一）复制单位使用蚀刻SID码光盘复制设备，未经审批，擅自增加、进口、购买、变更光盘复制生产设备的；（二）国产光盘生产设备的生产销售企业未按本办法第十五条的规定报备案的；（三）光盘复制生产设备未按本办法第二十条规定使用未蚀刻或者未按规定报送样盘的；（四）复制单位未按本办法第三十一条参加或复制产品不符合国家或行业标准的；（五）复制单位有关人员未按规定参加岗位培训的。 第四十二条：有下列行为之一的，由新闻出版行政部门责令停止违法行为，给予警告，并处3万元以下的罚款：（一）光盘复制生产设备的；（二）国产光盘复制设备的；（三）光盘复制生产设备不符合国家或行业标准的；（四）复制单位未按本办法第三十一条参加或复制产品不符合国家或行业标准的；（五）复制单位有关人员未按规定参加岗位培训的。	文化和旅游行政部门	设区市级、县级

续表

序号	事项名称	职权类型	实施依据	实施主体	
				责任部门	第一责任主体/层级建议
			2.《音像制品管理条例》 第四十四条 有下列行为之一的，由出版行政主管部门责令改正，给予警告；情节严重的，并责令停业整顿或者由原发证机关吊销许可证：（一）音像出版单位未将其年度出版计划和涉及国家安全、社会安定等方面的重大选题报国务院出版行政主管部门备案的；（二）音像出版、音像制品出版、复制、批发、零售业务的主要负责人或者其法定代表人、业务范围等，未依照本条例规定办理审批、备案手续的；（三）音像出版单位变更名称、地址、法定代表人或者主要负责人、业务范围等，未依照本条例的规定办理审批、备案手续的；（四）音像出版单位未在其出版本条例规定的音像制品及其包装的明显位置标明本条例规定的事项的；（五）音像复制单位未依照本条例的规定将复制的样本及留存备查的材料的；（六）音像复制单位未依照国务院出版行政主管部门核发的激光数码存储片来源识别码的规定复制光盘，使用未蚀刻国务院出版行政主管部门核发的激光数码存储片来源识别码的注塑模具的。		
55	对未经批准，擅自从事出版物的印刷或者复制、发行业务的行政处罚	行政处罚	1.《出版管理条例》 第六十一条 未经批准，擅自设立出版物的出版、印刷或者复制、进口单位，或者擅自从事出版物的出版、印刷或者复制、进口、发行业务，假冒报纸、期刊名称出版报纸、期刊的，由出版行政主管部门、工商行政管理部门依照法定职权予以取缔；依照刑法关于非法经营罪的规定，依法追究刑事责任；尚不够刑事处罚的，没收出版物、违法所得和从事违法活动的专用工具、设备，违法经营额1万元以上的，并处违法经营额5倍以上10倍以下的罚款；违法经营额不足1万元的，可以处5万元以下的罚款；侵犯他人合法权益的，依法承担民事责任。 2.《复制管理办法》 第三十八条 未经批准，擅自设立复制业务的，由新闻出版行政部门、工商行政管理部门依照法定职权予以取缔，假冒报纸、期刊名称以及违反印刷品管理规定，触犯刑律的，依照刑法有关规定，依法追究刑事责任；尚不够刑事处罚的，没收违法经营的复制产品和违法所得以及违法进行活动的专用工具和设备，违法经营额1万元以上的，并处违法经营额5倍以上10倍以下的罚款；违法经营额不足1万元的，并处1万元以上5万元以下的罚款。 3.《出版物市场管理规定》 第三十一条 未经批准，擅自从事出版物发行业务的，依照《出版管理条例》第六十一条处罚。	文化和旅游行政部门	设区市级、县级

续表

序号	事项名称	职权类型	实施依据	实施主体	
				责任部门	第一责任层级建议
56	对印刷、复制、发行含有《出版管理条例》第二十五条、第二十六条禁止内容的出版物等行为的行政处罚（不包括吊销许可证）	行政处罚	1.《出版管理条例》 第六十二条：有下列行为之一，触犯刑律的，依照刑法有关规定，依法追究刑事责任；尚不够刑事处罚的，由出版行政主管部门责令限期停业整顿，没收出版物、违法所得，违法经营额 1 万元以上的，并处违法经营额 5 倍以上 10 倍以下的罚款；违法经营额不足 1 万元的，可以处 5 万元以下的罚款；情节严重的，由原发证机关吊销许可证：（一）出版、进口含有本条例第二十五条、第二十六条禁止内容的出版物的；（二）明知或者应知出版物含有本条例第二十五条、第二十六条禁止内容而印刷或者复制、发行的；（三）明知或者应知他人出版含有本条例第二十五条、第二十六条禁止内容的出版物而向其出售或者以其他形式转让本出版单位的名称、书号、刊号、版号、版面，或者出租其本单位的名称、刊号的。 第二十五条：任何出版物不得含有下列内容：（一）反对宪法确定的基本原则的；（二）危害国家统一、主权和领土完整的；（三）泄露国家秘密、危害国家安全或者损害国家荣誉和利益的；（四）煽动民族仇恨、民族歧视，破坏民族团结，或者侵害民族风俗、习惯的；（五）宣扬邪教、迷信的；（六）扰乱社会秩序，破坏社会稳定的；（七）宣扬淫秽、赌博、暴力或者教唆犯罪的；（八）侮辱或者诽谤他人，侵害他人合法权益的；（九）危害社会公德或者民族优秀文化传统的；（十）有法律、行政法规规定禁止的其他内容的。 第二十六条：以未成年人为对象的出版物不得含有诱发未成年人模仿违反社会公德的行为和违法犯罪行为的内容，不得含有恐怖、残酷等妨害未成年人身心健康的内容。 2.《复制管理办法》 第二十九条：复制明知或者应知含有本办法第三条所列内容或者产品或其他非法出版的，依照相关法规，依法追究刑事责任；尚不够刑事处罚的，由新闻出版行政部门责令限期停业整顿，没收违法所得，违法经营额 1 万元以上的，并处违法经营额 5 倍以上 10 倍以下的罚款；违法经营额不足 1 万元的，可以处 5 万元以下的罚款；情节严重的，由批准设立的新闻出版行政部门吊销其复制经营许可证。如果当事人对所复制产品的来源作出说明，指认，经查证属实的，没收出版物、违法所得，违法经营额免除其他行政处罚。 3.《出版物市场管理规定》 第三十九条：征订、储存、运输、邮寄、投递、散发，附送本规定第二十条所列出版物的，按照本规	文化和旅游行政部门	设区市级、县级

续表

序号	事项名称	职权类型	实 施 依 据	实施主体 责任部门	第一责任层级建议
57	对擅自设立从事出版物印刷经营活动的企业或者擅自从事印刷经营活动等行为的行政处罚	行政处罚	定第三十二条进行处罚。第三十二条：发行违禁出版物的，依照《出版管理条例》第六十二条处罚。发行国家新闻出版广电总局禁止进口的出版物，或者发行未从依法批准的出版物进口经营单位进货的出版物，依照《出版管理条例》第六十三条处罚。发行其他非法出版物的行政主管部门明令禁止出版、印刷复制，发行的出版物的，依照《出版管理条例》第六十五条处罚。发行违禁出版物或者非法出版物的，当事人对其来源作出说明，经查证属实的，没收出版物和违法所得，可以减轻或免除其他行政处罚。《印刷业管理条例》第三十六条：违反本条例规定，擅自设立从事出版物印刷经营活动的企业或者擅自从事印刷经营活动的，由出版行政管理部门、工商行政管理部门依据法定职权予以取缔，没收印刷品和违法所得以及进行违法经营活动的专用工具、设备，违法经营额1万元以上的，并处违法经营额5倍以上10倍以下的罚款；违法经营额不足1万元的，并处1万元以上5万元以下的罚款；构成犯罪的，依法追究刑事责任。单位内部设立的印刷厂(所)未依照本条例第二章的规定办理手续，从事印刷经营活动的，依照前款的规定处罚。	文化和旅游行政部门	设区市级、县级
58	对印刷业经营者印明知或者应知含有《印刷业管理条例》第三条规定禁止印刷内容的出版物，包装装潢印刷品或者其他印刷品的，或者印刷国家明令禁止出版的出版单位出版的出版物或者非法出版物的行政处罚（不包括吊销许可证）	行政处罚	《印刷业管理条例》第三十八条：印刷业经营者印刷明知或者应知含有本条例第三条规定禁止印刷内容的出版物，包装装潢印刷品或者其他印刷品的，或者印刷国家明令禁止出版的出版单位出版的出版物或者非法出版物的，由县级以上地方人民政府出版行政部门、公安部门依据法定职权责令停止印刷出版物、包装装潢印刷品或者其他印刷品，没收印刷品和违法所得，违法经营额1万元以上的，并处违法经营额5倍以上10倍以下的罚款；违法经营额不足1万元的，并处1万元以上5万元以下的罚款；情节严重的，由原发证机关吊销许可证；违法行为同时违反有关法律、法规和规章，讲求社会效益。包装装潢印刷品和其他印刷品。第三十条：印刷业经营者必须遵守有关法律、法规和规章，讲求社会效益。包装装潢印刷品和其他印刷品。第三十条：印刷业经营者必须遵守有关法律、法规和规章，讲求社会效益。禁止印刷含有反动、淫秽、迷信内容和国家明令禁止印刷的其他内容的出版物、包装装潢印刷品和其他印刷品。	文化和旅游行政部门	设区市级、县级

续表

序号	事项名称	职权类型	实施依据	实施主体 责任部门	实施主体 第一责任层级建议
59	对印刷业经营者没有建立承印验证制度、承印登记制度、印刷品保管制度、印刷活动残次品销毁制度、印刷品交付制度等的行为的行政处罚（不包括吊销许可证）	行政处罚	《印刷业管理条例》第三十九条：印刷业经营者有下列行为之一的，由县级以上地方人民政府出版行政部门、公安部门依据法定职权责令改正，给予警告；情节严重的，责令停业整顿或者由原发证机关吊销许可证：（一）没有建立承印验证制度、承印登记制度、印刷品保管制度、印刷活动残次品销毁制度、印刷品交付制度等的；（二）在印刷经营活动中发现违法犯罪行为没有及时向公安部门或者出版行政部门报告的；（三）变更名称、法定代表人或者主要负责人、住所或者经营场所等主要登记事项，或者终止印刷经营活动，不向原批准设立印刷厂（所）的出版行政部门办理登记手续的；（四）未依照本条例规定留存备查材料的。单位内部设立印刷厂（所）违反本条例的规定，由县级以上地方人民政府出版行政部门、保密工作部门依据法定职权责令改正，给予警告；情节严重的，由所在地县级以上地方人民政府出版行政部门、保密工作部门依据本条例的规定的规定，责令停业整顿。	文化和旅游行政部门	设区市级、县级
60	对未取得出版行政部门的许可，擅自兼营出版物或者变更从事出版物、包装装潢印刷品或者其他印刷品印刷经营活动，或者擅自兼并其他印刷业经营者的行为的行政处罚（不包括吊销许可证）	行政处罚	《印刷业管理条例》第三十七条：印刷业经营者违反本条例规定，有下列行为之一的，由县级以上地方人民政府出版行政部门责令停业整顿，没收印刷品和违法所得，违法经营额1万元以上的，并处违法经营额5倍以上10倍以下的罚款；违法经营额不足1万元的，并处1万元以上5万元以下的罚款；情节严重的，由原发证机关吊销许可证；构成犯罪的，依法追究刑事责任：（一）未取得出版行政部门的许可，擅自兼营出版物、包装装潢印刷品或者其他印刷品印刷经营活动，或者擅自兼并其他印刷业经营者的；（二）因合并、分立而设立新的印刷品印刷经营者，未依照本条例规定办理手续的；（三）出售、出租、出借或者以其他形式转让印刷经营活动的。	文化和旅游行政部门	设区市级、县级
61	对从事其他印刷品印刷经营活动的企业和个人接受印刷其他印刷品，未依照《印刷业管理条例》的规定	行政处罚	《印刷业管理条例》第四十二条：从事其他印刷品印刷经营活动的企业和个人有下列行为之一的，由县级以上地方人民政府出版行政部门给予警告，没收印刷品和违法所得，违法经营额1万元以上的，并处违法经营额5倍以上10倍以下的罚款；违法经营额不足1万元的，并处1万元以上5万元以下的罚款；情节严重的，责令停业整顿或者由原发证机关吊销许可证；构成犯罪的，依法追究刑事	文化和旅游行政部门	设区市级、县级

续表

序号	事项名称	职权类型	实 施 依 据	实施主体 责任部门	实施主体 第一责任层级建议
	定验证有关证明等行为的行政处罚（不包括吊销许可证）		责任：（一）接受委托印刷其他印刷品，未依照本条例的规定验证有关证明的；（二）擅自将接受委托印刷的其他印刷品再委托他人印刷的；（三）将委托印刷的纸型及印刷底片出售、出租、出借或者以其他形式转让的；（四）伪造、变造学历证书、学位证书、学历证明、人民团体公文、证件或者盗印他人的其他印刷品的；（五）非法加印或者销售委托印刷的其他印刷品的；（六）接受委托印刷境外其他印刷品未依照本条例的规定向出版行政部门备案的，或者未将印刷境外其他印刷品全部运输出境的；（七）从事其他印刷品印刷经营活动的个人超范围经营的。		
62	对印刷布告、通告、重大活动工作证、通行证，在社会上流通使用的票证、印刷企业没有验证学位证书、学历证明等主管部门证明的，印刷企业伪造、变造学位证书、通告、重大活动工作证等伪造的。证件或者伪造的，在社会上流通行使的行为的行政处罚	行政处罚	《印刷业管理条例》第四十三条：有下列行为之一的，由出版行政部门给予警告，没收印刷品和违法所得，违法经营额1万元以上的，并处违法经营额5倍以上10倍以下的罚款；违法经营额不足1万元的，并处1万元以上5万元以下的罚款；情节严重的，责令停业整顿或者吊销印刷经营许可证；构成犯罪的，依法追究刑事责任：（一）印刷布告、通告、重大活动工作证明的，（二）印刷体公文、证件或者委托印刷人印刷公文、证件或者委托印刷人印刷的，人民政府出版行政部门处以500元以上5000元以下的罚款。	文化和旅游行政部门	设区市级、县级
63	对从事包装装潢印刷品印刷经营活动的企业擅自保留存委托印刷的包装装潢印刷品的成品、半成品、废品和印版、纸型、印刷底片、原稿等的行政处罚	行政处罚	《印刷业管理条例》第四十四条：印刷业经营者违反本条例规定，有下列行为之一的，由县级以上地方人民政府出版行政部门责令改正，给予警告；情节严重的，责令停业整顿或者吊销印刷经营许可证：（一）从事包装装潢印刷品印刷经营活动的企业由原发证机关吊销许可证；（一）从事其他印刷品印刷经营活动的企业和个人擅自保留存委托印刷的包装装潢印刷品的成品、半成品、废品和印版、纸型、印刷底片、原稿等的，或者在所保留的样本、样张上未加盖"样本"、"样张"戳记的。	文化和旅游行政部门	设区市级、县级

续表

序号	事项名称	职权类型	实施依据	实施主体	
				责任部门	第一责任层级建议
64	对从事包装装潢印刷品印刷经营活动的企业未依照《印刷业管理条例》的规定验证、核查工商行政管理部门签章的《商标注册证》复印件或者注册商标图样或者注册商标使用许可合同复印件等行为的行政处罚	行政处罚	《印刷业管理条例》 第四十一条第一款：从事包装装潢印刷品印刷经营活动的企业有下列行为之一的，由县级以上地方人民政府出版行政部门给予警告，没收违法所得，违法经营额1万元以上的，并处违法经营额5倍以上10倍以下的罚款；违法经营额不足1万元的，并处1万元以上5万元以下的罚款；情节严重的，责令停业整顿或者由原发证机关吊销许可证；构成犯罪的，依法追究刑事责任：（一）接受委托印刷商标标识，未依照本条例的规定验证、核查工商行政管理部门签章的《商标注册证》复印件、注册商标图样或者注册商标使用许可合同复印件的；（二）接受委托印刷单位的广告宣传品，未验证广告经营者的广告经营资格证明的，或者接受广告经营者的委托印刷广告宣传品，未验证委托印刷单位未依照本条例的规定向出版行政部门备案的，或者未将印刷的境外包装装潢印刷品全部运输出境的。	文化和旅游行政部门	设区市级、县级
65	对未经批准，擅自设立图书出版单位或者擅自从事图书出版业务，假冒、伪造图书出版单位名称出版图书的行政处罚	行政处罚	1.《出版管理条例》 第六十一条：未经批准，擅自设立出版物的出版、印刷或者复制、进口单位，或者擅自从事出版物的出版、印刷或者复制、进口业务，发行业务，假冒出版单位名称或者伪造、假冒报纸、期刊名称出版出版物的，由出版行政主管部门、工商行政管理部门依照法定职权予以取缔，依照刑法关于非法经营罪的规定，依法追究刑事责任；尚不够刑事处罚的，没收出版物、违法所得和从事违法活动的专用工具、设备，违法经营额1万元以上的，并处违法经营额5倍以上10倍以下的罚款，违法经营额不足1万元的，可以处5万元以下的罚款；侵犯他人合法权益的，依法承担民事责任。 2.《图书出版管理规定》 第四十七条：未经批准，擅自设立图书出版单位，擅自从事图书出版业务，假冒、伪造图书出版单位名称出版图书的，依照《出版管理条例》第六十一条处罚。	文化和旅游行政部门	设区市级、县级

十四、行政执法事项指导目录　769

续表

序号	事项名称	职权类型	实 施 依 据	实施主体	
				责任部门	第一责任层级建议
66	对未经批准，擅自设立期刊出版单位，或者擅自从事期刊出版业务，假冒期刊出版单位名称或者伪造、假冒期刊名称出版期刊的行政处罚	行政处罚	1.《出版管理条例》第六十一条：未经批准，擅自设立出版物的出版、印刷或者复制、进口单位，或者擅自从事出版物的出版、印刷或者复制，进口、发行业务，假冒出版单位名称或者伪造、假冒报纸、期刊名称出版的，由出版行政主管部门、工商行政管理部门依照法定职权予以取缔，依法追究刑事责任；尚不够刑事处罚的，没收出版物、违法所得和从事违法活动的专用工具、设备，违法经营额1万元以上的，并处违法经营额5倍以上10倍以下的罚款，违法经营额不足1万元的，可以处5万元以下的罚款；侵犯他人合法权益的，依法承担民事责任。 2.《期刊出版管理规定》第五十七条：未经批准，擅自设立期刊出版单位，或者擅自从事期刊出版业务，假冒期刊出版单位名称或者伪造、假冒期刊名称出版期刊的，依照《出版管理条例》第六十一条处罚。	文化和旅游行政部门	设区市级、县级
67	对网络出版服务单位转借、出租、出卖《网络出版服务许可证》或者以任何形式转让网络出版服务许可的行政处罚	行政处罚	1.《出版管理条例》第六十六条：出版经营者有下列行为之一的，由出版行政主管部门责令停止违法行为，给予警告，违法经营额1万元以上的，并处违法经营额5倍以上10倍以下的罚款，违法经营额不足1万元的，可以处5万元以下的罚款；情节严重的，由原发证机关吊销许可证：(一)出售或者以其他形式转让本出版单位的名称、书号、刊号、版号、版面，或者出租本单位的名称、书号、刊号的；(二)利用出版活动谋取其他不正当利益的。 2.《网络出版服务管理规定》第二十一条：网络出版服务单位不得转借、出租、出卖《网络出版服务许可证》或者以任何形式许可其他单位以其名义提供网络出版服务，属于本款所称禁止行为。第五十三条：违反本规定第二十一条的行为，给予警告，没收违法所得，违法经营额不足1万元的罚款，违法经营额1万元以上的，并处违法经营额5倍以上10倍以下的罚款；情节严重的，责令限期停业整顿或者由国家新闻出版广电总局吊销《网络出版服务许可证》。	文化和旅游行政部门	设区市级、县级

续表

序号	事项名称	职权类型	实 施 依 据	实施主体 责任部门	第一责任层级建议
68	对未经批准,擅自设立音像制品出版单位,擅自从事音像制品出版业的行政处罚	行政处罚	《音像制品管理条例》 第三十九条:未经批准,擅自设立音像制品出版、进口单位,擅自从事音像制品出版、制作、复制业务或者进口、批发、零售经营活动的,由出版行政管理部门依照法定职权予以取缔;依照刑法关于非法经营罪的规定,工商行政管理部门、公安部门依法追究刑事责任,设备、违法经营的音像制品和违法所得以及进行违法活动的专用工具,设备、违法经营额1万元以上的,并处违法经营额5倍以上10倍以下的罚款;违法经营额不足1万元的,可以处5万元以下的罚款。	文化和旅游行政部门	设区市级、县级
69	对未经批准,擅自设立音像制品制作单位,擅自从事音像制品制作活动的行政处罚	行政处罚	1.《音像制品管理条例》 第三十九条:未经批准,擅自设立音像制品出版、进口单位,擅自从事音像制品出版、制作、复制业务或者进口、批发、零售经营活动的,由出版行政管理部门依照法定职权予以取缔;依照刑法关于非法经营罪的规定,工商行政管理部门、公安部门依法追究刑事责任,设备、违法经营的音像制品和违法所得以及进行违法活动的专用工具,设备、违法经营额1万元以上的,并处违法经营额5倍以上10倍以下的罚款;违法经营额不足1万元的,可以处5万元以下的罚款。 2.《音像制品制作管理规定》 第二十一条第一款:未经批准,擅自从事音像制品制作经营活动的,依照《音像制品管理条例》第三十九条的规定处罚。	文化和旅游行政部门	设区市级、县级
70	对未经批准,擅自设立电子出版物的出版单位,擅自从事电子出版物出版业务等行为的行政处罚	行政处罚	1.《出版管理条例》 第六十一条:未经批准,擅自设立出版物的出版、印刷或者复制、进口单位,或者擅自从事出版物的出版、印刷或者复制、发行业务,假冒出版单位名称或者伪造、假冒报纸、期刊名称出版出版物的,由出版行政主管部门、工商行政管理部门依照法定职权予以取缔;依照刑法关于非法经营罪的规定,依法追究刑事责任;尚不够刑事处罚的,没收出版物和违法所得,并处违法经营额5倍以上10倍以下的罚款;违法经营额1万元以上的,并处违法经营额5倍以上10倍以下的罚款;违法经营额不足1万元的,可以处5万元以下的罚款;侵犯他人合法权益的,依法承担民事责任。	文化和旅游行政部门	设区市级、县级

续表

序号	事项名称	职权类型	实施依据	实施主体	
				责任部门	第一责任层级建议
			2.《电子出版物出版管理规定》第五十七条第一款：未经批准，擅自设立电子出版物出版单位，擅自从事电子出版物出版业务，伪造假冒电子出版物出版单位名称，电子出版物连续型电子出版物专用中国标准书号出版电子出版物的，按照《出版管理条例》第六十一条处罚。		
71	对音像制品制作单位以外的单位或者个人以制作单位或者单位又在音像制品上署名的行政处罚	行政处罚	1.《音像制品制作管理规定》第二十二条：未经批准，擅自从事音像制品制作经营活动的，依照《音像制品管理条例》第三十九条的规定处罚。音像制品制作单位以外的单位或者个人以制作单位或者单位又在音像制品上署名的，按照《音像制品制作管理规定》处罚。 2.《音像制品管理条例》第三十九条：未经批准，擅自设立音像制品出版、进口单位，擅自从事音像制品出版、制作、复制、批发、零售经营活动的，由出版行政主管部门、工商行政管理部门依照法定职权予以取缔；依照刑法关于非法经营罪的规定，依法追究刑事责任；尚不够刑事处罚的，没收违法经营的音像制品和违法所得以及进行违法经营活动的专用工具、设备；违法经营额 1 万元以上的，并处违法经营额 5 倍以上 10 倍以下的罚款；违法经营额不足 1 万元的，可以处 5 万元以下的罚款。	文化和旅游行政部门	设区市级、县级
72	对音像制品制作单位接受非出版单位委托制作音像制品，未依照《音像制品制作管理规定》验证委托单位的有关证明文件或者未依照《音像制品制作管理规定》留存备查材料等行为的行政处罚	行政处罚	《音像制品制作管理规定》第二十七条：音像制品制作单位有下列行为之一的，由出版行政部门责令改正，给予警告；情节严重的，并处 3 万元以下的罚款：（一）未按本规定填写制作或者归档保存制作文档记录的；（二）接受非出版单位委托制作音像制品或者未依照本规定提供有关证明文件的；（三）法定代表人或者主要负责人未按本规定参加岗位培训的；（四）未经授权将委托制作的音像制品提供给委托单位以外的单位或者个人的；（五）制作的音像制品，未依照本规定验证委托制作的音像制品提供给委托单位以外的单位或者个人的；（六）未依照有关规定参加年度核验的。	文化和旅游行政部门	设区市级、县级

续表

序号	事项名称	职权类型	实施依据	实施主体	
				责任部门	第一责任层级建议
73	对印刷业经营者印刷明知或者应知含有《内部资料性出版物管理办法》规定禁止内容的内部资料等行为的行政处罚(不包括吊销许可证)	行政处罚	1.《内部资料性出版物管理办法》 第二十三条：有下列情形的,由县级以上新闻出版行政部门依照《印刷业管理条例》的有关规定,责令停业整顿,没收内部资料和违法所得,违法经营额1万元以上的,并处违法经营额5倍以上10倍以下的罚款；违法经营额不足1万元的,并处1万元以上5万元以下的罚款；情节严重的,由原发证机关吊销许可证：(一)非出版单位印刷企业印刷内部资料的；(二)印刷经营者印刷明知或者应知含有本办法第十三条规定禁止内容的内部资料的。 第十三条：内部资料不得含有下列内容：(一)反对宪法确定的基本原则的；(二)危害国家统一、主权和领土完整的；(三)泄露国家秘密、危害国家安全或者损害国家荣誉和利益的；(四)煽动民族仇恨、民族歧视,破坏民族团结,或者侵害少数民族风俗、习惯的；(五)宣扬邪教、迷信的；(六)扰乱社会秩序,破坏社会稳定的；(七)宣扬淫秽、赌博、暴力或者教唆犯罪的；(八)侮辱或者诽谤他人,侵害他人合法权益的；(九)危害社会公德或者民族优秀文化传统的；(十)法律、行政法规和国家规定禁止的其他内容的。 2.《印刷业管理条例》 第三十七条：印刷业经营者违反本条例规定,有下列行为之一的,由县级以上地方人民政府出版行政部门责令停业整顿,没收印刷品和违法所得,违法经营额1万元以上的,并处违法经营额5倍以上10倍以下的罚款；违法经营额不足1万元的,并处1万元以上5万元以下的罚款；情节严重的,由原发证机关吊销许可证；构成犯罪的,依法追究刑事责任：(一)未取得出版行政部门的许可,擅自兼营其他印刷品印刷经营活动,或者擅自变更从事其他印刷品印刷经营者；(二)因合并、分立而设立新的印刷业经营者,未依照本条例的规定办理手续的；(三)出租、出借、出售或者以其他形式转让印刷经营许可证的。 第三十八条：印刷业经营者印刷明知或者应知含有本条例第三条禁止印刷内容的出版物、包装装潢印刷品或者其他印刷品的,由县级以上地方人民政府出版行政部门、公安部门依法责令出版单位出版的出版物,没收印刷品和违法所得,违法经营额1万元以上的,并处违法经营额5倍以上10倍以下的罚款；违法经营额不足1万元的,并处1万元以上5万元以下的罚款；情节严重的,由原发证机	文化和旅游行政部门	设区市级、县级

续表

序号	事项名称	职权类型	实 施 依 据	实施主体 责任部门	实施主体 第一责任层级建议
			关吊销许可证;构成犯罪的,依法追究刑事责任。第三条:印刷业经营者必须遵守有关法律、法规和规章,讲求社会效益,迷信内容的国家明令禁止印刷含有反动、淫秽、迷信内容的出版物、其他内容的出版物和印刷品和其他印刷品。		
74	对出版物印刷企业未按《内部资料性出版物管理办法》承印内部资料的行政处罚(不包括吊销许可证)	行政处罚	1.《内部资料性出版物管理条例》第二十四条:出版物印刷企业未按本规定承印内部资料的,由县级以上新闻出版行政部门依照《印刷业管理条例》给予警告,没收违法所得,违法经营额1万元以上的,并处违法经营额5倍以上10倍以下的罚款;违法经营额不足1万元的,并处1万元以上5万元以下的罚款;情节严重的,责令停业整顿或者由原发证机关吊销许可证。 2.《印刷业管理条例》第四十条:从事出版物印刷经营活动的企业有下列行为之一的,由县级以上地方人民政府出版行政部门给予警告,没收违法所得,违法经营额1万元以上的,并处违法经营额5倍以上10倍以下的罚款;违法经营额不足1万元的,并处1万元以上5万元以下的罚款,情节严重的,责令停业整顿或者由原发证机关吊销许可证,依法追究刑事责任:(一)接受他人委托印刷出版物,未按照本条例的规定验证印刷委托书、有关证明文件,印刷或者准印证,或者未将印刷的出版物全部交货给委托印刷的出版单位的;(二)假冒或者销售委托印刷的出版物签用他人名义,印刷他人出版物的;(三)盗印他人出版物的;(四)非法加印或者销售委托印刷的出版物纸型及印刷底片等出版物的;(五)征订、销售出版物,出租、出借、出售或以其他形式转让印刷经营活动的;(六)盗印他人出版物的;(七)未经批准,接受委托印刷的出版物境外印刷的,或者未将印刷的出版物全部运输出境的。	文化和旅游行政部门	设区市级、县级
75	对未取得《准印证》,编印具有内部资料形式,但不符合内部资料内容或者发送要求的印刷品,经鉴定为非法出版物的行政处罚(不包括吊销许可证)	行政处罚	1.《内部资料性出版物管理办法》第二十二条第三款:未取得《准印证》,编印具有内部资料形式,但不符合内部资料内容或者发送要求的印刷品,经鉴定为非法出版物的,按照《出版管理条例》规定处罚。 2.《出版管理条例》第六十一条:未经批准,擅自设立出版单位,或者擅自从事出版物的出版、印刷或者复制、进口单位,或者擅自从事出版物的发行业务,假冒出版单位名称或者伪造、假冒报纸、期刊名称出版物的出版、印刷或者复制、进口、发行出	文化和旅游行政部门	设区市级、县级

续表

序号	事项名称	职权类型	实施依据	实施主体	
				责任部门	第一责任层级建议
76	对未经批准擅自编印内部资料性出版物的行政处罚	行政处罚	版出版物的，由出版行政主管部门，工商行政管理部门依照法定职权予以取缔；依照刑法关于非法经营罪的规定，依法追究刑事责任；违法经营，没收出版物、违法所得和从事违法活动的专用工具、设备，违法经营额1万元以上的，并处违法经营额5倍以上10倍以下的罚款，违法经营额不足1万元的，可以处5万元以下的罚款；侵犯他人合法权益的，依法承担民事责任。第六十二条 有下列行为之一，触犯刑律的，依法追究刑事责任；尚不够刑事处罚的，由出版行政主管部门责令限期停业整顿，没收出版物、违法所得，违法经营额1万元以上的，并处违法经营额5倍以上10倍以下的罚款，违法经营额不足1万元的，可以处5万元以下的罚款；情节严重的，由原发证机关吊销许可证：（一）出版、进口含有本条例第二十六条、第二十七条禁止内容的出版物或者复制、发行的；（二）明知或者应知含有本条例第二十六条、第二十七条禁止内容而印刷或者复制、发行的；（三）明知或者应知他人出售转让本出版单位的名称、书号、刊号、版号、版面，或者出租或者以其他形式转让本出版单位的名称、书号、刊号的。《内部资料性出版物管理办法》第二十三条 第一款第（一）项、有下列行为之一的，由县级以上地方人民政府新闻出版行政部门责令改正，停止违法行为，根据情节轻重，给予警告，处1千元以下的罚款；以营利为目的从事第十三条规定禁止内容的编印内部资料的：（一）未经批准擅自编印内部资料的；（二）违反本办法第十四条、第十五条规定、编印、发送内部资料的。其中，有前款第（一）项至第（三）项违法行为的，对非法编印的内部资料予以没收，超越发送范围的责令收回。	文化和旅游行政部门	设区市级、县级
77	对委托非出版物印刷企业印刷内部资料或者未按照《准印证》核准的项目印制的行政处罚	行政处罚	《内部资料性出版物管理办法》第二十二条 第一款第（四）项、有下列行为之一的，由县级以上地方人民政府新闻出版行政部门责令改正，停止违法行为，根据情节轻重，给予警告，处1千元以下的罚款；以营利为目的从事第十三条规定禁止内容的编印内部资料或者未按本款《准印证》核准的项目印制的。（四）委托非出版物印刷企业印刷内部资料或者未按《准印证》核准的项目印制的。	文化和旅游行政部门	设区市级、县级

续表

序号	事项名称	职权类型	实施依据	实施主体 责任部门	第一责任层级建议
78	对内部资料编印单位未按规定送交样本的行政处罚	行政处罚	《内部资料性出版物管理办法》第二十二条第一款第（五）项：有下列行为之一的，由县级以上地方人民政府新闻出版行政部门责令改正，停止违法行为，根据情节轻重，给予警告，处1千元以下的罚款；以营利为目的从事下列行为的，处3万元以下罚款：（五）未按照本办法第十八条送交样本的。第十八条：内部资料的编印单位须在印制完成后10日内向核发《准印证》的新闻出版行政部门送交样本。	文化和旅游行政部门	设区市级、县级
79	对违反《内部资料性出版物管理办法》其他规定的行政处罚	行政处罚	《内部资料性出版物管理办法》第二十二条第一款第（六）项：有下列行为之一的，由县级以上地方人民政府新闻出版行政部门责令改正，停止违法行为，根据情节轻重，给予警告，处1千元以下的罚款；以营利为目的从事下列行为的，处3万元以下罚款：（六）违反本办法其他规定的。	文化和旅游行政部门	设区市级、县级
80	对未经著作权人许可，复制、发行、表演、放映、广播、汇编、通过信息网络向公众传播其作品，同时损害公共利益等行为的行政处罚	行政处罚	1.《中华人民共和国著作权法》第五十三条：有下列侵权行为的，应当根据情况，承担本法第五十二条规定的民事责任；侵权行为同时损害公共利益的，由主管著作权的部门责令停止侵权行为，予以警告，没收违法所得，没收、无害化销毁处理侵权复制品以及主要用于制作侵权复制品的材料、工具、设备等，违法经营额五万元以上的，可以并处违法经营额一倍以上五倍以下的罚款；没有违法经营额、违法经营额难以计算或者不足五万元的，可以并处二十五万元以下的罚款；构成犯罪的，依法追究刑事责任：（一）未经著作权人许可，复制、发行、表演、放映、广播、汇编、通过信息网络向公众传播其作品的，本法另有规定的除外；（二）出版他人享有专有出版权的图书的；（三）未经表演者许可，复制、发行录有其表演的录音录像制品，或者通过信息网络向公众传播其表演的，本法另有规定的除外；（四）未经录音录像制作者许可，复制、发行、通过信息网络向公众传播其制作的录音录像制品的，本法另有规定的除外；（五）未经许可，播放、复制或者通过信息网络向公众传播广播、电视的，本法另有规定的除外；（六）未经著作权人或者与著作权有关的权利人许可，故意避开或者破坏技术措施的，故意制造、进口或者向他人提供主要用于避开、破坏技术措施的装置或者部件的，或者故意为他人避开或者破坏技术措施提供技术服务的，法律、行政法规另有规定的除外；（七）未经著作权人或者与著作权有关的权利人许可，故意删除或者改变	文化和旅游行政部门	设区市级、县级

续表

序号	事项名称	职权类型	实 施 依 据	实施主体	
				责任部门	第一责任层级建议
81	对通过信息网络擅自向公众提供他人的作品、表演、录音录像制品,同时损害公共利益等行为的行政处罚	行政处罚	作品、版式设计、表演、录音录像制品或者广播、电视上的权利管理信息的,知道或者应当知道作品、版式设计、表演、录音录像制品或者广播、电视上的权利管理信息未经许可被删除或者改变,仍然向公众提供的;(八)制作、出售假冒他人署名的作品的。 2.《中华人民共和国著作权法实施条例》 第三十六条:有著作权法第四十八条(新修订《中华人民共和国著作权法》第五十三条)所列侵权行为,同时损害社会公共利益,非法经营额 5 万元以上的,著作权行政管理部门可以非法经营额 1 倍以上 5 倍以下的罚款;没有非法经营额或者非法经营额 5 万元以下的,著作权行政管理部门根据情节轻重,可处 25 万元以下的罚款。 《信息网络传播权保护条例》 第十八条:违反本条例规定,有下列侵权行为之一的,根据情况承担停止侵害、消除影响、赔礼道歉、赔偿损失等民事责任;同时损害公共利益的,可以由著作权行政管理部门责令停止侵权行为,没收违法所得,非法经营额 5 万元以上的,可处非法经营额 1 倍以上 5 倍以下的罚款;没有非法经营额或者非法经营额 5 万元以下的,根据情节轻重,可处 25 万元以下的罚款;情节严重的,著作权行政管理部门可以没收主要用于提供网络服务的计算机等设备;构成犯罪的,依法追究刑事责任:(一)通过信息网络擅自向公众提供他人的作品、表演、录音录像制品的;(二)故意避开或者破坏技术措施的;(三)故意删除或者改变通过信息网络向公众提供的作品、表演、录音录像制品的权利管理电子信息,或者通过信息网络向公众提供明知或者应知未经权利人许可而被删除或者改变权利管理电子信息的作品、表演、录音录像制品的;(四)为扶助贫困通过信息网络向农村地区提供作品、表演、录音录像制品超过规定范围,或者未按照公告的标准支付报酬,或者在权利人不同意提供其作品、表演、录音录像制品后未立即删除的;(五)通过信息网络提供他人的作品、表演、录音录像制品,未指明作品、表演、录音录像制品的名称或者作者、表演者、录音录像制作者的姓名(名称),或者未支付报酬,或者未依照本条例规定采取技术措施防止服务对象以外的其他人获得他人的作品、表演、录音录像制品,或者未对服务对象的复制行为对权利人利益造成实质性损害的。	文化和旅游行政部门	设区市级、县级

十四、行政执法事项指导目录 777

续表

序号	事项名称	职权类型	实 施 依 据	实施主体 责任部门	第一责任层级建议
82	对故意制造、进口或者向他人提供主要用于避开、破坏技术措施的装置或者部件，或者故意为他人避开或者破坏技术措施提供技术服务等行为的行政处罚	行政处罚	《信息网络传播权保护条例》第十九条：违反本条例规定，有下列行为之一的，由著作权行政管理部门予以警告，没收违法所得，没收主要用于避开、破坏技术措施的装置或者部件；情节严重的，可以没收主要用于提供网络服务的计算机等设备；非法经营额5万元以上的，可处非法经营额1倍以上5倍以下的罚款；没有非法经营额或者非法经营额5万元以下的，根据情节轻重，可处25万元以下的罚款；构成犯罪的，依法追究刑事责任：(一)故意制造、进口或者向他人提供主要用于避开、破坏技术措施的装置或者部件，或者故意为他人避开或者破坏技术措施提供技术服务的；(二)通过信息网络向公众提供他人的作品、表演、录音录像制品的；(三)为扶助贫困通过信息网络向农村地区提供的装置或者部件，表演、录音录像制品，未在提供前公告作品、表演、录音录像制品的名称和作者、表演者、录音录像制作者的姓名(名称)以及报酬标准的。	文化和旅游行政部门	设区市级、县级
83	对网络服务提供者无正当理由拒绝提供或者拖延提供涉嫌侵权的服务对象的姓名(名称)、联系方式、网络地址等资料的行政处罚	行政处罚	《信息网络传播权保护条例》第二十五条：网络服务提供者无正当理由拒绝提供或者拖延提供涉嫌侵权的服务对象的姓名(名称)、联系方式、网络地址等资料的，由著作权行政管理部门予以警告；情节严重的，没收主要用于提供网络服务的计算机等设备。	文化和旅游行政部门	设区市级、县级
84	对未经软件著作权人许可，复制或者部分复制著作权人的软件，同时损害社会公共利益等行为的行政处罚	行政处罚	《计算机软件保护条例》第二十四条：除《中华人民共和国著作权法》、本条例或者其他法律、行政法规另有规定外，未经软件著作权人许可，有下列侵权行为的，应当根据情况，承担停止侵害、消除影响、赔礼道歉、赔偿损失等民事责任；同时损害社会公共利益的，由著作权行政管理部门责令停止侵权行为，没收违法所得，没收、销毁侵权复制品，可以并处罚款；情节严重的，著作权行政管理部门并可以没收主要用于制作侵权复制品的材料、工具、设备等；触犯刑律的，依照刑法关于侵犯著作权罪、销售侵权复制品罪的规定，依法追究刑事责任：(一)复制或者部分复制著作权人的软件的；(二)向公众发行、出租、通过信息网络传播著作权人的软件	文化和旅游行政部门	设区市级、县级

续表

序号	事项名称	职权类型	实施依据	实施主体		
				责任部门	第一责任层级	建议
85	对互联网信息服务提供者明知或者应知服务对象通过互联网实施侵犯他人著作权的行为,或者虽不明知,但接到著作权人通知后未采取移除措施移除相关内容,同时损害社会公共利益的行政处罚	行政处罚	作权人为保护其软件著作权而采取的技术措施的;(四)故意删除或者改变软件权利管理电子信息的;(五)转让或者许可他人行使著作权人的软件著作权的。有前款第一项或者第二项行为的,可以并处每件 100 元或者货值金额 1 倍以上 5 倍以下的罚款;有前款第三项、第四项或者第五项行为的,可以并处为 20 万元以下的罚款。 1.《中华人民共和国著作权法》 第五十三条：有下列侵权行为的,应当根据情况,承担本法第五十二条规定的民事责任;侵权行为同时损害公共利益的,由主管著作权的部门责令停止侵权行为,予以警告,没收违法所得,没收、无害化销毁侵权复制品以及主要用于制作侵权复制品的材料、工具、设备等,违法经营额五万元以上的,可以并处违法经营额一倍以上五倍以下的罚款;没有违法经营额、违法经营额难以计算或者不足五万元的,可以并处二十五万元以下的罚款;构成犯罪的,依法追究刑事责任：(一)未经著作权人许可,复制、发行、表演、放映、广播、汇编、通过信息网络向公众传播其作品的,本法另有规定的除外;(二)出版他人享有专有出版权的图书的;(三)未经表演者许可,复制、发行其表演的录音录像制品,或者通过信息网络向公众传播其表演的,本法另有规定的除外;(四)未经录音录像制作者许可,复制、发行、通过信息网络向公众传播其制作的录音录像制品的,本法另有规定的除外;(五)未经许可,播放、复制或者通过信息网络向公众传播广播、电视的,本法另有规定的除外;(六)未经著作权人或者与著作权有关的权利人许可,故意避开或者破坏技术措施的,故意制造、进口或者向他人提供主要用于避开、破坏技术措施的装置或者部件的,或者故意为他人避开或者破坏技术措施提供技术服务的,法律、行政法规另有规定的除外;(七)未经著作权人或者与著作权有关的权利人许可,故意删除或者改变作品、版式设计、表演、录音录像制品或者广播、电视上的权利管理信息的,本法另有规定的除外;(八)制作、出售假冒他人署名的作品的。 2.《互联网著作权行政保护办法》 第十一条：互联网信息服务提供者明知或者应知服务对象通过互联网实施侵犯他人著作权的行为,或者虽不明知,但接到著作权人通知后未采取移除措施移除相关内容,同时损害社会公共利	文化和旅游行政部门	设区市级、县级	

续表

序号	事项名称	职权类型	实施依据	实施主体 责任部门	实施主体 第一责任层级建议
			益的,著作权行政管理部门可以根据《中华人民共和国著作权法》第四十七条(新修订的《中华人民共和国著作权法》第五十三条)的规定责令停止侵权行为,并给予下列行政处罚:(一)没收违法所得;(二)处以非法经营额 3 倍以下的罚款;非法经营额难以计算的,可以处 10 万元以下的罚款。		
86	对未持有《卫星地面接收设施安装许可证》而承担安装卫星地面接收设施施工任务行为的行政处罚	行政处罚	《卫星电视广播地面接收设施管理规定》《实施细则》第十九条第一款第(三)(四)项。对违反本《实施细则》给予行政处罚的,由本县级以上(含县级)广播电视行政部门给予行政处罚。其具体处罚措施如下:(三)对未持有《卫星地面接收设施安装许可证》,未持有《卫星地面接收设施安装许可证》而承担安装卫星地面接收设施施工任务的单位,一至三万元罚款;(四)对违反本《实施细则》第十四条规定的,可处以警告,一至三万元罚款。第九条:禁止未持有《许可证》的单位和个人设置卫星地面接收设施接收卫星传送的电视节目。第十条:安装卫星地面接收设施的施工单位,必须持有《卫星地面接收设施安装许可证》。申领《卫星地面接收设施安装许可证》的条件和办法,由各省、自治区、直辖市广播电视行政部门自行制定。第十一条:持有《卫星地面接收设施安装许可证》的单位承接安装和维修服务。禁止在车站、码头、机场、商店和影视、歌舞厅等公共场所播放或以其它方式传播卫星传送的境外电视节目、传播反动淫秽的卫星电视节目。单位和个人设置卫星地面接收设施接收,广告不得违反《管理规定》及本《实施细则》第十四条:有关卫星地面接收设施的宣传、广告不得违反《管理规定》及本《实施细则》的有关规定。	文化和旅游行政部门	设区市级、县级
87	对擅自设立广播电台、电视台、教育电视台、有线广播电视传输覆盖网、广播电视视频点播业务、广播电视发射台、转播台、微波站、卫星上行站的行政处罚	行政处罚	《广播电视管理条例》第四十七条:违反本条例规定,擅自设立广播电台、电视台、教育电视台、有线广播电视站的,由县级以上人民政府广播电视行政部门予以取缔,没收其从事违法活动的设备,并处投资总额 1 倍以上 2 倍以下的罚款;擅自设立广播电视发射台、转播台、微波站、卫星上行站的,由县级以上人民政府广播电视行政部门予以取缔,没收其从事违法活动的设备,并处投资总额 1 倍以上 2 倍以下的罚款,或者由国家无线电管理机构依照国家无线电管理的有关规定予以处罚。	文化和旅游行政部门	设区市级、县级

续表

序号	事项名称	职权类型	实施依据	实施主体（责任部门）	第一责任层级建议
88	对未经批准，擅自以卫星等传输方式进口、转播境外广播电视节目，擅自利用有线广播电视传输覆盖网播放节目，以反对广播电视侵占、干扰广播电视专用频率等行为的行政处罚	行政处罚	《广播电视管理条例》第五十一条第（四）（五）（七）项：违反本条例规定，有下列行为之一的，由县级以上人民政府广播电视行政部门责令停止违法活动，给予警告，没收违法所得和从事违法活动的专用工具、设备，可以并处 2 万元以下的罚款，情节严重的，由原批准机关吊销许可证：（四）对未经批准，擅自以卫星等传输方式进口、转播境外广播电视节目的，由县级以上人民政府广播电视行政部门责令停止违法活动，给予警告，没收违法所得和从事违法活动的专用工具、设备，可以并处 2 万元以下的罚款；（五）对未经批准，擅自利用有线广播电视传输覆盖网播放节目的，由县级以上人民政府广播电视行政部门责令停止违法活动，给予警告，没收违法所得和从事违法活动的专用工具、设备，可以并处 2 万元以下的罚款；（七）对侵占、干扰广播电视专用频率，没收违法所得和从事违法活动的专用工具、设备，给予警告，没收违法所得和从事违法活动的专用工具、设备，可以并处 2 万元以下的罚款。	文化和旅游行政部门	设区市级、县级
89	对危害广播电台、电视台安全播出的，破坏广播电视设施的行政处罚	行政处罚	《广播电视管理条例》第五十二条：违反本条例规定，危害广播电台、电视台安全播出，破坏广播电视设施的，由县级以上人民政府广播电视行政部门责令停止违法活动，由 2 万元以上 5 万元以下的罚款，情节严重的，构成犯罪的，依法追究刑事责任。侵害他人应当依法赔偿损失。	文化和旅游行政部门	设区市级、县级
90	对擅自从事广播电视节目传送业务的行政处罚	行政处罚	《广播电视管理条例》第五十一条：违反本条例规定，有下列行为之一的，由县级以上人民政府广播电视行政部门责令停止违法活动，给予警告，没收违法所得和从事违法活动的专用工具、设备，可以并处 2 万元以下的罚款，情节严重的，由原批准机关吊销许可证：（一）出租、转让频率、频段、广播电视发射台、转播台的；（二）擅自利用卫星方式传输广播电视节目的；（三）未经批准，转播电视发射台、擅自利用卫星方式进口、转播境外广播电视节目的；（四）未经批准，转播台擅自播放自办节目，擅自变更广播电视覆盖范围，擅自以卫星等传输方式进口、转播境外广播电视节目的；（五）未经批准，擅自利用有线电视传输覆盖网的工程选址、设计、施工、安装传输方式进口、转播境外广播电视节目的；（六）未经批准，擅自进行卫星电视地面接收设施的销售、安装服务的；（七）侵占、干扰广播电视专用频率，擅自截收、解扰广播电视信号的。	文化和旅游行政部门	设区市级、县级

续表

序号	事项名称	职权类型	实施依据	实施主体 责任部门	实施主体 第一责任层级建议
91	对擅自传送境外卫星电视节目的行政处罚	行政处罚	1.《广播电视管理条例》第五十一条：违反本条例规定，有下列行为之一的，由县级以上人民政府广播电视行政部门责令停止违法活动，给予警告，没收违法所得和从事违法活动的专用工具、设备，可以并处 2 万元以下的罚款；情节严重的，由原批准机关吊销许可证：（一）出租、转让频率，擅自变更广播电视发射台、转播台技术参数的；（二）广播电视传输、转播台擅自播放自办节目、插播广告的；（三）未经批准，擅自利用卫星方式传输广播电视节目的；（四）未经批准，擅自利用有线广播电视传输覆盖网传输节目的；（五）未经批准，擅自利用广播电视传输覆盖网的工程选址、设计、施工、安装的；（六）未经批准，擅自进行广播电视专用频率、擅自截传、干扰、解压广播电视信号的；（七）侵占、干扰广播电视专用频率的。 2.《广播电视节目传送业务管理办法》第二十四条第（三）项：违反本办法规定，有下列行为之一的，由县级以上广播电视行政部门责令停止违法活动，给予警告，没收违法所得，可以并处二万元以下罚款；情节严重的，依法追究刑事责任：（三）擅自传送境外卫星电视节目的。	文化和旅游行政部门	设区市级、县级
92	对擅自提供卫星地面接收设施安装服务的行政处罚	行政处罚	1.《卫星电视广播地面接收设施管理规定》第十条第三款：违反本规定，擅自安装和使用卫星地面接收设施，擅自提供卫星地面接收设施安装服务的，由广播电视行政部门没收其使用的卫星地面接收设施，对个人可以并处 5000 元以下的罚款，对单位可以并处 5 万元以下的罚款。 2.《卫星电视广播地面接收设施安装服务暂行办法》第十四条第一款：违反本办法规定，擅自从事卫星地面接收设施安装服务的，由县级以上人民政府广播影视行政部门没收其提供安装服务的设施、工具，对个人可以并处 5 千元以下的罚款，对单位可以并处 5 万元以下的罚款。	文化和旅游行政部门	设区市级、县级
93	对单位、个人擅自安装和使用卫星地面接收设施的行政处罚	行政处罚	《卫星电视广播地面接收设施管理规定》第十条第三款：违反本规定，擅自安装和使用卫星地面接收设施的，由广播电视行政部门没收其使用的卫星地面接收设施，对个人可以并处 5000 元以下的罚款，对单位可以并处 5 万元以下的罚款。	文化和旅游行政部门	设区市级、县级

续表

序号	事项名称	职权类型	实施依据	实施主体	
				责任部门	第一责任层级建议
94	对未持有《许可证》而擅自设置卫星地面接收设施或者接收外国卫星传送的电视节目的行政处罚	行政处罚	《卫星地面接收设施接收外国卫星传送电视节目管理办法》第十二条：违反本办法第七条的规定，未持有《许可证》而擅自设置卫星地面接收设施或者接收外国卫星传送的电视节目的单位，省、自治区、直辖市广播电视厅（局）会同公安、国家安全厅（局）可以没收其卫星地面接收设施，并处以5万元以下的罚款。对单位的直接负责的主管人员和其他直接责任人员，可以建议其主管部门给予行政处分；有私自录制、传播行为，情节严重构成犯罪的，由司法机关依法追究刑事责任。第七条：已有卫星地面接收设施的单位，未持有《许可证》的，不得接收外国卫星传送的电视节目；其他单位，未持有《许可证》的，不得设置卫星地面接收设施，不得接收外国卫星传送的电视节目。	文化和旅游行政部门	设区市级、县级
95	对伪造、变造、出租、出借、买卖《中华人民共和国电影产业促进法》规定的许可证，批准或者证明文件，或者以其他形式非法转让《中华人民共和国电影产业促进法》规定的许可证，批准或者证明文件等行为的行政处罚	行政处罚	1.《中华人民共和国电影产业促进法》第四十八条：有下列情形之一的，由原发证机关吊销有关许可证，撤销有关批准文件；违法所得五万元以上的，并处违法所得十倍以上二十倍以下的罚款；违法所得不足五万元的，可以并处二十五万元以下的罚款：（一）伪造、变造、出租、出借、出售、买卖或者以其他形式非法转让本法规定的许可证、批准或者证明文件的；（二）以欺骗、贿赂等不正当手段取得本法规定的许可证，批准或者证明文件的。2.《点播影院、点播院线管理规定》第三十条第二款：伪造、变造、出租、出借、出售、买卖或者以其他形式非法转让上述许可证的，依照《中华人民共和国电影产业促进法》第四十八条的规定予以处罚。	文化和旅游行政部门	设区市级、县级
96	对发行、放映、未取得电影公映许可证的电影等行为的行政处罚	行政处罚	1.《中华人民共和国电影产业促进法》第四十九条：有下列情形之一的，由县级以上人民政府电影主管部门没收电影片和违法所得；违法所得五万元以上的，并处违法所得五倍以上十倍以下的罚款；违法所得不足五万元的，可以并处二十五万元以下的罚款；情节严重的，责令停业；（一）发行、放映未取得电影公映许可证的电影的；（二）取得电影公映许可证后变更电影内容，未依照本规定重新取得电影公映许可证的；（三）提供未取得电影公映许可证的电影参加电影节（展）的。	文化和旅游行政部门	设区市级、县级

续表

序号	事项名称	职权类型	实施依据	实施主体 责任部门	第一责任层级建议
97	对违反《中华人民共和国电影产业促进法》擅自从事电影摄制、发行、放映活动等行为的行政处罚	行政处罚	1.《中华人民共和国电影产业促进法》第四十七条：违反本法规定擅自从事电影摄制、发行、放映活动以及从事电影片的制作、发行、放映单位，或者擅自从事电影片进口、发行活动的，由县级以上人民政府电影主管部门予以取缔，没收电影片和违法从事活动的专用工具、设备；违法所得五万元以上的，并处违法所得五倍以上十倍以下的罚款；尚不够刑事处罚的，没收违法所得或者违法所得不足五万元的，可以并处二十五万元以下的罚款。 2.《电影管理条例》第五十五条：违反本条例规定，擅自设立电影片的制作、发行、放映单位，或者擅自从事电影片的制作、发行、进口、放映活动的，由工商行政管理部门予以取缔，依法追究刑事责任；尚不够刑事处罚的，没收违法经营的专用工具、设备；违法所得5万元以上的，并处违法所得5倍以上10倍以下的罚款；没有违法所得或者违法所得不足5万元的，并处20万元以上50万元以下的罚款。 3.《点播影院、点播院线管理规定》第三十条第一款：违反本规定，擅自从事点播影院、点播院线电影放映、发行活动的，依照《中华人民共和国电影产业促进法》第四十七条的规定予以处罚。	文化和旅游行政部门	设区市级、县级
98	对承接含有损害我国国家尊严、荣誉和利益，危害社会稳定，伤害民族感情等内容的境外电影的洗印、加工、后期制作等业务的行政处罚	行政处罚	1.《中华人民共和国电影产业促进法》第五十条：承接含有损害我国国家尊严、荣誉和利益，危害社会稳定，伤害民族感情等内容的境外电影的洗印、加工、后期制作等业务的，由县级以上人民政府电影主管部门责令停止违法活动；违法所得五万元以上的，并处违法所得三倍以上五倍以下的罚款；没有违法所得或者违法所得不足五万元的，可以并处十五万元以下的罚款。情节严重的，由工商行政管理部门通报工商行政管理部门，吊销营业执照。 2.《电影管理条例》第五十六条：摄制含有本条例第二十五条禁止内容的电影片，或者洗印加工、进口、发行、放映	文化和旅游行政部门	设区市级、县级

续表

序号	事项名称	职权类型	实施依据	实施主体 责任部门	第一责任层级建议
99	对电影发行企业、电影院等有制造虚假交易、虚报瞒报销售收入等行为，扰乱电影市场秩序或者电影院在向观众明示的电影开始放映时间之后至电影放映结束前放映广告的行政处罚	行政处罚	明知或者应知含有本条例第二十五条禁止内容的电影片的，由电影行政部门责令停业整顿，没收违法经营的电影片和违法所得，违法所得5万元以上的，并处违法所得5倍以上10倍以下的罚款；没有违法所得或者违法所得不足5万元的，并处20万元以上50万元以下的罚款；情节严重的，并由原发证机关吊销许可证。第二十五条：电影片禁止载有下列内容：（一）反对宪法确定的基本原则的；（二）危害国家统一、主权和领土完整的；（三）泄露国家秘密，危害国家安全或者损害国家荣誉和利益的；（四）煽动民族仇恨、民族歧视，破坏民族团结，或者侵害民族风俗、习惯的；（五）宣扬邪教、迷信的；（六）扰乱社会秩序，破坏社会稳定的；（七）宣扬淫秽、赌博、暴力或者教唆犯罪的；（八）侮辱或者诽谤他人，侵害他人合法权益的；（九）危害社会公德或者民族优秀文化传统的；（十）有法律、行政法规和国家规定禁止的其他内容的。电影技术质量应当符合国家标准。 1.《中华人民共和国电影产业促进法》第五十一条：电影发行企业、电影院等有制造虚假交易、虚报瞒报销售收入等行为，扰乱电影市场秩序的，由县级以上人民政府电影主管部门责令改正，没收违法所得，处五万元以上五十万元以下的罚款；违法所得五十万元以上的，处违法所得一倍以上五倍以下的罚款；情节严重的，责令停业整顿；违法所得五十万元以上的，由原发证机关吊销许可证。电影院在向观众明示的电影开始放映时间之后至电影放映结束前放映广告的，由县级人民政府电影主管部门给予警告，责令改正；情节严重的，处一万元以上五万元以下的罚款。 2.《点播影院、点播院线管理规定》第三十二条：违反本规定，有下列行为之一的，依照《中华人民共和国电影产业促进法》第五十一条的规定予以处罚：（一）制造虚假交易、虚报瞒报销售收入的；（二）在电影开始放映之后至电影放映结束前放映广告的。	文化和旅游行政部门	设区市级、县级

续表

序号	事项名称	职权类型	实 施 依 据	实施主体 责任部门	第一责任层级建议
100	对电影院侵犯与电影有关的知识产权,情节严重的行为的行政处罚	行政处罚	1.《中华人民共和国电影产业促进法》 第五十四条 有下列情形之一的,依照国家有关法律、行政法规及国家有关规定,擅自将未取得电影公映许可证的电影制作为音像制品的;(二)违反国家有关规定,擅自通过互联网、电信网、广播电视网等信息网络专播未取得电影公映许可证的电影的;(三)以虚报、冒领等手段骗取电影公益放映补贴资金的;(四)侵犯与电影有关的知识产权的;(五)未依法接收、收集、整理、保管、移交电影档案的。电影院有前款规定行为,情节严重的,由原发证机关吊销许可证。 2.《点播影院、点播院线管理规定》 第三十四条 点播影院、点播院线违反著作权法律法规的,由著作权行政管理部门依法予以处罚;情节严重的,由原发证机关吊销许可证。	文化和旅游行政部门	设区市级、县级
101	对未按时办理点播影院编码、点播院线编码登记等行为的行政处罚	行政处罚	《点播影院、点播院线管理规定》 第三十三条 违反本规定,有下列行为之一的,由县级以上人民政府电影主管部门责令限期改正,给予警告,可以并处3万元以下的款:(一)未按时办理点播影院编码、点播院线编码登记的;(二)点播影院放映超加入点播院线发行范围之外的影片的;(三)点播影院未按规定报送经营数据的;(四)点播影院在同一影厅内开展电影放映活动的;(五)点播影院、点播院线未有效履行运营管理职责,致使所辖点播影院出现违法行为的;(六)点播影院、点播院线的放映技术未按规范的要求选用计费系统和放映系统设备,放映质量不达标的。	文化和旅游行政部门	设区市级、县级
102	对未经许可经营旅行社业务的行政处罚	行政处罚	《中华人民共和国旅游法》 第九十五条第一款 违反本法规定,未经许可经营旅行社业务的,由旅游主管部门或者市场监督管理部门责令改正,没收违法所得,并处一万元以上十万元以下罚款;违法所得十万元以上的,并处违法所得一倍以上五倍以下罚款;对有关责任人员,处二千元以上二万元以下罚款。	文化和旅游行政部门	省级、设区市级、县级

续表

序号	事项名称	职权类型	实施依据	实施主体		第一责任层级建议
				责任部门		
103	对旅行社未经许可经营出境旅游、边境旅游业务，或者出租、出借旅行社业务经营许可证，或者以其他方式非法转让旅行社业务经营许可的行政处罚	行政处罚	《中华人民共和国旅游法》第九十五条第二款：旅行社违反本法规定，未经许可经营本法第二十九条第一款第二项、第三项业务，或者出租、出借旅行社业务经营许可证，或者以其他方式非法转让旅行社业务经营许可的，除依照前款规定处罚外，并责令停业整顿，吊销旅行社业务经营许可证；对直接负责的主管人员，处二千元以上二万元以下罚款。第二十九条第一款第二项、第三项：旅行社可以经营下列业务：（二）出境旅游；（三）边境旅游。	文化和旅游行政部门		一般情形：省级、设区市级、县级；情节严重：省级、设区市级
104	对旅行社未按照规定为出境或者入境团队旅游安排领队或者导游全程陪同等行为的行政处罚	行政处罚	《中华人民共和国旅游法》第九十六条：旅行社违反本法规定，有下列行为之一的，由旅游主管部门责令改正，没收违法所得，并处五千元以上五万元以下罚款；情节严重的，责令停业整顿，处二万元以上二十万元以下罚款；对直接负责的主管人员和其他直接责任人员，处二千元以上二万元以下罚款：（一）未取得导游证的人员提供导游服务或者不具备领队条件的人员提供领队服务的；（二）安排未取得导游证的人员从事导游活动或者向临时聘用的导游支付导游服务费用的；（四）要求导游垫付或者向导游收取费用的。	文化和旅游行政部门		省级、设区市级、县级
105	对旅行社进行虚假宣传，误导旅游者，情节严重等行为的行政处罚	行政处罚	《中华人民共和国旅游法》第九十七条：旅行社违反本法规定，有下列行为之一的，由旅游主管部门或者有关部门责令改正，没收违法所得，并处五千元以上五万元以下罚款；违法所得五万元以上的，并处违法所得一倍以上五倍以下罚款；情节严重的，责令停业整顿或者吊销旅行社业务经营许可证，处二千元以上二万元以下罚款；对直接负责的主管人员和其他直接责任人员，处二千元以上二万元以下罚款：（一）进行虚假宣传，误导旅游者的；（二）向不合格的供应商订购产品和服务的；（三）未按照规定投保旅行社责任险的。	文化和旅游行政部门		省级、设区市级、县级

续表

序号	事项名称	职权类型	实施依据	实施主体	
				责任部门	第一责任层级建议
106	对旅行社以不合理的低价组织旅游活动,诱骗旅游者并通过安排购物或者另行付费旅游项目获取回扣等不正当利益等行为的行政处罚	行政处罚	《中华人民共和国旅游法》第九十八条:旅行社违反本法第三十五条规定的,由旅游主管部门责令改正,没收违法所得,并处三万元以上三十万元以下罚款;情节严重的,责令停业整顿,违法所得三十万元以上的,并处违法所得一倍以上五倍以下罚款,没收违法所得人员,处二万元以上十万元以下罚款;对直接负责的主管人员和其他直接责任人员,处二万元以上十万元以下罚款,情节严重的,吊销其导游证。第三十五条:旅行社不得以不合理的低价组织旅游活动,诱骗旅游者,并通过安排购物或者另行付费旅游项目获取回扣等不正当利益。旅行社组织、接待旅游者,不得指定具体购物场所,不得安排另行付费旅游项目。但是,经双方协商一致或者旅游者要求,且不影响其他旅游者行程安排的除外。发生违反前两款规定情形的,旅游者有权在旅游行程结束后三十日内,要求旅行社为其办理退货并先行垫付退货款,或者退还另行付费旅游项目的费用。	文化和旅游行政部门	一般情形:省级、设区市级、县级情节严重:省级、设区市级
107	对旅行社未履行《中华人民共和国旅游法》第五十五条规定的报告义务的行政处罚	行政处罚	《中华人民共和国旅游法》第九十五条:旅行社未履行本法第五十五条规定的报告义务的,由旅游主管部门处五千元以上五万元以下罚款;情节严重的,责令停业整顿,并处五万元以上二十万元以下罚款;对直接负责的主管人员和其他直接责任人员,处二千元以上二万元以下罚款。第五十五条:旅行社经营者组织、接待出入境旅游,发现旅游者从事违法活动或者吊销其经营许可证。第五十六条:出境旅游者不得在境外非法滞留,随团出境的旅游者不得擅自分团、脱团。入境旅游者不得在境内非法滞留,随团入境的旅游者不得擅自分团、脱团。	文化和旅游行政部门	省级、设区市级
108	对旅行社在旅游行程中擅自变更旅游行程安排,严重损害旅游者权益等行为的行政处罚	行政处罚	《中华人民共和国旅游法》第一百条:旅行社违反本法规定,有下列行为之一的,由旅游主管部门责令改正,处三万元以上三十万元以下罚款;对直接负责的主管人员和其他直接责任人员,处二千元以上二万元以下罚款;情节严重的,责令停业整顿,并责令停业整顿,造成旅游者滞留后果的,吊销旅行社业务经营许可证或者吊销其导游证:(一)未在旅游行程中征得旅游者同意,委托其他旅行社履行包价旅游合同的;(二)拒绝履行合同的;(三)在旅游行程中擅自变更旅游行程安排,严重损害旅游者权益的。	文化和旅游行政部门	一般情形:省级、设区市级、县级情节严重:省级、设区市级

续表

序号	事项名称	职权类型	实施依据	实施主体 责任部门	第一责任层级建议
109	对旅行社安排旅游者参观或者参与违反我国法律、法规和社会公德的项目或者活动的行政处罚	行政处罚	《中华人民共和国旅游法》第一百零一条：旅行社安排旅游者参观或者参与违反我国法律、法规和社会公德的项目或者活动的，由旅游主管部门责令改正，没收违法所得，并处二万元以上二十万元以下罚款；情节严重的，责令停业整顿，吊销旅行社业务经营许可证；对直接负责的主管人员和其他直接责任人员，处二万元以上二十万元以下罚款，并暂扣或者吊销导游证。	文化和旅游行政部门	一般情形：省级、设区市级、县级；情节严重：省级、设区市级
110	对未取得导游证或者不具备领队条件而从事导游、领队活动的行政处罚	行政处罚	《中华人民共和国旅游法》第一百零二条第一款：违反本法规定，未取得导游证或者不具备领队条件而从事导游、领队活动的，由旅游主管部门责令改正，没收违法所得，并处一千元以上一万元以下罚款；予以公告。	文化和旅游行政部门	省级、设区市级、县级
111	对导游、领队私自承揽业务等行为的行政处罚	行政处罚	《中华人民共和国旅游法》第一百零二条第二款：导游、领队违反本法规定，私自承揽业务的，由旅游主管部门责令改正，没收违法所得，并处一千元以上一万元以下罚款，并暂扣或者吊销导游证。第一百零二条第三款：导游、领队违反本法规定，向旅游者索取小费的，由旅游主管部门责令退还，处一千元以上一万元以下罚款；情节严重的，并暂扣或者吊销导游证。	文化和旅游行政部门	省级、设区市级、县级
112	对旅行社给予或者收受贿赂，情节严重的行政处罚	行政处罚	《中华人民共和国旅游法》第一百零四条：旅游经营者违反本法规定，给予或者收受贿赂的，由市场监督管理部门依照有关法律、法规的规定处罚；情节严重的，并由旅游主管部门吊销旅行社业务经营许可证。	文化和旅游行政部门	省级、设区市级
113	对旅行社服务网点从事招徕、咨询以外的旅行社业务经营活动的行政处罚	行政处罚	《旅行社条例》第四十六条第（三）项：违反本条例的规定，有下列情形之一的，由旅游行政管理部门责令改正，没收违法所得，违法所得10万元以上的，并处违法所得1倍以上5倍以下的罚款；违法所得不足10万元或者没有违法所得的，并处10万元以上50万元以下的罚款：(三)旅行社服务网点从事招徕、咨询以外的旅行社业务经营活动的。	文化和旅游行政部门	省级、设区市级、县级

续表

序号	事项名称	职权类型	实 施 依 据	实施主体 责任部门	第一责任层级建议
114	对旅行社未在规定期限内向其质量保证金账户存入、增存、补足质量保证金或者提交相应的银行担保且拒不改正等行为的行政处罚	行政处罚	《旅行社条例》 第四十八条：违反本条例的规定，旅行社未在规定期限内向其质量保证金账户存入、增存、补足质量保证金或者提交相应的银行担保的，由旅游行政管理部门责令改正；拒不改正的，吊销旅行社业务经营许可证。	文化和旅游行政部门	省级、设区市级
115	对旅行社变更名称、经营场所，法定代表人等登记事项或者终止经营，未在规定期限内向原许可的旅游行政管理部门备案，擅领或者交回旅行社业务经营许可证换发旅行社业务经营许可证或经营许可证且拒不改正等行为的行政处罚	行政处罚	《旅行社条例》 第五十条：违反本条例的规定，旅行社有下列情形之一的，由旅游行政管理部门责令改正，处1万元以下的罚款，未按照规定的期限改正的，经营场所、法定代表人等登记事项变更未备案，或者经营场所，法定代表人等登记事项或者终止经营的旅行社业务经营许可证；(一) 变更名称、经营场所，法定代表人等登记事项或者终止经营，未在规定期限内向原许可的旅游行政管理部门备案，擅领或者交回旅行社业务经营许可证的；(二) 设立分社未在规定期限内向分社所在地旅游行政管理部门备案的；(三) 不按照国家有关规定向旅游行政管理部门报送经营和财务信息等统计资料的。	文化和旅游行政部门	省级、设区市级、县级
116	对经营出境旅游业务的旅行社组织旅游者到国务院旅游行政主管部门公布的中国公民出境旅游目的地之外的国家和地区旅游的行政处罚	行政处罚	《旅行社条例》 第五十一条：违反本条例的规定，外商投资旅行社经营中国内地居民出国旅游业务以及赴香港特别行政区、澳门特别行政区和台湾地区旅游业务，或者经营出境旅游业务的旅行社组织者到国务院旅游行政主管部门公布的中国公民出境旅游目的地之外的国家和地区旅游的，由旅游行政管理部门责令改正，没收违法所得，违法所得10万元以上的，并处违法所得1倍以上5倍以下的罚款；违法所得不足10万元或者没有违法所得的，并处10万元以上50万元以下的罚款；情节严重的，吊销旅行社业务经营许可证。	文化和旅游行政部门	一般情形：省级、设区市级、县级；情节严重：省级、设区市级

续表

序号	事项名称	职权类型	实 施 依 据	实施主体 责任部门	实施主体 第一责任层级建议
117	对旅行社未经旅游者同意在旅游合同约定之外提供其他有偿服务的行政处罚	行政处罚	《旅行社条例》第五十四条：违反本条例的规定，旅行社未经旅游者同意在旅游合同约定之外提供其他有偿服务的，由旅游行政管理部门责令改正，处1万元以上5万元以下的罚款。	文化和旅游行政部门	省级、设区市级、县级
118	对旅行社与旅游者签订旅游合同等行为的行政处罚	行政处罚	《旅行社条例》第五十五条：违反本条例的规定，旅行社有下列情形之一的，由旅游行政管理部门责令改正，情节严重的，责令停业整顿1个月至3个月：（一）未与旅游者签订旅游合同；（二）与旅游者签订旅游合同的内容不符合本条例第二十八条规定的事项的；（三）未取得旅游者同意，将旅游业务委托其他旅行社的；（四）将旅游业务委托给不具有相应资质的旅行社；（五）未与接受委托的旅行社就接待旅游者事宜签订委托合同。第二十八条：旅行社为旅游者提供服务，应当与旅游者签订旅游合同并载明下列事项：（一）旅行社的名称及其经营范围、地址、联系电话、联系人；（二）旅游者的姓名、地址、联系电话；（三）签约地点和日期；（四）旅行社和旅行社业务经营许可证编号；（五）旅游行程中交通、住宿、餐饮服务安排及其标准；（六）旅游者的出发地、途经地和目的地的具体内容及时间；（七）旅游者自由活动的时间和次数、停留时间及购物场所和提供的游览项目及价格；（八）旅游者应当交纳的旅游费用及交纳方式；（九）需要旅游者另行支付费用的纠纷解决机制及应当承担的责任；（十）旅行社安排的购物次数、停留时间及合同通知的期限；（十一）解除或者变更合同的条件和提前通知的期限；（十二）违反合同的责任、投诉电话；（十三）旅游服务监督、投诉电话；（十四）双方协商一致的其他内容。	文化和旅游行政部门	省级、设区市级、县级
119	对旅行社要求领队人员接待不支付接待和服务费用，支付的费用低于接待和服务成本的旅游团队，或者要求领队人员承担接待旅游团队的相关费用的行政处罚	行政处罚	《旅行社条例》第六十条：违反本条例的规定，旅行社要求导游人员和领队人员接待不支付接待和服务费用、支付的费用低于接待和服务成本的旅游团队，或者要求导游人员和领队人员承担接待旅游团队的相关费用的，由旅游行政管理部门责令改正，处2万元以上10万元以下的罚款。	文化和旅游行政部门	省级、设区市级、县级

续表

序号	事项名称	职权类型	实施依据	实施主体	
				责任部门	第一责任层级建议
120	对旅行社不向接受委托的旅行社支付接待和服务费用等行为的行政处罚	行政处罚	《旅行社条例》第六十二条：违反本条例规定，有下列情形之一的，由旅游行政管理部门责令改正，停业整顿1个月至3个月；情节严重的，吊销旅行社业务经营许可证：（一）旅行社向接受委托的旅行社支付的费用低于接待和服务成本的；（二）旅行社接受委托接待或者不足额支付接待和服务费用不向委托接待和服务费用的。	文化和旅游行政部门	一般情形：省级、设区市级、县级；情节严重：省级、设区市级
121	对旅行社及其委派的导游人员、领队人员发生危及旅游者人身安全的情形，未采取必要的处置措施并及时报告的行政处罚	行政处罚	《旅行社条例》第六十三条第（一）项：违反本条例的规定，旅行社及其委派的导游人员、领队人员有下列情形之一的，由旅游行政管理部门责令改正，对旅行社处2万元以上10万元以下的罚款，对导游人员、领队人员处4000元以上2万元以下的罚款；情节严重的，责令旅行社停业整顿1个月至3个月，或者吊销旅行社业务经营许可证，导游证：（一）发生危及旅游者人身安全的情形，未采取必要的处置措施并及时报告的。	文化和旅游行政部门	省级、设区市级、县级
122	对擅自引进外商投资、设立服务网点未在规定期限内备案，或者旅行社及其分社、服务网点未悬挂旅行社业务经营许可证、备案登记证明的行政处罚	行政处罚	《旅行社条例实施细则》第五十七条：违反本实施细则第十二条第三款、第二十三条、第二十六条的规定，擅自引进外商投资，设立服务网点未在规定期限内备案，由县级以上旅游行政管理部门责令改正，可以处1万元以下的罚款。第十二条第三款：外商投资旅行社，适用《条例》第三章的规定。未经批准，不得引进外商投资。第二十三条：设立分社向服务网点所在地工商行政管理部门办理服务网点登记后，应当在3个工作日内，持下列文件向服务网点所在地县级以上旅游行政管理部门备案：（一）《旅行社业务经营许可证》《旅行社分社备案登记证明》或者《旅行社服务网点备案登记证明》；（二）《营业执照》。没有同级旅游行政管理部门的，向上一级旅游行政管理部门备案。第二十六条：旅行社及其分社、服务网点，应当将《旅行社业务经营许可证》《旅行社分社备案登记证明》或者《旅行社服务网点备案登记证明》，与《营业执照》一起，悬挂在经营场所的显要位置。	文化和旅游行政部门	省级、设区市级、县级

续表

序号	事项名称	职权类型	实施依据	责任部门	第一责任层级建议
123	对领队委托他人代为提供领队服务的行政处罚	行政处罚	《旅行社条例实施细则》第五十九条：违反本实施细则第三十五条第二款的规定，领队委托他人代为提供领队服务，可以由县级以上旅游行政管理部门责令改正，处1万元以下的罚款。第三十五条第二款：领队不得委托他人代为提供领队服务。	文化和旅游行政部门	省级、设区市级、县级
124	对旅行社为接待旅游者选择的交通、餐饮、住宿、景区等企业，不具有接待服务能力的行政处罚	行政处罚	《旅行社条例实施细则》第六十条：违反本实施细则第三十八条的规定，旅行社为接待旅游者选择或者接待旅游者的服务能力的，由县级以上旅游行政管理部门责令改正，没收违法所得，处违法所得3倍以下但最高不超过3万元的罚款，没有违法所得的，处1万元以下的罚款。第三十八条：旅行社招徕、组织、接待旅游者，其选择的交通、餐饮、住宿、景区等企业，应当符合具有合法经营资格和接待服务能力的要求。	文化和旅游行政部门	省级、设区市级、县级
125	对同一旅游团队的旅游者提出与其他合同事项不同的行政处罚	行政处罚	《旅行社条例实施细则》第六十一条：违反本实施细则第三十九条的规定，旅行社安排的购物活动，需要旅游者另行付费的旅游项目，或者对同一旅游团队中，旅行社不得以下列因素，提出与其他旅游者另行付费的购物活动或者需要旅游者另行付费的旅游项目与其他旅游者相比更多的服务，由县级以上旅游行政管理部门责令改正，处1万元以下的罚款。第三十九条第二款：同一旅游团队中，旅行社不得以下列因素，提出与其他旅游者不同的合同事项：（一）旅游者拒绝参加旅行社安排的购物活动或者需要旅游者另行付费的购物活动或者需要旅游者另行付费的旅游项目的；（二）旅游者存在的年龄或职业、民族、宗教信仰、生活习惯等方面的差异。但旅行社提供了与其他旅游者相比更多的服务，或者旅游者主动要求的除外。	文化和旅游行政部门	省级、设区市级、县级
126	对旅行社未将旅游目的地接待旅行社的情况告知旅游者的行政处罚	行政处罚	1.《旅行社条例实施细则》第六十二条：违反本实施细则第四十条第二款的规定，旅行社未将旅游目的地接待旅行社的情况告知旅游者的，由县级以上旅游行政管理部门依照《条例》第五十五条的规定处罚。第四十条第一款：旅行社对接待旅游者的业务作出委托的，应当按照《条例》第三十六条的规定，将旅游目的地接待旅行社的名称、地址、联系电话，告知旅游者。	文化和旅游行政部门	省级、设区市级、县级

十四、行政执法事项指导目录 793

续表

序号	事项名称	职权类型	实 施 依 据	实施主体 责任部门	第一责任层级建议
			2.《旅行社条例》 第三十六条：旅行社需要将旅游业务作出委托的，应当委托给具有相应资质的旅行社，征得旅游者的同意，并与接受委托的旅行社就接待旅游者的各项服务安排及其标准、约定双方的权利、义务。 第五十条：违反本条例的规定，旅行社有下列情形之一的，由旅游行政管理部门责令改正，处2万元以上10万元以下的罚款；违反本条例的规定，情节严重的，责令停业整顿1个月至3个月：（一）未与旅游者签订旅游合同，或者签订的旅游合同未载明本条例第二十八条规定的事项的；（二）与旅游者签订旅游合同，将旅游业务委托给其他旅行社，未取得旅游者同意，或者未与接受委托的旅行社就接待旅游者的事宜签订委托合同的；（五）将接受委托的旅游业务委托给不具有相应资质的旅行社。		
127	对旅行社未妥善保存各类旅游合同及相关文件、资料，保存期不够两年，或者泄露旅游者个人信息的行政处罚	行政处罚	《旅行社条例实施细则》 第六十五条：违反本实施细则第五条的规定，未妥善保存各类旅游合同及相关文件、资料，保存期不够两年，或者泄露旅游者个人信息的，由县级以上旅游行政管理部门责令改正，没收违法所得，处3万元以下的罚款；没有违法所得但最高不超过3倍的，处1万元以下的罚款。 第五十条：旅行社应当妥善保存旅游者各类合同、组织、接待旅游者的合同及相关文件、资料，以备县级以上旅游行政管理部门核查。 前款所称的合同及资料的保存期，应当不少于两年，以备旅游合同因签订的个人信息，超过保存期限提供的个人信息资料，应当妥善销毁。	文化和旅游行政部门	省级、设区市级、县级
128	对导游人员进行导游活动时，有损害国家和民族尊严的言行的行政处罚	行政处罚	《导游人员管理条例》 第二十条：导游人员进行导游活动时，有损害国家利益和民族尊严的言行的，由省、自治区、直辖市人民政府旅游行政部门吊销导游证并予以公告；情节严重的，由省、自治区、直辖市人民政府旅游行政部门吊销导游证并予以公告；对该导游人员所在的旅行社给予警告直至责令停业整顿。	文化和旅游行政部门	一般情形：省级、设区市级、县级；情节严重：省级

续表

序号	事项名称	职权类型	实施依据	实施主体 责任部门	第一责任层级建议
129	对导游人员进行导游活动，向旅游者兜售物品或者购买旅游者的物品的行政处罚	行政处罚	《导游人员管理条例》第二十三条：导游进行导游活动，向旅游者索要小费的，或者以明示或者暗示的方式向旅游者兜售物品或者购买旅游者物品的，由旅游行政部门责令改正；有违法所得的，处1000元以上3万元以下的罚款；情节严重的，由省、自治区、直辖市人民政府旅游行政部门吊销导游证并予以公告；对委派该导游人员的旅行社给予警告直至责令停业整顿。	文化和旅游行政部门	一般情形：省级、设区市级、县级；情节严重：省级
130	对导游在执业过程中未携带电子导游证、佩戴导游身份标识，未开启导游执业相关应用软件目拒不改正的行政处罚	行政处罚	1.《导游管理办法》第三十二条第一款第(二)项：导游违反本办法有关规定的，依照下列规定处理：(二)违反本办法第二十条第一款的规定，依据《导游人员管理条例》第二十一条的规定处罚。第二十条第一款：导游在执业过程中应当携带电子导游证，佩戴导游身份标识，并开启导游执业相关应用软件。 2.《导游人员管理条例》第二十一条：导游人员进行导游活动时未佩戴导游证的，由旅游行政部门责令改正，处500元以下的罚款。	文化和旅游行政部门	省级、设区市级、县级
131	对导游在执业过程中安排旅游者参观或者参与涉及色情、赌博、毒品等违反我国法律法规和社会公德的项目或者活动的行政处罚	行政处罚	1.《导游管理办法》第三十二条第一款第(四)项：导游违反本办法有关规定的，依照下列规定处理：(四)违反本办法第二十一条的规定，依据《旅游法》第一百零二条的规定处罚。第二十一条第一款第(一)项：导游在执业过程中不得有下列行为：(一)安排旅游者参观或者参与违反我国法律、法规和社会公德的项目或者活动。 2.《中华人民共和国旅游法》第一百零二条：旅行社违反本法规定，安排旅游者参观或者参与违反我国法律法规和社会公德的项目或者活动的，由旅游主管部门责令改正，没收违法所得，并处一万元以上二十万元以下罚款；情节严重的，吊销旅行社业务经营许可证，并对直接负责的主管人员和其他直接责任人员，处二万元以上二十万元以下罚款，并暂扣或者吊销导游证。	文化和旅游行政部门	一般情形：省级、设区市级、县级；情节严重：省级、设区市级

序号	事项名称	职权类型	实施依据	实施主体 责任部门	第一责任层级建议
132	对导游在执业过程中擅自变更旅游行程或者拒绝履行旅游合同的行政处罚	行政处罚	1.《导游管理办法》第三十二条第一款第（五）项：导游违反本办法有关规定的，依照《旅游法》第二十三条第（二）项规定，依照下列规定处罚：（五）违反本办法第二十三条第（二）项：导游在执业过程中不得有下列行为：（二）擅自变更旅游行程或者拒绝履行旅游合同。 2.《中华人民共和国旅游法》第一百条：旅行社违反本法规定，有下列行为之一的，由旅游主管部门责令改正，处三万元以上三十万元以下罚款，并责令停业整顿，造成旅游者滞留等严重后果的，吊销旅行社业务经营许可证；对直接负责的主管人员和其他直接责任人员，处二万元以上十万元以下罚款，并暂扣或者吊销导游证：（一）在旅游行程中擅自变更旅游行程安排、中止履行合同的；（三）未征得旅游者书面同意，委托其他旅行社履行包价旅游合同的；（三）拒绝履行合同的。	文化和旅游行政部门	一般情形：省级、设区市级、县级；情节严重：省级、设区市级
133	对导游在执业过程中擅自安排购物活动或者另行付费旅游项目等行为的行政处罚	行政处罚	1.《导游管理办法》第三十二条第一款第（六）项至第（三）项：导游违反本办法有关规定的，依照《旅游法》第九十八条的规定处罚：（六）违反本办法第二十三条第（三）项至第（六）项：（四）以隐瞒事实、提供虚假情况等方式，诱骗旅游者违背自己的真实意愿，参加购物活动或者另行付费旅游项目；（五）以殴打、辱骂、恐吓，限制旅游者消费等方式，强迫旅游者参加购物活动或者另行付费旅游项目；（六）获取购物场所、另行付费旅游项目等相关经营者以回扣、佣金、人头费或者奖励等名义给予的不正当利益。 2.《中华人民共和国旅游法》第九十八条：旅行社违反本法第三十五条规定的，由旅游主管部门责令改正，没收违法所得，违法所得三十万元以下的，并处三万元以上三十万元以下罚款；情节严重的，吊销旅行社业务经营许可证；对直接负责的主管人员和其他直接责任人员，没收违法所得，处二千元以上二万元以下罚款，并暂扣或者吊销导游证。	文化和旅游行政部门	省级、设区市级、县级

续表

序号	事项名称	职权类型	实施依据	责任部门	第一责任层级建议
134	对导游未按期报告信息变更情况等行为的行政处罚	行政处罚	《导游管理办法》第三十三条第一款：违反本办法规定，导游有下列行为的，由县级以上旅游主管部门责令改正，并可以处1000元以上5000元以下罚款；情节严重的：（一）未按期报告信息变更情况的；（二）未申请变更导游证信息的；（三）未更换导游身份标识的；（四）不依照本办法第二十四条规定采取相应措施的；（五）未按规定参加旅游主管部门组织的培训的；（六）向负责监督检查的旅游主管部门隐瞒有关情况或者拒绝提供反映其活动情况的真实材料的；（七）在导游服务星级评价中提供虚假材料的。	文化和旅游行政部门	省级、设区市级、县级
135	对旅行社或者旅行业组织未按期报告信息变更情况等行为的行政处罚	行政处罚	《导游管理办法》第三十三条第（一）项和第（七）项：违反本办法规定，导游有下列行为的，由县级以上旅游主管部门责令改正，并可以处1000元以上5000元以下罚款：（一）未按期报告信息变更情况的；（七）在导游服务星级评价中提供虚假材料的，依照前款规定处罚。旅行社或者旅游行业组织有前款第（一）项和第（七）项行为的，依照前款规定处罚。	文化和旅游行政部门	省级、设区市级、县级
136	对导游执业许可申请人隐瞒有关情况或者提供虚假材料申请取得导游人员资格证、导游证的行政处罚	行政处罚	《导游管理办法》第三十四条第一款：导游执业许可申请人隐瞒有关情况或者提供虚假材料申请取得导游人员资格证、导游证的，县级以上旅游主管部门不予受理或者不予许可，并给予警告；申请人在一年内不得再次申请该导游执业许可。	文化和旅游行政部门	省级、设区市级、县级
137	对导游以欺骗、贿赂等不正当手段取得导游人员资格证、导游证的行政处罚	行政处罚	《导游管理办法》第三十四条第二款：导游以欺骗、贿赂等不正当手段取得导游人员资格证、导游证的，可以由所在地旅游主管部门处1000元以上5000元以下罚款，销相关证件外，除依法撤销导游证的，申请人在三年内不得再次申请导游执业许可。	文化和旅游行政部门	省级、设区市级、县级

续表

序号	事项名称	职权类型	实施依据	实施主体 责任部门	第一责任层级建议
138	对导游涂改、倒卖、出租、出借导游证、导游人员资格证,以其他形式非法转让导游执业许可,或者擅自委托他人代为提供导游服务的行政处罚	行政处罚	《导游管理办法》第三十五条:导游涂改、倒卖、出租、出借导游证、导游人员资格证,以其他形式非法转让导游执业许可,或者擅自委托他人代为提供导游服务的,由县级以上旅游主管部门责令改正,并可以处2000元以上1万元以下罚款。	文化和旅游行政部门	省级、设区市级、县级
139	对旅行社不按要求报备领队信息及变更情况,或者备案的领队不具备领队条件的不改正的行政处罚	行政处罚	《导游管理办法》第三十六条第一款:违反本办法第二十五条第二款规定,旅行社不按要求报备领队信息及变更情况,或者备案的领队不具备领队条件的,由县级以上旅游主管部门责令改正,拒不改正的,可以处5000元以下罚款;旅游监管服务信息系统中不具备领队条件的,旅行社应当要求将本单位具备领队条件的领队信息及变更情况,通过全国旅游监管服务信息系统报旅游主管部门备案。	文化和旅游行政部门	省级、设区市级、县级
140	对旅游行业组织、旅行社为导游证申请人申请取得导游证隐瞒有关情况或者提供虚假材料的行政处罚	行政处罚	《导游管理办法》第三十六条第二款:旅游行业组织、旅行社为导游证申请人申请取得导游证隐瞒有关情况或者提供虚假材料的,由县级以上旅游主管部门责令改正,并可以处5000元以下罚款。	文化和旅游行政部门	省级、设区市级、县级
141	对组团社下降等级的行政处罚	行政处罚	《中国公民出国旅游管理办法》第二十五条:组团社有下列情形之一的,旅游行政部门可以暂停其经营出国旅游业务;情节严重的,取消其出国旅游业务经营资格:(一)入境旅游业绩下降的;(二)因自身原因,在1年内未能正常开展出国旅游业务的;(三)以旅游名义弄虚作假,骗取护照、签证等出入境证件或者送他人出境的;(四)有逃汇、非法套汇行为的;(五)国务院旅游行政部门认定的影响中国公民出国旅游秩序的其他行为。	文化和旅游行政部门	一般情形:省级、设区市级、县级;情节严重:省级、设区市级

续表

序号	事项名称	职权类型	实施依据	实施主体	
				责任部门	第一责任层级建议
142	对组团社或者旅游团队对可能危及人身安全的情况未向旅游者作出真实说明和明确警示，或者未采取防止危害发生的措施的行政处罚	行政处罚	《中国公民出国旅游管理办法》 第二十九条：组团社或者旅游团队违反本办法第十四条第二款、第十八条的规定，对可能危及人身安全的情况未向旅游者作出真实说明和明确警示，对组团社暂停其出国旅游业务经营资格，并处5000元以上2万元以下的罚款，对旅游团队领队可以暂扣直至吊销其导游证；情节严重的，由旅游行政部门责令改正，给予警告；造成人身伤亡事故的，依法追究刑事责任，并承担赔偿责任。 第十四条第二款：组团社应当保证所提供的服务符合保障旅游者人身、财产安全的要求；对可能危及旅游者人身安全的情况，应当向旅游者作出真实说明和明确警示，并采取有效措施，防止危害的发生。 第十八条：组团社及其旅游团队领队在带领旅游者旅行、游览过程中，应当就可能危及旅游者人身安全的情况，向旅游者作出真实说明和明确警示，并按照组团社的要求采取有效措施，防止危害的发生。	文化和旅游行政部门	省级、设区市级、县级
143	对组团社或者旅游团队未要求境外接待社不得组织旅游者参与涉及色情、赌博、毒品内容的活动或者擅自改变行程、减少旅游项目、强迫或者变相强迫旅游者参加额外付费项目，或者在境外违反前述要求时未制止的行政处罚	行政处罚	《中国公民出国旅游管理办法》 第三十条：组团社或者旅游团队违反本办法第十六条的规定，未要求境外接待社不得组织旅游者参与涉及色情、赌博、毒品内容的活动或者危险性活动，未要求其在境外擅自改变行程、减少旅游项目、强迫或者变相强迫旅游者参加额外付费项目，或者在境外擅自改变行程、减少旅游项目、强迫或者变相强迫旅游者参加额外付费项目，未制止的，由旅游行政部门对组团社处所收取旅游团队所收取费用2倍以上5倍以下的罚款，并暂停其出国旅游业务经营资格，对旅游团队领队暂扣直至吊销其导游证；取消其出国旅游业务经营资格，对旅游团队领队吊销其导游证。 第十六条：组团社及其不得组织旅游团队按照约定的团队活动计划安排旅游活动，并要求其不得组织旅游者参与涉及其变相强迫旅游者危险性活动或者参加额外付费项目。境外接待社及其旅游团队领队违反前款规定提出要求时，组团社及其旅游团队领队应当予以制止。	文化和旅游行政部门	一般情形： 省级、设区市级、县级； 情节严重： 省级、设区市级

续表

序号	事项名称	职权类型	实施依据	实施主体	
				责任部门	第一责任层级建议
144	对旅游团队领队与境外接待社、导游及为旅游者提供商品或者服务的其他经营者串通欺骗、胁迫旅游者消费或者向境外接待社、导游及为旅游者提供商品或者服务的其他经营者索要回扣,提成及为旅游者提供商品或者服务的其他经营者索要回扣、提成的行政处罚	行政处罚	《中国公民出国旅游管理办法》第三十一款:旅游团队领队违反本办法第二十条的规定,与境外接待社、导游及为旅游者提供商品或者服务的其他经营者的经营服务的其他经营者串通欺骗、胁迫旅游者消费或者向境外接待社、导游及为旅游者提供商品或者服务的其他经营者索要回扣、提成或者收受其财物的,由旅游行政部门责令改正,没收索要的回扣、提成或者收受的财物,并处索要或者收受财物价值2倍以上5倍以下的罚款;情节严重的,并吊销其导游证。第二十条:旅游团队领队不得与境外接待社、导游及为旅游者提供商品或者服务的其他经营者串通欺骗、胁迫旅游者消费,不得向境外接待社、导游及为旅游者提供商品或者服务的其他经营者索要回扣、提成或者收受其财物。	文化和旅游行政部门	一般情形:省级、设区市级、县级;情节严重:省级、设区市级
145	对旅行社未制止履行辅助人的非法、不安全服务行为,或者未更换履行辅助人的行政处罚	行政处罚	《旅游安全管理办法》第三十四条:旅行社违反本办法第十一条第二款的规定,未制止履行辅助人的非法、不安全服务行为,或者未更换履行辅助人的,由旅游主管部门予以警告,可并处2000元以上10000元以下罚款;情节严重的,处2000元以上10000元以下罚款。第十一条第二款:旅行社及其从业人员发现履行辅助人提供的服务不符合法律、法规规定或者存在安全隐患的,应当予以制止或者更换。	文化和旅游行政部门	省级、设区市级、县级
146	对旅行社不按要求制作安全信息卡,未将安全信息卡交由旅游者交由旅游者相关信息卡的行政处罚	行政处罚	《旅游安全管理办法》第三十五条:旅行社违反本办法第十二条的规定,不按要求制作安全信息卡,或者未告知旅游者相关信息,由旅游主管部门予以警告,可并处2000元以下罚款。第十二条:旅行社组织出境旅游,应当制作安全信息卡。安全信息卡应当包括旅游者姓名、出境证件号码和国籍,以及紧急情况下的联系人、联系方式等信息。使用中文和目的地官方语言(或者英文)填写。旅行社应当将安全信息卡交由旅游者随身携带,并告知其自行填写血型、过敏药物和重大疾病等信息。	文化和旅游行政部门	省级、设区市级、县级

续表

序号	事项名称	职权类型	实施依据	实施主体	
				责任部门	第一责任层级建议
147	对旅行社未根据风险级别采取相应措施的行政处罚	行政处罚	《旅游安全管理办法》第三十六条：旅行社违反本办法第十八条规定，不采取相应措施的，由旅游主管部门处 2000 元以下罚款；情节严重的，处 2000 元以上 10000 元以下罚款。第十八条：风险提示发布后，旅行社应当根据风险级别采取必要的安全防范措施：（一）四级风险的，加强对旅游者的提示；（二）三级风险的，已在风险区域的，采取必要的安全防范措施，调整或者中止行程；（三）二级风险的，停止组团或者带团前往风险区域，组织已在风险区域的旅游者撤离，其他旅游经营者应根据风险提示妥善安置旅游者，并根据政府或者有关部门的要求，加强对旅游者的安全防范措施，暂停或者关闭风险危害风险易受风险项目或者场所。	文化和旅游行政部门	省级、设区市级、县级
148	对未被指定经营大陆居民赴台旅游业务，或者旅行社及从业人员违反《大陆居民赴台湾地区旅游管理办法》规定的行政处罚	行政处罚	《大陆居民赴台湾地区旅游管理办法》第十六条：违反本办法规定，未被省级旅游主管部门指定经营大陆居民赴台旅游业务的，或者旅行社及从业人员有违反本办法规定行为的，由旅游主管部门根据《旅行社条例》等规定，由有关部门依法律、法规规定予以处理。	文化和旅游行政部门	省级、设区市级、县级
149	对在线旅游经营者发现法律、行政法规禁止发布或者传输的信息，未立即停止传输该信息，采取消除等处置措施防止信息扩散，保存有关记录的行政处罚	行政处罚	1.《在线旅游经营服务管理暂行规定》第三十一条：在线旅游经营者违反本规定第八条第一款规定，依照《中华人民共和国网络安全法》第六十八条有关规定处理。第八条第一款：在线旅游经营者发现法律、行政法规禁止发布或者传输的信息，应当立即停止传输该信息，采取消除等处置措施防止信息扩散，保存有关记录并向主管部门报告。 2.《中华人民共和国网络安全法》第六十八条第一款：网络运营者违反本法第四十七条规定，对法律、行政法规禁止发布或者传输的信息未停止传输、采取消除等处置措施、保存有关记录的，由有关主管部门责令改正，给予警告，没收违法所得；拒不改正或者情节严重的，处十万元以上五十万元以下罚款，并可以责令暂停相关业务、停业整顿、关闭网站、吊销相关业务许可证或者吊销营业执照，对直接负责的主管人员和其他直接责任人员处一万元以上十万元以下罚款。	文化和旅游行政部门	省级、设区市级、县级

续表

序号	事项名称	职权类型	实施依据	实施主体	
				责任部门	第一责任层级建议
150	对平台经营者不依法履行核验、登记义务等行为的行政处罚	行政处罚	1.《在线旅游经营服务管理暂行规定》第二十三条：平台经营者有下列情形之一的，由县级以上文化和旅游主管部门依照《中华人民共和国电子商务法》第八十条的规定处理：（一）违反本规定第十一条规定，不依法履行核验、登记义务的；（二）违反本规定第十二条规定，不依法对违法情形采取必要处置措施或者未报告的；（三）违反本规定第十九条规定，不依法履行商品和服务信息保存义务的。 第十一条第一款：平台经营者应当对平台内经营者的身份、地址、联系方式、行政许可、质量标准、信用等级等信息进行真实性核验、登记，建立登记档案，并定期核验更新。 第十九条：平台经营者应当对平台内经营者服务情况，旅游合同履行情况以及投诉处理情况等产品和服务信息依法进行记录、保存，进行动态管理。 第二十二条：平台经营者发现以下情况，应当立即采取必要的救助或者处置措施，并依法及时向县级以上文化和旅游主管部门报告：（一）提供的旅游产品或者服务存在缺陷，危及旅游者人身、财产安全的；（二）经营服务过程中发生突发事件或者旅游安全事故的；（三）平台内经营者未经许可经营旅行社业务的；（四）出现本法律、法规禁止交易的产品或者服务的；（五）其他应当报告的事项。 2.《中华人民共和国电子商务法》第八十条：电子商务平台经营者有下列行为之一的，由有关主管部门责令限期改正；逾期不改正的，处二万元以上十万元以下的罚款；情节严重的，责令停业整顿，并处十万元以上五十万元以下的罚款：（一）不履行本法第二十七条规定的核验、登记义务的；（二）不按照本法第二十八条规定向市场监督管理部门、税务部门报送有关信息的；（三）不按照本法第二十九条规定对违法情形采取必要的处置措施，或者未向有关主管部门报告的；（四）不履行本法第三十一条规定的商品和服务信息、交易信息保存义务的。法律、行政法规对前款规定的违法行为的处罚另有规定的，依照其规定。	文化和旅游行政部门	省级、设区市级、县级

续表

序号	事项名称	职权类型	实 施 依 据	实施主体 责任部门	第一责任层级建议
151	对在线旅游经营者未取得质量标准、信用等级使用相关称谓和标识的行政处罚	行政处罚	《在线旅游经营服务管理暂行规定》第三十四条：在线旅游经营者违反本规定第十二条第一款有关规定，未取得质量标准、信用等级使用相关称谓和标识的，由县级以上文化和旅游主管部门责令改正，给予警告，可并处三万元以下罚款。第十二条第一款：在线旅游经营者应当提供真实、准确的旅游服务信息，不得使用相关称谓和标识。平台经营者应当以显著方式分标识自营业务和平台内经营者开展的业务。取得质量标准、信用等级、信用等级使用相关称谓和平台内经营者开展的业务。	文化和旅游行政部门	省级、设区市级、县级
152	对在线旅游经营者未在全国旅游监管服务平台填报包价旅游合同有关信息的行政处罚	行政处罚	《在线旅游经营服务管理暂行规定》第三十五条：违反本规定第十六条规定，未在全国旅游监管服务平台填报包价旅游合同有关信息的，由县级以上文化和旅游主管部门责令改正，拒不改正的，给予警告，处一万元以下罚款。第十六条：在线旅游经营者为旅游者提供包价旅游服务的，应当依法与旅游者签订合同，并在全国旅游监管服务平台填报合同有关信息。	文化和旅游行政部门	省级、设区市级、县级
153	对在线旅游经营者为以不合理低价组织的旅游活动提供交易机会的行政处罚	行政处罚	《在线旅游经营服务管理暂行规定》第三十六条：在线旅游经营者违反本规定第十八条规定，为以不合理低价组织的旅游活动提供交易机会的，由文化和旅游主管部门责令改正，给予警告，可并处三万元以下罚款。第十八条：在线旅游经营者应当协助文化和旅游主管部门对不合理低价游进行管理，不得为其提供交易机会。	文化和旅游行政部门	省级、设区市级、县级
154	对违反《互联网上网服务营业场所管理条例》的规定擅自从事互联网上网服务经营活动的行政强制	行政强制	《互联网上网服务营业场所管理条例》第二十七条：违反本条例规定，擅自从事互联网上网服务经营活动的，由文化行政部门或者由文化行政部门会同公安机关依法予以取缔，查封用于违法经营活动的场所，扣押从事违法经营活动的专用工具、设备，触犯刑律的，依法追究刑事责任；尚不够刑事处罚的，由文化行政部门没收违法所得及其从事违法经营活动的专用工具、设备；违法经营额1万元以上的，并处违法经营额5倍以上10倍以下的罚款；违法经营额不足1万元的，并处1万元以上5万元以下的罚款。	文化和旅游行政部门	设区市级、县级

续表

序号	事项名称	职权类型	实施依据	实施主体	
				责任部门	第一责任层级建议
155	对涉嫌违法从事出版物出版、印刷或者复制、发行等活动的行政强制	行政强制	《出版管理条例》 第七条：出版行政主管部门根据已经取得的违法嫌疑证据或者举报，对涉嫌违法从事出版物出版、印刷或者复制，进口、发行等活动的行为进行查处时，可以检查与违法活动有关的物品和经营场所；对有证据证明是与违法活动有关的行为的财物，可以查封或者扣押	文化和旅游行政部门	设区市级、县级
156	对有证据证明违反《中华人民共和国电影产业促进法》规定的行为的行政强制	行政强制	《中华人民共和国电影产业促进法》 第五十七条第二款：县级以上人民政府电影主管部门对有证据证明违反本法规定的行为进行查处时，可以依法查封与违法行为有关的场所，设施或者查封、扣押用于违法行为的财物。	文化和旅游行政部门	设区市级、县级

备注：此目录所涉执法事项不含省级以上行业主管部门的行政执法权（直辖市除外）。

《文化市场综合行政执法事项指导目录（2021年版）》说明

一、关于主要内容。《文化市场综合行政执法事项指导目录（2021年版）》（以下简称《指导目录》）主要梳理规范了文化市场综合行政执法等情况，对省级以上行业主管部门执法职责外的事项进行补充，细化执法事项的责任主体，研究细化执法事项的工作程序、规则，自由裁量标准等，推进严格规范公正文明执法。

二、关于梳理范围。《指导目录》主要梳理的是文化、文物，出版、版权、电影、广播电视、旅游市场领域依据国家法律、行政法规设定的行政处罚和行政强制事项，以及部门规章中罗列的多项具体违法情形，原则上不再拆分为多个事项，行政法规规章规定的给予行政处罚的行为涉及援引其他法律、行政法规和部门规章的具体规定，在实施依据中列出，不再另外单列事项。

三、关于事项确定。一是为避免法律、行政法规和部门规章相关条款在实施依据中多次重复援引，原则上按法律、行政法规、行政规章顺序列出。二是对"条""款"或"条款"中罗列的多个事项，原则上不再拆分为多个事项，但罗列的违法情形涉及援引其他法律、行政法规和部门规章条款的，单独作为一个事项列出。三是部门规章在法律、行政法规规定的给予行政处罚的行为、种类和幅度范围内做出的具体规定，在实施依据中列出，不再另外单列事项。四是同一法律、行政法规条款同时包含行政处罚和行政强制措施的，分别列为行政处罚和行政强制事项。

处罚,行政强制事项的,分别作为一个事项列出。

四、关于事项名称。一是列入《指导目录》的行政处罚、行政强制事项名称,原则上根据设定该事项的法律、行政法规和部门规章条款内容进行概括提炼,统一规范为"对××行为的行政处罚(行政强制)"。二是部分涉及多种违法情形、难以概括提炼的,以罗列的多种违法情形中的第一项为代表,统一规范为"对××等行为的行政处罚(行政强制)"。

五、关于实施依据。一是对列入《指导目录》的行政处罚、行政强制事项,按照完整、清晰、准确的原则,只列入修订后的法律、行政法规和部门规章的具体条款内容。二是被援引的法律、行政法规和部门规章条款已作修订的,列出设定该事项的法律、行政法规和部门规章条款。

六、关于实施主体。一是根据全国人大常委会《关于国务院机构改革涉及职责调整问题的决定》和国务院《关于国务院机构改革涉及行政法规规定的行政机关职责调整问题的决定》,现行法律、行政法规规定的行政机关职责和工作,在有关法律、行政法规规定尚未修改之前,调整适用有关法律、行政法规规定,由组建后的行政机关或者划入职责的行政机关承担;相关职责尚未调整到位之前,由原承担职责和工作的行政机关继续承担;地方各级行政机关承担相关法律行政法规规定的职责和工作需要进行调整的,按照上述原则执行。二是法律和行政法规规定的实施主体统一规范为"县级以上××主管部门",指的是县级以上依据"三定"规定承担该行政处罚和行政执法事项的实施主体,可结合部门"三定"规定作出具体规定。三是根据《深化党和国家机构改革方案》关于推进文化市场综合行政执法改革的精神,对列入《指导目录》行政执法事项同时属同级党委和政府决定。

七、关于第一责任层级建议。一是明确"第一管辖和第一责任层级",主要是按照有权必有责、有责要担当、失责必追究的原则,把查处违法行为的第一责任主管部门、第一责任行为的管辖权和处罚权。必要时,上级主管部门可以按程序对有重大案件和跨区域案件实施直接管辖,或进行监督指导和组织协调。二是根据党的十九届三中全会关于"减少执法层级,推动执法力量下沉"的精神和落实属地化监督实施要求,对实定实施主体为"县级以上主管部门"或"××主管部门"的,原则上明确"第一责任层级建议"为"设区的市级、县级"。各地可在此基础上,区分不同事项和管理体制,结合实际具体明晰行政执法事项的第一管辖和第一责任主体。三是对于吊销行政许可等种类处罚,原则上由地方明确的第一管辖和第一责任主体进行调查取证后提出处罚建议,按照行政许可法规定转定证机关或者其上级行政决定。

八、关于未列入《指导目录》的其他文化市场综合行政执法机关或者其上级主管部门自行开展执法,在执法工作中可根据需要请文化市场综合执法机构以业务主管部门名义开展执法;也可本部门自行开展执法,业务主管部门既可委托文化市场综合执法机构以业务主管部门名义开展执法,也可请文化市场综合执法机构给予协助。

农业综合行政执法事项指导目录（2020年版）

（2020年5月27日 农法发〔2020〕2号）

序号	事项名称	职权类型	实施依据	实施主体		第一责任层级建议
				法定实施主体		
1	对未经批准擅自从事农业转基因生物环境释放、生产性试验等行为的行政处罚	行政处罚	1.《农业转基因生物安全管理条例》第四十三条：违反本条例规定，未经批准擅自从事环境释放、生产性试验的，已获批准但未按照规定采取安全管理、防范措施的，或者超过批准范围进行试验的，由国务院农业行政主管部门依据职权，责令停止试验，并处1万元以上5万元以下的罚款。2.《农业转基因生物安全评价管理办法》第四十条：违反本办法规定，未经批准擅自从事环境释放、生产性试验的，或已获批准但未按照规定采取安全管理防范措施的，或者超过批准范围和期限进行试验的，按照《条例》第四十三条的规定处罚。	农业农村主管部门	国务院主管部门或省级
2	对在生产性试验结束后未取得农业转基因生物安全证书擅自将农业转基因生物投入生产和应用的行政处罚	行政处罚	1.《农业转基因生物安全管理条例》第四十四条：违反本条例规定，在生产性试验结束后，未取得农业转基因生物安全证书，擅自将农业转基因生物投入生产和应用的，由国务院农业行政主管部门责令停止生产和应用，并处2万元以上10万元以下的罚款。2.《农业转基因生物安全评价管理办法》第四十一条：违反本办法规定，在生产性试验结束后，未取得农业转基因生物安全证书，擅自将农业转基因生物投入生产和应用的，按照《条例》第四十四条的规定处罚。	农业农村主管部门	国务院主管部门
3	对未经批准生产、加工农业转基因生物或者未按照批准的品种、范围、安全管理要	行政处罚	《农业转基因生物安全管理条例》第四十六条：违反本条例规定，未经批准生产、加工农业转基因生物或者未按照批准的品种、范围、安全管理要求和技术标准生产、加工的，由国务院农业行政主管部门或者省、自治区、直辖市人民政府农业行政主管部门依据职权，责令停止生产或者加工，没收违法生产或者加工的产	农业农村主管部门	国务院主管部门或省级

续表

序号	事项名称	职权类型	实施依据	实施主体（法定实施主体）	第一责任层级建议
4	对生产、经营转基因植物种子、种畜禽、水产苗种的单位和个人，未按照规定制作、保存生产、经营档案的行政处罚	行政处罚	《农业转基因生物安全管理条例》第四十七条：违反本条例规定，转基因植物种子、种畜禽、水产苗种的生产、经营单位和个人，未按照规定制作、保存生产、经营档案的，由县级以上人民政府农业行政主管部门责令改正，处1000元以上1万元以下的罚款。	农业农村主管部门	设区的市或县级
5	对未经国务院农业主管部门批准擅自进口农业转基因生物的行政处罚	行政处罚	《农业转基因生物安全管理条例》第四十八条：违反本条例规定，未经国务院农业行政主管部门批准，擅自进口农业转基因生物的，由国务院农业行政主管部门责令停止进口，没收已进口的产品和违法所得，违法所得10万元以上的，并处违法所得1倍以上5倍以下的罚款；没有违法所得或者违法所得不足10万元的，并处10万元以上20万元以下的罚款。	农业农村主管部门	国务院主管部门
6	对违反农业转基因生物标识管理规定的行政处罚	行政处罚	1.《农业转基因生物安全管理条例》第五十条：违反本条例关于农业转基因生物标识管理规定的，由县级以上人民政府农业行政主管部门依据职权，责令限期改正，可以没收非法销售的产品和违法所得，并可以处1万元以上5万元以下的罚款。2.《农业转基因生物标识管理办法》第十二条：违反《条例》第五十条规定的，按《条例》本办法规定予以处罚。	农业农村主管部门	设区的市或县级
7	对假冒、伪造、转让或者买卖农业转基因生物有关证明文书的行政处罚	行政处罚	1.《农业转基因生物安全管理条例》第五十一条：假冒、伪造、转让或者买卖农业转基因生物有关证明文书的，由县级以上人民政府农业行政主管部门依据职权，收缴相应的证明文书，并处2万元以上10万元以下的罚款；构成犯罪的，依法追究刑事责任。	农业农村主管部门	设区的市或县级

续表

序号	事项名称	职权类型	实施依据	实施主体（法定实施主体）	实施主体（第一责任层级建议）
			2.《农业转基因生物安全评价管理办法》第四十二条：假冒、伪造、转让或者买卖农业转基因生物安全证书、审批书以及其他批准文件的，按照《条例》第五十一条的规定处罚。		
8	对农作物品种测试、试验和种子质量检验机构伪造测试、试验、检验数据或者出具虚假证明的行政处罚	行政处罚	1.《中华人民共和国种子法》第七十一条：品种测试、试验和种子质量检验机构伪造测试、试验、检验数据或者出具虚假证明的，由县级以上人民政府农业、林业主管部门责令改正，对单位处五万元以上十万元以下罚款；对直接负责的主管人员和其他直接责任人员处一万元以上五万元以下罚款；有违法所得的，并处没收违法所得；给种子使用者和其他种子生产经营者造成损失的，与种子生产经营者承担连带责任；情节严重的，由省级以上人民政府有关主管部门取消种子质量检验资格。2.《主要农作物品种审定办法》第五十一条：品种测试、试验、鉴定机构伪造试验数据或者出具虚假证明的，按照《种子法》第七十二条及有关法律法规的规定进行处罚。	农业农村主管部门	设区的市或县级
9	对侵犯农作物植物新品种权行为的行政处罚	行政处罚	《中华人民共和国种子法》第七十三条第五款：县级以上人民政府农业、林业主管部门处理侵犯植物新品种权案件时，为了维护社会公共利益，责令侵权人停止侵权行为，没收违法所得和种子；货值金额不足五万元的，并处一万元以上二十五万元以下罚款；货值金额五万元以上的，并处货值金额五倍以上十倍以下罚款。	农业农村主管部门	设区的市或县级
10	对假农作物授权品种的行政处罚	行政处罚	《中华人民共和国种子法》第七十三条第六款：假冒授权品种的，由县级以上人民政府农业、林业主管部门责令停止假冒行为，没收违法所得和种子；货值金额不足五万元的，并处一万元以上二十五万元以下罚款；货值金额五万元以上的，并处货值金额五倍以上十倍以下罚款。	农业农村主管部门	设区的市或县级

续表

序号	事项名称	职权类型	实施依据	实施主体（法定实施主体）	第一责任层级建议
11	对生产经营农作物劣种子的行政处罚	行政处罚	《中华人民共和国种子法》第四十九条第一、二款：禁止生产经营假、劣种子。农业、林业主管部门和有关部门依法打击生产经营假、劣种子的违法行为，保护农民合法权益，维护公平竞争的市场秩序。下列种子为假种子：（一）以非种子冒充种子或者以此种品种种子冒充其他品种种子的；（二）种子种类、品种与标签标注的内容不符或者没有标签的。第七十五条第一款：违反本法第四十九条规定，生产经营假种子的，由县级以上人民政府农业、林业主管部门责令停止生产经营，没收违法所得和种子，吊销种子生产经营许可证；违法生产经营的种子货值金额不足一万元的，并处一万元以上十万元以下罚款；货值金额一万元以上的，并处货值金额十倍以上二十倍以下罚款。	农业农村主管部门	设区的市或县级
12	对生产经营农作物劣种子的行政处罚	行政处罚	《中华人民共和国种子法》第四十九条第一、三款：禁止生产经营假、劣种子。农业、林业主管部门和有关部门依法打击生产经营假、劣种子的违法行为，保护农民合法权益，维护公平竞争的市场秩序。下列种子为劣种子：（一）质量低于国家规定标准的；（二）质量低于标签标注指标的；（三）带有国家规定的检疫性有害生物的。第七十六条第一款：违反本法第四十九条规定，生产经营劣种子的，由县级以上人民政府农业、林业主管部门责令停止生产经营，没收违法所得和种子，违法生产经营的种子货值金额不足一万元的，并处五千元以上五万元以下罚款；货值金额一万元以上的，并处货值金额五倍以上十倍以下罚款；情节严重的，吊销种子生产经营许可证。	农业农村主管部门	设区的市或县级
13	对未取得农作物种子生产经营许可证生产经营种子等行为的行政处罚	行政处罚	《中华人民共和国种子法》第三十二条：申请取得种子生产经营许可证的，应当具有与种子生产经营相适应的生产经营设施、设备及专业技术人员，以及法律法规和国务院农业、林业主管部门规定的其他条件。从事种子进出口业务的，还应同时具备繁殖种子的隔离和培育条件，具有无检疫性有害生物的采种林。生产地点或者县级以上人民政府林业主管部门确定的采种林。申请领取具有植物新品种权的种子生产经营许可证的，应当征得植物新品种权所有人的书面同意。	农业农村主管部门	设区的市或县级

续表

序号	事项名称	职权类型	实 施 依 据	实施主体 法定实施主体	实施主体 第一责任层级建议
			第三十三条：种子生产经营许可证应当载明生产经营者名称、地址、法定代表人、生产种子的品种、地点和种子经营的范围，有效期限、有效区域等事项。前款事项发生变更的，应当自变更之日起三十日内，向原发证机关申请变更登记。除本法另有规定外，经营者、经营者名称、禁止任何单位和个人无种子生产经营许可证或者违反种子生产经营许可证的规定生产、经营种子。禁止伪造、变造、买卖、租借种子生产经营许可证。第七十七条第一款：违反本法第三十三条、第三十五条规定，有下列行为之一的，由县级以上人民政府农业、林业主管部门责令改正，没收违法所得种子和种子；违法生产经营的货值金额不足一万元的，并处一万元以上十万元以下罚款；货值金额一万元以上的，并处货值金额三倍以上五倍以下的罚款，可以吊销种子生产经营许可证：（一）以欺骗、贿赂等不正当手段取得种子生产经营许可证的；（二）未取得种子生产经营许可证生产经营种子的；（三）未按照种子生产经营许可证规定生产经营种子的；（四）伪造、变造、买卖、租借种子生产经营许可证的。		
14	对应当审定未经审定的农作物品种和推广、销售等行为的行政处罚	行政处罚	1.《中华人民共和国种子法》第二十一条：审定通过的农作物品种和林木良种出现不可克服的严重缺陷等情形不宜继续推广、销售的，经原审定委员会审核确认后，撤销审定，由原公告部门发布公告，停止推广、销售。第二十二条：国家对部分非主要农作物实行品种登记制度。列入非主要农作物登记目录的品种在推广前应当登记。实行品种登记的农作物范围应当严格控制，并根据保护生物多样性、保证消费安全和用种安全的原则确定。登记目录由国务院农业主管部门制定和调整。申请品种登记者应当向省、自治区、直辖市人民政府农业主管部门提交申请文件和种子样品，并对其真实性负责，保证可追溯，接受监督检查。申请文件包括品种的种类、名称、来源、特性、育种过程以及特异性、一致性、稳定性测试报告等。省、自治区、直辖市人民政府农业主管部门自受理品种登记申请之日起二十个工作日内，对申请者提交的申请文件进行书面审查，符合要求的，予以登记，报国务院农业主管部门予以公告。对已登记品种发现申请文件、种子样品不实的，由国务院农业主管部门撤销该品种登记，并将该申请者违法信息记入社会诚信档案，向社会公布；给申请者使用种子和其他种子经营造成损失的，依法承担赔偿责任。	农业农村主管部门	设区的市或县级

续表

序号	事项名称	职权类型	实施依据	实施主体（法定实施主体）	第一责任层级建议
15	对未经许可进出口农作物种子等行为的行政处罚	行政处罚	成损失的，依法承担赔偿责任。对已登记品种出现不可克服的严重缺陷等情形的，由国务院农业主管部门撤销登记，并发布公告，停止推广。 非主要农作物品种未经登记由国务院农业主管部门规定。 第二十三条：应当审定的林木品种未经审定通过的，不得发布广告、推广、销售。 应当审定的农作物品种未经审定的，不得发布广告、推广，但生产确需使用的，应经林木品种审定委员会认定。 应当登记的农作物品种未经登记，不得以登记品种的名义销售。 第七十八条第一款第一、三、四、五项：违反本法农业、林业主管部门责令停止违法行为，没收违法所得和种子，并处二万元以上二十万元以下罚款：（一）对应当审定未经审定的农作物品种或者林木良种的；（三）推广、销售应当停止推广，或者以登记品种的名义进行销售；（四）对已撤销登记的农作物品种或者以登记品种的名义进行销售的；（五）对已登记的农作物品种未经登记，或者以登记品种的名义进行销售的。 2.《非主要农作物品种登记办法》 第二十八条：有下列行为之一的，由县级以上人民政府农业主管部门依照《种子法》第七十八条规定，责令停止违法行为，没收违法所得和种子，并处二万元以上二十万元以下罚款：（一）对应当登记未经登记的农作物品种进行推广，或者以登记品种的名义进行销售的。 《中华人民共和国种子法》 第五十八条：从事种子进出口业务的，除具备种子生产经营许可证外，还应当依照国家有关规定取得种子进出口许可。 从境外引进种子或者向境外销售种子的，农作物、林木种子的审定办法，引进转基因植物品种的管理办法，由国务院规定。 第六十条：为境外制种进口种子，可以不受本法第五十八条第一款的限制，但应当具有对外	农业农村主管部门	设区的市或县级

续表

序号	事项名称	职权类型	实施依据	实施主体	
				法定实施主体	第一责任层级建议
			制种合同,进口的种子只能用于制种,其产品不得在境内销售。 从境外引进农作物种子或者林木试验用种,应当隔离栽培,收获物也不得作为种子销售。 第六十一条:禁止进出口假、劣种子以及属于国家规定不得进出口的种子。 第七十九条:违反本法第五十八条、第六十条、第六十一条规定,有下列行为之一的,由县级以上人民政府农业、林业主管部门责令改正,没收违法所得种子;违法生产经营的货值金额不足一万元的,并处三千元以上三万元以下罚款;货值金额一万元以上的,并处货值金额三倍以上五倍以下罚款;情节严重的,吊销种子生产经营许可证:(一)未经林木种子进出口审批进出口种子的;(二)为境外制种的种子在境内销售的;(三)从境外引进农作物或者育种材料的种子进行试验种子的收获物作为种子在境内销售的;(四)进出口假、劣种子或者属于国家规定不得进出口的种子的。		
16	对销售的农作物种子应当包装而没有包装等行为的行政处罚	行政处罚	《中华人民共和国种子法》 第三十六条:种子生产经营者应当建立和保存种子来源、产地、数量、质量、销售日期和有关责任人员等内容的生产经营档案,保证可追溯。种子生产经营档案的具体载明事项,种子生产经营档案及种子样品的保存期限由国务院农业、林业主管部门规定。 第三十八条:种子生产经营许可证载明的有效区域或发证机关在其辖区内设立分支机构,专门经营其种子不再分装生产的,或者受具有种子生产经营许可证的种子企业书面委托生产、代销其种子的,不需要办理种子生产经营许可证,但应当向当地农业、林业主管部门备案。实行选育生产经营相结合、符合国务院农业、林业主管部门规定条件的种子企业的生产经营许可证的有效区域为全国。 大包装或者进口种子可以分装的,实行分装的,应当符合国家标准。 第四十条:销售的种子应当加工、分级、包装。但是不能加工、包装的除外。 第四十一条:销售的种子应当符合国家或者行业标准,附有标签和使用说明。标签和使用说明标注的内容应当与销售的种子相符。种子生产经营者对标注内容的真实性和种子质量负责。 标签应当标注种类、品种、产地、质量指标、检疫证明编号、种子生产经营许可证编号和信息代码,以及国务院农业、林业主管部门规定的其他事项。标签应当标注种子类别、品种名称、品种审定或者登记编号、品种适宜种植区域及种植季节、生产经营者及其注册地、质量指标、检疫证明编号、种子生产经营许可证编号和信息代码,以及国务院农业、林业主管部门规定的其他事项。	农业农村主管部门	设区的市或县级

续表

序号	事项名称	职权类型	实施依据	实施主体（法定实施主体）	第一责任层级建议
			销售授权品种种子的，应当标注品种权号。销售进口植物品种种子的，应当附有进口审批文号和中文标签。销售转基因植物品种种子的，必须用明显的文字标注，并应当提示使用时的安全控制措施。种子生产经营者应当遵守有关法律、法规的规定，诚实守信，向种子使用者提供种子生产者信息，种子的主要特性状、主要栽培措施、适应性等使用条件的说明，风险提示与有关咨询服务，不得捏造假或者引人误解的宣传。任何单位和个人不得非法干预种子生产经营者的生产经营自主权。第八十条：违反本法第三十六条、第三十八条、第四十条、第四十一条规定，有下列行为之一的，由县级以上人民政府农业、林业主管部门责令改正，处二千元以上二万元以下罚款：（一）销售的种子应当包装而没有包装的；（二）销售的种子没有使用说明或者经营档案的；（三）涂改标签的；（四）未按规定建立、保存种子生产经营档案的；（五）种子生产经营者或者受委托生产、代销种子或者不按规定的包装若不再分装的包装种子或者受委托生产、代销种子或者未按规定备案的。		
17	对侵占、破坏农作物种质资源、私自采集或者采伐国家重点保护的天然农作物种质资源的行政处罚	行政处罚	1.《中华人民共和国种子法》第八条：国家依法保护种质资源，任何单位和个人不得侵占和破坏种质资源。禁止采集或者采伐国家重点保护的天然种质资源。因科研等特殊情况需要采集或者采伐的，应当经国务院或者省、自治区、直辖市人民政府农业、林业主管部门批准。第八十一条：违反本法第八条规定，侵占、破坏农作物、林木种质资源，私自采集种质资源或者采伐林木的，由县级以上人民政府农业、林业主管部门责令停止违法行为，没收种质资源和违法所得，并处五千元以上五万元以下罚款，造成损失的，依法承担赔偿责任。 2.《农作物种质资源管理办法》第三十八条：违反《种子法》第六十一条的规定的，按照《种子法》第八十一条规定处以处罚。（对应修订后的《种子法》第八十一条）	农业农村主管部门	设区的市或县级

续表

序号	事项名称	职权类型	实 施 依 据	实施主体 法定实施主体	实施主体 第一责任层级建议
18	对未经批准向境外提供或者从境外引进农作物种质资源、境外机构、个人开展合作研究利用农作物种质资源的行政处罚	行政处罚	1.《中华人民共和国种子法》 第十一条：国家对种质资源享有主权，任何单位和个人向境外提供种质资源的，或者与境外机构、个人开展合作研究利用种质资源的，应当向省、自治区、直辖市人民政府农业、林业主管部门提出申请，并提交国家共享惠益的方案；受理申请的省、自治区、直辖市农业、林业主管部门经审核，报国务院农业、林业主管部门批准。从境外引进种质资源的，依照国务院农业、林业主管部门的有关规定办理。 第八十一条：违反本法第十一条规定，向国务院农业、林业主管部门或者省、自治区、直辖市人民政府农业、林业主管部门未取得批准文件携带、运输种质资源出境的，海关应当将该种质资源扣留，并移送省、自治区、直辖市人民政府农业、林业主管部门处理。 个人开展合作研究利用种质资源所得和违法所得，并处一万元以上二十万元以下罚款。 2.《农作物种质资源管理办法》 第四十条：违反本办法规定，未经批准向境外提供或者从境外引进种质资源的，按照《种子法》第八十一条第六十三条的规定予以处罚。（对应修订后的《种子法》第八十一条）	农业农村主管部门	省级
19	对农作物种子企业审定试验数据造假行为的行政处罚	行政处罚	1.《中华人民共和国种子法》 第十七条：实行选育生产经营相结合、符合国务院农业、林业主管部门规定条件的种子企业，对其自主研发的主要农作物品种、主要林木品种可以按照审定办法自行完成试验，达到审定标准的，品种审定委员会应当颁发审定证书。种子企业对试验数据的真实性负责，接受省级以上人民政府农业、林业主管部门和社会的监督。 第八十五条：违反本法第十七条规定，种子企业有造假行为的，由省级以上人民政府农业、林业主管部门处一百万元以上五百万元以下罚款；不得再依照本法第十七条的规定申请品种审定；给种子使用者和其他种子生产经营者造成损失的，依法承担赔偿责任。 2.《主要农作物品种审定办法》 第五十二条：育繁推一体化种子企业自行开展品种试验和申请品种审定有造假行为的，由省级以上人民政府农业、林业主管部门处一百万元以上五百万元以下罚款；不得再依照本法第十七条的规定申请品种审定；给种子使用者和其他种子生产经营者造成损失的，依法承担赔偿责任。	农业农村主管部门	省级

续表

序号	事项名称	职权类型	实施依据	实施主体（法定实施主体）	第一责任层级建议
20	对在农作物种子生产基地进行检疫性有害生物接种试验的行政处罚	行政处罚	《中华人民共和国种子法》第五十四条：从事品种选育和种子生产经营以及管理单位和个人应当遵守有关植物检疫法律、行政法规的规定，防止植物危险性病、虫、杂草及其他有害生物的传播和蔓延。禁止任何单位和个人在种子生产基地从事检疫性有害生物接种试验。第八十七条：违反本法第五十四条规定，在种子生产基地进行检疫性有害生物接种试验的，由县级以上人民政府农业、林业主管部门责令停止试验，处五千元以上五万元以下罚款。	农业农村主管部门	设区的市或县级
21	对拒绝、阻挠农业主管部门依法实施监督检查的行政处罚	行政处罚	《中华人民共和国种子法》第五十条：农业、林业主管部门是种子行政执法机关。种子执法人员依法执行公务时应当出示行政执法证件。农业、林业主管部门履行种子监督检查职责时，有权采取以下列措施：（一）进入生产经营场所实施现场检查；（二）对种子经营场所进行取样测试、试验或者检验；（三）查阅、复制有关合同、票据、账簿、生产经营档案及其他有关资料；（四）查封、扣押有证据证明违反本法规定的种子，以及用于违法生产经营的种子，设备及运输工具等；（五）查封违法从事种子生产经营活动的场所。农业、林业主管部门依照本法规定或者受其委托的种子管理机构，可以开展种子执法相关工作。第八十八条：违反本法第五十条规定，拒绝、阻挠农业、林业主管部门依法实施监督检查的，处二千元以上五万元以下罚款，可以责令停产停业整顿；构成违反治安管理行为的，由公安机关依法给予治安管理处罚。	农业农村主管部门	设区的市或县级
22	对销售农作物授权品种未使用其注册登记的名称的行政处罚	行政处罚	《中华人民共和国植物新品种保护条例》第四十二条：销售授权品种未使用其注册登记的名称的，由县级以上人民政府农业、林业行政部门依据各自的职权责令限期改正，可以处1000元以下的罚款。	农业农村主管部门	设区的市或县级
23	对农业机械维修者未按规定填写维修记录和报送年度维修情况统计表的行政处罚	行政处罚	《农业机械维修管理规定》第二十三条：农业机械维修者未按规定填写维修记录和报送年度维修情况统计表的，由农业机械化主管部门给予警告，限期改正，逾期拒不改正的，处100元以下的罚款。	农业农村主管部门	设区的市或县级

续表

序号	事项名称	职权类型	实 施 依 据	实施主体 法定实施主体	实施主体 第一责任层级建议
24	对使用不符合农业机械安全技术标准的配件维修农业机械,或者拼装、改装农业机械整机等行为的行政处罚	行政处罚	1.《农业机械安全监督管理条例》第四十九条：农业机械维修经营者使用不符合农业机械安全技术标准的配件维修农业机械,或者拼装、改装农业机械整机的,由县级以上地方人民政府农业机械化主管部门责令改正,没收违法所得,并处违法经营额1倍以上2倍以下罚款;拒不改正的,处违法经营额2倍以上5倍以下罚款。 2.《农业机械维修管理规定》第九条第二款第一、五项：禁止农业机械维修者和维修配件销售者从事下列活动：(二)使用不符合国家技术规范强制性要求的维修配件维修农业机械;(五)承揽已报废农业机械维修业务。 第二十二条：违反本规定第九条第二款第一、三、四项的,由工商行政管理部门依法处理;违反本规定第九条第二款第二、五项的,由农业机械化主管部门,处500元以上1000元以下罚款。	农业农村主管部门	设区的市或县级
25	对未按照规定办理登记手续并取得相应的证书和牌照,擅自将拖拉机、联合收割机投入使用等行为的行政处罚	行政处罚	《农业机械安全监督管理条例》第五十条第一款：未按照规定办理登记手续并取得相应的证书和牌照,擅自将拖拉机、联合收割机投入使用的,由县级以上地方人民政府农业机械化主管部门责令补办相关手续;逾期不补办的,责令停止使用,扣押拖拉机、联合收割机,并处200元以上2000元以下罚款。	农业农村主管部门	设区的市或县级
26	对伪造、变造或者使用伪造、变造的拖拉机、联合收割机的证书和牌照等行为的行政处罚	行政处罚	《农业机械安全监督管理条例》第五十一条：伪造、变造或者使用伪造、变造的拖拉机、联合收割机的证书和牌照,由县级以上地方人民政府农业机械化主管部门收缴伪造、变造或者使用的证书和牌照,对违法行为人予以批评教育,并处200元以上2000元以下罚款。	农业农村主管部门	设区的市或县级

续表

序号	事项名称	职权类型	实施依据	实施主体（法定实施主体）	第一层级建议责任主体
27	对未取得拖拉机、联合收割机操作证件而操作拖拉机、联合收割机的行政处罚	行政处罚	《农业机械安全监督管理条例》第五十二条：未取得拖拉机、联合收割机操作证件而操作拖拉机、联合收割机的，由县级以上地方人民政府农业机械化主管部门责令改正，处100元以上500元以下罚款。	农业农村主管部门	设区的市或县级
28	对于操作与本人操作证件规定不相符的拖拉机、联合收割机，或者操作未按照规定登记、检验或者检验不合格、安全设施不全、机件失效的拖拉机、联合收割机等行为的行政处罚	行政处罚	《农业机械安全监督管理条例》第五十三条：拖拉机、联合收割机操作人员操作与本人操作证件规定不相符的拖拉机、联合收割机，或者操作未按照规定登记、检验或者检验不合格、安全设施不全、机件失效的拖拉机、联合收割机，或操作后患有妨碍安全操作的疾病或服用国家管制的精神药品、麻醉品后操作拖拉机、联合收割机的，由县级以上地方人民政府农业机械化主管部门责令改正，处100元以上500元以下罚款；情节严重的，依法吊销有关人员的操作证件。	农业农村主管部门	设区的市或县级
29	对跨区作业中介服务组织不配备相应的服务设施和技术人员等行为的行政处罚	行政处罚	《联合收割机跨区作业管理办法》第二十八条：跨区作业中介服务组织不配备相应的服务设施和技术人员，没有兑现服务承诺，只收费不服务或者多收费少服务的，由县级以上农机管理部门给予警告，责令退还服务费，可并处500元以上1000元以下的罚款；违反有关收费标准的，由县级以上人民政府农业主管部门配合价格主管部门依法查处。	农业农村主管部门	设区的市或县级
30	对拖拉机、联合收割机违规载人的行政处罚	行政处罚	1.《中华人民共和国农业机械化促进法》第三十一条：农业机械驾驶、操作人员违反国家规定的安全操作规程，违章作业，责令改正，依法追究刑事责任。 2.《农业机械安全监督管理条例》第五十四条第一款：使用拖拉机、联合收割机违法行为以批评教育，由县级以上地方人民政府农业机械化主管部门对违反规定载人，责令改正；拒不改正的，扣押拖拉机、联合收割机的证书、牌照；情节严重的，吊销有关人员的操作证件。非法从事经营性道路旅客运输的，由交通主管部门依照道路运输管理法律、行政法规处罚。	农业农村主管部门	设区的市或县级

续表

序号	事项名称	职权类型	实 施 依 据	实施主体 法定实施主体	实施主体 第一责任层级建议
31	对拖拉机驾驶培训机构等违反规定的行政处罚	行政处罚	《拖拉机驾驶培训管理办法》第二十四条：对违反本规定的单位和个人，由县级以上地方人民政府农机主管部门按以下规定处罚：(一)未取得培训许可擅自从事拖拉机驾驶培训业务的，责令停办，有违法所得的，处违法所得三倍以下罚款，但最高不超过三万元；无违法所得的，处二万元以下罚款；(二)未按统一的教学计划、教学大纲和规定教材进行培训的，责令改正，处一万元以下罚款；(三)聘用未经省级人民政府农机主管部门考核合格的人员从事拖拉机驾驶员培训教学工作的，责令改正，处五千元以下罚款。	农业农村主管部门	设区的市或县级
32	对农业机械存在事故隐患拒不纠正的行政处罚	行政处罚	《农业机械安全监督管理条例》第五十条第一款：经检验、检查发现农业机械存在事故隐患，不排除继续使用的，由县级以上地方人民政府农业机械化主管部门对违法行为人予以批评教育，责令改正；拒不改正的，责令停止使用；扣押存在事故隐患的农业机械。	农业农村主管部门	设区的市或县级
33	对擅自处理受保护的畜禽遗传资源，造成畜禽遗传资源损失的行政处罚	行政处罚	《中华人民共和国畜牧法》第十三条第二款：享受中央和省级财政资金支持的畜禽遗传资源保种场、保护区和基因库，经国务院畜牧兽医行政主管部门或者省级人民政府畜牧兽医行政主管部门批准，不得擅自处理受保护的畜禽遗传资源。第五十八条：违反本法第十三条第二款规定，擅自处理受保护的畜禽遗传资源，造成畜禽遗传资源损失的，由省级以上人民政府畜牧兽医行政主管部门处五万元以上五十万元以下罚款。	农业农村主管部门	省级
34	对未经审核批准，从境外引进畜禽遗传资源，开展对外合作研究利用列入保护名录的畜禽遗传资源等行为的行政处罚	行政处罚	1.《中华人民共和国畜牧法》第五十九条：违反本法有关规定，有下列行为之一的，由省级以上人民政府畜牧兽医行政主管部门责令停止违法行为，没收畜禽遗传资源和违法所得：(一)未经审核批准，从境外引进畜禽遗传资源，或者对外合作研究利用列入保护名录的畜禽遗传资源的；(二)未经审核批准，在境内与境外机构、个人合作研究利用畜禽遗传资源的；(三)在境内与境外机构、个人合作研究利用未经国家畜禽遗传资源委员会鉴定的新发现的畜禽遗传资源的。 2.《中华人民共和国畜牧法》第二十五条：未经审核批准，从境外引进畜禽遗传资源，或者在境内与境外机构、个人合作研究	农业农村主管部门	省级

续表

序号	事项名称	职权类型	实施依据	实施主体（法定实施主体）	实施主体（第一责任层级建议）
			利用列入畜禽遗传资源保护名录的畜禽遗传资源，或者在境内与境外机构、个人合作研究利用未经国家畜禽遗传资源委员会鉴定的新发现的畜禽遗传资源的，依照《中华人民共和国畜牧法》的有关规定追究法律责任。 3.《蚕种管理办法》 第三十条：未经审批开展对外合作研究利用蚕遗传资源，或者在境内与境外机构、个人合作研究利用蚕（蚕业）行政主管部门责令停止违法行为，没收蚕遗传资源和违法所得，并处一万元以上五万元以下罚款。 未经审批向境外提供蚕遗传资源的，依照《中华人民共和国海关法》的有关规定追究法律责任。		
35	对销售、推广未经审定或者鉴定的畜禽（蚕种）品种（蚕种）等行为的行政处罚	行政处罚	1.《中华人民共和国畜牧法》 第六十一条：违反本法有关规定，销售、推广未经审定或者鉴定的畜禽品种的，由县级以上人民政府畜牧兽医行政主管部门责令停止违法行为，没收违法所得；违法所得在五万元以上的，并处违法所得一倍以上三倍以下罚款；没有违法所得或者违法所得不足五万元的，并处五千元以上五万元以下罚款。 2.《蚕种管理办法》 第十一条第二款：未经审定或者违反本法第十一条第二款的规定，销售、推广蚕种的，由省级以上人民政府农业（蚕业）行政主管部门责令停止违法行为，没收违法所得；违法所得在五万元以上的，并处违法所得一倍以上三倍以下罚款；没有违法所得或者违法所得不足五万元的，并处五千元以上五万元以下罚款。	农业农村主管部门	设区的市或县级
36	对种畜禽（蚕种）生产经营者无许可证或者违反许可证规定生产经营种畜禽（蚕种）等行为的行政处罚	行政处罚	1.《中华人民共和国畜牧法》 第六十二条：违反本法有关规定，无种畜禽生产经营许可证或者违反种畜禽生产经营许可证的规定生产经营种畜禽的，由县级以上人民政府畜牧兽医行政主管部门责令停止违法行为，没收违法所得；违法所得在三万元以上的，并处违法所得一倍以上三倍以下罚款；没有违法所得或者违法所得不足三万元的，并处三千元以上三万元以下罚款。违反种畜禽生产经营许可证的规定生产经营种畜禽或者转让、租借种畜禽生产经营许可	农业农村主管部门	设区的市或县级

序号	事项名称	职权类型	实施依据	实施主体(法定实施主体)	第一责任层级建议
			可证,情节严重的,并处吊销种畜禽生产经营许可证。 2.《蚕种管理办法》 第三十二条:违反本办法有关规定,无蚕种生产、经营许可证,经营许可证或者违反蚕种生产、经营许可证的规定生产经营蚕种,或者转让、租借蚕种生产、经营许可证的,由县级以上人民政府农业主管部门责令停止违法行为,没收违法所得,违法所得在三万元以上的,并处三万元以上三万元以下罚款,违法所得不足三万元的,并处三千元以上三万元以下罚款,情节严重的,并处吊销蚕种生产、经营许可证。		
37	对使用的种畜禽不符合种用标准的行政处罚	行政处罚	《中华人民共和国畜牧法》 第六十四条:违反本法有关规定,畜牧兽医行政主管部门责令停止违法行为,使用的种畜禽不符合种用标准的,由县级以上地方人民政府畜牧兽医主管部门责令停止违法行为,没收违法所得;违法所得在五千元以上的,并处违法所得一倍以上三倍以下罚款;没有违法所得或者违法所得不足五千元的,并处一千元以上五千元以下罚款。	农业农村主管部门	设区的市或县级
38	对以其他畜品种、配套系充所销售的种畜禽品种、配套系行为的行政处罚	行政处罚	1.《中华人民共和国畜牧法》 第三十条第一、二、三、四项:销售种畜禽,不得有下列行为:(一)以其他畜禽品种、配套系充所销售的畜禽品种、配套系;(二)以低代种代高代种畜禽销售;(三)以不符合种用标准的畜禽冒充种畜禽;(四)销售未经批准进口的种畜禽。 第六十五条:销售种畜禽有本法第三十条第一项或者第四项违法行为之一的,由县级以上工商行政管理部门或者畜牧兽医行政主管部门责令停止销售,没收违法所得,并处违法所得一倍以上五倍以下罚款;违法所得不足五万元的,并处五千元以上五万元以下罚款,情节严重的,并处吊销营业执照或者营业执照。 2.《蚕种管理办法》 第三十三条第一、二项:禁止销售下列蚕种:(一)以不合格蚕种冒充合格的蚕种;(二)冒充其他企业(种场)名称或者品种。	农业农村主管部门	设区的市或县级

序号	事项名称	职权类型	实施依据	实施主体（法定实施主体）	实施主体（第一责任层级建议）
			第三十四条：违反本办法第二十三条第一项至第一项规定的，由县级以上地方人民政府农业（蚕业）行政主管部门责令停止销售，没收违法所得和违法销售的蚕种，并处违法所得在五万元以上十万元以下罚款；没有违法所得或者违法所得不足五万元的，并处五千元以上五万元以下罚款；情节严重的，并处吊销蚕种经营许可证。		
39	对申请人在畜禽新品种和配套系审定中隐瞒有关情况或者提供虚假材料的行政处罚	行政处罚	1.《中华人民共和国畜牧法》 第十九条：培育的畜禽新品种、配套系和新发现的畜禽遗传资源在推广前，应当通过国家畜禽遗传资源委员会审定或者鉴定，并由国务院畜牧兽医行政主管部门公告。畜禽新品种、配套系的审定办法和畜禽遗传资源的鉴定办法，由国务院畜牧兽医行政主管部门制定。审定或者鉴定所需的试验、检测等费用由申请承担，收费办法由国务院财政、价格部门会同国务院畜牧兽医行政主管部门制定。培育的畜禽新品种、配套系培育者的合法权益受法律保护。 2.《畜禽新品种配套系审定和畜禽遗传资源鉴定办法》 第二十条：申请人隐瞒有关情况或者提供虚假材料的，不予受理，并给予警告，一年之内不得再次申请审定或者鉴定。已通过试验所在省级人民政府畜牧兽医行政主管部门初审的畜禽新品种、配套系，收回并注销证书，申请人三年之内不得再次申请审定或者鉴定。	农业农村主管部门	国务院主管部门
40	对畜禽养殖场未建立养殖档案或未按照规定保存养殖档案的行政处罚	行政处罚	1.《中华人民共和国畜牧法》 第四十一条：畜禽养殖场应当建立养殖档案，载明以下内容：（一）畜禽的品种、数量、繁殖记录、标识情况、来源和进出场日期；（二）饲料、饲料添加剂、兽药等投入品的来源、名称、使用对象、时间和用量；（三）检疫、免疫、消毒情况；（四）畜禽发病、死亡和无害化处理情况；（五）国务院畜牧兽医行政主管部门规定的其他内容。 第六十六条：违反本法第四十一条规定，畜禽养殖场未建立养殖档案，或者未按照规定保存养殖档案的，由县级以上人民政府畜牧兽医行政主管部门责令限期改正，可以处一万元以下罚款。	农业农村主管部门	设区的市或县级

续表

序号	事项名称	职权类型	实 施 依 据	实施主体 法定实施主体	第一责任层级建议
	对销售的种畜禽未附具种畜禽合格证明、检疫合格证明、家畜系谱等行为的行政处罚。	行政处罚	2.《中华人民共和国动物防疫法》第七十四条:违反本法规定,对经强制免疫的动物未按照国务院兽医主管部门规定建立免疫档案,加施畜禽标识的,依照《中华人民共和国畜牧法》的有关规定处罚。		
41			1.《中华人民共和国畜牧法》第六十八条第一款:销售的种畜禽未附具种畜禽合格证明、检疫合格证明,家畜系谱的,或者重复使用畜禽标识的,由县级以上地方人民政府畜牧兽医主管部门责令改正,可以处二千元以下罚款。 2.《中华人民共和国动物防疫法》第七十四条:违反本法规定,对经强制免疫的动物未按照国务院兽医主管部门规定建立免疫档案,加施畜禽标识的,依照《中华人民共和国畜牧法》的有关规定处罚。	农业农村主管部门	设区的市或县级
42	对使用伪造、变造的畜禽标识的行政处罚	行政处罚	《中华人民共和国畜牧法》第六十八条第二款:违反本法有关规定,使用伪造、变造的畜禽标识的,由县级以上人民政府畜牧兽医主管部门没收违法所得,并处三千元以下罚款。	农业农村主管部门	设区的市或县级
43	对销售不符合国家技术规范的强制性要求的畜禽的行政处罚	行政处罚	《中华人民共和国畜牧法》第六十九条:销售不符合国家技术规范的强制性要求的畜禽的,由工商行政管理部门责令停止违法行为,没收违法销售的畜禽和违法所得,并处违法所得一倍以上三倍以下罚款;情节严重的,由工商行政管理部门并处吊销营业执照。	农业农村主管部门	设区的市或县级
44	对申请从境外引进畜禽遗传资源等隐瞒有关情况或者提供虚假资料的行政处罚	行政处罚	《中华人民共和国畜牧法》第二十三条:申请从境外引进畜禽遗传资源或者向境外输出或者与境外机构、个人合作研究利用列入畜禽遗传资源保护名录的畜禽遗传资源的单位,隐瞒有关情况或者提供虚假资料的,由省、自治区、直辖市人民政府畜牧兽医主管部门给予警告,3年内不再受理该单位的同类申请。	农业农村主管部门	省级

续表

序号	事项名称	职权类型	实施依据	实施主体（法定实施主体）	实施主体（第一责任层级建议）
45	对以欺骗、贿赂等不正当手段取得批准从境外引进畜禽遗传资源等行为的行政处罚	行政处罚	《中华人民共和国畜禽遗传资源进出境和对外合作研究利用审批办法》第二十四条：以欺骗、贿赂等不正当手段取得批准从境外引进或者在境内与境外机构、个人合作研究利用列入畜禽遗传资源保护名录的畜禽遗传资源的，由国务院畜牧兽医行政主管部门撤销批准决定，没收有关畜禽遗传资源和违法所得，并处以1万元以上5万元以下罚款，10年内不再受理该单位的同类申请；构成犯罪的，依法追究刑事责任。	农业农村主管部门	国务院主管部门
46	对提供虚假的资料、样品或者采取其他欺骗方式取得许可证明文件的行政处罚	行政处罚	《饲料和饲料添加剂管理条例》第三十六条：提供虚假的资料、样品或者采取其他欺骗方式取得许可证明文件的，处5万元以上10万元以下罚款，申请人3年内不得就同一事项申请行政许可。以欺骗方式取得许可证明文件给他人造成损失的，依法承担赔偿责任。	农业农村主管部门	国务院主管部门或省级
47	对假冒、伪造或者买卖许可证明文件的行政处罚	行政处罚	《饲料和饲料添加剂管理条例》第三十七条：假冒、伪造或者买卖许可证明文件的，由国务院农业行政主管部门或者县级以上地方人民政府饲料管理部门按照职责权限收缴或者吊销、撤销相关许可证明文件，没收违法所得，处5万元以上10万元以下罚款；构成犯罪的，依法追究刑事责任。	农业农村主管部门	国务院主管部门或者设区的市或县级
48	对未取得生产许可证生产饲料、饲料添加剂的行政处罚	行政处罚	1.《饲料和饲料添加剂管理条例》第三十八条第一款：未取得生产许可证生产饲料、饲料添加剂的，由县级以上地方人民政府饲料管理部门责令停止生产，没收违法所得、违法生产的产品和用于违法生产饲料的原料、饲料添加剂，药物饲料添加剂及用于违法生产饲料、饲料添加剂预混合饲料的产品混合饲料原料、饲料添加剂，违法生产的产品货值金额不足1万元的，并处1万元以上5万元以下罚款，货值金额1万元以上的，并处货值金额5倍以上10倍以下罚款；情节严重的，没收其生产设备，生产企业的主要负责人和直接负责的主管人员10年内不得从事饲料、饲料添加剂生产经营活动。 2.《宠物饲料管理办法》第十七条：未取得《饲料生产许可证》生产宠物配合饲料、宠物添加剂预混合饲料的，依据《饲料和饲料添加剂管理条例》第三十八条进行处罚。	农业农村主管部门	设区的市或县级

十四、行政执法事项指导目录　823

续表

序号	事项名称	职权类型	实施依据	实施主体（法定实施主体）	第一责任层级建议
49	对已经取得生产许可证,但不再具备规定的条件而继续生产饲料、饲料添加剂的行政处罚	行政处罚	3.《饲料和饲料添加剂生产许可管理办法》第二十条:饲料、饲料添加剂生产企业有下列情形之一的,依照《饲料和饲料添加剂管理条例》第三十八条规定处罚:(一)超出许可范围生产饲料、饲料添加剂的;(二)生产许可证有效期届满后,未依法继续生产饲料、饲料添加剂的。《饲料和饲料添加剂管理条例》第十条第二款:设立饲料、饲料添加剂生产企业,应当符合饲料工业发展规划和产业政策,并具备下列条件:(一)有与生产饲料、饲料添加剂相适应的厂房、设备和仓储设施;(二)有与生产饲料、饲料添加剂相适应的专职技术人员;(三)有必要的产品质量检验机构、人员、设施和质量管理制度;(四)有符合国家规定的安全、卫生要求的生产环境;(五)有符合国家环境保护要求的污染防治措施;(六)国务院农业行政主管部门制定的饲料、饲料添加剂质量安全管理规范规定的其他条件。第三十八条第二款:已经取得生产许可证,但不再具备本条例第十四条规定的条件而继续生产饲料、饲料添加剂的,由县级以上地方人民政府饲料管理部门责令停止生产,限期改正,并处1万元以上5万元以下罚款;逾期不改正的,由发证机关吊销生产许可证。	农业农村主管部门	设区的市或县级
50	对已经取得生产许可证,但未按照规定取得产品批准文号而生产饲料添加剂的行政处罚	行政处罚	1.《饲料和饲料添加剂管理条例》第三十八条第三款:已经取得生产许可证,但未取得产品批准文号而生产饲料添加剂、添加剂预混合饲料的,由县级以上地方人民政府饲料管理部门责令停止生产,没收违法所得、违法生产的产品和用于违法生产的原料、单一饲料、饲料添加剂、药物饲料添加剂以及用于违法生产的饲料原料、饲料添加剂,并处违法生产的产品货值金额1倍以上3倍以下罚款;情节严重的,由发证机关吊销生产许可证。2.《饲料添加剂、饲料添加剂预混合饲料产品批准文号管理办法》第十七条第一款:饲料添加剂、饲料添加剂预混合饲料生产企业违反本办法规定,向定制企业以外的其他饲料、饲料添加剂生产企业,经营者或者养殖者销售定制产品的,依照《饲料和饲料添加剂管理条例》第三十八条处罚。	农业农村主管部门	设区的市或县级

续表

序号	事项名称	职权类型	实施依据	实施主体 法定实施主体	实施主体 第一责任层级建议
51	对饲料、饲料添加剂生产企业不遵守规定使用限制使用的饲料原料、单一饲料、饲料添加剂、药物饲料添加剂、添加剂预混合饲料生产饲料等行为的行政处罚	行政处罚	3.《国务院关于取消和下放一批行政许可事项的决定》（国发〔2019〕6号）附件1《国务院决定取消的行政许可事项目录》第18项：饲料添加剂预混合饲料、混合型饲料添加剂产品批准文号核发。《饲料和饲料添加剂管理条例》第三十九条：饲料、饲料添加剂生产企业有下列行为之一的，由县级以上地方人民政府饲料管理部门责令改正，没收违法所得，违法生产的饲料添加剂、药物饲料添加剂及用于违法生产饲料的原料、单一饲料，违法生产的产品货值金额不足1万元的，并处1万元以上5万元以下罚款；货值金额1万元以上的，并处货值金额5倍以上10倍以下罚款；情节严重的，由发证机关吊销、撤销相关许可证明文件，生产企业的主要负责人和直接负责的主管人员10年内不得从事饲料、饲料添加剂生产、经营活动；构成犯罪的，依法追究刑事责任：（一）使用限制使用的物质生产饲料、饲料添加剂，不遵守国务院农业行政主管部门公布的饲料原料目录、饲料添加剂品种目录和饲料添加剂使用规定的；（二）使用饲料原料目录以外的物质生产饲料的；（三）生产未取得新饲料、新饲料添加剂证书的新饲料、新饲料添加剂或者禁用的饲料、饲料添加剂的。	农业农村主管部门	设区的市或县级
52	对饲料、饲料添加剂生产企业不按规定有关标准采购的饲料原料、单一饲料、饲料添加剂、药物饲料添加剂、添加剂预混合饲料和饲料添加剂用于饲料生产的原料进行查验或者检验等行为的行政处罚	行政处罚	《饲料和饲料添加剂管理条例》第四十条：饲料、饲料添加剂生产企业有下列行为之一的，由县级以上地方人民政府饲料管理部门责令改正，处1万元以上2万元以下罚款；拒不改正的，没收违法所得，可以由发证机关吊销、撤销相关许可证明文件，并处5万元以上10万元以下罚款；情节严重的，责令停止生产，可以由发证机关吊销、撤销相关许可证明文件：（一）不按照国务院农业行政主管部门有关规定对采购的饲料原料、单一饲料、饲料添加剂、药物饲料添加剂、添加剂预混合饲料和饲料添加剂用于饲料生产的原料进行查验或者检验的；（二）饲料、饲料添加剂生产过程中不遵守国务院农业行政主管部门制定的饲料、饲料添加剂安全生产规范和使用规定的；（三）生产的饲料、饲料添加剂未经产品质量检验的。	农业农村主管部门	设区的市或县级

续表

序号	事项名称	职权类型	实施依据	实施主体（法定实施主体）	第一责任层级建议
53	对饲料、饲料添加剂生产企业不依照规定实行采购、生产、销售记录制度或者产品留样观察或者产品留样观察制度的行政处罚	行政处罚	《饲料和饲料添加剂管理条例》第四十一条第一款：饲料、饲料添加剂生产企业不依照本条例规定实行采购、生产、销售记录制度或者产品留样观察制度的，由县级以上地方人民政府饲料管理部门责令改正；拒不改正的，没收违法所得，处1万元以上2万元以下罚款；情节严重的，责令停止生产，并可以由发证机关吊销、撤销相关许可证明文件。单一饲料、饲料添加剂、药物混合饲料以及违法生产饲料添加剂的原料，处2万元以上5万元以下罚款。	农业农村主管部门	设区的市或县级
54	对饲料、饲料添加剂生产企业销售经产品质量检验合格或者包装、标签不符合规定的饲料、饲料添加剂的行政处罚	行政处罚	《饲料和饲料添加剂管理条例》第四十一条第二款：饲料、饲料添加剂生产企业销售经产品质量检验不合格，标签不符合规定的饲料、饲料添加剂的，由县级以上地方人民政府饲料管理部门责令改正；情节严重的，没收违法所得和违法销售的产品，可以处违法销售产品货值金额30%以下罚款。	农业农村主管部门	设区的市或县级
55	对不符合规定条件经营饲料、饲料添加剂的行政处罚	行政处罚	《饲料和饲料添加剂管理条例》第二十二条：饲料、饲料添加剂经营者应当符合下列条件：（一）有与经营饲料、饲料添加剂使用、贮存等知识的技术人员；（二）有具备饲料、饲料添加剂相适应的经营场所和仓储设施；（三）有必要的产品质量管理和安全管理制度。第四十二条：不符合本条例第二十二条规定的，由县级人民政府饲料管理部门责令限期改正，逾期不改正的，并处2000元以上2万元以下罚款；情节严重的，责令停止经营，并通知工商行政管理部门吊销营业执照。	农业农村主管部门	县级
56	经营者对饲料、饲料添加剂进行再加工或者添加物质等行为的行政处罚	行政处罚	1.《饲料和饲料添加剂管理条例》第四十三条：饲料、饲料添加剂经营者有下列行为之一的，由县级人民政府饲料管理部门责令改正，没收违法所得和违法经营的产品，违法经营的产品货值金额不足1万元的，并处2000元以上2万元以下罚款，货值金额1万元以上的，并处货值金额2倍以上5倍以下罚款；情节严	农业农村主管部门	县级

续表

序号	事项名称	职权类型	实 施 依 据	实施主体（法定实施主体）	第一责任层级建议
57	经营者对饲料、饲料添加剂进行拆包、分装等行为的行政处罚	行政处罚	重的，责令停止经营，并通知工商行政管理部门，由工商行政管理部门吊销营业执照，构成犯罪的，依法追究刑事责任：（一）对产品质量检验合格证明、无产品检验合格证、无产品批准文号的饲料添加剂、饲料添加剂进行再加工或者添加物质的；（二）经营无产品批准文号的饲料、饲料添加剂的；（三）经营用国务院农业行政主管部门公布的饲料原料目录、饲料添加剂品种目录以外的物质生产的饲料、饲料添加剂的；（四）经营未取得新饲料、新饲料添加剂证书的新饲料、新饲料添加剂的；（五）经营未登记的进口饲料、进口饲料添加剂，以及禁用的饲料、饲料添加剂的。 2.《饲料和饲料添加剂混合型饲料产品批准文号管理办法》第十七条第二款：定制企业违反本办法规定，向其他饲料、饲料添加剂生产企业、经营者和养殖者销售的，依照《饲料和饲料添加剂管理条例》第四十三条处罚。 3.《国务院关于取消和下放一批行政许可事项的决定》（国发〔2019〕6号）附件1《国务院决定取消的行政许可事项目录》第18项：饲料添加剂预混合饲料、混合型饲料添加剂产品批准文号核发。 《饲料和饲料添加剂管理条例》第四十四条：饲料、饲料添加剂经营者有下列行为之一的，由县级人民政府饲料管理部门责令改正，没收违法所得和违法经营的产品，并处2000元以上1万元以下罚款：（一）对饲料、饲料添加剂进行拆包、分装的，（二）不依照本条例规定实行产品购销台账制度的；（三）经营的饲料、饲料添加剂失效、霉变或者超过保质期的。	农业农村主管部门	县级
58	对饲料和饲料添加剂生产企业发现问题产品不主动召回的行政处罚	行政处罚	《饲料和饲料添加剂管理条例》第二十八条第一款：饲料、饲料添加剂生产企业发现其生产的饲料、饲料添加剂对养殖动物、人体健康有害或者存在其他安全隐患的，应当立即停止生产，通知经营者、使用者，向饲料管理部门报告，主动召回产品，并记录召回和通知情况。召回的产品应当在饲料管理部门监督下予以无害化处理或者销毁。 第四十五条第一款：对本条例第二十八条规定的饲料、饲料添加剂召回，生产企业不主动召回的，由县级以上地方人民政府饲料管理部门责令召回，并监督生产企业对召回的产品予以无害化处理或者销毁。	农业农村主管部门	设区的市或县级

续表

序号	事项名称	职权类型	实 施 依 据	实施主体 法定实施主体	实施主体 第一责任层级建议
59	对饲料、饲料添加剂经营者发现问题产品不停止销售的行政处罚	行政处罚	理或者销毁;情节严重的,没收违法所得,并处货值金额1倍以上3倍以下罚款,可以由发证机关吊销、撤销相关许可证明文件;生产企业对召回的产品不予以无害化处理或者销毁的,由县级人民政府饲料管理部门代为销毁,所需费用由生产企业承担。《饲料和饲料添加剂管理条例》第二十八条第二款:饲料、饲料添加剂经营者发现其销售的饲料、饲料添加剂具有前款规定情形的,应当立即停止销售,通知生产企业、供货者和使用者,向饲料管理部门报告,并记录通知情况。第四十五条第二款:对本条例第二十八条规定的饲料、饲料添加剂,经营者不停止销售,由县级以上地方人民政府饲料管理部门责令停止销售;拒不停止销售的,没收违法所得,处1000元以上5万元以下罚款,情节严重的,责令停业经营,并通知工商行政管理部门吊销营业执照。	农业农村主管部门	设区的市或县级
60	对在生产、经营过程中以非饲料、非饲料添加剂冒充饲料、饲料添加剂或者以此种饲料、饲料添加剂冒充他种饲料、饲料添加剂等行为的行政处罚	行政处罚	《饲料和饲料添加剂管理条例》第四十六条:饲料、饲料添加剂管理部门责令停止生产、经营,没收违法生产、经营的产品,经营的产品货值金额不足1万元的,并处2000元以上2万元以下罚款,货值金额1万元以上的,并处货值金额2倍以上5倍以下罚款;构成犯罪的,依法追究刑事责任:(一)在生产、经营过程中,以非饲料、非饲料添加剂冒充饲料、饲料添加剂或者以此种饲料、饲料添加剂冒充他种饲料、饲料添加剂的;(二)生产、经营无产品质量标准或者不符合产品质量标准的饲料、饲料添加剂的;(三)生产、经营饲料、饲料添加剂有前款规定的内容不一致的行为,情节严重的,由发证机关吊销、撤销相关许可证明文件;饲料、饲料添加剂生产企业有前款规定行为,情节严重的,通知工商行政管理部门吊销营业执照。	农业农村主管部门	设区的市或县级

序号	事项名称	职权类型	实 施 依 据	实施主体（法定实施主体）	第一责任层级建议
61	对养殖者使用未取得新饲料、新饲料添加剂证书的新饲料、新饲料添加剂或者未取得进口登记证的进口饲料、进口饲料添加剂等行为的行政处罚	行政处罚	1.《饲料和饲料添加剂管理条例》第四十七条第一款：养殖者有下列行为之一的，由县级人民政府饲料管理部门没收违法使用的产品和非法添加物质，依法追究刑事责任，饲料和非法添加物质，对单位处1万元以上5万元以下罚款，对个人处5000元以下罚款；构成犯罪的，依法追究刑事责任：（一）使用未取得新饲料、新饲料添加剂证书或者未取得进口登记证的进口饲料、饲料添加剂进口饲料、饲料添加剂的；（二）使用无产品标签、无产品质量检验合格证或者无产品质量标准、添加剂混合饲料的；（三）使用无产品批准文号的饲料添加剂、添加剂预混合饲料的；（四）在饲料或者动物饮用水中添加饲料添加剂安全使用规范不遵守国务院农业行政主管部门制定的饲料添加剂安全使用规范的；（五）使用自行配制的饲料，不遵守国务院农业行政主管部门制定的自行配制饲料使用规范的；（六）使用限制使用的饲料、饲料添加剂，不遵守国务院农业行政主管部门的限制性规定的；（七）在反刍动物饲料中添加乳和乳制品以外的动物源性成分的。2.《国务院关于取消和下放一批行政许可事项的决定》（国发〔2019〕6号）附件1《国务院决定取消的行政许可事项目录》第18项：饲料添加剂预混合饲料、混合型饲料添加剂产品批准文号核发。	农业农村主管部门	县级
62	对养殖者在饲料或者动物饮用水中添加国务院农业行政主管部门公布禁用的物质以及对人体具有直接或者潜在危害的其他物质，或者直接使用上述物质养殖动物的行政处罚	行政处罚	《饲料和饲料添加剂管理条例》第四十七条第二款：在饲料或者动物饮用水中添加或者直接使用国务院农业行政主管部门公布禁用的物质，或者直接使用对人体具有直接或者潜在危害的其他物质对饲喂了造成物质的动物进行无害化处理，对上述物质的动物进行无害化处理，由县级以上地方人民政府饲料管理部门责令使用上述物质的动物进行无害化处理，处3万元以上10万元以下罚款；构成犯罪的，依法追究刑事责任。	农业农村主管部门	设区的市或者县级
63	对养殖者对外提供自行配制的饲料的行政处罚	行政处罚	《饲料和饲料添加剂管理条例》第四十八条：养殖者对外提供自行配制的饲料的，由县级人民政府饲料管理部门责令改正，处2000元以上2万元以下罚款。	农业农村主管部门	县级

十四、行政执法事项指导目录　829

续表

序号	事项名称	职权类型	实施依据	实施主体（法定实施主体）	实施主体（第一责任层级建议）
64	对生鲜乳收购者、乳制品生产企业在生鲜乳收购、乳制品生产过程中，加入化学物质或者其他可能危害人体健康的物质的行政处罚	行政处罚	《乳品质量安全监督管理条例》第五十四条：生鲜乳收购者、乳制品生产企业在生鲜乳收购、乳制品生产过程中，加入非食品用化学物质或者其他可能危害人体健康的物质，依照刑法第一百四十四条的规定，依法追究刑事责任，尚不构成犯罪的，由畜牧兽医主管部门、工商行政管理部门、质量监督部门依据各自职责没收违法所得和违法生产的乳品，以及相关的工具、设备等物品，并处违法乳品货值金额15倍以上30倍以下罚款，由发证机关吊销相关许可证照。	农业农村主管部门	设区的市或县级
65	对生产、销售不符合乳品质量安全国家标准的乳品的行政处罚	行政处罚	《乳品质量安全监督管理条例》第五十五条：生产、销售不符合乳品质量安全国家标准的乳品，依照刑法第一百四十三条的规定，依法追究刑事责任，尚不构成犯罪的，由畜牧兽医主管部门、工商行政管理部门、质量监督部门依据各自职责没收违法所得，并由发证机关吊销相关许可证照；违法乳品和相关的工具、设备等物品，并处违法乳品货值金额10倍以上20倍以下罚款。	农业农村主管部门	设区的市或县级
66	对奶畜养殖者、生鲜乳收购者在发生乳品质量安全事故后未报告、处置的行政处罚	行政处罚	《乳品质量安全监督管理条例》第五十九条：奶畜养殖者、生鲜乳收购者、乳制品生产企业和销售者发生乳品质量安全事故后未报告、处置的，由畜牧兽医主管部门、工商监督、质量监督、食品药品监督等部门依据各自职责责令改正，给予警告，并处10万元以上20万元以下罚款；拒不改正的，责令停产停业，并由发证机关吊销相关许可证照；造成严重后果的，依法追究刑事责任。	农业农村主管部门	设区的市或县级
67	对未取得生鲜乳许可证收购生鲜乳等行为的行政处罚	行政处罚	《乳品质量安全监督管理条例》第六十条：有下列情形之一的，由县级以上地方人民政府畜牧兽医主管部门没收违法所得，并处违法收购生鲜乳货值金额5倍以上10倍以下罚款；有许可证照的，由发证机关吊销许可证照：（一）未取得生鲜乳收购许可证，擅自从事生鲜乳收购的；（二）生鲜乳收购站取得生鲜乳收购许可证后，不再符合本条例规定条件继续从事生鲜乳收购的；（三）生鲜乳收购站违反本条例第二十四条规定禁止收购的生鲜乳的。	农业农村主管部门	设区的市或县级

续表

序号	事项名称	职权类型	实 施 依 据	实施主体 法定实施主体	实施主体 第一责任层级建议
68	对依法应当检疫而未经检疫动物产品，不具备补检条件的行政处罚	行政处罚	《中华人民共和国动物防疫法》第五十九条第一款第四项：动物卫生监督机构执行监督检查任务，可以采取下列措施，有关单位和个人不得拒绝或者阻碍：（四）对依法应当检疫而未经检疫的动物产品，具备补检条件的予以补检，不具备补检条件的予以没收销毁。	农业农村主管部门	设区的市或县级
69	对饲养的动物不按照动物疫病强制免疫计划进行免疫接种等行为的行政处罚	行政处罚	《中华人民共和国动物防疫法》第七十三条：违反本法规定，有下列行为之一的，由动物卫生监督机构责令改正，给予警告；拒不改正的，由动物卫生监督机构代作处理，所需处理费用由违法行为人承担，可以处一千元以下罚款：（一）对饲养的动物不按照动物疫病强制免疫计划进行免疫接种的；（二）种用、乳用动物未经检测或者经检测不合格而不按照规定处理的；（三）动物、动物产品的运输工具在装载前和卸载后没有及时清洗、消毒的。	农业农村主管部门	设区的市或县级
70	对不按照规定处置染疫动物及其排泄物、染疫动物产品等行为的行政处罚	行政处罚	1.《中华人民共和国动物防疫法》第七十五条：违反本法规定，不按照国务院兽医主管部门规定处置染疫动物及其排泄物，染疫动物产品、病死或者死因不明的动物尸体，运载工具中的动物排泄物以及垫料、包装物、容器等污染物以及其他经检疫不合格的动物、动物产品的，由动物卫生监督机构责令无害化处理，所需处理费用由违法行为人承担，可以处三千元以下罚款。 2.《畜禽规模养殖污染防治条例》第四十二条：未按照规定对染疫畜禽和病害畜禽养殖废弃物进行无害化处理的，由动物卫生监督机构责令无害化处理，所需处理费用由违法行为人承担，可以处3000元以下的罚款。 3.《动物诊疗机构管理办法》第二十四条：动物诊疗机构不得随意抛弃病死动物、动物病理组织和医疗废弃物，不得排放未经无害化处理或者处理不达标的诊疗废水。 第三十四条：动物诊疗机构违反本办法第二十四条规定的，由动物卫生监督机构按照《中华人民共和国动物防疫法》第七十五条的规定予以处罚。	农业农村主管部门	设区的市或县级

续表

序号	事项名称	职权类型	实施依据	实施主体 法定实施主体	实施主体 第一责任层级建议
71	对屠宰、经营、运输动物或者生产、经营、加工、贮藏、运输不符合动物防疫规定的动物产品等行为的处罚	行政处罚	《中华人民共和国动物防疫法》 第二十五条：禁止屠宰、经营、运输下列动物和生产、经营、加工、贮藏、运输下列动物产品：（一）封锁区内与所发生动物疫病有关的；（二）疫区内染疫或者疑似染疫的；（三）依法应当检疫而未经检疫或者检疫不合格的；（四）染疫或者疑似染疫病死或者死因不明的；（五）病死或者死因不明的；（六）其他不符合国务院兽医主管部门有关规定的。 第七十六条：违反本法第二十五条规定，屠宰、经营、运输动物或者生产、经营、加工、贮藏、运输动物产品的，由动物卫生监督机构责令改正、采取补救措施，没收违法所得和动物、动物产品，并处同类检疫合格动物、动物产品货值金额一倍以上五倍以下罚款；其中依法应当检疫而未检疫的，依照本法第七十八条的规定处罚。	农业农村主管部门	设区的市或县级
72	对兴办动物饲养场（养殖小区）和隔离场所、动物屠宰加工场所，以及动物无害化处理场所，未取得动物防疫条件合格证等行为的行政处罚	行政处罚	1.《中华人民共和国动物防疫法》 第七十七条：违反本法规定，有下列行为之一的，由动物卫生监督机构责令改正，处一千元以上一万元以下罚款；情节严重的，处一万元以上十万元以下罚款，以及动物防疫条件合格证的发证机关吊销《动物防疫条件合格证》：（一）兴办动物饲养场（养殖小区）和隔离场所、动物屠宰加工场所，动物无害化处理场所未取得动物防疫条件合格证的；（二）未办理审批手续，跨省、自治区、直辖市引进乳用动物、种用动物及其精液、胚胎、种蛋的；（三）未检疫，向无规定动物疫病区输入动物、动物产品的。 2.《动物防疫条件审查办法》 第三十一条：本办法第二条第一款规定的《动物防疫条件合格证》，日原发证机关予以注销。 第三十五条第一款：违反本办法第三十一条第一款规定，变更场所地址或者未按规定变更的，应当在变更后15日内持有效证明申请变更《中华人民共和国动物防疫条件合格证》。 经营范围的，设施设备和制度，可能引起动物防疫条件发生变化的，应当提前30日向原发证机关申请。发证机关应当在20日内完成审查，并将审查结果通知申请人。 变更单位名称或者其负责人的，应当在变更后15日内持有效证明向原发证机关申请变更《动物防疫条件合格证》。 第三十六条第一款：违反本办法第三十一条第一款规定，变更场所地址或者经营范围的，按照《中华人民共和国动物防疫法》第七十七条规定重新申请《动物防疫条件合格证》的，按照《中华人民共和国动物防疫法》第七十七条予以处罚。	农业农村主管部门	设区的市或县级

续表

序号	事项名称	职权类型	实施依据	实施主体（法定实施主体）	第一责任层级建议
73	对屠宰、经营、运输的动物未附有检疫证明，经营和运输的动物产品未附有检疫证明、检疫标志的行政处罚	行政处罚	《中华人民共和国动物防疫法》第七十八条第一款：违反本法规定，屠宰、经营、运输的动物未附有检疫证明，经营和运输的动物产品未附有检疫证明、检疫标志的，由动物卫生监督机构责令改正，处同类检疫合格动物、动物产品货值金额百分之十以上百分之五十以下罚款；对货主以外的承运人处运输费用一倍以上三倍以下罚款。	农业农村主管部门	设区的市或县级
74	对参加展览、演出和比赛的动物未附有检疫证明的行政处罚	行政处罚	《中华人民共和国动物防疫法》第七十九条第二款：违反本法规定，参加展览、演出和比赛的动物未附有检疫证明的，由动物卫生监督机构责令改正，处一千元以上三千元以下罚款。	农业农村主管部门	设区的市或县级
75	对转让、伪造或者变造检疫证明、检疫标志或者畜禽标识的行政处罚	行政处罚	《中华人民共和国动物防疫法》第七十九条：违反本法规定，转让、伪造或者变造检疫证明、检疫标志或者畜禽标识的，由动物卫生监督机构没收违法所得，收缴检疫证明、检疫标志或者畜禽标识，并处三千元以上三万元以下罚款。	农业农村主管部门	设区的市或县级
76	对不遵守县级以上人民政府兽医主管部门依法作出的有关动物疫病控制、扑灭规定等行为的行政处罚	行政处罚	《中华人民共和国动物防疫法》第八十条：违反本法规定，有下列行为之一的，由动物卫生监督机构及其兽医主管部门依法作出的县级以上人民政府及其兽医主管部门依法作出的有关控制、扑灭动物疫病的规定的；（二）藏匿、转移、盗掘已被依法隔离、封存、处理的动物和动物产品的；（三）发布动物疫情的。	农业农村主管部门	设区的市或县级
77	对未取得动物诊疗许可证从事动物诊疗活动的行政处罚	行政处罚	《中华人民共和国动物防疫法》第八十一条第一款：违反本法规定，未取得动物诊疗许可证从事动物诊疗活动的，由动物卫生监督机构责令停止诊疗活动，没收违法所得；违法所得在三万元以上的，并处违法所得一倍以上三倍以下罚款；没有违法所得或者违法所得不足三万元的，并处三千元以上三万元以下罚款。	农业农村主管部门	设区的市或县级

续表

序号	事项名称	职权类型	实施依据	实施主体（法定实施主体）	第一责任层级建议
78	对动物诊疗机构造成动物疫病扩散的行政处罚	行政处罚	《中华人民共和国动物防疫法》第八十一条第二款：动物诊疗机构违反本法规定，造成动物疫病扩散的，由动物卫生监督机构责令改正，处一万元以上五万元以下罚款；情节严重的，由发证机关吊销动物诊疗许可证。	农业农村主管部门	设区的市或县级
79	对执业兽医违反有关动物诊疗的操作技术规范，造成或者可能造成动物疫病传播、流行等行为的行政处罚	行政处罚	《中华人民共和国动物防疫法》第八十二条第二款：执业兽医有下列行为之一的，由动物卫生监督机构给予警告，责令暂停六个月以上一年以下动物诊疗活动；情节严重的，由发证机关吊销注册证书：（一）违反有关动物诊疗的操作技术规范，造成或者可能造成动物疫病传播、流行的；（二）使用不符合国家规定的兽药和兽医器械的；（三）不按照当地人民政府或者兽医主管部门要求参加动物疫病预防、控制和扑灭活动的。	农业农村主管部门	设区的市或县级
80	对从事动物疫病研究与诊疗和动物饲养、屠宰、经营、隔离、运输，以及动物产品生产、经营、加工、贮藏等行为的单位和个人不履行动物疫情报告义务等行为的行政处罚	行政处罚	《中华人民共和国动物防疫法》第八十三条：违反本法规定，从事动物疫病研究与诊疗和动物饲养、屠宰、经营、隔离、运输，以及动物产品生产、经营、加工、贮藏等行为的单位和个人，有下列行为之一的，由动物卫生监督机构责令改正，拒不改正的，对违法行为人处一千元以上一万元以下罚款，对违法提供与动物疫病防控活动有关资料的，可以处五百元以下罚款：（一）不履行动物疫情报告义务的；（二）拒绝动物卫生监督机构进行监督检查的；（三）拒绝动物疫病预防控制机构进行动物疫病监测、检测的。	农业农村主管部门	设区的市或县级
81	对拒绝阻碍重大动物疫情监测、不报告动物群体发病死亡情况的行政处罚	行政处罚	《重大动物疫情应急条例》第四十六条：违反本条例规定，拒绝、阻碍重大动物疫情监测，或者发现动物出现群体发病或者死亡，不向当地动物防疫监督机构报告的，由动物防疫监督机构给予警告，并处2000元以上5000元以下的罚款；构成犯罪的，依法追究刑事责任。	农业农村主管部门	设区的市或县级

续表

序号	事项名称	职权类型	实施依据	实施主体（法定实施主体）	第一责任层级建议
82	对不符合条件采集重大动物疫病病料，或者在重大动物疫情原时不遵守国家有关生物安全管理规定等行为的行政处罚	行政处罚	《重大动物疫情应急条例》第四十七条：违反本条例规定，不符合相应条件采集重大动物疫病病料，或者在重大动物疫情原时不遵守国家有关生物安全管理规定的，由动物防疫监督机构给予警告，并处5000元以下的罚款；构成犯罪的，依法追究刑事责任。	农业农村主管部门	设区的市或县级
83	对未经定点从事生猪屠宰活动等行为的行政处罚	行政处罚	《生猪屠宰管理条例》第二十条第一、二款：违反本条例规定，未经定点从事生猪屠宰活动的，由畜牧兽医行政主管部门予以取缔，没收生猪、生猪产品、屠宰工具和设备以及违法所得，并处货值金额3倍以上5倍以下的罚款；货值金额难以确定的，对单位并处10万元以上20万元以下的罚款，对个人并处5000元以上1万元以下的罚款；构成犯罪的，依法追究刑事责任。冒用或者使用伪造的生猪定点屠宰证书或者生猪定点屠宰标志牌的，依照前款的规定处罚。	农业农村主管部门	设区的市或县级
84	对生猪定点屠宰厂（场）出借、转让生猪定点屠宰证书或者生猪定点屠宰标志牌的行为的行政处罚	行政处罚	《生猪屠宰管理条例》第二十四条第三款：生猪定点屠宰厂（场）出借、转让生猪定点屠宰证书或者生猪定点屠宰标志牌的，由设区的市级人民政府取消其生猪定点屠宰厂（场）资格；有违法所得的，由畜牧兽医行政主管部门没收违法所得。	农业农村主管部门	设区的市或县级
85	对生猪定点屠宰厂（场）不符合操作流程和技术要求实施屠宰生猪等行为的行政处罚	行政处罚	《生猪屠宰管理条例》第二十五条：生猪定点屠宰厂（场）有下列情形之一的，由畜牧兽医行政主管部门责令限期改正，处2万元以上5万元以下的罚款；逾期不改正的，责令停业整顿，对其主要负责人处5000元以上1万元以下的罚款：（一）屠宰生猪不符合国家规定的操作规程和技术要求的；（二）未按规定实施肉品品质检验制度的；（三）未建立有关生猪来源和生猪产品流向的如实记录其屠宰或者实施肉品品质检验记录的；（四）对经肉品品质检验不合格的生猪产品未按照国家有关规定处理并如实记录处理情况的。	农业农村主管部门	设区的市或县级

续表

序号	事项名称	职权类型	实施依据	实施主体（法定实施主体）	第一责任层级建议
86	对生猪定点屠宰厂（场）出厂（场）未经肉品品质检验或者经肉品品质检验不合格的生猪产品的行政处罚	行政处罚	《生猪屠宰管理条例》第二十六条：生猪定点屠宰厂（场）未经肉品品质检验或者经肉品品质检验不合格的生猪产品的，由畜牧兽医行政主管部门责令停业整顿，对其主要负责人处1万元以上2万元以下的罚款；没收生猪产品和违法所得，货值金额难以确定的，并处1万元以上10万元以下的罚款；构成犯罪的，依法追究刑事责任。货值金额1倍以上3倍以下的罚款；情节严重的，由设区的市级人民政府取消其生猪定点屠宰厂（场）资格。	农业农村主管部门	设区的市或县级
87	对生猪定点屠宰厂（场）、其他单位或者个人对生猪、生猪产品注水或者注入其他物质的行政处罚	行政处罚	《生猪屠宰管理条例》第二十七条：生猪定点屠宰厂（场）、其他单位或者个人对生猪、生猪产品注水或者注入其他物质的，由畜牧兽医行政主管部门责令停业整顿，没收注水或者注入其他物质的生猪、生猪产品、注水工具和设备以及违法所得，并处货值金额3倍以上5倍以下的罚款；货值金额难以确定的，对单位并处5万元以上10万元以下的罚款，对个人并处1万元以上2万元以下的罚款；构成犯罪的，依法追究刑事责任。生猪定点屠宰厂（场）对生猪、生猪产品注水或者注入其他物质的，除依照前款的规定处罚外，还应当由畜牧兽医行政主管部门吊销其生猪定点屠宰厂（场）资格。	农业农村主管部门	设区的市或县级
88	对生猪定点屠宰厂（场）屠宰注水或者注入其他物质的生猪的行政处罚	行政处罚	《生猪屠宰管理条例》第二十八条：生猪定点屠宰厂（场）屠宰注水或者注入其他物质的生猪的，由畜牧兽医行政主管部门责令改正，没收违法所得，生猪产品以及违法所得的罚款；货值金额难以确定的，对其主要负责人处1万元以上2万元以下的罚款；责令停业整顿，并处2万元以上5万元以下的罚款；拒不改正的，由设区的市级人民政府取消其生猪定点屠宰厂（场）资格。	农业农村主管部门	设区的市或县级

续表

序号	事项名称	职权类型	实施依据	实施主体（法定实施主体）	实施主体（第一责任层级建议）
89	对为未经定点违法从事生猪屠宰活动的单位或者个人提供生猪屠宰场所或者生猪产品储存设施等行为的行政处罚	行政处罚	《生猪屠宰管理条例》第三十条：为未经定点违法从事生猪屠宰活动的单位或者个人提供生猪屠宰场所或者生猪产品注水或者注入其他物质的单位或者个人提供场所的，由畜牧兽医行政主管部门责令改正，没收违法所得，对单位并处2万元以上5万元以下的罚款，对个人并处5000元以上1万元以下的罚款。	农业农村主管部门	设区的市或县级
90	对无兽药生产许可证、兽药经营许可证生产、经营兽药的，或者虽有兽药生产许可证、兽药经营许可证，生产兽药假、劣兽药经营企业经营人用药品等行为的行政处罚	行政处罚	1.《兽药管理条例》第五十六条：违反本条例规定，无兽药生产许可证、兽药经营许可证生产、经营兽药的，或者虽有兽药生产许可证、兽药经营许可证，生产、经营假、劣兽药的，责令其停止生产、经营，没收用于违法生产的原料、辅料、包装材料及生产兽药和违法所得，并处违法生产、经营兽药（包括已出售的和未出售的兽药，下同）货值金额2倍以上5倍以下罚款，货值金额无法查证核实的，处10万元以上20万元以下罚款；生产、经营假、劣兽药，情节严重的，吊销兽药生产许可证、兽药经营许可证；构成犯罪的，依法追究刑事责任；给他人造成损失的，依法承担赔偿责任。生产、经营企业的主要负责人和直接负责的主管人员终身不得从事兽药的生产、经营活动。擅自生产强制免疫所需兽用生物制品的，按照无兽药生产许可证生产兽药处罚。第七十条第一款：本条例规定的行政处罚由县级以上人民政府兽医行政管理部门决定；其中吊销兽药生产许可证、兽药经营许可证，撤销兽药批准证明文件或者责令停止兽药研究试验的，由发证、批准、备案部门决定。2.《兽药进口管理办法》第二十五条第二款：伪造、涂改进口兽药证明文件，动物诊疗机构等使用者将采购的进口兽药转手销售的，按照《兽药管理条例》第四十七条、第五十六条的规定处理。第二十七条：养殖户、养殖场、经销商超出《兽药经营许可证》范围经营进口兽药的，属无证经营，按照《兽药管理条例》处理。经销商超出《兽药经营许可证》范围经营进口兽用生物制品的，属无证经营，按照《兽药管	农业农村主管部门	设区的市或县级

十四、行政执法事项指导目录　837

续表

序号	事项名称	职权类型	实施依据	实施主体法定实施主体	第一责任层级建议
91	对提供虚假的资料、样品或者采取其他欺骗手段取得兽药生产许可证、兽药经营许可证或者兽药批准证明文件的行政处罚	行政处罚	理条例》第五十六条的规定处罚。 3.《兽用生物制品经营管理办法》第十六条：养殖户、养殖场、动物诊疗机构等使用者转手销售兽用生物制品的，或者兽药经营者超出《兽药经营许可证》载明的经营范围经营兽用生物制品的，属于无证经营，按照《兽药管理条例》第五十六条的规定处罚。 1.《兽药管理条例》第五十七条，兽药经营许可证或者兽药批准证明文件，提供虚假的资料、样品或者采取其他欺骗手段取得兽药生产许可证、兽药经营许可证或者兽药批准证明文件的，吊销兽药生产许可证、兽药经营许可证或者兽药批准证明文件，并处5万元以上10万元以下罚款；给他人造成损失的，依法承担赔偿责任。其主要负责人和直接负责的主管人员终身不得从事兽药的生产、经营和进出口活动。 第七十条第一款：本条例规定的行政处罚由县级以上人民政府兽医行政管理部门决定；其中吊销兽药生产许可证、兽药经营许可证，撤销兽药批准证明文件或者责令停止兽药研究试验的，由发证、批准、备案部门决定。 2.《兽药进口管理办法》第二十五条第一款：提供虚假资料或者采取其他欺骗手段取得进口兽药许可证的，按照《兽药管理条例》第五十七条的规定处罚。	农业农村主管部门	设区的市或县级
92	对买卖、出租、出借兽药生产许可证、兽药经营许可证或者兽药批准证明文件等行为的行政处罚	行政处罚	1.《兽药管理条例》第五十八条：买卖、出租、出借兽药生产许可证、兽药经营许可证和兽药批准证明文件的，没收违法所得，并处1万元以上10万元以下罚款；情节严重的，吊销兽药生产许可证、兽药经营许可证或者撤销兽药批准证明文件；构成犯罪的，依法追究刑事责任；给他人造成损失的，依法承担赔偿责任。 第七十条第一款：本条例规定的行政处罚由县级以上人民政府兽医行政管理部门决定；其中吊销兽药生产许可证、兽药经营许可证，撤销兽药批准证明文件或者责令停止兽药研究试验的，由发证、批准、备案部门决定。	农业农村主管部门	设区的市或县级

续表

序号	事项名称	职权类型	实 施 依 据	实施主体 法定实施主体	第一责任层级建议
93	对兽药安全性评价单位、临床试验单位、生产和经营企业未按照规定实施兽药研究质量管理规范、生产、经营质量管理规范，未按照规定开展新兽药临床试验备案的行政处罚	行政处罚	1.《兽药管理条例》第五十九条第一款：违反本条例规定，生产、经营兽药研究试验、兽药安全性评价单位、临床试验单位按照规定实施兽药研究质量管理规范、生产、经营质量管理规范的，给予警告，责令其限期改正；逾期不改正的，责令停止兽药研究试验活动，经营活动，并处 5 万元以下罚款；情节严重的，吊销兽药生产许可证、兽药经营许可证；给他人造成损失的，依法承担赔偿责任。第五十九条第三款：违反本条例规定，开展新兽药临床试验而未备案的，依照本条第一款规定，给予警告，并处 5 万元以上 10 万元以下罚款；给他人造成损失的，依法承担赔偿责任。第七十条第一款：本条例规定的行政处罚由县级以上人民政府兽医行政管理部门决定。吊销兽药生产许可证、兽药经营许可证，撤销兽药批准证明文件或者责令停止兽药研究试验的，由发证、批准、备案部门决定。2.《兽用处方药和非处方药管理办法》第十六条：兽药经营者未在经营场所明显位置悬挂或者张贴提示语的；（二）兽用处方药未分区分柜摆放的；（三）兽用处方药采用开架自选方式销售的；（四）兽医处方笺和兽用处方药购销记录未按规定保存的。3.《新兽药研制管理办法》第二十七条第一款：兽药临床试验单位、临床试验实施单位未按照《兽药非临床研究质量管理规范》或《兽药临床试验质量管理规范》规定实施兽药研究试验的，依照《兽药管理条例》第五十九条的规定予以处罚。	农业农村主管部门	设区的市或县级
			2.《兽药进口管理办法》第二十六条：买卖、出租、出借《进口兽药通关单》的，按照《兽药管理条例》第五十八条的规定处罚。3.《兽药产品批准文号管理办法》第二十六条：买卖、出租、出借兽药产品批准文号的，按照《兽药管理条例》第五十八条规定处罚。			

续表

序号	事项名称	职权类型	实施依据	实施主体（法定实施主体）	实施主体（第一责任层级建议）
94	对研制新兽药不具备规定的条件擅自使用一类病原微生物或者在实验室阶段未经批准的行政处罚	行政处罚	《兽药管理条例》第五十九条第二款：违反本条例规定，研制新兽药不具备规定的条件擅自使用一类病原微生物或者在实验室阶段未经批准的，责令其停止实验，并处5万元以上10万元以下罚款；给他人造成损失的，依法承担赔偿责任。构成犯罪的，依法追究刑事责任。第七十条第一款：本条例规定的行政处罚由县级以上人民政府兽医行政管理部门决定；其中吊销兽药生产许可证、经营许可证，兽药经营许可证或者责令停止兽药研究试验的，由发证、批准、备案部门决定。	农业农村主管部门	设区的市或县级
95	对兽药的标签和说明书未经批准；兽药包装上未附有标签和说明书或者标签和说明书与批准的内容不一致的行政处罚	行政处罚	1.《兽药管理条例》第六十条：违反本条例规定，按照生产、经营假兽药处罚；有兽药产品批准文号的，撤销兽药产品批准文号；情节严重的，依法承担赔偿责任。兽药包装上未附有标签和说明书，或者标签和说明书与批准的内容不一致的，责令其限期改正，逾期不改正的，撤销兽药批准证明文件或者责令停止兽药研究试验的，由发证、批准、备案部门决定。 2.《兽用处方药和非处方药管理办法》第十条第一款：违反本办法第四条规定的，依照前款规定处罚。 3.《兽药标签和说明书管理办法》第二十三条：凡违反本办法规定的，按照《兽药管理条例》有关规定，依照《兽药管理条例》第六十条第二款进行处罚。未按要求使用电子追溯码的，按照《兽药管理条例》第六十条第二款进行处罚。	农业农村主管部门	设区的市或县级
96	对境外企业在中国直接销售兽药的行政处罚	行政处罚	《兽药管理条例》第六十一条：违反本条例规定，境外企业在中国直接销售兽药的，责令其限期改正，没收直接销售的兽药和违法所得，并处5万元以上10万元以下罚款；情节严重的，吊销进口兽药注册证书；给他人造成损失的，依法承担赔偿责任。	农业农村主管部门	设区的市或县级

续表

序号	事项名称	职权类型	实施依据	实施主体(法定实施主体)	第一责任层级建议
97	对未按照国家有关兽药安全使用规定使用兽药的动物及其产品用于食品消费等行为的行政处罚	行政处罚	《兽药管理条例》第七十二条：违反本条例规定，或者使用记录不完整的，未按照国家有关兽药安全使用规定使用兽药的，或者将人用药品用于动物的，责令其立即改正，并对饲喂了违禁药物和其他化合物的动物用其产品进行无害化处理；给他人造成损失的，依法承担赔偿责任。对违法单位处1万元以上5万元以下罚款。第七十条第一款：本条例规定的行政处罚由县级以上人民政府兽医行政管理部门决定；其中吊销兽药生产许可证、兽药经营许可证、撤销兽药批准证明文件或者责令停止兽药研究试验的，由发证、批准、备案部门决定。	农业农村主管部门	设区的市或县级
98	对进入批发、零售市场或者生产加工企业，销售尚在用药期、休药期内的动物及其产品用于食品消费等行为的行政处罚	行政处罚	《兽药管理条例》第七十三条：违反本条例规定，销售尚在用药期、休药期内的动物及其产品用于食品消费的，或者销售含有违禁药物和兽药残留超标的动物产品用于食品消费的，责令其进行无害化处理，没收违法所得，并处3万元以上10万元以下罚款；构成犯罪的，依法追究刑事责任；给他人造成损失的，依法承担赔偿责任。第七十条第一款：本条例规定的行政处罚由县级以上人民政府兽医行政管理部门决定；其中吊销兽药生产许可证、兽药经营许可证、撤销兽药批准证明文件或者责令停止兽药研究试验的，由发证、批准、备案部门决定。	农业农村主管部门	设区的市或县级
99	对擅自转移、使用、销毁或者销毁查封扣押的兽药及有关材料的行政处罚	行政处罚	《兽药管理条例》第七十四条：违反本条例规定，擅自转移、使用、销毁、销毁查封扣押的兽药及有关材料的，责令其停止上述行为，给予警告，并处5万元以上10万元以下罚款。第七十条第一款：本条例规定的行政处罚由县级以上人民政府兽医行政管理部门决定；其中吊销兽药生产许可证、兽药经营许可证、撤销兽药批准证明文件或者责令停止兽药研究试验的，由发证、批准、备案部门决定。	农业农村主管部门	设区的市或县级

十四、行政执法事项指导目录 841

续表

序号	事项名称	职权类型	实 施 依 据	实施主体（法定实施主体）	第一责任层级建议
100	对兽药生产企业、经营企业、兽药使用单位和开具处方的兽医人员不按规定报告兽药严重不良反应等行为的行政处罚	行政处罚	《兽药管理条例》第六十五条：违反本条例规定，兽药生产企业、经营企业、兽药使用单位和开具处方的兽医发现可能与兽药使用有关的严重不良反应，不向所在地人民政府兽医行政管理部门报告的，给予警告，并处5000元以上1万元以下罚款。生产企业在新兽药监测期内不收集或者不及时报送该新兽药的疗效、不良反应等资料的，责令其限期改正，并处1万元以上5万元以下罚款；情节严重的，撤销该新兽药的产品批准文号。第七十条第一款：本条例规定的行政处罚由县级以上人民政府兽医行政管理部门决定；其中吊销兽药生产许可证、兽药经营许可证，撤销兽药批准证明文件或者责令停止兽药研究试验的，由发证、批准、备案部门决定。	农业农村主管部门	设区的市或县级
101	对未经兽医开具处方销售、购买、使用兽用处方药的行政处罚	行政处罚	《兽药管理条例》第六十六条：违反本条例规定，未经兽医开具处方销售、购买、使用兽用处方药的，责令其限期改正，没收违法所得，并处5万元以下罚款。第七十条第一款：本条例规定的行政处罚由县级以上人民政府兽医行政管理部门决定；其中吊销兽药生产许可证、兽药经营许可证，撤销兽药批准证明文件或者责令停止兽药研究试验的，由发证、批准、备案部门决定。给他人造成损失的，依法承担赔偿责任。	农业农村主管部门	设区的市或县级
102	对兽药生产企业、经营企业把原料药销售给兽药生产企业以外的单位和个人等行为的行政处罚	行政处罚	《兽药管理条例》第六十七条：违反本条例规定，兽药生产、经营企业把原料药销售给兽药生产企业以外的单位和个人的，或者兽药经营企业拆零销售原料药的，责令其限立即改正，给予警告，没收违法所得，并处2万元以上5万元以下罚款；情节严重的，吊销兽药经营许可证。给他人造成损失的，依法承担赔偿责任。第七十条第一款：本条例规定的行政处罚由县级以上人民政府兽医行政管理部门决定；其中吊销兽药生产许可证、兽药经营许可证，撤销兽药批准证明文件或者责令停止兽药研究试验的，由发证、批准、备案部门决定。	农业农村主管部门	设区的市或县级

续表

序号	事项名称	职权类型	实施依据	实施主体	
				法定实施主体	第一责任层级建议
103	对直接将饲料药物添加剂添加到饲料及动物饮用水中或者饲喂动物的行政处罚	行政处罚	《兽药管理条例》 第六十八条：违反本条例规定，在饲料和动物饮用水中添加激素类药品和国务院兽医行政管理部门规定的其他禁用药品，依照《饲料和饲料添加剂管理条例》的有关规定处罚；直接将原料药添加到饲料及动物饮用水中，或者饲喂动物的，责令其立即改正，并处1万元以上3万元以下罚款；给他人造成损失的，依法承担赔偿责任。 第七十条第一款：本条例规定的行政处罚由县级以上人民政府兽医行政管理部门决定；其中吊销兽药生产许可证、兽药经营许可证，撤销兽药批准证明文件或者责令停止兽药研究试验的，由发证、批准、备案部门决定。	农业农村主管部门	设区的市或县级
104	对抽查检验连续2次不合格等行为的行政处罚	行政处罚	1.《兽药管理条例》 第六十九条：有下列情形之一的，撤销兽药的产品批准文号或者吊销进口兽药注册证书：（一）抽查检验连续2次不合格的；（二）药效不确定、不良反应大以及可能对养殖业、人体健康造成危害或者存在潜在风险的；（三）国务院兽医行政管理部门禁止生产、经营和使用的兽药。 被撤销产品批准文号或者被吊销进口兽药注册证书的兽药，不得继续生产、进口、经营和使用；已经生产、进口的，由所在地兽医行政管理部门监督销毁，所需费用由违法行为人承担；给他人造成损失的，依法承担赔偿责任。 第七十条第一款：本条例规定的行政处罚由县级以上人民政府兽医行政管理部门决定；其中吊销兽药生产许可证、兽药经营许可证，撤销兽药批准证明文件或者责令停止兽药研究试验的，由发证、批准、备案部门决定。 2.《兽药产品批准文号管理办法》 第二十八条：撤销兽药产品批准文号：（一）改变组方添加其他成分的；（二）除生物制品以及未规定的规定中药类产品外，主要成分含量在兽药国家标准150%以上，或主要成分含量在兽药国家标准120%以上且累计2批次以上的；（三）主要成分含量在兽药国家标准50%以下，或主要成分含量在兽药国家标准80%以下且累计2批次以上的；（四）其他药效不确定、不良反应大以及可能对养殖业、人体健康造成危害或存在潜在风险的情形。	农业农村主管部门	国务院主管部门

续表

序号	事项名称	职权类型	实施依据	实施主体 法定实施主体	实施主体 第一责任层级建议
105	对三级、四级实验室未经批准从事某种高致病性病原微生物或者疑似高致病性病原微生物实验活动的行政处罚	行政处罚	《病原微生物实验室生物安全管理条例》第五十六条:三级、四级实验室未经批准从事某种高致病性病原微生物或者疑似高致病性病原微生物实验活动的,由县级以上地方人民政府卫生主管部门、兽医主管部门依照各自职责,责令停止有关活动,监督其将用于实验活动的病原微生物销毁或者送交保藏机构,并给予警告;造成传染病传播、流行或者其他严重后果的,由实验室的设立单位对主要负责人、直接负责的主管人员和其他直接责任人员,依法给予撤职、开除的处分;构成犯罪的,依法追究刑事责任。	农业农村主管部门	设区的市或县级
106	对不符合相应生物安全要求的实验室从事病原微生物相关实验活动的行政处罚	行政处罚	《病原微生物实验室生物安全管理条例》第五十九条:违反本条例规定,在不符合相应生物安全要求的实验室从事病原微生物相关实验活动的,由县级以上地方人民政府卫生主管部门、兽医主管部门依照各自职责,责令停止有关活动,监督其将用于实验活动的病原微生物销毁或者送交保藏机构,并给予警告;造成传染病传播、流行或者其他严重后果的,由实验室的设立单位对主要负责人、直接负责的主管人员和其他直接责任人员,依法给予撤职、开除的处分;构成犯罪的,依法追究刑事责任。	农业农村主管部门	设区的市或县级
107	对病原微生物实验室日常管理违反实验室管理规范和要求的行政处罚	行政处罚	《病原微生物实验室生物安全管理条例》第六十条:实验室有下列行为之一的,由县级以上地方人民政府卫生主管部门、兽医主管部门依照各自职责,责令限期改正,给予警告;逾期不改正的,由实验室的设立单位对主要负责人、直接负责的主管人员和其他直接责任人员,依法给予撤职、开除的处分;有许可证件的,并由原发证部门吊销有关许可证件:(一)未依照规定在实验室明显位置标示生物危险标识和生物安全实验室级别标志的;(二)未向原批准部门报告实验活动结果以及工作情况的;(三)未详细记录实验室日常活动和安全监督情况,或者对记录和有关档案的保存未达到规定要求的;(四)新建、改建、扩建一级、二级实验室未依照规定备案的;(五)未依照批准或者备案的内容从事实验活动的;(六)实验室工作人员未遵守实验室生物安全操作规程的;(七)未依照规定建立或者保存实验档案的;(八)未依照规定制订实验室感染应急处置预案并备案的。	农业农村主管部门	设区的市或县级

续表

序号	事项名称	职权类型	实施依据	实施主体（法定实施主体）	实施主体（第一责任层级建议）
108	对未建立健全安全保卫制度，或者未采取安全保卫措施的设立单位的行政处罚	行政处罚	《病原微生物实验室生物安全管理条例》第六十一条：经依法批准从事高致病性病原微生物相关实验活动的实验室的设立单位未建立健全安全保卫制度，或者未采取安全保卫措施的，由县级以上地方人民政府卫生主管部门、兽医主管部门依照各自职责，责令限期改正；逾期不改正，导致高致病性病原微生物菌（毒）种、样本被盗、被抢或者造成其他严重后果的，责令停止该实验室从事高致病性病原微生物实验活动，该实验室设立单位的主管部门2年内不得申请该项实验活动；该实验室设立单位的直接负责的主管人员和其他直接责任人员，依法给予降级、撤职、开除的处分；构成犯罪的，依法追究刑事责任。	农业农村主管部门	设区的市或县级
109	对经批准运输高致病性病原微生物菌（毒）种或者样本等行为导致高致病性病原微生物菌（毒）种、样本被盗、被抢、丢失、泄露的行政处罚	行政处罚	《病原微生物实验室生物安全管理条例》第六十二条：未经批准运输高致病性病原微生物菌（毒）种或者样本，或者承运单位经批准运输高致病性病原微生物菌（毒）种或者样本未履行保护义务，导致高致病性病原微生物菌（毒）种、样本被盗、被抢、丢失、泄漏的，由县级以上人民政府卫生主管部门、兽医主管部门，给予警告；造成传染病传播、流行或者其他严重后果的，对负有责任的主管人员和其他直接责任人员，依照各自职责，由其所在单位或者上级主管机关给予降级、撤职、开除的处分；有关主要负责人应当引咎辞职；构成犯罪的，依法追究刑事责任。	农业农村主管部门	设区的市或县级
110	对实验室在相关实验活动结束后，未依照规定及时将病原微生物菌（毒）种和样本销毁或者送交保藏机构保管等行为的行政处罚	行政处罚	《病原微生物实验室生物安全管理条例》第六十三条：有下列行为之一的，由实验室所在地的设区的市级以上地方人民政府卫生主管部门、兽医主管部门责令立即停止违法活动，责令其有关单位对有关人员依法给予处分，有违法所得的，没收违法所得；对违反有关药品管理、兽医管理规定的，由县级以上人民政府药品监督管理部门、兽医主管部门依照有关法律、行政法规的规定给予处罚；构成犯罪的，依法追究刑事责任：（一）实验室在相关实验活动结束后，未依照规定及时将病原微生物菌（毒）种和样本就地销毁或者送交保藏机构保管的；（二）实验室使用新技术、新方法从事高致病性病原微生物相关实验活动未	农业农村主管部门	设区的市

续表

序号	事项名称	职权类型	实 施 依 据	实施主体 法定实施主体	实施主体 第一责任层级建议
111	对感染临床症状或者症状等情形未依照规定报告或者未依照规定采取控制措施的行政处罚	行政处罚	经国家病原微生物实验室生物安全专家委员会论证的；(三)未经批准擅自从事在我国尚未发现或者已经宣布消灭的病原微生物相关实验活动的；(四)在未经指定的专业实验室从事在我国尚未发现或者已经宣布消灭的病原微生物相关实验活动的；(五)在同一个实验室的相关实验活动的。《病原微生物实验室生物安全管理条例》第六十五条：实验室工作人员出现该高致病性病原体感染临床症状或者体征，以及实验室发生高致病性病原微生物泄漏时，负责实验室感染控制的专门机构或者人员未依照规定报告，或者未依照规定采取控制措施的，由县级以上地方人民政府卫生主管部门、兽医主管部门依照各自职责，责令限期改正，给予警告；造成传染病传播、流行或者其他严重后果的，由其负责人、直接负责的主管人员和其他直接责任人员，依法给予撤职、开除的处分；有许可证件的，吊销有关证件；构成犯罪的，依法追究刑事责任。	农业农村主管部门	设区的市或县级
112	对拒绝接受兽医主管部门依法开展有关高致病性病原微生物扩散的调查取证、采集样品等活动或者未依照规定采取有关预防、控制措施的行政处罚	行政处罚	《病原微生物实验室生物安全管理条例》第六十六条：拒绝接受卫生主管部门、兽医主管部门依照本条例规定开展有关高致病性病原微生物扩散的调查取证、采集样品等活动或者未依照规定采取有关预防、控制措施的，由县级以上人民政府卫生主管部门、兽医主管部门依照各自职责，责令改正，给予警告；造成传染病传播、流行以及其他严重后果的，由实验室的设立单位对主要负责人、直接负责的主管人员和其他直接责任人员，依法给予降级、撤职、开除的处分；构成犯罪的，依法追究刑事责任。	农业农村主管部门	设区的市或县级
113	对发生病原微生物被盗、被抢、丢失、泄漏，承运单位、保藏机构和实验室的设立单位未依照规定报告的行政处罚	行政处罚	《病原微生物实验室生物安全管理条例》第六十七条：发生病原微生物被盗、被抢、丢失、泄漏，承运单位、保藏机构和实验室的设立单位未依照本条例的规定报告的，由所在地的县级人民政府卫生主管部门或者兽医主管部门给予警告；造成传染病传播、流行或者其他严重后果的，由实验室的设立单位的上级主管部门对主要负责人、直接负责的主管人员和其他直接责任人员，依法给予撤职、开除的处分；构成犯罪的，依法追究刑事责任。	农业农村主管部门	县级

续表

序号	事项名称	职权类型	实施依据	实施主体（法定实施主体）	第一责任层级建议
114	对保藏机构未依照规定储存实验室送交的菌（毒）种和样本，或者未依照规定提供菌（毒）种和样本的行政处罚	行政处罚	《病原微生物实验室生物安全管理条例》第十四条第一款：国务院卫生主管部门或者兽医主管部门指定的菌（毒）种保藏中心或者专业实验室（以下称保藏机构），承担集中储存病原微生物菌（毒）种和样本的任务。第六十八条：保藏机构未依照规定提供菌（毒）种和样本的，或者未依照规定提供菌（毒）种和样本的，由其指定部门责令限期改正，收回违法提供的菌（毒）种和样本，并给予警告；造成传染病传播、流行或者其他严重后果的，由其所在单位或者其上级主管部门对主要负责人、直接负责的主管人员和其他直接责任人员，依法给予撤职、开除的处分；构成犯罪的，依法追究刑事责任。	农业农村主管部门	国务院主管部门
115	对违反规定保藏或者提供菌（毒）种或者样本的行政处罚	行政处罚	《动物病原微生物菌（毒）种保藏管理办法》第三十二条：违反本办法规定，保藏或者提供菌（毒）种或者将菌（毒）种和样本销毁或者送交保藏机构，拒不销毁或者送交的，由县级以上地方人民政府兽医主管部门责令改正，对单位处一万元以上三万元以下罚款，对个人处五百元以上一千元以下罚款。	农业农村主管部门	设区的市或县级
116	对未及时向保藏机构提供菌（毒）种或者样本的行政处罚	行政处罚	《动物病原微生物菌（毒）种保藏管理办法》第三十三条：违反本办法规定，未及时向保藏机构提供菌（毒）种或者样本的，由县级以上地方人民政府兽医主管部门责令改正，对单位处一万元以上三万元以下罚款，对个人处五百元以上一千元以下罚款。	农业农村主管部门	设区的市或县级
117	对未经批准，从国外引进或者向国外提供菌（毒）种或者样本的行政处罚	行政处罚	《动物病原微生物菌（毒）种保藏管理办法》第三十四条：违反本办法规定，未经农业部批准，从国外引进或者向国外提供菌（毒）种或者样本的，由县级以上地方人民政府兽医主管部门责令改正或者销毁菌（毒）种或者送交保藏机构，对单位处一万元以上三万元以下罚款，对个人处五百元以上一千元以下罚款。	农业农村主管部门	设区的市或县级
118	对经营动物和动物产品的集贸市场不符合动物防疫条件的行政处罚	行政处罚	《动物防疫条件审查办法》第三十七条：违反本办法第二十四条和第二十五条规定，经营动物和动物产品的集贸市场不符合动物防疫条件的，由动物卫生监督管理机构责令改正，拒不改正的，由动物卫生监督管理机构处五千元以上两万元以下的罚款，并通报同级工商行政管理部门依法处理。	农业农村主管部门	设区的市或县级

十四、行政执法事项指导目录 847

续表

序号	事项名称	职权类型	实施依据	实施主体（法定实施主体）	实施主体（第一责任层级建议）
119	对使用转让、伪造或变造《动物防疫条件合格证》的行政处罚	行政处罚	1.《中华人民共和国动物防疫法》第七十七条：违反本法规定，有下列行为之一的，由动物卫生监督机构责令改正，处一千元以上一万元以下罚款；情节严重的，处一万元以上十万元以下罚款：（一）兴办动物饲养场（养殖小区）隔离场所，动物屠宰加工场所，无害化处理场所，未取得动物防疫条件合格证的；（二）未办理审批手续，跨省、自治区、直辖市引进乳用、种用动物，动物精液、胚胎、种蛋的；（三）未经检疫，向无规定动物疫病区输入动物、动物产品的。2.《动物防疫法第二款：使用转让、伪造或者变造《动物防疫条件合格证》的，由动物卫生监督机构按照《中华人民共和国动物防疫法》第七十七条规定予以处罚。	农业农村主管部门	设区的市或县级
120	对跨省、自治区、直辖市引进用于饲养的非乳用、非种用动物和水产苗种到达目的地后，未向所在地动物卫生监督机构报告的行政处罚	行政处罚	《动物检疫管理办法》第四十八条：违反本办法第十九条、第三十一条规定，跨省、自治区、直辖市引进用于饲养的非乳用、非种用动物和水产苗种到达目的地后，未向所在地动物卫生监督机构报告的，由动物卫生监督机构处五百元以上二千元以下罚款。	农业农村主管部门	设区的市或县级
121	对跨省、自治区、直辖市引进用的乳用、种用动物到达输入地后，未按规定进行隔离观察的行政处罚	行政处罚	《动物检疫管理办法》第四十九条：违反本办法第二十条规定，跨省、自治区、直辖市引进用的乳用、种用动物到达输入地后，未按规定进行隔离观察的，由动物卫生监督机构责令改正，处一千元以上一万元以下罚款。	农业农村主管部门	设区的市或县级
122	对未经兽医执业注册从事动物诊疗活动的行政处罚	行政处罚	《中华人民共和国动物防疫法》第八十二条第一款：违反本法规定，未经兽医执业注册从事动物诊疗活动的，由动物卫生监督机构责令停止动物诊疗活动，没收违法所得，并处一千元以上一万元以下罚款。	农业农村主管部门	设区的市或县级

序号	事项名称	职权类型	实 施 依 据	法定实施主体	第一责任层级建议
123	对不使用病历，或者应当开具处方未开具处方的执业兽医师等行为的行政处罚	行政处罚	《执业兽医管理办法》第四条第三款：县级以上地方人民政府设立的动物卫生监督机构负责执业兽医的监督执法工作。第三十五条：执业兽医师在动物诊疗活动中有下列情形之一的，由动物卫生监督机构给予警告，责令限期改正；拒不改正或者再次出现同类违法行为的，处1000元以下罚款：(一)不使用病历，或者应当开具处方未开具处方的；(二)使用不规范的处方笺、病历册，或者未在处方笺、病历册上签名的；(三)未经亲自诊断、治疗，开具处方、填写诊断书，出具有关证明文件的；(四)伪造诊断结果、出具虚假证明文件的。	农业农村主管部门	设区的市或县级
124	对变更机构名称或者法定代表人未办理变更手续的动物诊疗机构等行为的行政处罚	行政处罚	《动物诊疗机构管理办法》第三十二条：违反本办法规定，动物诊疗机构有下列情形之一的，由动物卫生监督机构给予警告，责令限期改正；拒不改正或者再次出现同类违法行为的，处以一千元以下罚款。(一)变更机构名称或者法定代表人未办理动物诊疗许可证或者公示从业人员基本情况的；(二)未在诊疗场所悬挂动物诊疗许可证或者公示从业人员基本情况的；(三)不使用病历，或者应当开具处方未开具处方的；(四)使用不规范的病历、处方笺的。	农业农村主管部门	设区的市或县级
125	对将因试验死亡的临床试验用食用动物及其产品作为食品供人消费并超过休药期证明的行政处罚	行政处罚	1.《兽药管理条例》第六十三条第二款：违反本条例规定，销售尚在用药期、休药期内的动物及其产品用于食品消费的，责令其对含有违禁兽药和兽药残留超标的动物产品进行无害化处理，没收违法所得，并处3万元以上10万元以下罚款；构成犯罪的，依法追究刑事责任；给他人造成损失的，依法承担赔偿责任。2.《新兽药研制管理办法》第十七条第二款：因试验死亡的临床试验用食用动物及其产品不得作为动物性食品供人消费，应当作无害化处理；临床试验用食用动物及其产品供人消费的，应当符合《兽药非临床评价实验室研究质量管理规范》要求提供临床符合的对人安全并超过休药期的证明。第二十五条：违反本办法第十七条第二款规定，依照《兽药管理条例》第六十三条的规定予以处罚。	农业农村主管部门	设区的市或县级

续表

序号	事项名称	职权类型	实 施 依 据	实施主体 法定实施主体	第一责任 层级建议
126	对使用炸鱼、毒鱼、电鱼等破坏渔业资源方法进行捕捞等行为的行政处罚	行政处罚	《中华人民共和国渔业法》 第三十八条第一款：使用炸鱼、毒鱼、电鱼等破坏渔业资源方法进行捕捞的，违反关于禁渔区、禁渔期的规定进行捕捞的，或者使用禁用的渔具、捕捞方法和小于最小网目尺寸的网具进行捕捞或渔获物中幼鱼超过规定比例的，没收渔获物和违法所得，处五万元以下的罚款；情节严重的，没收渔具，吊销捕捞许可证；情节特别严重的，可以没收渔船；构成犯罪的，依法追究刑事责任。 第四十八条第一款：本法规定的行政处罚，由县级以上人民政府渔业行政主管部门或者其所属的渔政监督管理机构决定。但是，本法已对处罚机关作出规定的除外。	农业农村主管部门	设区的市或县级（特殊区域为省级）注：特殊区域是指《渔业法》第七条第三款规定的跨行政区划的江河、湖泊等水域。
127	对制造、销售禁用的渔具行为的行政处罚	行政处罚	《中华人民共和国渔业法》 第三十八条第三款：制造、销售禁用的渔具的，没收非法制造、销售的渔具和违法所得，并处一万元以下的罚款。 第四十八条第一款：本法规定的行政处罚，由县级以上人民政府渔业行政主管部门或者其所属的渔政监督管理机构决定。但是，本法已对处罚机关作出规定的除外。	农业农村主管部门	设区的市或县级（特殊区域为省级）
128	对偷捕、抢夺他人养殖的水产品的，或者破坏他人养殖水体、养殖设施的行政处罚	行政处罚	《中华人民共和国渔业法》 第三十九条：偷捕、抢夺他人养殖的水产品的，或者破坏他人养殖水体、养殖设施的，依法承担赔偿责任；造成他人损失的，由县级以上人民政府渔业行政主管部门或者其所属的渔政监督管理机构决定，可以处二万元以下的罚款；构成犯罪的，依法追究刑事责任。 第四十八条第一款：本法规定的行政处罚，由县级以上人民政府渔业行政主管部门或者其所属的渔政监督管理机构决定。但是，本法已对处罚机关作出规定的除外。	农业农村主管部门	设区的市或县级（特殊区域为省级）
129	对使用全民所有的水域、滩涂从事养殖生产，无正当理由使水域、滩涂荒芜满一年的行政处罚	行政处罚	《中华人民共和国渔业法》 第四十条第一款：使用全民所有的水域、滩涂从事养殖生产，无正当理由使水域、滩涂荒芜满一年的，由发放养殖证的机关责令限期开发利用；逾期未开发利用的，吊销养殖证，可以并处一万	农业农村主管部门	设区的市或县级（特殊区域

续表

序号	事项名称	职权类型	实 施 依 据	实施主体 法定实施主体	实施主体 第一责任层级建议
	域、滩涂荒芜满一年行为的行政处罚		元以下的罚款。 第四十八条第一款：本法规定的行政处罚，由县级以上人民政府渔业行政主管部门或者其所属的渔政监督管理机构作出规定。但是，本法已对处罚机关作出规定的除外。		为省级
130	对未依法取得养殖证或者超越养殖证许可范围在全民所有水域从事养殖生产，妨碍航运、行洪的，责令限期拆除养殖设施，妨碍的行为的行政处罚	行政处罚	《中华人民共和国渔业法》 第四十条第三款：未依法取得养殖证或者超越养殖证许可范围在全民所有水域从事养殖生产，妨碍航运、行洪的，责令限期拆除养殖设施，可以并处一万元以下的罚款。 第四十八条第一款：本法规定的行政处罚，由县级以上人民政府渔业行政主管部门或者其所属的渔政监督管理机构作出规定。但是，本法已对处罚机关作出规定的除外。	农业农村主管部门	设区的市或县级（特殊区域为省级）
131	对未依法取得捕捞许可证擅自进行捕捞行为的行政处罚	行政处罚	《中华人民共和国渔业法》 第四十一条：未依法取得捕捞许可证擅自进行捕捞的，没收渔获物和违法所得，并处十万元以下的罚款；情节严重的，并可以没收渔具和渔船。 第四十八条第一款：本法规定的行政处罚，由县级以上人民政府渔业行政主管部门或者其所属的渔政监督管理机构作出规定。但是，本法已对处罚机关作出规定的除外。	农业农村主管部门	设区的市或县级（特殊区域为省级）
132	对违反捕捞许可证关于作业类型、场所、时限和渔具数量的规定进行捕捞的行政处罚	行政处罚	《中华人民共和国渔业法》 第四十二条：违反捕捞许可证关于作业类型、场所、时限和渔具数量的规定进行捕捞的，没收渔获物和违法所得，可以并处五万元以下的罚款；情节严重的，并可以没收渔具，吊销捕捞许可证。 第四十八条第一款：本法规定的行政处罚，由县级以上人民政府渔业行政主管部门或者其所属的渔政监督管理机构作出规定。但是，本法已对处罚机关作出规定的除外。	农业农村主管部门	设区的市或县级（特殊区域为省级）
133	对涂改、买卖、出租或者以其他形式转让捕捞许可证的行政处罚	行政处罚	《中华人民共和国渔业法》 第四十三条：涂改、买卖、出租或者以其他形式转让捕捞许可证，没收违法所得，吊销捕捞许可证，可以并处一万元以下的罚款；伪造、变造、买卖捕捞许可证，构成犯罪的，依法追究刑事责任。 第四十八条第一款：本法规定的行政处罚，由县级以上人民政府渔业行政主管部门或者其所属的渔政监督管理机构作出规定。但是，本法已对处罚机关作出规定的除外。	农业农村主管部门	设区的市或县级（特殊区域为省级）

续表

序号	事项名称	职权类型	实施依据	实施主体（法定实施主体）	第一责任层级建议
134	对非法生产、进口、出口水产苗种的行政处罚	行政处罚	《中华人民共和国渔业法》第四十四条第一款：非法生产、进口、出口水产苗种的，由县级以上人民政府渔业行政主管部门或者其所属的渔政监督管理机构处五万元以下的罚款。第四十八条第一款：本法规定的行政处罚，但是，本法已对处罚机关作出规定的除外。	农业农村主管部门	设区的市或县级（特殊区域为省级）
135	对经营未经审定的水产苗种行为的行政处罚	行政处罚	《中华人民共和国渔业法》第四十四条第二款：经营未经审定的水产苗种的，由县级以上人民政府渔业行政主管部门或者其所属的渔政监督管理机构，责令立即停止经营，没收违法所得，可以并处五万元以下的罚款。第四十八条第一款：本法规定的行政处罚，但是，本法已对处罚机关作出规定的除外。	农业农村主管部门	设区的市或县级（特殊区域为省级）
136	对未经批准在水产种质资源保护区内从事捕捞活动行为的行政处罚	行政处罚	《中华人民共和国渔业法》第四十五条：未经批准在水产种质资源保护区内从事捕捞活动的，由县级以上人民政府渔业行政主管部门或者其所属的渔政监督管理机构，责令立即停止捕捞活动，没收渔获物和渔具，可以并处一万元以下的罚款。第四十八条第一款：本法规定的行政处罚，但是，本法已对处罚机关作出规定的除外。	农业农村主管部门	设区的市或县级（特殊区域为省级）
137	对外国人、外国渔船擅自进入中华人民共和国管辖水域从事渔业生产和渔业资源调查活动行为的行政处罚	行政处罚	《中华人民共和国渔业法》第八条第一款：外国人、外国渔船船舶进入中华人民共和国管辖水域，从事渔业生产或者渔业资源调查活动，必须经国务院有关主管部门批准，并遵守本法和中华人民共和国其他有关法律、法规的规定；同中华人民共和国订有条约、协定的，按照条约、协定办理。第四十六条：外国人、外国渔船违反本法规定，擅自进入中华人民共和国管辖水域从事渔业生产和渔业资源调查活动的，责令其离开或者将其驱逐，可以没收渔获物、渔具，并处五十万元以下的罚款；情节严重的，可以没收渔船；构成犯罪的，依法追究刑事责任。第四十八条第一款：本法规定的行政处罚，由县级以上人民政府渔业行政主管部门或者其所属的渔政监督管理机构作出规定的除外。	农业农村主管部门	省级

续表

序号	事项名称	职权类型	实 施 依 据	实施主体 法定实施主体	实施主体 第一责任层级建议
138	对船舶进出渔港依照规定应当向渔政渔港监督管理机关报告而未报告或者在渔港内不服从渔政渔港监督管理机关对水域交通安全秩序管理的行为的行政处罚	行政处罚	《中华人民共和国渔港水域交通安全管理条例》第二十条：船舶进出渔港依照规定应当向渔政渔港监督管理机关报告而未报告的，或者在渔港内不服从渔政渔港监督管理机关对水域交通安全秩序管理的，由渔政渔港监督管理机关责令改正，可以并处警告，罚款；情节严重的，扣留或者吊销船长职务证书(扣留职务证书时间最长不超过6个月，下同)。	农业农村主管部门	设区的市或县级
139	对经渔政渔港监督管理机关未批准或者未按照批准文件的规定，在渔港内装卸易燃、易爆、有毒等危险货物等行为的行政处罚	行政处罚	1.《中华人民共和国渔港水域交通安全管理条例》第二十一条：违反本条例规定，有下列行为之一的，由渔政渔港监督管理机关责令停止违法行为，可以并处警告，罚款；造成损失的，应当承担赔偿责任；对直接责任人员其所在单位给予上级主管机关给予行政处分：(一)未经渔政渔港监督管理机关批准或者未按照批准文件的规定，在渔港内装卸易燃、易爆、有毒等危险货物的；(二)未经渔政渔港监督管理机关批准或者未按照批准文件的规定，在渔港内施工作业、水下施工作业的；(三)在渔港内的航道、港池、锚地和停泊区从事各种捕捞、养殖等生产活动的。2.《中华人民共和国渔业港航监督行政处罚规定》第十条：有下列违反渔港监督管理规定行为之一的，渔政渔港监督管理机关应责令其停止作业，并对船长或直接责任人予以警告，并可处500元以上1000元以下罚款：(一)未经渔政渔港监督管理机关批准，在渔港内装卸货物的；(二)未经渔政渔港监督管理机关批准，在渔港内新建、改建、扩建各种设施、建筑物的；(三)在渔港内的航道、港池、锚地和停泊区从事有碍海上交通安全的捕捞、养殖等生产活动的。	农业农村主管部门	设区的市或县级
140	对停泊进行装卸作业以造成腐蚀、有毒或放射性等有害物质	行政处罚	《中华人民共和国渔业港航监督行政处罚规定》第三条：中华人民共和国渔政渔港监督管理机关(以下简称渔政渔港监督管理机关)依据本规定行使渔业港航监督行政处罚权。	农业农村主管部门	设区的市或县级

续表

序号	事项名称	职权类型	实施依据	实施主体 法定实施主体	实施主体 第一责任层级建议
	散落或溢漏、污染渔港或渔港水域等行为的行政处罚		第十一条：停泊或进行装卸作业时，有下列行为之一的，应责令船舶所有者或经营者支付消除污染所需的费用，并可处500元以上10000元以下罚款：（一）造成腐蚀、有毒或放射性等有害物质散落溢漏，污染渔港或渔港水域的；（二）排放油类或求渔港或渔港水域污染的。		
141	对水产养殖中违法用药等行为的行政处罚	行政处罚	《兽药管理条例》 第七十四条：水产养殖中违法使用兽药的，兽药残留检测和监督管理以及水产养殖过程中违法用药及其所属行政主管部门及其所属为渔政监督管理机构负责。	农业农村主管部门	设区的市或县级
142	对中外合资、中外合作经营的渔业企业未经国务院有关主管部门批准从事近海捕捞业的行为的行政处罚	行政处罚	1.《中华人民共和国渔业法》 第四十八条第一款：本法规定的行政处罚，由县级以上人民政府渔业行政主管部门或其所属的渔政监督管理机构决定。(但是，本法已对处罚机关作出规定的除外。) 2.《中华人民共和国渔业法实施细则》 第十六条：在中华人民共和国管辖水域，中外合资、中外合作，不得从事渔业。 第三十六条：中外合资、中外合作经营的渔业企业，违反本实施细则第十六条规定，没收渔获物和违法所得，可以并处3000至5万元罚款。	农业农村主管部门	设区的市或县级（特殊区域为省级）
143	对在鱼、虾、蟹、贝幼苗的重点产区直接引水、用水未采取避开幼苗的密集期、密集区或者设置网栅等保护措施行为的行政处罚	行政处罚	1.《中华人民共和国渔业法》 第四十八条第一款：本法规定的行政处罚，由县级以上人民政府渔业行政主管部门或其所属的渔政监督管理机构决定。(但是，本法已对处罚机关作出规定的除外。) 2.《中华人民共和国渔业法实施细则》 第二十六条：任何单位和个人，在鱼、虾、蟹、贝、幼苗的重点产区直接引水、用水的，应当采取避开幼苗的密集期、密集区，或者设置网栅等保护措施。 3.《渔业法实施细则》第十七条：违反《实施细则》第二十六条规定设置网栅或密集期、密集区直接引水、用水的，可处以一万元以下罚款。	农业农村主管部门	设区的市或县级（特殊区域为省级）

续表

序号	事项名称	职权类型	实 施 依 据	实施主体 法定实施主体	第一责任层级建议
144	对未持有船舶证书或者未配齐船员的行为的行政处罚	行政处罚	1.《中华人民共和国港口水域交通安全管理条例》第二十二条：违反本条例规定，未持有船舶证书或者未配齐船员的，由渔政渔港监督管理机关责令改正，可以并处罚款。 2.《中华人民共和国渔港航监督行政处罚规定》第十五条：已办理渔业船舶登记手续，但未按规定持有船舶国籍证书、船舶登记证书、船舶检验证书、船舶航行签证簿的，予以警告，责令改正，并可处200元以上1000元以下罚款。 第十六条：无有效的渔业船舶所有者或经营者处罚船2倍以下的罚款。 禁止其离港，并对船舶所有者或经营者处船舶登记证书（或船舶国籍证书）、船舶检验证书或船号罚：（一）伪造渔业船舶登记证书或船舶国籍证书的；（二）伪造渔业船舶登记证书（或船舶国籍证书）和检验证书、船舶所有权证书或船检合格证或检验证书（或船舶国籍证书）、擅自刷写船名、船号的；（三）伪造事实骗取渔业船舶登记证书或船舶国籍证书的；（四）冒用他船船名、船号或船舶证书的。 第十九条：使用过期渔业船舶登记证书或船舶国籍证书的，登记机关应通知船舶所有者限期改正，过期不改的，责令其停航，并对船舶所有者或经营者处1000元以上10000元以下罚款。 第二十二条：未按规定配齐职务船员，责令其限期改正，对船舶所有者或经营者并处200元以上1000元以下罚款。普通船员未取得专业训练合格证或基础训练合格证者基础训练合格证的，责令其限期改正，对船舶所有者或经营者并处1000元以下罚款。	农业农村主管部门	设区的市或县级
145	对渔港水域内未按规定标写船名、船号、船籍港，没有悬挂船名牌等行为的行政处罚	行政处罚	1.《中华人民共和国海上交通安全法》第四十八条：国家渔政渔港监督管理机构，在以渔业为主的渔港水域内，行使本法规定的主管机关的职权，负责交通安全的监督管理，并负责沿海渔船之间的交通事故的调查处理。具体实施办法由国务院另行规定。 2.《中华人民共和国渔业渔港监督行政处罚规定》第三条：中华人民共和国渔政渔港监督管理机关（以下简称渔政渔港监督管理机关）依据本规定行使渔业港航监督行政处罚权。 第二十条：有下列行为之一的，责令其限期改正，对船舶所有者或经营者处200元以上1000元	农业农村主管部门	设区的市或县级

续表

序号	事项名称	职权类型	实 施 依 据	实施主体（法定实施主体）	实施主体（第一责任层级建议）
146	对渔港水域内未按规定配备消防设备行为的行政处罚	行政处罚	以下罚款：（一）未按规定标写船名、船号，船籍港，没有悬挂船名船牌的；（二）在非紧急情况下，未经渔政渔港监督管理机关批准，滥用烟火信号的；（三）没有配备、不正确填写或污损、丢弃航海日志、轮机日志的。 1.《中华人民共和国海上交通安全法》第四十八条：国家渔政渔港监督管理机构，在以渔业为主的渔港水域内，行使本法规定的主管机关的职权，负责交通安全的监督管理，并负责沿海水域渔业船舶之间的交通事故的调查处理。具体实施办法由国务院另行规定。 2.《中华人民共和国渔港水域交通安全管理条例》第三条：中华人民共和国渔政渔港监督管理机关（以下简称渔政渔港监督管理机关）依据本规定行使渔港监督监督行政处罚职权。 第二十一条：未按规定配备救生、消防设备的，责令其在离港前改正，1000元以下罚款。	农业农村主管部门	设区的市或县级
147	对不执行渔政渔港监督管理机关作出的离港、停航、改航、停止作业等决定，或者在执行中违反上述决定的行为的行政处罚	行政处罚	1.《中华人民共和国渔港水域交通安全管理条例》第二十三条：违反本条例规定，不执行渔政渔港监督管理机关作出的离港、停航、改航、停止作业的决定，或者在执行中违反上述决定的，由渔政渔港监督管理机关责令改正，可以并处警告、罚款；情节严重的，扣留或者吊销船长职务证书。 2.《中华人民共和国渔港监督行政处罚规定》第二十四条：对拒不执行渔政渔港监督管理机关作出的离港、禁止离港、停航、改航、停止作业决定的船舶，可对船长或直接责任人并处 1000元以上10000元以下罚款，扣留或吊销船长职务证书。	农业农村主管部门	设区的市或县级
148	对因违规被扣留或吊销船员证书而谎报遗失，申请补发行为的行政处罚	行政处罚	《中华人民共和国渔港监督行政处罚规定》第二十六条：对因违规被扣留或吊销船员证书而谎报遗失，申请补发的，可对当事人或直接责任人处 200元以上1000元以下罚款。	农业农村主管部门	设区的市或县级

续表

序号	事项名称	职权类型	实施依据	实施主体 法定实施主体	第一责任层级建议
149	对船员证书持证人与证书所载内容不符行为的行政处罚	行政处罚	《中华人民共和国渔业港航监督行政处罚规定》第三条：中华人民共和国渔政渔港监督管理机关（以下简称渔政渔港监督管理机关）依据本规定行使渔政渔港航监督行政处罚权。第二十八条：船员证书持证人与证书所载内容不符的，应收缴所持证书，对当事人或直接责任人处50元以上200元以下罚款。	农业农村主管部门	设区的市或县级
150	对到期未办理证件审验的职务船员，责令其限期办理，逾期不办理的行政处罚	行政处罚	《中华人民共和国渔业港航监督行政处罚规定》第三条：中华人民共和国渔政渔港监督管理机关（以下简称渔政渔港监督管理机关）依据本规定行使渔政渔港航监督行政处罚权。第二十九条：到期未办理证件审验的职务船员，应责令其限期办理，逾期不办理，对当事人并处50元以上100元以下罚款。	农业农村主管部门	设区的市或县级
151	对未按规定时间向渔政渔港监督管理机关提交《海事报告书》等行为的行政处罚	行政处罚	《中华人民共和国渔业港航监督行政处罚规定》第三条：中华人民共和国渔政渔港监督管理机关（以下简称渔政渔港监督管理机关）依据本规定行使渔政渔港航监督行政处罚权。第三十三条：发生水上交通事故的船舶，有下列行为之一的，对船长处50元以上500元以下罚款：（一）未按规定时间向渔政渔港监督管理机构提交《海事报告书》的；（二）《海事报告书》内容不真实，影响海损事故的调查处理的。发生涉外海事，有上述情况的，从重处罚。	农业农村主管部门	设区的市或县级
152	对渔业船舶使用不符合标准或者要求的渔业船舶用燃油的行政处罚	行政处罚	《中华人民共和国大气污染防治法》第一百零六条：违反本法规定，使用不符合标准或者要求的船舶用燃油的，由海事管理机构、渔业主管部门按照职责处一万元以上十万元以下的罚款。	农业农村主管部门	设区的市或县级
153	对渔港水域内非军事船舶和水域外渔业船舶或者向渔业水域排	行政处罚	《中华人民共和国海洋环境保护法》第五条第四款：国家渔业主管部门负责渔港水域内非军事船舶和渔港水域外渔业船舶污染海洋环境的监督管理，负责保护渔业水域生态环境工作，并调查处理前款规定的污染事故以	农业农村主管部门	设区的市或县级（特殊区域

856　行政执法合规一本通

十四、行政执法事项指导目录 857

续表

序号	事项名称	职权类型	实施依据	实施主体（法定实施主体）	实施主体（第一责任层级建议）
	放本法禁止排放的污染物或者其他物质等行为的行政处罚		外的渔业污染事故。第七十三条：违反本法有关规定，有下列行为之一的，由依照本法规定行使海洋环境监督管理权的部门责令停止违法行为，限期改正或者责令采取治理措施，停产整治等措施，并处以罚款；拒不改正的，依法作出处罚决定的部门可以自责令改正之日的次日起，按照原罚款数额按日连续处罚；情节严重的，报经有批准权的人民政府批准，责令停业、关闭：（一）向海域排放本法禁止排放的污染物或者其他物质的；（二）不按照本法规定向海洋排放污染物，或者超过标准、总量控制指标排放污染物的；（四）因发生事故或者其他突发性事件，造成海洋环境污染事故，不立即采取处理措施的。有前款第（一）、（三）项行为之一的，处三万元以上二十万元以下的罚款；有前款第（二）、（四）项行为之一的，处二万元以上十万元以下的罚款。		为省级
154	对渔港水域内非军事船舶和渔业水域外渔业船舶或者渔业水域发生海洋污染事故或者其他突发性事件不按照规定报告行为的行政处罚	行政处罚	《中华人民共和国海洋环境保护法》第五条第四款：国家渔业行政主管部门负责渔港水域内非军事船舶和渔业水域外渔业船舶污染海洋环境的监督管理，负责保护渔业水域生态环境工作，并调查处理前款规定的污染事故。外的渔业污染事故。第七十四条：违反本法有关规定，有下列行为之一的，由依照本法规定行使海洋环境监督管理权的部门予以警告，或者处以罚款：（二）发生事故或者其他突发性事件不按规定报告的；处五万元以下的罚款。	农业农村主管部门	设区的市或县级（特殊区域为省级）
155	对渔港水域内非军事船舶和渔业水域外渔业船舶拒绝现场检查，或者在接受检查时弄虚作假行为的行政处罚	行政处罚	《中华人民共和国海洋环境保护法》第五条第四款：国家渔业行政主管部门负责渔港水域内非军事船舶和渔业水域外渔业船舶污染海洋环境的监督管理，负责保护渔业水域生态环境工作，并调查处理前款规定的污染事故。故检查者应当如实反映情况，提供必要的资料。被检查的单位和个人进行现场检查，有权对管辖范围内排放污染物的单位和个人进行现场检查。第十九条第二款：依照本法规定行使海洋环境监督管理权的部门，有权对管辖范围内排放污染物的单位和个人进行现场检查。第七十五条第二款：违反本法第十九条第二款的规定，拒绝现场检查，或者在被检查时弄虚作假的，由依照本法规定行使海洋环境监督管理权的部门予以警告，并处二万元以下的罚款。	农业农村主管部门	设区的市或县级（特殊区域为省级）

续表

序号	事项名称	职权类型	实施依据	实施主体（法定实施主体）	第一责任层级建议
156	对渔业船舶造成渔业水域生态系统及海洋水产资源、海洋保护区破坏行为的行政处罚	行政处罚	《中华人民共和国海洋环境保护法》第五条第四款：国家渔业行政主管部门负责渔港水域内非军事船舶和渔业水域外渔业船舶污染海洋环境的监督管理，负责保护渔业水域生态环境，并调查处理前款规定的污染事故以外的渔业污染事故。第七十六条：违反本法规定，造成珊瑚礁、红树林等海洋生态系统及海洋水产资源、海洋保护区破坏的，由依照本法规定行使海洋环境监督管理权的部门责令限期改正和采取补救措施，并处一万元以上十万元以下的罚款；有违法所得的，没收其违法所得。	农业农村主管部门	设区的市或县级（特殊区域为省级）
157	对渔业港口、码头、装卸站及对渔港水域内非军事船舶和渔业水域外渔业船舶水配备防污设施、器材等行为的行政处罚	行政处罚	《中华人民共和国海洋环境保护法》第五条第四款：国家渔业行政主管部门负责渔港水域内非军事船舶和渔业水域外渔业船舶污染海洋环境的监督管理，负责保护渔业水域生态环境，并调查处理前款规定的污染事故以外的渔业污染事故。第八十七条予以罚款，或者处以罚款，有下列行为之一的：（一）港口、码头、装卸站及船舶未配备防污设施、器材的；（二）船舶未持有防污证书、防污文书，或者不按照规定记载排污记录的；（三）从事水上水下施工作业、打捞和其他作业，造成海洋环境污染损害的；（四）船舶载运污运货物不具备防污运条件的。有前款第（一）、（四）项行为之一的，处二万元以上十万元以下的罚款；有前款第（二）、（三）项行为之一的，处五万元以上二十万元以下的罚款。	农业农村主管部门	设区的市或县级（特殊区域为省级）
158	对渔港水域内非军事船舶和渔业水域外渔业船舶、码头、装卸站不编制溢油应急计划行为的行政处罚	行政处罚	《中华人民共和国海洋环境保护法》第五条第四款：国家渔业行政主管部门负责渔港水域内非军事船舶和渔业水域外渔业船舶污染海洋环境的监督管理，负责保护渔业水域生态环境，并调查处理前款规定的污染事故以外的渔业污染事故。第八十八条：违反本法规定，船舶、石油平台和装卸油类的港口、码头、装卸站不编制溢油应急计划的，由依照本法规定行使海洋环境监督管理权的部门予以警告，或者责令限期改正。	农业农村主管部门	设区的市或县级（特殊区域为省级）

续表

序号	事项名称	职权类型	实施依据	实施主体（法定实施主体）	实施主体（第一责任层级建议）
159	对渔业船舶未配置相应的防污染设备和器材，或者未持有合法有效的防止水域环境污染的证书与文书行为的行政处罚	行政处罚	《中华人民共和国水污染防治法》第八十九条第一款：船舶未配置相应的防污染设备和器材，或者未持有合法有效的防止水域环境污染的证书与文书的，由海事管理机构、渔业主管部门按照职责分工责令限期改正，处二千元以上二万元以下的罚款；逾期不改正的，责令船舶临时停航。	农业农村主管部门	设区的市或县级（特殊区域为省级）
160	对渔业船舶进行涉及污染物排放的作业，未遵守操作规程或者未在相应的记录簿上如实记载行为的行政处罚	行政处罚	《中华人民共和国水污染防治法》第八十九条第二款：船舶进行涉及污染物排放的作业，未遵守操作规程或者未在相应的记录簿上如实记载的，由海事管理机构、渔业主管部门按照职责分工责令改正，处二千元以上二万元以下的罚款。	农业农村主管部门	设区的市或县级（特殊区域为省级）
161	对向渔业水域倾倒船舶垃圾或者排放船舶的残油、废油等行为的行政处罚	行政处罚	《中华人民共和国水污染防治法》第九十条第一、三、四项：违反本法规定，有下列行为之一的，由海事管理机构、渔业主管部门按照职责分工责令停止违法行为，处一万元以上十万元以下的罚款；造成水污染的，责令限期采取治理措施，消除污染，处二万元以上二十万元以下的罚款；逾期不采取治理措施的，海事管理机构、渔业主管部门按照职责分工可以指定有治理能力的单位代为治理，所需费用由船舶承担：（一）向水体倾倒船舶垃圾或者排放船舶的残油、废油的；（三）船舶及有关作业单位从事有污染风险的作业活动，未按照规定采取污染防治措施的；（四）以冲滩方式进行船舶拆解的。	农业农村主管部门	设区的市或县级（特殊区域为省级）
162	对未经许可擅自使用水上无线电频率，或者擅自设置、使用渔业无线电台（站）行为的行政处罚	行政处罚	《中华人民共和国无线电管理条例》第十二条：国务院有关部门的无线电管理机构在国家无线电管理的方针、政策和法律、行政法规、规章以及国务院无线电管理机构的业务指导下，负责本系统（行业）的无线电管理工作，贯彻执行国家无线电管理的方针、政策和法律、行政法规、规章，管理国家无线电管理机构分配给本系统（行业）无线电台（站）的建设布局和台址，核发制式无线电台执照及无线电台识别码。依照本条例和国务院规定的部门职权，规划本系统（行业）无线电专用频率，民用的航空、水上无线电台、无线电台（站）的建设布局和台址。	农业农村主管部门	省级

续表

序号	事项名称	职权类型	实 施 依 据	实施主体	
				法定实施主体	第一责任层级建议
163	对擅自转让水上无线电频率行为的行政处罚	行政处罚	第三十条第一款：设置、使用有固定台址的无线电台（站），由无线电管理机构实施许可。设置、使用没有固定台址的无线电管理机构实施许可。第七十条：违反本条例规定，未经许可擅自使用无线电频率，或者擅自设置、使用无线电台（站）的，由无线电管理机构责令改正，没收从事违法活动的设备和违法所得，可以并处5万元以下的罚款；拒不改正的，并处5万元以上20万元以下的罚款，尚不构成犯罪的，处20万元以上50万元以下的罚款。《中华人民共和国无线电管理条例》第十二条：国务院有关部门的无线电管理机构在国家无线电管理机构的业务指导下，负责本系统（行业）的无线电管理工作，贯彻执行国家无线电管理的方针、政策和法律、行政法规、规章，依照本条例规定和国务院规定的部门职权、管理国家无线电管理机构分配给本系统（行业）使用的航空、水上无线电专用频率，规划无线电管理机构分配布局的建设布局和台址、核发制式无线电台执照及无线电台识别码。第七十一条：违反本条例规定，擅自转让无线电频率的，由无线电管理机构责令改正，没收违法所得，并处违法所得1倍以上3倍以下的罚款；没有违法所得或者违法所得不足10万元的，处1万元以上10万元以下的罚款；造成严重后果的，吊销无线电台执照，使用无线电台许可证。	农业农村主管部门	省级
164	对违法违规使用渔业无线电台（站）行为的行政处罚	行政处罚	1.《中华人民共和国无线电管理条例》第十二条：国务院有关部门的无线电管理机构在国家无线电管理机构的业务指导下，负责本系统（行业）的无线电管理工作，贯彻执行国家无线电管理的方针、政策和法律、行政法规、规章，依照本条例规定和国务院规定的部门职权，管理国家无线电管理机构分配给本系统（行业）使用的航空、水上无线电专用频率，规划无线电管理机构分配布局的建设布局和台址、核发制式无线电台执照及无线电台识别码。第七十二条：违反本条例规定，有下列行为之一的，由无线电管理机构责令改正，没收违法所得，可以并处3万元以下的罚款；造成严重后果的，吊销无线电台执照，并处3万元以上10万元以下的罚款：（一）不按照无线电台执照规定的许可事项和要求设置、使用无线电台（站）；	农业农村主管部门	省级

续表

序号	事项名称	职权类型	实施依据	实施主体 法定实施主体	第一责任层级建议
			（二）故意收发无线电台执照许可事项之外的无线电信号，传播、公布或者利用无意接收的信息；（三）擅自编制、使用无线电台识别码。 2.《国务院关于取消一批行政许可事项的决定》（国发〔2017〕46号）附件1第34项"渔业船舶制式电台执照审批"。取消审批后，农业部通过以下措施加强事中事后监管："3.在监管巡查环节，要加强对渔业无线电台使用情况的检查，严厉查处违规行为"。		
165	对使用无线电发射设备、辐射无线电波干扰无线电业务正常进行的非无线电设备干扰无线电业务正常进行行为的行政处罚	行政处罚	《中华人民共和国无线电管理条例》 第十二条：国务院有关部门的无线电管理机构在国家无线电管理机构的业务指导下，负责本系统（行业）的无线电管理工作，贯彻执行国家无线电管理的方针、政策和法律、行政法规、规章，依照本条例规定和国务院规定的部门职权，规划本系统（行业）无线电台（站）的建设布局和台址，核发制式无线电台执照及无线电台识别码。 第七十三条 违反本条例规定，使用无线电发射设备、辐射无线电设备产生有害干扰无线电业务正常进行的，由无线电管理机构责令改正，拒不改正的，没收产生有害干扰的设备，并处5万元以上20万元以下的罚款，吊销无线电台执照；对船舶、航空器、航天器、铁路机车专用无线电导航、遇险救助和安全通信等涉及人身安全的无线电频率产生有害干扰的，并处20万元以上50万元以下的罚款。	农业农村主管部门	省级
166	对触碰渔业航标不报告行为的行政处罚	行政处罚	1.《中华人民共和国航标条例》 第二十一条：船舶违反本条例第十四条第二款的规定，触碰航标不报告，航标管理机关可以根据情节，处以2万元以下的罚款；造成损失的，应当依法赔偿。 第十四条第二款：船舶触碰航标，应当立即向航标管理机关报告。 2.《渔业航标管理办法》 第二十七条第一款：违反本办法第二十二条第一款的规定，不履行报告义务的，由渔业航标管理机关给予警告，可并处2000元以下的罚款。	农业农村主管部门	设区的市或县级

续表

序号	事项名称	职权类型	实施依据	实施主体 法定实施主体	第一责任层级建议
167	对危害渔业航标或者影响渔业航标工作效能的行为的行政处罚	行政处罚	1.《中华人民共和国航标条例》 第十五条：禁止下列危害航标的行为：（一）盗窃、哄抢或者航标的行为；（二）非法移动、攀登或者涂抹航标、航标器材；（三）向航标射击或者投掷物品；（四）在航标上攀挂物品，拴系牲畜、船只、渔业捕捞器具、爆炸物品等；（五）损坏航标的其他行为。 第十六条：禁止破坏航标辅助设施的行为。 前款所称航标辅助设施，是指为航标及其管理人员提供能源、水和其他所需物资而设置的各类设施，包括航标场地、直升机平台、登陆点、码头、水塔、储水池、水井、油（水）泵房、电力设施、业务用房以及专用道路、仓库等。 第十七条：禁止下列影响航标工作效能的行为：（一）在航标周围 20 米内或者在埋有航标地下管道、线路的地面爆破作业；（二）在航标周围 150 米内进行爆破作业；（三）在航标周围 500 米内烧荒、挖坑、挖沙、采土石，堆放物品或者进行明火作业；（四）在无线电导航设施附近设置、使用影响导航设施工作效能的高频电磁辐射装置、设备；（五）在航标架空线路上附挂其他物件、通信线路；（六）在航标周围抛锚、拖锚、捕鱼或者养殖水生物；（七）影响航标工作效能的其他行为。 第二十二条：违反本条例第十五条、第十六条、第十七条的规定，危害航标及其辅助设施或者影响航标工作效能的，由航标管理机关责令其限期改正，给予警告，可以并处 2000 元以下的罚款；造成损失的，应当依法赔偿。 2.《中华人民共和国渔业港航监督行政处罚规定》 第三十条：对损坏航标或其他航行、导航标志和辅助设施，或造成上述标志、设施失效、移位、流失的船舶或其他责任人员，应责令其照价赔偿，并对责任船舶或责任人员处 500 元以上 1000 元以下罚款；故意造成第一款所述结果或虽不是故意但事情发生后隐瞒不向渔政渔港监督管理机关报告的，应当从重处罚。	农业农村主管部门	设区的市或县级
168	对以收容救护为名买卖水生野生动物及其制品行为的行政处罚	行政处罚	《中华人民共和国野生动物保护法》 第七条第二款：县级以上地方人民政府林业草原、渔业主管部门分别主管本行政区域内陆生、水生野生动物保护工作。 第十五条第三款：禁止以野生动物收容救护为名买卖野生动物及其制品。	农业农村主管部门	设区的市或县级

续表

序号	事项名称	职权类型	实施依据	实施主体（法定实施主体）	实施主体（第一责任层级建议）
			第四十四条：违反本法第十五条第三款规定，以收容救护为名买卖野生动物及其制品的，由县级以上人民政府野生动物保护主管部门没收野生动物及其制品，违法所得，并处野生动物及其制品价值二倍以上十倍以下的罚款，将有关违法信息记入社会诚信档案，向社会公布；构成犯罪的，依法追究刑事责任。		
169	对在相关自然保护区域、禁猎（渔）区、禁猎（渔）期猎捕非国家重点保护水生野生动物，未取得狩猎证，未按照狩猎证规定猎捕非国家重点保护野生动物，或者使用禁用的工具、方法猎捕非国家重点保护水生野生动物行为的行政处罚	行政处罚	《中华人民共和国野生动物保护法》 第七条第二款：县级以上地方人民政府林业草原、渔业主管部门分别主管本行政区域内陆生、水生野生动物保护工作。 第二十条：在相关自然保护区域和禁猎（渔）区、禁猎（渔）期内，禁止猎捕以及其他妨碍野生动物生息繁衍的活动，但法律法规另有规定的除外。 野生动物迁徙洄游期间，在前款规定区域外的迁徙洄游通道内，禁止猎捕并严格限制其他妨碍野生动物生息繁衍的活动。迁徙洄游通道的范围以及妨碍野生动物生息繁衍活动的内容，由县级以上人民政府野生动物保护主管部门规定并公布。 第二十一条：猎捕非国家重点保护野生动物的，应当依法取得县级以上地方人民政府野生动物保护主管部门核发的狩猎证，并且按照特许猎捕证、狩猎证规定的种类、数量、地点、工具、方法和期限进行猎捕。 第二十二条：猎捕非国家重点保护野生动物的，应当依法取得县级以上地方人民政府野生动物保护主管部门核发的狩猎证，并且按照狩猎证规定的种类、数量、地点、工具、方法和期限进行猎捕。 第二十四条第一款：禁止使用毒药、爆炸物、电击或者电子诱捕装置以及猎套、猎夹、地枪、排铳等工具进行猎捕，禁止使用夜间照明行猎、歼灭性围猎、掘巢取卵、火攻、烟熏、网捕等方法进行猎捕，但因科学研究确需网捕、电子诱捕的除外。 第四十六条第一款：违反本法第二十条、第二十一条、第二十二条、第二十三条、禁猎（渔）期猎捕野生动物，或者使用禁用的工具、方法猎捕野生动物的，由县级以上地方人民政府野生动物保护主管部门或者有关保护区域管理机构按照职责分工没收猎获物、猎捕工具和违法所得，吊销特许猎捕证或者狩猎证，并处猎获物价值一倍以上五倍以下的罚款；没有猎获物的，并处二千元以上一万元以下的罚款；构成犯罪的，依法追究刑事责任。	农业农村主管部门	设区的市或县级

续表

序号	事项名称	职权类型	实施依据	实施主体 法定实施主体	实施主体 第一责任层级建议
170	对未经批准、未取得或者未按照规定使用专用标识，或者未持有、未附有人工繁育许可证、批准文件或者专用标识文件的副本或者专用标识文件的副本，购买、利用、运输、寄递国家重点保护野生动物及其制品等行为的行政处罚	行政处罚	《中华人民共和国野生动物保护法》第七条第二款：县级以上地方人民政府林业草原、渔业主管部门分别主管本行政区域内陆生、水生野生动物保护工作。第四十八条第一款：违反本法第二十七条第一款和第二款、第三十三条第一款规定，未取得或者未按照规定使用专用标识，购买、利用、运输、寄递野生动物及其制品，或者未持有、未附有人工繁育许可证、批准文件或者专用标识文件的副本的，由县级以上人民政府野生动物保护主管部门或者市场监督管理部门按照职责分工没收野生动物及其制品和违法所得，并处野生动物及其制品价值二倍以上十倍以下的罚款；情节严重的，吊销人工繁育许可证、撤销批准文件，收回专用标识；构成犯罪的，依法追究刑事责任。	农业农村主管部门	设区的市或县级
171	对生产、经营使用国家重点保护水生野生动物及其制品制作食品，或者为食用非法购买国家重点保护水生野生动物及其制品的行政处罚	行政处罚	《中华人民共和国野生动物保护法》第二条第四款：渔责、濒危的水生野生动物以外的其他水生野生动物的保护，适用《中华人民共和国渔业法》等有关法律的规定。第七条第二款：县级以上地方人民政府林业草原、渔业主管部门分别主管本行政区域内陆生、水生野生动物保护工作。第四十九条：违反本法第三十条规定，生产、经营使用国家重点保护野生动物及其制品或者没有合法来源证明的非国家重点保护野生动物及其制品制作的食品，或者为食用非法购买国家重点保护野生动物及其制品的，由县级以上人民政府野生动物保护主管部门或者市场监督管理部门按照职责分工责令停止违法行为，没收野生动物及其制品和违法所得，并处野生动物及其制品价值二倍以上十倍以下的罚款；构成犯罪的，依法追究刑事责任。	农业农村主管部门	设区的市或县级
172	对违法从境外引进水生野生动物物种行为的行政处罚	行政处罚	《中华人民共和国野生动物保护法》第七条第二款：县级以上地方人民政府林业草原、渔业主管部门分别主管本行政区域内陆生、水生野生动物保护工作。	农业农村主管部门	设区的市或县级

续表

序号	事项名称	职权类型	实 施 依 据	实施主体 法定实施主体	第一责任层级建议
173	对违法将从境外引进的水生野生动物放归野外环境行为的行政处罚	行政处罚	第三十七条第一款：从境外引进野生动物物种的，应当经国务院野生动物保护主管部门批准。从境外引进列入本法第三十五条第一款名录的野生动物，还应当依法取得野生动物允许进出口证明书，海关依法实施进境检疫，凭进口批准文件或者允许进出口证明书以及检疫证明按照规定办理通关手续。第四十三条：违反本法第三十七条第一款规定，从境外引进野生动物物种，未经国务院野生动物保护主管部门批准的，由县级以上人民政府野生动物保护主管部门没收所引进的野生动物，并处五万元以上二十五万元以下的罚款；构成犯罪的，依法追究刑事责任。未依法实施进境检疫的，依照《中华人民共和国进出境动植物检疫法》的规定追究刑事责任。《中华人民共和国野生动物保护法》第七条第二款：县级以上地方人民政府林业草原、渔业主管部门分别主管本行政区域内陆生、水生野生动物保护工作。第三十七条第二款：从境外引进野生动物物种的，应当采取安全可靠的防范措施，防止其进入野外环境，避免对生态系统造成危害。确需将其放归野外的，按照国家有关规定执行。第五十四条：违反本法第三十七条第二款规定，将从境外引进的野生动物放归野外环境的，由县级以上人民政府野生动物保护主管部门责令限期捕回，处一万元以上五万元以下的罚款；逾期不捕回的，由有关野生动物保护主管部门代为捕回或者采取降低影响的措施，所需费用由放归者承担。	农业农村主管部门	设区的市或县级
174	对外国人未经批准在中国境内对国家重点保护的水生野生动物进行科学考察、标本采集、拍摄电影、录像行为的行政处罚	行政处罚	1.《中华人民共和国野生动物保护法》第三十一条：外国人未经批准在中国人民共和国境内对国家重点保护的水生野生动物进行科学考察、标本采集、拍摄电影、录像的，由渔业行政主管部门没收所获标本，可以并处5万元以下的罚款。2.《中华人民共和国野生动物保护法》第七条第二款：县级以上地方人民政府林业草原、渔业主管部门分别主管本行政区域内陆生、水生野生动物保护工作。	农业农村主管部门	省级

续表

序号	事项名称	职权类型	实 施 依 据	实施主体（法定实施主体）	实施主体（第一责任层级建议）
175	对渔业船舶改建后，未按规定办理变更登记行为的行政处罚	行政处罚	《中华人民共和国渔业港航监督行政处罚规定》第三条：中华人民共和国渔政渔港监督管理机关（以下简称渔政渔港监督管理机关）依据本规定行使渔业港航监督行政处罚权。第十七条：渔业船舶改建后，未按规定办理变更登记，应禁止其离港，责令其限期改正，并可对船舶所有者处5000元以上20000元以下罚款；变更主机功率者按未办理变更登记的，从重处罚。	农业农村主管部门	设区的市或县级
176	对渔业船舶未经检验、未取得渔业船舶检验证书擅自下水作业行为的行政处罚	行政处罚	《中华人民共和国渔业船舶检验条例》第三十二条第一款：违反本条例规定，渔业船舶未经检验，未取得渔业船舶检验证书擅自下水作业的，没收渔业船舶。第三十八条第一款：本条例规定的行政处罚，由县级以上人民政府渔业行政主管部门或者其所属的渔业行政执法机构依据职权决定。	农业农村主管部门	设区的市或县级（特殊区域为省级）
177	对按照规定应当报废的渔业船舶继续作业的行政处罚	行政处罚	《中华人民共和国渔业船舶检验条例》第三十三条第二款：按照规定应当报废的渔业船舶继续作业，责令立即停止作业，收缴失效的渔业船舶检验证书，强制拆解渔业船舶，构成犯罪的，依法追究刑事责任。第三十八条第一款：本条例规定的行政处罚，由县级以上人民政府渔业行政主管部门或者其所属的渔业行政执法机构依据职权决定。	农业农村主管部门	设区的市或县级（特殊区域为省级）
178	对渔业船舶应当申报运检验或者临时检验而不申报行为的行政处罚	行政处罚	《中华人民共和国渔业船舶检验条例》第三十三条：违反本条例规定，渔业船舶应当申报运检验或者临时检验而不申报的，责令立即改正，处1000元以上1万元以下的罚款；逾期仍不申报检验的，处2000元以上5万元以下的罚款，并处暂扣渔业船舶检验证书。	农业农村主管部门	设区的市或县级（特殊区域为省级）
179	对使用未经检验合格的有关航行、作业和人身财产安全以及防	行政处罚	《中华人民共和国渔业船舶检验条例》第三十四条：违反本条例规定，有下列行为之一的，责令立即停止作业，处2000元以上2万元以下的罚款；正在作业的，责令立即停止作业；拒不改正或者拒不停止使用的，强制拆除非法使用的	农业农村主管部门	设区的市或县级（特殊区域为省级）

续表

序号	事项名称	职权类型	实 施 依 据	实施主体 法定实施主体	实施主体 第一责任层级建议
	止污染环境的重要设备、部件和材料,制造、改造、维修渔业船舶等行为的行政处罚		重要设备、部件和材料或者暂扣渔业船舶检验证书;构成犯罪的,依法追究刑事责任:(一)使用未经检验合格的重要设备、部件和材料,制造、改造、维修渔业船舶的;(二)擅自拆除渔业船舶上有关防止污染环境以及防止污染环境以及防止污染环境以及防止污染环境及安全以及人身财产安全设备、部件的;(三)擅自改变渔业船舶吨位、载重线、主机功率,人员定额或适航区域的。第三十八条第一款:本条第一款规定的行政处罚,由县级以上人民政府渔业行政主管部门或者其所属的渔政执法机构依据职权决定。		为省级
180	对渔业船员在船员工作期间违反有关管理规定的行为的行政处罚	行政处罚	《中华人民共和国渔业船员管理办法》第四十二条:渔业船员违反本办法第二十一条第一项至第五项规定的,由渔政渔港监督管理机构予以警告;情节严重的,处 200 元以上 2000 元以下罚款。	农业农村主管部门	设区的市或县级(特殊区域为省级)
181	对外国船舶进出中华人民共和国渔港违法行为的行政处罚	行政处罚	《中华人民共和国管辖海域外国人、外国船舶渔港渔业活动管理暂行规定》第十七条:外国船舶进出中华人民共和国渔港,有下列行为之一的,中华人民共和国渔政渔港监督管理机构有权禁止其进、离港口,或者令其停航、改航、停止作业,并可处以 3 万元以下罚款的处罚:1. 未经批准进出中华人民共和国渔港的;2. 违反船舶装卸危险品规定的;3. 拒不服从渔政渔港监督管理机构指挥调度的;4. 拒不执行渔政渔港监督管理机构作出的离港、停航、改航、停止作业或禁止进、离港等决定的。	农业农村主管部门	省级
182	对农产品生产企业、农民专业合作经济组织未建立或者未按照规定保存农产品生产记录或者伪造农产品生产记录行为的行政处罚	行政处罚	《中华人民共和国农产品质量安全法》第四十七条:农产品生产企业、农民专业合作经济组织未建立或者未按照规定保存农产品生产记录的,或者伪造农产品生产记录的,责令限期改正;逾期不改正的,可以处二千元以下罚款。第五十二条第一款:本法第四十条、第四十一条至第五十条第一款、第四十九条至第五十条第一款、第五十一条第一款、第五十二条至第五十条第二款、第三款规定的处罚,由县级以上人民政府农业行政主管部门决定;第五十一条第二款规定的处罚,由市场监督管理部门决定。	农业农村主管部门	设区的市或县级

续表

序号	事项名称	职权类型	实施依据	实施主体 法定实施主体	实施主体 第一责任层级建议
183	对农产品生产企业、农民专业合作经济组织以及从事农产品收购的单位或者个人销售的农产品未按照规定进行包装、标识、逾期不改正的行政处罚	行政处罚	《中华人民共和国农产品质量安全法》第二十八条：农产品生产企业、农民专业合作经济组织以及从事农产品收购的单位或者个人销售的农产品，按照规定应当包装或者附加标识的，须经包装或者附加标识后方可销售。包装物或者标识上应当按照规定标明产品的品名、产地、生产者、生产日期、保质期、产品质量等级等内容；使用添加剂的，还应当按照规定标明添加剂的名称。具体办法由国务院农业行政主管部门制定。第四十八条：违反本法第二十八条规定，销售的农产品未按照规定进行包装、标识的，责令限期改正；逾期不改正的，可以处二千元以下罚款。第五十一条：本法第四十四条，由县级以上人民政府农业行政主管部门决定。第五十条至第四十条第一款、第四款和第五十一条第一款、第二款和第三款规定的处理，处罚，由市场监督管理部门决定。	农业农村主管部门	设区的市或县级
184	对食用农产品进入批发、零售市场或者生产加工企业前使用的保鲜剂、防腐剂、添加剂等材料不符合国家有关强制性的技术规范的行政处罚	行政处罚	《中华人民共和国农产品质量安全法》第三十三条第四项：有下列情形之一的农产品，不得销售：（四）使用的保鲜剂、防腐剂、添加剂等材料不符合国家有关强制性的技术规范的。第四十九条：有本法第三十三条第四项规定情形，使用的保鲜剂、防腐剂、添加剂等材料不符合国家有关强制性的技术规范的，责令停止销售，对被污染的农产品进行无害化处理，对不能进行无害化处理的予以监督销毁；没收违法所得，并处二千元以上二万元以下罚款。第五十一条第一款：本法第四十四条，由县级以上人民政府农业行政主管部门决定。第五十条至第四十条第一款、第四款和第五十一条第一款、第二款和第三款规定的处理，处罚，由市场监督管理部门决定。	农业农村主管部门	设区的市或县级
185	对农产品生产企业、农民专业合作经济组织销售不合格农产品的行政处罚	行政处罚	《中华人民共和国农产品质量安全法》第三十三条第一、二、三、五项：有下列情形之一的农产品，不得销售：（一）含有国家禁止使用的农药、兽药或者其他化学物质的；（二）农药、兽药等化学物质残留或者含有的重金属等有毒有害物质不符合农产品质量安全标准的；（三）含有的致病性寄生虫、微生物或者生物毒素不符合农产品质量安全标准的；（五）其他不符合农产品质量安全标准的。	农业农村主管部门	设区的市或县级

续表

序号	事项名称	职权类型	实 施 依 据	实施主体	
				法定实施主体	第一责任层级建议
			第五十条:农产品生产企业、农民专业合作经济组织销售的农产品有本法第三十三条第一项至第三项或者第五项所列情形之一的,责令停止销售,追回已经销售的农产品,对违法销售的农产品进行无害化处理或者予以监督销毁;没收违法所得,并处二千元以上二万元以下罚款。农产品销售企业销售的农产品有前款所列情形的,依照前款规定处理。农产品批发市场中销售的农产品有第一款所列情形的,对销售者依照本法第三十七条第一款规定处理,对农产品批发市场违反第三十七条第一款规定的,责令改正,处二千元以上二万元以下罚款。农产品销售者违反第三十七条第一款规定的,由市场监督管理部门依照第一款规定处罚。第五十一条第一款、第四十四条、第五十条第一款、第四十七条至第四十九条、第五十条第一款、第四款和第五十一条第一款的处理、处罚,由县级以上人民政府农业行政主管部门决定;第五十条第一款、第二款、第三款规定的处理、处罚,由市场监督管理部门决定。《中华人民共和国农产品质量安全法》第五十一条:违反本法第三十二条规定,冒用农产品质量标志的,责令改正,没收违法所得,并处二千元以上二万元以下罚款。		
186	对冒用农产品质量标志的行为的行政处罚	行政处罚	第五十二条第一款:本法第四十四条、第五十条第一款、第四款和第五十一条第一款的处理、处罚,由县级以上人民政府农业行政主管部门决定;第五十条第一款、第二款、第三款规定的处理、处罚,由市场监督管理部门决定。	农业农村主管部门	设区的市或县级
187	对生产经营者不按照法定条件、要求从事食用农产品生产经营活动等行为的行政处罚	行政处罚	《国务院关于加强食品等产品安全监督管理的特别规定》第三条第二、三、四款:依照法律、行政法规规定生产、销售产品需要取得许可证照或者需要经过认证的,应当按照法定条件、要求从事生产经营活动,不按照法定条件、要求从事生产经营活动的,由农业、卫生、质检、商务、工商、食品药品监督管理部门依据各自职责,没收违法所得、产品和用于违法生产的工具、设备、原材料等物品,货值金额不足5000元的,并处5万元以下罚款;货值金额5000元以上不足1万元的,并处10万元以下罚款;货值金额1万元以上的,并处货值金额10倍以上20倍以下的罚款;造成严重后果的,由原发证部门吊销许可证照;构成非法经营罪或者生产、销售伪劣商品罪的,依法追究刑事责任。	农业农村主管部门	设区的市或县级

续表

序号	事项名称	职权类型	实施依据	法定实施主体	第一责任层级建议
			生产经营者不再符合法定条件、要求，继续从事生产经营活动的，由原发证部门吊销许可证照，并在当地主要媒体上公告被吊销许可证照的生产经营者名单；构成非法经营罪或者生产、销售伪劣商品罪等犯罪的，依法追究刑事责任。依法应当取得许可证照而未取得许可证照从事生产经营活动的，由农业、卫生、质检、商务、工商、药品等监督管理部门依据各自职责，没收违法所得，产品和用于违法生产的工具、设备、原材料等物品，货值金额1万元以上的，并处10万元以下的罚款；货值金额不足1万元的，并处货值金额10倍以上20倍以下的罚款；构成非法经营罪的，依法追究刑事责任。		
188	对生产食用农产品所使用的原料、辅料、添加剂、农业投入品，违反法律法规和国家强制性标准的行为的行政处罚	行政处罚	《国务院关于加强食品等产品安全监督管理的特别规定》第四条：生产者生产产品所使用的原料、辅料、添加剂、农业投入品，应当符合法律、行政法规的规定和国家强制性标准。违反前款规定，违法使用原料、辅料、添加剂、农业投入品的，由农业、卫生、质检、商务、药品监督管理部门依据各自职责没收违法所得，货值金额不足5000元的，并处2万元以下罚款；货值金额5000元以上不足1万元的，并处5万元以下罚款；货值金额1万元以上的，并处货值金额5倍以上10倍以下的罚款；货值金额1万元以上的，由原发证部门吊销许可证照；造成严重后果的，销售生产伪劣商品罪，依法追究刑事责任。	农业农村主管部门	设区的市或县级
189	对生产企业发现其生产的食用农产品存在安全隐患，可能对人体健康和生命安全造成损害，不履行向社会公布有关信息，不向有关行政监督部门报告等行为的行政处罚	行政处罚	《国务院关于加强食品等产品安全监督管理的特别规定》第九条：生产企业发现其生产的产品存在安全隐患，可能对人体健康和生命安全造成损害的，应当向社会公布有关信息，告知消费者停止使用，主动召回产品，并向有关监督管理部门报告；销售者应当立即停止销售该产品。销售者发现其销售的产品存在安全隐患，可能对人体健康和生命安全造成损害的，应当立即停止销售该产品，通知生产商或者供货商，并向有关监督管理部门报告。生产企业和销售者不履行前款规定义务的，由农业、卫生、质检、商务、工商、药品等监督管理部门依据各自职责，责令生产企业停止生产、销售者停止销售，通知生产企业召回产品，对生产企业并处货值金额3倍的罚款，对销售者并处1000元以上5万元以下的罚款；造成严重后果的，由原发证部门吊销许可证照。	农业农村主管部门	设区的市或县级

续表

序号	事项名称	职权类型	实施依据	实施主体 法定实施主体	实施主体 第一责任层级建议
190	对农产品质量安全检测机构伪造检测结果或者出具检测结果不实的行为的行政处罚	行政处罚	1.《中华人民共和国农产品质量安全法》第四十四条：农产品质量安全检测机构伪造检测结果的，责令改正，没收违法所得，并处五万元以上十万元以下罚款；情节严重的，撤销其检测资格；造成损害的，依法承担赔偿责任。对直接负责的主管人员和其他直接责任人员处一万元以上五万元以下罚款；构成犯罪的，依法追究刑事责任。农产品质量安全检测机构出具检测结果不实，造成损害的，依法承担赔偿责任；造成重大损害的，并撤销其检测资格。第五十一条第一款、第五十二条第一款规定的处理、处罚，由县级以上人民政府农业行政主管部门决定；第五十条、第五十一条第三款规定的处理、处罚，由市场监督管理部门决定。 2.《农产品质量安全检测机构考核办法》第三十一条：农产品质量安全检测机构伪造检测结果或者出具虚假证明的，依照《中华人民共和国农产品质量安全法》第四十四条的规定处罚。	农业农村主管部门	设区的市或县级
191	对伪造、冒用、转让、买卖无公害农产品产地认定证书、产品认证证书和标志的行为的行政处罚	行政处罚	《无公害农产品管理办法》第三十七条第一款：违反本办法第三十五条规定的，由县级以上农业行政主管部门和各地质量监督检验检疫部门根据各自的职责分工责令其停止，并可处违法所得1倍以上3倍以下的罚款，但最高罚款不得超过3万元；没有违法所得的，可以处1万元以下的罚款。第三十八条：任何单位和个人不得伪造、冒用、转让、买卖无公害农产品产地认定证书、产品认证证书和标志。	农业农村主管部门	设区的市或县级
192	对擅自移动、损毁禁止生产区标牌行为的行政处罚	行政处罚	《农产品产地安全管理办法》第二十六条：违反本办法规定，擅自移动、损毁禁止生产区标牌的，由县级以上地方人民政府农业主管部门责令限期改正，可处以一千元以下罚款。违反本办法规定，禁止生产区无效的生产的，依照有关法律法规处罚。其他违反本办法规定的行为的行政处罚	农业农村主管部门	设区的市或县级

续表

序号	事项名称	职权类型	实施依据	实施主体（法定实施主体）	第一责任层级建议
193	对农药登记试验单位出具虚假登记试验报告的行政处罚	行政处罚	《农药管理条例》第五十一条：登记试验单位出具虚假登记试验报告的，由省、自治区、直辖市人民政府农业主管部门没收违法所得，并处5万元以上10万元以下罚款；由国务院农业主管部门从登记试验单位名单中除名，5年内不再受理其登记试验单位认定申请；构成犯罪的，依法追究刑事责任。	农业农村主管部门	省级
194	对取得农药生产许可证生产农药或者生产假农药的行政处罚	行政处罚	《农药管理条例》第五十二条第一款：未取得农药生产许可证生产农药或者生产假农药的，由县级以上地方人民政府农业主管部门责令停止生产，没收违法所得、农药、原材料等，违法生产的产品货值金额不足1万元的，并处5万元以上10万元以下罚款，货值金额1万元以上的，并处货值金额10倍以上20倍以下罚款，由发证机关吊销农药生产许可证和相应的农药登记证；构成犯罪的，依法追究刑事责任。	农业农村主管部门	设区的市或县级
195	对取得农药生产许可证的农药生产企业不再符合规定条件继续生产农药的行政处罚	行政处罚	《农药管理条例》第五十二条第二款：取得农药生产许可证的农药生产企业不再符合规定条件继续生产农药的，由县级以上地方人民政府农业主管部门责令限期整改；逾期拒不整改或者整改后仍不符合规定条件的，由发证机关吊销农药生产许可证。	农业农村主管部门	设区的市或县级
196	对农药生产企业生产劣质农药的行政处罚	行政处罚	《农药管理条例》第五十二条第三款：农药生产企业生产劣质农药的，由县级以上地方人民政府农业主管部门责令停止生产，没收违法所得、农药、原材料等，违法生产的产品货值金额不足1万元的，并处1万元以上5万元以下罚款，货值金额1万元以上的，并处货值金额5倍以上10倍以下罚款；情节严重的，由发证机关吊销农药生产许可证；构成犯罪的，依法追究刑事责任。	农业农村主管部门	设区的市或县级
197	对委托未取得农药生产许可证的受托人加工、分装农药，或者委	行政处罚	《农药管理条例》第五十一条第一、三、四款：未取得农药生产许可证生产农药或者生产假农药的，由县级以上地方人民政府农业主管部门责令停止生产，没收违法生产的产品和用于违法生产的工	农业农村主管部门	设区的市或县级

续表

序号	事项名称	职权类型	实 施 依 据	实施主体 法定实施主体	第一责任层级建议
	托加工、分装假农药、劣质农药的行政处罚		具、设备、原材料等,违法生产的产品货值金额不足1万元的,并处5万元以上10万元以下罚款,货值金额1万元以上的,并处货值金额10倍以上20倍以下罚款,由发证机关吊销农药生产许可证和相应的农药登记证;构成犯罪的,依法追究刑事责任。农药生产企业违法生产的,由县级以上地方人民政府农业主管部门责令停止生产,没收违法生产所得、违法生产的产品、设备、原材料等,违法生产的产品货值金额不足1万元的,并处1万元以上5万元以下罚款,货值金额1万元以上的,并处货值金额5倍以上10倍以下罚款;情节严重的,由发证机关吊销农药生产许可证和相应的农药登记证;构成犯罪的,依法追究刑事责任。委托未取得农药生产许可证的受托人加工、分装农药,或者委托加工、分装假农药、劣质农药的,对委托人和受托人均依照本条第一款、第三款的规定处罚。		
198	对农药生产企业采购使用未依法检验合格并具产品质量检验合格证、未依法取得有关许可证明文件的原材料等行为的行政处罚	行政处罚	《农药管理条例》第五十三条:农药生产企业有下列行为之一的,由县级以上地方人民政府农业主管部门责令改正,没收违法所得、违法生产的产品和用于违法生产的原材料等,违法生产的产品货值金额1万元以下的,并处1万元以上2万元以下罚款,货值金额1万元以上的,并处货值金额2倍以上5倍以下罚款;拒不改正或者情节严重的,由发证机关吊销农药生产许可证和相应的农药登记证:(一)采购、使用未依法检验合格并附具产品质量检验合格证、未依法取得有关许可证明文件的原材料;(二)出厂销售的农药包装、标签、说明书不符合规定;(四)不召回依法应当召回的农药。	农业农村主管部门	设区的市或县级
199	对农药生产企业不执行原材料进货、农药出厂销售记录制度,或者不履行农药废弃物回收义务的行政处罚	行政处罚	《农药管理条例》第五十四条:农药生产企业不执行原材料进货、农药出厂销售记录制度,或者不履行农药废弃物回收义务的,由县级以上地方人民政府农业主管部门责令改正,处1万元以上5万元以下罚款;拒不改正或者情节严重的,由发证机关吊销农药生产许可证和相应的农药登记证。	农业农村主管部门	设区的市或县级

续表

序号	事项名称	职权类型	实施依据	实施主体 法定实施主体	实施主体 第一责任层级建议
200	对农药经营者未取得农药经营许可证经营农药等行为的行政处罚	行政处罚	《农药管理条例》第五十五条：农药经营者有下列行为之一的，由县级以上地方人民政府农业主管部门责令停止经营，没收违法所得、违法经营的农药和用于违法经营的工具、设备等，违法经营的农药货值金额不足1万元的，并处5000元以上5万元以下罚款，货值金额1万元以上的，并处货值金额5倍以上10倍以下罚款；构成犯罪的，依法追究刑事责任：（一）违反本条例规定，未取得农药经营许可证经营农药；（二）经营假农药；（三）在农药中添加物质。有前款第二项、第三项规定的行为，情节严重的，由发证机关吊销农药经营许可证。取得农药经营许可证的农药经营者再有符合规定条件的农药经营许可证的农药经营者再有符合规定情形的，由县级以上地方人民政府农业主管部门责令限期整改；逾期不整改或者整改后仍不符合规定条件的，由发证机关吊销农药经营许可证。	农业农村主管部门	设区的市或县级
201	对农药经营者经营劣质农药的行政处罚	行政处罚	《农药管理条例》第五十六条：农药经营者经营劣质农药的，由县级以上地方人民政府农业主管部门责令停止经营，没收违法所得、违法经营的农药和用于违法经营的工具、设备等，违法经营的农药货值金额不足1万元的，并处2000元以上2万元以下罚款，货值金额1万元以上的，并处货值金额2倍以上5倍以下罚款；情节严重的，由发证机关吊销农药经营许可证；构成犯罪的，依法追究刑事责任。	农业农村主管部门	设区的市或县级
202	对农药经营者设立分支机构所在地县级以上地方人民政府农业主管部门备案等行为的行政处罚	行政处罚	《农药管理条例》第五十七条：农药经营者有下列行为之一的，由县级以上地方人民政府农业主管部门责令改正，没收违法所得、违法经营的农药，并处5000元以上5万元以下罚款；拒不改正或者情节严重的，由发证机关吊销农药经营许可证，构成犯罪的，依法追究刑事责任：（一）设立分支机构未向农业主管部门备案，或者未向分支机构所在地县级以上地方人民政府农业主管部门备案；（二）向未取得农药经营许可证的其他农药经营者采购、销售依法应当登记的农药；（三）采购、销售未附具产品质量检验合格证或者标签不符合规定的农药；（四）不停止销售依法应当召回的农药。	农业农村主管部门	设区的市或县级

续表

序号	事项名称	职权类型	实 施 依 据	实施主体 法定实施主体	第一责任层级建议
203	对农药经营者不执行农药采购和销售台账制度等行为的行政处罚	行政处罚	《农药管理条例》第五十八条：农药经营者有下列行为之一的，由县级以上地方人民政府农业主管部门责令改正，拒不改正或者情节严重的，处2000元以上2万元以下罚款，并由发证机关吊销农药经营许可证：（一）不执行农药采购和销售台账、销售台账制度；（二）在卫生用农药以外的农药经营场所内经营食品、食用农产品、饲料等；（三）未将卫生用农药与其他商品分柜销售；（四）不履行农药废弃物回收义务。	农业农村主管部门	设区的市或县级
204	对境外企业直接在中国销售农药、取得农药登记证的境外企业向中国出口劣质农药、向中国出口假农药或者出口情节严重的境外企业出口限农药的行政处罚	行政处罚	《农药管理条例》第五十九条：境外企业直接在中国销售农药的，由县级以上地方人民政府农业主管部门责令停止销售，没收违法所得、违法经营的农药和用于违法经营的工具、设备等，违法经营的农药货值金额不足5万元的，并处5万元以上50万元以下罚款，货值金额5万元以上的，并处货值金额10倍以上20倍以下罚款；构成犯罪的，依法追究刑事责任。取得农药登记证的境外企业向中国出口劣质农药或者出口假农药情节严重的，由国务院农业主管部门吊销相应的农药登记证。	农业农村主管部门	设区的市或县级
205	对农药使用者不按照农药的标签标注的使用范围、使用方法和剂量、使用技术要求和注意事项，安全间隔期使用农药等行为的行政处罚	行政处罚	《农药管理条例》第六十条：农药使用者有下列行为之一的，由县级人民政府农业主管部门责令改正，农药使用者为农产品生产企业、食品和食用农产品仓储企业、专业化病虫害防治服务组织和从事农产品生产的农民专业合作社等单位的，处5万元以上10万元以下罚款，农药使用者为个人的，处1万元以下罚款；构成犯罪的，依法追究刑事责任：（一）不按照农药的标签标注的使用范围、使用方法和剂量、使用技术要求和注意事项，安全间隔期使用农药；（二）使用禁用的农药；（三）将剧毒、高毒农药用于防治卫生害虫，用于蔬菜、瓜果、茶叶、菌类、中草药材生产或者用于水生植物的病虫害防治；（四）在饮用水水源保护区、河道内清洗施药器械；（五）使用禁用的农药的。有前款第二项规定的行为的，县级人民政府农业主管部门还应当没收禁用的农药。	农业农村主管部门	县级
206	对农产品生产企业、食品和食用农产品仓储企业、专业化病虫害防治服务组织和从事农产品生产的农民专业合作社等不执行农药使用记录制度的行政处罚	行政处罚	《农药管理条例》第六十一条：农产品生产企业、食品和食用农产品仓储企业、专业化病虫害防治服务组织和从事农产品生产的农民专业合作社等不执行农药使用记录制度的，由县级人民政府农业主管部	农业农村主管部门	县级

续表

序号	事项名称	职权类型	实 施 依 据	实施主体 法定实施主体	第一责任层级建议
	对防治服务组织和从事农产品生产的农民专业合作社等不执行农药使用记录制度的行政处罚		门责令改正；拒不改正或者情节严重的，处2000元以上2万元以下罚款。		
207	对伪造、变造、转让、出租、出借农药登记证、农药生产许可证、农药经营许可证等许可证明文件的行政处罚	行政处罚	《农药管理条例》 第六十二条：伪造、变造、转让、出租、出借农药登记证、农药生产许可证、农药经营许可证等许可证明文件的，由发证机关予以吊销，没收违法所得，并处1万元以上5万元以下罚款；构成犯罪的，依法追究刑事责任。	农业农村主管部门	设区的市或县级
208	对未取得农药生产许可证生产农药，未取得农药经营许可证经营农药，或者被吊销农药登记证、农药生产许可证、农药经营许可证的直接负责的主管人员的行政处罚	行政处罚	《农药管理条例》 第六十三条：未取得农药生产许可证生产农药，未取得农药经营许可证经营农药，或者被吊销农药登记证、农药生产许可证、农药经营许可证的农药生产企业、农药经营者招用前款规定的人员从事农药生产、经营活动的，由发证机关吊销农药生产许可证、农药经营许可证、农药登记证，国务院农业主管部门5年内不再受理其农药登记申请。	农业农村主管部门	设区的市或县级
209	对未依照《植物检疫条例》规定办理农业领域植物检疫证书或者在报检过程中弄虚作假等行为的行政处罚	行政处罚	1.《植物检疫条例》 第十八条第一、二款：有下列行为之一的，植物检疫机构应当责令纠正，可以处以罚款；造成损失的，应当负责赔偿；构成犯罪的，由司法机关依法追究刑事责任：（一）未依照本条例规定办理植物检疫证书或者在报检过程中弄虚作假的；（二）伪造、涂改、买卖、转让植物检疫单证、印章、标志、封识的；（三）未依照本条例规定调运、隔离试种或者生产应施检疫的植物、植物产品的；（四）违反本条例规定，擅自开拆植物、植物产品包装，调换植物、植物产品，或者擅自改变植物、植物产品的规定用途的；（五）违反本条例规定，引起疫情扩散的。	农业农村主管部门	设区的市或县级

十四、行政执法事项指导目录　877

续表

序号	事项名称	职权类型	实施依据	实施主体 法定实施主体	实施主体 第一责任层级建议
			有前款第(一)、(二)、(三)、(四)项所列情形之一,尚不构成犯罪的,由植物检疫机构处以罚款,植物检疫机构可以没收非法所得。 2.《植物检疫条例实施细则》(农业部分) 第二十五条:有下列违法行为之一,尚不构成犯罪的,由植物检疫机构处以罚款:(一)在报检过程中故意谎报受检物品种类、品种、受检作物面积,提供虚假证明材料的;(二)在调运过程中擅自开拆检疫的植物、植物产品,调换或者夹带其他未经检疫的植物、植物产品,或者擅自将非种用植物、植物产品作种用的;(三)伪造、涂改、转让植物检疫单证、印章、标志、封识的;(四)违反《植物检疫条例》第七条第一款、第八条第一款、第十条规定之一,擅自推广带有植物检疫对象的种子、苗木和其他繁殖材料,或者在试验、生产过程中未按规定,未经批准在非疫区进行检疫对象活体研究的;(五)违反《植物检疫条例》第十一条、第十二条规定,不在指定地点种植检疫或者不按要求隔离种植期间擅自分散种子、苗木和其他繁殖材料的; 罚款按以下标准执行: 对于非经营活动中的违法行为,处以1000元以下罚款;对于经营活动中的违法行为,处以违法所得3倍以下罚款,但最高不得超过30000元;没有违法所得的,处以10000元以下罚款。 有本条第一款第(二)、(三)、(四)、(五)、(六)项违法行为之一,造成损失的,植物检疫机构可以责令其赔偿损失。 有本条第一款第(二)、(三)、(四)、(五)、(六)项违法行为之一,引起疫情扩散的,责令当事人销毁或者除害处理。 有本条第一款第(二)、(三)、(四)、(五)、(六)项违法行为之一,以营利为目的的,植物检疫机构可以没收当事人的非法所得。		
210	对生产、销售未取得登记证的肥料产品等行为的行政处罚	行政处罚	《肥料登记管理办法》 第二十六条:有下列情形之一的,由县级以上农业行政主管部门给予警告,并处违法所得3倍以下罚款,但最高不得超过30000元;没有违法所得的,处12000元以下罚款:(一)生产、销售未取得登记证的肥料产品;(二)假冒、伪造肥料登记证、登记证号的;(三)生产、销售的肥料产品有效成分或含量与登记批准的内容不符的。	农业农村主管部门	设区的市或县级

续表

序号	事项名称	职权类型	实施依据	法定实施主体	第一责任层级建议
211	对转让肥料登记证或登记证号等行为的行政处罚	行政处罚	《肥料登记管理办法》第二十七条：有下列情形之一的，由县级以上农业行政主管部门给予警告，并处违法所得3倍以下罚款，但最高不得超过20000元；没有违法所得的，处10000元以下罚款：（一）转让肥料登记证或登记证号的；（二）登记证有效期满未经批准展续登记而继续生产该肥料产品的；（三）生产、销售包装上未附标签、标签残缺不清或者擅自修改标签内容的。	农业农村主管部门	设区的市或县级
212	对未取得采集证或者未按照规定采集国家重点保护野生植物的行政处罚	行政处罚	《中华人民共和国野生植物保护条例》第二十三条：未取得采集证或者未按照采集证的规定采集国家重点保护野生植物的，由野生植物行政主管部门没收所采集的野生植物和违法所得，可以并处违法所得10倍以下的罚款；情节严重的，并可以吊销采集证。	农业农村主管部门	设区的市或县级
213	对违规出售、收购国家重点保护野生植物的行政处罚	行政处罚	《中华人民共和国野生植物保护条例》第二十四条：违反本条例规定，出售、收购国家重点保护野生植物的，由工商行政管理部门或者野生植物行政主管部门按照职责分工没收野生植物和违法所得，可以并处违法所得10倍以下的罚款。	农业农村主管部门	设区的市或县级
214	对伪造、倒卖、转让农业部门颁发的采集证、允许进出口证明书或者有关批准文件、标签的行政处罚	行政处罚	《中华人民共和国野生植物保护条例》第二十六条：伪造、倒卖、转让采集证、允许进出口证明书或者有关批准文件、标签的，由野生植物行政主管部门吊收缴，没收违法所得，可以并处5万元以下的罚款。	农业农村主管部门	设区的市或县级
215	对外国人在中国境内采集、收购农业野生国家重点保护野生植物等行为的行政处罚	行政处罚	《中华人民共和国野生植物保护条例》第二十七条：外国人在中国境内采集、收购国家重点保护野生植物，或者未经批准对农业行政主管部门管理的国家重点保护野生植物进行野外考察的，由野生植物行政主管部门没收所采集、收购的野生植物和考察资料，可以并处5万元以下的罚款。	农业农村主管部门	设区的市或县级

续表

序号	事项名称	职权类型	实 施 依 据	实施主体 法定实施主体	实施主体 第一责任层级建议
216	对未依法填写、提交渔捞日志的行政处罚	行政处罚	1.《中华人民共和国渔业法》第二十五条：从事捕捞作业的单位和个人，必须按照捕捞许可证关于作业类型、场所、时限、渔具数量和捕捞限额的规定进行作业，并遵守国家有关保护渔业资源的规定，大中型渔船应当填写渔捞日志。 2.《渔业捕捞许可管理规定》第五十三条：未按规定提交渔捞日志或者渔捞日志填写不真实、不规范，由县级以上人民政府渔业主管部门或其所属的渔政监督管理机构给予警告，责令改正；逾期不改正的，可以处1000元以上1万元以下罚款。	农业农村主管部门	设区的市或县级（特殊区域为省级）
217	对农业投入品生产者、销售者、使用者未按照规定及时回收肥料等农业投入品的包装废弃物或者农用薄膜等行为的行政处罚	行政处罚	《中华人民共和国土壤污染防治法》第八十八条：违反本法规定，农业投入品生产者、销售者、使用者，未按照规定及时回收农药、肥料等农业投入品的包装废弃物或者农用薄膜，或者未按照规定及时回收农药包装废弃物进行无害化处理的，由地方人民政府农业农村主管部门责令改正，处一万元以上十万元以下的罚款；农业投入品使用者为个人的，可以处二百元以上二千元以下的罚款。	农业农村主管部门	设区的市或县级
218	对农用地或者土地使用权人或者土地使用人未按照规定实施后期管理的行政处罚	行政处罚	《中华人民共和国土壤污染防治法》第七条：国务院生态环境主管部门对全国土壤污染防治工作实施统一监督管理；国务院农业农村、自然资源、住房城乡建设、林业草原等主管部门在各自职责范围内对土壤污染防治工作实施监督管理。地方人民政府生态环境主管部门对本行政区域土壤污染防治工作实施统一监督管理；地方人民政府农业农村、自然资源、住房城乡建设、林业草原等主管部门在各自职责范围内对土壤污染防治实施监督管理。 第九十一条：违反本法规定，土壤污染责任人或者土地使用权人未按照规定实施后期管理的，由地方人民政府生态环境主管部门或者其他有土壤污染防治监督管理职责的部门责令改正，处一万元以上五万元以下的罚款；情节严重的，处五万元以上五十万元以下的罚款。	农业农村主管部门	设区的市或县级

续表

序号	事项名称	职权类型	实 施 依 据	实施主体（法定实施主体）	实施主体（第一责任层级建议）
219	对农用地土壤污染监督管理中，被检查者拒不配合检查，或者在接受检查时弄虚作假的行政处罚	行政处罚	《中华人民共和国土壤污染防治法》 第七条：国务院生态环境主管部门对全国土壤污染防治工作实施统一监督管理；国务院农业农村、自然资源、住房城乡建设、林业草原等主管部门在各自职责范围内对土壤污染防治工作实施监督管理。 地方人民政府生态环境主管部门对本行政区域土壤污染防治工作实施统一监督管理；地方人民政府农业农村、自然资源、住房城乡建设、林业草原等主管部门在各自职责范围内对土壤污染防治工作实施监督管理。 第九十三条：违反本法规定，拒不配合检查，或者在接受检查时弄虚作假的，由土壤污染防治监督管理职责的部门责令改正，处二万元以上二十万元以下的罚款；对直接负责的主管人员和其他直接责任人员处二万元以上二十万元以下的罚款。	农业农村主管部门	设区的市或县级
220	对未按照规定对农用地土壤污染采取风险管控措施等行为的行政处罚	行政处罚	《中华人民共和国土壤污染防治法》 第七条：国务院生态环境主管部门对全国土壤污染防治工作实施统一监督管理；国务院农业农村、自然资源、住房城乡建设、林业草原等主管部门在各自职责范围内对土壤污染防治工作实施监督管理。 地方人民政府生态环境主管部门对本行政区域土壤污染防治工作实施统一监督管理；地方人民政府农业农村、自然资源、住房城乡建设、林业草原等主管部门在各自职责范围内对土壤污染防治工作实施监督管理。 第九十四条：违反本法规定，土壤污染责任人或者土地使用权人有下列行为之一的，由地方人民政府生态环境主管部门或者其他负有土壤污染防治监督管理职责的部门责令改正，处十万元以上一百万元以下的罚款；对直接负责的主管人员和其他直接责任人员处二万元以上二十万元以下的罚款；……（三）未按照规定实施后续管理的；（四）未按照规定实施修复的；（五）风险管控、修复活动完成后，未按照规定对风险管控效果、修复效果进行评估的。代为履行，所需费用由土壤污染责任人或者土地使用权人承担；拒不履行的，处二十万元以上一百万元以下的罚款；对直接负责的主管人员和其他直接责任人员处五万元以上二十万元以下的罚款；修复活动完成后，未按照规定采取风险管控措施的，未另行委托有关单位对风险管控效果、修复效果进行评估的。	农业农村主管部门	设区的市或县级

续表

序号	事项名称	职权类型	实施依据	实施主体 法定实施主体	实施主体 第一责任层级建议
221	对农用地土壤污染责任人或者土地使用权人未按照规定将修复方案、效果评估报告报地方人民政府农业农村主管部门备案的行政处罚	行政处罚	《中华人民共和国土壤污染防治法》第七条:国务院生态环境主管部门对全国土壤污染防治工作实施统一监督管理;国务院农业农村、自然资源、住房城乡建设、林业草原等主管部门在各自职责范围内对土壤污染防治实施监督管理。地方人民政府生态环境主管部门对本行政区域土壤污染防治工作实施统一监督管理;地方人民政府农业农村、自然资源、住房城乡建设、林业草原等主管部门在各自职责范围内对土壤污染防治工作实施监督管理。第九十条第二项:违反本法规定,有下列行为之一的,由地方人民政府有关部门或者土地使用权人未按照规定报告、备案的。	农业农村主管部门	设区的市或县级
222	对非法占用耕地等破坏种植条件,或者因开发土地造成土地荒漠化、盐渍化行为涉及农业农村主管部门职责的行政处罚	行政处罚	《中华人民共和国土地管理法》第七十五条:违反本法规定,占用耕地建窑、建坟或者擅自在耕地上建房、挖砂、采石、采矿、取土等,破坏种植条件的,或者开发土地造成土地荒漠化、盐渍化的,由县级以上人民政府农业农村主管部门、自然资源主管部门等依照职责责令改正或者治理,可以并处罚款;构成犯罪的,依法追究刑事责任。	农业农村主管部门	设区的市或县级
223	对农村村民未经批准或者采取欺骗手段骗取批准,非法占用土地建住宅的行政处罚	行政处罚	《中华人民共和国土地管理法》第七十八条:农村村民未经批准或者采取欺骗手段骗取批准,非法占用土地建住宅的,由县级以上人民政府农业农村主管部门责令退还非法占用的土地,限期拆除在非法占用的土地上新建的房屋。超过省、自治区、直辖市规定的标准,多占的土地以非法占用土地论处。	农业农村主管部门	设区的市或县级

续表

序号	事项名称	职权类型	实施依据	实施主体（法定实施主体）	第一责任层级建议
224	对在相关自然保护区域、禁渔期禁渔区，禁渔期捕国家重点保护水生野生动物，未取得特许猎捕证、未按照特许猎捕证规定猎捕，杀害国家重点保护水生野生动物，或者使用禁用的工具、方法，猎捕国家重点保护水生野生动物的行为的行政处罚	行政处罚	《中华人民共和国野生动物保护法》 第七条第二款：县级以上地方人民政府林业草原、渔业主管部门分别主管本行政区域内陆生、水生野生动物保护工作。 第二十条：在相关自然保护区域（渔）区，禁猎（渔）期内，禁止猎捕以及其他妨碍野生动物生息繁衍的活动，但前款规定，在洄游通道期间，禁止猎捕以及其他妨碍野生动物生息繁衍的活动。在徙洄游通道的正徙洄游通道内，妨碍野生动物生息繁衍的范围以及妨碍野生动物生息繁衍活动的内容，由县级以上人民政府野生动物保护主管部门规定并公布。 第二十一条：禁止猎捕、杀害国家重点保护野生动物。因科学研究、种群调控、疫病监测或者其他特殊情况，需要猎捕国家一级保护野生动物的，应当向国务院野生动物保护主管部门申请特许猎捕证；需要猎捕国家二级保护野生动物的，应当向省、自治区、直辖市人民政府野生动物保护主管部门申请特许猎捕证。 第二十三条第一款：猎捕者应当按照特许猎捕证规定的种类、数量、地点、工具、方法和期限进行猎捕。 第二十四条第一款：禁止使用毒药、爆炸物、电击或者电子诱捕装置以及猎套、猎夹、地枪、排铳等工具进行猎捕，禁止使用夜间照明行猎、歼灭性围猎、捣毁巢穴、火攻、烟熏、网捕等方法进行猎捕，但因科学研究确需网捕、电子诱捕的除外。 第四十五条：违反本法第二十条、第二十一条、第二十二条、第二十三条第一款、第二十四条第一款相关自然保护区域、禁猎（渔）区、禁猎（渔）期猎捕国家重点保护野生动物，或者使用禁用的工具、方法猎捕国家重点保护野生动物的，由县级以上人民政府野生动物保护主管部门、海洋执法部门或者有关保护区域管理机构按照职责分工没收猎获物、猎捕工具和违法所得，吊销特许猎捕证，并处猎获物价值二倍以上十倍以下的罚款；没有猎获物的，并处一万元以上五万元以下的罚款；构成犯罪的，依法追究刑事责任。	农业农村主管部门	设区的市或县级

十四、行政执法事项指导目录　883

续表

序号	事项名称	职权类型	实施依据	实施主体 法定实施主体	实施主体 第一责任层级建议
225	对未取得人工繁育许可证繁育国家重点保护水生野生动物或者《野生动物保护法》第二十八条第二款规定的水生野生动物的行政处罚	行政处罚	《中华人民共和国野生动物保护法》 第七条第二款：县级以上地方人民政府林业草原、渔业主管部门分别主管本行政区域内陆生、水生野生动物保护工作。 第四十七条：违反本法第二十五条第二款规定，未取得人工繁育许可证繁育国家重点保护野生动物或者本法第二十八条第二款规定的野生动物的，由县级以上人民政府野生动物保护主管部门没收野生动物及其制品，并处野生动物及其制品价值一倍以上五倍以下的罚款。	农业农村主管部门	设区的市或县级
226	对伪造、变造、买卖、转让、租借野生动物有关证件、专用标识或者有关批准文件的行政处罚	行政处罚	《中华人民共和国野生动物保护法》 第七条第二款：县级以上地方人民政府林业草原、渔业主管部门分别主管本行政区域内陆生、水生野生动物保护工作。 第五十条：违反本法第三十九条第一款规定，伪造、变造、买卖、转让、租借有关证件、专用标识、专用标识或者有关批准文件的，由县级以上人民政府野生动物保护主管部门没收违法所得，并处五万元以上二十五万元以下的罚款；构成犯罪的，依法追究刑事责任。	农业农村主管部门	设区的市或县级
227	对违反水污染防治法规定，造成渔业船舶污染事故或者渔业船舶造成水污染事故的行政处罚	行政处罚	《中华人民共和国水污染防治法》 第九十四条第三款：造成渔业船舶污染事故或者渔业船舶造成水污染事故的，由渔业主管部门进行处罚；其他船舶造成水污染事故的，由海事管理机构进行处罚。	农业农村主管部门	设区的市或县级
228	对在以渔业为主的渔港水域内违反港航法规，违反规定造成水上交通事故的行政处罚	行政处罚	1.《中华人民共和国海上交通安全法》 第九条：船舶、设施航行、停泊和作业上的人员必须遵守有关海上交通安全的规章制度和操作规程，保障船舶、设施航行、停泊和作业的安全。 第四十四条：对违反本法的，主管机关可视情节，给予下列一种或几种处罚：一、警告；二、扣留或吊销职务证书；三、罚款。 第四十八条：国家渔政渔港监督管理机构，在以渔港为主的港口水域内，行使本法规定的主管	农业农村主管部门	设区的市或县级

续表

序号	事项名称	职权类型	实施依据	实施主体 法定实施主体	第一责任层级建议
229	对在以渔业为主的渔港水域内发现有人遇险,遇难或收到求救信号,在不危及自身安全的情况下,不提供救助或不服从渔政渔港监督管理机关救助指挥等行为的行政处罚	行政处罚	机关的职权,负交通安全的监督管理,并负责沿海水域渔业船舶之间的交通事故的调查处理。具体实施办法由国务院另行规定。 2.《中华人民共和国渔业港航监督管理行政处罚规定》 第三十一条:违反港航法律,法规造成水上交通事故的,对船长或直接责任人按以下规定处罚: (一)造成特大事故的,处以3000元以上5000元以下罚款,吊销职务船员证书;(二)造成重大事故的,处以1000元以上3000元以下罚款,扣留其职务船员证书3至6个月;(三)造成一般事故的,处以100元以上1000元以下罚款,扣留职务船员证书1至3个月。事故发生后,不向渔政渔港监督管理机关报告,拒绝接受渔政渔港监督管理机关调查或在接受调查时故意隐瞒事实、提供虚假证词或证明的,从重处罚。 1.《中华人民共和国海上交通安全法》 第三十六条:事故现场附近的船舶、设施,收到求救信号或发现有人遭遇生命危险时,在不严重危及自身安全的情况下,应当尽力救助遇难人员,并迅速向主管机关报告现场情况和本船舶、设施的名称、国籍和登记港、呼号和位置。 第三十七条:发生碰撞事故,当事船舶不得擅自离开现场,并尽一切可能救助遇难人员。在不严重危及自身安全的情况下,当事船舶不得擅自离开现场。国籍和登记港,国籍互通名称,当事船舶不得擅自离开现场。 第四十四条:对违反本法的,主管机关可视情节,给予下列一种或几种处罚:一、警告;二、扣留或吊销职务证书;三、罚款。 第四十八条:国家渔政渔港监督管理机构,在以渔业为主的渔港水域行使本法规定的职权,并负责沿海水域渔业船舶之间的交通事故的调查处理。具体实施办法由国务院另行规定。 2.《中华人民共和国渔业港航监督管理行政处罚规定》 第三十二条:有下列行为之一的,吊销职务船员证书3至6个月;造成严重后果的,对船长处以500元以上1000元以下罚款,遇险、遇难或收到求救信号,在不危及自身安全的情况下,不提供救助或不服从渔政渔港监督管理机关指挥的;(二)发生碰撞事故,接到渔港监督管理机关调查现场或指定地点接受调查的指令后,遭离现场或拒不到指定地点。	农业农村主管部门	设区的市或县级

续表

序号	事项名称	职权类型	实施依据	实施主体（法定实施主体）	实施主体（第一责任层级建议）
230	对渔业船员在以渔业为主的渔港水域内因违规造成责任事故行为的行政处罚	行政处罚	1.《中华人民共和国海上交通安全法》第九条：船舶、设施上的人员必须遵守有关海上交通安全的规章制度和操作规程，保障船舶、设施航行、停泊和作业的安全。第四十四条：对违反本法的，主管机关可视情节，给予下列一种或几种处罚：一、扣留或吊销职务证书；三、罚款。第四十八条：国家海政渔港监督管理机构，在以渔业为主的渔港水域内，行使本法规定的主管机关的职权，负责交通安全的监督管理，并负责沿海海水域渔业船舶之间的交通事故的调查处理。具体实施办法由国务院另行规定。2.《中华人民共和国渔业船员管理办法》第四十五条：渔业船员因违规造成责任事故的，暂扣渔业船员证书6个月以上2年以下；情节严重的，吊销渔业船员证书；构成犯罪的，依法追究刑事责任。	农业农村主管部门	设区的市或县级
231	对紧急情况下，非法研究、试验、生产、加工、经营或者进口、出口的农业转基因生物的行政强制	行政强制	《农业转基因生物安全管理条例》第三十八条第五项：农业行政主管部门履行监督检查职责时，有权采取下列措施：（五）在紧急情况下，对非法研究、试验、生产、加工、经营或者进口、出口的农业转基因生物实施封存或者扣押。	农业农村主管部门	设区的市或县级
232	对有证据证明违法生产经营的农作物种子，以及用于违法生产经营的工具、设备及运输工具等的行政强制	行政强制	《中华人民共和国种子法》第五十条第一款第四项：农业、林业主管部门是种子行政执法机关。种子执法人员依法执行公务时应当出示行政执法证件。农业、林业主管部门依法履行种子监督检查职责时，有权采取下列措施：（四）查封、扣押有证据证明违法生产经营的种子，以及用于违法生产经营的工具、设备及运输工具等。	农业农村主管部门	设区的市或县级
233	对违法从事农作物种子生产经营活动的场所的行政强制	行政强制	《中华人民共和国种子法》第五十条第一款第五项：农业、林业主管部门是种子行政执法机关。种子执法人员依法执行公务时应当出示行政执法证件。农业、林业主管部门依法履行种子监督检查职责时，有权采取下列措施：（五）查封违法从事种子生产经营活动的场所。	农业农村主管部门	设区的市或县级

续表

序号	事项名称	职权类型	实施依据	实施主体 法定实施主体	实施主体 第一责任层级建议
234	对与农作物品种权侵权案件和假冒授权品种案件有关的繁殖材料的行政强制	行政强制	1.《中华人民共和国种子法》第五十条第一款第四项：农业、林业主管部门是种子行政执法机关。种子执法人员依法执行公务时应当出示行政执法证件。农业、林业主管部门依法履行种子监督检查职责时，有权采取下列措施：（四）查封、扣押有证据证明违法生产经营的种子，以及用于违法生产经营的工具、设备及运输工具等。 2.《中华人民共和国植物新品种保护条例》第四十一条：省级以上人民政府农业、林业行政部门依据各自的职权对查处品种权侵权案件时，根据需要，可以封存或者扣押与案件有关的繁殖材料，查阅、复制或者封存与案件有关的合同、账册及有关文件。	农业农村主管部门	设区的市或县级
235	对发生农业机械事故后企图逃逸的，拒不停止存在重大事故隐患农业机械的作业或者转移的农业机械或者转移的农业机械的行政强制	行政强制	《农业机械安全监督管理条例》第四十一条：发生农业机械事故后企图逃逸的，县级以上地方人民政府农业机械化主管部门或者农业机械事故发生地的农业机械化主管部门应当及时退还被扣押的农业机械及其所有人或者使用人排除隐患前不得继续使用。	农业农村主管部门	设区的市或县级
236	对使用拖拉机、联合收割机违反规定载人的行政强制	行政强制	《农业机械安全监督管理条例》第五十四条第一款：使用拖拉机、联合收割机违法行为人予以批评教育，责令改正；拒不改正的，扣押拖拉机、联合收割机的证件、牌照；情节严重的，吊销有关人员的操作证件。非法从事经营性道路旅客运输的，由交通主管部门依照道路运输管理法律、行政法规处罚。	农业农村主管部门	设区的市或县级
237	对违反禁渔区、禁渔期规定或者使用禁用的渔具、捕捞方法进行捕捞等行为的行政强制	行政强制	《中华人民共和国渔业法》第四十六条：本法规定的行政处罚，由县级以上人民政府渔业行政主管部门或者其所属的渔政监督管理机构决定。但是，本法已对处罚机关作出规定或者使用禁用的渔具、禁渔期、禁渔区违法行为的除外。在海上执法时，对违反禁渔区、禁渔期的规定使用禁用的渔具、捕捞方法进行捕捞，以及	农业农村主管部门	设区的市或县级（特殊区域为省级）

续表

序号	事项名称	职权类型	实施依据	实施主体 法定实施主体	实施主体 第一责任层级建议
	政强制		未取得捕捞许可证进行捕捞的,事实清楚、证据充分,但是当场不能按照法定程序作出和执行行政处罚决定的,可以先暂时扣押捕捞许可证、渔具或者渔船,回港后依法作出和执行行政处罚决定。		
238	对向水体倾倒船舶垃圾或者排放船舶的残油、废油等行为造成水污染逾期未采取治理措施的行政强制	行政强制	《中华人民共和国水污染防治法》第九十条:违反本法规定,有下列行为之一的,由海事管理机构、渔业主管部门按照职责分工责令停止违法行为,处一万元以上十万元以下的罚款;造成水污染的,责令限期采取治理措施,消除污染,处二万元以上二十万元以下的罚款;逾期不采取治理措施的,海事管理机构、渔业主管部门按照职责分工可以指定有治理能力的单位代为治理,所需费用由船舶承担: (一)向水体倾倒船舶垃圾或者排放船舶的残油、废油的; (二)未经海事管理机构批准,船舶进行散装液体危害性货物的过驳作业的; (三)未经作业地海事管理机构批准,从事有污染风险的船舶作业活动,未按照规定采取污染防治措施的; (四)以冲滩方式进行船舶拆解的; (五)进入中华人民共和国内河的国际航线船舶,排放不符合规定的船舶压载水的。	农业农村主管部门	设区的市或县级(特株区域为省级)
239	对拒不停止使用无证照或者未按照规定办理变更登记手续的拖拉机、联合收割机的行政强制	行政强制	《农业机械安全监督管理条例》第五十条第一款:未按照规定办理登记手续并取得相应的证书和牌照,擅自将拖拉机、联合收割机投入使用,或者未按照规定办理变更登记手续的,由县级以上地方人民政府农业机械化主管部门责令补办相关手续;逾期不补办的,责令停止使用;拒不停止使用的,扣押拖拉机、联合收割机,并处200元以上2000元以下罚款。	农业农村主管部门	设区的市或县级
240	对经责令停止使用仍拒不停止使用存在事故隐患的农用机械的行政强制	行政强制	《农业机械安全监督管理条例》第五十五条第一款:经检验、检查发现农业机械存在事故隐患,经农业机械化主管部门告知批评教育,责令改正;拒不改正的,由县级以上地方人民政府农业机械化主管部门对违法行为人予以批评教育,责令改正;拒不改正的,责令停止使用;拒不停止使用的,扣押存在事故隐患的农业机械。	农业农村主管部门	设区的市或县级

续表

序号	事项名称	职权类型	实施依据	实施主体（法定实施主体）	实施主体（第一责任层级建议）
241	对有证据证明用于违法生产的饲料、饲料原料、单一饲料、饲料添加剂、药物饲料添加剂、添加剂预混合饲料等的行政强制	行政强制	《饲料和饲料添加剂管理条例》第三十四条第三、四项：国务院农业行政主管部门和县级以上地方人民政府饲料管理部门在监督检查中可以采取下列措施：（三）查封、扣押有证据证明用于违法生产饲料、用于违法生产饲料添加剂、用于违法生产药物饲料添加剂、添加剂预混合饲料的原料、饲料、饲料添加剂、药物饲料添加剂；（四）查封违法生产饲料、饲料添加剂的工具、设施，违法生产、经营、使用的饲料、饲料添加剂的场所。	农业农村主管部门	国务院主管部门或者设区的市或县级
242	对有证据证明不符合乳品质量安全国家标准的乳品及违法使用的生鲜乳、辅料、添加剂及涉嫌违法从事乳品生产经营活动的场所、工具、设备的行政强制	行政强制	《乳品质量安全监督管理条例》第四十七条第四、五项：畜牧兽医、质量监督、工商行政管理等部门在依据各自职责进行监督检查时，行使下列职权：（四）查封、扣押有证据证明不符合乳品质量安全国家标准的乳品以及违法使用的生鲜乳、辅料、添加剂；（五）查封涉嫌违法从事乳品生产经营活动的场所。	农业农村主管部门	设区的市或县级
243	对染疫或疑似染疫的动物、动物产品及相关物品的行政强制	行政强制	《中华人民共和国动物防疫法》第五十九条第一款第二项第四项：动物卫生监督机构执行监督检查任务，可以采取下列措施，有关单位和个人不得拒绝或者阻碍：（二）对染疫或疑似染疫的动物、动物产品及相关物品进行隔离、查封、扣押和处理。	农业农村主管部门	设区的市或县级
244	对违法生猪屠宰活动有关的场所、设施、生猪、生猪产品以及屠宰工具和设备的行政强制	行政强制	《生猪屠宰管理条例》第二十一条第二款第四项：畜牧兽医行政主管部门依法进行监督检查，可以采取下列措施：（四）查封与违法生猪屠宰活动有关的场所、设施，扣押与违法生猪屠宰活动有关的生猪、生猪产品以及屠宰工具和设备。	农业农村主管部门	设区的市或县级

续表

序号	事项名称	职权类型	实施依据	实施主体（法定实施主体）	第一责任层级建议
245	对有证据证明可能是假、劣兽药的，采取查封、扣押等的行政强制	行政强制	《兽药管理条例》第四十六条：兽医行政管理部门依法进行监督检查时，对有证据证明可能是假、劣兽药的，应当采取查封、扣押的行政强制措施，并自采取行政强制措施之日起7个工作日内作出是否立案的决定；需要检验的，应当自检验报告书发出之日起15个工作日内作出是否立案的决定。立案条件的，需要暂停生产的，由国务院兽医行政管理部门或者省、自治区、直辖市人民政府兽医行政管理部门按照权限作出决定。上人民政府兽医行政管理部门或者其上级机关批准，不得擅自转移、使用、销毁，销售被查封或者扣押的兽药及有关材料。未经行政强制措施决定机关或者其上级机关批准，不得擅自转移、使用、销毁，销售被查封或者扣押的兽药及有关材料。	农业农村主管部门	设区的市或县级
246	对渔港内的船舶、设施违反中华人民共和国法律、法规或者规章等的行政强制	行政强制	1.《中华人民共和国渔港水域交通安全管理条例》第十八条：渔港内的船舶、设施有下列情形之一的，渔港监督管理机关有权禁止其离港，或者责令其停航，改航，停止作业：（一）违反中华人民共和国法律、法规或者规章的；（二）处于不适航或者不适拖状态的；（三）发生交通事故，手续不清的；（四）未向渔港监督管理机关交纳有关部门应当支付的费用，也未提供担保的；（五）渔政安全造成或者可能为有其他妨害或者可能妨害海上交通安全的。第十九条：渔港内的船舶、设施发生事故，对海上交通安全造成危害，渔政渔港监督管理机关有权对其采取强制性处置措施。2.《中华人民共和国渔港监督管理行政规定》第十一条：外国人、外国船舶在中华人民共和国管辖海域内从事渔业生产、生物资源调查等活动以及进入中华人民共和国渔港的，应当接受中华人民共和国渔政渔港监督管理机构及其检查人员的监督检查和管理。中华人民共和国渔政渔港监督管理机构及其检查人员在必要时，可以对外国船舶采取登临、检查、驱逐、扣留等必要措施，并可行使追究权。第二十条：受到罚款处罚的外国船舶及其人员，必须在离开航前缴清罚款。开航前未缴清罚款的，应当提交相当于罚款数额的保证金或者经处罚决定机关认可的其他担保，否则不得离港。	农业农村主管部门	设区的市或县级（涉及外国人、船舶的为省级）

续表

序号	事项名称	职权类型	实施依据	实施主体（法定实施主体）	实施主体（第一责任层级建议）
247	对经检测不符合农产品质量安全标准的农产品的行政强制	行政强制	《中华人民共和国农产品质量安全法》第三十九条：县级以上人民政府农业行政主管部门在农产品质量安全监督检查中，可以对生产、销售的农产品进行现场检查，调查了解农产品质量安全的有关情况，查阅、复制与农产品质量安全有关的记录和其他资料；对检测不符合农产品质量安全标准的农产品，有权查封、扣押。	农业农村主管部门	设区的市或县级
248	对不符合法定要求的食用农产品、违法使用的原料、辅料、农业投入品以及用于违法生产的工具、设备及存在危害人体健康和生命安全重大隐患的生产经营场所的行政强制	行政强制	《国务院关于加强食品等产品安全监督管理的特别规定》第十五条第三、四项：农业、卫生、质检、商务、工商、药品等监督管理部门履行各自产品安全监督管理职责，有下列职权：（三）查封、扣押不符合法定要求的产品，违法使用的原料、辅料、添加剂，农业投入品以及用于违法生产的工具、设备；（四）查封存在危害人体健康和生命安全重大隐患的生产经营场所。	农业农村主管部门	设区的市或县级
249	对违法生产、经营、使用的农药，经营、使用违法生产、经营的工具、设备、原材料和场所的行政强制	行政强制	《农药管理条例》第四十一条第五、六项：县级以上人民政府农业主管部门履行农药监督管理职责，可以依法采取下列措施：（五）查封、扣押违法生产、经营、使用的农药，以及用于违法生产、经营、使用农药的工具、设备、原材料等；（六）查封违法生产、经营、使用农药的场所。	农业农村主管部门	设区的市或县级
250	对违反规定调运的农业和植物产品的行政强制	行政强制	《植物检疫条例》第十八条第三款：对违反本条例规定调运的植物和植物产品，植物检疫机构有权予以封存、没收、销毁或责令改变用途。销毁所需费用由责任人承担。	农业农村主管部门	设区的市或县级

续表

序号	事项名称	职权类型	实施依据	实施主体		第一责任层级建议
				法定实施主体		
251	对企业事业单位和其他生产经营者违反法律法规定排放有害物质，造成或者可能造成农用地严重土壤污染的，或者有关证据可能灭失或者被隐匿的行政强制	行政强制	《中华人民共和国土壤污染防治法》第七条：国务院生态环境主管部门对全国土壤污染防治工作实施统一监督管理；国务院农业农村、自然资源、住房城乡建设、林业草原等主管部门在各自职责范围内对土壤污染防治工作实施监督管理。地方人民政府生态环境主管部门对本行政区域土壤污染防治工作实施统一监督管理；地方人民政府农业农村、自然资源、住房城乡建设、林业草原等主管部门在各自职责范围内对土壤污染防治工作实施监督管理。第七十八条：企业事业单位和其他生产经营者违反法律法规规定排放有毒有害物质，造成或者可能造成严重土壤污染的，或者有关证据可能灭失或者被隐匿的，生态环境主管部门和其他负有土壤污染防治监督管理职责的部门，可以查封、扣押有关设施、设备、物品。	农业农村主管部门		设区的市或县级

《农业综合行政执法事项指导目录（2020年版）》说明

一、关于主要内容。《农业综合行政执法事项指导目录（2020年版）》（以下简称《指导目录》）主要梳理规范了农业综合行政执法的事项名称、职权类型、实施依据、实施主体（包括责任部门、第一责任层级建议）。各地可根据法律法规和地方立法等情况，进行补充、细化和完善，进一步明确行政执法事项的责任主体，研究细化执法事项的工作程序、规则、自由裁量标准等，严格规范公正文明执法。

二、关于梳理范围。《指导目录》主要梳理的是农业农村领域现行有效的法律、行政法规设定的行政处罚和行政强制事项，以及部门规章设定的警告、罚款的行政处罚事项。不包括地方性法规规章设定的行政处罚和行政强制事项。以后将按程序进行动态调整。

三、关于事项确定。一是为避免法律、行政法规和部门规章相关条款在实施中多次重复援引，原则上按法律、行政法规、部门规章的"条"或"款"来确定一个事项。二是对"条"或"款"中罗列的多个事项，但罗列的违法情形涉及援引其他法律、行政法规或部门规章规定的给予行政处罚情形的，单独作为一个事项列出。三是部门规章在法律、行政法规规定的给予行政处罚的行为、种类和幅度范围内做出的具体规定,在实施依据中列出,不再另外单列事项。四是同一法律行政法规条款同时包含行政处罚、行政强制事项的,分别作为一个事项列出。

四、关于事项名称。一是列入《指导目录》的行政处罚、行政强制事项名称,原则上根据设定该事项的法律、行政法规和部门规章条款内容进行概括提炼,统一规范为"对××行为的行政处罚(行政强制)"。二是部分涉及多种违法情形、难以概括提炼,以罗列的多种违法情形中的第一项为代表,统一规范为"对××等行为的行政处罚(行政强制)"。

五、关于实施依据。一是对列入《指导目录》的行政处罚、行政强制事项,按照完整、清晰、准确的原则,列出设定该事项的法律、行政法规和部门规章条款的具体条款。二是援引的法律、行政法规和部门规章条款已作修订的,只列人修订后对应的条款。

六、关于实施主体。一是根据全国人大常委会《关于国务院机构改革涉及行政机关职责及法律规定的行政机关职责调整问题的决定》和国务院《关于国务院机构改革涉及行政法规规定的行政机关职责调整问题的决定》,现行法律、行政法规规定的行政机关职责尚未调整到位之前,有关法律、行政法规规定同未修改之前,调整适用有关法律、行政法规和该机关行政工作的行政机关继续承担;地方各级行政机关承担法律、行政法规规定的职责的行政法律行政工作需要进行调整的,按照上述原则执行。二是法律行政法规规定的行政处罚和该项行政执法实施的主体统一规范为"县级以上××主管部门",指的是县级以上《指导目录》"××主管部门"。三是根据《深化党和国家机构改革方案》关于推进农业综合行政执法的改革精神,可结合部门"三定"规定作出具体规定,依法按程序报同级党委和政府决定。四是《指导目录》特定层级外侧,涉及在公海履行我国批准的国际公约、条约,协定等规定的渔业监管,机动渔船底拖网禁渔区线外侧,中的渔业资源渔场的实施行政执法行事项由中国海警局依据部门"三定"规定实施。

七、关于第一责任主管和第一责任层级建议。一是明确"第一责任层级建议",主要是按照行为有权和处罚权,有责要担当,失责必追究的原则,把查处违法行为和跨区域案件实施直接管辖,或进行监督指导和组织协调。二是根据党的十九届三中全会关于"减少执法层级,推动执法力量下沉"的精神和落实属地化监督责任的要求,对法定实施主体为"县级以上××主管部门"的,原则上明确"第一责任主管部门"或"××主管部门",结合实际具体明确行政执法事项的第一管辖和第一责任。各地可在此基础上,区分不同事项和不同管理体制,地方明确的第一管辖和第一责任主体进行调查取证后提出处罚建议,按照行政许可法规定其上级行政机关或者××主管部门"、"省级××主管部门"和"县级××主管部门"。三是对于吊销行政许可证发证机关进行处罚的,原则上明确"第一责任主管部门"和"县级××主管部门"。四是法定实施主体为"国务院主管部门"、"省级××主管部门"和"县级人民政府××主管部门"的,原则上明确建议"为"国务院主管部门"、"省级"和"县级"。

图书在版编目（CIP）数据

行政执法合规一本通/中国法制出版社编.—北京：中国法制出版社，2022.5
ISBN 978-7-5216-2592-9

Ⅰ.①行… Ⅱ.①中… Ⅲ.①行政执法-基本知识-中国 Ⅳ.①D922.11

中国版本图书馆CIP数据核字（2022）第048249号

策划编辑：赵宏　　　　责任编辑：陈晓冉　　　　封面设计：杨泽江

行政执法合规一本通
XINGZHENG ZHIFA HEGUI YIBENTONG

经销/新华书店
印刷/三河市国英印务有限公司
开本/710毫米×1000毫米　16开　　　　　印张/56.5　字数/1035千
版次/2022年5月第1版　　　　　　　　　2022年5月第1次印刷

中国法制出版社出版
书号 ISBN 978-7-5216-2592-9　　　　　　　　　定价：198.00元

北京市西城区西便门西里甲16号西便门办公区
邮政编码：100053　　　　　　　　　　　　　　传真：010-63141600
网址：http：//www.zgfzs.com　　　　　　　编辑部电话：010-63141835
市场营销部电话：010-63141612　　　　　　　印务部电话：010-63141606

（如有印装质量问题，请与本社印务部联系。）